DÉJÀ PARUS DANS LA MÊME COLLECTION

Vol. I. – *Musiques du XXe siècle*
Vol. II. – *Les Savoirs musicaux*
Vol. III. – *Musiques et cultures*
Vol. IV. – *Histoires des musiques européennes*

MUSIQUES

UNE ENCYCLOPÉDIE POUR LE XXIe SIÈCLE

Les traductions sont de :

Anne Giannini : *La diffusion du* didjeridu *en Australie et vers le monde occidental – Le faux-bourdon entre oralité et écriture – La transmission orale et écrite : l'exemple du chant byzantin – Le rôle de la notation musicale dans le monde non occidental : l'exemple de l'Asie orientale – Pourquoi écrire les musiques non écrites ? Esquisse d'une anthropologie de l'écriture de la musique – L'interaction des musiciens et du public dans l'invention musicale : l'exemple de la musique soufie du Pakistan*

Anne Guglielmetti : *L'influence des musiques non européennes sur la musique occidentale du* XXe *siècle – Le concept de musique dans une perspective anthropologique et ethnomusicologique – Typologie des ensembles instrumentaux – Du parlé au chanté : typologie des relations entre la musique et le texte – Représentation et affirmation de l'identité dans les musiques occidentales et non occidentales*

Bérengère Mauduit : *L'impact du colonialisme sur la musique africaine – Mondialisation et localisme – Histoire, symbolisme et fonctions des instruments de musique occidentaux – La notion d'authenticité dans les musiques occidentales et non occidentales*

Marie-Stella Pâris : *La conquête coloniale et l'implantation de la musique européenne en Amérique latine – Le concept de musique en Europe.* II. *Un survol des théories après 1800*

Gilles Rico : *La pensée occidentale du point de vue transculturel (décoloniser l'approche de la musique d'Amérique latine) – L'enseignement de la* world music *en Occident – Circulation, valorisation et localisation de la musique pop planétaire : le cas Céline Dion – Le concept de musique en Europe.* I. *Un point de vue historique, culturel et social – Significations musicales dans les musiques classiques et populaires. L'expression musicale de l'angoisse – Types mélodiques dans la musique occidentale et dans la tradition orale*

Jean-Jacques Nattiez et les éditions Actes Sud
remercient chaleureusement Jonathan Goldman
pour sa précieuse contribution à l'édition de cette encyclopédie,
ainsi que la direction de l'Université de Montréal qui a permis cette collaboration
et Liliane Dutrait.

Exemples musicaux : Odile Gruet

Ouvrage préparé avec le concours du Centre national du livre

Titre original :
Enciclopedia della musica. L'unità della musica
Editeur original :

ISBN 978-2-7427-6974-2

Illustration de couverture :
Ravi Shankar et Yehudi Menuhin, D.R.

MUSIQUES

UNE ENCYCLOPÉDIE POUR LE XXIe SIÈCLE

5
L'unité de la musique

sous la direction de
Jean-Jacques Nattiez

avec la collaboration de Margaret Bent,
Rossana Dalmonte et Mario Baroni

ACTES SUD / CITÉ DE LA MUSIQUE

SOMMAIRE

Deuxième partie
QU'EST-CE QUE LA MUSIQUE ?

Troisième partie
TYPOLOGIES ET COMPARAISONS

Voix et instruments

Jean-Jacques Nattiez

ÉCLATEMENT OU UNITÉ DE LA MUSIQUE ?

Présentation du cinquième volume

1. Un volume qui déplaira

Ce dernier volume déplaira peut-être à peu près à tout le monde. Aux amoureux de la musique classique et aux mélomanes qui, encore une fois dans cette encyclopédie, seront confrontés ici aux musiques extra-européennes et aux musiques pop. A ceux, à l'inverse, pour qui les musiques "sérieuses" sont des musiques élitistes, et à ce titre, suspectes, alors qu'il conviendrait de parler le plus de celles qui sont omniprésentes à la radio, à la télévision, au cinéma. A ceux encore pour qui, considérant qu'une musique particulière est essentiellement le produit du groupe ou de la culture où elle émerge, elle ne saurait être confrontée à toutes les musiques du monde dans une perspective comparative, transculturelle et universelle. A ceux, enfin, que ce "communautarisme" intellectuel révulse. En confrontant des musiques, des approches et des opinions si opposées, notre objectif n'a pas été de céder à un œcuménisme racoleur, mais, au contraire, de susciter réflexions et débats, et de rendre compte d'une réalité : la dispersion en de multiples directions de la pensée musicologique, au début de ce XXIe siècle, qui résulte en partie de l'éclatement des musiques dont l'ensemble de cette encyclopédie a tenté de rendre compte. Nous sommes entrés dans une période où, de fait, des tendances irréductiblement opposées coexistent : il nous faut tenter de comprendre comment et pourquoi. Jamais l'observation de Jean-Jacques Rousseau, dans son *Dictionnaire de musique* de 1768, n'aura été si actuelle : "Les musiciens lisent peu, et cependant je connois peu d'Art où la lecture et la réflexion soient plus nécessaires." (1768, in 2007, p. *viij.*)

Au moment de terminer cette entreprise, permettons-nous un dernier coup d'œil en arrière. L'objectif de cette encyclopédie a été double. D'abord, de rendre compte des mutations profondes dont la musique a fait l'objet : c'est la raison pour laquelle nous commencions avec un volume consacré aux musiques du XXe siècle ; il s'agissait ensuite d'enregistrer la pluralité des savoirs musicaux en partie provoquée par ces mutations : ce fut l'objectif du volume II ; le volume III a tenté de rendre le lecteur sensible à la diversité des cultures musicales auxquelles la mondialisation et le développement des nouvelles technologies nous donnent désormais un accès presque instantané ; et c'est seulement ensuite, peut-être pour nous rappeler que les musiques européennes ne sont qu'une des formes de musiques du monde, que nous les avons abordées dans le volume IV. Nous avons parlé, à leur sujet, d'"histoires". C'est parce que, dans le volume IV comme dans l'ensemble de l'entreprise, nous n'avons pas cherché à imposer une "ligne" méthodologique et épistémologique unique. Non sans penser au modèle exemplaire de l'*Encyclopédie* de Diderot, nous avons demandé aux auteurs davantage des essais personnels que des articles académiques ; nous avons favorisé les contrastes entre les textes, voire les divergences de points de vue.

Le présent volume V tente de se diriger vers une synthèse qui déborde le sujet des volumes III et IV : montrer que, au-delà de la diversité historique et culturelle *des* musiques, il existe peut-être, *anthropologiquement*, quelque chose comme *la* musique. Mais en faisant référence ici au point de vue anthropologique qui est très certainement à la base de l'orientation et des objectifs du présent volume, encore faut-il en souligner le double sens et lever une ambiguïté.

2. Quelle anthropologie de la musique ?

On doit à l'influence de Franz Boas (1858-1942) d'avoir donné à l'anthropologie une orientation dont il est le symbole et que l'on pourra qualifier de "culturaliste" (au sens où Popper, de son côté, parle d'"historicisme"), c'est-à-dire qui repose sur l'idée que, dans un groupe humain particulier, l'ensemble des comportements et des formes de pensée est le *produit* de la culture à laquelle appartiennent les individus qui le composent, et que ces cultures sont irréductibles les unes aux autres, formant un tout homogène et "structural" dont toutes les composantes seraient reliées entre elles. En ce sens, le culturalisme de cette orientation de l'anthropologie est souvent à la fois réducteur et déterministe, mais il a le mérite de nous mettre constamment en garde contre l'ethnocentrisme et de nous obliger à interroger la légitimité de notre discours quand nous parlons des Autres. Du reste, ce mot, avec ou sans majuscule, revient souvent dans bien des articles de ce volume V. Le point de vue culturaliste est à la base de l'orientation encore aujourd'hui dominante de l'ethnomusicologie qui se développe à partir de l'ouvrage fondamental de Alan P. Merriam, *The Anthropology of Music*, où l'auteur rappelle sa propre définition de la discipline : "Pour moi, l'ethnomusicologie doit être définie comme l'étude de la musique *dans* la culture." (1964, p. 6.) Moins de dix ans après, dans *How Musical is Man ?*, John Blacking enfonçait le clou : "Si l'analyse formelle ne commence pas par une analyse de la situation sociale qui a *engendré* la musique, elle n'a pas de sens." (1973, in trad. fr., 1980, p. 82 ; c'est nous qui soulignons.) Ou encore : "L'analyse doit *commencer* par le rôle de la musique dans la société et la culture Venda, afin que nous puissions voir comment des structures de la culture et de la société se sont manifestées sous forme de son humainement organisé." (1973, in trad. fr., 1980, p. 99 ; c'est nous qui soulignons.) Certes, l'ethnomusicologie a connu des développements spécifiques, déjà abordés dans le volume II par Ramón Pelinski (2002), et que reflète le présent volume, mais on peut considérer que c'est dans les années 1960 et 1970 que l'ethnomusicologie prend un cours nouveau en se rebaptisant elle-même "anthropologie de la musique", ce qui n'ira pas sans exercer une influence profonde sur les autres branches de la musicologie dans son ensemble.

Cette anthropologie que nous qualifions ici de *culturaliste* n'est donc qu'une des formes possibles de l'anthropologie *culturelle* qui, dans le vaste champ de l'anthropologie, voisine, selon la classification en usage aux Etats-Unis, au côté des anthropologies physique, archéologique et linguistique. Car l'anthropologie n'est pas seulement l'étude de l'influence de telle ou telle culture particulière sur tel ou tel groupe humain. C'est aussi la discipline qui analyse les caractéristiques propres à l'ensemble de l'espèce humaine et qui tente ainsi d'identifier ce qui la distingue de l'animal.

Une anthropologie culturelle de la musique se doit donc de n'exclure *a priori* aucun genre, aucun type de musique, aucune tendance, mais aussi aucune dimension du fait musical ou aucun paramètre de son champ d'investigation ; et cela vaut pour les musiques de film et de télévision, pour le muzak et la musique des walkmans, pour la musique des femmes et des homosexuel(le)s, pour la musique pop et celles qu'écoutent les jeunes. Mais on prendra soin de la distinguer de l'orientation culturaliste de l'anthropologie : "Il ne s'agit pas pour l'instant de porter la discussion sur le terrain de la valeur – les musiques de masse sont-elles égales en dignité et en mérite aux musiques savantes ? – mais d'en rester au constat : la musique de masse est le phénomène quantitativement dominant. Cette situation est essentielle du point de vue anthropologique : *si l'on veut comprendre ce qu'est la musique comme conduite humaine*, il faut évidemment suivre, comme le Rouletabille de

Gaston Leroux, le bon bout de la raison, c'est-à-dire garder présentes à l'esprit les deux extrémités de la chaîne, la musique d'en haut et la musique d'en bas, et les prendre toutes les deux en compte aussi sérieusement l'une que l'autre." (Molino, 2005, p. 124 ; c'est nous qui soulignons.) C'est cette seconde orientation de l'anthropologie musicale qui expliquera que, dans ce volume, ce que l'on appelait il n'y a pas si longtemps la "grande musique" et les "musiques de variétés" cohabite soit dans un même article, soit dans des articles contigus. Mais s'il y a une spécificité de cette seconde conception de l'anthropologie culturelle, c'est que, à la différence de l'anthropologie culturaliste, elle considère légitime et épistémologiquement acceptable de comparer les manifestations culturelles entre elles afin de dresser des typologies générales et de tenter de répondre à la question : s'il y a, chez l'être humain, une "faculté de musique", qu'est-ce que *la* musique ? Cette interrogation conduit inévitablement à rouvrir le fameux débat sur les universaux de la musique. On ne s'étonnera donc pas de lire ici un inventaire des arguments "pour" et "contre" les universaux de la musique, proposé au seuil de la deuxième partie. En lisant cet examen, on constatera que nombre de musicologues considèrent qu'il n'est même pas acceptable de se poser la question. Nous croyons cependant qu'elle l'est, nous nous efforçons de démontrer pourquoi, et des familles d'universaux de la musique sont inventoriées, en prélude aux tentatives de comparaisons, de confrontations et de typologies proposées dans ce volume. Tout cela, afin de déterminer si, au-delà des spécificités culturelles et historiques présentées dans les tomes antérieurs, il n'existerait pas, tout de même, quelque chose comme "la" musique.

Ce qui concerne la musique vaut aussi pour le *discours* sur la musique. On a insisté, dans le volume II, sur la pluralité des savoirs musicaux. Mais au bout du compte, ne peut-on commencer à discerner aujourd'hui des points d'ancrage autour desquels la multitude des approches musicologiques pourrait être repensée de manière plus synthétique ? "Unité de la musique… unité de la musicologie ?" Telle est la question à laquelle il sera tenté de répondre à la toute fin de l'entreprise. Il y a là un enjeu de taille, car il n'y a aucune raison de penser que l'étude de l'immersion culturelle de telle ou telle pratique musicale et la perspective comparative soient nécessairement incompatibles. Elles le sont si chacune d'elles est pratiquée de manière réductrice à l'exclusion des autres. Si, au contraire, on s'avise de considérer que *certains* aspects de la musique s'expliquent par la culture, l'histoire et la circulation des pratiques et des œuvres, et que *d'autres* aspects s'expliquent par leur universalité, probablement d'origine neurocognitive, alors il n'y a aucune raison de devoir choisir entre deux orientations antagonistes, mais au contraire, de les considérer comme complémentaires, ainsi que le démontre plus d'un article de ce volume. La connaissance des phénomènes musicaux devrait sortir enrichie d'une pareille approche, car elle nous semble propre à en éclairer la pluridimensionnalité.

3. L'interrogation musicologique à l'âge post-moderne

Avec les questions abordées ici, les divergences apparaîtront peut-être plus sensibles que dans les volumes précédents. Il semble en effet que les positions de ce qu'on a dénommé, à la fin des années 1980, la New Musicology, et que je préférerais appeler la musicologie post-moderne, me plaçant d'un point de vue seulement chronologique (c'est pourquoi j'utilise le trait d'union), sans m'interroger sur les connotations à la fois multiples et contradictoires de l'étiquette de “postmodernisme”, soient ici davantage présentes. Aussi n'est-il pas inutile de brosser un bref tableau des contextes culturels, philosophiques et musicaux qui expliquent l'émergence de cette nouvelle orientation du discours musicologique et dont ce volume se fait amplement le reflet.

Après l'échec de Mai 1968 et des tentatives de révolutions continentales, voire tricontinentales, et les désillusions engendrées par la décolonisation, ce sont de nouvelles entités sociales, plus étroites, qui retiennent l'attention. L'abandon d'une contestation globale de l'ordre politique, économique et social change également, de façon générale, la nature de l'argumentation exégétique et explicative. Le discours n'est plus totalisateur ; le point de vue n'est plus révolutionnaire, mais davantage “tribal”, anti-autoritaire et anti-hiérarchique. L'effacement du structuralisme laisse la place à un retour en force de l'herméneutique, de plus en plus relativiste sous l'influence conjuguée de la liberté interprétative pratiquée et prônée par Barthes, de la toute-puissance accordée par Lacan à l'inconscient, de la déconstruction de Derrida, du dialogisme de Bakhtine, de la contestation nietzschéenne du savoir par Foucault.

Ce relativisme philosophique se combine à celui que prône le culturalisme anthropologique dont nous avons rappelé plus haut l'émergence : les valeurs, la pensée et les pratiques ne trouvent pas leur fondement dans des principes universels, mais dans la spécificité de chaque culture, et c'est à partir d'elle qu'il faut désormais interpréter les pratiques et les œuvres. Le culturalisme a certes ses fondements intellectuels dans l'anthropologie boassienne, mais il trouve une audience accrue aujourd'hui parce que les “grands récits” dont parlait Lyotard (1979), les modèles holistes d'explication de la société (le marxisme, entre autres) n'ont plus cours, et parce que, en même temps – effet inattendu de la mondialisation –, la circulation planétaire des informations et des échanges nous met en contact avec le monde de l'Autre. Et de la même façon que la pensée de gauche ne s'investit plus dans la défense des classes sociales, mais dans celle de groupes humains particuliers (qui ne sont pas toujours définis en termes économiques), elle valorise la spécificité des groupes culturels et ethniques particuliers dont on souligne l'autonomie et la richesse de pensée en tentant de se débarrasser de toute trace de pensée postcoloniale (Ashcroft, Griffiths et Tiffin, 1995). Ce contexte explique l'importance et l'influence de l'ouvrage d'Edward W. Saïd, *Orientalism* (1978), un travail de littérature comparée dont le sous-titre de l'édition française, *L'Orient créé par l'Occident*, résume admirablement le propos. De son côté, Tzvetan Todorov, après avoir tourné radicalement le dos au structuralisme comme il l'a rappelé dans un passionnant dialogue autobiographique (Todorov, 2002, chap. III, "Critique du structuralisme"), pose "la question de l'autre" dans *La Conquête de l'Amérique* (1982). Ces livres, dont on constatera l'influence sur plusieurs auteurs du présent volume, sont une invitation pressante, en même temps qu'ils conduisent à ne rien exclure du champ d'investigation des disciplines concernées, à mettre au centre des investigations, non plus le point de vue "dominateur" du critique littéraire ou de l'anthropologue occidental, mais celui des hommes et des femmes qui appartiennent à chaque culture ou chaque groupe particuliers. La même chose vaut pour le et la musicologue. Il s'agit désormais de savoir comment je me situe par rapport à l'Autre et comment l'Autre se situe par rapport à moi.

En même temps, le mouvement vers les *terrae incognitae*, qui s'était manifesté à l'époque du modernisme – musiques contemporaines et musiques de tradition orale –, se poursuit avec l'exploration de la *world music* souvent touchée par l'influence occidentale, et l'expansion planétaire des musiques pop, rock et industrielles dont les manifestations ont été soulignées dans cette encyclopédie, notamment dans le volume I. Le phénomène Céline Dion auquel, pour cette raison, un article spécifique est consacré ici, est certainement la manifestation la plus emblématique de la mondialisation de ces pratiques musicales.

L'ethnomusicologie a pris une place nouvelle dans la musicologie. Certes, cela n'est pas entièrement nouveau : les travaux de Van der Werf (1972), les articles de Leo Treitler publiés depuis les années 1970 et réunis en volume en 2003, l'ouvrage de Peter Jeffery, *Re-Envisioning Past Musical Cultures* (1992), significativement sous-titré *Ethnomusicology in the Study of Gregorian Chant* et dont on lira ici une contribution, venaient nous rappeler que, si nous n'avons accès aux musiques anciennes que par leurs traces écrites, il s'agissait bien à l'époque, le plus souvent, de musiques de tradition orale. Mais l'ethnomusicologie telle qu'elle se pratique aujourd'hui exerce un nouveau type d'influence (Stock, 1998) : elle conduit à prendre conscience de certaines ambiguïtés et carences de la musicologie traditionnelle. Par exemple, la musicologie, par définition une discipline occidentale, raisonne à partir de paradigmes de pensée fondés sur l'existence de la notation. C'est ce que le spécialiste des musiques populaires, Philip Tagg, a appelé la *notational centricity*, ce que l'on peut traduire par "graphocentrisme" (1979, p. 28-35 et 1982 ; Tagg et Clarida, 2003, p. 28 et 55.) Songeons à tous les aspects de la musique dont la seule partition ne peut rendre compte – le timbre, les textures, la spatialisation sonore – et qui sont capitaux pour comprendre ce qui se passe dans les musiques répandues aujourd'hui sur toute la planète, mais aussi celles que nous entendons tous les jours à la radio.

La mondialisation explique sans doute toute cette évolution, mais aussi l'état d'esprit nouveau qui abandonne la recherche moderniste du "progrès" esthétique. Désormais les œuvres de musique contemporaine sérieuse ne survivraient que grâce aux subventions d'Etat, comme l'a soutenu un des premiers le sociologue Pierre-Michel Menger (1983) dans un livre capital qui, à mon avis, marque en France l'émergence du post-modernisme musical. Confrontés à la cassure entre les créateurs contemporains et leur public, les compositeurs tournent le dos aux diktats sériels issus de Darmstadt, rien ne s'oppose plus au retour de la tonalité, et le recours à n'importe quel style d'écriture ou n'importe quel genre musical est légitime. On entre alors dans le domaine de ce que Guy Scarpetta, dès 1985, a significativement dénommé *l'impureté*, et cela vaut aussi bien pour la pratique artistique que pour la nature même du discours musicologique d'aujourd'hui.

On sera exposé ici à une variété de points de vue contradictoires, disions-nous. Mais pourquoi, en définitive ? Parce que les approches musicologiques de ce début de siècle, dont on trouvera une synthèse élégante dans le best-seller mondial de Nicholas Cook, *Music. A Very Short Introduction* (1998), enfin accessible en français (2006), coexistent avec le prolongement des tendances "anciennes" de la musicologie qui reposent sur des principes épistémologiques distincts du relativisme dominant aujourd'hui : qu'il s'agisse de l'investigation historique soucieuse d'établir les faits, des analyses musicales attachées à la description de la structure des œuvres et de leurs caractéristiques stylistiques, du "scientisme" des cognitivistes soucieux de trouver les fondements de notre rapport à la musique dans l'organisation neuropsychologique de l'être humain. Toutefois, notre époque n'est pas celle de la domination du point de vue post-moderne. C'est celle, croyons-nous, de la juxtaposition des diverses tendances accumulées de la musicologie depuis sa fondation symbolique par Guido Adler en 1885 (Nattiez, 2008). La musicologie n'est certes plus ce qu'elle était dans les années 1960. Mais depuis, nous sommes entrés dans une période dont Leonard B. Meyer, à propos de la seule création musicale, avait prophétisé l'émergence : ce qu'il appelait *"the probability of stasis"* (la probabilité de la stase) (Meyer, 1967, chap. IX et l'article final de Nattiez (2001*b*) dans le volume I de cette encyclopédie) dans laquelle il voyait la coexistence "pacifique" des différentes formes de pratique musicale et des différentes tendances esthétiques qui sont apparues et se sont combattues au XXe siècle. Au niveau du discours musicologique, en effet, nous vivons désormais une période analogue de stase et de coexistence entre toutes les disciplines musicologiques et les diverses orientations épistémologiques et méthodologiques mises en avant par chacune d'elles. Ce qui implique que nous puissions assister aussi au retour de préoccupations scientifiques que certains croyaient définitivement obsolètes : par exemple, la perspective de la musicologie comparée, avec laquelle l'ethnomusicologie a commencé au début du XXe siècle et dont les interrogations refont surface aujourd'hui, même si c'est avec des outils à la fois nouveaux et plus sophistiqués, comme en témoigneront les nombreuses typologies réunies dans le présent ouvrage.

4. L'organisation et le contenu du cinquième volume de l'encyclopédie *Musiques*

Ce volume V est structuré en trois grandes parties dont l'organisation est une invitation à parcourir un large cheminement intellectuel.

Une première partie décrit des manifestations exemplaires des diverses formes d'échange qui se sont instaurées entre les diverses cultures. D'abord, historiquement, les conséquences du colonialisme qui affectent non seulement les manifestations musicales elles-mêmes, mais la manière de les penser et d'en rendre compte. Un ethnomusicologue africain décrit l'impact du colonialisme sur la musique africaine et une ethnomusicologue argentine invite à décoloniser le commentaire musicologique sur les musiques d'Amérique latine. Dans les deux cas, il s'agit de cerner comment l'Occident a pénétré la musique de l'Autre et aussi, comment il en a construit la représentation et souvent même inventé la tradition. Deux études de cas, qui prolongent l'entreprise historique de notre volume IV, rapportent comment la musique européenne s'est installée en Asie orientale et dans les divers pays d'Amérique latine.

Puis, dans une deuxième section de cette première partie, nous parcourons le mouvement inverse en décrivant comment des musiques “locales” et éloignées se sont répandues dans le monde entier. Ce mouvement ne date pas d’hier : les musiques “exotiques” étaient déjà présentes dans les œuvres occidentales, de la Renaissance à Debussy, et elles le sont encore dans notre musique contemporaine. Dès le XIXe siècle, le contact entre la musique des cultures dominantes et les musiques traditionnelles a favorisé le phénomène de “folklorisation”, au sens négatif du terme, pour répondre aux goûts des dominants. La musique ethnique est bien souvent le lieu des fantasmes du musicien et du musicologue occidentaux. Chez ces derniers, l’intérêt pour les musiques traditionnelles n’aura été que la manifestation de la nostalgie d’un passé et d’un paradis perdus que l’on s’imaginait purs. Aussi ne s’est-on pas, pendant longtemps, intéressé aux transformations qui caractérisent ces musiques dans leur pays d’origine. A l’inverse, les musiques traditionnelles, lorsqu’elles pénètrent en Occident, font l’objet de réinterprétations. On a pu voir un instrument autochtone – le *didjeridu* des Aborigènes australiens – se répandre en Australie à partir de ses foyers d’origine, puis conquérir le monde entier, avec d’inévitables changements dans les significations spirituelles et culturelles qui lui sont associées. On examine encore comment les musiques traditionnelles, désormais accessibles, sont enseignées en Occident. Le rôle joué par Internet dans ce processus d’échange et de mondialisation des phénomènes musicaux fait l’objet d’une étude attentive. La conquête de la planète par une chanteuse québécoise mondialement connue (Céline Dion) pose la question de son rapport à sa culture d’origine. C’est toute la dialectique du “localisme” et de la mondialisation qui est abordée et théorisée ici pour terminer cette première partie.

Mais il faut tirer de cette possibilité de circulation et de mondialisation des musiques dont cette première partie est le témoin, une conséquence importante : si une musique peut être arrachée à son contexte d’origine et acceptée ailleurs, c’est bien parce qu’il y a quelque chose d’universel en elle. En revanche, si j’écris : *“Imàdom a hegedüt és a kàposzta levest”* en utilisant le hongrois que peu de lecteurs de cette encyclopédie ont une chance de comprendre, on constate immédiatement que la musique, à la différence du langage, a quelque chose en elle, dans sa nature sémiologique, qui explique la possibilité de sa circulation transculturelle et planétaire. Une fois planté le décor du village musical global, les conditions sont en effet réunies pour examiner, en même temps, quels sont les grands traits qui caractérisent la spécificité des cultures musicales, mais, au-delà d’elle, quels seraient les traits communs à toutes les musiques. Ce qui conduit à proposer d’entreprendre, *à la fois*, la construction de typologies qui rendent compte de cette spécificité et la recherche des universaux de la musique qui expliqueraient pourquoi il est anthropologiquement pertinent de parler d'unité de la musique, comme le propose, de manière volontairement provocante, le titre du présent volume.

Si unité de la musique il doit y avoir, il s'agit alors de répondre, une fois encore, à la question : "Qu'est-ce que la musique ?" Ce n'est certes pas la première fois que la question est posée. Rousseau ne dédaignait pas de consacrer une entrée importante à "Musique" dans son *Dictionnaire* (1768, in 2007, p. 305-317) alors qu'une entreprise aussi importante que l'édition 1980 du *New Grove*, reste silencieuse à son sujet, mais la situation a été corrigée das l'édition de 2001. C'est sous le titre *Mais qu'est-ce que la musique ?* que les chroniques musicales du poète Heinrich Heine, parues dans ses ouvrages *De la France* et *Lutèce*, ont été réunies (Heine, 1997). Herbert Weinstock ne craint pas d'expliquer sur le mode affirmatif *What Music is*, mais dans un ouvrage (1966) qui ne contient pas un mot sur les musiques extra-européennes. Un ouvrage, celui de Francesco Giannattasio, entièrement consacré au "concept de musique", sous-titré *Contributions et perspectives de la recherche ethnomusicologique* et paru en 1992, permet de mesurer le chemin parcouru en moins de trente ans. *Was ist Musik ?*, se demandent Carl Dahlhaus et Hans Heinrich Eggebrecht (1985) en un dialogue serré où ils posent quelques questions fondamentales : est-ce qu'il existe quelque chose comme "la" musique ? qu'est-ce que l'extramusical, le contenu musical, le beau musical ? L'entreprise traduit une certaine ouverture d'esprit, mais aussi un européocentrisme certain. *What is Music ?*, demande encore Philip Alperson (1987) au travers d'une collection de textes qui s'efforcent de refléter la diversité des points de vue. Et nous n'hésitions pas à poser à nouveau la question au seuil du deuxième volume de cette encyclopédie (Nattiez, 2002, in 2004, p. 17-24).

C'est dans des optiques considérablement influencées par les perspectives anthropologiques qu'on a dites que cette question est à nouveau posée ici. Trois études se penchent sur le concept de musique dans la première section de la deuxième partie. Elles conduisent toutes à admettre que, si la musique est bien un phénomène universel, elle est pensée de manière bien différente selon les cultures, les sociétés et les époques. Le point de vue de l'ethnomusicologue nous permet d'emblée d'éviter de sombrer dans l'ethnocentrisme qui caractérisait nombre d'entreprises antérieures. Le parcours historique du concept en Europe fera prendre conscience que la plupart des idées à partir desquelles nous avons pensé la musique au XXe siècle et encore aujourd'hui, ont trouvé leur source dans une culture spécifique et historiquement datée, celle du XIXe siècle, notamment allemand, qu'il s'agisse de la conception autonomiste de la musique "pure" (qualifiée d'"absolue" en allemand, avec une nuance métaphysique importante que l'expression française ne contient pas), de la conception esthétique et transcendante du sublime, de la prédominance de la musique instrumentale et de son lien irréductible avec la notation. C'est sans doute le prolongement de cette conception dix-neuviémiste de la musique qui conduit Célestin Deliège dans son monumental ouvrage consacré à la modernité musicale de 1945 à 2000, à en écarter délibérément ce qui concerne les musiques vocales et les opéras (Deliège, 2003). Dans une perspective anthropologique universelle, ce sont bien les musiques vocales qui semblent prédominer dans l'ensemble des musiques du monde, et c'est probablement au nom d'une certaine conception de l'"impureté" musicale que la musicologie n'a pas donné à ces musiques et à l'opéra toute l'importance qui leur revenait, situation que nous avons tenté de corriger dans le volume IV de cette encyclopédie.

Ce panorama culturel et historique permet de bien comprendre que la notion de pureté, qui a souvent été attachée à l'esthétique musicale dans la pensée européenne, n'est qu'une des conceptions parmi bien d'autres du "musical", abordé d'un point de vue anthropologique général. Comme dans les volumes précédents, notre objectif est de prendre le contre-pied d'idées reçues. Par exemple, le volume III, *Musiques et cultures*, s'était ouvert avec une section consacrée aux rapports des musiques traditionnelles et de l'histoire, précisément parce que l'anthropologie culturelle et l'ethnomusicologie ont été trop longtemps traversées par le concept de "sociétés froides" d'où l'histoire serait absente. Une de ces idées reçues consiste à opposer les musiques occidentales écrites aux musiques de tradition orale. La deuxième section de la deuxième partie, "L'oral et l'écrit", vise à tempérer fortement cette manière de voir. Après un examen théorique approfondi de la notion d'oralité musicale, un certain nombre de cas de figure sont examinés : le cas du faux-bourdon italien à propos duquel on observe un mouvement d'aller-retour entre l'oral et l'écrit ; la forme à la fois orale et écrite de la transmission du chant byzantin ; il est également montré qu'il y a plus d'oralité et de liberté qu'on ne le croit dans les musiques européennes "savantes" et que, à l'inverse, l'écriture n'est pas absente des sociétés extra-européennes, notamment dans les sociétés lettrées de l'Asie. C'est toute la question du rapport entre le musical et l'écriture qui est réexaminée *in fine* d'un point de vue anthropologique général, aussi bien dans le travail de transcription de l'ethnomusicologue que dans les modes de notation des musiques contemporaines dont certains aspects de la réalité sonore ne peuvent plus être garantis par une partition. C'est l'occasion de distinguer entre les rôles mnémonique, prescriptif et descriptif de l'écriture musicale.

La mise en question de la pureté esthétique de la musique et de la prédominance de l'écriture, héritées du XIXe siècle, conduit à se pencher, "au-delà des partitions", vers des formes de création et de réception musicales qui, si elles sont "marginales" par rapport aux tendances longtemps dominantes de la musique occidentale dite savante, sont peut-être tout à fait capitales par rapport au phénomène musical considéré à l'échelle planétaire. La plupart des musiques du monde sont improvisées, ce qui n'a jamais signifié que les musiciens faisaient n'importe quoi. Un examen des différents types d'improvisation démontre au contraire les formes de logiques, de comportements créateurs, de stratégies cognitives auxquelles ils obéissent et la typologie ici proposée semble bien applicable à toutes les pratiques compositionnelles. Cette étude est prolongée par un questionnement sur le fonctionnement de l'improvisation dans le jazz et les musiques contemporaines : il confirme que, contrairement au sens que l'on donne parfois au mot "improvisation", il n'y a jamais d'improvisation à partir de rien. Nous sommes habitués, dans le monde occidental, à considérer le rapport entre les musiciens et leur public sur le modèle de la salle de concert ou d'opéra dont il ne faut pas oublier qu'il est, lui aussi, une invention de l'Occident. Une étude du rôle que joue l'interaction entre les musiciens et le public dans le processus créateur d'une musique soufie au Pakistan, et qui débouche sur un réexamen de ce problème dans la musique occidentale, vient éroder nos certitudes. De la même manière, un inventaire des types d'espace dans lesquels la musique est perçue dans nos sociétés, le rôle nouveau que joue le baladeur dans la réception de la musique, et le changement qu'il représente par rapport aux normes du concert et même du disque, viennent enrichir l'inventaire des formes de relations perceptives entre la musique et ses auditeurs. Dans le même esprit de comparaison et de juxtaposition des diverses formes de musique, une étude des associations sémantiques que l'auditeur établit avec les musiques exprimant l'angoisse vient suggérer que musiques classiques, chansons, musiques pop et musiques de film ont souvent recours aux mêmes procédés musicaux. C'est ce même cheminement vers une conception unitaire du phénomène musical qui se dessine au travers d'une description synthétique des manifestations les plus hétéroclites et les plus diverses de la création musicale "savante" au tournant du siècle.

Le présent volume présente ensuite, dans une troisième partie, l'entreprise proprement typologique et comparative de notre projet, susceptible de nous rapprocher d'universaux tangibles de *la* musique. On lira d'abord une classification universelle des types de techniques vocales, puis une classification des instruments de musique du monde entier, suivie d'une présentation des fonctions et de la symbolique des instruments occidentaux dont beaucoup ont disparu. Enfin, une typologie des ensembles instrumentaux au travers de la planète fait apparaître nos formations occidentales comme quelques-unes des modalités possibles d'exécution de la musique à plusieurs, tout en montrant les analogies qu'elles présentent avec ce qui se fait à l'autre bout du monde.

Après les moyens de faire de la musique, le matériau sonore. On trouvera ici une typologie des rythmes et des mètres, une typologie des échelles, une classification des modes utilisés universellement dans les monodies vocales, quelques exemples des diverses manières d'organiser la mélodie dans la musique européenne et celle de l'Inde, une typologie des relations entre la musique et le texte dans les musiques vocales, enfin une typologie des techniques polyphoniques. Dans toutes ces entreprises de classification, les manifestations des musiques européennes sont systématiquement rapprochées ou confrontées à celles des musiques extra-européennes.

La confrontation des musiques occidentales, des musiques du monde et des musiques populaires d'aujourd'hui ne peut pas ne pas entraîner un réexamen de nos modes de connaissance de la musique. Trois essais s'interrogent, pour terminer le volume, sur les problèmes contemporains de la connaissance du musical, nécessairement influencée par la prise en compte de la distance culturelle d'un point de vue anthropologique. Les questions de l'authenticité et de l'identité, qui avaient été déjà abordées dans les volumes II et III, l'une pour les seules musiques occidentales (Nattiez), l'autre pour les seules musiques extra-européennes (Desroches, Desroches et Guertin), sont reprises ici dans une perspective interculturelle grâce à une typologie des questions posées. Ainsi, la question de l'identité est-elle réexaminée des points de vue ethnique, national, religieux, social et sexuel. La notion d'authenticité est abordée à partir de quatre critères qui traversent aussi bien les musiques de chez nous que celles d'ailleurs.

Reste l'incontournable question du plaisir et du Beau qui avait été volontairement laissée en suspens à la fin de l'introduction au volume I (Nattiez, 2001*a*, in 2003, p. 61-64). Elle est pourtant au cœur de notre expérience musicale quotidienne, qu'il s'agisse de notre rencontre avec un interprète ou une œuvre, au disque ou au concert, ou dans le contexte bien particulier du travail musicologique. Une étude très détaillée examine d'abord les nombreuses formes de relation à la musique du point de vue esthétique. Jusque-là, la position que ce volume aura reflétée est sans doute celle-ci : “Si le jugement de valeur fait partie intégrante de notre rapport au monde, son utilisation pour délimiter le champ d'une hypothétique musique d'Art ne peut que rendre impossible une approche anthropologique de la musique qui doit rendre compte de toutes les musiques et de la «faculté de musique» qui les produit." (Molino, 2005, p. 134.) Il n'empêche que la question du Beau ne peut être évincée de la réflexion du musicologue et du pédagogue de la musique dans leurs activités quotidiennes. Le responsable de cette encyclopédie prendra le risque d'une position personnelle pour terminer.

Si nous avions un vœu à formuler au terme de cette lourde entreprise, ce serait que l'émergence de nouvelles interrogations légitimes, la coexistence de tendances contradictoires et le "retour" à des préoccupations anciennes, comme en témoigne l'ensemble de ces cinq volumes, favorisent l'avènement d'une musicologie générale, générale à la fois dans ses objets (il faut étudier toutes les formes de musique) et dans ses méthodes (il faut développer des outils d'analyse susceptibles de s'appliquer à toutes les formes de musique). Cela ne va pas sans poser de difficiles problèmes à la fois pédagogiques, esthétiques et épistémologiques dont nous donnerons un aperçu rapide à la fin de ce volume mais qui, n'en doutons pas, devront être repris ailleurs et en profondeur.

Bibliographie

ADLER, G., 1885 : "Umfang, Methode und Ziel der Musikwissenschaft", *Vierteljahrschrift für Musikwissenschaft*, vol. I, p. 5-20.

ALPERSON, P. (éd.), 1987 : *What is Music ? An Introduction to the Philosophy of Music*, University Park, Pennsylvania State University Press.

ASHCROFT, B., GRIFFITHS, G. et TIFFIN, H. (éd.), 1995 : *The Post-Colonial Studies Reader*, Londres-New York, Routledge.

BLACKING, J., 1973 : *How Musical is Man ?*, Seattle, University of Washington Press ; trad. fr., *Le Sens musical*, Paris, Minuit, 1980.

COOK, N., 1998 : *Music. A Very Short Introduction*, Oxford, Oxford University Press ; trad. fr., *Musique, une très brève introduction*, Paris, Allia, 2006.

DAHLHAUS, C. et EGGEBRECHT, H. H., 1985 : *Was ist Musik ?*, Wilhelmshaven, Heinrichshofen Verlag.

DELIÈGE, C., 2003 : *Cinquante ans de modernité musicale : de Darmstadt à l'IRCAM. Contribution historiographique à une musicologie critique*, Liège, Mardaga.

GIANNATTASIO, F., 1992 : *Il Concetto di musica. Contributi e prospettive della ricerca etnomusicologica*, Rome, La Nuova Italia Scientifica.

HEINE, H., 1997 : *Mais qu'est-ce que la musique ? Chroniques*, Arles, Actes Sud.

JEFFERY, P., 1992 : *Re-Envisioning Past Musical Cultures. Ethnomusicology in the Study of Gregorian Chant*, Chicago-Londres, University of Chicago Press.

LYOTARD, J.-F., 1979 : *La Condition postmoderne*, Paris, Minuit.

MENGER, P.-M., 1983 : *Le Paradoxe du musicien*, Paris, Flammarion.

MERRIAM, A. P., 1964 : *The Anthropology of Music*, Evanston, Northwestern University Press.

MEYER, L. B., 1967 : *Music, the Arts, and Idea. Patterns and Predictions in Twentieth-Century Culture*, Chicago-Londres, University of Chicago Press ; 2e éd. augmentée d'un postlude, 1994.

MOLINO, J., 2001 : "Tecnologia, globalizzazione, tribalizzazione", in *Enciclopedia della musica*, vol. I, *Il Novecento*, J.-J. Nattiez *et al.* (éd.), Turin, Einaudi, 2001, p. 767-782 ; version française, "Technologie, mondialisation, tribalisation", in *Musiques. Une encyclopédie pour le XXIe siècle*, vol. I, *Musiques du XXe siècle*, J.-J. Nattiez (éd.), Arles-Paris, Actes Sud-Cité de la musique, 2003, p. 69-86.

MOLINO, J., 2005 : "Esquisse d'une anthropo-histoire de la musique", *Prétentaine*, n° 18-19, p. 115-157.

NATTIEZ, J.-J., 1987 : *Musicologie générale et sémiologie*, Paris, Christian Bourgois.

NATTIEZ, J.-J., 2001*a* : "Come raccontare il XX secolo ?", in *Enciclopedia della musica*, vol. I, *Il Novecento*, J.-J. Nattiez *et al.* (éd.), Turin, Einaudi, 2001, p. XLI-LXVIII ; version française, "Comment raconter le XXe siècle ?", in *Musiques. Une encyclopédie pour le XXIe siècle*, vol. I, *Musiques du XXe siècle*, J.-J. Nattiez (éd.), Arles-Paris, Actes Sud-Cité de la musique, 2003, p. 39-67.

NATTIEZ, J.-J., 2001*b* : "La musica dell'avenire", in *Enciclopedia della musica*, vol. I, *Il Novecento*, J.-J. Nattiez *et al.* (éd.), Turin, Einaudi, 2001, p. 1251-1281 ; version française, "La musique de l'avenir", in *Musiques. Une encyclopédie pour le XXIe siècle*, vol. I, *Musiques du XXe siècle*, J.-J. Nattiez (éd.), Arles-Paris, Actes Sud-Cité de la musique, 2003, p. 1392-1424.

NATTIEZ, J.-J., 2002 : "Pluralità e diversità del sapere musicale", in *Enciclopedia della musica*, vol. II, *Il Sapere musicale*, J.-J. Nattiez *et al.* (éd.), Turin, Einaudi, 2002, p. XXIII-XLIX ; version française, "Pluralité et diversité du savoir musical", in *Musiques. Une encyclopédie pour le XXIe siècle*, vol. II, *Les Savoirs musicaux*, J.-J. Nattiez (éd.), Arles-Paris, Actes Sud-Cité de la musique, 2004, p. 17-44.

NATTIEZ, J.-J., 2008 : *Unité ou éclatement de la musicologie ?*, Paris, Odile Jacob.

PELINSKI, R., 2002 : "Etnomusicologia nell'epoca postmoderna", in *Enciclopedia della musica*, vol. II, *Il Sapere musicale*, J.-J. Nattiez *et al.* (éd.), Turin, Einaudi, 2002, p. 694-717 ; trad. fr., "L'ethnomusicologie à l'ère postmoderne", in *Musiques. Une encyclopédie pour le XXIe siècle*, vol. II, *Les Savoirs musicaux*, J.-J. Nattiez (éd.), Arles-Paris, Actes Sud-Cité de la musique, 2004, p. 740-765.

ROUSSEAU, J.-J., 1768 : *Dictionnaire de la musique*, Paris, Veuve Duchesne ; in *Œuvres complètes*, Paris, Gallimard, "Bibliothèque de la Pléiade", 1995, vol. V, p. 603-1191 ; rééd., Arles, Actes Sud, "Thesaurus", C. Dauphin (éd.), 2007.

SAÏD, E. W., 1978 : *Orientalism*, New York, Pantheon Books ; nouv. éd., New York, Random House, 1994 ; trad. fr., *L'Orientalisme. L'Orient créé par l'Occident*, Paris, Le Seuil, 1980 ; nouv. éd. augmentée, 1997.

SCARPETTA, G., 1985 : *L'Impureté*, Paris, Grasset.

STOCK, J. P. J., 1998 : "New Musicologies, Old Musicologies : Ethnomusicology and the Study of Western Music", *Current Musicology*, n° 62, p. 40-68.

TAGG, P., 1979 : *Kojak. 50 Seconds of Television Music*, Göteborg, Musikvetenskapliga Institutionen ; 2e éd., New York, The Mass Media Music Scholars' Press, 2000.

TAGG, P., 1982 : "Analyzing Popular Music", *Popular Music*, vol. II, p. 37-69 ; rééd., in *Reading Pop*, R. Middleton (éd.), Oxford, Oxford University Press, 2000, p. 71-103.

TAGG, P. et CLARIDA, B., 2003 : *Ten Little Title Tunes*, New York-Montréal, The Mass Media Music Scholars' Press.

TODOROV, T., 1982 : *La Conquête de l'Amérique. La question de l'autre*, Paris, Le Seuil.

TODOROV, T., 2002 : *Devoirs et délices. Une vie de passeur. Entretiens avec Catherine Portevin*, Paris, Le Seuil.

TREITLER, L., 2003 : *With Voice and Pen. Coming to Know Medieval Song and How it was Made*, Oxford-New York, Oxford University Press.

VAN DER WERF, H., 1972 : *The Chansons of the Troubadours and Trouvères. A Study of the Melodies and their Relation to the Poems*, Utrecht, Oosthoek.

WEINSTOCK, H., 1966 : *What Music is*, New York, Doubleday, rééd. de *Music as an Art*, New York, Harcourt, Brace, 1953.

Première partie

L'ÉCHANGE DES CULTURES

Musique et colonialisme

Kofi Agawu

L'IMPACT DU COLONIALISME SUR LA MUSIQUE AFRICAINE

1. La conquête

Au début du XVe siècle, les Portugais, un peuple européen relativement peu nombreux et guère favorisé, envoyèrent des groupes d'explorateurs le long de la côte ouest de l'Afrique dans le but de développer leur commerce et de répandre la foi chrétienne. Ils atteignirent le cap Blanc en 1441, avancèrent jusqu'au fleuve Sénégal en 1444 pour rejoindre le Sierra Leone en 1460 et Elmina sur la Côte-de-l'Or (aujourd'hui le Ghana) en 1471. Ils poursuivirent ensuite leur poussée vers le sud pour finalement arriver au cap de Bonne-Espérance en 1487. En cent ans, le Portugal avait consolidé son statut de force impériale avec laquelle il fallait compter en Afrique, ajoutant plus tard à ses possessions les régions côtières de l'Angola et du Mozambique. Il ne fallut pas longtemps aux autres Européens, notamment les Hollandais, les Britanniques, les Belges et les Français, pour se lancer à leur tour à l'assaut de l'Afrique afin de satisfaire des ambitions impérialistes comparables. A partir de 1532 et jusque dans la seconde moitié du XIXe siècle, un commerce d'esclaves à grande échelle entre les deux côtés de l'Atlantique, impliquant quelque vingt millions d'Africains, servit de plate-forme pour la mise en œuvre de diverses formes d'ambitions européennes, de luttes pour le pouvoir et la suprématie. Avant la fin du XIXe siècle, à cause de l'agitation ambiante et des conflits entre Africains ainsi qu'entre Africains et Européens, l'occupation du continent sur la base d'arrangements informels devint impossible. D'où la conférence de Berlin sur l'Afrique de l'Ouest (1884-1885) qui réunit les puissances européennes pour faire le partage et mettre en place des règles visant à protéger leurs intérêts économiques et politiques. (Pour une introduction à l'histoire de l'Afrique, on lira Shillington, 1989, et pour l'analyse de la période coloniale par des historiens africains, Adu Boahen, 1990.)

La conférence de Berlin prépara la période coloniale officielle. Le colonialisme signifiait la confiscation de la souveraineté et de l'indépendance de l'Afrique. A la veille de 1914, presque toute l'Afrique noire, à l'exception du Liberia et de l'Ethiopie, était sous le contrôle d'une puissance européenne quelle qu'elle soit. Néanmoins, petit à petit, la présence coloniale commença à devoir faire face à une agitation interne prévisible et à des revendications indépendantistes en même temps qu'elle se rendait compte que l'empire coûtait cher. La donne changea quand, en 1957, la Côte-de-l'Or accéda la première à l'indépendance. Diverses colonies suivirent rapidement, parmi lesquelles le Nigeria, le Kenya, l'Ouganda, la Côte-d'Ivoire, la Guinée, le Sénégal, le Zaïre et beaucoup d'autres. Aujourd'hui, toute l'Afrique est officiellement sous contrôle indigène, y compris la république d'Afrique du Sud où une discrimination institutionnelle et systématique persistante empêcha l'émergence d'un gouvernement par la population majoritaire jusqu'en 1994.

Les cinq siècles environ au fil desquels ces événements se sont déroulés peuvent sembler peu de chose dans l'histoire d'un continent vieux de plusieurs millions d'années, un continent dont on pense qu'il a abrité les premières formes de la vie humaine. Cependant ce n'est pas le temps qui fait l'histoire mais les événements, et c'est ainsi qu'il faut comprendre l'intrusion européenne en Afrique. Le colonialisme a eu un impact profond sur à peu près tous les aspects de la vie africaine : économique, politique, social et religieux. De nombreux historiens voient dans cet événement une phase décisive de l'histoire de l'Afrique. Basil Davidson (1984) décrit "l'arrivée des Européens [depuis le début du XVIe siècle]" comme "la plus grande calamité survenue dans l'histoire [de l'Afrique]" tandis que A. Adu Boahen qualifie le colonialisme d'épisode "extrêmement important", de ceux qui font "véritablement saillie dans l'histoire d'un continent" (1987, p. 111).

C'est la musique qui nous concerne ici, mais j'ai commencé avec un aperçu conventionnel du passé récent de l'Afrique dans le but de fournir le contexte qui permettra de comprendre les développements spécifiquement musicaux du siècle dernier. Car contrairement à l'histoire politique, avec ses royaumes et ses guerres, ses migrations et ses inventions, la musique, un art du son et un art vivant dans une culture orale, laisse dans l'histoire des empreintes différentes et plus complexes. Ce qui explique peut-être en partie pourquoi les historiens ont négligé la musique du continent africain. Le manuel très utilisé de Kevin Shillington, *History of Africa* (1989), ne dit rien de la musique, tout comme *Africa. A Biography of the Continent* (1998) de John Reader. Le problème s'avère encore plus aigu dans les histoires de l'Afrique précoloniale. Il est vrai que celles-ci n'ont commencé à faire autorité que récemment sur la base de découvertes archéologiques, elles-mêmes rendues possibles grâce aux avancées technologiques ; néanmoins, on est frappé de voir qu'un volume comme l'*Encyclopedia of Pre-Colonial Africa* (Vogel, 1997), sous-titré *Archéologie, histoire, langues, cultures et environnements*, n'aborde pas la musique. Cette absence systématique a de quoi surprendre ceux pour qui le rôle de la musique en Afrique apparaît fondamental et incontournable et qui, par conséquent, s'attendent à en trouver une présentation dans les descriptions de la société africaine. Une telle absence devrait nous rappeler qu'écrire l'histoire d'un art vivant ne va pas de soi et soulève des difficultés à nulle autre pareilles (voir, entre autres, Dahlhaus, 1977, Tomlinson, 1993 et Taruskin, 1997).

L'objet de cet article est d'explorer certains aspects de l'histoire musicale récente de l'Afrique et, plus particulièrement, la nature de l'influence exercée sur elle par le colonialisme. A quoi ressemblait la société musicale avant l'arrivée des Européens ? En quoi le contact avec l'Europe a-t-il affecté la pratique musicale ? Quel héritage se manifeste dans les formes musicales qui circulent dans l'Afrique postcoloniale ? Ce sont, bien entendu, de vastes questions qui appellent à être traitées en plusieurs monographies ; néanmoins, on peut commencer par introduire quelques-uns des signes de l'influence coloniale les plus saillants.

Deux questions doivent être éclaircies dès le départ. Premièrement, j'entends par "colonialisme" le large spectre des influences européennes en Afrique plutôt que le champ plus restreint des influences amorcées dans les années 1880. Au sens strict, la période coloniale a commencé avec la partition de l'Afrique et s'est achevée avec l'indépendance, en gros donc de 1884 à 1957. Parler du colonialisme signifie par conséquent parler d'événements influencés par des pratiques institutionnelles et des discours mis en place pendant ces soixante-treize années. Mais le découpage formel du continent a été précédé de plusieurs siècles de contact entre les Européens et les Africains tout d'abord dans les régions côtières, puis plus à l'intérieur des terres, ce qui a eu un impact sur la religion, la culture et l'éducation. Parler du colonialisme au sens large implique de passer sur les caractères qui diffèrent entre l'occupation qui a fait suite à l'annexion officielle et le contact informel, mais non moins basé sur la force qui l'a précédée ; cela n'affecte néanmoins pas ce que nous avons à dire de la musique. Deuxièmement, cet article ne peut pas prétendre ni fournir un compte rendu exhaustif de son sujet, ni passer en revue chaque trace de l'influence coloniale européenne. Comme mon expérience la plus complète concerne le Ghana, je prendrai la plupart de mes exemples dans ce pays, auxquels j'en ajouterai d'autres, tirés des recherches de Michael Echeruo (1977) sur le Nigeria, laissant au lecteur le soin d'en apporter d'analogues concernant d'autres régions d'Afrique.

2. L'Afrique précoloniale

L'information sur la musique dans l'Afrique précoloniale est maigre. Les traces les plus lointaines que nous possédons proviennent de découvertes archéologiques dans lesquelles des mouvements de danse et des instruments de musique sont représentés. Par exemple, lors d'une expédition dans le Sahara en 1956, Henri Lhote et une équipe d'explorateurs ont découvert dans le Tassili des Ajjers à Sefar une peinture sur roche montrant huit danseurs (cinq femmes et trois hommes). Les experts pensent qu'elle date de 6000 à 4000 ans avant J.-C. Gerhard Kubik (1982 et 1989), qui cite cet exemple et d'autres traces dans un débat sur "la musique africaine dans l'histoire", s'appuie sur une théorie d'Helmut Günther pour suggérer une affinité entre la danse peinte sur la roche et une danse contemporaine zouloue dans laquelle on tape des pieds, connue sous le nom de *indlamu*. Que le rapport spécifique entre les deux soit vrai ou non importe moins que le fait que les gestes téméraires de la danse soulignant le haut du torse et les jambes accentuées des danseurs masculins indique l'ancienneté de certains mouvements de danse contemporains. Une autre découverte musicale – à nouveau une peinture sur roche – montre un musicien soliste jouant de la harpe à six cordes. A côté de lui se trouve un auditeur, une personne manifestement de haut rang. Tous deux sont assis sur des tabourets. Cette peinture daterait d'environ 800 à 700 avant J.-C. (Davidson, 1966, p. 50). Le cadre en quelque sorte intime qui est ici révélé suggère que la musique contemplative, c'est-à-dire la musique faite pour être écoutée plutôt que pour être dansée, n'est pas, contrairement à l'opinion courante, inconnue en Afrique.

Avec l'exploration arabe de l'Afrique du Nord et du Sahara entre les VIIe et XIIe siècles puis l'arrivée des Européens au XVe siècle, les sources historiques écrites se précisent un peu. On trouve des peintures et des illustrations dans les livres, qui montrent des instruments de musique et des positions pour la réalisation de mouvements. Par exemple, le second volume des *Syntagma Musicum* de Michael Praetorius – un autre témoignage cité par Kubik – est une œuvre d'organologie dans laquelle on trouve une illustration de harpe à sept cordes d'origine africaine. D'après l'hypothèse de Kubik, cette harpe proviendrait du Gabon et aurait pu être collectée par un consul allemand.

Les renseignements de loin les plus clairs sur la nature de la société musicale précoloniale nous viennent des récits écrits de voyageurs divers, explorateurs et missionnaires. Un certain nombre d'écrivains ont fait un usage intelligent de ces récits. Percival Kirby (1934), par exemple, en écrivant sur la musique des Africains en Afrique du Sud, parvient à intégrer un grand nombre de références antérieures aux instruments de musique trouvées dans des sources universitaires ou autres. De même Gerhard Kubik (1997), en cherchant à démêler l'histoire tortueuse du chant polyphonique en Afrique, s'attache à prendre en compte ce que d'autres ont écrit sur le sujet avant d'y ajouter ses propres découvertes et hypothèses. Et encore dans un portrait exhaustif de la musique mande, Eric Charry (2000) inclut en appendice des "références liées à la musique mande dans les sources historiques du XIe au milieu du XIXe siècle". Dans la lecture de ces comptes rendus, il ne faut pas sous-estimer la mesure dans laquelle ils sont construits, c'est-à-dire tissés ensemble sur la base de l'observation, de l'imagination et de préjugés.

Quels sont donc certains des thèmes traités dans ces premiers écrits ? Dans une conférence passionnante décrivant la construction des représentations des Africains de l'Ouest par les Arabes du Moyen Age, John Owen Hunwick (1991) rassemble une série de citations venant de sources arabes pour illustrer le genre de stéréotypes qui est apparu pendant la période de déploiement de l'islam en Afrique du Nord et, plus au sud, à travers le Sahara. Parmi ces stéréotypes, on trouve le don des Africains pour la musique et la poésie, leur amour de la danse et de la sensualité, leur paresse et la modicité de leurs dons intellectuels. Les Africains étaient perçus comme des gens joyeux : "La gaieté a été divisée en dix ; les Noirs en ont eu neuf parts, le reste de l'humanité celle qui restait." A partir de là, il n'y a qu'un pas à faire pour associer gaieté et art de faire la fête, lequel est lui-même immanquablement associé à la musique et la danse. Hunwick note le stéréotype de l'Africain en tant que danseur incorrigible, instinctivement sensible au rythme, que résume une épigramme arabe : "Si un Noir devait tomber du ciel, il tomberait sûrement sur un temps fort." La ténacité de ces images dans les représentations postérieures de l'Afrique est frappante.

Une compilation plus récente, par John McCall (1998), de références à la musique africaine dans les "documents anciens" renforce les visions actuelles de la place de la musique dans la société africaine. Commençant avec le *Périple d'Hannon*, une source grecque qui date environ de 500 avant J.-C., McCall passe au peigne fin les œuvres de personnes bien connues comme Ibn Battûta, William Bosman et Sir Richard Francis Burton, aussi bien que d'auteurs moins en vue comme Bakrî, l'abbé Proyart et Archibald Schweinfurth pour y puiser des références musicales. On trouve des renseignements sur les instruments (leur nature, leur construction et le genre de musique qu'ils font, qu'elle soit plaisante ou non) et sur les circonstances dans lesquelles on fait de la musique, qui comprennent les cérémonies royales, les rituels de guérison et les distractions. On trouve aussi des références aux tambours et, plus rarement, aux flûtes comme substituts du discours. Les caractéristiques musicales mentionnées comprennent la relative brièveté des phrases musicales, l'importante utilisation qui est faite de la répétition comme principe d'organisation ainsi que diverses formes de polyphonie instrumentale et vocale. Allant du "scientifique" ou descriptif jusqu'à la condescendance ou au racisme, les références de McCall font preuve d'une remarquable cohérence pour ce qui est de faire ressortir les mêmes aspects fondamentaux de la pratique musicale africaine que dans l'ethnographie actuelle. On pourrait être tenté d'en conclure que cette pratique témoigne d'une grande stabilité. La période coloniale a cependant entraîné des modifications rapides et profondes, des modifications qui ont conduit à une reconfiguration dramatique de la stabilité d'avant. Par certains côtés, ces cent dernières années, la tradition est demeurée intacte, certains aspects des pratiques musicales ont même gagné en authenticité, tandis que d'autres se sont transformés en de nouvelles traditions.

3. Transformations du langage musical

Le signe le plus manifeste de l'influence coloniale est la présence *matérielle* d'instruments de musique étrangers en Afrique. Il est vrai que l'Afrique a longtemps été le terrain de diverses formes de contact culturel, un contact qui ne se limite pas à l'Europe. Par exemple, le violon à une corde ou *goje* (il existe toute une variété d'appellations régionales), prédominant au Soudan et dans certaines parties de la ceinture islamique de l'Afrique de l'Ouest, pourrait bien être venu du Moyen-Orient *via* l'Afrique du Nord. De la même façon, le xylophone, largement présent en Afrique de l'Est, centrale et du Sud, pourrait, selon Arthur M. Jones (1971), être venu d'Indonésie. Le *goje* et le xylophone sont aujourd'hui considérés comme des instruments de musique africains, signe que l'assimilation et l'adaptation d'instruments "étrangers" sont depuis longtemps un aspect de la culture africaine. Les instruments européens, quoi qu'il en soit, sont non seulement plus nombreux que les autres instruments "étrangers", mais ils sont symboliquement proéminents dans la vie moderne. Un inventaire partiel comprendrait les violons, altos, violoncelles, contrebasses (souvent jouées avec une seule corde) et harpes. On trouve aussi des clarinettes, des hautbois, des flûtes, des saxophones, des fifres et des piccolos ainsi qu'un grand nombre de cuivres parmi lesquels des trompettes, des cors, des tubas, des trombones et des bugles. Les instruments à percussion comprennent des caisses claires et des caisses claires munies d'un timbre. Les instruments à clavier revêtent une signification particulière comme les orgues à tuyaux, les pianos et les harmoniums. A quoi il faut ajouter la guitare, toujours très répandue. (Sur les instruments africains, on lira Kirby, 1934, Ankermann, 1976 et Codgell Djedje, 1999.)

L'émergence de nouvelles institutions résultant de la rencontre avec l'Europe a fait que certains types de musique et d'instruments ont été cultivés. Les Eglises, la police et l'armée, ainsi que l'industrie du divertissement ont fourni des occasions de faire de la musique. Les missions de Brême et de Bâle, au milieu du XIXe siècle, ont introduit l'exécution d'hymnes et de motets de même que l'utilisation d'harmoniums et de chœurs avec cuivres pour accompagner le chant des congrégations. Dans l'Eglise évangélique presbytérienne, dominante dans la région du fleuve Volta au Ghana par exemple, certaines congrégations (notamment celles d'Amedzofe, Ho, Alavanyo et Akpafu-Todzi) ont acquis des cuivres pour renforcer la pratique musicale pendant le culte. (On peut lire l'histoire de l'Eglise évangélique presbytérienne dans Ansere, 1997. Ni dans cet ouvrage ni dans aucun autre récit traitant du développement de l'Eglise on n'accorde une attention particulière à la place de la musique. On attend toujours une histoire musicale de l'Eglise évangélique presbytérienne.)

Bien que leurs répertoires fussent à l'origine européens, les orchestres de cuivres se sont mis à intégrer des arrangements simples de musique africaine. Ailleurs au Ghana, des groupes indépendants des Eglises se sont formés à Agona-Swedru en 1905, Kwanyaku en 1927 ainsi qu'au sein du bureau commercial de Yamoah à Winneba en 1925. Tandis que la culture de l'orchestre de cuivres s'étendait à d'autres régions du pays, drainant des publics aussi bien que des interprètes amateurs, le répertoire se développa pour inclure diverses formes de musique populaire, dont l'une des principales était le *highlife* (voir Boonzajer Flaes et Gales, s. d., et Rumbolz, 2000).

La présence matérielle des instruments de musique européens ne représente somme toute que la partie émergée de l'iceberg. Ce qui est plus important et en même temps plus difficile à saisir est la transformation du langage musical lui-même. Bien que l'ère du son enregistré ne nous permette pas de commencer notre enquête avant le début du XXe siècle, il est néanmoins possible d'imaginer, à partir des pratiques actuelles, les grandes lignes de cette transformation. Pour dire les choses peut-être un peu trop directement, la musique européenne, dans ses manifestations les plus influentes, a colonisé des parts significatives du paysage musical africain, en prenant possession de son “corps” pour ne laisser qu'un "habillage" africain, en transformant l'"arrière-plan" musical tout en laissant quelques caractéristiques saillantes à l'"avant-plan" pour signaler une présence africaine.

Illustrons un aspect de l'influence coloniale par la construction d'un récit fictif qui rendrait compte de la façon dont s'échafaude l'imagination musicale d'un individu africain. L'histoire se passe en 1920 à Cape Coast (Côte-de-l'Or), une des régions qui a connu le plus tôt une situation de contact avec les Européens, suivie d'une présence en Afrique de l'Ouest, un centre important à la fois pour le commerce humain et matériel, et qui a vu la construction des premières églises et écoles du pays. Notre protagoniste est un jeune musicien qui répond au nom de Kwame. A force d'entendre encore et encore la musique que jouent les Castle Bands et divers groupes de la ville, Kwame a intégré certaines des expressions idiomatiques de la musique militaire. Il connaît de nombreux hymnes de l'hymnaire méthodiste puisqu'il va régulièrement à l'église. Il a été exposé à la musique des ensembles "traditionnels" asafo et adowa, et il écoute régulièrement les chansons des pêcheurs migrants ga et ewé. De temps en temps, il rencontre un marin qui vient du Liberia et joue de la guitare. Du point de vue des influences techniques, la connaissance de Kwame enregistre la nature diatonique d'une mélodie par opposition au chromatique, la répétition à grande échelle, le recours fréquent à l'ornementation de la mélodie, des échelles modales et, peut-être le plus important, certaines formules de clôture. Un certain nombre de *topoi* rythmiques lui sont aussi familiers, de même qu'un appareil de schémas rythmiques distinctifs et particulièrement mémorisables, associés avec des danses spécifiques. Ces *topoi* sont familiers à l'homme de la rue plus en tant que rythmes suscitant de l'intérêt et flottant dans l'air qu'en tant que rythmes identifiés avec des danses spécifiques. Finalement, l'idée que Kwame se fait de l'harmonie est guidée par une préférence pour la consonance à la fin des phrases (des tierces, habituellement, mais aussi des quartes à l'occasion) et un sentiment polyphonique fondé sur des courants de tierces parallèles (voire des quartes, sur la base de ce que chantent les pêcheurs ewé) et le croisement des voix aux points cadentiels.

D'un autre côté, le fonds de connaissance que possède Kwame de la musique "européenne" est marqué par la mélodie diatonique de ses hymnes préférés et d'arrangements de chansons de marins qu'il entend jouer par des groupes. Il a tendance à préférer le mode majeur au mode mineur ; en effet, il éprouve bien des difficultés à chanter les sections en mineur harmonique et mélodique de quelques-uns des hymnes qu'il rencontre le dimanche. Kwame a développé un goût particulier pour l'harmonie tonale, en particulier sa ponctuation rassurante, notamment les cadences suivant le schéma II^6-V^7 et IV-V-I qu'exécutent avec beaucoup de satisfaction les orchestres d'harmonie. Souvent il entend l'organiste de l'église jouer une suspension 4-3 sur la tonique finale dans une cadence parfaite et il est frappé par le temps que l'organiste passe à retarder la note de résolution. Il a conscience que les dominantes secondaires sont très colorées et qu'elles rendent certains moments de ses hymnes préférés "plus doux". Il sait aussi que trop de dominantes secondaires gâchent les hymnes (il pense que cela revient à mettre trop de viande dans la soupe). Bien que Kwame ait si bien intégré les attentes de l'harmonie diatonique qu'il est capable d'improviser une ligne de basse sous un nouvel hymne ou une nouvelle antienne, il ne possède pas encore un sens du contrepoint à long terme. Il commencera souvent une phrase avec l'harmonie qui convient, se débrouillera comme un somnambule à travers les harmonies intermédiaires, pour finalement arriver à la cadence finale avec une exactitude et une confiance infaillibles.

Notre natif hypothétique de Cape Coast en 1920 n'est pas si différent de ses petits-enfants d'aujourd'hui. Les Eglises se sont considérablement multipliées, bien sûr, et le caractère que prend le culte est très variable. On trouve en haut de l'échelle les congrégations catholiques et anglicanes, où l'on entend l'intonation de psaumes et de chant grégorien dans le latin d'origine. Au milieu figurent les presbytériens et les méthodistes qui ont gardé la même forme de culte qu'au temps de Kwame mais sont fiers, aujourd'hui, d'avoir une collection d'antiennes, de chœurs et d'hymnes locaux d'inspiration indigène. En bas de l'échelle, on trouve les nombreuses églises "spirituelles", "charismatiques" ou "pentecôtistes". Là, la musique est en général forte, rythmiquement vivante, tournée vers le présent et dépourvue de la "fausse" solennité des Eglises orthodoxes, "plus hautes". Quand le petit-fils de Kwame assiste au service de l'Eglise méthodiste locale le dimanche, il cherche des occasions d'embellir une phrase ou deux de son hymne préféré. Il adopte la même approche au petit bonheur la chance pour improviser des lignes de basse et il n'hésite jamais à donner du rythme en anticipant parfois sur le temps fort. Il n'a jamais aimé les hymnes avec déchant parce qu'ils le confinent dans le rôle subalterne qui consiste à chanter la mélodie de l'hymne tandis que les sopranos font quelque chose de plus intéressant. (Ce récit hypothétique fait écho aux pratiques rapportées ailleurs sur le chant des hymnes chrétiens dans les congrégations africaines. Voir, entre autres exemples nombreux, Weman, 1960, Ekwueme, 1975, et Jones, 1959, p. 232-275, pour la réception de la musique européenne en Afrique.)

Le profil de Kwame peut sembler spécifique à l'expérience urbaine et l'on pourrait objecter qu'à l'extérieur des centres urbains demeurent des poches d'expression culturelle moins clairement marquées par l'Europe. Cela pourrait être le cas dans le cadre d'une approche restrictive de la notion de marquage. Quoi qu'il en soit, il est important de rappeler au lecteur que des individus comme Kwame existent réellement et que, dans l'économie des pratiques culturelles contemporaines, ce type de profil possède autant, sinon plus, de puissance symbolique que ceux des natifs ostensiblement purs.

4. L'harmonie tonale : une force de colonisation

Il n'existe pas de formule simple pour déterminer le résultat net des influences musicales occidentales et africaines : les deux familles d'influence ne comportent pas que des différences, elles partagent aussi beaucoup d'affinités. Si l'on considère les trois dimensions essentielles de la musique européenne – la mélodie, le rythme et l'harmonie –, on pourrait dire que celle qui a concentré le plus grand pouvoir de colonisation est l'harmonie. Les mélodies africaines, surtout celles qui s'appuient sur l'essence proto-musicale du langage parlé, sont parfois capables de résister à la douceur de la mélodie diatonique européenne. Quant aux rythmes africains, étant donné leurs contours caractéristiques et tranchants, ils ne se privent que rarement des droits qu'ils possèdent par leur naissance pour aller s'enfermer dans les contraintes de la métrique européenne. Mais l'harmonie est une autre affaire. De toutes les influences musicales engendrées par la rencontre coloniale, celle de l'harmonie tonale fonctionnelle a été la plus pénétrante, a eu la plus grande portée et, finalement, les conséquences les plus désastreuses.

Ecoutez, pour commencer, les hymnes nationaux de différents pays africains et vous serez frappés par le caractère "européen" de l'harmonisation. L'hymne du Ghana ne fait pas exception. Composé en 1956 par Philip Gbeho (1905-1976), il se terminait à l'origine par un appendice plein d'entrain, rappelant la danse, dans la forme d'un "Osee Yee", une acclamation traditionnelle. Bien que n'étant pas dépourvu de l'harmonie diatonique de l'hymne principal, l'"Osee Yee" n'en était pas moins animé par une polyphonie simple et des rythmes variés. La texture uniforme de l'harmonie, semblable à celle des hymnes religieux, et la prosodie invariable des paroles en anglais du motet principal se trouvaient donc mises en relief. Hélas, les censeurs ont frappé d'ostracisme l'"Osee Yee" dans la version de l'hymne reconnue officiellement. Est-ce que cela est apparu trop manifestement "africain", trop différent pour marquer l'entrée de la nation nouvellement indépendante dans le concert international des nations ?

Ecoutez aussi de la musique populaire du continent et vous serez frappés par la façon dont elle embrasse, parfois sans en faire la critique, un ou deux idiomes de la musique tonale, y compris la progression sous-dominante-dominante-tonique que l'on trouve dans d'autres musiques populaires du monde. Le style harmonique diatonique du groupe à succès sud-africain Ladysmith Black Mambazo et, en fait, celui d'autres interprètes du style choral *mbube* sont si profondément enracinés et produits naturellement, sans effort, qu'il semble tout à fait superflu d'insister sur leurs origines européennes. Et écoutez enfin la musique classique (ou "artistique") du continent, par exemple, la *Suite africaine* de Fela Sowande, avec ses fondations diatoniques, ou la *Missa Mayot* d'Anthony Okelo, ou n'importe lequel des hymnes pour chœurs composés par Ephraim Amu. Ici, la tonalité dans une forme restreinte fournit la base harmonique de la composition. Seuls une poignée de compositeurs africains entreprenants ont réussi à imaginer la vie musicale dans un monde atonal ou non tonal. (On peut trouver une brève introduction aux compositeurs de musique classique africaine dans une série d'entrées sur des compositeurs individuels, écrites par Daniel Avorgbedor et publiées dans le *New Grove Dictionary of Music and Musicians* [Sadie, 2001]. Parmi les compositeurs représentés figurent Fela Sowande [1905-1987], Theophilus K. Ekundayo Phillips [1884-1969], Ephraim Amu [1895-1995], Ayo Bankole [1935-1976], Akin Euba [né en 1935], Kenneth Kafui [né en 1951], Mzilikazi Khumalo [né en 1932], Emmanuel Gyimah Labi [né en 1950], Okechukwu Ndubusi [né en 1936], Ato Turkson [1937-1993], Joshua Uzoigwe [né en 1946] et Nicholas Zinzendorf Nayo [1922-1993]. La liste est loin d'être complète. On lira aussi Omojola, 1995 et Tamusuza, 2001.)

Que peut-il y avoir de désastreux dans le caractère pénétrant de l'harmonie fonctionnelle en Afrique ? N'est-ce pas une ressource comparable à une langue étrangère ou dérivée (comme l'anglais ou le français) qui peut servir de moyen de communication pratique et contribuer à unifier une population hétérogène sur le plan linguistique ? D'un certain côté, utilisateurs et consommateurs de l'harmonie fonctionnelle pourraient tirer leur épingle du jeu s'ils prenaient conscience d'avoir *choisi* ce "langage" non à cause de sa supériorité inhérente mais pour des raisons pragmatiques et purement pratiques, c'est-à-dire pour rendre la communication plus aisée. Il y a cependant des différences entre langage musical et verbal. Le premier n'est pas soumis aux mêmes obligations de communication primaire dans la société que le second. Ainsi, sans songer à nier que la musique, en tant que phénomène esthétique, peut servir des objectifs idéologiques et politiques, qu'elle peut véhiculer le poids d'un "contenu" déchiffrable, un contenu auquel on peut accéder (incomplètement et imparfaitement, bien entendu) à travers le langage verbal, on hésiterait néanmoins à accorder aux musiques et aux langues africaines un potentiel de signification comparable. On pourrait défendre, en fait, que le résidu symbolique du langage musical est plus grand que celui du langage verbal. La musique est, dans ce sens, plus *marquée* que la littérature. Par conséquent, la danse de salon ou la composition et l'interprétation de quatuors à cordes par des Africains aujourd'hui sembleraient des activités culturelles plus marquées que l'écriture de poèmes, de romans ou de pièces de théâtre en anglais, français ou portugais.

Du coup, les vastes ressources harmoniques disponibles dans la musique africaine traditionnelle, ressources qui comptent de nombreuses alternatives viables à la texture soprano-alto-ténor-basse (SATB) des hymnes européens, par exemple, demeurent sous-estimées. L'arrangement hiérarchique pour SATB que les fidèles rencontrent le dimanche à l'église et que garçons et filles doivent supporter dans leur activité de choristes au sein de la communauté ou à l'école, n'existe pas dans la musique africaine traditionnelle. Le chant polyphonique indigène présente des idiomes très variés, dont on peut donner des exemples spectaculaires. Certains sont basés sur des textures à l'unisson, d'autres sur une polyphonie sans hiérarchie (comme on peut l'entendre chez les Ba-Aka en République centrafricaine), d'autres encore sur une espèce de parallélisme au sein duquel la consistance de la texture – par exemple un courant de tierces parallèles dans une polyphonie à deux voix – n'est qu'apparente ; en fait, la production de ces tierces engage de nombreux croisements de voix de sorte que les parties individuelles des voix sont beaucoup plus intéressantes et complexes que le "simple" résultat, du point de vue de l'exécutant. (Sur le chant polyphonique dans la musique africaine, on lira Agawu, 1990, England, 1967, Euba, 1967, Kubik, 1968, Nketia, 1967 et Scherzinger, 2000, chap. VI ; sur les schèmes harmoniques du chant shona *mbira*, Tsukada, 1990.)

Ces idiomes ainsi que nombre d'autres pratiques harmoniques et contrapuntiques restent à explorer sur le plan créatif et à grande échelle ; mais on a peu de chance de voir une telle exploration se faire dans un avenir proche si, comme cela est trop souvent le cas, nous restons sourds aux systèmes harmoniques locaux, refusons de standardiser des ressources harmoniques à des fins compositionnelles, apparaissons intoxiqués par les harmonies superficiellement polluantes des hymnes européens et des chansons populaires américaines. En acceptant de concéder du terrain harmonique, les Africains renforcent involontairement l'impression que les systèmes harmoniques à fort pouvoir d'insinuation et d'adhésion ne font tout simplement pas partie de leur héritage traditionnel. Ward a prétendu dans un article de la fin 1927 portant sur les éléments fondamentaux de la musique africaine, que "si elle pouvait tirer de l'Europe des développements modernes dans le domaine de la forme et de l'harmonie, la musique africaine devrait évoluer en une forme d'art plus somptueuse que ce que le monde a jamais vu" (1927, p. 223), mais cela ne serait possible qu'au détriment de l'environnement affecté par cette concession. Et pourtant, les procédés multiples et parfois fort complexes de l'organisation polyphonique utilisée dans de nombreux répertoires suggèrent que, contrairement aux suppositions de Ward, l'Afrique a peut-être beaucoup moins à apprendre – en admettant qu'elle ait quelque chose à apprendre – de l'Europe dans le domaine de l'harmonie. De tous les héritages du colonialisme, on n'a pas encore reconnu les conséquences de l'acceptation naïve d'une forme limitée de l'harmonie fonctionnelle par beaucoup d'Africains, et encore moins fait activement front contre cette situation.

5. Le langage de la musique d'église

L'échange des idées musicales lancé par l'Eglise représente un exemple particulièrement dramatique des effets du colonialisme. Observons les activités d'un autre personnage de fiction, le musicien ghanéen Kwaku, qui enseigne la musique dans une école et participe activement à la vie de l'Eglise évangélique presbytérienne. Le dimanche, il accompagne les chants de la congrégation à l'harmonium, parfois avec le soutien d'une fanfare. Il dirige les trente choristes de l'église dans l'interprétation de motets, dont certains qu'il a composés. Il joue une pièce d'orgue à la fin de chaque service. Les jours de fête, Kwaku fait appel à d'autres types de musique. Beaucoup de gens de sa congrégation reconnaissent la "Marche funèbre" instantanément, même si peu d'entre eux savent qu'elle est tirée de l'oratorio *Saül* de Haendel. La "Marche nuptiale" et ses antécédents du même genre font partie de son répertoire. Cependant, comme d'autres organistes, Kwaku ne maîtrise pas vraiment la "Marche nuptiale". Alors il en exécute seulement une version tronquée qui s'arrête dès que l'assemblée est sortie de l'église. A Noël, le chœur de Kwaku s'associe à d'autres dans le secteur pour chanter une sélection de chœurs du *Messie* de Haendel, comprenant le toujours populaire "Alleluia". On a adapté ces chœurs avec des paroles ewé pour en faciliter l'exécution. On apprend les parties machinalement et on les chante avec enthousiasme. Nul ne devinerait à l'écoute qu'aucun des membres du chœur ne sait en fait lire la musique.

L'église comporte aussi d'autres activités qui mélangent les influences européennes et africaines. Les percussions et la danse, autrefois proscrites par les autorités cléricales, font aujourd'hui partie du culte sans que cela paraisse déplacé, sauf pour quelques conservateurs purs et durs. De nos jours, la congrégation de Kwaku garde environ vingt minutes pour la louange à chaque service. Pendant ce temps, on joue des percussions avec vigueur, on danse et on interpelle Dieu – par exemple, “Seigneur, tu es merveilleux ! Seigneur, tu es plein d'excellence !”. Dans les congrégations dirigées par des ministres du culte qui souscrivent à l'africanisation du christianisme, il est possible qu'un tambour “parlant” *(talking drum)* annonce le sermon tandis que le prêcheur, en s'approchant de la chaire, est accompagné d'un linguiste *(okyeame)* portant le bâton traditionnel de cette fonction.

L'histoire musicale de l'Eglise compte aussi des expérimentations musico-dramatiques ambitieuses. Walter Blege, un pédagogue et important musicien de l'Eglise évangélique presbytérienne, a composé tout un opéra dont le titre est *Kristo.* L'intrigue raconte l'arrivée de missionnaires en terre ewé, leurs luttes contre des chefs africains, finalement leur acceptation et la création d'un nouveau christianisme africain qui mélange dans des proportions égales des éléments européens et africains. La musique de *Kristo* est constituée d'une série de chœurs dans lesquels s'insèrent des dialogues parlés et un peu de dialogues chantés. Blege, qui a écrit lui-même le livret, caractérise les sujets africains avec du chant, un jeu de percussions fougueux, de la danse pleine d'entrain, tandis que les missionnaires sont représentés par un chant plat, basé sur les hymnes, avec des incursions occasionnelles dans le domaine du chant virtuose. La question n'est pas de savoir si l'opéra est une réussite (développer des critères appropriés pour mesurer la “réussite” n'est finalement pas possible, sauf en des termes tout à fait provisoires et dans un contexte strict). En tout cas, le fait que le public semble tirer de la satisfaction de *Kristo* chaque fois qu'il est donné montre sa réception positive. La question, plutôt, concerne la possibilité de l'opéra : un effort créatif téméraire dans un genre qui s'avère plus africain qu'on ne le penserait de prime abord. Opéras, cantates et autres genres mêlant musique et théâtre sont plus répandus en Afrique qu'on ne le croit généralement. (Euba [1993] a répertorié de nombreux opéras, drames dansés et pièces avec musique. Sur la tradition de concert, on lira Barber, Collins et Ricard, 1997, Soyinka, 1999 et Agawu, 2001.)

6. Lagos au XIXe siècle

Lagos, la capitale du Nigeria, était dans la seconde moitié du XIXe siècle une ville grouillante de vie. Avec sa population diversifiée, l'éclosion du commerce et des pratiques culturelles et religieuses fortes, Lagos est l'exemple même du mélange particulier d'influences qui a caractérisé l'impact européen et les autres plus tardifs sur l'Afrique. La vie musicale de la ville, aussi, témoignait d'une grande diversité. Du côté de la "tradition", on trouvait la pratique des percussions, la danse, les chants de louange et l'exécution de mascarades. Du côté de la "modernité", une élite émergente organisait des concerts. Cette haute société comprenait des missionnaires, des fonctionnaires expatriés, la communauté brésilienne (des personnes revenues du Nouveau Monde), des ressortissants du Sierra Leone et du Liberia au service du gouvernement ou de professions diverses et, bien entendu, des habitants de Lagos eux-mêmes éduqués. Dans un portrait passionnant de ce qu'il nomme le "Lagos victorien", Michael Echeruo (1977) s'appuie sur l'étude de la presse de Lagos pour la période 1863-1905 pour montrer la façon dont l'élite cultivait certaines habitudes musicales européennes. Je souhaite rappeler ici quelques détails de la description d'Echeruo dans le but de fournir une autre perspective sur l'influence européenne en Afrique.

Des concerts avaient lieu régulièrement à Lagos. Le répertoire et les pratiques d'interprétation étaient directement imités sur le modèle européen. En octobre 1882, un "Festival Haendel" fut organisé par Robert A. Coker, un organiste et pianiste qui devint par la suite une figure dominante dans la vie musicale de Lagos. Le 23 mai 1882, la compagnie théâtrale brésilienne "sous la protection du consul allemand Heinrich Bey, joua un «Grand Théâtre» en l'honneur du jubilé de la reine Victoria". Notez que cet événement "multinational" impliquait quatre nations : le Brésil, l'Allemagne, la Grande-Bretagne et bien sûr le Nigeria. Une représentation du 15 avril 1884 par la Société mélodramatique de Lagos inclut des chansons, un récital de piano et des sketches parodiques de comédie. En août 1886 fut donné *Trial by Jury* de Gilbert et Sullivan, une œuvre créée en Angleterre seulement onze ans plus tôt. De plus, il y avait beaucoup de concerts de musique chorale par des chœurs scolaires comme celui du collège Saint-Gregory en 1887 ou la Société chorale Ibadan. Quand on pense que ces événements ne se passaient pas à Lisbonne, à Paris ou à Londres, mais à Lagos au Nigeria, cela permet de saisir l'empreinte profonde de l'Europe sur le paysage sonore de la côte africaine.

La presse de Lagos, comme Echeruo l'explique, montrait plus d'intérêt dans la couverture des activités de la haute société comme celles mentionnées ci-dessus qu'à celles de musique traditionnelle ; il ne faut donc pas supposer que tout Lagos allait chaque semaine à des récitals de piano, des concerts de musique chorale ou des représentations d'opérettes. L'interprétation de la musique traditionnelle trouvait sa place dans les tranches adéquates de la société. Nous assistons donc à la coexistence de traditions musicales de provenances diverses. C'est cet état de choses, consolidé par la période coloniale, qui est devenu un paradigme pour la vie musicale urbaine dans l'Afrique d'aujourd'hui. Les images d'une Afrique qui danse, une Afrique confinée dans ses habitudes et ses pratiques musicales d'autrefois, ces images ne représentent au mieux qu'un aspect de la vie musicale africaine. Bien que ceux qui perpétuent ces images (dont beaucoup d'ethnomusicologues) ne soient peut-être pas pressés de reconnaître les poches "occidentalisées" de l'Afrique, personne ne peut en nier l'existence.

Les pratiques musicales élitistes de Lagos ressemblent à celles qui sont observées dans d'autres institutions, notamment l'Eglise ainsi que divers établissements d'éducation. Certains aspects de l'activité musicale chrétienne ont déjà été mentionnés mais il est peut-être nécessaire de ne pas sous-estimer l'influence du christianisme en Afrique. Il y a beaucoup d'Africains aujourd'hui qui s'investissent plus, affectivement et avec plus de sincérité, dans *Quel ami Jésus est pour nous ! (What a Friend we have in Jesus !)*, *Courage, mon frère, ne trébuche pas ! (Courage, Brother, do not Stumble !)*, *Ton chemin et non le mien, Seigneur (Thy Way not Mine, O Lord !)*, *Apporte doucement de la lumière dans l'obscurité qui nous entoure (Lead Kindly Light Amid the Encircling Gloom)*, *Demeure près de moi, le jour tombe vite (Abide with Me, Fast Falls the Eventide)*, *O amour parfait qui transcende toute pensée humaine (O Perfect Love all Human thought Transcending)* ou *Amour divin qui surpasse tout amour (Love Divine all Loves Excelling)*, que dans quoi que ce soit qui pourrait être éveillé par un chant funèbre traditionnel. Le lignage de cette implication commence, comme on peut s'en douter, avec l'introduction des hymnes dans le culte, qui faisait partie du prosélytisme missionnaire dans les années 1840. Avec le temps, des livres d'hymnes entiers ont été traduits dans la langue vernaculaire afin que les Africains ne parlant pas anglais puissent profiter comme les autres des mélodies, des harmonies et des sentiments exprimés par les mots, en particulier des textes qui donnent espoir et apportent réconfort à ceux qui souffrent et connaissent la douleur. Chanter des hymnes est désormais une seconde nature pour nombre d'Africains pratiquants, dont certains peuvent aisément improviser des parties sur des mélodies d'hymnes qu'ils n'ont jamais entendus auparavant. Nous ne devrions pas sous-estimer le pouvoir de l'hymne dans la réception africaine de la musique européenne.

7. Achimota School, Ghana

Les établissements d'éducation sont aussi devenus d'importants lieux où l'on cultive la musique européenne et européanisée. Regardez par exemple l'école Achimota au Ghana (Agbodeka, 1977 et Ward, 1991). Fondée en 1925 sous le nom de collège du Prince-de-Galles, Achimota est une des toutes premières écoles en Afrique de l'Ouest et un centre phare pour l'étude et l'interprétation de la musique. En effet, le logo de l'école représente une partie de clavier de piano dont les notes blanches et noires symbolisent l'harmonie entre Africains (noirs) et Européens (blancs). Beaucoup de musiciens ghanéens importants ont un lien avec Achimota. L'un d'entre eux, Philip Gbeho, a composé l'hymne national du Ghana, dirigé l'Orchestre symphonique national et a été un professeur de musique traditionnelle et européenne influent. Un autre, le docteur Ephraim Amu, a été un compositeur de chants et d'œuvres chorales de premier plan et un homme conscient de son africanité dans son mode vestimentaire, sa façon de vivre et de parler. Gbeho et Amu ont enseigné quelques années à Achimota. Des générations d'anciens élèves doivent leur amour pour la musique à ce qu'ils ont entendu et joué là-bas.

Quand j'étais moi-même à Achimota, au début des années 1970, l'ambiance musicale correspondait au maintien du concept qui avait motivé la fondation de l'école. L'institution possédait une école de musique complète avec douze salles de travail, chacune équipée d'un piano droit. A l'étage, il y avait une petite salle de concert avec un Steinway de deux mètres pour les répétitions, les conférences, les concerts et les examens. Le personnel chargé de l'enseignement de la musique comptait à lui seul cinq employés à temps complet et plusieurs à temps partiel dont la plupart avaient été en partie formés en Europe et présentaient un niveau d'expertise impressionnant en matière d'interprétation, de composition et de théorie. Un petit orchestre de chambre répétait une fois par semaine et travaillait un répertoire de concert à la fois pour l'école et la télévision nationale. A chaque Noël, le chœur d'Aggrey Chapel, dans lequel on ne pouvait entrer qu'après avoir réussi une audition, donnait un Festival de neuf leçons et chants de Noël sur le modèle du service original lié au King's College de Cambridge. Et, un an sur deux, enseignants et élèves montaient ensemble un opéra de Gilbert et Sullivan (*Mikado* en 1971, *The Pirates of Penzance* en 1973). De plus, un concours biennal de chant entre les différentes maisons qui hébergeaient les élèves donnait l'occasion aux étudiants de monter et de faire travailler des chœurs et, dans certains cas, de composer une nouvelle œuvre ou d'en arranger une déjà existante pour un concert *ad hoc*. Finalement, le programme musical de l'école préparait les élèves aux certificats de niveaux ordinaire et avancé administrés par le London Board of Education. Des œuvres au programme étaient sélectionnées dans un répertoire standard. Les élèves se présentant en musique aux examens de niveau moyen en 1972 devaient connaître le *Quatuor à cordes* de Ravel, le premier acte des *Noces de Figaro* de Mozart et le premier mouvement de la *Première Symphonie* de Beethoven. Pour les examens du niveau avancé deux ans plus tard, la *Huitième Symphonie* de Chostakovitch et le *Quintette avec piano*, opus 44, de Schumann étaient au programme. De plus, le Bureau associé des écoles royales de musique envoyait un examinateur du Royaume-Uni dans divers pays africains chaque année (Sierra Leone, Ghana, Nigeria, Afrique du Sud) pour évaluer des étudiants dans des disciplines pratiques variées. (Pour en savoir plus sur l'éducation musicale, on lira Akrofi, 1982 et Kwami, 1989.)

Il existait aussi d'autres voies majeures d'expression musicale créative à Achimota. L'une d'entre elles était le concours Pop Chain, qui réunissait des groupes de diverses écoles pour jouer toute une variété de musique pop. Achimota produisait régulièrement un ou deux groupes de quatre ou cinq jeunes pour ce concours créé par des étudiants. L'autre concernait la musique traditionnelle. Chaque année, Achimota organisait une journée de célébration pour les fondateurs de l'école. Cette fête s'accompagnait de chants traditionnels variés et de danses rituelles ; le clou du spectacle était un simulacre de procession par des groupes ethniques, avec leurs chefs respectifs, reines mères et sujets. C'était l'occasion pour les élèves de représenter les traditions "africaines" à travers des chants africains, la pratique de percussions et de danses africaines. La conscience réflexive avec laquelle ces jeunes Africains exécutaient des traditions africaines n'était en rien différente de celle avec laquelle ils jouaient Bach au violon ou chantaient le *Gloria* de Vivaldi. Les fondations mêmes de leur être culturel ne correspondent pas à une quelconque essence africaine vierge et pure, de celles qu'on qualifierait de dénuées d'influences "extérieures". Non : leurs origines sont mélangées et irréductibles, hybrides, syncrétiques et impures. Et c'est un des effets du colonialisme qui perdure.

8. Musique populaire, musique classique (ou artistique)

Peut-être la conséquence musicale la plus décisive du colonialisme a-t-elle été l'émergence de deux traditions musicales en Afrique, l'une dominante socialement, l'autre moins, toutes deux conçues comme des réponses actives à l'Europe. La première correspond à la tradition de la musique populaire, l'autre à la tradition de musique dite "classique". Au Ghana, la musique populaire inter-ethnique telle que le *highlife* trouve son origine dans les besoins de divertissement des élites des régions côtières pendant leurs heures de loisir. Avec l'aide des innovations technologiques (radio, enregistrement, amplification et commerce sans restriction entre l'Afrique d'un côté et l'Europe et l'Amérique de l'autre), la musique populaire a su trouver un public enthousiaste dans les populations urbaines auxquelles les routines quotidiennes laissent tout le loisir pour consommer ce type de produits. Bien que personne n'ait pu prédire les débuts du destin de la musique populaire africaine dans les premières décennies du XXe siècle, la façon dont elle s'est développée jusqu'à devenir le phénomène global que l'on connaît aujourd'hui est remarquable. Dans la mesure où l'importation de la technologie "occidentale" a rendu possible son évolution rapide, on peut considérer la musique populaire africaine comme une excroissance directe du colonialisme, d'un point de vue historique.

Le *highlife*, un exemple souverain de la musique populaire de l'Afrique de l'Ouest, est basé sur une pulsation distinctive et propre à la danse. Ses mélodies sont chantables et faciles à mémoriser, même si certaines, notamment influencées par les styles de chant islamiques, ne sont pas dénuées d'une ornementation élaborée. Plus important, les paroles des chansons, lorsqu'elles sont de bonne facture, capturent souvent un aspect de l'expérience passée ou présente du langage qui reste à l'esprit, même après une seule écoute. Ces textes parlent avec agressivité de l'ici et du maintenant. Tirés des conversations que l'on peut entendre dans le bus, les bars, les églises, les salles de jeu, les écoles, les matches de football et les rues, les textes du *highlife* deviennent à leur tour des sujets de conversation chez les travailleurs d'usine, les femmes au marché, les manœuvres, les fonctionnaires, les bandits et les désœuvrés. Les compositeurs invoquent des aspects de la tradition pour coder une série de réflexions sur l'expérience africaine moderne. Les textes du *highlife* sont passionnants "à lire". Ils célèbrent l'amour, taquinent les amoureux éconduits, rient des handicapés, ironisent sur les femmes modernes, énumèrent les problèmes d'argent, se lamentent sur la mort inattendue, préviennent les politiciens au pouvoir de l'imminence d'un coup d'Etat, évaluent certaines énigmes de la vie et racontent les activités des hommes et femmes jùjú. Pris dans leur ensemble, ces textes composés avec imagination sont une fenêtre sur l'état d'esprit africain contemporain. (Sur le *highlife*, on lira Collins, 1994, ainsi que Mensah, 1986 et 1992 ; sur les paroles des chants du *highlife*, Brempong, 1986, Yankah, 1984 et Van der Geest, 1982 ; le CD *Giants of Danceband Highlife* [Original Music OMCDO11] constitue une excellente introduction à la musique *highlife*.)

Il y a donc un aspect de la musique populaire africaine qui n'est accessible qu'à ceux qui possèdent cette culture de l'intérieur. Et pourtant le triomphe particulier de cette musique vient de sa propagation au-delà des frontières ethniques ou nationales. La musique nigériane *jùjú*, le *fuji* ou l'*afrobeat*, le *soukouss* ou *rumba* zaïrois, la *makossa* camerounaise et le *mbube* sud-africain sont enregistrés, parmi beaucoup d'autres variétés de musique populaire, et circulent largement en Europe, en Amérique et à travers le monde. Sans chercher à mystifier son "contenu", on décrirait encore la meilleure musique populaire par son enracinement dans des valeurs "profondes", comme Waterman l'a fait quand il a parlé de "pratiques yoruba profondément ancrées" dans sa monographie sur la musique *jùjú* (1990, p. 14). On peut concevoir la musique populaire africaine comme un phénomène stratifié où reposent des idiomes musicaux d'origines diverses (africaine, afro-cubaine, européenne, afro-américaine, islamique) agencés de sorte qu'un élément ou groupe d'éléments dominant véhicule un "message" à des auditeurs de cultures sociales, linguistiques et musicales différentes. Pour autant que nous le sachions, il n'y avait pas de musique populaire précoloniale dotée d'un statut comparable. Il n'est pas non plus facile d'imaginer comment une telle musique se serait répandue à travers le continent sans les supports technologiques qui nous semblent évidents aujourd'hui, y compris les cassettes audio, CD, vidéos, radios et télévisions.

La musique classique africaine correspond aussi à une autre réponse significative mais moins visible au colonialisme. De même que des écrivains comme Ngugi, Achebe, Armah et Soyinka ont puisé dans les traditions poétiques et romanesques européennes, en utilisant une langue "européenne" bien qu'infléchie par diverses langues africaines, de même des compositeurs comme Ayo Bankole (Nigeria), Cyprien Rugamba (Rwanda), Nicholas Z. Nayo (Ghana) et Justinian Tamusuza (Ouganda), parmi beaucoup d'autres, ont cherché à écrire de la musique "classique" pour des publics uniquement spectateurs, de la musique qui serait considérée comme l'équivalent africain de Bach, Beethoven ou Brahms. Dans le catalogue des archives de musique africaine moderne déposées à l'Iwalewa-Haus (université de Bayreuth, Allemagne) et mis au point par Akin Euba (1993), plus de cent groupes et compositeurs sont répertoriés dans la section "musique religieuse chrétienne" uniquement, avec pour certains une poignée de partitions, pour d'autres quelques-unes. Une section intitulée "musique classique et musique de théâtre" compte plus de quarante compositeurs et près de trois cents partitions. Les genres représentés sont l'"opéra", la "sonate", la "suite", le "ballet", le "concerto" et la "symphonie" ; des œuvres sont écrites pour orchestre de chambre, violon et piano, clarinette et piano, flûtes de bambou, synthétiseurs et, dans le cas d'œuvres chantées, pour soprano, alto, ténor et basse ou voix et piano. Le piano en particulier a engendré un sous-genre qu'Akin Euba a nommé "l'art du piano africain" *(african pianism)* et qui comprend des œuvres pour piano écrites par des compositeurs africains et leurs nombreux descendants issus de la diaspora. Le catalogue d'Euba est nécessairement incomplet mais, mis en rapport avec le programme du Festival de musique de chambre africaine de 1995, organisé par la Hochschule für Musik à Würzburg et avec les initiatives lancées par le chœur africain de Saint-Louis pour promouvoir les concerts de musique africaine, on prend bien conscience d'une tradition musicale qui devait forcément se faire jour en Afrique et qui a récemment fait des incursions significatives dans les métropoles.

Comme la littérature africaine, la musique classique africaine ne comporte pas seulement des produits d'imitation. Il existe tout un pan d'œuvres, depuis les exercices de composition basés sur divers modèles européens jusqu'à des compositions entièrement créées écrites dans une langue originale. Parmi les œuvres les plus tournées vers l'avenir, on trouve celles qui cherchent à s'approprier les instruments et modes d'expression européen *et* africain à un premier niveau ou niveau naturel, sans guillemets comme si le compositeur était ventriloque. Les *Quatre pièces* pour flûte, basson, piano et percussions nigérianes (1964) d'Akin Euba témoignent d'une exploitation étonnamment efficace des registres les moins utilisés de ces instruments ainsi que du recours à une série de gestes musicaux en apparence décousus. Le langage qui en résulte gagne en cohérence au fur et à mesure que l'œuvre se déploie, de sorte que l'auditeur ne se trouve pas engagé dans le jeu de reconnaissance des éléments d'origine “européenne” ou “africaine” dans les idées ou l'orchestration de l'œuvre. De façon comparable, Joshua Uzoigwe, dans sa *Mascarade* pour tambour *iyaalu* et piano, pleine d'invention, explore le potentiel du frappement commun aux deux instruments ainsi que leurs propriétés mélodico-rythmiques en utilisant imitation, ostinatos et une façon semi-improvisée de créer une œuvre de musique de chambre subtile et impressionnante. Euba et Uzoigwe font partie des quelques compositeurs africains peu nombreux à avoir essayé d'autres systèmes d'organisation des hauteurs. Les portraits cyniques de la tradition classique conçue comme élitiste, inutilement cérébrale et, pour tout dire, contraire à l'africanité dans son manque apparent de spontanéité révèlent, au mieux, une connaissance très partielle de ce qui en réalité constitue un ensemble de pratiques variées et esthétiquement contradictoires. Finalement, ce n'est pas le nombre de compositeurs ou de compositions qui présente un intérêt ; c'est plutôt le fait que l'engagement africain dans la voie de la modernité soit la condition qui rend possible de telles pratiques créatives.

9. Inventer la musique traditionnelle

L'impact du colonialisme sur la musique "traditionnelle" est moins évident mais non moins important. Dans ce domaine, deux tendances s'affrontent, l'une qui prône la transformation, l'autre la consolidation et la redéfinition de cette pratique. C'est ce dernier cas que je souhaiterais commenter. L'élan qui pousse à protéger ce qui est sien en face d'influences manifestement étrangères est un réflexe commun et compréhensible. Il n'est par conséquent pas étonnant que, dans l'Afrique d'après l'indépendance, on rencontre souvent des tentatives fort timides de maintenir certains produits culturels de quintessence "africaine". Dans les communautés qui ne font pas face à une menace extérieure significative, il est possible que l'innovation artistique se développe selon une dynamique interne naturelle. Il n'y a pas d'"Autre" susceptible de remettre en question la codification des dimensions identitaires. Dans les rencontres les plus dramatiques de l'Europe avec l'Afrique, quoi qu'il en soit, la conscience que l'Afrique a d'elle-même a dicté une nouvelle représentation du mythe, du rituel, de la musique, de la danse, du jeu et des modes de culte.

Considérons par exemple la situation de Lagos au XIXe siècle présentée plus haut, où une telle rencontre a obligé certains leaders traditionnels à réfléchir au rôle des percussions dans leur communauté. A un moment, des plaintes ont été déposées par divers résidents à propos du niveau de bruit occasionné par la pratique nocturne des percussions. Le gouverneur entreprit de limiter cette activité à certaines heures ou, dans certains cas, de l'interdire tout à fait. Une rencontre entre les chefs de Lagos, le gouverneur et le commissaire de police à la fin de 1903 donna l'occasion aux chefs de réaffirmer la signification des tambours dans leur vie et leur culture. D'où le document "Doléances de natifs : la question des tambours" qui a paru dans le journal de Lagos *Record* du 2 janvier 1904 et qu'Echeruo cite abondamment (1977, p. 68-69).

Un chef, Obanikoro, a souligné l'utilité des tambours : "Tambouriner est très bon, cela donne du courage aux soldats à la guerre, c'est une façon de faire la louange de nos pères, cela permet de se rappeler des grands hommes des temps passés, et de réjouir nos cœurs." Un autre, Kasumu Giva, a remarqué qu'"[une] ville sans bruit de tambours est comme une ville morte", tandis qu'un troisième, le chef Aromire, a renforcé la vision courante de l'appétit des Africains pour la musique : "On aime tous entendre le son des tambours." Le document dans son ensemble établit ceci : les chefs continuent de faire jouer pour eux les tambourinaires pour certaines occasions ; il y a des tambourinaires professionnels dont l'existence dépend de cette activité ; certains tambourinaires assument la tâche de garder la trace de l'histoire ; la pratique des tambours accompagne souvent des activités comme les cérémonies de mariage ; les tambours sont parfois utilisés pour préparer les hommes à la guerre (psychologiquement) ; et finalement, les musulmans usent fréquemment de tambours pour réveiller les fidèles pendant le ramadan. Ainsi la menace d'une interdiction a forcé les chefs de Lagos à construire un compte rendu de ce que le tambour signifiait pour leur communauté. Parler de "construction" ne sous-entend pas que les chefs ont menti, (quoi qu'il en soit, ceux qui appartiennent à cette culture – ou ceux qui en adoptent les manières – ne sont pas autorisés à dire que leurs chefs ont menti, même si c'est le cas !), mais il s'agit plutôt de souligner le caractère *motivé* des vérités qu'ils ont énoncées. Une telle motivation est au cœur des inventions africaines en matière de traditions.

L'événement qui pousse à justifier un aspect de la tradition en entraîne un autre pour préserver une tradition qui vient d'être inventée. Les cultures de l'Afrique précoloniale étaient principalement orales et leur poésie, leurs danses et leurs chants stockés dans la mémoire des interprètes et du public. Chaque concert offrait donc l'occasion de récupérer ce qui avait été stocké et d'en proposer une version neuve. Mais la créativité dans le fonctionnement de la mémoire humaine impliquait que chaque poème, danse ou chant ait une configuration multiple irréductible. Quand le colonialisme européen a apporté une culture écrite et des moyens alternatifs de préserver à la fois les données orales et visuelles, cela a nécessité une reconfiguration des produits culturels. On pourrait aujourd'hui parler de façon concrète d'archives de matériaux africains. Cependant, il est trompeur de définir en termes catégoriques la différence entre culture orale et culture écrite, car ce qui est conservé dans un enregistrement audio, par exemple, ne correspond qu'à un rendu parmi plusieurs possibles. Ce qui finalement complique la dynamique de la rencontre oral/écrit, c'est l'incapacité à rendre véritablement compte de la connaissance supplémentaire invariante sans laquelle aucun poème, danse ou chant ne peut prendre vie dans son actualisation.

Une tradition musicale a été inventée au Ghana, au départ dans les années 1960, à travers l'instauration d'un Conseil des arts du Ghana (Arts Council of Ghana), la création d'un groupe de danse national et la formation de nombreuses troupes culturelles dans tout le pays. Ces associations ont rassemblé des percussionnistes, chanteurs et danseurs de groupes ethniques différents afin d'apprendre et d'exécuter leurs danses les plus populaires et les plus importantes (notamment *kpanlogo*, *adowa*, *atsiagbekor*, *bawa* et *damba-takai*). Le résultat attendu était l'établissement d'un canon trans-ethnique, une collection classique d'objets culturels fabriqués. Une sélection de ces danses a été donnée lors de concerts publics pour des spectateurs passifs. L'idée était de préserver l'"authenticité" de chaque danse en réifiant certains pas, mouvements, costumes et styles de chant et de jeu de tambour. En construisant des édifices voués à servir de fondations, de lieux d'authenticité, de sources essentielles, de marqueurs de la différence africaine, cette *invention* de la tradition a entraîné plusieurs réactions. D'un côté, la culture traditionnelle était comprise comme une re-naissance à travers une sorte de *sankofa* ou philosophie de "retour en arrière et de récupération du passé". De l'autre, on interprétait la culture traditionnelle comme un objet neuf, le résultat d'initiatives nouvelles qui, bien que marquées par une relation thématique à l'Afrique "ancestrale" et rurale, n'en représentait pas moins un projet audacieux inédit. On trouve là un des paradoxes de la vie africaine postcoloniale.

Une place spéciale doit être accordée à la formation intitulée l'Orchestre pan-africain (Avorgbedor, 2001). Fondé en 1988 et dirigé par Nana Danso Abiam, cet ensemble ghanéen a mené la notion de reconnaissance artistique jusqu'à un point extrême et motivant. Les auditeurs qui ne sont pas familiers avec le son distinctif de l'Orchestre pan-africain peuvent l'écouter sur le CD de 1995, *The Pan-African Orchestra*, opus 1 (Real World Records, CAR2350). Les musiciens jouent des instruments traditionnels comme le xylophone, les cloches, les crécelles, les flûtes *atenteben* (en bambou), les flûtes *wia* (avec des entailles), les *gyile* (xylophones), les *kora* (harpes-luths), les *gonje* (violons africains), les *fontomfrom* (et autres) tambours, et cors. Pourtant, contrairement aux troupes culturelles apparues dans les années 1960, l'orchestre compte aussi un nombre significatif d'instruments provenant d'autres régions d'Afrique – d'où l'adjectif "pan-africain". Plus important, les musiciens de l'orchestre travaillent sur des partitions écrites avec soin et produisent un son qui semble tellement plus authentique que la musique traditionnelle que cela trahit ses origines : un effort pour modeler la tradition plutôt qu'exprimer des idées issues de l'intérieur à un premier niveau d'articulation. Les remarquables ingéniosité et inventivité dont le leader du groupe a fait preuve avec ses musiciens sont à mettre au même niveau que celles des meilleurs compositeurs de musique artistique. Et pourtant, tandis que l'on se représente généralement les produits de la musique artistique ou classique comme émanant d'un seul compositeur, les œuvres de l'Orchestre pan-africain parviennent à un tel sens collectif profond qu'on pourrait facilement les prendre pour des transcriptions ou des arrangements de musique traditionnelle. Le fait que cette musique nous force à réexaminer nos catégories taxinomiques fondamentales témoigne de sa puissance et de son caractère unique.

10. Transformer le discours sur la musique

J'ai gardé pour la fin ce qui est peut-être l'aspect le plus profond de l'impact du colonialisme, c'est-à-dire la transformation des termes du discours sur la musique africaine. Cet article a été écrit à l'origine en anglais par un Ghanéen dont la langue maternelle, le siwu (parlé par la population akpafu), n'est pas une langue écrite, quelqu'un dont la première langue écrite, l'ewé, n'a pas cours en tant que médium dans les échanges universitaires en Europe et en Amérique, et dont l'éducation a facilité une familiarité avec le français ainsi que deux autres langues ghanéennes, le twi et le ga, et dont la formation en musicologie a fait entrer l'allemand dans son orbite. Cette petite généalogie peut servir d'indicateur quant aux chemins linguistiques complexes que beaucoup d'universitaires de l'époque postcoloniale ont dû suivre et à l'aisance qu'ils atteignent dans les langues coloniales, mais qui reste nécessairement fragmentaire et marquée du point de vue des domaines qu'elles prennent en charge. Cela suggère aussi que le terrain sur lequel la pensée et le discours concernant la musique africaine ont grandi est nécessairement "contaminé", irréductiblement pluriel. Le colonialisme a suscité l'apparition d'un discours stratifié, une configuration complexe qui n'est pas sans ressembler à la tour de Babel. Une différence subsiste néanmoins : les discours africains font l'objet d'une médiation – parfois très lourde – par telle langue européenne ou telle autre.

On n'a pas jusqu'ici montré tout un vocabulaire particulièrement fort que les histoires orales africaines renferment pour parler de la musique. Pourtant, il existe des poches d'expression subtile et précise dans le domaine des traditions d'interprétation, qui pourraient faciliter le développement de discours critiques. Le problème est que les traces laissées par un art performatif sont des exécutions et que, puisque celles-ci sont typiquement liées au présent plutôt qu'au passé et au futur, leur évaluation sera vraisemblablement dirigée vers le présent, sans chercher à se projeter dans un moment non spécifié de l'avenir. Ce n'est qu'à l'âge de l'enregistrement et de l'écrit que sont nés la possibilité et le besoin de préserver un certain vocabulaire critique, d'accumuler du matériel marqué par son caractère passé pour en faire usage dans le présent ou l'avenir. Le désir corrélé de modeler la critique sur une pratique précoloniale supposée trahit une extraordinaire confiance en l'authenticité des modes d'expression de la vieille Afrique. Malgré tout, le besoin de comprendre les musiciens africains sur la base de leur terminologie et de leurs langues propres et d'entreprendre de gommer les couches de conjectures européennes qui pourraient avoir entravé notre compréhension de la pratique musicale africaine, reste pressant pour les ethno-théoriciens affamés d'authenticité.

Aucun ethno-théoricien ne peut dire qu'il ignore les contours larges des conceptions européennes de la musique. Dans un sens, alors, les ethno-théories constituent des tentatives pour se tenir à l'écart de conceptions à résonance européenne sur la structure et le jeu musical africains. Les auteurs vont plus facilement mettre l'accent sur les différences de conception que sur les parallèles. Par exemple, il manque à beaucoup de langues africaines des mots pour "musique" et "rythme", dit-on. Les termes associés à l'interprétation possèdent des significations multiples. Ainsi, le terme kpelle *pele* (Stone, 1982) décrit un événement de musique polyvalent tandis que le terme akan *agoro* (Nketia, 1991) répertorie une gamme de comportements associés avec la notion de "jeu". A nouveau, le vocabulaire européen peut sembler clinique, atomisé, froid et scientifique là où les vocabulaires africains sont naturels, spontanés, et rendent compte de dimensions spirituelles. Pour l'instant, nous affirmerons seulement que, si les informations dénichées par les ethno-théoriciens sont donc motivées, si les intrigues mises en place par les auteurs trahissent les tendances qui viennent de leur être attribuées, alors il pourrait être bon que l'évaluation d'une ethno-théorie donnée soit pleinement consciente des dimensions de cette intrigue ; car il semblerait que les données rassemblées par les ethno-théoriciens ne constituent pas en premier lieu une réflexion de "ce que pensent les Africains" mais un enregistrement de ce que l'on peut conclure de ces aspects de la pensée africaine qui apparaissent les plus dissemblables de la pensée européenne. Dans leur tentative de représenter "ce que pensent les Africains", les ethno-théoriciens finissent par transmettre ce qu'ils voudraient que les Africains pensent.

Une vision plus équilibrée de la pensée musicale africaine reconnaîtrait les points communs au même titre que les différences. La construction d'une telle vision signifierait rejeter le cadre binaire restrictif dans lequel les éléments européens sont directement comparés aux éléments africains. Cela voudrait dire développer un cadre comparatif fondé sur les études ethnographiques qui permettrait aux étudiants de passer facilement de la culture kpelle aux cultures dan, vai, akan et yoruba, en passant par les univers luo, shona, zoulou et gogo pour s'en retourner vers les territoires hausa, wolof, fon et dagomba. Ce travail ne passerait pas par-dessus les situations historiques de contact inter-ethnique mais explorerait les ramifications d'un tel contact dans le but de construire une théorie cohérente. Notre théoricien prendrait aussi en compte l'influence européenne profonde sur certaines conceptions africaines de la réalité musicale, en insistant très lourdement sur *ce qui est pensable* (dans les langues africaines) plutôt que sur ce qui a été remarqué comme ayant fait l'objet d'une conceptualisation à un certain moment. En mettant l'accent sur ce qui pourrait se passer plutôt que sur ce qui s'est passé, sur la possibilité que certaines choses surviennent plutôt que sur les événements, ce discours plus novateur, plus véridique et – oui – plus authentique accepterait les divers univers conceptuels qui circulent couramment en Afrique comme porteurs de potentialités et mutuellement interactifs, non comme des courants indépendants devant être clarifiés grâce à une partition entre ce qui relèverait de l'Afrique et de l'Europe. L'expression "discours musical" employée ici embrasse l'ensemble des activités liées au musical, depuis les instructions en matière d'interprétation (y compris la lecture de la notation musicale) jusqu'à la description structurale en passant par l'évaluation esthétique. Il s'agit d'un discours qui, bien sûr, ne peut pas se développer indépendamment de schémas discursifs plus larges que la société produit dans son ensemble. Il s'agit d'un discours qui est motivé par, et motive lui-même en retour, la composition et l'interprétation de la musique. Un tel discours n'existe pas encore.

11. Conclusions

Le colonialisme a produit une société musicale complexe en Afrique. Comme la description précédente des écoles, des églises, des hymnes, des groupes, de la musique "classique", de la musique populaire et des discours l'a montré, l'Afrique contemporaine est faite d'une ébouriffante diversité d'influences musicales inter- et intra-continentales. Les modes d'expression "étrangers" conservent parfois leurs formes originales dans le nouvel environnement, transforment parfois des formes indigènes ou n'ont aucun impact sur elles et simplement coexistent avec elles. La meilleure façon de décrire l'Afrique postcoloniale est donc de voir en elle une *constellation de pratiques musicales.* Dire cela ne revient pas à suggérer que l'Afrique soit différente de l'Inde ou de l'Amérique latine postcoloniales, comme si le fardeau critique de l'Afrique consistait, par définition, à se différencier dans le but d'être prise au sérieux. L'idée de constellation ne nie pas non plus que les perceptions individuelles ou collectives de la place de la musique dans une société donnée soient construites par des hiérarchies réelles ou imaginées. Le défi, c'est de rester vigilant en s'assurant qu'une hiérarchie perçue ne soit pas interprétée avec complaisance comme correspondant à une réalité fixe.

On a parfois approché la compréhension de l'impact du colonialisme sur l'Afrique avec une certaine dose de nostalgie pour un passé perdu (et pourtant peu connu) de l'Afrique. C'est comme si les traces à peine visibles de l'histoire musicale ancienne de l'Afrique pointaient vers une ère magnifique que nous aurions désormais perdue pour toujours, une ère à désirer, à inventer et à réinventer aussi souvent que nécessaire. C'est aussi comme si le stimulus de grande envergure fourni par l'Europe depuis le XVe siècle et l'Amérique depuis le XIXe, un stimulus qui, en retour, a produit certaines des musiques africaines les plus significatives du siècle, indiquait un manque, une absence, une inadaptation. Mais pourquoi s'accrocher aux origines des instruments de musique, aux idiomes et aux styles ? Pourquoi, au lieu de cela, ne pas tourner nos regards vers leurs vies suivantes, vers les conditions extraordinairement fertiles qui ont nourri diverses musiques sur le continent africain ces cent dernières années ? Bien sûr, on ne devrait empêcher personne de se lamenter sur les pertes qu'a connues l'Afrique, de couver un passé imaginé, de rêver à un futur rendu impossible par le colonialisme. Mais nous devrions être plus nombreux à commencer à être enflammés par la réalité complexe et contradictoire de l'Afrique contemporaine, à la poursuite d'un futur dans lequel l'étendue et la puissance de nos ressources musicales collectives incitent compositeurs et interprètes à atteindre un niveau d'excellence encore plus haut dans le domaine de la créativité.

Bibliographie

ADU BOAHEN, A., 1987 : *African Perspectives on Colonialism*, Baltimore, Johns Hopkins University Press.

ADU BOAHEN, A. (éd.), 1990 : *General History of Africa*, vol. VII, *Africa under Colonial Domination 1880-1935*, Paris, Unesco.

AGAWU, K., 1990 : "Variation Procedures in Northern Ewe Song", *Ethnomusicology*, vol. XXXIV, n° 2, p. 221-244.

AGAWU, K., 2001 : compte rendu du CD de l'opéra *Chaka*, d'Akin Euba, in *Research in African Literatures*, vol. XXXII, n° 2, p. 196-198.

AGBODEKA, F., 1977 : *Achimota in the National Setting. A Unique Experiment in West Africa*, Accra, Afram Publications.

AKROFI, E. A., 1982 : "The Status of Music Education Programs in Ghanaian Public Schools", thèse de doctorat, Urbana-Champaign, Université de l'Illinois.

ANKERMANN, B., 1976 : *Die afrikanischen Musikinstrumente* (1901), Leipzig, Zentralantiquariat der Deutschen Demokratischen Republik.

ANSERE, G. (éd.), 1997 : *The Evangelical Presbyterian Church. 150 Years of Evangelization and Development, 1847-1997*, Ho (Ghana), Evangelical Presbyterian Church.

AVORGBEDOR, D., 2001 : "Pan-African Orchestra", in *The New Grove Dictionary of Music and Musicians*, S. Sadie (éd.), 2e éd., Londres, Macmillan Publishers, vol. XIX, p. 23-24.

BARBER, K., COLLINS, J. et RICARD, A., 1997 : *West African Popular Theatre*, Bloomington, Indiana University Press.

BOONZAJER FLAES, R. M. et GALES, F., s. d. : *Brass Bands in Ghana*, mémoire de maîtrise, Amsterdam, Université d'Amsterdam.

BREMPONG, O., 1986 : "Akan Highlife in Ghana. Songs of Cultural Transition", thèse de doctorat, Indiana University.

CHARRY, E., 2000 : *Mande Music. Traditional and Modern Music of Maninka and Mandinka of Western Africa*, Chicago, University of Chicago Press.

CODGELL DJEDJE, J. (éd.), 1999 : *Turn Up the Volume. A Celebration of African Music*, Los Angeles, UCLA Fowler Museum of Cultural History.

COLLINS, J., 1994 : *Highlife Time*, Accra, Anansesem Publications.

DAHLHAUS, C., 1977 : *Grundlagen der Musikgeschichte*, Cologne, Musikverlag Hans Gerig.

DAVIDSON, B., 1966 : *African Kingdoms*, Londres, Time-Life.

DAVIDSON, B., 1984 : *Africa. A Voyage of Discovery*, émission 5, "The Bible and the Gun", Londres, Home Vision.

ECHERUO, M. J. C., 1977 : *Victorian Lagos. Aspects of Nineteenth Century Lagos Life*, Londres, Macmillan Education Limited.

EKWUEME, L., 1975 : "African Music in Christian Liturgy. The Igbo Experiment", *African Music*, vol. V, n° 3, p. 12-33.

ENGLAND, N., 1967 : "Bushman Counterpoint", *Journal of the International Folk Music Council*, vol. XIX, p. 58-66.

EUBA, A., 1967 : "Multiple Pitch Lines in Yoruba Choral Music", *Journal of the International Folk Music Council*, vol. XIX, p. 66-71.

EUBA, A., 1993 : *Modern African Music. A Catalogue of Selected Archival Materials at Iwalewa-Haus, University of Bayreuth, Germany*, Bayreuth, Iwalewa-Haus, Université de Bayreuth.

HUNWICK, J. O., 1991 : *West Africa and the Arab World. Historical and Contemporary Perspectives*, Accra, Ghana Academy of Arts and Sciences.

JONES, A. M., 1959 : *Studies in African Music*, Oxford, Oxford University Press, vol. I.

JONES, A. M., 1971 : *Africa and Indonesia. The Evidence of the Xylophone and Other Musical and Cultural Factors*, Leyde, E. J. Brill.

KIRBY, P. R., 1934 : *The Musical Instruments of the Native Races of South Africa*, Oxford, Oxford University Press ; 2e éd., Johannesburg, Witwatersrand University Press, 1965.

KUBIK, G., 1968 : *Mehrstimmigkeit und Tonsysteme in Zentral- und Ostafrika*, Vienne, Oesterreichische Akademie der Wissenschaften, Herman Böhlaus Nachfolger.

KUBIK, G. *et al.* (éd.), 1982 et 1989 : *Musikgeschichte in Bildern*, vol. I, *Ostafrika*, et vol. II, *Westafrika*, Leipzig, VEB Deutscher Verlag für Musik.

KUBIK, G., 1997 : "Multipart Singing in Sub-Saharan Africa. Remote and Recent Histories Unravelled", in *Papers Presented at the Symposium on Ethnomusicology Number 13, University of Zululand 1995, and at the Symposium Number 14, Rhodes University 1996*, A. Trace (éd.), Grahamstown (Afrique du Sud), International Library of African Music.

KWAMI, R. M., 1989 : "African Music Education and the School Curriculum", thèse de doctorat, 2 vol, Londres, University of London Institute of Education.

MCCALL, J., 1998 : "The Representation of African Music in Early Documents", in *Africa*, R. M. Stone (éd.), *The Garland Encyclopedia of World Music*, New York-Londres, Garland Publishing, vol. I, p. 74-99.

MENSAH, E. T., 1986 : *King of Highlife*, Londres, Off the Record Press.

MENSAH, E. T., 1992 : *West African Pop Roots*, Philadelphie, Temple University Press.

NKETIA, J. H. K., 1967 : "Multi-Part Organization in the Music of the Gogo of Tanzania", *Journal of the International Folk Music Council*, n° 19, p. 79-88.

NKETIA, J. H. K., 1991 : *The Play-Concept in African Music*, Laura Boulton Lectures, T. Vennum (éd.), Tempe (Arizona), Hurd Museum.

OMOJOLA, B., 1995 : *Nigerian Art Music, with an Introductory Study of Ghanaian Art Music*, Ibadan, Institut français de recherche en Afrique-University of Ibadan.

READER, J., 1998 : *Africa. A Biography of the Continent*, New York, Alfred A. Knopf.

RUMBOLZ, R. C., 2000 : "«A Vessel for Many Things». Brass Bands in Ghana", thèse de doctorat, Wesleyan University.

SADIE, S. (éd.), 2001 : *The New Grove Dictionary of Music and Musicians*, 2e éd., 29 vol., Londres, Macmillan Publishers.

SCHERZINGER, M., 2000 : *Musical Formalism as Radical Political Critique. From European Modernism to African Spirit Possession*, thèse de doctorat, New York, Columbia University.

SHILLINGTON, K., 1989 : *History of Africa*, New York, St. Martin's Press.

SOYINKA, W., 1999 : "African Traditions at Home in the Opera House", *New York Times*, 25 avril 1999, p. 25-26.

STONE, R. M., 1982 : *Let the Inside be Sweet. The Interpretation of Music Event among the Kpelle of Liberia*, Bloomington, Indiana University Press.

TAMUSUZA, J., 2001 : "La musica contemporanea in Africa", in *Enciclopedia della musica*, vol. I, *Il Novecento*, J.-J. Nattiez *et al.* (éd.), Turin, Einaudi, 2001, p. 1153-1165 ; trad. fr., "La musique savante contemporaine en Afrique", in *Musiques. Une encyclopédie pour le XXIe siècle*, vol. I, *Musiques du XXe siècle*, J.-J. Nattiez (éd.), Arles-Paris, Actes Sud-Cité de la musique, 2003, p. 1292-1303.

TARUSKIN, R., 1997 : *Defining Russia Musically*, Princeton, Princeton University Press.

TOMLINSON, G., 1993 : *Music in Renaissance Magic. Toward a Historiography of Others*, Chicago-Londres, University of Chicago Press.

TSUKADA, K., 1990 : "Variation and Unity in African Harmony. A Study of Mukanda Songs of the Luvale in Zambia", in *Florilegio musicale. Festschrift für Professor Dr. Kataoka Gido zu seinem siebzigsten Geburtstag*, U. Mabuchi *et al* (éd.), Tokyo, Onagaku no Tomo, p. 157-197.

VAN DER GEEST, S., 1982 : "The Political Meaning of Highlife Songs in Ghana", *African Studies Review*, vol. XXV, n° 1, p. 27-35.

VOGEL, J. O. (éd.), 1997 : *Encyclopedia of Pre-Colonial Africa*, Londres, Sage Publications.

WARD, W. E. F., 1927 : "Music in the Gold Coast", *Gold Coast Review*, n° 3, p. 199-122.

WARD, W. E. F., 1991 : *My Africa*, Accra, Ghana Universities Press.

WATERMAN, C. A., 1990 : *Jùjú. A Social History and Ethnography of an African Popular Music*, Chicago, University of Chicago Press.

WEMAN, H., 1960 : *African Music and the Church in Africa*, Uppsala, Svenska Institutet för Missionsforskning.

YANKAH, K., 1984 : "The Akan Highlife Song. A Medium of Cultural Reflection or Deflection ?", *Research in African Literatures*, vol. XV, n° 4, p. 568-582.

Malena Kuss

LA PENSÉE OCCIDENTALE DU POINT DE VUE TRANSCULTUREL (DÉCOLONISER L'APPROCHE DE LA MUSIQUE D'AMÉRIQUE LATINE)

1. Prologue

Dans un article récent, "Questions of Conquest. What Columbus Wrought and What he Did Not", l'écrivain péruvien Mario Vargas Llosa qualifiait les chroniqueurs de "premiers magiciens réalistes" (1990, p. 45-53). Prenons par exemple l'histoire d'Antonio Pigafetta, ce navigateur florentin qui accompagna Magellan au cours de son premier tour du monde et qui consigna "un compte rendu rigoureux" de son voyage à travers le continent sud-américain. Ce compte rendu préfigure en bien des endroits l'écriture de Gabriel García Márquez. Comme on pouvait s'y attendre, García Márquez cite, dans son discours d'acceptation du prix Nobel de littérature en 1982, le passage suivant tiré de Pigafetta : "[Pigafetta] écrivait qu'il avait vu des cochons avec un nombril sur le dos, des oiseaux sans pattes dont les femelles couvaient leurs œufs sur le dos des mâles, ainsi que d'autres oiseaux, des espèces de pélicans sans langue dont les becs ressemblent à des cuillères. Il racontait qu'il avait vu un animal monstrueux qui hennissait comme un cheval avec une tête et des oreilles de mule, un corps de chameau et des pattes de cerf. Il racontait quand ils mirent le premier autochtone qu'ils rencontrèrent devant un miroir, il racontait comment ce géant surexcité eut peur de sa propre image et en perdit la raison." (1983, p. 1 ; notre traduction.)

Ce court et fascinant récit dans lequel García Márquez voit en germe le roman sud-américain contemporain ne constitue, en aucun cas, "le seul témoignage le plus surprenant à propos de notre réalité à cette époque ; les chroniqueurs des Indes nous en ont livré de nombreux autres".

Ces fables, totalement fantastiques mais non confinées au seul domaine de la fiction, constituent les écrits fondateurs à la base de l'être historique de l'Amérique. Ces récits sont fondateurs parce qu'en nommant des réalités pour lesquelles les observateurs n'avaient pas de noms – ce processus de dénomination devient ainsi un art de l'approximation et de la traduction –, ils soulignent un fossé historique, une rupture avec le familier qui transforme le passé en vide ontologique (González Echevarría, à paraître). En retour, ce vide hante l'histoire avec des questions sur les origines et leurs obsessions identitaires concomitantes. L'"invention" de l'être historique de l'Amérique (forgé par l'imagination européenne à sa propre image) eut lieu dans le champ du discours et initialement dans le discours des chroniques. Ce corpus de lettres, de rapports, de carnets, de récits historiques s'étend depuis la lettre de Christophe Colomb à Luis de Santángel en février 1493 (González Echevarría, 1998, p. 43) jusqu'au début du XIXe siècle avec les écrits de Diego de Alvear (1749-1830), auteur espagnol d'un *Diario*, d'une *Relación histórica y geográfica de las misiones*, ainsi que d'une *Historia natural*. Ce n'est pas un hasard si la lettre de Colomb et les textes d'Alvear font respectivement l'objet de la première et de la dernière notice de l'immense *Historiografía indiana* (1964) de Francisco Esteve Barba, une topographie complète des chroniques sur l'Amérique depuis la "découverte" (1492) jusqu'à la naissance des nations.

Le fait que certains écrivains se soient tournés vers le discours de ces chroniques, flirtant avec le mythe dans leurs œuvres qui font désormais partie du canon de la littérature contemporaine (par exemple, *Cien años de soledad* de García Márquez) pour pénétrer au cœur d'une essence culturelle qui défie toute vérification, permet paradoxalement une validation de ces récits autre que la validation empirique invoquée par une majorité de chercheurs en quête de certitudes historiques vérifiables (Thompson, 1993) ou de liens avec les pratiques du temps présent (Baumann, 2004). La tentative éclairée de Donald Thompson visant à délimiter une définition de l'*areíto* à partir des descriptions quelque peu évasives de ce rituel taíno contenues dans les chroniques du XVIe et du début du XVIIe siècle manque en partie son objet car son approche est empreinte d'un positivisme qui sépare l'histoire de la légende au lieu de saisir l'utilité potentielle de la légende pour la construction de l'histoire (Ortiz, 1965, p. 13-104). Les méthodes du positivisme sont en revanche très utiles aux chercheurs lorsqu'elles sont invoquées dans le dessein d'enraciner les traditions orales actuelles dans des pratiques ancestrales. La description que fait Garcilaso de la Vega du principe de quadripartition, fonctionnant lors de l'exécution d'une mélodie sur des paires d'*antaras* ("flûte de Pan" en quechua) des Andes imbriquées les unes dans les autres (Stevenson, 1968, p. 276–277 ; Baumann, 2004, p. 103), est l'une des références musicales les plus citées de ces chroniques et ce en dépit de la nature profondément "européenne" de la terminologie employée par Garcilaso pour décrire la teneur holistique de cette musique fondée sur la complémentarité des contraires (1609, in 1982). Par ailleurs, les observations et les événements rapportés dans les chroniques, leurs différentes modalités de transmission, les utopies créées au moment de leur réception servent à construire un imaginaire dont le domaine n'est ni le domaine temporel de l'histoire, ni le domaine atemporel du mythe – deux domaines que les Européens ont toujours soigneusement séparés l'un de l'autre (Kuss, 1996). Construit sur un discours de la différence, cet imaginaire est devenu l'échafaudage de l'être historique de l'Amérique, de la même manière que les cathédrales construites sur les temples aztèques ensevelis (comme à México) sont devenues partie intégrante du paysage urbain des cités coloniales.

Les modèles épistémologiques occidentaux sont tout d'abord arrivés avec les conquérants, les colonisateurs et les colons, puis au XIXe siècle, avec les explorateurs et les scientifiques, qui construisirent les différentes couches de modalités discursives au travers desquelles les Américains ont représenté leur propre être historique. Cela a notamment conduit Tzvetan Todorov, qui a su tirer profit des illusions du langage dans son ouvrage magistral *La Conquête de l'Amérique* (1982), à insinuer que l'Amérique n'a pas été conquise par l'épée mais par la maîtrise de la langue – ou le contrôle des signes. La croyance européenne tenace en la supériorité de l'expression écrite (verbale et musicale) affleure déjà dans la fondamentale *Relación* du chroniqueur modèle *fray* Ramón Pané (1498, in 1991), un Catalan chargé par Christophe Colomb de consigner par écrit, en espagnol, toutes les informations sur les mythes qui lui étaient communiquées par les Indiens de l'Hispaniola dans le dialecte arawakan. D'après Pané, "comme les Indiens n'ont ni alphabet ni écriture, ils ne racontent pas bien leurs mythes, et il m'est impossible de les transcrire correctement" (cité in Todorov, 1982, p. 56). Quatre siècles plus tard, rien n'avait ébranlé la croyance en cette suprématie conférée à la culture possédant la maîtrise de l'écriture. Elle persistait encore dans les schémas de pensée du seul humaniste qui analysa cet important corpus de lettres, de rapports, de journaux et de récits historiques, l'intellectuel espagnol Francisco Esteve Barba. Son histoire des histoires, longue de sept cent trente-sept pages, intitulée *Historiografía indiana* (1964), anticipe les études ethnomusicologiques grâce à sa reconstruction des structures mentales de l'observateur à partir des descriptions fournies dans les chroniques qu'il analyse magistralement. Bien qu'il documente les différents processus de transmission de ces textes, qu'il fournisse des références contextuelles et qu'il décortique en détail la vie des auteurs afin de pénétrer leurs motivations, il n'échappe en aucun cas à un logocentrisme européen qui confère au mot écrit un statut de supériorité : "Rien n'a échappé à l'attention avisée et aiguisée des *cronistas de Indias*, qui ont consigné avec précision les événements, au jour près où ils sont arrivés. Suivre le progrès des découvertes ; raconter les exploits ; décrire les endroits explorés ; documenter la nature et les pratiques de leurs habitants ; dire si le contact avec eux fut pacifique ou hostile ; décrire les produits de la terre et leurs caractéristiques ou les curiosités de toutes sortes que les *cronistas* ont eux-mêmes vues ou dont ils ont entendu parler : cela constituait les objectifs premiers de leur récit. Cependant, les conquistadors se heurtèrent parfois à des groupes qui tentaient occasionnellement d'inscrire, quoique de manière rudimentaire, leur histoire. Pour comprendre, gouverner et convertir ces groupes [au christianisme], il était nécessaire de fouiller dans leur passé. Par conséquent, dotés des moyens supérieurs qui étaient les leurs et d'une meilleure connaissance des méthodes historiographiques, les conquistadors devaient s'appliquer à supplémenter les procédures élémentaires utilisées par les autochtones. L'alphabet que reçut l'Amérique servit à fixer les traditions transmises oralement et ce que les Indiens avaient noté à l'aide de leurs quipus et de leurs peintures allait être transcrit. Des questionnaires, des entretiens et d'autres procédures ingénieuses [...] allaient réussir autant que possible à sauver cette histoire primitive du naufrage. Par la suite, les Espagnols poursuivirent deux objectifs principaux : raconter et noter les événements réels et des observations sur ce qu'ils avaient vu ou entendu ; et s'enquérir à propos de l'histoire des peuples aborigènes et la parfaire." (Esteve Barba, 1964, p. 7-8 ; notre traduction.) En tant que fonds d'images et de descriptions d'événements, vus dès le départ au travers de la lunette de l'observateur étranger, leur imaginaire était le reflet des modèles épistémologiques de ces histoires rendues "parfaites". Cet imaginaire était en même temps submergé par des modèles de pensée qui n'entraient pas en conformité avec la logique linéaire de la pensée européenne. Ce n'est que récemment que l'on a fait des efforts pour essayer de sauver les modèles de pensée andins et mésoaméricains (on lira, par exemple, *Entre el mito y la historia,* un ouvrage collectif écrit par un groupe d'universitaires péruviens émérites [Hernández *et al.*, 1987] ; et parmi les nombreux ouvrages sur les cultures mésoaméricaines de Miguel León-Portilla, *Time and Reality in the Thought of the Maya*, 1988). Les discours, et non *la pratique,* ont forcé l'expérience historique et l'exubérante créativité que celle-ci engendra à entrer dans un lit de Procuste dont les implications pour la musicologie attendent d'être exorcisées. Lorsque les musicologues appliquent des concepts régulateurs élaborés par les Européens pour une expérience européenne de la musique, à des compositions latino-américaines – l'exemple le plus simple en est le transfert d'étiquettes pour les styles d'une époque et/ou les mouvements esthétiques –, ils condamnent une expérience historique et l'esthétique qui lui est associée à être représentées à l'aide des modalités discursives d'une autre culture. (Une minorité de jeunes et brillants musicologues est en train de changer cet état de fait, mais la représentation à l'aide de modalités discursives reçues prévaut encore.) Si les techniques compositionnelles affiliées à la musique européenne suscitèrent des analogies, des liens et amenèrent des transformations au sein de l'héritage européen, ces intersections ne sont pas homologiques : la condition primordiale d'être dans l'histoire au travers du discours de l'Autre en a subverti les résultats esthétiques.

2. L'"invention" de l'Amérique : comment nous y sommes arrivés et comment en sortir ?

"Enfin, finalement, quelqu'un a réussi à me découvrir !" lit-on, à la date 12 octobre 1492, dans un journal intime imaginaire de l'Amérique (O'Gorman, 1961, p. 9).

En 1961, l'historien mexicain Edmundo O'Gorman ouvrit le chemin de la libération avec un texte intitulé *The Invention of America. An Inquiry into the Historical Nature of the New World and the Meaning of its History.* Dans ce texte, il affirme que l'idée de "découverte" de l'Amérique est historiquement et philosophiquement insoutenable. Une découverte implique une connaissance antérieure de ce qui est trouvé mais "toute trouvaille n'est pas découverte". Une "invention" est d'un autre côté la formulation d'un concept qui n'existait pas auparavant, ce qui dans le cas présent arriva au prix d'une "lutte intellectuelle". En présupposant que "l'être" d'une chose (plutôt que son existence) est un corollaire de l'interprétation que l'on peut en avoir, O'Gorman retrace la construction de cette "invention" de l'Amérique depuis la croyance de Christophe Colomb qui pensait avoir atteint les îles des rivages orientaux de l'Asie dans son premier voyage (1492) jusqu'à la publication de la *Cosmographiae introductio* (1507) de Martin Waldseemüller et des deux cartes qui illustraient le Nouveau Monde, le nommant désormais "Amérique" (*ibid.*, p. 77-78 et 123). D'après O'Gorman, la période qui s'étend de 1492 à 1507 constitue un "bond sans précédent du savoir" imposé à la pensée européenne par l'apparition d'une nouvelle entité géographique. Dans le système de croyances de Christophe Colomb, l'*orbis terrarum* était une grosse masse de terre insulaire, qualifiée de "statique" car fondée sur la notion de prédestination, couvrant les 6/7e du "monde". Ce concept – tiré du livre 4 de l'*Esdras* et transmis par Roger Bacon (1214-1294) et Pierre d'Ailly (1350-1420) – était nécessaire pour maintenir la croyance selon laquelle tous les habitants du monde pouvaient être touchés par la rédemption chrétienne. L'*orbis terrarum* dans toute son étendue admettait l'existence possible d'habitants aux antipodes mais seulement en relation entre eux, et non avec le monde connu, réconciliant ainsi l'"antipodalité" (un terme ancien pour "altérité") avec l'idée d'une genèse biblique de l'humanité (*ibid.*, p. 56-57 et 154, note 19). Les anciens avaient émis l'hypothèse de l'existence de territoires antipodaux en partie habités mais peuplés d'une autre espèce d'êtres humains. Une telle théorie allait à l'encontre des croyances chrétiennes car ces habitants hypothétiques des antipodes auraient dû peupler des terres situées au-delà de la sphère des Evangiles (*ibid.*, p. 55). Au sein de ce système de croyance, l'*orbis terrarum* ou "orbe terrestre" était synonyme du concept de "monde" *(oikoumenê)* qui, dans la structure mentale de saint Augustin et des Pères de l'Eglise, représentait le seul endroit désigné par la Providence comme demeure de l'humanité (*ibid.*, p. 61). Parce que ce concept était fondé sur la notion de prédestination, cette demeure se posait également en un monde fermé, en "prison cosmique" (*ibid.*, p. 87). Avant 1507, ce concept avait été remplacé par la notion de territoires contigus où la nouvelle "Terre d'Amerigo" constituait une quatrième partie du monde habité, taillée dans la même matière physique que celle des trois continents déjà connus : Europe, Asie et Afrique. L'idée attribuée à Strabon et profondément ancrée dans la pensée européenne selon laquelle l'Europe se situait au sommet de cette trinité des continents – car c'était "l'endroit où étaient nées et s'étaient développées les formes de la vie humaine qui incarnaient avec la plus grande pureté les valeurs humaines" – remontait à l'Antiquité et avait été transmise à la chrétienté (*ibid.*, p. 135-136 et 169, note 8). C'est également à ce moment-là que prit naissance l'idée que "l'histoire de l'Europe est histoire universelle et que l'Europe est le siège de l'unique et véritable culture d'importance" (*ibid.*, p. 137), ou encore que l'Europe "est le juge et le modèle autoproclamé du comportement humain" (*ibid.*, p. 139) et – par conséquent – l'inventeur autoproclamé de l'être historique de l'Amérique (et des Autres). Bien qu'après son troisième voyage, Christophe Colomb eût avancé l'hypothèse que la masse de terre située au sud puisse être "nouvelle" (*ibid.*, p. 99-101) et bien que Vespucci utilisât les termes "nouveaux mondes" et "nouvellement découverts" dans sa lettre *Mundus novus* de 1503 ? (*ibid.*, p. 113), l'expression Nouveau Monde prit d'autres connotations dans la *Cosmographiae introductio* de 1507. Si la notion de territoire contigu impliquait une égalité entre les quatre parties du monde, car elles étaient toutes taillées dans la même matière physique, le Nouveau Monde se posait également comme "une entité capable de se transformer en réplique du vieux monde" (*ibid.*, p. 140). Inversement, suivant l'interprétation d'O'Gorman, l'apparition de l'Amérique sur la scène de l'histoire signifiait pour l'Europe un passage depuis la prédétermination vers l'autodétermination, et depuis un monde fermé vers un monde ouvert capable de réfléchir et de disserter au hasard sur soi-même (Kuss, 1993, p. 188-189, notes 6, 7 et 8).

D'après O'Gorman, parce que la signifiance historique de l'Amérique était déterminée et comprise par rapport à la possibilité qu'elle devienne un jour une autre Europe (1961, p. 139-140), c'est-à-dire qu'elle était modelée à l'image de son créateur, plus l'Amérique imitait l'Europe plus elle devenait elle-même. La possibilité d'acquérir un être historique à part était ainsi limitée à deux choix. Le premier consistait à s'adapter au modèle, à copier une forme étrangère de vie qui, par nécessité, serait *de facto* inférieure au modèle original, et à ce propos, O'Gorman voit dans l'histoire coloniale de l'Amérique une forme de *mimesis* historique de l'Europe, une période d'une "vie vécue comme si elle était prêtée". La seconde option consistait à matérialiser son potentiel au sein des possibilités inhérentes au modèle qui la devançait et la surpassait (*ibid.*, p. 135, 141-143), une alternative qui ne la libérait pas pour autant de sa nature d'épigone. Dans ses écrits critiques sur Alejo Carpentier (González Echevarría, 1990) et dans son *Myth and Archive. A Theory of Latin American Narrative* (1998), Roberto González Echevarría propose *a posteriori* une troisième possibilité, plus convaincante : aux structures de contrainte et d'imitation, il ajoute celle de libération (1998, p. 172) ou *subversion.* Ces structures de contrainte, d'imitation et de subversion prennent ainsi un nombre infini de formes qui caractérisent les différentes intersections historiques définissant l'Amérique.

Si l'épiphanie d'O'Gorman suscita de nombreuses controverses parmi les historiens, elle marquait également le début d'un tournant cathartique dans la compréhension de soi. Les prémisses de ce texte influencèrent explicitement ou implicitement la critique littéraire, mais pas la musicologie (pour une première application dans le contexte de la critique musicale, on lira Kuss, 1993). Vers 1990, la réception du texte d'O'Gorman parmi les historiens fut au cœur de symposiums consacrés "à la découverte de l'Europe" au travers du prisme de son invention de l'Amérique (Mate et Niewöhner, 1992).

En 1988, trois décades après la première publication de l'ouvrage fondateur d'O'Gorman, V. Y. Mudimbe publia *The Invention of Africa. Gnosis, Philosophy, and the Order of Knowledge.* Si l'enquête de Mudimbe sur "les chemins du savoir" transcende le tour de force historiographique d'O'Gorman, les deux ouvrages s'en prennent à la même épiphanie. Mudimbe scrute "les processus de transformation des modes de connaissance" et interroge "les images de l'Afrique", et il articule en même temps l'une des questions les plus importantes de la pensée postcoloniale : "Les interprètes occidentaux ainsi que les analystes africains ont utilisé des catégories et des systèmes conceptuels qui dépendent de l'ordre épistémologique occidental. Même dans les descriptions explicitement «afrocentristes», les modèles d'analyse font, implicitement ou explicitement, avec ou sans connaissance de cause, référence à ce même ordre. Est-ce que cela signifie que [...] les systèmes de pensée traditionnels africains sont impensables et ne peuvent être rendus manifestes au sein même du cadre de leur propre rationalité ? Mon point de vue est que, jusqu'ici, la façon dont on les a évalués et les moyens utilisés pour les expliquer se rapportent à des théories et des méthodes dont les contraintes, les règles et les systèmes opératoires présupposent un ordre épistémologique non africain." (1988, p. x.)

Les interrogations suscitées par ce texte et les fondements qu'il vise à remettre en question semblent se retrouver dans l'essai de Kofi V. Agawu intitulé "The Invention of «African Rhythm»" (1995), dans lequel il scrute les discours qui ont inextricablement rattaché la notion de rythme à des images d'Epinal de la musique africaine (on se reportera également à la dernière section de son essai dans le présent volume). Traquant ce genre d'images dans les écrits historiques, Agawu observe que "cette notion a été promulguée à la fois par les chercheurs occidentaux et les chercheurs africains. [...] Par conséquent, il ne s'agit pas simplement du cas d'Occidentaux élaborant une représentation biaisée de la musique africaine. [...] Nous avons plutôt ici affaire aux opinions d'un groupe de chercheurs évoluant au sein d'un champ discursif, d'un espace intellectuel défini par les traditions euro-américaines d'organisation du savoir. Il convient de ne pas sous-estimer l'influence déterminante qu'a eue cette tendance de recherche sur la représentation de la musique africaine." (*Ibid.*, p. 382-383.)

A un niveau plus général, l'Amérique latine et l'Afrique partagent un même problème : peu importe que les processus par lesquels leurs imaginaires se sont construits, soient propres à une autre culture et donc profondément différents, chacun d'entre eux a influencé la façon dont les membres de ces cultures se représentent eux-mêmes. Ainsi que le fait remarquer l'Indiano à Filomeno dans le *Concierto barroco* d'Alejo Carpentier, lorsque les deux personnages se séparent à la gare de Venise après leur aventure dans le temps (défini comme la substance du rythme et de l'histoire) : "*Il est nécessaire parfois de prendre des distances,* de mettre entre les choses et soi un océan, *pour les voir de plus près.*" (1974, p. 76 ; trad. fr., p. 97.)

3. L'histoire comme construction esthétique

"La Grande Histoire se nourrit de fables, ne l'oublie pas. La vie de chez nous donne aux gens *d'ici* [les Européens] l'impression d'être une fable parce qu'ils ont perdu le sens du fabuleux. Ils appellent *fabuleux* tout ce qui est lointain, irrationnel, situé dans le passé. [...] Ils ne comprennent pas que le fabuleux est situé dans l'avenir." (L'Indiano parlant à Filomeno, in Carpentier, 1974, p. 77 ; trad. fr., p. 98.)

N'importe quel dictionnaire d'antonymes le prouve : le mot "fable" est opposé à "histoire" ou "vérité".

Le professeur d'origine cubaine Roberto González Echevarría, qui enseigne la littérature comparée à l'université de Yale, définit la poétique de l'histoire latino-américaine au travers d'un commentaire magistral du passage suivant, tiré de la célèbre préface d'*El Reino de este mundo* (1949) de Carpentier et publié trois années après que ce dernier eut complété son histoire de la musique de Cuba parue en 1946 : "Toujours est-il que, à cause de la virginité de son paysage, de l'évolution historique, de l'ontologie, de la présence faustienne des Indiens et des Noirs, de la Révélation que constitua sa récente découverte, des métissages féconds auxquels elle fut propice, l'Amérique est très loin d'avoir épuisé l'abondance foisonnante de ses mythologies." (Carpentier, 1949, p. 15-16.)

Interpréter la poétique de l'histoire comme un fonds mythologique appelle à remettre en question les dogmes principaux de l'écriture historique consacrée (c'est-à-dire des concepts historiques élaborés par les Européens et des peuples gravitant autour d'eux) et également à abroger le dogme impérieux qui vise à assigner un contenu de vérité au processus de vérification appliqué au document écrit, un processus qui permet également d'expliquer l'absence de tradition orale dans le canon des écrits historiques sur la musique européenne. De plus, un tel acte d'interprétation appelle à concevoir les cultures en tant que des totalités interdépendantes plutôt que, ainsi que le souligne fort justement l'anthropologue Eric R. Wolf, de "changer les noms en choses" en conférant aux nations et aux cultures les qualités d'objets intérieurement homogènes et extérieurement bornés, créant ainsi un modèle du monde qui ressemble à une table de billard où les entités s'entrechoquent les unes avec les autres comme autant de boules. Une telle approche conduit à opposer une conception monolithique de l'Occident à une conception monolithique de l'Orient, toutes deux réifiées en catégories qui interfèrent avec notre aptitude à comprendre leurs rencontres mutuelles et leurs confrontations (1982, p. 6). Dans son ouvrage *Europe and the People without History*, Wolf affirme que nous avons créé des instruments intellectuels (des noms transformant des concepts en "choses", par exemple, culture, société, nation) qui conduisent à la construction de modèles statiques isolant les phénomènes, mais que nous n'avons pas encore réussi à élaborer des instruments permettant de nommer la nature changeante des interactions entre des processus qui impliquent tous les acteurs de l'histoire et pas seulement les vainqueurs privilégiés ou les porteurs des oriflammes de la liberté (Wolf, 1982, p. 5-7 ; Kuss, 1991, p. 3) (le titre même du présent article présuppose la possibilité d'un Occident monolithique).

Les caractéristiques intégrées à la poétique de l'histoire latino-américaine se manifestent dans les œuvres de fiction d'auteurs latino-américains comme, pour ne citer qu'eux, Alejo Carpentier, Gabriel García Márquez, Carlos Fuentes, Mario Vargas Llosa, Augusto Roa Bastos, et Reinaldo Arenas (González Echevarría, à paraître) : un paysage vierge, immaculé ; une forme (des conceptions idiosyncrasiques de l'espace ou des forces gravitant vers un retour à des formes primordiales) ; une ontologie (des ruptures qui défient l'illusion de continuité intégrée aux modèles monologiques, linéaires et évolutionnistes de l'histoire européenne, projetant à leur place une série d'amorces dialogiques) ; la présence faustienne d'Indiens et de Noirs (l'héritage tri-ethnique de l'Amérique) ; la Révélation (ce que la Découverte a révélé à l'Europe, et ici, le texte d'O'Gorman et sa réception constituent une ligne d'interprétation possible parmi tant d'autres) ; le métissage (les structures de contrainte, d'imitation et de subversion qui définissent l'histoire non pas comme une ligne temporelle mais comme un réseau "d'ensembles de relations temporellement et spatialement changeantes et changeables, ou de relations entre des ensembles de relations" (Wolf, 1982, p. 6)).

Les dimensions mythologiques de cette histoire, préfigurée dans les chroniques mais non limitée à la période qu'elles décrivent, incitent les écrivains à se tourner vers l'histoire pour puiser pour leurs récits de fiction des thèmes et s'approprier des héros ou des vilains hors du commun (par exemple les personnages de Bolívar dans *El General en su laberinto* [1989] de García Márquez, de Trujillo dans *La Fiesta del chivo* [2000] de Vargas Llosa), ou vers des cycles de récits mythologiques aux vastes proportions (*Cien años de soledad* [1967] de García Márquez et *Terra nostra* [1975] de Carlos Fuentes). Le fait que la réalité peut être plus surréaliste que la fiction alimente également une propension à la mythification. Dans son discours prononcé pour la remise du prix Nobel, García Márquez observe que "l'indépendance en vue d'éliminer le joug espagnol ne nous a pas protégés de la folie. Le général Antonio López de Santa Anna, trois fois dictateur du Mexique, a mis en scène des funérailles magnifiques pour la *jambe gauche* qu'il avait perdue lors de la soi-disant Guerra de los Pasteles" (1983, p. 1).

L'histoire devient alors une prophétie poétique. Comme le fait remarquer González Echevarría : "Les romanciers latino-américains modernes utilisent de manière compulsive l'histoire latino-américaine comme une source parce qu'ils y trouvent les prolégomènes de leur art de la narration – ce qui vient avant, la manière dont les événements se déterminent mutuellement, les mécanismes de causalité, qui sont les héros et les vilains. L'histoire devient dans l'œuvre des romanciers latino-américain une *construction artistique* dont la vérité est *esthétique* plus que documentaire et factuelle et qui, le plus souvent, va à l'encontre des histoires officielles que l'on trouve dans les manuels et dans les discours des gouvernements" (à paraître, p. 1).

García Márquez a exprimé une pensée identique, avec des mots différents, dans un célèbre aphorisme : "Puisque les historiens ont fait de la fiction, il me paraît naturel qu'en tant qu'auteurs de fictions nous fassions de l'histoire." Les constructions esthétiques ont ainsi remplacé les faits documentés car ces faits servaient à construire des fictions politiques dont le dessein colonisateur définissait une conquête qui passait par la maîtrise de la langue écrite. Toujours plus précoce que la musicologie, la critique littéraire nous a depuis longtemps offert une parfaite formulation de ce problème historique, formulation qui peut être étendue pour englober le champ de la musique : "Le Nouveau Monde occupe une place doublement fictive : celle qui est octroyée par la tradition européenne et celle qui est refaçonnée par les écrivains [et compositeurs] latino-américains. En s'inscrivant dans une tradition occidentale et en écrivant dans une langue européenne, les écrivains [et compositeurs] latino-américains pensent qu'ils écrivent à partir d'une fiction dont ils font eux-mêmes partie et, pour échapper à cet encerclement littéraire [ou musical], ils doivent constamment chercher à se réinventer et à réinventer l'Amérique latine." (González Echevarría, 1990, p. 28.)

Maîtriser le code devient ainsi un chemin qui permet de sortir de "l'impérialisme du contexte" (*ibid.*, p. 29). Très peu ont su maîtriser ce code ou saisir le dialogue entre les différentes versions de l'histoire et l'interaction entre les forces à l'origine des structures de contrainte, d'imitation et de subversion qui ont contribué à informer l'écriture littéraire et musicale en Amérique latine jusque dans les premières décennies du XXe siècle. Avec son *Concierto barroco* (1974), le plus musical de ses récits de fiction, Alejo Carpentier (1904-1980) fait preuve d'une maîtrise de l'histoire comme construction esthétique très peu souvent égalée. Dans son roman, Carpentier, figure de proue des lettres cubaines qui porte également les casquettes de critique musical, d'ethnographe, d'historiographe de la musique et de librettiste, glorifie la coexistence de traditions musicales à la base d'une totalité quelque peu incongrue, à l'aide de la métaphore d'un *concerto grosso* baroque haendelien/vivaldien perturbé par des tambours africains "déplacés". Il défie ainsi tout modèle reçu d'organicisme historique ou toute tentative de définition culturelle. Dans son admirable étude critique de l'œuvre de Carpentier, González Echevarría (1990) affirme que *Concierto barroco* fait appel "au plus formidable des *concerto grosso* que l'on n'ait jamais entendu", métaphore d'une impossible harmonie, "d'une fusion cacophonique et indéterminée" des musiques artistiques et populaires, européennes et américaines, produites avec des instruments aux origines les plus variées, "desquelles il ne peut y avoir de synthèse", et où l'acceptation de l'hétérogénéité correspond également à l'abandon de toute obsession de l'origine. Plutôt que de chercher "l'autonomie de la culture latino-américaine comme dans ses œuvres antérieures" où l'identité prend la forme d'une fusion (voir le réalisme magique de son livret pour l'opéra d'Alejandro García Caturla), dans son *Concierto barroco*, Carpentier "met en évidence la dialectique de dépendance et d'indépendance qui sous-tend tout effort de définition culturelle" (González Echevarría, 1990, p. 266 et 274). L'Amérique latine était ainsi postmoderne avant l'ère du postmodernisme.

4. La fusion des traditions comme esthétique prescriptive

La passion de Carpentier pour la musique n'était que devancée par sa passion pour la littérature. Décrit par Marinello comme quelqu'un "autant avide de primitivisme que prisonnier du raffinement" (Alegría, 1970, p. 43), Carpentier a écrit une histoire de la musique cubaine (1946), plusieurs essais de critique musicale à la manière de George Bernard Shaw (publiés en trois volumes en 1980, l'année de sa mort, sous le titre *Ese músico que llevo adentro*), et – tout comme le W. H. Auden des lettres du Nouveau Monde – un splendide livret d'opéra (1931). D'après Fernando Alegría (1970), Carpentier conçoit l'Amérique comme une réserve de forces mythologiques endormies sous une couche d'occidentalisme superficiel. Dans les arts, ces forces réactivent les systèmes de symboles que les Européens ne peuvent saisir qu'à un niveau abstrait et statique. Dans *Manita en el Suelo*, la *"mitología bufa afrocubana"* en un acte et cinq scènes pour un narrateur et des marionnettes que Carpentier écrivit pour le charismatique Alejandro García Caturla (1906-1940), les symboles sont des événements et des personnages historiques qui vivaient déjà au travers des légendes dans l'imaginaire populaire. Dans le livret, néanmoins, ces réalités devenues poétiques sont réorganisées par ce maître de l'artifice qu'est Carpentier, un maître qui, comme l'écrivait Marinello à propos du roman *Ecué-Yamba-O* (1933) de ce dernier, "déploie l'imagerie à intervalles artistiquement mesurés et organise les mythes selon un ordre indubitablement surréaliste pour saisir leur transcendance : l'art surgit de la disposition des éléments" (Marinello, in Alegría, 1970, p. 44). Le "merveilleux vrai" de l'intrigue poétique de Carpentier se reflète dans la symétrie structurelle et l'organicisme thématique de la musique de Caturla, lequel apparaît également comme maître de l'artifice réorganisant et intégrant le génie propre aux créativités populaire et classique. Complété par Carpentier en août 1931 et par Caturla entre 1931 et 1934, ce *"misterio bufo afrocubano"* porte en lui une accumulation maximale de connaissances culturelles au sein du cadre d'une esthétique prescriptive au travers de laquelle la *possibilité* d'autonomie de l'identité culturelle latino-américaine prend la forme d'une fusion. Allant à l'encontre de l'hétérogénéité que Carpentier glorifie dans son *Concierto barroco* (1974), son ouvrage antérieur *Manita en el Suelo* préfigure sa conception du continent – et de Cuba en particulier – comme "creuset de civilisations" (Carpentier, 1977 ; Kuss, 1992*a* et 1993).

L'élaboration du livret date de 1930 lorsque, en exil à Paris, Carpentier était en train de réviser *Ecué-Yamba-O*, un roman "ethnographique" écrit durant son emprisonnement à La Havane en 1927. Les personnages et l'intrigue de ce roman éveillèrent en lui l'idée d'écrire une œuvre pour la scène, œuvre qu'il avait promise au compositeur Caturla venu à Paris en 1928 pour étudier avec Nadia Boulanger. Le livret fut sans aucun doute écrit sous l'influence des *Tréteaux de maître Pierre* de Manuel de Falla d'après Cervantès, commandité par la princesse Edmond de Polignac pour son théâtre de marionnettes et dont la première eut lieu à son domicile parisien en 1923.

Pour tisser sa complexe tapisserie de contes populaires, Carpentier rassemble des traditions d'origines fort diverses : la légende chrétienne de l'apparition sur l'île de la Virgen de la Caridad del Cobre, sainte patronne de Cuba ; les rituels religieux *abakuá* (Efik de Calabar) et *lucumí* (yoruba) pratiqués par les descendants des Africains de certains quartiers de La Havane ; les charades chinoises, un genre de loterie occulte qui se joue à l'aide d'énigmes et que Gastón Baquero décrivait comme une "cartographie des rêves" (1977). D'après la légende chrétienne, la Vierge apparut en mer à trois pêcheurs. L'événement, que l'Eglise tenta de prouver, notamment à l'aide d'un témoin oculaire, eut lieu entre 1604 et 1605. Cet événement est en soi une allégorie de l'unification des races de l'île sous la coupole de l'Eglise ; dans les versions plus tardives de l'histoire, les trois pêcheurs deviennent Juan Indio, Juan Odio (un Espagnol) et Juan Esclavo (un Africain). Ainsi la Vierge qui calme les flots protège les trois races qui ont chacune un droit égal de possession de ce vaisseau qu'est l'île de Cuba (Arrom, 1971, p. 184-214 ; Kuss, 1992*a*). Les religions syncrétiques pratiquées par les Afro-Cubains et les personnages qui leur sont associés sont aussi vivants que la Vierge et ses trois "Juanes" dont l'image persiste sur l'île au travers de reliques, d'effigies et de poésies populaires. L'un de ces personnages, le légendaire Papá Montero – décrit dans un poème d'Alfonso Reyes comme un *"negro curro del Manglar, ñáñigo de bastón y canalla rumbero"* – est le seul personnage vivant de la distribution de l'opéra qui, tout comme Trujamán dans les *Tréteaux de maître Pierre* de Falla, sert de narrateur. Papá Montero était si célèbre à Cuba que sa mort fictive donna lieu à deux déplorations populaires : le poème de Nicolás Guillén, *Velorio de Papá Montero*, et la classique *Rumbita de Papá Montero*. (Les *curros del Manglar* étaient des esclaves émancipés qui s'établirent à l'époque coloniale dans un des vieux quartiers de La Havane nommé El Manglar ; *ñáñigos* ou *abakuá* sont des membres de sociétés secrètes dont les pratiques religieuses furent amenées à Cuba par des esclaves africains de la région de Calabar. Des chansons, des danses et des percussions complexes d'une grande beauté font partie intégrante de leur culte des ancêtres et de leur adoration d'Eribó. Carpentier s'inspira de l'*ekué*, une percussion que l'on frotte et qui joue un rôle symbolique important dans les rituels *abakuá*, pour le titre de son roman *Ecué-Yamba-O*, ou "Ecué, loue le Seigneur".) Le protagoniste principal de l'opéra, Manita en el Suelo, est un personnage réel, dont le nom véritable est Manuel Cañamazo, qui vécut au XIXe siècle et qui était également un *curro del Manglar* et une puissance *ñáñigo*. Ses longs bras qui "pouvaient toucher le sol" lui ont valu ce surnom. Il mourut en 1871 lors de la révolte populaire menée par les *abakuás* pour libérer les étudiants en médecine emprisonnés dans la même prison de La Havane où Carpentier fut prisonnier politique sous la dictature de Gerardo Machado (1925-1933) et où il écrivit en 1927 *Ecué-Yamba-O*. D'après les légendes locales, Manita vainquit un rival dans une bagarre en prédisant une éclipse lunaire qui se déroula juste quelques secondes après, gagnant ainsi la réputation d'être un "négro qui pouvait obscurcir la lune à son gré". La lune déjà omniprésente dans *Pierrot lunaire* et *Wozzeck* joue ici, au contraire, un rôle lumineux découpant l'action à deux tournants essentiels de l'intrigue. Les personnages du Capitaine Général d'Espagne et de ses Gardes, symboles d'autorité, du Chino de la Charada qui marche dans les rues en vendant sa loterie des rêves, de Candita la Loca et de Ta Cuñengue, toutes deux associées aux rituels *lucumí* ou à des rituels d'une *santería* syncrétique d'origine yoruba complètent la distribution. Parce que chaque groupe de personnages est lié à une tradition spécifique, Carpentier avait besoin d'un *nexus*, d'un "artifice" grâce auquel il pouvait les fédérer et ainsi dépasser leurs limites locales. Ce rôle fédérateur est assigné à un Coq Noir, le Gallo Motoriongo ou Enkiko qui fournit la viande de coq avec laquelle le repas rituel des *ñáñigos* est préparé. Le Coq, personnage essentiel et omniprésent dans l'effort de Carpentier pour "rassembler pour la première fois à Cuba tous les personnages de la mythologie populaire" (1931), prend vie en chantant, protestant, demandant réparation lorsqu'il se fait cuire par les trois pêcheurs affamés en mer ("Si le coq est un hérétique, alors nous le mangerons"). Il apparaît également dans des situations n'ayant pas de précédents dans la tradition. Avant que Carpentier ne les unisse grâce au Coq de sa *"mitología bufa afrocubana"*, la légende de l'apparition de la Vierge aux trois "Juanes", les rituels religieux *abakuá* et *lucumí*, et les charades chinoises ne faisaient partie d'un tout que dans l'esprit des Cubains en contact avec ces traditions populaires.

Dans une lettre que Carpentier écrivit au compositeur à Paris le 6 juillet 1931, il promet de lui envoyer "une pièce pour marionnettes, avec un seul personnage vivant – Papá Montero – qui [...] assis sur une grande scène [...] raconte l'histoire de Manita en el Suelo, le *ñáñigo* qui, fou de rage lorsqu'il apprend que trois pêcheurs affamés en mer ont mangé son coq sacré, FRAPPE la lune avec ses poings et plonge le monde dans l'obscurité." (Henríquez, 1978, p. 362-363.) Une petite scène pour les marionnettes est montée à côté de Papá Montero ; c'est sur cette scène que l'histoire qu'il raconte est recréée. Ainsi que Carpentier le décrit dans "Nochebuena" tiré de *Ecué-Yamba-O*, Manita – un *abakuá* et une puissance *ñáñiga (potencia ñáñiga)* – accomplit le rituel du *baile de santo* – un rituel religieux *lucumí* – pour convoquer les saints et révéler par l'intermédiaire de Candita la Loca l'identité de ceux qui ont perpétré le meurtre du coq. Une fois leur identité révélée, il invoque les divinités et leur demande de conduire les pêcheurs au désastre. Ce désastre se matérialise sous la forme d'une tempête, la tempête au cours de laquelle les pêcheurs vont supplier la Vierge qui va ensuite leur apparaître – comme dans la légende – pour calmer les flots et protéger toutes les races du Cuba indo-afro-hispanique. Menaçant de tuer les pêcheurs s'ils reviennent à terre ou de "frapper la Lune si elle descend", Manita passe à l'acte et, face à la perplexité de ses congénères, il frappe l'astre nocturne, créant ainsi un monde sombre et sans lune *("la luna nula")*. Carpentier se lamente sur ce monde sombre en intégrant des citations tirées de *sones* populaires ou de poésies sentimentales (*"Mil cromos agonizan en la faz de la tierra"* / "Mille chromes agonisent sur la face de la terre"). Détruire la muse des poètes est par ailleurs un crime pour lequel Manita risque l'emprisonnement et la mort aux mains du Capitaine Général d'Espagne et de ses Gardes. A ce moment crucial, le

Chino de la Charada fait son apparition dans son costume mandarin seyant, tel un *deus ex machina*, pour imposer une fin joyeuse. Le Chino de la Charada ouvre et ferme cette petite farce avec deux énigmes, placées symétriquement un peu à la manière de la "Toccata" et de la "Moresca" de l'*Orfeo* de Monteverdi (1607) : la première énigme fait démarrer l'intrigue alors que la seconde résout le conflit lorsque la réponse (la lune) produit un gigantesque ballon lumineux qui sauve Manita et le monde d'un sombre destin. Dans chacune de ces situations, Carpentier fait référence à des cadences de refrains populaires, à des locutions typiques, à des chansons et des *sones*.

Dans la lettre datée du 16 août 1931 que Carpentier écrivit à Caturla depuis Paris et à laquelle il joignit le livret de l'opéra, il suggère de séparer distinctement les différentes traditions à l'aide de la musique : "Utilise l'élément *ñáñigo* [africain] pour Manita, la gamme pentatonique pour le Chino, les éléments *guajiro* et *criollo* [d'origine ibérique] pour la Vierge et les Juanes [...]. Plus que tout, et cela est *très important*, ne laisse pas Papá Montero chanter ! Utilise pour lui diverses formes de déclamation." (Henríquez, 1978, p. 364-365.)

Ne tenant aucunement compte de ces instructions, Caturla a en fait créé sa propre synthèse en unifiant l'œuvre à l'aide de motifs tout en différenciant les différentes traditions musicales au travers de leurs caractéristiques métriques et rythmiques, de leurs timbres et de leurs textures. Au centre de la composition se trouve précisément le moment où Papá Montero chante, un moment qui n'est pas sans rappeler le passage des *Tréteaux* de Falla où Trujamán sort de son exposé monotone lorsqu'il est aspiré dans l'histoire qu'il est en train de raconter.

Papá Montero raconte l'histoire à l'instar d'un coryphée solfégiant son texte sur un ton de déclamation grave-medium-aigu et avec un accompagnement rythmique de *claves* (numéros 1, 2 et 3). Cependant, après la profanation du Coq par les trois pêcheurs, Papá Montero chante une ballade déplorant sa mort (n° 6). Placée à mi-course, à l'instar du "Possente spirto" de l'*Orfeo* de Monteverdi, l'"Elegía al Enkiko" ou "Balada de Papá Montero" est la pièce centrale de l'opéra. Elle est située au centre d'une disposition symétrique de onze courts numéros musicaux (n° 1-5 et 7-11) et apparaît ainsi comme le tournant dramatique et compositionnel de l'œuvre. Le thème tonal envoûtant de la ballade évoque le style de déclamation vocale typique d'un *rumbero* populaire (et pas du tout le style propre à un ténor lyrique formé dans les écoles de chant) au sein du cadre timbral dessiné par un ensemble à vent "dissonant" (flûte, hautbois, clarinette, basson, deux trompettes et timbales) qui rappelle l'angularité moderniste de l'*Octuor* de Stravinsky (1923). L'idée compositionnelle suit un modèle magistral : si dans les numéros précédents (n° 1-5) García Cartula s'appuie sur des motifs dont la transformation conduit à leur pleine formulation mélodique dans le thème de la ballade (n° 6), chacun des numéros suivants (n° 7-11) est en fait composé de variations sur le thème déjà énoncé de la ballade. (La technique de variation ne fait pas seulement partie intégrante de la musique populaire cubaine mais elle est aussi présente dans la production littéraire de Carpentier. Dans ses entretiens avec César Leante, "Confesiones sencillas de un escritor barroco" [1964, in 1970, p. 26-27], il reconnaît que son roman *El Acoso* [1956] est structuré comme "une forme sonate : première partie, exposition, trois thèmes, dix-sept variations, conclusion et coda".)

Le langage musical de Caturla combine avec maestria une organisation symétrique de hauteurs, fondée sur l'échelle octatonique (du type 1-2-1-2-1-2-1-2, ou le "mode 2" de Messiaen), couplées à des interactions diatoniques asymétriques, une technique proche de celle qui caractérise l'organisation des hauteurs dans les œuvres néoclassiques de Stravinsky (Van den Toorn, 1983), avec la simplicité mélodique des airs populaires, unifiés dans tout l'opéra grâce à la fonction générative d'un seul motif sous-jacent *(mi-sol-si-la-si)* (Kuss, 1992*a*, p. 371-374). Caturla avait déjà utilisé ce motif – que l'on retrouve dans de nombreuses formes de la musique populaire cubaine et notamment dans la *Rumbita de Papá Montero* – comme élément générateur principal de ses "Motivos de danza" tiré des *Tres danzas cubanas* pour douze instruments (vers 1925-1930). D'une manière plus subtile que celle qui est suggérée par Carpentier dans sa lettre, Caturla unifie l'œuvre grâce au rôle générateur de ce motif sous-jacent alors qu'il différencie les diverses traditions musicales à l'aide d'enchaînements métriques et rythmiques auxquels ces dernières sont associées. Ainsi, pour le madrigal à trois voix du début entre Manita, Capitán et Chino (n° 2), qui s'appuie sur une imagerie tirée des rituels *abakuá* et fait une eulogie du Coq, il utilise un double mètre simple et la polyphonie rythmique syncopée généralement associée à la musique afro-cubaine. Pour la "Guajira de los tres Juanes", un madrigal à trois voix (n° 4), et pour l'"Interlude" qui suit (n° 5), il utilise au contraire un double mètre composé, caractéristique de la musique du folklore rural d'origine ibérique ou de la tradition *guajiro*. Dans le "Baile de santo" (n° 7), un rituel syncrétique, il juxtapose des enchaînements rythmiques syncopés pour le chorus responsorial des *"negras y negros"*, à des unités ternaires pour l'invocation des saints par Candita la Loca. Il réserve exclusivement à la Vierge qui protège toutes les races le *son* cubain, symbole de l'identité culturelle et de la synthèse des traditions (n° 9). L'ouverture est – de manière prévisible – un *danzón*, car la coutume voulait que toutes les représentations du vieux Teatro Alhambra de La Havane commencent par des *danzones*. Par ailleurs, les "différences" entre ces traditions musicales doivent être pensées en termes d'une intégration culturelle séculaire, car "la musique cubaine populaire tire précisément son identité de cette synthèse entre ses origines africaines et ibériques" (Ortiz, 1940, in 1947, p. 98). Cela signifie que les éléments que Caturla manipule sur le plan de la composition sont déjà les ensembles résiduels d'une extraction multiculturelle. L'œuvre devient un paradigme de l'idéal de fusion car la dramaturgie musicale elle-même est motivée par l'intention de représenter toutes les traditions.

Manita en el Suelo incorpore également des éléments bouffes que le compositeur et le librettiste concevaient comme des parodies du canon européen. Par exemple, le mélodrame de Papá Montero (n° 8) dans lequel il décrit la tempête qui met en danger les pêcheurs ("les chevaux furieux de Santa Bárbara") est mis en musique à l'aide d'un développement symphonique qui parodie, suivant une suggestion de Carpentier, *La Chevauchée des Walkyries*.

En décembre 1934, Cartula avait fini l'orchestration de l'ouverture, de l'interlude et de la ballade. Publiée dans un numéro de 1934 de la revue *Social* sous le titre "Elegía al Enkiko", la ballade fut le seul fragment connu avant la première de l'œuvre tout entière qui n'eut lieu que le 15 février 1985 à La Havane avec des danseurs à la place des marionnettes. Le thème de la ballade fut en revanche assez populaire puisqu'il inspira au compositeur cubain Sergio Fernández Barroso (né en 1946) un ensemble de variations pour piano, les *Variaciones del Motoriongo*. Lorsque Caturla, qui occupait également un poste de juge, fut assassiné à l'âge de trente-quatre ans, il venait de finir une courte partition indiquant l'orchestration des numéros restants. La reconstruction pour la première de 1985 fut l'œuvre du compositeur et musicologue émérite Hilario González – un proche de Carpentier – en collaboration avec Carmelina Muñoz. L'œuvre n'a cependant jamais été produite comme Carpentier l'avait conçue, c'est-à-dire avec des marionnettes faites de tubes de carton, vêtues de papier coloré, avec des amis faisant fonctionner ces marionnettes et une mise en scène basée sur des esquisses qu'il avait promis d'envoyer à Caturla (Kuss, 1992*a*). La partition manuscrite autographe de Caturla et sa reconstruction sont préservées au Museo Nacional de la Música de La Havane.

La conception qu'avait Carpentier du Nouveau Monde, ce "creuset prodigieux de civilisation, croisement planétaire, lieu de syncrétismes, de transformations culturelles, de symbioses de musiques encore primordiales ou déjà très élaborées" déplore également les barrières artificielles dressées entre les prétendus domaines des musiques "artistique", "folklorique" et "populaire" (termes qui transforment des concepts en chose ou en boules de billard isolant les phénomènes). Le discours, non la praxis, définit une *séparation des domaines* qui, dans certains contextes, est toujours porteuse de préjudices sociaux. Dans l'esprit de Carpentier, l'élitisme qui dénigre l'invention populaire met à l'écart le génie des musiciens dont "l'invention vivante, rafraîchissante et constamment renouvelée façonna les expressions musicales les plus authentiques de l'Amérique latine [...] (habanera, tango argentino, rumba, guaracha, bolero, samba) [...], qui envahirent le monde avec leurs rythmes, leurs instruments typiques et leurs riches arsenaux de percussions désormais intégrés dans les ensembles symphoniques" (1977, p. 14 et 16-17). Pour Carpentier, Heitor Villa-Lobos (1887-1959) est l'archétype du compositeur latino-américain dont le "génie a surgi de nulle part" pour mettre en forme une expression musicale, par essence, brésilienne : "Les créations de nos musiciens les plus éminents ont toujours révélé des relations harmonieuses avec les créateurs de musiques moins ambitieuses [...]. Depuis l'époque de la Conquête, les musiciens populaires furent les premiers inventeurs de *styles musicaux*. Ces styles se définissent par-dessus tout grâce aux *contextes d'exécution*, c'est-à-dire grâce aux inflexions particulières du chant ou de l'accompagnement de la voix, aux manières de jouer des instruments ou d'utiliser les percussions." (*Ibid*., 1977, p. 18.)

Dans ce contexte, Villa-Lobos incarne le concept de génie non seulement parce qu'il matérialise *de l'intérieur* l'idéal de fusion mais également parce que le caractère exubérant de son invention ou sa "spontanéité" répond aux idéaux européens de progrès, d'originalité, de popularité et d'authenticité propres au XIXe siècle (Dahlhaus, 1974). L'idée d'une "création musicale telle l'éruption volcanique d'une âme aux prises à une révélation extatique" qui définit, selon les mots d'Edward E. Lowinsky, le concept romantique du génie (1964, p. 324) se reflète facilement dans les représentations discursives du charismatique Brésilien dont la vraie poétique demeure toujours élusive. Le legs du concept de génie, lui-même une construction européenne, se manifeste dans "la théorie des grands hommes de l'histoire", aujourd'hui répudiée, et dans la notion de panthéon des œuvres essentielles qui est en accord avec la suprématie assignée en général à la tradition écrite de l'art musical occidental et, en particulier, à la métaphysique de la musique, purement instrumentale. Bien que sa défense de la musique populaire renverse les valeurs européennes, le transcendantalisme illusoire de Carpentier (l'Amérique latine "doit" produire ses grands compositeurs) trahit, lorsqu'il écrit à propos de la musique, son allégeance aux narrations qui prévalent dans l'historiographie européenne.

5. L'inversion des signes

En analysant (à la suite de Foucault) les modalités de discours au sein de récits paradigmatiques et notamment d'écrits que l'on exclurait de "la vraie littérature", González Echevarría nous dit que l'histoire du roman latino-américain a été écrite de plusieurs manières. Les remarques suivantes saisissent clairement le problème et pourraient être facilement appliquées au problème de l'historiographie musicale latino-américaine : "Peu importe la méthode que l'histoire emploie, le schéma d'évolution et de changement continue d'être celui de l'historiographie artistique ou littéraire européenne [...]. Les catégories ordinaires comme le romantisme, le naturalisme, l'avant-garde font tôt ou tard leur apparition. S'il est nécessaire de remettre en question l'application d'une telle grille historiographique à la littérature européenne, il l'est d'autant plus lorsqu'il s'agit de la littérature latino-américaine. [...] L'intention de faire entrer de force de tels textes au sein d'une histoire conventionnelle du roman latino-américain est une tâche vaine." (1998, p. 38-39.)

Dans *Myth and Archive. A Theory of Latin American Narrative*, González Echevarría accomplit un travail monumental : en analysant les modalités de discours – plutôt que les processus d'évolution et de changement soutenus par l'échafaudage des faits de l'historiographie conventionnelle –, il parvient à reformuler les catégories historiques propres à la culture latino-américaine. En travaillant à rebours, à partir des modalités de discours que l'on retrouve dans les fictions modernes, il identifie trois époques, chacune caractérisée par l'hégémonie d'une modalité discursive – ou d'une rhétorique – et par des structures de contrainte, d'imitation et de subversion. Cependant, lorsqu'elles viennent s'accumuler et être emmagasinées dans les récits modernes ou "fictions d'Archive" latino-américains dans une quatrième époque, ces modalités se voient débarrassées de leur historicité. González Echevarría assigne à *Los Pasos perdidos* (1953) de Carpentier, dont le narrateur/protagoniste est un compositeur probablement inspiré de la personne d'Hilario González, le rôle de modèle de la fiction d'Archive dont *Cien años de soledad* (1967) de García Márquez est l'archétype et Jorge Luis Borges le gardien.

La présence synchronique de discours provenant de diverses époques historiques définit rétrospectivement l'histoire comme une reconstruction du passé dans le présent (Treitler, 1989, chap. I et V) et cela s'applique à des domaines autres que la fiction d'Archive de l'Amérique latine. L'année 1967 met en évidence une plus grande "confluence de coordonnés historiques" – pour reprendre la métaphore de Carpentier à propos de la condition historique élusive des musiques de la région. Au creux de cette intersection particulière convergent non seulement la publication de *Cien años de soledad*, l'avènement de compositions d'Archives comme *Bomarzo* d'Alberto Ginastera ou *Sinfonia* de Luciano Berio (1968-1969), qui inclut *O King*, de 1967, mais également le dialogue entre Foucault et Raymond Bellour publié sous le titre "Sur les façons d'écrire l'histoire" où le philosophe français met en forme la notion d'"archive" :

"BELLOUR. *Comment vous situez-vous personnellement dans cette mutation qui entraîne dans une sorte d'aventure romanesque les œuvres les plus exigeants du savoir ?*

FOUCAULT. A la différence de ceux qu'on appelle les structuralistes, je ne suis pas tellement intéressé par les possibilités formelles offertes par un système comme la langue. Personnellement, je suis plutôt hanté par l'existence des discours, par le fait que des paroles ont eu lieu : ces événements ont fonctionné par rapport à leur situation originelle, ils ont laissé des traces derrière eux, ils subsistent et exercent, dans cette subsistance même à l'intérieur de l'histoire, un certain nombre de fonctions manifestes ou secrètes.

BELLOUR. *Vous cédez ainsi à la passion propre de l'historien qui veut répondre à la rumeur infinie des archives.*

FOUCAULT. Oui, car mon objet n'est pas le langage mais l'archive, c'est-à-dire l'existence accumulée des discours. L'archéologie, telle que je l'entends, n'est parente ni de la géologie (comme analyse des sous-sols) ni de la généalogie (comme description des commencements et des suites), c'est l'analyse du discours dans sa modalité d'*archive*." (Foucault, 1967, in 2001, p. 623.)

Le centre de gravité de la culture latino-américaine moderne, s'il existe, se situe autant dans la vision élaborée par Carpentier que chez Borges car, pour ce dernier, il n'était nullement question de rejeter le legs de l'Occident mais plutôt de l'embrasser dans sa totalité afin de réorganiser ses signes et de les transformer en fiction. Lorsque Borges renverse l'encyclopédie du savoir occidental en la dépouillant de ses contextes d'interprétation propres, il oblitère ses significations pour dresser une carte des possibilités infinies de réinterprétation, présentant ainsi "la vision d'un lieu où tous les autres lieux se recoupent" (Parks, 2001, p. 42). De plus, ces intersections sont en accord avec une conception neutre, dynamique et intertextuelle de l'histoire, conçue comme un réseau "d'ensembles de relations temporellement et spatialement changeantes et changeables, ou de relations au sein d'ensembles de relations" (Wolf, 1982, p. 6). De telles réorganisations du legs de l'Occident impliquent un acte de possession *a priori*, une "maîtrise du code" (González Echevarría, 1990, p. 29) sans laquelle il est impossible d'échapper au destin d'épigone inscrit dans la prédétermination originale de l'Amérique (l'"invention" de l'Amérique comme réplique de l'Europe). Maîtriser le code pour ensuite décoder et extraire une multiplicité de nouvelles lectures qui transforment la culture reçue en une fiction au travers d'une inversion de signes, nécessite l'adoption d'une attitude critique envers ce legs et ses systèmes d'explication. Borges s'attaque aux limites de cette idée dans "Pierre Menard, autor del *Quijote*" (in *Sur*, 1939 ; repris in 1974, p. 444-450 ; trad. fr., vol. I, p. 467-475). Ici, l'auteur fictif de cette nouvelle – une *absence* – reproduit sa source *verbatim* pour en extraire une œuvre totalement différente, non en "copiant" l'original mais "en devenant fiction *au travers de l'expérience de Pierre Menard*" (Parks, 2001, p. 41). Dans le théâtre du XXe siècle, l'idée borgésienne d'appropriation et de réorganisation fait surface dans *Bomarzo* (1967), le second opéra d'Alberto Ginastera (1916-1983), basé sur le roman et le livret éponyme (1962) de Manuel Mujica Láinez (1910-1984). Si l'Archive telle que la définit González Echevarría dans sa théorie du récit latino-américain est à la fois bibliothèque, encyclopédie, histoire et sédiment, la fiction que les *grotteschi* des jardins de Bomarzo firent naître dans l'esprit de Mujica Láinez subsume tout cela. A l'instar de Borges déracinant Cervantès dans son "Pierre Menard" et le transposant dans un contexte différent, Mujica Láinez s'empare de la Renaissance pour inverser ses signes en le reterritorialisant dans le XXe siècle.

Bomarzo fut initialement mis en musique par Ginastera sous la forme d'une cantate pour baryton, narrateur et orchestre de chambre en trois *prosas* et trois *cantos*. Commandée par la fondation Elizabeth Sprague Coolidge de la Bibliothèque du Congrès et créée au Coolidge Auditorium le 1er novembre 1964, la *Cantata Bomarzo*, op. 32 (1964) constitue la première incursion de Ginastera dans l'aléatoire. Dès 1967, le potentiel dramatique captivant de Bomarzo remplissait le vaste canevas d'un opéra. L'anachronisme délibéré de Borges dans "Pierre Menard" et la volonté de Mujica Láinez d'exhumer la Renaissance pour créer un personnage moderne d'après la présence évocatrice de *grotteschi* dans le *sacro bosco* de Bomarzo que Pirro Ligorio élabora pour Pier Francesco Orsini entre 1552 et 1564 convergent dans l'opéra *Bomarzo*. Ginastera fait apparaître une dramaturgie musicale fondée sur une interprétation esthétique du drame latent des *grotteschi*, conçus comme des extensions atemporelles de la personnalité du Duc dont la pérennité transcendera le caractère transitoire de la vie de ce dernier. Cette dramaturgie abroge le mouvement dramatique pour repousser les limites des forces primales de ces personnages et créer un théâtre musical fait de gestes, d'incantations, de cruauté primordiale, de rituel érotique et de violence qui se rapproche du "théâtre de la cruauté" d'Antonin Artaud (Kuss,

1984, 1987 et 2002*a*), dont l'apparition se confond avec la "découverte" par le dramaturge du Tarahumara (Stoïanova, 1993).

Le roman de Mujica Láinez dont l'action se déroule entre 1512 et 1572 est un compendium d'histoire, de fiction, de symboles et d'allusion à d'autres textes au travers duquel l'auteur/narrateur s'identifie avec son personnage aliéné, *devenant fiction au travers de l'expérience de Mujica Láinez.* Parmi les objets qui saturent la texture du roman et partagent avec les personnages des fonctions allégoriques figure un torse de Minotaure exposé au musée Pio Clemente du Vatican. On peut interpréter ce torse comme un miroir des ambiguïtés d'une âme humaine que le Minotaure doit pénétrer pour réaliser sa destinée prédite par Dédale, car "son vrai labyrinthe n'est pas celui des murs de Dédale mais le dilemme de l'âme lacérée par la dualité de ses rôles" (Foster, 1972, p. 35). Le miroir qu'Ariane commande pour que le Minotaure puisse se contempler et sombrer dans le désespoir à la vue de ses irrémédiables singularités fonctionne dans le roman et l'opéra comme une métaphore visuelle, fusionnant le mythe avec une interprétation qui voit les *grotteschi* comme des extensions de la personnalité du Duc au travers desquelles, "jusqu'à ce que le temps cesse d'exister, le Duc se contemplera lui-même" (acte I, scène 8).

L'idée de pérennité, incarnée dans la présentation statique de la série de base de l'opéra (le cluster *do-si/ré* bémol-*si* bémol/*ré-la/mi* bémol-*la* bémol/*mi-sol/fa-sol* bémol) qui ouvre et conclut le cercle des souvenirs de la vie de Pier Francesco au moment de sa mort (acte I, scène 1 ; acte II, scène 15), est placée au cœur de la dramaturgie musicale de *Bomarzo.* Les souvenirs du Duc sont réactualisés sous forme d'abstractions antithétiques – innocence et culpabilité, rêve et réalité, amour et rejet, beauté et difformité physique – cristallisées dans treize des quinze scènes de l'opéra. L'amour est associé à trois personnages (le courtisan Florentin Pantasilea, la femme de Pier Francesco, Julia Farnese, et le loyal Abul, un mime) ; l'innocence avec l'éternel "Niño pastor" qui chante le "Lamento di Tristano" et avec Julia Farnese ; et l'idéal de beauté de la Renaissance avec le portrait d'un noble peint par Lorenzo Lotto. Leurs antithèses (le rejet, la culpabilité et la difformité physique) se retrouvent dans la personnalité du Duc. Le réseau d'associations engendré par ces polarités est ciselé dans un dense dédale d'éléments dodécaphoniques, procédant de la série de base *(Pérennité)* et à ses deux dérivations principales, associé au *Rêve* (acte I) et la *Mort* (acte II). Les *piedras* et *rocas* tissent des fils poétiques tout au long du livret articulant le *rêve* de *pérennité* de Pier Francesco situé au cœur de ces distorsions atemporelles des prototypes classiques et grâce auquel il transcendera sa *mort* ("La eternidad de Bomarzo", acte II, scène 15). Anticipé dans la villanelle "Si quieres saber de mí, te lo dirán unas piedras" ("Ce que tu veux savoir de moi, ces pierres te le diront") (interludium, scène 12), le processus d'identification avec les "monstres" qui symbolisent son éternité s'achève sur l'intensité marquante de l'"Elegía para la muerte de Pier Francesco" pour cordes (interludium, scène 14), basée sur une intégration des séries du rêve et de la mort.

Ginastera s'approprie les symboles musicaux de la Renaissance : ses *passamezzi*, gaillardes, mascarades, madrigaux et villanelles. Il les transpose dans un contexte fantasmagorique grâce au prisme fictionnel du langage dodécaphonique, les associant ainsi à l'héritage circonstancié des procédures génératives complexes de la musique dodécaphonique proches de celles utilisées par Alban Berg dans la *Suite lyrique* et surtout dans *Lulu*. La maîtrise du code des hauteurs dodécaphoniques ne s'étend pas aux domaines de la dramaturgie qui renonce au récit (ce qui contraste avec la narrativité labyrinthique du roman de six cent soixante-treize pages) et fait apparaître des formes timbrales statiques comme des sortes d'incantations permettant d'explorer "la folie [en tant que] mode le plus austère (voire abstrait) pour exprimer en termes théâtraux la réactualisation des idées". Dans *Bomarzo* tout comme chez Artaud ces idées fonctionnent comme des "stimulants sensoriels", comme "un décor, des accessoires, un matériau sensible" (Sontag, 1966, p. 166, 171 ; trad. fr., p. 139, p. 146 ; notre traduction). Comme pour les *grotteschi* eux-mêmes, on n'accède à l'essence de l'opéra qu'au travers d'une *expérience viscérale* qui sous-tend tout acte d'intellection. En un sens, le réseau complexe d'associations symboliques intégré à la partition elle-même n'est approchable qu'au travers de l'analyse, chose que, comme c'est le cas pour *Lulu*, ni le metteur en scène ni les interprètes ne peuvent ignorer (pour une première interprétation analytique de cette œuvre, on lira Kuss, 1984, et 1987 et 2002*a*). Commandé par l'Opera Society of Washington, *Bomarzo*, opus 34, fut créé à Washington le 19 mai 1967 sous la baguette de Julius Rudel, qui dirigea également l'enregistrement de l'œuvre en 1968 (Columbia Records, CBS stereo 32-31-0006, 3 disques).

Borges et Ginastera ont, de diverses manières, exorcisé le legs de l'Occident tout en y adhérant, en l'embrassant pour mieux le maîtriser avec virtuosité, dans le dessein de le décontextualiser et de le débarrasser de ses significations originelles pour le réorganiser dans des visions littéraires et musicales en accord avec un autre destin historique. Une volonté délibérée de fusionner l'érudition borgésienne au "creuset des civilisations" de Carpentier affleure dans la poétique du Péruvien Edgar Valcárcel (né à Puno en 1932), élève de Ginastera et compositeur remarquable de la génération suivante. Dans une série d'hommages aux "maîtres occidentaux", parmi lesquels on compte notamment Ives, que l'on pourrait qualifier de *ficciones* à la manière de Borges, Valcárcel s'empare des traits essentiels des idiomes de ces compositeurs pour les transformer en des symboles spécifiques de la culture andine. Par exemple, dans son *Homenaje a Stravinski* pour deux pianos, flûte, cor et percussion (1982), il invoque l'idiome du *Sacre du printemps* afin d'explorer son potentiel "péruanisant" ainsi que sa vulnérabilité en tant que source : un changement d'intervalle peut suggérer un continent totalement différent. Si Valcárcel déconstruit systématiquement Bach, Brahms, Prokofiev, Bartók, Stravinsky, de Falla, et Hindemith pour les "honorer" ainsi que pour les "rendre nuls et non avenus" et les resituer dans un panthéon andin fictif, son attitude postmoderne face à la culture reçue – attitude qu'il partage avec Borges – le distancie également de la poétique de Ginastera. Une intratextualité définit le progrès de la méthode de Ginastera transformant différentes énonciations en sources potentielles pour d'autres œuvres, par exemple lors de la recomposition de la première sonate pour piano (1952) dans la seconde (1981) et de cette dernière dans la troisième (1982). Par ailleurs, une intertextualité définit l'idée de base de son *Premier Concerto pour piano* (1961) où l'on retrouve par exemple des allusions à son *Second Quatuor à cordes* (1958), au *Deuxième Concerto pour piano* de Bartók (1930-1931) et à l'envoûtant mouvement lent du quatrième concerto de Beethoven. Si la présence de relations intra- et intertextuelles implique une relecture des textes cités, Ginastera ne sonde pas pour autant *l'acte critique lui-même* pour en faire une base compositionnelle comme c'est le cas chez Valcárcel. Une même distance générationnelle existe entre la poétique d'Astor Piazzolla (1921-1992) que l'on peut associer aux procédures hétérochrones que ce dernier a assimilées pour transformer la tradition du tango propre à sa culture, et les poétiques de quelques compositeurs de la génération d'après Piazzolla, dont les stratégies compositionnelles adoptent une attitude critique envers la même tradition de référence (cet aspect est analysé dans un essai magistral de Ramón Pelinski [à paraître] commandé et écrit pour *The Universe of Music. A History* ; cf. également son article sur la migration du tango dans le premier volume de la présente encyclopédie).

6. *"Lorsque la musique fait l'histoire"* (d'après Anthony Seeger)

"A mí se me hace cuento que empezó Buenos Aires : la juzgo tan eterna como el agua y el aire." (Borges, "Fundación mítica de Buenos Aires",

in *Cuaderno San Martín*, 1929 ; repris in 1974, p. 81 ; trad. fr., p. 82.) "Pas de commencement possible à Buenos Aires. Je le sens éternel comme l'eau, comme l'air."

Chaque point d'intersection de notre "réseau de relations" inspiré de Wolf définit différents ensembles de relations entre les différentes traditions de référence concernées. La métaphore de Wolf décrivant en toute neutralité l'histoire comme un réseau d'intersections à plusieurs niveaux n'inclut pas seulement toutes les traditions mais elle s'accommode également des modalités hégémoniques du discours musical ou des "rhétoriques périodiques" avec leurs stratégies respectives de subversion, ainsi que de la composition "d'Archive" (l'accumulation synchronique de discours qui définit la modernité) qui, elle, n'est pas hégémonique (González Echevarría, 1998). Au sein de ce méta-cadre neutre, chaque intersection est néanmoins culturellement chargée de différentes valeurs. Comme Bartók, Ginastera a forgé son langage musical à partir des sédiments des traditions folkloriques, utilisant des éléments chargés d'une certaine densité culturelle comme matériau compositionnel. Ces éléments soit sont progressivement submergés à différents niveaux structurels de ses œuvres – comme dans son premier opéra, *Don Rodrigo,* op. 31 (1964), basé sur l'une des épopées les plus vieilles et les plus riches d'Espagne dont la série de base contient le segment (*mi*♭-*mi-la-si*♭ = *mi-la-si*♭-*mi*♭) dérivé de l'accord de guitare qu'il cite explicitement dans des compositions antérieures (Kuss, 1992*b*) –, soit ils refont surface pour suivre l'une des multiples tendances *purement compositionnelles* – comme dans le cluster des sonates pour piano (1952, 1981 et 1982), dont les deux dernières énonciations rendent, par abstraction, obsolètes les références culturelles explicites de la première. De la même manière, Piazzolla a forgé ses compositions "d'Archive" à partir des sédiments de la tradition du tango, redéfinissant dans chaque énonciation leur relation avec d'autres discours pour créer à partir de cette fusion différentes intersections. Néanmoins, sa pensée compositionnelle intra- et intertextuelle demeure, *a contrario*, ancrée dans la tradition de référence, et ce nonobstant l'étendue de la nature transformatrice des processus grâce auxquels il explore les limites de cette tradition.

L'art de Piazzolla, qui nous interpelle viscéralement, réalise la vision prophétique de Carpentier d'une Amérique qui n'a pas encore "épuisé ses réserves de mythologies". Il a également le pouvoir de faire apparaître l'essence d'un lieu (Buenos Aires et non "l'Argentine"). Dans son article "Signifying a City. Astor Piazzolla and Buenos Aires", l'éminent musicologue argentin Omar Corrado analyse la capacité du compositeur à créer une ville à l'aide de moyens symboliques, précisant que, dans ce contexte, on peut conférer à la musique un pouvoir de représentation et que celui-ci la rend capable de devenir un lieu ou un ensemble d'images associées à un lieu : "Nous pensons avec Martin Stokes que «le phénomène musical organise et peut évoquer les mémoires collectives et les expériences présentes associées à un lieu avec une intensité, un pouvoir et une simplicité déniés à toute autre activité sociale»" (à paraître). L'envoûtante imagerie de la poésie symbolique empruntée à l'Uruguayen Horacio Ferrer pour évoquer la ville éternelle de Borges dans des collaborations comme *Balada para un loco* (1969) prend la forme d'un mythe dans *María de Buenos Aires* (1968), une "operita" de chambre en deux parties et seize numéros créée à la Sala Planeta le 8 mai 1968. A l'instar de Carpentier et Caturla, dont la volonté de faire allusion aux traditions de leur pays est à l'origine de la mise en forme du texte et de la dramaturgie musicale de leur *"mitología afrocubana"*, Ferrer et Piazzolla ont élaboré une *"mitología porteña"* – incluant la Vierge – pour invoquer la naissance de la voix de la ville, sa vie, sa "première" mort et sa résurrection dans le "nouveau tango" du compositeur. Le choix d'une allégorie pour saisir l'histoire du tango et prophétiser sur son futur au travers de la lunette d'Astor Piazzolla, cet innovateur qui a repoussé les limites de la tradition, établit une distinction entre l'idée à la base de *María de Buenos Aires* et ses précédents potentiels, les *comedias musicales porteñas* (1932-1961) du légendaire Francisco Canaro ("Pirincho") (1888-1964) et du dramaturge Ivo Pelay (1893-1959) qui mettent en scène des rétrospectives de l'histoire du tango. L'une de ces rétrospectives, *La Historia del tango* (1941), suit l'évolution du tango de 1900 à 1940 en un prologue et trois époques : "Les origines du tango", "Paris en 1925" et "Le présent en 1940". Le présent (1940) est considéré comme l'âge d'or du tango traditionnel et la scène finale de *La Historia* réaffirme la dignité de la musique populaire et glorifie le genre à l'aide d'un "Tanguano" conclusif. Une autre de ces rétrospectives, *Buenos Aires de ayer y de hoy* (1943) (Seibel, à paraître), met en scène des personnages de la *comedia* précédente en deux époques (1840 et 1940), avec des allusions aux musiques populaires de ces périodes respectives. Enfin, *Festival del recuerdo* (1961) est une rétrospective de comédies musicales antérieures, et notamment de "Buenos Aires de ayer", la première partie de *Buenos Aires de ayer y de hoy* (Seibel, à paraître). Au contraire, le langage symbolique de *María de Buenos Aires* se rapproche de *Proserpina y el extranjero*, une adaptation du mythe de la mort et de la résurrection de Proserpine mis en scène dans un *conventillo* de Buenos Aires par le dramaturge argentin Omar del Carlo (né en 1918), dont la première se déroula dans la capitale le 2 juin 1957 avec une musique de scène de Piazzolla. (*Proserpina y el extranjero* était déjà un opéra à succès d'après un livret d'Omar del Carlo et une musique du compositeur et chef d'orchestre argentin remarquable Juan José Castro [1895-1968]. Cet opéra a obtenu le Premio Verdi en 1951 et il fut créé au Teatro alla Scala de Milan en 1952. Sa dramaturgie musicale juxtapose le domaine symbolique du mythe aux bas-fonds réalistes de la ville et leur musique [Kuss, 1986].)

Le champ sémantique de *María de Buenos Aires* est cependant purement symbolique : les auteurs laissent de côté toute histoire explicite du tango pour évoquer l'histoire de sa destinée. Selon le mythe forgé par Ferrer, l'esprit de la ville (El Duende, un narrateur) fait apparaître la figure allégorique de María (le tango lui-même, la voix de la ville). María erre en prenant différents visages jusqu'à sa première mort (le tango des années 1950 et 1960 ?), mais son Ombre égarée défie l'oubli et cherche à renaître. Affligé, El Duende l'invoque encore une fois, l'incitant à découvrir le mystère de la conception à l'aide "des moyens les plus simples". L'Ombre de María répond en donnant naissance, non pas à un enfant Jésus mais à une "autre" María. Est-ce la même María qui renaît de son Ombre ou une María différente ? La question reste sans réponse. Evaristo Carriego (1883-1912), le poète qui capture l'âme des quartiers et qui fut loué par Borges (1930, repris in 1974, p. 101-172), plane dans l'ombre de l'imagerie magique de Ferrer. Dans la "Milonga carrieguera" (1re partie, scène 4), "une fois son image conjurée et son souvenir présent, le récit de sa vie surgit. Un garçon du quartier du nom de Porteño Gorrión con Sueño décrit María la Niña comme magnétisée par des forces qui l'éloignent de lui. Il raconte ensuite que lorsqu'elle s'en est allée, il lui a prédit qu'elle entendra pour toujours sa voix masculine rejetée dans la voix de tous les hommes" (Ferrer, 1968).

En 1968, Piazzolla a trouvé le poète de la ville et la voix de María en la personne d'Amelita Baltar. Grâce à la maîtrise par Piazzolla des procédés évocateurs de juxtaposition, d'interpolation, de déplacement et d'instrumentation, l'histoire devient une tapisserie d'allusions imbriquées les unes dans les autres. Des motifs dont la juxtaposition définit ou subvertit un thème errant dans toute la partition masquent l'artifice de l'association, créant l'illusion d'une composition rhapsodique. Les souvenirs des vieilles valses, *habaneras* et *milongas* interagissent avec les rythmes propres au style de Piazzolla, comme son insistance sur des ostinatos syntactiques et sa signature rythmique 3 + 3 + 2. Ainsi que l'a remarqué Pelinski dans un article éclairant (2002), les ostinatos et les techniques de basse fondamentale qui confèrent un caractère rituel à la musique de Piazzolla apparaissent sous des formes très simples : un tétracorde descendant (par exemple *la-sol-fa-mi*) dont l'extension vers une quinte descendante définit la seconde incarnation du thème de María (1re partie, scènes 1 et 5 ; 2e partie, scène 15) ; un mouvement circulaire au sein d'une tierce mineure (par exemple, *la-si-do-si*) – marque de son tango *Buenos Aires hora cero* (1963) – qui pleure incessamment la mort de María et l'errance nonchalante de son Ombre dans la deuxième partie ; leur combinaison (par exemple *la-si-do-si/la-sol-fa-mi*) que l'on peut aisément rapporter à la première incarnation thématique (1re partie, scène 2) ; et la semblance de basse strophique dont le mouvement impassible suggère un futur irrévocable dans le "Tangus Dei" ou "Dimanche de la résurrection" (2e partie, scène 16).

L'imagerie de Ferrer – comme celle de Mujica Láinez dans *Bomarzo* – est source d'inspiration de la dramaturgie musicale de Piazzolla mais ne la définit pas. Comme dans la "Balada de Papá Montero", au centre de l'œuvre de Cartula, une sorte de mort sépare les deux parties de *María de Buenos Aires* (1re partie, scènes 1 à 8 et 2e partie, scènes 9 à 16). De la même manière que les souvenirs de musiques plus anciennes et les anticipations de la renaissance de la tradition sont magistralement enchevêtrés tout au long de la première partie (le passé), des images de la mort et de la réinvention sont évoquées dans la seconde (le futur). La manière dont le compositeur conçoit les "thèmes" de María constitue un élément déterminant de la dramaturgie. La première incarnation thématique de María prend forme, à tâtons, à partir du souvenir d'un vieux tango (1re partie, scène 2) et suggère le sujet d'une fugue magistrale dans "Fuga y misterio" (1re partie, scène 5). La mort évoquée dans les traits mélodiques de *Adiós nonino* (1959) est associée ici au souvenir des vieux tangos et au mystère latent de l'Ombre de María (2e partie, scènes 12 et 13). Sa seconde incarnation thématique est suggérée par le violon dans "Alevare" (1re partie, scène 1), elle refait surface sous les traits du "mystère" dans la "Fuga y misterio" (1re partie, scène 5) et prend sa forme finale dans la "Milonga de la Anunciación" (2e partie, scène 15) de María. Si la première incarnation thématique est rhapsodique, la seconde est au contraire affirmée avec sa forme strophique, ses progressions par demi-tons qui font monter la tension, et sa répétition incessante du rythme propre à Piazzolla (3 + 3 + 2). Nous suggérons au lecteur de comparer deux enregistrements exceptionnels de cette œuvre : celui de la première, avec Piazzolla, Ferrer et Amelita Baltar dans le rôle de la magique María (Trova TLS-5020, 2 disques), et la superbe exécution dirigée par Gidon Kremer, avec également Ferrer en tant que narrateur (TELDEC Classics International GMBH 3984-20632-2, 1998). Nous mettons en question l'idée d'avoir ajouté dans le second enregistrement un contrafactum du dénouement – la "Milonga de la Anunciación" (2e partie, scène 15) – dans la première partie ("Yo soy María", 1re partie, scène 3*b*). Cette addition dérange la téléologie de la trame dramaturgique, suggérant trop tôt la question la plus importante de la pièce : "Est-ce que le nouveau tango de Piazzolla est la même María renaissant de son ombre ou une María différente ?"

Piazzolla et Ferrer convoquent les outils de la psychanalyse pour nettoyer le passé et mettre de l'ordre dans le cirque des rêves et des souvenirs précédant la naissance du nouveau tango (2e partie, scène 12), mais les praticiens de l'analyse musicale n'ont pas encore réussi à sauver l'art de Piazzolla ni d'erreurs dans la succession des parties de ses pièces, ni de l'obsession de classification propre au discours colonisé où les différents domaines doivent rester clairement délimités. Par conséquent, tout "franchissement" de ces barrières occupe ainsi le devant de la scène dans la rhétorique des politiciens de la culture, au détriment d'autres aspects de la poétique du compositeur. D'après Carlos Kuri, l'un des plus brillants exégètes de Piazzolla (1997), la question qui a monopolisé la première réception de Piazzolla en Argentine concernait l'étendue du domaine à assigner à ce *tanguero* sacrilège qui a transgressé les limites de l'espace de la musique savante tout en violant la tradition sacrée du tango. Une telle préoccupation pourrait aussi expliquer l'absence de Piazzolla dans le *Diccionario de música y músicos* du musicologue argentin Waldemar Axel Roldán (1999), autrement fort bien documenté. C'est précisément l'apparition d'une profusion de littérature idéologique à propos de Piazzolla non fondée sur l'analyse qui incita Allan W. Atlas, un éminent universitaire nord-américain, à organiser le premier symposium dédié au "discours musical de Piazzolla en lui-même", un symposium qui se déroula le 10 mars 2000 au Graduate Center de la City University de New York (Kuss, 2002*b* et Pelinski, 2002).

7. Epilogue

Envisagé depuis le point de vue de notre propre archive, ce que Christophe Colomb façonna pour l'Europe était la réalisation d'un autre ensemble de possibilités culturelles, "définies au sein de lui-même mais à l'encontre de la puissante totalité européenne". Plutôt que d'opposer l'Occident au reste du monde, la réarticulation des valeurs dans les actes d'adoption, d'assimilation et de subversion relativise les certitudes et questionne les frontières de ce qui jadis fut un espace sacro-saint, le décentrant implicitement et prodiguant de manière irrévérencieuse des moyens pour le critiquer. Les concepts régulateurs de la grille hégémonique sont en train d'être passés au crible de la critique par quelques Européens éclairés (Fischer, 1979 et Finscher, 1986-1987) et remis en question avec plus ou mois d'impertinence par des universitaires aux Etats-Unis (Treitler, 1989 et Tomlinson, 1995, pour ne mentionner qu'eux).

Une nouvelle génération de musicologues latino-américains participe également au démantèlement de l'emprise tenace du discours colonisé (on lira aussi Kuss, 1998). Cependant, une théorie du "discours musical" culturellement spécifique, fondée sur l'analyse et comparable à la théorie du récit latino-américain de González Echevarría n'a pas encore fait son apparition au sein du paysage musicologique.

Les trois œuvres analysées ci-dessus illustrent trois visions différentes de "l'essence culturelle" de l'Amérique latine. *Manita en el Suelo* et *María de Buenos Aires* représentent différentes visions de la médiation anthropologique. Pour ces deux mythes humbles mais néanmoins paradigmatiquement significatifs, nous faisons référence à la définition que donne González Echevarría de l'Archive comme mythe au sein d'une poétique du déplacement : "La mythification est une version de la métahistoire permettant l'évasion des contraintes du discours dominant au travers d'une fusion avec l'un des objets principaux de ce discours : le mythe. L'hétérogénéité des cultures, des langues, des sources, des origines est au cœur de la négativité constitutive de l'Archive, un pluralisme qui est une subversion ou sous-version de la métahistoire. L'Archive rassemble et perd, elle ne peut pas imprimer des signes ou déterminer. L'Archive ne peut pas construire de mythe, culturel ou national, bien que son maquillage révèle un désir de créer une métahistoire politico-culturelle grandiose." (González Echevarría, 1998, p. 175.)

Parmi les cinquante-trois œuvres achevées de Ginastera, le choix de *Bomarzo* fut en premier lieu dicté par le fait que le compositeur la considérait comme une de ses œuvres de la maturité la plus parfaite et comme une œuvre à laquelle il ne voulait faire aucun changement. De plus, *Bomarzo* souligne la vulnérabilité du stéréotype qui assigne "identité" au "pacte mimétique" (González Echevarría) de la médiation anthropologique à l'exclusion d'autres forces culturelles de même puissance. Cette œuvre subvertit également l'image stéréotypée de ce compositeur qu'ont construite les politiciens de la culture adhérant à un modèle historiographique basé sur une vision de l'Amérique latine comme épigone de l'Europe et qui n'est pas enracinée dans l'analyse. Dans "El escritor argentino y la tradición" (in *Discusión*, 1932, repris in 1974, p. 267-274), au milieu d'une profusion de constructions identitaires s'appuyant sur l'idée de nation, Borges écrit que "le culte argentin de la «couleur locale» est un phénomène européen récent que les nationalistes [argentins] devraient rejeter à cause de son caractère étranger" (*ibid.*, p. 270). Dans *Bomarzo*, Ginastera s'aligne sur le genre de fiction que Borges inaugure en 1939 avec "Pierre Menard", où la maîtrise du code constitue un outil pour purger la culture dominante de ses hiérarchies, de ses valeurs et de ses significations, et pour ainsi transformer le legs de l'Occident en une fiction qui renverse les termes fondateurs de cet imaginaire inauguré dans des textes comme celui de Pigafetta.

Bibliographie

AGAWU, K. V., 1995 : "The Invention of «African Rhythm»", *Journal of the American Musicological Society*, vol. XLVIII, n° 3, p. 380-395.

ALEGRÍA, F., 1970 : "Alejo Carpentier. Realismo mágico (1960)", in *Homenaje a Alejo Carpentier : Variaciones interpretativas en torno a su obra*, H. F. Giacoman (éd.), New York, Las Américas Publishing, p. 35-69.

ARROM, J. J., 1971 : *Certidumbre de América. Estudios de letras, folklore y cultura*, 2e éd., Madrid, Editorial Gredos.

BAQUERO, G., 1977 : "La charada china. Una de las magias o poetizaciones cubanas de la realidad", in *Enciclopedia de Cuba*, 2e éd., San Juan (Puerto Rico)-Madrid, Enciclopedia clásicos cubanos, p. 303-324.

BAUMANN, M. P., 2004 : "Music and Worldview of Indian Societies in the Bolivian Andes", in *Music in Latin America and the Caribbean. An Encyclopedic History*, M. Kuss (éd.), 4 vol., vol. I, *Performing Beliefs. Indigenous Peoples of South America, Central America, and Mexico*, Austin, University of Texas Press, p. 101-121.

BORGES, J. L., 1974 : *Obras completas 1923-1972*, Buenos Aires, Emecé Editores ; trad. fr., *Œuvres complètes*, J.-P. Bernès (éd.), Paris, Gallimard, "Bibliothèque de la Pléiade", vol. I, 1993 ; vol. II, 1999.

CARPENTIER, A., 1931 : *Manita en el Suelo (opera bufa en un acto y cinco escenas)*, livret dactylographié, 16 p.

CARPENTIER, A., 1946 : *La Música en Cuba*, México, Fondo de cultura económica ; rééd., La Havane, Editorial Letras Cubanas, 1988 ; trad. fr., *La Musique à Cuba*, Paris, Gallimard, 1985.

CARPENTIER, A., 1949 : *El Reino de este mundo*, México, Edición y Distribución Iberoamericana de Publicaciones ; trad. fr., *Le Royaume de ce monde*, Paris, Gallimard, 1991.

CARPENTIER, A., 1974 : *Concierto barroco*, México, Siglo Veintiuno Editores ; trad. fr., *Concert baroque*, Paris, Gallimard, 1976 ; rééd., 1993.

CARPENTIER, A., 1977 : "América Latina en la confluencia de coordenadas históricas y su repercusión en la música", in *América latina en su música*, I. Aretz (éd.), México-Paris, Siglo Veintiuno Editores-Unesco, p. 7-19.

CARPENTIER, A., 1980 : *Ese músico que llevo adentro*, Z. Gómez (éd.), 3 vol., La Havane, Editorial Letras Cubanas.

CORRADO, O., à paraître : "Signifying a City. Astor Piazzolla and Buenos Aires (1998)", conférence présentée au VIe congrès international sur la signification musicale, Aix-en-Provence, 1998, in *Music in Latin America and the Caribbean. An Encyclopedic History*, M. Kuss (éd.), 4 vol., 2004-, Austin, University of Texas Press, vol. IV à paraître.

DAHLHAUS, C., 1974 : "Die Idee des Nationalismus in der Musik", in *Zwischen Romantik und Moderne. Vier Studien zur Musikgeschichte des späteren 19. Jahrhunderts*, Munich, Musikverlag Emil Katzbichler.

ESTEVE BARBA, F., 1964 : *Historiografía indiana*, Madrid, Editorial Gredos.

FERRER, H., 1968 : notice de disque pour *María de Buenos Aires*, operita de Horacio Ferrer et Astor Piazzolla, Buenos Aires, Trova TLS-5020, 2 disques 33 tours.

FINSCHER, L., 1986-1987 : "Weber's *Freischütz*. Conceptions and Misconceptions", *Proceedings of the Royal Musical Association*, vol. CX, p. 79-90.

FISCHER, K. von, 1979 : "Zum Begriff NATIONAL in Musikgeschichte und deutscher Musikhistoriographie", in *Zwischen den Grenzen : Zum Aspekt des Nationalen in der neuen Musik*, D. Rexroth (éd.), Mayence, B. Schott's Söhne, p. 11-16.

FOSTER, D. W., 1972 : "The Monstrous in Two Argentine Novels", *Américas*, vol. XXIV, n° 2, p. 33-36.

FOUCAULT, M., 1967 : "Sur les façons d'écrire l'histoire" (entretien avec R. Bellour), *Les Lettres françaises*, n° 1187, 15-21 juin 1967, p. 6-9 ; repris in *Dits et écrits*, I. *1954-1969*, D. Defert, F. Ewald, J. Lagrange (éd.), Paris, Gallimard, 1994, p. 585-600 ; 2e éd., 2001.

GARCÍA MÁRQUEZ, G., 1983 : "La soledad de América", *Boletín*, La Havane, Círculo de Cultura Cubana, 7 février, p. 1-2.

GARCILASO DE LA VEGA, 1982 : *Comentarios reales* (1609), México, SEP-Universidad Nacional Autónoma de México (UNAM).

GONZÁLEZ ECHEVARRÍA, R., 1990 : *Alejo Carpentier. The Pilgrim at Home*, Austin, University of Texas Press ; éd. esp., *Alejo Carpentier. El peregrino en su patria*, México, Universidad Nacional Autónoma de México, 1993.

GONZÁLEZ ECHEVARRÍA, R., 1998 : *Myth and Archive. A Theory of Latin American Narrative*, Durham, Duke University Press ; trad. esp., *Mito y archivo. Una teoría de la narrativa latinoamericana*, México, Fondo de Cultura Económica, 2000.

GONZÁLEZ ECHEVARRÍA, R., à paraître : "Latin American Fiction and the Poetics of History", in *Music in Latin America and the Caribbean. An Encyclopedic History*, M. Kuss (éd.), University of Texas Press, vol. III.

HENRÍQUEZ, M. A. (éd.), 1978 : *Alejandro García Caturla. Correspondencia*, La Havane, Editorial Arte y Literatura.

HERNÁNDEZ, M., LEMLIJ, M., MILLONES, L., PÉNDOLA, A. et ROSTWOROWSKI, M., 1987 : *Entre el mito y la historia. Psicoanálisis y pasado andino*, Lima, Ediciones Psicoanalíticas Imago (Seminario Interdisciplinario de Estudios Andinos/SIDEA).

KURI, C., 1997 : *Piazzolla. La música límite*, 2e éd., Buenos Aires, Ediciones Corregidor.

KUSS, M., 1984 : "Symbol und Phantasie in Ginasteras *Bomarzo* (1967)" in *Alberto Ginastera*, F. Spangemacher (éd.), Bonn, Boosey and Hawkes, "Musik der Zeit : Dokumentationen und Studien", n° 4, p. 88-102.

KUSS, M., 1986 : "«Proserpina y el extranjero» by Juan José Castro", in *Pipers Enzyklopädie des Musiktheaters*, C. Dahlhaus et S. Döhring (éd.), 7 vol., Munich-Zürich, Piper Verlag, vol. I, p. 503-505.

KUSS, M., 1987 : "«Bomarzo (1967)» and «Don Rodrigo (1964)» by Alberto Ginastera", in *Pipers Enzyklopädie des Musiktheaters*, C. Dahlhaus et S. Döhring (éd.), 7 vol., Munich-Zürich, Piper Verlag, vol. II, p. 380-386.

KUSS, M., 1991 : "Round Table II. Contributions of the New World to the Music of the Old World", *Acta musicologica*, vol. LXIII, n° 1, p. 3-11.

KUSS, M., 1992*a* : "The Confluence of Historical Coordinates in Carpentier/Caturla's *Manita en el Suelo*", in *Musical Repercussions of 1492. Encounters in Text and Performance*, C. E. Robertson (éd.), Washington (D. C.), Smithsonian Institution Press, p. 355-380.

KUSS, M., 1992*b* : "Identity and Change : Nativism in Operas from Argentina, Brazil, and Mexico" in *Musical Repercussions of 1492 : Encounters in Text and Performance*, C. E. Robertson (éd.), Washington (D. C.), Smithsonian Institution Press, p. 299-335.

KUSS, M., 1993 : "The «Invention» of America. Encounter Settings on the Latin American Lyric Stage", *Revista de musicología* (Madrid), vol. XVI, n° 1, p. 185-204.

KUSS, M., 1996 : "Ficción e historiografía. Las crónicas españolas como fuentes para la etnohistoria musical americana", *Oralidad : Lenguas, identidad y memoria de América*, n° 8, p. 13-22.

KUSS, M., 1998 : "Nacionalismo, identidad y Latinoamérica", *Cuadernos de música iberoamericana*, n° 6, p. 133-149.

KUSS, M., 2002*a*, "«Si quieres saber de mí, te lo dirán unas piedras» : Alberto Ginastera, autor de *Bomarzo*", in *Opera en España e Hispanoamérica*, E. Casares Rodicio et A. Torrente (éd.), 2 vol., Madrid, ICCMU (Instituto Complutense de Ciencias Musicales), vol. II, p. 393-411.

KUSS, M., 2002*b* : "La poética referencial de Astor Piazzolla", *Revista del Instituto Superior de Música*, n° 9, juin, p. 11-29.

LEANTE, C., 1970 : "Confesiones sencillas de un escritor barroco (1964)", in *Homenaje a Alejo Carpentier*, H. F. Giacoman (éd.), New York, Las Américas Publishing Co., p. 13-31.

LEÓN-PORTILLA, M., 1988 : *Time and Reality in the Thought of the Maya*, 2e éd. augmentée, Norman, University of Oklahoma Press.

LOWINSKY, E. E., 1964 : "Musical Genius. Evolution and Origins of a Concept", *The Musical Quarterly*, 1re partie, vol. L, n° 3, p. 321-340 ; 2e partie, vol. L, n° 4, p. 476-495.

MATE, R. et NIEWÖHNER, F. (éd.), 1992 : *El precio de la "invención" de América*, Barcelone-Cáceres, Anthropos-Institución Cultural El Brocense.

MUDIMBE, V. Y., 1988 : *The Invention of Africa. Gnosis, Philosophy, and the Order of Knowledge*, Bloomington, Indiana University Press.

O'GORMAN, E., 1961 : *The Invention of America. An Inquiry into the Historical Nature of the New World and the Meaning of its History*, Bloomington, Indiana University Press.

ORTIZ, F., 1940 : *Contrapunteo cubano del tabaco y el azúcar*, La Havane, J. Montero ; trad. angl., *Cuban Counterpoint : Tobacco and Sugar*, New York, Alfred Knopf, 1947.

ORTIZ, F., 1965 : *Africanía de la música folklórica de Cuba*, 2e éd. rév., La Havane, Editora Universitaria-Universidad Central de Las Villas.

PANÉ, R., 1991 : *Relación acerca de las antigüedades de los Indios. El primer tratado escrito en América* (1498), J. J. Arrom (éd.), 9e éd., México, Siglo XXI Editores (1re éd., 1974).

PARKS, T., 2001 : "Borges and His Ghosts", *New York Review of Books*, vol. XLVIII, n° 7, 26 avril, p. 41-45.

PELINSKI, R., 2002 : "Ostinato y el placer de la repetición en la música de Astor Piazzolla", *Revista del Instituto Superior de Música*, n° 9, juin, p. 29-39.

PELINSKI, R., à paraître : "Nomadic Tango", in *Music in Latin America and the Caribbean. An Encyclopedic History*, M. Kuss (éd.), 4 vol., Austin, University of Texas Press, 2004, vol. IV à paraître.

ROLDÁN, W. A., 1999 : *Diccionario de música y músicos*, 2e éd., Buenos Aires, El Ateneo.

SEEGER, A., 1991 : "When Music Makes History", in *Ethnomusicology and Modern Music History*, S. Blum, P. V. Bohlman et D. M. Neuman (éd.), Urbana, University of Illinois Press, p. 23-34.

SEIBEL, B., à paraître : "Popular Musical Comedy in Buenos Aires (1932-1961)", in *Music in Latin America and the Caribbean. An Encyclopedic History*, M. Kuss (éd.), 4 vol., Austin, University of Texas Press, 2004-, vol. III à paraître.

SONTAG, S., 1966 : "Marat/Sade/Artaud", in *Against Interpretation*, New York, Dell Publishing, p. 163-174.

STEVENSON, R., 1968 : *Music in Aztec and Inca Territory*, Berkeley-Los Angeles, University of California Press ; 2e éd., 1976.

STOÏANOVA, I., 1993 : "Deux découvertes de l'Amérique à travers Antonin Artaud : Wolfgang Rihm – *Tutuguri* et *Die Eroberung von Mexico*", *Revista de musicología* (Madrid), vol. XVI, n° 1, p. 274-286.

STOKES, M., 1994 : "Introduction : Ethnicity, Identity, and Music", in *Ethnicity, Identity, and Music. The Musical Construction of Place*, M. Stokes (éd.), Oxford, Berg, p. 1-27.

THOMPSON, D., 1993 : "The *Cronistas de Indias* Revisited. Historical Reports, Archeological Evidence, and Literary and Artistic Traces of Indigenous Music and Dance in the Greater Antilles at the Time of the *Conquista*", *Latin American Music Review*, vol. XIV, n° 2, p. 181-201.

TODOROV, T., 1982 : *La Conquête de l'Amérique*, Paris, Le Seuil.

TOMLINSON, G., 1995 : "Ideologies of Aztec Song", *Journal of the American Musicological Society*, vol. XLVIII, n° 3, p. 343-379.

TREITLER, L., 1989 : *Music and the Historical Imagination*, Cambridge (Mass.), Harvard University Press.

VAN DEN TOORN, P. C., 1983 : *The Music of Igor Stravinsky*, New Haven-Londres, Yale University Press.

VARGAS LLOSA, M., 1990 : "Questions of Conquest. What Columbus Wrought and What He Did Not", *Harpers*, vol. CCLXXXI, n° 1687, décembre, p. 45-53.

WOLF, E. R., 1982 : *Europe and the People Without History*, Berkeley-Los Angeles, University of California Press.

Gérard Béhague

LA CONQUÊTE COLONIALE ET L'IMPLANTATION DE LA MUSIQUE EUROPÉENNE EN AMÉRIQUE LATINE

1. Introduction

Au XXIe siècle, les traditions musicales latino-américaines sont la conséquence naturelle de divers niveaux de transculturation et d'acculturation accumulés pendant plus de cinq siècles de contacts et d'interactions culturels entre de nombreuses cultures différentes. Beaucoup de facteurs expliquent aussi l'enculturation qui existe dans des groupes spécifiques et des dynamiques culturelles ont affecté tous les groupes, à différents niveaux, à différentes époques de leur histoire. Les historiens de la musique ont parfois tenté d'isoler certaines caractéristiques de traditions musicales données dans le but de les apparenter à une origine supposée neuve. Ainsi, il était de bon ton pour certains érudits, jusque dans les années 1970, de chercher des origines au sein de la généralisation triethnique de ces traditions, à savoir les traditions amérindiennes, européennes (essentiellement ibériques) et noires africaines.

L'acculturation s'est produite dès le tout début de la colonisation en Amérique latine avec des résultats qui peuvent se généraliser pour toute la région mais, à un niveau plus spécifique et régional, avec différents résultats qui ont dépendu, dans l'ensemble, de nombreux facteurs ethnohistoriques. Parmi ceux-ci, il y avait le niveau de ténacité ou de résistance des cultures soumises, le niveau de succès relatif de l'action missionnaire européenne et le degré d'affinité potentielle entre les cultures des colonisés et des colons.

Dans le processus de transculturation qui s'est produit en Amérique latine à divers niveaux simultanés, le plus manifeste a été l'implantation de matériel musical ainsi que de cultures et pratiques d'expression européens. Un tel transfert a affecté d'une manière générale la formation et le développement des traditions musicales traditionnelles et populaires et, à certains moments et en certains lieux, la culture locale de la musique savante. La musique savante qui était issue de modèles et de valeurs culturels et artistiques imposés par la colonisation n'est devenue possible que dans de grandes villes ou dans certaines cités où elle était soutenue par une élite sociale et des institutions. Tout au long de la période coloniale (de 1500 environ aux années 1820), les activités de la musique savante se sont limitées à l'église, aux festivités publiques officielles et, seulement dans les grands centres administratifs, au palais du gouvernement colonial, puis à quelques salons aristocratiques. C'est seulement à la fin du XVIIIe siècle que sont apparus quelques théâtres professionnels proposant des saisons régulières d'opéra et d'autres genres lyriques.

Pour comprendre pleinement la nature de la musique savante en Amérique latine, il faut considérer la structure sociale dans les diverses phases de la période coloniale et les différents territoires ainsi que l'endroit et la fonction de la musique au sein de cette structure. L'établissement de la domination coloniale espagnole et portugaise impliquant de forcer les populations indigènes à suivre la vision européenne du monde de plein gré ou à contrecœur, la musique est apparue comme un puissant outil de conversion et, par son intermédiaire, comme une méthode de contrôle. La musique européenne a sans aucun doute contribué à l'ethnocide culturel inhérent au colonialisme, mais elle a fini par devenir un fondement essentiel de l'expression de la nouvelle culture métisse. La nature de cette culture est reconnue dans l'Amérique hispanique au travers du concept de *raza* (littéralement "race" : culture ou famille nouvelle et unique) et célébrée le 12 octobre, le jour de la fête traditionnelle de Christophe Colomb.

En plus des résidents venus d'Europe, la société coloniale comprenait des Blancs *criollos* (*crioulo*, "créoles") nés dans la colonie d'ascendance européenne, des métis (des métissages d'Indien et de Blanc, ou de Noir et de Blanc), des Indiens et des Noirs africains indigènes. Les Européens et les Créoles constituaient la partie dominante de la société d'où sortait l'élite gouvernante. Les musiciens professionnels et les compositeurs qui travaillaient essentiellement pour l'Eglise étaient issus de ces couches de la société. Ce n'est qu'au milieu et à la fin de la période coloniale que les musiciens métis ont commencé à émerger dans l'art de la musique savante. Mais il ne faut pas oublier que la conquête musicale européenne de l'Amérique latine a touché naturellement des aspects beaucoup plus vastes de la musique que celle qui se pratiquait à l'église et au palais. Les nombreux genres de musique vocale et instrumentale traditionnelle de la péninsule Ibérique ont été cultivés, assimilés, transformés et recréés dans les colonies. Une telle recréation a contribué non seulement à une grande et importante quantité de musique traditionnelle, mais a aussi influencé le type de composition de musique savante qui s'est créé dans les colonies latino-américaines et dans les pays devenus indépendants par la suite.

L'implantation des pratiques musicales européennes en Amérique latine ne se limite donc pas à une simple imitation des modèles européens, mais consiste plutôt en une assimilation et une adaptation progressives de ces modèles qui se sont intégrés dans une nouvelle tradition locale. La nature hybride de la culture latino-américaine (et donc de sa musique) est le résultat d'une sélection cannibalesque car elle a assimilé et incorporé divers aspects des cultures européennes, indigènes et originaires d'Afrique de façon unique, avec souvent un côté magique et enchanteur. Mais dans le processus d'assimilation, il y a eu une sélection naturelle qui a fait des produits finals autre chose qu'une simple extension des modèles originaux.

Cet essai met l'accent sur l'impact musical de la conquête coloniale espagnole et portugaise dans l'hémisphère occidental, essentiellement au travers de l'établissement d'une tradition de musique savante, mais également en considérant en son sein l'influence occasionnelle de certains genres musicaux traditionnels ou populaires apportés aux colonies par des colons européens.

2. La musique des missions

Dans tout le continent ibéro-américain, le travail missionnaire n'a jamais cessé et il a contribué plus que tout autre au succès de la conquête européenne de territoires et de communautés culturelles aussi importantes que diverses. Les missionnaires ont porté une attention particulière à la musique dans la catéchisation des populations indigènes. Ils ont constamment fait l'éloge de l'aptitude des Indiens à assimiler les caractéristiques culturelles européennes, par-dessus tout la musique. Ainsi, la participation indienne aux activités musicales de l'Eglise s'est avérée être l'un des outils de conversion les plus efficaces. Il apparaît que les Indiens étaient des chanteurs particulièrement bons et qu'ils savaient fabriquer et jouer des instruments de musique. En fait, les musiciens indiens avaient atteint un tel nombre au Mexique, dès la seconde moitié du XVIe siècle, qu'en 1561 Philippe II ordonnait une "réduction du nombre d'Indiens autorisés à s'occuper comme musiciens" (Stevenson, 1952, p. 65). Les musiciens indiens n'ont toutefois jamais été autorisés à détenir des positions dirigeantes dans la vie musicale de la colonie à ses débuts. Seuls quelques musiciens métis ont occupé des postes importants en Amérique espagnole entre 1650 et 1750. Au Mexique et au Pérou, des Indiens d'extraction noble ont bénéficié d'opportunités pédagogiques spéciales, notamment, et souvent, d'une formation musicale. A Quito, par exemple, les franciscains ont organisé le Colegio de San Andrés (1550-1581) pour les fils de chefs indiens ; l'instruction musicale qui y était dispensée consistait essentiellement à familiariser les "indigènes" d'abord avec le chant grégorien, puis avec la polyphonie ou *canto de órgano*. Des exemplaires imprimés de motets du célèbre compositeur espagnol Francisco Guerrero, publiés à Venise en 1570, auraient été acquis par le Colegio quelques années plus tard, ce qui indique le haut niveau d'accomplissement musical des chœurs indiens.

Au Mexique (Nouvelle-Espagne), le franciscain Pierre de Gand ou Pedro de Gante (vers 1480-1572), parent de Charles Quint, a fondé et dirigé l'école San Francisco qui formait des musiciens indiens. Son succès d'éducateur en Nouvelle-Espagne a été extraordinaire. Dès 1532, il était en mesure de prétendre que les chanteurs indiens formés dans ses écoles feraient un si bon travail à la chapelle impériale que l'empereur devrait les entendre lui-même "pour le croire possible", comme l'indique une lettre à l'empereur (citée dans Stevenson, 1968, p. 157). Ce missionnaire parlait avec autorité car il avait vécu dans le cadre qui avait produit le grand maître flamand de la Renaissance. Les ordres plus étroitement associés au travail missionnaire ont été les franciscains et les jésuites. Les premiers ont eu un impact plus fort sur les cultures d'Amérique du Nord et d'Amérique centrale, alors que les seconds ont travaillé en plus grand nombre en Amérique du Sud et ont développé, au cours des XVIIe et XVIIIe siècles, leurs missions les plus célèbres au Paraguay, en Bolivie, en Argentine et au Brésil. Grâce à l'instruction musicale des jésuites, les Indiens et les métis sont devenus assez savants pour former des chœurs et de petits orchestres. Serafim Leite a signalé ainsi la participation de quatre ensembles musicaux à une procession à Olinda (Pernambouc, Brésil), en juillet 1611 (Leite, 1938, p. 421). Au Paraguay, l'instruction musicale avait atteint un niveau si élevé au milieu du XVIIIe siècle que le pape Benoît XIV a mentionné dans son encyclique *Anus qui hunc vertetem* (1749) qu'il n'y avait presque aucune différence entre l'Europe et le Paraguay dans le chant des messes et des vêpres. Selon le jésuite espagnol José Cardiel, qui a commencé à travailler au Paraguay vers 1730, tout *pueblo* (petite ville) disposait généralement de trente à quarante musiciens, avec chanteurs et instrumentistes. Ces derniers comprenaient quatre à six violonistes, six à huit bassonistes et hautboïstes, deux ou trois trompettistes, trois ou quatre harpistes, et un ou deux organistes. Le missionnaire a indiqué que les musiciens possédaient des partitions ou manuscrits des meilleurs compositeurs d'Espagne et d'Italie, et qu'un grand nombre de ces musiciens des missions auraient été jugés excellents même dans les meilleures cathédrales d'Europe. Les manuscrits qui existent encore dans des endroits comme la ville de Guatemala ou d'autres localités comme San Juan Ixcoi, San Miguel Acatán ou à l'est de la Bolivie (les anciennes missions jésuites de Moxos) donnent une indication de cette "meilleure" musique d'Espagne, d'Italie ou de France, rendue accessible grâce aux moines : ces musiciens de mission connaissaient des compositeurs tels Morales, Alonso de Avila, Ceballos, Isaac, Mouton, Compère et Claudin de Sermisy, ainsi que Juan de Araujo et Domenico Zipoli. En outre, ces manuscrits contiennent plusieurs pièces sur des textes en langue locale, ce qui atteste de l'utilisation de cette musique à des fins de conversion. Plusieurs parties portent encore diverses sortes d'inscriptions en langues indiennes (Claro, 1969).

Plusieurs comptes rendus de la vie dans les missions révèlent la coexistence continue au XVIIIe siècle de musique indigène et européenne. Les danses indiennes étaient autorisées à faire partie des offices religieux, surtout dans les diverses processions commémorant les fêtes les plus importantes. Défenseurs des Indiens et ensuite des esclaves noirs, les missionnaires jésuites ont adopté envers eux une attitude conciliante et au Brésil, tout au moins, "leur liturgie était plus sociale que religieuse, un christianisme lyrique assoupli avec de nombreuses réminiscences phalliques et animistes des cultes païens" (Freyre, 1964, p. 97). Il est toutefois difficile sinon impossible de savoir si la musique religieuse faisait preuve d'une spécificité analogue. En plus du chant d'antiennes, de psaumes et d'hymnes, les Indiens et les Noirs apprenaient à chanter dans les écoles des *alabanzas* et des *alabados* (en espagnol), des chants de louange religieuse qui sont restés populaires sur tout le continent et ont été finalement conservés comme chants traditionnels. Parmi les autres genres de chants religieux populaires apportés aux colonies, il y a eu les *villancicos*, les *chanzonetas*, les *aguinaldos*, des romances religieuses, tous en langue vernaculaire. Au Brésil, dès le début du XVIIIe siècle, les jésuites avaient pris un tel contrôle des questions pédagogiques et religieuses que les Portugais les considéraient comme une réelle menace à leur pouvoir central. Ils ont ensuite été chassés du Brésil en 1759. L'Amérique espagnole a fait de même en 1767.

Les rapports des premiers missionnaires sur l'histoire et la culture indiennes représentent la principale source d'information sur les accomplissements musicaux des Indiens au cours de la période coloniale. Les nombreuses chroniques espagnoles des XVIe et XVIIe siècles fournissent des informations sur la transplantation des valeurs culturelles européennes et une documentation historique très importante sur la musique indigène et européenne précolombiennes dans le Nouveau Monde. Au Mexique, par exemple, le moine franciscain Juan de Torquemada a résumé dans son ouvrage *Monarquia Indiana* (1615) les accomplissements des musiciens et des chœurs indiens. Au Pérou, la première pièce de polyphonie vocale imprimée dans l'hémisphère occidental, *Hanacpachap*, sur un texte quechua sans attribution de compositeur, a paru en 1631 dans le *Ritual* de Francisco Juan Pérez Bocanegra. Egalement au Pérou, le plus important recueil de musique profane du XVIIe siècle a été compilé par le franciscain Gregorio de Zuola. Appelé *Manuscrit de Zuola*, ce document a été étudié en détail par Carlos Vega (1962). L'apogée de la musique des missions correspond à la présence en Argentine, à partir de 1717 jusqu'à sa mort en 1726, de l'organiste et compositeur jésuite italien Domenico Zipoli (Illari, 2003).

3. Musique de la Renaissance et musique baroque

Avec l'établissement de l'empire colonial espagnol et portugais, il était logique que la musique européenne telle qu'elle était cultivée dans les cathédrales et les palais d'Espagne et du Portugal soit transférée au Nouveau Monde. A la fin du XVIe siècle, les Espagnols avaient déjà installé des cathédrales dans les centres majeurs avec leur chapelle musicale respective. Ils avaient aussi fondé des universités et des presses d'imprimerie, au moins dans les deux plus importantes vice-royautés, celle de Nouvelle-Espagne (dont la ville de México était le centre) et celle du Pérou (dont Lima était le centre). Tous les modèles venaient d'Espagne. Les bibliothèques des cathédrales contenaient souvent des éditions européennes de musique polyphonique due à de grands noms de l'époque seulement quelques années après leur publication en Europe. On faisait aussi des copies manuscrites d'œuvres de compositeurs européens que l'on déposait dans les bibliothèques. Au début de la période coloniale, les principaux centres hispano-américains des activités musicales religieuses étaient México, Puebla, Oaxaca, Cartagena de Indias, Bogotá, Quito, Lima, Cuzco, La Plata (aujourd'hui Sucre), et, plus tard, Santiago de Cuba, Caracas, Santiago du Chili, Montevideo et Buenos Aires. Au Brésil, les Portugais avaient établi des couvents et des églises avec des évêchés ou des archevêchés à Olinda, Recife, Salvador (Bahia), Rio de Janeiro et São Paulo. La découverte d'or et de pierres précieuses dans le Minas Gerais a suscité le développement de cette région au XVIIIe siècle, avec de nombreuses églises et communautés à Vila Rica (aujourd'hui Ouro Preto), Sabará, Mariana, Arraial do Tejuco (aujourd'hui Diamantina), São João del Rei et São José del Rei (aujourd'hui Tiradentes).

La musique de cathédrale représente ici la musique utilisée dans les divers offices religieux catholiques tout au long de l'année liturgique, comprenant à la fois la musique latine destinée à l'office divin et les chants de louange en langue vernaculaire (*villancicos*, *cantadas* et autres). La musique polyphonique de la fin de la Renaissance a influencé la musique latine sacrée composée en Amérique hispanique jusqu'au début du XVIIIe siècle. Au cours des XVIIe et XVIIIe siècles, les styles musicaux et les pratiques musicales baroques se sont surtout manifestés dans les cantates solistes, les duos, les arias et les *villancicos*, avec une basse continue chiffrée ou non et des parties instrumentales séparées. Un style homophonique préclassique s'est imposé de plus en plus dans la musique sacrée composée à la fin du XVIIIe siècle. Les langages musicaux européens étant considérés comme les seuls modèles qui convenaient au culte chrétien, la musique d'église de la période coloniale en Amérique latine comporte peu de traces stylistiques de ces pays.

Le niveau de compétence et de créativité musicales dans une cathédrale dépendait avant tout de la générosité de son chapitre et, dans une plus grande mesure encore, de l'archevêque. Tout au long de la période coloniale, de nombreux archevêques des principaux centres ont encouragé la vie musicale de leur cathédrale. L'amélioration de la musique des cathédrales passait généralement par le recrutement de meilleurs musiciens, avec une hausse conséquente des salaires, le développement des bibliothèques et des archives musicales, avec les restaurations nécessaires et le remplacement des manuscrits ou des recueils imprimés endommagés ou volés, et l'entretien des instruments de musique.

Les principales caractéristiques de ce processus de colonisation musicale seront examinées dans trois régions particulières et contrastées : le Mexique, la Colombie et le Pérou, le Brésil.

3.1. *Le Mexique (Nouvelle-Espagne)*

Le premier compositeur connu de polyphonie du Nouveau Monde a été Hernando Franco (1532-1585), originaire d'Espagne et actif à la cathédrale de México. Il a laissé un *Magnificat* (connu sous le titre de *Manuscrit Franco*) qui révèle de bonnes connaissances techniques de la polyphonie espagnole de la Renaissance et une compétence sûre en matière d'expression. Au siècle suivant, Francisco López Capillas (vers 1608-1674), né au Mexique, semble avoir été le compositeur le plus accompli et le plus prolifique de musique latine (surtout des messes) de son temps. Un autre compositeur métis d'origine mexicaine, Manuel de Zumaya, a été maître de chapelle à México de 1715 jusqu'à sa mort en 1739. Compositeur prolifique, Zumaya a surtout écrit pour les offices liturgiques, de la musique pour les vêpres, des psaumes, des lamentations, des miserere, des messes et de nombreux *villancicos* (surtout pour saint Pierre). Mais il est également très connu comme l'auteur de la musique de scène du drame *El Rodrigo* (1708) et du deuxième opéra produit dans le Nouveau

Monde. Cet opéra, *La Parténope*, sur un livret de Silvio Stampiglia, a été représenté au palais du vice-roi à México, le 1er mai 1711. Il se compose de trois actes avec une intrigue assez alambiquée autour de sept personnages, dont deux rivalisent avec des princesses. Le nouveau vice-roi, le duc de Linares, qui était arrivé au Mexique un peu plus tôt cette année-là, aimait et connaissait l'opéra italien. La musique de l'opéra (ainsi que celle du drame *El Rodrigo*) n'existe plus, mais on peut supposer qu'elle s'inscrivait dans le style italien prévalent, puisque le duc l'appréciait. Mais il est également possible que l'ouvrage ait été mis en musique dans le style de la zarzuela espagnole de l'ère baroque, comme le souligne Aurelio Tello (2002, p. 96). Comparée à celle de ses prédécesseurs immédiats à la cathédrale, la musique de Zumaya montre une ambivalence stylistique entre ses œuvres latines sacrées et ses *villancicos* et *cantadas.* Ses messes et lamentations révèlent particulièrement une maîtrise totale du style polyphonique de la fin de la Renaissance alliée à une expression personnelle délicate et sensible. Dans ses *villancicos* et *cantadas*, au contraire, il a tendance à se détacher de la *prima prattica* du XVIIe siècle, montrant une nette influence du baroque italien dans l'utilisation du style concertato, les chœurs initiaux, les nombreux airs et récitatifs et les chorals finals. Un excellent disque de musique baroque mexicaine enregistré en 1994 montre le contraste stylistique frappant des œuvres de Zumaya entre le recueil de lamentations de 1717 (a cappella) et le *villancico Cleren publiquen*, enregistrés à la suite les uns des autres (*Mexican Baroque. Music from New Spain,* Chanticleer Sinfonia, TELDEC Classics International, 4509-96353-2).

La présence de plusieurs compositeurs italiens importants à la cour de Madrid au cours de la première moitié du XVIIIe siècle, particulièrement Domenico Scarlatti, a eu des répercussions au Mexique. Avec la nomination en 1749 d'Ignacio Jerusalem (1707-1769) au poste de maître de chapelle de la cathédrale de México et de son assistant, organiste et rival italien Matteo Tollis de la Roca (vers 1710-1781), tout l'impact de la grande ère baroque s'est propagé au Mexique. Jerusalem a été le premier Italien à occuper ce poste. Originaire de Lecce (Pouilles, Italie), il a été invité au Mexique pour travailler dans le nouveau théâtre, le Coliseo de México, où il a été directeur de l'orchestre. Ses compétences dans le domaine du théâtre ont eu une influence décisive sur la musique religieuse de la capitale du vice-roi. Sous sa direction, l'orchestre de la cathédrale a connu une prédominance des cordes. Dans ses propres œuvres, l'accompagnement orchestral exige en général deux parties de violons séparées et continuo, une partie distincte d'orgue, des bois et des cuivres par deux et occasionnellement des timbales. Surnommé le "miracle musical" en son temps parce que c'était un enfant prodige, mais également un violoniste virtuose et un compositeur prolifique et imaginatif (Estrada, 1973, p. 125), il a laissé plus de deux cents œuvres, dont un grand nombre ont été diffusés jusqu'au Guatemala au sud et jusqu'aux missions californiennes de Santa Barbara et de San Fernando au nord. Outre des messes et d'autres œuvres latines, ses compositions comprennent des airs, des cantates, des *pastorelas*, des *loas* et des *villancicos*. Il a cultivé un style essentiellement homophonique qui repose sur le style galant du XVIIIe siècle caractérisé par une écriture mélodique très ornementée avec une grande souplesse rythmique. Jerusalem a aussi mis l'accent sur les contrastes dynamiques et structurels, et ses passages de virtuosité pour violon dans l'accompagnement de ses musiques les plus élaborées sont symptomatiques du caractère profane attribué à la musique de cathédrale de l'époque. Dans ses cantates et *villancicos*, comme *Cuando la primavera* ou *A la milagrosa escuela*, sa créativité mélodique séduisante et ses textures homophoniques et imitatives savantes dans l'écriture chorale prouvent sa compétence technique. En se référant aux messes trouvées à la mission San Fernando de Californie, le musicologue Craig Russell souligne : "Lorsque ces messes se lancent dans le royaume du contrepoint baroque, l'écriture n'est jamais angulaire ou «lourde». Par exemple, le "Christe Eleison" et l'"Amen" sont souvent fugués – mais tout en respectant les rigueurs du contrepoint baroque, ils semblent toujours fluides, élégants et spontanés." (Russell, 1993, p. 102-103.) Dans cet article, l'auteur indique que le mouvement initial du *Dixit Dominus* de Jerusalem est représentatif de ce style. (Cette œuvre a été enregistrée sur le CD déjà mentionné de 1994, *Mexican Baroque*.)

La ville de Puebla de los Angeles, fondée en 1531, a aussi connu une vie musicale très riche au milieu de la période coloniale. Au cours du XVIIe siècle, elle se vantait d'avoir une trentaine de magnifiques églises, plusieurs écoles pour les études générales et supérieures et, à partir de 1646, la première bibliothèque publique de l'hémisphère occidental, avec une collection de cinq mille volumes donnés par l'extraordinaire vice-roi de Nouvelle-Espagne, archevêque du Mexique (1642-1643) et évêque de Puebla, Juan de Palafox y Mendoza. Protecteur des arts, sa présence à Puebla (1640-1649) a eu une influence considérable sur les réalisations artistiques de la ville. Plusieurs peintres et auteurs créatifs, notamment la célèbre sœur Juana Inés de la Cruz, ont contribué à l'atmosphère intellectuelle de la cité. En outre, à une certaine époque, Puebla comptait dix-neuf imprimeurs.

Considérée comme l'une des plus belles cathédrales baroques du monde hispanique, la cathédrale de Puebla reprend le plan architectural type des églises espagnoles, le chœur divisant en deux parties égales la nef centrale et fermé sur trois côtés. Sur ces panneaux latéraux se trouvaient les tuyaux d'orgue. Les musiciens étaient assis dans le chœur et se faisaient face. Cette disposition favorisait les effets antiphonaux, soit par l'alternance de plain-chant et de polyphonie, soit par la polyphonie seule chantée par des doubles chœurs. Les premiers orgues qui ont existé à partir de 1536 ont subi plusieurs réparations majeures jusqu'en 1613. Mais ce n'est qu'en 1700 qu'un nouvel orgue espagnol a été installé. Pendant un certain temps au milieu du XVIIe siècle, la cathédrale de Puebla a même surpassé celle de México en richesse et en grandeur.

Parmi les principales personnalités qui ont servi la cathédrale, Gaspar Fernandes et Juan Gutiérrez de Padilla sont particulièrement importants et illustrent parfaitement l'activité créatrice de Puebla. Fernandes (vers 1570-1629), originaire d'Evora (Portugal) dont il servait déjà la cathédrale comme organiste en 1590, est allé à Guatemala tout d'abord comme organiste, puis comme maître de chapelle. En septembre 1606, il a été nommé maître de chapelle à Puebla et a occupé ces fonctions jusqu'à sa mort, avec une courte interruption en 1618 à la suite d'un conflit ouvert avec le chapitre de la cathédrale. Sous son administration, il a été en mesure d'accroître le nombre de chanteurs et d'instrumentistes et donc l'importance de la chapelle musicale ; il a su également convaincre le chapitre qu'il était presque impossible pour le maître de chapelle d'occuper en même temps le poste d'organiste. Ainsi, en 1622, la cathédrale a engagé Juan Gutiérrez de Padilla comme maître de chapelle assistant. On trouve de la musique de Fernandes à Guatemala et Oaxaca, mais pas à Puebla. A la cathédrale de Guatemala sont conservés un *Benedicamus Domino* dans les huit tonalités, un *Magnificat* et des pièces pour orgue. Un disciple de Fernandes du nom de Gabriel Ruiz de Morga est apparemment responsable du transfert à Oaxaca d'un volume in-folio de deux cent quatre-vingt-quatre pages contenant quelques œuvres latines et deux cent cinquante *villancicos* et *chanzonetas* de Fernandes, écrits entre 1609 et 1616. La diversité et la vivacité de ces *villancicos*, appelés *negro*, *negrito*, *guineo* ou *negrilla*, montrent que le compositeur savait appréhender et était sensible à l'expression culturelle "populaire" de cette époque. Ces pièces en espagnol, en portugais et en dialectes pseudo-noirs et même dans des textes indiens de Tlaxcala constituent un corpus ancien et très précieux de polyphonie en langue vernaculaire.

Des sous-genres de *villancico* comme les *negros*, les *chanzonetas* et les *juguetes*, qui mettent souvent en musique des textes en langages indigènes ou en dialectes locaux, incorporent certains éléments apparentés à une tradition hispanique plus profane, tout en conservant généralement le langage de la musique sacrée de l'époque. La *negrilla* ou *negro* était une sorte de *villancico* narratif et pieux dans un dialecte censé être celui de Noirs, mais en réalité c'était une imitation caricaturale de la prononciation incorrecte de la langue espagnole par les Noirs africains. (On pourrait interpréter ce prétendu dialecte comme une sorte de dérision assez raciste, ce que certains ont fait. Il n'y a toutefois aucune preuve solide que les compositeurs et les maîtres de chapelle aient éprouvé le moindre mépris pour les Noirs ou les "bohémiens".) Cependant, sur le plan musical, la *negrilla* comme la *jácara* présentent des caractéristiques musicales spécifiques que l'on peut facilement lier à des éléments de la musique traditionnelle contemporaine. D'une façon indirecte, ces *villancicos* sacrés pourraient donc être considérés comme les premières sources du développement des genres de chant et de danse traditionnels métis. L'attitude officielle de l'Eglise envers ces types de *villancico* consistait à les condamner comme inadaptés au culte parce qu'ils étaient extrêmement provocateurs, mais, en pratique, ils étaient autorisés à l'église, même s'ils l'étaient seulement pour les *cofradías* (communautés) noires, dans certains cas. La nature exacte des pratiques d'exécution de cette musique est impossible à reconstituer avec précision, mais son caractère dans l'ensemble rythmé, dansant et joyeux est confirmé dans de nombreux *villancicos* écrits par des compositeurs de musique d'église. A Puebla, par exemple, le maître de chapelle Juan García de Zéspedes (Céspedes) (vers 1619-1678) a composé un *villancico*, *Convidando está la noche*, dont le refrain *(estribillo)* intitulé *guaracha* a été considéré comme le premier exemple du genre de danse afro-cubaine homonyme. Bien que le terme *guaracha* soit mentionné deux fois dans le texte de ce *villancico* dans le sens générique de danse, il n'en découle pas qu'il s'agisse de la même *guaracha* cubaine moderne. En réalité, ce pourrait fort bien être une orthographe archaïque de *huaracha*, comme le mentionne le dictionnaire de musique mexicaine de Gabriel Pareyón (1995, p. 253). Il semble très probable que la *huaracha* (terme dérivé de *huararí* qui signifie "danseur" en langage indien purépecha) était la danse et le chant traditionnels, peut-être originaires du Michoacán, que Juan García de Zéspedes avait à l'esprit comme modèle et non la *guaracha* afro-cubaine.

Le compositeur qui a tiré le meilleur parti des propriétés acoustiques de la cathédrale de Puebla a été Juan Gutiérrez de Padilla (vers 1590-1664). Maître de chapelle de cette cathédrale à partir de 1629 jusqu'à la fin de sa vie, c'est sans aucun doute le compositeur le plus important du XVIIe siècle en Nouvelle-Espagne. Né à Málaga, il a tout d'abord reçu sa formation du maître de chapelle local, Francisco Vásquez, puis à l'église collégiale de Jérez de la Frontera. En 1616, déjà ordonné, il est devenu maître de chapelle de la cathédrale de Cádiz, où la qualité de ses services a été reconnue par le chapitre local. La première trace écrite de sa présence en Nouvelle-Espagne date de 1622, lorsqu'il a été nommé maestro coadjuteur à Puebla, puis maître de chapelle à la mort de Gaspar Fernandes. Au milieu du XVIIe siècle, Padilla a réussi à recruter des compositeurs et des interprètes très compétents : Francisco López Capillas (jusqu'en 1654), l'organiste Pedro Simón, le bassoniste Simón Martínez, le harpiste virtuose Nicolás Grinón, le sous-chantre de la cathédrale Francisco de Olivera et Juan García de Zéspedes, qui a finalement été le successeur de Padilla. En outre, la chapelle musicale comptait un grand nombre de musiciens de son temps. Les instruments jugés les plus importants étaient les instruments du continuo : l'orgue, la harpe et la basse de viole. Venaient ensuite les flûtes à bec, les chalumeaux, les saquebutes, les cornets à bouquin et les *bajones* (bassons) sopranos, ténors et basses, qui avaient pour fonction de doubler ou de remplacer les parties vocales. Au début du XVIIIe siècle, l'orchestre a commencé à s'enrichir de violons, de cordes graves, de trompettes et de cors, comme à la cathédrale de México. La musique latine de Padilla montre une préférence marquée pour le double chœur qu'il traite de façon très diversifiée ; les techniques imitatives comme les effets antiphonaux se mêlent avec beaucoup d'efficacité (parfois en même temps). En réalité, il conçoit chaque chœur comme une unité à quatre voix, en utilisant les deux chœurs aussi souvent ensemble qu'en alternance, dans les sections polyphoniques comme dans les sections homophoniques. Sa polyphonie est surtout un type de polyphonie de *stile antico* qui est resté d'usage courant dans la musique religieuse espagnole jusqu'à la fin du XVIIe siècle. La clarté de la forme et de la texture polyphonique rehausse le caractère mystique de cette musique.

Le *villancico* polyphonique a atteint l'apogée de sa popularité en Nouvelle-Espagne du temps de Padilla. Il a lui-même écrit beaucoup de types différents de *villancicos*, comme la *negrilla*, la *calenda*, le *gallego*, la *jácara* et le *juguete*, tous caractérisés par des références à la musique de danse populaire ou à d'autres éléments de musique traditionnelle. Quatre cycles de *villancicos* de Noël de Padilla nous sont parvenus. Son cycle de Noël de 1653 comprend les neuf *villancicos* habituels, trois pour chaque nocturne des matines, et il représente l'un des recueils les plus parfaits de *villancicos* du Nouveau Monde, dans leur diversité expressive et leur qualité. (Le cycle a été enregistré dans son intégralité pour la toute première fois d'après la transcription de E. Thomas Stanford, de l'Universidad Anáhuac del Sur par l'Angelicum de Puebla et la Schola Cantorum de México, sous la direction de Benjamín Juárez Echenique. Le CD a été publié sous le titre *México Barroco/Puebla I : Maitines de Natividad, 1653. Juan Gutiérrez de Padilla*, URTEXT/UMA 2004, 1996.) Deux des *villancicos* les plus fréquemment cités proviennent de ce cycle : *A la jácara, jacarilla*, une *jácara*, et *¡ Ah, siolo Flasiquillo !*, une *negrilla*.

Apparemment, les textes de ces deux pièces étaient également connus à la chapelle royale portugaise. Le premier est d'une longueur inhabituelle, avec douze *coplas* (strophes) regorgeant d'éléments syncopés, ce qui fait penser à la musique traditionnelle de la côte pacifique mexicaine.

Le répertoire colonial de musique profane (c'est-à-dire celui qui fonctionne dans un contexte non religieux) est très limité au Mexique. A côté des opéras et autres représentations dramatiques (le premier Teatro Coliseo a ouvert ses portes à México en 1670), la musique instrumentale était pratiquée, mais seuls quelques exemples nous en sont parvenus. Au Mexique, trois tablatures subsistent. La première, une tablature d'orgue, a été datée de 1620 environ ; elle adopte la même notation que la *Facultad orgânica* (1626) de Francisco Correa et porte l'indication "Tiento de quarto tono…". Le *tiento* était l'homologue espagnol du *ricercar* polyphonique italien. La deuxième tablature est un *Método de cítara* (méthode de cithare) d'un certain Sebastián de Aguirre, datant du milieu du XVIIe siècle. Les livres contiennent essentiellement des danses, avec des exemples de *pavana*, *pasacalle*, *gallarda*, *branle*, *panamá*, *zarabanda* et autres. Outre un *tocotín* indien (danse avec chant utilisée pour l'expression religieuse), on y trouve aussi les plus anciennes références à une danse des Noirs, un *portorrico de los negros*. La troisième est une *Tablatura de Vihuela* (vers 1740), où figurent une cinquantaine de sortes de musique de danse, notamment des danses et des chants des Noirs appelés *cumbees*.

Dès 1738-1740, une école de musique a été fondée à Valladolid (aujourd'hui Morelia, au Mexique) dans le cadre d'un couvent pour jeunes orphelines, le Colégio de Santo Rosa de Santa Maria. Parmi les nombreuses compositions instrumentales trouvées dans les archives du couvent figurent deux ouvertures *(sinfonias)* pour un petit orchestre dont l'instrumentation est typique du XVIIIe siècle et qui représentent les meilleures œuvres du genre dans les colonies espagnoles de l'époque. Les compositeurs identifiés dans les manuscrits comme Antonio Rodil et Antonio Sarrier restent inconnus. L'œuvre de Sarrier conçue selon les trois sections traditionnelles de l'ouverture italienne révèle une bonne écriture mélodique et harmonique et un bon équilibre structurel. Le premier allegro est un premier mouvement type de symphonie préclassique alors que la *fuga* finale expose un sujet de caractère mozartien.

Selon le musicologue Craig Russell (1995), le célèbre guitariste et compositeur espagnol Santiago de Murcia aurait pu s'installer à Puebla dans les années 1740. Un exemplaire de ses *Pasacalles y obras de guitarra* de 1732 a été acheté à Puebla par le collectionneur anglais Julian Marshall, en 1881 (puis vendu au British Museum). A Lima, le Coliseo a été particulièrement actif au cours du XVIIIe siècle sous l'impulsion de l'Italien Bartolomé Massa (1721-1799), dont une partie de la musique de scène ("comedias") nous est parvenue. Au Pérou, l'évêque Baltasar Jaime Martínez Compañón (1737-1797) a visité le diocèse de Trujillo en 1782-1785 et a réuni un recueil très important de musique, essentiellement de caractère populaire. Ce recueil donne des exemples de chants de Noël (des "rondes") et de chansons profanes recueillis dans toute la province. Martínez Compañón identifie les divers endroits où ce matériel a été recueilli et présente les divers chants par ordre géographique ; il fournit même d'autres versions de chaque chanson. Mais si la musique purement instrumentale a certainement été cultivée en Amérique hispanique aux XVIIe et XVIIIe siècles, seuls de rares exemples nous en sont parvenus.

3.2. *Amérique du Sud : Nouvelle-Grenade, la vice-royauté du Pérou*
Dans la Nouvelle-Grenade (la Colombie actuelle), les Espagnols ont commencé à promouvoir très tôt les activités musicales dans les cathédrales de Cartagena de Indias et de Santafé de Bogotá. Gutierre Fernández Hidalgo (vers 1553-1620), le compositeur le plus important du XVIe siècle en Amérique hispanique, a commencé à travailler à la cathédrale de Bogotá en 1584, mais il s'est rapidement installé à Quito et a servi la cathédrale de La Plata au moins pendant les vingt dernières années de sa vie. Il passe pour avoir été le compositeur de musique religieuse le plus accompli de son temps, notamment en raison de sa compétence technique et de son caractère mystique, dans la meilleure tradition espagnole de la polyphonie de la Renaissance. Au XVIIe siècle et au début du XVIIIe siècle, les deux compositeurs les plus importants associés à la cathédrale de Bogotá ont été José de Cascante et Juan de Herrera. Cascante (vers 1620-1702) a été maître de chapelle pendant une cinquantaine d'années. Ses compositions qui nous sont parvenues sont essentiellement des *villancicos* et des *romances.* Herrera (vers 1665-1738), le compositeur le plus prolifique et le plus talentueux de son temps, a presque toujours traité les compositions liturgiques de manière polychorale. Les caractéristiques de son style impliquent des lignes mélodiques expressives, une conduite des voix bien équilibrée, une grande variété de texture et une harmonie tonale plutôt simple et stricte.

Le Pérou, qui a été le principal centre administratif de l'Amérique du Sud hispanique jusqu'au XVIIIe siècle, a occupé une place très importante dans l'empire colonial. Au cours de la période coloniale, Lima, la "ville des rois", et Cuzco, la ville des Incas, ont développé une vie artistique et culturelle appréciable, selon les normes et les valeurs espagnoles. Dès 1553, la cathédrale de Cuzco disposait de deux orgues placés aux côtés opposés du chœur et jouissait d'une bibliothèque chorale importante ; outre les livres de plain-chant, plusieurs livres polyphoniques contenaient des œuvres comme les messes de Morales. Mais le seul musicien de la cathédrale de la fin du XVIe siècle dont la musique nous soit parvenue est Tomás de Herrera, nommé organiste en 1611.

Au cours de cette période, la vie musicale de Lima n'a été égalée par aucune autre ville d'Amérique du Sud. La chapelle musicale de la cathédrale a été organisée sur une base régulière dès le début du XVIIe siècle. L'organisation chorale de la cathédrale a nécessité l'utilisation de deux chœurs, dont chacun disposait de son propre accompagnement à l'orgue, et l'orchestre de la chapelle s'est enrichi au fil des ans de plusieurs types d'instruments, les cordes, les hautbois et les flûtes étant particulièrement prisés à la fin du XVIIIe siècle. La plupart des instrumentistes étaient des musiciens péruviens, un grand nombre d'entre eux étaient des Indiens et des métis et, vers la fin de la période coloniale, des Noirs et des mulâtres. Des familles entières faisaient d'un instrument donné leur spécialité.

Parmi les compositeurs les plus notables qui ont exercé à Lima figurait Tomás de Torrejón y Velasco (1644-1728), maître de chapelle de la cathédrale (à partir de 1676) et auteur du premier opéra écrit et produit dans le Nouveau Monde, *La Púrpura de la rosa* (Lima, 1701), sur un livret de Calderón de la Barca ; c'était une commande du vice-roi pour célébrer les dix-huit ans et la première année de règne de Philippe V. Le fait que le même compositeur ait écrit de la musique pour la cathédrale et pour le théâtre nous éclaire sur le statut professionnel des musiciens au cours de la période coloniale durant laquelle il n'y avait que l'Eglise pour soutenir la seule vie musicale réellement organisée. A Lima, la personnalité la plus importante du XVIIIe siècle a été José de Orejón y Aparicio (1705-1765), probablement un élève de l'Italien Roque Ceruti qui a occupé le poste de maître de chapelle. Orejón y Aparicio a cultivé avec succès le style napolitain de l'époque et nombre de ses œuvres rappellent le ton sentimental et lyrique d'une grande partie de la musique sacrée italienne de l'époque, notamment celle de Pergolèse. Ses *villancicos*, duos et airs solistes *(cantadas)* montrent une utilisation efficace de la mélodie, de l'harmonie et de la forme, ainsi qu'un souci de la force expressive.

Juan de Araujo (1646-1712), le maître de chapelle le plus important du XVIIe siècle et du début du XVIIIe siècle à la cathédrale de La Plata (aujourd'hui Sucre, en Bolivie) a écrit beaucoup d'œuvres polychorales pour lesquelles la cathédrale disposait des effectifs nécessaires à leur interprétation. Toutefois, les œuvres qui nous sont parvenues sont dominées par ses *villancicos* dont le nombre dépasse les cent quarante, avec quelques types de *villancico negro* qui font beaucoup d'effet. L'un d'entre eux s'intitule *Los Coflades de la estleya* ("Negritos") ; son dynamisme rythmique résulte de l'utilisation systématique de la syncope, de l'hémiole (3/4 et 6/8 alternés) et des mots aux consonances africaines *"gulumbe, gulumbe, gulumba"* renforçant la technique rythmique responsoriale.

3.3. *Le Brésil*

Comparé à l'Amérique hispanique, le transfert des pratiques musicales européennes à la colonie brésilienne au cours des XVIe et XVIIe siècles a été lent. Au Brésil, une telle organisation a traîné. Bien qu'un évêque ait été nommé en 1551 à Salvador, Bahia, première capitale de la colonie, n'est devenue un siège archiépiscopal qu'en 1676. Finalement des évêchés ont été établis au Pernambouc, au Maranhão, puis dans le Minas Gerais, à Rio de Janeiro et São Paulo, les principaux lieux des activités musicales coloniales. A l'exception peut-être du travail des jésuites, l'Eglise au Brésil a été incapable d'atteindre la stature morale et politique de son homologue hispano-américaine. Alors qu'elle fournissait une éducation à une élite de privilégiés, la plupart des artistes et des intellectuels ont dû s'en remettre aux institutions pédagogiques du Portugal. Aucune université n'a été créée au Brésil au cours de la période coloniale, contrairement aux universités réputées de México et de Lima, par exemple. Les presses à imprimerie ont été interdites jusqu'en 1808 et la colonie importait peu de livres. Néanmoins, le Brésil colonial a produit une littérature très importante, avec Antonio de Vieira, puis Gregório de Matos, Antonio José da Silva et Cláudio Manoel da Costa, notamment.

On sait relativement peu de chose des activités et de la production de musique savante jusqu'à la première partie du XVIIIe siècle. Tout au long de la période coloniale, la grande majorité des activités musicales a été directement liée aux offices religieux. Le répertoire de musique qui nous est parvenu se compose donc essentiellement de musique sacrée, avec quelques rares exceptions isolées. Une documentation historique substantielle attestant d'activités musicales au Pernambouc (Olinda, Recife) et dans l'Etat de Bahia (Salvador) a été découverte et étudiée depuis les années 1960, établissant l'importance de ces deux centres (Lange, 1966). Au Brésil, le poste de maître de chapelle ne s'est pas limité aux cathédrales mais s'est aussi étendu aux églises paroissiales *(matrizes)*. Les qualifications requises et les fonctions du maître de chapelle ne différaient pas dans l'une ou l'autre juridiction. Outre l'enseignement, la direction du chœur et la composition de musique, il devait être un bon chanteur et capable de jouer d'un ou de plusieurs instruments. Il servait de pourvoyeur aux services musicaux dans et hors de l'église, et il établissait les normes artistiques. Il contrôlait seul toutes les questions musicales dans sa juridiction ; personne ne pouvait diriger un ensemble quel qu'il soit sans sa permission. Ce système très répandu de contrôle et de monopole, quoique illégal, a précipité une sorte de stagnation musicale *(estanco)* – mot forgé par Régis Duprat (Duprat et Orbino, 1968) – durant cette période en certains endroits.

Le plus ancien manuscrit de musique coloniale brésilienne est un récitatif et aria sur un texte portugais, écrit à Bahia en 1759, pour deux sopranos, deux violons et continuo. Le manuscrit ne présente aucune indication quant au poète ou au compositeur, mais l'œuvre a été attribuée au maître de chapelle local, Caetano de Mello Jesus, sans véritable preuve. L'œuvre suit le style mélodramatique italien très typique pour le récitatif et le style galant de l'époque pour l'aria. Principal centre d'esclaves de la côte atlantique sud-américaine, Bahia a été rapidement peuplé de Noirs et de mulâtres. Ainsi, beaucoup de musiciens noirs ont vu le jour dans cette région. Des documents attestent de l'instruction musicale officialisée des esclaves noirs dès les années 1600. Des orchestres et des chœurs privés composés de musiciens esclaves ont été organisés par des maestros professionnels sur les plantations de canne à sucre et les domaines les plus riches. Les contacts portugais avec les Noirs africains même avant l'établissement de la colonie et la subordination culturelle des personnes d'origine africaine qui en a résulté ont favorisé la formation de plusieurs groupes coloniaux de compositeurs et musiciens mulâtres. En outre, des communautés religieuses *(irmandades)* pour les Noirs ont été fondées à Bahia, au Pernambouc et dans le Minas Gerais.

Au Pernambouc, le compositeur mulâtre Luiz Alvares Pinto (1719-1789) est surtout connu par un *Salve Regina* et un *Te Deum* (vers 1760). Elève à Lisbonne de Henrique da Silva Negrão, compositeur et organiste de la cathédrale de Lisbonne et célèbre pour sa profonde connaissance du contrepoint, Alvares Pinto a lui-même écrit un traité sur l'*Arte de solfejar*, achevé en 1761. Il a été nommé premier maître de chapelle de São Pedro dos Clérigos de Recife en 1782 et a participé à la fondation de l'Irmandade de Santa Cecília dos Músicos (vers 1787), la plus importante guilde de musiciens au Brésil et au Portugal. Le *Te Deum* à quatre voix mixtes avec accompagnement d'orchestre (dont seul le continuo et les parties de cor nous sont parvenus) montre une bonne maîtrise technique du contrepoint et de l'harmonie et une bonne écriture mélodique. La mise en musique habituelle du *Te Deum* traite les versets de manière polyphonique en alternance avec l'intonation du chant, en commençant traditionnellement par la seconde partie du premier verset, "Te Dominum confitemur". Les seules exceptions à cette manière de faire concernent les versets 5, 6 et 7 ("Sanctus"). Le texte est surtout mis en musique de manière syllabique, le compositeur suivant généralement l'accentuation naturelle du texte latin. L'une des qualités de cette œuvre est son écriture contrapuntique fluide et compétente. Une double fugue achève l'ensemble. (Une bonne interprétation de cette œuvre par l'Ensemble Turicum est disponible sur le CD *Sacred Music from 18th Century Brazil*, Claves Records CD 50-9521, 1995.)

L'importance autrefois insoupçonnée de la vie musicale coloniale du Minas Gerais ("Mines générales") n'a été révélée qu'au début des années 1940. L'exploration et le développement ultérieur de cette riche province n'ont commencé qu'à la fin du XVIIe siècle. La découverte officielle de l'or est survenue vers 1693 et celle des diamants et autres pierres précieuses vers 1727. Elevée au rang de capitainerie générale en 1720, la province s'est rapidement organisée. La nouvelle d'une telle richesse potentielle a été à l'origine de la seconde grande ruée vers l'or dans l'histoire des Amériques. Des gens sont venus du Portugal et d'autres pays européens ainsi que de toutes les régions du Brésil constituant avec les Indiens et un nombre assez important d'esclaves noirs une population assez hétérogène. Mais, au milieu du XVIIIe siècle, les mulâtres et les Noirs formaient la majorité de la population. Les mulâtres libres ont occupé des postes importants dans le clergé et se sont consacrés à l'art. Le développement de l'architecture et de la sculpture baroques locales magnifiques a été dû en grande partie à des artistes métis, comme le célèbre Aleijadinho (Antonio Francisco Lisboa) et son imposant sanctuaire dans la ville de Congonhas do Campo. De même, la pratique musicale a été le fait d'une majorité d'artistes mulâtres, ce qui a incité Curt Lange (1946) à parler de *mulatismo musical* à propos de ce phénomène. Une documentation substantielle atteste un développement musical unique qui a atteint son apogée au cours du dernier quart du XVIIIe siècle. Curt Lange a calculé qu'environ un millier de musiciens ont été actifs dans le Minas entre 1760 et 1800 environ, surtout dans les villes de Vila Rica (aujourd'hui Ouro Preto), Sabará, Mariana, Arraial do Tejuco (aujourd'hui Diamantina), São João del Rei et São José del Rei (aujourd'hui Tiradentes).

Suivant les modèles portugais, la vie musicale du Minas Gerais a été organisée dans et autour de diverses communautés *(irmandades)* et non dans les églises. Tous les musiciens en exercice ont appartenu à l'une ou l'autre des communautés musicales, comme les communautés de Sainte-Cécile et du Saint-Sacrement et celle de Saint-Joseph des hommes noirs ("Homens Pardos"). Ces organisations fournissaient de la musique et des musiciens à l'Eglise ou à la municipalité, qui commandait généralement des œuvres spécifiques ou des exécutions pour des fêtes religieuses. Les communautés ont également établi leurs propres archives musicales, mais une grande partie des manuscrits musicaux se trouvent dans les archives d'orchestres ou de fanfares. Il existe aussi des preuves de l'existence de facteurs d'orgue locaux, de l'utilisation du clavecin à l'église et de l'existence d'exemplaires manuscrits et imprimés de musique européenne contemporaine. On dispose de peu d'informations sur l'instruction musicale du Minas. Très probablement, les premières générations de musiciens sont venues de Bahia, du Pernambouc et de Rio de Janeiro, et il s'agissait surtout de prêtres séculiers.

On n'a jamais vu beaucoup de moines dans le Minas Gerais, car la construction de couvents ou de monastères était interdite, par décret royal, pour empêcher le trafic d'or et de pierres précieuses. Les compositeurs ont très probablement reçu leur formation dans les villes côtières de la colonie, à moins que celle-ci n'ait été strictement empirique. Pour comprendre le style particulier de la musique d'église cultivée par ces compositeurs, il ne faut pas oublier qu'ils ont assimilé les styles européens dominants de l'époque. Si l'on considère les résultats, leur compétence en matière d'imitation, tout d'abord, et d'assimilation, par la suite, était admirable. Assez curieusement, le style napolitain qui a envahi la péninsule Ibérique à cette époque ne se trouve pas dans le répertoire du Minas Gerais. Presque tous les compositeurs dont les œuvres existent encore semblent avoir privilégié un mélange des styles italiens homophoniques de la fin de l'ère baroque et de l'ère préclassique. Ainsi le terme "baroque" qui, au départ, s'est appliqué à cette musique n'est que partiellement exact. En général, les compositions sont des œuvres liturgiques pour chœur mixte à quatre voix, avec des sections solistes, et un accompagnement orchestral de deux violons, alto (ou violoncelle), contrebasse et deux cors ; leur caractère s'apparente donc davantage à la musique de chambre qu'à la musique symphonique. L'utilisation du continuo n'est pas constante. Le double chœur apparaît rarement et le contrepoint est évité, en majeure partie, en faveur de l'homophonie. (Pour une description détaillée de ce répertoire, on lira Neves, 1997, p. 10-20.)

Les compositeurs les plus importants qui ont exercé dans la Capitainerie au cours du XVIIIe siècle ont été notamment José Joaquim Emerico Lobo de Mesquita, Marcos Coelho Netto, Francisco Gomes da Rocha et Ignacio Parreiras Neves. Les plus anciens manuscrits découverts jusqu'à présent portent des dates remontant aux années 1760, mais le répertoire a été recopié jusqu'au début du XXe siècle pour être utilisé dans le Minas et dans les provinces avoisinantes, surtout à São Paulo. Des manuscrits antérieurs ont peut-être été jetés. (Pour des informations détaillées sur un grand nombre de ces manuscrits, on se reportera à Duprat et Baltazar, 1991). A en juger par le nombre de ses œuvres découvertes à ce jour,

Lobo de Mesquita (1746-1805) a été le compositeur le plus prolifique de la province. Il a passé la majeure partie de sa vie à Arraial do Tejuco et Vila Rica. Il est entré dans la communauté de Nossa Senhora das Mercês dos Homens Crioulos (de Tejuco) ("Notre-Dame de la miséricorde des Créoles"), ce qui indique qu'il était mulâtre (Lange, 1968). Il a été organiste de plusieurs autres communautés, puis s'est installé à Vila Rica en 1795, où il a travaillé comme compositeur, chef d'orchestre et organiste pour la communauté de l'Ordem Terceira do Carmo. Il s'est ensuite installé à Rio de Janeiro, où ses activités professionnelles restent indéterminées. L'une de ses premières œuvres est l'antienne *Regina Caeli Laetare* (1779) qui fait preuve d'une écriture chorale bien équilibrée. Une œuvre ultérieure, l'*Antiphona de Nossa Senhora (Salve Regina)* (1787) est peut-être le meilleur exemple du style homophonique concertant du compositeur. La structure tonale de cette pièce montre la symétrie caractéristique autour du cycle des quintes du début de l'ère classique. Les parties vocales et instrumentales ont tendance à être indépendantes les unes des autres, les violons concertants étant écrits en tierces ou sixtes parallèles. (Cette œuvre est également enregistrée sur le CD *Sacred Music from 18th Century Brazil*, mentionné plus haut.)

Marcos Coelho Netto (1746-1806), probablement originaire de Vila Rica, a exercé comme compositeur, chef d'orchestre et corniste, au sein de la communauté de São José dos Homens Pardos de Vila Rica. Parmi ses œuvres figure un hymne, *Maria Mater Gratiae*, de 1787, pour chœur mixte et orchestre composé de cordes et de cors, qui allie fort bien les caractéristiques stylistiques de la fin de l'ère baroque et du début de l'ère classique (disponible sur le CD qui vient d'être mentionné). Francisco Gomes da Rocha (vers 1754-1808) est entré dans la même communauté de São José, comme compositeur et chanteur mulâtre. Les documents qui témoignent de cette appartenance font également référence à lui comme timbalier dans le régiment local de dragons, ce qui semble indiquer que les musiciens coloniaux recherchaient différentes sources de revenu au Brésil. Parmi les œuvres de Gomes da Rocha figurent une *Novena de Nossa Senhora do Pilar a 4* (1789) et un *Spiritus Domini a 8* (1795) (pour des détails sur cette œuvre, on consultera Béhague, 1971). Ces œuvres et quelques autres montrent peut-être l'assimilation la plus originale des pratiques stylistiques purement classiques dans le traitement choral comme dans l'accompagnement instrumental. Le *Spiritus Domini a 8* traite les répons de manière polyphonique en trois parties : andante, allegro et andante. Le premier andante est un exemple du traitement choral du compositeur. Ecrit pour double chœur, ce passage de trente-sept mesures révèle la variété de texture par le biais de l'imitation antiphonale. Le deuxième andante fait preuve d'un caractère plus dramatique créé au moyen d'une tension chromatique et d'indications de dynamique (*piano* à *forte* avec *mezza voce* et *sforzando*).

Ignacio Parreiras Neves (vers 1729-1794) faisait également partie de la communauté de São José dos Homens Pardos. Deux œuvres portent son nom, notamment une *Oratoria ao Menino Deos para a Noite de Natal* (1789) ("Oratorio au jeune Jésus pour la nuit de Noël"), découverte en 1967, dont l'importance est renforcée par le fait qu'il s'agit jusqu'à ce jour de la seule œuvre chorale profane du Minas Gerais. Les parties existantes laissent penser que cet oratorio de Noël, conçu à l'origine pour voix solistes, chœur et orchestre, était une œuvre de proportions assez vastes (Béhague, 1971).

Lorsque Rio de Janeiro est devenue la capitale de la colonie brésilienne en 1763, elle a acquis une nouvelle importance dans la vie musicale du pays. Mais avec le transfert de la famille royale portugaise à Rio en 1808, elle est devenue du jour au lendemain le principal centre de l'énorme empire portugais. La carrière du compositeur et prêtre mulâtre José Maurício Nunes Garcia (1767-1830), la plus grande personnalité de la musique coloniale brésilienne, a été étroitement liée au séjour à Rio de Janeiro du prince et futur roi João VI (jusqu'en 1821) et de son fils le futur empereur Pedro Ier. On ne sait rien de précis de sa formation musicale. Rien n'indique qu'il ait étudié la musique à la Fazenda Santa Cruz créée plus tôt par les jésuites aux environs de Rio de Janeiro. Il a reçu une instruction sérieuse en philosophie, langues, rhétorique et théologie (Person de Mattos, 1997). En 1784, il a participé à la fondation de la communauté de Sainte-Cécile et est entré officiellement à la communauté de São Pedros dos Clérigos en 1791. Il a été ordonné prêtre en 1792. A cette époque, la prêtrise était le salut de nombreux musiciens sans fortune ni noblesse de naissance, ainsi que la base idéale d'une carrière musicale. Un grand nombre de ses contemporains ont souligné ses qualités intellectuelles, artistiques et sacerdotales.

En 1798, il a succédé au frère João Lopes Ferreira comme maître de chapelle de la cathédrale de Rio de Janeiro, le poste musical le plus important de la ville. Outre les fonctions habituelles attachées à ce poste (organiste, compositeur, chef d'orchestre, pédagogue et responsable de la nomination de musiciens), il devait composer de la musique pour les fêtes religieuses du gouvernement de la ville (Senado da Câmara) comme les naissances, les baptêmes, les mariages et les funérailles de la famille royale. En 1799, il est entré dans l'*irmandade* de Nossa Senhora do Rosário e São Benedito dos Homens Pretos ("communauté de Notre-Dame du Rosaire et de Saint Benoît des hommes noirs"). Au moment de l'arrivée de João et de la cour portugaise, sa renommée était bien établie dans la ville. Dans la tradition de la famille royale de Bragance, João était un protecteur de la musique et a immédiatement reconnu les talents du compositeur qui a été nommé maître de la chapelle royale. Entre 1809 et 1811, le père José Maurício a aussi composé la musique de pièces dramatiques jouées au Teatro Régio (ancien Teatro de Manuel Luís), notamment l'opéra *Le Due Gemelle* (créé le 17 décembre1809). Dans le même théâtre, deux ans plus tard, a été représenté l'opéra bouffe *L'Oro non compra amore* du plus célèbre compositeur portugais de l'époque, Marcos Portugal, appelé de Lisbonne pour s'occuper de l'éducation musicale des princes et princesses royaux. Portugal a immédiatement été nommé maître-compositeur de la chapelle royale et, par ses intrigues, il a assuré le déclin de la carrière de José Maurício. Tout en conservant nominalement son poste de maître de chapelle, José Maurício a ensuite concentré ses activités de chef d'orchestre et de compositeur sur les communautés religieuses de la ville, mais dans une moindre mesure. En 1816, des problèmes de santé ont réduit sa capacité de travail et, cette année-là, il a pourtant composé sa célèbre *Messe de Requiem*. Le 19 décembre 1819, il a dirigé la première exécution au Brésil du *Requiem* de Mozart, avec le chœur et l'orchestre de la communauté de Sainte-Cécile, événement rapporté par le compositeur autrichien Sigismund Neukomm, alors en voyage au Brésil, dans la revue viennoise *Allgemeine musikalische Zeitung*.

João VI (alors roi) et une partie de la cour sont retournés au Portugal en 1821, réduisant ainsi les activités musicales de la chapelle royale et des salons de la noblesse. Les années qui ont suivi l'indépendance (1822) ont vu une détérioration économique du pays, qui a affecté la vie musicale de la ville de Rio de Janeiro. L'œuvre créatrice du père José Maurício a aussi diminué considérablement au cours de cette période ; il a alors écrit sa *Missa abreviada* (1823) et sa dernière œuvre, la *Missa de santa Cecília* en 1826. Affaibli par sa santé déclinante et une situation financière difficile, il est mort dans une extrême pauvreté.

Le catalogue thématique du père José Maurício (Person de Mattos, 1970) comporte une liste d'environ deux cent trente-sept œuvres existantes (musique sacrée, profane et instrumentale). Parmi ces œuvres, les messes sont particulièrement importantes dans l'œuvre complète du compositeur. On sait qu'il en a composé environ trente-deux, mais seules dix-neuf nous sont parvenues, sans compter les requiems et offices de la Semaine sainte. La *Messe de Requiem* de 1816 ressort comme la plus belle réalisation du compositeur, bien que Person de Mattos affirme que la *Missa de santa Cecília* (1826) devrait occuper cette position. Il s'agit probablement d'une commande de João VI pour la mort de la reine du Portugal Maria Ire, survenue le 20 mars 1816, coïncidant tout à fait par hasard avec la mort de la mère du compositeur. Ce *Requiem* est en fait l'une des musiques pour les morts les plus réussies dans l'histoire de la musique au Brésil et confirme la position de José Maurício comme compositeur brésilien le plus accompli de son temps. Sans être dépourvue d'éloquence religieuse, elle présente la noblesse et le côté grandiose de la musique funèbre de cour de l'époque et plusieurs passages rappellent le célèbre *Requiem* de Mozart (surtout dans le "Kyrie" et le "Dies irae"). Ecrite pour chœur et solistes (soprano, alto, ténor, basse), avec un orchestre de cordes, deux clarinettes, deux cors, "flûtes, trompettes et timbales ad libitum", comme l'indique la partition autographe, cette œuvre comporte beaucoup de répétition thématique. Le "Dies irae" est très élaboré et de proportions inhabituellement vastes. La nature mélodique de plusieurs airs, le choix des timbres (clarinette, cor) et les pratiques harmoniques révèlent un caractère expressif romantique.

4. Le baroque en Amérique latine

Le baroque au cours de cette période coloniale a des significations spéciales dans la culture et l'art latino-américains. En effet, le concept de baroque comme expression de l'extravagance, de l'ostentation, de la fantaisie complexe et du mystère a été une constante dans toute l'histoire de l'Amérique latine. Selon le célèbre écrivain créateur et historien de la musique cubain Alejo Carpentier (1904-1980) : "Notre art a toujours été baroque depuis la merveilleuse sculpture précolombienne jusqu'au meilleur récit moderne et aux cathédrales et monastères coloniaux de notre continent." Il a également soulevé la question suivante : "Car quelle est l'histoire de l'Amérique latine sinon une chronique de réalisme magique ?" (1949, in 1983, p. 15.) Dans son roman *Concierto barroco* (1974), Carpentier considère la synthèse culturelle de l'Amérique latine au travers d'une histoire imaginaire, celle du voyage d'un riche Mexicain à Venise au XVIIIe siècle, où il rencontre Vivaldi, Haendel et Scarlatti. Pour Carpentier, l'Amérique latine a représenté le baroque indigène basé sur la réalité de son histoire, mais en l'envisageant de multiples manières imaginatives et fantastiques. Ainsi le lien entre le réalisme magique et le baroque est parfaitement approprié car les deux soulignent la nature hybride de la culture latino-américaine.

Bibliographie

BÉHAGUE, G., 1971 : "A música colonial mineira à luz de novos manuscritos", *Barroco*, Universidade de Minas Gerais, n° 3, p. 6-39.

CARPENTIER, A., 1949 : *El Reino de este mundo*, 6e éd., México, Edición y distribución iberoamericana de publicaciones, Barcelone, Seix Barral ; rééd., *Obras completas*, México, Siglo XXI, 1983, p. 15 ; trad. fr., *Le Royaume de ce monde*, Paris, Gallimard, 1991.

CARPENTIER, A., 1974 : *Concierto barroco*, México, Siglo Veintiuno Editores ; trad. fr., *Concert baroque*, Paris, Gallimard, 1976 ; rééd., 1993.

CLARO, S., 1969 : "La música en las misiones jesuitas de Moxos", *Revista musical chilena*, n° 108, p. 7-31.

DINIZ, J., 1969 : *Músicos pernambucanos do passado*, Recife, Universidade federal de Pernambuco, vol. I.

DINIZ, J., 1971 : *Músicos pernambucanos do passado*, Recife, Universidade federal de Pernambuco, vol. II.

DUPRAT, R., 1984 : *Garimpo musical*, São Paulo, Novas Metas.

DUPRAT, R., 1995 : *Música na Sé de São Paulo colonial*, São Paulo, Sociedade brasileira de musicologia-Paulus.

DUPRAT, R. et BALTAZAR, C. A., 1991 : *Acervo de manuscritos musicais. Coleção Francisco Curt Lange. Compositores mineiros dos séculos XVIII e XIX*, Belo Horizonte, Editora Universidade federal de Minas Gerais.

DUPRAT, R. et ORBINO, N. P., 1968 : "O estanco da música no Brasil colonial", *Yearbook for Inter-American Musical Research*, vol. IV, p. 98-109.

ESTRADA, J., 1973 : *Música y músicos de la época Virreinal*, México, Secretaría de educación pública.

FREYRE, G., 1964 : *The Masters and the Slaves*, New York, A. Knopf.

ILLARI, B., 2003 : *Doménico Zipoli. Para una genealogía de la música clásica latinoamericana*, La Havane, Casa de las Americas.

LANGE, F. C., 1946 : "La música en Minas Gerais. Un informe preliminar", *Boletín latinoamericano de música*, vol. VI, p. 409-494.

LANGE, F. C., 1966 : "A organização musical durante o período colonial brasileiro", *Actas do V colóquio internacional de estudos luso-brasileiros*, Coimbra, Universidade de Coimbra, vol. IV, p. 5-106.

LANGE, F. C., 1968 : "Os irmãos músicos da Irmandade de São José dos Homens Pardos, de Vila Rica", *Yearbook for Inter-American Musical Research*, vol. IV, p. 110-160.

LEITE, S., 1938 : *História da Companhia de Jesus no Brasil*, Lisbonne, Livraria Portugalia, vol. V.

NEVES, J. M., 1997 : *Música sacra mineira (Catálogo de obras)*, Rio de Janeiro, Funarte.

PAREYÓN, G., 1995 : *Diccionario de música en México*, Guadalajara, Secretaría de cultura de Jalisco.

PERSON DE MATTOS, C., 1970 : *Catálogo temático das obras do padre José Maurício Nunes Garcia*, Rio de Janeiro, Conselho federal de cultura.

PERSON DE MATTOS, C., 1997 : *José Maurício Nunes Garcia. Biografia*, Rio de Janeiro, Fundação Biblioteca nacional, Departamento nacional do livro.

RUSSELL, C. H., 1993 : "The Mexican Cathedral Music of Ignacio de Jerúsalem. Lost Treasures, Royal Roads, and New Worlds", *Revista de musicología*, vol. XVI, n° 1, p. 99-133.

RUSSELL, C. H., 1995 : *Santiago de Murcia's Códice Saldívar nº 4. A Treasury of Secular Guitar Music from Baroque Mexico*, 2 vol., Urbana, University of Illinois Press.

STEVENSON, R., 1952 : *Music in Mexico*, New York, Crowell.

STEVENSON, R., 1968 : *Music in Aztec and Inca Territory*, Berkeley-Los Angeles, University of California Press.

TELLO, A., 2002 : "Sumaya, Manuel de", in *Diccionario de la música española e hispanoamericana*, Madrid, Sociedad general de autores y editores, vol. X, p. 94-97.

VEGA, C., 1962 : "Un códice peruano del siglo XVII. La música en el Perú colonial", *Revista musical chilena*, n° 81-82, p. 54-93.

François Picard

L'IMPLANTATION DE LA MUSIQUE EUROPÉENNE EN ASIE ORIENTALE ET SES DÉVELOPPEMENTS

L'évocation des noms de Takemitsu Tôru, Ozawa Seiji, Midori, Yamaha suffit à évoquer l'immense succès de l'implantation de la musique européenne en Asie orientale : composition, direction d'orchestre, interprétation, facture, industrie du disque. Même la musicologie n'a pas échappé à la faculté d'adaptation des Orientaux, Japonais, puis des Coréens, Vietnamiens, Taiwanais et Chinois. Du point de vue historique, culturel et musical, les pays de l'Asie orientale (Chine, Corée, Japon) et le Vietnam forment un groupe nettement différencié de l'Asie centrale et de l'Asie du Sud-Est, et même de l'Asie du Nord (Mongolie, Sibérie...). A la différence de l'Asie centrale islamisée où dominent les musiques modales, l'Asie orientale privilégie en effet les systèmes mélodiques pentatoniques sans demi-ton, du type *do ré mi sol la*. A la différence de l'Asie du Sud-Est où dominent les carillons de gongs, de l'Asie du Nord où domine le chant, l'Asie orientale privilégie les cithares, les luths, les flûtes, les vièles et leur harmonie. Tran Van Khê a pu définir cette zone, incluant alors la Mongolie, comme celle de diffusion de la cithare sur caisse à chevalets mobiles (*zheng/chaeng* ou *kayagûm/koto/dàn tranh*). On pourrait limiter cette zone à l'aire de diffusion de l'orgue à bouche circulaire *(sheng/saenghwang/shô)*, qui exclut Taiwan, la Mongolie, le Vietnam. Toute l'Asie utilise des textures – des modes de relation entre les parties – que l'on peut caractériser comme l'hétérophonie, la superposition de variantes, plutôt que l'harmonie, la polyphonie. Les rares traces de polyphonie ancienne, uniquement vocales, sont limitées à celles, magnifiques, de quelques petits peuples austronésiens ou tibéto-birmans de Taiwan et du Sud de la Chine. Si l'on peut en première approximation mettre en avant le caractère mélodique commun, c'est à condition de bientôt distinguer la monodie, prenant pour modèle le chant, comme en Inde ou en Perse, de cette hétérophonie, nettement plus instrumentale, qui règne à l'Est.

Surtout, en ce qui concerne ses rapports avec l'Occident, l'Asie orientale pratique l'écriture musicale, ce qui la différencie nettement de tous les autres pays d'Asie, de l'Inde au Proche-Orient en passant par la Perse, qui ont des écrits sur la musique mais n'utilisaient pas la notation avant l'époque moderne.

Instruments, airs, techniques de jeu, pratiques, théories, systèmes de transmission et de production ont été transmis à des vitesses et à des moments différents, et leur implantation ne se laisse pas dater par le simple contact.

On distinguera ici trois périodes : les premiers contacts avant 1600 ; l'implantation des jésuites en Chine de 1601 (arrivée de Matteo Ricci à Pékin) à 1801 (relève par les lazaristes) ; l'ère moderne avec l'ouverture du Japon avec l'ère Meiji (1868), la période des concessions en Chine et l'occupation japonaise de la Corée.

On ne saurait enfin limiter ces courants à un simple flux ouest-est, tant les échanges internes entre la Chine, la Corée et le Japon ont largement dominé, y compris en ce qui concerne la musique européenne.

1. Avant 1600 : échanges à longue distance et premiers contacts

1.1. *Sous la dynastie des Tang*

Au VIIe siècle, la Chine accueille des chrétiens nestoriens, essentiellement syriaques, comme le mentionne une stèle datée de 781 conservée à Xi'an. Le texte de l'hymne chrétienne *Gloria in Excelsis Deo* en chinois a été retrouvé à Dunhuang en 1908, ce qui laisserait penser que des chants ont pu résonner. Le manichéisme et le mazdéisme ont aussi progressé vers l'est, jusqu'aux confins de la Chine, en Asie centrale, une région dont la musique influença beaucoup celle qui était en usage à la cour des Tang et, de là, au Japon. Ces religions ne survivront pas à la proscription du bouddhisme et des religions étrangères de Chine de 845.

Il convient cependant de s'arrêter sur la dynastie des Tang (618-907). Sa capitale, Chang'an, est alors la plus grande ville du monde après Bagdad, loin devant Aix-la-Chapelle, Rome ou Cordoue, et même Constantinople. Elle est en relations à travers les fameuses "routes de la soie" avec l'Asie centrale (Sogdiane, Bactriane, Ferghana, Kuchâ), la Perse, et par voie maritime avec le Champa, un petit royaume de culture khmère situé dans l'actuel centre du Vietnam, et l'Inde. Le bouddhisme, introduit quelques siècles plus tôt d'Inde, s'implante définitivement. Les contacts se développent avec la Corée, les nomades du Nord et le Japon, la Birmanie (royaume de Pyû), le Tibet. La cour impériale Tang est friande pour ses banquets des plats et divertissements barbares, parmi lesquels, aux côtés des danses et des acrobates, la musique tient une bonne place. On a pu ainsi identifier dans le répertoire de cour transmis au Japon des airs évoquant les Sogdiens, des pièces en provenance de Corée et du Champa. Parmi les principaux instruments chinois encore en usage dans les trois pays d'Asie orientale, tout particulièrement dans le *gagaku* japonais, le luth piriforme *pipa/pip'a/biwa* apporté par les "Barbares" d'Asie centrale, vraisemblablement depuis le Nord de l'Inde, et le hautbois cylindrique *bili/p'iri/hichiriki*, apparenté au *balaman* kurde et au *duduk* arménien, parvenu de même par l'Asie centrale, côtoient des instruments proprement chinois comme l'orgue à bouche ou la cithare. De son côté, le hautbois à perce conique et pavillon *suona/soenap*, d'origine persane (c'est le *zurna* arabo-persan), n'ira jamais jusqu'au Japon, alors qu'il apparaît à Kuchâ sous les Jin (265-420) et en Chine même sous les Wei du Nord (386-534). En fait, sa première apparition fut sans lendemain, et sa large présence en Chine du Nord et au-delà ne date que des Ming, soit mille ans plus tard.

Les premières notations musicales instrumentales des cultures chinoise, coréenne et japonaise apparaissent dans des manuscrits de musique jouée à la cour des Tang et préservés au Japon. Exactement contemporaines de l'introduction du bouddhisme au Japon, elles proviennent selon la meilleure vraisemblance de Chine, où elles ont disparu, et l'on peut supposer qu'elles ont été d'abord écrites par des musiciens – chinois ou coréens – exerçant sur le continent à l'attention des messagers japonais, en particulier ceux de l'expédition du moine Ennin, de retour au Japon en 841. De nombreux recueils datant des VIIIe au XIVe siècle, en originaux ou en copies ultérieures, ont subsisté jusqu'à nos jours.

Pour donner un exemple de ces transferts, en 612, un musicien coréen nommé Yiasi, originaire de Kudara, royaume de Paekche, enseigna à la cour japonaise des danses masquées *(jiyue/kiak/gigaku)* apprises en Chine du Sud. En 840, pas moins de cent cinq musiciens coréens revinrent de la cour des Tang où ils étaient allés étudier.

La Chine des Tang est donc un extraordinaire réceptacle de cultures. Mais sauf à décréter l'identité entre la musique arabo-turco-persane et la musique européenne médiévale, nul échange musical entre l'Europe et la Chine des Tang n'a laissé de trace… sauf un système musical, connu sous le nom des "vingt-huit échelles de la musique de banquet" *(yanyue ershiba diao)*. Ce système n'est vraiment explicité de manière cohérente que quelques siècles après sa disparition, et ce par un lettré chinois, Shen Gua (1031-1095), dans ses notes rassemblées sous le titre *Mengqi bitan* (*Bu bitan*, tome I, notice 531, cité ci-après B1/531, B1/541, etc.).

1.2. *Les vingt-huit échelles de la musique de banquet*

Les vingt-huit échelles de la musique de banquet sont une combinaison de tons et de modalité : on forme plusieurs modes avec la même échelle en en décalant l'origine. On distingue ainsi sept tons (*ré, mi* bémol, *fa, sol, la, si* bémol, *do*), qui correspondent à la notion de transposition et à l'armure à la clé, et quatre modes, qui *distinguent* dans une échelle donnée le degré de référence – prime, seconde, tierce ou sixte –, que Shen Gua (B1/541) nomme "note cadentielle" *(shasheng)*. Ainsi, quatre modes (en fait trois : mode de *do [gong]* mode de *ré [shang]*, mode de *la [yu]*, et mode de *mi [jue]*, car ce dernier est un mode de *la* transposé) dans sept tons différents forment les vingt-huit échelles. Ce système, utilisé réellement depuis les Tang, va de pair avec celui des soixante échelles formées par la combinatoire de cinq modes (correspondant aux cinq sons du pentatonique) avec les douze hauteurs absolues chromatiques ou encore des quatre-vingt-quatre échelles formées par la combinatoire de sept modes (correspondant aux sept degrés diatoniques) avec les douze hauteurs absolues chromatiques. On remarque parmi ces noms des origines différentes : certains proviennent des douze hauteurs absolues *lülü (huangzhong, zhonglü, linzhong, nanlü)*, certains ont une signification en chinois *(xianlü, daodiao, shuang diao, ping diao)*, les derniers sont du sanskrit (*banshi* pour *pañcama* [cinq], *jiezhi* pour *Kaishika, taishi* pour *sadja*). Ces derniers démontrent une origine indienne à ce système. Cependant, dès le VIIe siècle, lorsqu'il fut possible de noter les hauteurs, les Indiens ont préféré définir les modes *râga* par des motifs. L'inscription de Kudumiyâmalai nous montre ainsi sept échelles comprenant six ou sept degrés diatoniques. Les altérations peuvent intervenir sur deux notes (*si* bémol et *mi* bémol) donnant donc trois tons *(do, fa, si* bémol*)*. (Ton de do : *do-ré-mi-fa-sol-la-si* ; ton de fa : *do-ré-mi-fa-sol-la-si* bémol ; ton de *si* bémol : *do-ré-mi* bémol*-fa-sol-la-si* bémol.) On vérifie une bonne correspondance entre les noms sino-sanskrits de la musique de banquet et les noms sanskrits de l'inscription de Kudumiyâmalai. De plus, ce système permet d'établir une correspondance simple avec les échelles de la musique impériale japonaise *gagaku* actuelle, dont il est établi qu'elle dérive de la musique de banquet *yanyue* et non de la musique de cour *yayue*, contrairement à ce que son nom cherche à indiquer. On retrouve toutes les échelles du *gagaku* aux mêmes hauteurs, sauf qu'il y a changement de mode pentatonique : *shang* (du type *ré mi sol la do*) devient un pentatonique de type *do ré mi sol la* et *yu* (du type *la do ré mi sol*) devient un pentatonique de type *sol la do ré mi.*

Shen Gua fournit par ailleurs (B1/531) de nombreux éléments sur le type de notation correspondant au nom des degrés de l'échelle diatonique, un système correspondant tout à fait à la solmisation. Cette nomenclature en usage pour la musique instrumentale est dite improprement "notation populaire" ou encore, mais c'est une appellation ultérieure, "notation *gongche*" : c'est la fameuse "gamme mongole" de certains auteurs occidentaux modernes, voire contemporains, une appellation totalement erronée, anachronique et tardive. Il mentionne aussi (05/099) l'existence dans un temple bouddhique d'une inscription attribuée à un homme des Tang, écrite "en un genre de sanskrit", dont on dit que c'est la notation de cet air. Ainsi donc, le système de la musique impériale japonaise est un système chinois en provenance de l'Inde. Mais en est-il vraiment originaire ? La question se pose au musicologue occidental, qui croit y reconnaître un système étonnamment proche de celui qui est exposé – mais deux siècles après l'Inde – dans la *Musica enchiriadis* et l'*Alia musica,* inspirés à travers Boèce de la théorie grecque. On retrouve ici le "serpent de mer" de la théorie comparatiste, qui voit des origines grecques en toute chose, même chinoise. La question restera ici ouverte.

1.3. *Les premiers voyageurs*

Tous les transferts à travers les routes de la soie, terrestres ou maritimes, impliquaient essentiellement des intermédiaires. Même les contacts entre l'Inde et la Chine qui mèneront à la diffusion du bouddhisme se faisaient, sauf très rares exceptions, par des interprètes, à plus forte raison si on songe au transfert d'instruments – luths, hautbois – d'un bout à l'autre du continent asiatique.

Sous la dynastie mongole des Yuan, la Chine accueille de nouveau des nestoriens. Là encore, l'Europe est lointaine, et s'ils sont chrétiens, ils sont originaires essentiellement d'Asie centrale, à l'exception de quelques métropolites envoyés de Bagdad. La mention dans l'"Histoire des Yuan" *(Yuanshi)*, *juan* 149, *liezhuan* 36, de l'introduction en Chine depuis Bagdad au XIIIe siècle d'un instrument à soixante-douze cordes (anonyme, 1997, p. 908 et Ji Liankang, 1986, p. 101) a été interprétée par certains historiens comme relative à un clavicorde ; il s'agit bien sûr de la cithare trapézoïdale à cordes pincées *kanun,* alors également connue en Europe. La même "Histoire des Yuan", *juan* 71, *zhi* 22, *liyue* 5 (anonyme, 1997, p. 467) donne une description d'un orgue *(xinglong sheng)* de quatre-vingt-dix tuyaux à anche et quinze touches, à soufflets, offert en 1260-1263 par des Huihui, c'est-à-dire des Sarrasins, soumis au califat abbasside. Les voyages en Mongolie et Chine des franciscains Giovanni di Pian del Carpine (1245-1247), Willem Van Rubroeck (1253-1255) et Giovanni da Montecorvino (1293-vers 1330) ou des frères Niccolò et Matteo Polo (1260) et du fils de Niccolò, Marco (1271-1292), et *Le Devisement du monde* que ce dernier en tire, ne rapportent rien de remarquable question musique.

2. De 1601 à 1789 : les jésuites en Chine

2.1. *Premiers contacts de l'Asie avec la musique occidentale*

En raison du partage du monde entre Espagne et Portugal par le pape en 1493, puis du traité de Tordesillas l'année suivante, l'Asie orientale appartenait à la couronne portugaise. Les Portugais apparaissent brièvement en Chine en 1514, s'installent à Macao en 1557. Le 4 avril 1563, on y fit pour la sainte Véronique une grande procession du saint sacrement, avec musiques et danses. Ce fut sans doute le premier contact de Chinois avec la musique occidentale. Pour ce qui concerne le Japon, on ne note aucun contact avec l'Occident avant 1500, les premiers arrivants sont quelques marins portugais vers 1540, bientôt suivis des missionnaires, avec François Xavier (1506-1552), qui ne réalisera jamais son rêve de Chine. D'abord à Goa en Inde (1542), puis à Malacca, il débarque à Kagoshima en 1549. La politique missionnaire de François Xavier et de ses successeurs est celle de la conversion par villages entiers, sous l'autorité de leurs *daimyô*. Ainsi, on compte au milieu des années 1580 près de quinze mille Japonais convertis. Le jésuite italien Alessandro Valignano construit le premier orgue en 1579, et en 1591 des Européens donnent pour le nouveau maître du pays, Hideyoshi Toyotomi, un concert réunissant clavecin, harpe, luth et rebec. Celui-ci devait cependant peu après interdire la prédication chrétienne et en 1612 les missionnaires sont bannis pour tout le règne des Tokugawa (1603-1867) ; le Japon se referme. Cependant, vers 1600 et durant la période Edo (1615-1868), on voit l'apparition de nouveaux instruments : *shamisen,* passé du Fujian (Chine du Sud) aux îles Ryûkyû (Okinawa, alors indépendantes) en 1392, puis introduit dans la région d'Osaka vers 1562 ; l'éveil de leur répertoire : *koto, shakuhachi* ; de nouveaux genres : *kabuki, gidayû-bushi,* la musique du *bunraku*. Il ne reste sans doute rien de musical de cette éphémère présence des missionnaires.

Le jésuite italien Matteo Ricci (1552-1610), arrivé à Macao en 1582, fonde en 1583 avec d'autres pères une "résidence jésuite" à Zhaoqing. Ricci avait apporté avec lui des horloges. "En même rang étaient les instruments de musique, la douceur desquels ne leur plaisaient pas moins que la nouveauté." A son arrivée à Pékin en 1598, Ricci tenta de transmettre des présents à l'empereur, parmi lesquels se trouvait un *gravicembolo* (Ricci) appelé "régales" par Trigault. Mais l'empereur refusera ces cadeaux. Le 24 janvier 1601, Ricci, de retour à Pékin, parvint tout de même à offrir à l'empereur un instrument de musique nommé selon les langues *manicordio* (Ricci), *clavicembalo* (Schall) ou encore *épinette* (Trigault), *monacordio* (Pantoja), *manucordium* (P. Du Jarric) ou encore *yaqin* ou *xiqin* (Ricci). En février 1601, quatre eunuques du palais, deux jeunes et deux vieux, vinrent demander aux pères Ricci et Diego Pantoja (1571-1618, à Macao en 1597) de leur apprendre à jouer de l'instrument donné à l'empereur. Pantoja avait mis à profit les quatre mois passés à Nankin pour recevoir des leçons de musique de l'Italien Lazzaro Cattaneo (Gênes, 1560-Hangzhou, 1640). Ricci et Pantoja se rendirent donc au palais où on leur avait réservé une salle, mais au bout d'un mois les eunuques pouvaient à peine jouer une *sonate del manicordio*. Ricci écrivit huit chansons au clavecin (*Xiqin qu yi*, "Airs pour cithare européenne"), avec préface en chinois, dont ne nous ont été conservées que les paroles dans leur traduction chinoise. A partir de 1604, des instruments accompagnèrent les messes célébrées à Pékin. En 1611, l'orgue et d'autres instruments furent joués à Pékin pour les funérailles de Ricci.

Au début mai 1640, on redécouvrit au palais impérial le clavecin donné par Ricci en 1601. Le 8 septembre 1640, Johann Adam Schall von Bell (1591-1666, arrivé en Chine en 1630) présenta à l'empereur le clavecin réparé et accordé, une méthode et une mélodie de psaumes. Il rapportera : "Je m'appliquai à mettre en chinois la méthode pour en jouer, que j'avais apprise autrefois vaille que vaille. J'y ajoutai quelques mélodies des psaumes, pour rendre la méthode plus claire." (Schall von Bell, 1672 ; rééd. 1942, p. 47). Parmi les instruments qui marquèrent le plus les Chinois figuraient le carillon automatique et l'orgue de l'église du Sud (Nantang), fondée en 1652 à la porte Xuanwumen de Pékin. Le carillon automatique jouait même des airs à la chinoise.

En 1671, l'empereur Kangxi demanda à Ferdinand Verbiest (1623-1688, en Chine en 1659), jésuite flamand versé en astronomie, calcul et musique, de lui enseigner la musique. Verbiest fit venir auprès de lui le père portugais Tomé Pereira (1645-1708, arrivé en 1673 à Pékin) "qui avait un talent singulier pour la musique". (Du Halde, 1735, t. III, p. 264.) Celui-ci fit construire un "plus grand orgue" et un carillon qui eut un énorme succès tant auprès des gens de cour que des gens de ville.

2.2. *Musique baroque en Chine*

Le peintre italien Giovanni Gherardini prit part avec le père Joachim Bouvet (1656 ?-1730) au premier voyage de l'*Amphitrite*, qui mouilla le 31 octobre 1698 à Canton, d'où Gherardini repartit le 25 février 1699 pour Pékin. Il y resta jusqu'en 1704.

"Lorsque l'Empereur veut prendre le divertissement de la symphonie, il fait appeler ces deux pères [Pernon et Pereira] avec le sieur Ghirardini qui jouent de la basse, de la viole et de la trompette marine. C'est quelquefois dans son appartement, mais le plus souvent il les demande dans le lieu où travaillent les ouvriers, et alors les pères et le sieur Ghirardini ont l'honneur de divertir Sa Majesté à genoux. On dit qu'il les retint un jour dans cette posture pendant quatre heures et que s'étant aperçu qu'ils étaient fatigués, il leur versa de sa main impériale du vin dans une coupe qu'il leur présenta." (Madrolle, 1901, p. 147 ; cité in Pelliot, 1930, p. 61.) "Un Chinois nommé [le vieux Wang] de retour dans la cour nous apprit les histoires suivantes que nos pères, étant arrivés de Canton à Pékin, invitèrent l'empereur à une symphonie dont ils voulaient le régaler. Le concert ayant commencé, leurs révérences qui savaient toucher des instruments s'armèrent, l'un d'une flûte douce, le 2e d'un clavecin, le 3e d'une basse de viole, le 4e d'un violon et le 5e d'un basson. Ces divers instruments formèrent une symphonie discordante de sorte que l'empereur après en avoir ouï les commencements s'enfuit en mettant la main à ses oreilles, criant de toute sa force «cela suffit, c'est assez !» *[baliao baliao]*. Il est bien vrai que, lorsqu'on n'est pas accoutumé à nos concerts où il se trouve peu d'accords, je ne suis pas surpris qu'un Chinois n'aie pas de goût pour semblable symphonie, tout comme nous trouvions la leur ridicule, après quoi nos pères se dispersèrent dans les églises dont on leur donna la charge en des provinces reculées." (Lagrange, *Voyages curieux,* p. 292, cité in Pelliot, 1930, p. 61, note 2.) "En l'année 1679, [l'empereur Kangxi] fit venir en son palais le père Grimaldi et le père Pereira, pour toucher une orgue et un clavecin qu'ils lui avaient présentés autrefois. Il goûta nos airs d'Europe et parut y prendre plaisir." (Du Halde, 1735, t. III, p. 264.)

Un petit nombre de missionnaires étaient de bons instrumentistes et avaient apporté avec eux des instruments qu'ils jouèrent à la cour ; parmi eux, Johann Adam Schall von Bell, Philippe-Marie Grimaldi (1639-1712, arrivé en 1671), Tomé Pereira, Teodorico Pedrini (1671-1746, arrivé en 1711), un lazariste italien spécialement doué et entraîné qui avait été choisi par Rome pour cette raison. Leur succéderont les jésuites Karl Slawiczek (1678-1735, arrivé en 1716), originaire de Moravie, Florian Bahr (1706-1771, arrivé en 1739), violoniste, originaire de Silésie, et Jean Walter (1708-1759, arrivé en 1741), originaire de Bohème. Ces deux derniers auraient compilé seize recueils de musique et de chants à usage de la cour.

En 1751 arrive Joseph Amiot (Toulon, 1718-Pékin, 1793), flûtiste et claveciniste, puis en 1768, Jean Joseph de Grammont (1736-1812), violoniste, qui devint maître de calcul et de musique de l'empereur Qianlong et jouait en accompagnement des hymnes lors des offices. Les seules pièces dont nous savons avec certitude qu'elles furent jouées en Chine sont celles citées par Amiot (1779, p. 2) : "*Les Sauvages*, *Les Cyclopes*, pièces de clavecin et de caractère" de Jean-Philippe Rameau [1683-1763]" et "les plus belles sonates, les airs de flûte les plus mélodieux et les plus brillants du Recueil de [Michel] Blavet [1700-1768]".

2.3. *Traités sur la musique européenne en chinois*

Le catalogue de la bibliothèque du Beitang, l'église des jésuites français de Pékin, fondée en 1693 et fermée en 1827, nous permet d'avoir un aperçu des ouvrages musicaux dont les jésuites disposaient. On y trouve des chants religieux des jésuites Pedro de Amarad (1621-1711) et Charles de La Rue (1643-1725), et surtout les ouvrages théoriques de Gioseffo Zarlino (1517-1590), Girolamo Mei (1519-1594) et Athanasius Kircher (1602-1680), mais très peu de partitions de musique, sinon des sonates d'Arcangelo Corelli (1653-1713) et un recueil d'Ancina (1545-1604), le *Tempio armonico della Beatissima Vergine N. S.*, 1599. Ce dernier recueil comprend des hymnes à la Vierge écrites par Ancina et mises en musique par divers compositeurs. Le document le plus intéressant est un manuscrit autographe de douze sonates de Pedrini, *Sonate a violino col basso del Nepridi, Opera terza, parte prima,* datées 1713, redécouvertes seulement en 1935 par le père Theo Rühl, de l'université catholique de Pékin, qui fut le premier à les étudier ; le 11 octobre 1936, il fit jouer la huitième sonate avec Lu Yixun comme soliste, mais au piano. Il en fit des photographies, mais l'édition annoncée en 1937 n'a jamais vu le jour. Il faudra attendre 1995 pour que Jean-Christophe Frisch et son ensemble XVIII-21 Musique des Lumières les joue avec la sensibilité et le savoir des interprètes musicologues spécialistes du baroque.

Giulio Aleni, jésuite italien (Brescia, 1582-Fuzhou, 1649), à Macao en 1610, en Chine en 1613, exposa en 1623 la place de la musique dans les sciences européennes et, dans la première géographie publiée en Chine et en chinois, il décrivit l'église espagnole de Tolède avec ses trente-six autels, ses deux orgues de trente-deux rangées de cent tuyaux chaque, ainsi que l'orgue hydraulique du Vatican. En 1685, Verbiest écrivit un *Petit opuscule sur la musique*, perdu, extrait de la *Musurgia universalis* d'Athanasius Kircher.

La plus grande réussite dans la présentation des principes de la musique européenne demeure le fameux *Appendice au véritable ordonnancement des sons absolus (Lülü zhengyi Xubian)*, initié par le jésuite portugais Tomé Pereira et complété par le lazariste italien Teodorico Pedrini en 1713. Sur ordre de l'empereur Kangxi (1662-1722), les jésuites écrivirent des traités de musique occidentale en chinois. Peu auparavant, Pereira avait écrit une *Méthode pour calculer les sons absolus (Lülü suanyao)*, un manuscrit redécouvert seulement en 1936, qui offre la particularité de présenter des annotations manuscrites à l'encre rouge de la main du troisième fils de l'empereur. Quand Pereira décrit la polyphonie à plusieurs parties indépendantes, le prince note dans ce manuscrit : "Cela ressemble à notre *Air de la mère et du fils (shi Zimu diao)*" (Tao Yabing, 1994, p. 89), terme qui désigna d'abord la forme en rondo combinant deux airs successivement. Cela incline à penser que les musiciens de l'époque mandchoue pratiquaient sous ce nom la combinaison de deux airs (ou de deux variantes) simultanément.

2.4. *Une rencontre humaine en musique*

De ce qu'a pu être réellement ou de ce qu'aurait pu être la rencontre entre des musiciens de talent, nous ne pouvons aujourd'hui que rêver.

Un lettré, Gao Shiqi, raconte que le 2 juin 1703, au cabinet de travail du palais, l'empereur joua lui-même un air bouddhique, *L'Incantation de Pu'an (Pu'an zhou)*, sur un instrument occidental aux cent vingt cordes d'acier fabriqué au palais.

La seule mention d'une musique européenne qui fût vraiment appréciée par les Chinois est celle donnée par Pierre-Louis Ginguené en 1801, très indirecte et non corroborée côté chinois, de la *Cecchina*, célèbre opéra bouffe de Niccolo Piccinni (1728-1800), créé à Rome en 1760 et qui aurait été représenté à Pékin peu après.

Inversement, les seuls témoignages européens positifs d'écoute demeurent en fait ceux qui sont relatifs à la musique chinoise jouée lors des messes catholiques de Pékin, où les prières chantées en chinois avec instruments chinois alternaient avec celles en latin chantées à l'européenne.

"La musique européenne ne leur déplaît pas, pourvu qu'ils n'entendent chanter qu'une seule voix accompagnée de quelques instruments. Mais ce qu'il y a de merveilleux dans cette musique, je veux dire, ce contraste de voix différentes, de sons graves et de sons aigus, de dièses, de fugues, de syncopes, n'est nullement de leur goût, et il leur semble une confusion désagréable." (Du Halde, 1735, p. 266.) "La Messe commença au son des instruments et d'une musique vocale, qui est fort au goût des Chinois, et qui a quelquefois de quoi plaire aux Européens." (François Bourgeois, lettre du 15 octobre 1769, in Maréchal, 1773, p. 230-231.)

Cependant, au petit jeu des citations, tout le monde perd, si l'on ne va pas jusqu'au bout sans s'arrêter aux premières impressions, aussi marquantes soient-elles. Ainsi Amiot, qui n'est pas pour rien considéré comme le fondateur, ou au moins un précurseur, de l'ethnomusicologie, passe insensiblement mais nettement d'une première attitude, distante, intriguée, en 1754 à un complet revirement. Voyons d'abord certaines de ses premières impressions : "Je ne suis pas surpris après cela que leur musique leur plaise beaucoup plus que la nôtre, qu'ils aiment mieux entendre le bruit du tambour et le son des cloches ou des bassins de cuivre que les accords harmonieux et touchants de nos instruments d'Europe." (1754, p. 128.) "Tous les airs qu'on vient de voir sont ici fort estimés. On jugera s'ils en valent la peine. Pour moi qui les ai ouïs plus d'une fois, je puis dire qu'ils m'ont fort ennuyé… De tout ce que j'ai dit jusqu'ici, je conclus, et on le conclura sans doute avec moi que les Chinois sont encore bien peu avancés dans un art qui, de nos jours, a été porté à son plus haut point de perfection dans notre France en particulier." (*Ibid.*, p. 71.)

Trente ans plus tard, le même Amiot – mais est-ce encore le même ? – écrit un précepte fondateur de la méthode anthropologique qui fut celle des jésuites marquants de son temps : "Il faudrait qu'on imposât à ceux qui veulent juger les nations l'obligation stricte que Pythagore imposait à ses disciples avant que de leur permettre de parler. Pour se mettre en état de connaître un peuple et de l'apprécier au juste, ce n'est pas trop que sept années de fréquentation, d'observations et d'étude, mais c'est beaucoup trop pour la présomption de la plupart de nos voyageurs modernes." (Amiot, s. d., lettre à Bertin du 15 novembre 1784.)

Parmi les événements qui ont marqué Amiot, il faut noter l'interdiction de l'ordre des jésuites, connue en Chine en 1774, et donc une remise en cause de sa mission, et peut-être plus encore la mort de son assistant lettré en 1783. A partir de là, Amiot emploie "nous" quand il parle des Chinois et "vous" en évoquant les Européens. Il est significatif à nos yeux que ce soit particulièrement net à propos de la musique, synonyme en Chine d'harmonie.

"Je crois que vos musiciens ne seront pas tentés d'exécuter leurs sonates ou leurs arietes sur le *yunluo* [carillon de gongs] des Chinois. Chaque peuple a son goût et sa manière. Chez vous, tout se fait avec vivacité et comme en sautillant, il vous faut du mouvement en tout ; je ne désespère pas de lire bientôt dans quelqu'un de vos journaux qu'il est assommant de voir quelqu'un aller d'un lieu à un autre en marchant d'un pas égal, comme il était de mode chez nos barbares aïeux, et qu'on ne saurait plaire aujourd'hui qu'en s'écartant de cet usage maussade. Il faut voler, danser et courir si l'on veut être du bel air. Il n'en est pas ainsi dans ces climats chinois. Nous faisons tout posément et avec attrempance [tempérance]. Si nous chantons, c'est pour être entendus sans effort ni contention de la part de ceux qui nous écoutent ; si nous jouons d'un instrument, c'est afin que chaque son que nous en tirons puisse pénétrer jusqu'au fond de l'âme pour y produire ce que nous avons en vue. Ainsi les sons que nous tirons du *yunluo* ne sont pas liés les uns aux autres ; ils servent pour lier entre eux tous les sons des autres instruments." (Amiot, lettre à Bertin, 1er octobre 1786, reprise in Amiot, 1788, p. 511-514.)

Hors les instruments à clavier, clavecins, orgues, et les carillons, la musique européenne semble avoir été peu appréciée des Chinois, de même que leur musique parut trop simple aux Européens. Ceux-ci, outre une documentation parfois précieuse, rapportèrent cependant, en plus de quelques airs typiques, des instruments de musique, parmi lesquels le gong *(luo)* fut adopté dès 1790 par François-Joseph Gossec dans sa *Marche lugubre pour les honneurs funéraires qui doivent être rendus au Champ de la Fédération le 20 septembre 1790 aux mânes des citoyens morts à l'affaire de Nancy*, alors que l'anche libre de l'orgue à bouche, déjà connu de Marin Mersenne en 1636, mit encore quelques dizaines d'années à trouver une application.

2.5. *La cithare d'outre-mer*

Que restait-il avant leur réintroduction depuis le Japon un siècle plus tard de ces bribes de connaissances, d'airs et d'instruments de musique occidentale ? Fort peu assurément. Mais nos dernières découvertes montrent que la cithare à cordes frappées est bien un apport des missionnaires. Elle fait partie d'une famille qui comprend les *santur* persan et indien, le dulcimer, psaltérion ou tympanon du Moyen Age occidental, et le cymbalum hongrois. Omniprésente aujourd'hui en Chine, mais jamais introduite au Japon, elle y assure le continuo accompagnant tant les "solos" de flûte ou de vièle que les ballades et chantefables de nombreux genres. On la retrouve aussi dans les ensembles de cordes et de vents *(sizhu)*.

Aucun nom n'a été importé avec l'instrument, qui a pris successivement ceux de "cithare de bronze" *(tongqin)*, "cithare d'outre-mer" *(yangqin)* puis "cithare de Yangzhou" (*yangqin*, ce dernier écrit avec un autre sinogramme). Dans les premières mentions, contemporaines de l'empereur Kangxi des Qing, il accompagne les bateleurs et conteurs de chantefables, en particulier dans la ville de Yangzhou, près de Nankin, mais il fut longtemps considéré comme caractéristique de la région de Canton. La première illustration connue date de 1767, la suivante représente un trio de cithares *zheng* et *yangqin* et de luth *pipa*. On a déjà noté, en faveur de la thèse de l'introduction depuis l'Europe par la mer et non depuis l'Iran par l'Asie centrale, outre son nom de "cithare d'outre-mer", le fait que la forme ancienne du *yangqin* se rapproche fortement de celle du psaltérion français de l'*Encyclopédie* de Diderot au XVIIIe siècle, moins de celui de Mersenne au XVIIe siècle ou de l'actuel *santur* persan. Alors que les sources chinoises restent obstinément muettes, il se trouve que la Corée a gardé le souvenir de son introduction depuis la Chine par Hong Daiyong dit Dagbo ou Hong Han (1731-1783). Celui-ci a, en 1772, introduit en Corée le calendrier et la théorie de la rotation de la terre ainsi que le tempérament. Si le cymbalum s'appelle plus souvent en coréen *yanggûm*, prononciation locale du *yangqin* chinois, les sources écrites comme le *Mémoire supplémentaire au Yan'yan (Yôk'am chip)* l'appellent aussi "instrument à cordes de fer d'Europe", "instrument céleste", c'est-à-dire chrétien, "instrument barbare", "instrument d'Occident" (*sôgûm,* chinois *xiqin),* le nom même que Matteo Ricci donna à la cithare qu'il offrit à l'empereur Shenzong. Dans son *Mémoire supplémentaire de l'auvent (Pengchuang xu lu),* Feng Shike (1547-1617), un lettré des Ming, rapporte qu'il a rencontré Ricci à Pékin, donc avant 1610, et vu un "instrument à cordes étranger *(fanqin),* à cordes métalliques *(tiexian)* qu'on ne pince pas avec les doigts, mais avec des petites planchettes, au son clair" (Tao Ting, vers 1620, vol. XXVIII, cahier 17, f° 1*b*-2*b* ; cité in Tao Yabing, 1994, p. 38). Le *Supplément au Compendium des Lettres (Xu Wenxian tongkao)* de 1747, *juan* 120, revient sur l'instrument à cordes apporté par Ricci en 1601 : "A Tianjin, Ricci a offert des présents aux eunuques, parmi lesquels des instruments de musique, dont un à cordes, de 3 pieds sur 5, sa caisse renferme soixante-douze cordes en or, argent ou acier. Chaque corde a un chevalet *(gui),* on les frappe *(gu).*" (Repris in Wang Yunwu, 1936, p. 3873-3874 ; cité in Tao Yabing, 1994, p. 39.) Or la cithare à cordes frappées *santur* de Perse a encore aujourd'hui soixante-douze cordes. De la deuxième moitié du XIVe siècle au XVIe siècle, le tympanon est mentionné dans quelques sources de langue néerlandaise sous le nom de *santoer.* Et les *yanggûm* conservés en Corée ressemblent en de nombreux points aux tympanons des Flandres datés du XVIIe ou XVIIIe siècle, plus encore qu'aux *salteri* italiens de fabrication allemande du XVIIIe siècle. On assiste donc à un parcours étonnant et rapide, de Perse en Flandres, de là en Chine puis en Corée.

L'instrument demeure peu utilisé en Corée, sinon dans les ensembles de musique de cour et dans l'accompagnement du chant long *kagok.* La notation utilise des caractères différents selon les frappes requises (telle corde à tel endroit vis-à-vis des chevalets) et non selon les hauteurs. Curieusement, l'écriture est beaucoup plus variée que la prononciation coréenne, alors que les prononciations chinoises, sous réserve de garder la distinction tonale, donneraient des phonèmes différents. Cependant on ne connaît pas cette notation en Chine même, alors qu'elle ressemble à une des notations pour cordes du Vietnam. On notera plusieurs partitions : les *Annales des artistes itinérants (Yuyeji),* ms. de Sô Yu-gu (1764-1845), avec tablature pour cithares *kômun'go* et notations pour cithare *yanggûm* et pour orgue à bouche *saenghwang* ; les *Dix Tableaux de la musique des sages (Shengxue shitu),* par Li Ningji, s. d., édité par l'Association fraternelle chinoise d'études coréennes (Zhongguo hankao datong xiehui), 1932, recueil pour cithare *yangqin/yanggûm* et autres instruments comprenant de la musique chinoise confucéenne et la suite coréenne d'origine bouddhique *Rencontre à la montagne magique*

(Yôngsan hoesang), en notations des hauteurs absolues *lülü,* populaire *gongche* et pour cithare *qin.*

2.6. *Ambassadeurs, militaires et missionnaires (1793-1912)*

Les jésuites, déjà dissous comme ordre, sont remplacés en 1801 à Pékin par les lazaristes. Mais la mort d'Amiot en 1793 avait déjà mis un terme à la présence musicale et musicologique des Européens en Asie orientale. Seules subsistent les orgues de Pékin – mais celles du Beitang furent détruites avec l'église en 1888 – et le cymbalum. Alors que les catholiques avaient tenté de convertir par le haut et de respecter les spécificités d'une grande culture, les missionnaires protestants, souvent britanniques, arrivés à partir de 1807, appliqueront un style hybride aux hymnes, compromis entre le pentatonisme monodique et une harmonie réduite à ses couleurs, mais non fonctionnelle. En 1840, les jésuites français sont de retour avec les canonnières de la guerre de l'Opium, ils appliqueront les mêmes procédés simplistes encore en vigueur. Des églises avec orgues sont construites à Pékin, Shanghai, Tianjin, Qingdao. Le jésuite français François Ravary fait construire un orgue à tuyaux de bambous à Shanghai en 1856, et en 1871 un autre, plus petit, qu'il offre à l'empereur Napoléon III (maintenant au musée de la Musique à Paris). Les missionnaires impriment les premières partitions sur portée en 1858 à Ningpo, et en 1872, tandis qu'encore en 1861 ils publient des partitions "à la grégorienne" sur portée de quatre lignes. Mrs Timothy Richard (1845-1919, arrivée en 1870), elle, remarque les analogies entre les notations par le nom des notes chinoise et anglaise, le système *"tonic sol-fa"* de John Curwen (1816-1880), et utilise la notation *gongche* dans son édition de 1883 de ses *Partitions de petits poèmes (Xiaoshi pu).* Le système *"tonic sol-fa"* sera utilisé, concurremment à la portée, par le protestant américain Elwood Gardner Tewksbury (1865-1945) pour ses *Hymnes chantées (Song zhu shige)*, 1895.

A l'inverse, bien peu sont les Chinois à avoir rapporté d'Europe des récits, et les notations sur la musique restent fort succinctes.

Mais vinrent les militaires, dont l'influence musicale fut plus grande. Dès 1793, l'ambassadeur de Grande-Bretagne George Macartney (1737-1806), accompagné de John Barrow qui, dans ses *Travels in China* publiés en 1804, fournira quelques airs chinois, est reçu à la cour et, le soir, un petit quintette à vent (clarinette, flûte, basson, cor, le hautbois n'est pas mentionné) donne des concerts devant des auditeurs chinois. A partir de 1872, horloges à carillons automatiques et fanfares résonnent à Shanghai. En 1875, une violoniste anglaise s'y produit. En 1879, c'est le célèbre flûtiste français Jean Rémuzat (Bordeaux, 1815-Shanghai, 1880) qui passe en tournée, accompagné par le Shanghai Public Band dont c'est la première apparition. En 1906, un petit orchestre symphonique est dirigé par l'Allemand Rudolf Buck. Le programme du Shanghai Municipal Council Public Band du 12 novembre 1911 comprend des pièces de Weber, Schubert, Beethoven, Liszt. Le premier importateur, anglais, d'instruments occidentaux ouvre à Shanghai en 1896. A Tianjin, le chef des douanes, l'Anglais Robert Hans (1835-1911), est un mélomane ; il fonde un petit ensemble à cordes en 1885-1886, qui, en 1914, après son départ se fondra dans l'Union philharmonique de Pékin. Toujours à Tianjin, la "nouvelle armée de la mer du Nord" de Yuan Shikai se dote, sous l'influence de Hans, d'un orchestre militaire à l'occidentale, avec des cuivres, qui saluera en 1908 le départ de Robert Hans. A Qingdao, l'orchestre fondé vers 1910 s'appelle Bandman Opera Company. Harbin accueille en 1907 un concert, et les Russes y ouvriront une école de musique en 1921. En 1915, la Chine compte quinze orchestres militaires.

Après l'orgue et le cymbalum, un instrument occidental eut un destin important : l'harmonium, dont le principe sonore, l'anche libre, provenait précisément de Chine et avait été adapté des orgues à bouche envoyés en France par Amiot. La première mention relevée par Tao Yabing se trouve sur une stèle de l'époque 1851-1861 en l'honneur d'une Américaine qui avait joué de l'harmonium à Shanghai. La génération née avant la Seconde Guerre mondiale a eu encore l'occasion de s'initier à la musique à travers cet instrument, qui n'a disparu qu'au cours de la Révolution culturelle. Enfin, parmi les innombrables présents échangés entre les royautés européennes et les derniers empereurs, aux côtés des horloges, des porcelaines et des voitures, on note deux pianos droits, un harmonium et un orgue mécanique, datant tous du début XXe siècle, faisant toujours en 2002 partie de la collection du palais d'Eté.

3. Depuis 1868 : l'ouverture du Japon et la modernité

3.1. *L'ère Meiji*

On pourrait croire à une histoire linéaire, une rencontre progressive entre l'Europe et la Chine, si l'on oubliait l'influence formidable apportée par l'ouverture du Japon à l'Occident avec la chute des Tokugawa et le changement fondamental de l'ère Meiji (1868-1912). Alors que l'influence hollandaise sur des peintres tels Shiba Kôkan (1747-1818) est indéniable, l'apport musical semble se limiter à la première fanfare de cuivres, fondée à Nagasaki vers 1830 par Takashima Shûhan. En 1869, un Anglais, John William Fenton, commence à enseigner à un ensemble de cuivres d'une trentaine de personnes à Yokohama. On lui doit le premier hymne national japonais, remplacé par celui de l'Allemand Franz Eckert en 1880. En

hermétiques : musiques de l'ensemble instrumental *gagaku*, du luth *biwa*, genres liés à la flûte traversière comme le nô, au luth *shamisen* comme le *kabuki* et le *jôruri*, musiques solistes du *shakuhachi* et du *koto*. L'opposition convenue entre musiques urbaines et musiques paysannes structure et détermine les évolutions. Le poids du passé et de sa conservation n'a pas empêché une lente évolution qui rend les genres anciens défigurés par la lenteur, nonobstant leur grandeur. La "tradition orale" (*kuchizuta*, également prononcé *kuden* selon que le *kanji* est interprété à la japonaise ou à la chinoise) prévaut sur la lecture des notations transmises, ce terme désignant également la transmission strictement orale de la musique même instrumentale, c'est-à-dire le fait de chanter le nom des notes.

La tradition des ballades au luth *biwa* n'avait pas conservé l'ancien type de notation venu des Tang, d'autant plus que nombre de ses interprètes étaient aveugles. Cependant, et peut-être sous l'influence du nô, une notation du nom des degrés et des formules types à utiliser accompagne le texte des ballades. Le XXe siècle a vu l'apparition de notations en tablatures ou adaptées de la portée, sans qu'on arrive à la généralisation d'un système unique et pratique. La cithare *koto*, du fait que la tradition reposait entre les mains de maîtres aveugles, a ignoré en dehors du *gagaku* la notation jusqu'aux écoles Ikuta et Yamada, qui figurent non les notes mais les cordes. La seconde a visiblement adapté le système Chevé, tandis que la première l'a transposé en colonnes verticales. Le luth *shamisen* lui aussi a délaissé les systèmes traditionnels pour une forme adaptée du chiffrage Chevé. Si, pour la flûte *shakuhachi*, chaque école a développé sa propre écriture, suite de caractères spéciaux en colonnes verticales, il n'en reste pas moins que la place même prise par l'idée de noter la musique à l'ornement près, de retranscrire note pour note les interprétations de référence peut être considérée comme un apport majeur, faste et néfaste, de l'Europe.

3.3. *Le concert*

Le passage des répertoires instrumentaux des mains des aveugles itinérants à celle de professionnels du concert, l'affirmation du *koto* comme instrument soliste majeur et le système des conservatoires ont produit partout un changement radical. Le concert, puis le disque et la radiodiffusion vont bouleverser les paysages sonores. Bien des musiques occidentales, de Bach à Xenakis, parviendront en Asie par des voies séparées, loin de la chronologie. Les connaissances proviennent parfois de l'écoute en concert ou d'un enregistrement, parfois de la lecture de la partition, parfois même d'études et articles. Mais partout l'idée de professionnalisme, de virtuosité et de vedettariat impose une idée de l'Artiste contre laquelle les tenants des traditions lettrées ou communautaires luttent – croient-ils – en vain. L'orchestre et le concerto s'imposent comme modèles, y compris aux instruments et répertoires autochtones, de manière caricaturale souvent en Chine, plus subtile au Japon, beaucoup moins en Corée, qui a choisi de figer les traditions selon le système des Intangible Cultural Assets, les monuments culturels numérotés. A titre d'exemple, nous retiendrons l'inventeur de la vièle chinoise moderne, Liu Tianhua (1895-1932). Fils de lettré, il a bénéficié non seulement de la formation traditionnelle de poly-instrumentiste, mais a suivi dès 1909 des cours de musique occidentale, en particulier de violon. D'abord professeur de musique au 5e lycée de la province du Jiangsu, où il dirigeait la meilleure harmonie militaire du pays, sa carrière le mena à Pékin en 1922, où il fut nommé à l'Université nationale. Il est passé définitivement à la postérité grâce surtout à ses nombreuses compositions pour *erhu* solo, des œuvres qui marient avec une grande habileté techniques occidentales de jeu et d'écriture et mélodies traditionnelles ou "à la chinoise".

Inversement, l'attention portée par les Occidentaux aux traditions autochtones fut souvent bénéfique. Après avoir découvert Hong Kong et la Chine en 1896, Paul Claudel, ambassadeur au Japon de 1921 à 1927, laisse des souvenirs admirables (1900) qui glorifient le *bugaku,* danse et musique du *gagaku,* alors interdit de vue aux étrangers, sauf aux diplomates, le théâtre chanté nô, et surtout le théâtre de marionnettes *gidayû-bushi* ou *bunraku,* genre méprisé comme populaire (en 1924, Maurice Courant l'ignore totalement) auquel l'élite préférait le *kabuki.* En 1909, le producteur Shirai Matsujiro avait racheté le théâtre Bunraku-za et conçu un plan de promotion s'appuyant sur les intellectuels locaux et étrangers (dont le professeur Miyajima et Claudel). La même histoire s'est répétée avec bon nombre de genres, jusqu'au *tsugaru-shamisen,* redécouvert par la jeunesse japonaise dans les années 1990 sous l'influence d'un jeune musicien américain (Jacques Erwann, note de programme au concert de Takahashi Chikuzen, Théâtre de la Ville, Paris, 7 mars 1992 ; on lira aussi Peluse, 2002). On ne saurait aussi passer sous silence l'influence des musicologues et ethnomusicologues japonais, puisque les premiers enregistrements de terrain à Taiwan et en Corée sont dus à des Japonais, comme la magnifique polyphonie des Bunun de Taiwan, qui figure dans la "Collection universelle de musique populaire enregistrée" de Constantin Brăiloiu, publiée entre 1951 et 1958 et rééditée en 1985. Suivant les travaux de Van Aalst (1884), Laloy (1910) et Courant (1924), la première *Histoire de la musique chinoise (Zhongguo yinyue shi)* en chinois, écrite par Ye Bohe en 1920, est rapidement suivie en 1929 de celle de Zheng Jinwen, en 1931 de celle de Wang Guangqi, qui avait étudié à Berlin de 1920 à 1934 et écrit dès 1923 sur la musique européenne, puis du Japonais Tanabe Hisao, traduite en chinois et publiée à Shanghai dès 1937. Ce dernier écrivit également, en 1923, la première *Etude de la musique coréenne (Chôsen ongaku-kô)*. Surtout, les compositeurs et musicologues japonais, suivis après la guerre par les Coréens, pratiqueront les langues occidentales bien avant leurs homologues chinois, à quelques rares exceptions près.

3.4. *Les instruments*

Depuis 1868, les instruments circulent à vitesse accélérée, vite adoptés, parfois vite délaissés. Mais l'innovation instrumentale est rare, hormis les pseudo-perfectionnements. Aux côtés de l'apparent perfectionnement des instruments de l'orchestre classique, la multiplicité des systèmes de hauteurs et de tempéraments des instruments traditionnels fait pâle figure. Facteurs et virtuoses s'ingénient à imposer le chromatisme, les effets de *forte/piano,* les trilles réguliers, la fixité des hauteurs, comme à décliner les instruments, à l'instar du quatuor à cordes, en familles couvrant de l'aigu au grave. Cependant, l'harmonium un moment omniprésent a disparu, l'accordéon dont on a pu croire que, emblème du peuple, il allait détrôner tous les instruments chinois, est quasiment absent, et guitares électriques et boîtes à rythme s'imposent partout au début du XXIe siècle, côtoyant de très bons pianistes jouant dans les bars un mélange de Chopin, de Debussy et de Clayderman. La littérature pour guitare, encore absente à Shanghai en 1987, submerge les rayons, et ceux qui l'enseignent vivent un âge d'or.

On cherchera toujours en vain de bons instrumentistes à vent, et là encore l'Asie renvoie à l'Europe le caricatural reflet de sa hiérarchie : piano, violon, voix soliste, avec l'idée étrangement acceptée que l'esthétique et la technique du bel canto fondent celui-ci comme référence scientifique universelle.

Une des très rares innovations, totalement hybride, est la “cithare de l'ère Taishô” *(taishô-goto),* instrument à cordes et à mécanique inventé en 1914 par Morita Gorô (mort en 1952) qui désirait construire un instrument typiquement japonais “sur le modèle du piano”. C'est une cithare de petite taille (60 cm de long, 12 cm de large) munie de plusieurs cordes métalliques. Un clavier de boutons, adapté de celui d'une machine à écrire et rappelant celui d'une vielle à roue, permet de varier la longueur vibrante, tandis que la main gauche gratte les cordes. La notation utilise les chiffres arabes, inscrits sur les boutons.

3.5. *La composition*

L'idée même de composition signée n'était pas totalement étrangère à l'Asie orientale, qui se transmettait avec révérence les versions attribuées aux maîtres. Mais le métier de compositeur de musique comme écrivain d'une partition s'impose, avec une rapidité incomparable, à travers des échanges accélérés où l'on retrouve soit l'influence directe, soit le modèle japonais, la gloire de Takemitsu formant désormais un prototype durable.

Li Shutong (1880-1942), prototype des jeunes intellectuels modernistes chinois, étudia les beaux-arts et la musique au Japon de 1905 à 1910, participa au mouvement du "chant scolaire", écrivit des hymnes patriotiques, fonda une gazette musicale et créa le premier théâtre parlé de l'histoire chinoise, y interprétant les rôles féminins. En 1918, il rentre en religion sous le nom de Hong'yi et mène une vie d'errance et d'étude. Il porte le titre de grand maître de l'école Vinaya. Son œuvre comprend soixante-cinq chansons profanes et trente-trois chants sacrés, pour la plupart sur des musiques empruntées à l'Occident. Son œuvre la plus célèbre, le *Chant des Trois-Joyaux (Sanbao ge)*, composée en 1930, se voulut le pendant bouddhiste des hymnes patriotiques, et on notera la forte ressemblance musicale avec les hymnes protestantes.

Ma Hiao-tsiun (Ma Xiaojun) fut l'élève d'Alexandre Tchérepnine (1899-1977) à Shanghai et de Paul-Marie Masson (1882-1954) à la Sorbonne, où il soutient sa thèse en 1941. Il a fait des études à l'école César-Franck vers 1945-1950 d'histoire de la musique dans la classe de Guy de Lioncourt (1885-1961). Après être parti pour les Etats-Unis suivre les études de son fils Yo-yo Ma (né à Paris en 1955), puis être revenu en France, il serait vers 1980 reparti au Japon ouvrir une école de violon.

Yun Yi-sang (Tongyong, 1917-Berlin, 1995), longtemps le seul compositeur coréen connu en Occident, a étudié au Japon de 1933 à 1941. Après la guerre, il se rend à Paris auprès de Tony Aubin, puis s'installe à Berlin. Il a composé selon les grandes formes occidentales (quatuor à cordes, symphonies). Dans *Reak,* créé en 1966 à Donaueschingen, il utilise des instruments chinois et coréens. Il devient Allemand en 1969 et enseigne la composition de 1970 à 1985 à l'Académie de musique de Berlin. Il a été emprisonné et torturé par les Japonais (1943-1945) puis par les Sud-Coréens (1967-1969).

Takemitsu Tôru (1930-1996) représente peut-être la première génération intégrée. Après une enfance en Mandchourie, la rencontre en 1946 de deux compositeurs du même âge que lui, Suzuki Hiroyoshi et Fukushima Kazuo, décide de sa vocation. Il peut être considéré comme un autodidacte. Sa pièce *November Steps,* 1967, pour luth *biwa*, flûte *shakuhachi* et orchestre, créée par Tsuruta Kinshi, Yokoyama Katsuya, l'orchestre de New York, dirigé par Ozawa Seiji, peut permettre de conclure à une intégration parfaite des deux cultures.

On a lu ici une lecture de la rencontre musicale Orient-Occident qui laisse apparaître à nu les fondements même des institutions indo-européennes, puisque les échanges ont eu lieu successivement au rythme et sur les pas des marchands, des missionnaires et des militaires. Mais si l'on veut bien tenter de lire la même histoire à l'orientale, on verra des emprunts et des rejets, des adaptations et des échecs, des ambassades, des hôtes de passage, des militaires et des lettrés, des exils et de grandes murailles. Ou encore, des musiciens artisans et de savants musicologues qui se proposent mutuellement des airs, des instruments, des noms, des principes acoustiques, des notations, en un perpétuel balancement entre curiosité et sentiment de supériorité, entre harmonie et concurrence. Peu de réelle fusion, d'effusion, mais petit à petit, une reconnaissance mutuelle grandissante, une coexistence, débouchant sur des compétences cumulées ou croisées où les racines et les histoires des uns et des autres sont désormais entremêlés, pour le meilleur encore à venir et le passé à redécouvrir.

Bibliographie

AMIOT, J., s. d. : *Lettres à M. Bertin Ministre*, 3 t., ms., Paris, Bibliothèque de l'Institut de France.

AMIOT, J., 1754 : *De la musique moderne des Chinois,* s. l. [Pékin], ms., Paris, Bibliothèque nationale de France.

AMIOT, J., 1779 : *Mémoire sur la musique des Chinois tant anciens que modernes*, Paris, Nyon l'Aîné, 1779 ; rééd. en fac-similé, Genève, Minkoff, 1973.

AMIOT, J., 1788 : *Mémoires concernant les Chinois,* Paris, Nyon l'Aîné, t. XIII.

ANONYME, 1747 : "Supplément au Compendium des Lettres" *(Xu Wenxian tongkao), juan* 120, in Wang Yunwu (éd.), Shanghai, Shangwu, 1936.

ANONYME, 1997 : *Ershisi shi [Vingt-quatre histoires],* Pékin, Zhonghua shuju.

BERNARD, H., 1935 : "La musique européenne en Chine", *Bulletin catholique de Pékin,* n° 22, p. 40-43 et 78-94.

CLAUDEL, P., 1900 : *Connaissance de l'Est,* Paris, Mercure de France ; rééd., Paris, Gallimard, 1974.

COURANT, M., 1924 : "Japon. Notice historique", in *Encyclopédie de la musique et dictionnaire du conservatoire,* A. Lavignac (éd.), Paris, Delagrave, t. I, vol. I, p. 242-256.

D'ELIA, P., 1945 : "Sonate e canzoni italiane alla corte di Pecchino nel 1601", *Civiltà cattolica,* n° 96, p. 158-165.

D'ELIA, P., 1955 : "Musica e canti italiani a Pechino (marzo-aprile 1601)", *Rivista degli studi orientali,* n° 30, p. 131-145.

DU HALDE, J. B. S. J., 1735 : *Description géographique, historique, chronologique, politique, et physique de l'Empire de la Chine et de la Tartarie chinoise,* Paris, P. G. Le Mercier, t. III.

FANG HAO, 1953 : *Zhong Xi jiaotong shi (History of the Exchanges between China and the West),* 5 vol., Taipei ; réimp., 2 vol., Taipei, Zhongguo wenhua daxue, 1983, part 4, section 8 : music, p. 888-906.

GERNET, J., 1991 : *Chine et christianisme, la première confrontation,* Paris, Gallimard.

GILD-BOHNE, G., 1991 : *Das* Lülü zhengyi xubian, *Ein Jesuitentraktat über die europäische Notation in China von 1713,* "Orbis Musicarum 8", Göttingen, Edition Re.

HAYASHI KENZÔ, 1943 : *Tô Yajiya gakki kô [Recherches sur les instruments de musique de l'Asie orientale],* 2e éd., 1957 ; rééd., Tôkyô, Kawai Gafuku, 1973 ; trad. chinoise, Qian Daosun, *Dongfang yueqi kao,* Pékin, Renmin yinyue, 1962 ; rééd., 1996.

JI LIANKANG, 1986 : *Liao, Jin, Yuan yinyue shi liao [Matériaux pour l'histoire de la musique sous les dynasties Liao, Jin et Yuan],* Shanghai, Shanghai Wenyi.

KARTOMI, M. J., 1981 : "The Processes and Results of Musical Culture Contact. A Discussion of Terminology and Concepts", *Ethnomusicology,* vol. XXV, n° 2, p. 227-249.

LALOY, L., 1910 : *La Musique chinoise,* Paris, H. Laurens.

MADROLLE, C., 1901 : *Les Premiers Voyages français à la Chine. La Compagnie de la Chine 1698-1719,* Paris, Chalame.

MA HIAO-TSIUN, 1941 : *La Musique chinoise de style européen,* thèse de doctorat, Paris, Sorbonne.

MARÉCHAL, P. (éd.), 1773 : *Lettres édifiantes et curieuses, écrites des missions étrangères, par quelques missionnaires de la Compagnie de Jésus,* Recueil XXIX, Paris, Ruault.

NITOBE INAZÔ, 1931 : "Music in Japan", in *Western Influences in Modern Japan,* Chicago, University of Chicago Press, p. 469-523.

PELLIOT, P., 1930 : *Le Premier Voyage de l'*Amphitrite *en Chine,* Paris, Librairie orientaliste Paul Geuthner.

PELUSE, M., 2002 : *Tsugaru Shamisen's Latest Boom. Folk Revival or Pop Sensation ?,* mémoire en ethnomusicologie, Middletown (Connecticut), Wesleyan University.

PEREIRA, T., vers 1711 : *Lülü suanyao [Méthode pour calculer les sons absolus],* ms., Beijing tushuguan.

PEREIRA, T. et PEDRINI, T., 1711 : *Lülü zhengyi Xubian [Appendice au Rituel orthodoxe des règles de la musique],* compilé puis révisé sur ordre de l'empereur Kangxi, Pékin.

PICARD, F., 1999 : "Musik der Jesuiten im Peking der 17. und 18. Jahrhunderten", in *Der Fremde Klang, Tradition und Avantgarde in Musik Ostasiens,* H. Bergmeier (éd.), Hanovre, Biennale Neue Musik Hannover, p. 93-119.

PICARD, F., 2001 : "Music (17th and 18th Centuries)", in *Handbook of Oriental Studies, Handbook of Christianity in China,* N. Standaert (éd.), Leyde, E. J. Brill, vol. I, p. 851-860.

PICARD, F. et RESTAGNO, E., 1998 : *La Musica cinese, le tradizioni e il linguaggio contemporaneo,* Turin, Edizioni di Torino.

SCHALL VON BELL, J. A., 1665 : *Historica relatio de ortu et progressu fidei orthodoxae in regno chinensi [...]*, Ratisbonae (Ratisbonne), Typis Augusti Hanckwitz ; 2e éd., 1672 ; rééd. de la 2e éd., *Relation historique, texte latin avec traduction française du P. P. Bornet, s. j.*, Tientsin (Tianjin), Hautes Etudes, 1942.

SHEN GUA, 1086-1095 : *Mengqi bitan* et *Bu bitan* ; rééd., *Mengqi bitan jiaozheng,* Hu Daojing (éd.), Pékin, Zhonghua shuju, 1962 ; *Yuan kan Mengqi bitan,* fac-similé d'une édition postérieure à 1305, Hu Daojing (éd.), Pékin, Wenwu, 1975.

SONG BANG-SONG, 1983 : "Korean musicology", in *Traditional Korean Music,* Korean Art 3, Korean National Commission for Unesco, Séoul, Si-sa-yong-o-sa, p. 216-226.

TACCHI VENTURI, P. (éd.), 1911-1913 : *Opere storiche del P. Matteo Ricci,* Macerata, Filippo Giorgetti.

TANABE HISAO, 1923 : "Chôsen ongaku-kô" ["Etude de la musique coréenne"], *Tôyô gakugi zasshi,* n° 38 (478), p. 277-284.

TAO TING (éd.), vers 1620 : *Shuofu xu [Appendice au* Shuofu*]*, Hangzhou.

TAO YABING, 1994 : *Zhong Xi yinyue jiaoliu shi gao. The History of Musical Exchange between China and Western World,* Pékin, Zhongguo dabaike quanshu.

TAO YABING, 2001 : *Ming Qing jian de Zhong Xi yinyue jiaoliu [Les Echanges musicaux entre la Chine et l'Occident sous les dynasties Ming et Qing]*, Pékin, Zhongguo dabaike quanshu.

TRIGAULT, N., 1615 : *De christiana expeditione apud Sinica,* Augsburg ; version fr., M. Ricci et N. Trigault, *Histoire de l'expédition chrétienne au royaume de la Chine 1582-1610,* texte établi par G. Bessière, Paris, Desclée de Brouwer-Bellarmin, 1978.

VAN AALST, J. A., 1884 : *Chinese Music,* Shanghai, Imperial Customs Series, vol. VI ; rééd., Pékin, French Bookstore, 1933.

WATERHOUSE, D. B., 1983 : "Music, Western", in *Kodansha Encyclopedia of Japan,* Tôkyô, Kodansha, vol. V, p. 285-287.

WIDDESS, R. et WOLPERT, R. F. (éd.), 1981 : *Music and Tradition. Essays on Asian and other Musics presented to Laurence Picken,* Cambridge, Cambridge University Press.

WU XIANGXIANG, 1936 : "Xiyang yinyue dongchuan jilüe", *Guangzhou daguang bao,* 7 novembre 1936 ; rééd. in Wu Xiangxiang, *Jindai shishi lu cong* (Recueil d'articles d'histoire contemporaine), 2 vol., n° 109-110 de *Wenshi xinkan,* Liu Shaotang (éd.), Taipei, Zhuanji wenxue she, 1970 ; rééd., 1987, vol. II, p. 381-390.

ZHANG QIAN, 1999 : *Zhong Ri yinyue jiaoliu shi [Histoire des échanges musicaux entre la Chine et le Japon]*, Pékin, Renmin yinyue.

Discographie

La composition contemporaine ou l'interprétation de musique européenne par des Asiatiques ayant fait l'objet d'innombrables enregistrements, nous ne retiendrons que les rares publications sur les échanges musicaux antérieurs à 1800.

Teodorico Pedrini. Concert baroque à la Cité interdite, ensemble XVIII-21, Musique des Lumières, direction Jean-Christophe Frisch, Astrée-Auvidis E 8609, 1996.

Joseph-Marie Amiot (1718-1793), *Messe des jésuites de Pékin*, ensemble XVIII-21, Musique des Lumières, direction Jean-Christophe Frisch, Ensemble Meihua Fleur de prunus, chœur du Centre catholique chinois de Paris, direction François Picard, Astrée-Auvidis E 8642, 1998.

Chine : jésuites et courtisanes, XVIII-21 Musique des Lumières, direction Jean-Christophe Frisch, Ensemble Meihua Fleur de prunus, direction François Picard, Buda Records, collection "Musique du Monde", CD 1984872, 2001.

Vêpres à la Vierge en Chine, Chœur du Beitang (Pékin), XVIII-21, Musique des Lumières, direction Jean-Christophe Frisch, K617 155, 2004.

L'expansion mondiale
des musiques traditionnelles et populaires

Jean-Pierre Bartoli

ORIENTALISME ET EXOTISME DE LA RENAISSANCE A DEBUSSY

1. Le temps des *moresche*

Comme le remarque Edward Saïd, “l’Orient a presque été une invention de l’Europe, depuis l’Antiquité, lieu de fantaisie, plein d’êtres exotiques, de souvenirs et de paysages obsédants, d’expériences extraordinaires” (Saïd, 1978, in 1994, p. 1 ; trad. fr., 1980, p. 13). Il est significatif à cet égard que, dans tous les domaines artistiques, l’exotisme oriental ait connu un essor formidable au moment des croisades. C’est ainsi que sont nés *L’Orlando furioso* et la *Jérusalem délivrée*, qui enjolivent la lutte des chrétiens contre les “infidèles” par de fabuleux épisodes. Tous ces récits, incessamment reformulés et mis en scène par l’Arioste et le Tasse, forment “une matrice symbolique de l’histoire moderne de l’Europe du Sud” (*Moresca*..., 1998, p. 128). La proximité aidant, ce premier orientalisme se développe tout naturellement autour des rives de la Méditerranée et reste inscrit dans les différentes cultures : au XIXe siècle, les voyageurs romantiques, notamment Goethe, s’étonnent d’entendre des gondoliers vénitiens ou des bergers corses citer de mémoire des strophes entières de la *Jérusalem délivrée.* C’était oublier combien les textes “baroques” de l’Arioste et du Tasse avaient marqué en profondeur les esprits tandis que l’enseignement académique plus récent les avait volontairement mis de côté au profit des textes antiques et “classiques” de l’*Iliade*, l’*Odyssée* et de *L’Enéide.* Pourtant, les poèmes épiques de l’Arioste et du Tasse, précisément construits sur les modèles homériques et virgiliens, prétendaient, par l’insistance avec laquelle ils définissaient la frontière entre la chrétienté et l’islam, poser les fondements de l’unité culturelle du nouveau monde occidental de la même façon que, à leur manière, Homère forgea l’identité grecque et Virgile l’identité romaine. La limite entre un “Orient” imprévisible et irrationnel et un “Occident” plus stable et rationnel semble mettre en scène l’établissement d’une vie sociale unitaire : la notion de l’Orient fut nécessaire à la constitution de l’Occident.

Dès lors, il semble évident que la constitution du mythe de l'Orient soit placée dans une perspective manichéenne et ethnocentriste. Elle s'est développée effectivement à partir d'un système abondant de signes conventionnels plus ou moins empruntés à la réalité, qui ont élaboré peu à peu un Orient présenté jusqu'à une période très récente comme le reflet inversé de l'Occident – c'est ce qu'Edward Saïd a appelé le "discours" sur l'Orient, un discours qui, en même temps qu'il exerce un contrôle sur ceux qui l'utilisent, s'autocensure. Saïd emploie le mot dans l'acception de Michel Foucault depuis l'*Archéologie du savoir* : "Je suppose que dans toute société la production du discours est à la fois contrôlée, sélectionnée, organisée et redistribuée par un certain nombre de procédures qui ont pour rôle d'en conjurer les pouvoirs et les dangers, d'en maîtriser l'événement aléatoire, d'en esquiver la lourde, la redoutable matérialité." (1971, p. 11.) L'Orient est le séjour mythique des craintes de l'Occident, le lieu de ses aspirations idéales et de ses fantasmes refoulés ; il matérialise l'Autre et le méconnu et, dans le même temps, il se charge de les classer, les catégoriser pour en réduire l'aspect d'altérité déstabilisatrice. Mais l'Orient est aussi l'exutoire des ressentiments de l'Occident et l'objet de sa volonté de puissance. Pour Saïd, l'orientalisme est "un style occidental de domination, de restructuration et d'autorité sur l'Orient" (1978, in 1994, p. 3 ; trad. fr., 1980, p. 15). De la même façon que la naissance du discours sur la folie fut pour Foucault un acte d'intégration et de contrôle de l'Autre – à la fois d'enfermement et d'exclusion (1966, p. 15) –, l'orientalisme est à la fois prise de possession et exclusion de l'altérité culturelle.

La vision en termes de rapport de force est, chez Saïd, poussée à son paroxysme. Néanmoins cette lecture des relations entretenues par l'Occident avec les autres cultures est significative dans la mesure où elle désigne ce qui est exotique comme la résultante d'un "discours" qui fixe, en évoluant sans cesse, les cadres de l'intégration et de l'exclusion ; et ce discours concerne aussi bien celui des sciences que les productions littéraires et artistiques. Il est donc possible de définir l'orientalisme artistique comme l'ensemble des éléments de ce discours qui appartiennent aux systèmes sémiotiques de l'art et qui définissent l'idée de l'Orient comme une entité rendue cohérente et distincte de l'Occident. L'orientalisme circonscrit un ensemble géographique, plus ou moins différencié selon les époques, qui comprend en réalité des pays fort différents, placés en général à l'est de l'Europe – mais pas obligatoirement. En fait, les limites de l'Orient sont extensibles. Dans son sens le plus restreint, il s'agit surtout des pays du Proche-Orient et des pays de l'Afrique du Nord. Dans son sens le plus large, il englobe l'Asie centrale, l'Asie du Sud-Est, l'Extrême-Orient et même l'Espagne (dans les *Orientales* de Victor Hugo, par exemple).

En parallèle, les rapports politiques, commerciaux et intellectuels entre les pays orientaux et l'Occident furent abondants depuis le haut Moyen Age. Qu'il y ait eu une pénétration de la musique arabe en Occident au temps des troubadours semble probable, mais est-il justifié de parler dans ces conditions d'exotisme plutôt que d'échanges interculturels ? Aussi loin que l'on puisse remonter dans le temps sans se livrer à des conjectures, les premières manifestations réellement tangibles de l'orientalisme musical – et non de traces d'échanges interculturels qui relèvent d'une autre catégorie esthétique que celle de l'exotisme comme discours sur l'altérité – remontent plutôt au début de la Renaissance. Tout le long des rives européennes de la Méditerranée apparaissent alors diverses productions exotiques dans lesquelles la musique et la danse prennent une part décisive. Durant la période du carnaval, l'on donne des spectacles populaires chorégraphiques et dramatiques qu'on rassemble aujourd'hui sous le terme générique de la *moresca*. Certains de ces spectacles ont subsisté jusqu'à une période récente, par exemple dans quelques villages corses, d'autres se perpétuent encore, par exemple en Catalogne (la Patum à Berga), en Espagne (pays valencien, Alicante), en Sicile, Italie, Croatie, Sardaigne ou dans le Pays basque (pastorales), etc. Il existe aussi une *morris dance* anglo-saxonne (*Moresca*..., 1998, p. 254). De caractère épique et guerrier, les *moresche* figuraient explicitement ou symbolisaient implicitement les luttes entre chrétiens et Sarrasins. Mais à la Renaissance, la *moresca* désigne aussi une danse de divertissement d'un genre probablement plus élevé : elle met en scène une dame, tenant à la main un anneau ou une pomme, entourée de sept à douze Maures bouffons en costumes extravagants munis de grelots. Celui qui danse de la façon la plus acrobatique et insensée devient l'élu de la dame (*ibid*., p. 198). Il est possible que l'un des premiers témoignages de ce type de ballet soit le fameux (et antérieur) incident du divertissement, en forme de mascarade, donné en France à la cour de Charles VI en janvier 1393 au cours duquel le roi faillit brûler vif dans son déguisement lors d'une *choreas sarracenicas* ("danse sarrasine") (anonyme, 1839-1852, vol. I, p. 64-66). Dans l'*Orchésographie*, Thoinot Arbeau décrit deux siècles plus tard une danse des "bouffons" proche des chorégraphies traditionnelles des *moresche* populaires évoquées auparavant, avec grelots, épées et boucliers (1589, p. 97-104). Et il se souvient "d'un garçonnet machuré & noirçy, le front bandé d'un taffetas blanc ou jaulne [c'est-à-dire coiffé à la façon de la «tête de Maure» corse], lequel avec des jambières de sonnettes dançoit la danse des morisques" (*ibid*., p. 94).

Il existe enfin une troisième forme de *moresca*, vocale et contrapuntique, d'origine plus savante. Les plus célèbres de ces œuvres polyphoniques sont aujourd'hui celles de Roland de Lassus. Elles furent publiées à Paris, dans le recueil de *Villanelle, moresche et altri canzoni* en 1581. Il s'agit d'une variante bouffonne du genre de la villanelle polyphonique dans laquelle l'élément exotique repose essentiellement sur l'emploi d'une parodie de la *lingua franca* (dialecte commercial alors inventé en Italie par les esclaves et marchands venus d'Afrique et du Proche-Orient), ici émaillée de propos érotiques ou scatologiques à demi compréhensibles. A cette langue s'ajoutent des onomatopées qui visent à imiter des accents étranges ou encore des instruments de musique comme la mandoline. Sur le plan de l'écriture musicale, il est plus difficile de repérer des unités significatives strictement exotiques car celle-ci dérive directement du genre de la villanelle.

Il est possible de voir dans les références exotiques des ballets princiers de la fin du XVIe siècle et du début du XVIIe siècle un état développé et anobli de la tradition des moresques chorégraphiques. (On trouvera les textes et les arguments des ballets de cour donnés en France chez Lacroix, 1868-1870.) Les sujets des représentations de la *Délivrance de Renaud* (1617) ou du *Ballet de Tancrède* (1619) à la cour de Louis XIII, appartiennent à la thématique littéraire traditionnelle et semblent aussi influencés par la tradition italienne très vivace en France à cette époque. Il subsiste cependant fort peu de partitions de la plupart de ces fêtes. Il est donc difficile de se faire une idée précise de la nature exotique de cette musique. Enfin, on peut évidemment rattacher le madrigal dramatique du *Combatimento di Tancredi e Clorinda* de Monteverdi à cette même thématique.

2. Le temps de la turquerie

Ces intermèdes, divertissements et ballets de cour, marquèrent le passage de la tradition de la *moresca* au nouveau genre de la turquerie. Issues du monde marchand et apparues dans la sphère géographique méditerranéenne, les *moresche* étaient attachées à la tradition populaire. Il y était question de Sarrasins et des mythiques croisades. Dans le genre naissant de la turquerie, la puissance économique et militaire ottomane, avec le détail de sa hiérarchie sociale et administrative, sert de nouveau cadre. Les Orientaux en armes sont désormais les contemporains "janissaires" et non plus les médiévaux "Sarrasins". Un nouveau contexte géopolitique sous-tend une nouvelle période de l'exotisme oriental : celui de lutte de l'Europe chrétienne contre la Sublime Porte, laquelle, dotée de ses redoutables armées, avait étendu son pouvoir administratif et commercial sur le pourtour méditerranéen et menaçait régulièrement l'Europe de l'Est (siège de Vienne de 1683). Ce n'est qu'au cours du XVIIIe siècle que les signes de la décadence ottomane se manifesteront avec évidence.

2.1. *La turquerie musicale au XVIIe siècle et chez Lully*
Les ballets de cour en France de l'époque baroque et classique ont toujours laissé une large part à l'exotisme. Le grand soin apporté aux costumes ajoute à la splendeur des effets. En 1662, un fabuleux Carrousel royal est donné au Louvre pour fêter la naissance du dauphin. Le roi Louis XIV y conduit le quadrille des Romains pendant que les princes du sang menaient ceux des Persans, des Turcs, des Américains et des Indiens. La thématique développée ici est celle du "ballet des Nations" durant lequel les peuples du monde entier viennent rendre hommage au monarque absolu. On en retrouve le principe dans le ballet final du *Bourgeois gentilhomme* de Lully, *L'Europe galante* de Campra ou encore *Les Indes galantes* de Rameau. A en juger par les planches conservées, les costumes furent incroyablement luxueux (Sylvestre et Chauveau, 1670). Comme d'habitude, on ne semble pas avoir gardé de traces musicales de ces fêtes somptueuses. Ainsi, il n'existe pratiquement aucun témoignage des contributions musicales exotiques avant les partitions des comédies-ballets de Lully (Whaples, 1998, p. 308, note 15). Deux d'entre elles, réalisées en collaboration avec Molière, *Le Sicilien ou l'Amour masqué* (1667) et *Le Bourgeois gentilhomme* (1670), marquent donc l'apparition de la turquerie en musique. C'est la "cérémonie turque" du *Bourgeois gentilhomme* de 1670, plus longue et plus achevée, qui marqua les esprits. Un événement historique controversé fut à l'origine de cette œuvre. Le 5 décembre 1669, Louis XIV, cherchant alors à développer d'étroites relations avec l'Empire ottoman, reçut à Saint-Germain un envoyé porteur d'un message du Grand Turc, que l'on croyait un authentique ambassadeur. On organisa une réception "à la turque" avec un faste inaccoutumé qui lança la mode orientale à la cour, lorsqu'on s'aperçut que le visiteur n'était pas pourvu du titre d'ambassadeur et que sa lettre n'était pas une accréditation. Sa mission n'avait finalement pas le caractère qui justifiait une pareille pompe. Le monarque commanda dans les mois qui suivirent une comédie-ballet à Molière et à Lully au cours de laquelle l'on mettrait en scène un faux Turc. L'anecdote est significative dans la mesure où le pouvoir, un instant déstabilisé par l'événement, avait imaginé sa restructuration autour de la production d'une œuvre d'art (d'un nouvel épisode du "discours sur l'Orient", dirait Saïd). Louis XIV confia donc au chevalier d'Arvieux, plusieurs fois parti en Orient, la

charge de conseiller les auteurs sur les mœurs et coutumes ottomanes. Ainsi est née la fameuse "cérémonie turque" du *Bourgeois gentilhomme* qui aurait été inspirée à la fois du rite des derviches et de la réception des chevaliers de l'ordre des hospitaliers de Saint-Lazare de Jérusalem et de Notre-Dame du mont Carmel (Arvieux, 1735 ; Martino, 1911 ; Ayda, 1957 ; le commentaire de G. Couton, in Molière, 1971, p. 695-702 ; Dana-Rouillard, 1969-1970 ; Karro, 1990).

La partition permet de faire le point sur les procédures exotiques de la turquerie musicale du XVIIe siècle. Elle ne comporte pas de parties instrumentales exceptionnelles, mais les didascalies indiquent l'emploi d'instruments "à la turque". Selon les *Mémoires* d'Arvieux, il est fort probable que l'exécution fut agrémentée de percussions qui évoquaient les musiques militaires des janissaires. Fidèle à la tradition de la *moresca*, Lully employa la *lingua franca* ainsi que des inflexions mélodiques et harmoniques frustes.

En fait, il semble bien qu'en l'absence de toute source directe Lully ait jonglé entre plusieurs représentations du "discours" exotique sur la turquerie.

D'une part, l'image comique burlesque teintée d'incompréhension et de mépris qui se souvient de la *moresca* et rappelle la musique des janissaires. Salomon de Caus écrivait, par exemple, en 1615 dans ses *Institutions harmoniques* : "En Turquie, il y a plusieurs sortes d'instruments avec lesquels ils iouent le plus souvent avec confusion, sans user de consonnantes, sinon de celles qui viennent accidentellement, et se contentent seulement d'ouir un grand bruit confus. Enfin il semble que les Muses ont abandonné le pays de Grèce, et d'Egypte et Judée, voire tout le reste de la terre, pour se retirer en ces quartiers de l'Europe, et moyennant que nous les caressions, il ne faut pas douter qu'elles n'y demeurent assiduellement." (Caus, 1615, in 1980, f° 23*v*.) D'autre part, la marque d'une certaine admiration pour la splendeur ottomane – allégorie de la cour –, comme le témoigne la "Marche pour la cérémonie des Turcs" du *Bourgeois*, empreinte de majesté presque religieuse.

Ainsi voit-on, dès ses premières manifestations, se dessiner trois axes de la turquerie musicale et théâtrale : le style comique bouffon hérité de la *moresca*, le style martial des janissaires et enfin la simple transposition de notre société dans un décor oriental sans caractérisation musicale exotique particulière. L'Orient pouvait se substituer à l'usuelle Antiquité. L'exotisme proprement musical, qui posait tant de questions par l'absence de sources sonores, pouvait devenir superfétatoire dans cette dernière configuration (voire impossible, étant donné ses conventions comiques usuelles). La Turquie, dont chacun savait le luxe de la cour impériale, représentait ni plus ni moins l'ordre aristocratique. Dans

Les Indes galantes, autre ballet des Nations qui consacre un acte entier au “Turc généreux”, Rameau prête à ses personnages les sentiments les plus divers et les plus élevés ainsi que le langage parlé le plus occidental qui soit. On trouvera avec peine dans la partie musicale une quelconque allusion exotique – même si on mentionne souvent la célèbre “Danse du calumet”, reprise à la pièce pour clavecin *Les Sauvages*, composée en souvenir de la venue de deux Indiens invités à danser en 1752 au Théâtre de la Foire –, et aucune trace de l'ancienne *lingua franca*. Le souci de la couleur locale préside plutôt à une formidable scène de tempête ainsi qu'à une fête provençale avec rigaudons et tambourins…

2.2. *La turquerie à l'époque de Haydn :* stile ungarese *et* Janitscharenmusik

Sur cette expression de l'Orient partagée par l'ensemble des musiciens de l'Europe passe à la fin du XVIIIe siècle un souffle nouveau venu de Hongrie. La musique populaire de ce pays récemment reconquis à la Sublime Porte fit fureur à Vienne. Le répertoire favori était le *Verbunkos*, musique de danses jouée dans les campagnes par les Tsiganes itinérants et commanditée par des officiers pour le recrutement de soldats. C'était donc un corpus de tradition tsigane, et non hongrois, mais pour tout musicien autrichien de l'époque, l'assimilation entre la musique authentiquement hongroise et la tradition tsigane était complète : pour Gluck, Haydn ou Mozart, les expressions *stile ungarese* et *stile zingarese* étaient pratiquement synonymes. Les nombreux thèmes de la tradition *Verbunkos* avaient l'avantage d'offrir une saveur étrange et de présenter un corpus nouveau et populaire qui s'adaptait idéalement à la recherche d'un style mélodique concis et articulé.

Plus significatif encore est l'emploi fréquent de l'expression *alla turca* pour des thèmes que plusieurs musicologues rapprochent sans hésiter du style *ongarese*. L'attribution “turque” (des auteurs ou apocryphe) pour des thèmes proches du *Verbunkos* figure fréquemment sur les partitions de musique instrumentale (Mozart, *Concerto pour violon en* la *majeur*, K. 219 ; Karl Ditters von Dittersdorf, *Quatuor en* mi *bémol majeur* ; Joseph Haydn, “Rondo all'Ungherese” du *Concerto pour piano en* ré *majeur*), mais plus encore dans les opéras (Gluck, *Les Pèlerins de La Mecque*, *Iphigénie en Tauride* et *Iphigénie en Aulide* ; Mozart, *Die Entführung aus dem Serail)*. La Hongrie, tout imprégnée de culture ottomane, était perçue, aux yeux des Viennois, comme une région encore très fortement orientalisée à une époque où, de surcroît, la confusion entre les traditions musicales turques, arabes et persanes était totale.

Au style *ongarese*, s'ajoutent, en souvenir des luttes armées contre les Ottomans, les timbres éclatants de la musique des janissaires (corps armé qui disparaît en 1826). Leurs orchestres *(mehter)* utilisaient des trompettes *(boru)* et une abondante percussion (cymbales, le *davul* – l'équivalent de notre grosse caisse –, tambourins, le chapeau chinois *[turkish crescent]* encore utilisé par les légionnaires français, etc.). La "batterie turque" de la *Janitscharenmusik* marquait très puissamment l'alternance des temps forts et des temps faibles dans des ostinatos rythmiques sans doute construits sur le modèle de l'*usul* (nom donné aux formules rythmiques répétitives). Il est difficile de dire précisément comment sonnait l'authentique musique des janissaires en l'absence de notation fiable mais le résultat sonore était si impressionnant que les armées d'Europe recrutèrent des musiciens turcs ou reçurent en cadeau des orchestres de janissaires ou adoptèrent certains de leurs instruments dans leurs propres orchestres. Dans l'*alla turca*, il est donc malaisé de faire la part exacte entre ce qui vient de la musique *ungarese* et ce qui est issu des musiques janissaires. Le célèbre "Rondo alla turca" de la *Sonate en* la *majeur*, K. 331, de Mozart illustre à lui seul la juxtaposition et l'interpénétration des deux styles : le musicologue Denès Bartha (1958) a souligné la nature *ungarese* du thème refrain et des premiers couplets. J'ajouterai que la coda laisse apparaître plus spécifiquement la composante janissaire.

Le style *ungarese* a permis de renouveler la turquerie ancienne en lui prêtant une saveur nouvelle, fortement évocatrice parce que plus colorée. Emaillée d'une part d'emprunts à une tradition populaire aux marches de l'Europe (la musique tsigane) et d'autre part à un répertoire répandu dans toute l'Europe et reconnu comme turc (la musique des janissaires), l'*alla turca* d'origine autrichienne devait sembler plus réaliste. On trouve, en France, l'écho de la turquerie autrichienne notamment dans les opéras comiques de Grétry *(La Caravane du Caire)* ou de Boïeldieu *(Le Calife de Bagdad)*. Toutefois, l'emprunt au répertoire *ungaresey* est moins aisément perceptible, sans doute du fait de l'éloignement géographique, pendant que le style janissaire devient plus prégnant. Cependant l'appel au sentiment de réalisme n'impliquait pas la recherche de l'authenticité : lorsqu'en 1754 Gluck compose *Le Cinesi*, il emploie sans hésiter les figures de l'*alla turca*.

La musicologue Mary Hunter a attiré l'attention sur le fait que l'emprunt aux musiques véritablement turques était finalement minime tandis que les rapports écrits "scientifiques" sur la musique turque commençaient à apparaître (Hunter, 1998). Selon l'auteur, le style *alla turca* repose sur deux principes intrinsèquement liés à la représentation de l'oriental au XVIIIe siècle : le principe de "déficience" (l'absence d'harmonie se traduit par une harmonie primaire et fautive) et celui de l'"incohérence" (mélodie apparemment sans but, imparité dans la périodicité des phrases, etc.). Ces deux principes offrent un écho aux descriptions, soit condescendantes, soit méprisantes, des voyageurs qui, empêtrés dans leur ethnocentrisme, entendaient la musique turque comme profondément imparfaite. Dans les opéras du XVIIIe siècle, il est certain que la composante janissaire représentait, le plus souvent sur le mode bouffe (mais pas toujours, pensons par exemple à *Iphigénie en Tauride*), l'idée de la barbarie guerrière et de la sauvagerie despotique, voire, de la brutalité aveugle d'une humanité pervertie, que l'on attachait à l'Oriental et à l'islam. D'autre part, lorsqu'il s'agissait de construire l'Orient allégorique et philosophique des Lumières comme miroir révélateur de l'Occident, la turquerie, qu'elle soit fondée sur l'"incohérence" ou la "déficience", était alors inadaptée : comme le remarque Mary Hunter, les apparitions du sultan Soliman dans *Zaïde* de Mozart ne sont jamais accompagnées de figures du type *alla turca* mais au contraire du style noble et savant usuel ; de même, le noble pacha Selim, portrait du despote éclairé, de l'*Entführung aus dem Serail*, est constitué d'un rôle exclusivement parlé, mais Mary Hunter voit à nouveau dans son incapacité à chanter, malgré sa noblesse, la reproduction du discours sur la déficience orientale. Toutefois, l'*alla turca* des musiciens classiques n'est pas seulement connoté de façon péjorative puisqu'il contient aussi des emprunts réels à la musique tsigane d'Europe centrale, alors unanimement appréciée et comprise. L'*alla turca* ne fait pas que marquer une frontière entre Orient et Occident : elle prête une oreille attentive à l'expression populaire d'une contrée encore perçue comme pleinement orientale. On peut aussi penser que la turquerie bouffonne entretenait en parallèle un phénomène critique d'autodérision. Elle s'articule en effet sur un des ressorts du comique qui consiste à revenir sans cesse sur une thématique reconnue, une figure topique aisément repérable dont on décline avec un plaisir infini toutes les variantes possibles (comme la tarte à la crème du cinéma ou le chat berné par la souris des *cartoons*). On peut supposer que chacun savait à l'époque que la turquerie cocasse n'était pas la vraie musique turque mais en offrait une représentation bouffonne et irréelle, tout comme on se doutait bien que l'Orient littéraire et dramatique n'était pas autre chose qu'un décor allégorique. On savait bien tout cela mais "on faisait comme si". Le comique consiste souvent à se laisser berner pour le plaisir : de même que l'on sait aujourd'hui qu'un chat n'est pas nécessairement l'animal stupide des *cartoons* et que le personnage du robot de *La Guerre des étoiles (Starwar)* participe simplement à la figure moderne des robots gentils et drôles, on savait bien au XVIIIe siècle que l'Osmin de l'*Entführung* n'était qu'un Turc de théâtre. Bien entendu, cela n'enlève en rien l'expression parallèle d'un fantasme évident et d'un effort de sauvegarde devant ce que l'on croit être (ou ce qui est effectivement) un danger : tout comme le gentil robot stigmatise l'angoisse de la technologie future, Osmin exorcise une peur atavique de l'Empire ottoman.

3. Le temps de la couleur locale

Il est symptomatique qu'au XIXe siècle l'Orient prenne une place encore grandissante dans la conscience occidentale. Au moment où les certitudes du Siècle des lumières, historiquement incarnées par l'esprit de la Révolution française, s'écroulent dans la guerre généralisée et la défaite napoléonienne, apparaît une profonde défiance envers la culture classique. On recherche alors d'autres modèles et l'on se tourne dès lors vers l'Orient. *"Im Orient müssen wir das höchste Romantische suchen"* ("C'est en Orient que nous devons chercher le romantisme le plus élevé"), professe Schlegel en 1800, dans le "Discours sur la mythologie" de l'*Athenaeum* (1800, p. 103) avant d'aller travailler le sanskrit à Paris. L'intérêt reste bien entendu d'ordre scientifique : jamais l'orientalisme savant ne s'est autant développé qu'en ce siècle. Pendant que l'étude de la civilisation indienne provoque une intense réflexion philosophique, on fonde à Paris en 1795 l'Ecole des langues orientales et l'on assiste à la publication de la monumentale *Description de l'Egypte* (1809-1828) par les savants emmenés par Bonaparte durant son extraordinaire expédition (1798-1801). Alors que cette opération militaire se solde par un échec, elle sert de détonateur à une nouvelle explosion intellectuelle orientaliste. A la fin du siècle, l'article "Orientalisme" du *Grand Dictionnaire universel du XIXe siècle* de Pierre Larousse fait le bilan : "C'est surtout dans notre siècle que l'orientalisme s'est constitué, et les résultats qu'il a déjà acquis ont transformé l'étude des langues et des religions et renouvelé la philosophie de l'histoire. Comme la Renaissance gréco-latine du XVIe siècle a fait jaillir de l'intelligence humaine un idéal qui, jusqu'à présent, a dominé les esprits on peut également promettre que la Renaissance orientale donnera à la pensée humaine un développement que l'on peut prévoir dès aujourd'hui." Cette expression bien significative de "Renaissance orientale" constituait le titre d'un chapitre du *Génie des religions* d'Edgar Quinet (1864). Il a été repris par Raymond Schwab pour en faire le titre de son remarquable ouvrage publié en 1950.

Dans sa préface aux *Orientales* (1829), Victor Hugo esquisse même la remise en cause de l'ethnocentrisme occidental dans le domaine de la création artistique : "On s'occupe beaucoup plus de l'Orient qu'on ne l'a jamais fait [...]. L'Orient, soit comme image, soit comme pensée, est devenu, pour les intelligences autant que pour les imaginations une sorte de préoccupation générale [...]. Peut-être l'Orient est appelé à jouer un rôle dans l'Occident [...]. Nous verrons de grandes choses. La vieille barbarie asiatique n'est peut-être pas si dépourvue d'hommes supérieurs que notre civilisation veut le croire." (Hugo, 1829, in 1985, p. 413.)

En outre, le romantisme pense trouver en Orient la réponse au désir de l'irrationalité alors recherchée comme alternative au positivisme des Lumières. Se rendre sur les terres de l'Orient, le "berceau des religions", c'est peut-être rejoindre la part de rêve en notre esprit qui est à même de lire le poème de l'univers. On ne compte plus les voyages d'artistes en Orient ou en Espagne (Delacroix, Chateaubriand, Lamartine, Fromentin, Flaubert, Nerval...). On ne compte pas non plus les désillusions rapportées dans les récits de ces voyageurs (Martino, 1906, in 1970 ou Todorov, 1989). Car, bien entendu, leur Orient rêvé ne ressemble en rien aux pays qu'ils traversent et la désillusion ne fait qu'accentuer le désir inassouvi d'un ailleurs absolu. D'autres avaient compris qu'il n'était pas nécessaire de partir vers ces contrées lointaines. De la même manière qu'ils ont rêvé le Moyen Age et les forêts profondes et mystérieuses de la Nature, ceux-là ont trouvé dans leur imagination les éléments constitutifs d'une image idéale de l'Orient – nouvelle construction de toutes pièces, nouvelle forme du discours orientaliste qui vise à donner un sens à une réalité que l'on ne peut cerner autrement. Tel est l'orientalisme haut en couleur des années 1830 dont les protagonistes furent par exemple Musset ou Hugo qui se sont bien gardés de confronter leur Orient personnel avec la réalité. De même, Delacroix n'a pas attendu son voyage au Maroc pour peindre sa *Mort de Sardanapale* : l'Orient riche, sanguinaire, sensuel, superbe et violent existait de toutes les façons dans leurs songes. Quant à l'orientalisme artistique qui se développe outre-Rhin, à la suite de Schlegel et de Goethe dans le *Westöstlischen Divan*, s'il diffère quelque peu, il participe autant d'une reconstruction idéale. L'Orient est pour eux une école de la spiritualité et de la sagesse, le lieu originel et mythique de la pensée humaine, et non pas l'ensemble de contrées fabuleuses qui sert de cadre à la poésie épique des Français : la composante philosophique et métaphysique de l'Orient germanique enveloppe et dépasse la simple recherche exotique de couleurs nouvelles.

3.1. *Couleur locale irréaliste et conditions du maintien de la turquerie musicale*

Le nouveau regard romantique porté sur l'Orient habite aussi bien la poésie, les arts plastiques que l'art lyrique, les ballets, les romances et lieder, c'est-à-dire des genres liés au langage verbal dans lesquels les arguments suivent naturellement de près l'évolution de l'orientalisme littéraire. La thématique comique du *Calife de Bagdad* pénétrée de la turquerie classique de Boïeldieu cède progressivement la place à la poésie féerique d'*Aladin*, "opéra féerique" d'Isouard ou de l'opéra-ballet *Le Dieu et la Bayadère* d'Auber (1830) sur un livret de Scribe (inspiré par Goethe, et repris de l'opéra *Les Bayadères* de Catel, 1810). Dans *Abu Hassan* (1811), Weber s'inscrit dans la tradition comique tandis que l'orientalisme onirique d'*Oberon* (1826) appartient à la nouvelle esthétique au point d'en devenir l'un des modèles génériques.

On comprend aisément que le climat féerique dans lequel se développe le nouvel exotisme n'est pas propice à la permanence de la turquerie du siècle précédent, surtout dans sa forme la plus ouvertement comique. Les conditions de son maintien, notamment de sa composante janissaire, sont précisément circonscrites : premièrement au genre comique (Rossini, *L'Italienne à Alger*), et secondement, dans le genre sérieux, pour l'évocation des armées de l'Empire ottoman que l'actualité politique place au-devant de la scène. Ainsi, la saisissante marche des janissaires de la version française du *Siège de Corinthe* de Rossini (1826) ne pouvait qu'éveiller l'intérêt du public, alors préoccupé par les événements tragiques de l'indépendance de la Grèce.

Dans les autres cas, la question de l'accès aux sources musicales se pose aux compositeurs : il est alors pratiquement impossible de recueillir parmi les documents rapportés par les voyageurs des figures sonores qui puissent renouveler la tradition, et les préventions ethnocentriques n'arrangent rien au problème. En dépit du changement de mentalités, le discours habituel sur les musiques extra-européennes est inchangé. Quelques années plus tôt, dans *L'Art du compositeur dramatique* (1833), Antonin Reicha précisait les limites musicales à ne pas dépasser en matière de "couleur locale" : "On dit que l'on a observé la couleur locale lorsqu'on a imité le site, les mœurs, les usages, la religion, les costumes, les habitations du pays où l'action se passe : c'est l'affaire du poète, du décorateur, du peintre, des acteurs, du costumier. Quant au compositeur, il fait à peu près sa musique comme si elle était destinée pour son propre pays. En effet, pour une pièce chinoise doit-il faire de la musique chinoise ? Ou pour l'ouvrage dont l'action se passe en Afrique, doit-il imiter la musique des Ethiopiens ou des Egyptiens ou des Nègres ? Nous ne lui donnons pas ce conseil. Tout ce qu'il peut tenter, c'est d'introduire quelquefois un air national, ou plutôt une chanson, lorsque ces airs sont avantageusement connus et qu'ils ont un intérêt mélodique. [...] Outre cela, selon son génie, il peut encore inventer des chants plus ou moins originaux [...] qui favorisent tellement l'illusion qu'on se les représente comme appartenant au pays où la scène se passe." (Reicha, 1833, II, p. 96-97.)

En matière de couleur locale, les emprunts sont possibles mais il est impossible de réaliser en musique ce que l'on parvient à faire avec les autres expressions artistiques, sauf à outrepasser la bienséance. Les compositeurs du temps s'accordent à l'opinion de Reicha : les efforts de caractérisation n'apparaissent que pour évoquer les traditions musicales européennes à l'heure où l'exotisme européen se développe formidablement (*Harold en Italie* de Berlioz, *Symphonies italienne* et *écossaise* de Mendelssohn). Dans *Le Domino noir*, Auber n'hésite pas à introduire des tournures espagnoles marquées, tandis qu'il s'abstient de "faire de la musique chinoise" dans *Le Cheval de bronze*. Il existe cependant quelques emprunts sporadiques aux musiques non européennes. Ainsi, dans la *"Janitscharenmusik"* du finale de l'acte I d'*Oberon*, Weber reprend une mélodie "égyptienne" relevée dans une relation de voyage de Carsten Niebuhr (1774, vol. I, tabl. XXVI), et dans celle de l'acte III, une danse turque citée dans le volume I de *l'Essai sur la musique* de Jean-Baptiste de La Borde (mentionné dans Warrack, 1968, in 1976, p. 332 ; trad. fr., 1987, p. 384). Dans la musique de scène pour *Turandot* de Schiller, le même compositeur utilise "l'air chinois" qui figure sur la "planche N" du *Dictionnaire de musique* de Rousseau (*ibid.*, 1976, p. 74 ; trad. fr., p. 75). A l'écoute de ces passages, on réalise que l'emprunt est un luxe additionnel : il convient surtout de créer l'effet de dépaysement par des tournures insolites. La nature prétendument véridique et authentique de la mélodie empruntée n'a au fond pas grande importance. En outre, celle-ci est en général déformée par une transcription en notation occidentale, voire par des copies approximatives ultérieures. Recopiant mal sa source (un ouvrage de Jean-Baptiste Du Halde), Rousseau ajoute ainsi un 6e degré à l'échelle pentatonique de son air chinois. De ce point de vue, une source musicale exotique de l'époque n'a pas le même statut qu'un document iconographique. En conséquence, c'est davantage la "mise en son" orchestrale de la mélodie empruntée qui intéresse le compositeur et l'essentiel de son travail consiste à accompagner épisodiquement l'exotisme des décors, des textes et des costumes par des pointes musicales d'étrangeté, quelles que soient leur nature et leur origine.

3.2. *Traductions musicales de l'orientalisme romantique germanique*

En Allemagne et en Autriche, le maintien des tournures issues de la turquerie au sein de l'orientalisme romantique est toutefois plus accentué qu'ailleurs. Le début du siècle laisse encore la part belle à l'*alla turca* martial. Parallèlement aux partitions de Lortzing (*Ali Pascha von Janina*, 1824 – portrait d'une figure contemporaine opposée au Sultan qui fit appel aux Grecs) et de Weber (*Abu Hassan*, 1811), Beethoven s'adonne au style janissaire dans les *Ruines d'Athènes* (1811). La "Marche turque" et le saisissant "Chœur des derviches" figurent la puissance martiale et la sauvagerie fanatique qui ravagèrent l'antique civilisation grecque : les allusions aux événements contemporains de l'indépendance de la Grèce sont, là encore, évidentes. La *"Janitscharenmusik"* parvient donc à s'intégrer à la perspective particulière de l'orientalisme romantique allemand. Dans *Oberon* de Weber, la marche des janissaires est quant à elle empreinte d'une poésie surnaturelle. Dans le célèbre épisode *"alla marcia"* du finale de la *Neuvième Symphonie* de Beethoven, le *Janitscharenstil* est utilisé cette fois dans un but syncrétique : l'avenir de l'humanité ne se conçoit que dans l'alliance de tous les peuples. Comme l'Occidental, l'Oriental vient apporter sa pierre à la gloire de la liberté (voir l'interprétation de Kramer, 1998, p. 78-90).

Dans sa *Première Symphonie* (1841), Schumann fait surgir une tournure mélodique *alla turca* (ou *zingarese*) dans le premier thème de l'allegro (mesures 43-45) pour exprimer la joie. En 1843, il emploie le style janissaire dans l'oratorio *Das Paradies und die Peri* lors du terrible épisode guerrier de la première partie. Cependant, le chœur des houris de la troisième partie adapte les principes de la turquerie à une autre thématique qui vise à représenter le monde sensuel et féminisé à l'extrême des fées du Paradis islamique. L'évocation ne pouvait qu'éveiller le trouble dans l'esprit des auditeurs occidentaux, peu habitués à l'intrusion de la sensualité et de l'érotisme dans le contexte religieux. La représentation sonore de ces houris repose sur l'écriture allégée d'un chœur de femmes soutenu par l'orchestre, le plus aérien possible, qui sollicite les bois et les percussions les plus délicates : l'usage du triangle et des cymbales *pianissimo* est le seul souvenir tangible de la turquerie. Schumann propose donc un écho particulièrement réussi à l'immatérialité orientaliste que Weber avait déjà cultivée dans *Oberon*.

Néanmoins, les musiciens germaniques sentaient que, dans ce contexte idéalisé où Bagdad est davantage un lieu mythique qu'une ville réelle, la recherche d'effets de "couleur locale" était secondaire. Il leur était donc possible de concevoir des pièces entières centrées sur l'évocation de l'Orient sans qu'aucune procédure exotique musicale ne soit requise. C'est le cas des lieder de Schubert ou de Schumann, conçus sur les poèmes orientalistes de Goethe, ou encore des *Bilder aus Osten* pour piano à quatre mains (1848) de Schumann. L'intensité du contenu musical peut suffire à susciter le désir de l'ailleurs sans qu'il soit besoin de procédures exotiques superficielles.

3.3. *L'esthétique de la couleur locale entre recherche d'authenticité et fantaisie*

Aux alentours des années 1840-1850 et en particulier en France, l'orientalisme musical évolue à nouveau. L'essor de la musique descriptive à la faveur de la musique à programme, de l'intérêt accru pour les expressions populaires des musiques nationales (par exemple chez Chopin et Liszt), mais aussi, en France, à la faveur du succès grandissant de productions exotiques dans les théâtres des boulevards parisiens (Locke, 1998 et Pao, 1998). Il y eut par ailleurs la conquête de l'Algérie et du Maroc : toute la nation se penchait alors sur le Maghreb et désirait en savoir davantage à propos de contrées qui passaient progressivement sous l'autorité de l'empire colonial. Il y eut enfin le retour au réalisme après l'explosion irrationnelle des années 1830. De même que l'on put assister au développement du réalisme dans les arts plastiques (après *La Mort de Sardanapale*, Delacroix peint *Les Femmes d'Alger*), les mélomanes français réclamèrent davantage d'authenticité dans ses procédures exotiques.

Le terrain avait sans doute été préparé par le travail d'un musicologue, Guillaume-André Villoteau, qui faisait partie de l'expédition d'Egypte, et dont la contribution à la *Description de l'Egypte* (1809-1822), notamment "De l'état actuel de l'art musical en Egypte", est considérée aujourd'hui comme un des premiers travaux ethnomusicologiques sur la musique égyptienne de l'histoire de la musicologie. Mais le musicien providentiel fut un jeune saint-simonien, Félicien David, chassé de France par le gouvernement avec une douzaine de ses condisciples "socialistes utopiques" et parti en 1833 pour un périple qui le mena en Turquie, en Syrie, puis en Egypte pour un séjour prolongé. A l'exception notable de l'abbé Vogler, il fut le premier musicien français à rapporter ainsi de son voyage des impressions sonores et mélodiques qu'il tenta aussitôt de transposer dans son œuvre (et non pas à reprendre dans le livre d'autrui une mélodie jamais entendue dans sa version originelle). A son retour, il publia une suite de recueils pour piano, les *Mélodies orientales* (1836), qui forment une sorte de carnet de voyage où apparaissent des harmonisations de thèmes décrits comme authentiques. Mais il fallut attendre décembre 1844, à l'occasion de la création de son "ode-symphonie", *Le Désert*, avec solistes, récitant, chœur et orchestre, pour que le public le découvrît. A Paris, l'ouvrage connut un des succès les plus immenses du siècle. Cette symphonie ne contient pas un argument dramatique mais fait appel au pittoresque (le lever de soleil déchaîna l'admiration du public), à l'exaltation de la nature et à la glorification de la vie laborieuse et simple des chameliers farouchement fiers de leur liberté, artistes sans le savoir et pénétrés par un intense sentiment religieux. Elle fait en même temps appel au réalisme : bien que les événements y soient fortement enjolivés, ils offrent un condensé de la vie quotidienne au désert. Tout le génie de David fut d'attester ce sentiment par le biais de citations musicales de quelques thèmes déclarés comme authentiques (Bartoli, 1989 et 1997) ou par l'emprunt à la langue arabe dans l'évocation d'un appel à la prière de muezzin qui laissa une impression indescriptible dans le public (Bartoli, 1981*a*, p. 33).

Toutefois, contrairement à ce qu'on pourrait imaginer, ce n'est pas l'existence en soi d'emprunts plus ou moins fiables qui se révèle le point le plus important dans l'apport de Félicien David dans la mesure où on trouve des exemples antérieurs dans l'œuvre de Mozart *(L'Enlèvement au sérail)* – qui se serait inspiré d'une mélodie notée dans un livre de Sulzer (1781-1782) –, de l'abbé Vogler, de Weber ou de Cherubini (Locke, 1998, p. 110). La nouveauté réside plutôt dans le nouvel effort de caractérisation de ces emprunts : tout en les parant du décorum harmonique, il s'agit désormais de restituer la séduction de ces mélodies en transformant les usages habituels du langage tonal. Ce sont les fondations d'un nouvel exotisme : il ne s'agit plus d'intégrer les emprunts dans la grammaire tonale occidentale en ajoutant çà et là des tournures insolites pour jouer sur le sentiment de l'étrange, mais au contraire d'adapter notre langage à ces mélodies nouvelles pour en retrouver la saveur originelle.

Les essais de David en ce domaine furent en fait très timides. On ne trouve en effet dans ses œuvres aucune allusion réelle à la modalité, et il mit soigneusement à l'écart les échelles comportant plusieurs secondes augmentées. Son apport principal réside plutôt dans la mise au point de la figure "topique" exotique de l'ostinato rythmique et des quintes à vide en basse de bourdon créant l'illusion d'une fixation des fonctions de l'harmonie classique : l'harmonie semble se dissoudre dans une fonction rythmique qui vise à représenter le rapport que la musique arabe établit entre l'accompagnement rythmique et la partie mélodique en même temps que la fréquente présence de bourdons dans la musique modale. Ajoutant à cela l'emploi des instruments à anche pour imiter l'instrumentarium à vent oriental, la musique de David devient alors totalement inouïe pour les oreilles de l'époque.

L'ode symphonique de David fut imitée aussitôt par Ernest Reyer dans sa symphonie orientale *Le Sélam* (1850) avec toutefois davantage d'audaces, par César Franck (dans son oratorio *Ruth*) et, plus généralement, ses procédures musicales exotiques (notamment l'ostinato) furent reprises par Gounod, Bizet ou Delibes. A partir des années 1870, il est impossible d'énumérer la totalité des partitions orientalistes (on lira les travaux de Ballardelle, Le Bordays, Lischké et Pistone, in Pistone, 1981). La mode avait saisi tous les pays d'Europe, de la Scandinavie ("Danse arabe" de *Peer Gynt* de Grieg) à l'Italie (*Aïda* de Verdi) en passant par l'Allemagne (*Die Königin von Saba* de Karl Goldmark) ; bientôt la Russie, dont l'orientalisme était inséparablement lié au nationalisme militant, vint rejoindre, voire dépasser, la France à la pointe du mouvement. Inauguré par Glinka *(Rouslan et Ludmilla)*, l'orientalisme russe fut exploité en particulier par le groupe des Cinq (*Islamey* de Balakirev, les *Danses polovtsiennes* et *Dans les steppes de l'Asie centrale* de Borodine, *Sadko*, *Shéhérazade* et *Antar* de Rimski-Korsakov, etc.), sans oublier l'exquise et parodique "Danse arabe" du *Casse-Noisette* de Tchaïkovski. En France, on peut citer en particulier le ballet *Namouna* de Lalo, plusieurs opéras de Massenet *(Hérodiade, Esclarmonde, Le Roi de Lahore, Thaïs, Cléopâtre)*, *Lakmé* de Delibes et surtout les très nombreuses œuvres de Saint-Saëns : les précoces *Mélodies persanes* (1870), l'opéra *Samson et Dalila* (1872), la *Suite algérienne* pour orchestre (1880), *Africa* (1891), le *Cinquième Concerto* pour piano et orchestre (1895, comportant un "chant d'amour nubien"), le *Caprice arabe* pour deux pianos (1894), les *Souvenirs d'Ismaïla* (1895), le *Lever de soleil sur le Nil* (1898), *La Foi* (1909). Il est légitime de parler, pour la France, d'une véritable "égyptomanie musicale" qui se développera jusqu'à Debussy (Bartoli, 1996).

Comme le fit jadis Félicien David et comme le font les contemporains russes, Saint-Saëns parsème ses œuvres orientalistes de mélodies collectées lors de ses nombreux voyages ou reprises à des ouvrages de la balbutiante ethnomusicologie. Ainsi, contrairement aux apparences, la "Bacchanale" de *Samson et Dalila* est directement inspirée de thèmes entendus dans la casbah d'Alger et se révèle compatible à ce que pouvait être une transcription musicologique de l'époque (Locke, 1991). L'estampillage d'authenticité est indissociable de la nouvelle esthétique de l'orientalisme : une décennie plus tôt, dans la très sérieuse partition des *Troyens*, Berlioz entendait évoquer la "double-flûte", les "sistres antiques" et réclamait l'emploi d'un "tambourin à l'orchestre et [d'un] *tarbuka* sur la scène" pour le "Pas des esclaves nubiennes". De son côté, lors de la composition d'*Aïda*, Verdi entreprit une recherche minutieuse sur ce que pouvait être la musique égyptienne de l'Antiquité, lisant notamment les écrits du musicologue François-Joseph Fétis et tentant de connaître les timbres instrumentaux alors en usage. A croire Ernest Reyer, le thème du début de la scène au temple (acte I, scène 2) aurait été envoyé à Verdi de Constantinople et celui de la "Danse sacrée des prêtresses" qui s'enchaîne aurait été un thème égyptien joué à la flûte pour accompagner une danse de derviches (Reyer, 1875, p. 186-187). On sait aussi qu'il fit fabriquer par Guiseppe Pelitti des trompettes d'après des représentations antiques. Mais c'est plutôt avec des tournures trouvées dans son imagination qu'il parvint à suggérer à la fois l'ailleurs et le passé révolu. Comme il en a toujours été, il s'avère donc que la nouvelle esthétique de l'exotisme – celle-là même qui prétendait au réalisme – fonctionne davantage sur la force de persuasion des figures musicales utilisées que sur leur authenticité. C'est en fait pour renforcer le sentiment d'authenticité et de réalisme que Berlioz invente tout bonnement une langue inconnue pour le chant de ses esclaves nubiennes. De même, six des trompettes "égyptiennes" de Verdi furent-elles munies de pistons…

Il est possible de suivre les progrès de la nouvelle esthétique exotique dans son intégration progressive à la structure dramaturgique des opéras : dans *Aïda*, la couleur locale est encore réservée aux passages secondaires du synopsis et n'apparaît pas dans les moments cruciaux du drame. Dans *Samson et Dalila*, Saint-Saëns profite de l'antagonisme entre les Hébreux et les Philistins pour opposer l'orientalisme musical au style religieux haendélien. La dualité établie entre l'orientalisme païen et le style religieux occidental est fréquemment reprise par la suite (par exemple dans *Thaïs* de Massenet, mais aussi dans la musique d'Elmer Bernstein pour le film de Cecil B. De Mille, *Les Dix Commandements*). En outre, on ne compte plus les livrets d'opéra de la fin du siècle où la femme orientale, telle Dalila, suscite un désir irrépressible qui cause la perte des héros et fait triompher, même momentanément, les puissances du mal. A la fin du siècle, la thématique de la femme fatale orientale est omniprésente. Qu'elles se nomment Dalila, Thaïs, la reine de Saba (Carl Goldmark), Cléopâtre (*Une nuit de Cléopâtre* de Victor Massé, *Cléopâtre* de Massenet) ou Salomé (Strauss), elles stigmatisent l'atteinte des valeurs morales occidentales bourgeoises par la sensualité orientale ; elles suscitent d'autre part une fascination trouble et sensuelle : le jeu de la séduction érotique est singulièrement souligné par l'emploi d'une musique orientalisante modale et/ou chromatique d'influence wagnérienne – rappelons que les Filles Fleurs et Kundry dans *Parsifal* sont vêtues à l'orientale, selon les didascalies de Wagner. La danse y assure un rôle capital parce qu'elle illustre l'intervention dans l'intrigue du corps et le triomphe de la sensualité sur l'esprit. N'est-ce pas par la danse que la Tsigane Carmen séduit Don José ? Jadis masculin et martial dans le cadre de la turquerie, l'Orient musical s'est formidablement féminisé au cours du XIXe siècle tout en devenant le vecteur d'une sensualité attirante et redoutée.

Mais le plaisir et le mal étant indissociablement liés dans le cadre moral du XIXe siècle, à la fois permissif et rigide, la musique orientalisante ne représente pas exclusivement les forces féminisées du mal mais aussi, plus généralement, les régions mythiques du plaisir et du bonheur. L'orientalisme musical s'est autant féminisé qu'il est devenu franchement et délibérément hédoniste, et ce rêve de volupté motive en partie la recherche éperdue d'une séduction harmonique et plus généralement sonore qui envahit une à une ces partitions. Aussi est-il sans doute exagéré de ne lire dans l'orientalisme du XIXe siècle, à la suite d'Edward

Saïd (1978), que la manifestation du colonialisme ; Ralph P. Locke (1998) souligne opportunément que les livrets de *Lakmé* et de *Madame Butterfly* esquissent une critique de l'attitude européenne en pays colonisé. De même, l'hédonisme profondément inscrit dans les partitions orientalistes ne doit pas seulement être interprété du point de vue du triomphe de l'impérialisme occidental mais tout autant d'une aspiration européenne à la sensualité sonore qui révèle, au-delà de ce simple aspect musical, un profond désir d'émancipation et de dépassement des rigidités sociales et culturelles. Dans la romance de Nadir, des *Pêcheurs de perles* de Bizet, la voix de ténor se complaît dans le registre aigu et quasi androgyne de la voix mixte. De même, la sensualité mélodique et harmonique se développe aussi bien dans la délicate ballade de l'esclave amoureuse de *Djamileh*, également de Bizet, que dans les mélopées sensuellement prémodales de *Lakmé* de Delibes ou encore dans les souples cadences du violon de *Shéhérazade* de Rimski-Korsakov. Toutes ces figures, volontiers sexualisées, attisaient chez l'auditeur le désir du bonheur inaccessible. Ainsi l'on comprend pourquoi l'orientalisme doté d'un tel potentiel dramaturgique était à ce point apprécié dans le cadre de l'opéra (Locke, 1998). Mais il fallut attendre le XXe siècle pour que les compositeurs pussent répartir les procédures orientalistes sur la totalité de leurs partitions (*Padmâvati* de Roussel ou encore *Madame Butterfly* et *Turandot* de Puccini). Pour parvenir à ce résultat, il fallait en effet attendre que le langage modal se généralise en musique.

3.4. *Orientalisme, exotisme et renouvellement du langage musical*

Le formidable développement de l'orientalisme au cours de la seconde moitié du siècle correspond à l'émancipation du langage tonal et au développement de la modalité. On peut détecter les progrès de la modalité orientale dans l'emploi de plus en plus fréquent de la seconde augmentée : dans les années 1830-1840, elle était employée régulièrement par Chopin dans ses *Mazurkas* et par Liszt dans ses *Rhapsodies hongroises*, pendant que Félicien David n'osait pas de telles audaces dans le cadre oriental. C'est dans la "Lezghinka" de l'acte IV de *Rouslan et Ludmilla* de Glinka (1842) que l'on trouve une des toutes premières apparitions de la seconde augmentée orientale. Elle apparut ensuite sporadiquement dans les ouvrages orientalistes des années 1850-1860, par exemple dans *Le Sélam* de Reyer (1850) ou dans le chant des trois muezzins au deuxième acte de *Der Barbier von Bagdad* de Peter Cornelius (1858). Mais son emploi se généralisa seulement à partir des années 1870-1880 dans l'œuvre de Bizet et dans les nombreuses partitions orientalistes de Saint-Saëns. Il est probable que la diffusion des travaux musicologiques de Francisco Salvador-Daniel (1879) et ses transcriptions, très franchement "modales", d'airs arabes qui furent joués en public et édités au cours des années 1860 à Paris, jouèrent un rôle important à cet égard (Lacome, 1987, p. 9-26 et Bartoli, 1996).

Le mouvement vers la modalité exotique ne réside pas seulement dans la découverte des échelles à deux secondes augmentées. En parallèle, les compositeurs se plaisent à construire leurs mélodies soit sur des échelles dites "grecques", soit sur d'autres inventées pour l'occasion. Le matériau mélodique du "Pas des esclaves nubiennes" dans *Les Troyens* de Berlioz, ainsi que la romance de Nadir, "Je crois entendre encore" (acte I), des *Pêcheurs de perles* de Bizet sont bâtis sur le mode de *mi*. Si Verdi n'a pas réellement adopté dans *Aïda* des échelles fixes d'un bout à l'autre de ses passages orientalistes, il a multiplié la mobilité des degrés. Saint-Saëns utilisa, entre autres, le mode de *ré* sur une pédale de quintes à vide dès ses *Mélodies persanes* (1870). Plus tard, Ernest Fanelli fut sans doute l'un des premiers à utiliser en France la gamme par tons entiers dans ses *Tableaux symphoniques d'après* Le Roman de la momie *de Théophile Gautier* (composition en 1883, création en 1912).

En fait, le développement de l'orientalisme modal fut parallèle et contemporain à celui de l'hispanisme, à l'essor des expressions nationales et à l'éveil de l'évocation de la modalité médiévale et antique : il était dans l'esprit du temps de rechercher les alternatives à l'harmonie fonctionnelle tonale classique. Les musiciens s'intéressaient à la modalité orientale ou plus généralement exotique au moment où ils recherchaient des échelles nouvelles qui puissent échapper aux deux modes majeur et mineur de la tonalité classique. Toutes les traditions musicales étaient susceptibles d'offrir en ce domaine des modèles. L'orientalisme a profité de l'évolution vers la modalité et a tout autant contribué à son essor. Ce fut un des moteurs de la modernité. Le commentaire de Saint-Saëns, dans une de ses lettres, est tout à fait significatif à cet égard : "J'ai employé des gammes égyptiennes qui feront dire que j'ai voulu me mettre à la mode ; les extrêmes se touchent, l'antique et le moderne s'embrassent. Malheureusement, après *Salomé* [de Richard Strauss], cela paraîtra diatonique." (Saint-Saëns et Fauré, 1994, p. 94.)

4. Debussy et la naissance de l'exotisme musical moderne

Il était donc naturel que Debussy s'adonnât à l'exotisme oriental tout comme il s'est adonné à l'hispanisme. Il n'a manifesté néanmoins aucun enthousiasme envers l'évocation du Proche-Orient ou du Maghreb et montrait un agacement certain devant l'orientalisme de ses prédécesseurs, traitant par exemple de "bric-à-brac" les procédures exotiques de

Lakmé. Debussy s'est en revanche tourné vers d'autres horizons, en particulier vers l'Extrême-Orient. On sait que la genèse des pentatoniques *Pagodes* (*Estampes*, I) fut directement liée à la découverte de la musique d'un gamelan javanais à l'Exposition universelle de 1889. Au tournant du siècle en effet, à la faveur de l'extension des puissances coloniales, l'Extrême-Orient et l'Inde font une entrée en force dans le style orientalisant. Dès 1872, Saint-Saëns a par exemple exploité les figures musicales pentatoniques dans *La Princesse jaune*, dont le livret épingle avec humour le désir d'érotisme exotique d'un bourgeois hollandais. Mais à la différence de ce compositeur, dont plusieurs œuvres prennent par ailleurs souvent l'aspect d'une musique de promotion pour une agence de voyages vers les pays placés sous administration française, comme Locke le fait justement remarquer (1998, p. 123), Debussy préfère sans hésiter l'indétermination géographique. C'est pourquoi l'évocation de la musique du Proche-Orient (devenu désormais un voisin trop facile à rencontrer) ne lui semble acceptable que passée au prisme de l'éloignement temporel, comme dans le ballet *Khamma* et surtout dans les *Six épigraphes antiques* pour piano à quatre mains sur les poèmes érotiques des *Chansons de Bilitis* de Pierre Louÿs.

C'est dans *Canope* (*Préludes*, livre II), que Debussy parvient à allier complètement l'exotisme temporel antiquisant et l'exotisme géographique au sein d'une seule œuvre et à créer ainsi un effet double de distanciation. Debussy mêle donc constamment la modalité diatonique censée évoquer la Grèce antique avec une modalité plus chromatique et munie de secondes augmentées censées évoquer l'Orient. S'il n'est en fait pas le seul à employer en cette époque l'alliance des deux systèmes modaux pour évoquer l'Orient antique (Massenet fit de même dans *Cléopâtre*), Debussy est sans doute le seul à fusionner beaucoup plus intimement les deux styles, parvenant ainsi à créer un langage finalement tourné vers la modernité.

Doué d'un caractère plus aventureux que bien de ses contemporains, Debussy est un des premiers à percevoir cette musique en remettant en cause la plupart des a priori ethnocentriques : "La musique javanaise observe un contrepoint auprès duquel celui de Palestrina n'est qu'un jeu d'enfant. Et si l'on écoute, sans parti pris européen, le charme de leur «percussion», on est bien obligé de constater que la nôtre n'est qu'un bruit barbare de cirque forain", se rappelle-t-il dans un texte de près de vingt ans postérieur à la découverte du gamelan de l'Exposition universelle de 1889 (*Revue musicale S.I.M.*, 15 février 1913, in Debussy, 1971, p. 223). Il fait donc l'apologie de l'exotisme le plus pur : le relativisme culturel est maintenant poussé au point que "l'autre [est] systématiquement préféré au même" (Todorov, 1989, p. 355).

Cherchant à s'affranchir définitivement des canons classiques de la musique européenne, Debussy se tourne vers le pentatonisme d'Extrême-Orient et adopte des tournures hispanistes dans toute son œuvre comme Gauguin se tourne vers la plastique des îles lointaines pour renouveler son art ou comme Segalen fait l'éloge de l'ailleurs pour donner un sens à sa vie (Segalen, 1978). De ce même fait, l'emprunt aux tournures musicales venues de l'étranger n'a plus comme objet le dépaysement mais la propension à révolutionner le langage. Le début de *La Mer* n'est pas pentatonique pour "faire chinois" (il est effectivement rare d'entendre un commentateur parler d'orientalisme à son propos). D'ailleurs, à l'exception de son pentatonisme, ce passage ne présente pas d'autres formules musicales qui puissent se rattacher à la représentation sonore que l'on se faisait à l'époque de l'Extrême-Orient (par exemple les percussions métalliques aiguës, une harmonisation en quartes et quintes à vide, etc.), comme on peut s'en convaincre si on le compare avec la parodique *Laideronnette impératrice des pagodes* de Ravel, ou *Madame Butterfly* et *Turandot* de Puccini. Si Debussy ne cache pas l'influence orientale, puisque la page de titre de la partition de *La Mer* représente une gravure d'Hokusai, il est évident que l'exotisme n'est plus le "sujet" de l'œuvre. La modalité, qu'elle lui soit venue de contrées lointaines ou de son imagination, est le vecteur du renouvellement, le meilleur moyen de s'affranchir de la routine, l'un des outils pour ouvrir définitivement les fenêtres vers la musique qui ne vient pas des conservatoires. Ce pas décisif accompli par Debussy, Boulez l'a décrit (1995, p. 159) comme "la rupture du cercle de l'Occident", attirant par là notre attention non seulement sur la nouveauté grammaticale de la musique extra-européenne, mais aussi sur son potentiel poétique et esthétique entièrement nouveau : "Dès lors, ce contact avec l'Orient ne saurait être circonscrit à une banale question d'échelles exotiques ou de sonorités rutilantes. Il rejoint, d'une part le sens «moderne» que prend l'esthétique, d'autre part la recherche d'une hiérarchie constamment revivifiée."

Dans ces conditions, le dépaysement n'étant plus réellement le "sujet" de l'œuvre et l'enjeu devenant autre, les visées de l'exotisme sont totalement modifiées, même si, comme le souligne Locke (1998), l'esthétique de la couleur locale se maintient dans la musique de film, et surtout dans les chansons, notamment de la fin de l'époque coloniale. L'exotisme de Debussy est la première étape vers une esthétique globalement "fusionnelle" qui s'épanouit – à des degrés divers – dans les œuvres d'Olivier Messiaen, de Colin MacPhee, dans *Le Marteau sans maître* de Pierre Boulez, les œuvres de Jean-Claude Eloy, de Stockhausen, de John Cage, de Jean-Louis Florentz et, à leur suite, de tous les musiciens du XXe siècle à la recherche d'une alliance intime entre les traditions musicales orientales et occidentales (depuis les timides expériences des Beatles aux recherches syncrétiques de la *world music*).

Au terme de cette évolution, il convient de constater le parcours de notre civilisation vers la rencontre de l'Autre dont l'orientalisme musical porte le témoignage. Depuis l'époque de la *moresca* profondément ethnocentrique à l'apologie post-debussyste de l'altérité – dont l'ambiguïté n'est pas exempte d'ethnocentrisme, comme Todorov le fait remarquer à propos de l'exotisme de Segalen (1989, chap. IV) – en passant par l'orientalisme romantique placé à mi-chemin entre l'arrogance colonisatrice et la fascination relativiste, l'histoire de l'orientalisme musical offre le reflet de la formidable histoire d'une reconnaissance interculturelle. Car il semble que la thèse d'Edward Saïd selon laquelle l'orientalisme sous toutes ses formes s'organise comme un "discours" qui permet à l'Occident d'exercer sa "domination", sa "restructuration" et son "autorité" sur l'Orient, aussi pertinente soit-elle, ne parvienne pas à rendre totalement compte de la complexité de sa composante artistique. L'art contient en soi quelque chose d'irréductible et de subversif qui résiste à l'ordre et à la censure échafaudés par les autres discours. Il y réside en permanence une sorte de brèche dans laquelle il est toujours possible de s'engager. A la différence des discours orientalistes des sciences exactes ou des sciences humaines qui, selon Saïd, classent et excluent avant toute chose, l'art orientaliste rapproche autant qu'il exclut et combat l'ordre en même temps qu'il l'établit. Je me refuse à ne voir dans *Aïda* qu'une "esthétique de la séparation" (Saïd, 1993, in 2000, p. 198). Et si le livret de *Così fan tutte* rétablit finalement l'ordre en excluant le danger de l'irruption soudaine de deux Turcs séducteurs, la musique de Mozart a pendant ce temps exalté la sensualité pure et imaginé l'éventualité d'une destruction des structures sociales. De même, si les musiciens orientalistes du XIXe siècle ont prétendu domestiquer la mélodie orientale par le tempérament égal et l'harmonie, leur technique exotique a contribué – parfois malgré eux (mais qu'importe…) – à la destruction du langage tonal classique au profit de structures modales qui rendent possibles aujourd'hui la rencontre et le dialogue de musiciens venus de cultures musicales jadis inconciliables, aujourd'hui complémentaires.

Bibliographie

AFFERGAN, F., 1987 : *Exotisme et altérité*, Paris, Presses universitaires de France.

ANONYME [M. PINTOIN], 1839-1852 : *Chronique du religieux de Saint Denys contenant le règne de Charles VI, de 1380 à 1455*, 6 vol., Paris, Imprimerie de Crapelet ; nouv. éd., Paris, Editions du Comité des travaux historiques et scientifiques, 1994.

ARBEAU, T., 1589 : *Orchésographie*, Langres ; réimp., Paris, Klincksieck, 1995.

ARVIEUX, Laurent d', 1735 : *Mémoires du Chevalier d'Arvieux, envoyé extraordinaire du Roi à la Porte, Consul d'Alep, d'Alger, de Tripoli, et autres Eschelles du Levant...*, père Labat (éd.), 6 vol., Paris, Lespire et fils.

AYDA, O., 1957 : "Molière et l'envoyé de la Sublime Porte", *Cahiers de l'Association internationale des études françaises*, n° 9, p. 103-113.

BARTHA, D., 1958 : "Mozart et le folklore musical d'Europe centrale", in *Les Influences étrangères dans l'œuvre de Mozart*, Paris, CNRS, p. 157-182.

BARTOLI, J.-P., 1981*a* : Le Désert *de Félicien David (1844). Contribution à l'étude de l'orientalisme dans la musique française*, mémoire de maîtrise, Paris-Sorbonne.

BARTOLI, J.-P., 1981*b* : "La musique française et l'Orient, à propos du *Désert* de Félicien David", *Revue internationale de musique française*, n° 6, nov. 1981, p. 28-36.

BARTOLI, J.-P., 1989 : "A propos de deux ouvrages sur Félicien David et les saint-simoniens : une lettre inédite de Félicien David", *Revue de musicologie*, vol. LXXV, n° 1, p. 65-76.

BARTOLI, J.-P., 1996 : "A la recherche d'une représentation sonore de l'Egypte antique : l'égyptomanie musicale en France de Rossini à Debussy", in *L'Egyptomanie à l'épreuve de l'archéologie*, actes du colloque international, Paris, Musée du Louvre, 8 et 9 avril 1994, sous la dir. scientifique de J.-M. Humbert, Paris-Bruxelles, Musée du Louvre-Editions du Gram, p. 479-506.

BARTOLI, J.-P., 1997 : "L'orientalisme dans la musique française du XIXe siècle, la ponctuation, la seconde augmentée et l'apparition de la modalité dans les procédures exotiques", *Revue belge de musicologie*, vol. LI, p. 137-170.

BARTOLI, J.-P., 2003 : "Franz Liszt and the Aesthetic of French Exoticism in Music", in *Analecta Lisztiana III. Liszt and the Birth of Modern Europe. Music as a Mirror of Religious, Political, Social, and Aesthetic Transformations*, actes du colloque international, Villa Serbelloni, Bellagio (Italie), 14-18 décembre 1998, M. Saffle et R. Dalmonte (éd.), New York, Pendragon Press, p. 197-214.

BELLMAN, J. (éd.), 1998 : *The Exotic in Western Music*, Boston, Boston Northeastern University Press.

BETZWIESER, T., 1989 : *Exotismus und Türkenoper in der französischen Musik von Lully bis Grétry*, thèse de doctorat, Université d'Heidelberg.

BETZWIESER, T., 1990 : "Die Türkenszenen in *Le Sicilien* und *Le Bourgeois gentilhomme* im Kontext der Türkenoper und des musikalischen Exotismus", in *Jean-Baptiste Lully*, actes du colloque de Saint-Germain-en-Laye et Heidelberg, 1987, J. de La Gorce et H. Schneider (éd.), Laaber, Laaber Verlag, p. 51-64.

BOULEZ, P., 1995 : *Points de repère*, I. *Imaginer*, J.-J. Nattiez et S. Galaise (éd.), Paris, Christian Bourgois.

CAUS, S. de, 1615 : *Institutions harmoniques divisées en deux parties, en la premiere sont monstrées les proportions des intervalles harmoniques, et en la deuxiesme les compositions dicelles*, Francfort, Jan Norton ; reprint, Genève, Minkoff, 1980.

CHAILLEY, J., 1958 : "A propos de quatre mesures de l'*Entführung*, la renaissance de la modalité dans la musique française avant 1900", in *Bericht über den Internationalen Musikwissenschlaftlichen Kongress Wien, Mozartjahr 1956*, E. Schenk (éd.), Graz-Cologne, Verlag Hermann Bölhaus, p. 78-91.

DANA-ROUILLARD, C., 1969-1970 : "The Background of the Turkish Ceremony in Molière's *Le Bourgeois Gentilhomme*", *University of Toronto Quarterly*, vol. XXXIX, p. 33-52.

DEBUSSY, C., 1971 : *M. Croche et autres écrits*, F. Lesure (éd.), Paris, Gallimard.

DEFRANCE, Y., 1994 : "Exotisme et esthétique musicale en France : approche socio-historique", *Cahiers de musique traditionnelle*, 7, p. 191-210.

FOUCAULT, M., 1966 : *Les Mots et les Choses*, Paris, Gallimard.

FOUCAULT, M., 1971 : *L'Ordre du discours (Leçon inaugurale au Collège de France prononcée le 2 décembre 1970)*, Paris, Gallimard.

GRADENWITZ, P., 1976 : "Félicien David (1810-1876) and French Romantic Orientalism", *Musical Quarterly*, vol. LXII, n° 4, p. 471-506.

HUGO, V., 1829 : *Orientales*, in *Œuvres complètes, Poésies I*, Paris, Laffont, 1985.

HUMBERT, J.-M., 1976 : "A propos de l'égyptomanie dans l'œuvre de Verdi : attribution à Auguste Mariette d'un scénario anonyme de l'opéra de Verdi", *Revue de musicologie*, vol. LXII, n° 2, p. 229-256.

HUMBERT, J.-M., 1993 : "*Aïda* de l'archéologie à l'égyptomanie", in *Verdi, "Aïda"*, n° 4 de *L'Avant-scène opéra* (nouv. éd.), p. 8-15.

HUNTER, M., 1998 : "The *alla turca* Style in the Late Eighteenth Century", in *The Exotic in Western Music*, J. Bellman (éd.), Boston, Boston Northeastern University Press.

KARRO, F., 1990 : "L'Empire ottoman et l'Europe dans l'opéra français et viennois au temps de Lully", in *Jean-Baptiste Lully*, actes du colloque de Saint-Germain-en-Laye et Heidelberg, 1987, J. de La Gorce et H. Schneider (éd.), Laaber, Laaber Verlag, p. 251-170.

KRAMER, L., 1998 : "The Harem Thresold. Turkish Music and Greek Love in Beethoven's Ode to Joy", *19th Century Music*, vol. XXII, n° 1, p. 78-90.

LA BORDE, J.-B. de, 1780 : *Essai sur la musique ancienne et moderne*, 4 vol., Paris, Onfroy.

LACOME, P., 1987 : "Salvador-Daniel", *Etudes et documents berbères*, n° 2, p. 9-26.

LACROIX, P., 1868-1870 : *Ballets et mascarades de cour de Henri III à Louis XIV*, 6 vol., Genève, J. Gay ; reprint, 6 vol., Genève, Slatkine, 1968.

LACOMBE, H., 1999 : "The Writing of Exoticism in the Libretti of the Opera-Comique, 1825-1862", *Cambridge Opera Journal*, XI, 2, p. 135-158.

LADJILI, M., 1995 : "La musique arabe chez les compositeurs français du XIXe siècle saisis d'exotisme", *International Review of the Aesthitics and Sociology of Music*, 26, 1, p. 3-33.

LAROUSSE, P. (éd.), 1865-1890 : *Grand Dictionnaire universel du XIXe siècle*, 17 vol., Paris, Administration du Grand Dictionnaire universel.

LOCKE, R. P., 1989 : "Félicien David, compositeur saint-simonien et orientalisant", in *Les Saint-Simoniens et l'Orient, vers la modernité*, M. Morsy (éd.), Aix-en-Provence, Edisud, p. 135-154.

LOCKE, R. P., 1991 : "Constructing the Oriental «Other» : Saint-Saëns's *Samson et Dalila*", *Cambridge Opera Journal*, vol. III, p. 261-302.

LOCKE, R. P., 1993 : "Reflections on Orientalism in Opera and Musical Theater", *Opera Quarterly*, vol. X, n° 1, p. 48-64.

LOCKE, R. P., 1998 : "Cutthroats and Casbah Dancers, Muezzins and Timeless Sands. Musical Images of the Middle East", in *The Exotic in Western Music*, J. Bellman (éd.), Boston, Boston Northeastern University Press, p. 104-136 ; version augmentée de cet article in *19th Century Music*, vol. XXII, n° 1, 1998, p. 20-54.

MARTINO, P., 1906 : *L'Orient dans la littérature française*, thèse de doctorat, Paris ; reprint, Genève, Slatkine, 1970.

MARTINO, P., 1911 : "La cérémonie turque du *Bourgeois gentilhomme*", *Revue d'histoire littéraire de la France*, vol. XVIII, p. 37-60.

MEYER, E. R., 1974 : "Turquerie and Eighteenth-Century Music", *Eighteenth-Century Studies*, VII, 4, p. 474-488.

MITJANA, R., 1907 : "L'orientalisme musical et la musique arabe", in *Le Monde oriental*, Uppsala, E. Berling, p. 184-221.

MOLIÈRE, 1971 : *Œuvres complètes*, Paris, Gallimard, vol. II.

Moresca, image et mémoire du Maure, Corte, Musée de la Corse-Collectivité territoriale de la Corse, 1998.

NIEBUHR, C., 1774-1778 : *Reisebeschreibung nach Arabien und andern umliegenden Ländern*, 3 vol., Copenhague, Möller ; rééd., Zurich, Manesse-Verlag, 1993.

PAO, A. C., 1998 : *The Orient of the Boulevards, Exoticism, Empire and 19th Century French Theater*, Philadelphie, University of Pennsylvania Press.

PISTONE, D. (éd.), 1981 : "L'exotisme musical français (dossier)", *Revue internationale de musique française*, vol. VI.

QUINET, E., 1864 : *L'Unité morale des peuples modernes* et *Lettre sur le génie des religions*, repris sous le titre *Le Génie des religions*, in *Œuvres complètes*, Paris, Hachette, s. d. (vers 1905), vol. I.

REICHA, A., 1833 : *L'Art du compositeur dramatique*, 2 vol., Paris, A. Farrenc.

REYER, E., 1875 : *Notes de musique*, 2e éd., Paris, Charpentier.

ROUSSEAU, J.-J., 1768 : *Dictionnaire de musique*, Paris, Veuve Duchesne ; rééd., in *Œuvres complètes*, Paris, Gallimard, "Bibliothèque de la Pléiade", 1995, vol. V, p. 603-1191 ; rééd., Arles, Actes Sud, "Thesaurus", C. Dauphin (éd.), 2007.

SAÏD, E. W., 1978 : *Orientalism*, New York, Pantheon Books ; nouv. éd., New York, Random House, 1994 ; trad. fr., *L'Orientalisme. L'Orient créé par l'Occident*, Paris, Le Seuil, 1980 ; nouv. éd. augmentée, 1997.

SAÏD, E. W., 1993 : *Culture and Imperialism*, New York, Knopf ; trad. fr., *Culture et impérialisme*, Paris, Fayard-Le Monde diplomatique, 2000.

SAINT-SAËNS, C. et FAURÉ, G., 1994 : *Correspondance (1862-1920)*, J.-M. Nectoux (éd.), Paris, Publications de la Société française de musicologie-Klincksieck.

SALVADOR-DANIEL, Francisco, 1879 : *Musique et instruments de musique du Maghreb*, 2e éd. augmentée, Paris, Bastide-Jordan ; rééd., Paris, La Boîte à documents, 1986.

SCHLEGEL, F. von, 1800 : "Rede über die Mythologie" ["Discours sur la mythologie"], *Athenaeum*, A. W. von Schlegel et F. von Schlegel (éd.), Berlin, Heinrich Frölich, vol. III, n° 1 ; rééd. en fac-similé, Stuttgart, Cotta, 1960.

SCHWAB, R., 1950 : *La Renaissance orientale*, Paris, Payot.

SEGALEN, V., 1978 : *Essai sur l'exotisme* (1904-1918), Montpellier, Fata Morgana ; rééd., *Essai sur l'exotisme, une esthétique du divers* et *Textes sur Gauguin et l'Océanie*, Paris, Librairie générale française, 1986.

SULZER, F. J., 1781-1782 : *Geschichte des transalpinischen Daciens...*, 3 vol., Vienne, Rudolph Gräffer.

SYLVESTRE, I. et CHAUVEAU, F., 1670 : *Courses de testes et de bagues faittes par le Roy et par les princes et Seigneurs de sa cour en l'année 1662*, recueil de 37 planches gravées, texte de C. Perrault, Paris, Imprimerie royale.

TAHA-HUSSEIN, M., 1960 : *Présence de l'Islam dans la littérature française romantique en France*, Le Caire, Dar Al Maaref.

TCHEN, Y., 1975 : *La Musique chinoise en France au XVIIIe siècle*, Paris, Publications orientalistes de France.

TODOROV, T., 1989 : *Nous et les autres. La réflexion française sur la diversité humaine*, Paris, Le Seuil.

VAN, G. de, 1995 : "L'exotisme fin de siècle et le sens du lointain", *Atti del secondo convegno internazionale di studi su R. Leoncavallo*, Milan, Sonzogno, p. 103-117.

VILLOTEAU, G.-A., 1809-1822 : *Description de l'Egypte*, E. F. Jomard (éd.), Paris, Imprimerie impériale (royale), Etat moderne, t. XIV ; 2e éd., 1821-1830.

VIVIER, O., 1954 : "Les relations musicales entre la France et l'Orient au XVIIe siècle", *XVIIe siècle*, vol. XXI-XXII, p. 495-505.

WARRACK, J., 1968 : *Carl Maria von Weber*, Londres, H. Hamilton ; 2e éd., Cambridge-New York, Cambridge University Press, 1976 ; trad. fr., *Carl Maria von Weber*, Paris, Fayard, 1987.

WHAPLES, M. K., 1998 : "Early Exoticism Revisited", in *The Exotic in Western Music*, Boston, J. Bellman (éd.), Boston Northeastern University Press.

WOLFF, H. C., 1976 : "Der Orient in der französischen Oper des 19. Jahrhunderts", in *Die Couleur Locale in der Oper des 19. Jahrhunderts*, H. Becker (éd.), Regensburg, G. Bosse.

YOUSSEF, A., 1992 : *L'Egypte dans l'imaginaire français (1750-1850)*, thèse de doctorat, Paris, Université de Paris-IV.

Susanna Pasticci

L'INFLUENCE DES MUSIQUES NON EUROPÉENNES SUR LA MUSIQUE OCCIDENTALE DU XXe SIÈCLE

1. Inquiétudes et prophéties

"Jusqu'à présent, écrivait Robert Schumann en 1843, nous connaissons seulement, en tant que genres, la musique allemande, la française et l'italienne. Que se passerait-il si d'autres peuples s'y ajoutaient, jusque et y compris la Patagonie ?" (1854, vol. I, article 48.) Bien qu'un nombre extraordinaire de chroniques, de comptes rendus de voyage et de descriptions de civilisations et de peuples lointains aient commencé, dès le début de l'ère moderne, à circuler en Europe, où ils ont suscité un intérêt croissant pour les cultures de "l'ailleurs", la musique et les pratiques musicales extra-européennes furent longtemps entourées d'une aura de mystère. A l'époque de Schumann, les compositeurs couraient beaucoup moins le monde que ne le faisaient les écrivains et les peintres, et un contact direct avec les musiques non occidentales représentait une éventualité très lointaine. La connaissance de ces répertoires ne pouvait donc être fondée que sur des descriptions sommaires de seconde main, et sur un nombre limité de transcriptions qui, réduisant la complexité des phénomènes musicaux à l'insuffisance sémiographique de la portée musicale, étaient incapables de donner une image fiable de leur réalité sonore effective. Ce n'est pas un hasard si, quelques décennies auparavant, Jean-Jacques Rousseau, rapportant dans le tableau N de son *Dictionnaire de musique* les rares exemples de musique exotique alors disponibles, émet un doute sur la fidélité de leurs transcriptions : "On trouvera dans tous ces morceaux une conformité de Modulation avec notre Musique, qui pourra faire admirer aux uns la bonté et l'universalité de nos règles, et peut-être rendre suspecte à d'autres l'intelligence ou la fidélité de ceux qui nous ont transmis ces Airs." (Rousseau, 1768, in 2007, p. 314.) Ce n'est qu'à la fin du XIXe siècle que les conditions sont réunies pour que les musiciens européens puissent disposer de transcriptions plus fidèles et plus sérieuses – à la réalisation desquelles ont contribué la naissance et le développement d'une recherche ethnomusicologique menée sur des bases scientifiques – mais surtout *écouter* ces musiques, grâce aux enregistrements réalisés avec le phonographe conçu par Edison, en 1877, ou durant les concerts donnés par des musiciens venus des quatre coins du monde, dans le cadre des Expositions universelles. La différence entre *lire* la transcription d'une musique de tradition orale et l'*écouter* dans sa pleine réalité sonore est rien moins que mince, et elle ne tient pas seulement à la philologie des modes d'information : l'écriture sur portée musicale implique en effet une banalisation normative qui tend inévitablement à "domestiquer" les musiques les plus lointaines en leur conférant un semblant de proximité, de familiarité et, surtout, en les rendant inoffensives.

Mais revenons à Schumann. Même si ses propos dénotent une certaine curiosité à l'égard de traditions lointaines et inconnues, ce qui lui tient véritablement à cœur, et devient l'objet de son interrogation inquiète, c'est moins la musique des "autres" que le destin de la tradition à laquelle il appartient. En admettant que le voile de mystère qui enveloppe les civilisations musicales "d'ailleurs" soit soulevé, Schumann se demande ce que deviendrait la musique occidentale. La connaissance directe de ces répertoires pourrait-elle influencer l'inspiration créatrice des musiciens européens, se traduire en stimulation linguistique, influencer d'une manière importante les dynamiques des processus de composition et, au bout du compte, conditionner les développements de la tradition occidentale ?

Si l'on considère rétrospectivement les péripéties du siècle qui vient de se refermer, l'inquiétude de Schumann prend le visage d'une authentique prophétie. Il serait en effet très difficile de définir un cadre organique des développements musicaux, au cours des cent dernières années, sans tenir compte du réseau serré d'influences, de suggestions et de processus interculturels qui ont contribué à élargir l'horizon occidental de la composition. Les limites de cet horizon, soumises au cours des dernières décennies aux pressions d'une éthique et d'une esthétique de la contamination toujours plus radicales, sont devenues de plus en plus évanescentes et la diffusion par capillarité de greffes de diversité a miné peu à peu la hiérarchie entre les niveaux d'identité culturelle, au point d'annuler le sens de la "distance" entre les différentes civilisations musicales. Dans la culture planétaire, cosmopolite, éclectique et pluraliste du XXIe siècle, les compositeurs sont polyglottes du fait de la tendance à combiner dans une même œuvre une multiplicité d'éléments, de styles et de langages d'extraction et d'origine géographique différentes, et les auditeurs, libres de flâner entre les étagères d'un disquaire chez qui les expressions musicales de chaque partie du monde sont virtuellement représentées, le sont autant, sinon davantage ; l'idée d'une musique interculturelle semble donc relever de l'évidence, d'un choix quasiment "politiquement correct" : "Contre les dogmes de la cohérence, de l'équilibre, de la pureté qui ont fondé la modernité, la postmodernité revalorise l'ambiguïté, la multiplicité, la pluralité des styles." (Compagnon, 1985, p. 118-119.)

Mais derrière ce masque "comme il faut", qui prophétise l'équivalence de tous les langages possibles, se dissimule une attitude qui aborde les thèmes de la confrontation entre civilisations dans une optique purement formaliste ; le rapport entre les cultures musicales y est souvent réduit à la simple acceptation d'*objets trouvés* d'origines différentes, et cette acceptation ne repose pour ainsi dire jamais sur une considération adéquate de la valeur contextuelle originaire et fonctionnelle des objets en question. Il est à peine nécessaire de rappeler que la plupart des musiques non occidentales jouent un rôle social qui est à la base de la vie quotidienne des gens ; coupées de leur contexte, privées de leur fonction par rapport au tissu dans lequel elles ont été et sont utilisées et, surtout, considérées d'un point de vue esthétique, lequel existe aussi dans les cultures extra-européennes mais non en tant que valeur première, ces musiques sont inévitablement vouées à assumer une signification "autre" (Carpitella, 1985, p. 201). Le compositeur Edgar Varèse, qui a contribué d'une manière importante à élargir les horizons sonores de la tradition occidentale, en était bien conscient. Dans une interview accordée lors d'un voyage au Nouveau-Mexique, il déclare : "Je vais aller camper dans les plaines – et sur les plateaux – officiellement invité chez les Navana-Apaches et chez les Zunis. J'aurai garde de toucher à leur musique – Magnifique lorsque partie de leurs rites – Elle ne signifie rien hors de cela – Quant à leurs rites – pas un Blanc n'en sait – n'en a jamais su – et n'en saura rien." (1983, p. 88.) Pour extrême qu'elle soit, cette position nous permet néanmoins de mettre en lumière la complexité, l'ambiguïté et, dans certains cas, le caractère équivoque de la relation que les musiciens du XXe siècle ont entretenue avec les civilisations de "l'ailleurs" : quel auditeur n'a jamais associé, au moins distraitement ou inconsciemment, la tendance de Varèse à employer d'une manière exclusive ou extensive les instruments à percussion, avec les sonorités magiques et ancestrales d'une musique des civilisations tribales ? Or, il semble que l'intention du compositeur, documentée par ses déclarations, s'oppose à l'attitude d'un auditeur qui, inévitablement, a tendance à projeter sur l'objet sonore une pluralité de significations et à tisser une trame serrée de renvois, de suggestions et d'attributions de sens, liée aux multiples expériences qui habitent son vécu musical. Le discours risque d'empiéter sur le terrain inaccessible et labyrinthique de l'intertextualité, dans lequel le point de vue de l'auteur passe au second plan par rapport à un statut du texte – quel que soit celui-ci – compris comme un espace aux multiples dimensions, comme une mosaïque de citations anonymes données sans guillemets, "un texte fait d'écritures multiples, issues de plusieurs cultures et qui entrent les unes avec les autres en dialogue, en parodie, en contestation" (Barthes, 1968, in 1994, p. 495).

Mais telle n'est pas l'orientation de notre enquête. Dans le domaine des répertoires de la tradition occidentale du XXe siècle, il existe en effet un *corpus* important de textes musicaux dans lesquels la présence d'éléments empruntés à d'autres civilisations ne peut être ramenée au champ générique des citations inconscientes et automatiques qui nourrissent au niveau immanent tout type de texte ; cette présence se donne au contraire pour un "acte volontaire du texte", pour une présence claire et affichée d'éléments appartenant aux lexiques, aux syntaxes et aux formes étrangères à la musique européenne savante, que l'on peut identifier avec une marge relative de précision. Ces textes documentent l'histoire et les vicissitudes d'un dialogue interculturel qui a traversé tout le siècle : une histoire de suggestions et de fascinations répétées qui, inévitablement, en est venue à tisser des liens avec l'histoire propre aux développements de la tradition occidentale, celle d'une modernité musicale animée par des tensions novatrices, des recherches et des expérimentations dans le champ de la composition, qui ont mené, à partir du début du siècle, à un élargissement progressif mais radical des horizons sonores. Formuler l'hypothèse selon laquelle il existe un lien entre ces deux parcours de la musique du XXe siècle ne signifie pas interpréter certains développements de la modernité comme une conséquence directe de l'influence exercée par les cultures extra-européennes : d'une part parce que les phénomènes de l'influence sont régis par des mécanismes fort tortueux et, de l'autre, parce que l'ouverture à des éléments de syntaxe et de pensée d'autres civilisations musicales, opérée par différents représentants des avant-gardes occidentales – d'Olivier Messiaen à Pierre Boulez, de Karlheinz Stockhausen à Luciano Berio, de John Cage à Giacinto Scelsi –, ne peut être considérée comme un acte de paresse dans la création ni comme le résultat d'une série de circonstances fortuites. Si les deux parcours sont liés, c'est que la disposition au dialogue interculturel naît, en règle générale, de la nécessité intime d'interroger sa *propre* identité culturelle (Pasqualotto, 2003, p. 17-20) : on se confronte à "l'autre" moins pour "abandonner ses valeurs et s'approprier celles du lieu où l'on s'expatrie" que "pour mettre en question les modèles culturels avec lesquels on a grandi" (Balboni, 1999, p. 17).

Dans les pages qui suivent, nous proposerons une hypothèse de reconstruction des problèmes qui ont caractérisé la rencontre entre la culture occidentale et les musiques “d'ailleurs”, puisque les compositeurs, en l'absence d'une documentation fiable, en étaient réduits à imaginer cette rencontre : une rencontre manquée, donc, mais non dénuée pour autant d'effets intéressants.

2. Paris 1889 : le centenaire des émerveillements

L'attrait de l'inconnu est de loin supérieur à la séduction qu'exercent les lieux qui nous sont familiers. Dans le domaine de la créativité musicale, la connaissance lacunaire d'un phénomène n'interdit en rien que ce phénomène puisse se transformer en une idée poétique et stimuler l'imagination du compositeur. C'est ce qui s'est produit dans le premier morceau du cycle pianistique *Kinderszenen* de Schumann, “Vom fremden Ländern und Menschen”, où un “ailleurs” peuplé de “gens et de pays lointains” devient un sujet poétique du fait, précisément, de son absence de connotation, de ses contours flous et indéfinis. Il est inutile de chercher dans cette miniature pour piano, petit bijou de syntaxe tonale sous forme ABA, les éléments typiques d'un exotisme de genre, particulièrement courant dans la littérature musicale du XIXe siècle. De fait, dans la poétique de Schumann, l'allusion à un sujet particulier ou à un état d'âme n'entame pas l'idée d'une musique “absolue”, affranchie de toute fonction, de tout texte, sentiment, caractère nettement définis et capable de s'élever jusqu'à l'intuition de l'infini.

Mais le cas de Schumann est exemplaire dans la mesure où, justement, il est exceptionnel. Face aux mystères proposés par des civilisations musicales inconnues, la réaction des musiciens européens a été, et pour longtemps, de tenter d'apprivoiser l'illimité du monde en le réduisant à une série de clichés sonores – telles les “turqueries” ou les “chinoiseries” – qui permettaient de traduire le témoignage d'une civilisation musicale différente dans un idiome local et de l'intégrer, en tant que variante “de couleur”, dans le système syntaxique de la musique tonale. Le phénomène de l'exotisme, qui a connu un développement considérable au XIXe siècle (on lira l'article précédent de Jean-Pierre Bartoli), se ramène essentiellement à la “tentative de compléter la description scénique ou littéraire d'un milieu étranger ou lointain par une description musicale” (Dahlhaus, 1980, p. 252). De fait, sans une scène qui décrit une ambiance ou sans un titre qui suggère une origine déterminée, les éléments ethniques disséminés dans une composition de musique savante sont rarement définis au point de pouvoir les localiser avec précision. Les moyens dont se sert la technique musicale sont toujours les mêmes, indépendamment du milieu que l'on veut représenter : quintes à vide, ostinatos, sons tenus, échelle pentatonique, sixte dorique, seconde augmentée et usage pittoresque et non pas fonctionnel du chromatisme sont employés pour évoquer aussi bien le lointain Orient des Chinois, des Arabes et des Indiens que le monde rural du folklore local ; comme si, entre l'expression musicale de l'esprit populaire occidental et celle d'une civilisation du bout du monde il n'existait aucune différence de nature. Car ce qui importe alors n'est pas l'essence ethnique originelle des phénomènes, la plus ou moins grande "authenticité" de la couleur locale ou étrangère, mais leur éventuelle fonction d'"anomalie" par rapport au contexte des règles de composition de la musique européenne.

Il semble que cet état de choses se soit modifié au XXe siècle grâce à la multiplication des occasions de contact et à la circulation des savoirs d'ordre ethnique et musical. L'idée selon laquelle l'élargissement des connaissances a favorisé une participation solide et féconde de la musique non occidentale à l'histoire de la tradition européenne est un lieu commun de la réflexion historiographique, fondé sur des anecdotes appropriées. Il n'est pas de reconstruction de l'aventure du XXe siècle qui ne mentionne la stupéfaction de Claude Debussy écoutant, à Paris, un orchestre gamelan javanais lors de l'Exposition universelle de 1889, organisée pour célébrer le premier centenaire de la Révolution française : six mois d'"émerveillements" présentés à vingt-trois millions de spectateurs, la première grande occasion donnée au public et aux musiciens occidentaux de rencontrer les musiques "autres". Et cet engouement n'est pas passager : on réclame très haut que d'autres gamelans et compagnies de danse javanais viennent se produire à Paris durant l'Exposition de 1900 (Leydi, 1991, p. 231-244) ; au cours des décennies suivantes, d'autres musiciens français, comme Olivier Messiaen et Pierre Boulez, introduiront dans leurs compositions des sonorités métalliques et de percussion typiques du gamelan. Mais pourquoi l'attention du public et des experts s'est-elle focalisée sur la musique javanaise, alors que le très riche programme proposé comprenait des musiques annamites, tsiganes, arabes et centre-africaines ? Le pouvoir de susciter tant d'intérêt, d'émerveillement et de stupeur tenait non seulement à la richesse de l'instrumentarium, constitué de métallophones accordés, de tambours, de flûtes, d'instruments à arc et de xylophones, mais aussi au fait qu'une telle variété de timbres était utilisée pour donner naissance à une trame polyphonique très complexe, réalisée à travers la superposition hétérophonique de parties de densités différentes, à l'intérieur d'un système harmonique très sophistiqué. Une découverte déconcertante si l'on pense que l'harmonie était considérée, à l'époque, comme l'apanage exclusif de la tradition savante européenne, et que le postulat de la supériorité présumée de celle-ci sur les musiques "primitives" était fondé précisément sur le contraste simple-complexe : "[La musique javanaise] nous a révélé des détails infiniment curieux et, surtout, la manière dont l'harmonie est pratiquée dans ce Pays d'Extrême-Orient, où l'art occidental ne s'était encore jamais exercé." (Tiersot, 1889, p. 34.) L'idée voulant que ce soit précisément l'absence d'une complexité harmonique qui ait éloigné les compositeurs européens des musiques occidentales est confirmée par le témoignage d'Hector Berlioz qui, quelques décennies avant Debussy, a l'occasion d'écouter "à domicile", durant l'Exposition universelle à Londres, en 1851, un concert de musiques du lointain Orient. L'impression qu'il en retire est cependant des plus négatives : "Quant à l'union du chant et de l'accompagnement, elle était de telle nature qu'on en doit conclure que ce Chinois-là du moins n'a pas la plus légère idée de l'harmonie. L'air (grotesque et abominable de tout point) *finissait sur la tonique*, ainsi que la plus vulgaire de nos romances, et ne sortait pas de la tonalité ni du mode indiqués dès le début. L'accompagnement consistait en un dessein *[sic]* rythmique assez vif et toujours le même, exécuté par la mandoline, et qui s'accordait fort peu ou pas du tout avec les notes de la voix. [...] Je conclus, pour finir, que les Chinois et les Indiens auraient une musique semblable à la nôtre, *s'ils en avaient une* ; mais qu'ils sont encore à cet égard plongés dans les ténèbres les plus profondes de la barbarie et dans une ignorance enfantine où se décèlent à peine quelques vagues et impuissants instincts ; que, de plus, les Orientaux appellent *musique* ce que nous appelons *charivari*, et que, pour eux, comme pour les sorcières de Macbeth, *l'horrible est le beau*." (1854, p. 278-279 et 284 ; repris in 1980, p. 296 et 302).

Le jugement porté par Debussy sur la musique javanaise, documenté par un écrit rédigé bien des années après qu'il eut écouté un gamelan pour la première fois, est radicalement à l'opposé : "Il y a eu, il y a même encore, malgré les désordres qu'apporte la civilisation, de charmants petits peuples qui apprirent la musique aussi simplement qu'on apprend à respirer. Leur conservatoire c'est : le rythme éternel de la mer, le vent dans les feuilles, et mille petits bruits qu'ils écoutèrent avec soin, sans jamais regarder dans d'arbitraires arbitraires. Leurs traditions n'existent que dans de très vieilles chansons, mêlées de danses, où chacun, siècle sur siècle, apporta sa respectueuse contribution. Cependant, la musique javanaise observe un contrepoint auprès duquel celui de Palestrina n'est qu'un jeu d'enfant. Et si l'on écoute, sans parti pris européen, le charme de leur «percussion», on est obligé de constater que la nôtre n'est qu'un bruit barbare de cirque forain." (1913, p. 48 ; repris in 1971, p. 223.)

A quoi attribuer une telle différence de jugement entre les deux compositeurs français ? En premier lieu, de toute évidence, au fait que leurs appréciations se réfèrent à deux civilisations musicales très différentes, la chinoise et la javanaise. Néanmoins, Berlioz et Debussy partagent une même tendance à juger les musiques des "autres" dans une optique comparative, autrement dit en les rapportant à leur propre tradition musicale qui continue, comme dans le cas de Schumann, de représenter le point d'observation privilégié des compositeurs européens. En exprimant un jugement fortement négatif sur la musique chinoise, Berlioz réitère sa foi en la grande tradition occidentale, qu'il considère, sans l'ombre d'un doute, comme l'aboutissement de l'évolution humaine dans l'art d'organiser les sons : en bon compositeur du XIXe siècle, Berlioz utilise la syntaxe de l'harmonie tonale comme un système répondant pleinement à ses exigences expressives, et il n'a donc aucune raison valable de s'approcher d'une manière moins dogmatique de la musique chinoise. Debussy, en revanche, qui juge la musique javanaise en termes enthousiastes, avoue en même temps ne pas supporter le langage hérité de la tradition : s'il se déclare "sans parti pris", c'est précisément parce que, dans l'exercice de son activité créatrice, il a déjà remis en cause, et radicalement, le postulat d'inviolabilité des systèmes et des valeurs sur lequel était fondé le patrimoine de la musique du XIXe siècle. Parce que son langage est sujet à de profondes sollicitations et poussées évolutives, le fait de s'accrocher à des réalités lointaines lui permet de consolider une voie qui se reflète en affinités d'écriture et de sens : par conséquent, son attitude d'ouverture s'inscrit d'une manière cohérente dans la nécessité plus ample et plus profonde d'édifier un nouvel ordre musical dans un cadre plus large (Piccardi, 1996, p. 77).

Debussy, que l'on compte parmi les pères incontestés de la modernité du XXe siècle, est considéré comme le premier protagoniste du processus de *captatio* compositive des musiques non occidentales. On a dit que, dans ses œuvres, des éléments linguistiques et structuraux des musiques du lointain Orient ont été greffés sur le tissu syntaxique et grammatical de la musique européenne (Carpitella, 1985, p. 194). Ce procédé semble se concrétiser avec une évidence particulière dans le morceau pour piano, *Pagodes*, premier épisode du cycle *Estampes* (1903), que les biographes tiennent pour la preuve la plus éclatante de l'influence exercée sur l'auteur par les ensembles javanais écoutés durant les Expositions universelles de 1889 et de 1900. Le titre même du morceau constitue un tribut explicite à la civilisation orientale : plusieurs spécialistes ont identifié dans la construction musicale de *Pagodes* une référence à l'architecture des temples orientaux (dont Debussy a eu probablement connaissance à travers les estampes japonaises dont il était un amateur passionné) ; dans ces temples, une structure supérieure sinueuse, ornée et très élaborée est greffée sur une base sobre et dépouillée, emblématique de la capacité tout orientale de concilier l'idée de fixité et celle de mouvement, le sens des proportions et l'équilibre (Schmitz, 1950, p. 82). La construction musicale est caractérisée par l'emploi de quatre échelles pentatoniques qui, utilisées en qualité de "sujets" contrapuntistes, sont présentées dans diverses formes de rétrogradation mélodique, d'augmentation et de diminution rythmique ; à cela s'ajoutent une série de "licences" rythmico-accentuatives, des successions de secondes, de quartes et de quintes à vide, des glissandos, des éléments d'un lexique "minimum" qui contribuent à définir une surface musicale tissée d'arabesques sonores, très mobile et en suspens.

Mais interpréter *Pagodes* comme une "fantaisie exotique" ou comme un exercice de paraphrase de la musique du gamelan javanais serait attribuer une fonction de cause directe à un épisode de la biographie du compositeur, alors que cet épisode s'inscrit dans un phénomène culturel d'une portée plus vaste : l'intérêt très fort que les civilisations et les modèles de pensée orientaux suscitent dans les milieux artistiques et littéraires de la fin du XIXe siècle. Dès la seconde moitié des années 1880, Debussy est un visiteur assidu de la librairie *L'Art Indépendant* où, "en plus des lectures avec le propriétaire de la libraire, E. Bailly, qui étudiait les aspects ésotériques de la musique tant occidentale qu'orientale, il découvrit la musique sacrée indienne en fréquentant Inayat Khan" (Howat, 1983, p. 167) ; il est aussi un habitué du café Voltaire où se tient, en 1891, le légendaire banquet en l'honneur de Gauguin, présidé par Mallarmé et organisé à l'occasion du départ du peintre pour son premier séjour à Tahiti (Jarocinski, 1970, p. 102). Mallarmé, dont la personnalité artistique conditionnera d'une manière déterminante les développements de la poétique de Debussy – ce n'est pas un hasard si le critique anglais Arthur Symons nomme ce dernier "le Mallarmé de la musique" (1908) –, a déclaré, dès son poème de jeunesse *Las de l'amer repos*, en 1864, vouloir "imiter ces Chinois au cœur limpide et fin / De qui l'extase pure est de peindre sans fin / Sur des tasses de neige à la lune ravie / D'une bizarre fleur qui parfume sa vie" (1998, p. 123). Il faut rappeler aussi que la tendance de Debussy à utiliser des échelles pentatoniques, des thèmes non tonaux, des gammes pour tons entiers et autres éléments étrangers à la tradition occidentale se manifeste dès ses œuvres de jeunesse, conçues avant 1889. Dans le rapport rédigé en 1887 par le secrétaire de l'Académie des beaux-arts à propos de *Printemps*, que le compositeur réalise à la Villa Médicis où il séjourne en tant que prix de Rome, on lit : "M. Debussy [...] ne pèche assurément pas par platitude et banalité. Il a, tout au contraire, une tendance prononcée, trop prononcée même, à la recherche de l'étrange." (Cité in Jarocinski, 1970, p. 27.) A tout cela s'ajoute le fait que les échelles pentatoniques utilisées dans *Pagodes* ne sont pas une prérogative exclusive de la musique orientale puisqu'elles constituent, au contraire, un patrimoine commun à un grand nombre de civilisations non occidentales et à des cultures archaïques et folkloriques de tradition européenne.

Ces considérations visent non pas à contester l'intérêt de Debussy pour le gamelan javanais mais à mettre en évidence la multiplicité d'implications, souvent très controversées, liées à la tentative d'opérer une reconstruction fiable des dynamiques qui régissent les processus de *captatio* compositive des musiques non occidentales. Un autre musicien français, Marin Marais, avait composé en 1725 une pièce intitulée *Les Pagodes* (insérée dans les *Pièces à une et deux violes*). La référence à l'Orient y était concrétisée par l'introduction d'une série d'irrégularités rythmiques et mélodiques dans un ensemble harmonique régi par la syntaxe tonale : la présence d'éléments étrangers au contexte musical prenait donc une fonction *signalétique* et descriptive qui permettait d'expliquer, sur la base du principe de l'anomalie intégrable, la référence à une civilisation lointaine. Dans le cas de Debussy, en revanche, les éléments de lexique étrangers à la tradition tonale perdent leur connotation d'"altérité" parce qu'ils assument justement une fonction *structurale* : ils ne signalent plus une anomalie, mais deviennent le fondement d'une nouvelle syntaxe musicale. Le problème réside dans le fait que ce phénomène ne concerne pas seulement *Pagodes* mais toute l'œuvre de Debussy, y compris les pièces dans lesquelles la référence à des civilisations lointaines n'est suggérée ni par le titre du morceau ni par d'autres éléments extra-musicaux (comme dans le cas de la couverture de la première partition imprimée de *La Mer*, qui reproduit une gravure de Hokusai, *La Vague au large de Kanagawa*) ; et, en second lieu, dans le fait que l'on ne puisse ramener directement les aspects les plus novateurs de sa production à des éléments linguistiques et structuraux de la musique javanaise, que Debussy admirait avec ferveur mais dont il n'avait probablement qu'une connaissance assez limitée et épisodique puisqu'il n'avait jamais franchi les frontières de l'Europe.

3. Le mythe du primitif et la recherche de l'altérité

Au XXe siècle, aucun musicien ne se laisse aller à la diatribe de Berlioz contre les musiques des Chinois et des Indiens. Ce respect, au moins extérieur, pour la civilisation des peuples lointains, dénote un nouveau climat culturel. Cependant, l'exemple de Debussy montre que le poids linguistique et structural effectif de l'influence exercée par les musiques extra-européennes sur la tradition occidentale appelle une révision nécessaire pour dépasser des lieux communs qui jouissent toujours d'une circulation accréditée. Si, dans les premières décennies du siècle, les traces d'une rencontre avec les cultures de l'ailleurs sont visibles et souvent déclarées, il arrive aussi qu'elles soient niées (comme le fit Picasso à propos de ses *Demoiselles d'Avignon*) dans les œuvres des fauves, des cubistes, des expressionnistes ; mais ce sont le besoin d'une rupture avec les espaces traditionnels et la recherche de nouvelles formes d'expression, déjà mises en œuvre par les avant-gardes du XXe siècle, qui confèrent à l'art primitif son efficacité et son évidence, et non l'inverse (Leydi, 1991, p. 224-225). L'affaiblissement des certitudes linguistiques a préparé l'état psychologique et culturel qui a alimenté le besoin d'identification à un monde mythique, dans lequel les choix du primitif n'étaient autres que la manifestation d'un profond malaise de la civilisation occidentale. Dans la conscience collective, le mythe du primitif devint peu à peu synonyme de *transgression*, et s'amplifia au point de recouvrir en totalité, ou presque, le renversement formel et conceptuel opéré par les avant-gardes.

Le Sacre du printemps de Stravinsky a été jugé primitif dès sa première représentation publique, en 1913. Son impact sur la scène esthétique et culturelle du XXe siècle a été d'une violence proportionnelle à son agressivité phonique et à son originalité provocante. Le traitement musical, ouvertement transgressif, contribua à la définition *fauve* de l'œuvre, fondée par ailleurs sur le modèle sémantique et conceptuel "païen" que l'auteur à la fois nourrit et détourne (le ballet a en effet pour sous-titre "Scènes de la Russie païenne"). Stravinsky a toujours nié une influence directe du folklore russe sur cette œuvre, même si la publication récente des esquisses (Taruskin, 1980) a mis en lumière le fait que l'auteur avait tiré des éléments thématiques et structuraux du folklore russe et lithuanien dans une mesure beaucoup plus grande qu'il n'était disposé à l'admettre. Au-delà du problème des sources, il reste l'agressivité phonique d'une musique qui semble subvertir tous les points fermes de la tradition européenne et donne l'impression d'une irruption brutale des civilisations barbares sur la scène occidentale : une musique sans développement, obstinément répétitive, capable de passer indifféremment de l'explosion paroxystique à la monotonie, polymodale, hétérométrique, fondée sur la superposition de strates indépendantes sur le plan de l'harmonie. Comme le souligne Boulez, dans une analyse célèbre de l'œuvre, "on décèle également le rapport avec les mélodies sur les modes défectifs des musiques d'Indochine, du Tibet, par exemple, ou d'Afrique noire et, plus près de Stravinsky, de certaines mélodies populaires dont le reflet sonore nous était déjà familier avec Borodine et Moussorgski principalement" (1953, in 1995, p. 139). L'accueil fait au *Sacre* indique

que l'image du primitif, cultivée par la culture occidentale au début du XXe siècle, n'est pas vraiment différente de celle de l'exotisme des siècles précédents : tout ce qui est différent et anomal, tout ce qui rompt avec l'ordre établi, finit par s'agréger d'une manière confuse en un concept de primitif qui perd toute connotation anthropologique et historique reconnaissable, pour se transformer en une sorte de catégorie mentale. On en trouve un exemple très pertinent dans la réflexion critique d'Adorno : "L'origine de l'atonalité comme épuration de la musique de toute convention comporte justement par là même quelque chose de barbare [...]. Les toutes premières compositions atonales de Schoenberg, surtout les *Pièces pour piano*, opus 11, effraient plutôt par leur caractère primitif que par leur complexité, et l'œuvre de Webern, avec tout son morcellement, voire même grâce à lui, demeure presque entièrement primitive. Dans cet élan, Stravinsky et Schoenberg ont été pendant un instant compagnons de route. Chez Stravinsky, le caractère primitif de la phase révolutionnaire se réfère aussi au contenu expressif." (Adorno, 1949, in trad. fr., 1962, p. 51-52.)

Identifiées "tout court" au concept de transgression, les catégories du barbare et du primitif s'étendent d'une manière démesurée et finissent par englober toutes les expériences des avant-gardes musicales orientées vers une négation explicite des systèmes et des valeurs de la tradition occidentale : même s'il est très difficile d'avancer l'hypothèse selon laquelle il existerait des relations directes entre la production de Webern ou de Schoenberg et la musique des peuples extra-européens, le fait que l'accueil qui leur a été fait y ait reconnu une composante de primitivisme a déterminé une série de conséquences importantes sur le plan de la créativité musicale. Il nous suffira de mentionner, à titre d'exemple, un ensemble singulier de péripéties dont les protagonistes sont Schoenberg, Stravinsky et Ravel. En 1912, Stravinsky est très impressionné par la première exécution berlinoise du *Pierrot lunaire* de Schoenberg, un cycle de vingt et une pièces pour voix et ensemble instrumental caractérisé par l'adoption d'une technique de récitation *(Sprechstimme)* intermédiaire entre le chanté et le parlé, dans laquelle la voix doit toucher la note indiquée sans jamais l'immobiliser, en faisant osciller son intonation au moyen de *crescendi* et de *diminuendi* continuels. Plus qu'une conséquence de l'atténuation des lois de la tonalité, le recours à des hauteurs approximatives naît de la tentative de créer un langage de gestes primitifs, un système de déclamation stylisée qui trouve de nombreux parallèles dans différentes traditions musicales et théâtrales extra-européennes (Lessem, 1979, p. 132). Au cours de la même année, Stravinsky commence à composer les *Trois poésies de la lyrique japonaise*, pour voix et ensemble de chambre, basées sur trois *haiku* japonais ayant pour thème la venue du printemps : la concision de l'aphorisme, le climat de suspension tonale, les combinaisons de timbres et la température expressive de ces morceaux renvoient clairement au *Pierrot lunaire*. Le printemps des *Trois poésies* est totalement différent de celui du *Sacre* ; autant l'un est primitif, agressif, barbare, autant l'autre est délicat, défini par quelques traits essentiels, à la manière des estampes japonaises dont Stravinsky, comme Debussy, était un amateur passionné : "La solution graphique des problèmes de la perspective et des volumes qu'on y voit [dans l'art de l'estampe japonaise] m'incitait à trouver quelque chose d'analogue dans la musique." (Stravinsky, 1935-1936, in 2000, p. 60.) Stravinsky transmet son enthousiasme pour le *Pierrot* à Ravel et, en 1913, celui-ci compose les *Trois poèmes de Mallarmé*, pour un ensemble identique à celui des *Trois poésies* (avec l'idée, manifestement, de proposer les deux œuvres dans un même programme de concert qui inclurait le *Pierrot*). Quelque temps plus tard, Ravel réalise un autre cycle de pièces pour voix, conçu comme la continuation idéale des *Trois poésies* : les *Chansons madécasses* (1925-1926), sur lesquelles règne une fois encore, comme le dit le compositeur lors d'une conférence donnée en avril 1928, "La musique contemporaine", l'esprit du *Pierrot* (Orenstein, 1990). Les textes des *Chansons* sont tirés du recueil homonyme de Parny ; celui-ci expliquait le titre de son recueil en prétendant que les indigènes de Madagascar lui avaient transmis ces chansons de vive voix, alors qu'il n'avait jamais été à Madagascar et avait écrit les chansons en question durant un séjour aux Indes en 1784-1785. Le masque ethnographique des "sauvages" servait à justifier la hardiesse de textes riches d'images érotiques et voluptueuses, très inhabituelles dans la poésie française du XVIIIe siècle (Calza, 2002). De la même manière, Ravel utilise le masque de la "négritude" pour donner de la vigueur à la partition en recourant à une série d'éléments particulièrement "transgressifs" : procédés vocaux et instrumentaux à percussion, *Sprechmelodie* et hétérophonie par rapport aux instruments, transformation du timbre visant à rivaliser avec les sons d'une Afrique imaginée, écriture musicale riche en ostinatos et en échelles défectives, qui tendent à l'écart polyphonique et polyrythmique, polymodal et polytonal, et n'ont pas d'équivalent dans le reste de sa production.

Le bref "reportage" que nous venons d'effectuer souligne l'extraordinaire fonction propulsive que le mythe du primitif a exercée dans la culture musicale du début du XXe siècle : un primitif dénué de connotation anthropologique et, donc, compris dans une acception totalement abstraite et hors contexte, mais dont il émane une suggestion expressive d'autant plus débordante que les traits de son identité véritable restent flous. De fait, la créativité des compositeurs occidentaux est sollicitée non pas tant par la musique que par d'autres manifestations artistiques des civilisations exotiques (le théâtre oriental, les estampes et la poésie japonaises, la poésie faussement africaine) ; de plus, ces manifestations leur parviennent d'une manière indirecte puisque c'est par le truchement des peintres et des écrivains européens, en un jeu de dissimulations progressives et de miroirs déformants dans lesquels les compositeurs européens entrevoient peut-être une image des civilisations non occidentales qu'ils forgent eux-mêmes, et ce, afin de donner un visage, quand bien même imaginaire, à leurs tensions expérimentales. Et pour matérialiser, en les projetant sur une altérité idéale, leurs inquiétudes les plus profondes.

Souvent, ce sont les éléments extra-musicaux, justement, le titre de l'œuvre ou le texte mis en musique, qui indiquent la présence d'une référence aux cultures non occidentales : ainsi le titre de la première œuvre orchestrale de Ravel, *Shéhérazade, Ouverture de féerie* (1898), ne peut que suggérer à l'auditeur un développement orientalisant digne de l'exotisme cruel et sensuel de l'héroïne des *Mille et Une Nuits* (accompagné éventuellement, comme c'est effectivement le cas, de thèmes empruntés à un recueil de transcriptions de poèmes persans). De même, des titres comme *Rhapsodie espagnole* (Ravel, 1907) ou *Ibéria* (Debussy, 1906-1908) présagent un voyage dans le folklore espagnol là où *Piano-Rag-Music* (Stravinsky, 1919) ou *Jazz-Toccata und Fuge* (Hartmann, 1936) promettent une incursion dans le monde de la musique afro-américaine ; *Saudades do Brasil* (Milhaud, 1920-1921) nous mène au Brésil et la *Sinfonia India* (Chávez, 1936) dans les univers de la musique indienne du Mexique. Quand le titre du morceau trahit une référence à une civilisation déterminée, il est évident que l'auteur entend nous suggérer une clé de lecture privilégiée ; mais, ce faisant, il précise en même temps que la validité de cette lecture est circonscrite à cette œuvre-là, et que l'on ne peut l'exporter dans d'autres contextes. Autrement dit, il s'agit d'excursions purement occasionnelles, de voyages dans des mondes sonores “inhabituels”, dont l'influence demeure très marginale sur l'univers expressif de l'auteur.

La catégorie du compositeur en quête de matériaux exotiques de première main trouve un digne représentant en la personne de Darius Milhaud : après un premier voyage en Sardaigne avec Collaer, où il étudie le folklore local, Milhaud part pour le Brésil en tant que secrétaire de l'ambassadeur français. L'influence de la musique brésilienne est manifeste dans *L'Homme et son désir* (1921) – une sorte de “portrait” musical de la forêt brésilienne, qui utilise des instruments à percussion afro-américains et adopte des procédés de polymétrie, de polyrythmie et de polytonalité – et dans *La Création du monde*, où la polytonalité et la transgression à la fois rythmique et accentuelle sont combinées avec un large emploi de l'échelle du blues (avec une foule de citations de *St. Louis Blues*). L'image du compositeur européen qui, comme Milhaud, se met en quête de matériaux exotiques qui irrigueront sa veine créatrice est une image sans épaisseur, quasiment de carte postale, et Boulez, en observateur perspicace, ne peut s'empêcher, dans une lettre adressée à Cage en 1950, d'y associer un commentaire ironique : "Je vais en Amérique du Sud. [...] Je dois m'acheter un de ces grands chapeaux (un sombrero) pour avoir un air véritablement sud-américain. J'essaierai de ne pas rentrer comme Milhaud !" (Boulez et Cage, 1991, p. 84.)

4. Le mythe de l'Orient et la recherche de l'identité

Le contact avec les autres cultures musicales n'a pas toujours eu une incidence aussi marginale et épisodique sur la pensée créatrice des compositeurs occidentaux, comme en témoigne l'activité d'Olivier Messiaen, à qui Boulez reconnaît le mérite d'"avoir créé une technique consciente de la durée" et d'"avoir délié l'écriture rythmique de l'écriture polyphonique" (1952, in 1995, p. 288). Durant ses études au conservatoire, Messiaen, parcourant l'*Encyclopédie de la musique* de Lavignac publiée à Paris en 1924, tombe sur ce qu'il n'hésite pas à qualifier de "sommet de la création rythmique hindoue et humaine !". Il s'agit d'un tableau de cent vingt *deci-tâla*, rythmes provinciaux de l'Inde classique, tirés d'un traité du XIIIe siècle : "J'ai longuement étudié les cent vingt *deci-tâla* qui sont réunis un peu en désordre par Shârngadeva, tellement longuement que j'ai fini par découvrir les différentes règles rythmiques qui en dérivent, ainsi que les symboles religieux, philosophiques et cosmiques qu'ils contiennent. [...] L'élément premier est l'existence de rythmes particuliers que j'ai définis comme des rythmes «non rétrogradables»." (Messiaen, 1985, p. 81.) La découverte de ces rythmes a conditionné d'une manière déterminante l'élaboration des techniques musicales de Messiaen, et celles-ci ont constitué, à leur tour, une référence de première importance pour le développement du sérialisme intégral adopté par de nombreux représentants de l'avant-garde européenne, au lendemain de la Seconde Guerre mondiale. Mais là aussi il faut s'interroger sur des questions de méthode. Messiaen dit avoir étudié non seulement les règles rythmiques mais aussi leur signification symbolique. Or, a-t-il pu écouter, dans les années 1920, de la musique indienne dans sa forme sonore concrète ? La transcription de ces rythmes, sur la base des critères de la notation occidentale, pouvait-elle donner une idée fiable de leur modalité d'utilisation dans la pratique musicale ? Il est évident que la *captatio* de Messiaen en reste à un plan purement théorique et formel.

Néanmoins, aussi abstraits et coupés de leur contexte qu'ils aient été, ces rythmes répondaient pleinement aux objectifs du compositeur : trouver un modèle de référence valable pouvant se substituer aux critères de construction rythmique que la tradition du XIXe siècle lui avait légués. Ce n'est pas un hasard si, dans les premières pages de *Technique de mon langage musical* (1944), Messiaen souligne l'analogie entre des *deci-tâla* et certains procédés rythmiques du *Sacre du printemps* de Stravinsky : envisager une application des rythmes hindous – consciente ou inconsciente, la question est sans intérêt – dans une des œuvres les plus novatrices du panorama du XXe siècle signifie, en effet, vérifier l'efficacité de ces critères de constructions en dehors de leur contexte d'origine et, par conséquent, légitimer leur caractère exportable dans des milieux linguistiques et expressifs nouveaux et différents.

L'exemple de Messiaen montre que l'éventuelle attirance d'un compositeur vers des éléments lexicaux et syntaxiques d'une civilisation musicale ancienne est d'abord liée à un état d'esprit personnel, qui lui permet de *re-connaître* dans ces modèles des convergences et des points de contact avec les développements d'une recherche autonome qui lui appartient en propre, comme l'explique Luciano Berio dans une interview donnée en 1981 (1981, p. 118-119 ; trad. fr., p. 143-144) : "J'ai cherché récemment à approfondir cet intérêt [pour le folklore] et j'ai cherché à comprendre, de façon plus spécifique, plus technique, les processus qui règlent certains styles populaires par lesquels je me sentais attiré, parce que, pour le dire simplement et égoïstement, j'y trouve quelque chose à apprendre et qui peut m'être utile. Je songe avant tout au folklore sicilien, serbo-croate et aux «hétérophonies» de l'Afrique centrale. Je ne suis pas ethnomusicologue, je suis seulement un égoïste pragmatique. J'ai tendance en effet à ne m'intéresser qu'aux seules expressions et techniques populaires qui, d'une façon ou d'une autre, peuvent être assimilées par moi sans rupture et qui me permettent de m'exercer à faire quelque pas en avant dans la recherche d'une unité sous-jacente entre deux mondes musicaux apparemment étrangers l'un à l'autre."

Berio a employé des matériaux ethniques et folkloriques dans maintes de ses œuvres : non pour collectionner des anecdotes mais pour interroger les potentialités infinies d'interaction dialectique entre les différentes traditions culturelles. Même quand il s'adonne à la transcription, comme dans le cas des *Folk Songs* (1964) – un recueil de onze mélodies populaires de diverses zones géographiques, conçues pour voix et ensemble de chambre –, Berio soumet généralement le matériau ethnique à un audacieux processus de réinvention créatrice : bien que la transcription soit effectuée sans que les mélodies originelles soient modifiées fondamentalement, leur réexamen dans un nouveau contexte expressif de type classique détermine une véritable "polyphonie" entre les différents codes linguistiques. Outre les matériaux rythmiques et mélodiques, Berio s'est intéressé aussi aux techniques d'articulation des musiques ethniques : on en trouve un exemple dans *Coro*, une ample composition pour chœur et orchestre (1974-1976) caractérisée par l'emploi du hoquet instrumental des Banda-Linda, une tribu de l'Afrique centrale. Il s'agit d'une musique polyphonique et polyrythmique d'une complexité extraordinaire, réalisée par un ensemble d'instruments à vent et des percussions ; chaque instrument exécute généralement un seul son, et la richesse de la trame musicale est obtenue par la répétition et la superposition de différents *patterns* rythmiques. On a donc un modèle singulier de polyphonie générée par la polyrythmie. Les critères d'articulation en ont été étudiés par l'ethnomusicologue Simha Arom, qui a mis à la disposition de Berio les résultats de ses recherches avant même que celles-ci ne soient publiées. Berio n'a pas été le seul compositeur séduit par le hoquet des Banda-Linda. György Ligeti aussi, qui, du reste, a écrit la préface à l'édition anglaise (Arom, 1991, p. XVII-XVIII) du grand ouvrage d'Arom, *Polyphonies et polyrythmies instrumentales d'Afrique centrale* (1985). Ligeti utilise en effet ces techniques dans ses *Etudes pour piano, premier livre* (1986) : comme pour le gamelan, c'est, ici, la possibilité de créer un organisme très complexe à travers la stratification d'entités linéaires relativement simples, qui éveille la curiosité des compositeurs européens. Dans *Coro* de Berio, une monumentale construction narrative qui intègre des références à différents textes et langages musicaux, la technique des Banda-Linda transparaît à plusieurs reprises. Cependant, elle n'est jamais employée sous forme exclusive (en tant que simple citation) mais toujours dans le cadre d'un tissu caractérisé par la stratification de différentes entités structurales. L'objectif est, une fois encore, d'expérimenter les innombrables potentialités d'interaction entre les divers codes linguistiques et expressifs : parce que la musique, comme aimait à le répéter le compositeur, n'est autre qu'un "code de codes".

Cela dit, la disposition au dialogue interculturel ne s'est pas toujours vérifiée sur un plan purement formel ; certains auteurs, au premier rang desquels John Cage, ont moins repris des éléments de lexique et de syntaxe musicale qu'ils ne se sont confrontés aux univers de pensée des civilisations orientales, afin de soumettre leur poétique créative à un processus de révision critique radical : "Je me rendis compte très vite, dans ma vie, qu'il était nécessaire que je change ma musique. On m'avait enseigné, comme à la plupart des gens, que la musique représente l'expression de l'ego individuel : il s'agissait du concept d'«auto-expression». [...] Je décidais de ne plus écrire tant que je n'aurais pas trouvé une raison plus convaincante que l'«auto-expression» pour le faire. Finalement je trouvai cette raison dans les traditions orientales ; mais un ami la trouva exprimée aussi par un compositeur anglais, aussi tôt qu'au XVIIe siècle, je crois. Elle était la suivante : «Le but de la musique est de calmer, d'apaiser, de rasséréner l'esprit, en l'ouvrant aux influences divines.» [...] Je voulus donc me débarrasser de la conception traditionnelle selon laquelle l'art représente un moyen d'auto-expression, en lui substituant la conception qui fait de l'art un moyen d'auto-modification, et ce qu'il modifie, c'est *l'esprit,* et l'esprit est dans le monde et constitue un fait social [...]. Cela, c'est une *valeur*." (1987, p. 215-216.)

Dans la pratique zen que Cage a abordée à la fin des années 1940 en fréquentant les cours donnés à la Columbia University par le Japonais Daisetz Suzuki, la méditation doit être pratiquée sans finalité particulière, seule manière d'atteindre l'illumination, qui s'exprime à travers le silence. La non-intention et le silence deviennent les fondements de la pratique musicale de Cage, caractérisée par le recours à des techniques aléatoires, tel le *Yi King* (ou *Livre des mutations*, art divinatoire chinois ancestral) sur lequel l'auteur s'appuie pour réaliser une grande partie de ses œuvres à partir de *Music of Changes* (1951). Cage ne se transforme pas pour autant en *roshi* zen ; bien que s'inspirant de la pensée orientale, il continue d'exercer son activité créatrice dans le cadre des mécanismes de production de la tradition occidentale : la partition, les répétitions, les concerts et les enregistrements. Du reste, en ces mêmes années, la nécessité de mettre au point des techniques de construction "objectives", capables de libérer l'organisation de la matière sonore de la subjectivité du compositeur, était une exigence partagée par différents compositeurs de l'avant-garde sérielle. Ce fut la contiguïté de ces problématiques, plus que la greffe d'une diversité réelle, qui donna un relief extraordinaire à l'apparition de Cage sur la scène musicale européenne, à la fin des années 1950. A partir de ce moment, le nombre des compositeurs occidentaux qui se sont rapprochés de la musique et de la spiritualité de l'Orient est virtuellement infini.

Mais ce phénomène n'est pas à sens unique : même si l'expérience du voyage en Orient devient, dans les années 1960 et 1970, une sorte d'étape "obligée" pour de nombreux musiciens occidentaux, le processus de circulation des savoirs musicaux est favorisé aussi par la présence, en Europe et aux Etats-Unis, de grands musiciens orientaux, comme le sitariste Ravi Shankar et son percussionniste Alla Rakha, ou le grand maître de la musique indienne, Pandit Pran Nath. A la même époque, une nouvelle génération de compositeurs arrive du Japon, tels Matsudaira, Takemitsu et Mayuzumi. Ayant reçu une éducation académique de type occidental, ces compositeurs ouvrent la voie à de nouvelles possibilités d'interaction entre les techniques européennes et les univers expressifs de la tradition orientale. Dans ce jeu de miroirs inversés, où le musicien oriental porte le masque de l'Occident, la frontière entre l'imitation et son modèle se fait de plus en plus évanescente. Dans les œuvres de Takemitsu, par exemple, on ne rencontre quasiment jamais d'éléments lexicaux ostensiblement "exotiques" (excepté l'emploi occasionnel d'instruments traditionnels comme le *biwa*, le *shakuhachi* et le *koto*) ; mais, sous des dehors stylistiques apparemment conformes aux préceptes de la tradition occidentale se dissimulent une syntaxe, une manière de lier les phrases, d'articuler l'espace du timbre et d'organiser la forme qui sont totalement irréductibles aux principes de construction européens et dénotent, au contraire, la marque inimitable de la pensée et de l'esthétique japonaises.

Dans un climat d'information interculturelle aussi riche et aussi stimulant que celui des années 1960, chaque compositeur a tendance à sélectionner, dans les multiples univers de la musique orientale, les traits qui se rapprochent le plus des demandes de sa recherche créatrice : Franco Evangelisti voit dans le musicien indien – cet "interprète-cocréateur" capable de conjuguer connaissances dans le champ de la composition et talents d'instrumentiste – l'exécutant idéal de l'œuvre "ouverte", dans laquelle la composition octroie d'amples marges d'action à l'improvisation des interprètes ; Philip Glass s'intéresse aux techniques d'articulation additive de la musique indienne, qui deviendra un des principaux modèles d'inspiration du minimalisme américain. Un séjour au Japon permet au contraire à Stockhausen de "faire un pas supplémentaire vers la composition non pas de "ma" musique, mais de la musique de tout le monde" (1971, p. 75) : 1966 est justement l'année de *Telemusik*, un morceau pour bande magnétique, dans lequel l'auteur élabore des enregistrements de musiques ethniques de différentes provenances géographiques en recourant à la technique de l'intermodulation, qui permet de modifier les paramètres structuraux d'un morceau enregistré sur la base des codes paramétriques d'une autre source sonore ; et ce, non pour faire un "collage" mais pour réaliser, à travers une transformation réciproque des matériaux d'origine, une "rencontre spirituelle", une "unité à un niveau supérieur". Dans un grand nombre de ses œuvres suivantes, il est possible de retrouver des fragments de cantillation bouddhiste, des mélodies, des instruments, des éléments de gestualité et de ritualité typiques de la pratique musicale japonaise. Dans les racines spirituelles de cette culture, où la pensée créatrice est nourrie de contes anciens et de mythes, Stockhausen retrouve "le sens véritable de faire de la musique", que les civilisations occidentales semblent avoir perdu ; car "la tradition n'existe pas "tout simplement", elle doit être recréée chaque jour" (*ibid.*, p. 76).

La lecture la plus lucide et la plus désenchantée des implications liées à la relation entre les différentes traditions musicales nous est offerte par le compositeur argentin Mauricio Kagel dans *Exotica, für aussereuropäische Musikinstrumente*, une œuvre dont il a reçu commande pour l'exposition "Weltkulturen und Moderne Kunst", organisée à Munich durant les Jeux olympiques de 1972. Loin de vouloir écrire de la musique exotique, Kagel entend faire de la pratique de l'exotisme l'objet même de la composition. Il en résulte une audacieuse opération de "méta-exotisme" qui vise à mettre en lumière, en termes purement musicaux, les multiples ambiguïtés et contradictions qui ont caractérisé la relation des musiciens occidentaux avec les cultures de "l'ailleurs". Plus de deux cents instruments provenant des civilisations musicales de l'Afrique, de l'Océanie, de l'Australie, de l'Asie et de l'Amérique sont mis à la disposition de six exécutants de formation musicale classique européenne, qui doivent jouer de ces instruments qu'ils ne connaissent ni ne dominent sur le plan technique. Au cours du morceau, ils sont soumis à différents types d'obligations : ils doivent d'abord imiter des modèles de musiques exotiques originales (dont ils ignorent les critères d'articulation syntaxique et le contexte de signification). Une deuxième possibilité d'interaction est donnée par "l'imitation avant l'imitation" : on demande alors aux instrumentistes d'imiter une certaine tradition musicale avant de connaître le modèle original. La troisième obligation est "l'imitation de l'imitation" : les musiciens inventent des modèles "authentiquement apocryphes" en commentant un texte de référence imaginaire que l'on suppose réel. A travers ce jeu de masques progressifs, qui neutralise l'opposition entre original et imitation, Kagel déconstruit la tradition de l'exotisme occidental, qui prétend modifier des éléments d'autres civilisations musicales sans posséder une connaissance appropriée de leur valeur contextuelle et fonctionnelle première (Pelinski, 1995). Mais en même temps, *Exotica* pose d'inquiétantes questions sur l'éthique du "non-lieu" qui envahit la culture contemporaine, sur la disparition des raisons qui ont nourri le mythe de la diversité et de la recherche de "l'ailleurs", ainsi que sur le vide dramatiquement implicite dans le postulat de l'équivalence de toutes les cultures possibles.

Bibliographie

ADORNO, T. W., 1949 : *Philosophie der neuen Musik*, Mohr, Tübingen ; trad. fr., *Philosophie de la nouvelle musique*, Paris, Gallimard, 1962.

AROM, S., 1985 : *Polyphonies et polyrythmies instrumentales d'Afrique centrale. Structure et méthodologie*, 2 vol., Paris, SELAF ; trad. angl., *African Polyphony and Polyrhythm. Musical Structure and Methodology*, Cambridge, Cambridge University Press ; rééd., Paris, Editions de la Maison des sciences de l'homme, 1991, préface de G. Ligeti.

BALBONI, P. E., 1999 : *Parole comuni culture diverse*, Venise, Marsilio.

BARTHES, R., 1968 : "La mort de l'auteur", *Aspen*, n° 5-6, s. p. ; repris in *Le Bruissement de la langue. Essais critiques IV*, Paris, Le Seuil, 1984, p. 61-67, puis in *Œuvres complètes*, Paris, Le Seuil, 1994, vol. II, p. 491-495.

BERIO, L., 1981 : *Intervista sulla musica*, R. Dalmonte (éd.), Bari, Laterza ; trad. fr., *Entretiens avec Rossana Dalmonte*, Paris, Lattès, 1983.

BERLIOZ, H., 1854 : *Les Soirées de l'orchestre*, 2e éd., Paris, Michel Lévy ; rééd., Paris, Stock, 1980.

BOULEZ, P., 1952 : "Eventuellement", *La Revue musicale*, n° 212, p. 117-148 ; repris in *Relevés d'apprenti*, Paris, Le Seuil, 1966, p. 147-182, puis in *Points de repère*, I. *Imaginer*, J.-J. Nattiez et S. Galaise (éd.), Paris, Christian Bourgois, 1995, p. 263-295.

BOULEZ, P., 1953 : "Stravinsky demeure", in *Musique russe*, P. Souvtchinsky (éd.), 2 vol., Paris, Presses universitaires de France ; repris in *Relevés d'apprenti*, Paris, Le Seuil, 1966, p. 75-145, puis in *Points de repère*, I. *Imaginer*, J.-J. Nattiez et S. Galaise (éd.), Paris, Christian Bourgois, 1995, p. 81-143.

BOULEZ, P. et CAGE, J., 1991 : *Correspondance*, documents réunis, présentés et annotés par J.-J. Nattiez, Paris, Christian Bourgois.

CAGE, J., 1987 : *Conversing with Cage*, R. Kostelanetz (éd.), New York, Limelight.

CALZA, R., 2002 : "«Forêts, soleils, rives, savanes…» Le *Chansons madécasses* di Ravel", *Musica/Realtà*, n° 69, p. 129-149.

CARPITELLA, D., 1985 : "Dal mito del primitivo alla informazione interculturale nella musica moderna", *Studi musicali*, vol. XIV, n° 1, p. 193-208.

COMPAGNON, A., 1985 : *L'Imitation, aliénation ou source de la liberté ?*, Paris, La Documentation française.

DAHLHAUS, C., 1980 : *Die Musik des 19. Jahrhunderts*, Laaber, Laaber-Verlag.

DEBUSSY, C., 1913 : "Du goût", *S.I.M.*, vol. IX, n° 2, p. 48 ; repris in *Monsieur Croche et autres écrits*, F. Lesure (éd.), Paris, Gallimard, 1971, p. 222-225.

FAUSER, A., 2005 : *Musical Encounters at the 1889 Paris World's Fair*, Rochester, University of Rochester Press.

HOWAT, R., 1983 : *Debussy in Proportion*, Cambridge, Cambridge University Press.

JAROCINSKI, S., 1970 : *Debussy. Impressionnisme et symbolisme*, Paris, Le Seuil.

LESSEM, A. P., 1979 : *Music and Text in the Work of Arnold Schoenberg*, Ann Arbor, UMI Research Press.

LEYDI, R., 1991 : *L'Altra Musica. Etnomusicologia. Come abbiamo incontrato e creduto di conoscere le musiche delle tradizioni popolari ed etniche*, Florence, Giunti-Ricordi.

MALLARMÉ, S., 1998 : *Œuvres complètes*, Paris, Gallimard, "Bibliothèque de la Pléiade".

MESSIAEN, O., 1944 : *Technique de mon langage musical*, 2 vol., Paris, Alphonse Leduc.

MESSIAEN, O., 1985 : *Musique et couleur : nouveaux entretiens*, C. Samuel (éd.), Paris, Belfond.

ORENSTEIN, A. (éd.), 1990 : *A Ravel Reader. Correspondence, articles, interviews*, New York, Columbia University Press.

PASQUALOTTO, G., 2003 : *East & West. Identità e dialogo interculturale*, Venise, Marsilio.

PELINSKI, R., 1995 : “Masques de l'identité. Réflexions sur *Exotica* de Mauricio Kagel”, *Circuit*, vol. VI, n° 2, p. 47-59.

PICCARDI, C., 1996 : “Ricerca dell'altrove”, *Musica/Realtà*, n° 50, p. 77-95.

ROUSSEAU, J.-J., 1768 : *Dictionnaire de musique*, Paris, Veuve Duchesne ; rééd., in *Œuvres complètes*, Paris, Gallimard, “Bibliothèque de la Pléiade”, vol. V, p. 603-1191 ; rééd., Arles, Actes Sud, “Thesaurus”, C. Dauphin (éd.), 2007.

SCHMITZ, E. R., 1950 : *The Piano Works of Claude Debussy*, New York, Dover.

SCHUMANN, R., 1854 : *Gesammelte Schriften über Musik und Musiker*, Leipzig, Georg Wigand ; 5e éd., *Schriften über Musik und Musiker*, M. Kreisig (éd.), Leipzig, Breitkopf und Härtel, 1914.

STOCKHAUSEN, K., 1971 : *Texte zur Musik 1963-1970*, Cologne, M. DuMont Schauberg, vol. III.

STRAVINSKY, I., 1935-1936 : *Chroniques de ma vie*, 2 vol., Paris, Denoël et Steel ; rééd., Paris, Denoël, 2000.

STRAVINSKY, I., 1963 : *Dialogues and a Diary*, New York, Doubleday.

SYMONS, A., 1908 : “Claude Debussy”, *Saturday Review*, 8 février.

TARUSKIN, R., 1980 : “Russian Folk Melodies in *The Rite of Spring*”, *Journal of American Musicological Society*, vol. XXXIII, p. 501-543.

TIERSOT, J., 1889 : *Musique pittoresque. Promenades musicales à l'Exposition de 1889*, Paris, Fischbacher.

VARÈSE, E., 1983 : *Ecrits*, L. Hirbour (éd.), Paris, Christian Bourgois.

Sylvie Bolle

FOLKLORE ET FOLKLORISATION
LA CONSTRUCTION DE L'AUTRE ET DE SOI

Pour désigner un énigmatique "savoir populaire" sur lequel les cultures savantes projetaient, en Europe, au XIXe siècle, des images d'un monde paysan idyllique, un savant anglais, W. J. Thoms, proposa le terme de *folk-lore (the lore of the people)* en 1846, dans une lettre au journal anglais *The Athenaeum.* Les équivalents français et italiens ont été adoptés par mimétisme phonétique. (Pour un survol de l'histoire du folklore, on lira dans ce volume la première section de l'article de Jean Molino, "Qu'est-ce que l'oralité musicale ?".)

Le terme de folklore est employé dans les sciences humaines et sociales et dans les sociétés, selon plusieurs sens possibles qui varient selon les communautés, les traditions intellectuelles, les institutions, l'histoire des sociétés. Dès le début de son émergence, et jusqu'à nos jours, ce terme a été et reste porteur de préjugés, de confusions, mais aussi d'idéalisations et de valeurs idéologiques parfois politiquement réversibles, comme l'ont montré, par exemple, les études de Daniel Fabre (1997) ou de Marina Frolova-Walker (1998).

Le terme de "folklorisation" (formé sur le mot "folklore", avec le suffixe *-tion* qui, en français, produit nombre de mots), par la nuance sémantique qu'il ajoute au terme de "folklore", marque le mouvement et l'action. Bien qu'il ne figure pas dans les dictionnaires de français contemporain ni dans celui des néologismes de la langue française, le terme de "folklorisation" est utilisé spontanément dans la littérature des sciences humaines et sociales, comme dans la langue parlée de tous les jours, pour référer, de façon assez vague, aux processus par lesquels le folklore fait l'objet d'une construction.

Ce n'est pas sans quelque inquiétude que l'ethnomusicologue écrit sur le folklore, car notre discipline, née en Europe à la fin du XIXe siècle, est influencée par le mouvement romantique, alors que la culture savante en Europe cherchait à s'expliquer la culture populaire : sa poésie chantée, ses coutumes et usages, ses langues locales. L'ethnomusicologie, qui emploie le terme de “folklore”, procède de ce mouvement d’idées en s’interrogeant sur les musiques paysannes et populaires en Europe et sur les musiques savantes et populaires dans le monde. Pour évoquer les représentations du folklore et de la folklorisation depuis les débuts de l’ethnomusicologie, il semble donc souhaitable de porter l’attention en deçà des modèles herméneutiques, pour se concentrer plutôt sur le paradigme de l’altérité en anthropologie, à la suite de nombreux auteurs, dont par exemple Mondher Kilani dans une étude sur l’invention de l’autre (1994). Nous choisissons d’éviter ici les débats théoriques autour de cette vaste réflexion et des paradigmes éthiques de l’altérité pour ne garder que l’essentiel de notre métier qui est, selon moi, de penser l’être humain selon ses musiques et dans les jardins de la pensée traversés par divers types d’humanismes.

L’auteure de ces lignes a commencé à s’interroger sur la question du folklore dans une étude sur les polyphonies vocales que cultivent les habitants et habitantes d’une région des Préalpes en Suisse (Bolle-Zemp, 1992), zone dont on connaît l’apport important à la reconnaissance des traditions populaires. Il s’agissait pour nous de laisser la parole à des gens “ordinaires”, qui peuvent être des artistes – en toute modestie –, et d’apprendre comment ils pensent créativement l’art vocal et l’expriment par des images et des formes de “réenchantement” de la montagne liées aux sensibilités et à la place de la ruralité dans les sociétés d’aujourd’hui. Elles s’inscrivent dans l’histoire du mouvement européen d’invention et de découverte des cultures populaires. Cette étude a été effectuée selon une méthodologie qui demandait au chercheur de se mettre à distance de lui-même pour essayer de décrire ce qui était vu comme son objet de recherche. Mais cette pratique de terrain conduit aussi à réfléchir aux regards sur les pratiques musicales, à partir d’une réflexion sur l’altérité. On montrerait aisément, en comparant ces données de terrain, que les représentations des savoirs musicaux, d’ailleurs fort variées selon les contextes et les lieux, procèdent autant de l’histoire des sociétés que d’idéaux construits ou reconstruits par les personnes que nous avons interrogées. Ces représentations sont perméables à des stéréotypes et à des imaginaires, réinventés parfois par la publicité, et qui nourrissent les rêves en Europe, ici et là. Sans négliger les différences de pratiques discursives dans les recherches folkloristes et ethnomusicologiques, il semble cependant possible de remarquer qu’une comparaison des regards à l’œuvre dans ces pratiques, avec les pratiques musicales elles-mêmes et leurs représentations indigènes, nous amène à questionner les multiples formes de gestion et d’invention à l’œuvre dans le mouvement de découverte des traditions populaires qui s’inscrit dans la longue histoire des représentations artistiques et littéraires du monde paysan en Europe. Dans ces représentations partagées circulent des idées et des présupposés liés à diverses valeurs idéologiques, à des thèmes et des mythes (comme ceux du berger, de l'âge d'or ou du paradis perdu) en relation à la reconnaissance d'autrui. Bien sûr, la réflexion sur le dualisme entre soi et les autres n'est pas spécifique à l'anthropologie, et il est par ailleurs admis que, depuis des millénaires, les peuples ont élaboré une conscience des autres et d'eux-mêmes (citons, par exemple, l'étude de François Hartog [1996] sur l'imaginaire social en Grèce ancienne).

Les termes de "folklore" et de "folklorisation" suscitent ainsi des interrogations sur les questions de l'altérité en ethnologie et en ethnomusicologie. J'aimerais commencer par évoquer quelques exemples de la façon dont peut être théorisée la question de l'altérité dans l'histoire de la construction du folklore.

1. De quelques pratiques de la recherche sur le folklore

Le développement et les motivations qui sous-tendent l'instauration du folklore comme discipline ont été écrits selon diverses méthodes et approches. On pourrait citer, parmi bien d'autres, quelques ouvrages qui nous semblent les plus connus et où l'on trouvera une importante bibliographie : *Storia del folklore in Europa* (1981) publié par Giuseppe Cocchiara, les travaux de Nicole Belmont sur l'histoire et les raisons de l'émergence des recherches sur le folklore (1986, 1990, 1993 et 1995) et de Jacques Cheyronnaud sur les collectes musicales en terrain français et sur l'objet de recherche "ethnologie et musique" (1986 et 1997). Rappelons le livre publié par Emmanuel Le Roy Ladurie (1994) sur la représentation artistique et littéraire de la paysannerie en Europe depuis le Moyen Age jusqu'au XXe siècle, ainsi que celui de Christoph Vitali (1995) sur l'esprit du romantisme dans l'art allemand de 1790 à 1990. En quelques lignes seulement, nous nous permettrons de rappeler quelques traits selon lesquels la culture savante a construit en Europe ses regards sur les cultures populaires.

Le folklore comme discipline est né dans l'Europe de la première moitié du XIXe siècle, alors que les sociétés agricoles et les marchés nationaux se transformaient. Une nouvelle sensibilité envers les productions rurales se manifeste, préparée par le mouvement préromantique et par le rationalisme des Lumières. Des descriptions consacrées à la paysannerie, ce qu'il était convenu alors de désigner comme ses us et coutumes, font l'objet d'une vaste littérature. Vers la fin du XVIIIe siècle, les productions populaires deviennent dignes d'intérêt tout en étant éloignées non plus dans l'espace, comme dans la réflexion ethnologique sur les cultures extra-européennes, mais dans le temps (Belmont, 1986). En Angleterre, mais aussi en Europe, des publications apportent – sous l'égide du beau, du rare, du vrai et de l'ancien – à un public qui s'enchantait déjà de ces récits des commentaires littéraires qui correspondaient à un engouement populaire pour ce qui était représenté comme les vestiges de la littérature orale, avec l'objectif d'en établir l'authenticité et la provenance. Pour désigner l'énigmatique savoir du peuple sur lequel étaient projetées, par les chercheurs, les images d'un monde paysan paisible et tranquille que renvoient une littérature rustique et une peinture modelées par une vision bucolique et idyllique, Thoms propose en 1846, comme on l'a signalé en commençant, le terme de *folk-lore* qui désigne un savoir populaire de nature mythique, largement issu de l'inconscient. Ce terme devait se substituer à l'expression “antiquités nationales”, en usage jusque-là.

Ce mouvement d'enthousiasme animera vers les années 1850 les grandes entreprises de collectes, faites selon la tradition philologique d'établissement des variantes et permettant de construire des typologies musicales. Dans le domaine de la littérature orale, on peut citer par exemple les publications en Allemagne de Brentano et des frères Grimm, et en France, les travaux de l'Académie celtique. Mais la littérature orale, représentée comme poétique et pittoresque, de nature mythique, donne aussi l'impression de flotter en deçà des réalités sociales et économiques des peuples concernés. Il était admis que l'esprit de la Nation s'exprimait sous une forme plus pure dans la vie de ceux qui vivaient près de la nature et à l'écart de la modernité. La poésie chantée est publiée dans des recueils de chants ou dans des adaptations musicales destinées à présenter des répertoires considérés comme spécifiques et qui célèbrent les régions comme des réservoirs d'archaïsmes culturels. D'autres auteurs présentent ces productions en les commentant en référence à l'art savant légitime, tout en s'étonnant des “étrangetés” de ce qui était vu comme des vestiges du passé. Des formes de nationalismes s'imposent et occupent les esprits pendant ce mouvement romantique d'idées, et les musiques paysannes deviennent une nouvelle source d'inspiration. Ces “monuments” poétiques du passé prennent valeur de traditions établies et institutionnalisées sur lesquelles des processus d'éducation populaire sont élaborés. Alors qu'en Europe se construisent des sentiments d'identité territoriale, avec des références communes qui tracent les frontières de l'altérité, les divers patrimoines nationaux sont modulés à partir d'éléments, surtout musicaux, empruntés aux cultures paysannes. Les régions deviendront la source d'inspiration de traditions. Dans de nombreux pays, les musiques rurales ont été sélectionnées et modifiées, donnant lieu à des formes de syncrétisme musical qui empruntaient parfois des éléments à l'hymnodie religieuse. Elles sont harmonisées pour chœurs et propagées dans le cadre de réseaux associatifs, à la jonction du religieux et du profane, du savant et du populaire. Leur base est villageoise mais leur organisation se fait aussi sur le plan national et régional.

Avec le développement des diverses écoles de composition dites nationales (Brăiloiu, 1963 ; Bujic, 2001), une curiosité nouvelle envers l'insolite et l'original, qui prend sa source dans la science, se développe en Europe. Au début du XXe siècle, Cecil Sharp entreprend un extraordinaire travail de collecte et de publication de chants folkloriques et danses anglais. Entre 1904 et 1909, il publie *Folk Songs from Somerset* en cinq volumes. Il étendra son travail, aux Etats-Unis, à la collecte de chants et aux danses d'origine anglaise (Sharp et Campbell, 1917). En tout, il aura enregistré 4 977 pièces, il en aura publié 1 118 et il aura réalisé des accompagnements pour 501 d'entre elles (Sharp, 1973). Les compositeurs britanniques Ralph Vaughan Williams, Gustav Holst et George Butterworth s'inspireront du matériau qu'il a réuni. Des compositeurs se passionnent pour les musiques populaires, en font des transcriptions musicales ou s'en inspirent pour renouveler l'outillage de leurs compositions musicales (la mélodie, l'harmonie, le rythme). Ainsi, des compositeurs comme Grieg, Smetana, Dvořák, ou encore Albéniz ou de Falla tentent de trouver des nouvelles techniques polyphoniques ou des tonalités jusque-là inconnues dans les chants populaires, avec, comme idéal, de fonder un art national. Tandis que des écrits théoriques (dont le *Dictionnaire de musique* de Jean-Jacques Rousseau [1768] peut être considéré comme précurseur) sont consacrés aux particularités nationales, des auteurs publient des ouvrages techniques qui rendent compte des caractéristiques musicales et s'interrogent sur les échelles modales des musiques populaires ou extra-européennes (en Chine, en Perse, en Irlande, par exemple). Dans une perspective philologique, des auteurs et des compositeurs recherchent une communauté d'origine entre ce qu'ils connaissent de l'art antique et les "monuments" vivants des musiques rurales d'Europe ; ils recherchent les caractéristiques dans des traditions musicales des peuples. Les systèmes musicaux sont décrits en relation avec des préoccupations sur les climats et l'environnement physique, prémisse de ce qui deviendra une ethnographie musicale où les systèmes musicaux seront étudiés en conjonction avec ce qu'apporte l'ethnologie ou la sociologie. En Europe centrale et orientale, un vaste mouvement d'intérêt pour les cultures paysannes a aussi stimulé des grandes entreprises de collectes musicales, avec la publication de transcriptions musicales par des compositeurs comme, pour ne citer que les plus connus, Kodály (1943) et Bartók (1948). On publiera, à partir de 1951, leur gigantesque *Corpus Musicae Popularis, Hungaricae* qui comprend la transcription et le classement de trois mille sept cents pièces. Mais Bartók s'est également intéressé à d'autres cultures musicales : il révèle ainsi plus de trois mille pièces paysannes, roumaines et autant de pièces slovaques, et aussi des mélodies turques, arabes, serbo-croates, ukrainiennes et bulgares. Les travaux de Constantin Brăiloiu joueront un rôle particulièrement important dans l'élaboration des méthodes d'étude du folklore musical. Il rassemble en Roumanie une vaste documentation sur les productions musicales des populations rurales de ce pays (1960). Son "Esquisse d'une méthode de folklore musical" (1931) contribua à normaliser pendant plusieurs années les travaux de collecte musicale et les techniques de catalogage. Dans ses monographies (1973), il s'interroge sur la pratique de terrain et préconise d'étudier non plus l'origine ou la diffusion de phénomènes musicaux, mais le fonctionnement de la tradition orale à partir des variantes dont devaient pouvoir rendre compte des transcriptions musicales synoptiques. Ce modèle exercera une influence notable sur la pratique ethnomusicologique en Europe.

Le développement de technologies d'enregistrement sonore (avec l'invention du phonographe, puis du sonagraphe par exemple) permettra de perfectionner le travail descriptif et le plus objectif possible en ethnomusicologie. Il s'agissait d'étudier, grâce à des analyses musicales acoustiques, les détails des caractéristiques des techniques vocales, et de décrire les timbres de la voix, la dynamique des sons. Avec l'analyse de documents sonores, sont élaborées des théories sur la répartition des styles musicaux et sur l'histoire de la musique. La création d'archives sonores dans les grandes villes d'Europe, l'étude des musiques rurales dans des cadres institutionnels et muséographiques fourniront le cadre où s'est organisée en Europe une ethnomusicologie qui s'inscrit dans les programmes de l'ethnologie et de la musicologie. Les chants populaires et les exotismes musicaux sont approchés avec un esprit caractérisé par la nostalgie du passé et le sentiment de perte : il faut réagir à la disparition progressive des musiques des sociétés rurales.

2. Questions sérieuses et rhétorique idéalisante

De nos jours, ce vaste programme, où la culture savante met en scène et tente de s'expliquer les savoirs populaires, fait l'objet de réflexions et pose des questions qui nous concernent tous. Certains présupposés et stéréotypes idéologiques liés aux recherches sur la "musique populaire" ont fait l'objet de critiques (Fabre, 1997). Bien que des recherches en ethnomusicologie aient étudié les pratiques musicales en les ramenant aux contextes socio-économiques, les concepts sont restés longtemps liés plus ou moins explicitement à plusieurs éléments qui traversent l'anthropologie et les théories folkloristes et qui, comme l'écrit Andreas Wimmer dans un article sur le nationalisme et la pratique de l'anthropologie, vont de pair avec les principes de l'Etat-nation moderne (1996) : la pensée cartographique où la notion de culture est territorialisée ; une conception du territoire, du social et des cultures vus comme une juxtaposition d'entités séparées ; l'idée d'une entité territoriale aux contours clairement définis, où une culture spécifique et homogène se manifeste.

Le folklore est l'exemple même d'un objet construit qui demande de remettre en question les implications sociales de l'exotisme présent dans notre imaginaire, dans les images de la ruralité, que ce soit dans les pratiques scientifiques ou dans la société. Pour relativiser ces représentations, Hermann Bausinger critique quelques-uns des concepts fondamentaux de l'histoire de l'ethnologie allemande comme ceux de communauté, de continuité, de coutumes, de tribus et d'authenticité, et, pour étudier le multiculturalisme des groupes sociaux défavorisés, il propose une science empirique de la culture *(empirische Kulturforschung)* qui prenne en considération notre subjectivité (1971 et 1997).

Ces quelques remarques nous semblent permettre de suggérer, en simplifiant à grands traits, comment la culture savante, pour comprendre la réalité du folklore, a construit peu à peu un objet, l'a fait exister tout en lui prêtant les catégories de cette construction. Le fait de vouloir répondre, dans l'esprit du romantisme du XIXe siècle européen, à la question classique : "Qu'est-ce que la culture populaire ?", conduit aussi à la question : "Que peut-on savoir de soi ?" On est alors obligé de s'interroger sur les modalités de la croyance et les critères de la vérité. En lisant la littérature ethnomusicologique et ethnologique sur le folklore, nous avons le sentiment d'être confronté à un éblouissement de constellations épistémologiques, avec des imaginaires et des idéalisations variés et fascinants, dont certains sont parfois considérés comme plus vraies que d'autres, et par lesquels des réalités sont fabriquées.

Si l'on tente de schématiser les diverses approches du folklore d'après le paradigme de l'altérité en anthropologie, on pourrait en retenir deux : l'une selon laquelle le folklore est une réalité donnée, à découvrir, à explorer au moyen de techniques d'observation et d'analyse explicative ; l'autre qui s'interroge sur le folklore comme objet construit à partir d'une intentionnalité préalable, organisatrice du réel. Il s'agit moins ici d'opposer la première approche, que l'on pourrait considérer d'inspiration positiviste, et la seconde, plutôt constructiviste, car on peut se poser la question de savoir si elles ne sont pas toutes deux quelque peu ethnocentriques, même si elles ont pour objectif constant une certaine recherche de vérité. Nous voudrions plutôt apporter quelques remarques dans la perspective d'une anthropologie du dialogue, comme a commencé à le faire, à propos de l'histoire du folklore, Nicole Belmont qui s'interroge sur le dualisme du vrai et du faux.

Sur la base d'une riche documentation et de plusieurs années de recherches, N. Belmont montre que le folklore résulte de la coexistence de deux cultures, l'une dominante et l'autre dominée : "Un des paradoxes du folklore, c'est que, depuis l'origine, il se trouve confronté à une antinomie entre l'authentique, le vrai, l'originel, le primitif d'une part, et le faux, le falsifié, le fabriqué d'autre part" (1990, p. 607). Quelques lignes plus loin, on lit : "A ces procédés s'oppose l'exigence contemporaine de fidélité, de véracité, de précision et de rigueur dans les collectes folkloriques. On pourrait se contenter de dire que cette exigence s'est faite lentement jour à partir de la naissance du folklore, si un phénomène récent ne venait démentir cette évolution apparemment naturelle vers une plus grande rigueur scientifique. Il s'agit de diverses activités qui visent à faire revivre le folklore passé : multiplication de groupes folkloriques utilisant des costumes, une musique, des chansons, des danses, que l'on peut dire «de synthèse», dans des spectacles où la participation du public ne peut qu'être passive ; construction de maisons approximativement traditionnelles, diffusion de copies d'objets destinés non plus à un usage quotidien mais à la décoration ; apparition récente de ce que l'on a appelé le *folk-revival.* [...] De nos jours, les motivations du *folk-revival* sont esthétiques et, pour une autre partie, idéologiques, quand celui-ci rejette non plus l'esprit des Lumières, mais la civilisation industrielle et qu'il part à la recherche d'une vie et d'une culture caractérisées par leur authenticité." *(Ibid.)* S'il y a une vérité de l'histoire du folklore, c'est qu'il est présenté selon la problématique de l'authentique et du falsifié : "Au XIXe siècle, le populaire inauthentique [...] a le même succès que le populaire observé et rapporté avec scrupule" parce que "l'intérêt pour le folklore est le fait de lettrés et de savants qui, travaillant pour eux-mêmes et pour ceux qui partagent leur propre culture, voient et proposent un objet susceptible de leur convenir" *(ibid.).* L'approche ethnologique du folklore consisterait à expliquer cette vérité et à élaborer une méthodologie appropriée à l'étude de l'objet "folklore". Ainsi, le problème de la croyance en la vérité à propos du folklore est constitutif du discours scientifique. Cependant la manière de croire à la vérité sur la réalité du folklore ne ressemble pas à celle du discours scientifique sur le folklore, et les critères de la vérité varient historiquement...

La vérité à laquelle renverrait le terme de folklore autoriserait à le définir selon trois approches complémentaires : le folklore comme discipline, le folklore comme action et le folklore comme science. Tandis que le folklore comme discipline a émergé tout au long du XIXe siècle pour décrire le "savoir du peuple", les activités folkloriques produisent du folklore en partie d'après cet objet construit qui se donne comme "le savoir du peuple" ; quant à la science du folklore, elle cherche la vérité en mettant en relation l'objet fabriqué qu'est le folklore, avec les procédés par lesquels la discipline s'est bâtie pour observer l'objet qu'elle a pourtant contribué à fabriquer. Dans la littérature scientifique, l'histoire du folklore comme discipline des sciences humaines est thématisée. En s'inspirant des recherches sur l'histoire du folklore, on pourrait dire que, dans la littérature des folkloristes, la différence entre soi et autrui se traduit par la transformation, en objet construit, des productions culturelles de groupes sociaux dont la culture savante veut se distancer ou se rapprocher. Belmont écrit : "Il y a folklore dès qu'un groupe social – quelle que soit sa taille – ne partage pas entièrement la culture dominante (qu'il ne veuille ou ne puisse le faire) et sécrète une autre culture, qu'on qualifiera selon les cas de culture marginale, de contre-culture, de sub-culture et dont la fonction est d'affirmer l'identité du groupe en tant que tel." (*Ibid.*, p. 606.) Le regard ethnologique se différencierait ainsi du regard folkloriste par la façon dont il pose la question des modalités d'appréhension de l'altérité dans la littérature folkloriste. Il en résulte que la question de l'intégration sociale et culturelle des groupes sociaux défavorisés est relativement peu prise en considération.

3. Vivifier les pratiques de convivialités et d'égalités sociales

On pourrait se demander dans quelle mesure ce qu'il est convenu de désigner par l'expression "recherche sur le terrain" permet de réfléchir dans des termes autres que ceux qui sont liés aux modèles dichotomiques, si on veut bien admettre de concevoir le terrain de l'ethnologue non comme un "laboratoire", mais comme des moments de rencontres et de conversations pluriculturelles, où les images de l'altérité dualiste ne sont que des manifestations de processus infiniment complexes de manières d'être ensemble, et où l'histoire humaine résulte de la rencontre des diversités culturelles avec une recherche d'égalités sociales plus grandes. Les modèles de lecture des musiques rurales peuvent se lire autrement lorsque les personnes pratiquent un art d'inventions ou de réinventions à partir de productions musicales populaires, mais transformées, aménagées au cours de phases successives selon les normes de la culture savante.

Ainsi, pour reprendre l'exemple des polyphonies vocales des Préalpes, on dira que les habitants et habitantes mettent en scène une symbolique visuelle et sonore d'éléments de la ruralité (que ce soit dans le style musical, la ligne mélodique, les timbres et registres de la voix chantée, l'organisation polyphonique). Et les pratiques musicales où oralité et écriture s'échangent pour réenchanter la ruralité et les montagnes peuvent donner lieu à des formes chatoyantes de sociabilités démocratiques (Bolle-Zemp, 1990 et 1992). Dans les Préalpes comme ailleurs, ces pratiques sont imprégnées des cultures et des civilisations qui modèlent depuis des siècles et des millénaires les rapports entre l'être humain et la nature. Dans un travail en cours, mené avec des habitantes de la Haute-Svanétie – une province montagneuse du Sud du Caucase, en Géorgie, classée par l'Unesco dans la liste du Patrimoine mondial de l'humanité –, j'essaie de montrer comment la population réenchante la montagne selon une perception paysagère influencée par des modèles de lecture du paysage qui ont été élaborés au XVIIIe siècle, en Europe, et transmis probablement par l'écrit aux XVIIIe et XIXe siècles à travers les descriptions naturalistes des géographes, des écrivains-voyageurs qui mettent en scène un Caucase sauvage, grandiose et pittoresque (on lira, par exemple, Bernoville, 1875). Cette perception paysagère se manifeste dans les thèmes des paroles de chants composés par les habitants, mais aussi dans des prières vocales spirituelles et méditatives récitées lors des rituels où les pèlerins se rassemblent dans des prairies naturelles qu'on se représente comme sacrées, en dehors des villages, près d'un sanctuaire ou d'une petite église. On peut ainsi montrer que les hymnes polyphoniques, chantés dans la nature au lever du soleil, renouvellent des énergies que l'on connaît peu, mais qui sont liées aussi, quoique sous des formes différentes, à des pratiques de sagesse, de convivialité et de respect d'autrui.

Au creux des représentations et des pratiques d'un art vocal polyphonique religieux et influencé par le folklore et le romantisme européens, on lit aussi, comme dans un livre de poésie, des croyances cosmogoniques qui transmettent des interinfluences et des rencontres avec des populations de l'Orient, de l'Extrême-Orient, du Proche-Orient et de l'Europe.

4. A propos de quelques représentations de l'histoire de la folklorisation

La question de la folklorisation a été étudiée en portant l'attention aux processus historiques de longue durée. Citons, par exemple, les recherches de Sabine Trébinjac sur la folklorisation en Chine (2000). Partant d'une étude de cas, la musique ouïgoure, cette auteure étudie l'histoire des collectes musicales en Chine, et reconstruit comment et pourquoi, depuis l'Antiquité jusqu'à nos jours, la ruralité par le chant a été mise en scène en s'interrogeant sur le pouvoir et en envisageant les pratiques musicales folkloriques et traditionnelles comme champ symbolique, politique et comme emblème. L'auteure veut montrer comment la musique en Chine pendant l'Antiquité était vue comme un outil politique aux mains de l'empereur. Au IIe siècle avant notre ère, un bureau de la musique aurait été mis en place, dirigé par des fonctionnaires de l'Etat chargés de collecter les diverses traditions musicales, puis de les modifier avant de les diffuser dans l'ensemble de la Chine. En traduisant des textes écrits successivement par les confucianistes, par les néo-confucianistes au Moyen Age, puis par les républicains au début de ce siècle et enfin par les communistes, elle tente de décrire les mécanismes de ces stratégies, en reconstruisant les phases d'une continuité historique dans laquelle les productions rurales musicales se voient confier le rôle de légitimer politiquement et symboliquement le pouvoir. Dans cette étude historique et descriptive, fondée aussi sur l'observation ethnographique, elle cherche à expliquer les principaux mécanismes selon lesquels la musique populaire et savante traditionnelle aurait été organisée en un réseau d'institutions musicales à trois niveaux, national, régional, local, et aménagée, normalisée au cours du processus de fabrication de ce qui serait une musique chinoise. Pour développer cette analyse, elle tente de formaliser les pratiques chinoises de réécriture de l'histoire en remontant le plus loin possible dans le passé. En cherchant à comprendre les relations entre musique et pouvoir, par le biais de processus millénaires de folklorisation, l'auteure apporte des informations surprenantes sur le processus par lequel les politiques transforment les musiques de la civilisation chinoise en objet folklorique, et ce, depuis fort longtemps.

Ailleurs, à propos de la Géorgie, un autre chercheur, David Braund, publie en 1994 une étude, menée en coopération avec des collègues géorgiens, sur la construction subjective de l'histoire de l'ancienne Géorgie à partir de l'histoire des idées, des représentations et des images en usage dans cette région. En analysant quelques représentations de l'histoire ancienne, l'auteur s'interroge sur le cadre historique dans lequel l'ancienne Géorgie, qui était à la frontière des grands empires de l'Antiquité, pourrait commencer à être étudiée. Les données archéologiques, anciennes et actuelles, infirment la thèse conventionnelle de la colonisation grecque, avec la prédominance de rapports de pouvoir et de répression pour montrer plutôt l'existence de processus d'échanges et de rencontres. Par une analyse comparative, l'auteur explique que des catégories construites, comme les "Grecs dominateurs" opposés aux "Barbares", ou "l'Est" distinct de "l'Ouest" de la Géorgie (en raison de présupposés fondés sur les influences géographiques), procèdent d'une subjectivité aussi bien ancienne que moderne. Ces catégories auraient joué pourtant un rôle essentiel dans l'historiographie de l'ancienne Géorgie qui se résumerait à une histoire d'influences externes et de divisions internes, tandis que l'histoire géorgienne serait fondée sur les mêmes polarités de division et d'unité, internes et externes. Ces images perdurent dans la mesure où prévaut l'idée d'un enracinement identitaire de la Géorgie dans son folklore, ses traditions et une histoire qui lui serait spécifique. Il en résulte que l'étude de la Géorgie de l'Antiquité risque d'expliquer cette représentation *actuelle* du folklore. Par ailleurs, de telles représentations et images apportent des arguments aux auteurs qui cherchent à établir l'existence d'identités politiques distinctes et de ce qu'ils considèrent comme des faits d'influence et de pouvoir.

Dans tous les cas, la folklorisation est bien là, et on pourrait se demander dans quelle mesure elle ne permet pas, en fait, d'aller aussi à la découverte de conversations, de dialogues pluriculturels entre des êtres humains à propos de cet objet d'expérience collective qu'est le folklore, en vue d'élaborer des partenariats avec des ethnomusicologues et des folkloristes disposés à transmettre, de manière créative, les traditions rurales et populaires, à aider à des projets d'amélioration des conditions de vie économique et sociale, et de protection de la nature.

Bibliographie

BARTÓK, B., 1948 : *Comment et pourquoi recueille-t-on la musique populaire*, Genève, Minkoff.

BARTÓK, B. et KODÁLY, Z., 1951-1997 : *A Magyar népzene tára. A Magyar Tudományos Akadémia megbízásából, Corpus Musicae Popularis, Hungaricae*, 10 vol., Budapest, Akadémiai kiadó.

BAUSINGER, H., 1971 : *Volkskunde*, Berlin-Darmstadt-Vienne, Carl Habel Verlagsbuchhandlung-Deutsche Buchgemeinschaft-C. A. Koch's Verlag ; trad. fr, *Volkskunde, ou l'Ethnologie allemande. De la recherche sur l'Antiquité à l'analyse culture*, Paris, Editions de la Maison des sciences de l'homme, 1993.

BAUSINGER, H., 1997 : "La Volkskunde allemande depuis 1945", *Ethnologie française*, n° 4, p. 457-464.

BELMONT, N., 1990 : "Le folklore", *Enciclopaedia Universalis*, vol. IX, p. 601-608.

BELMONT, N., 1986 : *Paroles païennes. Mythe et folklore. Des frères Grimm à P. Saintyves*, Paris, Imago.

BELMONT, N., 1993 : "Le folklore refoulé ou les séductions de l'archaïsme", in *Anthropologie : état des lieux*, J. Pouillon (éd.), Paris, Navarin-Le livre de poche, coll. "L'Homme", p. 287-299.

BELMONT, N., 1995 : *Aux sources de l'ethnologie française. L'Académie celtique*, Paris, Editions du Comité des travaux historiques et scientifiques.

BERNOVILLE, R., 1875 : *La Souanétie libre. Episode d'un voyage à la chaîne centrale du Caucase*, Paris, Morel et Cie.

BOLLE-ZEMP, S., 1990 : "Institutionalized Folklore and Helvetic Ideology", *Yearbook for Traditional Music*, vol. XXII, p. 127-140.

BOLLE-ZEMP, S., 1992 : *Le Réenchantement de la montagne. Aspects du folklore musical en Haute-Gruyère,* Bâle-Genève, Société suisse des traditions populaires-Georg Editeur.

BOLLE-ZEMP, S., 1998 : *Polyphonies de Svanétie. Matériaux pour l'étude des processus de constitution et de transformation du savoir musical traditionnel,* Zurich, rapport final d'une recherche, Université de Zurich, projet du Fonds national suisse de la recherche scientifique.

BRĂILOIU, C., 1931 : "Esquisse d'une méthode de folklore musical", *Revue de musicologie*, vol. XII, n° 40, p. 233-267 ; repris in Id., *Problèmes d'ethnomusicologie*, G. Rouget (éd.), Genève, Minkoff, 1973, p. 3-40.

BRĂILOIU, C., 1960 : *La Vie musicale d'un village : recherches sur le répertoire de Drăgus (Roumanie), 1929-1932*, Paris, Institut universitaire roumain.

BRĂILOIU, C., 1963 : "Les écoles nationales", in *Histoire de la musique du XVIIIe siècle à nos jours*, Roland-Manuel (éd.), Paris, Librairie Gallimard, "Encyclopédie de la Pléiade", vol. II, p. 661-672.

BRĂILOIU, C., 1973 : *Problèmes d'ethnomusicologie*, G. Rouget (éd.), Genève, Minkoff.

BRAUND, D., 1994 : *Georgia in Antiquity. A History of Colchis and Transcaucasian Iberia, 550 BC-AD 562,* Oxford, Clarendon Press.

BUJIC, B., 2001 : "Le tradizioni nazionali", in *Enciclopedia della musica*, vol. I, *Il Novecento*, J.-J. Nattiez *et al.* (éd.), Turin, Einaudi, 2001, p. 84-102 ; trad. fr., "Nationalisme et traditions nationales", in *Musiques. Une encyclopédie pour le XXIe siècle*, vol. I, *Musiques du XXe siècle*, J.-J. Nattiez (éd.), Arles-Paris, Actes Sud-Cité de la musique, 2003, p. 175-194.

CHEYRONNAUD, J., 1986 : *Mémoires en recueils. Jalons pour une histoire des collectes musicales en terrain français*, Office départemental d'action culturelle de l'Hérault.

CHEYRONNAUD, J., 1997 : "Ethnologie et musique. L'objet en question", *Ethnologie française,* vol. XXVII, n° 3, p. 382-393.

COCCHIARA, G., 1952 : *Storia del folklore in Europa*, Turin, Einaudi.

FABRE, D., 1997 : "L'ethnologie française à la croisée des engagements (1940-1945)", in *Résistants et résistance,* J.-Y. Boursier (éd.), Paris, L'Harmattan, p. 319-401.

FROLOVA-WALKER, M., 1998 : "National in Form, Socialist in Content. Musical Nation Building in the Soviet Republics", *Journal of the American Musicological Society*, vol. LI, n° 2, p. 330-371.

HARTOG, F., 1996 : *Mémoire d'Ulysse. Récits sur la frontière en Grèce ancienne*, Paris, Gallimard.

KILANI, M., 1994 : *L'Invention de l'autre. Essais sur le discours anthropologique,* Lausanne, Payot.

KODÁLY, Z., 1943 : *Die ungarische Musik,* Budapest, Dambia.

LE ROY LADURIE, E. (éd.), 1994 : *Paysages, paysans. L'art et la terre en Europe du Moyen Age au XXe siècle,* Paris, Bibliothèque nationale de France-Réunion des musées nationaux.

ROUSSEAU, J.-J., 1768 : *Dictionnaire de musique,* Paris, Veuve Duchesne ; repris in *Œuvres complètes,* Paris, Gallimard, "Bibliothèque de la Pléiade, vol. V, 1995, p. 603-1191 ; rééd., Arles, Actes Sud, "Thesaurus", C. Dauphin (éd.), 2007.

SHARP, C. J., 1904-1909 : *Folksongs from Somerset,* Londres, Novello.

SHARP, C. J., 1973 : *Cecil Sharp's Collection of English Folk Songs,* M. Karpeles (éd.), Londres, Oxford University Press.

SHARP, C. J. et CAMPBELL, O., 1917 : *English Folk-songs from the Southern Applachians,* Londres, Oxford University Press.

TRÉBINJAC, S., 1994 : "Musique ouïgoure de Chine : de l'authenticité à la folklorisation", in *L'Asie centrale et ses voisins. Influences réciproques,* R. Dor (éd.), Paris, Inalco, p. 227-238.

TRÉBINJAC, S., 2000 : *Le Pouvoir en chantant,* I, *L'Art de fabriquer une musique chinoise,* Nanterre, Société d'ethnologie.

VITALI, C., 1995 : *Ernste Spiele. Der Geist der Romantik in der deutschen Kunst 1790-1990,* Munich-Bonn-Stuttgart, Haus der Kunst-VG Bild-Kunst- Oktagon Verlag.

WIMMER, A., 1996 : "L'héritage de Herder. Nationalisme, migrations et pratique théorique de l'anthropologie", *Tsantsa. Revue de la Société suisse d'ethnologie,* n° 1, p. 4-18.

Robin Ryan

LA DIFFUSION DU *DIDJERIDU* EN AUSTRALIE ET VERS LE MONDE OCCIDENTAL

1. Introduction

Les instruments de musique créent bien plus que de la musique lorsqu'ils participent à la transmission des significations (Neuenfeldt, 1998*c*, p. 43). Dans cet article, nous dirons comment le *didjeridu* (ou *didgeridoo*), jadis ésotérique, acquit une énorme et soudaine popularité au cours des deux dernières décennies. Le fait qu'il soit récemment apparu sur la scène mondiale, sa diffusion sans précédent, sa présence toute nouvelle, son utilisation dans différents contextes, le battage publicitaire, se sont inscrits dans quatre "cultures musicales du *didjeridu*" distinctes. Il s'agit de celles qui sont :

a) liées aux pratiques tribales traditionnelles et à la pratique musicale des Yolngu du nord-est de la terre d'Arnhem ;

b) créées par d'autres interprètes aborigènes d'Australie dans le cadre de leur lutte commune pour la reconnaissance ;

c) bricolées par des praticiens australiens mais non aborigènes sur un plan national ou individuel ;

d) créées par des intervenants étrangers, essentiellement en Amérique, en Europe et au Royaume-Uni.

L'histoire de la culture musicale du *didjeridu* est faite de facteurs sociaux et politiques et de questions de style musical. Parmi les non-Aborigènes qui ont étudié la musique de *didjeridu*, on peut mentionner, entre autres, Trevor A. Jones, Alice Moyle, Allan Marett, Steven Knopoff, Fiona Magowan, Karl Neuenfeldt et Aaron Corn. Jones et Neuenfeldt ont accompli un travail fondamental et innovateur sur la musique traditionnelle et contemporaine. Jones, qui nous a fait connaître le *didjeridu* en 1966, a écrit un ouvrage avec Elkin en 1958, mais ses écrits de 1967, 1973 et 1980 sont la référence dans ce domaine. Moyle (1966, 1981 et 1983) a établi la carte de la présence du *didjeridu* en Australie du Nord et a fait des recherches sur ses origines grâce à l'étude de l'art pariétal et de la linguistique.

Dans le domaine anthropologique, Neuenfeldt a eu des entretiens avec un grand nombre d'interprètes aborigènes du *didjeridu* au cours des années 1990. Son important travail (voir la bibliographie) couvre des sujets variés : la fonction actuelle de l'instrument dans la culture et la politique aborigène, le tourisme dans le désert central, la musique du monde, le spectacle, la thérapie, les programmes de l'enseignement en Australie et l'utilisation de l'Internet. Il traite aussi de la nature transnationale de l'industrie du *didjeridu* et son appropriation ou son détournement par les charlatans du New Age ; des discussions sur le genre sexué en rapport avec l'instrument ; son orientation technologique et son utilisation dans les bandes-son de films ethniques ou dans l'improvisation. Ce qui est plus important encore, Neuenfeldt est l'éditeur du premier livre sur le *didjeridu* (1997), étude essentielle rédigée par des musiciens aborigènes et des universitaires non aborigènes, présentant des idées très variées sur le *didjeridu* en tant qu'instrument, symbole et industrie. La préface est de Mandawuy Yunupingu, fondateur du groupe Yothu Yindi (Enfant-Mère).

Corn et Marett ont été à l'origine d'un colloque réunissant des Aborigènes – des "anciens" – et des maîtres du *didjeridu*, portant sur les différents aspects culturels de la musique indigène. Au cours des trois dernières années, ces réunions ont eu lieu au cours du Festival Garma, à Gulkula dans la péninsule de Gove, située dans le territoire des Yunupingu au nord-est de la terre d'Arnhem. Cet important festival, créé sous les auspices de la fondation Yothu Yindi, a permis que la mode du *didjeridu* prenne son sens et sa dynamique à partir de son origine australienne. Un grand nombre d'amateurs enthousiastes sont déjà venus de loin pour y assister.

Notre article doit beaucoup à des communications personnelles de Karl Neuenfeldt, David Blanasi, Charlie McMahon, Gnarnayarrahe Waitairie, Darren Williams, George Dreyfus et Bruce Rogers. Puisque la musique est le "Grand Niveleur", j'ai placé la mode du *didjeridu* dans le cadre du processus irrésistible de changement dans le domaine de la musique, pour montrer comment la popularité croissante de l'instrument a permis de compenser le grave déclin des musiques traditionnelles. Tout en insistant sur la capacité évidente de l'instrument à franchir les barrières culturelles, je considère qu'il est nécessaire de s'assurer que les liens entre différentes cultures, celle des Aborigènes et les autres membres de la communauté internationale du *didjeridu*, soient fondés sur une base plus éthique, loin de toute usurpation. La place actuelle de l'instrument dans l'imaginaire mondial se trouve dans des camps très antagonistes : des écoles de pensée symbolique ou des discours obsessionnels qui lui assignent un sens immuable dans les domaines de la culture, de la musique et du spirituel. Il s'agit :

a) des *puristes de la culture* qui exigent que l'on s'en tienne au style "authentique", classique, du jeu *yidaki*, celui la tradition de la "Mecque" du nord-est de la terre d'Arnhem ;

b) des *puristes de la musique* ou le camp du "didj contemporain" qui professent "l'art pour l'art" et songent avant tout à la technique et au son du *didjeridu* vu uniquement comme instrument virtuose ;

c) des *opportunistes* du New Age qui se sont approprié le *didjeridu* pour promouvoir une cosmologie fondée sur l'éveil de la conscience, la thérapie et la méditation ; cela comporte souvent pour eux des avantages financiers.

Ces trois "communautés" distinctes, mais dont les visions sont proches, s'encouragent les unes les autres dans leurs fanatismes en utilisant l'Internet et les Didjfest, les marchés et les écoles de *didjeridu*. Malgré leurs différences, elles forment ensemble de fortes sous-cultures au sein de cette culture plus générale qui a adopté l'instrument.

2. Description

Le *didjeridu* est un aérophone que l'on joue en faisant vibrer les lèvres ; c'est une trompette simple, en bois ou en bambou. Les instruments que l'on joue aujourd'hui à Yirrkala mesurent en général 1,3 à 1,5 mètre (Knopoff, 1997, p. 39) avec un diamètre intérieur d'environ 30 millimètres du côté de l'embout et d'environ 50 millimètres à l'extrémité (Horton, 1994). Des tubes gigantesques de 2,5 mètres, voire plus, représentent le Serpent Arc-en-ciel au cours de cérémonies religieuses *(djungguwan)*. On les pose sur deux supports bas.

2.1. *Facture et conception*

En général, les facteurs utilisent du bois d'*Eucalyptus tetrodonta*, d'*Eucalyptus miniata*, du bambou évidé ou tout autre bois au grain résistant et à la fibre transversale, ce qui permet de protéger l'instrument contre les fissures et lui donne un son pénétrant. Les instruments sont en général fabriqués en Australie du Nord, pendant la première moitié de la saison sèche, lorsque le bois est plus facile à couper (Parker, 2003, p. 17). En fait, ce sont les termites, ou fourmis blanches, qui se chargent de la première étape de fabrication. Il y en a des millions en Australie du Nord et, pendant leur croissance, elles attaquent le bois dur pour atteindre le cœur de l'arbre, transformant ainsi ses branches en tubes. On peut aussi évider le bois en le brûlant. Parker (*ibid.*, p. 17-23) donne une description de la facture de l'instrument, accompagnée de nombreuses illustrations.

L'apparence du *didjeridu* varie sensiblement en fonction de l'origine géographique des différentes espèces de bois. De plus, dans certaines régions, on orne l'instrument de symboles totémiques d'animaux, de plantes et d'esprits avec des dessins brûlés ou en ocre broyé. Dans la communauté de Wugularr, à Beswick dans les Territoires du Nord, il est interdit d'associer l'image de la plante aquatique, qui sert de nourriture dans les régions rurales, à celle du Serpent Arc-en-ciel qui représente Bunjil, l'Esprit Créateur (information donnée par le maître facteur David Blanasi). Certains motifs sont séparés par une imitation des nœuds du bambou ; on trouve aussi souvent des dessins linéaires, comme le *rarrk* (hachures). On peut utiliser de l'argile ou du charbon de bois et les dessins à l'acrylique en violet et en bleu sont aussi communs.

2.2. *Styles et modes de jeu*

Jones (1980, p. 566) a comparé les techniques du *didjeridu* des Aborigènes d'Australie avec celles d'instruments d'autres cultures et les a trouvées très différentes. Selon les Aborigènes, cinq styles principaux proviennent de cinq régions du pays : le Territoire du Nord, l'île de Mornington, le désert central, l'Australie-Occidentale et le Nord du Queensland. Mais partout, le style *yidaki* des Yolngu est considéré comme le plus authentique et il faut aux étrangers bien des années pour assimiler le "langage" de ce style. Les styles et sous-styles sont caractérisés par des techniques de jeu différentes (Marett, 1998, p. 394-395). A l'ouest de la terre d'Arnhem, l'instrument produit un bourdon rythmique sur sa fondamentale ; à l'est et dans l'île de Groote Eylandt, on produit des harmoniques en forçant le souffle (Knopoff, 1997). Le plus souvent, on joue assis (les jambes croisées et appuyé sur une main) ou accroupi ; on peut aussi jouer debout et en marchant. Les grands *didjeridu* peuvent être joués couché.

La respiration circulaire, la fondamentale, les harmoniques

Les instrumentistes soufflent par la bouche en inspirant par le nez (Parker, 2003, p. 25-27). Ces courtes inspirations permettent de disposer de suffisamment d'air pour émettre un bourdon continu ; une fois la technique bien assimilée, ce mode de respiration devient automatique. Ceux qui ont les lèvres épaisses prennent l'embouchure à l'avant de la bouche et utilisent les lèvres, les dents et la langue comme anche, et l'instrument comme caisse de résonance.

La fondamentale grave (en général elle se situe entre le *ré* bémol et le *sol* en dessous de la clé de *fa*) a une série harmonique riche et complexe.

On donne au bourdon des accents et différentes structures rythmiques en utilisant la langue et les joues. Les instrumentistes utilisent la série harmonique et les variations de la pression de l'air pour contrôler la hauteur, l'intensité et le timbre. En serrant les lèvres et en augmentant la pression d'air, ils émettent des harmoniques, en général la neuvième majeure ou la dixième au-dessus de la hauteur du bourdon.

L'acoustique du didjeridu *et les techniques spéciales*

Le *didjeridu* est un instrument simple du point de vue acoustique, mais comme il est lié à l'appareil vocal de l'instrumentiste, on peut, même sans embouchure, obtenir toute une série d'effets musicaux saisissants (Fletcher *et al.*, 2001). Fletcher a fait un travail de pionnier dans ce domaine, à l'aide de sonagrammes, de représentations de formes d'ondes et d'analyses de fréquence, rapportés aux positions de la langue, à la forme de la bouche et aux sons voisés. Dans ses publications (1983 et 1996), il utilise la physique acoustique pour étudier les propriétés fondamentales de l'instrument et les modes de jeu. Hollenberg (Fletcher *et al.*, 2001), lui, décrit l'interaction entre la structure physique du *didjeridu* et l'anatomie de l'instrumentiste, sa physiologie et ses techniques de jeu, grâce à des échographies du cerveau et des mesures stroboscopiques des lèvres. Le comportement de chaque *didjeridu* dépend de la longueur et du diamètre du tube et de la forme de la perce conique ; la fondamentale se trouve en général entre 56 et 90 cycles/seconde. L'extrémité de l'instrument peut être placée dans un grand coquillage, un seau, une boîte, un trou ou dans le coin d'une pièce pour augmenter sa résonance.

En utilisant une technique proche de celle d'un ventriloque, les très bons instrumentistes peuvent imiter des sonorités qui vont d'un son de cloche à des sons voisés gutturaux, fredonnés, sourds ou nasalisés. La reproduction de hurlements de dingos, de coassements de grenouilles, de chants d'oiseaux et de bruit d'un saut de kangourou manifeste leur lien étroit à l'environnement. Ils peuvent aussi imiter le tonnerre, le mugissement du vent, les craquements des arbres et le ruissellement de l'eau. Ces musiciens utilisent des coups de langue simples, doubles ou triples, des glissandos rapides depuis la hauteur du bourdon jusqu'au son le plus aigu ainsi que le staccato et le vibrato. Ils produisent de forts accents par de subites augmentations de la pression de l'air et de riches accords qui sonnent un peu grêles en mêlant sons voisés et sons instrumentaux. Enfin ils articulent le déroulement sonore en coupant le son de façon abrupte.

3. Histoire, fonctions et significations du *didjeridu* en Australie

3.1. *Le* didjeridu *dans les cultures tribales traditionnelles*

Jadis, les peuples aborigènes possédaient environ trente instruments de percussion différents, utilisés pour accompagner le chant (Ryan, 2003). Le terme générique *didjeridu* est en fait une onomatopée ; on pense qu'il est dû à Herbert Basedow (1881-1933), inspiré au milieu des années 1920 par le rythme *tid-jar-ou-dou* entendu dans l'Ouest de la terre d'Arnhem. Quelque quarante noms aborigènes désignent le *didjeridu*, mais c'est le mot *yidaki* (ou *yirdaki*, *yiraki*) qui prédomine. Une petite bande de terre côtière dans l'Ouest de la terre d'Arnhem, entre Gove à l'est et Burunga à l'ouest, est vénérée comme patrie du *yidaki* dont les origines sont "sacrées et connues seulement des hommes Yolngu" (Yunupingu, in Neuenfeldt, 1997, p. VII).

Le débat sur les origines

Les interprétations des indigènes quant aux origines du *didjeridu* diffèrent grandement de celles des chercheurs. Cependant, la mise en commun des connaissances des Yolngu et des Occidentaux sera facilitée par la création du Garma Cultural Studies Institute (GCSI) que crée la fondation Yothu Yindi en collaboration avec les universités australiennes. Bien des groupes linguistiques possèdent leur propre histoire de l'origine de l'instrument (voir par exemple Kartomi, Ryan et Williams, 1995 et Parker, 2003), mais dans le pays Gulka, on dit que c'est l'ancêtre Ganpulapula qui a donné le *yidaki* au peuple Gumatj.

Moyle (1966, appendice A, figure 2) pensait qu'avant l'arrivée des Européens il n'y avait pas de *didjeridu* au sud de Broome en Australie-Occidentale. C'est au cours des deux derniers siècles qu'il s'est répandu au sud du cap York, puis a pénétré l'Australie centrale au XXe siècle (Horton, 1994). Avant cela, les peuples du désert utilisaient une petite trompette rudimentaire, l'*ilpirra* (ou *ulpirra*). Moyle (1981) considérait que l'existence du *didjeridu* ne remontait qu'à mille ans ou moins, c'est-à-dire à la période post-estuarienne, qu'il était arrivé d'Asie ou qu'il avait son origine dans un appeau pour émeu, courte branche évidée utilisée pour chasser les oiseaux. Chaloupka (1993) pense que l'origine de l'instrument remonte à mille cinq cents ans au moins, pendant l'époque dite "de l'eau douce", où l'on construisait des abris de bambou ou de bois durs, ceux même que l'on utilise pour le *didjeridu*.

Fonctions et significations

Le *didjeridu* joue un rôle important dans la vie sociale et spirituelle où prévaut l'enseignement oral. Les anciens choisissent intuitivement les enfants aptes à en jouer. La culture aborigène n'était pas monolithique ; les pratiques culturelles varient, mais en Australie du Nord, le *didjeridu* est certainement l'instrument principal, et le fait de savoir jouer des musiques complexes est le signe d'une grande force spirituelle.

Les joueurs de *didjeridu* créent une musique écologique lorsqu'ils “parlent la langue des totems”. Par exemple, les Payali de Beswick dans le Territoire du Nord, parlent cinq à six “langues” sur leur *Yellow Box*, le *mago* fait en *Eucalyptus Phonicea*. Les *mago* sont utilisés pour certains chants ou pour accompagner les danses des enfants. Une tradition du clan indique que le jeu doit être lent ou rapide selon que le Serpent Arc-en-ciel se repose ou crée des éléments du paysage (communication de David Blanasi à l'auteur). Blanasi (env. 1930-2001) maîtrisait la tradition gunborg de l'ouest de la Terre d'Arnhem, où le bourdon fait des syncopes avec les chanteurs. Il a enseigné le *mago* pendant des décennies dans la Terre d'Arnhem.

Jones (1973, p. 271) considère que le *didjeridu* remplit tous les besoins de la culture traditionnelle, hors ceux qui sont assurés par la voix. Il est : *a)* un instrument qui produit un bourdon de hauteur déterminée ; *b)* un instrument qui possède de nombreuses couleurs, une grande variété de timbres ; *c)* un instrument rythmique dont l'articulation permet des dessins subtils. On peut jouer des musiques polyrythmiques complexes, avec des rythmes libres, des mètres par ajout d'un temps ou des rythmes syncopés. Dans les cérémonies, il est utilisé pour les introductions, les interludes, les codas et il accompagne le chant et la danse. Il peut aussi donner des instructions codées aux danseurs lorsqu'il s'agit de changer de pas, surtout lorsque cela implique un changement de tempo (*ibid.*, p. 272).

Dans la société yolngu, le *yidaki* est joué dans les rituels, secrets ou publics, ainsi que dans les *corroborees*, ou grandes réunions du groupe. Les différents styles de chant sont accompagnés par des sons variés et des instruments de longueur différente. Outre les cérémonies officielles, le *yidaki* est aussi utilisé pour guérir : “En organisant des exercices de respiration, le *yidaki* a un pouvoir de guérison. Le son produit des vibrations apaisantes qui pénètrent l'esprit et assurent à l'individu ou au groupe une cohésion spirituelle intérieure. Dans certains cas, le *yidaki* est utilisé aussi pour guérir le corps ; l'instrumentiste centre alors son souffle sur la partie du corps qui souffre.” (Yunupingu, in Neuenfeldt, 1997, p. VIII.)

Certains clans de l'Australie du Nord utilisent le *didjeridu* pour la méditation et la relaxation et pour conserver le feu, car, pendant la mousson, il est difficile de faire du feu. Des charbons ardents étaient alors placés à l'intérieur de l'instrument qui servait donc à préserver le feu (Kartomi, Ryan et Williams, 1995, p. 1236-1237).

Tabous sexuels

Le problème culturel qui donne lieu aux positions les plus tranchées est le tabou interdisant aux femmes de jouer du *didjeridu*, voire, dans certains cas, de le toucher ou de l'entendre. Les hommes aborigènes d'Australie donnent des raisons puissantes pour cette restriction, fondées surtout sur le fait que l'instrument est un symbole phallique. Comme l'explique Blanasi (2003, p. 234), "le *didjeridu* est fait pour tous, il peut même être joué avec une guitare, tout ça. N'importe qui peut en jouer. Sauf qu'il n'est pas bon pour la femme de jouer du *didjeridu*. Elle pourrait tomber enceinte. La femme peut bien chanter et danser, mais le *didjeridu* doit être joué par les hommes".

Barwick (1997, p. 94-97) a remarqué qu'en l'absence d'un système juridique central chez les Aborigènes, certaines femmes du Nord ont joué le *didjeridu* en privé et que des "anciens" ont même enseigné l'instrument à certaines femmes non aborigènes dans l'Est de la terre d'Arnhem. Le *didjeridu* fonctionne peut-être comme symbole de certains aspects sacrés et secrets des cérémonies aborigènes dont on ne peut dire le nom en public. Mais comme l'explique fort bien Neuenfeldt (ms.) : "La véritable raison qui dépasse la question du genre, c'est de savoir ce dont on se souvient et ce que l'on oublie quand on joue le *didjeridu*, qu'on soit aborigène ou non. [...] L'aspect le plus grave de l'oubli, c'est l'amnésie sélective qui frappe l'expropriation par le colonialisme européen des terres et des cultures des peuples indigènes du monde entier."

3.2. *Le* didjeridu *dans la culture pan-aborigène*

La musique du *didjeridu* soutient les peuples aborigènes d'Australie dans leur lutte unifiée pour la reconnaissance et la dignité, à la suite de la destruction ou la mutilation de leurs cultures musicales. La mise en commun des artefacts et des traditions artistiques aborigènes a commencé dans les années 1960, lorsque ces peuples du pays tout entier se sont unis dans la lutte pour leurs droits. Depuis, certains traits culturels généraux ont gagné tout le pays, mais il ne faut pas les confondre avec les traditions survivantes de certains groupes linguistiques bien distincts. Lorsque le *didjeridu* est apparu dans l'état méridional de Victoria, des "anciens", porte-parole de l'Australie du Nord, n'étaient pas d'accord avec la manière dont cela avait été fait car ils n'avaient pas été consultés quant à son utilisation.

Le renouveau de la musique indigène

Lorsqu'une société occupante rejette, détruit ou dévalorise les traditions musicales d'un peuple indigène, celui-ci finit par lutter pour leur redonner vie (Kartomi, 1981, p. 237-238). La renaissance de la culture des Aborigènes d'Australie est typique de certains mouvements de renouveau qui font appel aux cultures encore existantes pour promouvoir leurs objectifs politiques. De nombreux Aborigènes des quatre coins du pays ont appris à jouer du *didjeridu* et reprennent le rôle du musicien traditionnel dans un contexte nouveau. Le jaillissement de créativité qui a suivi le mouvement de protestation en 1988, au moment des fêtes du Bicentenaire de la colonisation de l'Australie par les Britanniques, a permis aux peuples aborigènes de développer leur conscience de soi ; cela est dû en bonne partie à l'activité du groupe Yothu Yindi. Il s'est ensuivi une volonté de restructurer la culture et la conscience liées au Rêve, le système de croyance des Aborigènes des zones rurales. La conscience d'être aborigène, qui implique de forts liens familiaux, la relation à la terre ancestrale ainsi que des valeurs communes et une vision artistique, est partagée par les musiciens aborigènes d'aujourd'hui. Une conception d'authenticité pure, primordiale, imprègne le jeu du *didjeridu*, mais comme c'est le cas d'autres traditions musicales, c'est là une idée plutôt abstraite (Kartomi, 1981, p. 238).

Le jeu du *didjeridu*, chez tous les Aborigènes du pays, aide à protéger un monde culturel en danger. Le *didjeridu* renforce la compréhension de l'environnement par la reconquête, la réinvention et le réenchantement de l'espace indigène. Il est joué au cours d'expositions d'art, d'événements sportifs, de cérémonies présidées par le vice-roi, etc.

Education et tourisme culturel

Le groupe Yothu Yindi s'est produit dans les écoles du Territoire du Nord pour enseigner la culture aux enfants, qu'ils soient aborigènes ou non. Certains Yolngu ont étudié l'industrie du tourisme à l'université du Territoire du Nord. L'instrumentiste David Hudson de la péninsule du cap York au nord du Queensland a enseigné les arts des Aborigènes à des milliers d'étudiants de tous âges. En 1987, il a été le cofondateur du Tjapukai Dance Theater, le plus grand employeur d'Australiens aborigènes, qui a obtenu un grand nombre de prix importants décernés par des organismes touristiques ; son spectacle est celui qui a été joué le plus longtemps en Australie. Hudson a vendu plus de quarante mille exemplaires de son album *Proud to be an Aborigine*.

Dans le Sud-Est du pays, des joueurs de *didjeridu* travaillent dans l'enseignement depuis les années 1970 ; c'est à cette époque que Ralph Nicholls a fait venir des interprètes de la terre d'Arnhem à Melbourne. Il existe maintenant de nombreux livres, revues, enregistrements, vidéos et sites Internet concernant le *didjeridu*. En 1995, on disposait de six manuels pour l'enseignement de l'instrument en Australie (Magowan, 1997, p. 163). Michael (Mick) Davison est le premier Australien indigène à obtenir une maîtrise en interprétation de *didjeridu* dans une université de type occidental, celle de Newcastle, en Nouvelle-Galles-du-Sud.

Musique populaire aborigène et musique du monde

Le *didjeridu* est le grand symbole musical de la culture aborigène ; il est utilisé par les groupes de rock aborigènes dans le désert central, le Top End et Broome en Australie-Occidentale. Inspiré par Bob Marley qui s'était produit dans le pays au début de 1979, le groupe aborigène No Fixed Address a mêlé le reggae au style country et hard rock, sur des paroles qui chantent sa lutte pour la justice ; le long prélude de *didjeridu* pour sa chanson "We Have Survived" est devenu le symbole de la musique populaire aborigène. Dunbar-Hall (1997) cite six cas d'utilisation du *didjeridu* dans les enregistrements de musiciens populaires aborigènes contemporains.

Le *didjeridu*, les baguettes accordées, les boomerangs utilisés comme des percussions représentent tous une culture différente de celle des guitares électriques, des claviers et des batteries avec lesquels, pourtant, ils ont été associés. Brunton (1987, p. 246) présente ces musiques syncrétiques comme étant "différentes, disloquées mais capables de se développer". Les airs de ce genre naissent d'un mélange de musique tribale et occidentale, "pleine et riche" dans les deux cas. Le répertoire du groupe Yothu Yindi, dont la plupart des membres sont aborigènes et qui est basé à Yirrkala, en est un excellent exemple.

Fondé en 1986 par Mandawuy Yunupingu, Yothu Yindi est un symbole de réussite aborigène depuis son succès dans la vague de la musique du monde qui marque la fin des années 1980 ; dès 1991, il était au faîte des ventes. En juin 1995, le groupe a créé un site Internet pédagogique pour promouvoir la coopération entre cultures différentes (Neuenfeldt, 1998*d*, p. 199-200). Ils jouent des musiques traditionnelles que parfois ils mêlent aux airs de pop et de rock, utilisant le *yidaki* comme référence, comme instrument rythmique et soliste (Dunbar-Hall, 1997). Makuma Yunupingu (Neuenfeldt, 1993*a*, p. 67) considère que les nouveautés que lui et d'autres ont ajoutées au jeu du *didjeridu* n'affectent pas le rôle culturel de l'instrument : "Dans mon esprit et dans mon cœur, il restera toujours un instrument traditionnel."

Dans l'album *Tribal Voices* (1992), les Yothu Yindi ont utilisé deux *didjeridu* pour créer des effets antiphoniques (Dunbar-Hall, 1997, p. 82). D'autres groupes aborigènes utilisent le *didjeridu* : Blackfire, Blekbela Mujik, Coloured Stone, Mixed Relations, Sunrize Band et Warumpi Band. Ryan (1995) a trouvé un exemple ancien d'un groupe non aborigène qui s'est adjoint un joueur aborigène de *didjeridu* pour améliorer un enregistrement. En 1989, l'"ancien" indibundji, Gnarnayarrahe Waitairie, a joué un rythme continu au *didjeridu* contre un rythme de *conga* à la boîte à rythme à la demande du groupe de rock Not Drowning Waving. Faite de sons d'oiseau, d'aboiements de dingo et de rythme aux bâtons frappés, le tout au *didjeridu*, cette structure rythmique a été introduite dans la pièce *Claim*, qui donne son titre à l'album du groupe, ce qui crée un son étrange à caractère nocturne.

Aujourd'hui, le *didjeridu* est joué avec beaucoup d'autres instruments, dont le clavecin, la guitare flamenco, le sitar de l'Inde, le *shakuhachi* japonais et la cornemuse d'Ecosse. En 1991, il a été pris comme instrument de musique du monde dans le *Percussion Spectacular* au Melbourne Concert Hall. Le musicien Joe Geia a joué sa pièce *Yill Lull*, accompagné par des instruments du Brésil, de Java et de l'Afrique de l'Ouest (Ryan, 1994, p. 29-30). Une philosophie syncrétique, mêlant le christianisme et le New Age, imprègne aujourd'hui la douce musique du monde de Rivertribe, construite autour du *didjeridu* et qui mêle les sons indigènes de l'Australie et des instruments des premiers Américains, des Africains, des Indiens et des Irlandais, utilisant claviers et ordinateurs.

On fait des essais avec ces combinaisons instrumentales pour des raisons purement musicales, ou pour servir une spiritualité obsessionnelle de type New Age qui mêle le *didjeridu* aux traditions métaphysiques d'autres peuples non occidentaux. Cela est clair lorsqu'on voit la couverture d'un album où une déesse hindoue joue du *didjeridu* au sommet de l'Uluru (Ayer's Rock) (Neuenfeldt, 1998*b*), ou encore l'album de Ash Dargan, *Pharaoh's Dreamtime. A Journey Between Worlds.* Il est vrai que de nombreux instrumentistes aborigènes sont fiers de partager leur instrument avec le monde entier, mais on peut penser que cette vision du *didjeridu* comme instrument de musique du monde banalise les anciennes traditions musicales de la région.

3.3. *Le* didjeridu *dans les cultures non aborigènes*

Les significations du didjeridu *au niveau individuel*

Depuis le milieu des années 1980, le *didjeridu* est le signifiant sonore principal de l'être-aborigène dans la culture générale de l'Australie (Smith et Neuenfeldt, 1998). Le comédien Rolf Harris l'a fait connaître aux Australiens non aborigènes en 1959 en incluant les paroles "Play me Didjeridoo, Blue" dans sa chanson *Tie me Kangaroo Down, Sport.* Harris a appris le *didjeridu* avec Jones, puis a suivi l'enseignement de Blanasi (dont il avait découvert le talent en 1952 et qu'il avait fait connaître sur le plan international) et de Jack Naiwida. Harris utilise l'instrument pour varier la sonorité de ses spectacles.

Dans la musique non aborigène, le *didjeridu* est utilisé comme basse, comme instrument rythmique, mélodique, soliste ou toute combinaison de ces fonctions. Charlie McMahon, le premier musicien non aborigène à utiliser le “bourdon *didj*” dans un concert rock, est passé du piano au *didjeridu* lorsqu'il a perdu sa main dans une explosion. McMahon respecte les populations traditionnelles du désert occidental et jouit à son tour de leur respect. Leur rapport est fondé sur la supposition implicite que certaines expériences musicales et culturelles ne peuvent être partagées. En tant que défenseur principal du camp du “*didj* contemporain”, il rejette tout “bavardage sur la spiritualité” (Homan, 1997, p. 124-135).

McMahon a créé son groupe Gondwanaland en 1981, puis a abrégé le nom en 1994 : Gondwana. Pour varier les possibilités offertes par le *didjeridu*, il a inventé le *didjeri-bone* dans les années 1970. Il s'agit d'un *sliding didj* (un *didjeridu* à coulisse) fait en PVC et dont la tessiture va du *si* bémol grave au *sol* aigu. Il accorde ses *didjeridu* sur le *didjeri-bone* et utilise ce dernier pour évoquer des paysages australiens ou pour simuler la mélodie *Doctor Who*. Pour faciliter l'accord, il a inventé un “banc chromatique” de douze *didjeridu* accordés différemment. Contrairement à la plupart des instrumentistes aborigènes, McMahon joue son instrument par le côté de la bouche pour que ses lèvres soient indépendantes de ses joues, qui servent de réservoirs à air. Il a inventé différents modes de jeu, dont le *wobble* ou tremblement, l'équivalent du *hi-hat* de la batterie (communication à l'auteure).

Le principal facteur non aborigène d'Australie est Bruce Rogers. Il a appris à jouer du *didjeridu* seul en 1985 et a commencé au début des années 1990 à construire des “*didjeridu* naturels” à Cairns. En utilisant du bois d'*Eucalyptus tetrodonta* d'Australie du Nord, Rogers fabrique des *didjeridu* pour en faire de bons instruments musicaux plutôt que comme artefacts. Pour trouver un juste compromis entre la résistance de l'instrument et la facilité de jeu, il rabote la surface du bois jusqu'à atteindre l'épaisseur voulue pour que l'instrument “s'éveille et chante d'un timbre chaud, riche et sonore”. Il appose ses initiales et un numéro de série sur chaque instrument. Il est aussi un “conteur de *didjeridu*” et, avant de jouer en public, il raconte une histoire sur un animal ou un lieu.

Les significations du didjeridu *dans la musique savante et la musique de film*

Depuis le début du XIXe siècle, les compositeurs australiens de musique savante ont cherché, souvent sans succès, à intégrer la musique indigène. Mais lorsqu'ils ont commencé à utiliser le *didjeridu* pour définir l'“australianité” par la musique, ils ont montré le chemin aux compositeurs d'autres pays qui l'ont utilisé comme instrument soliste, avec tout son poids et sa présence. Aucun d'entre eux, pourtant, ne se targuait d'écrire de la musique aborigène ni même de donner un parfum aborigène à la musique occidentale. Ils ont écrit avec leur propre voix.

Le *Sextet for Didjeridu and Wind Instruments* de George Dreyfus (1971) est un chef-d'œuvre de musique australienne, l'exemple par excellence de l'utilisation du *didjeridu* dans la musique savante. Dreyfus a ajouté l'instrumentiste George Winunguj de l'île de Goulburn aux vents de l'orchestre et a noté la partie du *didjeridu* comme une simple ligne droite, laissant ainsi place à l'improvisation : “Il s'agit d'une œuvre de l'amitié où chacun joue sa propre musique, sans qu'il y ait conflit ; la musique seule peut unir les cultures.” (Communication de Dreyfus à l'auteure, 1991.) En 1973, Winunguj a joué l'œuvre en Suisse, en Amérique, en Corée, en Indonésie, à Singapour, en Malaisie et au Nigeria avec le quatuor à vent d'Adélaïde. Richard Walley, qui a appris des techniques variées dans différentes régions d'Australie, a joué l'œuvre à Berlin-Est en 1988, assis par terre, les jambes croisées. Tom Lexis, un autre grand interprète du *Sextet*, songeait, au milieu de l'ensemble Dreamspace, aux sons qu'il entendait dans le Kakadu. Il s'est dit heureux d'avoir joué la pièce, d'avoir “combiné les cultures” (voir le film *Life is too Serious*, 2000). D'autres compositeurs ont suivi : Nagorcka, dont le *Sanctus* est écrit pour *didjeridu*, orgue, voix et électronique (1976) ; Bright et sa *Music for Contrabass Octet and Didjeridu* (1978) et *Earth Spirit* (1982), une “rencontre multiphonique” entre le *didjeridu* et les instruments occidentaux ; Schultz avec l'opéra *Black River* (1989) ; Mills et sa pièce de théâtre musical *Earth Poem/Sky Poem* (1993) ; Bracanin et le concerto *Dance Gundah* (1998).

De nos jours, les musiciens indigènes cherchent ce qu'ils peuvent créer en utilisant l'orchestre occidental. La première œuvre écrite pour orchestre symphonique par un Aborigène australien est *Music is our Culture* (1998). Le compositeur Chester Schultz a travaillé avec Jardine Kiwat qui joue le tambour à fente et les tambours d'aisselle du détroit de Torres. Kerry Mackenzie était au *didjeridu* et Grayson Rotumah à la guitare. Jensen Warasam, le chorégraphe, a participé à cette création d'une symphonie pour quinze musiciens de l'Orchestre symphonique d'Adélaïde. L'équipe a été confrontée aux problèmes du mélange des cultures et des styles musicaux et a réussi une véritable synthèse que chacun d'eux peut revendiquer (fondé sur les informations de Kiwat, 1999).

Mark Atkins, un descendant des Yamiji d'Australie-Occidentale, a étudié avec Gnarnayarrhe Waitairie avant d'interpréter son *Didjeridu Concerto* de 50 minutes. Il l'a joué avec le London Philharmonic Orchestra, puis au Lincoln Center de New York. Le 25 mai 2001 à Melbourne, il a aussi assuré la création mondiale de *Voices for Didjeridu, Organ and*

Narrator du compositeur minimaliste américain Philip Glass. Ses interjections vocales étaient filtrées par quatre *didjeridu* accordés différemment, ce qui produisait une variété extraordinaire. “Rien n'est plus organique que le jeu d'instruments à vent. L'instrument est imbu de la personnalité de l'interprète. Dans le *didjeridu*, j'entends le cœur de l'homme.” (Glass cité in Murdoch, 2001, p. 4.)

Deux jours plus tard, le 27 mai, le groupe Yothu Yindi a joué ses airs d'allure contemporaine avec l'Orchestre des jeunes d'Australie au Melbourne Concert Hall pendant le Festival de la Fédération. L'artiste “classique” du *didjeridu*, l'indigène William Barton du mont Isa dans le Queensland, cherche à normaliser le *didjeridu* pour en faire un instrument d'orchestre ; il a montré comment les compositeurs peuvent l'utiliser dans différentes tonalités. En 2003, alors qu'il était artiste en résidence auprès du Queensland Symphony Orchestra, il a défendu le *didjeridu*, disant que l'instrument pouvait “s'intégrer à toutes les cultures”. Peter Sculthorpe, l'important compositeur australien, a récemment réécrit son *Earth Cry* de 1986 pour y inclure une partie de *didjeridu* pour Barton.

Kibby et Neuenfeldt (1998) donnent des exemples de cinéastes non aborigènes qui ont utilisé le *didjeridu* pour leurs bandes-son. Le rôle de l'instrument comme symbole de l'être-aborigène est récent (*ibid*., p. 66), mais les cinéastes aborigènes utilisent eux aussi cette richesse culturelle (*ibid*., p. 75). En 2003, une équipe italienne sous la direction de l'anthropologue Angelo Fontana a rencontré des “anciens” Nyoongar et le joueur de *didjeridu* James Webb à Perth pour tourner un documentaire télévisuel pour la RAI. La communauté indigène était heureuse de voir que d'autres pays s'intéressaient à sa culture (Hoffman, 2003).

4. La diffusion du *didjeridu* dans les pays occidentaux

Lim (www.didjeridu.com/wickedsticks/articles/guanlim2.htm) parle, à propos de cette diffusion, d'un “phénomène mondial sans précédent” et ajoute : “Des enthousiastes non aborigènes de l'instrument, qu'ils soient de Stuttgart ou de San Francisco, se saluent comme des frères avec des mots Yolngu ; de plus en plus, ils s'imbibent de la langue et de la vie religieuse et culturelle des Yolngu.” Neuenfeldt (1998*a*) fait pourtant remarquer que d'autres instruments exotiques comme le sitar, l'ukulélé et les flûtes de Pan ont aussi été très à la mode ; ce qui attire dans ces cultures, c'est leur authenticité. Avec des instruments comme le *shakuhachi* et la *mbira*, le *didjeridu* fait partie de réseaux internationaux qui s'intéressent à l'interprétation, au commerce et à l'esthétique.

4.1. *Trajectoires historiques*

On ne saurait surestimer le rôle de Yothu Yindi dans la popularité du *didjeridu* au début des années 1990. Le groupe est extrêmement populaire aux Etats-Unis, en Grande-Bretagne et en Europe où quelques personnalités-clés, comme celles dont les noms suivent, avaient déjà fait connaître l'instrument.

David Blanasi dont la réputation a atteint tous les continents grâce à ses prestations entre 1952 et 1999 avec White Cockatoo, le groupe de chanteurs et de danseurs, et grâce aussi à ses nombreux enregistrements dès le début des années 1960.

Rolf Harris qui a fait connaître le son du *didjeridu* au public de Grande-Bretagne dans les années 1960. L'instrument était d'ailleurs présent dans les musées depuis 1900. L'intérêt a décuplé après le premier "World Music Village" qui a eu lieu à Notting Hill, Londres, en 1983 (Magowan, 1997, p. 162-163).

Willi Grimm est Suisse. Il est allé en Australie à la fin des années 1960 où il a appris à jouer de l'instrument avec Johnny (Didge) Matthews. On considère que Grimm est le premier non-Aborigène à jouer du *didjeridu* en Europe et à éveiller l'intérêt pour l'instrument. Son duo, Naturton, rassemble le *didjeridu* et la *gujara* slovaque, dont les harmoniques sont aussi très riches. Le résultat est un style méditatif, loin du New Age.

George Dreyfus retourne chaque année dans son Allemagne natale où il a fait partager son enthousiasme pour le *didjeridu* aux amateurs de musique savante.

Charlie McMahon est considéré par les communautés aborigènes et non aborigènes comme l'interprète de *didjeridu* le plus accompli sur le plan technique ; il a popularisé l'instrument avec beaucoup de dynamisme depuis 1981.

En dehors de Yothu Yindi, d'autres ambassadeurs enthousiastes de la culture aborigène aident à donner une base internationale à l'industrie commerciale du *didjeridu*. Je citerai Mark Atkins, Alan Dargin, Matthew Doyle, David Hudson, Tom Lewis, Adrian Ross, Gnarnayarrahe Waitairie et Richard Walley.

La mode du *didjeridu* a connu de nombreuses ramifications qui, selon Garde (2000, p. 344), sont essentiellement centrées sur les Etats-Unis (Garde *et al.*, 2001). Une vaste communauté de musiciens *didj* et d'admirateurs se crée grâce aux films, aux enregistrements, aux publications, aux festivals et concerts. L'Internet a eu une grande influence sur les contacts entre cultures au cours des dernières années (Kibby, 2000, p. 21). Cependant, Neuenfeldt (ms.) fait remarquer que, puisque la majorité des participants aux groupes de discussion sur la toile ne sont pas Australiens et encore moins Aborigènes, il n'existe pas de trace dans la mémoire sociale de ce que signifie l'être-aborigène pour un indigène né et élevé dans une société australienne profondément raciste où le *didjeridu* est un des rares restes de la vie socioculturelle d'avant la colonisation.

4.2. *Appropriation et détournement du* didjeridu

Neuenfeldt (1994, 1998*b* et 1998*c*) et Magowan (1997) ont étudié la manière dont la mode du *didjeridu* a permis son annexion par le mouvement New Age. Il n'existe d'ailleurs pas un seul discours New Age, mais plutôt un ensemble de discours liés entre eux, qui souvent se recouvrent et tournent autour du corps, de la psyché, du monde et de l'esprit. Gary Thomas de Nouvelle-Galles-du-Sud, "le roi du *didjeridu* New Age", vit à l'heure actuelle en Belgique ; il joue en Europe depuis le début des années 1990 (communication de Rogers à l'auteur).

Lorsque Neuenfeldt avait prévu en 1994 que le monde allait s'approprier le *didjeridu* de manière incontrôlée, ses paroles sonnaient déjà vrai, car la valeur culturelle et symbolique de l'instrument commençait déjà à s'affaiblir, entre autres au cours des séances dirigées par les chamanes New Age à Seattle dans l'état de Washington (Pertl, 1994, p. 1). Quatre ans plus tard en Australie, des groupes indigènes et de défense de la santé ont protesté contre une publicité allemande montrant un aborigène jouant du *didjeridu* à côté d'un paquet géant de cigarettes Winfield et accompagné du slogan "Version australienne du calumet de la paix" (Sweet, 1998, p. 9).

La ville la plus orientale d'Australie, Byron Bay, qui était un paradis hippy du surf dans les années 1960, est devenue ensuite le premier centre de vie alternative New Age. Comme la percussion et la danse du feu, le *didjeridu* est vendu comme élément essentiel des remèdes du corps, de l'esprit et de l'âme, remèdes qui emplissent les boutiques, les ateliers et les galeries de la ville. Les interprètes non aborigènes comme Gangagiri et Si Mullumby de Wild Marmalade se produisent en ville et partent régulièrement en tournée dans le monde. Yothu Yindi a joué à Byron Bay au cours du Festival international annuel de musique "Blues et Racines" en avril 2003.

Dans son étude des liens fantasmatiques du New Age avec les Aborigènes d'Australie, Neuenfeldt (1998*b*, p. 83 et 93) fait remarquer que ceux qui parlent *de* ou *au nom de* la communauté aborigène connaissent peu, en général, l'histoire et les acteurs du génocide et de l'ethnocide qu'ont subis tant de peuples aborigènes dans le passé. Garde (2000, p. 345) considère que le manque d'enregistrements commerciaux de musique tribale a fait sortir le *didjeridu* de son contexte d'origine pour devenir accompagnement de chansons et pour être élevé au statut de l'"Om" sacré (symbole de l'unité) par la croyance New Age. Certains auteurs de chanson ont banalisé le *didjeridu* dans l'esprit du public. Le CD *Didjeridu Planet* qui comporte le morceau *"Dangerously Stinky Didj"* est vendu pour un dollar sur un site Internet ou sous emballage plastique pour "seulement 2 $". Peu d'Aborigènes acceptent cette manière qu'ont certains non-Aborigènes de s'approprier le *didjeridu* sans aucun respect pour les croyances et la politique des Aborigènes.

Au début des années 1990, Mark Cain d'Australie-Occidentale a inventé un *didjeridu* mélodique ainsi qu'un *dijeriloo* et un *twidjeridoo* faits en PVC. Il dirige les ateliers pour enfants de l'Orchestre Plastic Fantastic et cherche à éviter que l'on copie les méthodes de jeu traditionnelles qui appartiennent aux peuples aborigènes. Les enfants utilisent des cylindres en carton et des tuyaux d'aspirateur pour imiter le *didjeridu*. Dans d'autres pays, on utilise des tubes en plastique, en laiton ou en verre ainsi que des branches d'agave (Neuenfeldt, 2000, p. 574). Les montages culturels du New Age s'efforcent parfois d'unir un certain passé au présent (Kibby, 2000, p. 22-23), justifiant ainsi la fabrication du *didj* Isis pour prier la déesse égyptienne et le *hoot & toot didjeridu-tube* qui doit vous permettre d'exprimer "le primitif, faiseur de bruit que vous avez en vous".

Le *Virtual Didj Museum* comporte une publicité pour le *yuccadoo* qui est fait d'une plante californienne, le *whipplei*, ainsi qu'un *didjeridu* fait d'un tuyau d'échappement en titane provenant d'un avion à réaction et muni d'une embouchure en acajou. Lorsque Fred Tietjen, collectionneur et vendeur de *didjeridu*, a demandé à David Hudson (Neuenfeldt, 1997, p. 36) pourquoi les Américains inventaient de telles choses, le virtuose aborigène a répondu : "Peut-être essaient-ils de trouver leur propre identité. Mais c'est extraordinaire ! Ils se tournent vers l'Australie et non vers leur propre pays. Pourquoi ne cherchent-ils pas des liens avec leur propre culture ? Avec les indigènes nord-américains ? C'est la même chose en Australie ! C'est incroyable ! Les interprètes aborigènes du *didjeridu* sont davantage reconnus à l'étranger qu'en Australie."

Peter Spoecker de Didjeridoings et inventeur du *saxeridoo* fait des tournées dans le monde entier avec son "spectacle musical pour un homme seul, techno-tribal et psychédélique". Il explique son travail de la façon suivante : "Pour moi, ce don est une graine qui a germé et pousse avec vigueur dans toutes les directions à travers le monde. Si l'on devait chercher à restreindre la croissance de cette plante de façon artificielle à cause de fausses idées de «respect» de la «tradition», ce serait comme si on essayait de limiter la croissance d'un enfant dans le ventre de sa mère ; il serait alors mort-né ou malingre. Ou encore ce serait essayer de contrôler l'écoulement d'eau dans un étang ; elle finirait par devenir stagnante. Tous les efforts non traditionnels tendant à construire, à jouer, à faire de la musique autour du *didge*, comme nous sommes si nombreux à tenter de le faire, ne risquent certainement pas de diluer, de compromettre ou de faire injure aux traditions et aux peuples qui ont créé la graine et qui nous inspirent encore."

Mais le marché touristique du *didjeridu* a tout de même été accaparé par des "chasseurs de *didge*" non aborigènes et sans scrupule. Ils saccagent l'environnement en abattant les arbres indigènes pour faire des *didjeridu*. Les droits de propriété intellectuelle et culturelle des habitants du Nord-Est de la terre d'Arnhem sont bafoués par ceux qui représentent des totems claniques traditionnels sur leurs instruments et font croire aux acheteurs qu'il s'agit de *didjeridu* traditionnels ; en outre, ceux-ci se fendent souvent, s'écaillent ou encore se désaccordent (*The Cairns Post*, 8 février 1999, p. 2). A cause de l'importance de la demande, environ vingt mille *didjeridu* ont été vendus dans le Territoire du Nord en 2001 par des détaillants à Darwin et à Katherine ; seuls trois mille d'entre eux ont été vendus par des centres d'art et d'artisanat indigène (Hancock, 2003, p. 19). La boutique des Nations unies à New York a vendu récemment des "*didjeridu* australiens" faits par des Indonésiens et taxés de "faux flagrants" (*The Koori Mail*, 2 juillet 2003, p. 13).

Contrairement aux secteurs mercantiles de l'industrie New Age, ceux qui cherchent sérieusement un mode de vie alternatif s'appuient sur les artefacts et les croyances de cultures traditionnelles pour se créer une société modèle, holistique. Sherwood (1997) a étudié ce besoin pressant de retrouver un sens de la communauté, de vivre dans un environnement durable et dans un milieu spirituel enrichissant grâce à l'éthique du feu de camp, lieu de rencontre et d'union avec les autres et avec la terre. En Australie, le *didjeridu* a fait partie intégrante de ce mouvement depuis les années 1970 et ceux qui y ont participé croient à la puissance surnaturelle de l'instrument, créateur d'énergie (*ibid*., p. 145). Cela va de pair avec le phénomène de la *rave energie* qui s'est manifesté à la fin des années 1990, au cours de *rave parties* dans la brousse comportant des transes tribales *deep-in-didj*. En fait, cette mythologie s'est à tel point répandue qu'on a fini par croire qu'il était impossible de jouer sans évoquer et stimuler une conscience plus profonde (Homan, 1997, p. 131). David Blonski relate son expérience : "Alors que d'autres musiques s'adressent au cœur et à l'esprit, le *didjeridu* semble nous relier à la racine même des choses… aux niveaux les plus primordiaux de la création et de la vie […]. Bien sûr, je peux atteindre un sentiment aussi profond en parlant de mon amour pour ma flûte, mais son énergie est différente et s'adresse à une autre partie de moi-même."

4.3. *Thérapie et harmoniques*

On dit que les sons du *didjeridu* peuvent guérir les maux physiologiques, affectifs, sociaux ; l'instrument a été appelé "la voix de la terre", "la voix de l'univers", "la voix de la paix", "le résonateur de la Terre Mère" ou encore "la mère de tous les instruments". A une fête en 1979, l'"ancien" des Nyoongar, Ken Colbung, de Perth, expliquait : "Nous devons rendre à l'humanité ce que l'humanité a pris à la Terre Mère. La Terre Mère est une mère malade ; nous sommes comme des enfants à son sein ; nous avons tété, tété, mais tout autre chose que le lait." (Cité par Sherwood, 1997, p. 146.)

Le *didjeridu* a inspiré toutes sortes de cosmologies complexes et de théories de la conscience (Smith et Neuenfeldt, 1998), y compris un mélange d'astrologie, d'aromathérapie et de *didjeridu* (Kibby, 2000, p. 21). On dit qu'au cours de séances thérapeutiques, les harmoniques du *didjeridu* agissent sur les chakras hindous (les points sensibles du corps), bien que la plupart des *didjeridu* résonnent dans les tonalités les plus basses des chakras, *do*, *do*♯, *ré* et *mi*♭. Les chakras peuvent guérir les douleurs corporelles et atténuer les tensions. La respiration circulaire aide à libérer les poumons et les sinus ; certains ont même signalé la guérison d'asthme ou de bégaiement. Le "massage sonique" et la "thérapie par résonance" sont deux éléments de ce qu'on appelle la langue *didj-speak*.

Le *didjeridu* facilite une première approche de la méditation. Comme dans le cas de la trompe tibétaine, du cor des Alpes suisse, du *kalimba* et du *santour*, on dit qu'il atteint sa pleine puissance dans la transe. Williams (1994, p. 62) dit que ce "plus" est fait "d'âme, d'esprit et de spiritualité". A mesure que les fréquences oscillent et se mêlent, elles modifient le flux de conscience (Magowan, 1997, p. 171). Cela est vrai aussi du chant de gorge, diphonique, des Touva, où le chanteur amplifie et filtre certains partiels qui sont naturellement présents dans la gorge pour créer de beaux sons. Comme le chant diphonique, le jeu du *didjeridu*, comporte un bourdon ; certains, comme Dya Singh, utilisent parfois cette possibilité pour produire un son exotique (communication de Neuenfeldt à l'auteur). Antonio Olías González de Madrid est un interprète de chant diphonique, ainsi que du *didjeridu* et d'autres instruments qui utilisent les harmoniques.

4.4. Didjfests *et orchestres de* didjeridu

Le Didjfest est un curieux événement que Neuenfeldt appelle un "spectacle musical exotique" (1998*c*, p. 31-34). De 1995 à 1997, Richard Mow, professeur non aborigène de *didjeridu*, a organisé chaque année un Didjfest à la Ligue pour le progrès des Aborigènes à Melbourne. En 1997, un orchestre de cent cinquante-trois *didjeridu* s'y est produit.

Le Royaume-Uni

Magowan (1997) raconte les rencontres de *didjeridu* en Angleterre et en Irlande à la fin du XXe siècle. Ianto Thornber a créé l'industrie britannique du *didjeridu* après son voyage dans le Territoire du Nord en 1987 (*ibid.*, p. 163). Lorsque le Festival de musique folk de Glastonbury s'est tenu en 1992, deux cent cinquante-deux *didjeridu* ont joué ensemble, groupés selon leur fondamentale (*ibid.*, p. 166). A l'heure actuelle, un Didjfest se tient chaque année à Londres en juillet. Les groupes britanniques de *didjeridu* se donnent différentes identités culturelles et soutiennent une politique de justice sociale, aussi bien que l'idéologie New Age, la thérapie et la méditation (*ibid.*, p. 169).

Les interprètes britanniques les plus connus sont Shaun Farrenden, Graeme Wiggins, Cyrung et Shozo ; ce dernier accompagne au *didjeridu* le chant du Coran dans une mosquée (*ibid.*, p. 176). Depuis 1995, Richard Bridge d'Exmouth a joué avec des groupes du Royaume-Uni et avec les DJ Chrome, Jervan et l'Exeter Sound of Music Collective. Il a participé avec Charlie McMahon au Didje in a Cave de Carnglaze en 2003 ; son CD *Carpet Gypsy* est le numéro un à l'heure actuelle sur didgeridoo-magazine.com.

L'Europe

En général, l'activité du *didjeridu* sur le continent est indépendante de celle du Royaume-Uni. L'extraordinaire sous-culture du *didjeridu* en Allemagne se répand grâce à des réseaux d'enseignants de différentes villes où, contrairement à l'Australie, les Didjfests sont faciles d'accès. L'Internet a renforcé l'unité des communautés *didjeridu* grâce à des sites comme la *deutschdigeridoo mailing list*, mais Rogers considère que les Allemands s'intéressaient au *didjeridu* bien avant ce développement.

Les Européens s'intéressaient déjà au *didjeridu* au milieu des années 1960. Rogers pense qu'après la dernière guerre la mode en Allemagne était aux cultures étrangères, y compris non occidentales, bien plus qu'à la culture allemande. L'Allemand moyen connaissait souvent mieux les cultures aborigènes d'Australie que l'Australien moyen. La revue *Didjeridoo and Co*, publiée à Munich, est traduite en anglais depuis le numéro 4, et des exemplaires circulent aux Etats-Unis. Elle reflète les idées des trois tendances du *didjeridu*, bien qu'en Allemagne, le camp du *contemporary didj* soit plus important aujourd'hui que le Garma Festival qui est plus puriste, et le camp New Age, davantage marginal. Chacun tire le *didjeridu* à lui, mais tous se retrouvent aux festivals où les puristes craignent que l'instrument ne perde son pouvoir si les interprètes ne suivent pas les Yolngu.

Le festival Dreamtime Didjeridu de Berlin en 2001 a été le plus important jusqu'ici, plus grand encore que le premier qui avait eu lieu en 2000. Ce qui se fait en Allemagne est en général repris en Autriche, aux Pays-Bas et en Suisse, mais le monde du *didjeridu* suisse est davantage "hippy" qu'il ne l'est en Allemagne. En 1997, Mark Atkins a participé à la rencontre internationale d'une semaine en Suisse ; il a dit sa préoccupation que certains s'approprient le *didjeridu* sans comprendre son origine aborigène (Neuenfeldt, 1998*b*, p. 94).

Les professionnels australiens et américains participent au circuit annuel des festivals. Rogers a organisé une tournée de cinq semaines en 2003, allant d'une ville à l'autre et passant une semaine dans chacune. Il a assisté aux Didge Days de Stuttgart en mai, puis au festival d'Amsterdam en juin et au Swizzeridoo en juillet. Le Rêve de l'Aborigène est un festival de *didjeridu*, de guimbarde et de chant diphonique qui se tient en juillet, à Airvault, en France. En Espagne, le Festival del Didjeridoo a lieu en août. En Italie, plusieurs fêtes du *didjeridu* ont lieu chaque année.

Les Etats-Unis

L'Annual Joshua Tree Didjerioo Festival est essentiel pour la communauté *didjeridu* américaine. Le quatrième festival s'est tenu du 6 au 12 octobre 2003 près du Joshua Tree National Park en Californie, un site signalé comme étant un foyer d'énergie naturelle et paranaturelle. Les *integration jams* se tiennent dans un temple circulaire bâti pour ces événements, mais les participants jouent aussi dans des grottes aux parois gravées ou des cavernes. Le Didjeridoo Store vend des instruments aux enchères et depuis 2000, le musicien wiradjurie Lewis Burns, de Nouvelle-Galles-du-Sud a joué des solos qui évoquent l'*outback*, l'Australie rurale. En 2003, le festival a présenté Djalu Gurruwiwi, un "ancien" du clan Galpu qui est un excellent spécialiste du *yidaki*, ce qui a permis aux "puristes de la culture" de rencontrer le groupe New Age.

Randy Graves et Didginus jouent dans des styles qui vont de "l'aborigène traditionnel" au rock et au jazz et jusqu'à la musique du monde ou au classique contemporain. Rainbow Didge utilise des enregistrements de transes chamaniques. Le Britannique Stephen Kent fait partie du groupe Trance Mission, groupe électro-techno-tribal. Il a étudié le *didjeridu* en 1982 après avoir dirigé le Circus Oz en Australie ; depuis, sa musique et son travail sur la danse contemporaine sont centrés sur le *didjeridu*.

5. Rapprocher les cultures

Russ Davey, homme d'une grande force spirituelle et métapsychique, a enseigné le *didjeridu* en Allemagne, au Royaume-Uni et aux Etats-Unis depuis 1993, avec, dit-il, la bénédiction des Aborigènes "locaux" ;

d'après lui, ceux-ci considèrent que la connaissance du *didjeridu* permet de combler le fossé entre les peuples blancs et les peuples noirs du monde. Il songe peut-être au manifeste de Mandawuy Yunupingu sur l'importance du *didjeridu* pour le rapprochement entre Yolngu et Balanda (les Euro-Australiens). En 1988, Yunupingu expliquait : "Nous essayons de réunir les deux mondes : celui de la musique de l'autre monde et celui de la musique Yolngu." Et en 1991, il reconnaissait qu'"il doit sans doute y avoir un compromis" (Neuenfeldt, 1993*b*, p. 5). Yunupingu n'aurait pourtant pas pu prévoir la "folie du *didjeridu*" qui se préparait. En 1997, il devait admettre : "Les Yolngu savent que le *yidaki* est devenu un symbole australien et acceptent que les peuples non yolngu du monde entier l'utilisent maintenant pour le plaisir et dans des cadres informels. Cependant, sachez bien que ses origines sont sacrées et secrètes et appartiennent aux Yolngu." (Yunupingu cité dans Neuenfeldt, 1997, p. VII.)

Corn (1999, p. 4) a remarqué que la grande majorité des fervents du *didjeridu* qui ont assisté au festival Barunga au sud-est de la terre d'Arnhem en septembre 1996 étaient des autodidactes qui jouaient dans des styles très personnels que les Australiens du Nord trouvaient incompréhensibles ; mais ils s'intéressaient tout de même à la culture du peuple qui a créé l'instrument.

Beaucoup pensent aujourd'hui que le *didjeridu* en tant qu'expression culturelle unique a été abâtardi. Malgré cela, il facilite le partage de quelque chose qui dépasse le répertoire musical, et permet à une population toujours plus nombreuse de connaître la voix et l'histoire des Aborigènes. La participation aux festivals et aux ateliers, la demande croissante pour des instruments, des enregistrements, des concerts et des leçons de maîtres aborigènes se répandent. Même en Australie, patrie de l'instrument et qui jusqu'alors ne s'y intéressait guère, la musique et la vie du *didjeridu* représentent maintenant un lien et construisent des réseaux entre des gens bien différents.

5.1. *Le* didjeridu *comme instrument de réconciliation*

Le *didjeridu* a fourni un accompagnement musical à la transformation des rapports culturels en Australie (Neuenfeldt, 2003, p. 234). Cela est particulièrement vrai du mouvement Réconciliation aborigène, lancé en 1991. Bien que la fédération des Etats ait été créée en 1901, les peuples indigènes ne sont devenus citoyens qu'en 1967. Il a fallu encore attendre vingt-quatre ans pour que le parlement fédéral crée le Conseil pour la réconciliation aborigène, dont le but est d'établir "une Australie unifiée qui respecte [notre] terre, reconnaisse la valeur de l'héritage des Aborigènes et des habitants des îles du détroit de Torres et assure à tous justice et égalité". Le Conseil a patronné le Corroboree 2000 de Sydney où la musique symbolisait le Voyage de guérison et où les participants ont chanté en chœur (Patten et Ryan, 2001). Lorsque le Conseil a été dissous le 31 décembre 2000, une fondation populaire, Reconciliation Australia, a été créée.

Il est clair que la réconciliation ne sera possible que lorsque les indigènes australiens connaîtront un avenir de fierté et de bien-être sur leur propre terre. Le *didjeridu* est l'instrument musical qui leur donne un sentiment d'appartenance à la terre ; les grands conteurs de *didjeridu* parlent du besoin de trouver des métaphores et des expressions artistiques pour exprimer le passé traditionnel qui toujours "guette par-dessus notre épaule". Pour apprendre le *didjeridu* dans l'esprit de la réconciliation, il est bon d'écouter avec respect la terre aussi bien que le peuple. Le *didjeridu* renforce l'esprit de réconciliation ; c'est une base idéale pour des projets multiculturels, comme celui du groupe Réconciliation, dont les membres sont Irlandais et Australiens ; Dargin, un maître du *didjeridu*, joue avec eux des adaptations des rythmes de ses chants aborigènes (Magowan, 1997, p. 178). Ils ont aussi créé la pièce de Waitairie, *Pundulumara (Deux arbres ensemble)*, avec le chanteur et auteur Joe Dolce en 1990 (Ryan, 1995, p. 25-26).

5.2. *Les Jeux olympiques de Sydney en 2000*

Le *didjeridu* est devenu un symbole du nationalisme, surtout avant et pendant les Jeux olympiques de Sydney, lorsqu'un leitmotiv aborigène a montré au monde comment la nation avait résolu les problèmes du passé et du présent. Le Festival of Dreaming en septembre et octobre 1997 avait joué le rôle de Jeux olympiques culturels ; la directrice Rhoda Roberts avait invité plus de sept cents artistes indigènes d'Australie et d'ailleurs. Ce festival de six semaines a permis l'expression des cultures indigènes contemporaines. Stephen Page, du Bangarra Dance Theater, a créé la pièce *Awakening* pour la cérémonie d'ouverture du 15 septembre ; elle était fondée sur le répertoire traditionnel de Djakapurra Munyarryun, chanteur, danseur et interprète de *didjeridu* du Nord-Est de la terre d'Arnhem. Il y a ajouté des exemples de musique et de danse traditionnelles avec près de mille exécutants venant du désert central, de la terre d'Arnhem, des îles du détroit de Torres, de Kimberley, du Nord de la Nouvelle-Galles-du-Sud et de Sydney (Ryan, 2002).

La présentation du *didjeridu* comme "cœur de l'Australie" a connu son apogée avec l'exécution de Yothu Yindi au cours de la cérémonie de clôture le 1er octobre, et celles de Atkins et McMahon à la cérémonie d'ouverture des Jeux paralympiques le 18 octobre. Le musicien mal-voyant Henry Phineasa a joué aux Jeux de Sydney 2000 et aux Paralympiques.

Le Centre rural du Territoire du Nord à Darling Harbour a vu les ventes de CD et d'instruments augmenter pendant les Jeux grâce aux ateliers de Didjeridu Magic et aux interprétations de Yothu Yindi. Plus récemment, à la cérémonie d'ouverture de la Coupe du monde de Rugby Union, au stade Telstra à Sydney le 10 octobre 2003, un groupe de *didjeridu* a accompagné des danseurs indigènes.

5.3. *Le cyberespace indigène*

Bien que l'Internet diffuse beaucoup d'informations erronées, il permet aux peuples indigènes de créer des sites. Le peuple yolngu s'adresse aux autres pratiquants du *didjeridu* sur ce deuxième site. Il invite les Balanda (non aborigènes) à assister aux master classes de *yidaki* et à aider les Yolngu et les Balanda à coexister sur une base de respect mutuel et de bonne volonté afin de remplir leurs obligations réciproques et de travailler ensemble pour définir la juste place des *yidaki* au sein de la culture mondiale.

6. Conclusion

Le *didjeridu* contemporain est né d'une musique très ancienne ; les Yolngu en revendiquent la propriété, de droit et de tradition. Chez d'autres peuples de l'Australie, les maîtres aborigènes du *didjeridu* sont aussi vénérés comme gardiens de la culture. Neuenfeldt (1993*a*, p. 75) soutient que le *didjeridu* résonne avec plus de profondeur et de plénitude dans son contexte local. Il écrit : “De bien des façons, les musiques du monde ne sont que du bruit, à moins que leur environnement ne leur donne forme en aidant à atteindre leur identité et leur esprit.” Je suis d'accord avec Corn (1999, p. 4) pour dire que “tous ceux qui, de l'extérieur, s'intéressent à l'instrument doivent [...] reconnaître ses créateurs traditionnels et chercher à mieux comprendre son origine culturelle”. La participation de maîtres yolngu à différents festivals comme ceux du New Age permet un dialogue plus juste entre les différents camps du *didjeridu*.

Ayant atteint la reconnaissance grâce à ses possibilités sonores extrêmement variées, l'instrument s'est forgé une place dans l'esthétique pop du monde entier et a engendré une vision romantique de la culture aborigène. Le *didjeridu* a résisté au nouvel ordre hégémonique, mais il en a dans le même temps intégré la technologie. Mode de communication musicale emblématique, le *didjeridu* a fourni depuis 1991 une réponse culturelle créatrice à l'exigence de réconciliation.

Le son du *didjeridu* “appartient” à l'Australie (Smith et Neuenfeldt, 1998, p. 55) ; il est l'instrument le mieux connu du pays. Sa virtuosité est un défi pour les musiciens classiques aussi bien que populaires, et elle les pousse à aller toujours plus loin. On ne peut pas prédire la durée de la mode ni dans quel sens elle s'orientera. Mais j'espère que le *didjeridu* continuera à encourager la compréhension entre les peuples plutôt qu'à débiter un discours stéréotypé de groupes d'intérêts particuliers. L'énergie dépensée pour s'approprier le *didjeridu* ou le détourner vers une mystique opportuniste ou centrée sur elle-même serait mieux utilisée pour participer concrètement aux luttes des peuples aborigènes d'Australie.

Bibliographie

BARWICK, L., 1997 : "Gender Taboos and *Didjeridus*", in *The Didjeridu. From Arnhem Land to Internet*, K. Neuenfeldt (éd.), Sydney, John Libbey-Perfect Beat Publications, p. 89-98.

BLANASI, D., 2003 : "David Blanasi's Experiences", in *Currency Companion to Music and Dance in Australia*, J. Whiteoak et A. Scott-Maxwell (éd.), Sydney, Currency Press, p. 233-234.

BRUNTON, M., 1987 : "Musical Structure as a Reflection of the Process of Acculturation among Detribalized Aboriginal People in S. E. Australia", *Miscellanea musicologica*, vol. XII, p. 246-258.

CHALOUPKA, G., 1993 : *Journey in Time. The 50,000-Year Story of the Australian Aboriginal Rock Art of Arnhem Land*, Sydney, Reed.

CORN, A., 1999 : "The *Didjeridu* as a Site of Economic Contestation in Arnhem Land", *Newsletter. The Centre for Studies in Australian Music*, n° 10, p. 1-4.

DUNBAR-HALL, P., 1997 : "Continuation, Dissemination and Innovation", in *The Didjeridu. From Arnhem Land to Internet*, K. Neuenfeldt (éd.), Sydney, John Libbey-Perfect Beat Publications, p. 69-88.

ELKIN, A. P. et JONES, T. A., 1958 : *Arnhem Land Music*, "Oceania Monographs", n° 9, Sydney, University of Sydney.

FLETCHER, N. H., 1983 : "Acoustics of the Australian *Didjeridu*", *Australian Aboriginal Studies*, vol. I, p. 28-37.

FLETCHER, N. H., 1996 : "The *Didjeridu* (Didgeridoo)", *Acoustics Australia*, n° 24, p. 11-15.

FLETCHER, N. H., HOLLENBERG, L., SMITH, J. et WOLFE, J., 2001 : "The *Didjeridu* and the Vocal Tract", *Musical Sounds from Past Millennia, Proceedings of the International Symposium on Musical Acoustics*, vol. 1, p. 87-90.

GARDE, M., 2000 : "Maningrida, the *Didjeridu* and the Internet", in *The Oxford Companion to Aboriginal Art and Culture*, S. Kleinert et M. Neale (éd.), Melbourne, Oxford University Press, p. 344-346.

GARDE, M., DANAJA, P. et DJELKWARRNGI, T., 2001 : "That Didj has Sent them Mad", in *Kaltja Now*, I. Chant (éd.), Adelaïde, Wakefield Press.

HANCOCK, D., 2003 : "Con Artists Muscle in on Didgeridoo Market", *The Age*, 18 janvier, p. 19.

HOFFMAN, J., 2003 : "Italians to See our Culture", *The Koori Mail*, 4 juin.

HOMAN, S., 1997 : "Terra Incognita : the Career of Charlie McMahon", in *The Didjeridu. From Arnhem Land to Internet*, K. Neuenfeldt (éd.), Sydney, John Libbey-Perfect Beat Publications, p. 123-138.

HORTON, D. (éd.), 1994 : *The Encyclopaedia of Aboriginal Australia*, Canberra, Aboriginal Studies Press, version cédérom.

HUDSON, D. et TIETJEN, F., 1997 : "The *Didjeridu*. A Portal to Culture", in *The Didjeridu. From Arnhem Land to Internet*, K. Neuenfeldt (éd.), Sydney, John Libbey-Perfect Beat Publications, p. 31-38.

JONES, T. A., 1967 : "The *Didjeridu*. Some Comparisons of its Typology and Musical Functions with Similar Instruments Throughout the World", *Studies in Music*, University of Western Australia Press, n° 1, p. 23-55.

JONES, T. A., 1973 : "The Yiraki *(Didjeridu)* in North-Eastern Arnhem Land. Techniques and Styles", in *The Australian Aboriginal Heritage*, R. M. Berndt et E. S. Phillips (éd.), Sydney, Australian Society for Education Through the Arts in Association with Ure Smith, p. 269-247.

JONES, T. A., 1980 : "The Traditional Music of the Australian Aborigines", in *Music of Many Cultures*, E. May (éd.), Berkeley, University of California Press, p. 154-171.

KARTOMI, M. J., 1981 : "The Processes and Results of Musical Culture Contact. A Discussion of Terminology and Concepts", *Ethnomusicology*, vol. XXV, n° 2, p. 227-249.

KARTOMI, M. J., RYAN, R. et WILLIAMS, D., 1995 : "*Didjeridu*", in *Die Musik in Geschichte und Gegenwart (MGG)*, L. Finscher (éd.), Cassel, Barenreiter-Verlag, vol. II, p. 1234-1240.

KIBBY, M., 2000 : "The Didj Scene. Mapping the Articulations of Local and Global in the Construction of a Music Community", in *Changing Sounds. New Directions and Configurations in Popular Music. IASPM 1999 International Conference Proceedings, Faculty of Humanities and Social Sciences, University of Technology, Sydney*, T. Mitchell, P. Doyle et B. Johnson (éd.), Sydney, University of Technology, p. 21-26.

KIBBY, M. et NEUENFELDT, K., 1998 : "Sound, Cinema and Aboriginality", in *Knowing the Score. Australian Cinema and Music Soundtracks*, R. Coyle (éd.), Sydney, AFTRS, p. 66-77.

KIWAT, J., 1999 : "New and Emerging Forms of Indigenous Music", in *Musical Visions. Selected Conference Proceedings from 6th National Australian/New Zealand IASPM and Inaugural Arnhem Land Performance Conference, Adelaide, Australia, June 1998*, G. Bloustien (éd.), Adelaïde, Wakefield Press, p. 74-76.

KNOPOFF, S., 1997 : "Accompanying the Dreamtime. Determinants of *Didjeridu* Style in Traditional and Popular Yolngu Song", in *The Didjeridu. From Arnhem Land to Internet*, K. Neuenfeldt (éd.), Sydney, John Libbey-Perfect Beat Publications, p. 39-67.

MAGOWAN, F., 1997 : "Out of Time, Out of Place", in *The Didjeridu. From Arnhem Land to Internet*, K. Neuenfeldt (éd.), Sydney, John Libbey-Perfect Beat Publications, p. 161-183.

MARETT, A., 1998 : "*Didjeridus* of Australia. Ethnography", in *The Garland Encyclopaedia of World Music*, vol. IX, *Australia and the Pacific Islands*, A. L. Kaeppler et J. W. Love (éd.), New York-Londres, Garland Publishing, p. 393-395.

MOYLE, A., 1966 : *A Handlist of Field Collections of Recorded Music in Australia and Torres Strait, Occasional Papers in Aboriginal Studies*, vol. VI, *Ethnomusicological Series 1*, Canberra, Australian Institute of Aboriginal Studies.

MOYLE, A., 1981 : "The Australian Didjeridoo. A Late Musical Intrusion", *World Archaeology*, vol. XII, n° 3, p. 321-331.

MOYLE, A., 1983 : "Archeomusicological Possibilities in Australia, Torres Strait and New Guinea", *Bickmaus*, vol. IV, n° 3, p. 131-135.

MURDOCH, A. K., 2001 : "Unlikely Union to Produce Music of the Heart", *The Age*, 24 mai, p. 4.

NEUENFELDT, K., 1993*a* : "The *Didjeridu* and the Overdub. Technologising and Transposing Aural Images of Aboriginality", *Perfect Beat*, vol. I, n° 2, janvier, p. 60-77.

NEUENFELDT, K., 1993*b* : "Yothu Yindi and Ganma. The Cultural Transposition of Aboriginal Agenda Through Metaphor and Music", *Journal of Australian Studies*, n° 38, septembre, p. 1-11.

NEUENFELDT, K., 1994 : "The Essentialistic, the Exotic, the Equivocal and the Absurd. The Cultural Production and Use of the *Didjeridu* in World Music", *Perfect Beat*, vol. II, n° 1, juillet, p. 88-104.

NEUENFELDT, K. (éd.), 1997 : *The Didjeridu. From Arnhem Land to Internet*, Sydney, John Libbey-Perfect Beat Publications.

NEUENFELDT, K., 1998*a* : "Notes on Old Instruments in New Contexts", *The World of Music*, vol. XL, n° 2, p. 5-8.

NEUENFELDT, K., 1998*b* : "The Quest for a «Magical Island». The Convergence of the *Didjeridu*, Aboriginal Culture, Healing and Cultural Politics in New Age Discourse", *Social Analysis*, vol. XLII, n° 2, p. 73-102.

NEUENFELDT, K., 1998*c* : "Good Vibrations ? The «Curious» Cases of the *Didjeridu* in Spectacle and Therapy in Australia", *The World of Music*, vol. XL, n° 2, p. 29-51.

NEUENFELDT, K., 1998*d* : "Yothu Yindi. Agendas and Aspirations", in *Sound Alliances. Indigenous Peoples, Cultural Politics and Popular Music in the Contemporary Pacific*, P. Hayward (éd.), Londres-New York, Cassell, p. 199-208.

NEUENFELDT, K., 2000 : "*Didjeridu*", in *The Oxford Companion to Aboriginal Art and Culture*, S. Kleinert et M. Neale (éd.), Melbourne, Oxford University Press, p. 573-574.

NEUENFELDT, K., 2003 : "*Didjeridu* : Contemporary Developments", in *Currency Companion to Music and Dance in Australia*, J. Whiteoak et A. Scott-Maxwell (éd.), Sydney, Currency Press, p. 234-235.

NEUENFEDLT, K., ms. : "The On-going «Should Women Play *Didjeridu* ?» Debate. How a Musical Icon Can Become an Instrument of Remembering and Forgetting".

PARKER, A., 2003 : *Didjeridu Dreaming*, Adelaïde, J. B. Books.

PATTEN, H. et RYAN, R., 2001 : "Research and Reconciliation", *The Australian Journal of Indigenous Education*, vol. XXIX, n° 1, p. 36-42.

PERTL, B., 1994 : "Papa's got a Brand New *Didjeridu*. Exploring New Traditions and Mythologies of the *Didjeridu* in the Pacific Northwest", intervention à la Conference of the Society of Ethnomusicology, Milwaukee.

RYAN, R., 1994 : "Tracing the Urban Songlines. Contemporary Koori Music in Melbourne", *Perfect Beat*, vol. II, n° 1, juillet, p. 20-37.

RYAN, R., 1995 : "Gnarnayarrahe Waitairie : *Claim* and *Pundulumara*", *Perfect Beat*, vol. II, n° 2, janvier, p. 20-30 (www.ccms.mq.edu.au/perfect_beat/gnarn.html).

RYAN, R., 2002 : "Awakening the Fire Within. Symbols, Rituals and Reconciliation", in *Australasian Music Research*, vol. VII, p. 85-94.

RYAN, R., 2003 : "Voices and Instruments", in *Currency Companion to Music and Dance in Australia*, J. Whiteoak et A. Scott-Maxwell (éd.), Sydney, Currency Press, p. 27-28.

SHERWOOD, P., 1997 : "The *Didjeridu* and Alternative Lifestylers' Reconstruction of Social Reality", in *The Didjeridu. From Arnhem Land to Internet*, K. Neuenfeldt (éd.), Sydney, John Libbey-Perfect Beat Publications, p. 139-153.

SMITH, G. et NEUENFELDT, K., 1998 : "Romancing the Drone. Contemporary *Didjeridu* in Victoria, Australia", *Overland*, n° 151, p. 52-57.

SWEET, M., 1998 : "Peace Pipes Turn to Smoke Signals", *The Age*, 2 juillet, p. 9.

WILLIAMS, D., 1994 : "Sounds of Mother Earth", *The Australian Way*, mai, p. 60-63.

Discographie

Mark Atkins, *Didgeridoo Concerto*, Larrikin, 1994.

George Dreyfus, *Sextet for Didjeridu and Wind Quintet*, soliste George Winunguj, Classic SCCD, 1992.

Gondwana, *Travelling Songs*, Oceanic Music, 1994.

Gondwanaland, *Terra Incognita*, Hot Records, 1984.

David Hudson, *Proud to be an Aborigine*, Larrikin, 1989.

Stephen Kent, *Songs from the Burnt Earth*, Burnt Earth Music, 1992.

Reconciliation, *Two Stories in One*, Natural Symphonies, 1993.

The White Cockatoo Performing Group, *The David Blanasi Tribute Album 1998-2001*, Big Band Records, 2002.

Yothu Yindi, *Tribal Voice*, Mushroom Records, 1992.

Filmographie

Didgeridoo in Deutschland (film documentaire), SBS TV, subventionné par le Department of Aboriginal Affairs, 1988.

Life is too Serious (film documentaire sur George Dreyfus), Film Victoria, 2000.

Yamaji Man. Walking in Two Worlds (film sur Mark Atkins), People Pictures, 2002.

Trevor Wiggins

L'ENSEIGNEMENT DE LA *WORLD MUSIC* EN OCCIDENT

La présence, même diffuse, des musiques d'autres cultures s'est toujours fait sentir en Europe. Leur émergence et leur impact sont devenus de plus en plus prégnants au XXe siècle, notamment grâce aux œuvres de musiciens comme Claude Debussy, Gustav Holst ou plus récemment, grâce à George Harrison des Beatles. Dans l'enseignement supérieur, les "cultures musicales de traditions non européennes" furent tout d'abord considérées comme des "musiques exotiques" dont l'étude prit jusque dans les années 1950 le nom de "musicologie comparée", puis, après cette date, d'"ethnomusicologie". L'ethnomusicologie – traditionnellement, l'étude de la musique d'autres peuples au sein de leur culture – demeure un domaine distinct de la recherche universitaire (Nattiez, 2002). La *world music* incarne une approche plus pratique de l'étude d'autres musiques, impliquant des processus de création et d'exécution (Pacini Hernandez, 2003). Une telle approche a, au cours des quinze ou vingt dernières années, gagné en popularité. Avant cela, très peu d'institutions reconnaissaient l'importance d'une étude plus ouverte de la musique. La motivation de pionniers tels que Jack Dobbs était précisément d'élargir le champ de la compréhension musicale des étudiants en incluant dans l'enseignement des musiques provenant de contextes et de cultures différents de ceux dans lesquels ces derniers avaient grandi. A l'étranger, on pensait également que la musique occidentale, particulièrement celle dite "classique", était supérieure à celle qui était pratiquée ailleurs dans le monde. "Je pensais qu'il était important de changer cette attitude, disait Dobbs, et qu'il fallait que les étudiants soient initiés à une musique dont l'exécution ne dépendait pas de la notation, une musique qui était différente dans ses techniques, ses «gammes», ses timbres et ses méthodes d'apprentissage de celle à laquelle ces derniers étaient accoutumés." (Jack Dobbs, directeur du département de musique du Dartington College of Arts de 1967 à 1987, communication personnelle).

La *world music* fait désormais son apparition, à différents niveaux de l'éducation musicale, offrant un aperçu de la variété des cultures, des modes d'expression et de communication humaines, tout en présentant un miroir au travers duquel se reflète notre propre héritage. Puisqu'il est impossible de considérer l'éducation indépendamment de la culture ou de la société, certains aspects du phénomène *world music* pris dans son ensemble impliquent nécessairement des questions liées à ces dernières.

1. Définitions et terminologie

La terminologie a toujours posé problème. Les institutions offrant un enseignement pratique des musiques non occidentales ne voulaient pas qualifier cet enseignement d'ethnomusicologie car cela impliquait une approche trop théorique. L'expression "musiques non occidentales" était assez répandue mais elle était, sous certains aspects, peu appréciée et problématique : elle amalgamait les "autres" musiques, assumant des traits communs là où il n'y en avait pas ; elle définissait ces musiques négativement, c'est-à-dire par exclusion ; et le concept d'Occident était de toute manière trop européocentrique. Il y eut également des débats pour savoir s'il fallait dire "musique" ou "musiques", débats réitérés dans le cas de l'appellation *world music*. Les partisans du pluriel pensaient que cela contribuerait à changer l'image d'une "musique non occidentale" conçue comme un corpus homogène. Pour les opposants, en revanche, tout cela n'était qu'une question futile de sémantique – toute musique étant après tout musique. On a souvent opté pour une description de chaque tradition musicale en termes de nationalité, ce qui entraînait également certains problèmes : par exemple, la "musique indienne" regroupait à la fois la musique de l'Inde du Nord et de l'Inde du Sud, la musique classique et la musique de films, etc.

A partir des années 1980, une multitude de termes firent leur apparition, reflets d'une volonté grandissante, particulièrement dans les écoles, d'inclure la *world music* dans les programmes d'enseignement. Un livre intitulé *Music of Many Cultures* (May, 1980) présentait un survol d'une vingtaine de styles et de régions. Des informateurs, comme les frères Ladzekpo du Ghana, qui écrivaient au sujet de leur propre culture pour un public non autochtone, faisaient partie des contributeurs de ce livre. L'expression "musique ethnique" était également assez répandue, utilisée notamment par Vulliamy et Lee comme titre pour leur ouvrage de 1982, *Rock, Pop and Ethnic Music* et par

Peter Fletcher dans l'un des chapitres de son *Education and Music* de 1987 ("Mais quelle musique n'est pas ethnique ?"). Au cours de cette recherche pour une terminologie adaptée, indiquant de manière adéquate l'étendue et la visée du travail à entreprendre, d'autres expressions furent utilisées puis mises à l'écart notamment au sein des mouvances pour un enseignement "antiraciste" et "multiculturel".

Les médias adoptèrent sciemment, en langue anglaise, le terme de *world music*, dont l'existence remontait au moins aux années 1950 (Sachs, 1948). John Collins (2001, p. 1) décrit la rencontre dans un pub de Londres en 1986 entre un groupe de labels indépendants et de journalistes de musique pop dont le but principal était d'augmenter le marketing potentiel de la musique pop africaine, alors communément connue sous le nom d'*afro-pop*. Le terme *world music* fut le produit de ce meeting. Sa signification évolua par la suite pour englober les musiques non africaines. Les variations sur ce thème continuèrent avec par exemple le volume *Worlds of Music* (1984) édité par Jeff Todd Titon, l'émission *Rhythms of the World* de la BBC en 1989 ou encore le livre de Peter Fletcher en 2001, *World Musics in Context*.

L'adoption du terme *world music* par l'industrie du disque a contribué à son acceptation générale de telle sorte que le terme englobe maintenant toutes sortes de choses, depuis les syncrétismes pop contemporains en passant par l'utilisation dans l'enseignement d'exemples musicaux puisés hors du canon occidental, jusqu'à l'apprentissage à un niveau avancé, d'une tradition musicale étrangère (il convient toutefois de noter que les traductions littérales du terme impliquent certaines différences ; par exemple, *Weltmusik* signifie plus New Age que ce qui est traditionnellement entendu par le terme anglais de *world music*). Si la *world music* est la musique d'ailleurs, alors la musique classique européenne peut sans doute être considérée comme *world music* en Afrique de l'Ouest ou au Japon. Une telle conception de l'altérité et de la différence ne constitue pas le meilleur chemin à emprunter et les problèmes inhérents à une telle approche ont déjà été analysés en profondeur (on lira notamment Born et Hesmondhalgh, 2000 ainsi que Aubert, 2001). Bruno Nettl (1995) et Christopher Small (1998) ont pris un chemin inverse et examiné, au travers des yeux d'un observateur étranger fictif, le rituel, la pratique et le contenu de la musique classique occidentale. Chacun de nous, avant d'avoir rencontré quelque chose de différent, imagine que ce qu'il fait est "normal", acceptant sans réserves les présuppositions qui étayent son monde.

2. Les ressources de la *world music*

Plus que toute autre décennie, les années 1980 ont été le témoin d'un intérêt grandissant pour le développement de matériels pédagogiques. Plusieurs facteurs étaient en œuvre. Des événements promouvant la notion de "village mondial" comme le Womad, un festival de *world music* qui se tient chaque année en juillet à Londres, ou encore des concerts de charité organisés par des personnalités comme Bob Geldof venaient s'ajouter à des préoccupations visant à recentrer l'éducation des jeunes sur la lutte contre le racisme et sur l'inculcation des attitudes nécessaires à la vie au sein d'une société multiculturelle. Au Royaume-Uni, il y eut un réel effort pour identifier et rendre disponibles les ressources dont avaient besoin les professeurs désireux de poursuivre ce dessein éducatif, ce qui donna naissance à une sorte de schisme entre, d'une part, les ethnomusicologues, soucieux de l'utilisation des documents dans un contexte juste et approprié, et, de l'autre, les éducateurs, désireux d'obtenir des informations utilisables dans les salles de classe ou les ateliers sans avoir à digérer une thèse de doctorat. Certains documents furent compilés en hâte et circulèrent parfois sous forme de photocopies comportant de nombreuses chansons écrites en notation musicale occidentale avec des transcriptions approximatives des paroles démunies de traductions. De nombreuses personnes, d'origine non européenne, se retrouvèrent également en position d'instructeurs en classe ou dans des ateliers, sans que l'on sache si elles avaient eu une formation musicale ou si elles n'étaient pas simplement, comme ce fut le cas, un papetier voulant devenir musicien.

La plupart des introductions générales à la *world music* possèdent, quant à leur contenu, de nombreux traits communs. Elles sont destinées à un public d'adultes et d'adolescents étudiant la musique ou portant un intérêt à cette dernière et possédant une certaine connaissance des techniques et des concepts de la musique occidentale. Chaque volume contient un survol ou une méthodologie suivie de chapitres, passant en revue les caractéristiques principales d'une région du monde, généralement l'Asie (Japon et/ou Indonésie), l'Afrique (Ghana et/ou Ouganda), l'Inde (avec si possible une différenciation entre le Nord et le Sud), l'Europe (celte ou Europe de l'Est) et les Amériques (le plus souvent du Nord et du Sud). Ces volumes sont souvent accompagnés d'enregistrements, complétant habituellement les textes et limités à un seul CD. Chaque section donne un résumé qui décrit les principaux styles de musique et les occasions au cours desquelles ces derniers sont utilisés au sein de la société. Les instruments de musique sont dépeints et illustrés à l'aide de photos ou de dessins. Des danses sont souvent mentionnées, mais il est rare qu'une vidéo soit mise à disposition. Les constructions musicales sont analysées et présentées soit à l'aide d'une notation musicale occidentale quelque peu adaptée, soit à l'aide d'un système graphique ou numérique basé sur un tempo précis. Comparaison et différence sont encore les deux idées sous-jacentes à de tels manuels ; une connaissance de la musique occidentale (c'est-à-dire classique) est tenue pour acquise et nous sommes invités à relever les différences à l'aide des outils de la notation et de l'analyse occidentales. Tout se joue sur la capacité de médiateur de l'auteur : dans quelle mesure l'auteur, qui est né ou a étudié en Europe ou aux Etats-Unis, prend-il conscience des connaissances réelles des lecteurs et les utilise-t-il pour permettre à ces derniers de pénétrer au sein d'une autre culture musicale ? Inévitablement, ce qui sera compris de l'autre culture sera partial et limité et tendra, par là même, à confirmer la prééminence de la musique classique occidentale. Cependant, cela constitue tout de même un début. L'utilisation de la technologie, cédérom ou Internet, incarne une meilleure approche, permettant à quelqu'un déjà doté d'un intérêt musical d'ordre général, d'explorer de manière plus détaillée un sujet donné et d'accéder à une quantité plus importante de pièces musicales et de danses. Bien que cette idée ait déjà fait son chemin, aucune entreprise ne considère pour l'instant comme viable la possibilité d'investir dans une telle production dont les coûts substantiels auraient probablement des répercussions sur les acheteurs.

L'utilisation de la *world music* dans le secteur commercial est, comme l'on peut s'en douter, gouvernée par les impératifs du capitalisme qui ne montre que peu d'intérêt pour des questions situées hors de sa sphère. Les CD de *world music* se vendent à coups de publicités pour "voyageurs de salon", mettant l'accent sur le caractère unique de la musique proposée, sa fraîcheur et ses différences caractéristiques, souvent garanties, dans le cas des enregistrements de musique traditionnelle, par un ethnomusicologue qualifié. Nous avons besoin de sentir que nous participons à une expérience "vraie" et que l'on ne nous refile pas un ersatz élaboré à notre insu – les producteurs européens sont réputés pour leur tendance à rejeter des enregistrements étrangers sous prétexte que ces derniers ne sont pas assez "authentiques". Le tourisme musical mondial est perçu comme un filon à exploiter. Ainsi que le précise le texte de présentation figurant sur la couverture du livre *Rhythms of the World* publié en 1989, "les personnalités dominantes du rock, notamment Paul Simon, Peter Gabriel, David Byrne ont donné un nouveau souffle à leur propre musique en travaillant avec des artistes comme Ladysmith Black Mambazo, Youssou N'Dour et Celia Cruz". Le métissage a toujours fait partie et continue encore, sans relâche, de faire partie de la musique, un exemple récent étant l'album *Mali Music* (2002) de Damon Albarn qui se positionne comme étant une "africanisation de la musique occidentale". Si les implications éthiques et économiques d'un tel échange sont désormais ouvertement discutées, les musiciens occidentaux continuent, dans la majorité des cas, d'en profiter financièrement beaucoup plus que leurs collaborateurs non occidentaux. Certains pays comme le Ghana se disent préoccupés de la manière dont on exploite leur héritage culturel sans aucune reconnaissance, ni artistique, ni financière. Une loi requérant un paiement raisonnable de droits d'auteur pour toute utilisation de la musique traditionnelle ghanéenne est en ce moment proposée pour remédier à ce problème. Malheureusement, une telle approche "attrape-tout" pourra avoir comme résultat qu'un Ghanéen soit obligé de payer pour utiliser des chansons qui lui ont été transmises par ses parents (Collins, 2001, p. 13-21).

Ces questions constituent l'arrière-plan sur lequel s'enracine le problème de la présence de la *world music* dans l'éducation. Les musiciens souhaiteraient parfois se concentrer uniquement sur les idées musicales, pensant que les questions d'ordre contextuel n'intéressent que les universitaires ou qu'elles peuvent être mises à l'écart, n'étant qu'une des nombreuses ramifications du "politiquement correct". Une telle notion est souvent invoquée dans les échanges de biens de consommation comme le café, le cacao et les bananes, mais la musique n'est pas un bien de consommation et nous passons à côté d'une grande partie de sa force artistique si nous ne nous intéressons pas à la signification que lui confèrent ses créateurs.

3. A la rencontre de la *world music*

Le rôle de l'enseignant en tant que guide et médiateur entre les cultures constitue l'un des éléments-clés permettant de tirer un plus grand bénéfice de tout contact avec la *world music*. Nous y avons déjà fait référence ci-dessus et cette question est toujours d'actualité. Les traditions et situations d'apprentissage font partie intégrante de chaque culture, modelant la manière dont les jeunes se positionnent dans le monde et interprètent leurs expériences. Dans certains endroits, on gagne le droit de recevoir un enseignement en étant accepté dans l'entourage de l'enseignant. On se livre aux travaux serviles que l'on nous ordonne d'exécuter jusqu'à ce que l'on ait prouvé sa capacité à être pleinement attentif aux enseignements du maître. Ailleurs, les gens nieront avoir reçu quelque instruction, attribuant leurs progrès à leur seule observation, à leur talent et à leur dur labeur. Parfois, c'est l'enseignant qui pointe les erreurs de l'étudiant, parfois on attend de l'étudiant qu'il développe des facultés d'autocritique en observant l'enseignant. Resituées dans leurs cultures, toutes ces différences ont pour vocation d'aider l'apprenant. Il y a donc une même volonté commune de réagir aux erreurs des étudiants, bien que les réactions soient différentes suivant les endroits : au Japon, l'erreur appelle la répétition patiente de l'enseignant, et au Ghana, une tape sur la tête avec une baguette.

Le mode de transmission fait partie intégrante du type de musique enseignée et de la nature des interactions entre les musiciens, définissant à la fois la manière dont la tradition se transmet et les possibilités créatrices pour l'apprenant. Si le but de l'enseignement de la *world music* est d'être fidèle à tel ou tel type de musique, alors cet enseignement doit pleinement adhérer, d'aussi près que possible, au modèle autochtone. Mais cela n'a, bien entendu, que peu de sens dans un contexte occidental où les étudiants sont déjà acculturés aux attitudes, attentes et aptitudes du mode d'apprentissage occidental, où les leçons sont habituellement hebdomadaires et où il n'y a par conséquent pas d'immersion totale dans une culture différente. Dans un cadre occidental, il est possible que la fidélité à l'original, certes importante, ne soit pas l'objectif principal, moteur de la motivation de l'étudiant. Quel est le prix de la fidélité si celle-ci implique qu'une large partie des étudiants abandonne parce qu'ils ne trouvent guère d'affinité avec la musique étudiée ? Ainsi, les médiateurs se doivent de connaître et de comprendre à la fois la culture qu'ils enseignent et la culture à laquelle ils enseignent. Un Occidental qui a appris une autre musique et a atteint un haut niveau de compétence peut être un enseignant adéquat ; il aura une connaissance du cheminement que ses étudiants vont emprunter. En revanche, sa connaissance de la musique qu'il enseigne prise dans son contexte culturel global sera moins importante que celle d'un musicien autochtone. Ce dernier, par ailleurs, maîtrisera souvent la musique mais sera peut-être incapable d'identifier ce qui est différent ou problématique pour l'étudiant. Pour l'étudiant, apprendre d'un enseignant occidental sera initialement plus facile et en accord avec une démarche plus familière, mais cela représentera sans doute moins un défi et une occasion de pénétrer au sein d'une culture peu familière. Dans un monde idéal, peut-être les leçons d'un enseignant autochtone seraient-elles complétées par celles d'un enseignant occidental aidant les étudiants à réfléchir sur leur apprentissage pour devenir plus autonomes.

Une solution développée aux Pays-Bas, et depuis adoptée dans d'autres pays, consiste à offrir des formations aux musiciens autochtones afin qu'ils aient une idée de la manière dont les processus occidentaux d'apprentissage fonctionnent, leur permettant ainsi de réfléchir dans cette optique sur leurs propres pratiques. Une composante-clé de la popularité de cette méthode réside dans le fait que la complétion de la formation permet aux enseignants de recevoir un meilleur salaire, ce qui génère une motivation positive mais aussi l'idée que tout cela n'est qu'une barrière supplémentaire mise en travers du chemin des immigrants pour les empêcher de se faire une place dans la société.

Les profits que les étudiants peuvent tirer dans leurs pratiques musicales d'une rencontre avec une autre musique ainsi que les questions d'intégration dans une société multiculturelle ont été l'argument principal proposé en faveur d'une présence croissante, dans les programmes d'enseignement de nombreux conservatoires, de cours généraux d'introduction à des musiques situées en dehors de la tradition occidentale classique. Les conservatoires (qui doivent faire avec leurs moyens et leurs personnels) veulent montrer qu'ils peuvent refléter les changements sociaux et inclure dans leurs cursus un éventail de musiques du monde ou de musiques populaires, qu'ils peuvent s'atteler à des questions liées à notre "société multiculturelle" et enfin qu'ils peuvent produire des étudiants possédant une palette d'"aptitudes transférables" et représentant sur le plan économique un bénéfice potentiel pour la société. Les cyniques peuvent faire remarquer que l'instruction dans un conservatoire coûte très cher et l'on se demande souvent si une telle instruction n'a d'autre fonction que celle de remplir les rangs des nombreux orchestres, lourdement subventionnés, qui abreuvent de musique classique une petite portion de la population. Plutôt que de réviser entièrement les programmes d'enseignement, l'approche des conservatoires a souvent été d'élargir les pratiques actuelles des styles classiques occidentaux pour y inclure une rencontre, organisée en fonction des programmes existants, avec une autre musique. Par ailleurs, dire que l'Occident est le berceau de la musique classique et que l'on a ainsi besoin d'un certain nombre d'institutions pour continuer à maintenir et à encore élever le très haut niveau de la tradition est sans doute un argument persuasif. S'il en est ainsi, de combien d'institutions enseignant la musique classique occidentale au plus haut niveau avons-nous besoin ? Pour les institutions qui incluent la *world music* et, en supposant que les ressources dont elles disposent soient limitées, quelles sont les coupes nécessaires à faire pour que celle-ci puisse se frayer un chemin, et qui doit décider ? Le personnel ?

L'un des aspects les plus fondamentaux de l'éducation occidentale, l'emploi du temps, présente un problème apparemment mineur mais qui a des implications majeures sur l'utilisation des différentes formes de la *world music* dans l'enseignement. Nous avons établi un principe éducatif selon lequel une pratique fréquente et régulière est nécessaire pour l'épanouissement de n'importe quel apprentissage. Ainsi dans la majorité des écoles, chaque jour comprend au moins une classe de mathématique et une classe enseignant la compréhension et la maîtrise d'une langue principale. Quiconque jouant d'un instrument sait qu'il faut pratiquer régulièrement (quotidiennement) et les enfants faisant preuve d'un talent particulier sont souvent envoyés dans des écoles qui permettent de prendre en charge ce talent. Les pressions de l'emploi du temps font que l'on ne consacre habituellement qu'une seule plage horaire par semaine à la musique dans les écoles, ce qui est également le cas pour la *world music* dans le programme d'enseignement musical au lycée. Pour quelqu'un essayant de comprendre une musique nouvelle et peu familière, qui remet en question ses conceptions et ses présuppositions, cette idée du "une fois par semaine" est profondément inappropriée. Notre modèle occidental veut montrer et enseigner à l'étudiant ce qu'il faut faire pour développer ses aptitudes et ce dernier doit ensuite pratiquer tout seul pour la semaine suivante. Un tel "isolement" est, en outre, motivé par le contexte éducatif où nombre d'étudiants s'attellent aux mêmes tâches et où la musique que l'on apprend est entendue partout et rendue facilement accessible grâce à des enregistrements. Cependant, avec d'autres types de musique, une telle approche est complètement insensée. On ne peut pas faire grand-chose tout seul lorsque l'on veut répéter sa partie dans un ensemble de percussions ghanéen ou un ensemble de gamelan indonésien. On peut, en effet, vérifier que l'on joue les sons correctement et que l'on a mémorisé la séquence, mais pour répéter réellement, on a besoin du reste de l'ensemble parce que, seulement à ce moment-là, est-on capable de jouer une musique qui résulte d'une étroite interaction entre ses composantes. Même avec une musique qui ne fonctionne pas de la même manière, le défi considérable pour l'apprenant qui va à la rencontre d'un genre musical situé hors de sa sphère culturelle, perd ici de son impact. Rencontrer une musique différente au sein du contexte qui lui est propre est plus efficace aussi bien pour engranger de rapides progrès que pour ébranler le "bagage" de nos préconceptions. Apprendre la musique indienne dans une institution occidentale plutôt qu'en Inde, c'est comme espérer qu'un plat à emporter pris dans un restaurant indien va nous initier à l'art culinaire du sous-continent – c'est certes mieux que rien mais, tout de même, en deçà de la réalité.

4. Etiquettes

Le terme "multiculturel" vient des observations d'après lesquelles les sociétés deviendraient, avec l'accroissement des migrations et des métissages entre les peuples, de plus en plus pénétrées de différentes cultures. En bref, cette notion implique que les gens qui émigrent vers un autre endroit apportent et conservent avec eux une culture différente qui se doit d'être reconnue et prisée pour ce qu'elle va apporter à cet endroit. Bien que le concept de "multiculturel" soit pertinent dans le sens où il engendre une valorisation appropriée des différentes cultures, sa pertinence s'estompe lorsqu'il est pris comme un synonyme de "non occidental", tout particulièrement lorsqu'il est appliqué à un individu qui peut certes s'intéresser aux musiques de cultures différentes mais ne peut certainement pas *être* multiculturel. Attardons-nous maintenant sur la proposition suivante du projet d'Association européenne des conservatoires ou AEC (Caird et Shrewsbury, 2001, p. 2) : "La société évolue depuis le stade de monoculture, en passant par le multiculturalisme et l'interculturalisme, vers une société transculturelle dans laquelle chaque individu peut développer ses aptitudes en utilisant les différentes cultures à sa disposition." Le problème majeur d'une telle proposition vient du fait que le terme "culture" correspond vaguement à celui de "musique" et que même si une personne musicienne et créative peut absorber un certain nombre d'influences, elle ne peut pas dialoguer avec un grand nombre de cultures. Le terme "multiculturel" est également utilisé pour décrire et caractériser l'enseignement – la musique est la principale forme artistique au travers de laquelle on s'interroge sur ce problème. L'enseignement peut certes être multiculturel, en ce sens qu'il reconnaît la diversité des milieux dans lesquels évoluent les étudiants, mais ce dernier ne peut pas être multiculturel dans son mode d'expression – il se développe au sein d'une seule et même culture et ce, nonobstant le fait que cette culture est variée. De nombreux musiciens enseignants semblent naïvement avoir accepté l'équation simpliste selon laquelle enseigner une chanson ou une musique étrangère suffit pour offrir un enseignement multiculturel qui aidera à traiter certains problèmes de notre société. On ne peut pas les blâmer pour cela à l'heure même où l'Union européenne et une majorité des gouvernements nationaux offrent des subventions conséquentes pour les projets communautaires s'attelant précisément à trouver des solutions à ces problèmes. Néanmoins, on ne peut s'empêcher d'imaginer les répercussions éventuelles si ce même argent était donné à des groupes d'immigrants afin de faciliter la dissémination de leurs pratiques culturelles.

Depuis 1997, le terme de "diversité culturelle" est utilisé dans un grand nombre d'institutions pour décrire l'approche qui doit prévaloir dans l'enseignement musical. "Diversité culturelle" est un meilleur concept parce qu'il n'implique aucun autre type d'enseignement multi-/inter-/transculturel et parce qu'il énonce plus clairement toute une philosophie. Il autorise la reconnaissance de différentes strates culturelles, depuis l'expérience individuelle de chaque étudiant manifestée au travers d'une voix qui leur est propre, jusqu'à des contextes d'ordre régionaux ou nationaux. Lorsqu'elle est appliquée à un étudiant, pris individuellement, l'approche préconisée par la diversité culturelle se situe parfaitement dans la mouvance actuelle de l'enseignement. Elle vise à valoriser ce que chaque étudiant apporte et elle permet de développer un apprentissage autonome durable plutôt que de considérer l'étudiant comme un vase qu'il faut façonner puis remplir. Ce qui, malgré tout, ne va pas sans problèmes. Si l'on décide d'inclure et de valoriser la diversité, comment s'assurer d'un travail en profondeur dans certains domaines ? Comment gérer les sources et sélectionner les musiques et/ou les cultures que l'on doit inclure ? Il est certainement impossible de toutes les porter à un niveau suffisant d'appréciation sans courir le risque d'être taxé de superficialité.

5. Sélection

La sélection des types de musique à inclure dans l'enseignement de la *world music* pose ses propres problèmes. Avec la volonté d'intégration au sein d'une société multiculturelle vient souvent l'idée que l'on doit inclure la musique des groupes majoritaires d'immigrants. Cependant, dès 1987, John Blacking a mis en évidence les implications d'une telle politique : "La présence de musiques africaines ou asiatiques dans le contexte de la «grande tradition européenne» est justifiée car ces musiques fonctionnent à l'aide de systèmes nouveaux et techniquement différents. Si, en revanche, ces musiques sont promues pour des raisons sociales, simplement parce que des Africains ou des Asiatiques vivent dans le pays, alors elles perdent immédiatement leur valeur. En effet, elles seraient reclassées en tant que «petites traditions de l'Europe» et la possibilité d'instaurer un dialogue avec les grandes traditions de l'Afrique ou de l'Asie serait par là même perdue." (1987, p. 148.) Cet appel à l'étude des "grandes traditions" épouse bien nos aspirations à l'excellence et les buts fixés pour obtenir un enseignement de qualité, particulièrement dans l'environnement du conservatoire. Néanmoins, il serait sans doute ridicule de donner son diplôme à un étudiant, même spécialisé dans la musique classique occidentale, qui ne saurait ni qu'il existe des manières d'utiliser les gammes différentes de celles, hautement limitées, qui sont en usage dans la musique occidentale, ni que la complexité rythmique de la musique classique a été conçue dans les limites des concepts occidentaux de notation musicale. Par ailleurs, nous savons que la musique existe partout dans le monde ; quelle va donc être l'instance qui va décider quelles traditions sont ou ne sont pas importantes ?

On choisit différents types de musique à partir de leurs attributs musicaux en vue d'une utilisation dans un contexte spécifique. Ce n'est pas surprenant si la *world music* comprend souvent, à tous les niveaux de la pratique : les *steel-drums* des Antilles, des percussions "africaines" ("africaines" est le terme inapproprié fréquemment utilisé pour désigner des traits caractéristiques de nombreuses traditions du continent), le gamelan de Java ou Bali, la musique pentatonique des balafons de diverses traditions africaines, la samba brésilienne et les ensembles vocaux. Toutes ces musiques possèdent certains dénominateurs communs : une maîtrise élémentaire permettant de prendre part à un ensemble est rapidement acquise (il n'y a pas de long apprentissage pour produire un son contrôlé comme c'est le cas pour les instruments comme le violon ou les tablas) ; elles permettent à un grand nombre de gens de participer au sein d'ensembles ; le niveau technique de chaque partie individuelle est différencié de sorte qu'un ensemble peut contenir différents niveaux d'aptitude ; elles reposent sur une étroite interaction entre les instrumentistes (souvent d'une nature différente de celle que l'on rencontre dans la musique occidentale) permettant de dépasser la technique individuelle ; les instruments (ou leurs substituts viables) sont facilement disponibles et peu onéreux ; et la musique produite est généralement perçue par les étudiants occidentaux comme attirante, entraînante et facilement compréhensible. Ces types de musique ne sont pas forcément représentatifs des communautés d'immigrants que l'on trouve partout. Aussi, comment peut-on concilier les volontés conflictuelles d'intégration sociale avec les "grandes" traditions musicales et les types de musique possédant, dans un contexte donné, les caractéristiques les plus appropriées ? La meilleure réponse est sans doute d'accorder une autonomie suffisante à des professeurs bien formés, capables de prendre des décisions adéquates et réfléchies à propos des solutions à adopter dans tel ou tel contexte, prenant en compte non seulement les facteurs énoncés ci-dessus, mais également les intérêts, les capacités des étudiants et la disponibilité des ressources physiques et humaines. Les questions soulevées ici sont aussi bien valables pour l'enseignement de la *world music* dans les écoles et les centres éducatifs que dans le supérieur où le degré et la fréquence de la participation des étudiants doivent être établis en relation avec leur épanouissement sur le plan professionnel.

6. Développements

6.1. *L'enseignement dans les écoles et dans les centres éducatifs*

Lucy Green (2002) a fait au Royaume-Uni en 1982 et en 1998 des sondages sur les programmes d'enseignement auprès d'enseignants en musique. La *world music* ne figurait pas dans le premier sondage et pour certains enseignants, la prédominance du statut de la musique classique occidentale était tacitement admise, en dépit du fait que près de 75 % d'entre eux utilisaient la musique pop dans leur enseignement. En 1998, la situation avait changé significativement, en partie grâce à l'introduction d'un cursus qui requérait une certaine variété dans l'enseignement musical. La musique pop était désormais enseignée dans la majorité des écoles aux côtés de la musique classique et de la *world music*, laquelle se plaçait en second. Selon l'opinion des enseignants, "la *world music* est essentielle pour enseigner la valeur et le respect de la musique et des genres musicaux d'autres cultures". Les enseignants émirent néanmoins des réserves, craignant que le temps alloué aux différentes traditions musicales ne soit que purement symbolique.

De nombreux autres pays européens font face à des situations quasiment identiques, dont l'étendue dépend, dans une certaine mesure, de l'immigration. Aux Pays-Bas, on a voulu intégrer la musique d'autres cultures dans l'enseignement à cause de la présence de larges contingents de gens venant de Turquie, du Maroc ou du Surinam. On offrit par exemple des leçons de *saz* aux étudiants turcs, mais d'une manière si détachée de toute compréhension de la musique ou de son arrière-plan culturel que cela ne dura généralement que quelques mois et ne contribua que très peu à intégrer la musique turque dans la culture hollandaise (Schippers, 1992). Il y eut une percée en 1990 lorsqu'un certain nombre de genres musicaux différents furent intégrés à l'Ecole de musique d'Amsterdam. Cette dernière ouvrit un département de *world music* qui comprenait vingt-cinq enseignants offrant une trentaine d'enseignements différents à près de trois cents étudiants. Toute la pratique musicale se faisait sous un même toit, générant un contexte favorable d'apprentissage et évitant une ghettoïsation de la *world music*. De plus, de nombreux enseignants étaient autochtones – ce qui par ailleurs généra d'autres problèmes liés aux attentes des étudiants et aux méthodes d'enseignement. Ce modèle fut appliqué avec succès à l'ensemble des Pays-Bas et les écoles de musique de nombreuses villes de province intégrèrent ainsi dans leur cursus de nouveaux genres et styles musicaux (en 1995, le programme comptait près de deux mille enfants et adultes).

Différentes voies ont été explorées en Europe et aux Etats-Unis pour enseigner la *world music*. Les Ateliers d'ethnomusicologie, une confédération d'enseignants basée à Genève depuis 1974, possèdent actuellement près de vingt-six ateliers offrant une instruction à quelque trois cents étudiants. Chaque atelier est relativement indépendant et peut proposer des cours à des horaires et suivant des méthodes convenant à la musique ou à la danse enseignée. Il n'y a aucune philosophie commune et la population étudiante est composée d'un mélange d'immigrants et de Suisses. Certains effectifs sont importants, d'autre moins, mais toutes les classes bénéficient d'une affiliation à l'organisation fondée par la ville. Bien que cette approche diffère de l'approche hollandaise, elle présente néanmoins des objectifs communs : notamment offrir un environnement propice et une structure d'organisation permettant d'éviter l'isolement, valoriser les autres cultures, et contribuer à établir une société multiculturelle.

6.2. *L'enseignement supérieur*

Les mêmes courants de pensée qui conduisirent, vers le milieu du XXe siècle, à la fin de la domination coloniale dans de nombreux pays, furent également à l'origine d'un intérêt croissant pour les arts et les cultures d'autres sociétés, et plus particulièrement pour les sociétés comme l'Inde et le Japon auxquelles on attribuait des traditions artistiques raffinées, ancestrales et relativement élitistes. Certaines institutions d'enseignement supérieur, pionnières en la matière, comme le Dartington College of Arts au Royaume-Uni ou le California Institute of the Arts aux Etats-Unis commencèrent par développer un programme d'enseignement de la *world music* dès la fin des années 1960, même si ce n'est pas ce terme qui était utilisé. Déjà en 1970, il y avait à Dartington vingt étudiants qui apprenaient à jouer des tablas ou du sitar et l'ensemble des étudiants étaient initiés à un éventail de musiques non occidentales au cours de leur première année d'étude au collège.

La *world music* est aujourd'hui diversement intégrée au sein de nombreux programmes d'enseignement : dans les institutions spécialisées comme le Ali Akbar College en Californie, la *world music* représente l'ensemble du programme éducatif ; d'autres institutions (le plus souvent des conservatoires comme celui de Rotterdam ou le Studio Ausser-Europäische Musik de l'Académie de musique de Bâle) possèdent souvent un département de *world music* et offrent une formation poussée dans des styles de musique non occidentale déterminés ; d'autres encore (le Conservatoire du Nord des Pays-Bas ou l'Académie Sibelius d'Helsinki) proposent une formation limitée à certains aspects de la *world music* à l'ensemble de leurs étudiants, soit dans le cadre général de leur apprentissage en tant que musiciens (interprètes ou compositeurs), soit dans le cadre de leur apprentissage en tant que futurs enseignants (comme c'est le cas à Malmö en Suède). Chacune de ces approches possède des visées et des perspectives différentes établissant un cadre qui délimite les centres d'intérêt et la nature des études mises en place – il n'y a en aucun cas une seule recette.

De nombreuses institutions occidentales ont pris conscience des bénéfices qu'elles pouvaient tirer d'une introduction intensive à la *world music* : grâce à des programmes, au sein de l'institution, d'une durée de deux à trois semaines et entièrement consacrés à une ou plusieurs musiques non occidentales ; grâce encore à des stages d'été offrant l'opportunité de travailler de manière intensive, en intégrant souvent des aspects de la musique occidentale ; ou enfin, grâce à des programmes spécifiques permettant aux étudiants d'aller étudier dans un autre pays pour une période allant de deux semaines à un an. Le conservatoire de Malmö au sud de la Suède fut l'une des premières institutions à prendre conscience des bénéfices potentiels de l'envoi d'étudiants à l'étranger. Le conservatoire voulait lancer un défi aux étudiants qui suivaient une formation d'enseignant en les plaçant dans un environnement, peu familier, dont ils ne connaissaient pas les rouages, afin que ces derniers puissent arriver à une réévaluation de leurs propres approches de l'apprentissage. Une structure fut mise en place au sein de laquelle un groupe d'étudiants fut envoyé pour deux semaines en Gambie, recevant un enseignement intensif chez un musicien autochtone tout en étant placé dans un environnement plus traditionnel situé hors des sites touristiques. Bien que deux semaines ne soient guère suffisantes pour cesser d'être un touriste, l'impact de ces séjours fut considérable et cette initiative fut fort bien accueillie tant de la part des étudiants que du personnel enseignant. Un coût élevé est l'inconvénient majeur de ce genre de séjour, nécessitant des contributions de la part de l'institution et de la part des étudiants, lesquels doivent se convaincre que les gains d'une telle expérience valent plus que les dépenses à fournir. Les réactions des étudiants ont été positives tant sur le plan des acquis musicaux que des acquis personnels gagnés au cours d'une telle exposition, même courte, à une autre culture (on lira par exemple, Durrant, 2003). L'implication financière de l'institution au cours d'un tel programme est importante. Cela conduit à un déplacement des ressources de l'institution vers un pays étranger, ayant pour résultat, par exemple, une réduction du personnel. D'un autre côté, il est important, sur le plan éthique, de participer au soutien et à la reconnaissance des musiciens autochtones. Certaines institutions commencent maintenant à envisager des possibilités d'échanges d'étudiants pour une durée plus longue (jusqu'à un an) entre une institution occidentale et une institution située dans une autre partie du monde. Cela paraît prometteur, en supposant que chaque institution soit capable d'offrir le meilleur de sa tradition musicale et que les problèmes liés aux coûts et aux revenus des étudiants soient dûment traités.

L'idée d'un Centre pour la *world music* (dont le slogan est : "Le monde en un seul endroit") a permis le développement d'une autre approche de problèmes liés aux déplacements. Le concept d'un Centre européen pour la *world music* est né de la prise de conscience que chaque étudiant manifestant un intérêt pour la *world music* n'avait pas forcément la possibilité d'aller dans le pays où celle-ci est pratiquée et que certains étudiants pouvaient vouloir étudier une palette de musiques différentes. Ce concept a, depuis près d'une dizaine d'années, du mal à dépasser le stade de la gestation. Initialement situé en Espagne puis au Portugal, le Centre a reçu une aide au développement de la part de l'Union européenne. L'endroit se présente comme un "lieu de rencontre stimulant et un environnement d'apprentissage propice à la création musicale et aux musiciens [doté de] toutes les installations qui servent à la fois à la re-création contemporaine de nombreuses situations de composition, d'exécution, d'étude et de transmission de la musique, mais aussi de laboratoires de haute technologie ouvrant une fenêtre digitale sur le monde" (Schippers et Peck, 2000, p. 3). Une telle vision est certes attirante et convaincante mais doit surmonter les problèmes d'ordre politique et aller au-delà des avantages immédiatement visibles. Le programme d'étude écrit prend en compte de nombreuses questions soulevées dans le présent article, notamment le fait que la formation des musiciens a maintenant besoin d'une palette de compétences leur permettant de maintenir une carrière et où les aptitudes au management et à la promotion sont beaucoup plus importantes que par le passé. Une troisième implantation du Centre pour la *world music* est maintenant prévue aux Pays-Bas.

Le programme de l'ACE (Association des conservatoires européens) mis en place dans différents conservatoires européens est également subventionné par l'Union européenne. Ce programme fonctionne entre neuf institutions européennes différentes n'ayant généralement pas montré d'intérêt particulier pour les musiques situées en dehors de la tradition classique occidentale. Il comporte de petits projets-pilotes et des rencontres liées au développement de la *world music*. Ces projets-pilotes pour des étudiants en majorité volontaires viennent s'ajouter au programme normal d'enseignement. Les commentaires des étudiants qui y ont déjà participé furent pour la plupart positifs, parlant de bénéfices pour leur propre travail et leur évolution personnelle. Cependant, il était également clair que les étudiants engagés ne voulaient pas s'inscrire à un programme aussi court et restreint que celui qui était offert sans avoir plus d'informations à propos des profits qu'ils pouvaient en tirer. C'est un problème courant dans l'enseignement professionnel ; les étudiants semblent posséder une notion spécifiquement étroite de ce que leurs visées en termes de carrière doivent être, ne voyant pas les bénéfices à long terme des déviations apparentes par rapport au plus court chemin à emprunter pour atteindre leur objectif. Offrir de tels projets aux étudiants ne contribue guère à faire évoluer les programmes d'enseignement. L'expérience proposée est très limitée et souvent pas très bien intégrée ou mise en contexte au sein du reste de la formation. Elle continue par là même à promouvoir une conception marginale de la *world music*. Comme les ateliers s'ajoutent aux programmes existants, ils ne peuvent être maintenus sur la longue durée à moins que l'on ne dispose de moyens de subvention additionnels ou que d'autres aspects des programmes existants ne soient réduits. Il est ainsi possible que leur présence accentue la tension et le mécontentement, ce qui se situe à l'opposé de l'effet escompté. L'ACE a également publié les résultats d'une enquête auprès de cinquante institutions à travers l'Europe (et quelques-unes au-delà de ses frontières) proposant un enseignement musical professionnel : quarante et une institutions ont dit avoir déjà réalisé un programme d'enseignement de la *world music* et quarante-deux prévoient de développer ce programme en incluant par exemple la *world music* dans les diplômes, dans des modules d'enseignement ou bien en offrant des cours professionnels de perfectionnement. Il est plaisant de constater un tel engouement pour la diversité culturelle dans des institutions établies au départ pour former des étudiants dans la culture dominante, mais cela soulève également de nombreuses questions en relation directe avec les problèmes discutés ci-dessus.

7. Conclusions

Au cours des vingt dernières années, la *world music* est passée d'une présence quasiment inexistante au sein de quelques institutions d'enseignement musical marginales, à un phénomène qui, même s'il n'est pas encore présent partout, a eu, notamment à cause des volontés d'intégration de la part du personnel enseignant et des expériences culturelles des étudiants, un impact sur les programmes d'enseignement. Les institutions ont tout d'abord reconnu qu'il y avait un intérêt à enseigner d'autres musiques, puis elles ont vu les bénéfices potentiels que pouvaient tirer les étudiants de cet enseignement, mais elles ont été généralement lentes à l'incorporer totalement au sein de leurs programmes. Le degré d'inclusion et la nature de la participation dépendent en effet de la carrière envisagée par l'étudiant. Pour un futur enseignant, une expérience et une connaissance diversifiée de la *world music* sont presque indispensables, alors que, pour un interprète de musique classique occidentale, la *world music* ne représente qu'un monde nouveau mis à sa disposition et intéressant à explorer. Dans la grande tradition occidentale, nous faisons de notre mieux pour institutionnaliser les musiques du monde, en les adaptant aux méthodes et aux plages d'enseignement élaborées à une autre époque et pour une musique différente. Nous passons de ce fait à côté de nombreuses occasions de faire pour une fois les choses différemment. Les experts des musiques non occidentales font rarement partie des personnels enseignants ; ils interviennent souvent à titre d'invités "exotiques" et peu d'effort ont été entrepris pour établir une coopération entre les institutions aux quatre coins du monde visant à partager un savoir-faire et à proposer aux étudiants des expériences plus enrichissantes. La *world music* est souvent conçue et promue par les gouvernements occidentaux comme une panacée pouvant apporter des solutions aux problèmes de l'immigration et aux migrations économiques, et le rôle de l'éducation dans ce contexte peut être vu comme celui d'un meneur intellectuel, d'un co-conspirateur ou d'une dupe. En évitant d'évoquer les implications et les orientations politiques particulières liées à la *world music*, nous dirons que nos motivations et notre philosophie s'embrouillent ainsi quelque peu face aux avantages et aux problèmes musicaux, sociaux et culturels que cette dernière fait apparaître.

Bibliographie

ALBARN, D. *et al.*, 2002 : *Mali Music* (CD), Honest Jon's 5384402.

APEL, W. (éd.), 1944 : *Harvard Dictionary of Music*, Cambridge (Mass.), Harvard University Press.

AUBERT, L., 2001 : *La Musique de l'Autre*, Genève, Georg Editeur.

BLACKING, J., 1987 : *A Commonsense View of All Music*, Cambridge, Cambridge University Press.

BORN, G. et HESMONDHALGH, D. (éd.), 2000 : *Western Music and Its Others*, Berkeley-Los Angeles-Londres, University of California Press.

CAIRD, G. et SHREWSBURY, R. (éd.), 2001 : *Music Education in a Multi-cultural European Society. Final Project Publication*, Utrecht, Association européenne des conservatoires, académies de musique et Musikhochschulen (AEC).

COLLINS, J., 2001 : "Word Music World-Wide Sale", conférence prononcée au Workshop of the World Bank and the Policy Sciences Center Inc. on Developing the Music Industry in Africa, Washington (D. C.), 20 juin 2000 (www.worldbank.org/research/trade/pdf/IP handout2 collins.pdf)

DURRANT, C., 2003 : "Cultural Exchanges. Contrasts and Perceptions of Young Musicians", *British Journal of Music Education*, vol. XX, n° 1, p. 73-82.

FLETCHER, P., 1987 : *Education and Music*, Oxford-New York, Oxford University Press.

FLETCHER, P., 2001 : *World Musics in Context*, New York, Oxford University Press.

GREEN, L., 2002 : "From Western Classics to the World. Secondary Music Teachers Changing Attitudes in England, 1982 and 1998", *British Journal of Music Education*, vol. XIX, n° 1, p. 5-30.

MAY, E. (éd.), 1980 : *Musics of Many Cultures. An Introduction*, Berkeley-Los Angeles-Londres, University of California Press.

NATTIEZ, J.-J., 2002 : "Etnomusicologia", in *Enciclopedia della musica*, vol. II, *Il Sapere musicale*, J.-J. Nattiez *et al.* (éd.), Turin, Einaudi, 2002, p. 677-693 ; version française, "Ethnomusicologie", in *Musiques. Une encyclopédie pour le XXIe siècle*, vol. II, *Les Savoirs musicaux*, J.-J. Nattiez (éd.), Arles-Paris, Actes Sud-Cité de la musique, 2004, p. 721-739.

NETTL, B., 1995 : *Heartland Excursions. Ethnomusicological Reflections of Schools of Music*, Urbana, University of Illinois Press.

PACINI HERNANDEZ, D., 2001 : "World Music e World Beat", in *Enciclopedia della musica*, vol. I, *Il Novecento*, J.-J. Nattiez *et al.* (éd.), Turin, Einaudi, 2001, p. 1194-1206 ; trad. fr., "World Music et world Beat", in *Musiques. Une encyclopédie pour le XXIe siècle*, vol. I, *Musiques du XXe siècle*, J.-J. Nattiez (éd.), Arles-Paris, Actes Sud-Cité de la musique, 2003, p. 1322-1334.

SACHS, C., 1948 : *Our Musical Heritage*, New York, Prentice-Hall ; rééd. sous le titre *A Short History of World Music*, 2e éd. rév., Londres, D. Dobson, 1956.

SCHIPPERS, H. (éd.), 1992 : *Teaching World Music*, Utrecht, VKV.

SCHIPPERS, H. et PECK, B., 2000 : *World Music Centre*, Serpa, World Music Centre Development Association.

SMALL, C., 1998 : *Musicking. The Meanings of Performance and Listening*, Hannover, Wesleyan University Press.

TITON, J. T. (éd.), 1984 : *Worlds of Music. An Introduction to the Music of the World's Peoples*, New York, Schirmer ; Londres, Collier Macmillan ; 3e éd., 1996.

VULLIAMY, G. et LEE, E. (éd.), 1982 : *Pop, Rock and Ethnic Music in School*, Cambridge-New York, Cambridge University Press.

Sylvia L'Ecuyer

MUSIQUE CLASSIQUE, MUSIQUE POPULAIRE ET MUSIQUE DU MONDE SUR INTERNET

1. Historique de l'Internet et de la "toile"

L'Internet est né en 1969, lorsque le département américain de la défense décida de développer un réseau expérimental permettant l'échange d'informations entre des sites éloignés de recherche. Ce réseau, qui se devait de pouvoir fonctionner sans interruption, même en cas de destruction partielle, fut désigné dans sa première incarnation par l'acronyme ARPANET (Advanced Research Projects Agency NETwork). Au cours des années 1970, le protocole TCP/IP, développé par l'Inter-Network Working Group, est devenu le protocole de communication standard du réseau ARPANET et le nombre d'utilisateurs, principalement des chercheurs civils – universitaires surtout – et militaires, n'a cessé d'augmenter. Au milieu des années 1980, les différents réseaux de recherche américains – la partie militaire mise à part – ont été reliés entre eux pour former le nouveau réseau NSFnet (National Science Fondation Network). En 1989 au Canada, les réseaux NetNorth et CDNN, issus des milieux gouvernementaux et universitaires, ont fourni les bases nécessaires pour le développement de l'équivalent canadien de NSFN : le réseau CA*net (ce dernier étant relié à NSFN).

Jusque-là, les données échangées sur ces réseaux étaient surtout textuelles, numériques et graphiques. C'est entre 1989 et 1993, avec la création du World Wide Web dirigée depuis le CERN (Centre européen de recherche nucléaire, à Genève) qu'on a commencé à échanger des documents multimédia, c'est-à-dire comportant non seulement du texte, mais aussi du son, de la musique, des images, voire des animations. C'est le service d'information électronique le plus représentatif de l'Internet. Les documents multimédia utilisent le système de l'hypertexte, une fonction qui permet de parcourir des documents de façon non linéaire, par simple "clic" sur un mot ou une image mis en évidence par rapport au reste du document, généralement grâce à une couleur différente et/ou par un soulignement. Si l'utilisateur clique ou sélectionne une telle portion de texte, une autre page détaillant la notion choisie apparaîtra sur l'écran : cette page dispose également de termes mis en évidence qui désignent d'autres pages et ainsi de suite. Les pages sont ainsi emboîtées les unes dans les autres, contenant souvent également des liens vers d'autres pages externes. Telle une araignée sur une toile *(web)*, l'internaute peut ainsi consulter des informations en se déplaçant, par le "clic", sans avoir à composer les adresses des divers sites visités.

La création du WWW est due à Tim Berners-Lee (né en 1955), un concepteur de systèmes de communications en temps réel et un spécialiste du traitement de texte qui travaillait au CERN. En 1989, Berners-Lee élabora un système qui permettait aux utilisateurs de mettre en commun de l'information en créant le premier serveur (http) capable de traiter les données en hypertexte, cette fonction qui permet d'accéder à un nouveau site par un "clic" de souris sur un terme mis en évidence, pour un premier client. Opérationnel au CERN en décembre 1990, le "WorldWideWeb" devint disponible sur l'Internet dès l'été 1991. En 1994, le World Wide Web Consortium est fondé au Laboratoire d'informatique du Massachusetts Institute of Technology (MIT) où se trouve alors Berners-Lee. C'est lui, à titre de directeur, avec des équipes au MIT, à l'INRIA en France et à l'université Keio au Japon, qui continue de s'assurer que la toile atteigne son potentiel à travers son évolution fulgurante et l'usage intensif qui en est fait. La philosophie de Berners-Lee, exposée à plusieurs reprises dans ses textes et dans ses discours, est de créer un espace de communication où les connaissances puissent être mises en commun. Il ne s'agit pas pour lui de proposer un fureteur ultra-puissant, mais d'offrir une toile où chacun peut déposer ses idées et venir en puiser de nouvelles. "C'est un besoin social plutôt que technique qui m'a fait créer le Web", écrit-il (Berners-Lee et Fischetti, 1999, p. 123), et cette toile n'est faite ni de machines ni de documents, mais d'humanité.

2. Les types de sites musicaux sur Internet

Au début du XXIe siècle, la présence de la musique sur Internet s'est particulièrement fait sentir dans le domaine de la musique populaire. La possibilité de télécharger et de stocker des fichiers sonores à l'aide du codec MP3 – un format audionumérique de compression des données – a en effet créé un fort engouement auprès des usagers, particulièrement des jeunes. Elle a en même temps déclenché une tout aussi forte résistance de la part des représentants de l'industrie du disque, en raison de problèmes commerciaux et légaux, une crise qui a largement été médiatisée dans la presse généraliste, se focalisant surtout sur la poursuite de Sean Fanning, fondateur du site d'échanges de fichiers *peer to peer*, Napster. La problématique est légèrement différente dans le cas de la musique classique et des musiques du monde où les considérations économiques et légales ont moins de poids, ne fût-ce qu'à cause de la portion congrue qu'occupent ces genres sur le marché global du disque. En revanche, des questions d'ordre technique, sociologique et même musicologique décrites ci-dessous sont de toute première importance.

La musique classique et les musiques du monde sont de plus en plus présentes sur Internet sous deux formes : le discours sur la musique et la musique elle-même. Si l'on veut juger de l'impact de cette présence sur la recherche, la distribution et la création musicale, il faut d'abord examiner les types de sites et, comme dans le cas de la musique populaire, l'utilisation qu'en font les usagers. Certains sites sont consultatifs, d'autres interactifs, certains sont uniquement constitués de fichiers de texte, d'autres comprennent des fichiers sonores. Sur l'ensemble des sites cependant, la fiabilité et le niveau d'expertise des informations, la qualité et la légalité des fichiers sonores téléchargeables qui s'y trouvent varient considérablement. C'est pourquoi il est utile de les partager en sites académiques et institutionnels, sites professionnels et commerciaux, sites personnels et "fan sites".

2.1. *Les sites académiques et institutionnels*

Gérés par des sociétés savantes musicales et musicologiques, des centres de recherches universitaires, des bibliothèques universitaires et publiques, des éditeurs d'ouvrages de référence et de matériel pédagogique ou didactique, ou encore des journaux scientifiques, ces sites constituent généralement d'excellents outils de référence et sont souvent parmi les plus anciens installés sur la toile. Ils offrent rarement la possibilité d'échange interactif, sauf un groupe de discussion ou un bulletin électronique pour les petites annonces. Comme dans le cas des ouvrages imprimés, l'usager doit s'assurer lui-même de la crédibilité et de l'actualité des informations qu'ils contiennent. Une récente date de mise à jour du site, la présence d'un comité éditorial (dans le cas des publications périodiques) et d'outils bibliographiques rigoureux apporteront une garantie de sérieux. Dans la plupart des cas, les sociétés savantes (Société internationale de musicologie, Society for Ethnomusicology, American Musicological Society, Societa italiana di musicologia, Société française de musicologie, Association internationale des bibliothécaires musicaux, etc.) rendent disponibles sur leur site la liste de leurs publications, de leurs activités et de leurs membres, fournissent des renseignements d'ordre professionnel et renvoient, à l'aide d'hyperliens, à d'autres sites d'intérêt connexe. Toutes émettent cependant des mises en garde sur ces renvois, la mouvance des sites permettant rarement de garantir leur constante fiabilité. Parmi ces renvois, les grands répertoires internationaux publiés sous les auspices de la Société internationale de musicologie (SIM ou son acronyme anglais IMS) sont disponibles pour consultation en ligne depuis la fin des années 1990. Le *Répertoire international de littérature musicale*, par exemple, fournit des résumés de livres et d'articles dans plus de deux cents langues ; la totalité des données recueillies par le *RILM* depuis sa création en 1969 est disponible sur Internet, la mise à jour est mensuelle et plus de vingt mille entrées sont ajoutées chaque année. Le *Répertoire international des sources musicales* (la 5e édition cumulative du *RISM* pour les œuvres manuscrites depuis 1969) a été publié sur cédérom et sur Internet en 1997 et le *Répertoire international de la presse musicale* (y compris l'index cumulatif des cent vingt-sept volumes publiés) est accessible en ligne depuis 2003. La SIM, en collaboration avec l'American Musicological Society, publie également sur Internet un registre des thèses de doctorat en cours. D'autres répertoires et index sont également disponibles sur Internet. Le *Music Index (MI)*, où les titres des documents sur la musique classique et la musique populaire parus depuis 1979 sont indexés par vedettes-matières couvre une très large variété de sujets d'ordre musicologique, des comptes rendus de livres, de disques et de concerts et des articles nécrologiques. L'*International Index to Music Periodicals (IIMP)* recense les textes de journaux et périodiques courants de vingt pays et, dans de nombreux cas, reproduit intégralement en ligne des textes qui remontent jusqu'à 1874. D'autres répertoires nationaux sont aussi offerts : *Articoli italiani di periodici accademici (AIDA)*, établi en 1997, contient déjà cent mille entrées extraites de neuf cent soixante-huit publications scientifiques dans le domaine des sciences sociales et des humanités. C'est la principale source bibliographique pour la littérature et les humanités en langue italienne. Les avantages de la publication de tels outils de référence sur Internet sont multiples : la possibilité de constante mise à jour des informations, la recherche en plein texte sans nécessiter la constitution d'un index, l'accès souvent instantané au document lui-même dans sa totalité ou du moins l'accès à la publication d'où il est tiré.

Indispensables aux chercheurs et aux étudiants, les catalogues de bibliothèques sont maintenant disponibles sur Internet et les développements technologiques sont tels que chaque site de bibliothèque peut devenir le point d'entrée pour des centaines d'autres ressources.

L'abonnement à une bibliothèque donne par exemple accès aux grands outils de référence en ligne comme le *New Grove Dictionary of Music and Musicians* dont la deuxième édition (Sadie, 2001) est parue simultanément en vingt-neuf volumes imprimés et sur Internet (www.grovemusic.com). La recherche en plein texte d'ouvrages publiés électroniquement ou numérisés par la suite et réunis en corpus, les réseaux informatisés de prêt entre bibliothèques, les fax, supports d'enregistrement numérique et scanners qui permettent d'expédier ou de recevoir rapidement des documents (textes, audio et visuels) des points les plus éloignés du globe font maintenant partie des services offerts par toutes les grandes bibliothèques. Certains sites de bibliothèques contiennent des fichiers sonores. Le catalogue des deux millions et demi d'enregistrements sonores de la British Library National Sound Archive (NSA) par exemple, http://www.bl.uk/collections/sound-archive/cat.html mis à jour quotidiennement, est, au début du XXIe siècle, un des plus importants au monde et comprend des enregistrements publiés et inédits de musique populaire, de jazz, de musique classique et de musique du monde, des documents parlés historiques, littéraires et dramatiques, en diverses langues et dialectes, ainsi que des sons de la nature. Au moment où nous écrivons ce texte (juin 2006), seuls le catalogue de la collection et quelques échantillons peuvent en être téléchargés. L'accès à l'ensemble de la collection n'est tributaire que du temps nécessaire à la numérisation et à l'établissement de mesures de sécurité. De plus, la plupart des revues scientifiques sont disponibles en version électronique (normalement par abonnement, à titre institutionnel ou personnel). Un site comme Jstor (www.jstor.org) numérise les numéros antérieurs et courants des centaines de revues, mettant leur contenu, en texte intégral, à la disposition des internautes abonnés. L'accès à des textes intégraux (numérisés ou publiés directement en ligne) et non pas seulement à des références bibliographiques permet la constitution de vastes bibliothèques virtuelles, accessibles à chacun, chez soi. Tel était par ailleurs le sens de l'annonce par Google, le plus important moteur de recherche sur Internet, du projet de numérisation de livres se trouvant dans les bibliothèques de New York (NYPL), Harvard, Stanford, l'université du Michigan, et l'université d'Oxford, Bon nombre d'ouvrages sont déjà accessibles en ligne (http://books.google.ca), entre autres sur la musique. De plus, certains fonds d'archives musicales commencent à mettre en ligne des documents de leurs collections, ouvrant la voie à une époque ou les chercheurs et notamment les musicologues pourront travailler depuis leur domicile sur des documents d'archives. Le site du Centre Arnold Schoenberg (www.schoenberg.at) est certainement un des plus exemplaires en ce sens.

2.2. *Les sites professionnels et commerciaux*
Gérés par des associations professionnelles, sociétés musicales, orchestres, compagnies d'opéra, festivals, salles de concert, maisons de disque, éditeurs de musique, billetteries, libraires et antiquaires, radios publiques et commerciales, magazines et journaux populaires, ces sites sont d'une grande diversité et d'un intérêt inégal.

L'objectif premier de ces sites est de fournir des renseignements sur les activités de l'organisation, des services de billetterie ou d'achat en ligne, de l'information actualisée, des outils de référence et, dans le cas des radios, une diffusion Internet d'une partie ou de l'ensemble de la programmation en direct et, dans certains cas, l'accès aux archives. Ces services peuvent s'adresser aux membres, aux abonnés ou au public en général et proposent la plupart du temps un choix de sites complémentaires accessibles en hyperliens. Un développement considérable des sites commerciaux est survenu au début du XXIe siècle, quand certains éditeurs de disques et de vidéos ont permis aux internautes de voir et d'entendre des extraits des nouvelles parutions. La compagnie de disque Naxos a été la première à créer une radio Internet payante où quarante canaux différents de musique continue sont offerts à partir d'une sélection de titres du catalogue. Des éditeurs de musique offrent de même la possibilité de télécharger des partitions ou d'entendre une version numérisée du texte musical.

Un autre exemple d'utilisation de l'Internet pour la dissémination du répertoire est celui de la Fédération internationale de musique chorale (FIMC), qui a soutenu la création d'une banque de données exhaustive d'œuvres de musique chorale du monde entier. Le projet MUSICA, développé à partir d'une "partithèque" à la bibliothèque du Centre d'art polyphonique d'Alsace (CAPA, France) a reçu en 1990 le soutien et l'association du Centre international pour la musique chorale (CIMC). Une association sans but lucratif, Musica International, créée le 6 février 1998, a alors été chargée de développer et de propager l'utilisation de la banque de données Musica et de la transformer progressivement en bibliothèque virtuelle multimédia. Toute fédération, université, institution, bibliothèque musicale, éditeur désirant promouvoir la diffusion du répertoire choral, peut adhérer à Musica International et participer à la constitution de la bibliothèque virtuelle. Au moment du changement de structure, des partenaires de quatorze pays participaient à la saisie des données et à la dissémination de l'information.

La richesse des sites de certaines radios publiques est impressionnante. Sur le site de la BBC (www.bbc.co.uk), en plus d'écouter en direct l'une des six chaînes, l'utilisateur a accès au calendrier de programmation, à un service d'information, à une généreuse sélection d'émissions archivées contenant des entrevues avec des artistes et des compositeurs, des extraits de disques et de concerts, et des dossiers audiovisuels sur des sujets connexes. Sur la page du site consacrée à Radio3 par exemple, se trouvent des portraits de musiciens et de compositeurs, des analyses d'œuvres, des dossiers sur la musique du monde et plusieurs mini-sites interactifs permettant à l'utilisateur de s'initier à certaines techniques instrumentales, de participer à une table de discussion et même de se livrer à des essais de mixage sonore ou de composition. Récemment, les sites des grandes radios nationales (comme Radio France, la BBC et Radio Canada, entre bien d'autres) se sont inspirés des sites de radiophonie amateur en offrant le téléchargement de "podcasts" (un néologisme qui fusionne les deux mots "broadcast" (diffusion) et "iPod" (le plus courant modèle de lecteur audio à disque dur, fabriqué par Apple). Il permet à l'auditeur de sélectionner une émission préalablement diffusée à la radio, de la télécharger sur un lecteur portatif, et de l'écouter à son gré, sans être contraint par les horaires de radio.

2.3. *Les sites personnels : "fan sites" et groupes de discussion*
La plupart des serveurs et des grands sites offrent à leurs usagers la possibilité de déposer leur contribution sur la toile. En 2000, le serveur America On Line (AOL) avait déjà vingt-trois millions d'abonnés et offrait des forums de discussion sur la musique où tout le monde pouvait participer : membres du public, fans, interprètes, et même critiques professionnels qui réagissent aux enregistrements, concerts, comptes rendus ou nouvelles. Dans les meilleurs des cas, ces forums ont fait de la critique une activité sociale où diverses opinions peuvent être librement échangées sous la supervision d'un modérateur qui gère le site et s'assure de la pertinence des messages affichés.

En utilisant les grands outils de recherche – les fureteurs comme Google, AltaVista, Copernicus –, l'internaute se retrouve très souvent sur des sites personnels. Ces sites sont innombrables, éphémères et, en l'absence de toute politique éditoriale, généralement peu intéressants (sauf pour le plaisir de "surfer" sur le Web). Constitués de notes autobiographiques, de critiques informelles, d'archives photographiques, de coupures de presse, ils constituent néanmoins la majorité des adresses du Web. Leur consultation aboutit souvent à des culs-de-sac car les propriétaires ne se soucient généralement pas de les mettre à jour et les serveurs qui les géraient s'avèrent souvent inaccessibles. Une exception importante toutefois, celle des sites personnels de compositeurs et en particulier de ceux qui utilisent l'ordinateur comme instrument de création musicale. Sur son site personnel, le compositeur Peter Maxwell Davies (http://music.maxopus.com) offre par exemple aux internautes depuis l'été 2004 la possibilité de télécharger eux-mêmes des enregistrements de ses œuvres ou de sélectionner, à partir de fichiers sonores, un maximum de 74 minutes de musique pour composer un CD qui sera gravé et expédié à un taux minime.

3. Le contenu des sites

Une quinzaine d'années seulement après sa création, il n'y a pratiquement pas de limites à la quantité d'informations accessibles sur la toile. Son extrême mouvance exige cependant la plus grande vigilance de la part des utilisateurs et la citation des sources bibliographiques sur Internet devrait toujours inclure la date la plus récente de consultation du site.

3.1. *Les fichiers de textes*

Parmi les documents écrits disponibles, certains ont une incidence majeure sur la mondialisation de l'information. La disponibilité de la presse internationale sur Internet par exemple rend possible la lecture des comptes rendus de concerts au même moment où les habitants locaux en prennent connaissance et contribue à la création d'une culture planétaire puisque les débats et les discussions se développent au-delà des frontières nationales. Des notes de programmes ou des présentations historiques, analytiques ou même anecdotiques d'œuvres qui constituent le répertoire habituel des concerts de musique classique sont accessibles en tout temps. Biographies et portraits de musiciens, résumés historiques et tableaux chronologiques, traités théoriques et analyses d'œuvres musicales, livres, journaux et revues spécialisées sont accessibles au grand public. Certaines institutions d'enseignement dispensent même leurs cours sur Internet ou ont recours aux outils informatiques en complément. C'est le cas de l'université Acadia (Nouveau-Brunswick, Canada), www.acadiau.ca, qui propose des cours d'histoire de la musique, d'analyse et de contrepoint, de méthodologie et de recherche bibliographique par Internet.

3.2. *Les fichiers sonores*

Parmi les documents sonores, les enregistrements de concerts, en particulier les enregistrements historiques et surtout ceux qui n'existaient que sur disques 78 tours, les enregistrements ethnographiques ou ethnomusicologiques et les émissions de radio ont été les premiers à être accessibles sur Internet. Puis les compagnies de disque, aussi bien les grandes étiquettes – les "majors" – que les petites maisons indépendantes – les *"indies"* –, ont offert des échantillons sonores plus ou moins substantiels de leurs produits. Cette pratique n'a pas tardé à soulever des questions relatives aux droits des auteurs et des interprètes et à la survie de l'industrie du disque elle-même. Il faut dire que pendant plus de cent ans, la musique a été enregistrée et retransmise par une foule de médias : le disque, la radio et la télévision, la cassette audio, le disque compact, le DVD et aujourd'hui l'Internet. Chaque fois on s'est inquiété de l'avenir du concert et de la survie des musiciens. A la fin des années 1990, avec le développement et la vente libre de CD enregistrables et surtout la possibilité de télécharger de la musique par Internet avec une qualité acceptable et de la stocker sur des mini-ordinateurs du type iPod, il est légitime de se demander si l'Internet va effectivement remplacer le CD.

En musique populaire, la réponse est déjà claire. Si, dans les années 1980, les ventes de CD ont dominé largement celles des cassettes, en particulier à cause du développement technologique du lecteur portable de CD, de nouvelles percées technologiques ont fait de l'Internet un lieu important bien que contesté où la musique est échangée et distribuée. Le compresseur MP3, très populaire, qui conserve une bonne partie de l'information sonore normalement trouvée sur un CD mais réduit les fichiers sonores numérisés au dixième de leur format original, rend effectivement possible le transfert de la musique d'un ordinateur personnel à l'autre et même dans un téléphone portable. L'industrie du disque a eu beau se battre pour réglementer ces transferts et le téléchargement de fichiers musicaux qu'elle considère comme des actes de piratage, les mélomanes et même certains artistes ont accueilli avec enthousiasme ce nouveau moyen de contourner la mainmise des grandes compagnies sur la vie musicale. Un des pionniers en ce domaine a été David Bowie qui, très tôt, a voulu s'affranchir des lois dictées par les "majors". Invitant ses admirateurs à s'inscrire sur son site Internet (www.davidbowie.com), il leur a donné accès à sa musique avant qu'elle ne soit disponible sur le marché. En 1998, il proposait aux utilisateurs d'Internet de terminer une chanson dont il avait commencé à écrire le texte. Le concours ouvrait la porte à une toute nouvelle collaboration entre les artistes populaires et le public. En 1999, Bowie lançait son nouvel album *Hours*... sur Internet, deux semaines avant la sortie du disque en magasin. Le site propose enfin trois stations de "Radio Bowie" virtuelles, dont une pour les enfants.

L'algorithme de compression MP3 universellement utilisé pour recevoir *via* Internet des fichiers sonores de musique populaire ne permet pas d'obtenir une qualité de reproduction acceptable pour la plupart des usagers intéressés au répertoire classique et, dans une moindre mesure, aux musiques du monde. Aussi le problème du "piratage" ne se posait pas jusqu'à tout récemment. Mais avec l'accroissement des largeurs de bande passante *("bandwidth")* et la possibilité de capter et d'écouter le signal reçu avec un équipement de haute qualité de reproduction, l'Internet a déjà remplacé pour certains usagers le récepteur radio bas de gamme. On a de plus développé de nouveaux standards de téléchargement, dont le format AAC, un codec basé sur la norme MPEG4 (souvent désigné par MP4), dont la qualité est bien supérieure à celle du MP3 et du WMA (Windows Media Player) de Microsoft. Ce format de compression à 128 kb/s se rapproche d'une source audio non compressée et peut être protégé par des droits d'auteur, ce qui lui promet une place importante dans les services de vente en ligne. Reste à résoudre la question de l'entreposage de ces fichiers numériques. Pour la musique populaire, le iPod, lancé sur le marché en décembre 2001, est devenu la norme en 2003 alors qu'il s'est vendu une moyenne de 1,79 appareil par seconde. En parallèle, Apple lançait son magasin en ligne, le *iTunes Store*, distributeur numérique de fichiers audio, et grâce à l'interface *iTunes*, donnait un moyen simple de charger son iPod, et ce, en respectant les droits d'auteur. En 2006, Apple a déclaré avoir vendu un milliard de titres de son *iTunes Store* en trois ans, soulageant quelque peu une industrie du disque inquiète des effets néfastes du "pillage" *peer-to-peer*. Mais cet appareil et les produits similaires ne répondent pas efficacement aux besoins des consommateurs de musique classique qui devront sans doute sacrifier pour quelque temps la mobilité pour disposer d'outils plus flexibles et plus performants.

3.3. *Les publications mixtes. Les nouvelles technologies*

Qu'ils soient écrits ou sonores, les documents décrits ci-dessus demeurent conventionnels même si on les trouve sur Internet. Il est cependant possible d'accéder à d'autres types de matériel sur Internet, en particulier les logiciels et les données brutes. Certains de ces logiciels permettent par exemple de produire des partitions musicales et de générer, dans le cas de la musique de chambre ou de la musique d'orchestre, les copies de chaque partie. D'autres permettent de manipuler les échantillons sonores pour en faire des compositions musicales. En musique populaire, l'échantillonnage et le séquenceur sont devenus d'importantes techniques de composition. Ces techniques étaient déjà utilisées en musique contemporaine depuis la création des laboratoires d'électroacoustique dans les années 1960. Certains sites comme ceux de l'IRCAM et du GRM permettent de télécharger les logiciels utilisés par les compositeurs. De plus, il est désormais possible de mettre directement en réseau des studios, des salles de concert, des librairies sonores numérisées, des équipements de reproduction du son et des ordinateurs personnels. Le compositeur peut donc disposer d'un studio virtuel où qu'il se trouve, ou travailler conjointement et simultanément avec d'autres compositeurs ou musiciens situés dans une autre ville. Parmi les expériences les plus marquantes, on note celle du Nacionale Vita Activa (NVA) qui organisait à Glasgow en avril 1997 le premier orchestre mondial virtuel, un événement interactif sur Internet. Des artistes visuels et des musiciens de plusieurs continents participaient en direct à une exploration de textes, des sons et d'images, tandis qu'un auditoire présent sur place ou présent virtuellement sur la toile (Web) vivait l'expérience de l'abolition des frontières géographiques et son impact sur leurs perceptions et sur l'œuvre ainsi créée. On peut en trouver le témoignage sur le site www.nvs.org.uk/vwo. Une autre expérience menée le 24 septembre 1998 par la Norwegian Organization of Technology and Music (NoTAM) et l'Académie Sibelius d'Helsinki dans le cadre du Festival d'automne de Varsovie donna lieu à un concert en direct sur Internet. Trois groupes de musiciens et d'artistes ont pu ainsi collaborer à la composition et à l'exécution de la même œuvre qui faisait appel à la manipulation sonore en temps réel. Toutefois, même avec un transfert de données extrêmement rapide, le phénomène de *latency*, le temps que nécessite un signal à voyager à travers un réseau, fait en sorte qu'une collaboration musicale sur Internet n'est jamais synchrone, ce qui limite considérablement le type de musique susceptible d'être jouée de cette manière (Hugill, 2005, p. 432).

Depuis l'avènement des technologies MIDI (Musical Instrument Digital Interface), un système et une norme de transfert numérique entre appareils traitant des données musicales, les musiciens sont maintenant capables, *via* Internet, de collaborer à distance : on peut transmettre un fichier sonore à un collaborateur qui le modifiera et le retournera à l'expéditeur. Il est fréquent aujourd'hui d'installer un studio d'enregistrement virtuel (Internet Recording Studio ou IRS) pour un projet particulier. Les participants au projet peuvent y déposer ou télécharger des fichiers sonores selon le format, le niveau de compression et la vitesse de transmission qui ont été déterminés par l'opérateur qui se chargera des conversions, de la mise à jour et du transfert éventuel sur un autre support, un CD par exemple.

Une reconnaissance très claire de l'impact de ces pratiques sur la composition musicale est celle de l'évolution des prix Ars Electronica, un événement annuel créé par la radio publique autrichienne (ORF) en 1987. Cet événement est devenu une sorte de baromètre des tendances en art médiatique et illustre les implications sociales et culturelles de cette forme d'art. A titre d'exemple, voici une description des genres de productions susceptibles de recevoir des prix dans chaque catégorie. Dans la catégorie "electronica", on retrouve le drum'n bass, dub, techno, downtempo, ambient, breakbeat, global, hip hop, jazz, noise, mondo/exotica,

DJ numérique, etc. Dans la catégorie "sons et média", sont représentés entre autres la sculpture sonore, les réalisations multimédia où l'image est générée par le son, la performance, les projets d'environnement sonore, les installations, les œuvres radiophoniques, la musique pour Internet, les musiques génératives. Enfin, pour la catégorie "musique par ordinateur", il y a les œuvres musicales électroacoustiques, acousmatiques et expérimentales.

En 1995, une nouvelle catégorie était créée alors que le WorldWideWeb était encore tout jeune et que personne ne pouvait imaginer l'impact spectaculaire de cette innovation. Cette catégorie appelée "Net" comprend les jeux, la musique, l'animation numérique, les journaux numérisés, les médias en ligne, les services d'information, les forums de discussion (www.aec.at/en/index.asp). Dans l'introduction à un numéro de la *Contemporary Music Review* sous-titré "Internet Music" (2005), cinq types de musique sur le Web ont été soigneusement distingués. Leur seule énumération donne une idée de la diversité de création musicale conçue spécifiquement pour l'Internet : musique qui utilise le réseau pour relier des espaces physiques ou des instruments ; musique créée ou interprétée dans des environnements virtuels, ou par des instruments virtuels ; musique qui traduit des aspects sonores du réseau lui-même ; musique qui exploite l'Internet pour permettre la composition ou l'interprétation en collaboration ; le dernier cas de figure est le cas le plus courant, à savoir, celui d'une musique acheminée *via* Internet, avec un degré plus ou moins élevé d'interactivité de la part de l'usager (Hugill, 2005, p. 433).

3.4. *Les sites voués aux musiques de tradition orale*

Pratiquement inaccessibles en dehors de leur milieu d'origine jusqu'au milieu du XXe siècle, les musiques de tradition orale ont commencé à être connues du public après cette date grâce au disque et à la radio. Théoriquement, la mondialisation de l'Internet, qui rend la planète entière accessible à elle-même, aurait dû entraîner un accès parallèle à toutes les musiques non européennes ou non anglo-saxonnes. Mais cet accès continue d'être, à l'aube du XXIe siècle, en grande partie tributaire des mêmes sources puisque ce sont surtout les sites gérés par les compagnies de disque et les radios publiques (la BBC [www.bbc.co.uk] et Radio-Canada [www.cbc.ca] en particulier) qui donnent accès aux fichiers sonores. Plusieurs revues spécialisées dans le domaine de l'ethnomusicologie sont disponibles en ligne comme la revue scientifique *Ethnomusicology on Line* (http://research.umbc.edu/eol/) ; quelques-unes offrent, en plus de leurs articles, des fichiers sonores ou visuels de qualité, comme c'est le cas pour *American Ethnologist* (http://www.music.columbia.edu/%7Ececenter/AES/index.html). Des sites comme celui du magazine *Rootsworld* (www.rootsworld.com/rw) ou celui du musée virtuel du Canada (www.museevirtuel.ca/Exhibitions/Instruments/index.html) permettent l'accès à des fichiers textuels et sonores conçus pour un public non spécialisé. Le meilleur accès à une bibliographie des ressources disponibles sur Internet dans ce domaine reste encore le portail des bibliothèques universitaires comme celle de Middlebury College (www.middlebury.edu) ou d'autres universités nord-américaines et allemandes, comme l'Institut d'ethnologie et de musique africaine de Mayence (http://ietpd1.sowi.uni-mainz.de). On trouve les photographies d'une intéressante collection d'instruments de musique du monde entier sur un site de l'université de Montréal (http://lrmm.musique.umontreal.ca/). Plusieurs sites donnent également accès à des encyclopédies, des volumes et articles spécialisés, la libre consultation de documents publiés demeurant l'une des grandes forces et des grands périls de l'Internet en attendant qu'une législation cohérente et efficace ne soit adoptée. Enfin, certains ethnomusicologues mettent en ligne des enregistrements et parfois des films captés lors de leur recherche sur le terrain. Un exemple du résultat dépouillé mais très instructif de ce type de site est celui de l'Américain Robert Garfias (http://aris.ss.uci.edu/rgarfias/).

4. La Révolution Internet

Il est certain que l'environnement Internet, de plus en plus encombré, pose des défis au navigateur. Nous pouvons pourtant déjà y voir les signes d'une transformation profonde de notre rapport à la musique : l'abolition de toute barrière géographique et même de toute considération du lieu physique où la musique est produite et entendue ; les implications sociopolitiques de cette globalisation ; la modification profonde de la relation entre le compositeur, l'interprète et l'auditeur ; les implications commerciales, légales, mais aussi philosophiques et esthétiques de ces modifications sont difficiles à évaluer. Elles sont pourtant réelles et, mises en perspective historique, déterminantes pour une nouvelle configuration sociologique de la musique.

4.1. *Un nouveau concept de l'artiste*

A travers l'utilisation de l'Internet, qui fournit à l'usager des outils et des techniques spécialisés, on voit émerger un nouveau concept de l'artiste créateur. Le compositeur n'est plus nécessairement un musicien formé aux disciplines instrumentales et théoriques traditionnelles, ni l'œuvre, le fruit de son besoin d'expression ou d'articulation d'une pensée originale. Certains artistes pourtant sont musiciens : c'est le cas du Japonais Yashuhiro Otani qui utilise des échantillons sonores et les "sculpte" directement sur scène avec des outils de montage numérique et des logiciels. Il ajoute ainsi le rôle d'interprète à celui de créateur de son, sculpteur de matériau sonore et contrôleur de l'interaction sur scène. D'autres préfèrent se définir comme concepteurs d'environnement sonore ; ils n'enregistrent pas leur propre matériel mais utilisent la matière brute qui leur est fournie par d'autres. Certains se produisent en salle ou en temps réel sur Internet, d'autres, comme la Japonaise Hitomi Shiraishi, produisent directement pour le disque compact. On reconnaît dans ces diverses approches l'influence de la musique concrète, le principe de l'échantillonnage étant proche de celui des objets musicaux, à la différence que la manipulation se fait souvent en temps réel.

Le rôle de l'interprète lui aussi se modifie graduellement. La radio et le disque avaient déjà considérablement augmenté son auditoire, mais la diffusion sur le Web le rend pratiquement illimité. La question du paiement des droits de diffusion soulève cependant encore bien des questions juridiques, par exemple lorsque les programmes de radio sont directement accessibles sur la toile. Certaines radios ont établi des ententes avec les syndicats de musiciens. C'est le cas de Radio-Canada par exemple qui a convenu avec l'American Federation of Musicians (AFM) que la diffusion en direct sur le Web n'entraînait aucun paiement compensatoire supplémentaire. Si toutefois la radio souhaite archiver et rendre disponibles sur demande des enregistrements de concert ou d'extraits de concert, une majoration de 10 % est ajoutée au cachet initial des musiciens. Ailleurs, les orchestres philharmoniques de Vienne, de Londres et de Philadelphie (cette dernière grâce à une entente encore une fois avec l'AFM) avaient cédé au site commercial http://www.andante.com, disparu en 2005, le droit de diffuser leurs concerts hebdomadaires, le droit de les archiver, d'accéder à leurs propres archives radiophoniques, le droit au webcasting et même à leur publication sur disque compact en échange de royautés futures sur les profits de vente des CD (un pourcentage qui serait beaucoup plus que les 10 % habituels). Le même site avait négocié également les droits de transmission en direct de productions de la Scala ou d'événements spéciaux comme cela avait été le cas pour le *Voyage d'hiver* de Schubert avec Jessye Norman, mis en scène par Robert Wilson au Théâtre du Châtelet à Paris en 2001. Pour avoir accès à ce type de diffusion, les abonnés devaient verser des frais mensuels. D'autres sites proposent gratuitement une programmation semblable : Global Music Network par exemple (www.gmn.com) diffuse des concerts de musique classique, du théâtre, de la danse, de la musique du monde et du jazz.

Les implications légales et économiques de ces diffusions sont considérables. Pour protéger les fichiers audionumériques, il existe plusieurs outils dont aucun ne semble absolument infaillible. On peut par exemple émettre des mises en garde ou des informations sur la propriété intellectuelle de ces fichiers et en interdire la reproduction. On peut bloquer la fonction de copie de certains d'entre eux. Mais on a aussi mis au point un système de filigrane audionumérique qui est copié en même temps que le signal sonore et qui demeurera toujours audible, même si la musique est reproduite sur un support analogique.

4.2. *Les avancées technologiques*

Si on peut aujourd'hui regarder des films ou télécharger et écouter de la musique populaire (en format MP3) sur son téléphone cellulaire, c'est à cause des avancées technologiques spectaculaires réalisées depuis la création du World Wide Web en 1991. Au début, il fallait des câbles de cuivre ou des fils téléphoniques pour effectuer cette liaison qui ne portait qu'un signal analogique. Aujourd'hui, la fibre optique permet la transmission de données numérisées et offre deux systèmes différents. Le système intégré Integrated Services Distributed Network (ISDN) permet une transmission rapide avec deux lignes parallèles ; c'est ce système qui est utilisé par l'Union européenne de radiodiffusion (UER) pour la diffusion de concerts retransmis en direct et offerts à toutes les radios publiques membres de l'organisation. Un second système est l'Asymmetrical Digital Subscriber Loop (ADSL), qui a été conçu pour permettre un lien Internet constant entre les consommateurs. Pour réaliser une telle offre auprès des consommateurs européens, il a fallu restructurer le système de tarification des lignes téléphoniques pour les rendre disponibles en tout temps pour un prix fixe aux consommateurs, c'est-à-dire établir une structure tarifaire semblable à celle qui était offerte en Amérique du Nord.

L'impact d'Internet sur le transfert, le stockage et la diffusion de musique est sans aucun doute considérable. Dans un avenir plus ou moins lointain, la plupart des applications devraient devenir disponibles sur des appareils qui ne sont pas nécessairement mis en réseau. Vers la fin du XXIe siècle, l'ordinateur avec un clavier alphanumérique et un écran se sera répandu au point où on en trouvera plusieurs dans chaque foyer ; il sera cependant déjà en voie d'être remplacé graduellement par des ordinateurs plus spécialisés, avec une capacité de mémoire encore accrue, destinés à certaines applications particulières. Les écrans à cristal liquide (*liquid crystal displays*, LCD) comme ceux des ordinateurs portatifs, ou encore les écrans à plasma sont déjà la norme, avec les accessoires comme les consoles de réglage, les agendas et secrétaires électroniques, les consoles de jeux, les téléphones avec petits écrans, appareil photo numérique et clavier alphanumérique miniature intégrés. Ces innovations seront rendues possibles entre autres par le développement de nouvelles puces plus économiques (comme le microprocesseur Crusoe de Transmeta développé au début du XXIe siècle comme alternative au Pentium d'Intel), et des systèmes de gestion plus simples et plus flexibles dont certains sont disponibles gratuitement comme le Linux, conçu par Linus Torvalds, et qui propose un mode d'opération absolument différent du logiciel Windows de la compagnie Microsoft. Les logiciels de reconnaissance du langage, devenus plus sophistiqués à la fin du XXe siècle, sont appelés à remplacer les claviers alphanumériques. Pour la composition musicale, on a déjà vu apparaître des écrans grand format qui permettent de lire deux pages à la fois. Les enceintes plates telles qu'expérimentées par Quad dans les années 1950 seront largement utilisées et on aura la possibilité de percevoir des sons à un seul point dans l'espace, celui de l'intersection de deux signaux, l'une de l'onde porteuse, l'autre de la modulation. Des recherches permettront aussi de simplifier l'arsenal de fils nécessaires dans les studios d'enregistrement et de radio. La transmission sans fil à haute vitesse basée sur le système Bluetooth d'Intel, va devenir largement disponible au début du XXIe siècle, d'abord avec l'équipement le plus commun : ordinateurs, téléphones portables, téléviseurs et caméras.

Pour ce qui est du contrôle des synthétiseurs, on expérimente le contrôle directement à partir du cerveau. Cela se fait déjà en recherche médicale avec une interface placée derrière la tête. On songe même à l'implant d'une puce. Des applications comme celles-là, y compris la communication directe du cerveau humain avec une machine, sont en chantier depuis les années 1980.

5. Le retour au jeu

Dans un ouvrage qui a connu un grand retentissement au début des années 1970, Abraham Moles (1971), auteur de nombreux travaux sur la théorie de l'information appliquée à la perception esthétique, décrivait les étapes successives de la séparation du créateur et du consommateur musical. Dans la société primitive, le créateur, l'exécutant et le consommateur ne font qu'un et celui-ci "joue" au sens premier du terme. Avec la spécialisation des tâches, certains membres du groupe se mettent à fabriquer des instruments, puis les créateurs se distinguent des auditeurs. A la Renaissance, la notation musicale apparaît, signe de la séparation entre le compositeur et les exécutants à qui il doit donner des instructions. Les exécutants eux-mêmes se divisent en deux parts : le chef et le reste de l'ensemble. Puis Moles identifie d'autres avatars : l'intervention de l'ingénieur du son, la scission des auditeurs en micromilieux selon leur degré de connaissance du répertoire. "On peut penser, ajoute Moles, qu'avec l'avènement des machines à musique, [...] une dernière étape apparaîtra où le compositeur se recrutera spontanément à l'intérieur même des auditeurs. La musique, commencée comme un jeu, redeviendra-t-elle un jeu ?" (1971, p. 195.)

Cette question trouve un écho dans l'article de Jean Molino, "Technologie, mondialisation, tribalisation" (2001), écrit pour le premier volume de la présente encyclopédie. Pour la première fois, signale Molino, la composition assistée par ordinateur a permis de recréer les conditions de la production musicale des communautés dites primitives. Nous disposons d'une machine qui permet de reproduire le "cycle court" de la tradition orale puisque le créateur peut "jouer" librement ou livrer au hasard de la machine, par des combinaisons mathématiques ou aléatoires, le matériau sonore qu'il aura produit lui-même. Le résultat final lui sera enfin immédiatement accessible sans la médiation d'un interprète. Molino ne manque pas de souligner l'importance de cette révolution et la compare à celle de l'apparition de l'écriture, de la notation musicale et de l'imprimerie. Ce ne sont plus les principes classiques de l'écriture musicale, soit l'harmonie et le contrepoint, qui régissent la construction des œuvres, mais les propriétés des sons eux-mêmes qui sont directement manipulés, échantillonnés, par le compositeur/interprète/auditeur sans qu'une grammaire ou une syntaxe cohérente ne vienne s'interposer entre son "jeu" et le produit final. La distinction entre la musique savante et la musique traditionnelle ou populaire selon le genre et la forme est donc de moins en moins pertinente, conclut Molino, qui suggère de visiter les sites musicaux sur Internet pour avoir une image de la création musicale d'aujourd'hui au sein du village global.

Il est particulièrement significatif de constater que les utilisateurs d'Internet qui fréquentent les sites où il est possible de manipuler des fichiers sonores ne sont pas des compositeurs. C'est certainement le cas pour les nombreux sites dans le domaine de la musique pop. La plupart du temps, les utilisateurs sont simplement invités à afficher un remixage d'une des chansons de leur artiste préféré dont les pistes originales sont mises à leur disposition. Certains considèrent le remixage numérique comme un nouveau genre (comparable aux thèmes et variations que Beethoven a pu écrire...). Sur le site de la chanteuse islandaise Björk en août 2001, on trouvait déjà huit cents "remix" des chansons de son plus récent album (www.Bjork.com). Les utilisateurs de ces outils électroniques sont souvent très jeunes. Il suffit de visiter les studios du musée du rock Experience Music Project (EMP) à Seattle pour s'en rendre compte. A une échelle sans doute bien différente, le même phénomène s'applique à la musique contemporaine de tradition classique. Comme certains pionniers de la musique électronique – l'ingénieur et violoncelliste Lev Termen, le physicien nucléaire Hugh Le Caine, les ingénieurs Jorg Mager et Friederich Trautwein –, les créateurs de musique qui utilisent l'ordinateur comme instrument de composition sont souvent des scientifiques qui aiment avant tout manipuler des fichiers sonores. Amateurs de musique sans doute, ils "jouent" de la musique pour le plaisir des sons.

Cette technologie, qui permet aux amateurs une participation active à la création, a des implications esthétiques et philosophiques d'une grande portée. La notion si chère au XIXe siècle du respect absolu du texte musical, celle plus récente de la fidélité et de l'authenticité de l'interprétation, et même la notion sacrée de la propriété intellectuelle ou artistique semblent s'effacer devant ce retour à l'oralité et à la mise en commun d'un objet sonore. Au cours du XXe siècle, par le développement des nouveaux médias de communication, l'art a pris les dimensions d'une communication à l'échelle de la société globale plutôt qu'au niveau de l'individu. On est d'ailleurs en droit de se demander si ces nouvelles technologies, Internet en particulier, sont des outils de communication ou de création. Pour Marshall McLuhan (1962), la réponse est claire : "Le médium est le message." Le point de vue d'Abraham Moles (1971, p. 15) est le même : "Toute expression artistique est un phénomène de communication." L'esthétique fondée sur la théorie de l'information se refuse à introduire immédiatement les notions de beauté et de transcendance de l'œuvre d'art au profit de celles de qualité et d'efficacité de la communication qui se mesurent selon l'identité de la forme perçue et de la forme créée. Résolument anti-élitiste, cette notion de la qualité de la communication, qui semblait avoir totalement disparu au milieu du XXe siècle quand le "message" des compositeurs est devenu à toutes fins pratiques hermétique et incompréhensible pour le public, n'est pas à négliger. Si elle se manifeste par la réduction du fossé qui sépare encore à l'aube du XXIe siècle la musique savante et la musique populaire, si elle réintroduit la notion de jeu musical, si elle abolit les frontières entre les formes et l'expression musicale des diverses cultures, elle mérite sans doute qu'on s'y attarde. Il est clair que l'accès universel aux nouvelles technologies a suscité une mondialisation quasi instantanée de la production musicale dans les années 1980 et 1990. Comme en témoigne l'article de Jocelyne Guilbault, publié dans le présent volume (p. 313-334), les ethnomusicologues ont d'ailleurs rapidement réagi à ce phénomène de mondialisation en examinant les nouveaux paradigmes, ainsi créés, de la signification musicale et de la consommation de masse de la culture musicale. Le développement des recherches ethnomusicologiques dans certains pays comme la Chine par exemple, la résurrection sur Internet en 1996 du magazine *Musical Traditions* (www.mustrad.org.uk) qui avait pratiquement disparu, et certaines publications récentes en témoignent avec éloquence. Un exemple fort intéressant est celui du journal interdisciplinaire *Echo* publié sur Internet (http://www.echo.ucla.edu/) depuis 1999 par les étudiants des 2e et 3e cycles du département de musicologie à l'université de Californie à Los Angeles (UCLA). Accessible librement et gratuitement, le journal se veut un forum de discussion sur la musique et la culture où tous sont bienvenus, de quelque milieu culturel ou académique qu'ils soient issus. Les articles doivent être accessibles à un lectorat non spécialisé, et l'insertion de documents visuels et sonores permet de décrire de façon très précise certaines œuvres et événements sans avoir recours à la notation musicale. On assiste ainsi à une nouvelle forme d'oralité musicale dans le monde occidental. Aux sujets traités, d'une incroyable diversité (de la polyphonie de la Renaissance aux soirées "raves"), s'ajoute une rigueur scientifique garantie par le choix d'un comité éditorial multidisciplinaire de haute tenue.

Des exemples comme ceux-ci démontrent bien la prodigieuse ouverture opérée par l'Internet qui rend accessible non seulement la musique, mais aussi ses outils de production et les sources d'information spécialisées pour l'étudier et la comprendre. On peut certes comparer la révolution Internet à celle de la radio et du disque qui, au début du XXe siècle, ont démocratisé les activités qui se tenaient autrefois dans les salons puis les salles de concert, et demeuraient ainsi inaccessibles à la vaste majorité. Avec l'Internet, c'est peut-être une étape de plus qui est franchie : le grand schisme entre les producteurs et les consommateurs de musique, schisme qui s'était prodigieusement élargi dans le domaine de la musique classique au milieu du XXe siècle, est en train de se résorber. Cette influence, jointe à celle de la fusion des musiques populaires, des musiques de tradition orale et, progressivement, des musiques improvisées, du jazz et des musiques actuelles, pourrait transformer de façon radicale, à l'échelle mondiale, le rapport du grand public au geste musical.

Bibliographie

BARBOSA, A., 2003 : "Displaced Soundscapes. A Survey of Network Systems for Music and Sonic Art Creation", *Leonardo Music Journal*, n° 13, p. 53-59.

BERNERS-LEE, T. et FISCHETTI, M., 1999 : *Weaving the Web. The Original Design and Ultimate Destiny of the World Wide Web by its Inventor*, Harper, San Francisco.

Contemporary Music Review, "Internet Music", vol. XXIV, n° 6, 2005.

DAVIES, H., 2001 : "Electronic Instruments", in *The New Grove Dictionary of Music and Musicians*, S. Sadie (éd.), 2e éd., Londres, Macmillan, vol. VIII, p. 67-107.

HAFNER, K. et LYON, M., 1996 : *Where Wizards Stay Up Late. The Origins of the Internet*, New York, Simon and Schuster.

HUGILL, A., 2005 : "Internet Music. An Introduction", *Contemporary Music Review*, vol. XXIV, n° 6, p. 429-437.

KAHN, D. et WHITEHEAD, G. (éd.), 1992 : *Wireless Imagination. Sound, Radio, and the Avant-Garde*, Cambridge, MIT Press.

KOZINN, A., 2001 : "Streaming the Classics. A Record Label Hopes to Grow Into Musical Grandeur in Cyberspace", *New York Times*, 28 août.

LOUBET, E., 2000 : "Laptop Performers, Compact Disc Designers, and No-Beat Techno Artists in Japan. Music from Nowhere", *Computer Music Journal*, vol. XXIV, n° 4, p. 19-33.

MCLUHAN, M., 1962 : *The Gutenberg Galaxy. The Making of Typographic Man*, Toronto, University of Toronto Press ; trad. fr., *La Galaxie Gutenberg : la genèse de l'homme typographique*, Paris, Gallimard, 1977.

MIRAPAUL, M., 2001 : "Why Just Listen to Pop When You Can Mix Your Own ?", *New York Times*, 20 août.

MOLES, A., 1971 : *Art et ordinateur*, Paris, Casterman.

MOLINO, J., 2001: "Tecnologia, globalizzazione, tribalizzazione", in *Enciclopedia della musica*, vol. I, *Il Novecento*, J.-J. Nattiez *et al.* (éd.), Turin, Einaudi, 2001, p. 762-782 ; version française, "Technologie, mondialisation, tribalisation. Un coup d'œil rétrospectif sur le XXe siècle", in *Musiques. Une encyclopédie pour le XXIe siècle*, vol. I, *Musiques du XXe siècle*, J.-J. Nattiez (éd.), Arles-Paris, Actes Sud-Cité de la musique, 2003, p. 69-86.

SADIE, S. (éd.), 2001 : *The New Grove Dictionary of Music and Musicians*, 2e éd., 29 vol., Londres, Macmillan.

STANDAGE, T., 1998 : *The Victorian Internet. The Remarkable Story of the Telegraph and the Nineteenth Century's Online Pioneers*, New York, Walker and Co.

TURNER, J. B., 2001 : "On the Web. Kids' Music Sites – Where Your Child Can Go to Develop Musical Skills", *Acoustic Guitar*, vol. X, n° 10, p. 36 et 38-39.

Line Grenier

CIRCULATION, VALORISATION ET LOCALISATION DE LA MUSIQUE POP PLANÉTAIRE : LE CAS CÉLINE DION

1. La musique populaire dans un monde interconnecté : l'importance de la pop planétaire

Le domaine de la musique populaire a au cours des dernières décennies connu de nombreux changements et reconfigurations, conformément à un processus aux multiples facettes connu sous le nom de "mondialisation de la culture" (Appadurai, 1996 ; Featherstone, 1995 ; Pietersen, 1994). Les quelques conglomérats transnationaux qui dominent le marché mondial du disque ont accru leur contrôle dans les secteurs de la production et de la distribution, consolidant par là même la structure institutionnelle de l'industrie de la musique populaire (Burnett, 1996 ; Laing, 1996) L'extension des régimes corporatifs et législatifs dominants a conduit l'industrie musicale à ne devenir qu'un élément intégré au sein d'une économie planétaire des médias (Sanjek, 1998), et ainsi à utiliser de plus en plus agressivement la musique populaire pour la création de nouveaux marchés soit pour des produits de consommation déjà existants, soit pour des produits entièrement nouveaux (Breen, 1995). Dans le sillage de la convergence grandissante entre musique et technologies de l'information et de la communication, de nouveaux modes de diffusion ont vu le jour, permettant aux biens et aux interprètes de traverser les frontières géographiques comme autant "de nœuds au sein du réseau du commerce culturel planétaire" (Lipsitz, 1994, p. 10). On a également fort bien analysé l'émergence de phénomènes concomitants à cette convergence comme, par exemple, la revitalisation des répertoires nationaux et des traditions régionales (Rutten, 1998), la popularisation de la *world music* (Guilbault, 1993 ; Feld, 1994 ; voir aussi l'article de Pacini Hernandez dans le premier volume de cette encyclopédie) et la recrudescence des pratiques musicales communautaires (Cohen, 1992), phénomènes souvent perçus comme des preuves d'une résistance localisée aux forces de la mondialisation. Cependant l'une des ramifications les plus importantes de ce réarrangement technologique, industriel et corporatif de la musique populaire a été largement occultée par les chercheurs : la pop planétaire, c'est-à-dire une organisation musicale focalisée sur des chanteurs stars dont les disques se vendent au niveau international à des millions d'exemplaires, mais, plus important encore, dont les personnages, images, concerts et chansons sont explicitement manufacturés pour être disséminés à l'échelle mondiale. Le présent article vise à combler, du moins en partie, cette lacune majeure en explorant le phénomène de la pop planétaire que je considère à la fois comme un produit-clé mais aussi comme une importante force motrice sous-jacente aux récents développements de la musique populaire occidentale contemporaine. En explorant ce phénomène, j'entends analyser la spécificité de la pop planétaire et remettre ainsi partiellement en question l'opinion tacite mais communément acceptée selon laquelle celle-ci serait d'une part l'incarnation par excellence de la menace posée par la mondialisation à l'encontre de l'intégrité des cultures et contre-cultures musicales locales, et d'autre part, le véhicule premier (du moins potentiellement) de l'homogénéité, de l'impérialisme et de l'hégémonie culturelle. Enracinée dans ce que Philip Schlessinger (cité in Breen, 1995) nomme l'erreur de distribution, cette conception repose sur l'idée selon laquelle l'omniprésence des produits essentiellement anglo-américains sur les marchés des quatre coins du monde conduit automatiquement à un changement culturel au niveau de la signification (présumée inhérente) du contenu (supposé stable) de ces produits. Préservant et reproduisant la hiérarchie entre une culture d'en haut et une culture d'en bas, une telle idée implique, quoique implicitement, une préférence accordée sans aucun sens critique à certains styles musicaux jugés comme autonomes, "authentiques" et indépendants, en opposition avec la pop et d'autres styles plus commerciaux qui sont eux considérés comme aliénants, "faux" et uniquement motivés par le profit. En concevant la pop planétaire comme une série de biens de consommation hautement standardisés et plus ou moins interchangeables, une telle approche passe non seulement à côté de la discrimination esthétique et des jugements de valeur, aussi centraux aux processus de consommation de la pop planétaire qu'ils le sont pour le rock ou la musique classique (Frith, 1996). Elle néglige également le fait que les grosses compagnies de disque responsables de la production et de la commercialisation de la pop planétaire sont également impliquées dans la création et le déploiement de stratégies visant à ne pas ignorer ou aplanir les différences locales mais plutôt à les prendre en considération (Yasuda, 1999).

Mon analyse du problème oriente la réflexion sur la pop planétaire dans une direction différente en posant la question suivante : comment se fait-il que certaines personnes vivant dans des endroits spécifiques acceptent, se projettent et donc s'approprient des biens de consommation censés être interchangeables et souvent proposés aux consommateurs du monde entier ? Contrairement à l'idée reçue selon laquelle la valeur ou l'importance d'un hit ou d'une star planétaires réside essentiellement, et même exclusivement, dans leur succès commercial, je maintiens que la pop planétaire est importante non seulement sur le plan économique mais aussi sur les plans culturel et politique. Etant donné les limites imposées par le présent article, je développe une telle alternative en analysant de manière critique le cas de l'une des superstars les plus importantes de la pop planétaire des années 1990, Céline Dion, et de son succès au Québec. Bien que limitée à des morceaux choisis de ce phénomène multiforme, notre discussion se concentre sur le réseau complexe des activités et des politiques culturelles, des technologies, de la logistique industrielle, des discours et des institutions qui informent la manière dont, suivant une conjoncture particulière, une pop star et ses produits, qui se vendent dans le monde entier, deviennent importants pour certaines personnes. Bien que focalisé essentiellement sur le Québec, là où est née la chanteuse, là où elle a été élevée et où elle a appris les rouages du show-business, cet article s'intéresse à des questions théoriques plus vastes dont l'intérêt transcende la spécificité de ce terrain, mettant sur le devant de la scène les questions de la circulation, de la valorisation et de la localisation de la pop planétaire, questions qui, d'après moi, sont non seulement centrales pour comprendre dans son ensemble le phénomène de pop planétaire mais aussi pour saisir l'effectivité de la musique populaire (c'est-à-dire sa capacité à influencer les changements) au sein d'un monde "historiquement, socialement et spatialement interconnecté" (Erlmann, 1994, p. 165).

Pour débuter notre discussion à propos de la relation entre le succès de la superstar Céline Dion et l'estime qu'on lui porte, la première partie du présent article, la plus abstraite, sera consacrée à la définition des termes du triangle conceptuel (circulation, valorisation et localisation) avec lequel j'entends analyser la pop planétaire comme un phénomène d'importance. La deuxième partie de l'article consiste en une analyse empirique du changement de vision concernant Céline Dion, changement lié à sa participation en 1990 et 1998 à la cérémonie des "Félix" – équivalent québécois des "Victoires de la musique" en France –, qui rend manifeste et témoigne de la nature polémique de son succès au Québec. Cette analyse montre la destinée changeante de la chanteuse entre les mains de la structure commerciale locale qui organise cet événement annuel important et médiatique. Elle décrit également la manière dont Céline Dion et sa musique deviennent au Québec une question d'ordre public et comment elles sont mises en relation avec “l'appartenance” et “l'être et le devenir” (Probyn, 1996) de certains groupes et individus pour qui l'artiste et la pop planétaire qu'elle personnifie sont importantes.

2. Délimiter le degré d'estime et de succès d'une star de la pop planétaire

2.1. *Connaître (ou avoir entendu parler de) et aimer (ou ne pas aimer) Céline Dion : un constat essentiel*

Céline Dion a débuté sa carrière professionnelle en 1981 et sa popularité n'a cessé de croître continuellement au fil de ses seize premiers albums. Après la sortie de *D'eux* en 1995 et surtout de *Falling into You* en 1996, elle est passée sur le devant de la scène non seulement au Canada et dans sa province natale, le Québec, mais également en Amérique du Nord et en Europe. Les albums *Let's Talk about Love* et *All the Way*, sortis respectivement en 1997 et 1999, ont confirmé sa popularité grandissante, s'étendant rapidement au-delà des principaux canaux de transmission du show-business anglophone, et renforçant ainsi son statut de “superstar mondiale par excellence” (Taylor, 1996) et de “nouvelle star planétaire” (Dufour, 1997). Dans de nombreux et divers endroits du monde, des gens de tous bords ont été exposés, sans parfois même s'en rendre compte, à Céline Dion et à sa musique. De nombreuses stations de radios locales ainsi que d'innombrables centres commerciaux, bars, restaurants, ascenseurs et autres endroits publics ont diffusé sans cesse ses chansons – *My Heart Will Go On* de la bande originale du film à succès *Titanic* en est un parfait exemple. Ses ventes dans la seule Amérique ont été spectaculaires : Dion a vendu plus de vingt millions d'albums en 1998 (Boehlert, 1998) et d'après le journal *Soundscan*, moins d'un mois après sa sortie en novembre 1999, les ventes de son album *All the Way* excédaient les quelque cinq cent mille exemplaires par semaine (Mayfield, 1999). De plus, ses ventes records sur le plan mondial ont permis à Céline Dion de rejoindre les Beatles et Elvis Presley et de devenir le troisième artiste (mais la première femme) de tous les temps à vendre plus de cent millions d'albums (*Canoë*, 1999). Sa présence dans les différents hit-parades s'est à peine atténuée au cours de la dernière décennie. Par exemple, en novembre 1997, *To Love You More* a été le premier hit venant d'Amérique du Nord à être numéro un au Japon depuis douze ans (Taylor, 1996) ; une année plus tard, huit disques de ou avec Céline Dion étaient présents en même temps dans le classement du *Billboard* (Boehlert, 1998). Ces ventes records doublées du succès financier qui s'ensuivit – d'après le prestigieux magazine américain *Forbes*, les revenus de Céline Dion étaient en 1997 de 65 millions de dollars, faisant d'elle la quinzième personne la plus riche du monde (Lorrain, 1997) – firent d'elle un sujet digne d'intérêt journalistique pour les médias musicaux et d'information. En juin 2006, au moment des célébrations de ses vingt-cinq ans de carrière, elle faisait, selon Google, dix-huit millions d'entrées accessibles par Internet… L'omniprésence et la visibilité acquises par la chanteuse au cours de ce processus ont joué un rôle central dans l'instauration et le maintien de sa renommée. Cependant, un tel degré d'exposition a non seulement permis d'accroître l'admiration et la dévotion de ses fans mais aussi les critiques et les attaques de ses détracteurs : au Québec comme dans beaucoup d'autres endroits du monde, certains n'auront jamais assez de Céline Dion alors que d'autres en ont eu déjà trop.

Etant donné qu'en général les stars et les célébrités ont, tout au long de cette perpétuelle "frénésie de la renommée" (Braudy, 1986) de la civilisation occidentale, été des personnages controversés (Gamson, 1994 ; Marshall, 1997), le fait qu'il n'existe pas, au Québec ou ailleurs, de consensus à propos de Céline Dion est tout sauf surprenant. En revanche, l'étendue et le caractère hautement fiévreux des controverses publiques que son succès a suscitées dans sa province natale sont particulièrement étonnants. Le succès controversé de Céline Dion en tant que chanteuse star est exacerbé par son histoire professionnelle et privée aux apparences de conte de fées : cadette d'une famille de quatorze enfants, élevée dans une petite ville francophone de prolétaires, Dion a été découverte à l'âge de douze ans par René Angélil, un manager et ancien chanteur pop de trente-neuf ans qu'elle a ensuite épousé – le "mariage royal", ainsi que les journalistes du monde entier ont décrit l'événement, eut lieu à la basilique Notre-Dame de Montréal, en présence de nombreuses célébrités et leaders politiques, et notamment du Premier ministre canadien –, pour devenir une superstar internationalement reconnue avant son trentième anniversaire. Depuis plus d'une décennie, chaque décision de la star concernant sa vie privée ou l'orientation de sa carrière a suscité des débats houleux dans différents milieux québécois. Le titre de "superstar mondiale" lui a été attribué depuis le milieu des années 1990 ; il a été utilisé à de nombreuses reprises par les médias locaux pour encenser toujours davantage une artiste jugée comme dotée d'un rare talent et habituellement nommée "la petite fille de Charlemagne", "la princesse-star du Québec", ou tout simplement "*notre* Céline" (Demers, 1999). Ce titre a également été invoqué pour signaler et souvent condamner l'avènement d'un énième produit de la pop, insipide, prévisible et exubérant dont le succès commercial n'a d'égal que la trivialité musicale et l'insignifiance culturelle (Cormier, 1998). Alors qu'elle fait encore l'objet de critiques, et parfois de railleries au sein de nombreux secteurs de l'establishment culturel et artistique, Céline Dion, chanteuse de pop planétaire, est néanmoins unanimement reconnue, par ses fans comme par ses détracteurs, comme la seule star vraiment internationale que le Québec peut se targuer d'avoir eue.

La discussion qui suit est par conséquent basée sur la supposition que vous, lecteurs, connaissez Céline Dion ou du moins que vous avez entendu parler d'elle. Vous ne savez peut-être pas qu'elle vient du Québec, que sa langue maternelle est le français et que *Unison* est son premier album en anglais mais le quinzième qu'elle ait enregistré. Bien que vous ne connaissiez pas tout son répertoire, vous avez probablement entendu certaines de ses chansons les plus populaires, peut-être sans connaître l'identité de la chanteuse. Il est possible que vous ne soyez pas capable de la reconnaître dans la rue, mais vous avez probablement une idée de ce à quoi elle ressemble puisque vous avez peut-être vu des photos d'elle dans un journal, un magazine ou sur une affiche. En dépit du fait que vous n'avez sans doute pas assisté à l'un de ses concerts, il y a de grandes chances que vous ayez vu, au moins en partie, l'une de ses apparitions à la télévision ou au cinéma. Que vous ayez ou non acheté ses albums, il est probable que vous sachiez qu'elle est l'une des artistes des années 1990 qui a vendu le plus d'albums dans le monde. Il ne découle pas forcément de cela qu'en tant qu'auteur et chercheur portant un intérêt particulier à la musique populaire, je présuppose que l'étendue et la teneur de votre connaissance de Céline Dion sont identiques à celles de n'importe quel autre lecteur (particulièrement celle des lecteurs québécois), ou, plus encore, que vous aimez ce qu'elle chante et la manière dont elle le chante. Vous pouvez être ému par ses chansons d'amour, enchanté par sa voix, ou bien charmé par sa simplicité et son honnêteté, tout comme vous pouvez aussi avoir horreur du romantisme de ce qu'elle chante, fait de formules, être atterré par la manière dont la construction de la plupart de ses chansons tend inévitablement vers un *crescendo* de notes aiguës, soutenues et empreintes de tension dramatique, ou haïr la façon bien orchestrée dont elle dévoile ses émotions.

2.2. *Une image de Céline Dion "en mouvement" : esquisse d'un cadre*

Dire que ce n'est pas parce qu'un/une artiste ou sa musique sont connus qu'il/elle est nécessairement ou uniformément apprécié(e) par tous ceux qui le/la connaissent ou en ont entendu parler, est, j'en conviens, l'évidence même. Il serait néanmoins faux et quelque peu hâtif de conclure que parce que le degré avec lequel on apprécie un/une artiste n'est pas directement proportionnel à sa célébrité et à son succès, ces deux phénomènes n'ont aucun lien entre eux, ou bien que ce lien est fortuit et qu'il est affaire de goût personnel et de préférence individuelle. Je suggère plutôt que les manières dont on en vient à entendre parler ou à connaître un/une artiste et sa musique et la façon dont celui-ci/celle-ci est devenu(e) célèbre informent la manière dont on juge qui ils sont, ce à quoi ils font référence ou qu'ils représentent, et ce à quoi ils ressemblent physiquement et musicalement. Plus précisément, selon moi, la façon dont un produit, un interprète ou un spectacle de musique populaire spécifique *circulent* affecte sa *valorisation*. En d'autres termes, la façon dont une musique donnée pénètre et évolue dans le domaine public oriente la manière dont des individus et des groupes particuliers peuvent s'investir (positivement ou négativement) dans ce produit ou cet interprète (que ce soit sur le plan émotionnel, financier, esthétique, culturel, politique ou idéologique) et agir sur cet investissement. De surcroît, la manière dont un produit, un interprète ou un spectacle de musique populaire circulent et sont valorisés affecte sa *localisation*, c'est-à-dire la façon dont un phénomène musical vient à entrer en relation avec les ressources et les expériences des groupes et des individus qui se sont investis en lui et la façon dont, au cours de ce processus, ce phénomène devient important pour eux.

Mon argument principal est double. Premièrement, le succès et l'estime ou le dénigrement naissent des processus interconnectés de circulation, valorisation et localisation qui servent d'intermédiaires à la *mise en société* (Hennion, 1993) de la musique populaire – c'est-à-dire l'ensemble des relations sociales au travers desquelles les objets (chansons, répertoires, disques, concerts, etc.) et les sujets (chanteurs, managers, fans, critiques, etc.) de la musique se construisent réciproquement et au travers desquelles est défini ce qu'est et ce que peut être la musique dans un contexte donné. Deuxièmement, la manière spécifique dont un produit, un spectacle, un interprète ou une formation musicale donnés circulent, sont valorisés ou localisés détermine leur succès et l'estime que l'on peut en avoir. En d'autres termes, leur singularité réside dans les assemblages, historiquement contingents, de discours et d'institutions – que, reprenant Foucault (1994), je nomme *dispositifs* – qui organisent et orientent la production matérielle et symbolique des sujets et des objets musicaux. Puisque des *dispositifs* concurrents coexistent souvent à un moment donné de l'histoire d'une formation sociale particulière, la production musicale est ainsi déterminée par plus d'un seul ensemble de pratiques discursives et institutionnelles – et ce, même dans les situations où un *dispositif* particulier apparaît comme prédominant et comme plus important que d'autres. A mon avis, puisqu'ils orientent la circulation, la valorisation et la localisation d'un produit, d'un spectacle, d'un interprète ou d'une formation musicale dans un contexte particulier, ces dispositifs distincts régulent l'articulation de leur succès et de la manière dont ils sont perçus. “Articulation” est pris ici au sens de Stuart Hall, comme une forme de lien qui n'est pas “constamment nécessaire, déterminé, absolu ou essentiel” mais qui peut, dans certaines conditions, permettre l'unification d'éléments distincts “susceptibles d'être réarticulés de différentes façons car ne possédant pas de liens obligés d'appartenance” (cité in Grossberg, 1996, p. 141).

2.3. *La/les place(s) de Céline Dion*

D'après le cadre délimité ci-dessus, le fait que vous, lecteurs, aimiez, appréciez ou vous souciez ou non de Céline Dion, dépend des *dispositifs* spécifiques au travers desquels la chanteuse, ses chansons et la pop planétaire des années 1990 qu'elle personnifie, sont articulées, de telle sorte qu'ils entrent en relation avec votre environnement et avec le contexte particulier de votre vie. Comment les produits, les images et les personnages de Céline Dion sont-ils sollicités sur les plans économique et culturel, assurant non seulement une diffusion efficace de la chanteuse mais aussi une exposition et une visibilité contextuellement adéquates ? Quelles combinaisons d'histoires et d'activités ritualisées permettent la mise en vitrine de la chanteuse et la légitimation de son statut de star, sanctionnant du même coup ce qui est digne d'être collectivement connu et valorisé ? Comment la vie et la musique de la superstar sont-elles montrées et abordées par des médias, par des industries culturelles distinctes, dans différentes aires nationales et géographiques, ainsi que dans des sphères d'activités musicales et non musicales ? Enfin, de quelle manière entrent-elles, le cas échéant, en relation avec des expériences personnelles, des orientations collectives et des ressources locales, et ainsi, avec le passé “présent” (Allor, 1997) de certaines communautés ?

Le cadre développé ici suggère également que l'importance de Céline Dion à vos yeux dépend de la manière dont les *dispositifs*, se recoupant et se connectant avec d'autres réseaux de relations sociales, contribuent à définir la place des acteurs et des produits de la pop planétaire au sein d'un terrain musical particulier. Par “place”, il faut entendre non pas un espace géographique que ces dernières sont susceptibles d'occuper, mais plutôt une nébuleuse de relations et de comportements sociaux qui, bien qu'assemblés de manière spécifique dans un lieu particulier, sont souvent “construits à une plus grande échelle que ce que l'on définit comme place à un moment donné” (Massey, 1993, p. 68). Par exemple, il est probable que les relations sociales liées à la lutte des sexes, qui transcendent les limites géographiques, puissent affecter le statut d'une formation musicale comprenant une large majorité de femmes au sein d'un monde de la musique presque exclusivement masculin. La façon dont les politiques de lutte des sexes propres à la musique populaire affectent, sur les plans national et international, la place de Céline Dion dans différents contextes, est une question importante et complexe qui ne pourra, par manque de place, être traitée ici.

Une autre nébuleuse de relations et de comportements sociaux (peut-être la plus apparente), affectant l'articulation de la notion de pop planétaire, se rapporte aux cadres de la valorisation musicale. C'est au travers de ces cadres que, dans la plupart des sociétés occidentales, les gens pensent la musique, en parlent et l'évaluent ; Becker (1982) les qualifie de "mondes de l'art", Bourdieu (1979) de "communautés de goût" et Meyer (2000) de "rhétoriques du goût". En m'appuyant sur l'analyse faite par Frith de ce qu'il nomme les "discours musicaux" bourgeois, folklorique et commercial, je voudrais brièvement m'attarder sur les valeurs contrastées, voire même contradictoires, que ces cadres opposés confèrent à la pop planétaire telle que l'incarne Céline Dion.

Prenons, en premier lieu, le discours musical soi-disant bourgeois, un cadre qui met normalement en avant le conservatoire comme institution principale de création, le génie du compositeur comme acteur créatif principal et la relation enseignant/élève comme force dynamique essentielle. De ce point de vue, quelle valeur, sinon aucune, peut-on attribuer à une formation musicale, active au sein des industries de divertissement, qui produit et entretient principalement des interprètes chantant des chansons dont les compositeurs et les paroliers restent habituellement dans l'anonymat, et dans laquelle les relations entre un artiste et son manager jouent la plupart du temps un rôle déterminant ? Grâce à la notion de talent sous-jacente à la structure idéologique du cadre bourgeois, les chanteurs vraiment talentueux qui de temps à autre sortent des rangs de la pop planétaire peuvent ainsi être reconnus, voire même estimés – Céline Dion en est un exemple parfait. On pense que le talent est une qualité naturelle qui, bien qu'innée chez certains individus, a besoin d'être authentifiée par ceux qui possèdent une autorité en la matière. L'apprentissage sous la houlette de professeurs réputés guidant leurs élèves au cours des différentes étapes de leur progression est ainsi considéré comme essentiel à ce processus d'authentification (Frith, 1996). De ce point de vue, le fait que Céline Dion ait travaillé avec des préparateurs vocaux ou des professeurs de chant, et qu'elle ait ainsi appris les techniques vocales, à faire des exercices physiques et à suivre le régime alimentaire le mieux adapté pour développer et entretenir son talent, est peut-être aussi digne de louanges que les qualités prétendument exceptionnelles de sa voix. Ces mesures, qui ne sont pas tout à fait l'équivalent d'un enseignement supérieur complet, apparaissent néanmoins comme des bribes d'éducation musicale, un processus d'apprentissage auquel elle a dû se soumettre, tout comme d'autres artistes naturellement doués, pour devenir et être reconnue en tant que ("vraie", "bonne") chanteuse. L'apprentissage des artistes de la pop planétaire est rarement du ressort des départements de musique des universités ou des conservatoires – les formes occidentales de la musique populaire n'étaient, jusqu'à une date récente, même pas incluses dans les programmes d'enseignement de ces institutions. Il est néanmoins sanctionné par des autorités reconnues qui, dans le cas de la pop planétaire, sont les cadres des labels internationaux de disques, les producteurs de radio et des chaînes musicales de télévision, les critiques des médias, et les fans pour n'en nommer que quelques-uns, dont l'assentiment est nécessaire pour assurer le succès de l'artiste.

Examinons en deuxième lieu le discours folklorique "populaire" qui prône l'interpénétration de l'art et de la vie plutôt que leur séparation et se concentre avant tout sur la fonction sociale de la musique. "Le naturel, la spontanéité et l'immédiateté" (Frith, 1996, p. 40) sont des valeurs centrales de ce cadre, valeurs qui impliquent la participation de l'auditoire et possèdent une nature collective au travers de laquelle la tradition – c'est-à-dire "la manière «correcte» de faire les choses" *(ibid.)* – se perpétue. Il permet d'approcher la contribution directe de la musique aux mécanismes de la sociabilité. Comment peut-on trouver, en adoptant un tel point de vue, un sens au glamour et à cette superficialité apparente qui accompagnent la pop planétaire en tant que phénomène fondé sur l'image, les médias et la consommation de masse ? En comparaison avec les festivals populaires qui sont perçus comme la quintessence du rituel du concert, comment les concerts gigantesques se focalisant sur les mouvements scéniques, régis par une chorégraphie rigoureuse et élaborée, d'un chanteur et danseur hautement stylisé qui ne s'adresse à ses fans qu'indirectement, le plus souvent à l'aide de grands écrans vidéo, rendent-ils l'intégration de la participation du public possible ? Comment ces concerts qui sont systématiquement reproduits dans une multitude de grandes salles autour du monde peuvent-ils générer l'intimité et le caractère informel de toute expérience musicale significative ? De plus, et ceci est sans doute l'aspect le plus important, quelle valeur peut-on attribuer à une organisation mondiale qui ne se consacre pas essentiellement aux activités d'une communauté musicale et n'est ainsi pas dédiée "à l'exploration perpétuelle d'un ou plusieurs idiomes musicaux que l'on dit enracinés au sein d'un héritage historique géographiquement déterminé" (Straw, 1991, p. 373) ? Pour les partisans de la musique populaire, la pop planétaire ne possède pas de vraies racines géographiques ou historiques qui lui soient propres, mais elle offre plutôt une combinaison et un mélange d'idiomes associés à différents genres, styles et répertoires qui se nourrissent des héritages de communautés distinctes. Comment la pop planétaire peut-elle revendiquer une authenticité en étant démunie de racines propres et de tradition fondatrice – une qualité qui d'après l'idéal folklorique est l'équivalent de l'expérience musicale elle-même ? De nombreuses formes de musique populaire apparues au cours des vingt-cinq dernières années (par exemple, la *dance music* ou le *heavy metal*) pourraient être jugées aussi sévèrement par les tenants du discours de la musique folklorique car, comme la pop planétaire, ces formes sont centrées autour de scènes musicales internationales plutôt que de communautés musicales locales. Une scène musicale est "un espace culturel au sein duquel coexistent un éventail de pratiques musicales qui interagissent les unes avec les autres au cours de processus de différenciation et qui sont soumises à des mécanismes de transformation et d'influence mutuelle" *(ibid.)*. La notion de visée mise en place au sein d'une scène ne dépend pas de quelque héritage généalogique mais plutôt des formes de communication au travers desquelles peuvent se construire des alliances et au travers desquelles s'affirment les différences de race, de classe et de sexe entre des fans appartenant à des groupes culturels séparés. Les activités d'une scène ne produiront pas nécessairement ce sens communautaire valorisé dans le cadre du discours folklorique. Néanmoins, ainsi que le montre clairement l'analyse du rock alternatif et de la *dance music* faite par Straw, ces derniers peuvent créer "une unité de visée et une impression de participer à des «alliances affectives» (Grossberg, 1996) aussi forts que ceux que l'on observe habituellement au sein de pratiques plus organiquement enracinées dans des contextes locaux" (Straw, 1991, p. 374). Ainsi que je le démontrerai ci-dessous en discutant le cas de Céline Dion et du Québec, la place attribuée aux produits et aux stars de la pop planétaire au sein de ce paysage musical contemporain de plus en plus cosmopolite qui est le nôtre, est informée par les tensions qui naissent inéluctablement de leur double présence tant sur la scène internationale qu'au sein des communautés musicales.

Finalement, considérons maintenant le cas du discours commercial au sein duquel les "valeurs sont élaborées par l'industrie musicale et se concentrent sur les moyens et les possibilités de transformer les sons en biens de consommation" (Frith, 1996, p. 41). Ce discours va à l'encontre de l'idée, très répandue, selon laquelle, suite au processus d'industrialisation, le commerce s'est approprié et a dénaturé la musique. Une telle conception, partagée à la fois par les partisans des discours bourgeois et folklorique, repose sur l'idée que la musique existe avant et indépendamment de sa transformation au travers du processus industriel. Le discours commercial se concentre au contraire sur la musique en tant que résultat final d'un processus industriel (plutôt qu'en tant que point de départ de ce dernier), qui "tout en fusionnant (et amalgamant) des éléments musicaux, techniques et financiers", "détermine ce que sont et ce que pourront être les chansons, chanteurs et concerts" (Frith, 1988, p. 12). Vue au travers du prisme d'un tel cadre qui considère les ventes de disques comme "l'étalon et le symbole de la «bonne» musique pop" (Frith, 1996, p. 41), la valeur des tubes planétaires et des superstars internationalement acclamées est indéniable, d'autant plus que ces biens de consommation musicaux semblent incarner l'idéal commercial, c'est-à-dire une expérience du "plaisir" conçue comme une "escapade loin de la monotonie quotidienne [...] et de ses rythmes propres – les rythmes du travail et du loisir, de la production et de la consommation" (*ibid.*, p. 42). Néanmoins, la pop planétaire a rarement fait l'objet de tels jugements positifs. A cause du primat des discours bourgeois et folklorique, et notamment du caractère toujours actuel et central du conflit entre l'art et le populaire et de l'opposition entre l'art et le commerce sur lequel ils reposent, la définition traditionnelle (c'est-à-dire bourgeoise ou folklorique) de ce qui est ou n'est pas bon, va généralement à l'encontre d'une définition fondée uniquement sur le plaisir et le profit. Par exemple, les industries de la musique et des divertissements – bastions institutionnels du cadre commercial – s'appuient souvent pour faire face à leur inaptitude à contrôler eux-mêmes la valeur ou le goût sur ce que Geoffrey Nowell-Smith nomme "des machines à informer le goût" (cité in Frith, 1996, p. 35), qui mobilisent des discours autres que musicaux. Un exemple parfait en est sans doute la promotion de Céline Dion dans sa province natale, promotion orchestrée à la fois par le conglomérat transnational Sony et par les Productions Feeling, une entreprise appartenant à la chanteuse et à son manager-mari René Angélil.

La campagne publicitaire pour l'album de 1997 *Let's Talk About Love* a toujours mis l'accent sur les ventes de disques records de Céline Dion et n'a jamais dépeint la chanteuse comme un simple objet à la mode dont on peut tirer profit. Cette campagne a plutôt fait passer au premier plan son talent, reconnu de tous, sa discipline et son professionnalisme, ainsi que son amour inconditionnel du Québec et son attachement indéfectible à son héritage culturel québécois – autant de qualités typiques des discours bourgeois et folklorique. Le duo pseudo-opératique *I Hate You, Then I Love You*, aux côtés du légendaire ténor Luciano Pavarotti, était le point focal de la campagne, permettant ainsi de mettre en avant la prouesse vocale et la versatilité artistique de Céline Dion et de souligner que sa musique a reçu l'approbation de celui qui est présenté comme une autorité dans le domaine de la musique vocale "sérieuse". La campagne insista également sur les collaborations de Barbara Streisand (l'idole de toujours de Céline Dion et sa partenaire dans la chanson *Tell Me*), de Carol King (qui a écrit et chanté *The Reason*) et des Bee Gees (qui font les chœurs sur *Immortality*, une chanson qu'ils ont composée pour l'album). Ces stars prestigieuses et leur crédibilité dans les domaines respectifs de Broadway et de la comédie musicale, de la pop des années 1960 et du folk-rock des années 1970 ont permis de mettre en évidence et de soutenir la crédibilité de Céline Dion et de son répertoire. Il ne passa également pas inaperçu que George Martin, qui fut l'un des producteurs du groupe de rock le plus célèbre de tous les temps, les Beatles, fit partie du panel de producteurs qui travaillèrent sur l'album. La reconnaissance et le soutien apportés par ces professionnels célèbres et hautement estimés servaient à démontrer, une nouvelle fois, que Céline Dion faisait partie d'une classe à part. Cette campagne, bien que de portée mondiale, fut lancée par une conférence de presse multimédia bilingue qui était de toute évidence façonnée pour souligner la spécificité de l'événement et donc de la star. Cet événement retransmis en direct depuis Montréal par de nombreuses télévisions, radios et sur l'Internet était produit et présenté par l'une des personnalités médiatiques les plus populaires du Québec, Julie Snyder (qui, comme chacun sait au Québec, est également une amie intime de la chanteuse). En comparaison avec la partie en anglais quelque peu guindée du programme, la partie en français prit la forme d'une conversation décontractée et amicale entre deux amies intimes dont le ton et le registre (un accent local presque exagéré et un langage peu châtié) ne laissaient aucun doute quant à l'identité québécoise de la chanteuse et quant à l'orientation spécifique de la pop planétaire qu'elle en est venue à incarner (Dufour, 1997).

Au regard des valeurs contradictoires qui sont souvent attribuées à la pop planétaire, où se situe l'importance de Céline Dion non seulement sur le plan économique mais aussi sur le plan culturel ? Cette question se trouve au centre de la section suivante où j'examine la manière dont, au sein du paysage musical du Québec, les cadres de valorisation sont établis et retravaillés au travers de *dispositifs* spécifiques régulant la circulation, la valorisation et la localisation de cette pop star planétaire qu'est Céline Dion. En faisant cela, j'espère montrer la complexité et la nature controversée de ce que représente Céline Dion dans le contexte du Québec contemporain.

3. Rendre Céline Dion importante pour le Québec : du statut de "vendue" à celui d'"entrepreneur"

Dans cette dernière section, j'entends traiter de la façon dont une star de la pop planétaire, souvent tournée en ridicule et en dérision en dépit du nombre important de ses admirateurs, est devenue un personnage public au sein d'une petite nation à majorité francophone qui pense que la musique populaire est le symbole premier et le véhicule essentiel de sa survie culturelle en Amérique du Nord. J'affirme que la montée en puissance de Céline Dion au Québec est marquée de l'empreinte d'un processus de reconfiguration de la star, taxée de "vendue" au début des années 1990 pour être, par la suite, à la fin de cette décennie, considérée comme un entrepreneur de la culture prospère. J'affirme également que cette reconfiguration a été mise en forme et édictée par un changement dans les articulations du langage, de la réussite commerciale et de l'identité nationale qui soutiennent la production discursive et institutionnelle de la musique populaire québécoise que Céline Dion en est venue à personnifier. En me fondant sur quelques-uns des moments les plus saillants de ce processus, je porterai mon attention sur les événements qui se déroulèrent devant les millions de téléspectateurs des cérémonies annuelles des Félix (l'un des rituels culturels du Québec les plus révérés et les plus suivis) qui purent être ainsi les témoins du changement du destin de Céline Dion aux mains de l'establishment culturel.

3.1. *Céline Dion "parmi les siens" ? Le succès controversé d'une superstar "québecoise"*

Le vingtième anniversaire des Félix (nommés d'après le nom de Félix Leclerc [1914-1988], poète nationaliste, chanteur-compositeur des années 1950-1960, considéré comme le père fondateur du mouvement local de la chanson) a été célébré en 1998. Fidèle à ce qui est devenu une tradition annuelle, Radio-Canada (la chaîne francophone de la télévision d'Etat canadienne) retransmettait en direct la cérémonie de remise des prix dans l'émission *Les Beaux Dimanches* (le programme des arts et de la culture le plus prestigieux de la chaîne depuis plus de trente-cinq ans). L'ADISQ (Association du disque, de l'industrie du spectacle québécois et de la vidéo), association locale de l'industrie musicale et lobby responsable de l'organisation de la cérémonie, octroya à Céline Dion l'honneur de présenter le gala. Les organisateurs voulaient que la cérémonie rende hommage aux artistes et aux artisans de ces deux dernières décennies dont le travail acharné, le talent et le zèle ont permis, contre toute attente, à la musique du Québec de s'épanouir au pays et dans d'autres parties du monde. Le fait qu'ils décidèrent de donner un rôle prééminent à une chanteuse qui avait déjà gagné plus de quarante Félix (un record), qui avait joui auprès des publics locaux, au cours de ses dix-huit années de carrière, d'une popularité jamais en déclin et qui avait atteint un statut de star internationale, apparaissait comme une décision parfaitement prévisible. Que cette présentatrice de choix fût également une chanteuse qui avait été à de nombreuses reprises (et pas toujours ouvertement) critiquée ou même ridiculisée au cours des cérémonies des Félix précédentes et dont les relations problématiques avec l'ADISQ et ses administrateurs étaient notoires, ajoutait indéniablement une touche d'ironie à cette décision. Pour la première fois depuis des années, Céline Dion était reçue "parmi les siens" et ses interventions ce soir-là (sur lesquelles nous reviendrons) furent comptées parmi les seuls moments palpitants de ce que les médias voyaient d'avance comme une cérémonie relativement inintéressante.

Huit ans auparavant, la chanteuse avait également suscité beaucoup d'émoi au gala mais pour des raisons différentes : peu après l'annonce de sa victoire dans la catégorie du "meilleur artiste anglophone", elle s'était avancée sur la scène et avait refusé le prix. Enregistrer un album en anglais *(Unison)* et bien vendre sur le marché américain (le tube *Where Does My Heart Beat Now* figurait parmi les dix premiers du hit-parade), expliqua-t-elle, ne signifiait pas qu'elle n'était plus une artiste québécoise francophone. L'"affaire Céline Dion", comme elle fut dénommée lors de l'émission *Midi-dix* de Michel Lacombe du 23 octobre 1990, fit des vagues dans la presse locale puisqu'elle suscita d'importantes questions à propos de ce qui était à l'époque nécessaire pour être considérée comme "l'une des leurs", c'est-à-dire pour faire partie des artistes qui sont non seulement du Québec (en tant que lieu géographique d'origine) mais qui peuvent également être légitimement qualifiés de "québécois" (au sens de représenter le Québec). Quels sont les canons de la musique québécoise que Céline Dion et sa musique étaient censées défier ou contredire ? En enregistrant en anglais plutôt qu'en français, en cherchant le succès commercial plutôt que la pertinence sociopolitique, en aspirant à une carrière internationale au-delà des confins du triangle Québec-France-Belgique et en essayant de plaire au public américain, la star était prétendument dans l'erreur.

Selon moi, l'"affaire Céline Dion" n'avait pas grand-chose à voir avec des problèmes proprement linguistiques. Elle concernait plutôt les tensions entre héritage et commercialisme, entre musique québécoise et pop américaine que le conflit entre le français et l'anglais incarnait à l'époque. De plus, cette affaire ne fut pas interprétée comme un simple incident sans conséquence ou un faux pas isolé mais elle déclencha une vaste controverse venant alimenter un débat culturel plus vaste enraciné dans l'opposition entre chanson et pop-variété qui définissait depuis plus de trente ans le paysage musical de la province. Cette opposition fondatrice reposait sur un mélange d'éléments politiques, de genres musicaux et de styles d'interprétation qui rendait secondaires des instances de différenciation comme le sexe, la religion ou l'ethnicité : l'affiliation d'un artiste ou d'une musique soit à la chanson soit à la pop-variété disait tout ce qu'il fallait savoir. Cette opposition divisait le milieu de la musique populaire en deux camps presque mutuellement exclusifs, étayés par des dispositifs contraires et ainsi organisés autour de différents chanteurs, musiciens de studio, arrangeurs, répertoires, labels de disques, salles de concerts, managers, réseaux de diffusion et de distribution définissant les différentes articulations de la musique québécoise. Chacun des camps peignait un portrait peu flatteur de l'autre. Le camp de la chanson se composait d'une clique d'intellectuels snobinards connus pour ses discours gauchistes, plus ou moins ouvertement nationalistes, et surtout pour ses relations avec le gouvernement provincial et les organismes octroyant les subventions, c'est-à-dire, en bref, pour son étroite affiliation avec l'establishment ; le camp de la pop-variété était issu d'une clique populiste et aguicheuse, avocats pragmatiques de la culture et de la consommation de masse qui affirmaient être les véritables porte-parole du peuple québécois mais qui étaient avant tout intéressés par la défense de leurs propres intérêts économiques.

Les conflits idéologiques et les luttes de pouvoir qui s'ensuivirent faisaient rage depuis longtemps mais ils ne devinrent le sujet d'un débat public que dans les années 1980 lorsque l'ADISQ fut accusée d'organiser les Félix de sorte que la chanson fût privilégiée au détriment de la pop-variété. Signes de la position partisane de l'organisation : les catégories de prix donnaient l'avantage aux concerts plutôt qu'aux enregistrements, aux albums plutôt qu'aux *singles*, aux chanteurs-compositeurs plutôt qu'aux interprètes, à l'estime des pairs plutôt qu'à l'approbation du public, au programme politique plutôt qu'aux ventes ou aux diffusions radio (Grenier, 1993). Alors que les cadres de l'ADISQ nièrent à plusieurs reprises la véracité de telles allégations, des changements furent progressivement introduits visant à réduire les tensions entre les membres actifs et les adhérents de l'organisation. De nouveaux critères pour sélectionner les nominés et les membres du jury furent définis, permettant une distribution des prix plus équilibrée entre les artistes et les artisans proches de la chanson et ceux qui étaient proches de la pop-variété. On jugea également que les comités de direction se devaient de représenter plus adéquatement les différentes tendances et les intérêts divergents des membres de l'ADISQ. Ces changements et de nombreux autres aidèrent à transformer l'image de l'ADISQ et de l'industrie musicale québécoise tout entière. Vue tout d'abord comme un groupe hautement divisé, elle était désormais perçue comme un tout plus uni, voire même unifié. Cependant le fondement idéologique qui rendit ces changements stratégiques possibles était de l'ordre de la nécessité économique et politique, et non lié à un simple exercice de relations publiques. La crise sévère qui toucha de plein fouet l'industrie musicale internationale, apportant une réduction des investissements des grosses compagnies de disque dans des marchés plus petits et moins lucratifs, combinée à une longue récession économique et à un tumulte sociopolitique, ne contribua qu'à mettre un peu plus en danger une industrie nationale en train de se constituer. Pour faire face à ces développements, cette dernière fut sujette à un important processus de restructuration qui ne fit qu'accentuer la dépendance des artistes et des artisans locaux vis-à-vis des lois provinciales et des programmes de subventions. Ce processus fut la force motrice de l'émergence d'une tendance à la spécialisation et à la professionnalisation dont l'impact se fit ressentir sur chaque aspect de la production musicale. Au cours de ce processus, certaines divisions fondatrices, fussent-elles esthétiques, culturelles, idéologiques ou stylistiques, furent mises de côté ou déplacées, soumises aux impératifs de la survie économique de l'industrie. Ces divisions ne furent pas en revanche totalement éradiquées.

Les événements qui marquèrent l'édition de 1990 des Félix suggèrent que des divisions internes, réminiscences de la bataille entre la chanson et la pop-variété, continuaient d'exister. D'une part, on pouvait voir l'ADISQ et Michel Rivard affirmer que la chanson n'est pas uniquement un genre populaire important mais la seule forme authentique de musique québécoise – par rapport aux autres styles et aux autres genres inspirés de la musique américaine – et ce, en dépit de ses origines métissées (entre autres, françaises, écossaises, irlandaises). Dans ce contexte, le mot "chanson" ne fait pas référence à une pièce musicale avec des paroles mais plutôt à la "chanson à texte". La chanson peut être considérée comme une mouvance musicale où les paroles occupent une place prépondérante et tendent à obéir aux règles des formes fixes de la poésie tout en offrant un commentaire social et politique. Le terme chanson évoque plus précisément la "chanson québécoise", une mouvance musicale qui s'inspire des répertoires et les pratiques des chansonniers des années 1960, auteurs-compositeurs-interprètes dont les créations manifestent un soutien à la gauche politique et témoignent d'une implication dans les mouvements québécois nationalistes, voire séparatistes. De ce point de vue, le terme "chanson" apparaît comme "le canal naturel de l'identité collective du peuple du Québec" (Roy, 1992, p. 247). D'autre part, en demeurant du côté de la pop-variété qu'elle personnifie, Céline Dion incarnait l'idée selon laquelle n'importe quelle musique populaire composée ou interprétée par un artiste québécois, peu importe le style, le genre ou la langue, pouvait avoir une place légitime au Québec. Par rapport à son équivalent largement apolitique pour les années 1980, une telle opinion met en avant les liens étroits existant entre la musique populaire et la culture locale. Bien qu'une telle opinion diminue l'importance de la corrélation entre la musique et une forme de politique nationaliste nombriliste, elle fait néanmoins de la musique québécoise une pratique fondatrice de l'identité nationale. De ce point de vue, Céline Dion n'est pas la vendue que les partisans du vieux camp de la chanson voient en elle, mais une artiste du Québec dont les productions pop font partie du paysage des musiques populaires de la province.

Sans prédominer au début des années 1990, cette dernière opinion est progressivement devenue la nouvelle force hégémonique qui a permis à deux traditions jusqu'alors perçues comme irréconciliables de se rapprocher. Au milieu des années 1990, ce processus s'est enraciné dans ce qui, d'après moi, représente une nouvelle articulation du dispositif de la chanson, articulation non nationaliste mais participant tout de même à la construction de l'identité nationale. Dans ce contexte, le terme chanson est devenu une sorte de label générique utilisé soit pour faire référence à l'une ou l'autre des pratiques musicales qui coexistent au Québec, soit pour décrire le Québec en tant qu'espace musical pluriel mais néanmoins unifié. La première exposition consacrée à la chanson québécoise en 1995 comprenait par exemple des artistes (Céline Dion et Michel Rivard parmi d'autres) et des répertoires associés à la chanson pop, à la chanson rock ou à la chanson country, mettant en évidence leur participation au sein de la même scène musicale plurielle de la province (Grenier, 1997).

Les pratiques musicales de la pop-variété n'ont bien entendu pas disparu avec l'émergence de ce nouveau dispositif. Elles ont, au contraire, littéralement explosé grâce à une nouvelle génération d'artistes qui ont contribué à remettre au goût du jour les tubes des années 1960 et 1970 en leur conférant une nouvelle légitimité culturelle. La chanson en tant que genre distinct n'a pas non plus été éclipsée ; elle continue de se développer et d'être reconnue comme étant la composante essentielle de l'histoire musicale du Québec. Les débats et les divisions internes persistent mais dans le sillage du démantèlement indéniable des antagonismes hiérarchiques et fondateurs sur lesquels les milieux artistiques et commerciaux étaient organisés, ils ne jouent plus de rôle constitutif dans le développement du paysage local de la musique populaire. Alors que les questions linguistiques demeurent un terrain sensible, elles ne sont plus situées au cœur des querelles au sujet de l'authenticité de telle ou telle forme musicale. Le français est désormais prépondérant par rapport à l'anglais mais ce dernier n'est pas exclu pour autant. En fait, depuis le milieu des années 1990, un nombre grandissant d'artistes chantent des chansons en français et en anglais (par exemple, la star de la pop Lara Fabian, la chanteuse de rhythm-and-blues et de chanson québécoise Luce Dufault, le chanteur et compositeur de rock Kevin Parent), et même parfois des chansons bilingues (on peut citer, parmi tant d'autres, le groupe de hip-hop Nodéjà ou le groupe de rock Rudeluck).

L'émergence et l'enracinement du dispositif modifié de la chanson au sein du paysage de la musique populaire du Québec se sont déroulés sur une période de cinq à huit ans. Au cours de ce même laps de temps, Céline Dion a atteint le pinacle de sa renommée et de sa popularité de superstar planétaire. Entre 1990 et 1998, elle a sorti treize albums, dont trois compilations de ses meilleurs titres et deux enregistrements en concert. Situés dans l'optique originale de Sony Music International qui voulait faire de Céline Dion une chanteuse de variétés hollywoodienne, quatre de ces albums sont associés à la promotion de films à succès – "s'associant à un film hollywoodien et le mondialisant" (Yasuda, 1999, p. 12). Le duo avec Peabo Bryson, *The Beauty and the Beast*, et l'album éponyme de 1992 font partie de la bande originale du dessin animé de Disney, l'album *The Color of My Love* de celle du film de 1993 *Sleepless in Seattle*, l'album *Falling Into You* de celle du film *Up Close and Personal* de 1996, et enfin l'album *Let's Talk About Love* de celle du célèbre *Titanic* sorti en 1998. Dans le dessein d'accroître ce qui était déjà des ventes records (*The Color of My Love* s'est vendu à plus de dix millions d'exemplaires dans le monde), les cadres de Sony décidèrent d'"affirmer encore plus la localisation délibérée de Céline Dion" (*ibid.*, p. 14). De nouvelles stratégies destinées à nouer des liens aussi étroits que possible entre Céline Dion et ce que le siège new-yorkais de Sony considérait comme les parcelles régionales les plus importantes du marché mondial furent élaborées. L'une de ces stratégies consistait à produire localement des titres supplémentaires exclusifs dans les albums destinés à des marchés régionaux spécifiques, titres chantés dans la langue la plus adéquate pour toucher les publics visés. Au Japon, où Céline Dion fit sa première apparition internationale en 1982 en gagnant la médaille d'or du Festival international de la chanson Yamaha, elle enregistra la chanson du générique d'une série télévisée locale très populaire, chanson qui vint jouer un rôle-clé pour sa promotion dans ce pays *(ibid.)*. Le CD *single* de la chanson *To Love You More* s'est ainsi vendu à plus de 1,5 million d'exemplaires et fut inclus dans le répertoire du karaoké ; pour la première fois depuis plus de dix ans, "un artiste étranger a ainsi atteint la position de numéro un dans le hit-parade japonais" (*ibid.*, p. 20). Sony-France adopta une stratégie identique en lançant la production et la promotion locales d'un album tout entier, enregistré et commercialisé en premier lieu pour des publics francophones avant d'être introduit dans le reste de l'Europe et en Asie. Le résultat de cette initiative fut l'album *D'eux* de 1995 qui battit de nombreux records. Ecrit et produit par Jean-Jacques Goldman, l'un des artistes français les plus populaires des années 1980 et 1990, cet album est devenu l'album francophone qui s'est le mieux vendu de tous les temps dans le monde, ainsi qu'en France et au Canada. Il fut également le seul album francophone à devenir disque d'or au Royaume-Uni *(ibid.)*.

Comme on pouvait s'y attendre, le projet français de Sony fit beaucoup plus de vagues au Québec que le projet japonais ou que les autres projets élaborés par les autres branches locales du conglomérat transnational qui participèrent au développement de la carrière de star mondiale de Céline Dion. Le fait que *D'eux* rendit Céline Dion célèbre internationalement comme chanteuse de musique populaire francophone, et ce particulièrement en France, un pays souvent vu comme le berceau culturel de la francophonie (elle fut faite chevalier de l'Ordre des Arts et des Lettres en 1996), ne fit qu'accroître sa crédibilité en tant qu'artiste francophone. De plus, grâce à sa réputation bien établie d'auteur de tubes pop-rock "intelligents" et de chansons à message dans la lignée de la véritable tradition de la chanson, Goldman possédait le genre de capital culturel qui permit à Céline Dion d'asseoir encore plus sa crédibilité artistique au Québec.

Une autre collaboration avec, dans ce cas, l'un des chansonniers québécois les plus connus et les plus prolixes, Luc Plamondon, permit largement de redorer la réputation de la chanteuse "à domicile", réputation qui avait été ternie par l'"affaire Céline Dion". Plamondon, personnage controversé dont la croisade tapageuse en faveur de la langue française et du copyright avait également suscité des remous au cours de nombreuses cérémonies des Félix, était depuis plus de vingt ans lui-même une star reconnue. Il a écrit quelques-uns des plus grands tubes du répertoire de la musique populaire québécoise dans le style de la chanson ou dans le style pop-rock. Il a également influencé de manière significative la carrière de nombreux jeunes chanteurs et coproduit avec le compositeur français Michel Berger, le fameux opéra rock *Starmania.* Le fait que les douze chansons de *Dion chante Plamondon* sorti en 1991 étaient toutes écrites par cet important artiste (dont quatre expressément pour la chanteuse) était un atout important, rendant difficile, voire impossible le déni total de l'appartenance de Céline Dion à la scène musicale québécoise.

Tout au long des années 1990, Céline Dion a acquis une notoriété sans précédent au Québec. Les stratégies de marketing et de promotion soigneusement orchestrées par Sony et les Productions Feeling furent l'un des facteurs de ce phénomène mais pas le seul. D'autres formes d'échange (y compris l'échange parmi les fans de photos non officielles de la star) ainsi que les institutions et événements associés à une économie secondaire et officieuse en pleine expansion, jouèrent également un rôle décisif : par exemple, le billet de un dollar à l'effigie de la superstar mis aux enchères sur l'Internet ou l'album pour la visite du pape à Montréal en 1984 contenant une chanson de Céline Dion, qui est devenu un objet rare dans les magasins d'occasion. De surcroît, cette notoriété transcende le seul domaine musical. Les participations de l'artiste à des causes humanitaires (particulièrement sa croisade émouvante contre la fibrose cystique), son ouverture d'une chaîne de restauration rapide (entre 1990 et 1997, près de trente restaurants de type familial Nickels ont ouvert en Ontario et au Québec) et sa passion et ses compétences pour la décoration d'intérieur sont devenues de plus en plus des affaires publiques.

3.2. *"Une performance osée" : les réalisations de la star mondiale "québécoise"*

C'est en ayant à l'esprit ces différents développements que, pour en revenir à la cérémonie des Félix de 1998, je voudrais analyser la manière dont la superstar et sa renommée furent interprétées lors de cette circonstance particulière. En ouverture de cette cérémonie, Céline Dion interpréta une chanson de *S'il suffisait d'aimer*, son album le plus récent à cette époque et son second album en collaboration avec Jean-Jacques Goldman. Elle fut lentement descendue sur scène, debout au milieu d'une grosse structure métallique sphérique qui se faisait l'écho du contenu des paroles de sa chanson, au titre évocateur, *Terre*, mais évoquant ou symbolisant aussi et immanquablement son statut de star mondiale et l'étendue planétaire de son succès. Ainsi que les nombreux éloges et hommages qui ponctuèrent la cérémonie le suggèrent, la *standing ovation* qui s'ensuivit était peut-être moins une manifestation d'enthousiasme du public pour la chanson d'ouverture qu'une marque de respect et d'admiration pour la superstar et l'ensemble de sa carrière. Par exemple, les co-présentateurs René Simard et Jean-Pierre Ferland, des célébrités locales qui chantèrent en duo avec la star plus tard dans la soirée, firent des discours à cet effet. Le premier, un enfant prodige de la musique dans les années 1960, idole pop pendant son adolescence dans les années 1970 et personnalité de la télévision dans les années 1980, décrivit Céline Dion comme "la" chanteuse la plus importante au monde, toujours fière de son humble origine québécoise. Le second, un chanteur-compositeur estimé dont la carrière remonte au début des années 1960, présenta Céline Dion comme "la Québécoise du siècle". Ces dernières remarques abondaient dans le sens des paroles du président de l'ADISQ, Pierre Rodrigue. Dans son survol des vingt dernières années de l'organisation, il exalta le développement de la musique québécoise dont la popularité, la diversité et l'importance dans la province étaient accompagnées, progressivement mais en toute évidence, d'une influence grandissante et d'une estime toujours plus manifeste dans de nombreuses parties du monde. L'exemple par excellence d'un tel succès était d'après lui "bien entendu, la magnifique Céline Dion".

En tant que superstar mondiale dont l'ascension vers le succès pouvait être interprétée comme l'équivalent de l'épanouissement d'une musique locale dans son ensemble, Céline Dion était sans nul doute considérée comme "l'une des leurs". Son immense popularité, auparavant signe d'une carrière qu'on aurait dit axée sur le profit, était réinterprétée en termes de réalisation artistique hors du commun et de résultats dus à son talent, à un travail acharné et à un travail d'équipe. Ses pratiques et ses produits musicaux auparavant perçus comme des manifestations d'une pop anodine mise à l'écart de l'héritage québécois, étaient désormais présentés comme des preuves supplémentaires de la diversité, du dynamisme et de la richesse de la musique contemporaine québécoise. Son succès international, auparavant perçu comme le résultat du mercantilisme à l'américaine de sa musique pop anglophone, apparaissait dès lors comme le fier symbole de l'impact sur le monde de la vitalité et du dynamisme musicaux d'une petite nation.

Etant donné les liens étroits entre les musiques et la culture du Québec, au sens plus général du terme, être "l'une des leurs" signifiait non seulement appartenir au milieu musical de la province mais aussi faire partie de ce peuple québécois dont les artistes et artisans se partagent, représentent, expriment et incarnent la culture. Selon moi, ce que les médias qualifièrent de sommet de la cérémonie des Félix et de performance la plus "osée" de Céline Dion (Gauthier, 1998, p. 1) corrobore cet aspect. Ce sommet était en fait l'exécution d'une saynète comique basée sur une série télévisée extrêmement populaire au Québec, *La Petite Vie*, dont le caractère humoristique s'appuie sur la parodie d'une famille québécoise francophone "typique" issue du prolétariat urbain – d'où le fait que dans la série, les personnages principaux sont simplement appelés "Môman" et "Pôpa". La saynète parlait du père (joué par André-Philippe Gagnon dont les étranges imitations de stars et de politiciens sont très connues) qui, sous l'influence de René Angélil, a décidé de "voir grand", c'est-à-dire de gagner des millions de dollars et de devenir "le

Pôpa du monde" en s'occupant de la nouvelle carrière de chanteuse de sa femme, transformant ainsi une mère talentueuse mais néanmoins "ordinaire" (jouée par Céline Dion) en star planétaire.

Le lendemain, dans la presse locale, la performance de Céline Dion fut décrite comme remarquable et "osée" *(ibid.)* et la critique de la cérémonie des Félix du plus important journaliste de télévision de la province était titrée "Céline en Môman, qu'est-ce qu'on peut vouloir de plus ?" (Cousineau, 1998). On pourrait avancer qu'une telle performance aurait été inimaginable quelques années auparavant et ce, pour un certain nombre de raisons. Le fait d'associer Céline Dion à un tel produit novateur de la télévision, hautement apprécié et encensé par la critique, ne fait que confirmer l'enracinement de cette dernière au cœur de la culture populaire québécoise que cette série est censée représenter (Gresco, 1999). Sa participation complice à une saynète tournant en ridicule son propre succès, sa fortune, et le rôle prédominant joué par son manager-mari dans son accession à une renommée mondiale, a permis d'oblitérer ce qui, quelques années auparavant, aurait pu être pris comme une critique acerbe de sa carrière, de sa vie de famille et de sa vie de couple qu'elle chérit ici en réaffirmant sans ambiguïté et avec humour leur valeur. Je pense également qu'une telle performance et la valeur que celle-ci confère à Céline Dion sont motivées et influencées par l'interprétation de la renommée de la pop star et de sa place significative dans la culture contemporaine québécoise en tant que signes de sa réussite comme entrepreneur de la culture.

Nous empruntons ici la notion d'entrepreneur à Du Gay (1996) selon qui les tendances récentes vers une mondialisation accrue se sont accompagnées d'un entreprenariat commercial devenant le modèle privilégié de n'importe quelle organisation institutionnelle offrant des biens ou des services. Il affirme qu'au cours de ce processus, le terme "entreprenariat" se réfère aux habitus qui révèlent les qualités d'"entrepreneur" de ceux qui sont concernés, entités corporatives, individus ou collectivités. L'esprit d'initiative, la prise de risque, compter sur soi et une aptitude à assumer ses responsabilités, pour ne nommer que celles-ci, font partie de ces qualités. De ce point de vue, l'entrepreneur est le sujet de l'entreprise, un acteur capable de choisir, tout en étant perpétuellement responsable des modifications qu'il/elle impose sur son environnement. La vie d'un entrepreneur se conçoit comme une arène non différenciée où une force motrice domine : le désir d'optimiser ce qui est valable dans sa propre existence en prenant les dispositions adéquates pour la préservation, la reproduction et la reconstruction de son capital humain. Le succès commercial est le résultat logique d'une attitude d'entrepreneur, mais il n'est pas la meilleure récompense : participer perpétuellement à l'entreprise de soi, peu importe ce que la vie vous réserve, voilà la récompense.

L'attitude et les qualités d'entrepreneur prédominent en effet dans le discours public au travers duquel on fait la promotion de Céline Dion – que celui-ci concerne par exemple sa carrière musicale, son implication dans la chaîne de restaurants Nickels, sa dévotion à sa famille et à l'équipe de techniciens, musiciens, personnels qualifiés québécois avec qui elle tourne (connue sous le nom de "Team Céline"), ses efforts pour récolter des fonds pour différentes causes humanitaires, ou sa vie privée avec son partenaire en affaires, en finance et en amour, René Angélil. On met d'habitude fortement l'accent sur l'étendue de son succès mais également sur le professionnalisme, la persévérance et la discipline qu'elle continue de démontrer dans toutes les facettes de sa vie privée et publique. Ces attributs sont interprétés comme des preuves d'une volonté et d'un désir de toujours s'améliorer, de faire mieux non seulement pour elle-même mais aussi pour la musique populaire et donc pour le Québec. En adoptant le point de vue de l'entrepreneur, le talent et la compétence deviennent ainsi des ressources qui, comme le souligne Allor parlant de la culture en général, "se doivent d'être exploitées pour le développement économique du Québec et pour l'amélioration du profil international de la Province, des améliorations qui viennent ainsi peser favorablement sur notre identité nationale" (Allor, 1994, p. 43).

La révision du "dispositif de la chanson" a contribué à la construction de la musique populaire du Québec en tant que champ d'activités non nationaliste mais néanmoins fondateur de l'identité nationale de la province. Elle a également servi d'intermédiaire dans l'articulation d'une image de Céline Dion en tant qu'entrepreneur prospère et dans la circulation, la valorisation et la localisation de la chanteuse dans et hors du paysage musical québécois. Encore matière à controverse, Céline Dion est devenue pour ses fans comme pour ses détracteurs une référence réunissant et suscitant de nombreuses questions (liées notamment aux problèmes de la langue, du commercialisme, de la famille, de l'idée de nation pour ne citer que ceux-ci). Je pense qu'au travers de ce processus de révision, la star et la pop planétaire qu'elle en est venue à personnifier ont pris de l'importance au Québec, sans nul doute sur le plan économique mais également sur les plans politique et culturel.

Bibliographie

ALLOR, M., 1994 : *L'Etat de culture. Généalogie discursive des politiques culturelles québécoises*, Montréal, Groupe de recherche sur la culture et la citoyenneté (GRECC), Concordia University-Université de Montréal.

ALLOR, M., 1997 : "Locating Cultural Activity. The «Main» as Chronotope and Heterotopia", *Topia. A Canadian Journal of Cultural Studies*, n° 1, p. 42-54.

APPADURAI, A., 1996 : *Modernity at Large. Cultural Dimensions of Globalization*, Minneapolis, University of Minnesota Press.

BEAULIEU, R., 1997 : "Liberté d'expression et liberté de penser", *Le Soleil. Carrefour des lecteurs*, 25 novembre, p. B10.

BEAUNOYER, J., 1997 : *Céline Dion, une femme au destin exceptionnel*, Montréal, Québec-Amérique.

BECKER, H. S., 1982 : *Art Worlds*, Berkeley, University of California Press.

BOEHLERT, E., 1998 : "These are Very Special Times", *Rolling Stone.com*, http://rollingstone.tunes.com, 22 déc.

BOURDIEU, P., 1979 : *La Distinction*, Paris, Minuit.

BRAUDY, L., 1986 : *The Frenzy of Renown*, Oxford, Oxford University Press.

BREEN, M., 1995 : "The End of the World as we Know it. Popular Music's Cultural Mobility", *Cultural Studies*, vol. IX, n° 3, p. 486-504.

BURNETT, R., 1996 : *The Global Jukebox. The International Music Industry*, New York, Routledge.

Canoé, 1999 : "Céline Dion reçoit un prix pour souligner ses 100 millions d'albums vendus", http://www.canoe.ca, 16 déc.

COHEN, S., 1992 : "Localizing Sound", in *Popular Music, Style and Identity*, W. Straw *et al.* (éd.), Montréal, International Association for the Study of Popular Music (IASPM) and McGill University's Centre for Research on Canadian Cultural Industries and Institutions (CRCCII), p. 61-68.

CORMIER, S., 1998 : "Céline Dion au Centre Molson. La princesse Tupperware", *Le Devoir*, 8 déc., p. A8.

COUSINEAU, L., 1998 : "Céline en Môman : qu'est-ce qu'on peut vouloir de plus ?", *La Presse*, 2 novembre, p. C7.

DEMERS, F., 1999 : *Céline Dion et l'identité québécoise*, Montréal, VLB Editeur.

DU GAY, P., 1996 : "Governing Identity. Entrepreneurial Governance and Public Management", in *Questions of Cultural Identity*, S. Hall (éd.), Londres, Sage, p. 151-169.

DUFOUR, C., 1997 : "Un nouveau type de star planétaire", *La Presse*, 27 mars, p. B3.

ERLMANN, V., 1994 : "Africa Civilised, African Uncivilised. Local Culture, World System and South African Music", *Journal of Southern African Studies*, vol. XX, p. 165-179.

FEATHERSTONE, M., 1995 : *Undoing Culture. Globalization, Postmodernism and Identity*, Londres, Sage.

FELD, S., 1994 : "From Schizophonia to Schismogenesis. On the Discourses and Commodification Practices of «World music» and «World Beat»", in *Music Grooves*, S. Feld et C. Keil (éd.), Chicago, University of Chicago Press, p. 257-289.

FOUCAULT, M., 1994 : "Entretien avec Michel Foucault (1977)", in *Dits et Ecrits*, D. Defert et F. Ewald (éd.), Paris, Gallimard, vol. I, p. 140-160.

FRITH, S., 1988 : *Music For Pleasure*, Londres, Routledge.

FRITH, S., 1996 : *Performing Rites. On the Value of Popular Music*, Cambridge (Mass.), Harvard University Press.

GAMSON, J., 1994 : *Claims To Fame. Celebrity in Contemporary America*, Berkeley, University of California Press.

GAUTHIER, S., 1998 : "Heureusement il y avait Céline", *Le Journal de Montréal*, 2 novembre, p. 1 et 54.

GRENIER, L., 1993 : "The Aftermath of a Crisis. Quebec Music Industries in the 1980s", *Popular Music*, vol. XII, n° 3, p. 209-227.

GRENIER, L., 1997 : "«Je me souviens…» en chansons. Articulations de la citoyenneté culturelle et de l'identitaire dans le champ musical populaire au Québec", *Sociologie et Sociétés*, vol. XXXIX, n° 2, p. 31-48.

GRESCO, T., 1999 : "Tivi Nation", *Saturday Night*, juillet-août, p. 68-75.

GROSSBERG, L., 1996 : "On Postmodernism and Articulation. An Interview with Stuart Hall", in *Stuart Hall. Critical Dialogues in Cultural Studies*, D. Morley et K.-H. Chen (éd.), Londres, Routledge, p. 131-150.

GUILBAULT, J., 1993 : "On Redefining the «Local» Through World Music", *The World of Music*, n° 35, p. 33-47.

HENNION, A., 1993 : *La Passion musicale*, Paris, Métailié.

LAING, D., 1996 : *The Economic Importance of Music in the European Union*, Euromusic : EMO ; rééd. in *Soundscapes.info*, vol. II, http://www.icce.rug.nl/~soundscapes/DATABASES/MIE/Part1_contents.shtml

LIPSITZ, G., 1994 : *Dangerous Crossraods. Popular Music, Postmodernism and the Poetics of Place*, Londres-New York, Verso.

LORRAIN, J., 1997 : "Céline Dion : une des femmes les plus riches du monde", *Echos-Vedettes*, 13-19 septembre, p. 2-3.

MARSHALL, D., 1997 : *Celebrity and Power. Fame in Contemporary Culture*, Londres-Minneapolis, University of Minneapolis Press.

MASSEY, D., 1993 : "Power Geometry and a Progressive Sense of Place", in *Mapping the Futures. Local Cultures, Global Change*, J. Bird *et al.* (éd.), Londres, Routledge.

MAYFIELD, G., 1999 : "Dion goes «All the Way» again on Billboard 200", *Billboard Daily Music News*, http://www.billboard.com/daily/1999/1222

MEYER, H.-D., 2000 : "Taste Formation in Pluralistic Societies", *International Sociology*, vol. XV, n° 1, p. 33-56.

NUOVO, F., 1998 : "J'haïs Céline", *Le Journal de Montréal*, 2 avril, p. 6.

PIETERSEN, J. N., 1994 : "Globalisation as Hybridisation", *International Sociology*, vol. IX, n° 2, p. 161-184.

PROBYN, E., 1996 : *Outside Belongings*, Londres, Routledge.

ROY, B., 1992 : "Chanson in Québec", in *Encyclopedia of Music in Canada*, H. Kallmann, G. Potvin *et al.* (éd.), 2e éd., Toronto, University of Toronto Press, p. 246-247.

RUTTEN, P., 1998 : *Global Sounds and Local Brews. Musical Developments and Music Industry in Europe*, http://www.euromusic.com/EMO/mcseurope/one.html

SANJEK, D., 1998 : "Popular Music and the Synergy of Corporate Culture", in *Mapping the Beat. Popular Music and Contemporary Theory*, T. Swiss, J. Sloop et A. Herman (éd.), Oxford, Blackwell, p. 171-186.

STRAW, W., 1991 : "Systems of Articulation, Logics of Change. Communities and Scenes in Popular Music", *Cultural Studies*, vol. V, n° 3, p. 368-388.

TAYLOR, C., 1996 : "Celine Dion's 550 Set Packs Superstar Punch", *Billboard*, 1er novembre, p. 1 et 98.

YASUDA, 1999 : *Localising Dion. Transnational Music Industries and Local Markets*, inédit.

Jocelyne Guilbault

MONDIALISATION ET LOCALISME

1. Introduction

Parmi les paradigmes que l'ethnomusicologie occidentale (en Europe et en Amérique du Nord) a produits ou inspirés, comme dans bien d'autres disciplines, on a souvent considéré les concepts de mondialisation et d'universalisation interchangeables dans l'usage qu'on en a fait ces dernières années. La peur d'une homogénéisation culturelle et, partout, d'une homogénéisation des pratiques musicales, est au cœur de cette façon d'envisager les choses. Paradoxalement, on a assisté simultanément à une prolifération sans précédent de nouvelles musiques populaires tout autour de la planète. Passée au crible d'une mondialisation qui reviendrait à une homogénéisation à l'échelle mondiale, une telle diversité musicale a été mise sur le compte d'un régionalisme ou "localisme" conformément à une approche intellectuelle typiquement occidentale dans laquelle le monde se conçoit en termes d'oppositions binaires naturelles : global/local, homogénéisation/diversité et donc, par extension, homogénéisation globale contre diversité locale. Au sein de cette perspective, les explications fournies à la prolifération de la "différence", surtout en ce qui concerne les musiques populaires, couvrent toute une gamme de possibilités variées, depuis la différence perçue comme signe de fragmentation (l'érosion progressive de la suprématie du pouvoir politico-économique des Etats-nations et autres pôles de pouvoir traditionnels sur le reste du monde) jusqu'à la différence simplement lue comme une extension et une conséquence générale de la nouvelle économie politique mondiale. Pour reprendre Veit Erlmann, "l'homogénéité et la diversité sont deux symptômes de ce que l'on serait tenté d'appeler le syndrome Benetton : plus de gens dans le monde achètent exactement le même vêtement, plus le commerce célèbre la différence" (1996*a*, p. 469).

Cet article n'a pas pour but de déterminer la cause qui, en dernier ressort, serait à l'origine de l'homogénéisation et de la prolifération simultanée de nouvelles musiques dans le monde. Il cherche plutôt à examiner la façon dont les discours ethnomusicologiques ont exposé le phénomène de mondialisation et, ce faisant, construit le concept de localisme. Le but est de montrer comment, consciemment ou non, ces discours ont à leur manière fondé certaines politiques culturelles locales dominantes menées par les pays nord-occidentaux (en Europe et aux Etats-Unis) à l'encontre du "local" et du "global".

Dans "Dangers of Discourse. The Case of Globalization", un texte au titre significatif, Gillian Youngs nous rappelle que "les discours globalisants sont construits de façon à universaliser et qu'il faut être conscient de leurs particularités quant aux interprétations et messages qu'ils véhiculent" (1996, p. 58). Il est à noter que, malgré la présence marquée du concept de mondialisation dans de nombreuses disciplines, les formes qu'il peut prendre, de même que les corpus empiriques sur lesquels les universitaires s'appuient, sont décrits dans des termes extrêmement variables (voir, par exemple, Clark, 1997 et Feld et Basso, 1996).

Cette tendance à utiliser des définitions non critiques de la mondialisation s'est développée au sein de domaines d'étude particuliers, tels que les relations internationales, ou d'obédience politique particulière comme le marxisme. Dans la pratique, cela amène à considérer que les discours théoriques proviendraient de la pratique plutôt qu'ils n'en seraient constitutifs. Youngs observe que "l'on court ainsi le risque d'une approche discursive qui ignore l'histoire, ce qui nous empêcherait de saisir l'importance de la façon dont ces discours se sont développés au fil du temps, quelles conceptualisations en sont venues à prédominer et comment cela est arrivé. Dès lors que l'on considère les discours comme des pratiques, on peut étudier la façon dont leurs structures stables peuvent influer sur les possibilités de penser les phénomènes autrement, que ce soit en approfondissant les voies déjà ouvertes ou en envisageant des alternatives" (1996, p. 66).

Avec cette perspective en arrière-plan, cet article montre comment la construction de la mondialisation en tant qu'universalisation, même s'il s'agit de la version actuellement dominante dans les discours ethnomusicologiques, ne représente qu'une des voies empruntées par les ethnomusicologues pour définir la mondialisation dans le temps. Dans la présente étude, mon attention se porte sur trois des principaux cadres d'analyse qui, historiquement, ont informé le travail des ethnomusicologues sur la mondialisation. (Il est à noter qu'aucun de ces cadres théoriques ne peut être totalement dissocié des autres, de même que leur ordre de succession ne saurait être absolu.) La raison principale qui justifie cette manière de procéder pourrait se résumer ainsi : si la théorie fait partie de la pratique, alors il importe de réfléchir à la façon dont les cadres théoriques sont produits puisqu'ils établissent non seulement les filtres (termes et problématiques) à travers lesquels les chercheurs pensent leur activité, mais aussi en dernier lieu la façon dont ils entreprennent leur travail. Comment les théoriciens/chercheurs assument-ils cette question de la méthode d'investigation dans la mesure où ils donnent forme non seulement à leurs propres mondes mais aussi, dans le même temps, à ceux des autres ? Mon approche s'inspire des remarques de Gillian Youngs en ce qui concerne le problème de l'éthique et du rôle des théoriciens (*ibid.*, p. 66-67).

2. La mondialisation comprise comme occidentalisation

Dans les premières décennies du XXe siècle, la mondialisation s'appelait souvent "colonisation" ou "occidentalisation" pour parler de la propagation des idées, valeurs, organisations politiques et technologies des Nord-Occidentaux. De ce fait, les pays colonisateurs faisaient figure d'agents de mondialisation et le travail des ethnomusicologues se concentrait sur la dichotomie qu'un tel cadre avait engendrée : soit l'étude de l'occidentalisation des cultures locales, soit, à l'inverse, la résistance locale à l'occidentalisation. Le fait de croire que cette dernière serait "complète" a non seulement entraîné le développement de tout un vocabulaire mais aussi fixé le programme spécifique de la musicologie comparative (l'ancienne dénomination de l'ethnomusicologie) qui, dans la pratique, n'a fait que réifier ce dont les ingénieurs de l'occidentalisation prétendaient souhaiter l'achèvement, à savoir une assimilation totale. De nombreux textes musicologiques ont fait apparaître, à propos de mélodies par exemple, des expressions telles que "réellement indigènes" ou "authentiques" avec l'injonction de les collecter "avant qu'elles ne soient irrémédiablement dénaturées par des caractéristiques européennes ou qu'elles ne disparaissent tout à fait." (Hornbostel, 1975, p. 263 ; Kunst, 1959, en est un autre exemple représentatif parmi d'autres.) Dans ce cadre, l'ethnomusicologue s'est vu attribuer, à un bout de la chaîne – laquelle présente une grande variété de positions – le rôle de missionnaire chargé de sauver ce qui serait fatalement voué à l'extinction, ainsi que le démontre Margaret Kartomi (1981, p. 227) et, à l'autre bout, celui d'un gauchiste soutenant la résistance aux forces "négatives" de l'occidentalisation en essayant de légitimer et de promouvoir ce qui était alors perçu et conçu par les chercheurs comme le "local". Notons que les efforts fournis pour sauver des répertoires que l'influence européenne risquait de faire disparaître ou de dégrader ne furent pas motivés que par des raisons altruistes. Les chercheurs s'intéressaient aussi aux répertoires dits "authentiques" parce que, dans le sillage de la théorie évolutionniste de Darwin, ils pensaient que cela pourrait aider à reconstituer l'évolution de l'histoire culturelle de l'humanité, que l'on appelle *Kulturkreislehre* en allemand (sur cette théorie, on lira Nettl, 1983, p. 217-218 et p. 229-232).

Il y a au moins deux choses à tirer de cette construction historique : tout d'abord, l'idée de "local" ou ce qu'on a élaboré comme tel, est elle-même un produit de l'histoire au même titre que la mondialisation construite sous la forme de l'occidentalisation. Ensuite, la division qui s'est opérée entre ce que l'on a appelé le "local" et le "global" concerne bien plus les relations de pouvoir que les questions d'espace. Dans la définition qui identifie la mondialisation à l'occidentalisation, le local est cet Autre construit à travers le filtre d'une perspective occidentale qui pense *a priori* que celui-ci existe à l'état "pur" avant l'arrivée des Occidentaux. Dans cette approche, les situations de contact entre des cultures non occidentales ne les dénaturent pas comme peut le faire un contact avec la culture euro-américaine. Pendant le premier tiers du XXe siècle, peu d'ethnomusicologues se sont souciés des variations existant entre les tribus d'une même région, bien qu'il existe quelques exceptions notoires, comme George Herzog, Jan P. Schinhan et Helen Roberts, pour n'en citer que quelques-uns, qui s'intéressent aux zones culturelles (voir les références qu'y fait Nettl, 1973, p. 150).

De ce modèle se dégage la construction de deux groupes de population, les Occidentaux et les autres, et un domaine de recherche particulier : l'observation des relations entre les deux. Du point de vue occidental, l'étude de la mondialisation conçue comme occidentalisation se préoccupe presque exclusivement des non-Occidentaux (les Autres) et de leurs cultures musicales en rapport avec au moins deux domaines de recherche principaux : tout d'abord, l'origine de la musique dans l'histoire de l'homme avec l'idée de reconstituer ce qui, pensait-on, devait être le passé de la musique classique occidentale ; ensuite, le projet d'arriver à mieux comprendre les différentes sortes de changement en jeu dans les contacts culturels et, plus précisément, les changements affectés par l'impact des Occidentaux sur les autres (Nettl, 1958).

A cette époque, la recherche ethnomusicologique, comme on l'a dit, s'intéressait aux musiques non occidentales, non pour leurs processus musicaux mais en tant que produits musicaux (Blacking, 1967, p. 7), par analogie avec les fossiles qui ont fourni les clés pour comprendre le passé historique de l'humanité. On se focalisait sur ces musiques perçues comme "pures", c'est-à-dire qui n'auraient pas été souillées par des caractères européens (définis ici comme le produit de l'occidentalisation). Ce terme "authentique" a été créé pour rendre compte de ce sentiment de pureté. Dans le contexte des traditions orales, Maud Karpeles a défini le terme pour faire référence à de la “musique qui, au fil des générations, est soumise au processus de la transmission orale”, “se développe surtout inconsciemment” et dont l’évolution ne dépendrait pas d’une personne mais de plusieurs et qui, à proprement parler, n’atteindrait jamais de forme définitive (1951, p. 11). D’après Karpeles, la question essentielle consistait à voir si l’évolution de la musique populaire présentait une continuité d’une façon qui préservât la tradition et inclût des variations émanant d’individus mais dont la sélection relevât d’une décision de la communauté.

Il est intéressant, comme John Blacking l’a remarqué, que les “puristes” croient que des changements radicaux dans l’univers sonore de la musique transmise oralement reflètent une certaine décadence morale et que la restauration et la promotion de la musique “authentique” de ces gens les aident à faire revivre la vie de la communauté, sans pour autant expliquer comment cela serait possible ou si, dans cette opération, la musique jouerait un rôle en quoi que ce soit plus significatif que la gymnastique ou le scoutisme. Ils n’expliquent pas non plus pourquoi la musique folklorique devrait être mise à l’abri de tout changement alors qu’un compositeur du XXe siècle dont la musique ressemblerait à celle de Tchaïkovsky serait rejeté par manque d’originalité et semblerait “à côté de la plaque” (1967, p. 7). Dans la logique de la mondialisation comprise comme occidentalisation, Blacking résume merveilleusement les questions soulevées par l’intérêt que l’on porte à la musique dite “authentique”. On pourrait opposer cependant que les puristes ont bien donné les raisons pour lesquelles une telle musique devrait être conservée en l’état, sans modification : si le programme de recherche consistait à construire l’origine de la musique classique occidentale, alors il importait que la musique non occidentale demeurât “intacte”, pour ainsi dire, de façon à rendre cette reconstruction possible en continuant à représenter le passé dans le présent.

Il est important de remarquer qu’à travers les préoccupations qu’ils choisissent d’investir et les objectifs premiers qu’ils s’assignent, les programmes de recherche prescrivent toujours ce sur quoi on doit mettre l’accent et ce que l’on est en droit de laisser de côté. Concrètement, le fait de se focaliser sur la musique pure ou authentique signifiait du même coup mépriser toute autre musique qui ne répondrait pas aux critères d’authenticité. Comme j’ai pu l’écrire ailleurs, “attachée à cette idée d’authenticité se trouvait la croyance que la musique collectée dans d’autres régions du monde représentait de la musique dans son état premier et donc il ne faisait aucun doute qu’elle fût représentative des cultures en question… Par conséquent, plus une culture musicale était éloignée des centres européens, plus elle avait de chance qu'on la considérât digne d'être étudiée, le corollaire étant qu'on ne considérait pas qu'une musique en métamorphose constante puisse offrir une représentation fiable d'une culture. Bien que ces deux présupposés aient été sérieusement remis en question par la suite, ils découragèrent néanmoins pendant des années nombre d'ethnomusicologues soit d'entreprendre des recherches sur des sociétés où la musique était intuitivement perçue comme en mutation permanente, soit (comme Blacking l'a fait remarquer) de considérer la nouvelle musique, comme la musique populaire diffusée par des médias de masse, digne d'être étudiée". (Guilbault, 1991, p. 119.)

Pour les mêmes raisons, les musiques estampillées "hybrides" ont été définies par ce qu'elles ne sont pas puis tout simplement reléguées au rebut des répertoires ne méritant pas d'examen. (Il faut noter que dans le contexte de la mondialisation vue comme occidentalisation, l'expression "musique hybride" faisait traditionnellement référence à la musique non occidentale mâtinée d'éléments musicaux européens et non à la fusion entre elles de diverses musiques non occidentales.) Cela pourrait-il expliquer pourquoi des cultures musicales entières, telles celles des Caraïbes ou de l'Amérique latine, ont si peu retenu l'attention jusqu'à un passé relativement récent ?

Le second domaine de recherche que la compréhension de la mondialisation comme occidentalisation a fait apparaître a porté sur l'idée que le changement résulte du contact entre les cultures occidentales et non occidentales. Dans ce cas-ci, l'ambition de la recherche a été d'identifier "les raisons du changement (ou de l'absence de changement), sa nature, son amplitude et son rythme" (Nettl, 1958, p. 519). Comme Nettl l'a indiqué, même si les approches universitaires du changement (jusqu'à l'époque où il écrit) ne s'excluaient pas mutuellement, elles avaient tendance à prendre en compte soit des critères strictement musicaux (les caractéristiques du matériel musical lui-même) soit des critères non musicaux, par exemple de type culturel ou racial.

Dans les deux cas, plusieurs suppositions ont été faites. Dans son article critique sur les aspects historiques de l'ethnomusicologie (1958), Nettl a résumé ces hypothèses ainsi : historiquement, la théorie dominante a consisté à penser que le changement au sein d'une culture musicale écrite avait tendance à être cumulatif (le nouveau matériau se voyait simplement ajouté à l'ancien), contrairement au changement intervenant dans une tradition orale (où l'arrivée du nouveau matériau éclipse l'ancien). Alors qu'on partait du principe que le style musical était déterminé par la culture, certains chercheurs pensaient à l'inverse que la façon de jouer ou de chanter (les techniques vocales, etc.) dépendait de la race. Pourtant, en même temps, plus il y a de contacts musicaux, plus les chances de transformation musicale se multiplient, même lorsqu'il existe des différences raciales. A un autre niveau, on a cru que les moyens de transmission avaient une influence sur la facilité avec laquelle les changements intervenaient. Quelques chercheurs ont supposé, vu que les musiques de tradition orale s'appuient sur des moyens mnémoniques et des formules, que le changement leur pose problème et les retarde. De plus, ils pensaient que plus la musique comportait de composantes (c'est-à-dire plus elle possédait de hauteurs, de voix, plus les pièces étaient longues), plus elle avait de chance de se transformer. En ce qui concerne la direction dans laquelle s'exercent les influences, on a cru qu'un style plus complexe en influençait un plus simple ; en d'autres termes, la musique semble se développer de la simplicité vers une plus grande complexité. A un autre niveau encore, on a cru que plus une musique voyageait dans l'espace, plus grande était son influence sur les répertoires qu'elle rencontrait et moins elle se transformait elle-même. Comme Nettl l'a indiqué (1958, p. 525), malgré les contradictions apparentes entre certains des présupposés (par exemple, une musique qui présente plus de caractéristiques a plus de chance d'évoluer ; pourtant parce qu'elle est plus complexe, une telle musique serait censée subir moins de changement et influencer les autres), beaucoup de chercheurs en sont arrivés à la conclusion que "la plupart des cultures primitives qui ont eu des contacts serrés avec l'Occident ont adopté plus de la culture matérielle, de l'organisation économique et de la religion européennes que de sa musique".

De telles suppositions n'ont pas seulement servi à établir la supériorité de la musique occidentale sur les autres (celle-ci pouvant accumuler les matériaux nouveaux sans pour autant s'en trouver altérée, c'est-à-dire mise en compétition). Elles ont aussi légitimé le choix des ethnomusicologues de se focaliser exclusivement sur les autres cultures musicales ("ce sont celles qui connaissent des changements en raison de leurs cultures musicales mêmes"). Sur la base de ces hypothèses, l'étude de l'origine de la musique s'est intéressée à ce que, par déduction, on a considéré comme les caractéristiques "immanentes" des cultures musicales envisagées sous l'angle d'une opposition binaire (la culture musicale élaborée par l'Occident *vs* les autres cultures musicales). Dans cette façon de penser, on ne concevait pas alors qu'une culture musicale ne soit pas autonome, indépendante du point de vue socio-économique et politique ou vis-à-vis de toute autre force et en position d'influencer ou d'être influencée en fonction de sa pure *nature* inhérente et, partant, du pouvoir relatif qui y est associé.

Ce n'est qu'au milieu du XXe siècle que sont apparues quelques études (notamment Waterman, 1952 et Merriam, 1955) s'attachant à relativiser la nature et la puissance de l'influence occidentale sur les autres cultures musicales, et ce par la mise à l'ordre du jour de la question de la compatibilité relative des systèmes musicaux au sein desquels l'occidentalisation peut avoir lieu. Pour ce faire, les travaux de ce type ont eu recours à des études de cas spécifiques pour démontrer que l'échange de traits musicaux et d'idées entre deux cultures n'est pas le fait d'une pure supériorité de l'une sur l'autre mais a des chances d'arriver si et seulement si les cultures en question présentent un nombre considérable de caractéristiques communes. Même si ces travaux se fondent sur une théorie qui n'est pas sans poser problème du fait qu'elle ne prend en compte que des éléments sonores et des structures musicales comme critères d'une fusion possible, ils ont néanmoins montré que le contact entre cultures musicales occidentales et non occidentales ne se soldait pas nécessairement par une occidentalisation complète ou une assimilation des dernières par les premières.

On a de plus en plus pris conscience que les premiers travaux s'étaient trop exclusivement intéressés à la structure musicale de sorte qu'a commencé à émerger lentement ce que Nettl (1956) a appelé l'Ecole américaine, laquelle s'est mise à se pencher sur les relations que la musique entretient avec la culture dans le processus de mondialisation compris comme occidentalisation. Cette nouvelle orientation a conduit les chercheurs non seulement à reformuler quelques-unes de leurs hypothèses passées mais aussi à introduire un nouveau lexique qui traite de questions prenant en compte certaines des forces impliquées dans le changement. Voici certaines de ces questions. Qu'y a-t-il à apprendre du processus de diffusion ? A quelles conditions ou, pour reprendre la terminologie de Margaret J. Kartomi, en fonction de quels "déterminants" assistons-nous au rejet, à l'acceptation ou à l'intégration virtuels d'une musique venue d'ailleurs ? Qu'est-ce qui est à l'origine de l'adaptation de certains traits musicaux plutôt que d'autres ? Et comment expliquer la coexistence pluraliste de diverses musiques (Kartomi, 1981) ? Ces questions ont participé à la constitution d'au moins deux nouvelles perspectives de recherche. En elles-mêmes et par elles-mêmes, elles ont déplacé le centre d'intérêt d'une vision de la musique comme "système sonore autonome et clôturé, capable d'être saisi en soi, dans sa totalité" (Marshall, 1972, p. 77) vers une approche de la musique comprise comme élément constitutif d'une culture et d'un ensemble de forces (politiques, sociales, économiques, etc.) qui l'affectent. De plus, en s'intéressant comme ils l'ont fait aux processus de changement, ces domaines de recherche ont accordé un nouveau statut aux musiques dites hybrides qui sont devenues des objets d'étude. William Rhodes, par exemple, a fait des remarques révélatrices sur ce sujet : "L'étude de la musique hybride a gêné certains chercheurs qui se demandent si, oui ou non, la musique «impure» d'un groupe acculturé constitue un matériel propre au travail ethnomusicologique. [...] Une telle musique est peut-être moins intéressante d'un point de vue strictement musical, mais elle va à coup sûr donner un coup de projecteur sur le fonctionnement des processus psychologiques et sociologiques des individus et des groupes qui la produisent." (Rhodes, 1956, p. 461.)

Cette perspective inédite a apporté avec elle une nouvelle vague de vocabulaire : acculturation, syncrétisme et transculturation pour qualifier à la fois le processus et l'étendue du changement (de quel[s] type[s] il relève et à quel niveau il apparaît). J'ajouterai au passage que deux des termes utilisés pour investir ce type d'étude, nommément "acculturation" et "syncrétisme" ont toutefois fait l'objet d'une controverse en raison de leurs connotations péjoratives, des sous-entendus négatifs ou des dérives ethnocentriques qu'ils suggèrent. Dans son rapport avec le processus de mondialisation perçu comme occidentalisation, le concept d'acculturation s'est vu critiqué essentiellement sur trois plans : tout d'abord, parce qu'il perpétue le point de vue colonial d'un Autre qui serait pur, vierge et en autarcie avant l'arrivée des Occidentaux (Kartomi, 1981, p. 230) ; ensuite, parce qu'il véhicule parfois des sous-entendus ethnocentriques ou une condescendance à tonalité raciste dans la façon dont il décrit le contact culturel comme un transfert à sens unique d'une culture supérieure vers une culture inférieure (c'est-à-dire de l'Occident vers les autres) ; enfin, à cause de son sens littéral "mettre ensemble" (dans le cas présent, "mettre ensemble des cultures") parce qu'il met l'accent, selon Kartomi, "sur «l'association» des parents au détriment de l'identité propre du nouveau-né" (*ibid.*, p. 232) et ce, en référence au goût qui perdure pour l'opposition binaire entre cultures occidentales et non occidentales, ce qui empêche de s'intéresser aux pratiques musicales qu'elles engendrent.

A son tour, le terme "syncrétisme", défini par Merriam (1964, p. 313) comme "le mélange d'éléments issus de deux cultures et entraînant un changement des valeurs et formes originales", a été décrété inadéquat à cause de "son utilisation passée dans un contexte religieux" (*ibid.*, p. 234). D'après elle, la notion de transculturation, en revanche, a reçu un accueil plus favorable. Définie comme "l'adoption de principes d'organisation totalement neufs, conceptuels ou idéologiques, musicaux et extra-musicaux, et non de petits emprunts discrets de traits étrangers" (*ibid.*, p. 244), la transculturation n'implique plus une norme unique, européenne, contrôlant toutes les étapes de l'évolution. Cette notion n'a pas non plus tenté d'éluder ni d'obscurcir les processus de contact et les réactions à ces phénomènes comme l'acculturation l'avait fait. Il faut cependant insister sur le fait que cette notion n'a pas emporté l'adhésion de tous les ethnomusicologues dans la mesure où elle incarne, pour certains, la continuité de l'idée utopique selon laquelle l'Occident peut amener l'Autre à l'assimilation totale.

3. Le recul des études comparatives ou la construction du concept de "local" en termes d'altérité

Dans un article présenté pour la première fois en 1896, Franz Boas écrit qu'il souscrit à l'idée "que certaines lois existent et gouvernent la croissance de la culture humaine", et d'ajouter que "notre désir est de découvrir ces lois" (1896, in 1966, p. 276). Après une sévère critique des études comparatives qui participent d'une connaissance déséquilibrée des cultures comparées, il a encouragé les chercheurs à se vouer à la documentation approfondie des "coutumes dans leur rapport avec l'ensemble de la culture d'un groupe qui les pratique, [...] de façon à établir avec autant d'exactitude que possible les causes historiques qui ont conduit à la formation de ces coutumes et aux processus psychologiques impliqués dans leur développement" *(ibid.)*. Ce n'est que lorsque nous aurons mis en place une perspective historique sur les relations complexes en jeu dans chaque culture propre, conclut-il, que nous serons à même de faire des comparaisons probantes et à grande échelle (*ibid*., p. 280).

Les recommandations de Boas et d'autres au début du XXe siècle d'enterrer les études comparatives en anthropologie jusqu'à ce que les praticiens de la discipline possèdent une compréhension plus complète des cultures dans leur individualité, n'ont rencontré d'écho que quelques décennies plus tard en ethnomusicologie. Bien que le but ultime de Boas et de ses successeurs en anthropologie et ethnomusicologie fût encore de dégager des invariants universels, les recherches ethnographiques approfondies sur des cultures uniques ont constitué une forme de connaissance sur le "local" d'une nature sensiblement différente de celle que l'on avait pu voir auparavant. Pour être plus précis, les chercheurs ont tenté de présenter le local non plus en termes de différences remarquables par rapport à l'Occident mais en fonction de ses propres critères. L'accent qu'ils ont mis sur la compréhension d'une pratique musicale en relation avec les diverses forces culturelles, sociopolitiques et économiques qui l'ont "façonnée", souvent sous-tendue par la théorie de "la musique reflétant la culture" (pour une présentation critique de ce type de théorie, voir Guilbault, 1991 et 1997), les a conduits à faire valoir l'histoire et la formation musicales singulières de chaque univers culturel. Ce courant de l'ethnomusicologie, florissant depuis les années 1950 bien qu'il soit apparu plus tôt, n'a cessé d'encourager la prolifération d'études ethnographiques portant sur toute une variété de cultures musicales dans le monde (McAllester, 1954 ; Nettl, 1954 ; Keil, 1966 ; Merriam, 1967 ; Blacking, 1967 ; Simon, 1972 ; Nketia, 1974 ; Slobin, 1976 ; Berliner, 1978 ; Keil, 1979 ; Becker et Becker, 1981 ; Turino, 1989 et 1993, pour n'en citer que quelques-uns).

L'une des missions de ce courant intellectuel a été de montrer que l'Occident n'avait pas balayé l'Autre. Plusieurs travaux menés dans les années 1940 et 1950 par des chercheurs autorisés tels que Melville J. Herskovits ont tâché de prouver qu'en dépit d'influences occidentales (d'une mondialisation à l'occidentale), le "local" avait survécu et qu'il continuait à présenter et à nourrir des cultures musicales distinctes de celle qui était mise en œuvre par l'Occident. (De ce point de vue, l'ironie veut – sans que ce soit une surprise – que les chercheurs qui travaillent sur des cultures musicales pour leur altérité aient été rattrapés par le désir [ou, en d'autres termes, aient agi comme ils l'ont fait "en rapport avec" un désir] de prendre le contre-pied de la croyance fautive selon laquelle l'Occident aurait conduit à une assimilation complète.) Dans ce type de travaux, l'utilisation du mot "acculturation" était monnaie courante (voir, par exemple, Herskovits, 1958), mais, dans le cadre d'une focalisation sur l'altérité, il mettait l'accent sur des aspects autres que les hauteurs, les contours mélodiques et les structures (c'est-à-dire les produits musicaux) au profit, tout particulièrement, de l'aspect politique qui, jusqu'alors, avait été en grande partie négligé par la majorité des travaux ethnomusicologiques.

Depuis les premières décennies du XXe siècle, mais surtout à partir des années 1950, le modèle "local", conçu en termes d'altérité, s'est construit en lien avec deux principaux courants de pensée en ce qui concerne la formation des communautés : l'un se fonde sur les groupes ethniques, l'autre sur les Etats-nations. La réalisation d'une cartographie des cultures musicales a produit, à son tour, une autre définition du "local" qui prend ancrage dans deux sortes de référence : l'une concerne les agrégats musicaux (familles sonores), l'autre les zones musicales (le territoire géographique dessiné par des caractéristiques sonores). En construisant l'Autre en fonction de ses déterminants propres, les chercheurs ont abordé non seulement les distinctions musicales et culturelles mais aussi l'autonomie politique, toujours en confrontation avec l'occidentalisation. Dans ce domaine, l'accent n'était jamais assez mis sur les facteurs économiques et sociopolitiques puisqu'on pensait (une idée qui perdure) que la société, la politique et l'économie façonnent en grande partie la culture et, par conséquent, les pratiques musicales. Dans ce contexte, il importait donc grandement – et cela continue de revêtir une grande importance pour beaucoup – que ces aspects soient particulièrement documentés. (A côté des facteurs sociopolitiques et économiques, d'autres ont également été considérés dignes d'intérêt, par exemple, les orientations religieuses, etc.) Cependant, on n'a accordé une attention accrue à ces derniers domaines qu'à partir du milieu des années 1980.

Comme nous l'avons dit plus haut, les cadres théoriques (et donc les programmes de recherche) précisent les angles à partir desquels les objets d'étude sont abordés, construits et, ce faisant, ils mettent toujours de côté d'autres aspects du phénomène observé. Le fait de construire le local en termes d'altérité ne fait pas exception. Il est intéressant de remarquer, par exemple, que la focalisation sur le "local" en ethnomusicologie fait d'ordinaire l'impasse sur les pratiques occidentales.

Jusque récemment, rares ont été les travaux mettant en question la supériorité – revendiquée en vertu de l'histoire – de l'Occident en décrivant comment les autres cultures musicales ont influencé (acculturé ?) les cultures musicales de l'Ouest. De ce point de vue, l'étude de John Storm Roberts intitulée *Latin Tinge. The Impact of Latin American Music on the United States* (1979) est apparue avant-gardiste à bien des égards et a constitué une contribution de poids à l'époque de sa publication. Jusque récemment aussi, la division entre le "nous" et "eux" a continué à être nourrie par l'héritage colonial et des visions ethnocentriques de l'Autre. Cela est visible, par exemple, dans l'intérêt persistant pour les études ethnographiques portant soit sur l'Autre éloigné dans l'espace, soit sur l'Autre différent par la race, soit sur les nombreuses autres sortes de ce qu'on a traduit de façon significative par "minorités" ; on a ainsi généralement et manifestement écarté l'homme blanc d'âge moyen et de classe moyenne (Grenier et Guilbault, 1990).

Le point de vue dominant selon lequel il fallait se documenter sur les cultures locales en prenant pour référence leurs propres termes s'est officiellement exprimé à travers le changement de nom de la discipline, de la "musicologie comparative" à l'ethnomusicologie. La paternité du vocable revient sans doute à Jaap Kunst, en 1950 (Merriam, 1977, p. 189). Le préfixe *ethno-* a servi ici à faire ressortir l'idée que l'étude de la musique devait s'appuyer sur la façon dont les gens se représentent leurs propres pratiques (Merriam, 1960, 1969 et 1975).

Dix ans après Kunst, on a vu Alan Merriam traduire ce programme par "l'étude de la musique dans l'environnement culturel" (1960 et 1964). Cette nouvelle approche en ethnomusicologie s'est accompagnée d'un renouvellement du vocabulaire, au sens littéral comme au sens figuré, pour conduire les études ethnographiques. Cette terminologie concernait ce que Merriam a appelé "la culture musicale matérielle" ou, plus exactement, comme il l'a expliqué, "les instruments de musique et autres outils grâce auxquels se réalise le système musical" : les textes des mélodies qui permettent d'étudier non seulement les relations entre le texte et la musique mais aussi "le texte lui-même, sa conduite littéraire [et] son usage linguistique", les catégories musicales telles que les personnes d'une culture donnée les conçoivent, le rôle et le statut du musicien dans la société, les fonctions que remplit la musique et son positionnement social en tant qu'activité culturelle créative, prenant en compte "les sources des matériaux musicaux, les normes d'excellence en matière d'interprétation, la psychologie de la musique au même titre que les processus de création" (1960, p. 109-110).

Encore dix ans plus tard (dans les années 1970), suivant le même chemin, plusieurs ethnomusicologues ont accordé beaucoup d'attention aux langues locales, moins pour leur fonctionnement en tant que langue (au sens saussurien du terme), que pour leur usage dans le discours (parole), et cela, dans le but de mieux apprécier les façons dont les membres d'une culture donnée conçoivent, perçoivent et expriment leurs points de vue sur le monde. S'appuyant sur l'idée que la connaissance passe par l'activité linguistique, tout un courant d'études ethnographiques a mis l'accent sur le vocabulaire local employé pour conceptualiser et analyser la musique, comme Hugo Zemp l'a montré dans son brillant essai sur les 'Aré' aré (1979).

Ainsi a-t-on une fois de plus revisité la notion de "local" avec une perspective occidentale. Par exemple, on a trouvé chez les musiciens issus de tradition orale, considérés comme des participants du phénomène "local" étudié, non seulement des compétences analytiques qui leur étaient propres mais aussi, dans certains cas, des compétences similaires à celles que les Occidentaux associent avec leur propre culture musicale écrite. Somme toute, on pourrait dire que la reconnaissance des systèmes musicaux spécifiques aux musiciens locaux, de même que la prise en considération de leurs compétences analytiques (intellectuelles ?) à travers l'étude de la terminologie indigène, a contribué à déstabiliser d'une certaine façon la supériorité revendiquée de la culture musicale écrite occidentale. De plus, cette reconnaissance a du même coup permis de circonscrire et de légitimer ce qui relevait distinctement du "local". Pourtant, de façon paradoxale, ce sont les disciplines musicales universitaires de l'Ouest, la musicologie et l'ethnomusicologie, qui ont tardé à reconnaître aux cultures musicales de tradition orale le droit d'être un objet d'étude au même titre que la musique écrite occidentale dans les départements de musique européens et nord-américains.

4. La mondialisation redéfinie en termes de transnationalisation

Comme dans beaucoup de disciplines, le concept de mondialisation s'est à nouveau retrouvé au cœur des préoccupations de l'ethnomusicologie dans les années 1980. Cette fois, néanmoins, il est particulièrement traité en rapport avec la musique populaire et construit à la fois en termes d'universalisation et de fragmentation.

La mondialisation comprise en tant que transnationalisation (un terme souvent perçu comme synonyme d'universalisation, ce qui pour certains signifie américanisation, pour d'autres, japonisation et, pour d'autres encore, néocolonisation) considère acquis l'effacement des frontières géopolitiques et la transcendance de l'espace opérés par les moyens de communication et les médias de masse. Un nouveau lexique découle de cette perspective, qui souligne à la fois la fluidité et la réalité virtuelle de la vie quotidienne avec des expressions telles que "communautés imaginées" et le recours au concept de "subjectivités multiples". De la même façon, on emploie des termes et notions tels que "diaspora" et *scapes* (ou "paysages-perspectives") pour désigner non un groupe de population déjà constitué ou des zones géographiques délimitées mais plutôt les processus fluides gouvernés par la communication des mass-médias, qui font et défont constamment les groupes de population, réinventent des espaces relationnels en même temps que les idées et les biens s'échangent, circulent de façon intensive et que s'établissent des réseaux humains.

La notion de mondialisation en tant que transnationalisation évacue l'idée que la musique puisse être "pure" et la remplace par le concept implicite selon lequel la plupart des musiques seraient nées d'un processus que l'on a appelé à tour de rôle "croisement hybride", "créolisation" ou "fusion". De la même façon, des termes tels que "liens" et "frontières" reçoivent de nouvelles significations. On ne les associe plus nécessairement aux catégories traditionnelles de l'Etat-nation ou du regroupement ethnique. Ils ne sont plus non plus forcément définis en fonction des références géographiques traditionnelles, corrélées à un territoire donné. De même, cette approche ne postule plus qu'on puisse penser des relations comme de possibles sources pérennes d'identification dont les notions ci-dessus seraient automatiquement les fruits.

En accord avec cette vision, les programmes de recherche en ethnomusicologie se sont renouvelés et ont cherché à comprendre non seulement comment on confère à la musique un rôle de marqueur mais aussi quelle part elle prend dans le mécanisme qui l'identifie avec une large palette d'éléments : un groupe de population donné (qu'il soit défini par le sexe, la génération, la race ou la classe), l'orientation religieuse, la filiation politique (souvent traitée sous l'angle du nationalisme), les affinités ethniques, les sensibilités esthétiques, etc. Dans la pratique, cela a consisté à observer le rôle joué par la musique dans les ensembles culturels, la création de nouvelles alliances et le processus d'exclusion. Bien que ces tentatives ne soient pas inédites, elles ont récemment été enrichies par des révisions notionnelles de nombreuses catégories, par exemple le foyer, l'identité, l'Etat-nation et l'ordre socio-économique et politique mondial, que l'on utilise traditionnellement pour investir ce qui est perçu comme faisant partie de façon caractéristique de la vie quotidienne d'une majorité de gens aujourd'hui.

Dans les travaux qui identifient la mondialisation à la transnationalisation, la notion de subjectivités multiples sert à rendre compte des processus complexes en jeu dans l'identification des gens avec une chose et, souvent, avec plusieurs choses en même temps : ethnicité, rôle des genres féminin et masculin, nationalité, etc., dans un contexte où les individus, les groupes de population, les idées et les produits se métamorphosent constamment (Cohen, 1993 et 1994 ; Keil, 1994). La focalisation exercée à tour de rôle sur la diaspora, les communautés imaginées et les *scapes* a pour but de rendre compte de la nouvelle signification accordée à l'idée de "foyer" et dont un nombre croissant de personnes qui circulent à travers beaucoup de territoires géographiques font l'expérience. Il s'agit aussi de prendre en charge le sens nouveau qu'a acquis l'espace (sur le plan du positionnement sociopolitique, économique et culturel) à travers le développement grandissant des réseaux pour s'assurer des relations et échanges construits par le passé aussi bien qu'actuellement.

Vu ces nouveaux centres d'intérêt, l'attention que l'ethnomusicologie a récemment portée sur la musique populaire n'a rien de surprenant. La tradition a voulu que la discipline voie dans ce type de musique le produit par excellence des industries musicales dont les conceptions s'appuient généralement sur les courants musicaux dominants en Europe et en Amérique du Nord. Du coup, de telles définitions se sont construites sur la base de pratiques transnationales hautement influencées par les médias de masse, franchissant non seulement les frontières géographiques et politiques mais aussi souvent d'autres types de frontières, par exemple linguistiques, économiques ou ethniques. Cela apparaît typiquement dans l'idée que l'on s'est faite de la musique populaire, entité hybride, malléable, se transformant en permanence. Sur cette base, on a donc vu dans la musique populaire un terrain privilégié pour l'observation du rôle que la musique joue dans le processus d'identification des gens avec un large éventail d'éléments. Par ailleurs, plus que toute autre pratique musicale, la musique populaire s'est construite en tant que marchandise et produit d'échange. Ainsi, elle a semblé incarner de façon aiguë la tentative de créer des sources de désir, des zones d'identification et des lieux de contestation pour le public dont elle renvoie l'image.

Un des aspects majeurs qui a intéressé les recherches sur la mondialisation comprise en tant que transnationalisation concerne les processus culturels globaux à l'œuvre dans la fabrication (c'est-à-dire la production et la reproduction) des musiques populaires. Parfois, ces recherches ont pris la forme d'études de phénomènes de mondialisation de la musique populaire à l'échelle d'un Etat-nation. C'est la direction qu'ont suivie, avec beaucoup de talent, Christopher Waterman dans sa monographie sur la musique *jùjú* au Nigeria (1990), Peter Lamarche Manuel sur la culture de la cassette en Inde (1993), Veil Erlmann sur l'*isicathamiya* en Afrique du Sud (1996*b*) et Paul Austerlitz dans son travail sur le *merengue* en République dominicaine (1997), pour ne citer qu'eux. Les travaux réalisés sur ce type de musique populaire font ensuite référence à la mondialisation comprise comme centralisation en montrant comment ces musiques visent à subsumer toutes les différentes nations/cultures/tribus réunies sous la même bannière sociopolitique. A d'autres moments, quelques ethnomusicologues se sont lancés dans l'étude des phénomènes musicaux populaires à un niveau transnational en s'appuyant sur des cas de musiques qui ont été (re)reproduites dans divers pays du monde (voir, par exemple, Wallis et Malm, 1984 ; Slobin, 1993 ; Pacini Hernandez, 1995 ; Pelinski, 1995 ; et Taylor, 1997, parmi d'autres). Dans les occurrences qui viennent d'être citées, la mondialisation est présentée sous forme de circulation en faisant référence à des musiques qui ont franchi des frontières, que celles-ci soient ethniques, étatiques, socio-économiques, religieuses ou linguistiques.

Que ce soit à l'échelle transnationale ou à celle des Etats-nations, l'étude des processus culturels globaux a produit toute une nouvelle gamme de termes et concepts : circulation musicale globale, sous-culture, interculture et superculture, intercultures liées à des phénomènes de diaspora, relation dialectique entre le global et le local, imagination globale, hybridité culturelle, flux culturels synthétisants, agents de change culturels, pour n'évoquer que les plus connus. Ces nouveaux apports terminologiques et conceptuels ont permis aux chercheurs de désigner à la fois ce qui est en jeu et les personnes engagées dans ces processus musicaux et culturels globaux en même temps qu'ils ont rendu possible d'en étudier les conditions d'émergence (voir, par exemple, Monson, 1999). Ces recherches ont décrit le champ des possibles que ces mécanismes globaux peuvent offrir, de l'émancipation essentiellement (Lipsitz, 1994) à l'emprisonnement dans la logique du capitalisme même (Erlmann, 1996*a*, p. 472). D'autres études ont avancé l'idée que les possibilités offertes par ces processus n'auraient pas *a priori* de signification d'ensemble et qu'ils ne seraient pas le résultat de l'action de quelque main cachée, d'une autorité supérieure qui déciderait en dernière instance de la façon dont les communautés, les individus ou les groupes agissent et réagissent sur la scène mondiale (Slobin, 1992, p. 5).

Chacun des cadres théoriques décrits ici a été associé à des termes et notions empruntés à un large spectre de disciplines parmi lesquelles les *gender studies*, la communication, l'anthropologie, la sociologie et l'ethnologie pour n'en citer que quelques-unes. Les travaux qui mettent en lumière les possibilités d'émancipation offertes par les mécanismes culturels globaux, par exemple, parlent de médiation et du pouvoir à la fois de "l'intimité de la diaspora" (Paul Gilroy, cité par Lipsitz, 1994, p. 27) et des familles de ressemblance pour intégrer des pratiques opposées au sein de "nouveaux mouvements sociaux" qui ont un ancrage local et correspondent à un territoire tout en témoignant d'une conscience globale et en permettant la création de nouveaux centres de pouvoir. Ces travaux font référence à l'"anti-essentialisme stratégique" comme agent du mécanisme de "dé-familiarisation et de re-familiarisation" (Lipsitz, 1994, p. 64) : une notion utile pour traiter des appropriations musicales effectuées par certains groupes. Ces recherches tentent de montrer comment la musique, sous de nombreux rapports, est utilisée comme une arme politique. Ainsi, elles étudient la subversion, les politiques de résistance de même que les pratiques politiques et culturelles qui vantent la différence, la diversité et le dialogue. Dans la continuité de ce courant, ces travaux évoquent la constitution de nouvelles alliances par le truchement du musical.

A l'inverse, les travaux qui éclairent la production cultivant la différence ou la prolifération de nouvelles musiques à travers le monde avec l'idée que ce phénomène serait inhérent à la logique du capitalisme, font appel à un champ notionnel et à un vocabulaire différents pour étudier les mécanismes culturels globaux. D'après ces travaux, ce type de mécanismes produiraient des pastiches et un sentiment de nostalgie. On voit en eux "l'indice de la perte rapide de référentialité", à rapprocher de l'idée parallèle de Jean Baudrillard d'une "culture du simulacre" (Erlmann, 1993, p. 10-11). Ici la prolifération des "micro-musiques", pour reprendre le terme de Slobin, est interprétée non comme un mouvement d'émancipation mais comme le reflet d'une idéalisation et d'une mythification de l'expérience et de l'action individuelles (*ibid.*, p. 7). On regarde alors l'idée d'une communauté mondiale comme le résultat du double mécanisme de production globale de marchandises avec l'*homogénéisation* de qualités locales spécifiques et d'univers de vie qu'elle implique, et de *rationalisation* fonctionnelle (*ibid.*, p. 9, sans les italiques). Au sein de cette approche, c'est l'idée de "mode de totalisation postmoderne" (*ibid.*, p. 12) due à Fredric Jameson qui sert de référence pour l'étude des processus culturels globaux.

Néanmoins, d'autres recherches sur ces mécanismes rejettent l'idée qu'un seul paramètre, quel qu'il soit, en détermine les résultats. Au lieu de cela, ces travaux envisagent la musique populaire sous le plus grand nombre d'angles possible, parmi lesquels la production, la distribution et la mise sur le marché de la musique populaire en question ; sa circulation entre individus et groupes de population identifiés ; sa participation dans la création de mouvements sociopolitiques spécifiques ; et son positionnement à des moments particuliers de l'histoire et dans des conjonctures historiques spéciales mettant en jeu un réseau complexe de relations (ethniques, raciales, linguistiques, économiques, sexuelles, générationnelles, etc.).

L'objectif de cette démarche consiste à élaborer une connaissance des formations anciennes et modernes que les pratiques musicales en question ont rendues possibles et de faire valoir les contradictions qui ont nourri ces pratiques. Dans ce type de cas, le concept de "local" reprend toute sa place mais en faisant partie intégrante de configurations culturelles et politiques complexes qui ont fourni – simultanément et cependant au sein d'un champ restreint de possibilités et de prescriptions – les moyens d'activer des relations sociales, des alliances et des réseaux d'un type nouveau. Dans de tels cas de figure, on analyse par exemple la musique populaire aussi bien en ce qui concerne son rôle dans les discours nationalistes que sa participation à des phénomènes cosmopolites, avec tout ce que ces deux univers à la fois requièrent et laissent possible (Turino, 2000). On étudie aussi les rapports que ces musiques entretiennent avec ce que Erlmann a décrit comme "les contradictions de la modernité" et les "continuités du monde postcolonial" (1999).

5. Conclusions

L'examen qui vient d'être fait de trois des principaux cadres d'analyse qui ont nourri le travail des ethnomusicologues sur la mondialisation, a non seulement montré le caractère central de cette question pour la discipline mais aussi la façon dont le sujet a été traité diversement selon les époques et les personnes concernées, avec des points de vue et des implications variés. Cette étude a aussi fait valoir – et c'est plus important encore – la manière dont les cadres théoriques ne se limitent pas à l'élaboration des termes avec lesquels on définit les projets de recherche. Notre analyse a mis en avant la façon dont ces cadres contribuent à rendre légitimes certaines pratiques musicales particulières au détriment d'autres et à inclure ou exclure des groupes de population spécifiques dans le même temps.

Par conséquent, il semble clair que la notion de mondialisation est profondément ancrée dans un "processus historique inégal et même à tendance régionalisante" et que la notion de localisme constitue elle-même un produit historique (Appadurai, 1996, p. 17-18) dépendant en grande partie de la position relative de pouvoir dans laquelle se trouve celui qui parle, au nom de qui et à quelles fins. C'est pourquoi nous avons besoin de reconnaître, en ethnomusicologie, les spécificités et les problématiques des théories que nous adoptons ainsi que les voix d'interprétation qu'elles prédisposent à emprunter, ce que Rex Nettleford a appelé "l'extensité interne et la portée externe" (1993) incarnées par les relations globales et les conditions locales.

Bibliographie

APPADURAI, A., 1996 : *Modernity at Large*, Minneapolis, University of Minnesota Press.

AUSTERLITZ, P., 1997 : *Merengue. Dominican Music and Dominican Identity*, Philadelphie, Temple University Press.

BECKER, J. et BECKER, A. L., 1981 : "A Musical Icon. Power and Meaning in Javanese Gamelan Music", in *The Sign in Music and Literature*, W. Steiner (éd.), Austin, University of Texas Press, p. 203-215.

BERLINER, P., 1978 : *The Soul of Mbira*, Berkeley, University of California Press.

BLACKING, J., 1967 : *Venda Children's Songs. A Study in Ethnomusicological Analysis*, Johannesburg, Witwatersrand University Press.

BLACKING, J., 1977 : "Some Problems of Theory and Method in the Study of Musical Change", *Yearbook of the International Folk Music Council*, n° 9, p. 1-26.

BOAS, F., 1896 : "The Limitations of the Comparative Method of Anthropology", *Science*, vol. IV, p. 901-908 ; repris in *Race, Language and Culture*, New York, Macmillan, 1940 ; nouv. éd., New York, Free Press, 1966, p. 270-289.

BURKE, K., 1961 : *The Rhetoric of Religion. Studies in Logology*, Boston, Beacon Press ; rééd., 1999.

CLARK, I., 1997 : *Globalization and Fragmentation. International Relations in the Twentieth Century*, New York, Oxford University Press.

COHEN, S., 1993 : "Ethnography and Popular Music Studies", *Popular Music*, vol. XII, n° 2, p. 123-138.

COHEN, S., 1994 : "Identity, Place and the Liverpool Sound", in *Ethnicity, Identity and Music. The Musical Construction of Place*, M. Stokes (éd.), Oxford-Providence, Berg, p. 117-134.

ERLMANN, V., 1993 : "The Politics and Aesthetics of Transnational Musics", *The World of Music*, n° 35, 2, p. 3-15.

ERLMANN, V., 1996*a* : "The Aesthetics of the Global Imagination. Reflections on World Music in the 1990s", *Public Culture*, vol. VIII, n° 3, p. 467-487.

ERLMANN, V., 1996*b* : *Nightsong. Performance, Power and Practice in South Africa*, Chicago, University of Chicago Press.

ERLMANN, V., 1999 : *Music, Modernity and the Global Imagination. South Africa and the West*, New York, Oxford University Press.

FELD, S. et BASSO, K. H., 1996 : *Senses of Place*, Santa Fe, School of American Research Press.

GRENIER, L. et GUILBAULT, J., 1990 : "Authority Revisited. The «Other» in Anthropology and Popular Music Studies", *Ethnomusicology*, vol. XXXIV, n° 3, p. 381-397.

GUILBAULT, J., 1991 : "Ethnomusicology and the Study of Music in the Caribbean", *Studies in Third World Societies*, n° 45, p. 117-140.

GUILBAULT, J., 1997 : "Interpreting World Music. A Challenge in Theory and Practice", *Popular Music*, vol. XVI, n° 1, p. 31-44.

HERSKOVITS, M. J., 1958 : *Acculturation. The Study of Culture Contact*, Gloucester, Peter Smith.

HORNBOSTEL, E. M. von, 1975 : *Hornbostel Opera Omnia*, K. Wachsmann *et al.* (éd.), La Haye, Nijhoff.

KARPELES, M., 1951 : "Some Reflections on Authenticity in Folk Music", *Journal of the International Folk Music Council*, n° 3, p. 10-16.

KARTOMI, M. J., 1981 : "The Processes and Results of Musical Culture Contact. A Discussion of Terminology and Concepts", *Ethnomusicology*, vol. XXV, n° 2, p. 227-249.

KEIL, C., 1966 : *Urban Blues*, Chicago, University of Chicago Press.

KEIL, C., 1979 : *Tiv Song*, Chicago, University of Chicago Press.

KEIL, C., 1994 : "'Ethnic' Music Traditions in the USA ; Black Music ; Country Music ; Others ; All", *Popular Music*, vol. XIII, n° 2, p. 175-178.

KUNST, J., 1959 : *Ethnomusicology*, 3e éd., La Haye, Nijhoff.

LIPSITZ, G., 1994 : *Dangerous Crossroads. Popular Music, Postmodernism and the Poetics of Place*, New York, Verso.

MANUEL, P. L., 1993 : *Cassette Culture. Popular Music and Technology in North India*, Chicago, University of Chicago Press.

MARSHALL, C., 1972 : "Two Paradigms for Music. A Short History of Ideas in Ethnomusicology", *Cornell Journal of Social Relations*, n° 7, p. 75-83.

MCALLESTER, D. P., 1954 : *Enemy Way Music*, Cambridge, Peabody Museum Papers, vol. XLI, n° 3.

MERRIAM, A. P., 1955 : "The Use of Music in the Study of a Problem of Acculturation", *American Anthropologist*, vol. LVII, n° 1, p. 28-34.

MERRIAM, A. P., 1960 : "Ethnomusicology. Discussion and Definition of the Field", *Ethnomusicology*, vol. IV, n° 3, p. 107-114.

MERRIAM, A. P., 1964 : *The Anthropology of Music*, Evanston, Northwestern University Press.

MERRIAM, A. P., 1967 : *Ethnomusicology of the Flathead Indians*, Chicago, Aldine Press.

MERRIAM, A. P., 1969 : "Ethnomusicology Revisited", *Ethnomusicology*, vol. XIII, n° 2, p. 213-229.

MERRIAM, A. P., 1975 : "Ethnomusicology Today", *Current Musicology*, n° 20, p. 50-66.

MERRIAM, A. P., 1977 : "Definitions of «Comparative Musicology» and «Ethnomusicology». A Historical-Theoretical Perspective", *Ethnomusicology*, vol. XXI, n° 2, p. 189-204.

MONSON, I., 1999 : "Riffs, Repetition and Theories of Globalization", *Ethnomusicology*, vol. XLIII, n° 1, p. 31-65.

NETTL, B., 1954 : *North American Indian Musical Styles*, Philadelphie, American Folklore Society.

NETTL, B., 1956 : "Unifying Factors in Folk and Primitive Music", *Journal of the American Musicological Society*, vol. XI, n° 3, p. 196-201.

NETTL, B., 1958 : "Historical Aspects of Ethnomusicology", *American Anthropology*, vol. LX, p. 518-532.

NETTL, B., 1973 : "Comparison and Comparative Method in Ethnomusicology", *Inter-American Institute for Musical Research Yearbook*, n° 9, p. 148-161.

NETTL, B., 1983 : *The Study of Ethnomusicology. Twenty-Nine Issues and Concepts*, Urbana, University of Illinois Press ; nouv. éd., *The Study of Ethnomusicology. Thirty-One Issues and Concepts*, Urbana, University of Illinois Press, 2005.

NETTLEFORD, R., 1993 : *Inward Stretch, Outward Reach. A Voice from the Caribbean*, Londres, Macmillan.

NKETIA, J. H. K., 1974 : *The Music of Africa*, New York, Norton.

PACINI HERNANDEZ, D., 1995 : *Bachata. A Social History of a Dominican Popular Music*, Philadelphie, Temple University Press.

PELINSKI, R. (éd.), 1995 : *Tango nomade*, Montréal, Triptyque.

RHODES, W., 1956 : "Toward a Definition of Ethnomusicology", *American Anthropologist*, vol. LVII, p. 457-463.

ROBERTS, J. S., 1979 : *The Latin Tinge. The Impact of Latin American Music on the United States*, New York, Oxford University Press.

SIMON, A., 1972 : *Studien zur ägyptischen Volksmusik*, Hambourg, K. D. Wagner.

SLOBIN, M., 1976 : *Music in the Culture of Northern Afghanistan*, Tucson, University of Arizona Press.

SLOBIN, M., 1992 : "Micromusics of the West. A Comparative Approach", *Ethnomusicology*, vol. XXXVI, n° 1, p. 1-87.

SLOBIN, M., 1993 : *Subcultural Sounds. Micromusics of the West*, Hannover, Wesleyan University Press.

TAYLOR, T. D., 1997 : *Global Pop. World Music, World Markets*, New York, Routledge.

TURINO, T., 1989 : "The Coherence of Social Style and Musical Creation Among the Aymara in Southern Peru", *Ethnomusicology*, vol. XXX, n° 1, p. 1-30.

TURINO, T., 1993 : *Moving Away from Silence. Music of the Peruvian Altiplano and the Experience of Urban Migration*, Chicago, University of Chicago Press.

TURINO, T., 2000 : *Nationalists, Cosmopolitans, and Popular Music in Zimbabwe*, Chicago, University of Chicago Press.

WALLIS, R. et MALM, K., 1984 : *Big Sounds from Small Peoples*, Londres, Constable.

WATERMAN, C. A., 1990 : *Jùjú. A Social History and Ethnography of an African Popular Music*, Chicago, University of Chicago Press.

WATERMAN, R., 1952 : "African Influence on the Music of the Americas", in *Acculturation in the Americas*, S. Tax (éd.), Chicago, University of Chicago Press, p. 207-218.

YOUNGS, G., 1996 : "Dangers of Discourse. The Case of Globalization", in *Globalization. Theory and Practice*, E. Kofman et G. Youngs (éd.), Londres, Pinter, p. 58-71.

ZEMP, H., 1979 : "Aspects of 'Aré' Aré Musical Theory", *Ethnomusicology*, vol. XXIII, n° 1, p. 5-48.

Deuxième partie

QU'EST-CE QUE LA MUSIQUE ?

Jean Molino
Jean-Jacques Nattiez

TYPOLOGIES ET UNIVERSAUX

1. De la métaphysique aux sciences humaines

On parle d'universaux en linguistique, en musique et plus généralement en sciences humaines, en utilisant un terme qui renvoie à une problématique philosophique très ancienne, illustrée dans la fameuse querelle médiévale des universaux. Dans son acception logique, l'adjectif *universel* s'applique aux caractéristiques qui concernent la totalité des individus d'une classe ; le substantif pluriel *universaux* est un terme de philosophie scolastique qui désigne les propriétés universelles des individus d'une classe ainsi que les prédicats, termes ou concepts, qui représentent ces propriétés. Nous constatons en effet que le monde qui nous entoure est fait de choses particulières *(particulars)* et de propriétés générales, qualités comme *bleu* ou *vert* et propriétés caractéristiques d'une espèce comme *arbre* ou *homme*.

La querelle des universaux est un problème à la fois ontologique et épistémologique. Dans les conceptions antique et médiévale du monde, où les individus sont distribués en genres et en espèces définis par une essence commune, il s'agit de savoir : 1. quel est le rapport entre les individus et l'essence de la catégorie à laquelle ils appartiennent ; et 2. quel est le statut des termes et concepts généraux qui désignent les propriétés universelles qui constituent cette essence.

On distingue trois positions canoniques selon que les universaux, propriétés, concepts et termes, sont :

a) ante rem : c'est la position platonicienne, selon laquelle les individus appartenant à une catégorie participent à l'essence de cette catégorie, incarnée dans une Idée-modèle située au-delà du monde matériel ;

b) in re : c'est la position aristotélicienne, selon laquelle les propriétés universelles qui constituent l'essence d'une classe sont situées dans l'individu qui en fait partie ;

c) post rem : c'est la position conceptualiste et nominaliste, selon laquelle les universaux sont respectivement dans la pensée et dans la langue, dans les concepts et les termes, et non dans les individus ou dans un univers séparé.

La problématique des universaux a progressivement disparu à l'époque moderne, à partir du moment où la révolution scientifique du XVIIe siècle conduisait à une transformation complète de la vision du monde et de l'ontologie. Dans la nouvelle physique de Galilée, Descartes et Newton, on passe d'un monde où les entités sont classées en genres et espèces à un monde où les objets sont dépouillés de leurs qualités secondes (couleur, goût, etc.) et dont on ne retient, pour reprendre la formule de Pascal parlant de Descartes, que "figure et mouvement" (Pascal, 1963, p. 510 : Brunschwicg 79-Lafuma 84). Dans un monde soumis à la légalité physique qui établit des relations entre ces propriétés primaires, la question des universaux ne se pose plus. Ou plutôt elle se pose d'une façon nouvelle en se transportant dans le domaine des idées et de la psychologie : il s'agit de savoir quel est le statut des idées générales. Pour la tradition empiriste, de Hobbes et Locke à Condillac et Hume, il n'existe que des choses particulières et les idées générales sont le résultat d'une construction psychologique à partir de notre expérience et grâce aux possibilités de généralisation qu'offre le langage. Si les philosophes rationalistes, de Descartes à Spinoza et Leibniz, affirment l'existence d'idées innées, il s'agit pour l'essentiel des idées qui relèvent de la religion, de la morale et de ce qui apparaît comme le modèle du vrai savoir et l'instrument de la nouvelle physique, la science mathématique.

Et c'est précisément dans le cadre d'une nouvelle conception de la logique et de la mathématique que réapparaît à la fin du XIXe siècle la problématique des universaux. En réaction contre le psychologisme qui entendait réduire les êtres mathématiques à de pures constructions de l'esprit, Frege et Russel distinguent l'acte subjectif de penser de "son contenu objectif, lequel peut être la propriété de plusieurs sujets" (Frege, 1892, in 1971, p. 108) et retrouvent ainsi la querelle des universaux : "Les mathématiques classiques [...] sont engagées jusqu'au cou dans une ontologie d'entités abstraites. C'est ainsi que la grande controverse médiévale au sujet des universaux s'est à nouveau enflammée dans la philosophie moderne des mathématiques." (Quine, 1961, p. 13.) C'est sans doute cette renaissance qui explique que ce soit d'abord dans le monde anglophone qu'on ait réutilisé le mot *universaux* : ainsi s'ouvrait la seconde querelle des universaux, qui est aujourd'hui encore au cœur des sciences humaines.

2. Les quatre âges de la recherche des universaux culturels

Au sens où on l'emploie en linguistique et en musicologie, le problème des universaux ne se pose à notre époque que transposé au domaine des phénomènes culturels. Il s'agit maintenant de savoir ce que désignent les mots que l'on utilise pour décrire les sociétés et les cultures humaines tels que *mariage, religion, langage* ou *musique* : correspondent-ils à des réalités stables et bien définies ou ne sont-ils que de pseudo universaux (*fake universals* selon l'expression de l'anthropologue Alfred Louis Kroeber cité par Geertz, 1973, p. 40), tellement vagues qu'ils ne sont plus d'aucune utilité ? Il faut reconnaître que les réalités humaines ont un statut différent des réalités matérielles : celles-ci se rangent en "espèces naturelles" telles que l'eau, l'or, les arbres et les chats, qui ont été identifiées et distinguées par toutes les cultures (Atran, 1990) et dont la science moderne a le plus souvent légitimé l'unité qu'elle a fondée sur des lois. Il n'en est pas de même pour les réalités sociales et culturelles dont la diversité semble bien faire obstacle à toute tentative de réduction à l'unité : qu'y a-t-il de commun entre les différentes formes de ce que nous appelons *religion* faute de mieux, parce que nous sommes obligés d'utiliser des termes qui renvoient aux catégories de notre propre culture ? Il semble bien que nous nous trouvions dans la situation décrite par Wittgenstein grâce à ce qu'il appelle "prédicats de ressemblance de famille" (Wittgenstein, 1953, § 67) : les objets dénotés par un même terme tel que *jeu* ne sont pas nécessairement liés par une propriété commune mais par un réseau de ressemblances non transitives, comme c'est le cas pour les visages des membres d'une même famille. A quoi il faut ajouter que, en linguistique comme dans les autres sciences humaines, les catégories que nous utilisons ont leur origine dans notre propre culture et que rien ne garantit qu'elles correspondent à la réalité des autres. Depuis le XVIe siècle en effet, l'Europe a découvert, grâce en particulier à ses voyageurs, ses missionnaires et ses conquérants, la variété des formes culturelles, comme en témoignent les réflexions bien connues de Montaigne ou de Pascal : "Vérité au-deçà des Pyrénées, erreur au-delà" (Pascal, 1963, p. 507 : Brunschwicg 294-Lafuma 60). Peut-on alors reconnaître l'existence de traits universels, c'est-à-dire présents dans toutes les cultures ?

La recherche des universaux humains en Europe est passée par quatre étapes :

a) Jusqu'au XVIIIe siècle, l'anthropologie est universaliste. On reconnaît bien l'existence de mœurs différentes d'un pays à un autre, mais ces différences ne constituent qu'une couche très superficielle des êtres humains, qui conservent sous cette mince écorce une nature identique : “La différence de ce qu'on appelle les caractères nationaux ne consiste guère que dans celle des usages, des manières et de certaines habitudes, qui viennent moins du fond de la nature que des circonstances extérieures.” (Prévost, 1733-1740, vol. VI, p. 308.) Une distinction analogue se retrouve dans l'analyse des langues : il y a d'un côté des catégories et des règles communes à toutes les langues parce qu'elles reposent sur les nécessités de la pensée et de son expression et qui sont l'objet d'une “grammaire générale”, et de l'autre les habitudes propres à chaque langue qui viennent modifier en surface cette structure universelle.

b) Au début du XIXe siècle se produit une profonde mutation dans la conception du monde humain. L'espèce humaine est maintenant considérée comme composée de communautés dont chacune parle une langue différente et partage une façon distincte de voir le monde : chaque peuple est caractérisé par un esprit spécifique, un *Volksgeist* irréductible aux autres, qui se manifeste dans toutes ses productions, et chaque langue possède une “forme interne” *(innere Sprachform)* qui en gouverne la structure spécifique (Humboldt, 1836-1840). Le XIXe siècle est aussi le siècle de l'histoire et de l'historisme : c'est l'époque où se constitue la linguistique historique et comparative et où toutes les formes sociales et culturelles sont envisagées comme les étapes d'une évolution qui mène de la sauvagerie à la barbarie et enfin à la civilisation (Morgan, 1877). C'est cette perspective évolutionniste qui apparaît dans la typologie morphologique qui distingue trois étapes dans l'évolution des langues : on passe des langues isolantes comme le chinois aux langues agglutinantes comme le turc et enfin aux langues flexionnelles comme les langues indo-européennes qui représentent la forme la plus parfaite et le terme de l'évolution.

c) Au XXe siècle se produit une réaction contre cet évolutionnisme unilinéaire et souvent simpliste. L'anthropologie moderne, qui se constitue à la fin du XIXe siècle, refuse l'historisme mais reste fidèle aux conceptions de Herder et de Humboldt : chaque culture forme un ensemble, un *pattern* unique et irréductible (Benedict, 1934) et chaque langue, selon le fameux principe dit de Humboldt-Sapir-Whorf, correspond à une vision du monde particulière. On entre ainsi dans ce qu'on peut appeler l'âge boasien, du nom de l'anthropologue Franz Boas (1858-1942), dans l'œuvre de qui s'incarne le nouveau paradigme culturaliste et structuraliste sur lequel beaucoup d'anthropologues et d'ethnomusicologues vivent encore aujourd'hui : chaque culture, chaque langue doit être étudiée dans sa spécificité sans que l'on se préoccupe de comparaisons synchroniques ou diachroniques. On se souvient par ailleurs qu'après 1945, le succès de l'existentialisme a répandu l'idée que l'homme n'a pas de nature. Dans une discussion consacrée aux universaux, l'anthropologue Clifford Geertz, après avoir nié la possibilité d'en découvrir, ajoute que, même si on acceptait comme hypothèse cette possibilité, ces universaux ne nous révéleraient rien d'essentiel : "C'est peut-être dans les particularités culturelles des gens – dans leurs singularités – que l'on peut trouver quelques-unes des révélations les plus instructives de ce que c'est qu'être génériquement humain." (Geertz, 1973, p. 43.)

L'exemple de la langue est caractéristique, car on en donne alors une définition minimaliste. Pour un structuraliste comme Martinet, la structure des langues en général n'est caractérisée que par la double articulation, c'est-à-dire l'existence d'un niveau d'unités à double face, phonique et sémantique, les monèmes, elles-mêmes constituées d'unités phoniques distinctives, les phonèmes : "Hors cette base commune, rien n'est proprement linguistique qui ne puisse différer d'une langue à une autre." (Martinet, 1960, p. 25.)

c) On assiste cependant depuis un demi-siècle à un retour à la problématique des universaux. Il faut évidemment ajouter que les étapes que nous avons distinguées ne sont que des découpages approximatifs, qui ne retiennent que les paradigmes dominants et pour ainsi dire les "modes" théoriques. La perspective comparative et évolutionniste n'a jamais été abandonnée, comme en témoignent les travaux d'un Julian Steward (1955) ou d'un Leslie White (1959). C'est dans ce cadre que l'on continue à s'intéresser à l'inventaire des formes sociales et culturelles : l'anthropologue américain George P. Murdock a ainsi été à l'origine de l'entreprise des *Human Relations Area Files*, qui constituent une base de données portant sur plusieurs centaines de cultures (1957, 1962-1967 et 1967). C'est dans cette même tradition anthropologique d'inventaire comparatif interculturel que s'opère le retour à la recherche d'universaux linguistiques : citons les travaux de Joseph H. Greenberg (1966 ; Greenberg, Ferguson et Moravcsik, 1978) et du *Stanford Language Universals Research Project*, du *Kölner Universalien-Projekt* ainsi que de Claude Hagège (1982). Par ailleurs, la situation épistémologique avait entre-temps profondément changé, en particulier dans les pays anglophones. La "révolution cognitive", qui se met en place dans les années 1950-1960, réagit contre l'empirisme, le béhaviorisme et le relativisme culturaliste de la première moitié du siècle, et en revient à l'hypothèse de l'unité du genre humain : "Depuis l'époque où Lévy-Bruhl discutait du statut de l'esprit primitif, le pendule est resté résolument du côté de l'unité essentielle et universelle de l'esprit humain" (Gardner, 1985, in 1993, p. 297).

La grammaire générative, qui a joué un rôle important dans cette révolution, a favorisé le passage à la recherche d'universaux formels

portant sur les opérations et les règles sur lesquelles se fonde le locuteur pour parler une langue et la comprendre.

C'est grâce à ce renouveau de l'étude des universaux en linguistique que l'on a abouti à une classification des différents types d'universaux, ce qui conduit à distinguer (Comrie, 1981 ; Hagège, 1982) :

a) des universaux *formels* qui s'opposent aux universaux *substantiels.* Les universaux substantiels (ou de substance) portent sur des catégories supposées présentes dans toutes les langues, comme le seraient en phonologie les traits distinctifs de Jakobson ou en morphosyntaxe des catégories comme *verbe* ou *sujet.* Les universaux formels, privilégiés par la grammaire générative, portent sur la forme des règles de grammaire et les stratégies cognitives des locuteurs. Nous les appellerons dorénavant "universaux de stratégie". Ils ont été, durant quelques décennies, au centre de la recherche dans le cadre de la psychologie et des sciences cognitives, mais il faut rappeler qu'ils sont plus difficiles à valider que les universaux substantiels parce qu'ils dépendent très étroitement des théories qui les posent (Comrie, 1981, p. 12-15).

b) des universaux *absolus* qui s'opposent aux universaux *tendanciels* ou *statistiques.* Les universaux sembleraient bien devoir être absolus pour mériter pleinement leur nom. L'observation montre cependant qu'à côté de ces universaux absolus (toutes les langues semblent avoir des voyelles), il existe des cas dans lesquels une généralisation a peu d'exceptions : presque toutes les langues ont des consonnes nasales, celles qui n'en possèdent aucune étant extrêmement rares. Il est clair qu'une telle situation nous révèle quelque chose d'intéressant sur la structure des langues en général ; on peut la rapprocher de ce qui se passe dans la grammaire, où les exceptions aux règles de formation du temps des verbes ou du pluriel des noms n'invalident pas l'importance de ces règles.

c) des universaux *implicatifs*, reposant sur une implication logique selon le principe "si p, alors q". Si, par exemple, une langue privilégie l'ordre V S O, c'est-à-dire l'ordre Verbe-Sujet-Objet, alors on peut en inférer qu'elle aura des prépositions (et non des postpositions dans le même rôle). De même, dans un système phonologique, le nombre des voyelles nasales est inférieur ou égal au nombre des voyelles orales.

d) des universaux ou régularités d'*évolution.* Il ne s'agit pas de revenir à des lois d'évolution linéaire telles qu'on les recherchait au XIXe siècle, mais de se demander si les phénomènes linguistiques évoluent non selon des processus aléatoires mais de manière réglée parce que motivée. C'est ce qu'ont mis en évidence Brent Berlin et Paul Kay (1969) à propos des noms de couleur *(basic color terms).* Ceux-ci ne se distribuent pas au hasard selon les langues mais sont liés par des relations d'implication qui correspondent à des directions privilégiées d'évolution : si par exemple une langue possède trois noms de couleurs, c'est le rouge qui vient s'ajouter au blanc et au noir.

e) universaux et *typologies* (Molino, 1987). La recherche des universaux et l'étude des typologies semblent à première vue incompatibles (Comrie, 1981, p. 30-50) : l'une est concernée par les caractéristiques communes à toutes les langues tandis que l'autre décrit les dimensions de leur variation. On peut en fait distinguer trois cas en ce qui concerne les ressemblances et les différences entre les langues (Greenberg, 1974) : une langue est comme toutes les autres langues (universaux) ; une langue est comme quelques autres langues (typologie) ; une langue n'est comme aucune autre langue (traits individuels).

Les liens entre universaux et typologie apparaissent alors comme très étroits. En effet, pour construire une typologie, il faut poser un ou plusieurs paramètres qui doivent être valables pour l'ensemble des langues comparées. Plus encore, pour mener à bien l'analyse d'une langue quelconque, il faut disposer de catégories à valeur explicitement ou implicitement universelles : c'est le cas des catégories de phonologie, de morphologie et de syntaxe, de voyelles et de consonnes, etc. On voit ainsi comment s'articulent universaux et typologie : on définit une catégorie ou un paramètre, considérés comme universels, et l'on étudie les divers systèmes, ou types, qui lui correspondent. Toutes les langues ont des voyelles orales – l'exception que constitueraient certaines langues caucasiennes est discutée –, et les divers systèmes connus de voyelles orales ne se distribuent pas au hasard : il y a presque partout les trois voyelles de base *a i u*, certains systèmes sont plus fréquents que d'autres et leur organisation répond à des universaux implicatifs – si un système a telle voyelle, alors il a telle autre (Hagège, 1982, p. 18). La prise en considération de tous les cas attestés conduit souvent à modifier les paramètres de départ et l'on se situe ainsi dans une dialectique où interagissent les classifications *emic* qui servent à rendre compte de l'organisation spécifique d'une langue parce qu'elles se fondent sur les catégorisations cognitives autochtones, verbalisées ou non, et la recherche d'un cadre général *etic*, élaboré par l'observateur, où chaque configuration particulière puisse prendre sa place et son sens. (Pour la définition de *etic* et *emic*, on lira dans cette encyclopédie, Nattiez, 2002*c*, version française in 2004*c*, p. 732.) On aboutit à un inventaire des systèmes vocaliques qui fait apparaître des régularités significatives que l'on peut mettre en rapport avec les propriétés acoustiques des voyelles et les caractéristiques de l'appareil phonatoire humain : les phonèmes vocaliques d'une langue tendent à se disperser de façon équilibrée dans l'espace phonétique disponible de façon à rendre maximal le contraste perceptif entre les phonèmes (Liliencrants et Lindblom, 1972 ; Ferrari Disner, 1984). On est ainsi passé de la description typologique à des tentatives d'explication fondées sur la physique et la physiologie.

Toutes les sciences sociales procèdent de la même façon et font nécessairement appel à des typologies. Pensons, en sociologie, aux diverses typologies proposées par Max Weber – types d'action, types de pouvoir ou types de religions – ou aux typologies anthropologiques – systèmes économiques, systèmes de parenté, etc. Universaux, typologies, universaux tendanciels et implicatifs apportent des informations essentielles sur l'ampleur et les limites des variations dont sont susceptibles les langues humaines. Mais on voit que les perspectives de l'enquête, en ce qui concerne en particulier la linguistique, ont changé. Il ne s'agit plus d'exhiber un hypothétique trait universel et de s'amuser à trouver des contre-exemples. Le travail fondamental consiste à faire un inventaire systématique et ordonné des cas de figure attestés. Si l'on arrive à une typologie bien définie pour un paramètre donné, on se trouve devant une nouvelle sorte de régularité que l'on peut encore, si l'on veut, qualifier d'universaux : chaque langue choisit un sous-ensemble de l'ensemble des cas prévus par la typologie. On remarquera enfin que la typologie est la réponse directe au problème posé par l'existence des prédicats de ressemblance de famille : s'il n'y a pas de propriété commune à l'ensemble des objets pris en compte, il faut dégager les paramètres tels qu'on puisse les ordonner en familles cohérentes dans l'espace défini par ces paramètres. Aujourd'hui les recherches concernant les universaux et les typologies linguistiques sont en plein développement, comme en témoigne la volumineuse synthèse *Language Typology and Language Universals* (Haspelmath *et al.*, 2001).

3. La querelle des universaux : contre les universaux

Même si l'on s'était auparavant intéressé aux musiques autres qu'européennes avant cette époque, ce n'est qu'à la fin du XIXe siècle que l'on se consacre à l'inventaire comparatif des différents systèmes musicaux (Nattiez, 2002*c*). Un grand mouvement de collecte, d'abord inspiré par le romantisme et le nationalisme, s'étend de l'Europe au monde entier et conduit aux premières tentatives de synthèse d'ambition universaliste : c'est ainsi qu'en 1885, la même année où il publie la seconde édition de sa traduction en anglais du livre de Helmholtz (1885), Alexander J. Ellis fait paraître son article "On the Musical Scales of Various Nations" (1885), dans lequel il présente un premier bilan des échelles "non harmoniques". Les pionniers qui, comme Stumpf et Hornbostel à Berlin, essaient de rassembler et de classer les données provenant d'un nombre croissant de cultures, ne se situent pas dans le cadre de ce qui deviendra plus tard l'ethnomusicologie mais se placent dans la perspective d'une musicologie comparée *(Vergleichende Musikwissenschaft)*, qui se veut évidemment l'équivalent pour la musique de ce qu'était depuis le début du XIXe siècle la linguistique comparée (Hornbostel, 1905-1906). Mais, comme c'était le cas pour la linguistique comparée, cet inventaire comparatif s'opère le plus souvent dans le cadre de l'évolutionnisme, dont l'influence se fait sentir jusqu'au milieu du XXe siècle, comme en témoignent les ouvrages de Carl Stumpf (1911), d'André Schaeffner (1936), de Curt Sachs (1962) ou de Walter Wiora (1961). On cherche moins des universaux au sens propre que des typologies ainsi que les étapes d'une évolution qui conduit des origines à la musique du XXe siècle ; l'ouvrage posthume de Max Weber (1921) reflète clairement ces préoccupations. Un des fondateurs de l'ethnomusicologie européenne, Constantin Brăiloiu, collecteur et théoricien de l'enquête de terrain, s'est toujours situé dans une perspective comparative et évolutionniste, comme le montrent des textes par ailleurs aussi différents que "Sur une mélodie russe" (1953) ou "La vie antérieure" (1960).

En revanche, la position orthodoxe des ethnomusicologues depuis le milieu du XXe siècle – moment où l'ethnomusicologie s'institutionnalise – correspond au culturalisme de ce que nous avons appelé l'âge "boasien". Il ne faut pas oublier les conditions dans lesquelles se construit la nouvelle discipline. La connaissance des musiques ethniques ainsi que les nouvelles musiques du XXe siècle font éclater le cadre de la musique tonale : on s'aperçoit que ce que l'on avait jusque-là pris pour des universaux n'était rien d'autre qu'un système parmi d'autres. Les réactions de Hornbostel à propos de la consonance sont caractéristiques de ce qui sera l'attitude commune des ethnomusicologues : "Il n'est absolument pas possible de considérer les expériences vécues dans le cadre de notre musique harmonique d'accords comme d'ultimes réalités psychiques et de les généraliser sans plus à l'ensemble de l'humanité." (Hornbostel, 1905-1906, in 1999, p. 48-49.) Ainsi s'explique leur défiance invétérée et presque professionnelle à l'égard des universaux.

Il convient donc de prendre au sérieux les arguments contre la recherche des universaux plus ou moins explicitement présents dans les discussions : nous en avons repéré six dans la littérature ethnomusicologique.

a) Premier argument. La plupart des cultures n'ont pas de mot qui corresponde à ce que nous entendons par "musique" (Nattiez, 2002*a*, version française in 2004*a*, p. 17-24). Chercher des universaux, c'est donc projeter sur des cultures qui n'ont pas ce concept une conception de la musique purement occidentale. Parce que les Kaluli n'ont pas de mot pour "musique", Steven Feld s'est refusé à employer le mot dans son remarquable ouvrage significativement intitulé *Sound and Sentiment* (1982). De son côté, John Blacking a plus d'une fois écrit le mot *"music"* entre guillemets (1984, *passim*) et Gourlay (1984) a plaidé pour la reconnaissance de "la non-universalité de la musique et l'universalité de la non-musique". Il cite une musicologue nigérienne traitant de la culture igbo : "Le concept de musique *nkwa* combine le fait de chanter, de jouer des instruments de musique et de danser *considérés comme une seule action.*" (Nwachukwu, 1981, p. 59 ; souligné par Gourlay), et s'exclame : "Combien les choses auraient été différentes si la langue igbo avait atteint la même «universalité» que l'anglais !" (Gourlay, 1984, p. 35.) Cet argument est l'application à la musique d'un principe "culturaliste" qui a exercé – et exerce encore – une grande influence dans tous les domaines : est considérée comme ethnocentrique toute entreprise qui ne se fonderait pas d'abord sur les catégories de la culture autochtone.

b) Deuxième argument. On ne connaît pas toutes les musiques du monde. Il est difficile d'évaluer le nombre de cultures musicales existantes, mais il est commode de s'inspirer des recensements réalisés pour les langues du monde, même si l'on ne peut établir de correspondance exacte entre langue et culture musicale : on évalue aujourd'hui le nombre de langues connues à six mille, disons plus prudemment à un nombre compris entre quatre et huit mille et, sur ces quelque six mille langues, un dixième tout au plus a été correctement décrit (Haspelmath *et al.*, 2001, vol. I, p. V). On comprend que les ethnomusicologues, qui découvrent tous les jours de nouvelles réalités musicales, soient généralement réticents devant toute généralisation que pourrait venir infirmer une meilleure connaissance d'autres cultures : "Pouvons-nous être certains de la validité de nos propositions concernant la nature, la structure et la signification esthétique de la musique, si nos formulations descriptives et explicatives à son sujet n'ont pas d'autres bases logiques que les «îlots» d'activités musicales isolées par les études historiques et ethnographiques ?" (Hutchinson, 1978, p. 237-238.)

c) Troisième argument. On peut facilement opposer à tout candidat au statut d'universel un ou plusieurs contre-exemples. C'est précisément l'atmosphère dans laquelle, il y a quelques décennies, on enseignait l'ethnomusicologie, comme l'a récemment rappelé Bruno Nettl : "Quand j'étais étudiant, on m'apprenait que toute tentative visant à proposer des généralisations à propos de la musique du monde devait être contrée par un exemple infirmant cette généralisation. On m'apprenait à rejeter l'idée que toutes les musiques du monde ont quelque chose en commun." (2000, p. 463-464.)

d) Quatrième argument. La quête des universaux ne saurait rien nous apprendre quant à la spécificité de la musique, car un certain nombre des universaux déjà proposés ont un champ d'application beaucoup plus large. C'est le cas lorsqu'on se situe sur le plan des conduites et des compétences cognitives en général : "Nous imposons des catégories à l'environnement que nous percevons, et cette «perception catégorielle» est valable aussi bien pour le comportement musical que pour la vision ou le langage, pour toute forme de pensée humaine en fait." (Harwood, 1976, p. 521.) Il n'y a alors rien d'étonnant à ce que ces mêmes stratégies se retrouvent dans des champs d'activité différents. C'est la position défendue par Leonard B. Meyer qui, sous l'influence sans doute de la *Gestaltpsychologie* et dans le contexte de ses recherches visant à fonder ses analyses musicales sur les stratégies musicales qui sous-tendent les productions musicales, plaide depuis longtemps pour la recherche d'universaux qui ne soient pas proprement musicaux : "C'est une erreur – même si elle est très répandue – de conceptualiser ce problème comme une recherche des universaux «musicaux». *Il n'y en a pas.* Il n'y a que les universaux acoustiques du monde physique et les universaux bio-psychologiques du monde humain." (Meyer, 1998, trad. fr., 1998, p. 26). N'y aurait-il alors rien de proprement musical dans la musique ?

e) Cinquième argument. La musique ne peut être séparée du contexte social et culturel dans lequel elle s'inscrit parce qu'elle en est le *produit*. Ce sont sans doute les ouvrages de Merriam (1964) et Blacking (1973) qui ont contribué à accréditer l'idée d'une dépendance *déterministe* entre culture et musique : "La musique est un *produit* de l'homme et elle a une structure, mais sa structure ne peut avoir une existence en soi séparée du comportement qui la *produit*. Afin de comprendre pourquoi une musique existe comme elle le fait, nous devons aussi comprendre comment et pourquoi le comportement qui la *produit* est ce qu'il est, et comment et pourquoi les concepts qui sous-tendent ce comportement sont organisés de telle manière qu'ils *produisent* la forme particulière souhaitée de son organisé." (Merriam, 1964, p. 7 ; c'est nous qui soulignons.) Blacking en a tiré une conclusion méthodologique radicale : "Si l'analyse formelle de la musique ne *commence* pas par une analyse de la situation sociale qui a *engendré* la musique, elle n'a pas de sens." (1973, in 1980, p. 82 ; c'est nous qui soulignons.) Si la musique ne peut être séparée du contexte social et culturel dans laquelle elle s'inscrit, il est impossible de procéder à des généralisations purement musicales et il ne saurait donc y avoir d'universaux formels : "La structure en tant qu'«universel» commence à prendre son sens lorsque le domaine de la signification (c'est-à-dire celui de l'utilisation et de la fonction) est introduit dans le débat." (Harrison, 1977, p. 39, en français.)

f) Sixième argument. Il est clairement affirmé dans l'article au titre caractéristique de George Herzog, "Music's Dialects. A Non-universal Language" (1939). C'est l'application à la musique du principe général, hérité de la tradition romantique, que développe à la même époque Ruth Benedict dans *Patterns of Cultures* (1934) : chaque culture a une musique que l'on ne peut comparer aux autres et qu'il convient d'étudier dans sa singularité.

Les "musiques" sont donc incommensurables. Cette position de principe négative est encore la règle pour la grande majorité des ethnomusicologues et l'on comprend que la recherche des typologies et des universaux ait, depuis un demi-siècle, à peu près complètement disparu de la scène. Une des rares exceptions est représentée par les travaux de Alan Lomax (1968), qui s'inscrivent dans la tradition des inventaires sociaux et culturels auxquels nous avons fait allusion, notamment ceux de Murdock : il cherche à établir des corrélations entre les caractéristiques du chant et les caractéristiques de la société dont il est l'expression.

En même temps, la tradition de la musicologie comparée s'est largement perdue, à l'exception du domaine de l'organologie qui, encore aujourd'hui, fait souvent appel, comme on peut le constater dans le présent volume, à la classification de Hornbostel et Sachs (1914) et de quelques tentatives ponctuelles et rétrospectives (par exemple Nettl et Bohlman, 1991). Elle n'est prise en charge ni par l'ethnomusicologie ni par la musicologie, séparée dans le monde anglophone entre une *theory* tournée vers l'analyse des structures et une musicologie historique qui hésite entre son héritage philologique et l'étude de l'ancrage social et idéologique de la musique. Le résultat est que personne aujourd'hui ne se préoccupe vraiment d'universaux.

C'est seulement sous l'influence de la linguistique générative que l'on en est venu à poser la question des universaux en musique. L'exemple le plus significatif est donné par les conférences faites en 1973 à Harvard par Leonard Bernstein (1976) : il se place dès le début sous le patronage de Chomsky et tente de retrouver en musique l'équivalent des catégories utilisées par la grammaire générative, de la structure profonde aux universaux. Ce n'est pas un hasard si, à part la notable exception d'un article de Meyer (1960) qu'on ne perdrait rien à relire aujourd'hui, c'est à partir des années 1970 que des numéros spéciaux de revues spécialisées ont été consacrés au problème : quatre articles de la revue *Ethnomusicology*, publiés en 1971 (vol. XV, n° 3), reflétant une session de la Society for Ethnomusicology tenue en 1970, puis deux livraisons de la revue *The World of Music* : en 1977 (vol. XIX, n° 1-2) et en 1984 (vol. XXVI, n° 2) où quatre auteurs se déclarent contre et douze en faveur de la recherche des universaux (huit d'entre eux en proposent des typologies) ; outre quelques articles épars, il convient de signaler *La musica come linguaggio universale* (Pozzi, 1990), actes d'un colloque tenu en 1987, *Les Universaux en musique* (Miereanu et Hascher, 1998), écho d'un colloque tenu en 1994, et l'ouvrage plus récent de François-Bernard Mâche, *Musique au singulier* (2001).

Mais, si le problème est assez régulièrement posé – le présent volume est une manifestation de plus de cet intérêt –, ces publications n'ont pas déclenché chez les musicologues un mouvement comparable à celui que l'on constate chez les linguistes. Il semblerait que les ethnomusicologues, même ceux qui sont en principe les plus favorables à la recherche d'universaux, ne puissent se débarrasser d'un certain scepticisme ou du moins d'une certaine ambivalence à leur égard ; c'est pourquoi ils se bornent à proposer à l'occasion des listes de possibles universaux, sans que cela donne lieu à des programmes de recherche systématiques. Ce que Nketia écrivait en 1984 semble toujours vrai aujourd'hui : "Aussi, mis à part les exemples d'études interculturelles que j'ai citées et de certaines manifestations d'intérêt pour la question des universaux, il n'existe pas à présent, à leur sujet, un corpus d'informations systématiques au-delà de listes, établies au hasard, de leurs exemples les plus évidents." (1984, p. 19.)

4. La querelle des universaux : pour les universaux

Faut-il alors penser que les arguments contre les universaux sont irréfutables et renoncer à en rechercher ? Reprenons les arguments avancés.

a) Il est certain que l'absence du mot "musique" dans de nombreuses cultures pose un problème théorique et méthodologique important, que l'on retrouve dans toute comparaison interculturelle : rien en général ne correspond exactement dans les autres cultures à ce que nous appelons musique, littérature, droit ou économie. Les difficultés de la comparaison proviennent de plusieurs sources. On a d'un côté tendance à surestimer l'étrangeté des cultures "exotiques" (Dutton, 2000). Mais le *yodel* alpin est aussi surprenant que le chant diphonique, et la séparation entre un *stile antico* réservé à l'église et un *stile moderno* utilisé dans la musique de chambre et l'opéra n'est-elle pas comparable à la séparation entre musique religieuse et musique profane qui se retrouve dans de nombreuses cultures ? C'est que, d'autre part, on simplifie abusivement l'organisation de notre propre culture. Il s'agit là d'un problème de classification. Ce que l'on utilise dans la vie courante, chez nous comme ailleurs, c'est ce que les psychologues appellent "catégories de base", celles qui sont les plus utiles pour la connaissance et l'action dans le monde qui nous entoure : on ne parle pas de musique ni d'instruments de musique en général, mais de chanson, de variété, d'opéra, de musique classique, de piano, de guitare, de flûte, etc. A ces catégories se superposent des catégories plus abstraites, qui ont une valeur théorique dans le cadre d'une classification savante de l'existant : c'est dans les civilisations lettrées qui connaissent des théories scientifiques du son qu'apparaissent des termes proches de notre "musique".

Lorsque nous partons de notre "superconcept" de musique, c'est que nous croyons avoir isolé une essence que nous projetons arbitrairement sur les autres sociétés mais aussi sur la nôtre. Or notre idée de musique pure ne doit pas être considérée comme la vérité enfin révélée de ce que serait la musique en soi, mais comme un critère heuristique qui nous permet d'explorer les autres cultures et d'y découper des domaines hypothétiques aux frontières floues. On aboutit ainsi à une image partielle mais fondée de la culture : la culture vue à travers le filtre du son.

b) Il est vrai qu'on ne connaît pas toutes les musiques du monde, mais il n'est pas moins vrai qu'on les connaît mieux chaque jour. Et surtout, faut-il attendre de les connaître toutes pour se mettre en quête de régularités ? C'est se fonder sur une conception erronée de la science. Elle ne procède pas par induction à partir de dénombrements complets, elle élabore des hypothèses à partir d'échantillons nécessairement limités : l'essentiel est de les valider ou de les infirmer en élargissant le champ de l'enquête.

c) Le jeu des contre-exemples a une valeur critique essentielle : il fait obstacle à toute solution de facilité. Mais il faut pousser le jeu aussi loin que possible afin de faire apparaître l'importance et la nature des contre-exemples : s'ils sont trop nombreux et qu'aucune configuration significative ne s'en dégage, il n'y a plus qu'à se débarrasser de ce qui n'était qu'un faux universel *(fake universal)* ; s'ils sont peu nombreux, ce petit nombre mérite enquête et explication et peut conduire à la notion de *near-universal* ou de *statistical universal* ; s'ils sont nombreux mais qu'ils ne se distribuent pas au hasard, on est amené à passer des universaux aux typologies.

Les musiques contemporaines servent souvent de contre-exemple à des généralisations qui semblent valides pour les autres musiques. Sans même parler des musiques "silencieuses" à la Cage, c'est le cas pour les musiques concrètes et électroacoustiques, dans lesquelles interviennent les bruits et où on ne saurait évidemment reconnaître d'échelles constituées de hauteurs discrètes. Mais on retrouve en fait des phénomènes analogues dans d'autres cultures : les jeux de gorge inuit correspondent à des objets sonores dépourvus d'échelles discrètes mais qui utilisent des patterns de contours clairement identifiés. C'est que le sonore n'est pas exclusivement organisé selon les habitudes et les conventions de la musique tonale européenne et il faut prendre en compte non seulement les différents paramètres du son, mais encore les configurations originales sous lesquelles ils peuvent se présenter : les contours, qui ne sont pas thématisés en tant que tels par la théorie musicale traditionnelle, peuvent jouer un rôle structurel comparable à celui des hauteurs. L'enquête comparative doit aboutir, ici encore, à une géographie et à une typologie de l'utilisation des paramètres et de leurs configurations.

d) Admettons que l'on découvre des universaux qui ne soient pas spécifiques au domaine musical : ne nous révéleraient-ils rien d'intéressant sur la musique ? La question est au fond de savoir s'il existe une faculté de musique comparable à la faculté de langage naguère posée par la linguistique générative et qui rendrait compte, à elle seule, de l'ensemble des phénomènes. Il semble bien qu'il n'existe pas de faculté de langage unique : l'évolution procède par bricolage à partir de matériaux hétérogènes et il n'y a pas de raison qu'il en soit autrement pour la musique. Il est donc raisonnable de penser que sont à l'œuvre, dans les relations de l'être humain avec le monde sonore, non seulement des stratégies spécifiques mais aussi des stratégies générales que l'on retrouve dans d'autres domaines de la perception et de l'action, modulées de façon particulière selon le champ auquel elles s'appliquent.

Il faut sans doute aller plus loin encore dans la même voie : pourquoi certains éléments de ce que nous appelons musique ne se retrouveraient pas chez les animaux ? Les progrès accomplis depuis un demi-siècle dans l'étude de leurs productions sonores ont mis en évidence une diversité et une complexité qu'on ne pouvait précédemment soupçonner (Marler, 2002) et ont conduit à la constitution d'une biomusicologie qui cherche dans le monde animal les racines de la musique humaine (Wallin, Merker et Brown, 2000). On comprend alors l'intérêt qu'un musicien comme François-Bernard Mâche porte aux éléments communs à la musique humaine et aux "protomusiques" animales, aux chants d'oiseaux en particulier : séries de hauteurs discrètes, répétitions et variations… (Mâche, 2001.) La quête des universaux musicaux est légitime parce qu'elle nous permet de mieux comprendre non seulement l'être humain mais aussi les liens qui le rattachent à l'ensemble du vivant.

e) La musique, affirme-t-on, est inséparable de la culture dont elle dépend directement. Il s'agit en fait d'une réaction légitime et saine contre la conception occidentale de la musique pure à laquelle rien d'étranger ne viendrait se mêler : les ethnomusicologues constatent chaque jour que la musique ne saurait se réduire à des structures sonores. Cela implique-t-il pour autant que l'on ne pourrait étudier cette organisation sonore de façon indépendante en la détachant provisoirement du fait musical total ? On peut distinguer deux versions de cet argument.

Selon une version faible, la musique comme fait social total implique nécessairement la culture et son sens authentique ne peut être décrit sans faire appel à elle. Sous cette forme faible, le principe n'interdit pas l'étude, partielle et partiale, de la substance sonore en tant que telle. Selon la version forte, la culture détermine totalement les formes sonores. Mais alors, de deux choses l'une : soit la substance sonore n'a aucune organisation propre, mais alors la culture n'en a pas non plus ; soit elle en a une, et rien n'interdit de l'analyser en tant que telle pour la mettre en relation avec la culture, qui alors l'expliquera. On peut ajouter que c'est ainsi que l'on procède, John Blacking comme les autres : il faut avoir une description au moins provisoire de la substance sonore pour montrer qu'elle correspond plus ou moins directement à la culture.

La séparation méthodologique du sonore et du contexte au sens large est une décision nécessaire pour l'approche scientifique de la musique : il est vrai que ce qui existe dans la société, ce sont des totalités vécues, mais on ne peut arriver à les étudier et à les décrire avec rigueur que si on les analyse en leurs constituants tout en respectant les articulations naturelles de la totalité. Rien ne le montre mieux que l'exemple de la langue : celle-ci véhicule les significations les plus complexes et les plus importantes qui soient pour l'individu et la communauté ; mais que dirait-on d'un linguiste qui, sous prétexte que la langue n'existe que pour les exprimer et les transmettre et qu'elle est inséparable de la façon dont les individus l'utilisent, se refuserait par principe à en étudier les structures internes ?

f) Venons-en enfin au principe de l'incommensurabilité des cultures musicales. On peut en donner deux interprétations. S'il s'agit d'un principe posé *a priori*, il ne nécessite pas de preuves, mais on peut aussi bien lui opposer le principe contraire, qui a l'avantage d'ouvrir un programme de recherches : qu'y a-t-il de commun entre les diverses cultures musicales ? S'il s'agit d'un constat fondé sur l'observation, il faut en fournir des preuves. Or il existe un argument très fort en faveur de l'existence d'universaux musicaux : comme l'avait très bien vu Nketia (1984), comment expliquer autrement l'extraordinaire facilité avec laquelle, dans le monde globalisé où nous vivons, chacun adopte et fait siens les systèmes musicaux de toute l'humanité ? La musique sous toutes ses formes apparaît aujourd'hui comme un universel humain en acte.

Cela signifie-t-il que, lorsque j'entends un chant étranger à ma culture musicale, j'entends et je "comprends" la même chose qu'un membre de la culture autochtone ? Certainement pas : l'idée qu'une musique doit toujours être comprise de la même façon repose sur une conception erronée de la communication. Celle-ci n'est pas la transmission plus ou moins fidèle d'un message bien défini, mais un processus de production et d'échange symbolique (Molino, 1975 ; Nattiez, 1987) : deux auditeurs appartenant à des communautés différentes ne percevront pas la même chose dans cet objet complexe qu'est une séquence musicale. Ajoutons que la diffusion planétaire de toutes les musiques – comme l'attestent les témoignages de la première partie de ce volume – est bien la preuve que l'on peut séparer la production sonore de son contexte.

On constate ainsi que la recherche des universaux n'est ni théoriquement illégitime ni pratiquement impossible. Elle devrait par ailleurs être encouragée par une évolution récente dans le domaine scientifique : sous l'influence des progrès de la biologie et de la théorie de l'évolution, on tend à revenir à une anthropologie plus unitaire qui cherche à mettre en évidence, sous la diversité des formes culturelles, un soubassement commun, enraciné dans les capacités physiques, perceptives et cognitives de l'espèce. Il s'agit moins des orientations inspirées par la sociobiologie que de l'observation de constantes et de régularités à travers les cultures : on s'est ainsi aperçu que les classifications des espèces naturelles et des couleurs ou que les modalités de représentation des mouvements et des actions reposaient sur des mécanismes communs (Atran, 1990 et Keil, 1989).

Le refus des universaux en musique est d'autant plus surprenant qu'il constitue aujourd'hui une exception : il y a, dans les autres sciences de la culture, des gens qui s'intéressent aux universaux, élaborent des typologies, étudient les évolutions. Il est vrai que les sciences humaines sont sur ce point largement en retard sur les sciences de la nature. On n'a cessé de classer les espèces vivantes depuis des siècles. Outre l'argument fondé sur le rejet de l'ethnocentrisme européen, qu'est-ce donc qui a si longtemps arrêté les chercheurs lorsqu'il s'agit des produits et des formes de la culture ? C'est comme si l'on ne voulait pas déflorer le “miracle” humain en le soumettant aux méthodes de l'enquête scientifique. Réfléchissons un peu : il y a des millions d'espèces vivantes et cela n'a pas empêché les naturalistes, bien au contraire, de vouloir en faire l'inventaire et la description systématique, tandis qu'il n'y a guère sur la terre que quelques milliers de cultures. N'aurait-il pas été beaucoup plus facile d'en faire l'inventaire en dégageant des constantes et des variables ? Comme nous l'avons rappelé, les linguistes se sont maintenant mis au travail alors que la situation n'a pas changé dans le domaine des activités artistiques : où trouver des classifications, des typologies et des universaux lorsqu'il s'agit de sculpture, de peinture, de littérature, de poésie et de musique ? On en reste à la conception selon laquelle toute généralisation est impossible parce qu'on pourrait toujours trouver un contre-exemple à lui opposer, alors que le contre-exemple doit seulement conduire à une typologie. On peut se demander si l'art et la musique en particulier, art de l'ineffable, ne restent pas le dernier réduit où se maintient la conception d'une humanité considérée comme "un empire dans un empire" et qu'il serait sacrilège de soumettre aux procédures scientifiques de classification. Et l'on ne peut que souscrire au jugement de Leonard B. Meyer : "Il peut paraître étonnant que les ethnomusicologues, qui s'occupent de manière particulière et explicite des variations culturelles, ne se soient pas davantage intéressés à ce qui est constant dans le comportement humain. C'est peut-être que, préoccupés de la spécificité des cultures qu'ils étudiaient, ils ont négligé les universaux, notamment ceux de la bio-psychologie." (Meyer, 1998, trad. fr., 1998, p. 284.)

Le désintérêt manifesté par les (ethno)musicologues pour la recherche des universaux a eu des conséquences fâcheuses sur l'ethnomusicologie elle-même : il n'existe pas pour l'instant de bases de données comparables à celles qui existent pour l'étude du langage, ce qui rend à peu près impossible toute tentative pour proposer une généralisation ou une typologie et/ou pour les valider. Mais l'analyse des diverses cultures musicales ne peut que souffrir de cette absence, car elle implique qu'il n'existe pas de cadre de référence ni de métalangage commun pour les décrire. Or, comme l'avait rappelé Merriam à la fin de sa carrière en plaidant pour un retour au comparatisme : "Toute description est fondée sur une comparaison implicite." (1982, p. 177.)

On se sert en fait de notions empruntées le plus souvent à la tradition européenne et plus ou moins modifiées pour s'adapter à des réalités étrangères. Il y a là un paradoxe et une contradiction au cœur même de l'(ethno)musicologie d'aujourd'hui : comment dégager la spécificité d'une culture musicale si l'on ne dispose pas d'un cadre général qui permette de la définir avec précision et de lui donner tout son sens en la comparant aux autres ?

Bruno Nettl commençait son article de 1977 consacré à la question des universaux en affirmant que l'histoire de l'ethnomusicologie était celle d'une tension entre la recherche des universaux et la conscience aiguë de la spécificité de chaque culture musicale. Et, à la fin de son article, il se demandait si ne viendrait pas un jour le temps des universaux : "Peut-on envisager qu'un jour, la quête des universaux devienne la tâche centrale de l'ethnomusicologue ?" (Nettl, 1977, p. 12, en français.) Il n'a jamais cessé depuis de s'y intéresser, proposant des inventaires suggestifs de divers types d'universaux de la musique (Nettl, 1983 et 2005, chap. IV), tout en faisant une large place aux aspects propres à des cultures musicales particulières (*ibid.*, chap. V). S'il a eu raison de considérer que les musicologues n'ont jamais nié que "la musique est présente dans toutes les sociétés humaines, qu'elle est un universel culturel", ce dont témoigne surtout leur pratique, il a peut-être été un peu trop optimiste, comme le montre notre section 3 ci-dessus, en affirmant que "les ethnomusicologues, en particulier, [...] ont largement plaidé en faveur de ses caractéristiques universelles" (2001, p. 435).

5. A la recherche des universaux

Essayons de décrire la situation dans laquelle nous nous trouvons. Il y a dans le monde quelques milliers de "cultures musicales", toutes différentes : elles se composent de multiples pratiques qui ne sont que rarement rassemblées sous un concept comparable à ce que nous entendons par musique et c'est donc nous qui, à partir de notre expérience, les rapprochons entre elles et de la nôtre : parmi ces pratiques que l'on est amené à rattacher aux autres à cause des relations qui les unissent au sein de la culture considérée, il y en a qui semblent tout à fait étrangères à ce que nous entendons par musique. Mais il est non moins clair qu'entre deux quelconques de ces cultures musicales existent de nombreuses ressemblances. Par ailleurs, on a assisté depuis un siècle à une extension progressive de notre concept de musique sous l'influence de trois facteurs : une connaissance de plus en plus large et de plus en plus approfondie des musiques extra-européennes, le développement des musiques contemporaines et la redécouverte d'aspects oubliés de notre propre histoire musicale. S'est ainsi mise en place une dialectique d'adaptation réciproque entre notre tradition musicale et les musiques ainsi découvertes ou redécouvertes, dialectique qui a modifié notre conception de la musique tandis que l'on faisait entrer les autres traditions musicales dans un concept élargi.

Les frontières et le contenu de ce que nous appelons provisoirement musique sont donc variables et ne peuvent entrer dans une définition simple. Pour répondre au défi que lance cette diversité, il convient d'abord de faire l'inventaire des différentes configurations sous lesquelles elle se présente ; nous voyons ainsi apparaître des distinctions et des associations privilégiées : le mesuré s'oppose au non-mesuré, le religieux au profane, le son naturel est associé au son humain, le chant à la poésie, à la danse ou aux circonstances... On constate qu'il ne s'agit pas de distributions aléatoires mais de régularités qui devraient conduire à une première typologie. On peut ensuite reconstituer les totalités vécues, dans lesquelles il n'y a aucune raison d'accorder un privilège indu à la musique pure. Mais il faut pour cela ne pas en rester aux nomenclatures, qui ne constituent qu'une dimension de la connaissance : il faut tenter de dégager les réseaux qui, dans l'esprit des membres de la culture, relient les sons, les rythmes, les paroles et les circonstances indépendamment des classifications linguistiques.

Nous avons jusqu'à maintenant, à partir de notre notion de musique pure, utilisé la présence de son organisé comme critère servant à délimiter provisoirement le champ du "musical" : nous avons, comme nous l'avons dit, analysé la culture à travers le filtre du sonore. Ce choix fait-il violence au réel ? Notons que le culturaliste le plus convaincu, qui met en doute l'existence de la "musique" dans les autres sociétés, s'intéresse toujours à des activités dans lesquelles intervient le sonore ! Il est donc légitime de faire l'hypothèse que le sonore constitue le trait différentiel du musical. C'est une hypothèse naturelle et sur laquelle on peut toujours revenir si elle ne conduit pas à des résultats satisfaisants et, de toute façon, elle ne vise à rendre compte que d'une partie des phénomènes : elle doit être prolongée et complétée par d'autres enquêtes. C'est aussi celle qui permet de mettre en évidence ce que Max Weber appelait la "logique intrinsèque" *(Eigengesetzlichkeit)* de chaque sphère de la vie sociale (1915, in trad. fr., 1966, p. 417). La musique comme fait social total dépend, pour une part qui en assure la spécificité, de l'organisation à laquelle elle soumet le monde sonore. Mais cela n'interdit pas, bien au contraire, de rechercher et de mettre en évidence des universaux dans les autres dimensions de cette totalité, universaux cognitifs, sémantiques ou pragmatiques.

Il s'agit donc d'une forme symbolique spécifique aux contours variables mais gravitant autour du sonore. Peut-on en proposer une définition plus précise ? Il est clair qu'il ne faut pas l'associer à des caractéristiques empruntées à la tradition théorique de la musique européenne telles que les hauteurs discrètes, ce qui conduirait à exclure de la musique aussi bien la musique électroacoustique que les glissandos présents dans de nombreuses musiques. C'est dire que, logiquement, une caractérisation plus détaillée ne pourrait être donnée qu'à la fin de l'enquête, une fois connues les dimensions de variabilité du phénomène grâce auxquelles on serait à même de déterminer les "possibilités musicales" de l'être humain. Ce qu'en revanche on peut dès à présent affirmer, c'est que ces possibilités reposent sur un substrat anthropologique et phylogénétique (Molino, 1988, 1991 et 2005), déjà présenté dans le deuxième volume de cette encyclopédie (Nattiez, 2002*a*, version française, 2004*a*, p. 24-30). C'est ce substrat qui garantit l'existence de types et d'universaux : la "faculté de musique" se fonde sur les capacités de l'espèce.

Nous allons donc proposer un certain nombre de candidats à la dignité de types et d'universaux mais aussi, et peut-être surtout, exposer un bilan de l'état de nos connaissances dans les divers domaines de l'enquête musicologique. Il ne s'agit bien évidemment que d'un programme de recherches, dans lequel nous ne faisons dans bien des cas que reprendre des suggestions déjà faites mais en les présentant de manière plus systématique.

a) Un prototype de séquence musicale. Commençons par poser l'existence universelle d'une séquence musicale élémentaire, dont un certain nombre d'ethnomusicologues ont fait l'hypothèse (Arom, 2000 et Nettl, 2000). Cette séquence est constituée des éléments suivants :

– elle est vocale ;
– elle est construite sur les degrés d'une échelle ;
– elle possède en même temps une organisation rythmique-corporelle.

On constate ainsi que cette séquence minimale n'est pas une réalité simple, mais un mixte, composé d'au moins trois éléments : la voix, les degrés d'une échelle et le rythme, qui établit un lien direct avec la danse. Les trois éléments qui constituent la séquence de base ne sont que des universaux structurels généraux qui, pour employer une métaphore empruntée à la grammaire générative, se récrivent de façon différente selon les "langues" musicales : ils donnent donc chacun naissance à de nouvelles typologies.

Précisons bien le statut de cette séquence : elle n'est pas considérée comme primitive et elle ne se trouve pas à la base de toutes les productions musicales de toutes les cultures. Elle répond au type d'universel défini par Bruno Nettl comme répondant à la question : "Mais de quelque façon qu'on les classe, existe-t-il des traits communs à toutes les musiques, même s'ils n'apparaissent pas dans *chaque* énoncé de *chacune* de ces musiques ?" (Nettl, 1977, p. 10, en français.) Il s'agit d'un prototype, dont on fait l'hypothèse qu'il se retrouve dans toutes les cultures connues. Il ne semble pas y avoir de contre-exemple et la découverte d'un ou plusieurs contre-exemples ne ferait qu'enrichir nos connaissances en nous forçant à élaborer une nouvelle typologie.

b) Ecologie sonore : la musique et les bruits du monde. Le prototype de séquence vocale tel que nous l'avons défini a été isolé de son contexte sonore, les bruits et musiques du monde. Or il est naturel que ces productions sonores jouent un rôle dans les musiques humaines parce qu'elles sont un élément de l'environnement et que l'appareil auditif humain s'est construit afin de pouvoir procéder à l'analyse des scènes auditives (Bregman, 1994). D'une part, ces bruits peuvent être intégrés dans ce que les membres d'une culture considèrent comme de la musique, les cultures traditionnelles n'établissant pas de frontière tranchée entre la nature et l'homme. Il y a par ailleurs des cas où les membres d'une communauté utilisent les bruits du monde comme métalangage : c'est ce qui se passe chez les Kaluli de Nouvelle-Guinée, qui emploient le vocabulaire de l'eau et des chutes d'eau pour parler de leur propre musique (Feld, 1982). L'existence enfin côte à côte d'une musique humaine et d'une musique naturelle conduit à une dialectique d'imitation par l'homme du monde sonore : ainsi naissent les musiques que l'on appelle musiques imitatives ou musiques descriptives. Il y a sans doute là un trait universel des musiques humaines : les bruits du monde et en particulier ceux qui proviennent des êtres vivants servent de "modèles" (Mâche, 2001, p. 129-149) que chaque tradition sélectionne et utilise pour élaborer sa propre musique. Il s'agit d'un phénomène qui relève de l'interaction entre l'organisme et son environnement écologique. Cette dimension mimétique de la musique ne se borne pas à l'imitation des bruits et des cris. L'existence de plusieurs types de productions sonores donne naissance à des dialectiques complexes d'imitation réciproque, comme c'est le cas entre voix et instruments. Sur tous ces points, on manque encore cruellement d'enquêtes locales qui devraient ultérieurement permettre de dégager des typologies et de rechercher des universaux.

c) Voix. Ce qui s'est passé avec la voix est caractéristique de l'ébranlement causé par les découvertes ethnomusicologiques. Pour la musicologie européenne, la situation était simple : il y avait d'un côté la parole, celle qui correspondait aux caractéristiques phoniques et à l'élocution normative pour les langues connues, et de l'autre le chant, un chant que l'on n'hésitait pas à qualifier de "naturel" : "Nulle part en dehors de l'Occident on ne chante avec une voix pour laquelle nous avons forgé le titre honorifique de «naturelle»." (Sachs, 1962, p. 85.) Il n'y a pas si longtemps, André Schaeffner, bon connaisseur pourtant des musiques de tradition orale, n'hésitait pas à affirmer : "Or nous ne doutons pas qu'il existe un chant «naturel»." (1960, p. 78.) On s'est aperçu au contraire qu'il y avait bien d'autres façons de chanter que la nôtre et que cette voix prétendument naturelle était en fait le résultat d'une longue construction culturelle qui avait peu à peu fait apparaître le fameux formant des chanteurs. On a étudié de nouvelles langues avec des caractéristiques auparavant inconnues et on a découvert tout un monde d'utilisations proprement inouïes de la voix. Il y a non seulement une extraordinaire variété de styles de parole et de chant mais encore toute une série de "formes intermédiaires" – comme le *Sprechgesang* de Schoenberg ou les appels du muezzin –, qui font éclater la simple opposition entre les deux pôles traditionnels : la diversité des usages montre que les différentes cultures ont exploré de façon constructive l'espace de la voix et les paramètres qui la déterminent.

On comprend alors qu'il soit urgent, après la première surprise admirative qui accueille la découverte de réalisations fascinantes, du *yodel* au *katajjaq* et au chant diphonique, de passer à l'exploration systématique de ce nouveau continent. Il faut à cet égard saluer la remarquable tentative de classification opérée par l'équipe qui a élaboré l'anthologie *Les Voix du monde* (Léothaud, Lortat-Jacob, Zemp, 1996), classification qui fait ici l'objet d'un article de Gilles Léothaud (p. 803-832). Soulignons au passage l'importance de la classification dans la construction du savoir. Il était de bon ton, au temps du structuralisme et de la grammaire générative, de se moquer de ce qu'on préférait qualifier péjorativement de taxinomie. Or il n'existe pas de raccourci pour aboutir à la connaissance : plutôt que de s'extasier sur la diversité du monde humain, il vaut mieux, comme l'ont fait depuis des siècles les spécialistes des sciences de la nature, se consacrer à l'inventaire de ses richesses. Il est donc sans doute trop tôt pour partir à la recherche d'universaux vocaux, à l'exception bien évidemment de cet indiscutable universel qu'est la voix elle-même : il est d'autant plus nécessaire de rappeler cette banalité que le développement en Europe de la notion de musique pure a souvent fait sous-estimer, et d'abord dans notre culture, la place centrale de la voix dans la musique.

d) Instruments. L'homme produit des sons avec sa voix mais aussi avec le reste de son corps : en frappant le sol de ses pieds, en battant des mains, en frappant sa poitrine ou ses jambes. L'activité musicale fait ainsi partie de ce que l'anthropologue Marcel Mauss a appelé techniques du corps (1947), donnant naissance à une véritable "musique corporelle" (Schaeffner, 1946, p. 18). Par ailleurs, l'homme est très tôt un collectionneur de fossiles et de pierres rares, dès l'Acheuléen (Lorblanchet, 1999, p. 89-102) : bien qu'il n'en reste évidemment aucune trace, comment ne pas imaginer que ces hommes n'aient pas éprouvé la curiosité d'explorer le monde des sons en s'exerçant à en produire de toutes les manières, avec tous les matériaux possibles, comme le font toujours les enfants, qui semblent prendre un plaisir extrême à "faire du bruit" ? Comme le dit éloquemment François Delalande, "la musique est un jeu d'enfants" (1984). Mais l'homme est aussi un *homo faber* et l'on passe par transitions insensibles du corps et de la production directe de sons à l'instrument : on suspend et attache au corps des grelots, hochets ou sonnailles dont le bruit accompagne et souligne le rythme de la danse. L'homme fabrique des instruments et en joue : le nom d'instrument met en évidence la factivité humaine à l'œuvre dans la musique et les liens qui unissent l'art et la technique. L'instrument inscrit doublement la musique dans l'activité humaine : il faut le fabriquer grâce à une série d'outils et de gestes complexes, mais il faut aussi en jouer et rien n'est plus extraordinaire que la variété des utilisations d'un même instrument, qui reposent sur des techniques inattendues et parfois mêmes inconcevables. On retrouve ici le même débordement créatif qui vise à explorer toutes les ressources nées de la rencontre de l'instrument et des capacités humaines (cela non dans le cadre d'une seule culture, mais lorsque l'on prend en compte l'ensemble des cultures qui ont utilisé le même instrument). On ne peut que regretter que les anthropologues n'intègrent pas les techniques musicales dans les autres techniques du corps, comme s'il fallait séparer du sérieux de la vie économique le superflu de l'art et de la musique : comme il existe une organologie, il serait utile et passionnant de constituer une "ergologie" musicale qui fasse le bilan de tous les gestes et attitudes à l'œuvre dans la musique en les rapprochant des gestes utilisés dans les techniques "utilitaires" (Delalande, 1992).

Une question se pose légitimement : l'instrument est-il un universel ? S'il est certain qu'il n'y a pas de musique sans voix, en est-il de même pour les instruments ? En fait, on conserve évidemment plus de traces des instruments que de la voix et on est assuré de la présence de flûtes dès le début du Paléolithique supérieur. De toute façon, il est souhaitable de ne plus mettre au centre du débat la question des origines, qui a trop longtemps hanté les musicologues : l'essentiel est de prendre acte de cette ancienneté des instruments et de voir en eux un facteur – et un acteur – décisif des musiques telles que nous les connaissons.

Il faut s'arrêter un instant sur la nature de ce qu'on appelle percussions ou batterie dans la tradition européenne : ce sont avant tout des instruments de rythme et ils posent le problème des relations entre la musique et le rythme, problème que nous allons retrouver tout à l'heure. Disons seulement que, le rythme ne nous semblant pas seulement un paramètre de la musique, il serait peut-être utile de leur accorder un statut particulier dans l'ensemble des instruments. Plus généralement, il existe de nombreux instruments qui produisent des sons qui, selon notre tradition occidentale de musique savante, apparaissent comme non musicaux, comme des bruits. André Schaeffner, à qui l'étude des instruments doit tant, n'hésitait pas à parler d'instruments "orientés vers le saugrenu et l'insupportable" : "A bien d'autres indices se reconnaît que l'on a voulu, en créant des instruments, ainsi qu'en déformant la voix, émettre des sons d'apparence aussi peu humaine, aussi surprenante et fantastique que peut l'être l'aspect d'hommes recouverts de peinture ou revêtus de fibres et masqués." (1960, p. 81 et 78.) En fait, les résonateurs qui "déforment" la voix, les rhombes qui vrombissent, les trompes qui mugissent, les mirlitons qui nasillent peuvent bien être des instruments magiques et rituels, ils sont aussi, au même titre que la flûte ou la cithare, le résultat d'*explorations constructives* du monde sonore : ils répondent à la curiosité de la découverte ainsi qu'à la gamme des effets produits par les timbres, de la séduction à la fascination. Et il est particulièrement intéressant de voir comment, dans l'histoire de la musique savante européenne, s'est produit un véritable mouvement d'aller et retour en ce qui concerne les percussions et les instruments à son indéterminé. Après avoir été exclus de la musique religieuse, de cour ou de salon, ils ont été progressivement réintroduits depuis le début du XIXe siècle dans la "grande musique", de Berlioz à l'utilisation d'instruments exotiques et aux Percussions de Strasbourg. De même, les "bruits" ont retrouvé une place dans les musiques concrète et électroacoustique de notre temps et, comme on s'est par ailleurs aperçu que les sons des instruments traditionnels n'étaient pas aussi purs qu'on se plaisait à le croire, la gamme entière des sons du monde s'est retrouvée à la disposition de l'amateur et du musicien.

Les instruments sont sans doute le seul domaine musicologique qui dispose aujourd'hui d'une classification de référence à vocation universelle. Partout ils ont un nom et entrent dans des classifications plus ou moins cohérentes, mais c'est dans les cultures lettrées qu'apparaissent des classifications plus systématiques, pour lesquelles divers critères ont été proposés : les Chinois distinguaient huit catégories d'instruments selon le matériau dont ils étaient constitués ; les Arabes ont utilisé plusieurs classifications, distinguant par exemple les instruments utilisant le contact de la main avec un corps solide et les instruments dans lesquels interviennent l'appareil respiratoire et le souffle. C'est la classification indienne traditionnelle qui est à la source des classifications scientifiques contemporaines : le *Nâtyasâstra*, traité fondateur de l'art dramatique, distinguait les instruments à corde, les instruments à vent, les instruments à percussion de métal et les instruments faits d'une membrane. Cette classification a été reprise en 1878 par Victor-Charles Mahillon, qui a donné à ces catégories les noms qu'elles portent encore (à l'exception des autophones rebaptisés idiophones), puis complétée et précisée par Hornbostel et Sachs, qui en ont fait la classification de référence pour l'organologie actuelle (1914). Cette classification constitue le seul héritage reconnu des fondateurs de la musicologie historique et comparée de la fin du XIXe siècle, ce qui s'explique sans doute par les nécessités auxquelles on est soumis mais aussi par les repères matériels dont on dispose quand il s'agit d'objets qu'il faut ranger dans des collections.

Cette classification aujourd'hui universellement adoptée avec les adaptations nécessaires (on lira dans ce volume l'article de Geneviève Dournon, p. 833-868), répond bien aux impératifs qui ont guidé son élaboration : disposer d'un cadre à la fois clair et souple qui permette d'inclure tout instrument inconnu. Il est vrai qu'il n'est pas toujours aisé d'assigner à chacun une place bien définie, mais surtout cette classification n'est pas fonctionnelle : nous l'avons vu plus haut pour les instruments rythmiques, qui ont évidemment dans un ensemble un tout autre rôle que les instruments mélodiques. Il serait donc souhaitable de disposer de classifications "emic", qui se fondent sur les oppositions fonctionnelles des instruments au sein des diverses cultures. Sans proposer de typologie, le texte de Laurence Libin dans ce volume (p. 869-893) donne des informations éclairantes sur la symbolique des instruments de musique et Geneviève Dournon, à la section 2.1. de son article, donne un bon aperçu de ce à quoi ressemblent les classifications autochtones (on lira aussi, pour un projet de cette nature, De Vale, 1990).

Si l'organologie s'est renouvelée grâce à la connaissance d'instruments inconnus de la grande tradition occidentale, il s'est en même temps produit une véritable révolution technique (Molino, 1989) : l'invention des appareils d'enregistrement puis des appareils capables de produire le son et enfin de l'ordinateur a fait passer de l'ère de l'instrument à l'ère de la machine. Le son ayant ainsi été totalement coupé de son ancrage humain et subjectif, on assiste, d'un point de vue anthropologique, à l'instauration d'un nouveau rapport entre l'être humain et le son : la musique elle-même est entrée dans un nouvel âge technique.

e) Rythme. Le rythme en musique est, dans la tradition européenne, considéré comme un simple paramètre, au même titre que la hauteur, l'intensité ou le timbre. Il est vrai que l'organisation proprement rythmique d'une œuvre tonale ne présente en général aucun mystère : c'est que le rythme de la musique classique est un rythme assagi, aseptisé, asservi à une barre de mesure qui "contribua à rétablir ou renforcer une hiérarchie nouvelle de temps forts et faibles qui ne tarda pas à enserrer la musique dans un corset de symétrie où elle perdit une bonne partie de sa souplesse" (Chailley, 1967, p. 120). Si la musique d'avant-garde du XXe siècle s'est davantage préoccupée du rythme, c'est souvent en raffinant sur des rythmes théoriques qu'il est impossible de percevoir. C'est seulement dans les musiques de masse, variétés et musiques de danse, ainsi que dans l'extraordinaire diversité rythmique des musiques extra-européennes qu'il est possible de percevoir un rythme vivant.

Or celui-ci est étroitement associé à la danse et c'est le cas dans la grande majorité des cultures : dans la *mousikê* grecque, la poésie, la danse et la musique étaient unies par le rythme ; chez les Igbo du Niger, un même mot, *nkwa*, désigne à la fois le chant, le jeu des instruments et la danse ; dans la culture náhuatl des anciens Mexicains existait l'institution du *cuicacalli* ou "maison du chant", où l'on enseignait la poésie, la musique, la danse et le chant. C'est que le rythme n'est en rien le bien propre de la musique et il ne suffit pas, lorsqu'on parle de rythme musical, de signaler au passage qu'il se retrouve ailleurs. Il ne faut donc pas en rester à la conception d'un rythme musical séparé de ses fondements anthropologiques et l'on doit reconnaître au rythme en tant que tel l'autonomie que l'on n'hésite pas à accorder à la musique : le rythme n'est pas une organisation abstraite du temps dont il suffirait d'étudier les configurations de surface, mais un ensemble de conduites qui font intervenir le corps aussi bien que la société. C'est pourquoi nous préférons parler, sur le plan le plus général, non de rythme mais d'expérience rythmique (Fraisse, 1974, p. 107).

Cette expérience est partout présente, depuis les rythmes physiologiques jusqu'aux mouvements et aux gestes, des rythmes sexuels aux rythmes techniques et jusqu'aux rythmes collectifs du travail, du jeu, du sport, du combat, du rite et de la fête : elle constitue un ensemble aussi complexe, aussi diversifié que la musique. Les relations du rythme et de la musique ne doivent donc pas être envisagées comme des relations de dépendance entre la musique et un de ses paramètres, mais comme les relations de deux "familles" unies par de multiples réseaux enchevêtrés.

Et c'est sans doute cette relative autonomie du rythme qui rend si difficile sa définition en musique, et cela d'autant plus que la tradition européenne d'analyse a ses fondements dans la métrique poétique : la plupart des termes utilisés ont leur origine dans la théorie du vers. Le rythme musical apparaît ainsi lié non seulement au rythme corporel mais aussi au rythme verbal. On peut alors se demander avec Jacques Chailley, s'il ne reposerait pas sur deux sources distinctes, qui marqueraient justement son double rapport avec la danse et avec la poésie : une source gestuelle et une source verbale. Le rythme d'origine verbale "aboutit à une *répartition inégale des appuis* et à une certaine *liberté dans l'agencement des durées.* Cette inégalité n'a rien à voir avec la recherche pédante de rapports numériques complexes : elle *décalque la liberté de la parole* qui est faite d'une *succession asymétrique d'appuis et de rebondissements*, de caractère variable selon la langue en cause". A côté de ce rythme verbal existe un rythme d'origine gestuelle : "En revanche, l'*isochronie de la pulsation*, qu'elle soit ou non liée à un schéma métrique, semble dérivée du *contexte gestuel* : la musique accompagnant un geste régulier, marche, rame, danse – voire geste de la main ou du pied pour scander le rythme poétique –, prendra ses appuis en concordance avec ces gestes isochrones ; elle en favorisera le retour régulier et acquerra ainsi une efficacité motrice particulière." (Chailley, 1985, p. 50.)

6. Echelles, mélodies, hauteurs, timbre

Après le rythme, repartons des deux premières caractéristiques du prototype de séquence musicale : cette mélodie vocale est faite de hauteurs discrètes ; elles sont organisées selon les degrés d'une échelle. Il semble bien que la présence des échelles soit un des universaux de la musique – c'est-à-dire qu'elles soient présentes dans toutes les cultures musicales, ce qui ne veut pas dire, comme on le verra, que *tous* les types de musiques soient fondés sur des échelles. A-t-on progressé dans la connaissance comparative des échelles ?

La situation n'a malheureusement guère changé depuis le milieu du XXe siècle, car on ne semble pas s'intéresser à l'inventaire même des échelles et à leurs propriétés – il suffit de constater le petit nombre de pages qui leur est consacré dans *The Garland Encyclopedia of World Music* –, pas plus qu'à leur classification, une fois que l'on sort de quelques généralités le plus souvent négatives. L'article "Scale" de la nouvelle édition du *New Grove* semble toujours refuser de poser le problème général : "La discussion qui suit se limite aux échelles de la théorie musicale européenne." (Drabkin, 2001, p. 366.) Rien ne trahit mieux l'embarras des musicologues d'aujourd'hui devant les problèmes d'universaux dans les questions d'échelle que la phrase embarrassée écrite par le rédacteur de l'article "Pentatonic" dans le même dictionnaire : "Cependant, en dépit des problèmes posés par les modes et l'accordage, il semble difficile de résister à l'hypothèse universaliste, et bien que la question des échelles fondamentales soit loin d'être résolue, il y a un consensus général au moins en ce qui concerne l'importance du pentatonique dans l'histoire de la musique." (Day-O'Connell, 2001, p. 315.) Mais pourquoi s'arrêter aux échelles pentatoniques ? Y a-t-il des échelles tri- et tétratoniques fonctionnant de façon autonome ? Quel rôle jouent-elles lorsqu'elles coexistent avec des échelles composées d'un plus grand nombre de degrés ? A côté de ces questions de degrés, il faut faire une place au moins aussi importante aux problèmes d'organisation et l'on rencontre alors la question des modalités et des modes. C'est bien ce à quoi les propositions de Brăiloiu (1953) ouvraient la porte. Ici encore, les immenses progrès des connaissances locales n'ont entraîné aucune tentative de construire des typologies, de distinguer des paramètres et de situer les systèmes connus dans un cadre général. Arrêtons-nous un instant sur le grand article "Mode" du *New Grove*. Son plan est déjà significatif : la section intitulée "Introduction : le mode comme concept musicologique" se situe au début de la cinquième partie de l'article, consacrée au Moyen-Orient et à l'Asie (Powers *et al.*, 2001, p. 829-831). Après avoir fait l'historique de la notion appliquée aux musiques non européennes, Harold Powers met en doute la possibilité de poser l'existence d'"une catégorie minimale sous-jacente «modalité», métaculturelle et scientifique, à laquelle il serait possible de renvoyer les concepts et les phénomènes de cultures musicales spécifiques comme illustrations de cas particuliers" (*ibid.*, p. 830). On comprend que Powers veuille donner la priorité aux caractéristiques spécifiques des systèmes qu'il étudie patiemment et brillamment. Nous constatons simplement que, si la perspective de la recherche des universaux est légitime, on trouve déjà dans son texte des éléments qui montrent la possibilité de faire apparaître des universaux, d'en dresser l'inventaire et d'en établir une typologie. Les différences concrètes et portant sur la performance que résume la fin de cette introduction (oppositions solo/ensemble, petit nombre/grand nombre d'entités modales ayant un nom, improvisation/répertoire fixe) n'empêchent nullement de s'intéresser aux propriétés des systèmes. Et l'analyse s'est fondée sur une typologie qui gouverne l'ensemble de l'article : les systèmes attestés constituent un "spectre modal" dont les deux pôles sont d'un côté l'échelle abstraite et de l'autre les types mélodiques. On a donc les éléments d'une classification ou plutôt le début d'une analyse de la modalité en paramètres distincts. La conception de l'incommensurabilité des systèmes repose logiquement sur l'idée que le nombre des paramètres et des positions sur l'axe de chacun d'entre eux est infini ; or l'expérience prouve au contraire que, lorsqu'on s'attaque à l'inventaire d'un domaine, on aboutit à un ensemble fini de paramètres et de valeurs. Dans le cas de la modalité, il est clair qu'il faut distinguer au moins les paramètres suivants : l'échelle abstraite, l'organisation des intervalles, la hiérarchie des degrés, les types mélodiques, etc. C'est ce vers quoi tendait Mieczyslaw Kolinski (1961) qui a combiné une classification des types de mélodies avec une théorie des échelles dérivées du cycle des quintes ; c'est ce que tendent à prouver des recherches récentes sur le pentatonique dans la musique africaine confronté à ses manifestations dans la musique européenne médiévale (Arom et Fürniss, 2000) et les études publiées dans le présent volume : celle d'Annie Labussière (p. 980-1024) qui s'attache à montrer les constantes de fonctionnement dans les monodies empruntées à des cultures qui n'ont pas eu, historiquement, de contact entre elles, et la proposition de typologie de Nathalie Fernando (p. 945-979).

La situation du travail comparatif est peut-être plus encourageante du côté de la mélodie pour laquelle on trouve plusieurs tentatives de classification. L'ethnomusicologue américain Charles Adams (1976) s'est explicitement placé dans la perspective typologique, examinant les mélodies du point de vue des genres de contours qu'elles présentent, ce qui montre d'ailleurs que la hauteur n'est pas le seul paramètre à considérer dans le fonctionnement des mélodies. Un des grands intérêts de son étude est d'avoir classé les diverses recherches selon les moyens utilisés pour les décrire : la description métaphorique, la liste de mots (l'arc, le pendule, la descente graduelle, l'onde – montante ou descendante –, la ligne – ascendante, descendante, horizontale –), la combinaison, les représentations graphiques, la nature et la place des notes initiales, finales, hautes, basses, etc. Sa propre typologie, elle, repose essentiellement sur des critères structuraux et immanents, faisant ainsi apparaître ce que nous avons appelé plus haut des universaux de substance.

Même s'il prend ses exemples seulement dans la musique tonale, Meyer (1973, p. 130) ouvre une autre perspective, celle des universaux de stratégie, dans la mesure où sa typologie des formes mélodiques, fondée sur les notions de prolongation, de continuation et d'implication, fait intervenir des processus cognitifs : "Les inférences implicatives sont possibles parce que la régularité et l'habitude d'ordre d'un pattern suggèrent des continuations probables que comprend l'auditeur compétent. [...] Une fois installé, un pattern tend à se continuer jusqu'à ce qu'un point d'équilibre relatif, tonal et rythmique, soit atteint. Des prolongations ou des extensions peuvent retarder le moment de clore le pattern." Sur cette base, Meyer propose une typologie fouillée des structures mélodiques : patterns conjoints, patterns disjoints, patterns symétriques, prolongations, souvent décrits en relation avec les aspects rythmiques, métriques, harmoniques et formels de la musique tonale (*ibid.*, p. 131-241). Il ne se hasarde pas, dans cet ouvrage, à lui assigner une pertinence universelle, mais il le fera ultérieurement (1989, chap. I) et notamment dans la réédition de son article de 1998 (in 2000, p. 283, note 6). Pour Meyer, en effet, il faut aborder le donné musical selon trois niveaux : l'organisation idiosyncratique propre à une œuvre, dépendante de *règles* suivies par le compositeur ; ces règles sont, à leur tour, conditionnées par les *contraintes stratégiques* qui sont à l'origine des particularités du style ; à un troisième niveau, le déroulement musical dépend de *lois* plus générales d'ordre acoustique, physique, biologique, psychologique ou psychophysiologique (1973, p. 6-9 et 14 ; 1998, in 2000, p. 283). Ce sont elles qui expliquent l'existence d'universaux de la mélodie (et de la musique), même si, parce qu'elles sont fondées sur les lois de la Gestalt, elles expliquent aussi le fonctionnement d'autres formes symboliques. Ne peut-on en effet parler de prolongation, de progression, de suspension ou de clôture à propos du récit littéraire ou cinématographique, du mythe ou de la bande dessinée, qui, eux aussi, se déploient dans le temps ? Pas étonnant alors que Stéphane Roy ait pu les transposer à l'analyse des musiques électroacoustiques qui, pourtant, ne sont pas fondées sur les hauteurs (2003, chap. X). Et il serait bien étonnant, dans ces conditions, qu'elles ne puissent l'être aux musiques de tradition orale, comme a pu le faire Frédéric Léotar (2003) à propos des chants huchés des Touvas et des Ouzbeks...

Ces dernières observations conduisent à une conclusion dérangeante. Même si Leonard Meyer semble "restreindre" les universaux mélodiques aux musiques dans lesquelles les unités minimales sont discrétisées et appartiennent à une échelle qui en conditionne le fonctionnement syntaxique (1989, p. 14-16), il ne semble pas que ce soit sur la seule base d'unités définies selon leur hauteur et leur durée, qu'il soit possible de *construire* un type donné de musique. Au-delà des études portant sur les paramètres déjà reconnus dans la tradition occidentale, il est nécessaire, en effet, de se demander si des paramètres inconnus ou méconnus ne jouent pas un rôle important, y compris dans notre propre musique : pensons par exemple aux phénomènes de contour mélodique dont parle Adams, et qui sont sans doute plus importants que les seules hauteurs.

Au lieu d'une mélodie construite sur les degrés d'une échelle, il y a des productions vocales sans échelle reconnaissable : cris et appels des chasseurs africains, glissandos des Formosans, sonorités "inouïes" des *katajjait* inuit (jouant sur l'alternance des sons voisés et non voisés et expirés ou inspirés). Et il n'y a aucune limite écologique aux nouvelles productions sonores que l'être humain peut inventer : pensons à l'exploitation qui est faite, en Papouasie-Nouvelle-Guinée, de la vibration des élytres d'un coléoptère devant la cavité buccale utilisée comme résonateur... (Léothaud, Lortat-Jacob et Zemp, 1996, disque 2, plage 33). Les musicologues évolutionnistes attachaient une grande importance aux *tumbling strains* (Sachs, 1962, p. 49-59), ces longues descentes plus ou moins continues dans lesquelles ils voyaient les formes les plus anciennes de la musique. Mais rien ne permet de penser qu'il s'agisse de formes primitives de musique. L'existence de ces "bizarreries" – *considérées comme telles uniquement par rapport à notre culture* – pose deux questions intéressantes : quel rôle jouent ces modalités d'expression à côté des autres formes de musique et sont-elles réservées pour certains types de circonstances (cris et appels, chants funèbres, etc.) ? Quelles sont leurs propriétés musicales et quels liens entretiennent-elles avec les autres productions sonores ?

Les mêmes questions se posent lorsqu'on se tourne vers les musiques instrumentales. L'utilisation du tambour *kotudumi* dans les musiques du nô et du kabuki est régie par une systématisation en quatre catégories où l'intensité est combinée au timbre, selon qu'on frappe l'instrument haut et fort sur son bord *(kasira)*, haut et faible sur son bord mais en relâchant les ficelles à accorder *(kan)*, au centre en resserrant puis en relâchant les ficelles, mais résonnant *(otu)*, au centre en relâchant les ficelles, mais faible *(hodo)* (Tokumaru, 1991, p. 93). Dans la musique de *shamisen*, une même syllabe vient désigner à la fois une hauteur et le timbre qui lui est étroitement associé selon que le son est produit ou non sur une corde à vide (le *si* sur la 3e corde à vide s'appelle *ten*, mais le *si* sur la 2e corde pressée s'appelle *ton*) ou selon la manière de pincer la corde : le *si* de la 3e corde pincée vers le bas avec le plectre *(ten)* est différent du *si* de la 3e corde pincée vers le haut ou avec un doigt de la main gauche *(ren)* (*ibid.*, p. 94). Ce qui est important ici, c'est que le paramètre timbre, défini selon le mode de production du son, est relié à une hauteur, un phénomène absent du système tonal occidental. La manière de systématiser le timbre dans la culture japonaise est d'autant plus importante qu'elle permet à chacune des guildes de musiciens de se distinguer les unes des autres. On a même le sentiment que le timbre a pris ici une importance que la musique tonale occidentale ne lui reconnaît pas : "Bien que l'on puisse changer la hauteur absolue d'une mélodie en gardant ses relations d'intervalle, on doit toujours être fidèle aux distinctions des timbres qu'il définit." (*Ibid.*, p. 95.)

Voilà qui est encourageant pour les partisans des musiques électroacoustiques dont tout l'effort aura été de tenter de faire passer le timbre, du statut de paramètre "secondaire" (Meyer, 1989, p. 14) ou "résiduel" (Risset, 2002, in 2004, p. 134) à celui de paramètre "premier" (Nattiez, 2005). En proposant un "solfège des objets sonores", Pierre Schaeffer espérait fonder un nouveau type de musique sur d'autres paramètres que la hauteur et le rythme (1966). Il a souvent espéré que son premier TOM *(Traité des objets musicaux)* fasse l'objet d'un second tome, un *Traité des organisations musicales*. Parmi les tentatives récentes, il faut citer l'ouvrage de Stéphane Roy où les "objets musicaux", au sens de Schaeffer, sont caractérisés fonctionnellement, ce qui devrait faciliter leur intégration dans une syntaxe : introduction, déclenchement, interruption, conclusion, suspension, engendrement, extension, prolongement, transition (2003, p. 342). Désormais définis non plus comme des objets statiques, mais *construits* comme des objets capables de s'intégrer dans une syntaxe, ils acquièrent un statut nouveau, peut-être analogue à celui qui avait été reconnu, dans la musique tonale, aux dimensions mélodiques, rythmiques et harmoniques. C'est qu'en fait, il n'y a pas de limites aux explorations sonores dont l'être humain est capable : l'utilisation des techniques électroniques et informatiques dans la musique du XXe siècle en est la preuve, et il n'y a aucune raison de penser que d'autres inventions scientifiques, inconnues de nous aujourd'hui, ne viendront pas inspirer de nouvelles conquêtes musicales inédites et dont nous ne pouvons même pas soupçonner la forme qu'elles prendront. Il n'y a pas de limites, en fait, à la construction du musical à partir du réel, comme l'histoire et les cultures l'ont montré.

C'est pourquoi, d'ores et déjà, il convient d'entreprendre des typologies du sonore aussi larges que possible, comparables à celle que propose ici Gilles Léothaud pour la voix : elles prendront en charge ces modalités sonores qui, différentes des hauteurs mélodiques discrètes, ne contribuent pas moins à la *construction* de productions auxquelles on peut difficilement refuser une place au sein de la musique élargie qui peut seule servir de cadre à une enquête comparative.

7. Une combinatoire *a priori* : de la forme aux activités musicales

L'existence des séquences minimales que nous avons proposée au point 1, implique ce que nous suggérons d'appeler, de manière abusive mais imagée, des formes *a priori* de combinatoire, car il s'agit d'un domaine que l'on pourrait rapprocher des formes *a priori* de la sensibilité selon Kant. A la séquence prototype dont nous sommes partis, on peut greffer ce que Bent appelle "les trois processus fondamentaux de construction formelle" : la répétition AA, le contraste AB et la variation AA' (Bent et Drabkin, 1987, in 1998, p. 16 ; traduction modifiée). Peut-être conviendrait-il de remplacer le mot "variation", lié à une forme occidentale spécifique, par celui, plus neutre, de "transformation", de portée universelle. Du reste, les procédures de transformation sont à la base aussi bien du genre "variation" qui nous est familier, que des techniques plus générales de développement à l'œuvre aussi bien dans un chant des Indiens d'Amérique que dans une suite pour violoncelle de Bach ou une improvisation de jazz.

La répétition est sans doute l'universel le plus connu et le moins reconnu de la musique (avec la notable exception de Rouget, 1990) et pourrait sans doute suffire à la définir comme "le bel art de la répétition" (Kivy, 1993). Mais il est rare que la répétition se réalise absolument à l'identique : elle est le plus souvent l'objet d'une transformation.

La transformation consiste en un certain nombre d'opérations formelles en nombre fini que l'on retrouve dans toutes les cultures et dont on voit immédiatement, à nouveau, le caractère constructif : la permutation : A *(a + a + b)* devient A' *(a + b + a)* ; l'adjonction (qui peut se faire en un point quelconque) : A *(a + a + b)* devient A' *(a + a + b + c)* ; la suppression : A *(a + a + b)* devient A' *(a + a)*.

De plus, la répétition et le contraste ne sont pas sans lien avec ces trois opérations transformationnelles : pour obtenir AA, il faut *ajouter* A à A ; pour opposer B à A, il faut *supprimer* le deuxième A et lui *ajouter* le nouvel élément B ; à l'inverse, dans *a + a + b*, il y a un contraste entre *a + a et b*, mais en *permutant* la place du *b*, c'est entre les deux *a* que l'on crée un contraste (et une nouvelle figure que l'on qualifiera de symétrique) ; si on *ajoute* un *b* à la séquence *a + a + b*, on obtient une autre figure formelle : *a + a + b + b*, à propos de laquelle on parlera de parallélisme.

Dans tous les cas examinés ici, un même processus est à l'œuvre : il s'agit de faire des opérations (suppression, permutation, adjonction), toujours de caractère universel, sur une donnée de base utilisée comme *modèle*, et c'est pourquoi l'inventaire de ces opérations formelles peut servir de cadre à des typologies comparatives. Il convient de donner à la notion de modèle toute sa force, car, ici encore, *la présence* du modèle est universelle, qu'il s'agisse de la base I-V-I présente dans l'harmonie tonale de Bach à Wagner et sur laquelle Schenker a tant insisté, du thème à la base de variations ou de passacailles chez Bach *(Variations Goldberg)*, Brahms (quatrième mouvement de la *Quatrième symphonie*) ou Boulez *(Anthèmes)*, du modèle rythmique qui sert de point de départ aux développements virtuoses des tambourinaires africains (Arom, 1985) et, plus généralement, des divers types de modèles (modèle-composition, modèle-formule, modèle d'apprentissage, etc.) présents dans les diverses formes d'improvisation dont Bernard Lortat-Jacob dresse ici la typologie et pour lesquelles il distingue entre systèmes mono- et plurimodulaires (p. 669-689).

Ces processus, parce qu'ils reposent sur des catégories cognitives communes à toute l'espèce humaine, n'ont rien de spécifiquement musical mais se retrouvent dans tous les domaines de l'activité humaine : c'est pourquoi on dispose alors des outils qui permettent de faire l'inventaire théorique non seulement des types d'organisations musicales possibles telles qu'elles se déploient dans le temps, et notamment les formes, mais des divers niveaux de l'activité musicale. Car ce n'est pas seulement dans les organisations sonores qu'il faut rechercher les universaux, mais dans toutes les composantes du fait musical total : au-delà des structures musicales, dans les stratégies créatrices et perceptives qui leur sont reliées, et dans tout ce qui intervient dans la composition, l'exécution et l'audition de la musique.

Ce sont les mêmes opérations formelles, en effet, qui s'appliquent à chacun des paramètres, aux "grandes formes musicales" et aux formations vocales et instrumentales. Un des grands intérêts de l'approche paradigmatique en analyse musicale (Ruwet, 1972, chap. III et IV ; Nattiez, 1975, 3e partie ; Arom, 1985, vol. II) est d'avoir montré que les diverses formes de variation et de développement résultent de l'application de ces opérations aux différents paramètres, mélodie, rythme et harmonie. Si les deux dimensions mélodique et rythmique de la séquence fonctionnent de manière indépendante, on obtient les différents types d'*ostinato*. Les mêmes opérations expliquent les diverses espèces de "grandes formes" distinguées par la tradition, à partir desquelles on peut aisément passer aux genres : les formes binaires (AB) et ternaires (ABA) ne sont pas seulement des formes d'aria ou d'ouverture, mais sont à la base du rondo ou de la forme sonate, ainsi que des formes strophiques avec ou sans refrain.

Les stratégies ne sont pas différentes si, jouant avec le nombre de musiciens et/ou de chanteurs, on obtient les divers types de formation (solo, duo, trio, etc.) et de “plurivocalité” *(Mehrstimmigkeit).*

Du quatuor à cordes, on passe au quatuor avec piano (par *suppression* et *adjonction*), au quintette à cordes (par *adjonction* d'un deuxième alto ou d'un deuxième violoncelle), sans parler de formations plus inhabituelles mais constituées à partir d'une même base (d'un même modèle) : le *Quintette* de Schubert, “La Truite”, *supprime*, du quintette avec piano, le deuxième violon et *ajoute* une contrebasse. Donnez à un flûtiste la première place (*permutation* des rôles), et vous obtenez le concerto. Pour exécuter la musique de la danse *mbaga* des Baganda de l'Ouganda (Nattiez et Nannyonga-Tamusuza, 2003), il faut au minimum deux tambours (une base percussive indispensable pour accompagner la danse). Au fil des années se sont *ajoutés* la lyre, le xylophone, des violons monocordes, parfois *remplacés* par des flûtes, sans que le fondement musical de cette musique en soit changé. On pourrait écrire une histoire des formations orchestrales depuis l'âge baroque en faisant appel à ces jeux universels de transformation (suppression, permutation, adjonction), mais aussi en soulignant le rôle de la répétition (renforcement de l'épaisseur instrumentale de l'orchestre de Mozart à l'orchestre de Berlioz) et du contraste (opposition des cordes et des vents dans la symphonie et le concerto classiques, “camaïeu” du hautbois et du cor anglais au début de la “Scène aux champs” dans la *Symphonie fantastique* de Berlioz par exemple). Ces procédures formelles expliquent que la typologie des formations instrumentales proposée ici par Giovanni Giuriati (p. 894-924), repose fondamentalement sur les relations combinatoires, de dépendance et d'indépendance, entre solistes et groupes, reliées à des caractéristiques de timbre spécifiques ou aux possibilités d'expansion du groupe.

On peut recourir aux mêmes opérations formelles, enfin, pour expliquer à la fois le nombre de voix ou de parties qui interviennent dans un ensemble et la nature de leurs relations et de leurs combinaisons. C'est ainsi que Simha Arom et ses collaborateurs, dans l'article consacré ici à la typologie des techniques polyphoniques (p. 1088-1109), séparent d'abord la monodie et la polyphonie. Puis les auteurs distinguent, au sein de l'univers polyphonique, entre l'hétérophonie et six formes de base de plurilinéarité qui ont en commun de présenter une organisation systématique, sur l'axe vertical, des différentes parties, régie par des rapports de répétition, de contraste ou de transformation : l'hétérophonie, le tuilage, le bourdon (dont les diverses manifestations dépendent du nombre de musiciens), l'homorythmie, le contrepoint, l'imitation, le hoquet, la polyrythmie. Finalement, la typologie détaille les modalités de combinaison entre ces sept types de base.

Insistons bien sur le caractère spécifique de ces universaux, qui correspondent aux propriétés de l'espace des séquences et, plus généralement, des objets et des processus intervenant dans le fait musical total, muni d'un certain nombre d'opérations formelles C'est surtout à ce niveau que s'expliquent les ressemblances qui existent entre musiques humaines et musiques animales et sur lesquelles insiste François-Bernard Mâche (2001) : le fait qu'on retrouve ces modes d'organisation plus ou moins exactement dans le monde animal prouve bien leur caractère purement formel, probablement fondé dans le biologique.

8. De l'affect au langage

L'importance des affects en musique – nous employons le mot affect dans un sens générique pour couvrir l'ensemble mal défini d'états comme l'émotion, le sentiment ou l'humeur – semble bien être un universel et pour McAllester (1971) et de nombreux ethnomusicologues, c'est bien la création d'une *"heightened experience"* (une expérience intensifiée) qui constitue un des rares universaux acceptables. Il s'agit d'une des deux grandes traditions qui coexistent et s'opposent en Europe au sujet de la nature de la musique : elle est considérée soit comme une discipline abstraite fondée sur les nombres soit comme une expérience affective et morale. Il y a souvent oscillation de l'une à l'autre : si le romantisme a marqué le triomphe de la conception affective, elle a été laissée de côté durant les années où régnaient les conceptions purement cognitivistes, avant de revenir plus récemment sur le devant de la scène (Juslin et Sloboda, 2001).

C'est que les problèmes posés par le rôle de l'émotion en musique ne constituent qu'un aspect d'une question beaucoup plus large, qui intéresse aussi bien les psychologues que les philosophes et les spécialistes de neurosciences et de sciences cognitives : qu'est-ce qui est premier dans l'expérience humaine, le cognitif ou l'affectif ? Le problème avait été clairement posé par deux articles qui se répondaient dans l'*American Psychologist* : "On the Primacy of Affect" (Zajonc, 1984) et "On the Primacy of Cognition" (Lazarus, 1984). Et il semble bien que l'on assiste aujourd'hui à une réhabilitation scientifique de l'expérience affective : si les sentiments étaient considérés, dans le cadre de la psychologie traditionnelle, comme des états stables servant utilement à la régulation de l'action, en revanche les émotions étaient interprétées, sinon comme des conduites magiques (Sartre), du moins comme des affections déréglantes, qui venaient troubler la perception objective des situations en empêchant de leur trouver une solution rationnelle adéquate. Or on s'est aperçu qu'il s'agissait d'une conception partielle et partiale, reposant sur un rationalisme étroit et fondée sur ce qu'on a pu qualifier d'"erreur de Descartes" (Damasio, 1994). Les émotions ne viennent pas colorer après coup une connaissance d'abord objective et rationnelle du monde : tous les stimuli que nous recevons sont associés, de façon intrinsèque, à des affects qui prennent en charge ce que l'on peut appeler une précatégorisation des stimuli qui oriente et facilite leur identification. C'est pourquoi on tend même à voir dans l'affect un facteur essentiel dans la prise de décision (Berthoz, 2003).

Un argument très fort en faveur du rôle capital de l'affect vient des études portant sur les premières expériences du nouveau-né et du tout jeune enfant. Ceux-ci sont immergés, avant l'apparition du langage, dans un monde de nature musicale et rythmique, un monde de sons et de mouvements qu'ils ne comprennent pas tous mais auxquels ils s'adaptent progressivement. C'est avant tout dans les rapports entre mère et enfant, entre leurs gestes et leurs voix, que se produit une espèce d'accordage affectif qui les fait entrer en résonance émotionnelle par l'intermédiaire d'une expérience de communication qui est en même temps motrice, cognitive et affective : selon le psychologue Daniel Stern, la motivation orientée vers un but – désir de nourriture ou interaction avec la mère – crée une trajectoire dramatisée de tension-crise-résolution corrélée à un "tracé subjectif des crêtes et des creux d'excitation, de suspense et de plaisir" qui constitue une véritable "trame temporelle de sentiment" (Stern, 1995, in trad. fr., 1997, p. 113-126). Ainsi se construisent des "enveloppes proto-narratives" qui semblent évidemment très proches de celles qui organisent l'expérience de la musique (Stern, 1998, p. 183). Il existe donc une protosémantique rythmo-affective qui est sinon strictement première par rapport à la sémantique cognitive, du moins inséparable d'elle : avant même d'être complètement identifiés, le timbre d'une voix, le son d'un instrument, une simple phrase musicale sont immédiatement dotés d'une aura affective qui constitue déjà un jugement de valeur.

Qu'est-ce qui provoque l'émotion musicale quand il ne s'agit plus d'un nouveau-né mais d'un adulte ? Il faut ici abandonner la perspective "provinciale" et ethnocentrique qui nous fait voir dans la musique pure la vérité enfin révélée de toute la musique. Car on est alors tenté de lui associer ce qui serait une émotion elle-même pure, du genre de celle que définit Peter Kivy : n'ayant comme objet que la musique elle-même, elle se fonde sur la conviction que la musique est belle et qu'elle produit un sentiment spécifique, l'espèce d'exaltation admirative qu'éveille la beauté (Kivy, 2002, p. 125-134). S'il est légitime de s'interroger sur les affects provoqués par cette musique pure – et il n'est pas sûr qu'ils soient aussi purs qu'on nous le dit –, il ne l'est pas de voir en eux l'essence de l'émotion musicale : il faut reconnaître la diversité et non chercher, dans une perspective essentialiste, à définir l'émotion musicale en général à partir de ce cas particulier.

Etant donné que, dans leur grande majorité, les musiques sont impures, c'est-à-dire accompagnées de danse, de parole ou de spectacle, il est difficile de savoir quelle part joue la musique elle-même dans l'émotion qualifiée de musicale : est-ce la musique seule ou l'ensemble de la situation dans laquelle elle est produite et entendue ? Nous pouvons ici être aidés par la distinction que propose le spécialiste de neurosciences Antonio Damasio entre émotions primaires et secondaires (1994, in 2000, p. 184-194) : sur la base d'émotions primaires, innées, qui déclenchent immédiatement et inconsciemment des réactions physiologiques caractéristiques, se construisent des émotions secondaires qui reposent sur les liens progressivement établis entre ces émotions primaires et les différentes catégories d'objets et de situations que présente l'expérience. On comprend alors que les affects humains soient des phénomènes complexes dans lesquels interviennent tous les éléments d'une culture réfractés dans une histoire personnelle.

La musique elle-même ne jouerait-elle aucun rôle dans ces émotions globales ? On s'est beaucoup intéressé, dans le cadre de la philosophie analytique, aux problèmes posés par les relations entre l'œuvre musicale et l'émotion (Robinson, 2004) : l'émotion est-elle présente dans l'œuvre ? Et, si elle y est présente, est-ce parce que l'auteur y a mis sa propre émotion ou ne correspond-elle qu'à une propriété expressive de la musique elle-même ? Quels sont par ailleurs les mécanismes par lesquels l'œuvre cause l'émotion de l'auditeur ? Au-delà de discussions qui prennent souvent une allure scolastique, ce qui est remarquable et significatif, c'est, derrière la diversité des perspectives et des formulations, l'extraordinaire convergence qui apparaît entre des théories par ailleurs aussi différentes que celles d'un Hanslick qui, tout en refusant que la musique puisse exprimer le contenu des sentiments, reconnaît qu'elle peut en exprimer "le côté dynamique" (1854, in trad. fr., 1986, p. 75), d'une Susanne Langer – la musique exprime les formes générales du sentiment (1957, p. 238) –, d'un Leonard Meyer, pour qui "notre réponse affective à la musique est dans une très large mesure le résultat de notre identification physique à l'action motrice-somatique de la musique" (1998, trad. fr., 1998, p. 44), ou la théorie des "contours" de Peter Kivy (2002, p. 31-48) : comme le montrent les premières expériences rythmo-affectives du nouveau-né, la musique, organisation dynamique du temps, entre en résonance avec les formes générales des affects humains. C'est ce qui explique à la fois la puissance de ses effets et leur relative indétermination : elle constitue bien, selon la formule de Susanne Langer, un *"unconsummated symbol"* – un "symbole inachevé" – (1957, p. 240), ou plutôt un système dont les significations plongent leurs racines en deçà du symbolique proprement dit, dans l'activité même du corps et dans les premières formes que prennent les relations affectives avec les autres.

Au-delà du protosémantique, il existe deux types principaux de renvois en musique, caractéristiques de son fonctionnement comme forme symbolique : ceux par lesquels la musique renvoie à la musique (à ce qu'on vient d'entendre, à ce qu'on attend, aux productions musicales que l'on connaît déjà) et que l'on peut qualifier de renvois intrinsèques, et ceux par lesquels la musique renvoie au monde extramusical des concepts, des actions, des états émotionnels et que l'on peut qualifier de renvois extrinsèques (Meyer, 1956, chap. I ; Nattiez, 2002*b*, sections 3 et 4). L'individu producteur ou auditeur de musique associe ces deux types de renvois à un horizon qui est celui de sa connaissance du monde, et cela est vrai pour toutes les musiques, dans toutes les cultures. Mais ces deux grands réseaux de renvois, qui sont constamment imbriqués dans le fait musical, ne sont clairement explicités que lorsqu'ils sont relayés ou précisés par le langage verbal, et c'est ainsi que l'on passe du protosémantique au sémantique. Le langage joue ici un rôle crucial, car l'association de la musique et du langage est une constante : ce n'est guère qu'au XIXe et au XXe siècle qu'une part relativement importante de la musique savante en a été séparée. Grâce aux paroles qui l'accompagnent, la protosémantique rythmo-affective perd son ambivalence et sa polysémie : cette plasticité sémantique de la musique réduite à elle-même a souvent été remarquée, puisqu'il arrive qu'un compositeur réutilise la même séquence sonore pour l'associer à des paroles qui lui donnent un sens tout à fait différent comme Hanslick l'avait souligné. Mais en outre, le langage ne se borne pas à sémantiser la musique : il l'intègre dans la culture de la communauté en lui donnant une place dans sa vision du monde. Il permet ainsi de parler de la musique : fonctionnant comme métalangage, il ouvre la voie à toutes les théorisations et à tous les systèmes.

9. Des régularités de surface aux stratégies cognitives

Le prototype de séquence musicale dont nous avons posé l'existence au début de cette investigation ne peut apparaître qu'à l'interface "écologique" entre les propriétés physiques du son et les capacités de nos appareils de réception et de traitement de l'information sonore. Les propriétés physiques du son ont été constamment étudiées depuis la découverte pythagoricienne, mais c'est surtout dans l'exploration des capacités du sujet musicien que les progrès ont été importants depuis plus d'un siècle (Molino, 2002). Il apparaît de plus en plus clairement que, contrairement à ce que proclamaient les slogans existentialistes de la deuxième moitié du XXe siècle, l'homme a une nature : "Dans la musique, tout n'est pas d'origine culturelle" (Chouard, 2001, p. 140). Les différentes disciplines concernées – psycho-physiologie (Chouard, 2001), neuropsychologie (Peretz, 1994), psychologie de l'enfant (Trehub, 2000), sciences cognitives en général (McAdams et Bigand, 1994) – aboutissent à des résultats convergents qui relient les régularités du matériau musical – universaux substantiels – aux mécanismes physiologiques et neurologiques qui les produisent – universaux de stratégie ou universaux de traitement *(processing universals).* C'est ainsi que l'importance de l'octave et surtout de la quinte et d'autres intervalles correspondant à des rapports simples dans un grand nombre de systèmes musicaux semble bien se fonder sur les propriétés de notre appareil perceptif. A un niveau plus élevé du traitement du son, on peut faire l'hypothèse qu'il existe des opérations spécifiques et universelles – segmentation, groupement, etc. – constituant une grammaire grâce à laquelle nous analysons les séquences musicales. Dans leur ouvrage *A Generative Theory of Tonal Music*, Fred Lerdahl et Ray Jackendoff précisent, au seuil du chapitre qu'ils consacrent aux universaux, qu'ils n'ont pas besoin d'apparaître dans tous les langages musicaux *(idioms)* mais au niveau des grammaires, c'est-à-dire des "principes accessibles à tous les auditeurs expérimentés pour organiser les surfaces musicales qu'ils entendent" (1983, p. 278). C'est pourquoi ils font l'hypothèse que quatorze seulement des soixante-quinze règles qu'ils proposent pour l'analyse perceptive de la musique tonale, sont *idiom specific*, c'est-à-dire propres au système tonal (*ibid*., p. 345-352). Et les auteurs de suggérer cinq principes hypothétiques qui sous-tendraient ces règles universelles (*ibid*., p. 280) : existence de quatre types d'organisation hiérarchique en musique (groupement, structure métrique, réduction de l'espace temporel et réduction prolongationnelle) ; interaction entre des règles de bonne formation, de préférence et de transformation ; liens des quatre types hiérarchiques avec l'organisation temporelle ; stabilité des hauteurs à la base de l'organisation hiérarchique ; rôle structural des débuts et fins de groupements. Dans la même perspective universaliste, les auteurs des *Regole della musica* (Baroni, Dalmonte et Jacoboni, 1999) ont tenté, à partir de règles élaborées pour rendre compte du style mélodique du compositeur baroque Giovanni Legrenzi (1626-1690), de les étendre à l'ensemble de la musique européenne, du grégorien à Debussy. Il devrait revenir aux ethnomusicologues de tester sur le terrain l'hypothèse d'une validité universelle de ces diverses règles, comme d'ailleurs Lerdahl et Jackendoff l'ont suggéré (1983, p. 279).

Ces universaux seraient-ils innés, comme le proposent Lerdahl et Jackendoff (*ibid.*, p. 281) ? Il convient sans doute de dépasser la vieille querelle de l'inné et de l'acquis : en effet, les capacités inscrites dans notre héritage génétique ne constituent-elles pas en même temps le cadre dans lequel se réalisent les multiples variations que rend possible la plasticité de notre cerveau ? Il semble difficile de ne pas intégrer dans une théorie des universaux les fondements biologiques de notre aptitude à construire et à produire du nouveau, ce qui, en retour, crée de nouvelles conditions pour l'apprentissage, la création, l'interprétation et la perception.

Il convient donc de faire appel, pour expliquer le fonctionnement de la musique et des stratégies créatrices et perceptives qui lui sont reliées, à ces fondements biologiques auxquels Meyer consacre l'essentiel de son dernier article : les possibilités d'organisation des phénomènes sonores sont, quelles que soient les époques et les cultures, limitées, contraintes et conditionnées par les capacités de l'esprit humain (1998, trad. fr., 1998, p. 26-28).

Il propose pour sa part un premier inventaire de ce qu'il qualifie d'universaux biopsychologiques. Un premier type d'universaux correspond à des contraintes neuro-cognitives : les capacités de discrimination de l'oreille humaine expliquent que l'on ne trouve pas d'échelles réelles – par opposition à des échelles purement théoriques – dans lesquelles l'écart entre deux hauteurs structurelles soit inférieur au demi-ton (*ibid.*, p. 26-27). Il semble que le nombre d'éléments que l'esprit humain soit capable de discriminer s'explique selon "le nombre magique 7, plus ou moins 2", popularisé par le psychologue George Miller (1956), et cela semble régir non seulement le nombre de hauteurs dans une échelle, mais le nombre de motifs dans les phrases, de phrases dans les thèmes, de thèmes dans les sections, etc. (Meyer, 1998, trad. fr., 1998, p. 27-28). Ainsi, la longueur des motifs et des thèmes, dans une symphonie de Bruckner, n'augmente pas par rapport à ce qu'ils sont dans une symphonie de Mozart. Par contre, leur nombre peut augmenter si les mouvements plus vastes de symphonies comprennent davantage de sections que dans une forme sonate classique. On semble retrouver en musique la loi de Zipf qui s'applique en linguistique et selon laquelle plus un élément est fréquent, plus il est court, ce que semblent bien confirmer les leitmotive de Wagner (*ibid.*, p. 28).

Deuxième type d'universaux : la distinction que Meyer a depuis longtemps proposée entre paramètres syntaxiques et paramètres statistiques est pour lui universelle. Les premiers sont caractérisés par leur organisation discrète, les relations qu'ils entretiennent entre eux et leur lien avec les patterns perceptifs. Ainsi, dans la musique occidentale : la mélodie, le rythme et le mètre. Il semble bien que, universellement, la possibilité d'organiser une syntaxe repose sur la capacité d'un élément discret de créer une relation entre une attente et un sentiment de clôture. Les autres (toujours dans la musique occidentale) sont "statistiques" : le timbre, le tempo et la texture (*ibid.*, p. 29-30). Mais il précise ailleurs (1989, p. 14) que cette répartition n'est pas la même selon les époques et les cultures, et nous ajouterions volontiers que, à moins de se priver d'expliquer l'évolution des "idiomes" musicaux, certains paramètres statistiques peuvent acquérir dans une même culture, voire dans certaines œuvres, le statut de paramètres syntaxiques comme nous l'avons suggéré plus haut à propos du timbre (Nattiez, 2005).

L'esprit humain – troisième type d'universaux – a tendance à organiser les éléments constitutifs du fait musical en classes : classes de hauteurs, intervalles, formes, genres, voix, instruments, groupes d'exécution (1998, trad. fr., 1998, p. 32), comme on l'a vu dans les développements précédents, et comme l'illustrent les diverses typologies présentées dans la 2e partie de ce volume. Cet universel de stratégie correspond à ce que les psychologues appellent la "perception catégorielle" (*ibid.*, p. 33) : c'est ce qui explique, par exemple, que la *blue note* des amateurs de jazz soit perçue comme telle parce qu'elle est référée à une classe de hauteur qui, par ailleurs, reste stable. C'est ici qu'interviennent les lois de la Gestalt.

Le fonctionnement syntaxique et catégoriel est encore possible parce que – quatrième type d'universaux – toute production musicale s'organise en niveaux hiérarchiquement ordonnés (*ibid.*, p. 33). Dans la musique tonale, par exemple, même si les enchaînements d'accords et de tonalités reposent sur le même principe (le cycle des quintes), les relations syntaxiques fonctionnelles ne se manifestent pas de la même façon à ces deux niveaux, celui de la phrase musicale et celui des sections d'un mouvement de sonate, par exemple.

Dernier type enfin d'universaux : parce que nos capacités biocognitives sont limitées, les productions musicales sont caractérisées par le taux élevé de redondance de leurs éléments constitutifs qui vient contrebalancer la part nécessaire de nouveauté qu'elles présentent, et cela vaut aussi bien au niveau du style que de la structure idiosyncratique d'une pièce (*ibid.*, p. 35-38).

On pourra reprocher à l'inventaire des universaux de stratégie selon Meyer, d'être normatif, puisque ces contraintes conduisent à rejeter les tentatives de musiques fondées aussi bien sur les micro-intervalles que sur la série généralisée. Mais justement, ces tentatives n'ont pas historiquement survécu, y compris de l'aveu de leurs promoteurs, et il n'est pas impossible que ce soit parce qu'elles se heurtaient à des contraintes imposées par les (in)capacités universelles de l'esprit humain.

De la même façon, on pourrait penser que la confiance accordée par lui (et par nous) aux universaux de stratégies biopsychologiquement fondés ferme la porte au rôle que jouent l'histoire et la culture dans la formation et le développement des productions musicales de toute nature. Il n'en est rien. Comme Meyer l'indique lui-même dans la suite de son texte ("Evolution, Choice, Culture, and Music History", 1998, trad. fr., 1998, p. 38-49) et comme on l'examinera plus en détail à la section 11, ces contraintes ne sont pas les seules à expliquer les faits musicaux. Simplement, les lois biopsychologiques fournissent un cadre dont il est impossible à l'esprit humain de sortir : ses productions sont au contraire colorées et diversifiées par la spécificité de telle *évolution* particulière ou de tel *contexte* culturel spécifique selon le jeu de ce que Meyer appelle les règles (stylistiques) et les stratégies (individuelles) (1989, p. 13-23). Et c'est en faisant des *choix* stratégiques à partir des possibilités définies par les lois et les règles que fonctionnent les producteurs et les auditeurs de musique. L'auteur va même plus loin : l'*existence* de contraintes exercées par les principes de l'évolution et l'environnement culturel est elle-même universelle (1998, trad. fr., 1998, p. 38-39), ce que l'on prendra garde de ne pas confondre avec tel phylum de l'évolution ou tel réseau culturel particulier.

10. Contexte et fonction

En dehors de l'exception en fait très limitée que représente la musique "pure" qui s'est développée en Europe depuis le XIXe siècle – et qui ne constitue qu'une part très restreinte de la musique jouée durant cette période –, la musique est inséparable des fonctions qui lui donnent un sens. Sous sa forme la plus simple, la musique agit comme signal de la fonction : c'est le cas de l'orgue qui, à la suite d'une histoire dont on peut retracer les étapes, est devenue signal et symbole de la musique religieuse catholique. S'il y a, comme dans de nombreuses cultures traditionnelles, des correspondances étroites entre les caractéristiques musicales d'un répertoire spécialisé et les circonstances dans lesquelles il est joué, la musique véhicule alors une partie plus ou moins grande du réseau de significations qui leur est associé (Asch, 1975) ; c'est ce qui s'est passé en Europe, où, à partir du XVIIe siècle, l'écriture stricte prend une valeur à peu près exclusivement religieuse. Mais cette association de la musique à une fonction en général est un universel "faible", car il ne nous dit rien de la diversité des fonctions qu'elle remplit. Merriam en a proposé une liste (1964, chap. XI) qui, si elle n'est pas toujours cohérente ni définitive, a au moins le mérite d'exister : fonctions de plaisir esthétique, de distraction, de communication, de représentation symbolique, de réponse physique, de renforcement de la conformité aux normes sociales, de validation des institutions sociales et des rituels religieux, de contribution à la continuité et à la stabilité de la culture. Comme cette liste mêle les usages et les fonctions, il conviendrait de la reprendre à partir de cas d'espèce. L'inventaire des "circonstances" *(occasions)* proposé par Charles Boilès (1978) mériterait, lui aussi, d'être réexaminé. Peut-être faut-il ici faire intervenir des considérations historiques et phylogénétiques : l'importance des liens entre la musique et les rites et cérémonies collectives manifeste le rôle qu'a pu jouer la musique comme facteur de socialisation (Dissanayake, 2000 ; Freeman, 2000).

11. Art et esthétique

S'il y a une conviction profondément ancrée dans l'esprit de la majeure partie des ethnomusicologues et plus généralement des ethnologues, c'est bien que l'art et l'attitude esthétique ne sauraient être des universaux. A l'ancienne mythologie de la supériorité et de la vocation universelle du Grand Art européen a succédé une "nouvelle mythologie", celle de la non-universalité de l'art et de l'esthétique (Dutton, 1995), qui se fonde sur un principe répété et varié de toutes les manières possibles. Et l'on ne cesse de s'exclamer : "Mais ils n'ont pas notre concept d'art." (Dutton, 2000). Le thème est développé selon une argumentation devenue canonique : nous avons un Art pur, une Musique absolue, objets d'une attention désintéressée qui définit l'Esthétique, tandis que les Autres ne connaissent que des musiques fonctionnelles, toujours étroitement associées à d'autres activités sociales. Avec sa perspicacité coutumière, Bruno Nettl faisait déjà remarquer naguère que les choses n'étaient pas aussi simples (1973, p. 12-13) : nous avons nous-mêmes des musiques patriotiques, militaires ou religieuses, et peut-on aujourd'hui être sûrs que les Autres n'ont pas des musiques de divertissement, des musiques appréciées pour le plaisir qu'elles donnent et pour leur beauté ? En fait, les ethnologues s'ingénient souvent à rendre les autres cultures plus exotiques qu'elles ne le sont (Dutton, 2000, p. 217-229) : dans l'intention louable d'attirer l'attention sur la spécificité de la culture qu'ils étudient, ils tentent de la faire apparaître la plus étrang(èr)e possible.

Pour montrer qu'il n'y a pas d'art ou d'expérience esthétique, on compare plus ou moins explicitement tel objet religieux ou magique à une peinture contemporaine faite pour et exposée dans un musée. Mais c'est la preuve d'un extraordinaire "modern(o)centrisme", qui n'est qu'une des formes les plus pernicieuses d'ethnocentrisme : c'est se fermer à la compréhension de la majeure partie de la tradition artistique européenne. Lorsque les fidèles de la Thomaskirche de Leipzig entendaient le dimanche une cantate écrite par leur consciencieux cantor Jean-Sébastien Bach, étaient-ils dans un état d'esprit plus proche de celui d'un auditeur contemporain de concert ou de celui du participant à une cérémonie religieuse "primitive" ? Poser la question, n'est-ce pas déjà y répondre ? Non, la musique absolue et la peinture abstraite, l'Art majuscule de Duchamp et Cage ne sont pas la vérité enfin révélée de l'Art et de la Musique "en soi", ils n'en représentent que des variantes, et très marginales.

D'autant plus qu'il faut faire intervenir deux domaines que l'on oublie lorsqu'on oppose en chiens de faïence notre art contemporain et les pratiques des sociétés traditionnelles. Il existe d'une part de grandes traditions lettrées, de la Chine et du Japon à l'Inde et au monde arabo-islamique, dans lesquelles on retrouve des phénomènes comparables à ceux qui caractérisent le Grand Art européen. Il y a d'autre part toujours eu en Europe comme ailleurs des activités qui, tout en se situant en dehors du Grand Art, ne peuvent être exclues de la sphère de l'art au sens courant du mot, c'est-à-dire des activités dans lesquelles intervient le souci du bien-faire, de l'ornement et de la beauté : pensons au vaste continent des "Arts Populaires". Dès que l'on prend au sérieux aussi bien les diverses traditions occidentales que l'ensemble des autres, on ne peut plus en rester à la conception de deux mondes qui s'opposent, le monde de l'Esthétique et de l'Art purs sans commune mesure avec le monde de la technique et de l'utile : on voit apparaître entre eux une multitude de ressemblances et le champ est enfin libre pour la recherche d'universaux.

Il faut alors commencer par le commencement, c'est-à-dire par des enquêtes portant sur le lexique et les concepts. Lorsque, dans les années 1960, on s'est tourné vers ce qu'on appelait l'anthropologie cognitive (Tyler, 1969), on s'est intéressé à toutes sortes de catégories "ethniques", de la parenté à l'ethnobotanique ou à l'ethnomédecine, mais on n'a à peu près jamais abordé le domaine de l'art et de l'esthétique. Et pourtant, qui pourrait nier qu'il existe dans toutes les cultures connues des termes qui portent sur les trois champs conceptuels que distingue une sémiologie des formes symboliques – le champ de l'art, c'est-à-dire de la production, le champ de la beauté, c'est-à-dire de l'objet et de ses caractéristiques, et enfin le champ de l'esthétique, c'est-à-dire de la réception ? La distinction entre les trois dimensions s'impose d'autant plus ici qu'elle permet de dissiper les ambiguïtés et les confusions qui entourent aujourd'hui les questions portant sur les domaines respectifs de l'art et de l'esthétique : on ne sait plus trop si l'esthétique est, comme l'entendaient ses fondateurs Baumgarten et Kant, une théorie de la réception qui porte aussi bien sur le beau naturel que sur le beau artistique ou si, selon le renversement opéré par Hegel, elle s'identifie à la théorie de l'art. Comme la Beauté n'a plus droit de cité dans le Grand Art occidental contemporain, qui a par ailleurs accueilli pêle-mêle dans son sein les productions de toutes les autres cultures, les conduites de production et les propriétés de l'objet sont passées au second plan : tout repose maintenant sur les conduites de réception et sur l'existence d'une hypothétique attitude esthétique.

Nous laissons précisément de côté ce champ de la réception, puisqu'il est abordé par l'un de nous (Molino, dans ce volume, p. 1154-1196) qui tente de dégager quelques éléments fondamentaux de l'expérience musicale. Retenons, pour les réutiliser ici, deux points de cette analyse : ce qu'on appelle expérience esthétique n'est pas une réalité simple, réductible à une essence, à une définition par conditions nécessaires et suffisantes, c'est un mixte, une combinaison d'éléments hétérogènes, variable selon les cultures. Mais, et c'est le second point, ces éléments ne sont pas quelconques : on retrouve partout les mêmes composantes, qui constituent de véritables phylums, c'est-à-dire des paramètres de l'expérience qui se présentent sous des formes différentes dans les diverses cultures parce qu'ils évoluent et se transforment à partir d'un fondement anthropologique commun.

En ce qui concerne le champ de la production, il convient d'abord de se rappeler que l'art est de l'ordre du faire : il est d'abord l'objet d'une expérience spécifique, l'expérience poïétique et il existe dans toutes les cultures un lexique spécialisé de la fabrication et de la production. C'est dans ce cadre que se pose le problème de l'ontologie de l'art (Thomasson, 2004). Au lieu de raffiner à partir d'une ontologie si pauvre qu'elle ne connaît que les catégories de concret et d'abstrait, de réel et d'imaginaire, il faut reconnaître la spécificité de l'être poïétique : "Il existe un monde poïétique, composé d'êtres poïétiques, résidant dans le monde de la nature, mais spécifiquement distincts de lui." (Gilson, 1963, p. 152.) Cependant, à la différence de Gilson et d'à peu près toute la tradition philosophique, il est essentiel de souligner que le monde poïétique comprend les objets techniques aussi bien que les œuvres d'art. C'est que la tradition philosophique est une tradition de "lettrés", qui ignorent ou méprisent la technique : Aristote ne dit évidemment pas un mot de la technique dans sa *Poétique* qui est pourtant, rappelons-le, une "poïétique", c'est-à-dire un traité de la production. A côté du monde physique naturel et du monde mental, il faut donc faire place à un monde d'artefacts où voisinent objets techniques et œuvres d'art.

Ainsi s'explique qu'il y ait, dans toutes les sociétés, un continuum qui va de la technique la plus utilitaire – mais existe-t-il un utile pur sans trace d'agréable ? – à l'Art plus ou moins pur : il y a partout des objets faits plus ou moins rapidement, avec plus ou moins de soin, fabriqués avec une matière plus ou moins riche, plus ou moins rare, plus ou moins décorés... C'est le cas pour les instruments de musique, pour la danse et sans doute aussi, selon des modalités qu'il conviendrait de préciser, pour la "matière" musicale elle-même. On comprend pourquoi, dans les diverses cultures, c'est à l'intérieur de ce qu'on appelle technique – *tekhnê* grecque, *ars* latine ou *art* médiéval – que la pratique sociale accorde une valeur et un prestige plus grands à telle corporation ou à tel type de production. Ce qui lie la technique à l'art, c'est le phylum du savoir-faire qui permet le bien-faire et conduit, au-delà, à l'excellence et à la virtuosité, mais ce sont aussi les caractéristiques que l'artisan-artiste donne à ce qu'il produit.

On est ainsi amené à explorer un dernier domaine, celui de la Beauté et des propriétés de l'objet produit. Il importe d'abord de rappeler que toutes les cultures possèdent un vaste lexique de la Beauté, même si le détail des significations de chaque mot de l'ensemble ne correspond pas exactement aux valeurs des termes dans les langues européennes contemporaines. Dans ce domaine, un prétendant sérieux au titre d'universel est sans doute l'association si répandue entre le beau et le bon, présente, on l'oublie le plus souvent, dans la tradition européenne elle-même : le *kalos* grec signifie à la fois et selon les contextes "beau à voir" avec souvent une nuance érotique, "utile" et "convenable, socialement et moralement bon". Mais cela n'empêchait pas les anciens Grecs de savoir distinguer le beau de l'utile, pas plus que leur foi n'empêchait les hommes du Moyen Age européen de reconnaître l'existence de la Beauté. Rien n'est plus significatif à cet égard que les extraordinaires formules par lesquelles saint Bernard de Clairvaux condamne le luxe et le décor fantastique des églises et des monastères romans : *"In claustris coram legentibus fratribus quid facit illa ridicula monstruositas, mira quaedam deformis formositas, ac formosa deformitas ?"* "Dans les monastères, en face des frères en train de lire, à quoi sert cette monstruosité ridicule, cette étonnante beauté laide, cette belle laideur ?" (Bernard de Clairvaux, in Migne, 1844-1865, vol. CLXXXII, col. 915, notre traduction.) Rien n'est plus fréquent, dans toutes les cultures, que l'usage systématique du vocabulaire de la Beauté pour parler aussi bien des êtres humains, des objets fabriqués ou des réalités naturelles.

Ce n'est guère que dans quelques "hautes cultures", Chine ou Europe contemporaine, que le Grand Art refuse la Beauté.

Nous laisserons de côté les discussions qui ont porté, dans le cadre de la philosophie analytique anglophone, sur l'existence et le statut des qualités "esthétiques" de l'objet (Sibley, 1959) ; nous nous plaçons dans une perspective "réaliste" – au sens philosophique du mot –, fidèle aux intuitions du sens commun : la Beauté est présente dans l'objet et pas seulement dans le sujet qui perçoit.

Nous avons déjà vu l'importance du savoir-faire, que le créateur est conscient de mettre dans sa production et dont l'auditeur ou le spectateur reconnaît la présence dans ce qui a été produit. Mais d'autres facteurs interviennent dans la beauté d'une œuvre et constituent autant de phylums partout présents dans des proportions et sous des formes variables. C'est le cas de cette espèce de beauté qui repose sur les relations qui unissent la forme à la fonction et qui correspond à l'association fréquente du beau au bon et à l'utile : une œuvre belle, c'est une œuvre qui répond exactement à sa fonction. Il n'y a donc rien d'étonnant que l'on retrouve partout cette sensibilité à la beauté fonctionnelle, depuis les communautés restreintes jusqu'à l'art contemporain. Le sens de la beauté fonctionnelle n'est cependant pas incompatible avec la recherche de l'ornement, qui peut accompagner tout objet utile, l'enrichir et prendre en même temps toutes sortes de significations supplémentaires (Boas, 1927). A côté de l'ornement, il faut faire une place à la représentation, présente dès l'art paléolithique, et dont il ne faut pas oublier le rôle qu'elle joue dans la musique, de l'imitation des cris d'animaux et des bruits de la nature jusqu'aux musiques imitatives de la tradition européenne. Par ailleurs, ornement et représentation sont le plus souvent inséparables des valeurs symboliques qui leur sont accordées dans la culture.

En deçà de ces phylums, existe-t-il des propriétés formelles qui seraient communes à tous les objets considérés comme beaux dans toutes les cultures ? La recherche n'a guère été entreprise dans le domaine musical et l'on doit pour l'instant se contenter de caractéristiques très générales, qui s'appliquent plus facilement aux arts plastiques qu'à la musique. On sait que les scolastiques définissaient la beauté par la possession de trois qualités : *integritas* ou "entièreté", *harmonia* ou "harmonie" et *claritas* ou "éclat" (Gilson, 1963, p. 46-49). Il est significatif que l'on retrouve à peu près les mêmes notions, quoique exprimées dans un vocabulaire différent et transposées, comme il sied dans notre monde subjectiviste, de l'objet à l'expérience esthétique, dans l'œuvre de l'esthéticien américain contemporain Monroe Beardsley : pour lui, l'expérience esthétique se caractérise par l'unité, la complexité et l'intensité (1981, p. 529-530).

L'un de nous a suggéré de retrouver ces catégories aussi bien dans la musique d'une danse d'initiation au mariage des Bagandais que dans *Répons* de Boulez… (Nattiez, 1999, p. 231-234.) On comprend l'intérêt qu'il y aurait à mener des enquêtes comparatives permettant de dégager les qualités que les auditeurs s'accordent à reconnaître dans les œuvres musicales qu'ils trouvent belles. Le travail a rarement été réalisé, et moins encore pour la musique que pour les arts plastiques, domaine pour lequel on dispose de quelques données : on a par exemple constaté que les critères sur lesquels se fondent les Yoruba pour juger de leurs sculptures rejoignent le plus souvent ceux qu'utilisent les amateurs européens (Thompson, 1968). Plus remarquables encore ont été les résultats obtenus par Irvin L. Child et Leon Siroto lorsqu'ils ont comparé les jugements portés sur des masques bakwele par des membres de cette culture et des étudiants américains (Child et Siroto, 1965) : malgré quelques discordances, la convergence des appréciations n'en apparaissait pas moins comme remarquable.

C'est ce socle anthropologique commun qui explique la fréquence des échanges entre musiques appartenant à des traditions différentes : il semble bien que l'on ait partout et toujours apprécié d'autres formes d'art que les siennes propres. Rien n'est plus significatif à cet égard que la facilité avec laquelle l'art roman européen a emprunté et intégré des éléments plastiques empruntés aux cultures les plus diverses. En sens inverse, comment ne pas être fasciné par le destin de l'orfèvre français Guillaume Boucher qui, fait prisonnier par les Mongols, devient orfèvre du souverain mongol Möngkä, qui semble apprécier l'orfèvrerie de l'âge gothique (Olschki, 1946) ? Des phénomènes analogues se retrouvent en musique, comme en témoigne par exemple la façon dont, durant la dynastie des Tang, les classes dirigeantes chinoises ont adopté avec enthousiasme les musiques et danses d'origine étrangère. C'est dans ce cadre général qu'il faut situer les échanges contemporains entre cultures : les "Tourist Arts" d'aujourd'hui (Graburn, 1976) ne constituent qu'un nouvel épisode de l'incessante dialectique d'influences et d'emprunts qui apparaît bien comme un témoignage de l'unité des pratiques artistiques de l'humanité.

12. Histoire et évolution

Les musiques changent et cela est vrai aussi bien des musiques de tradition orale que de la musique européenne : les rythmes et les modalités du changement sont variables mais le fait du changement est une constante et constitue ainsi une espèce d'universel. Par ailleurs, nous avons vu que les universaux musicaux ont des racines anthropologiques mais se présentent sous la forme de phylums, c'est-à-dire de lignées évolutives qui se transforment au cours du temps. Comment alors rendre compte des constances et des changements ? Leur étude est rendue difficile par l'existence de deux champs de recherche, chacun associé à une approche spécifique. Il y a d'un côté le domaine de la musique européenne, qui est pris en charge par l'histoire : étudier la musique européenne, c'est rattacher les œuvres à un style et préciser leur place dans une évolution linéaire et téléologique. Il y a de l'autre côté le champ de l'ethnomusicologie, qui s'est longtemps située à peu près exclusivement sur le plan synchronique : on étudie une culture musicale dans son fonctionnement actuel sans se préoccuper de ses transformations. D'une façon générale, l'ethnomusicologie refuse l'histoire : parce qu'il n'y a pas de documents, parce qu'on a longtemps cru qu'il s'agissait de sociétés "froides" qui échappaient à l'histoire, parce que l'on s'intéresse davantage à l'expérience musicale vécue qu'aux problèmes posés par le changement. Ajoutons qu'entre l'histoire européenne et le présent de l'ethnomusicologie se situe un domaine ambigu, celui des grandes traditions lettrées, de la Chine et du Japon à l'Inde et au monde arabo-islamique. Pendant longtemps on a considéré leur musique, ainsi que leur art et leur civilisation, comme des totalités statiques et fermées sur elles-mêmes, que l'on pouvait envisager dans leur globalité. Or on s'est aperçu, on s'aperçoit de plus en plus que cette perspective était le résultat de l'ignorance et du mépris, et que ces musiques ont aussi une histoire, aussi riche, aussi complexe que celle de l'Europe, comme on a pu le voir dans le volume III de cette encyclopédie.

Faut-il alors en rester à cette dualité d'approche avec d'un côté une histoire linéaire et de l'autre une synchronie qui juxtapose des cultures musicales sans rapport entre elles ? Il serait donc souhaitable d'aller dans la voie de l'unification des méthodes. La musicologie pourrait s'inspirer pour cela de la linguistique historique et comparée qui a, depuis deux siècles, réussi à établir des relations généalogiques entre les différentes langues parlées dans le monde : pourquoi ne pas tenter, sur le même modèle, d'établir la généalogie de cultures musicales liées par des relations de filiation ? De telles enquêtes pourraient se placer sous le patronage de Sir William Jones, auteur d'un mémorable traité intitulé *On the Musical Modes of the Hindus* (1799) mais aussi l'un des premiers à avoir reconnu, en 1786, la parenté entre les langues indo-européennes.

Un renouveau des méthodes pourrait aussi venir, comme le propose Leonard Meyer, de la biologie et de la théorie de l'évolution : "Etant donné leur intérêt constant pour les concepts liés à l'organicisme, il est étonnant que les musicologues (et les spécialistes des humanités en général) aient ignoré la biologie, et surtout les analyses néo-darwiniennes du changement et de la dissémination qui offrent aujourd'hui des voies très fructueuses pour comprendre l'histoire de la musique." (1998, trad. fr., 1998, p. 45.) Il ne faut pas oublier en effet que la linguistique historique et la théorie de l'évolution reposent sur un modèle d'explication analogue, le modèle de "dérivation historique" (Crombie, 1994). Il est vrai que l'évolution culturelle se distingue par au moins trois traits de l'évolution biologique : transmission des caractères acquis, évolution orientée selon des directions privilégiées, relative liberté de choix des acteurs. Mais ces différences n'enlèvent rien à la pertinence du schéma général de l'évolution darwinienne, qui permet en particulier de libérer l'histoire de toute finalité et de toute linéarité : l'histoire humaine, et l'histoire de la musique comme les autres, n'ont pas de but fixé ni d'itinéraire providentiel. Il convient donc de refaire l'histoire de la musique, de toutes les musiques, à partir des mêmes principes : apparition d'une innovation (variation) qui se répète, se transmet et se diffuse ou non (sélection et réplication) et qui, dans le cadre d'une communauté, donne naissance à une culture musicale particulière (isolement relatif des populations).

On pourrait ainsi mieux comprendre que la musique ait un fondement dans notre nature – c'est ce qui explique son universalité et son unité – mais qu'elle soit, dès ses origines, riche de toutes les possibilités qu'exploiteront les diverses cultures.

Bibliographie

ADAMS, C., 1976 : "Melodic Contour Typology", *Ethnomusicology*, vol. XX, n° 2, p. 179-215.

AROM, S., 1985 : *Polyphonies et polyrythmies instrumentales d'Afrique centrale. Structure et méthodologie*, 2 vol., Paris, SELAF.

AROM, S., 2000 : "Prolegomena to a Biomusicology", in *The Origins of Music*, N. Wallin, B. Merker et S. Brown (éd.), Cambridge (Mass.), A Bradford Book-The MIT Press, p. 27-29.

AROM, S. et FÜRNISS, S. (éd.), 2000 : "L'Afrique et l'Europe médiévale : la théorie du pentatonisme revue à travers les systèmes africains de tradition orale", *Musicae Scientiae*, Forum de discussion 1.

ASCH, M., 1975 : "Social Context and the Musical Analysis of Slavey Drum Dance Songs", *Ethnomusicology*, vol. XIX, n° 2, p. 245-248.

ATRAN, S., 1990 : *Cognitive Foundations of Natural History*, Cambridge, Cambridge University Press.

BARONI, M., DALMONTE. R. et JACOBONI, C., 1999 : *Le Regole della musica*, Turin, Edizioni di Torino ; trad. fr., Paris, Delatour (à paraître).

BEARDSLEY, M. C., 1981 : *Aesthetics*, Indianapolis, Hackett Publishing Company.

BENEDICT, R., 1934 : *Patterns of Culture*, Boston, Houghton Mifflin ; trad. fr., *Echantillons de civilisations*, Paris, Gallimard, 1972.

BENT, I. et DRABKIN, W., 1987 : *Analysis*, Londres, Macmillan ; trad. fr., *L'Analyse musicale. Histoire et méthodes*, Nice, Main d'œuvre, 1998.

BERLIN, B. et KAY, P., 1969 : *Basic Color Terms. Their Universality and Evolution*, Berkeley, University of California Press ; 2e éd., 1992.

BERNSTEIN, L., 1976 : *The Unanswered Question*, Cambridge (Mass.), Harvard University Press ; trad. fr., *La Question sans réponse*, Paris, Laffont, 1982.

BERTHOZ, A., 2003 : *La Décision*, Paris, Odile Jacob.

BLACKING, J., 1973 : *How Musical is Man ?*, Seattle, University of Washington Press ; trad. fr., *Le Sens musical*, Paris, Minuit, 1980.

BLACKING, J., 1984 : "The Study of «Music» as Cultural System and Human Capability", *South African Journal of Musicology*, vol. IV, p. 15-23 ; repris in Id., *Music, Culture, and Experience. Selected Papers of John Blacking*, Chicago-Londres, The University of Chicago Press, 1995, chap. VIII.

BLACKING, J., 1995 : *Music, Culture, and Experience. Selected Papers of John Blacking*, Chicago-Londres, The University of Chicago Press.

BOAS, F., 1927 : *Primitive Art*, Cambridge, Harvard University Press.

BOILÈS, C. L., 1978 : *Man, Magic, and Musical Occasions*, Columbus (Ohio), Collegiate Publishing.

BRĂILOIU, C., 1953 : "Sur une mélodie russe", in *Musique russe*, P. Souvtchinsky (éd.), Paris, t. II, Presses universitaires de France, p. 329-391 ; repris in Id., *Problèmes d'ethnomusicologie*, Gilbert Rouget (éd.), Genève, Minkoff, 1973, p. 347-405.

BRĂILOIU, C., 1960 : "La vie antérieure", in *Histoire de la musique*, Roland-Manuel (éd.), Paris, Gallimard, "Encyclopédie de la Pléiade", t. I, p. 118-127 ; rééd., Paris, Gallimard, 2001 ; repris in *Opere/Œuvres*, E. Comisel (éd.), Bucarest, Editura Musicala a Uniunii Compositorilor din Republica Socialista Romania, vol. II, p. 187-203.

BREGMAN, A., 1994 : "L'analyse des scènes auditives : l'audition dans des environnements complexes", in S. McAdams et E. Bigand, *Penser les sons. Psychologie cognitive de l'audition*, Paris, Presses universitaires de France, 1994, p. 11-39.

CHAILLEY, J., 1967 : *La Musique et le Signe*, Lausanne, Editions Rencontre.

CHAILLEY, J., 1985 : *Eléments de philologie musicale*, Paris, Alphonse Leduc.

CHILD, I. L. et SIROTO, L., 1965 : "Bakwele and American Aesthetic Evaluations Compared", *Ethnology*, n° 4, p. 349-360.

CHOUARD, C.-H., 2001 : *L'Oreille musicienne. Les chemins de la musique de l'oreille au cerveau*, Paris, Gallimard.

COMRIE, B., 1981 : *Language Universals and Linguistic Typology*, Oxford, Blackwell.

CROMBIE, A. C., 1994 : *Styles of Scientific Thinking in the European Tradition*, 3 vol., Londres, Duckworth.

DAMASIO, A. R., 1994 : *Descartes' Error. Emotion, Reason and the Human Brain*, New York, Putnam ; rééd., Londres, Penguin, 2005 ; trad. fr., *L'Erreur de Descartes : la raison des émotions*, Paris, Odile Jacob, 1995 ; rééd., 2000.

DAY-O'CONNELL, J., 2001 : "Pentatonic", in *The New Grove Dictionary of Music and Musicians*, S. Sadie (éd.), 2e éd., Londres, Macmillan Publishers, vol. XIX, p. 315-316.

DE VALE, S. C., 1990 : "Organizing Organology", *Selected Reports in Ethnomusicology*, vol. VIII, p. 1-34.

DELALANDE, F., 1984 : *La musique est un jeu d'enfant*, Paris, INA-Buchet-Chastel.

DELALANDE, F., 1992 : "Il Gesto msicale, dal senso motorio al simbolico. Aspetti ontogenetici", in *Dall'attomotorio alla interpretaione musicale* (actes du 2e colloque international de psychologie de la musique, Ravello, oct. 1990), Salerne, Ed. 10/17 ; repris in *Le Condotte musicali*, Bologne, CLUEB, 1993, p. 53-84.

DISSANAYAKE, E., 2000 : "Antecedents of the Temporal Arts in Early Mother-Infant Interaction", in *The Origins of Music*, N. Wallin, B. Merker et S. Brown (éd.), Cambridge (Mass.), A Bradford Book-The MIT Press, p. 389-410.

DRABKIN, W., 2001 : "Scale", in *The New Grove Dictionary of Music and Musicians*, S. Sadie (éd.), 2e éd., Londres, Macmillan Publishers, vol. XXII, p. 366-367.

DUTTON, D., 1995 : "Mythologies of Tribal Art", *African Arts*, n° 28, p. 32-43.

DUTTON, D., 2000 : "But They Don't Have Our Concept of Art", in *Theories of Art Today*, N. Carroll (éd.), Madison (Wisconsin), The University of Wisconsin Press, p. 217-238.

ELLIS, A. J., 1885 : "On the Musical Scales of Various Nations", *Journal of the Society of Arts*, vol. XXXIII, p. 485-527.

FELD, S., 1982 : *Sound and Sentiment. Birds, Weeping, Poetics and Song in Kaluli Expression*, Philadelphie, University of Pennsylvania Press.

FERRARI DISNER, S., 1984 : "Insights on Vowel Spacing", in *Patterns of Sounds*, I. Maddieson (éd.), Cambridge-New York, Cambridge University Press, 1984, p. 136-155.

FINSCHER, L. (éd.), 1994- : *Die Musik in Geschichte und Gegenwart*, Cassel, Bärenreiter.

FRAISSE, P., 1974 : *Psychologie du rythme*, Paris, Presses universitaires de France.

FREEMAN, W., 2000 : "A Neurobiological Role of Music in Social Bonding", in *The Origins of Music*, N. Wallin, B. Merker et S. Brown (éd.), Cambridge (Mass.), A Bradford Book-The MIT Press, p. 411-424.

FREGE, G., 1892 : "Ueber Sinn und Bedeutung", *Zeitschrift für Philosophie und philosophische Kritik*, n° 100, p. 25-50 ; repris in *Kleine Schriften*, I. Angelelli (éd.), 2e éd., Hildesheim, Georg Olms Verlag, 1990, p. 143-162 ; trad. fr., "Sens et dénotation", *Ecrits logiques et philosophiques*, Paris, Le Seuil, 1971, p. 102-126.

GARDNER, H., 1985 : *The Mind's New Science. A History of the Cognitive Revolution*, New York, Basic Books ; trad. fr., *Histoire de la révolution cognitive : la nouvelle science de l'esprit*, Paris, Payot, 1993.

GEERTZ, C., 1973 : *The Interpretation of Cultures*, New York, Basic Books.

GILSON, E., 1963 : *Introduction aux arts du beau*, Paris, Vrin.

GOURLAY, K. A., 1984 : "The Non-Universality of Music and the Universality of Non-Music", *The World of Music*, vol. XXVI, n° 2, p. 25-39.

GRABURN, N. (éd.), 1976 : *Ethnic and Tourist Arts. Cultural Expressions from the Fourth World*, Berkeley, University of California Press.

GREENBERG, J. H., 1966 : *Language Universals, with Special Reference to Feature Hierarchies*, La Haye, Mouton.

GREENBERG, J. H., 1974 : *Language Typology. A Historical and Analytical Overview*, La Haye, Mouton.

GREENBERG, J. H., FERGUSON, C. A. et MORAVCSIK, E. A., 1978 : *Universals of Human Language*, 4 vol., Stanford, Stanford University Press.

HAGÈGE, C., 1982 : *La Structure des langues*, Paris, Presses universitaires de France.

HANSLICK, E., 1854 : *Vom Musikalisch-Schönen. Ein Beitrag zur Revision der Aesthetik der Tonkunst*, Leipzig, Weigel ; rééd. en fac-similé, Darmstadt, Wissenschlaftliche Buchgesellschaft, 1965 ; trad. fr., *Du beau dans la musique*, Paris, Christian Bourgois, 1986.

HARRISON, F. L., 1977 : "Universals in Music. Towards a Methodology of Comparative Research", *The World of Music/Le Monde de la musique*, vol. XIX, n° 2, 20-36 ; trad. fr., "Les universaux de la musique : pour une méthodologie de la recherche comparative", *ibid.*, p. 37-42.

HARWOOD, D. L., 1976 : "Universals in Music. A Perspective from Cognitive Psychology", *Ethnomusicology*, vol. XX, n° 3, p. 521-533.

HASPELMATH, M., KÖNIG, E., OESTERREICHER, W., RAIBLE, W. *et al.* (éd.), 2001 : *Language Typology and Language Universals / Sprachtypologie und sprachliche Universalien / La Typologie des langues et les universaux linguistiques – An International Handbook / Ein internationales Handbuch / Manuel international*, 2 vol., Berlin-New York, Walter de Gruyter.

HELMHOLTZ, H. von, 1885 : *On the Sensations of Tone*, 2e éd., Londres, Longman ; rééd., New York, Dover, 1954.

HERZOG, G., 1939 : "Music's Dialects. A Non-universal Language", *Independent Journal of Columbia University*, vol. VI, p. 1-2.

HORNBOSTEL, E. M. von, 1905-1906 : "Die Probleme der vergleichenden Musikwissenschaft", *Zeitschrift der Internationalen Musikgesellschaft*, vol. VII, n° 3, p. 85-97 ; repris in Id., *Tonart und Ethos. Aufsätze zur Musikethnologie und Musikpsychologie*, C. Kaden et E. Stockmann (éd.), Wilhelmshaven, Florian Noetzel, 1999, p. 40-58.

HORNBOSTEL, E. M. von et SACHS, C., 1914 : "Systematik der Musikinstrumentenkunde. Ein Versuch", *Zeitschrift für Ethnologie*, vol. XLVI, p. 553-590 ; repris in Id., *Tonart und Ethos. Aufsätze zur Musikethnologie und Musikpsychologie*, C. Kaden et E. Stockmann (éd.), Wilhelmshaven, Florian Noetzel, 1999, p. 151-206 ; trad. angl., "Classification of Musical Instruments", *The Galpin Society Journal*, vol. XIV, n° 3, 1961, p. 3-29.

HUMBOLDT, W. von, 1836-1840 : *Ueber die Kawi-Sprache auf der Insel Java*, 3 vol., Berlin, Drückerei des königlichen Akademie der Wissenschaften ; rééd., in *Werke*, Stuttgart, J. G. Cotta, 1960-1981 ; trad. fr., *Introduction à l'œuvre sur le Kavi et autres essais*, P. Caussat (éd.), Paris, Le Seuil, 1974.

HUTCHINSON, W., 1978 : "The Problem of Universals in Music", *Music and Man*, vol. II, n° 3-4, p. 235-246.

JONES, W., 1799 : "On the Musical Modes of the Hindus", *Asiatic Researches*, n° 3, p. 55-87 ; repris in *The Story of Indian Music and its Instruments*, E. Rosenthal (éd.), Londres, W. Reeves, 1929 ; rééd., New Delhi, Oriental Books Reprint Corp., 1970, p. 157-204.

JUSLIN, P. N. et SLOBODA, J. A., 2001 : *Music and Emotion. Theory and Practice*, Oxford, Oxford University Press.

KEIL, F., 1989 : *Concepts, Kinds and Cognitive Development*, Cambridge (Mass.), A Bradford Book-The MIT Press.

KIVY, P., 1993 : *The Fine Art of Repetition. Essays on the Philosophy of Music*, Cambridge, Cambridge University Press.

KIVY, P., 2002 : *An Introduction to a Philosophy of Music*, Oxford, Clarendon Press.

KOLINSKI, M., 1961 : "Classification of Tonal Structures", *Studies in Ethnomusicology*, vol. I, p. 38-76.

LANGER, S. K., 1957 : *Philosophy in a New Key*, Cambridge (Mass.), Harvard University Press.

LAZARUS, R. S., 1984 : "On the Primacy of Cognition", *American Psychologist*, n° 39, p. 124-129.

LÉOTAR, F., 2003 : *Les Mélodies huchées touvas et ouzbèkes. Aspects compositionnels et dimension culturelle*, thèse de doctorat, Montréal, faculté de musique, Université de Montréal.

LÉOTHAUD, G., LORTAT-JACOB, B. et ZEMP, H., 1996 : *Les Voix du monde. Une anthologie des expressions vocales*, Paris, Le Chant du Monde, coffret de 3 disques compacts, CMX 374 1010.12.

LERDAHL, F. et JACKENDOFF, R., 1983 : *A Generative Theory of Tonal Music*, Cambridge (Mass.), The MIT Press.

LILIENCRANTS, J. et LINDBLOM, B., 1972 : "Numerical Simulation of Vowel Quality Systems. The Role of Perceptual Contrast", *Language*, vol. XLVIII, n° 2, p. 839-862.

LOMAX, A., 1968 : *Folk Song Style and Culture*, Washington, American Association for the Advancement of Science ; rééd., New York-Londres, Transaction Publishers, 2000.

LORBLANCHET, M., 1999 : *La Naissance de l'art. Genèse de l'art préhistorique*, Paris, Errance.

MÂCHE, F.-B., 2001 : *Musique au singulier*, Paris, Odile Jacob.

MARLER, P., 2002 : "La musica degli animali", in *Enciclopedia della musica*, vol. II, *Il Sapere musicale*, J.-J. Nattiez *et al.* (éd.), Turin, Einaudi, 2002, p. 467-476 ; trad. fr., "Les origines animales de la musique", in *Musiques. Une encyclopédie pour le XXIe siècle*, vol. II, *Les*

Savoirs musicaux, J.-J. Nattiez (éd.), Arles-Paris, Actes Sud-Cité de la musique, 2004, p. 491-505.

MARTINET, A., 1960 : *Eléments de linguistique générale*, Paris, Armand Colin.

MAUSS, M., 1947 : *Manuel d'ethnographie*, Paris, Payot.

MCADAMS, S. et BIGAND, E., 1994 : *Penser les sons. Psychologie cognitive de l'audition*, Paris, Presses universitaires de France.

MCALLESTER, D. P., 1971 : "Some Thoughts on «Universals» in World Music", *Ethnomusicology*, vol. XV, n° 3, p. 379-380.

MERRIAM, A. P., 1964 : *The Anthropology of Music*, Evanston, Northwestern University Press.

MERRIAM, A. P., 1982 : "On Objections to Comparison in Ethnomusicology", in *Cross-Cultural Perspectives on Music*, R. Falck et T. Rice (éd.), Toronto-Buffalo-Londres, University of Toronto Press, p. 174-187.

MEYER, L. B., 1956 : *Emotion and Meaning in Music*, Chicago-Londres, University of Chicago Press.

MEYER, L. B., 1960 : "Universalism and Relativism in the Study of Ethnic Music", *Ethnomusicology*, vol. IV, n° 1, p. 49-54 ; repris in *Readings in Ethnomusicology*, D. P. McAllester (éd.), New York-Londres, Johnson Reprint Corporation, p. 269-276.

MEYER, L. B., 1973 : *Explaining Music. Essays and Explorations*, Berkeley-Los Angeles-Londres, University of California Press.

MEYER, L. B., 1989 : *Style and Music. Theory, History, and Ideology*, Philadelphie, University of Pennsylvania Press.

MEYER, L. B., 1998 : "A Universe of Universals", *Journal of Musicology*, vol. XVI, n° 1, p. 3-25 ; repris in *The Spheres of Music. A Gathering of Essays*, Chicago-Londres, University of Chicago Press, 2000, p. 281-303 ; trad. fr., "Un univers d'universaux", *Philosophie*, n° 59, 1er septembre 1998, p. 23-49.

MIEREANU, C. et HASCHER, X. (éd.), 1998 : *Les Universaux en musique*, actes du IVe congrès international sur la signification musicale, Paris, Publications de la Sorbonne.

MIGNE, J.-P. (éd.), 1844-1865 : *Patrologiae Cursus Completus, Series Latina*, 221 vol., Paris, par l'auteur ; 2e série, *Ecclesia latina*, vol. LXXIC-CCXVII, 1849-1855 ; rééd., Paris, Garnier, 1880.

MILLER, G. A., 1956 : "The Magic Number Seven, plus or minus Two. Some Limits on our Capacity for Processing Information", *Psychological Review*, vol. LXIII, n° 2, p. 81-97.

MOLINO, J., 1975 : "Fait musical et sémiologie de la musique", *Musique en jeu*, n° 17, p. 37-62.

MOLINO, J., 1987 : "Classification, typologies, universaux", in *Travaux du Cercle linguistique d'Aix-en-Provence*, V, *Typologie des langues*, Aix-en-Provence, Publications de l'Université de Provence, p. 13-38.

MOLINO, J., 1988 : "La musique et le geste", *Analyse musicale*, n° 10, p. 8-15.

MOLINO, J., 1989 : "Musique et machines", *Actes du Colloque "Structures musicales et assistance informatique"*, Marseille, Laboratoire "Musique et informatique", p. 141-154.

MOLINO, J., 1991 : "L'art aujourd'hui", *Esprit*, n° 173, p. 72-108.

MOLINO, J., 2000 : "Toward an Evolutionary Theory of Music and Language", in *The Origins of Music*, N. Wallin, B. Merker, et S. Brown (éd.), Cambridge (Mass.), A Bradford Book-The MIT Press, 2000, p. 165-176.

MOLINO, J., 2002 : "La musique et les nombres", in *Observation, analyse, modèle : peut-on parler d'art avec les outils de la science ?*, Paris, IRCAM-L'Harmattan, p. 21-58.

MOLINO, J., 2005 : "Esquisse d'une anthropo-histoire de la musique", *Prétentaine*, vol. XVIII-XIX, "Musique. Phénoménologies, ontologies, interprétations", p. 115-157.

MORGAN, L. H., 1877 : *Ancient Society*, New York, Holt.

MURDOCK, G. P., 1957 : "World Ethnographic Sample", *American Anthropologist*, n° 59, p. 664-687.

MURDOCK, G. P., 1962-1967 : "Ethnographic Atlas", *Ethnology*, Pittsburgh, University of Pittsburgh, vol. I-V.

MURDOCK, G. P., 1967 : "Ethnographic Atlas. A Summary", *Ethnology*, vol. VI, n° 2, p. 107-236.

Musicae Scientiae. Forum de discussion I, 2000 : "L'Afrique et l'Europe médiévale : la théorie du pentatonisme revue à travers les systèmes africains de tradition orale".

NATTIEZ, J.-J., 1975 : *Fondements d'une sémiologie de la musique*, Paris, Union générale d'éditions.

NATTIEZ, J.-J., 1987 : *Musicologie générale et sémiologie*, Paris, Christian Bourgois.

NATTIEZ, J.-J., 1999 : *La Musique, la Recherche et la Vie*, Montréal, Leméac.

NATTIEZ, J.-J., 2002*a* : "Pluralità e diversità del sapere musicale", in *Enciclopedia della musica*, vol. II, *Il Sapere musicale*, J.-J. Nattiez *et al.* (éd.), Turin, Einaudi, 2002, p. XXIII-XLIX ; version française, "Pluralité et diversité du savoir musical", in *Musiques. Une encyclopédie pour le XXIe siècle*, vol. II, *Les Savoirs musicaux*, J.-J. Nattiez (éd.), Arles-Paris, Actes Sud-Cité de la musique, 2004*a*, p. 17-44.

NATTIEZ, J.-J., 2002*b* : "Musica e significato", in *Enciclopedia della musica*, vol. II, *Il Sapere musicale*, J.-J. Nattiez *et al.* (éd.), Turin, Einaudi, 2002, p. 206-238 ; version française, "La signification comme paramètre musical", in *Musiques. Une encyclopédie pour le XXIe siècle*, vol. II, *Les Savoirs musicaux*, J.-J. Nattiez (éd.), Arles-Paris, Actes Sud-Cité de la musique, 2004*b*, p. 256-289.

NATTIEZ, J.-J., 2002*c* : "Etnomusicologia", in *Enciclopedia della musica*, vol. II, *Il Sapere musicale*, J.-J. Nattiez *et al.* (éd.), Turin, Einaudi, 2002, p. 677-693 ; version française : "Ethnomusicologie", in *Musiques. Une encyclopédie pour le XXIe siècle*, vol. II, *Les Savoirs musicaux*, J.-J. Nattiez (éd.), Arles-Paris, Actes Sud-Cité de la musique, 2004*c*, p. 721-739.

NATTIEZ, J.-J., 2005 : "Le timbre est-il un paramètre secondaire ?", *Actes électroniques du Colloque CIM05, Le timbre dans la composition, l'interprétation, la perception et la réception de la musique* (10-12 mars 2005, faculté de musique, Université de Montréal), http://www.oicm.umontreal.ca/cim05/actes.html ; publication-papier, in *Otyanomizu Ongaku Ronsyû (Journal of the Musicological Society of Ochanomizu University), A Festschrift for Dr Tokumaru Yoshihiko on his Seventieth Birthday*, Special issue, n° 18, décembre 2006, p. 29-43.

NATTIEZ, J.-J. et NANNYONGA-TAMUSUZA, S., 2003 : "Ritmo, danza e sesso : una danza ugandese d'iniziazione al matrimonio", in *Enciclopedia della musica*, vol. III, *Musica e culture*, J.-J. Nattiez *et al.* (éd.), Turin, Einaudi, 2003, p. 957-977 ; version française, "Rythme, danse et sexualité : une danse ougandaise d'initiation au mariage", in *Musiques. Une encyclopédie pour le XXIe siècle*, vol. III, *Musiques et cultures*, J.-J. Nattiez (éd.), Arles-Paris, Actes Sud-Cité de la musique, 2005, p. 1108-1129.

NETTL, B., 1973 : *Folk and Traditional Music of the Western Continents*, 2e éd., Englewood Cliffs, Prentice-Hall.

NETTL, B., 1977 : "On the Question of Universals", *The World of Music/Le Monde de la musique*, vol. XIX, n° 1-2, p. 2-7 ; trad. fr., "A propos des universaux", *ibid.*, p. 8-12.

NETTL, B., 1983 : *The Study of Ethnomusicology. Twenty-nine Issues and Concepts*, Urbana-Chicago-Londres, University of Illinois Press ; nouv. éd., *The Study of Ethnomusicology. Thirty-one Issues and Concepts*, Urbana-Chicago-Londres, University of Illinois Press, 2005.

NETTL, B., 2000 : "An Ethnomusicologist Contemplates Universals in Musical Sound and Musical Culture", in *The Origins of Music*, N. Wallin, B. Merker et S. Brown (éd.), Cambridge (Mass.), A Bradford Book-The MIT Press, p. 463-472.

NETTL, B., 2001 : "Music as a Universal Phenomenon", in "Musique", *The New Grove of Music and Musicians*, S. Sadie (éd.), nouv. éd., Londres, Macmillan Publishers, vol. XVII, p. 435-436.

NETTL, B. et BOHLMAN, P. V. (éd.), 1991 : *Comparative Musicology and the Anthropology of Music. Essays on the History of Ethnomusicology*, Chicago-Londres, University of Chicago Press.

NKETIA, J. H. K., 1984 : "Universals Perspectives in Ethnomusicology", *The World of Music/Le Monde de la musique/Die Welt der Musik*, vol. XXVI, n° 2, p. 3-20.

NWACHUKWU, C., 1981 : *Taxonomy of Musical Instruments of Mbaise, Nigeria*, mémoire de maîtrise, Belfast, Queen's University of Belfast.

OLSCHKI, L., 1946 : *Guillaume Boucher, a French Artist at the Court of the Khans*, Baltimore, Johns Hopkins University Press.

PASCAL, B., 1963 : *Œuvres complètes*, Paris, Le Seuil.

PERETZ, I., 1994 : "Les agnosies auditives", in *Neuropsychologie humaine*, X. Séron et M. Jeannerod (éd.), Bruxelles, Mardaga, p. 205-216.

PIAGET, J. et INHELDER, B., 1984 : *La Psychologie de l'enfant*, Paris, Presses universitaires de France.

POWERS, H. S. *et al.*, 2001 : "Mode", in *The New Grove Dictionary of Music and Musicians*, S. Sadie (éd.), 2e éd., Londres, Macmillan Publishers, vol. XVI, p. 775-860.

POZZI, R. (éd.), 1990 : *La musica come linguaggio universale. Genesi e storia di un'idea*, Florence, Olschki.

PRÉVOST D'EXILES, A.-F., 1733-1740 : *Le Pour et Contre, ouvrage périodique d'un goût nouveau […]*, 20 vol., Paris ; rééd. en fac-similé, S. Larkin (éd.), 2 vol., Oxford, Voltaire Foundation at the Taylor Institution, 1993.

QUINE, W. V., 1961 : *From a Logical Point of View*, Cambridge (Mass.), Harvard University Press.

RAHN, J., 1983 : *A Theory for All Music. Problems and Solutions in the Analysis of Non-Western Forms*, Toronto-Buffalo-Londres, University of Toronto Press.

RISSET, J.-C., 2002 : "Il timbro", in *Enciclopedia della Musica*, vol. II, *Il Sapere musicale*, J.-J. Nattiez *et al.* (éd.), Turin, Einaudi, 2002, p. 89-115 ; "Timbre", in *Musiques. Une encyclopédie pour le XXI*e *siècle*, vol. II, *Les Savoirs musicaux*, J.-J. Nattiez (éd.), Arles-Paris, Actes Sud-Cité de la musique, 2004, p. 134-161.

ROBINSON, J., 2004 : "The Emotions in Art", in *The Blackwell Guide to Aesthetics*, P. Kivy (éd.), Oxford, Blackwell, p. 174-192.

ROUGET, G., 1990 : "La répétition comme universel du langage musical. A propos d'un chant initiatique béninois", in *La musica come linguaggio universale. Genesi e storia di un'idea*, R. Pozzi (éd.), Florence, Olschki, 1990, p. 189-201.

ROY, S., 2003 : *L'Analyse des musiques électroacoustiques. Modèles et propositions*, Paris, L'Harmattan.

RUWET, N., 1972 : *Langage, musique, poésie*, Paris, Le Seuil.

SACHS, C., 1962 : *The Wellsprings of Music*, La Haye, Martinus Nijhoff.

SADIE, S. (éd.), 2001 : *The New Grove Dictionary of Music and Musicians*, 2e éd., 29 vol., Londres, Macmillan Publishers.

SCHAEFFER, P., 1966 : *Traité des objets musicaux*, Paris, Le Seuil.

SCHAEFFNER, A., 1936 : *Origine des instruments de musique. Introduction ethnologique à l'histoire de la musique instrumentale*, Paris, Payot ; rééd., Paris-La Haye, Maison des sciences de l'homme-Mouton, 1968.

SCHAEFFNER, A., 1946 : "Les instruments de musique", in *La Musique des origines à nos jours*, N. Dufourcq (éd.), Paris, Larousse, p. 13-45.

SCHAEFFNER, A., 1960 : "Genèse des instruments de musique", in *Histoire de la musique*, Roland-Manuel (éd.), Paris, Gallimard, "Encyclopédie de la Pléiade", t. I, p. 76-117 ; rééd., Gallimard, "Folio", 2001.

SIBLEY, F., 1959 : "Aesthetic Concepts", *Philosophical Review*, n° 68, p. 421-450 ; trad. fr., "Les concepts esthétiques", in *Philosophie analytique et esthétique*, D. Lories (éd.)., Paris, Klincksieck, 1988, p. 41-69.

STERN, D., 1995 : *The Motherhood Constellation*, New York, Basic Books ; trad. fr., *La Constellation maternelle*, Paris, Calmann-Lévy, 1997.

STERN, D., 1998 : "Aspects temporels de l'expérience quotidienne d'un nouveau-né : quelques réflexions concernant la musique", in *Le Temps et la Forme*, E. Darbellay (éd.), Genève, Droz, p. 167-183.

STEWARD, J., 1955 : *Theory of Culture Change*, Urbana, University of Illinois Press.

STUMPF, C., 1911 : *Die Anfänge der Musik*, Leipzig, Barth.

THOMASSON, A. L., 2004 : "The Ontology of Art", in *The Blackwell Guide to Aesthetics*, P. Kivy (éd.), Oxford, Blackwell, p. 78-92.

THOMPSON, R. F., 1968 : "Esthetics in Traditional Africa", *ARTnews*, n° 66, p. 44-45 et 63-67.

TOKUMARU, Y., 1991 : "Le timbre dans la musique japonaise", in *Le Timbre, métaphore pour la composition*, J.-B. Barrière (éd.), Paris, IRCAM-Christian Bourgois, p. 90-97.

TREHUB, S., 2000 : "Human Processing Predispositions and Musical Universals", in *The Origins of Music*, N. Wallin, B. Merker et S. Brown (éd.), Cambridge (Mass.), A Bradford Book-The MIT Press, p. 427-448.

TYLER, S. A., 1969 : *Cognitive Anthropology*, New York, Holt-Rinehart and Winston.

WALLIN, N., MERKER, B. et BROWN, S. (éd.), 2000 : *The Origins of Music*, Cambridge (Mass.), A Bradford Book-The MIT Press.

WEBER, M., 1915 : "Zwischen Betrachtung, Studien und Richtungen der religiösen Weltablehnung", in *Gesammelte Schriften zur Religonssoziologie*, Tübingen, J. C. B. Mohr, 1920-1922, t. I, p. 536-573 ; trad. fr., "Considération intermédiaire", in *Sociologie des religions*, Paris, Gallimard, 1996, p. 410-460.

WEBER, M., 1921 : *Die rationalen und soziologischen Grundlagen der Musik*, Munich, Drei Masken Verlag ; trad. fr., *Sociologie de la musique*, Paris, Métailié, 1998.

WHITE, L. A., 1959 : *The Evolution of Culture*, New York, McGraw-Hill.

WIORA, W., 1961 : *Die vier Weltalter der Musik*, Stuttgart, Kohlhammer Verlag ; trad. fr., *Les Quatre Ages de la musique*, Paris, Payot, 1963.

WITTGENSTEIN, L. J., 1953 : *Philosophische Untersuchungen-Philosophical Investigations*, Oxford, Blackwell.

ZAJONC, R. B., 1984 : "On the Primacy of Affect", *American Psychologist*, n° 39, p. 117-123.

Le concept de musique
dans une perspective culturelle

Francesco Giannattasio

LE CONCEPT DE MUSIQUE DANS UNE PERSPECTIVE ANTHROPOLOGIQUE ET ETHNOMUSICOLOGIQUE

1. *"Was ist Musik ?"*

L'"art de combiner plusieurs sons selon des règles définies, qui diffèrent en fonction des lieux et des époques" : telle est la définition de la musique, désormais commune à de nombreux dictionnaires, que l'on trouve dans la dernière édition du *Vocabolario della lingua italiana* de Nicola Zingarelli. Mais un dictionnaire, considéré de la même manière que n'importe quel document historique, peut constituer aussi un indice fiable de l'évolution de la pensée, en relation avec un cadre modifié d'expériences et de connaissances. Il est alors intéressant d'observer que cette définition n'apparaît dans le *Vocabolario Zingarelli* qu'à partir de 1967 (9e édition). De la première édition (1922) à la huitième (1959), on lit en effet à l'entrée "Musique" : "Art de combiner les sons de sorte que, sous forme de mélodie, d'harmonie, de polyphonie, d'instrumentation, etc., ils traduisent les sentiments de l'âme ou des images et des visions idéales."

Le changement survenu en quelque trente-cinq ans n'est pas mince. Comparé à la formulation précédente, qui développait la célèbre définition selon laquelle la musique est l'"art de combiner les sons d'une manière agréable à l'oreille", énoncée par Rousseau dans son *Dictionnaire de la musique* (1768, in 2007, p. 305), on note, dans la neuvième édition, trois innovations substantielles :

a) "les sons" deviennent "plusieurs sons", laissant entendre que leurs qualités acoustiques, de même que les critères permettant de déterminer un *continuum* sonore idéal dans des intervalles pertinents, peuvent être multiples et différents entre eux ;

b) le choix des sons et de leur mode de combinaison n'est plus le substitut d'un arrangement "de mélodie, d'harmonie, de polyphonie, d'instrumentation, etc.", mais de "règles définies" qui, "en fonction des lieux et des époques", établissent diverses modalités d'organisation formelle (et non nécessairement mélodiques, harmoniques, etc.) ;

c) L'abandon de la spécification "de sorte que [...] ils traduisent les sentiments de l'âme ou des images et des visions idéales" laisse la possibilité de recourir à la dimension musicale dans d'autres buts, en plus des finalités esthétiques et émotionnelles et, en outre, redimensionne "les sons agréables à l'oreille" en sons *agréables à l'oreille de Rousseau* selon les conventions culturelles de son époque et de son milieu social, sans pour autant hypothéquer le plaisir de l'écoute et les "images et visions idéales" que l'expression peut susciter, ou avoir suscitées, dans d'autres contextes historico-culturels.

La révision de la définition que l'on peut opérer aujourd'hui dénote le passage d'une conception appartenant aux XVIIe et XVIIIe siècles – que nombre de mélomanes européens considèrent, aujourd'hui encore, en partie valable – à une acception plus large et plus ouverte du terme musique, même si elle devient ainsi, inévitablement, plus générale. Si l'on estime que le nouveau millénaire s'ouvre dans une sphère phonique rythmée, imprégnée, voire envahie par des sons musicaux de toutes sortes, de toutes les époques et de tous les lieux, il ne fait aucun doute que ce changement est redevable avant tout à la révolution anthropologique survenue au XXe siècle et, plus particulièrement, aux résultats de la recherche ethnomusicale. De fait, les ethnomusicologues ont montré qu'aucune société humaine, aussi restreinte et isolée soit-elle, n'est dépourvue d'une production symbolique utilisant le son, et ils ont établi concrètement que le recours à une dimension expressive musicale est un comportement humain universel, au même titre que le langage ou l'organisation sociale. Naturellement, de même qu'il existe des sociétés et des langues différentes, la manière d'organiser le sonore dans des formes et des comportements musicaux varie elle aussi considérablement d'une culture à une autre, en fonction des conditions historiques, économiques et culturelles dans lesquelles les divers systèmes musicaux ont été réalisés et stratifiés.

L'extension du "musical" à tout l'univers humain s'oppose donc à la notion qui faisait au contraire de la musique le fruit d'"une restriction et [d']une spécification du champ musical" (Molino, 1975, p. 37), inhérentes à l'histoire de la culture hégémonique de l'Europe. C'est en effet au début du Moyen Age que la musique, située parmi les arts libéraux du *quadrivium*, prend définitivement la physionomie d'une science autonome des sons et rompt avec l'expressivité de la parole et du geste, implicites dans la *mousikê tekhnê* des Grecs comme dans l'*ars musica* des Romains. Les ouvrages théoriques médiévaux (de Boèce à Guido d'Arezzo) ont opéré de surcroît, en distinguant entre *musici* (théoriciens de la musique) et *cantores* (exécutants), une double césure définitive entre *ars* et *artificium* et entre théorie et pratique musicales (Pirrotta,

1984, p. 21-23). Limiter les phénomènes musicaux à une activité artistique spécifique permet de circonscrire et de contrôler un type de comportement qui, dans notre culture comme dans toutes les cultures, est en réalité commun à chaque individu et à chaque groupe social (il suffit de penser au chant), en ramenant la distinction entre le musical et le non-musical à des considérations d'ordre avant tout esthétique.

La persistance, jusqu'à une époque récente, d'une conception aussi rigide et limitative est cause d'une ambiguïté conceptuelle qui a pour symptôme la pluralité de significations et d'usages que le terme musique revêt toujours dans le vocabulaire courant comme dans celui des spécialistes. Par exemple, dans l'italien courant, le terme musique est employé aujourd'hui encore :

a) pour désigner une sphère d'activités et de comportements (*la* musique en tant que forme d'expression particulière) ;

b) pour définir les produits de cette activité (*une* musique ou *les* musiques) ;

c) pour distinguer l'exécution instrumentale de l'exécution vocale (on pense à des expressions comme "je sais chanter mais je ne sais pas jouer de la musique") ;

d) pour distinguer la théorie de la notation écrite des différentes pratiques vocales et instrumentales (il est fréquent d'entendre dire : "bien qu'il ne connaisse pas la musique, c'est un très bon interprète", "je ne chante pas en suivant la partition musicale mais d'oreille") ;

e) métaphoriquement, dans des phrases qui transmettent, entre autres choses, une conscience diffuse des prérogatives attribuées à l'expression musicale : prérogatives sonores ("tu entends quelle musique font les oiseaux !" ou, par antiphrase, "quelle musique infernale !"), temporelles ("change de musique !", "c'est toujours la même musique !") et esthétiques ("ce que tu me dis est de la musique pour mes oreilles !") ;

f) dans des expressions idiomatiques, comme "écouter de la musique" (là où personne ne dirait "voir de la danse" ou "écouter un langage") et "un morceau" ou "un passage" de musique, qui semblent impliquer que l'on se réfère à un *unicum* indissociable (voir aussi, à ce sujet, C. Seeger, 1966, p. 3) ;

g) dans la définition "musique artistique" (expression italienne pour musique classique [N.D.T.]), qui solutionnerait, par une incroyable tautologie (art des sons d'art), l'opposition entre une hypothétique musique-musique savante, et une musique-non-musique non savante (de tradition orale, de variétés, etc.), mais qui invalide, de fait, l'expression "art des sons" présente dans les dictionnaires et les définitions encyclopédiques.

Une telle polysémie atteste que la plupart des gens associent la sphère des comportements musicaux à une nébuleuse aux contours incertains ;

cette nébuleuse sera tantôt fascinante et pleine de suggestions mystérieuses pour ceux qui se considèrent comme des profanes en la matière ("tu as de la chance de comprendre la musique, moi j'en suis totalement incapable !"), tantôt susceptible de distinguos subtils ("une exécution impeccable mais dénuée d'expressivité musicale !") ou circonscrite d'une manière aussi radicale que contestable ("ce n'est pas de la musique mais un vulgaire fatras de sons !") pour qui s'estime, à quelque titre que ce soit, expert ou initié. Ainsi, des amateurs de musique classique occidentale penseront que Beethoven ou toute la période tonale de Bach à Ravel est "la quintessence de la musique", tandis que d'autres s'estimeront en mesure de distinguer entre "bonne" et "mauvaise" musique, indépendamment de l'époque, du lieu ou du genre ; tous, cependant, sont animés par la conviction implicite qu'ils savent ce que *doit* être effectivement la musique.

Il semble que le caractère allusif toujours présent dans les occurrences du terme musique soit fondé sur deux ambiguïtés. La première concerne le sens que l'on doit donner au terme "art", point de départ de toutes les définitions des dictionnaires ; il s'agit de définir si l'on peut, et quand, interpréter "art" dans le sens le plus général d'activité humaine tendant à une production symbolique par des moyens spécifiques et, au contraire, si et quand on peut le comprendre comme une activité visant une finalité esthétique et, donc, sujette au goût, aux jugements et discriminations de valeur, à des "images idéales", etc. La seconde source d'ambiguïté, plus ou moins liée à la première, réside dans l'emploi d'un seul terme pour désigner le processus sémiologique général qui se manifeste dans le son, qu'il s'agisse de ses produits spécifiques ou de ses qualités intrinsèques. En outre, il faut rappeler que, dans le cadre de la nouvelle confrontation interculturelle, ce terme est limité de deux autres manières : il n'a pas de synonyme et, dans certaines langues européennes – néologismes mis à part –, il n'a ni pluriel ni verbe dénominatif correspondant (en italien, on n'hésite pas à parler de *musiche* et le verbe *musicare* ne signifie pas autre chose, en fin de compte, que "mettre en musique un texte verbal").

Les premiers à se rendre compte de l'inadéquation du terme, dans le cadre des nouveaux scénarios, ont été des compositeurs occidentaux. John Cage, par exemple, lors d'une conférence donnée à Seattle, en 1937, a observé : "Si le terme «musique» est sacré, s'il est réservé aux instruments des XVIIIe et XIXe siècles, nous pouvons le remplacer par un autre plus significatif : organisation du son." (1961, p. 3.)

En 1940, Edgar Varèse exprimait des considérations analogues, dans un article : "Comme le terme «musique» semble s'être peu à peu restreint jusqu'à signifier beaucoup moins qu'il ne le devrait, je préfère utiliser l'expression «son organisé» et éviter ainsi la sempiternelle question : «Mais est-ce que c'est de la musique ?»" (1983, p. 108.)

Et pourtant, aujourd'hui encore, certains musicologues européens ne supportent pas que l'on étende le terme "musique" aux milieux extra-européens (mais aussi aux folklores et aux musiques de variétés), car ils estiment que sa genèse et ses connotations relèvent exclusivement de l'histoire culturelle de l'Occident et interdisent une généralisation de son usage. La position de Carl Dahlhaus, à ce sujet, est éclairante : "Les différences sociales aussi bien qu'ethniques et historiques – à partir du moment où l'on a perdu ou, du moins, soupçonné la candeur avec laquelle, au XIXe siècle, on liquidait ce qui était étranger à la musique comme quelque chose de sous-développé, ou on se l'appropriait inconsciemment – sont si grandes et contraignantes que l'on se sent obligé de différencier le concept de musique." (Préface de Dahlhaus à Dahlhaus et Eggebrecht, 1985, p. 9-10). Et il ajoute : "Nous nous trouvons face à l'alternative désastreuse : ou bien étendre et bouleverser le concept européen de musique, au point de le couper de son origine, ou bien exclure de ce concept la production musicale des cultures extra-européennes. La première option serait peu fondée au plan de l'histoire spirituelle, la seconde serait taxée d'eurocentrisme, puisque les Africains qui, en principe, soulignent la *négritude* de leurs cultures, n'entendent pas, par ailleurs, renoncer au prestige du terme «musique»." (*Ibid*., p. 12.)

Au-delà du ton, la position exprimée par Dahlhaus serait partiellement fondée si la question était réductible à un simple problème de "propriété" lexicale. Mais l'extension d'un terme est le produit d'un contrat social dont le processus continu détermine "l'ensemble des choses auxquelles le terme peut correctement s'appliquer pour énoncer des propositions vraies" (Eco, 1997, in 1999, p. 292). Rien n'interdit, par conséquent, que ses référents puissent changer, se réduire ou se multiplier dans le temps, si les conditions sont données.

Il est bon d'observer, entre autres choses, qu'une grande partie des cultures des "Africains", auxquelles se réfère Dahlhaus, n'ont jamais eu dans leurs langues un terme dont l'extension sémantique corresponde, en totalité ou en partie, au "concept européen de musique". Et que cela ne les a pas empêchés de produire et d'utiliser, au cours des siècles, des formes et des structures sonores extrêmement élaborées. De même, l'éventuelle adoption du terme utilisé par les colons blancs ne semble pas avoir suscité chez eux de modifications particulières. Ainsi, dans la langue somalienne, le néologisme *muusika* désigne exclusivement la chanson moderne, destinée à un usage et à une écoute de masse et exécutée avec des instruments d'importation européenne, arabe et indienne ; la production "musicale" traditionnelle, quant à elle, continue d'être nommée en référence à trois catégories fonctionnelles, la poésie, le chant et la danse, qui ne renvoient à aucun terme général (Giannattasio, 1992, p. 137-140).

Le problème, par conséquent, ne semble pas tant de définir d'une manière rigide et formelle *Was ist Musik ?* (Dahlhaus et Eggebrecht, 1985) mais bien de déterminer quels sont les traits communs à cet ensemble hétérogène de phénomènes, présents dans toutes les cultures du monde, auxquels l'on s'accorde à reconnaître une nature "musicale". Dans ce but, nous devons nous contenter pour le moment, d'une manière pragmatique, d'utiliser des termes comme musique et musical dans une acception "faible" (dans le sens cher à la pensée philosophique contemporaine), conscients de ce que ce choix est imposé par une limitation de la langue.

Quant au "concept européen de musique", il paraît plus profitable de le prendre dans le *cluster* de significations qui le caractérisent aujourd'hui, si cela permet de comprendre mieux le rôle de "pré-concept" que ce terme a joué, et joue toujours, dans la dynamique interculturelle instaurée par la révolution anthropologique. En ce sens, le sort tourmenté qui est fait actuellement au mot "musique" peut être considéré comme un indice de la "dialectique et de la cognition et de la connaissance" qu'Umberto Eco a récemment décrites comme suit : "[…] dans un premier temps, chercher à enserrer l'expérience dans un système catégoriel préalable. […] La première tentative pour comprendre ce que l'on voit est d'insérer l'expérience dans un système de catégories antérieur. […] Mais […] les observations mettent en crise le cadre catégoriel […] qu'il faudra donc chercher à réadapter. On procède par conséquent en réajustant le cadre catégoriel en fonction des nouveaux énoncés d'observation et, parallèlement, en reconnaissant des énoncés d'observation comme vrais en fonction du cadre catégoriel assumé. Au fur et à mesure que l'on catégorise, on s'applique à identifier de nouvelles propriétés (certainement sous la forme d'une encyclopédie désordonnée) ; au fur et à mesure que de nouvelles propriétés sont découvertes, on essaie de réorganiser le dispositif catégoriel. Mais toute hypothèse sur le cadre catégoriel à assumer influence la façon de rendre les énoncés d'observation comme valides et de les considérer comme tels." (1997, in 1999, p. 254.)

Dans cette perspective, il est possible de lire aussi l'histoire de plus de cent ans d'études ethnomusicologiques comme la chronique du passage d'une définition de la musique fondée sur l'expérience et les catégories cognitives occidentales à une nouvelle grille d'interprétation qui soit en mesure d'expliquer, *a posteriori*, les altérités musicales profondes et réciproques des différentes cultures.

2. Une tout autre musique

Il était inévitable que le choc de la rencontre avec les cultures extra-occidentales et leur diversité – une diversité suggérée par les comptes rendus des voyageurs et des explorateurs avant que l'Occident n'en prenne conscience véritablement, à partir du XIXe siècle, quand les ethnographes ont remplacé voyageurs et explorateurs – fît s'écrouler les illusions sur le "naturel", l'universalité et l'immortalité de cet art des Muses dont la "culture observante" occidentale se croyait la dépositaire et la gardienne. Une étude toujours plus attentive et rigoureuse de la musique folklorique européenne a eu des conséquences analogues : plus les recherches d'ethnographie et de folklore musical élargissaient leur champ d'investigation à l'ensemble des sociétés humaines, plus elles faisaient apparaître des objets musicaux tellement dissemblables et irréductibles les uns aux autres que l'on venait à douter de la nature même de l'objet étudié.

Et pourtant, persuadées que les phénomènes musicaux étaient aisément reconnaissables, les premières études comparatives se sont développées comme un prolongement naturel de la musicologie européenne, revendiquant de ce fait une spécificité autonome dans le domaine des sciences humaines. Et il est significatif que, l'année même (1885) où Guido Adler établit, à propos de la *Musikwissenschaft* à peine née, une division de champ entre études historiques et systématiques, les observations effectuées par Alexander John Ellis (1885), sur les échelles des "différentes nations", donnent lieu au recensement des différences qui deviendra le terrain par excellence de l'ethnomusicologie. On entend presque la surprise d'Ellis lorsqu'il constate que "l'échelle musicale n'est ni unique, ni «naturelle», ni même fondée sur les lois de la constitution du son musical comprises et énoncées avec brio par Helmholtz", mais qu'"il existe au contraire des échelles très diversifiées, artificielles et sujettes à des variations capricieuses" (p. 526). Or, c'est précisément en ces années que Ferdinand de Saussure commence à définir certains termes fondamentaux et concepts-clés des sciences modernes du langage. Cette contemporanéité dénote aujourd'hui l'écart, tant historique que conceptuel, dans l'approche de deux champs contigus de l'expression humaine, le champ linguistique et le champ musical, que l'on peut ramener l'un comme l'autre à la production d'un son organisé : à l'époque, la possibilité de conférer de la rigueur et de donner des fondements scientifiques aux études linguistiques comparées reposait déjà sur une claire distinction entre langage et langue (Saussure, 1922), tandis que la distinction entre universel et relatif, en musique (on pourrait aussi bien dire entre musique et musiques), n'en était qu'à ses premiers pas inconscients.

Par bien des côtés, le parcours évolutif des études ethnomusicales n'est pas dissemblable de celui des autres secteurs des sciences humaines, même si le *feedback* sur la culture observante a été plus immédiat et explosif que dans d'autres champs de la confrontation anthropologique. Une première retombée s'est produite au cœur même de la musique savante occidentale, parmi les compositeurs. Elle a d'abord été perceptible dans les "primitivismes" et les syncrétismes toujours plus autorisés (Carpitella, 1961 et 1971), avant de l'être surtout dans la crise d'identité du langage musical dont on retrouve des signes éloquents : dans la révolution "atonale" et "dodécaphonique" de Schoenberg et, en général, dans toute l'expérience de la musique sérielle qui a suivi et a tenté de fonder une expression musicale hors des échelles, des formes et des structures "préconçues" (l'adjectif est de Boulez) ; dans l'utilisation croissante de la voix, du langage et du corps (du *Sprechgesang* de Schoenberg aux œuvres de Berio) et dans une recherche générale de fusion de l'événement sonore avec le mime, le geste et la danse, en accord avec un refus grandissant de la dépendance étroite de la partition écrite (musiques aléatoires, Cage, Varèse, etc.).

Peu à peu, la découverte de cultures, de formes et d'orientations musicales irréductibles les unes aux autres, une nouvelle attitude chez les compositeurs informés et l'introduction progressive de l'ethnomusicologie dans les milieux académiques ont déterminé en Occident la conviction, toujours plus généralisée, que l'universalité doit être recherchée non pas dans le "concept de musique" mais dans le fait que toutes les cultures recourent à une forme d'expression fondée sur des modalités spécifiques d'organisation du son. La différence est essentielle : on ne demande plus à une forme d'expression d'être belle, laide, bonne, mauvaise, agréable ou désagréable à l'oreille, mais on en attend simplement qu'elle soit adaptée aux buts qui en déterminent l'usage ; c'est pourquoi la finalité esthétique ne sera plus qu'une déterminante, parmi d'autres, de l'efficacité symbolique de l'activité qui consiste à faire de la musique.

3. Combiner plusieurs sons…

L'extension de la recherche musicologique à l'univers humain impliquant la nécessité de formuler une définition "large" de la musique, un premier pas indispensable consiste à définir les phénomènes qui, dans les différentes sociétés, entrent dans cette définition. Ce qui implique – et tel est le paradoxe épistémologique auquel s'est trouvée confrontée l'ethnomusicologie – que l'on dégage un cadre conceptuel de références, en définissant simultanément son champ d'extension. Décrire des phénomènes musicaux requiert, en particulier, que l'on tienne compte d'une part de toutes les manifestations qui, indépendamment du contexte culturel, semblent partager une même nature musicale et, de l'autre, des différentes conceptions qui sont à la base de la production du "son organisé" dans les diverses sociétés.

De nombreuses sociétés n'ont pas de terme équivalent à musique. Ainsi, dans la culture musicale des Inuit, "il n'y a pas de *mot,* en inuttitut, pour désigner ce que nous entendons par musique, et il semble bien que le *concept* de musique comme tel soit absent de leur culture" (Nattiez, 1987, p. 84). Chez les Dogon du Mali, "le terme qui rend le mieux notre notion de musique est *mi,* qui désigne la voix humaine ou le «timbre» des instruments" (Calame-Griaule et Calame, 1957, p. 7). De même, pour les Kaluli de Nouvelle-Guinée, étudiés par Steven Feld, ce sont les sons, et non la "musique", qui existent, répartis en catégories non hiérarchisées et communes à des agents naturels, animaux et humains ; il s'ensuit, par exemple, que "les sons produits par les hommes doivent être disposés en strates, comme les cris des oiseaux, ou en arcs de cercle, comme les cascades" (Feld, 1984, p. 392). Feld écrit : "Les Kaluli croient que le monde est formé de deux réalités coexistantes, l'une visible, l'autre réfléchie. [...] Les morts reviennent en tant que «reflets perdus» *(ane mama)* dans le monde visible, généralement sous forme d'oiseaux sur les cimes des arbres de la forêt. Aussi l'espace du village est-il environné par la présence d'amis et de parents, qui se manifestent sous forme de sons et de voix. Parce que les oiseaux chantent, sifflent, disent leur nom, font beaucoup de bruit, pleurent ou parlent, ils fournissent à la fois une expression du milieu et une compréhension plus profonde de soi, de l'espace et du temps. [...] Les mythes sur la transformation homme/oiseau expliquent les origines des catégories de sons que les êtres humains partagent entre eux et avec le monde naturel, c'est-à-dire la plainte, le chant, la poésie, le sifflement, la parole, le bruit, la mimique." (*Ibid.*, p. 394-395.)

Dans les différents contextes traditionnels folkloriques du Sud de l'Italie – comme le rappelait souvent Diego Carpitella –, on emploie aussi couramment l'expression "les sons" pour désigner la production musicale, en particulier instrumentale ou vocale-instrumentale, alors que le terme musique est perçu comme étranger au vocabulaire populaire, voire associé à la production écrite de la culture dominante. En Calabre, il est significatif, en plus d'être singulier, que "musette" ait pour synonyme couramment employé "la chèvre qui joue de la musique" (Tucci, 1991, p. 44), tandis que le lexique ordinaire identifie "la musique" à la fanfare. Ce transfert métonymique du sens de musique aux objets adoptés pour la produire est un phénomène commun à de nombreuses sociétés. Et justement, parmi les 'Aré' aré de Malaita (îles Salomon), étudiés par Hugo Zemp, la synecdoque se sert du matériau particulier, le bambou, dit *'au* en langue 'aré' aré, dont ce peuple fait ses instruments mélodiques (flûtes, flûtes de Pan, tubes frappés, etc.). Zemp écrit : "Tous les instruments de musique aptes à produire une mélodie sont faits de bambou et c'est par le terme *'au* que les 'Aré' aré désignent les instruments de musique européens et les objets qui transmettent la musique occidentale, tels la radio, les tourne-disques et les magnétophones. [...] Par extension (producteur de son ⟶ produit sonore), *'au* signifie «musique instrumentale (produite avec des instruments de bambou)» ou, plus spécifiquement, «musique des ensembles de flûtes de Pan»." (1978, p. 37.)

Ces quelques exemples suffisent à montrer que, d'une culture à l'autre, il se produit un déplacement de l'extension sémantique du concept de musique (Nattiez, 1987, p. 82-89). La catégorie "sons" elle-même a une extension différente chez les Kaluli de Nouvelle-Guinée ou chez les paysans calabrais.

Le manque, généralisé, d'un concept de musique comparable au concept occidental trouve une explication dans le fait que les cultures étudiées par l'ethonomusicologue sont fondées surtout sur une tradition et une mentalité orales. Ce qui implique non seulement que la transmission du savoir se fasse d'abord par acquisition empirique (généralement par imitation acoustique ou visuelle), mais aussi que les produits musicaux, ainsi que l'élaboration théorique et la *ratio* qui les sous-tend, soient subordonnés à la pratique et ne vivent pas d'une vie propre, comme ils le font dans les sociétés de l'écrit. On peut produire de la musique sans avoir nécessairement une connaissance théorique explicite du sens général et des normes qui déterminent cette production, de la même manière que l'exercice de la parole ne nécessite pas une conscience des règles grammaticales et syntaxiques qui, par abstraction, en décrivent et en systématisent l'usage. Cela explique aussi pourquoi le savoir musical présente différents degrés d'élaboration théorique selon les cultures :

a) il peut être le fruit de traditions séculaires, comme dans les sociétés complexes de l'Occident, de l'Asie, du Proche et du Moyen-Orient, où la théorie musicale, définie dans des traités écrits, se présente sous forme d'un ensemble de connaissances susceptibles d'expliquer d'une manière cohérente et complète tout le système musical ;

b) il peut être limité à des formulations rationnelles et à des livres de préceptes visant des pratiques déterminées, apanage de quelques experts locaux qui se chargent de les expliquer et garantissent leur cohérence en fonction de leur propre expérience musicale ;

c) il peut aussi être totalement implicite, comme dans le cas des sociétés où la nécessité d'une rationalisation explicite et achevée ne s'est fait sentir pour aucune pratique musicale.

Outre la présence ou l'absence d'une tradition écrite, la différence du niveau d'élaboration des concepts musicaux (et de leur valeur prescriptive par rapport à la pratique) dépend aussi du type d'organisation sociale et du degré de développement technologique. En général, un professionnalisme musical consolidé et l'usage d'instruments aux techniques complexes sont des indices significatifs de l'existence d'un *corpus* théorique, dans la mesure où la formulation du "savoir" musical devient alors indispensable à la transmission du "savoir-faire".

Par conséquent, on ne peut définir les concepts qui président à la production musicale et en circonscrivent le champ qu'en partant des catégories de pensée spécifiques aux sociétés étudiées. Tout type de verbalisation des faits musicaux – de la métaphore linguistique au vocabulaire technique – constituera alors une trace importante. Par exemple, comme l'a observé Gerhard Kubik (1983, p. 66-67), l'idée selon laquelle "distinguer en deux catégories, musique et danse, c'est souvent se fourvoyer dans le cas des cultures africaines" peut être confortée par des données linguistiques : ainsi, le champ sémantique du terme kiswahili *ngoma*, qui englobe la danse, le tambour, la musique, la fête, etc., ou l'ambivalence des termes *kwina*, chanter/danser, et *wathi*, chant/danse, utilisés par les Kambas du Kenya.

Si la pleine acceptation des schémas catégoriels propres aux différentes cultures musicales a clarifié au moins un aspect du paradoxe ethnomusicologique, en permettant d'affirmer que la musique d'une société donnée est, en règle générale, l'ensemble des formes et des comportements que cette société juge, sur la base de ses critères, appropriés à la production de son organisé, elle est pourtant loin d'avoir résolu la question puisque, d'un côté, elle requiert une interprétation globale (et quelquefois risquée) des catégories autochtones et, de l'autre, elle laisse à découvert des espaces de comportement musical qu'une culture déterminée peut ne pas considérer comme tels, alors qu'ils relèvent, par leurs caractéristiques, du champ d'intérêt musicologique. Ainsi, bien que les Somaliens, comme nous l'avons évoqué, fassent une nette distinction entre chanter de la poésie *(gabyid)*, chanter des chansons *(heesid)* et accompagner la danse avec des sons *(ciyaarid)*, ces trois classes partagent cependant une série de paramètres (*luuq*, mélodie ; *jaan*, rythme ; etc.) et sont considérées comme contiguës. Mais un lexique et une appréciation totalement différents sont réservés aux pratiques vocales liées aux rituels religieux (les danses psalmodiées des confréries soufies, les chants en l'honneur du Prophète, etc.), que les Somaliens musulmans de stricte observance n'oseraient jamais assimiler aux activités musicales "coupables" (*munkar*, du terme coranique *munkar*, "illicite"). Cette frontière infranchissable, commune, au demeurant, à toutes les sociétés de religion islamique, contraste avec l'évidence que la cantillation coranique, ou l'*adhan* entonné par le muezzin du haut du minaret, sont modelés sur les traits (scalaires, mélodiques, modaux, etc.) du système et de la culture musicale auxquels ils appartiennent. Mais, au fond, les barrières élevées dans les sociétés euro-blanches occidentales autour du "concept de musique" et l'ostracisme réciproque parmi les adeptes des différents genres de musique, savante, extra-savante, populaire, "non populaire", etc., n'ont-ils pas une nature idéologique analogue ? N'y a-t-il pas toujours, à la base, une conception qui fait de la musique une "valeur" plutôt qu'un "langage" particulier ?

Pour définir les caractères qui permettront de valider une définition plus large et plus universelle de la musique, il faudra donc laisser en partie de côté les conceptions locales. On observera en premier lieu que les verbes "jouer" et "chanter", quel que soit leur champ sémantique dans les différentes langues et cultures, impliquent toujours la production d'événements particuliers, caractérisés par l'utilisation et la combinaison d'un nombre fini d'unités sonores, sélectionnées arbitrairement dans un *continuum* idéal. Néanmoins, dans le milieu musical, la notion de son ne coïncide pas nécessairement avec celle de l'acoustique physique ("vibration périodique" ou "son sinusoïdal pur") ; elle est surtout le fruit d'appréciations "subjectives" (son *vs* bruit = acceptable *vs* inacceptable), qui varient "en fonction des lieux et des époques" (Nattiez, 1981, p. 836). Lors de l'investigation ethnomusicologique, le risque de mal comprendre ou de réinterpréter sur un mode eurocentrique ces appréciations invite à une grande prudence, dans la mesure où "il faut avant tout déterminer si des termes correspondant aux notions de «musique» et de «bruit» existent et, surtout, si elles possèdent le même champ sémantique que les termes de la langue utilisée par le chercheur" (Zemp, 1971, p. 13). Ce n'est pas un hasard si la distinction entre son et bruit est souvent exprimée sous forme de métaphores ou d'aphorismes comme, par exemple, chez les Basongés du Congo : "Quand tu es heureux tu chantes ; quand tu es en colère tu fais du bruit. / Si on crie c'est signe qu'on ne pense pas ; si on chante, on pense. / Le chant est paisible ; le bruit ne l'est pas. / Si on crie la voix est forcée ; si on chante elle ne l'est pas." (Merriam, 1964, p. 64.) L'association entre son musical et activité de la pensée, qui apparaît dans les considérations des Basongés, est particulièrement intéressante parce qu'elle dénote une conscience des valeurs symboliques liées à faire de la musique. Cette association n'est pas inhabituelle dans les milieux traditionnels, qu'ils soient ethniques ou folkloriques. Lors d'un entretien avec Diego Carpitella, un paysan de la Campanie s'exprimait de la manière suivante : "On parlait, lui avait été émigré, et je lui demandai : «Pour toi c'est quoi *questo suonare*/faire de la musique ?», ou plutôt, m'exprimant en termes savants, je dis : «Pour toi c'est quoi la musique ? – Eh bien, dit-il, vous savez, la musique c'est cette chose qui fait que tu fais une chose et que tu en penses une autre." (Cité in Giannattasio, 1992, p. 205.)

Inversement, il ne faut pas généraliser la distinction que les Basongés établissent entre chant et "voix forcée", puisqu'il arrive que la combinaison du (son) "pur" et du (son) "complexe" (bruit comme vibration erratique et apériodique) soit intentionnelle dans la configuration des sonorités musicales. Cette combinaison, que l'on rencontre dans la musique contemporaine occidentale, se produit aussi dans nombre de sociétés traditionnelles du monde, où les tambours et les instruments à cordes sont souvent pourvus de petites lames métalliques et de clochettes, dont le bruit a pour fonction d'enrichir et de renforcer le son (et souvent aussi l'efficacité symbolique) ; de même, dans maints violons folkloriques, la technique d'utilisation de l'archet est conçue de manière à produire des sons qui sembleront, selon une appréciation purement physico-acoustique, "sales", parce que riches de vibrations illégitimes.

Par conséquent, l'opposition entre son et bruit n'est pas discriminante. Nattiez, par exemple, observe que, pour les Inuit, "le mot *nipi*, qui inclut des faits que nous désignons par le terme «musique», est beaucoup plus général puisqu'il englobe aussi bien le bruit que le son de la voix parlée" (1987, p. 84).

En revanche, les circonstances de l'exécution, qui peuvent conférer ou nier aux sons (et/ou aux bruits) un statut musical, sont déterminantes. Le cas peut-être le plus significatif est celui des "tambours qui parlent" de l'Afrique subsaharienne, qui ont suscité tant d'interrogations chez les observateurs européens d'autrefois : outre des fins musicales, leurs intonations multiples peuvent être mises à profit pour reproduire fidèlement les tons de la langue, dans la transmission à distance de messages. Mais il arrive aussi que la relation entre musique et langue n'entre absolument pas en ligne de compte (Nketia, 1961, p. 5) : "Si, dans la société akan, quelqu'un ôte la boue d'un récipient avec le couvercle d'une boîte de cigarettes, il produira du bruit comme résultat de ce geste ; si la même chose est faite durant une représentation musicale *ahyewa*, le son, bien qu'il soit similaire, aura une signification différente. Il acquerra une valeur et une finalité musicales." (Cité in Merriam, 1964, p. 67.)

Ce dernier exemple introduit un autre aspect, fondamental : ce qui confère de la musicalité aux sons, c'est avant tout une "intention d'agir d'une manière musicale" (Boilès, 1984, p. 51).

4. … sur la base de règles définies

D'un point de vue général, on peut prendre pour preuves d'une "intention musicale", quand bien même elles seraient non exclusives, les phénomènes suivants :

a) l'existence de modalités et de techniques d'utilisation phonique de la voix indépendantes (en totalité ou en partie) de l'exercice du langage, et la présence d'objets destinés spécifiquement à produire du "son organisé" ;

b) la temporalité particulière attribuée aux événements sonores et l'existence de règles d'organisation des sons ;

c) la présence d'un projet sous-jacent à l'action musicale (qui implique le choix de canaux, de codes de communication et de niveaux de formalisation particuliers) ;

d) les fonctions spécifiques demandées à la production musicale.

4.1. *Les sources du son*

La voix humaine peut être considérée comme le premier instrument, et le plus universel, de production du son musical. Qu'il s'agisse de poésie chantée, dans laquelle la parole est physiquement ou symboliquement renforcée, ou qu'il s'agisse de vocalise pure, dont les seuils extrêmes sont le cri, dans lequel le contrôle mélodique est atténué, et le sifflement, dans lequel les cordes vocales perdent leur fonction déterminante, l'instrument vocal possède une formalisation sonore précise (par le timbre, l'ampleur, le registre, etc.) dans les styles vocaux. Les styles et les registres chantés sont pareillement conditionnés d'une part par les phones et les éléments prosodiques spécifiques aux différentes langues et, de l'autre, par les différences de sexe, d'âge et de rôle social qui ont aussi une incidence sur les valeurs symboliques du chant. C'est pourquoi, dans une culture donnée, des formes ou des genres différents impliquent souvent des styles vocaux différents.

Parmi les multiples modalités d'usage musical de la voix, des techniques d'émission sophistiquées, plus ou moins diffusées dans les musiques des différents continents, prennent un relief particulier : ainsi le *yodel*, dont le nom dérive du style homonyme chanté dans la région des Alpes (caractérisé par le passage rapide et continu de la voix de poitrine à la voix de tête), mais que l'on retrouve dans diverses cultures musicales du monde ; la voix dite "diphonique" que l'on rencontre surtout en Asie et qui consiste à produire simultanément deux lignes mélodiques, dont la seconde, plus aiguë, est réalisée en sélectionnant et en exhalant les harmoniques de la première ; diverses procédures d'altération du timbre en utilisant des masques, des mégaphones et d'autres appareils de filtrage ou d'amplification sélective des harmoniques qui confèrent à la voix humaine des sonorités artificielles (dont celles obtenues par synthèse électronique, employées dans la musique contemporaine) et qui assument souvent, dans les cultures traditionnelles, des valeurs symboliques surnaturelles.

L'utilisation du corps en tant qu'instrument de percussion (claquer des doigts, battre des mains, battre des pieds, frapper le corps avec les mains, etc.) occupe, par certains côtés, un stade intermédiaire entre la voix et les instruments de musique ; au point que ces derniers, selon l'hypothèse d'évolution formulée par André Schaeffner (1936), auraient été conçus à l'origine comme des "prolongements des membres" ou comme une extension de la voix.

Il faut souligner que, dans les milieux de tradition orale, les objets qui génèrent du son constituent souvent les seules traces matérielles de la production musicale. C'est la raison pour laquelle, comme l'a observé Schaeffner (*ibid.*, p. 303), ils sont intéressants à trois titres : muets, ils constituent des "signes" culturels et "se placent à l'entrecroisement multiple de techniques, d'arts, de rites" ; au repos, ils permettent de mesurer les sons et d'évaluer les gammes et les timbres sur la base desquels ils ont été conçus et accordés ; quand ils sont utilisés, ils permettent de saisir "toute la marge entre les sons *possibles* d'un instrument et ceux auxquels s'en tient l'exécution" (*ibid.*, p. 303-304), ainsi que d'apprécier les techniques d'exécution. Il faut aussi prendre en compte le fait que, quelquefois, des intervalles et des échelles musicales sont créés "par hasard, c'est-à-dire qu'ils résultent de principes d'organisation non musicaux ou extramusicaux, tels que le choix de trous équidistants sur une flûte ou de positions sur la touche d'un instrument à cordes" (Blacking, 1973, in 1980, p. 19).

4.2. *Le temps musical et les règles*

On ne peut penser la musique autrement que comme un "champ de sons". Mais, en réalité, le langage parlé connaît aussi des articulations sonores situées à des intervalles de hauteur différents : le cas le plus évident est celui des langues dites "à tons" (le chinois, certaines langues bantoues, etc.), et il existe des événements musicaux où les variations de hauteur sont totalement absentes. Dans maintes circonstances traditionnelles, battre des mains en continu, actionner des clochettes ou jouer d'un instrument à percussion en solo (monotonique) suffit à susciter la danse ou des comportements de type musical. Le trait distinctif fondamental de l'expression au moyen des sons doit donc être cherché non pas tant dans leurs paramètres "spatiaux" (hauteur, timbre, intensité) que dans leur commune subordination à une dimension temporelle spécifique.

De fait, c'est surtout la manière dont les sons se développent dans le temps, et s'y agencent selon des rapports relatifs (et en cela significatifs) de durée, qui détermine la "musicalité" d'un événement. On peut donc dire que la musique, intangible et incorporelle par nature, se matérialise dans une temporalité qui lui est propre et la distingue des autres manifestations de l'expression humaine. Ce n'est pas un hasard si Stravinsky considérait que la musique avait pour principale fonction d'"instituer un ordre [...] entre l'«homme» et le «temps»" (1935, in 1971, p. 87) et si, pour Gisèle Brelet, la musique est "une spéculation sur le temps inséparable d'une expérience du temps vécu" (1949, p. 35).

Bien que mesurables dans le temps réel (telle est précisément la fonction du métronome dans la musique savante occidentale), les durées musicales sont en réalité "vécues" dans la relativité que leur confère le mouvement d'exécution : la mélodie d'un chant demeure la même d'une manière significative, même lorsque sa vitesse d'exécution varie, pour peu que demeurent inchangés non seulement les intervalles de hauteur entre les sons, mais aussi leurs rapports de durée respective. La représentation du temps musical est donc de type perceptif : une portion de temps réel devient musicale à partir du moment où, intentionnellement, on se synchronise en un système relatif de durées (rythme) et on s'immerge ainsi dans une dimension cyclique qui permet de "vivre" les différents moments comme les unités d'un "temps présent" qu'il est possible de répéter. Ce qui explique, entre autres choses, que les silences aussi puissent prendre une consistance musicale non seulement en tant que non-sons par rapport aux sons, mais aussi en tant que valeurs rythmiques (les pauses).

Les anthropologues se sont interrogés sur les raisons qui ont poussé l'homme à élaborer une dimension temporelle cyclique et autorégulée, qui offre d'une certaine manière une solution de rechange à la dimension linéaire du vécu quotidien.

La plupart des réponses convergent, semble-t-il, sur l'hypothèse d'une sorte d'évasion de l'inexorabilité du temps, analogue à celle qui s'opère dans le rite et dans les jeux d'enfant : la musique transforme le "temps réel" en "temps virtuel" (Blacking, 1973, in 1980, p. 61), "elle constitue un monde en soi, avec son propre espace et son propre temps" (Van der Leeuw, 1957, p. 228), "c'est le seul domaine où l'homme réalise le présent" (Stravinsky, 1935, in 1971, p. 87), elle est "une machine à supprimer le temps" (Lévi-Strauss, 1964, p. 24).

Dans chaque société, les modalités spécifiques d'articulation du musical "en un monde en soi, avec son propre espace et son propre temps", impliquent l'existence de règles implicites ou explicites. Ces règles concernent : le discernement du *continuum* sonore (intervalles et échelles, timbres, hauteurs), la hiérarchie des valeurs et des fonctions réciproques des sons dans les différentes gammes (qui détermine les "modes" de construction mélodique), l'organisation de leur intensité (*piano/forte*, contrastes dynamiques, accents) et de leur tempo (rythme), généralement mesurés en fonction d'une unité périodique de référence (métrique). L'ensemble de ces règles, étroitement liées entre elles, permet de décrire et d'identifier les différents systèmes (et sous-systèmes) musicaux que les cultures ont mis en œuvre ou ont adoptés au cours des siècles. Ce n'est pas un hasard si l'étude comparée de ces systèmes, et des différentes morphotypologies auxquelles ils donnent lieu, constitue un des objets premiers de l'enquête ethnologique (aux résultats de laquelle nous renvoyons le lecteur pour des exemples concrets). Dans cette perspective, il est clair que les difficultés majeures d'interprétation et de comparaison se situent au niveau grammatical et syntaxique (Agamennone, Facci, Giannattasio et Giurati, 1991) ; dans chaque système, en effet, les éléments scalaires, timbriques, mélodiques, rythmico-métriques, etc., prennent une consistance musicale sous forme d'énoncés complexes qui sont à la base des répertoires, des genres et des styles.

Mais les systèmes musicaux ne sont pas réductibles à un ensemble de règles portant sur le traitement de la forme. De fait, en général, les rapports entre les différents éléments formels sont conditionnés par des facteurs d'ordre extra-musical qui déterminent l'attribution de valeurs particulières – projectuelles, fonctionnelles ou symboliques – à des combinaisons, à des successions ou à des hiérarchies de sons et de rythmes spécifiques.

4.3. *Le projet*

Le recours à la dimension musicale peut être organisé selon quatre projets différents (Boilès, 1984) :

a) Organisation permanente. Les artefacts sonores sont créés et préservés dans le temps grâce à des technologies particulières, auditives (phonographe, magnétophone, etc.) et visuelles (notation écrite, cinéma, vidéocassette), qui en garantissent l'inaltérabilité. Appartiennent aussi à cette catégorie des sons généralement considérés comme non musicaux : *signaux holophrastiques* enregistrés (par exemple le *ding-dong* des grands magasins) ou bien le klaxon, les sirènes, etc.

b) Organisation programmée. Elle comprend toutes les réalisations en direct de formes musicales prédéterminées par une partition écrite ou par un ensemble de règles d'exécution transmises par une tradition orale. Entrent dans cette catégorie une grande partie des comportements musicaux : parmi les pratiques vocales, des *signaux vocalisés* composés d'un nombre restreint de hauteurs et de valeurs rythmiques (par exemple les ordres militaires et les cris des marchands ambulants) au *chant* dans son ample variété de paramètres et, parmi les pratiques instrumentales, des *signaux holophrastiques*, qui permettent de communiquer un message bref dans son sens plein (cloches d'église, sonneries au clairon, etc.), aux représentations et aux spectacles durant lesquels un répertoire déterminé est présenté par des instrumentistes professionnels à un public d'"amateurs".

c) Organisation improvisée. Elle est caractérisée par une composition en temps réel d'énoncés sonores que l'on nomme improvisation. En l'absence d'un programme rigide, l'improvisation est définie par des règles génératives musicales précises (grammaticales et syntaxiques, contextuelles, etc.) qui la rendent acceptable sur le plan culturel. Dans maintes traditions musicales, la poésie chantée est, à l'occasion souvent de défis ou de compétitions inopinées, le terrain privilégié d'une improvisation qui implique d'une manière simultanée et coordonnée le texte verbal et la forme musicale. Tout aussi significative est l'improvisation instrumentale des virtuoses ou des instrumentistes professionnels lors de représentations destinées en général à accompagner la danse ou à la seule écoute (nous pensons à l'interprétation des râgas dans la musique indienne, au jazz ou aux exécutions de certains répertoires folkloriques de danse).

d) Organisation probabiliste. Elle concerne les pratiques dans lesquelles le pourcentage des règles d'exécution est si bas qu'il ne permet que des prévisions sommaires, par exemple les cris des chasseurs pour débusquer une proie ou les genres aléatoires et stochastiques de la musique savante contemporaine, en Europe. Dans ce type d'organisation, les frontières entre musical et non-musical sont extrêmement mouvantes.

4.4. *Les fonctions*

La réalisation concrète de produits musicaux sous forme de genres, de styles, de répertoires, résulte d'une manière ou d'une autre d'une dialectique entre des facteurs d'ordre intérieur – les règles grammaticales et syntaxiques qui président à la forme – et d'ordre extérieur – les circonstances et les modalités d'utilisation individuelles et collectives qui en déterminent les fonctions.

La dimension musicale intervient dans les situations les plus variées et, dans le champ ethnologique, "il n'est de funérailles, de guérison, de sacrifice aux ancêtres, d'arbre abattu pour des raisons rituelles, de forage de puits, de naissance, de déclaration de guerre, de combat, de récolte, de semailles, de travail collectif, de rite de passage, de consécration d'un chef ou d'un prêtre qui ne soient une occasion de musique ou, plutôt, qui ne requièrent le concours indispensable d'une action musicale" (Rouget, 1968, p. 1340). On rencontre une palette analogue d'occasions dans les sociétés occidentales complexes, comme en témoigne, par exemple, l'abondante production d'hymnes liturgiques, militaires et de célébration civile.

Et c'est justement parce que la musique est une activité hautement sensible au contexte, que la question des fonctions ne se réduit pas à un problème de finalités et de règles d'usage, mais a une incidence sur la nature même des phénomènes que les différentes cultures reconnaissent comme musicales. Les relations qu'une société donnée établit entre les formes, les fonctions, les occasions et les modalités d'exécution de sa musique sont l'expression d'une même et indivisible *ratio* musicale, et celle-ci est à son tour le produit et le reflet des comportements et des concepts sur lesquels cette société ordonne et interprète la réalité. Par exemple, dans l'organisation formelle de la musique des 'Aré' aré, Daniel de Coppet et Hugo Zemp ont retrouvé la symétrie systématique (fondée sur le contraste entre "identique répété" et "différent ordonné") qui régit l'équilibre complexe des échanges cérémoniels et tout le système social de cette population mélanésienne ; ils en ont donc déduit que les 'Aré' aré ont construit leur musique et leur société "sur une même arithmétique" (Coppet et Zemp, 1978, p. 119). D'une manière analogue, selon Judith Becker (1979), la structure temporelle cyclique particulière qui caractérise les exécutions des orchestres (gamelan) javanais est le reflet d'une conception plus générale du temps et de la vie, propre à cette culture. En revanche, Anthony Seeger (1980) a observé que la forme bipartite des *akia*, les chants cérémoniels interprétés lors des rites de passage masculins par les Indiens suyas du Mato Grosso, renvoie aux aspects dualistes de la cosmologie et du système social suya. Enfin, pour ce qui est de la musique savante occidentale, Max Weber (1921) a amplement montré que celle-ci s'est développée à travers la quête incessante d'une "rationalisation harmonique", selon les mêmes critères et étapes d'évolution que la morale, l'économie, l'art, etc. Si l'on veut comprendre les conceptions musicales d'une culture déterminée, on ne peut, par conséquent, se contenter d'analyser ses modèles sonores et de les comparer à ceux d'autres cultures, à moins d'ignorer qu'ils correspondent à des concepts et à des comportements analogues.

Parler de fonctions signifie formuler des hypothèses sur les finalités de l'activité musicale. Merriam (1964, chapitre VIII) recense dix fonctions principales dans les différentes cultures musicales : 1. expression des émotions ; 2. plaisir esthétique ; 3. divertissement ; 4. communication ; 5. représentation symbolique ; 6. stimulus de la réponse physique ; 7. valorisation du conformisme et du respect des règles sociales ;

8. support des institutions sociales et des rites religieux ; 9. contribution à la continuité et à la stabilité de la culture ; 10. contribution à l'intégration sociale. On pourrait ramener la liste de Merriam à trois ordres de fonctions : *a)* organisation et support des activités sociales (3, 7, 8, 9, 10) ; *b)* induction et coordination des réactions sensorimotrices (6) ; *c)* fonctions expressives (1, 2, 4, 5). En réalité, il n'y a aucune solution de continuité entre ces trois ordres ; au contraire, on assiste à la prédominance de certaines fonctions sur d'autres selon le projet d'organisation et les occasions dans lesquelles on recourt à la musique, et en fonction aussi du poids différent que prennent les composantes rythmiques, mélodiques et poétiques (quand il s'agit de textes chantés).

a) Les fonctions d'organisation et de support des activités sociales

Elles s'exercent dans les occasions communautaires (rituels et cérémonies, jeux, travail), où l'"ordre" musical est utilisé aussi pour encadrer, synchroniser et, en définitive, socialiser les comportements individuels, en réitérant et en soulignant des règles partagées par tous ou, plus simplement, en se proposant comme une modalité particulière d'"être ensemble". Trois exemples, parmi tant d'autres, suffiront à donner une idée de l'ampleur du spectre de ce type de fonctions :

– la musique comme *network*. Nous avons tous vu, dans tel ou tel documentaire ethnographique, des femmes africaines ou asiatiques porter leur dernier-né sur le dos et piler en cadence des graines dans un mortier, tout en chantant au même rythme. Il n'est pas difficile d'imaginer que, lors de cette activité, l'enfant, qui est en contact interactif avec sa mère, prend conscience à la fois du geste, du chant – ou mieux, de la langue, du système mélodique et poétique –, des valeurs culturelles que transmet ce chant et du rythme vertical de la danse : tout cela, au cours d'une berceuse aussi intense qu'efficace. La mère, quant à elle, dans une même action, accomplit une tâche domestique, chante, danse, s'occupe de son enfant et le berce ;

– la musique comme drapeau. Indépendamment des hymnes (nationaux, religieux, sportifs, militaires, etc.), nous pensons au rôle de véritable emblème culturel qu'assume l'activité musicale pour les communautés d'immigrés et de réfugiés politiques (voir, par exemple, Giuriati, 1993) par rapport au pays "d'accueil" et, plus généralement, pour les minorités ethniques dans des sociétés dominées par d'autres groupes culturels ;

– la musique comme calendrier. Rosalia Martinez (1994) a montré d'une manière convaincante que les Jalq'as de Bolivie utilisent, au cours de l'année, leur répertoire musical articulé pour identifier et caractériser, à travers un système complexe d'oppositions, non seulement les différentes saisons mais aussi les relations qui rattachent, non sans danger quelquefois, les phases du cycle agricole au "monde d'en bas" et au "monde d'en haut", les deux pôles de leur cosmogonie.

Mais il est évident que la valeur sociale universelle de l'activité n'exclut pas que de nombreux genres et répertoires puissent être destinés aussi à une exécution individuelle, totalement privée.

b) Les fonctions d'induction et de coordination des relations sensorimotrices

Elles se manifestent :

– dans les schémas cinétiques particuliers liés à l'événement musical et, notamment, à l'exécution instrumentale, à l'écoute "participante", aux chants de travail et à la danse ;

– dans les modes où la musique interagit avec les mécanismes automatiques et volontaires du corps humain et contribue, entre autres choses, aux réactions cénesthésiques et émotionnelles qui influencent le processus de symbolisation et peuvent aussi contribuer à déclencher des états d'altération de la conscience.

Comme l'a observé Baily, le fait que la musique soit toujours le résultat sonore d'une action physique ouvre deux directions possibles d'enquête : "En premier lieu, il est nécessaire d'étudier de quelle manière les schémas musicaux peuvent être représentés au plan cognitif par l'exécutant sous forme de schémas de mouvement plutôt que sous forme de schémas sonores. En outre, du moment que l'appareil moteur et ses mécanismes de contrôle (y compris ceux du contrôle conscient), dont l'ensemble constitue le système sensorimoteur, possèdent des modalités opératives intrinsèques, il faut apprécier jusqu'à quel point la création de structures musicales est conditionnée par des facteurs sensorimoteurs." (1985, p. 237.)

En analysant, à travers des films muets, différentes exécutions musicales africaines, Kubik a effectivement mis en évidence la présence de schémas moteurs autonomes, sous-jacents aux structures rythmiques sonores. Comme le montrent les battements de mains à peine marqués et dénués de son ou les coups de baguette "à vide" des joueurs de tambour, ces schémas, bien que prenant en partie seulement une consistance acoustique réelle, sont importants non seulement pour les exécutants ou les danseurs mais aussi pour les auditeurs : "Dans les situations d'exécution traditionnelles de musique africaine, spectateurs et protagonistes *sentent* et *voient* l'événement musical. La compréhension des *patterns* moteurs trouve donc une expression soit sur un mode extraverti, dans le fait de danser correctement la musique, soit sur un mode introverti, dans une rêverie tout intérieure, genre méditation, en accord avec la musique." (Kubik, 1983, p. 71.)

Quant à la manière dont des facteurs moteurs peuvent conditionner ces structures musicales, elle est souvent évidente dans la morphologie et dans les techniques d'exécution des différents instruments de musique.

Mais la relation entre structures musicales et schémas moteurs peut avoir des effets encore plus complexes, si l'on se réfère aux modalités, non encore éclaircies dans leur totalité, selon lesquelles la musique, dans son interaction avec les mécanismes automatiques et volontaires du corps humain – par exemple, en déclenchant des modifications de la respiration, du battement du cœur, etc. –, induit des réactions cénesthésiques et agit sur le champ émotionnel ; cette question relève surtout de la psychologie et neuropsychologie de la musique. L'effet le plus éclatant et le plus obscur de ce nœud fonctionnel, entre musique et comportement psycho-physique, concerne le rôle que le son organisé semble avoir dans le déclenchement d'états altérés de la conscience (transes, extase, etc.), par exemple, dans des rites ayant un arrière-plan thérapeutico-religieux (chamaniques, de possession, etc.), pratiqués sous diverses formes dans presque toutes les cultures (Rouget, 1980). Naturellement, la réalisation de ce type de phénomène requiert aussi la participation de modalités particulières de socialisation des événements musicaux et les significations qui leur sont attribuées.

c) Les fonctions expressives

En étroite relation avec les autres types de fonctions, elles renvoient, dans leur ensemble, à la question de savoir comment la musique est en mesure de "communiquer", de véhiculer des significations et d'évoquer ou de représenter des événements, des émotions, des concepts et des états d'âme extra-musicaux. Il s'agit d'une question complexe, qui est devenue, au cours des dernières décennies, l'objet de la psychologie de la musique et, surtout, de la sémiologie musicale. Nous n'en étudierons ici que le seul aspect relatif aux modalités particulières de "formalisation du *vécu*" (Carpitella, 1980, p. 1), que la musique met en œuvre à l'intérieur d'un *continuum* expressif.

5. Formalisation musicale, expression et représentation

Immatérielle et extrêmement adaptable au contexte social, la musique est envahissante, en ce sens qu'elle étend et superpose sa sphère d'action à celle des différents systèmes d'expression et de communication auxquels elle est associée dans les diverses occasions et avec lesquels, du fait de "son triple mode d'existence, comme objet arbitrairement isolé, comme objet produit et objet perçu" (Molino, 1975, p. 37), elle partage une dimension symbolique. Comme Rouget l'a observé avec justesse : "Il serait véritablement difficile de dire, quelle que soit la population considérée, où commence et où finit pour elle la musique." (1968, p. 1344.)

De fait, la musique est située au carrefour de plusieurs codes – sonores (paralinguistique, linguistique) et visuels (cinétique, théâtre et chorégraphie, etc.) – et partage certains de ses traits avec l'une ou l'autre des différentes formes symboliques : une dimension temporelle "relative" est commune à la danse, à l'exécution musicale et à toute forme rituelle et "narrative" (littérature, théâtre, cinéma, etc.) ; la rythmicité et la métrique se retrouvent dans la poésie, dans les jeux d'enfant, dans l'activité choriste, dans le combat, etc. Les fonctions ou le projet pourraient être l'objet de considérations analogues. Par exemple, le langage articulé offre aussi quatre modalités d'organisation : *a)* permanente : langue écrite (de la simple note au produit littéraire) ; *b)* programmée : discours prédéterminé par des traces écrites ou des règles précises (des ordres militaires à la rhétorique politique et religieuse en passant par la *performance* poétique et théâtrale) ; *c)* improvisée (de l'usage quotidien de la langue à l'improvisation ; *d)* probabiliste : lallation, glossolalie, affabulation pathologique, *grammelot* (Dario Fo), etc.

Un des cas les plus évidents de superposition de codes est justement celui qui apparaît entre musique et langue. L'une et l'autre sont en effet fondées sur une organisation des sons culturellement sélectionnés et structurés en un système d'oppositions et de répétitions, et l'une et l'autre se présentent, dans les différentes cultures, dans une variété de mélanges : de la présence de traits prosodiques et suprasegmentaux (tons, profils intonatifs, accents, rythmes) dans le parlé, aux formes récitées-chantées (déclamation épico-lyrique, paslmodie, etc.), en passant par les combinaisons les plus sophistiquées entre le texte verbal et la mélodie. Ce qui explique pourquoi chaque culture distingue d'une manière différente le champ linguistique du champ musical : "Il est malaisé de tracer, dans la tradition mongole, une limite franche entre le musical et l'oral, qui alternent et s'interpénètrent : en effet, la musique instrumentale n'est qu'un reflet d'un art vocal dont les sons apparaissent pour les Mongols doués de propriétés autonomes. Ainsi, au seuil de la musique, se doit-on de mentionner l'existence de genres parlés, selon des registres de voix spécifiques ; qu'il s'agisse de la lecture d'une lettre, de l'échange de comptines, de couplets alternés entre enfants, de formules destinées à «délier la langue», de dits de bon augure, etc., le rythme, la hauteur de la voix et ses modulations seront particuliers. Par ailleurs, il faudra nasiller les paroles d'accompagnement de certains jeux, moduler les salutations, murmurer les malédictions, déclamer les bénédictions en un récitatif monotone et extrêmement rapide." (Hamayon et Helffer, 1973, p. 146.) "Le genre *haka* des Maoris est parlé, bien que ceux-ci le considèrent comme de la musique. Le Coran est chanté, bien qu'il ne soit pas de la musique. La ligne de partage entre langage rituel hautement formalisé et «chant» est tellement subtile que, dans les églises baptistes des Noirs du Sud des Etats-Unis, le sermon passe de l'un à l'autre sans solution de continuité." (McLeod, 1974, p. 107.)

Les stades intermédiaires entre parlé et chanté (List, 1963) correspondent, en réalité, aux niveaux progressifs de formalisation de la parole au moyen d'éléments rythmiques et/ou mélodiques qui en augmentent et en spécialisent l'efficacité symbolique. Que l'on considère, par exemple, l'amplification de sens que déterminent, dans la poésie, des schémas imposés d'ordre temporel, métrique, rythmique et d'accent – auxquels s'ajoutent les schémas spatiaux propres à la page dans l'écriture, ou d'un mouvement mélodique dans la transmission orale/aurale (voir *infra*, p. 485) ; ou que l'on pense à la dimension sacrale et au pouvoir "in-cantatoire" que revêtent les formules magiques, la prière ou la lecture des textes sacrés grâce à l'aplatissement du profil intonatif sur une corde récitative de hauteur constante et, inversement, au pouvoir d'évocation particulier que prennent, en vertu d'une amplification de l'emphase des dynamiques intonatives et intensives de la parole, les slogans, les cris des marchands ambulants, le sermon religieux, certains discours politiques et, comme le rappelle Molino (2002, p. 22), les phrases en "parler-bébé", à l'intention de nourrissons qui n'en comprennent pas encore la signification.

Le sens approximatif, pour ne pas dire l'ambiguïté, de termes comme *cantillation* et *psalmodie* ou de locutions comme *récité-chanté, parlé-chanté* (pour Schoenberg, *Sprechgesang*) et *langage métrique* (poésie, slogan, proverbe, allitération et assonance, comptine et cantilène enfantines, etc.) en dit long sur la difficulté réelle qu'il y a à distinguer les traits prosodiques linguistiques des traits mélodiques et rythmiques, étrangers au langage, dans les modalités expressives qui se situent entre le parler quotidien et le chant proprement dit (poésie chantée et chanson dans leurs différents genres et formes). Ce n'est qu'à ce dernier stade, en effet, que la formalisation de la parole assume la physionomie d'un code musical défini, avec ses règles spécifiques (scalaires, mélodiques, rythmiques, etc.). Au-delà de ce seuil, la présence du code linguistique devient insignifiante (comme dans les vocalises et dans le *scat* du jazz) ou passe totalement inaperçue ; la voix se fait alors instrument musical pur (*yodel*, *katajjaq*, voix diphonique, etc.), et la musique, strictement instrumentale. Cette musique "à l'état pur" continue cependant de partager avec la langue des processus logiques et syntaxiques fondamentaux ; preuve en est que, pour décrire des énoncés musicaux, on recourt, dans le lexique occidental, à des termes comme *phrase*, *période*, *ponctuation*, *thème*, *antécédent/conséquent*, *proposition/réponse*, etc. Par ailleurs, les procédés logico-musicaux et les procédés syntaxiques de la langue renvoient les uns comme les autres à des processus cognitifs de base, qui permettent de dire aussi que les procédés structuraux de la musique fournissent "une image du fonctionnement de l'esprit humain sans interférences" (Blacking, 1973, in 1980, p. 128). Et c'est à ce niveau qu'il faut peut-être chercher les raisons de l'efficacité émotionnelle et évocatrice de l'expression musicale.

On peut certainement, en prenant comme référence les deux extrêmes, parlé et musique instrumentale, établir des lignes de partage :

a) contrairement à la langue, il semble que la musique instrumentale soit configurée comme un système purement syntaxique, dénué d'une dichotomie perceptible entre signifiant et signifié ;

b) la syntaxe musicale est hautement redondante (90 % de redondance), comparée à la syntaxe du parlé (50 %) (on lira à ce sujet Shannon et Weaver, 1949) ;

c) les phénomènes musicaux trouvent leur réalisation dans une dimension temporelle "relative".

Parce qu'il est impossible d'établir dans la musique "pure" un rapport défini entre signifiant et signifié, des chercheurs ont avancé l'hypothèse selon laquelle la relation avec le langage se poserait davantage en termes de continuité qu'en termes de similarité (voir, par exemple, Harweg, 1968, p. 275-277). En ce sens, la dimension musicale interviendrait là où le langage se révèle insuffisant pour exprimer un champ de la vie mentale qui échappe aux potentialités de la parole. Quant aux deux autres traits distinctifs, on peut observer qu'ils apparentent la musique à d'autres domaines d'expression : un pourcentage élevé de redondance et une temporalité "relative" figurent, par exemple, dans toute forme de comportement ludique ou rituel. A ce propos, Norma McLeod (1974, p. 108) s'est demandée si la musique ne devait pas être considérée comme "un syndrome comportemental dérivé du rite et qui se serait étendu à des zones moins complexes de l'existence humaine".

En marge de cette hypothèse intéressante, on peut observer aussi que l'expression musicale se prête, en tout cas, à une sorte de ritualisation d'elle-même, qui s'exerce dans une cristallisation emphatique de formes et une stéréotypie de comportements (et de manifestations émotionnelles) qui sont propres à la musique en tant que "représentation". C'est à ce niveau que se situent la musique destinée à l'écoute pure et ladite "musique classique" que connaissent maintes cultures. Cette dernière, surtout, possède une autonomie propre par rapport à un usage courant et quotidien de l'expressivité musicale ; cette autonomie est analogue à celle de la littérature par rapport à l'expression verbale, du théâtre par rapport à une formalisation quotidienne du "vécu", de la chorégraphie par rapport à l'acte de danser, etc. En d'autres termes, des fonctions et des modèles d'expression déterminés par l'interaction sociale – et une libre variabilité des énoncés sonores liée à l'émotion, à l'affectif, au hasard, aux nécessités du moment, etc. – sont remplacés par des fonctions et des modèles créateurs propres à une représentation narrative et spectaculaire (théâtre, opéra, cinéma, etc.) qui impliquent une hypostase des formes en relation avec leur potentiel esthétique. Cette hypostase englobe aussi les lieux et les occasions de faire de la musique, les modalités d'écoute et de réception esthétique, les comportements de celui qui fait la musique et de celui qui l'écoute.

Il s'agit d'une modification d'état fondamentale qui permet, entre autres, pour sortir de l'équivoque, d'opérer une distinction significative entre le concept occidental traditionnel de musique, qui paraît justement privilégier en permanence une idée de représentation, et une conception plus large et interculturelle dans laquelle prévaut, au contraire, une idée de modalité d'expression.

Ce n'est pas un hasard si, en présence des sonorités souvent "étranges" et inhabituelles à notre oreille, parce que appartenant à une musique qui nous est lointaine par sa culture et ses intentions, nous réagissons automatiquement par une aperception du goût et une interprétation subjective, comme si ce message sonore avait été produit précisément pour s'adresser *aussi* à nous. Il est certain que rien n'empêche, surtout dans une perspective diachronique et interculturelle, de recevoir et d'interpréter des musiques dont la valeur dominante est pragmatique (tels les chants et les rythmes de travail) selon des critères d'évaluation esthétique. Un exemple emblématique nous est fourni par les nombreuses musiques fonctionnelles de tradition orale qui, aujourd'hui, indépendamment des lieux et des circonstances dont elles sont l'expression, circulent au niveau international dans le vaste domaine commercial de ce qu'on appelle "les musiques du monde", pour être offertes à une consommation hédoniste de masse. Cela se produit en vertu de l'originalité des formes et des instruments, de leurs sonorités surprenantes et exotiques, ainsi que des nouvelles valeurs égalitaires et œcuméniques que l'on y associe plus ou moins légitimement, plus ou moins par intérêt : une exploitation "omnivore" qui renvoie indéniablement aux ambiguïtés du concept occidental de musique comme "art des sons", point de départ de notre réflexion.

Bibliographie

ADLER, G., 1885 : "Umfang, Methode und Ziel der Musikwissenschaft", *Vierteljahrschrift für Musikwissenschaft*, vol. I, p. 5-20.

AGAMENNONE, M., FACCI, S., GIANNATTASIO, F. et GIURIATI, G., 1991 : *Grammatica della musica etnica*, Rome, Bulzoni.

BAILY, J., 1985 : "Music Structure and Human Movement", in *Musical Structure and Cognition*, P. Howell, I. Cross et R. West (éd.), Londres, Academic Press, p. 237-258.

BECKER, J., 1979 : "Time and Tune in Java", in *The Imagination of Reality. Essays in Southeast Asian Coherence Systems*, A. L. Becker et A. A. Yengoyan (éd.), Norwood, Ablex, p. 197-210.

BLACKING, J., 1973 : *How Musical is Man ?*, Seattle, University of Washington Press ; trad. fr., *Le Sens musical*, Paris, Minuit, 1980.

BOILÈS, C. L., 1984 : "Universals of Musical Behaviour. A Taxonomic Approach", *The World of Music*, vol. XXVI, n° 2, p. 50-65.

BRELET, G., 1949 : *Le Temps musical*, Paris, Presses universitaires de France.

CAGE, J., 1961 : *Silence. Lectures and Writings*, Middletown, Wesleyan University Press.

CAGE, J., 1967 : *A Year from Monday. New Lectures and Writings*, Middletown, Wesleyan University Press.

CALAME-GRIAULE, G. et CALAME, B., 1957 : "Introduction à l'étude de la musique africaine", *La Revue musicale*, n° 238.

CARPITELLA, D., 1961 : "Il primitivo nella musica contemporanea", *Terzo programma*, n° 2, p. 217-257 ; rééd. in Id., *Conversazioni sulla musica. Lezioni, conferenze, trasmissioni radiofoniche (1955-1990)*, Florence, Ponte alle Grazie, 1992, p. 166-204.

CARPITELLA, D., 1971 : "La recherche ethnomusicologique et la musique du XXe siècle", *Yearbook of the International Folk Music Council*, vol. II, p. 51-55.

CARPITELLA, D., 1980 : "Introduzione" au programme du Seminario internazionale di etnomusicologia 1980, Sienne, Accademia musicale Chigiana.

CARPITELLA, D., 1992 : *Conversazioni sulla musica. Lezioni, conferenze, trasmissioni radiofoniche (1955-1990)*, Florence, Ponte alle Grazie.

COPPET, D. de et ZEMP H., 1978 : *'Aré' aré. Un peuple mélanésien et sa musique*, Paris, Le Seuil.

DAHLHAUS, C. et EGGEBRECHT, H. H., 1985 : *Was ist Musik ?*, Wilhelmshaven, Heinrichshofen ; 3e éd., 1991.

ECO, U., 1997 : *Kant e l'ornitorinco*, Milan, Bompiani ; trad. fr., *Kant et l'ornithorynque*, Paris, Grasset, 1999.

ELLIS, A. J., 1885 : "On the Musical Scales of Various Nations", *Journal of the Society of Arts*, n° 33, p. 485-527.

FELD, S., 1984 : "Sound Structure and Social Structure", *Ethnomusicology*, vol. XXVIII, n° 3, p. 383-410.

GIANNATTASIO, F., 1984 : "Il problema di una definizione della musica : il contributo dell'etnomusicologia", in *Dinamica della conoscenza e comunicazione interdisciplinare*, R. Semeraro (éd.), Rome, Istituto della Enciclopedia Italiana, p. 123-146.

GIANNATTASIO, F., 1992 : *Il Concetto di musica. Contributi e prospettive della ricerca etnomusicologica*, Rome, La Nuova Italia Scientifica ; rééd., Rome, Bulzoni Editore, 1998.

GIURIATI, G., 1993 : *Musica tradizionale khmer*, Modène, Mucchi.

HAMAYON, R. et HELFFER, M., 1971 : "A propos de «musique populaire mongole»", *Etudes mongoles*, n° 4, p. 145-180.

HARWEG, R., 1968 : "Language and Music. An Immanent and Sign Theoretic Approach", *Foundations of Language*, vol. IV, p. 270-281 ; trad. fr., "Langage et musique : une approche immanente et sémiotique", *Musique en jeu*, n° 5, 1971, p. 19-30.

KUBIK, G., 1983 : "Emica del ritmo musicale africano", *Culture musicali*, vol. II, n° 3, p. 47-92.

LÉVI-STRAUSS, C., 1964 : *Le Cru et le Cuit*, Paris, Plon.

LIST, G., 1963 : "The Boundaries of Speech and Song", *Ethnomusicology*, vol. VII, n° 1, p. 1-16.

MARTINEZ, R., 1994 : *Musique du désordre, musique de l'ordre : le calendrier musical chez les Jalq'a (Bolivie)*, thèse de doctorat, Paris, Paris-X-Nanterre.

MCADAMS, S. et BIGAND, E. (éd.), 1994 : *Penser les sons. Psychologie cognitive de l'audition*, Paris, Presses universitaires de France.

MCLEOD, N., 1974 : "Ethnomusicological Research and Anthropology", *Annual Review of Anthropology*, n° 3, p. 99-115.

MERRIAM, A. P., 1964 : *The Anthropology of Music*, Evanston, Northwestern University Press.

MEYER, L. B., 1956 : *Emotion and Meaning in Music*, Evanston, Northwestern University Press.

MOLINO, J., 1975 : "Fait musical et sémiologie de la musique", *Musique en jeu*, n° 17, p. 37-62.

MOLINO, J., 2002 : "La poesia cantata. Alcuni problemi teorici", in *Sul verso cantato. La poesia orale in una prospettiva ethnomusicologica*, M. Agamennone et F. Giannattasio (éd.), Padoue, Il Poligrafo, p. 17-33 ; version française à paraître in Id., *Le Singe musicien*.

NATTIEZ, J.-J., 1981 : "Suono/rumore", in *Enciclopedia*, Turin, Einaudi, vol. XIII, p. 833-849.

NATTIEZ, J.-J., 1987 : *Musicologie générale et sémiologie*, Paris, Christian Bourgois.

NATTIEZ, J.-J., 1989 : "Semiologia dei giochi vocali Inuit", in *Etnomusicologica. Seminari internazionali di etnomusicologia 1977-1989*, D. Carpitella (éd.), Sienne, Accademia musicale Chigiana, p. 167-187.

NKETIA, J. H. K., 1961 : "African Music", *AMSAC Newsletter*, n° 3, p. 4-8.

PIRROTTA, N., 1984 : *Musica tra Medioevo e Rinascimento*, Turin, Einaudi.

ROUGET, G., 1968 : "L'ethnomusicologie", in *Ethnologie générale*, J. Poirier (éd.), Paris, Gallimard, "Encyclopédie de la Pléiade", p. 1339-1390.

ROUGET, G., 1980 : *La Musique et la Transe*, Gallimard, Paris ; 2e éd., 1990.

ROUSSEAU, J.-J., 1768 : *Dictionnaire de la musique*, Paris, Veuve Duchesne ; in *Œuvres complètes*, Paris, Gallimard, "Bibliothèque de la Pléiade", vol. V, 1995, p. 603-1154 ; rééd., Arles, Actes Sud, "Thesaurus", C. Dauphin (éd.), 2007.

SAUSSURE, F. de, 1922 : *Cours de linguistique générale*, Paris, Payot ; rééd., T. Di Mauro (éd.), Paris, Payot, 1972.

SCHAEFFNER, A., 1936 : *Origine des instruments de musique*, Paris, Payot ; rééd., Paris-La Haye, Mouton, 1968.

SEEGER, A., 1980 : "Sing for your Sister. The Structure and Performance of Suyá Akia", in *The Ethnography of Musical Performance*, N. McLeod et M. Herndon (éd.), Norwood, Norwood Editions, p. 7-42.

SEEGER, C., 1966 : "The Music Process as a Function in a Context of Functions", *Inter-American Institute for Musical Research Yearbook*, vol. II, p. 1-36.

SHANNON, C. E. et WEAVER, W., 1949 : *The Mathematical Theory of Communication*, Urbana, University of Illinois Press.

STEFANI, G., 1975 : *Introduzione alla semiologia della musica*, Palerme, Sellerio.

STRAVINSKY, I., 1935 : *Chroniques de ma vie*, Paris, Denoël-Steele ; rééd., Paris, Denoël-Gonthier, 1971 ; rééd., *Chroniques de ma vie*, Paris, Denoël, 2000.

TUCCI, R., 1991 : "Gli strumenti musicali popolari italiani. Questioni e problemi", in *Museo nazionale delle Arti e Tradizioni popolari. La collezione degli strumenti musicali*, P. E. Simeoni et R. Tucci (éd.), Rome, Istituto poligrafico e Zecca dello Stato, p. 39-47.

VAN DER LEEUW, G., 1957 : *Vom Heiligen in der Kunst*, Gütersloh, Bertelsmann ; trad. angl., *Sacred and Profane Beauty. The Holy in the Art*, New York, Rinehart and Winston, 1963.

VARÈSE, E., 1983 : *Ecrits*, textes réunis et présentés par L. Hirbour, Paris, Christian Bourgois.

WEBER, M., 1921 : *Die rationalen und soziologischen Grundlagen der Musik*, Munich, Drei Masken Verlag ; trad. fr., *Sociologie de la musique*, Paris, Métailié, 1998.

ZEMP, H., 1971 : *Musique dan. La musique dans la pensée et la vie sociale d'une société africaine*, Paris-La Haye, Mouton.

ZEMP, H., 1978 : "'Aré' aré Classification of Musical Types and Instruments", *Ethnomusicology*, vol. XXII, n° 1, p. 36-67.

ZENATTI, A. (éd.), 1994 : *Psychologie de la musique*, Paris, Presses universitaires de France.

ZINGARELLI, N., 1922 : *Vocabolario della lingua italiana*, Greco Milanese, Bietti e Reggiani ; nouv. éd., *Lo Zingarelli 2006. Vocabolario della lingua italiana*, Bologne, Zanichelli.

Reinhard Strohm

LE CONCEPT DE MUSIQUE EN EUROPE

I. *Un point de vue historique, culturel et social*

1. Mythes et origines

Les mythes juifs et helléniques considèrent Jubal et Pythagore, respectivement, comme les inventeurs de la musique. (Pour des points de vue ultérieurs sur ces personnages, voir McKinnon, 1978.) Jubal est mentionné dans la Genèse, IV, 19-22, comme l'ancêtre des joueurs de psaltérion et de harpe, et on lui a par la suite attribué l'invention de ces instruments. Pythagore a découvert le potentiel harmonique d'outils fabriqués par l'homme qui n'étaient pas destinés à l'origine à la musique : les marteaux, activés par une roue hydraulique, qu'il a trouvés dans une forge de fer près d'un ruisseau. Une explication ancienne du mot "musique" l'apparente à l'eau *(moys)* – bien que dans la légende pythagoricienne, cet élément ne soit utilisé que pour actionner une roue hydraulique. Quant à Jubal, une tradition ultérieure lui a donné un demi-frère, Tubal-Caïn, un forgeron qui forgeait des instruments en métal. Les deux mythes soulignent les liens entre la musique et la culture matérielle, pas directement avec la "nature", ce qu'ils ont en commun avec beaucoup d'autres légendes sur l'origine de composantes individuelles ou d'instruments de musique (pour une étude, voir Röhrich, 1997).

Les légendes indiennes et arabes associent les débuts de la musique au langage et à la poésie ; la tradition juive est dominée par la figure du roi David, les Grecs mentionnent le dieu Apollon et les chanteurs divins Orphée, Linos, Mousaios, Amphion et Arion, qui jouaient sur des instruments comme la harpe ou la *kithara* (cithare). Ils communiquaient avec la nature animée et inanimée : le chant d'Orphée attirait les bêtes sauvages et apaisait les dieux des enfers, Arion enchantait un dauphin, la magie musicale d'Amphion faisait se réunir les rochers pour former le mur d'une ville. Les besoins matériels et spirituels sont tout aussi importants dans ces histoires anciennes sur les fonctions de la musique. L'Antiquité chrétienne a également connu une interprétation métaphorique de l'humain chantant, par exemple celle du roi David, instrument physique dans la main de Dieu, que l'on trouve notamment chez Clément d'Alexandrie (vers 150-215 après J.-C.) (Skeris, 1976 ; McKinnon, 1989). Le corps, les ancêtres et les "instruments" de musique sont associés dans les contes arabes qui traitent de l'invention du luth à partir des côtes d'une personne décédée qui est ensuite pleurée dans un chant accompagné (Shiloah, 1979, 1993 et 2003).

Les diverses formes de mythes musicaux ne sont pas les seules à caractériser certaines sociétés et leurs pratiques musicales ; leur existence en elle-même y participe aussi. Les mythes concernant les origines, en particulier, contribuent à la détermination culturelle de ceux qui héritent d'une tradition ; ils la définissent en racontant comment elle a vu le jour.

L'un des mythes les plus influents au sujet de la musique ne concerne pas son devenir mais son existence : la théorie de l'harmonie des sphères, qui a attribué des rapports musicaux-mathématiques aux orbites des planètes entourant la terre et a ensuite tiré des relations symboliques entre cette harmonie cosmique et l'état humain d'harmonie dans le corps et l'esprit. Selon Boèce (mort vers 524 après J.-C.), la *musica mundana* ("musique du monde") correspond à la *musica humana* (les relations harmoniques entre l'âme et le corps) ; une troisième composante est la *musica instrumentalis*. La logique souvent contestée de ce système de musique du monde a quelque chose en commun avec certains systèmes extra-européens : elle considère ce que l'on pourrait appeler "musique" ("instrumentale", c'est-à-dire une musique qui appartient au monde matériel) comme une partie d'une constellation plus vaste. La *musica mundana* et la *musica humana*, les autres formes de musique, sont davantage des principes liant la nature et l'expérience humaine que des produits de l'une ou de l'autre. Ces formes de musique ne sont pas "inventées", mais concernent le monde lui-même (Haar, 1960 ; Tomlinson, 1993, p. 68-75 ; Palisca, 1985, p. 161-190 et *passim*).

2. Différences et continuités

Ce qui suit est une courte enquête sur le concept de musique tel qu'il se reflète dans les croyances et les usages des sociétés.

Est-il possible de parler de la "musique" comme d'un objet continu ? Si l'on considère que quelque chose change au cours du temps, on présuppose "son" existence continue ; si l'on considère des définitions alternatives, on présuppose une cohérence de discours. Les mythes de l'origine de la musique, notamment les "explications" de son nom (étymologie), soutiennent que la chose survit avec le nom et vice versa. Cela implique la possibilité d'une *traduction* linguistique et culturelle. Présenter l'étymologie comme une explication lie l'acte de la définition à la continuité du langage. Au travers du langage comme de la pratique matérielle, les cultures peuvent d'une manière ou d'une autre converser les unes avec les autres, et le monde est sillonné par des migrations historiques qui portent les "musiques" avec elles. Cette fine diffusion de continuités qui transcendent les cultures de manière diachronique et synchronique, atténue un peu la difficulté qui consiste à reconnaître un phénomène pertinent lorsqu'il se présente.

Michel Foucault (1973) rejette les continuités du discours comme l'objet d'une "histoire générale", identifiant la continuité avec une vision du monde hégémonique et paradigmatique. Je ne défends pas l'idée d'une continuité contrôlée par des concepts dominants, ni celle d'une intuition structurelle fixe de l'histoire – comme la forme d'un stade tel qu'on le voit de la tribune – mais celle d'un éventail peut-être chaotique de continuités exploré au travers d'initiatives humaines, comme un itinéraire indiqué dans un centre-ville noir de monde qui n'a peut-être pas de forme reconnaissable propre mais qui mène, en passant par de nombreux coins de rue, de A à B. Cet itinéraire offre des possibilités de participation multiples, très différentes et discontinues.

Les mythes et littératures relatifs à la "musique" font partie du même réseau, de même que leur base sociale, la pratique "musicale" elle-même. Parmi les nombreuses divisions et dialectiques expérimentales, il y a aussi celles qui se situent entre le concept ("théorie") et la pratique au sein d'une culture donnée. La distinction sociale entre *cantor* et *musicus* au "Moyen Age" européen fonctionne avec des termes qui divergent de façon troublante des nôtres : ce n'est pas le "chanteur" et le praticien mais le simple théoricien qui a reçu le nom honorable de "musicien". Dans la tradition arabe, également, "jusqu'au XIXe siècle, le terme *musiqa* a été réservé à des traités théoriques sur la théorie musicale, les systèmes tonaux, les instruments de musique, l'esthétique de la musique, etc." (Touma, 1975, p. 28). Cette terminologie, qui s'est développée à partir d'un précédent ancien, semble montrer une divergence entre la théorie et la pratique dans ces cultures. L'expression grecque et latine qui désigne "l'art des muses" *(musikê tekhnê/ars musica)*, désigne toutefois un art du chant, du jeu, de la danse et de l'écoute, ainsi que de la science théorique. Les muses, allégories mythologiques de diverses aptitudes et des arts, ont souvent été décrites en train de jouer des instruments de musique, de chanter ou de danser. Ainsi il semble contradictoire que la *musica* en soit venue à désigner simplement une exploration scientifique, mathématique.

Cette contradiction est peut-être largement le fruit de notre propre fait. Dans une culture qui associe avant tout la musique au mouvement, à l'émotion, au produit et à l'action, il n'est pas facile de comprendre pourquoi le terme définissant à la fois la pratique et le concept musical devrait se situer du côté théorique. C'est peut-être parce que, dans le monde post-copernicien, la musique a perdu la dignité d'être "sur" le monde et les planètes. Néanmoins, l'exploration des lois du monde sonore musical – la science musicale, la théorie musicale – occupe une place importante dans l'histoire des cultures, et un modèle de réalité sociale qui l'exclut serait une grossière réduction. L'idée d'une harmonie cosmique basée sur les nombres, qui est question de science spéculative, était connue des cultures anciennes chinoises et occidentales (Sachs, 1944, p. 110-111). La *musica* est, pour certaines cultures, un terrain de jeu de l'esprit, un objet structuré, un système, stimulant à la fois la réflexion et la créativité.

3. Autonomie

En dépit des croyances contemporaines dans le mouvement, l'émotion, le produit et l'action, le fait de poser la question "Qu'est-ce que la musique ?" implique une reconnaissance préalable de son existence. Même si la musique est enveloppée dans la pratique sociale et entièrement engendrée par elle à n'importe quel stade, nous croyons néanmoins qu'elle est "quelque chose" qui nous dépasse et qui nous précède, une autre entité. Toute étude savante moderne de la musique doit commencer avec un concept relativement autonome de ce qu'elle est pour adhérer au discours. L'étude peut alors modifier et relativiser le concept.

Dans le lied de Schubert *An die Musik (A la musique)*, le poète s'adresse à ce "noble art" et décrit les faveurs que la musique accorde à celui qui la pratique : elle lui donne l'amour, elle l'éloigne des réalités complexes de la vie et l'entraîne dans un monde meilleur. Ainsi la figure allégorique de la musique – une belle jeune fille aux pouvoirs surnaturels – est apostrophée comme un Autre actif, un complément féminin du personnage de l'artiste. La tonalité musicale du lied est comparable à un "hymne", simple, pieux ; l'harmonie paraît classique, mais la ligne vocale avec ses sixtes et ses septièmes descendantes semble projeter des styles mélodiques archaïques ou *alternatifs* : un chant classique du XVIIIe siècle, comme on en trouve chez Gluck par exemple ; un emblème mélodique de pathos baroque dans l'enchaînement dominante-susdominante-sensible-tonique au début du deuxième vers et un diatonisme en hexacordes qui évoque vaguement la polyphonie catholique "palestrinienne". Mais la nudité et la netteté de la mélodie peuvent aussi se comparer aux interprétations contemporaines de la sculpture hellénique – des images qui traduisent une noblesse et une grâce pourtant ternes. La mélodie de Schubert a des affinités avec des périodes passées et leurs allégories présumées de la musique. Un *Hymne à la muse* grec (IIe siècle après J.-C.), qui nous est parvenu avec sa notation, a été publié par Vincenzo Galilei en 1581 et a été réédité par Friedrich Bellermann en 1840 dans *Die Hymnen des Dionysius und Mesomedes* (Mésomédès, 1840). Dans son analyse, Sachs attribue à cet hymne (1944, p. 243) une gamme et une mélodie qui, d'une façon frappante, sont compatibles avec l'œuvre de Schubert…

Des réminiscences de cultures passées ont fourni à la génération de Schubert des images, des mythes – par exemple celui des muses – et des allégories de la musique qui, d'une manière ou d'une autre, sont autonomes. La référence apparente de Schubert à ces allégories pourrait être écartée comme une projection ou un malentendu, mais les auditeurs auxquels s'adressait la tonalité éclectique sur le plan stylistique de *An die Musik*, participaient quand même à un discours sur la musique en tant que pouvoir extérieur au contrôle humain. Peut-être étaient-ils seuls dans leur rêve particulier d'autonomie musicale, mais apparemment ils ne le croyaient pas.

Les disciplines académiques occidentales – philosophie, anthropologie, ethnologie, sociologie, psychologie, science naturelle, histoire, musicologie et d'autres encore – sont divisées à propos du concept de la musique.

Une érudition compartimentée et rationalisée a tendance à nier les continuités et à exclure les participations ; la question "Qu'est-ce que la musique ?" elle-même a tendance à être partiale et partisane dans ses motivations. Par exemple, "la musique et l'esprit" pourraient faire l'objet d'une psychologie ou d'une physiologie de la musique : des recherches qui pourraient se concentrer sur la perception et la conception individuelles tout en ignorant les conditions sociales. Ou bien, la psychologie et la physiologie pourraient suivre des voies totalement différentes, la première ne considérant que l'esprit, la seconde seulement le corps. Toutefois, dans le livre d'Anthony Storr, *Music and the Mind* (1992, chap. II, VI et VII), on trouve un exemple de la façon dont la musique concerne l'esprit au travers du corps et de la façon dont les pratiques sociales d'exécution et d'écoute concernent tout autant l'individu, principalement au travers du langage et de l'éducation. La musique court aussi dans la tête de "l'auditeur solitaire" et est envisagée (avec Schopenhauer) comme un art très indépendant qui peut nous relier à "la nature la plus intime du monde".

4. Histoire et société

Certains sociologues affirment que les concepts et les pratiques changeants de la musique ne devraient être décrits que dans leurs effets sur la culture, sans le moindre égard pour les structures musicales respectives. D'autres (Blaukopf, 1982, p. 1-6) soulignent, en revanche, que les structures historiques comme les systèmes tonaux reflètent les modèles de la société qui les cultivent ou tout au moins s'y rapportent. De ces deux points de vue, seul le second tente aussi de donner à la musique elle-même un caractère historique. Si l'historicité des structures musicales est reconnue, il reste encore à savoir si ce changement ou cette diversité des musiques résultent de pratiques sociales changeantes, auquel cas la musique en tant qu'histoire est hétéronome et représente le Moi (le sujet social), ou bien si elle réside dans les structures musicales, auquel cas elle est autonome et représente un Autre (comme elle transcende le sujet social).

Si l'on passe en revue les diverses approches possibles de la sociologie et de l'histoire sociale de la musique, il apparaît que la musique ne peut être ni totalement comme "elle-même" et hétéronome, ni entièrement comme "Autre" et autonome. Même si elle était "enveloppée dans la coutume sociale et entièrement issue d'elle à tous les stades", cela ne reviendrait pas à dire que sa signification ne peut pas provenir d'un Autre, d'une motivation extérieure : par exemple d'un lien avec le passé. La fonction sociale d'une pratique musicale peut rester distincte des structures musicales proches, par exemple lorsque la musique est reproduite dans un environnement sans rapport avec celui de son origine. La participation à un discours musical spécifique peut susciter une impression réelle de distance et de différence. Elle peut aussi contribuer à une expérience esthétique de la musique elle-même.

Bien que ce soit probablement une erreur d'attribuer à la musique une *histoire* autonome – une façon de changer qui lui soit tout à fait propre –, il est possible de soutenir une autonomie et une continuité relatives du discours musical, articulé dans des expériences divergentes. L'étude historique qui suit n'est donc pas articulée en périodes et paradigmes, mais illustre pas à pas les aspects importants de la pratique et du discours musicaux dans le sens d'un cumul continu d'éléments divergents. La divergence et la continuité s'accumulent dans l'histoire, de même qu'elles peuvent s'appliquer au coup par coup à divers aspects de l'expérience musicale.

5. Un monde musical déjà divisé

Notre connaissance du monde méditerranéen ancien ne semble pas remonter à un état évolutionniste qui précède l'avènement de la spécialisation musicale et de l'émancipation esthétique. La musique est davantage liée à l'autorité religieuse – au Temple de Jérusalem, par exemple – que directement à une présence sacrée ; c'est un art profane de poètes-chanteurs qui acquièrent leurs talents particuliers par l'intermédiaire de faveurs individuelles que leur offrent des divinités telles les muses (Hésiode), de révélations rituelles non collectives (Barker, 1987, p. 34). Dans les épopées homériques, qui décrivent souvent des exécutions musicales, la muse inspire non seulement le talent général du professionnel, mais également les chants individuels ou poèmes épiques (l'*Odyssée* elle-même) y compris leurs "harmonies". Le terme *harmoniai* a de multiples significations, mais se réfère souvent aux nombreuses gammes différentes ou aux nombreux accords en tétracordes réalisables sur les instruments utilisés dans le culte sacré, dans des divertissements conviviaux et collectifs ou dans des contextes fonctionnels comme la vie politique et la guerre. La poésie présuppose le rythme et le rythme à son tour n'est révélé qu'au travers de la récitation musicale et/ou de la danse, soit dans un hymne lyrique ou cérémoniel, soit dans un chant choral ou soliste inclus dans un drame (Georgiades, 1958). Les épopées utilisaient des *formulae* standard de récitation que le poète-chanteur *(rhapsodos)* remplissait lorsqu'il jouait d'un instrument *(phorminx)*, mais aucune trace concrète de mélodie épique ne nous est parvenue et les références anciennes à ladite mélodie ne semblent pas indiquer qu'elle était une tradition vive après le VIe siècle avant Jésus-Christ. Les épopées homériques et autres sont plutôt devenues du matériel de répertoire utilisé de manière sélective par les ménestrels professionnels et les chœurs exercés aux grandes fêtes et concours publics ; leurs modes d'exécution se sont individualisés sur le plan mélodique. Pour ces solistes et chœurs, les poètes ont composé de nouvelles œuvres. Pindare et les auteurs dramatiques étaient des poètes-musiciens qui ont créé de nouvelles œuvres en tenant la vedette de la publicité compétitive. Ces œuvres ont été écrites avec une notation musicale et ont pu être reprises par d'autres (Barker, 1987, p. 18-19).

Même les cas les plus anciens de la pratique musicale hellénique que l'on peut appréhender sont ainsi apparentés à une société féodale aux tâches strictement partagées qui était capable de reposer sur la musique comme ressource de luxe. Une contradiction interne semble avoir cours entre le mépris de l'élite dirigeante pour le musicien professionnel, souvent un esclave, qui fournissait des divertissements, et la grande appréciation de la musique en tant qu'ornement de la vie publique et ingrédient central de l'éducation de l'aristocratie (plus tard "humaniste") ; la théorie musicale constituait l'autre approche majeure du phénomène approprié à l'aristocrate. Sur le plan social, la musique se présentait sous deux visages dans la mesure où différentes classes y avaient accès de différentes façons.

L'entrelacement de théorisations très anciennes et très récentes constitue un problème pour la recherche de la musique hellénique (et romaine). Le développement des systèmes tonaux grecs, par exemple, ne se reflète pas dans des comptes rendus contemporains de chaque stade du développement, mais sont mélangés dans des résumés assez tardifs (par exemple, Nicomaque, Ptolémée, Aristides Quintilianus, essentiellement du IIe siècle après J.-C.) ; ils semblent assez peu influencés par l'environnement musical de leur époque, mais reflètent les développements scientifiques des quatre ou cinq siècles précédents (Barker, 1989).

Les traditions majeures de la théorie musicale hellénique – l'école pythagoricienne et les disciples de Platon et d'Aristoxène – étaient intégrées à d'autres travaux privilégiés comme la philosophie et les mathématiques, et concernaient à la fois les structures du système tonal et la réalité sociale de la musique. C'est la nature de la relation entre les deux qui est restée contestée. Il y a une conviction commune d'une signification ou fonction "éthique" des pratiques musicales, dont beaucoup considéraient qu'elle dépendait du type (*harmonia*, accord, gamme, mode, schéma rythmique, instrument, technique d'exécution, etc.) de musique utilisé. "Le célèbre terme *êthos* dénotait la puissance émotionnelle des mélodies selon leurs gammes", écrit Sachs (1944, p. 248), qui établit des parallèles avec les râgas, les modes indiens, ou types de mélodies, et les *maqamat*, les modes arabes (*ibid.*, p. 249-252). (Les Grecs attribuaient aussi des qualités éthiques aux mètres poétiques comme l'iambe, le spondée, etc., et aux genres musicaux sur lesquels ils reposaient.) Ces gammes portaient souvent des noms touchant à la société comme ceux de tribus et d'individus qui étaient culturellement acceptables ou rejetés. Cette tradition semble avoir survécu à plusieurs systèmes tonaux et à de nombreuses gammes ou modes individuels. Malgré cette diversité au cours des temps, la plupart des auteurs insistent sur le lien d'un esprit *particulier* avec une technicité musicale spécifique.

Ainsi, il semble que les Grecs avaient déjà hérité de l'"art des Muses", divisé en pratiques définies sur le plan social, normatives et hétérogènes sur le plan technique, peut-être en relation avec des tabous ritualistes ou des secrets de l'art à ses débuts, qui ont ensuite été réinterprétés comme des normes esthétiques. La "pratique musicale" était une situation différente sur le plan moral et esthétique, selon qu'une flûtiste assistait à un rituel sacré, qu'un rhapsode récitait un poème épique édifiant à un festival ou que "parmi les Spartiates, l'air intitulé *La Mélodie de Castor* était joué à l'*auloi* lorsqu'ils avançaient en bon ordre pour se battre avec l'ennemi" (Barker, 1987, p. 232 ; cet auteur donne d'autres exemples du traité de musique pseudo-plutarquien [Ier au IIe siècle après J.-C.]). Il semble qu'un long développement ait été nécessaire pour conceptualiser ces pratiques en une seule, celle de la *mousikê*. Platon, entre autres, a vu dans l'effacement concomitant des distinctions une transgression des lois morales (*ibid*., p. 156-157). Mais les relations des diverses musiques avec les sphères religieuses, municipales et féodales, avec la poésie, le théâtre, la science et la danse, avec un professionnalisme de classe et de sexe codé, avec des préjugés sociaux et moraux, avec une tradition théorique et contemplative cultivée par l'élite, ont été entretenues et ravivées. Les concepts modernes de "style", de "genre" et de "répertoire" étaient immédiatement compréhensibles pour un théoricien de la fin de la période hellénique s'ils étaient identifiés à des qualités éthiques. De nouvelles distinctions d'*êthos* sont apparues de temps à autre, non plus pour expliquer l'art lui-même (ou seulement en apparence), mais probablement plus souvent pour promouvoir les exclusions et les canonisations répondant à des besoins contemporains.

6. Nouvelles identités, sources anciennes

Le temps qui sépare la codification de poèmes épiques homériques (VIIe-VIe siècles avant J.-C.) et le début de l'ère chrétienne est plus court que celui qui sépare cette dernière de l'établissement de répertoires de chants écrits en Occident (IXe-Xe siècles après J.-C.). Ce serait une erreur de considérer le premier millénaire de notre ère comme une simple transition entre l'Antiquité et le "Moyen Age". (Sur cette période, voir McKinnon, 1990, p. 68-119.) Des cultures musicales entières se sont formées et ont disparu au cours de cette période tumultueuse en Europe et au Proche-Orient. Pourtant, le fonds de la culture musicale hellénique était commun aux Romains, aux Syriens, aux Juifs, aux Arabes et aux autres groupes ethniques. La dialectique entre continuité et différence n'est nulle part plus évidente que dans le concept musical de l'Eglise chrétienne à ses débuts qui a transformé l'idée hellénique de musiques codées d'après les doctrines de la morale en un principe unique et institutionnalisé : la véritable harmonie vient de Dieu ; toute musique hors de l'Eglise est moralement inférieure ou vient du diable. Les théories, images et pratiques de la musique transmises sont soumises une à une à cette épreuve décisive dans les écrits des premiers "Pères de l'Eglise" (du IIe au Ve siècle). (Les textes sont réunis chez Skeris, 1976 et McKinnon, 1989.) Mais il ne faudrait pas exagérer les implications de ce processus dans la musique occidentale ultérieure. Le "canon" – terme identifiant les textes bibliques acceptés – a été appliqué à la musique comme une norme assurant la cohérence de comportement rituel à l'époque des persécutions et dans un environnement multi-religieux ; ironiquement, il a aussi aidé à sauver et à absorber certaines traditions d'un passé culturel divergent et pluraliste. Le statut des textes bibliques chantés régulièrement – les psaumes – ressemble au rôle canonique joué dans le monde païen, par exemple, par les poèmes homériques. La musique chrétienne ne s'est pas tant constituée par ce qu'elle était et l'endroit d'où elle venait que par la façon dont elle a été projetée contre le monde contemporain. Cette projection a été particulièrement caractéristique du monachisme, une force pleine de vigueur lorsqu'elle en venait à la musique, puisque les pieux ermites et les communautés isolées louaient le Seigneur dans le cadre de leur travail quotidien. Les communautés païennes avaient aussi leurs hymnes spéciaux ou modes, mais, autant qu'on le sache, la prière liturgique ne constituait pas pour elles un axe aussi fondamental. La pratique chrétienne du chant quotidien, collective ou soliste, des psaumes et des hymnes provient plutôt des rites juifs. Il ne fait aucun doute que les pratiques étaient beaucoup plus diversifiées que ce que les professeurs et les prédicateurs des communautés religieuses ne nous le laissent deviner. Beaucoup de principes de théorie et de pratique grecs et proche-orientaux ont survécu, à côté des textes philosophiques et mythes musicaux majeurs (Platon, Aristote ; Orphée, Pythagore). Mais la pratique d'exécution "logogénique" (déterminée par les mots) de la descendance juive a joué un rôle capital ; elle a influencé le sens occidental du canon, du répertoire et du mode musical, et est peut-être à l'origine d'une division majeure entre les approches helléniques et occidentales modernes du rythme musical.

La personnalité de l'évêque Isidore de Séville (mort en 636) et son encyclopédie *Etymologiarum sive Originum libri XX* illustrent la continuité avec les discours anciens au début du VIIe siècle. Dans ce livre, des explications de l'origine, de la continuité du langage et de la participation à travers la diversité découlent les unes des autres (Gurlitt, 1950). La *Musica* apparaît comme l'un des sept *"artes liberales"*, un concept hellénistique de disciplines d'apprentissage approuvé par saint Augustin et codifié par Martianus Capella (début du Ve siècle). Pour Isidore (Gurlitt, 1950, p. 546), *"Musica est peritia modulationis sono cantuque consistens, et dicta musica per derivationem a Musis."* ("La *musica* est l'expertise de l'articulation en son et en chant et elle s'appelle *musica* par dérivation des Muses.") Les Muses sont les filles de Jupiter et de la

Mémoire ; leur talent particulier consiste à garder les sons vivants dans la mémoire car ils ne peuvent être écrits. Isidore fait aussi des remarques sur les mythes de l'origine impliquant Pythagore et Jubal et donne à la *musica* un rôle central parmi les disciplines scientifiques, car elle sert de médiateur entre les ressources abstraites de nombre et de proportion et la pratique matérielle des sens (*ibid.*, p. 552). Ainsi, le statut de la *musica* comme art libéral est théorique, mais il n'est pas complètement séparé de l'expérience pratique de la musique. Dans un contexte différent, Isidore examine le chant sacré *(cantus)* et les offices musicaux propres à l'église *(cantores, praecentores)* ainsi que leurs formes musicales *(psalmus, canticum, chorus, monodia, bicinium)* : ces travaux institutionnels requièrent l'*ars musica* ("l'expertise musicale") et même l'*ars organi* ("expertise des instruments" ?) – mais seulement pour la louange de Dieu. Des normes professionnelles régissent le domaine de la pratique religieuse, alors que le monde des sens, le monde dans son ensemble, est contemplé par l'érudit familiarisé avec de nombreuses traditions culturelles. Cet équilibre précaire entre une théorie intellectuelle libérale et une pratique normative sûre d'elle reflète peut-être la transition entre la culture bureaucratique, commerciale et urbaine de la fin de l'Empire romain à la constitution féodale et agraire des nouveaux royaumes barbares dont Isidore a pu faire l'expérience dans le Sud de l'Espagne à la même époque.

7. L'Eglise et le monde

Dans un processus que l'on peut vraiment appeler une "ré-occupation" *(Umbesetzung)* – par opposition à un "changement paradigmatique" *(Paradigmenwechsel)*, le concept de Thomas Kuhn moins approprié à l'histoire culturelle (Blumenberg, 1975, in 1996, p. 596) –, les distinctions normatives et canoniques des pratiques musicales établies par l'Eglise naissante pour se distinguer du monde païen ont été absorbées dans la culture chrétienne elle-même au cours des siècles ultérieurs. Le *musicus* et le *cantor*, par exemple, ont été tous les deux intégrés dans le système ecclésiastique, mais à des échelons et à des titres différents en fonction de leur éducation (qui dépendait de leur classe) : le *musicus* n'était plus le citoyen romain dont l'horizon des arts et des sciences s'étendait au-delà du christianisme, mais le moine érudit ou le membre de la chapelle papale *schola cantorum* qui avait un accès privilégié à la tradition intellectuelle. Les répertoires de chant romains et francs ont été approuvés institutionnellement par le pouvoir séculier de la cour carolingienne, marginalisant d'autres traditions régionales, sur la base d'une attitude normative envers la théorie et la pratique musicales qui avait servi auparavant à distinguer le royaume de Dieu de celui du diable. Dans toutes les traditions de chant, la structure des répertoires et la pratique liturgique en tant que telle ont été des témoignages d'un pouvoir central (de Dieu, du roi et du pape), d'une histoire commune de salut et de la "parole" de Dieu qui constituait la matière même par laquelle on Le louait. La répétitivité de la liturgie, que les premiers chrétiens et les moines ont utilisée pour se défendre contre le monde païen, est devenue symbolique d'une domination déjà établie. Les gens "s'ancraient" en chantant : saint Augustin a raconté comment saint Ambroise a introduit le chant collectif des hymnes et des psaumes à Milan pour soutenir le moral des gens contre la menace des autorités laïques ariennes (McKinnon, 1989, p. 154). On a tiré notamment de descriptions bibliques des hiérarchies célestes des images largement diffusées, celles de la musique (ou du talent musical) des anges, prêtant une signification normative à une pratique liturgique qui est ainsi devenue un reflet des cieux. La théorie des huit modes "ecclésiastiques" s'est développée, tout d'abord à Byzance, puis en Occident, par une intégration des diverses techniques ou gammes, dont certaines auraient pu être assimilées à de la lascivité par des théoriciens antiques ; en dehors des malentendus et des réinterprétations de la tradition théorique, la nouveauté réside exactement dans ce *système d'inclusion forcée*, cette recherche d'unité théorique. Marginaliser les "dialectes" musicaux, unifier les liturgies et intégrer des modes "lascifs", tout cela faisait partie du même effort visant à contrôler et à maîtriser la diversité (Shepherd, 1991).

Pour le musicien d'église occidental du IXe siècle, le "monde extérieur" n'était plus un environnement urbain et commercial mais une jungle contraignante de pratiques musicales païennes, primitives, magiques ou simplement inconnues qu'il fallait intégrer. D'où l'absorption d'éléments parfois importants de pratiques de musique populaire et instrumentale dans les alléluias mélismatiques du IXe siècle et leurs "séquences", et plus tard avec une régularité révélatrice dans les répertoires des tropes, *versus, conductus, cantiones.* En même temps, des systèmes sophistiqués de théorie et de pratique se sont infiltrés de l'extérieur, par exemple la théorie et la maîtrise instrumentale arabes par le biais de la présence musulmane en Espagne et dans l'Est, et les traditions théoriques antiques que l'on était en train de redécouvrir. De plus en plus, la distinction normative des musiques est devenue une pratique à multiples facettes et quelque peu arbitraire de la façon d'organiser un marché musical interne. Par exemple, l'administration papale a approuvé diverses liturgies de réforme proposées par les ordres monastiques et mendiants ; des mélodies, des "dialectes" et des calendriers régionaux et diocésains sont souvent restés incontrôlés. Le statut des instruments a oscillé entre l'orgue "canonique" et les instruments profanes "diaboliques" ou lascifs ; les langages vernaculaires ont été exclus des rites, mais encore admis dans des contextes particuliers (par exemple dans les couvents féminins, car les femmes ne pouvaient généralement pas apprendre le latin) ; le rejet canonique du musicien professionnel, le ménestrel, a fait ressortir le contraste qui existait avec son rôle potentiellement glorieux d'organisateur de cérémonies princières notamment (Salmen, 1983). De telles distinctions hiérarchiques mais incohérentes ont constitué la principale raison pour laquelle la musique "médiévale" a pu se développer et répondre aux exigences diverses de la société, processus impliquant aussi la transformation de cette société elle-même.

8. Musique, écriture et production

De notre point de vue, la différence la plus frappante est venue de l'introduction de l'écriture musicale dans le royaume carolingien du IXe siècle – événement qui a été considéré comme la naissance de la modernité musicale occidentale en tant que tradition *sui generis* (Wiora, 1961, in 1963, p. 136-141). Dans le contexte de l'époque, la notation correspondait vraisemblablement à l'adoption qualifiée de certains outils de transmission dans un système de production orale : certaines pratiques ont été aidées par l'écriture musicale, d'autres pas. Pendant des siècles, la notation musicale a été très utile aux professionnels pour préparer des communautés illettrées sur le plan musical à la reproduction fidèle de mélodies chantées. La fixation écrite de la hauteur de son au XIe siècle a aidé le développement du rythme individualisé dans la polyphonie comme elle a libéré l'exécutant improvisateur de l'obligation de porter une attention écrasante aux intervalles. L'importance sociale de la notation est ambivalente ; comme elle permet un contrôle collectif à grande échelle des pratiques par le biais de la codification, elle donne du pouvoir au musicien au sein de sa propre communauté et facilite l'interaction à longue distance. On peut comparer l'introduction de l'écriture musicale à la montée en puissance, au cours de ces mêmes siècles, de la loi romaine, qui reposait sur des stipulations écrites, au détriment de la loi germanique, qui reposait sur des accords et des rites oraux.

La création d'une forme généralement déchiffrable de notation musicale à l'époque de Guido d'Arezzo (mort après 1033), liée à l'"alphabétisation" de la hauteur de son (les hexacordes et la gamme) et la détermination de domaines instables comme le chromatisme et les glissades, a constitué un progrès technologique favorisant la diffusion de la musique. Pour ce faire, il a fallu construire des "réseaux" et développer le sens de la lecture dans toute l'Europe (Page, 1995). D'une manière tout aussi importante, elle a déclenché une nouvelle conceptualisation des matériels musicaux eux-mêmes. Alors que la standardisation des répertoires a facilité le contrôle central (bien qu'on puisse se demander quelle sorte de profit s'est accumulé entre les mains des élites qui contrôlaient la musique), elle a impliqué dialectiquement un processus de prise de décision à propos de ce qui méritait d'être si largement diffusé. On a pu alors écrire et promouvoir d'autres musiques également. Tout d'abord, la matière à diffuser a été conceptualisée comme une pratique, ou des pratiques – "chant romain, chant cistercien", etc. – et les questions soulevées ont été du genre : "Comment faut-il le chanter ? En quel mode est-ce ?" Ensuite, toutefois, la matière s'est trouvée aussi conceptualisée comme un *produit*, soulevant des questions comme : "A qui est cela ? Est-ce que cela peut être admis ?" Le "cela" représentait une pratique alternative de plus en plus répandue, par exemple le chant populaire, profane et polyphonique.

On doit au professionnalisme des ecclésiastiques des cathédrales françaises comme Notre-Dame de Paris la première pratique consolidée de chant polyphonique, y compris sa composition. Un aspect important de cette pratique est sa fertilité : ces spécialistes ont laissé des centaines de *clausulae*, *conductus* et *organa* (les mots *organum*, *vox organalis* et *organizare*, utilisés depuis l'an 900 environ, semblent attribuer un statut comparable à celui d'un instrument aux pratiques alternatives du chant) distincts, astucieusement construits, tous regroupés dans des livres importants sous des versions multiples. On pourrait surestimer l'importance de ces produits car il se trouve qu'ils sont écrits et nous sont donc parvenus, mais ils étaient ainsi déjà distingués à leur époque. Longtemps avant l'apparition de l'humanisme à la Renaissance, l'intellectuel du clergé savait que le fait que les chants officiels soient écrits, leur donnait un statut et que les œuvres littéraires d'Horace, Ovide, Cicéron ou Sénèque étaient respectées parce qu'elles étaient devenues des produits notés. Quiconque créait de nouveaux poèmes, qu'ils soient ou non musicaux, pouvait instantanément faire en sorte qu'ils semblent faire partie de l'héritage par l'intermédiaire de l'utilisation de la plume et de l'encre. De nouveaux ordres et des sectes alternatives se sont rassemblés autour de leurs "livres" de musique spéciaux, des réformateurs monastiques aux luthériens, frères moraves, puritains, huguenots du XVIe siècle avec leurs livres d'hymnes imprimés ou leurs psautiers notés.

Au cours de ces siècles, la production musicale a impliqué non seulement la technologie de l'écriture, mais aussi, par exemple, celle de la facture instrumentale. L'orgue est devenu plus petit et plus maniable pour permettre un jeu virtuose comme sur l'*organetto* portable du XIVe siècle, et des raffinements analogues ont vu le jour avec l'introduction des instruments à archet et du luth arabe – *al'ûd* (oud). Les techniques d'exécution sophistiquées comprenaient le contrôle du rythme et de la hauteur de son dans la polyphonie comme le *boquetus* (hoquet ; technique vocale connue hors de l'Europe mais reprise ici comme procédé écrit) ; la composition s'est livrée à la construction numérique ou à l'imitation habile de sons "naturels" comme les trompettes ou le chant des oiseaux. On trouvait cette attitude professionnalisée, orientée vers le matériel, envers la musique à de nombreux niveaux de la société (on lira Jardine, 1996, pour une description des implications matérielles générales de l'art à la Renaissance). On ne peut pas non plus la séparer du phénomène du "compositeur" – un musicien spécialisé doté du savoir-faire technique nécessaire pour produire de nouveaux chants et les rendre disponibles par écrit. Les grands auteurs de la poésie liturgique antérieure (notamment Notker le Bègue, Hermannus Contractus, Adam de Saint-Victor) ont aussi inventé certaines de leurs propres mélodies et, en ce sens individualiste, c'étaient des compositeurs ; de manière générale, ce qu'ils ont couché sur le papier a été submergé dans le contexte oral de l'*opus Dei* de leurs communautés. La même chose s'applique à beaucoup de créateurs de musique rituelle ultérieurs. Mais le défi du compositeur a été l'ajout permanent de produits musicaux à une pratique qui, de toute façon, ne les faisait pas sortir d'elle-même ; des produits qui pouvaient aussi être "reproduits" hors de leur contexte générateur, oral ou écrit. (Hildegarde von Bingen annonce peut-être le type social du "compositeur", moins par l'originalité de ses créations – comparables à celles de Notker – que par l'efficacité immédiate de leur codification et la transcendance de la pratique liturgique contemporaine). Toutefois, en ce sens, la pratique monastique annonce à maints égards des types ultérieurs de production de musique. Les troubadours et les trouvères, les goliards, les poètes auteurs de *cantiga* et de *lauda*, les *Minnesinger*, les premiers polyphonistes profanes français et italiens destinaient leurs chants et leur poésie à être absorbés par les pratiques d'exécution ; la codification écrite de leurs chants, une île au sein de la tradition orale, était généralement ancienne, ayant pour but de préserver ou simplement de commémorer *ces pratiques*, plutôt que de sortir les produits de leur contexte. Les ecclésiastiques des cathédrales et les compositeurs de motets comme Vitry et Machaut ont toutefois créé des produits musicaux distincts, qui semblaient transgresser leurs pratiques contextuelles et leur donnaient leur propre système de référence ou "caractère d'œuvre", comme un rythme arithmétique codifié qui devait être déduit individuellement de la notation et ne fonctionnait pas sur la base de la seule expertise orale. (Une "œuvre" est quelque chose qui fonctionne.) Malgré l'attention croissante portée aux noms des compositeurs dans la transmission écrite, cette activité tournée vers le produit avait une vision non commémorative du compositeur, tout à fait différente de la survivance des noms des grands interprètes et poètes dans les annales et les anthologies pieuses. (Pour d'autres remarques, voir Finscher, 1975 ; Wegman, 1996 ; Owens, 1997.) Et cette activité a créé et entretenu des répertoires.

9. Institutions et milieux sociaux

L'Eglise chrétienne et la culture monastique à leur début se sont identifiées par l'*opus Dei*, une pratique rituelle – mais pas "musicale". La musique en tant que pratique institutionnelle au sens moderne du terme a commencé à exister mais seulement au sein d'un milieu profane étranger à toute mise en valeur de la musique. Le sacré et le profane n'ont jamais été des hémisphères complémentaires ; hors de l'Eglise, il n'y avait à l'origine aucune "sphère" musicale, mais des musiques simplement exclues ou temporairement admises. Les chants profanes, lorsqu'ils étaient condamnés par les autorités de l'Eglise, n'étaient généralement pas appelés "profanes" (ce sont des termes humanistes empruntés plus récemment au latin classique), mais "chants de théâtre" *(carmina theatralia)*, expression péjorative employée en permanence à partir de la fin de l'Antiquité jusqu'au XVIIIe siècle, qui fait allusion à l'immoralité ou au caractère exotique notoires du théâtre public.

Jusqu'au XVIIIe siècle, les symboles, les textes et les exécutions musicales sacrés ont occupé une bonne place dans tous les aspects de la vie, publique comme privée. Les chants sacrés ont constitué une base d'auto-divertissement dans les foyers "profanes" ; les pièces jésuites sur des thèmes religieux ont servi à instruire de jeunes princes et d'autres écoliers (et ont été occasionnellement rejetées par les autorités comme trop théâtrales) ; les opéras sacrés, les *villancicos* et les cantates ont fourni des divertissements aristocratiques et populaires dans de nombreuses villes.

Mais l'activité musicale des institutions montre des signes de "sécularisation". Dans les cathédrales, les chapelles, les confraternités et les écoles, on a non seulement "joué" et célébré mais également "produit" de la musique : l'exécution de matériel fraîchement composé a été une activité quotidienne importante pour laquelle on a engagé des spécialistes de premier plan. Dans les chapelles royales anglaises du début du XVe siècle, le nombre de membres qui composaient et le volume de leur œuvre font presque penser à une "chaîne de fabrication". A la Renaissance, les cours italiennes ont engagé spécifiquement des compositeurs à partir de 1460-1470. Le culte privatisé dans les chapelles princières et celles des cathédrales a ajouté, comme le remarque Tinctoris dans son ouvrage *Proportionale musices* (vers 1472), à la gloire des protecteurs modernes, rivalisant avec la mise en valeur supposée des arts dans l'Antiquité. Cette mise en valeur et ce mécénat ont rivalisé avec d'autres productions qui s'étaient ajoutées aux pratiques féodales héritées de fêtes et de démonstrations : poésie, architecture, beaux-arts, danse et sports, généalogie et historiographie de la cour, une combinaison qui allait aboutir à un "système moderne des arts" (Kristeller, 1951 et 1965).

Les dynasties laïques, les princes ecclésiastiques, les seigneurs de la guerre de la Renaissance italienne ont tous acquis leur indépendance culturelle vis-à-vis de l'Eglise en devenant notamment des "protecteurs de la musique" : non plus comme hôtes occasionnels de ménestrels ou de troubadours itinérants, mais en présidant à une production musicale organisée, à des "chapelles" vocales comme à des ensembles instrumentaux. *Cappella* désignait à l'origine un endroit retiré de sacrifice et de prière, où des messes étaient dites pour les membres de la famille et les saints patrons ; au XVe siècle, *cappella* en est venu à désigner le groupe d'ecclésiastiques régulièrement employés pour y chanter. Un transfert analogue de signification entre "lieu de culte" et "groupe d'exécutants" s'est produit en anglais entre *choir* et *chorus*. On a vu également apparaître des institutions cultivant la musique formées par les élites municipales, par exemple les magistrats, les guildes et les écoles des centres commerciaux urbains. Les princes, et par la suite également les autorités municipales, ont employé des trompettistes et d'autres ménestrels pour donner un éclat matériel à leurs fonctions (Žak, 1979) : l'effet acoustique des exécutions symbolisait une domination sur les simples mortels reposant sur leur compétence musicale, et même un contrôle institutionnalisé du pouvoir de la *musica* elle-même. Une vague analogie avec les rites anciens comme la musique du Temple juif a renforcé le statut de ces autorités laïques. Le lien avec le passé féodal, souvent simplement identifié à la mémoire de l'Antiquité elle-même, a aussi ravivé des images et des mythes musicaux comme ceux du roi David, d'Orphée et des Muses, ou d'Alexandre le Grand et de son joueur de flûte Timothée, correspondant à une conscience "néogothique" et humaniste à la fin de ce que nous considérons encore par erreur comme l'ère "gothique", par exemple dans la culture musicale dite "bourguignonne" du XVe siècle. La discrimination de l'Eglise à l'égard des ménestrels, bien qu'elle fît partie de sa tradition d'auto-définition décrite plus haut, a pris parfois l'apparence d'une rivalité avec les institutions laïques sur le contrôle de la musique.

La sphère privée constitue une forme spéciale de sphère laïque ; la dichotomie du "public" et du "privé" est survenue par contraste avec un monde "complet", mais structuré sur le plan hiérarchique *(universitas)* revendiquant tous les espaces. On ne considérait pas la cellule du cloître comme un espace "privé", ni la cour de l'empereur comme un espace "public". Il y avait soit la musique collective, soit la solitude musicale, cette dernière étant peut-être la contemplation d'une musique qui habite déjà cet espace comme c'est le cas partout et pour tous, et l'exécution ou la participation à ce dont "traite" la musique. La solitude musicale était courante – quoique différenciée par le statut et le talent socialement défini – pour Hildegarde et le jeune berger.

Il fallait recréer la musique "privée" ; elle allait occuper un espace privilégié et conquis taillé dans la vie de l'élite laïque. La musique s'est introduite chez saint Jérôme (comme on le voit sur les tableaux) sous forme de meubles de luxe et d'instruments de musique, de livres, de jeux, d'animaux de compagnie, de courtisans, d'amis très appréciés et de professionnels de la musique, en commençant par le célèbre organiste Francesco Landini (XIVe siècle). Cette chambre laïque, où chaque auditeur peut aussi être un interprète, abrite la culture du madrigal, puis la cantate académique, les *catch and glee-clubs*, puis la musique de "chambre" instrumentale, parvenant au XXe siècle avec la *Hausmusik* des mêmes classes privilégiées qui avaient déjà cultivé la musique domestique au XVe siècle (pour plus de détails, on lira Fink, Gstrein et Mössmer, 1991).

La commercialisation de la musique est restée indissociable de son statut de produit écrit et a requis une sphère laïque de circulation. Elle a vraiment commencé avec l'impression musicale vers 1500. Au départ, acheter un livre imprimé ne coûtait pas moins cher que de le faire copier à la main, mais l'imprimerie a réalisé une différence au travers d'une production basée sur le marché d'un grand nombre de livres identiques. Non seulement l'impression de polyphonie composée, mais également de chants et de musiques liturgiques comme de théorie musicale a été déterminée par le marché. Le processus d'impression et le commerce de l'édition ont fait progresser l'objectivation du produit et une nouvelle interaction plus étroite entre la création et la circulation. La "pièce" musicale (un terme récent) atteint chaque consommateur dans le même état – y compris les erreurs – et souvent sous le nom d'un compositeur. La façon dont la pratique musicale l'accueille fait partie d'un "marché", pour lequel le compositeur peut dès lors produire

– qu'il soit Jacques Arcadelt ou Johann Strauss. La publication "nourrit" aussi une habitude d'exécution, particulièrement la pratique des amateurs, et peut tout aussi bien satisfaire et stimuler cette consommation, tout comme le font aujourd'hui les albums et les *singles.* A l'ère de l'impression, la musique y compris sa réception est manifestement et arbitrairement ajoutée au monde.

10. Discours humanistes

La réflexion humaniste du monde antique, ou plutôt une fantasmagorie du monde antique, a beaucoup développé la mémoire et le discours culturels. L'humanisme de la Renaissance reproduit le monde et ainsi le passé (d'abord en remettant à l'ordre du jour les langues, les arts et les philosophies antiques), et il étend les discours pour y inclure un monde "profane" (séculier, laïc) hérité (qui bien sûr n'avait pas du tout été "profane"). Cette fantasmagorie alternative a aussi fait disparaître la référence à un passé plus récent, où ses traditions musicales techniques et productives ont été réinterprétées comme des prolongements de cultures qui n'avaient même pas connu le concept de *musica. Dame Musique (Frau Musica)* a été envisagée par des artistes comme une noble vierge présidant aux activités des travailleurs Jubal et Pythagore et des poètes, mathématiciens, rhétoriciens et danseurs qui leur étaient associés (Brown, 1984) – une allégorie impliquant une "universalité" pseudo-libérale et un matérialisme serein que le concept de la musique n'a pas reperdu dans la tradition occidentale.

Dans l'Antiquité, la "théorie musicale" avait apporté une participation contemplative ou hédoniste à l'être de la musique. La théorie musicale est restée une science "spéculative" ou "théorique", traitant de mathématiques, jusqu'au XVIIe siècle. (Après 1700 environ, le terme "théorie" lui-même a été plutôt évité en musique, mais toutes les branches comprenant la critique et l'histoire de la musique ont traité des produits des compositeurs.) Mais en même temps que la *musica theor(et)ica* ("musique telle qu'elle est envisagée"), une littérature et une pratique pédagogiques s'étaient développées qui expliquaient les éléments structurels de la musique – gamme, systèmes tonaux, classification modale, tons des psaumes, accord, facture instrumentale, notation mensuraliste, contrepoint, proportions, etc. Ces sujets ont été appelés *musica practica* ("musique telle qu'elle est pratiquée"), mais ils allaient être classés sous l'intitulé "théorie musicale" dans le programme moderne. Ils ont servi la production de musique ; de même, la "théorie" moderne enseigne "comment…" et est subordonnée à l'objectif pratique de la production.

Outre la *musica practica*, la Renaissance a vu se développer les théories de composition, parfois appelées alors *musica poetica* ("musique telle qu'elle est créée") (Niemöller, 1995) : l'esthétique de la manière de composer des œuvres musicales et de les juger. Par déférence pour les chefs-d'œuvre de la littérature classique, des humanistes de la musique comme Martin le Franc et Johannes Tinctoris ont considéré les compositions de leurs contemporains comme l'équivalent des œuvres littéraires antiques, établissant ainsi un concept d'œuvre musicale orienté vers le langage et le texte. A la Renaissance, le discours de la *musica poetica* s'intéresse à la création, à la perception, à l'exécution et à l'accueil de produits musicaux ouvrés par analogie avec ceux du langage. Les théories artistiques du langage (rhétorique et poétique) ont été appliquées à la musique et, pendant des siècles, le langage est resté le frère aîné de la musique et son éducateur par son habileté à influencer le monde.

La philosophie de la "production" profane en musique a recommencé à occuper l'espace que les anciens avaient consacré à la contemplation des questions musicales à leur portée et hors de leur portée et que l'Eglise chrétienne avait en partie réaffecté à la législation concernant sa propre pratique. Dans ces cas-là, la musique avait été acceptée comme un cadeau des Muses ou de Dieu, mais pas nécessairement comme un objet ; son contenu ou son esprit devaient dériver de son statut ou de son objectif. La société ne se contentait plus alors de demander juste de nouveaux produits musicaux, elle demandait que ces produits musicaux qui étaient ajoutés au "monde" soient des images objectivées du monde quant à l'"esprit" et au contenu.

Pour donner un exemple, la théorie et la pratique modales avaient développé une typologie utilisée par les anciens pour conceptualiser les différences dans le "monde". Les théoriciens de l'Eglise l'avaient transformée en un système d'inclusion forcée, où tous les modes utilisables servaient la liturgie à leur manière. Les modes, à cette époque le système majeur-mineur de tonalité harmonique avec ses "tons", étaient alors utilisés pour définir, tempérer et nuancer les nouvelles compositions. Ils devaient reproduire les couleurs de la nature et représenter l'esprit des êtres humains – conscience, humeurs, tempéraments, *affetti*. Dans le domaine de la composition, l'utilisation des modes et des tonalités était en grande partie une projection – une projection importante pour le caractère d'une époque qui était aussi portée à s'identifier de manière superstitieuse à l'esprit et à la pratique des anciens. (Ce point a été souligné par Harold S. Powers [1982] qui ne semble pas en désaccord avec les utilisations culturelles de ces projections.)

Le discours musical a insisté sur le statut de modèle du langage rhétorique et poétique et s'est regroupé autour de concepts comme l'imitation aristotélicienne de la "nature" *(mimesis)*. Les sens étaient privilégiés comme les récepteurs d'une telle représentation (Fend, 1991) et l'artiste aspirait à sa véracité – *verità*. Dans une célèbre déclaration de 1605, Claudio Monteverdi a dit que "le compositeur moderne crée sur la base de la vérité" (1973, p. 392). Cette "vérité" musicale n'était pas bien sûr une dernière lueur de l'"être" de la musique, mais un plan d'action pour un nouveau programme artistique.

Des systèmes pédagogiques autrefois modernes avaient vu le jour à l'ère de l'humanisme et de la Réforme, et les Etats territoriaux léviathans avec leurs machines administratives intégrées et leur force vitale commerciale ont commencé à transformer la production culturelle pour la faire passer d'un divertissement princier à un programme gouvernemental ; la musique a porté la *verità* à des auditoires de cour et municipaux et à l'atelier le plus institutionnalisé de la *mimesis* – le théâtre. Les cours se sont-elles diverties dans le théâtre ou ont-elles essayé de le contrôler et d'éduquer le peuple ? Le ballet de Monteverdi à la cour de Mantoue, *Il Ballo delle ingrate* (1608), dont l'intrigue menace d'enfer les femmes réfractaires, est un rituel conscient, moralisateur, où domine la tyrannie masculine, d'initié (et ainsi neutre sur le plan du pouvoir), alliant moralité et discours classique. Les ballets de Gluck, *Don Juan* et *Semiramis* (1761 et 1765), qui font appel à des intrigues tout aussi moralisatrices et magiques, ne sont même plus des créations d'une cour dans le même sens, mais ce sont des spectacles d'initiés, pleins d'ambitions pseudo-éthiques des classiques, en faveur d'un sexe (pas chauvin mais éclairé), et éducatifs, il faut le reconnaître. L'allégorie "classicisante" n'est plus tellement explicite mais impressionne plutôt comme *Bildungsgut* ("bagage culturel") un auditoire divisé bureaucratiquement.

11. La société comme public musical

L'opéra et le concert caractérisent les sociétés européennes où l'on reconnaît à la musique d'avoir créé une sorte de communication avec le monde. Ce rôle médiateur a été la principale "fonction publique" qu'a jouée typiquement la musique dans le contexte des "fonctions publiques" (ou *Veranstaltungen*, terme allemand qui désigne les événements publics signifiant quelque chose comme des "installations d'événements"). Comparées aux rites de l'Eglise, les formes événementielles de l'opéra et du concert ont dépendu de l'établissement de la sphère profane, du caractère de produit de la musique et de systèmes complexes pour canaliser le produit dans des catégories expressives et descriptives comme les modes, les tonalités, les formes et les genres, les figurations rhétoriques et poétiques. Tout d'abord, la musique n'a pas bénéficié d'un statut très indépendant au théâtre, souvent moins que ne l'avait la *musica*. Elle a été intégrée dans le large front d'une reproduction multi-artistique du monde avec des moyens rationalisés ; le *Gesamtkunstwerk* de l'ère baroque, comparable sur le plan technique à la musique de théâtre de Richard Wagner, a vite exigé une division des formes de travail en matière de production comme la fonction du chef d'orchestre moderne, les répétitions, le livret et la grande partition. Le pouvoir séculier a été très impliqué dans les intrigues des opéras et dans le langage musical mimétique ; l'opéra a représenté la nature y compris le corps humain ; il a reflété les structures sociales et évoqué le passé et l'étrangeté, et tout cela a justifié cette utilisation de la poésie et de la musique comme un moyen d'éduquer le peuple. Il y a eu l'exotisme et la domination du sexe ; l'évasion sociale a utilisé le champ de foire pastoral pour opérer un rapprochement avec la fantasmagorie classique. Les attitudes hiérarchiques et d'exclusion étaient fréquentes – des gens étaient rejetés aux portes des théâtres pas nécessairement parce qu'ils n'avaient pas été invités mais parce qu'ils n'étaient pas habillés correctement –, ce qui correspondait à l'idée de refléter le monde et de le rendre efficace. Les critiques et les ennemis de l'opéra ont rejeté à la fois ses formes sensuelles et ses idéologies médiatrices ; il faudrait chercher le genre de continuité ou de différence qui existe entre ces critiques moralistes et le ressentiment moderne codé par les classes à l'égard de l'opéra. Le concert européen moderne en tant que phénomène social est issu des festivités et des représentations de théâtre des anciens et de la Renaissance, des premiers concerts d'église européens et des sérénades des villes, et des *accademie* privées des aristocraties de l'ère baroque. Son caractère de *Veranstaltung* signifie aussi que la musique y est mise sur la voie de la compétition et du *progrès* commercial et artistique. Cette situation n'a pas encore changé de nos jours (Heister, 1983).

L'intégration et la classification créées pour les "arts" en Europe au XVIIIe siècle, le Siècle des lumières, comportaient l'idée d'une couverture universelle des besoins et compétences humains (universellement et systématiquement "critiquée" par Kant). Mais lorsque le pouvoir, le corps, la raison, la nature et le sexe sont tous "reflétés" dans les arts, n'y a-t-il pas une reproduction inutile du monde ? Apparemment, par rapport à cette idée, la *mimesis* musicale a connu une crise vers 1780 qui n'a pas tant concerné la "fonction sociale" de la musique que sa "signification" sociale. Les questions posées le plus instamment ont touché à ce que la musique "peut" exprimer, et non à l'usage pratique qui en était fait. Les romantiques y ont donné des réponses que l'on pourrait qualifier d'"évasives" : ce n'est pas ce que la musique représente qui la légitime mais ce qu'elle est ; elle ne décrit pas mais exprime ; ses sujets ne sont pas les choses réelles du monde, mais le "sublime", le "beau", le "monde des humeurs", le "moi intime". Ces formules impliquent de l'intérêt pour l'altérité (comme le montre la pastorale de l'ère baroque), mais également une sorte d'égocentrisme. Il y a une volonté normative, un défi à la vraisemblance qui écarte l'attention du produit et la dirige vers son consommateur. En musique au moins, le sujet définissant "le beau" ou "le sublime" n'était pas une raison philosophique mais le consommateur du *Veranstaltung* : le public musical.

Le "public" (en allemand, *Oeffentlichkeit*) est ici un nom, pas un adjectif ; il est le sujet, pas une condition de pratique sociale. (On peut rechercher l'origine terminologique de ce mot dans la théorie politique, avec des termes comme "le bien public". Les termes normatifs "public" et "intérêt commun" ont figuré dans les luttes de classes successives. L'étude classique de la sphère du public moderne est Habermas, 1962.) Dans les discours des XIXe et XXe siècles, la musique semble toujours se rapporter à être consommée par "le public", être produite par "le public" – la définissant, la reflétant et la transformant. Les discours antérieurs ont généralement conservé une fonction esthétique dans la capacité de la musique à reproduire le monde ; au XIXe siècle, le "beau" de la musique est toutefois le reflet de la société dans son intelligence technologique et productive, son efficacité industrieuse fondée sur l'exploitation des individus, son éloignement du passé, de la paix et de la pastorale qui reviennent néanmoins comme un rêve dans les œuvres musicales. La musique européenne est devenue "absolue" (par rapport à son rôle de médiatrice) et donc transgressive, intime et donc hétéronome (subordonnée au sujet social). Elle est devenue le rêve de la société, son remarquable produit ouvré et son "paradis artificiel", comme l'a dit Charles Baudelaire à propos des fantasmagories scéniques et musicales de Wagner. Elle a été rendue à l'individu comme une formation produite socialement ; les musiciens sont devenus des messagers personnels de la société et de ses problèmes. La musique s'est aussi davantage émancipée du langage ; le discours sur la musique en tant que "langage universel" (une contradiction en soi, seulement si le mot "langage" est compris dans le sens du XVIIIe siècle, plutôt que dans celui de la linguistique du XXe siècle) ne visait pas la "globalité" mais la pertinence "publique" sociale envahissante (Pozzi, 1990). Même si le fait qu'une idée et une terminologie universalistes servent l'intérêt des classes n'avait rien de nouveau, cette pratique sociale particulière n'aurait pas pu exister cinq cents ou même trois cents ans plut tôt. La musique a été définie comme autonome parce que, en tant que telle, elle pouvait faire très intimement partie de la culture donnée. Par exemple, la presse à imprimerie avait donné une notoriété publique aux madrigaux d'Arcadelt (notamment), ce qui a aussi augmenté la demande de production continue ; mais les valses de Johann Strauss (et d'autres) doivent leur succès au propre choix du "public" bourgeois moderne. Une cour du XVIIe siècle suscitait des exécutions musicales et des compositions, mais les auditoires étaient définis par l'institution, et non par l'intérêt commun qu'ils portaient à l'exécution ; à Paris, dans les années 1910, il n'y a plus de différence entre les auditoires musicaux et les institutions sociales, car la bourgeoisie ne se reconfigure que pour devenir un public musical.

La musique est soumise à la "rationalisation", comme la société, mais le mécanisme de transformation sociale au cours des deux derniers siècles que désigne la formule de Max Weber (1921) n'a qu'une signification métaphorique pour la musique. (On peut considérer que la rationalisation musicale est apparentée à ce que Karol Berger [2000, p. 152-161] résume sous le terme "abstraction".) Il reste à savoir ce que devient la musique lorsqu'elle est "rationalisée". Des jeux différents continuent à se dérouler dans la musique et dans la société ; la rationalisation de la musique date au moins de deux mille cinq cents ans et les "vérités" de la musique moderne – par exemple, la rigueur du sérialisme ou de la théorie sémantique, le chaos de la musique aléatoire – n'ont rien d'identique à la "vérité" de la société rationalisée. Walter Benjamin (1963) déplorait la perte de l'"aura" de l'œuvre d'art à l'ère de sa reproduction mécanique (ce qui est en fait une forme de rationalisation), mais sa compréhension de la "reproduction" accordait encore à la musique et à l'œuvre d'art le statut d'"un" monde, où qu'il soit.

Depuis Weber et Benjamin, le contenu et la structure de la société européenne ont changé, mais cette société n'a cessé de revendiquer la musique sous l'angle de sa propre pratique hétéronome et discursive. Plus que jamais, la société *est* le public musical, comme on peut le voir dans les tensions entre la musique "populaire" et la musique "sérieuse", ou entre les préférences musicales "individuelles" et celles des "masses" : ces schémas viennent d'un consensus social, établi par le marché du consommateur et les médias, qui incorpore aussi la musique. Le pouvoir de juger, d'évaluer, d'accorder des priorités, d'exclure, de canoniser la musique fait partie du domaine public ; la conscience que nous avons de l'existence d'autres musiques au-delà de notre époque et de nos traditions projette une ombre sur notre conscience historique ou politique. C'est pourquoi le "jugement de valeur" individuel en matière musicale est devenu problématique et redondant ; la canonisation des répertoires ou des styles frappe plus durement car il est impossible qu'elle ne soit pas en permanence contradictoire (pour des idées récentes sur ces problèmes, on lira Bergeron et Bohlman, 1992 ; Schwarz, Kassabian et Siegel, 1997). Aux premiers temps de la culture occidentale, les canonisations étaient de l'autodéfense contre le chaos redouté ; de nos jours, elles ne protègent plus les minorités. La "vérité" du compositeur et de l'interprète est maintenant due non pas à la nature mais à la société, à son rôle et à sa conscience en tant que sujet social : les concepts de talent musical dépolitisé ou de musique des femmes n'existent pas en tant que souches de classification musicale, mais sociale. A moins, bien sûr, que la crise ne soit comprise comme une crise d'universalité toujours promise mais moins que jamais réalisée.

Bibliographie

BARKER, A., 1987 : *Greek Musical Writings*, I, *The Musician and his Art*, Cambridge, Cambridge University Press.

BARKER, A., 1989 : *Greek Musical Writings*, II, *Harmonic and Acoustic Theory*, Cambridge, Cambridge University Press.

BARKER, A., 1990 : "Public Music as «Fine Art» in Archaic Greece", in *Antiquity and the Middle Ages. From Ancient Greece to the 15th Century*, J. McKinnon (éd.), Londres, Macmillan, p. 45-67.

BENJAMIN, W., 1963 : *Das Kunstwerk im Zeitalter seiner technischen Reproduzierbarkeit* (1936), Francfort, Suhrkamp ; trad. fr., "L'œuvre d'art à l'ère de sa reproduction mécanisée", in *Ecrits français*, J.-M. Monnoyer (éd.), Paris, Gallimard, 1991, p. 140-171.

BERGER, K., 2000 : *A Theory of Art*, New York-Oxford, Oxford University Press.

BERGERON, K. et BOHLMAN, P. V., 1992 : *Disciplining Music. Musicology and its Canons*, Chicago, University of Chicago Press.

BLAUKOPF, K., 1982 : *Musik im Wandel der Gesellschaft*, Munich, Piper.

BLUMENBERG, H., 1975 : *Die Genesis der kopernischen Welt*, Francfort, Suhrkamp ; 3e éd., 1996.

BROWN, H. M., 1984 : "St Augustine, Lady Music and the Gittern in Fourteenth-century Italy", *Musica disciplina*, vol. XXXVIII, p. 25-65.

FEND, M., 1991 : "The Changing Functions of *Senso* and *Ragione* in Italian Music Theory of the Late Sixteenth Century", in *The Second Sense. Studies in Hearing and Musical Judgement from Antiquity to the Seventeenth Century*, C. Burnett, M. Fend et P. Gouk (éd.), Londres, The Warburg Institute, p. 199-221.

FINK, M., GSTREIN, R. et MÖSSMER, G. (éd.), 1991 : *Musica privata. Die Rolle der Musik im privaten Leben. Festschrift für Walter Salmen*, Innsbruck, Helbling.

FINSCHER, L., 1975 : "Die Entstehung des Komponisten", *Review of the Aesthetics and Sociology of Music*, vol. VI, n° 1, p. 29-45.

FOUCAULT, M., 1973 : *L'Archéologie du savoir*, Paris, Gallimard.

GEORGIADES, T. G., 1958 : *Musik und Rhythmus bei den Griechen : zum Ursprung der abendländischen Musik*, Hambourg, Rowohlt.

GURLITT, W., 1950 : "Zur Bedeutungsgeschichte von *musicus* und *cantor* bei Isidor von Sevilla", in *Akademie der Wissenschaften und der Literatur in Mainz, Abhandlungen der geistes- und sozialwissenschaftlichen Klasse*, n° 7, Mayence, p. 543-558.

HAAR, J., 1960 : "*Musica Mundana*". *Variations on a Pythagorean Theme*, thèse de doctorat, Cambridge (Mass.), Harvard University.

HABERMAS, J., 1962 : *Strukturwandel der Oeffentlichkeit. Untersuchungen zu einer Kategorie der bürgerlichen Gesellschaft*, Berlin, Neuwied ; 3e éd., 1968.

HEISTER, H.-W., 1983 : *Das Konzert. Theorie einer Kulturform*, 2 vol., Wilhelmshaven, Heinrichshofen.

JARDINE, L., 1996 : *Worldly Goods*, Londres, Macmillan.

KRISTELLER, P. O., 1951 : "The Modern System of the Arts. A Study in the History of Aesthetics", *Journal in the History of Ideas*, vol. XII, p. 496-527.

KRISTELLER, P. O., 1965 : *Renaissance Thought II. Papers on Humanism and the Arts*, New York, Evanston-Londres, Harper and Row, p. 163-227.

MCKINNON, J., 1978 : "Jubal vel Pythagoras, quis sit inventor musicae ?", *Musical Quarterly*, vol. LXIV, n° 1, p. 1-28.

MCKINNON, J., 1989 : *Music in Early Christian Literature*, Cambridge, Cambridge University Press.

MCKINNON, J., 1990 : "Christian Antiquity" et "The Emergence of Gregorian Chant in the Carolingian Era", in *Antiquity and the Middle Ages*, J. McKinnon (éd.), Londres, Macmillan, p. 68-119.

MÉSOMÉDÈS, 1840 : *Die Hymnen des Dionysius und Mesomedes* (IIe siècle), F. Bellermann (éd.), Berlin, A. Förstner.

MONTEVERDI, C., 1973 : *Lettere, dediche e prefazioni*, D. De' Paoli (éd.), Rome, De Santis.

NIEMÖLLER, K. W., 1995 : "Zum Paradigmenwechsel in der Musik der Renaissance. Vom *numerus sonorus* zur *musica pœtica*", *Abhandlungen der Akademie der Wissenschaften in Göttingen, Phil.-Hist. Klasse*, 3e série, Göttingen, Vandenhoeck und Ruprecht, p. 187-215.

OWENS, J. A., 1997 : *Composers at Work. The Craft of Musical Composition 1450-1600*, New York, Oxford University Press.

PAGE, C., 1995 : "Towards : Music in the Rise of Europe", *The Musical Times*, vol. CXXXVI, n° 1825, p. 127-134.

PALISCA, C. V., 1985 : *Humanism in Italian Renaissance Musical Thought*, New Haven, Yale University Press.

POWERS, H. S., 1982 : "Modal Representation in Polyphonic Offertories", *Early Music History*, vol. II, p. 43-88.

POZZI, R. (éd.), 1990 : *La Musica come linguaggio universale : genesi e storia di un'idea*, Florence, Olschki.

RÖHRICH, L., 1997 : "Musikmythen", in *Die Musik in Geschichte und Gegenwart*, L. Finscher (éd.), 2e éd., Cassel, Bärenreiter, vol. VI, col. 1421-1440.

SACHS, C., 1944 : *The Rise of Music in the Ancient World, East and West*, Londres, Dent.

SALMEN, W., 1983 : *Der Spielmann im Mittelalter*, Innsbruck, Helbling.

SCHWARZ, D., KASSABIAN, A. et SIEGEL, L. (éd.), 1997 : *Keeping Score. Music, Disciplinarity, Culture*, Charlottesville, University Press of Virginia.

SHEPHERD, J., 1991 : "Functional Tonality. A Basis for Musical Hegemony", in *Music as Social Text*, J. Shepherd (éd.), Cambridge, Blackwell, p. 96-127.

SHILOAH, A., 1979 : "The 'Ud and the Origin of Music", *Studia Orientalia, Memoriae D. H. Baneth dedicata*, Jérusalem, p. 395-407.

SHILOAH, A., 1993 : *The Dimension of Music in Islamic and Jewish Culture*, Londres, Variorum.

SHILOAH, A., 2003 : "Ebraismo e Islam : posizioni monoteistiche nei riguardi della musica", in *Enciclopedia della musica*, vol. III, *Musica e culture*, J.-J. Nattiez *et al.* (éd.), Turin, Einaudi, 2003, p. 313-339 ; trad. fr., "Judaïsme et islam : les monothéismes face à la musique ", in *Musiques. Une encyclopédie pour le XXIe siècle*, vol. III, *Musiques et cultures*, J.-J. Nattiez (éd.), Arles-Paris, Actes Sud-Cité de la musique, 2005, p. 358-385.

SKERIS, R. A., 1976 : *Chroma Theou*, Altötting, Coppenrath.

STORR, A., 1992 : *Music and the Mind*, Londres, Harper and Collins.

STROHM, R., 1993 : *The Rise of European Music, 1380-1500*, Cambridge, Cambridge University Press.

STROHM, R., 2001 : "Music, Humanism, and the Idea of a «Rebirth» of the Arts", in *Music as Concept and Practice in the Late Middle Ages*, R. Strohm et B. J. Blackburn (éd.), *The New Oxford History of Music*, nouv. éd., Oxford, Clarendon Press, vol. III, p. 346-405.

TOMLINSON, G., 1993 : *Music in Renaissance Magic. Toward a Historiography of Others*, Chicago, University of Chicago Press.

TOUMA, H. H., 1975 : *Die Musik der Araber*, Wilhelmshaven, Heinrichshofen.

WEBER, M., 1921 : *Die rationalen und soziologischen Grundlagen der Musik*, Munich, Drei Masken Verlag ; trad. fr., *Sociologie de la musique*, Paris, Métailié, 1998.

WEGMAN, R. C., 1996 : "From Maker to Composer. Improvisation and Musical Authorship in the Low Countries, 1450-1500", *Journal of the American Musicological Society*, vol. XLIX, n° 3, p. 409-479.

WIORA, W., 1961 : *Die vier Weltalter der Musik. Ein universalhistorischer Entwurf*, Munich, Kohlhammer ; trad. fr., *Les Quatre Ages de la musique*, Paris, Payot, 1963.

ŽAK, S., 1979 : *Musik als "Ehr und Zier" im mittelalterlichen Reich. Studien zur Musik im höfischen Leben, Recht und Zeremoniell*, Neuss, Päffgen.

Lydia Goehr

LE CONCEPT DE MUSIQUE EN EUROPE

II. *Un survol des théories après 1800*

> "*Musical* est un concept propre aux Allemands, et l'usage de ce mot avec cette signification particulière ne se retrouve en soi dans aucune autre langue."
>
> Busoni, 1907, in 1990, p. 22.

1. Les conceptions formalistes et transcendantales

Le présent article étudie le concept de musique relativement détaché de toute pratique sociale de la musique et des développements historiques dans les domaines de la composition, de l'interprétation et de la réception. Il se concentre sur un ensemble de débats à propos de ce concept qui mettent plus en évidence les éléments théoriques de son utilisation et de sa signification que la chronologie de son développement. Ces débats émergent pour la plupart des esthétiques romantiques, idéalistes et formalistes allemandes mais leur influence s'étend bien au-delà des frontières germaniques.

Nous commençons par l'année 1939 en ayant à l'esprit la signification tragique de cette date. Lisons les paragraphes introductifs du livre d'Ernst Krenek, *Music Here and Now*, une traduction anglaise abrégée de son livre *Ueber neue Musik* publié en allemand à Vienne en 1937. Le "ici" *(here)* du titre anglais fait référence au pays où Krenek a choisi de s'exiler, les Etats-Unis ; le "maintenant" *(now)*, à la situation de la musique moderne aux alentours de 1939. Ses arguments en revanche portent la marque de la musique, de la philosophie et de la politique austro-allemandes qu'il abandonna sans pour autant les laisser totalement derrière lui. La question en exergue de son ouvrage a certainement dû dérouter ses lecteurs. Il demandait tout simplement : "Qui est musicien ?" Voulait-il, à l'instar de Wagner dans son "Das Judenthum in der Musik" ("Le judaïsme dans la musique") (1850, révisé en 1869), octroyer à certains mais pas à d'autres la capacité de composer une musique "musicienne" ou "authentique" ? Apparemment pas, bien qu'il continuât de différencier les musiciens des non-musiciens. Peut-être voulait-il tout simplement dire que seuls certains possèdent un talent pour le chant, pour un instrument ou pour la composition ? Mais cela n'était pas non plus son but. Il entendait simplement affirmer que ce n'est pas tout le monde qui possède un talent pour écouter, c'est-à-dire pour comprendre le message proprement musical d'une œuvre musicale. Son argument concernait la compréhension musicale, une notion dérivant de sa vision de la musique comme dotée d'une nature spéciale. La musique était spéciale en comparaison avec les autres arts, disait-il, spéciale dans le sens où elle révélait l'ensemble des traits caractéristiques du legs de l'esthétique allemande. C'est précisément cet héritage qui nous apprend énormément au sujet de notre concept de musique, élaboré après 1800.

Krenek ouvre son *Music Here and Now* en ces termes : "De toute évidence, la musique ne touche pas directement autant de personnes que les autres arts. Même s'il est vrai que chaque personne qui assiste à une pièce de théâtre, qui lit un livre ou qui contemple un tableau n'entre pas de la même manière en contact avec la véritable essence artistique de ces œuvres, et s'il est même probable que cette essence échappera au regard de la majorité des consommateurs, néanmoins même ceux qui ne désirent rien «comprendre» à propos de ces formes d'art se trouvent en quelque sorte affectés par les œuvres littéraires ou plastiques dans la mesure où celles-ci possèdent un contenu physique aisément reconnaissable. Le béotien qui regarde un tableau et reconnaît un paysage, une nature morte ou un visage humain ne dira pas souvent qu'il ne comprend rien à cette peinture. Identifier l'objet dépeint est pour lui suffisant. Son opinion à propos du tableau dépendra en règle générale de son appréciation positive ou négative du sujet traité. Il est évident que sa réaction émotionnelle face à ce sujet est profondément influencée par la manière dont ce dernier est présenté et donc par des valeurs purement artistiques. Dans la majorité des cas, cependant, le spectateur est loin d'en être conscient. Ceci est d'autant plus vrai pour la littérature. Une personne sachant lire ne s'empêchera pas d'émettre une opinion au sujet d'un livre sous prétexte qu'elle ne connaît rien à la littérature. Elle est convaincue qu'en maîtrisant le contenu physique de l'œuvre, elle a également absorbé sa valeur artistique, ne prenant même pas en considération le fait que cette valeur artistique puisse être en soi quelque chose qui existe en dehors ou derrière la matérialité de l'œuvre. En fait, répondre à cette question n'est pas aussi aisé qu'il y paraît. On pourrait évidemment imaginer deux romans entièrement différents, traitant tous deux de la guerre de Sécession mais suivant des points de vue diamétralement opposés et avec des résultats profondément divergents. Dans ce cas, les deux romans n'auront que superficiellement un sujet commun. La vraie substance de l'un pourra être l'attitude réformatrice en accord avec les impératifs de l'histoire ; et celle de l'autre pourra être le problème du conservatisme outrancier. Nous sommes ainsi en présence de deux sujets différents ; la forme artistique ne peut être jugée indépendamment de ces deux sujets comme si elle était quelque chose qui existait en soi et pouvait être retranché d'un sujet pour être appliqué à l'autre.

"D'une manière ou d'une autre, le langage ne comporte pas de mots simples et pertinents permettant d'exprimer la condition qui empêche quelqu'un d'être directement affecté par la littérature ou les arts plastiques. En revanche, il contient le terme «non-musicien» s'appliquant aux êtres humains qui ne sont pas directement mus par la musique. La raison d'une telle distinction linguistique tient au fait qu'aucun objet concret n'est visualisé en musique – si l'on exclut la musique à programme ou les genres musicaux directement associés à l'expression verbale comme l'opéra, la chanson, etc. La condition selon laquelle la musique nous touche ne se matérialise pas au travers du recours à une substance extra-musicale. L'être humain qui est mû par l'art uniquement grâce à l'objet représenté se retrouve démuni face à la musique, car celle-ci ne possède pas de telles substances ou du moins, si l'on s'exprime avec plus de précautions, on ne leur donne pas de nom [...]. Nous voyons ainsi que la musique s'adresse à un cercle restreint de personnes – en fait, à ceux que l'on pourrait qualifier de «musiciens»." (1937, in 1939, p. 13-14.)

D'après Krenek, pour que des gens soient touchés par une œuvre d'art, ils doivent en saisir quelque chose. Ils se doivent d'abord de saisir son contenu superficiel, puis le mode de présentation de ce contenu (forme), et enfin, la valeur purement artistique d'une telle présentation. Généralement, lorsque des gens saisissent le contenu superficiel d'une œuvre, ce à quoi un poème fait référence, ce que représente un tableau, ils se contentent d'en rester là et profèrent une opinion basée seulement sur leur appréciation positive ou négative de ce contenu. Seuls ceux qui sont tentés de regarder au-delà accèdent à une compréhension plus sophistiquée, purement ou proprement artistique. Cependant la musique, ou du moins la musique instrumentale – musique sans mots ni programmes – court-circuite cette première étape. Une telle musique ne possède pas de contenu superficiel de représentation, ou comme on l'a souvent dit, son contenu est "aconceptuel" ou bien "non verbal". La musique n'a pas de référent, elle ne se réfère à rien d'extra-musical, situé au-delà d'elle-même. Au contraire, son sens est donné au travers d'une autoréférence : les sons se signifient eux-mêmes. Ainsi, pour que les gens puissent accéder à une œuvre musicale, ils doivent débuter au deuxième stade. Ils doivent écouter comment la matière sonore est présentée puis juger sa valeur purement musicale. Krenek qualifie ceux qui sont incapables d'une telle écoute de non-musiciens. Dans les autres arts, en revanche, la présence du premier stade nous conduit à penser de manière erronée que tout le monde possède des aptitudes à la poésie et à la peinture (peut-être ne devrions-nous pas nous leurrer de la sorte).

Le cadre conceptuel que propose Krenek pour décrire la musique est général mais néanmoins sélectif. Il ne prend pas en compte le fait qu'historiquement la musique a souvent été conçue comme un art qui fait partie non pas des moins accessibles mais des plus accessibles. Selon une conception typique du XVIIIe siècle, on pensait que la musique parlait directement aux émotions. En tant que pur langage du "cœur et de l'oreille", on pensait qu'elle ne nécessitait aucun acte de cognition. On jugeait la musique en fonction des émotions qu'elle suscitait. Les experts se devaient sans doute de connaître l'art de composer avec les notes mais ce n'était pas le cas pour ceux qui réagissaient à une composition (Kivy, 1980).

Suivant cette *théorie du sentiment*, on octroyait souvent à la musique purement instrumentale le rang le plus bas dans la classification des arts. Cette théorie était connue sous le nom de *théorie du tintement* – mais qui se préoccupe des tintements ? La musique était mal classée précisément parce qu'on ne lui trouvait aucun autre contenu cognitif ou représentationnel. S'il n'y avait rien à comprendre dans la musique, celle-ci n'était pas digne de recevoir une attention sérieuse sur les plans pédagogique, moral et social. Les théoriciens avançaient que la seule manière de rendre les notes signifiantes était de les accompagner de mots. La musique à texte pouvait ainsi atteindre des niveaux de signification inconnus de la musique purement instrumentale.

D'autres théoriciens ne partageaient pas le même avis. La musique était importante avec ou sans mots. Bien qu'agissant sur les émotions, elle pouvait inciter les gens à agir. Mais, même pour eux, la question était la suivante : comment peut-on exprimer le sens de la musique sans que la quête de celui-ci ne devienne futile ? De nombreuses réponses furent proposées au XVIIIe siècle, accordant aux émotions un statut important dans la culture des gens et des communautés (Rousseau), et/ou conférant aux combinaisons de sons instrumentaux une signification mathématique ou scientifique éclairée (Rameau). Vers la fin du XVIIIe siècle, les théoriciens soulignèrent de plus en plus ces deux aspects. Au XIXe siècle, l'accent commença à se déplacer : les théoriciens tendaient à transformer les appels concrets aux émotions, aux passions, ou aux sentiments en appels abstraits à l'expression immédiate d'une pure subjectivité. "Aussi", écrivait Hegel en accord avec l'esprit de ce début du XIXe siècle, "la tâche principale de la musique consistera-t-elle à faire résonner, non pas l'objectalité elle-même, mais au contraire, la manière dont le Soi le plus intérieur est mû en lui-même, selon sa subjectivité et son âme idéelle" (1970, in 1995-1997, vol. III, p. 123).

Comme les théoriciens qui les avaient précédés, et comme Krenek, les théoriciens du XIXe siècle émirent l'idée que les sons ne représentaient rien et ne se référaient à rien qui soit immédiatement compréhensible ou évidente. Selon un point de vue, le point de vue transcendantaliste, le contenu non verbal de la musique était invoqué pour confirmer l'abstraction et la pureté de sa signification transcendantale. Arthur Schopenhauer affirme par exemple que la musique est l'expression et l'incarnation, sans médiation, de "l'effort perpétuel" de la Volonté du monde. Le monde, disait-il, pourrait aussi bien être décrit comme "musique incarnée" ou comme "volonté incarnée". Contrairement aux autres arts, cette incarnation ne s'opère pas par l'intermédiaire d'idées (platoniciennes) (1819, in 1844, vol. I, chap. 52 et vol. II, chap. 39). D'après le point de vue formaliste, en revanche, le contenu a-conceptuel de la musique sous-tend l'idée que le sens musical réside seulement dans son contenu une fois que celui-ci est informé. Le contenu musical existe dans la manière dont la matière sonore est mise en forme en unités temporelles et dynamiques. Le très influent critique musical viennois Eduard Hanslick affirmait que la beauté et la signification de la musique se trouvent seulement dans "les formes sonores en mouvement" *(tönend-bewegte Formen)*. "Le Beau musical, écrivait-il en 1854, est *spécifique à la musique*. Par là, nous entendons une sorte de beau indépendant, n'ayant pas besoin de tirer sa substance du dehors, et existant uniquement dans les sons et dans leurs combinaisons artistiques." (1854, in 1986, p. 93.) Cependant, certaines perspectives formalistes incorporèrent un élément additionnel, élément qui provenait des analyses *idéalistes* d'arts plus cognitifs (et notamment de la musique vocale) faites par Hegel. Le contenu informé de la musique est la représentation sensible d'une Idée. Sous l'influence formaliste, cette Idée était conçue comme étant purement musicale, émanant entièrement de l'œuvre elle-même. D'après ce point de vue, on ne réagit pas simplement à la représentation sensible mais également à l'Idée incarnée ou représentée (dans la matière sonore). C'est dans ce mélange des courants formaliste et idéaliste que se situe l'origine de la position de Krenek.

2. L'idée de la musique absolue

On peut identifier d'autres courants du début du XIXᵉ siècle à l'origine du point de vue de Krenek. Prenons sa vision de la musique instrumentale comme distincte des autres arts à divers niveaux et notamment sur le plan générique. Une telle opinion rappelle, par exemple, les théories d'Adam Smith qui affirmait en 1795 que la musique instrumentale n'attire pas notre attention par la voie de l'imitation. En effet, cette musique "n'est pas imitative, à l'instar de la musique vocale, de la peinture ou de la danse" qui peuvent représenter une personne gaie ou mélancolique. Au lieu de cela, la musique instrumentale devient elle-même l'objet même de la gaîté ou de la mélancolie. "Ce que l'on qualifie de sujet de la musique est [...] *complètement différent* de ce que l'on pose comme sujet d'un poème ou d'un tableau et qui est toujours une chose en dehors du poème ou du tableau." (1811-1812, p. 287-301 ; nous soulignons.) Prenons également l'hypothèse de Goethe en 1829 dans *Wilhelm Meister. Les années de voyage* : "C'est peut-être dans la musique que la valeur de l'art apparaît la plus éminente, car elle n'a pas de sujet dont il faudrait tenir compte. Elle n'est que forme et substance, et élève et anoblit tout ce qu'elle exprime." (1986, p. 290.) Pourquoi, pourrait-on se demander, ces auteurs étaient-ils si résolus à comparer la musique aux autres arts si la musique était si différente ? Peut-être était-ce, comme le fit remarquer Schumann dans une phrase célèbre, parce que, en dépit de différences matérielles, l'esthétique d'un art doit aussi être celle des autres (1988).

Que l'on articulât ce principe de différence ou d'identité en termes de degrés ou de genre était bien moins important que le concept de musique qui était présupposé. L'affirmation de départ de Krenek selon laquelle la musique est dépourvue de contenu représentationnel se fait l'écho d'une priorité devenue, après 1800, de plus en plus nette dans l'esthétique musicale. De nombreux théoriciens ont élaboré au cours des siècles antérieurs des descriptions de la musique fondées sur la musique vocale ou dramatique, une musique où l'on octroie un sens aux sons en relation avec le contenu référentiel ou cognitif qui les accompagne. Etant donné ce point de départ, il s'avéra plus aisé d'établir des liens entre la musique et les autres arts. Ce n'est que lorsque les théoriciens se mirent à décrire la musique purement instrumentale qu'ils se heurtèrent à des problèmes. En quoi, se demandaient-ils, la musique est-elle similaire aux autres arts ? Et comment peut-elle être signifiante, en supposant qu'elle le soit ? Ainsi que l'exprimera Fontenelle, secrétaire de l'Académie royale des sciences, dans une formule désormais célèbre : "Sonate, que me veux-tu ?"

A la fin du XVIIIe siècle, avec la montée en puissance de la musique dite absolue et l'avènement de "l'âge de la symphonie" (incarnés avec force par Beethoven, bien que Wagner soit à l'origine du terme de "musique absolue"), les théoriciens trouvèrent fructueux de commencer leur questionnement à propos du concept de musique par une description de la musique purement instrumentale (Dahlhaus, 1978). Ils ne devaient plus établir la signification musicale en mettant simplement en évidence les dépendances ou les relations étroites entre la musique et les autres arts car cette dernière, affirmaient-ils, possédait un statut libre et indépendant. E. T. A. Hoffmann écrivait ainsi en 1813 : "Lorsqu'on parle de la musique comme d'un art autonome, on ne devrait jamais penser qu'à la seule musique instrumentale, qui méprisant toute aide et toute ingérence d'un autre art (la poésie), exprime avec une pureté sans mélange cette quintessence de l'art qui n'appartient qu'à elle. Elle est le plus romantique des arts ; on pourrait presque affirmer qu'elle seule est véritablement romantique, car l'infini seul est son objet." (1960, in trad. fr., 1985, p. 38.)

Sur quel genre d'idée une telle affirmation était-elle basée ? La réponse est simple : sur l'idée que la musique est dépourvue de contenu conceptuel. Il y eut cependant à ce moment-là un changement de donne irrévocable : ce qui avait fait apparaître la musique comme un art non signifiant, la faisait maintenant apparaître comme un art signifiant. La musique purement instrumentale n'était plus perçue comme le plus vil des arts mais comme le plus élevé, le plus pur, comme un paradigme vers lequel, ainsi que le faisait remarquer Walter Pater dans les années 1870, tous les autres arts devaient constamment tendre (1873, in 1922, p. 135). Pour reprendre les termes de Krenek, si les autres arts pouvaient atteindre le mode d'être (abstrait) de la musique, alors les termes comme "apoétique" ou "non pictural" pourraient par là même *peut-être* pénétrer la sphère de notre discours critique. Ainsi, il ne suffirait plus d'affirmer avec simplicité qu'un poème ou une peinture traite de telle ou telle chose.

Ce "peut-être" dans la dernière phrase de Krenek est doté d'un sens particulier. Krenek écrivait bien après la sédimentation des projets de l'esthétique romantique et de la musique absolue au sein de la culture musicale. Il est possible que Krenek ait essayé de promouvoir autre chose. Rappelons-nous qu'il affirme que la musique purement instrumentale requiert un certain type d'écoute, une écoute indépendante de toute référence superficielle à un contenu verbalisable. Cette écoute n'est peut-être pas simplement le reflet d'une esthétique romantique qui prescrit la contemplation pure du contenu sonore de la musique, mais également le reflet d'une anxiété personnelle de Krenek, pensant que la musique s'était développée jusque dans les années 1930 en une forme qui n'était désormais plus *audible*. Suite, partiellement, à ses échanges avec le philosophe et critique musical Theodor Wiesengrund Adorno, Krenek avait, à cette époque, adopté la méthode compositionnelle dodécaphonique de Schoenberg, en partie pour des raisons musicologiques et en partie pour des raisons politiques (antifascistes) : cette musique était considérée comme dégénérée par les nazis. Depuis ses débuts dans les années 1920, entendre les critiques se plaindre du caractère inaccessible ou incompréhensible de cette musique, parce qu'elle ne pouvait être comprise que par des oreilles expertes, était devenu de plus en plus un lieu commun. Mais faire fonctionner nos oreilles, n'était-ce pas là la visée de toute bonne œuvre de musique ? C'est ce que pensait Krenek. Ainsi, en face d'une musique ne possédant pas de contenu superficiel, nous sommes bien obligés de faire fonctionner nos oreilles. Cette prétendue nouvelle musique qui avait émigré d'Allemagne vers les Etats-Unis n'était pas, de ce point de vue du moins, plus inaccessible ou incompréhensible que n'importe quelle autre musique. Si la musique de Schoenberg nécessitait que nos oreilles fonctionnent, cela était également la cas de la musique de Beethoven.

En affirmant que la musique ne possédait pas de contenu cognitif superficiel, Krenek avait beaucoup progressé, mais il savait également qu'une telle affirmation n'allait pas sans difficulté. Cette idée l'entraîna, comme beaucoup d'autres avant lui, au cœur d'une énigme conceptuelle véritablement fascinante. Cette énigme incarnait parfaitement la problématique associée depuis 1800 au concept de musique absolue. En termes simples : si nous pensons que la musique se résume à des notes, ne la privons-nous pas de son sens ? Voici que revient l'ancienne énigme mais sous une nouvelle forme.

Définir la musique comme art des sons pur ou absolu signifiait que son contenu et sa signification pouvaient se trouver au sein d'unités sonores sans faire référence à quelque chose d'extra-musical. Cela signifiait en outre que la musique pouvait, au travers de ces unités, atteindre un certain niveau d'expression pure et absolue. L'enjeu ici n'était pas d'affirmer que le sens musical, peu importe sa teneur, s'élabore grâce à des unités sonores (hauteurs, sons, bruits, etc.) se déroulant dans le temps, mais bien d'établir la signification des mots “absolu” ou “pur” (à partir de maintenant, je n'utiliserai plus que le terme “pur”).

3. La musique pure : à l'intérieur et à l'extérieur

Le terme “pur” fut, après 1800, de plus en plus utilisé pour décrire la musique elle-même ou plus spécifiquement pour décrire son mode d'expression, son contenu, sa forme, sa valeur ou sa contemplation. Selon le point de vue *transcendantal*, la pureté dénote en musique soit l'absence et/ou la négation d'un contenu ordinaire, mondain ou représentationnel, soit l'expression sublime de l'"infini". Pour le point de vue *formaliste*, elle dénote le caractère autosuffisant du sens et du contenu informé de la musique, et par conséquent l'autosuffisance du domaine musical. Ce dernier point de vue permet de circonscrire avec plus de netteté notre énigme. Affirmer que la musique ne porte que sur elle-même conduit à poser la question suivante : "En quoi cela nous importe-t-il ?" De nombreux musiciens répondirent à cette question en affirmant que la musique est musicalement importante. Embrassant le point de vue d'une esthétique pure, Schoenberg a un jour suggéré que la musique n'exprime rien d'extra-musical, et que seuls les notes, les intervalles et les nuances importent. Mais qu'est-ce qu'une "esthétique pure", s'est-il demandé (1950) ? Quelle qu'ait été la réponse à cette question, invoquer la pureté (l'absolutisme ou l'autonomie ainsi que la qualifient de plus en plus les théoriciens) offrait deux avantages. Cela justifiait d'une part une focalisation nécessaire sur la technique compositionnelle. D'autre part, une telle invocation s'avérait être une réponse des plus stratégiques pour les musiciens désireux d'éviter le joug hautement politisé de la censure (un joug appliqué largement et sans discrimination au cours des deux siècles considérés ici). Il valait mieux, pour un musicien, affirmer que son œuvre était dénuée d'un sens extra-musical et dangereux que de mettre l'accent sur la force expressive et socialement persuasive de la musique. Involontairement, Hegel venait supporter une telle position, lorsqu'il affirmait que la musique ne possédait pas en soi le pouvoir de rendre les hommes courageux ; ce pouvoir est avant tout dans l'esprit. En fait, il visait moins à protéger la musique instrumentale qu'à argumenter en faveur de son esthétique rationaliste.

Affirmer que la musique est musicalement importante a des avantages mais également des inconvénients. "Récemment surtout, nous prévient Hegel, la musique est revenue ainsi dans son élément propre en s'émancipant de toute teneur déjà claire pour elle-même ; cependant, elle a aussi perdu d'autant en puissance sur la totalité de l'intérieur, dès lors que le plaisir qu'elle peut offrir ne s'adresse qu'à l'un des aspects de l'art, savoir, celui du simple intérêt pour la dimension purement musicale de la composition et de sa virtuosité, aspect qui est seulement l'affaire des connaisseurs et qui concerne moins l'intérêt artistique universellement humain." (1970, in trad. fr., 1995-1997, vol III, p. 132-133.) Pour Hegel comme pour tant d'autres, la pureté de la musique se justifie lorsque cette dernière parle de notre vie intérieure, ou bien, en d'autres termes, lorsque son caractère en tant que langage expressif de la pure subjectivité est sauvegardé. En revanche, lorsque la musique ne se rapporte qu'à un objet, qu'à la composition elle-même, elle est rapidement mise à l'écart. Autrement dit, elle ne nous parle plus.

En mettant l'accent sur la subjectivité par rapport à l'objectivité, de nombreux théoriciens purent ainsi donner priorité à l'expression sur le contenu informé. Ce qui pour eux importait résidait moins dans la pureté du contenu informé que dans la pureté de l'expression musicale. Les considérations à propos de l'expression pure étaient souvent liées aux considérations à propos du purement humain *(das Reinmenschliche)* avec toutes les connotations politiques dérangeantes que cela implique (chez Wagner, par exemple). De telles considérations faisaient également leur apparition au sein de débats plus spécifiques, notamment à propos de la musique à programme, opposée à la musique absolue : la présence d'un programme entache-t-elle la pureté de l'expression musicale ? La musique vocale ou lyrique (la "musique du futur") conserve-t-elle sa pureté d'expression ? Liszt et Wagner affirmaient avec conviction qu'elle le pouvait ; Brahms et Hanslick étaient en revanche dubitatifs. Toutefois, ces débats proposaient une solution à notre énigme de par le fait qu'ils visaient à établir les limites et l'ampleur des concepts de musique ou de *purement musical*, et aussi, en toute logique, d'*extra-musical*.

Adoptant un point de vue formaliste, les théoriciens employaient généralement l'expression "purement musical" *(das Reinmusikalische)* pour saisir les "caractéristiques techniques uniques" de la musique ou encore les propriétés constitutives des sons musicaux dans leurs combinaisons rythmiques et dynamiques. "Extra-musical" *(das Aussermusikalische)* renvoyait à toutes les autres choses, c'est-à-dire à tout ce qui n'est ni spécifiquement ni formellement musical. Néanmoins, à cause de ses liens historiques avec le "musical" *(das Musikalische)*, la signification du préfixe "extra" *(ausser)* s'avérait ambiguë, oscillant entre un sens transcendantal et un sens formaliste. Pour les formalistes, il connotait la privation, l'extérieur, le dehors, alors que pour les transcendantalistes, il connotait l'au-delà, l'extra, le quelque chose en plus. Ce dernier point de vue a été occulté par les historiens. En effet, le formalisme a besoin du transcendantalisme s'il souhaite montrer que la musique peut signifier et dépasser un intérêt, légitime mais limité, pour les notes. C'est dans cet aspect que réside précisément la solution de notre énigme.

4. Autonomie et liberté

Les revendications à propos de la pureté de la musique sont étroitement liées à des revendications à propos de son autonomie et de son émancipation d'un état de servitude ; en premier lieu, servitude sociale à l'égard de l'Eglise et de la cour, toutes deux opposées à l'institution bourgeoise ("libre et indépendante") de la salle de concert, et en second lieu, servitude par rapport aux moyens d'expression des arts cognitifs (arts du langage, théâtre et arts plastiques). Qu'il y eût vraiment là deux états de servitude peut être matière à débat. Quoi qu'il en soit, les nouvelles revendications au sujet de l'émancipation de la musique se devaient d'apparaître comme récentes, chargées d'espoir et, évidemment, émancipatrices. Wackenroder et Tieck déclaraient ainsi en 1799 : "L'esprit ne peut plus utiliser la musique comme un moyen ou un organe : la musique est chose elle-même, c'est pourquoi elle vit et s'élance dans ses propres cercles magiques." (1799, in 1973, p. 53-54.) En 1800, Johann Gottfried Herder rendit grâce à l'évolution de la musique vers une forme d'art autosuffisante, *sui generis*, au moment où la musique put se passer des mots (1955, p. 151). Un grand risque survint alors : une trop grande liberté pouvait avoir comme conséquence une vacuité du sens. Ainsi que l'observe Carl Dahlhaus (1978), l'émancipation de la musique entraîna la séquestration de la musique dans un domaine qui lui est propre et les musiciens étaient tiraillés entre des appels en faveur de l'art pour l'art et des discours sur la mission sociale de l'art.

Les musiciens avait-ils réellement à choisir entre les deux ? Vraisemblablement pas. Afin de libérer le domaine musical de ce qui était désormais appelé le domaine extra-musical, l'émancipation de la musique reposait sur un acte de séparation. De plus, bien que cette émancipation semblât justifier la validité du point de vue formaliste ou absolutiste et ses considérations purement musicales et esthétiques, elle pouvait également servir de justification à des considérations prenant en compte des aspects extra-musicaux en termes purement musicaux et esthétiques. En d'autres termes, revendiquer l'autonomie de la musique pouvait faire office de plaidoyer pour la liberté des moyens d'expression musicaux. La musique pouvait s'occuper de problèmes situés "hors" de sa sphère d'action en les prenant en charge en termes purement musicaux, c'est-à-dire à la manière d'un langage autorégulé. La musique pouvait ainsi être à la fois purement musicale et extra-musicale ; elle pouvait "grâce à des moyens qui lui sont propres" comme le disait Baudelaire en 1861, ou d'après Hegel et même parfois Hanslick, en suivant "son propre dessein", tout simplement se parer d'une signification extra-musicale. Autrement dit, en pensant la musique *plus comme un mode d'expression indépendant que comme un ensemble ou un domaine de contenus séparés*, on commençait à voir que si l'on souhaitait exprimer en musique quelque chose d'extra-musical, cela pouvait se faire au travers du libre discours purement musical. L'"extra-musical" permettait ici de saisir la médiation en termes dialectiques, pourrions-nous dire, du non-musical vers le langage propre du purement musical.

Toutefois, on pourrait encore se demander pourquoi les musiciens ainsi émancipés étaient si résolus à prouver que la musique était dès le départ signifiante. Qui en doutait ? Evidemment la musique jouait un rôle important dans leurs vies, et ce, de multiples façons. Elle l'a toujours fait et le fera toujours. La question de la signification a néanmoins tarabusté les théoriciens pendant des siècles. Etait-ce parce que ces derniers étaient à la recherche d'une mauvaise sorte d'explication, une explication rationnelle pour un art irrationnel, comme le fit Nietzsche dans *La Naissance de la tragédie enfantée par l'esprit de la musique* (1872) ? Pouvait-on un jour espérer une explication satisfaisante ? Peut-être pas, mais les théoriciens continuèrent à chercher et, au XIXe siècle, cette recherche se fit plus insistante qu'elle ne l'avait jamais été. La manière dont la question de la signification était formulée devint après 1800 particulièrement importante. La musique (tout comme l'esthétique et les arts vers le milieu du XVIIIe) s'émancipa en niant tout ressemblance à autre chose. Elle s'abreuvait à toute description négative et donc à l'utilisation persuasive d'expressions comme "vide de contenu", "aconceptuel", "inutile", "sans fonction". Sous l'influence de Kant et plus particulièrement de sa description en 1790 des quatre moments de l'esthétique pure du jugement, la pureté esthétique en vint à inclure un acte de négation et d'ablation, une mise à distance des concepts d'ordre moral et rationnel. La façon dont on contemple un objet dans sa pureté esthétique débarrasse l'esprit de tous les intérêts mondains et permet, ainsi que le souligne Kant, de laisser libre cours aux facultés mentales. Le caractère négatif de la contemplation esthétique se rapproche de la nature de la prière (abandon du matériel), un parallèle qui ne restera pas inaperçu dans les théories romantiques qui suivirent. Ce caractère négatif convenait surtout à la musique purement instrumentale, une musique en premier lieu "aconceptuelle". Mais ce ne fut pas Kant qui établit cette corrélation. Pour lui, la musique instrumentale demeurait un simple jeu des sensations, possédant peu de valeur sur le plan cognitif mais étant néanmoins utile à la santé du corps.

5. Autonomie et résistance

Au XXe siècle, la relation dialectique entre le purement musical et l'extra-musical (avec ses corrélats théologiques) en est venue à dominer la pensée et la culture musicales. Cette relation se développa avec beaucoup de sophistication et sous une forme ouvertement dialectique dans les écrits d'Adorno (1970), Krenek, Ernst Bloch (1974) et Hans Eisler (1973). D'autres compositeurs et théoriciens (notamment Stravinsky (1946) et Schoenberg (1950) s'engageant dans une voie moins dialectique opposèrent constamment les deux points de vue, mettant tantôt en avant l'autonomie du contenu (formalisme) et tantôt l'autonomie ou la liberté d'expression. La dispute prit rapidement une tournure moderniste : dans la pratique bourgeoise, les musiciens affirmaient de plus en plus leur indépendance non seulement par rapport à leur inféodation passée aux institutions sociales mais également par rapport à la menace d'une resocialisation au sein d'institutions reconnaissant ouvertement leur liberté. Bien que les institutions modernes bourgeoises soient conscientes des intérêts et des objectifs de leur musique et de leurs musiciens, le fait qu'elle soient avant tout des institutions sociales (véritablement bourgeoises ou hautement capitalistes) limite néanmoins cette liberté. En tant que telles, les institutions tendent vers un type de conformisme qui rend les musiciens désemparés, soit en prenant les revendications formalistes de ces derniers trop au sérieux, soit en transformant leur musique en "simple divertissement". Sujette à un tel conformisme social, la musique peut volontiers se limiter à ses notes ou bien simplement être plaisante à l'oreille. Elle ne constitue pas, dans chacun de ces deux cas, une menace pour l'establishment.

Comment les musiciens résistaient-ils à un tel conformisme et comment gardaient-ils leur art vivant ? Dans le cadre d'une théorie critique, affirmer que la musique était libre revenait à accepter : en premier lieu, qu'au travers d'un usage propre des formes musicales, la musique était susceptible d'articuler des objectifs sociaux en "prophétisant" un art ou une politique futurs ou du moins en proposant une alternative au présent ; et/ou, en second lieu, que ces visées entreraient en conflit avec des visées définissant le *statu quo*. La musique exprimait le conflit en lui-même car en s'affirmant en tant que moyen d'expression libre et alternatif, elle reflétait également (grâce à son matériau et à ses techniques) la société qui lui avait donné naissance. Un tel argument privilégiait la musique en se reposant sur l'hypothèse que les dynamiques sociales et conventionnelles tendent historiquement au maintien du *statu quo* alors qu'une musique désireuse d'autonomie aspire à se libérer de ce dernier. Cette seule aspiration constituait la résistance de la musique au conformisme social ou, pour reprendre les termes d'Adorno, sa "protestation pérenne" contre la transformation en bien de consommation et industrie de la culture. Bien entendu une large majorité de musiques n'offrirent point de résistance.

Dans ce cadre dialectique, les œuvres musicales les plus *autonomes* étaient celles les plus *résistantes*. La double nature de la conception d'une œuvre devait être prise sérieusement en compte pour comprendre cette résistance. Formellement une œuvre pouvait être une œuvre d'art purement musicale, mais en même temps, d'un point de vue transcendantal, elle montrait le monde (extra-musical) dans "son entièreté" (pour reprendre l'expression schopenhauerienne d'Ernst Bloch). Or, d'après la théorie critique, une œuvre pouvait apparaître *(Schein)* comme un tout autosuffisant et harmonieux et n'être en fin de compte que ce qu'Adorno décrivait (l'aspect transcendantal en moins) comme une "code" social discordant et dissonant. De telles descriptions reconnaissaient le caractère formaliste et critique de la musique. D'après ce *formalisme critique* (un formalisme intégrant une dimension transcendantale), l'aspiration d'une œuvre à la liberté était aspiration à résister à la société en attirant l'attention (grâce à nos modes d'écoute) sur ses tendances oppressives. La théorie musicale formaliste était ainsi devenue, comme l'affirmait sans cesse Adorno, un analogue critique de la théorie sociale.

Cependant, l'idée que la liberté puisse être dévoilée au travers d'une forme esthétique remontait également à 1800. "Dans une œuvre d'art vraiment belle, écrivait Schiller dans ses *Lettres sur l'éducation esthétique de l'homme*, le contenu doit compter pour rien tandis que la forme y fera tout ; car la forme seule agit sur la totalité de l'homme, le contenu au contraire sur des forces isolées seulement. Le contenu aussi sublime et vaste qu'il soit, exerce donc toujours une action limitative sur l'esprit et c'est de la forme seulement que l'on peut attendre une liberté esthétique véritable. Le vrai secret du maître artiste consiste donc à détruire la matière par la forme." (1968, in trad. fr., 1992, p. 291.) Dans son essai *Une soirée heureuse* (1841), Wagner proposait un argument encore plus explicite : lorsque l'on écoute l'*Eroica* de Beethoven, il ne faudrait pas penser que l'idée d'une force héroïque combattant, tel un Titan, pour une noble cause, doit être exprimée en musique par une description militaire de la première campagne italienne. Loin de là. L'ensemble de ces sentiments et de ces événements "externes" et "extérieurs" ont été "transmutés" en quelque chose de purement musical

6. La dialectique et le retour du politique

En suivant la ligne générale de notre argumentation, l'annihilation du matériel ou la transmutation du contenu devinrent au cours des XIXe et XXe siècles un processus doublement trompeur mais néanmoins éclairant, qui permettait la conversion de "l'extra-musical" en "purement musical" et au travers duquel la musique apparaissait comme purement formelle dans ses moyens musicaux et comme purement esthétique dans ses effets. Cependant un tel engagement vis-à-vis de l'illusion esthétique s'avéra frustrant pour ceux qui voulaient savoir de quel côté ranger l'extra-musical. Etait-il à ranger à l'intérieur de la musique même (à l'instar, par exemple, d'une Idée) ou bien à l'extérieur ? Bien que cela ne satisfît pas les censeurs et les moralistes désireux de voir la musique arborer clairement ses messages, la réponse dialectique affirmait que l'extra-musical était à la fois à l'intérieur et à l'extérieur. Penchons-nous sur d'autres usages du préfixe "extra". Une escapade extra-conjugale a lieu physiquement *en dehors* du mariage, mais elle prend sens *à l'intérieur* de celui-ci. Ne pourrions-nous pas envisager le concept d'extra-musical de la sorte ?

Afin de maintenir ensemble les deux faces du concept de musique, Dahlhaus suggère que nous ne reconnaissions pas seulement un mais deux concepts de musique pour la période qui nous intéresse (1978, chap. I). Il montre que ces concepts fonctionnent parfois en harmonie l'un avec l'autre, parfois en conflit. On peut décrire ces deux concepts de diverses manières. Il est parfois utile de distinguer un concept littéral d'un concept métaphorique, ou un concept de *musique* d'un concept de *musical*, afin que nous puissions dire que la *Cinquième Symphonie* de Beethoven est "de la musique", et qu'une peinture possède une qualité musicale. Prenons les *Nocturnes* de Whistler et les compositions éponymes de Debussy. Les tableaux de Whistler sont, à cause de leurs esthétisation et abstraction du réel, métaphoriquement musicaux ; il en va de même des *Nocturnes* de Debussy mais ces derniers sont aussi, littéralement, de la musique. On pourrait également établir une distinction entre deux concepts, qui permettrait d'expliciter les préoccupations liées à la forme et à l'expression. La différenciation entre un concept formel et un concept métaphorique établie par Dahlhaus vise en partie à donner corps à ces préoccupations mais également à saisir les dimensions mondaines et extra-mondaines de la musique romantique puis moderniste. Lorsque nous nous plongeons dans les débats des deux cents dernières années, il est nécessaire d'identifier les différents concepts de musique ou les différents aspects d'un même concept de musique. Sur un plan théorique, ces différents aspects s'élèvent souvent l'un contre l'autre, nous obligeant à choisir entre eux-mêmes lorsque les musiciens veulent les maintenir tous deux simultanément. La musique est à la fois forme et expression (Debussy, Schoenberg), à la fois absolue et programmatique (Beethoven, Wagner, Mahler). Pourquoi dans ce cas une esthétique pure de la musique devrait-elle opter pour l'un ou pour l'autre ? "Wagner nous conduit à la musique à programme, observait Busoni en 1907, [elle] est à l'opposé de la musique dite «absolue» et les concepts se sont tous figés, au point que même les plus sensés adhèrent à l'une ou à l'autre de ces convictions, sans admettre une troisième voie qui se situerait en dehors de ces deux tendances." (1907, in trad. fr., 1990, p. 28.)

S'occuper des exigences déconcertantes du purement musical et de l'extra-musical ne constitue pas l'unique projet des théoriciens de la dialectique. Au contraire, il est surprenant de constater qu'il y a eu très peu de théoriciens qui, au cours des deux siècles derniers, n'aient pas choisi un côté ou l'autre, ou n'aient opté pour la mise en place d'une relation, équilibrée ou non, entre ces deux côtés. Pour ne citer qu'un exemple, prenons les travaux des structuralistes et des sémioticiens plaçant le concept de signe au centre de la scène. En comparant, souvent anthropologiquement, la musique au langage et/ou au code, ils recherchaient des principes d'organisation universels et/ou conventionnels. Ils se concentrèrent sur la manière dont la musique fonctionne comme langage mais aussi sur la manière dont elle devient signifiante suivant des modalités différentes de celles des autres langages. Pour se familiariser avec ces différences, ils mirent l'accent sur le rôle de la musique dans le mythe, la voix et le silence. Ils se sont occupés de la manière dont les contenus signifiants de la musique sont transmis au travers de la transfiguration formelle du matériau sonore ou des formes dynamiques de la répétition musicale. Ils se sont de surcroît occupés de la fonction autoréférentielle du signe musical et de la manière dont ce signe opère en même temps comme médiateur d'une culture (Nattiez, 1975 et 1987).

Force est de constater que ces thèmes du mythe, du silence et de la voix ne sont pas l'apanage des théoriciens du signe. Ils participent de manière importante à la formation du concept moderne de musique. Combien de fois avons-nous lu que la musique commence là où les mots se terminent, que le mythe et le chant débutent à la lisière de la cognition, que l'on fait en musique l'expérience du silence et du secret lorsque le son se transforme en mélodie. Pensons également au mystère évoqué par les compositeurs qui ont posé les jalons de la transition des unités tonales vers les cycles dodécaphoniques (un développement schönbergien avec ses fortes associations théologiques), des ensembles tonaux vers les ensembles intervalliques, puis des ensembles de hauteurs vers des ensembles de sons et de bruits. Les débats à propos du noyau central de la musique se sont également déplacés de la hauteur vers le rythme, du rythme vers la durée, de la durée vers la simultanéité, du temps vers l'espace. Ces expérimentations de l'avant-garde ont souvent été justifiées en recourant à l'ancienne cosmologie pythagoricienne (une cosmologie jadis gardée secrète), aux principes extra-européens du bouddhisme et du confucianisme qui régissent l'ordre du monde et le cosmos. L'émergence de nouvelles technologies a contribué grandement à modifier les emphases et les accents implicites au sein du concept de musique.

Les projets visant à électrifier, concrétiser, visualiser, spatialiser, mécaniser et informatiser la musique ont altéré les méthodes traditionnelles de composition, d'interprétation et de réception qui contribuèrent au développement de l'esthétique romantique et bourgeoise. Cependant, ces projets ont parfois fini par moins remettre en question ces méthodes traditionnelles que les réaffirmer. Les projets visant à contrôler le son, ceux visant à abandonner tout contrôle, ont mis l'accent, en alternance, soit sur l'artificialité chère à la musique (la musique étant, de tous, l'art le plus typiquement humain, le produit de l'invention humaine), soit sur sa naturalité non moins prisée (tous les ingrédients de la musique se retrouvent dans l'organisation de la nature). Tant de nouvelles revendications, mais à partir de vieilles thématiques.

Il est possible que les expérimentations de l'avant-garde aient permis la mise au jour du véritable caractère ésotérique du concept de musique, mais elles ont également permis de ramener la musique sur terre. Il faut tout inclure, s'exclamait le futuriste Luigi Russolo en 1913 : les détonations, les coups de tonnerre, les explosions, les sifflets, les sifflements et ronflements, les murmures, les hurlements, les cris animaux et humains. En gardant la musique perchée sur un piédestal métaphysique ou en le renversant, les musiciens adhérant aux tendances modernes et postmodernes ont remis en question toutes les distinctions du discours dominant (occidental, européen). Ils ont également remis en question les distinctions entre les arts élevés et ceux qui le sont moins, entre le pur et l'impur, entre le mondain et l'extra-mondain, entre le raffiné et le populaire, entre l'objet et son expression, entre le texte et l'action, entre le déterminé et le spontané, entre la fixité et l'indéterminé. Nombre de ces remises en cause sont le fruit de nouvelles théories visant à invalider la mentalité théorique qui sous-tend l'âge des Lumières, le romantisme et l'idéalisme. Une grande partie d'entre elles s'ancrent dans l'affirmation de la différence et de la diversité des points de vue "locaux", par opposition à l'évidente étroitesse et la vacuité de sens dans laquelle le formalisme et son souci excessif du détail se sont enfermés. Les motivations à la source de ces remises en cause ont souvent été politiques. Faites attention, disent-ils, à l'aveuglement idéologique qui naît lorsque l'on accepte hâtivement les paramètres du concept de musique. Il ne faut pas penser, en revanche, que l'idéologie réside uniquement dans le discours *sur* la musique. D'après la solution dialectique, elle réside également dans les formes mouvantes de la musique. Faites par conséquent bien attention à la manière dont vous écoutez ces formes : l'écoute est importante. Encore une fois, la théorie musicale sert ici de théorie sociale.

Au cours de l'histoire de la musique, le concept accepté de musique a généralement toujours été formulé pour s'ajuster aux théories politiques, sociales et morales qui prévalaient à leur époque. Au cours du XIXe siècle, on a souvent constaté une inversion de cette relation. La théorie politique (allemande) était pensée comme inextricablement liée à la théorie esthétique (allemande). L'œuvre d'art servait de modèle microcosmique pour l'Etat ; la vie politique était façonnée de façon à se conformer au modèle ou à un tout harmonieux. L'effet escompté visait peut-être l'émancipation mais il n'en était pas moins totalisant. Historiquement ses ramifications étaient fascistes ou tragiques ainsi que l'affirmait Walter Benjamin. Dans sa discussion de l'"esthétisation de la politique", Benjamin offrait une alternative, à savoir, la "politisation de l'art" qui, jointe au communisme, devait mettre l'art dans les mains des travailleurs pour conduire à la révolution (1977). Il y avait une autre possibilité : supporter un formalisme (anglo-saxon) apolitique et de plus en plus positiviste pour lequel l'esthétique et la politique n'avaient rien à faire ensemble. Pour les théories postmodernes plus récentes, le politique a précisément resurgi, en grande partie, comme antidote à ce genre de formalisme "aveugle". Bien évidemment, seul le temps nous dira si cette nouvelle résurgence du politique est à présent trop optimiste, étant donné la capacité de la musique à aspirer, en quelque sorte, à des desseins politiques. Ce que, en revanche, nous savons maintenant et que les théoriciens antérieurs ne savaient peut-être pas, c'est qu'une esthétique qui s'évertue à rendre tout fascisme impossible contribue également à le rendre possible. Krenek a vécu toute sa vie en faisant face à cette déroutante conclusion. Ecrivant à la veille de la Seconde Guerre mondiale, il savait également que la pire esthétique musicale serait celle qui, refusant d'un bloc le politique, ignorerait un tel risque.

Bibliographie

ADORNO, T. W., 1970 : *Aesthetische Theorie*, R. Tiedemann (éd.), in *Gesammelte Schriften*, Francfort, Suhrkamp, vol. VII ; trad fr., *Théorie esthétique*, Paris, Klinksieck, 1995.

BAUDELAIRE, C., 1976 : "Richard Wagner et *Tannhäuser* à Paris" (1861), in *Œuvres complètes*, Paris, Gallimard, "Bibliothèquee de la Pléiade", 1993, vol. II, p. 779-815.

BENJAMIN, W., 1977 : "Das Kunstwerk im Zeitalter seiner technischen Reproduzierbarkeit (1936)", in *Illuminationen. Ausgewählte Schriften*, Francfort, Suhrkamp, vol. I, p. 136-169 ; trad. fr., "L'œuvre d'art à l'ère de sa reproduction mécanisée", in *Ecrits français*, J.-M. Monnoyer (éd.), Paris, Gallimard, 1991, p. 140-171.

BLOCH, E., 1974 : *Zur Philosophie der Musik*, K. Bloch (éd.), Francfort, Suhrkamp.

BUSONI, F., 1907 : *Entwurf einer neuen Aesthetik der Tonkunst*, Trieste, Carl Schmiedel ; rééd., Leipzig, Insel, 1916 ; rééd., Francfort, Suhrkamp, 1974 ; trad. fr., *L'Esthétique musicale*, Paris, Minerve, 1990, p. 19-57.

DAHLHAUS, C., 1978 : *Die Idee der absoluten Musik*, Cassel, Bärenreiter Verlag ; trad. fr., *L'Idée de la musique absolue. Une esthétique de la musique romantique*, Genève, Contrechamps, 1997.

DAHLHAUS, C., 1980 : *Die Musik des 19. Jahrhunderts*, Laaber, Laaber-Verlag.

DEUTSCH, O. E. (éd.), 1914 : *Franz Schubert. Die Dokumente seines Lebens*, Munich, Georg Müller.

EISLER, H., 1973 : *Musik und Politik. Schriften I. 1924-1948*, G. Mayer (éd.), Leipzig, Deutscher Verlag für Musik.

FUBINI, E., 1964 : *L'Estetica musicale dal settecento a oggi*, Turin, Einaudi ; trad. fr. (partielle), *Les Philosophes et la Musique*, Paris, Champion, 1983.

GOEHR, L., 1992 : *The Imaginary Museum of Musical Works. An Essay in the Philosophy of Music*, Oxford, Clarendon Press.

GOEHR, L., 1998 : *The Quest for Voice. Music, Politics, and the Limits of Philosophy*, Oxford, Clarendon Press.

GOETHE, J. W. von, 1986 : *Wilhelms Meister Wanderjahre*, in *Werke. Hamburger Ausgabe in 14 Bänden*, E. von Trunz (éd.), Munich, C. H. Beck, vol. VIII ; trad. fr., *Romans*, Paris, Gallimard, 1954.

HANSLICK, E., 1854 : *Vom Musikalisch-Schönen. Ein Beitrag zur Revision der Aesthetik der Tonkunst*, Leipzig, Weigel ; trad. fr., *Du beau dans la musique : essai de réforme de l'esthétique musicale*, Paris, Christian Bourgois, 1986.

HEGEL, G. W. F., 1970 : *Vorlesungen über die Aesthetik*, in *Werke*, vol. XV, n° 3, Francfort, Suhrkamp ; trad. fr., *Cours d'esthétique*, 3 vol., Paris, Aubier, 1995-1997.

HERDER, J. G., 1955 : "Von Musik", in *Kalligone*, H. Begenau (éd.), Weimar, Hermann Böhlhaus Nachfolger, p. 144-155.

HOFFMANN, E. T. A., 1960 : "Beethovens Instrumentalmusik", in *Fantasie und Nachtstücke*, W. Muller-Seidel (éd.), Munich, Winkler, p. 41-48 ; trad. fr., *Ecrits sur la musique*, Lausanne, L'Age d'homme, 1985, p. 38-51.

KANT, E., 1790 : *Critik der Urtheilskraft*, Libau, Lagarde and Friederich ; trad. fr., *Critique de la faculté de juger*, Paris, Vrin, 1993.

KIVY, P., 1980 : *The Corded Shell. Reflections on Musical Expression*, Princeton (N. J.), Princeton University Press.

KRENEK, E., 1937 : *Ueber neue Musik : sechs Vorlesungen zur Einführung in die theoretischen Grundlagen*, Vienne, Verlag der Ringbuchhandlung ; trad. angl., *Music Here and Now*, New York, Norton, 1939.

NATTIEZ, J.-J., 1975 : *Fondements d'une sémiologie de la musique*, Paris, Union générale d'éditions.

NATTIEZ, J.-J., 1987 : *Musicologie générale et sémiologie*, Paris, Christian Bourgois.

NIETZSCHE, F. W., 1872 : *Die Geburt der Tragödie aus dem Geist der Musik*, Leipzig, Fritzsch ; rééd. in *Sämtliche Werke. Kritische Studienausgabe in 15 Bänden*, Munich-Berlin-New York Deutscher Taxchenbuch Verlag-De Gruyter, vol. I, 1967 ; trad. fr., *La*

Naissance de la tragédie enfantée par l'esprit de la musique, in *Œuvres philosophiques complètes*, Paris, Gallimard, vol. I, 1977, p. 37-156.

PATER, W. H., 1873 : *Studies in the History of the Renaissance*, Londres, Macmillan ; rééd., *The Renaissance. Studies in Art and Poetry*, Londres, Macmillan, 1922.

RUSSOLO, L., 1913 : *L'Arte dei rumori. Manifesto futurista*, manifeste du 11 mars ; rééd. en fac-similé, Rome, Caruccia, s. d. ; repris in S. Bianchi, *La Musica futurista. Ricerche e documenti*, Lucques, LIM, 1995, p. 215-216 ; trad. fr., *L'Art des bruits*, Lausanne, L'Age d'homme, 1975.

SCHILLER, F., 1968 : *Ueber die ästhetische Erziehung des Menschen in einer Reihe von Briefen*, in *Schiller-Sämtliche Werke*, Munich, Winckler, vol. V ; trad. fr., *Lettres sur l'éducation esthétique de l'homme*, Paris, Aubier, 1992.

SCHOENBERG, A., 1950 : *Style and Idea. Selected Writings of Arnold Schönberg*, New York, Philosophical Library ; nouv. éd., L. Stein (éd.), Berkeley-Londres, Belmont Music Publishers-Faber and Faber, 1975 ; trad. fr., *Le Style et l'Idée*, Paris, Buchet-Chastel, 1977.

SCHOPENHAUER, A., 1819 : *Die Welt als Wille und Vorstellung*, Leipzig, Brockhaus ; 2e éd. revue et augmentée, 1844 ; trad. fr., *Le Monde comme volonté et comme représentation*, Paris, Presses universitaires de France, 1966.

SCHUMANN, R., 1988 : *Gesammelte Schriften über Musik und Musiker* (1874), Leipzig, Reclam, vol. I-III.

SMITH, A., 1795 : *Essays on Philosophical Subjects*, Londres, T. Cadell jun. and W. Davies ; rééd. in *The Works of Adam Smith*, Londres, T. Cadell, vol. V, 1911-1912 ; rééd., W. P. D. Wightman et J. C. Bryce (éd.), Indianapolis, Liberty Classics, 1982.

STRAVINSKY, I., 1946 : *Poétique musicale sous forme de six leçons*, Cambridge (Mass.), Harvard University Press ; rééd., Paris, Flammarion, 2000.

WACKENRODER, W. H., 1799 : *Phantasien über die Kunst für Freunde der Kunst*, L. Tieck (éd.), Hambourg, F. Perthes ; rééd., Stuttgart, Philipp Reclam, 1973.

WAGNER, R., 1841 : "Une soirée heureuse", *Revue et Gazette musicale*, 24 octobre et 7 novembre 1841 ; repris sous le titre "Ein glücklischer Abend", in *Gesammelte Schriften und Dichtungen*, Leipzig, Fritzsch, 1887-1888, vol. I, p. 136-149 ; éd. en fac-similé, Hildesheim, Olms, 1976 ; trad. fr., "Une soirée heureuse", in *Œuvres en prose*, J.-G. Prod'homme (éd.), Paris, Delagrave, s. d., vol. I, p. 133-151.

WAGNER, R., 1850 : "Das Judenthum in der Musik", *Neue Zeitschrift für Musik*, 3-6 septembre 1850 ; éd. rév., 1869 ; repris in *Gesammelte Schriften und Dichtungen*, Leipzig, Fritzsch, 1887-1888, vol. V, p. 66-85 ; rééd. en fac-similé, Hildesheim, Olms, 1976 ; trad. fr., "Le judaïsme dans la musique", in *Œuvres en prose*, J.-G. Prod'homme (éd.), Paris, Delagrave, s. d., vol. VII, p. 95-124.

L'oral et l'écrit

Jean Molino

QU'EST-CE QUE L'ORALITÉ MUSICALE ?

> "La transmission orale n'est pas un trait exceptionnel de certaines musiques à des moments donnés, mais plutôt une caractéristique universelle de presque toutes les musiques à presque toutes les époques."
>
> Jeffery, 1992, p. 124.

Il ne fait pas de doute que la plus grande partie de la musique jouée depuis qu'il y a des hommes et qu'ils chantent a été une musique orale. L'usage systématique de l'écriture musicale n'a été, jusqu'au XXe siècle, qu'un phénomène local, cantonné à quelques régions de l'Europe et à quelques couches restreintes de leurs sociétés. Il n'en est que plus étonnant de remarquer que, jusqu'à une époque tout à fait récente, la question de l'oralité ne se posait pas en musicologie générale : on cherche vainement dans le *New Grove* de 1980, dans celui de 2001 ou dans le *Musik in Geschichte und Gegenwart* de 1994 (et *sq.*) une entrée consacrée aux problèmes spécifiques posés par l'oralité musicale, alors qu'il y en a évidemment une consacrée aux différents systèmes de notation et à leur histoire. De façon plus surprenante encore, il n'en est en général pas question en ethnomusicologie, alors que cette discipline semble pourtant se consacrer avant tout à l'étude des musiques de tradition orale. Il est vrai que l'ethnomusicologue est, vit dans l'oralité, mais le plus souvent il ne la thématise pas comme problème. Il n'en est pas question dans le livre de Curt Sachs, *The Wellsprings of Music* (1962), où l'auteur présente la synthèse des travaux des premières générations d'ethnomusicologues, et, plus récemment, faisant le bilan des travaux consacrés à l'étude de la transmission orale, Bruno Nettl reconnaissait que les connaissances reposaient sur un nombre limité de travaux (1983, p. 189). Il y a là quelque chose comme un paradoxe. Alors que l'oralité est son domaine, l'ethnomusicologue la considère comme allant de soi : il étudie la musique

que font les peuples sans écriture, les circonstances dans lesquelles ils la pratiquent, ce qu'ils disent de leur musique, mais, comme jusqu'à une date relativement récente il se situe le plus souvent dans la pure synchronie, il ne s'interroge pas sur ce qui constitue la spécificité de cette musique et sert à caractériser les sociétés dont il s'occupe, la tradition orale : qu'est-ce qui (se) passe lorsque la musique est transmise ?

C'est évidemment parce que la musicologie a toutes les peines du monde à se débarrasser d'une conception de la musique fondée sur la prédominance de l'écrit. La conséquence est que, même si l'on reconnaît l'importance de l'oralité en musique, on n'a à peu près rien à en dire, car on ne la conçoit que de façon purement négative : c'est ce qui reste lorsqu'on a soustrait l'écrit. C'est pourquoi, même si l'on en parle beaucoup depuis un demi-siècle, on ne sait pas encore bien ce que c'est, comme le constate Peter Jeffery lorsqu'il tente d'appliquer au chant grégorien les méthodes et les résultats de l'ethnomusicologie : "Ce serait une grande erreur d'imaginer que les ethnomusicologues ont amassé un fonds d'information sur le fonctionnement de la tradition orale qui serait valable pour presque toutes les cultures, et qu'il suffirait, pour cette raison, d'appliquer (avec les modifications appropriées) à l'étude du chant grégorien." (1992, p. 48.) Il y a donc plusieurs obstacles à l'étude de l'oralité : comme elle est conçue de façon négative, il faut en reconquérir la positivité. C'est aussi un phénomène complexe : il n'y a pas une oralité, mais plusieurs et on commence à peine à décrire les différents cas de figure. Par ailleurs, l'oralité musicale ne doit pas être confondue avec l'oralité linguistique. Il faudrait enfin reprendre les travaux des spécialistes de folklore qui s'étaient intéressés à la transmission orale bien avant l'institutionnalisation de l'ethnomusicologie et l'avaient placée au centre de leurs préoccupations.

1. L'imbroglio de l'oralité

Mais d'abord l'oralité est une notion confuse parce que, bien que relativement récente, elle est chargée d'un héritage philosophique et idéologique qui en gouverne plus ou moins consciemment l'emploi. La notion a été introduite dans le cadre de la découverte de la littérature et de l'art d'en bas, de ce qu'on appellera bientôt le folklore. Il y a toujours eu, en Europe comme ailleurs, des contacts entre la musique savante et les chants populaires, dont Montaigne faisait déjà l'éloge : "La poésie populaire et purement naturelle a des naïvetés et grâces par où elle se compare à la principale beauté de la poésie parfaite selon l'art ; comme il se voit ès villanelles de Gascogne et aux chansons qu'on nous rapporte des nations qui n'ont connaissance d'aucune science, ni même d'écriture." (1965, livre I, chap. LIV.) Mais c'est seulement à la fin du XVIIIe siècle, au cours des années 1760-1780, que s'opère une véritable découverte, à la fois théorique et pratique, de la poésie et de la chanson populaires. D'abord en Angleterre, avec la publication des poésies du prétendu Ossian (1760) et du recueil de Thomas Percy, *The Reliques of Ancient English Poetry* (1765), puis en Allemagne avec les textes théoriques et les recueils de Herder des années 1770 (Lohre, 1902 et Friedman, 1961). Ainsi commence un grand mouvement de collecte de chansons et de traditions populaires qui va progressivement gagner toute l'Europe : Nerval publie en 1842 un article dans lequel il présente dix-sept chansons françaises (1842) ; dix ans plus tard, le ministre Hippolyte Fortoul lance une grande enquête dont le but était la constitution d'un *Recueil des poésies populaires de la France* et dont les résultats n'ont jamais été publiés (Bénichou, 1970).

Ce mouvement s'explique par le changement de goût qui a conduit à l'appréciation d'une poésie et d'une musique simples et "naturelles" qui font contraste avec la poésie et la musique savantes, mais il s'inscrit en même temps dans la nouvelle conception de l'homme et de la société qui caractérise le romantisme européen et en particulier le romantisme anglais et allemand. Un des thèmes centraux de cette nouvelle vision est, en réaction contre le progressisme des Lumières, la volonté de se tourner vers le passé pour y trouver de nouvelles sources d'inspiration, qu'il s'agisse du Moyen Age ou de la poésie populaire. C'est dans les œuvres de Herder qu'apparaissent les termes de *Volksdichtung*, *Volkspoesie*, *Volkslied*, tous formés avec le nom *Volk* : la poésie authentique, qui est une poésie chantée, ne se trouve que dans le peuple (Bausinger, 1968, p. 12-13). Celui-ci se définit par son caractère ethnique et national – la réaction contre les Lumières est aussi une réaction antifrançaise – mais renvoie en même temps aux couches inférieures de la société et en particulier aux couches paysannes, qui n'ont pas subi l'influence des littératures artificielles venues d'ailleurs. C'est dans ces milieux isolés que s'est conservé l'héritage d'une poésie primitive, produit d'une spontanéité créatrice qui réside non dans l'individu mais dans la communauté. La notion de tradition, rejetée par le rationalisme des Lumières, reprend ainsi un sens nouveau : c'est grâce à la transmission ininterrompue de cet héritage par voie orale qu'on peut encore le recueillir et remonter aux sources mêmes des sociétés humaines.

Ainsi se mettent en place les conditions qui conduisent à l'émergence d'une nouvelle discipline, le folklore, dont le nom est forgé par William Thoms dans une lettre adressée en 1846 à la revue anglaise *The Athenaeum* (Dundes, 1965, p. 4-6). Il faut insister sur cette discipline, qui a toujours eu un statut mineur et qui a pourtant été le domaine où se sont posés les problèmes qui devaient être repris, un siècle plus tard, par l'ethnomusicologie (Cocchiara, 1952). On est en effet amené, pour définir le folklore, à retenir comme traits pertinents les notions d'oralité et de tradition : le folklore est l'étude des produits culturels oralement transmis (Francis Lee Utley, in Dundes, 1965, p. 7-24). L'oralité est ainsi au cœur du folklore beaucoup plus qu'elle n'est au cœur de l'ethnomusicologie parce que le folkloriste se situe dans un monde où l'oral coexiste avec l'écrit et parce que, héritier de l'historisme, il s'intéresse aux sources de la tradition ainsi qu'aux conditions et aux mécanismes de la transmission orale. Ayant consacré une part importante de leur travail à la chanson, où la musique se mêle étroitement à la poésie, les folkloristes ont élaboré ce qui constitue la première analyse scientifique de la tradition orale (Bronson, 1969 et Davenson, 1955).

Mais le couple conceptuel oralité/écriture renvoie en même temps aux termes d'une typologie sociologique beaucoup plus générale, elle-même héritière de la réaction romantique contre les Lumières. Il y a d'un côté la société archaïque, traditionnelle, confinée à l'oralité, et de l'autre la société moderne, l'écriture fonctionnant comme critère de distinction auquel on accorde une valeur causale et souvent même monocausale : ce sont l'invention de l'écriture et l'émergence parallèle de l'Etat qui entraînent le passage à la science, à la démocratie, à l'individualisme et à ce qu'on est convenu d'appeler la modernisation. Le couple oralité/écriture reprend la vieille opposition entre primitifs et civilisés : la civilisation commence avec l'écriture. La notion d'oralité repose donc encore sur les vieilles dualités sur lesquelles se sont fondées la sociologie et l'ethnologie : solidarité mécanique contre solidarité organique (Durkheim), communauté contre société (Tönnies). Pour Claude Lévi-Strauss encore, qui s'inscrit dans la même tradition, c'est la malédiction de l'écriture qui nous a fait passer des petites sociétés authentiques, vouées à l'oralité, aux grandes sociétés inauthentiques où règne l'aliénation (1958, p. 425-428). On le voit, société traditionnelle ou société sans écriture sont devenues les noms politiquement corrects de ce qu'on appelait jadis sociétés primitives : la nostalgie du Paradis perdu a remplacé le mépris, mais il n'est pas sûr que la connaissance théorique y ait beaucoup gagné.

On a assisté plus récemment à une véritable (re)naissance de la réflexion sur l'oralité. Elle avait été annoncée entre les deux guerres par des travaux isolés : travaux des fondateurs de la *Formgeschichte* qui s'intéressent à la préhistoire orale des Evangiles (Dibelius, 1919 et Knight, 1973) ; recherches de Marcel Jousse (1925) qui tente de dégager les caractéristiques du style oral des Evangiles ; enquêtes de Milman Parry (1928) qui le conduisent à l'élaboration de la théorie formulaire de la poésie épique. Puis, au début des années 1960, a eu lieu une véritable explosion : l'école scandinave prolonge les travaux de la *Formgeschichte* en s'intéressant à la notion de tradition orale dans le judaïsme rabbinique et dans la chrétienté primitive (Knight, 1973) ; Albert Lord fait connaître à un large public la théorie formulaire mise au point par Milman Parry et lui-même (Lord, 1960) ; Jan Vansina publie son ouvrage fondateur consacré à la spécificité et aux méthodes de l'histoire orale (1961) ; Marshall McLuhan décrit les modifications amenées par la diffusion de l'imprimerie et montre l'importance de l'opposition entre l'oreille et l'œil dans la culture (1962) ; Jack Goody et Ian Watt s'interrogent sur les conséquences de l'alphabétisation (1963), conséquences que Goody a développées dans des ouvrages postérieurs (1977 et 1986) ; Eric Havelock voit dans le passage de l'oral à l'écrit les conditions qui ont rendu possible la naissance de la philosophie et de la science (1963) ; Walter Ong, après s'être intéressé à la rhétorique comme héritière de l'oralité, met en évidence les dynamiques opposées de l'oralité et de l'écriture (1967). Ces études se situent dans une perspective nouvelle, car il ne s'agit plus seulement de l'oralité et de l'écriture comme moyens de communication mais comme instruments conceptuels : oralité et écriture correspondent à des stratégies intellectuelles distinctes (Raible, 1994).

Cependant la plupart de ces recherches insistent sur les transformations et les "progrès" apportés par l'écriture : l'oralité n'est le plus souvent définie que négativement par rapport à ces nouvelles possibilités cognitives. Il n'y a que peu de travaux qui tentent de préciser de façon positive les caractéristiques propres des œuvres orales : on ne peut guère citer que les suggestions de Marcel Jousse et les recherches exégétiques sur la transmission orale des Ecritures, les analyses de Vansina portant sur l'histoire orale et la théorie formulaire de Parry et Lord, dont l'influence s'est exercée non seulement sur les études de littérature orale mais sur d'autres domaines comme l'étude du chant grégorien (la "New Historical View" de Treitler [1974] et Hucke [1980]).

Ces divers travaux, qui ont profondément modifié notre vision de l'oralité, amènent souvent à retrouver, transposée sur un nouveau plan, l'opposition, trait pour trait, de deux mondes : le monde de l'intelligence orale et celui de l'intelligence écrite. Mais peut-on en rester à cette dichotomie tranchée (Hornberger, 1994) ? On a pu aller jusqu'à parler d'un *"literacy myth"* (Graff, 1986, p. 62). C'est que, comme il est naturel lorsqu'on découvre un nouveau domaine, on a eu tendance à simplifier les situations. D'une part, comme nous l'avons rappelé, on connaît encore mal les mécanismes propres de l'oralité ; par ailleurs, les deux mondes de l'oralité et de l'écriture ne sont pas monolithiques et il faut être prêts à reconnaître l'existence de multiples cas de figure ; enfin, on n'est pas passé d'un seul coup du monde oral au monde de l'écrit : il existe un grand nombre de formes intermédiaires où l'écriture coexiste avec l'oralité. De façon générale, il faut reconnaître la complexité de chacun des trois mondes que l'on définit par un seul trait distinctif : le monde de l'oralité, le monde de l'écriture et le monde où coexistent les deux techniques (Rosenberg, 1987). En fait, la situation est encore plus compliquée, car l'oralité et l'écriture ne sont pas seules à entrer en ligne de compte. Il faut au moins ajouter deux autres modes de transmission de l'information dans la société : l'imprimerie puis l'enregistrement et la diffusion par les moyens de communication de masse (Sachs, 1948, p. 378). Chacune de ces nouvelles modalités a eu des conséquences importantes sur la culture musicale et a en même temps donné naissance à toutes sortes de situations hybrides.

Nous avons fait jusqu'à présent comme s'il n'y avait pas lieu de distinguer entre oralité linguistique et oralité musicale, alors qu'il existe d'importantes différences entre système linguistique et système musical. A travers le son, le signe linguistique vise et représente la signification : dans la prose, à la différence de la poésie, on dirait que le son s'efface derrière le sens. En revanche, le son musical est une réalité sensible qui renvoie d'abord à elle-même ainsi qu'aux autres unités du système. La même différence se retrouve évidemment quand on passe à l'écriture. Par ailleurs, l'écriture musicale est seconde par rapport à l'écriture de la langue sur laquelle elle se greffe. Il y a donc des sociétés linguistiquement écrites qui sont musicalement orales. De façon générale, l'alphabétisation musicale a toujours été plus restreinte que l'alphabétisation linguistique, dans la culture européenne comme dans toutes celles qui ont connu l'écriture. Au moment même où l'écriture musicale semblait avoir triomphé dans la musique savante européenne, Mallarmé, qui voulait dénoncer l'hérésie que constitue l'idée d'un art pour tous, voyait dans la musique l'exemple d'un art qui sait se protéger contre la foule impie parce qu'il reste indéchiffrable : ouvrant une partition, "nous sommes pris d'un religieux étonnement à la vue de ces processions macabres de signes sévères, chastes, inconnus" (1945, p. 257).

L'opposition entre oralité et écriture, qu'il s'agisse d'écriture du langage ou de la musique, a l'inconvénient majeur de faire croire que, une fois qu'apparaît l'écriture, l'oralité est destinée à disparaître tôt ou tard. Pourtant, même quand l'écriture joue un rôle essentiel dans la société, l'oralité ne disparaît pas pour autant : on continue à parler et le plus important dans une société, des habitudes et du style de vie aux valeurs, est communiqué oralement (Rosenberg, 1987). Le constat est valable autant pour la musique que pour le langage, peut-être plus valable encore pour celle-ci : "Les approches développées en ethnomusicologie peuvent encore mettre en évidence quelque chose qui est déjà compris mais rarement explicité : la transmission orale (ou plus exactement aurale) est la norme, la musique utilise partout cette forme d'auto-propagation et c'est elle qui domine la vie musicale d'une société comme la vie d'un morceau de musique." (Nettl, 1983, p. 200.) Et il est bien certain que la musique s'apprend par l'oreille. Mais elle s'apprend aussi par la main et par le corps et il faut aller au-delà de l'oralité au sens strict, car la parole ne constitue pas le seul moyen de communication et de connaissance : dans les sociétés sans écriture comme dans les autres, un rôle essentiel est joué par le non-verbal. On a l'habitude de distinguer, à la suite de Gilbert Ryle (1949), deux types de connaissance : la connaissance propositionnelle, verbale *(know that)*, et la connaissance pratique, non verbalisable *(know how)*. Je connais les propositions qui énoncent les lois de la chute des corps, mais je ne peux pas dire ce que je fais en marchant ou en montant à vélo : je sais le faire et c'est tout. Cette distinction a été confirmée par les neurosciences contemporaines, qui distinguent entre autres une mémoire déclarative et une mémoire procédurale, cette dernière correspondant à la capacité d'accomplir des tâches motrices ou cognitives sans intervention d'une représentation symbolique, linguistique ou autre (Squire, 1987). Il est clair que nos savoirs techniques *(skills)* relèvent de cette mémoire procédurale qui ne fait appel ni à la parole ni à l'écriture. Il y a donc une gestualité indépendante de l'oralité et antérieure à elle et qu'il est nécessaire d'envisager dans sa spécificité. C'est elle qui est à l'œuvre dans l'apprentissage par imitation, qui joue un rôle essentiel dans toutes les cultures mais plus encore dans les cultures dites orales, que l'on pourrait aussi bien appeler gestuelles. Et ce rôle est fondamental dans l'activité musicale : qu'il s'agisse des techniques vocales ou instrumentales, de la danse et du rythme ainsi que de la maîtrise du système musical, c'est le corps qui apprend sans passer par l'intermédiaire du symbolique.

2. La musique dans les cultures de tradition orale

Pour décrire la vie musicale d'une culture de tradition orale, il convient de disposer d'une grille d'analyse qui suive les articulations du "fait musical total" dans le cadre d'une sémiologie des formes symboliques (Molino, 1975 et Nattiez, 1987). Le musicien reçoit une formation qui lui donne les moyens de composer/improviser/jouer de la musique ; c'est grâce à ce savoir mémorisé, qui est avant tout un savoir pratique, qu'il produit une œuvre, transmise par la tradition ou qu'il a composée et mémorisée lui-même ; cette œuvre est reçue par des auditeurs, qui ne sont pas nécessairement distincts des producteurs et qui disposent aussi d'un savoir ; enfin l'œuvre est transmise à d'autres, à la génération suivante en particulier. On peut représenter la situation par le schéma suivant :

Formation	Mémorisation Composition / Mémorisation	Production / Œuvre / Réception / Transmission

Un point essentiel doit être souligné : il faut absolument distinguer l'œuvre proprement dite, avec ses caractéristiques intrinsèques – ce que nous appelons l'analyse du niveau neutre – et les stratégies qui permettent de la produire et de la recevoir – ce que nous appelons analyse poïétique et analyse esthésique. La musique orale doit ainsi être étudiée dans deux perspectives complémentaires : mettre en évidence d'un côté ce qu'on peut appeler la morphologie différentielle de la musique orale, et de l'autre côté les compétences et les stratégies qui permettent de la produire et de l'écouter.

Peut-on parler des cultures de tradition orale comme si elles constituaient un ensemble homogène ? Pour les raisons que nous avons indiquées, le continent de l'oralité est une terre mal connue et les seuls critères dont on dispose pour classer les cultures qui en relèvent ne sont pas d'ordre musical – il n'y a pas eu pour cela assez de travaux comparatifs – mais d'ordre sociopolitique. C'est ainsi qu'une typologie classique, mettant en relation les formes d'organisation politique et les types d'adaptation écologique et économique, distingue (Cohen, 1974) : les bandes de chasseurs-cueilleurs ; les tribus, vivant sur l'horticulture ou sur une économie pastorale ; les chefferies, qui reposent sur une économie plus productive – horticulture, nomadisme pastoral ou agriculture proprement dite – ; enfin les organisations étatiques. Si on laisse de côté pour l'instant cette dernière situation, avec laquelle apparaît l'écriture, on se trouve devant de grandes différences, non seulement entre les différents types mais à l'intérieur de chacun d'entre eux, car on en a longtemps sous-estimé la variété : on s'est par exemple aperçu que la bande de chasseurs-cueilleurs ne représentait pas un type simple, mais correspondait à une grande variété de modes de vie et d'organisation (Kent, 1996) ; nous retrouverons cette constatation dans le domaine musical. Par ailleurs, les cultures de tradition orale que l'on a commencé à étudier depuis un siècle n'ont la plupart du temps pas été isolées des civilisations connaissant l'écriture : pensons à l'influence du bouddhisme, du christianisme et de l'islam, qui apportent avec eux non seulement une religion mais aussi l'écriture, des styles de vie et des musiques nouvelles. Les paramètres de variation qui sont susceptibles d'avoir le plus d'influence sur la vie musicale d'une société ainsi que sur son système musical sont sans doute la taille des communautés, les degrés de hiérarchisation et de stratification, les niveaux de spécialisation et de professionnalisation et enfin l'importance des échanges avec d'autres communautés.

Commençons par les bandes de chasseurs-cueilleurs, groupes aux effectifs réduits, sans organisation politique ni hiérarchie sociale, et qui ne connaissent pas de professionnalisation. C'est évidemment la situation la plus proche de ce que l'on peut, si l'on veut, appeler type idéal de l'oralité : les informations sont directement transmises de bouche à oreille, il faut donc parler de musique orale/aurale en profitant du rapprochement qui va de soi en anglais ("aural", de même origine qu'"oreille" en français, renvoie à des exercices oraux et en particulier à la dictée musicale). Dans les bandes de chasseurs-cueilleurs comme dans les tribus aux effectifs réduits, la connaissance de la musique s'acquiert par un apprentissage qui commence très tôt. Le petit Africain prend part à la musique et à la danse dès les premiers jours de son existence, lorsque, sur le dos de sa mère, il "est dansé" par elle et on pourrait même dire avant sa naissance, lorsqu'il participe à l'activité musicale dans le corps de sa mère. L'apprentissage ne se fait pas de manière théorique, mais par imprégnation, imitation et corrections venant aussi bien de l'individu que du groupe : la musique s'apprend comme on apprend la langue maternelle (Arom, 1985, vol. I, p. 52-55). Elle consiste en savoirs pratiques, dans lesquels l'apprentissage du rythme joue un rôle décisif.

L'activité musicale s'opère dans le cadre d'un "cycle court" où la distance est minimale entre producteur, œuvre et récepteur (Molino, 1989). En principe, tous les membres de la communauté participent à l'activité musicale, en tenant évidemment compte des circonstances et de la répartition des tâches entre les sexes ou les âges, mais nous verrons tout à l'heure que cette généralisation est inexacte : dans les communautés les plus restreintes, l'activité musicale peut aussi être individuelle. Il ne faut d'ailleurs pas négliger, même dans ces communautés restreintes et homogènes, une différenciation par les goûts et les capacités. Nous ne disposons malheureusement pas d'indications allant dans ce sens en ce qui concerne la musique et il faut s'adresser aux remarques que faisait Bloomfield à propos du langage (1927). Même dans ces communautés, les membres reconnaissent des différences et des degrés dans la compétence et l'excellence linguistique. Comment pourrait-il en être autrement en musique ? Si l'on ne s'en est pas aperçu, c'est sans doute parce qu'on ne l'a pas cherché et que l'on est toujours obnubilé par le préjugé d'une société égalitaire.

Il en est sans doute de même en ce qui concerne le conservatisme des communautés traditionnelles, dont on a longtemps dit qu'elles étaient sans histoire : ces cultures ne demeurent pas en vase clos et connaissent l'histoire. En effet, sauf dans des cas très particuliers, où des facteurs écologiques ont isolé ces sociétés, elles entretiennent des relations avec d'autres, ce qui implique la possibilité d'échanges, y compris dans le domaine musical. Par ailleurs, elles ont une histoire, une histoire au rythme beaucoup plus lent mais qui n'exclut pas les changements, même les plus dramatiques, à commencer par les migrations. Lorsqu'on interroge les membres de ces communautés, ils ont des choses à dire sur l'origine de leur musique. Les Bochimans Ju/'hoansi de Namibie renvoient une partie de leur patrimoine musical à des origines mythiques mais affirment que telle musique rituelle ou telle musique instrumentale ont été empruntées à des communautés voisines (Olivier, 1998, p. 41-43) ; il ne s'agit évidemment pas d'accepter sans critique ces indications mais d'y voir la présence d'une conscience historique qui mérite d'être prise au sérieux.

On peut s'attendre à ce que la situation change dès que l'on passe à des organisations sociales plus complexes, c'est-à-dire, pour reprendre les catégories socio-économiques que nous avons utilisées, les tribus d'horticulteurs, de nomades ou d'agriculteurs. Les groupes sont numériquement plus importants et l'économie, plus productive, conduit au développement d'une certaine stratification sociale et d'une cristallisation du pouvoir politique : ils connaissent des systèmes politiques plus ou moins différenciés allant du "Big Man", dont le prestige et l'autorité sont purement personnels, à la chefferie, où le chef est un spécialiste politique à plein temps même si les relations de parenté continuent à jouer un rôle essentiel. On en arrive ainsi à des systèmes plus complexes, proches des organisations étatiques et auxquels on peut donner le nom de royaume ou d'empire. Les échanges avec les sociétés voisines sont fréquents ainsi que les influences réciproques et les emprunts. Comme nous l'avons déjà souligné, il s'agit de catégories approximatives qui sont loin de recouvrir la diversité des organisations sociales, économiques et politiques que l'on observe en Afrique, en Asie ou en Océanie, et par ailleurs nous ignorons à peu près tout des corrélations qui pourraient exister entre formes sociales et systèmes musicaux. La seule conclusion que l'on peut tirer du passage à ces sociétés, c'est qu'on voit apparaître et se développer divers degrés de spécialisation et de professionnalisation des musiciens.

Les Dan, qui vivent en Côte-d'Ivoire et au Liberia, étaient à l'époque précoloniale répartis en chefferies qui, par le jeu de guerres et de conquêtes, pouvaient conduire à des ensembles plus vastes. Ce n'est plus ici la communauté qui pratique collectivement la musique, car les musiciens sont rattachés soit à des personnalités comme les chefs soit à des associations, de travail, de culte ou de distraction (Zemp, 1971). Ce sont donc des spécialistes reconnus comme tels par la société et qui sont au service d'un homme ou d'un groupe et, à une époque antérieure à l'enquête de Hugo Zemp, un nombre important de ces spécialistes étaient aussi des professionnels, qui vivaient des ressources procurées par leur métier. Toujours en Afrique, Gilbert Rouget a décrit ce qu'il a appelé la musique et le ballet de cour du royaume de Porto-Novo (1996). Il s'agit ici d'une musique en grande partie privée, exécutée par les femmes du roi à son seul usage.

Cette spécialisation croissante, accompagnée de degrés divers de professionnalisation, modifie profondément les rapports de la communauté avec la musique qui s'y joue et l'on voit en particulier que l'oralité n'a rien qui l'associe nécessairement à la pratique collective de la musique. Dès qu'il y a spécialisation, le futur musicien est soumis à un processus de sélection dans lequel interviennent à la fois des contraintes extérieures, familiales et/ou politiques, ainsi que des choix plus ou moins individuels, inspiration divine ou talent précoce (Zemp, 1967). Ainsi se créent de véritables lignées et de véritables milieux de musiciens qui donnent naissance à des apprentissages spécialisés, à des écoles. Les canaux de transmission de la musique, de ses techniques et de ses savoirs, ne sont plus également distribués dans la société : ils se transforment en traditions particulières.

3. Qu'est-ce qu'une œuvre orale ?

Reconnaissons d'abord que nous nous lançons ici dans des terres mal connues : autant il existe d'excellentes monographies portant sur la musique de telle ethnie ou de tel pays, qui contiennent des indications plus ou moins détaillées, autant nous manquons d'un guide qui nous conduise à travers les dédales de l'oralité pour tenter de répondre à une question essentielle : l'œuvre orale possède-t-elle des traits spécifiques qui l'opposent à l'œuvre écrite ?

Walter Ong a résumé les traits différentiels qui opposent le monde de l'oralité et le monde de l'écrit (1982), fournissant ainsi la conception devenue aujourd'hui canonique de l'oralité. Si l'on reprend et rassemble les neuf critères qu'il retient, on aboutit à trois grands groupes de caractéristiques (Walter Ong s'intéresse à peu près exclusivement à la langue et à la littérature orale, mais on peut facilement transposer ses analyses à la musique). En premier lieu, l'homme de l'oralité est plus proche de la vie immédiate et des situations concrètes, moins porté à l'abstraction et à l'objectivité que l'homme de la culture écrite ; aussi la musique est-elle profondément ancrée dans les pratiques sociales, dont elle ne peut être séparée. En second lieu, les sociétés orales sont conservatrices, réglées par la tradition et homéostatiques, ne conservant que ce qui est nécessaire à leur équilibre ; le patrimoine musical d'une communauté a donc tendance à se maintenir tel qu'il est sans modifications importantes ou du moins à assimiler le nouveau en l'intégrant dans son système. Il y a en troisième lieu des caractères qui ont une valeur à la fois morphologique et poïétique : ils correspondent aux stratégies grâce auxquelles est construite une œuvre orale et se retrouvent donc dans son organisation. L'œuvre orale est fondée sur l'addition ou la coordination de segments placés sur le même plan plutôt que sur la subordination : un récit traditionnel comme le début de la Genèse enchaîne de brèves propositions liées par la même conjonction de coordination, que les traductions modernes suppriment ou rendent par des moyens variés. Elle est faite non à partir d'unités élémentaires, selon des procédures analytiques, mais à partir d'agrégats préétablis, selon le modèle donné par les formules homériques : le héros de l'*Iliade* est "Achille aux pieds rapides" et Ulysse "l'homme aux mille ruses". Enfin l'œuvre orale est caractérisée par la redondance, l'abondance au sens rhétorique *(copia)*, qui se manifeste par la répétition et la variation autour du même thème.

C'est la variation qui apparaît comme le trait morphologique le plus remarquable de la musique et de la poésie orales : à la suite de Bartók, Constantin Brăiloiu a parlé d'un *Variationstrieb*, "pulsion" de variation qui est sans doute – c'est nous qui l'ajoutons – la contrepartie anthropologique d'une "pulsion" de répétition (Brăiloiu, 1931). Ce qu'ont mis en évidence les spécialistes de folklore au XIXe siècle et les ethnomusicologues au XXe, c'est l'existence de différentes versions d'une "même" musique : on n'entend jamais deux fois exactement la même chanson populaire, la même épopée orale, la même œuvre d'un répertoire traditionnel. Cette variation s'étend jusqu'aux unités du système musical : c'est précisément la marge de variation de chaque "note" qui a souvent gêné les premiers ethnomusicologues et a conduit à l'utilisation de méthodes d'analyse inspirées par la phonologie. Nous sommes tellement habitués à la rationalisation du système musical que nous croyons qu'une note ne peut se définir que par la valeur exacte d'une fréquence : avant la rationalisation des systèmes musicaux, leurs unités fonctionnaient exactement comme fonctionnent encore les unités des systèmes linguistiques, c'est-à-dire en utilisant toutes les marges de variation permises par la configuration de chaque système. Pour comprendre à quoi ressemble la musique rationalisée d'aujourd'hui, il faut imaginer ce que serait une langue si l'on obligeait tous les locuteurs à réaliser exactement les mêmes sons linguistiques. La variation se trouve donc présente à tous les niveaux d'organisation de la musique, des unités de base aux motifs, aux séquences et aux œuvres.

Il semblerait que ce soit précisément cette caractéristique de la musique orale qui interdise de parler d'œuvre. Je crois pourtant qu'il faut continuer d'employer le mot, pour l'arracher à ce qui sert implicitement de modèle conceptuel, l'objet technique ou, mieux encore, l'objet d'art plastique vu dans sa singularité : la partition moderne serait l'équivalent d'une peinture ou d'une sculpture signées. Or la partition n'est pas l'œuvre musicale (Nattiez, 1987, p. 97-121). Par ailleurs, les différentes versions d'une œuvre orale peuvent être utilement rapprochées d'autres phénomènes, sans même faire appel à la notion contemporaine d'œuvre ouverte sur laquelle nous reviendrons : l'improvisation à partir de schèmes intériorisés comme dans le jazz ; la reprise de thèmes dans une culture où n'existent pas de droits d'auteur ; les paraphrases d'œuvres à la mode, genre où se sont illustrés des compositeurs comme Liszt et qui pose le problème des frontières entre œuvre originale, pastiche et plagiat (pour ce qui est de la littérature, voir Genette, 1982) ; les variantes produites par la tradition manuscrite ; les esquisses et les corrections de l'œuvre écrite, objet des études de génétique et de poïétique ; la diversité des interprétations d'un texte musical selon les marges de liberté laissées par la partition. On aboutit ainsi à une conception plus large de l'œuvre, qui intègre dans sa définition la dimension de variation : la partition intangible défendue par un copyright n'apparaît plus que comme un cas limite et non comme un étalon auquel il faudrait mesurer les autres productions musicales. Ce qui confirme l'existence d'œuvres orales, c'est que les différentes versions que nous considérons comme des réalités musicales différentes sont, pour les membres de la culture concernée, une seule et même entité : selon la formule qu'aime à répéter Simha Arom, "c'est la même chose". Du point de vue logique, la notion d'œuvre repose sur l'existence d'un critère d'identité et c'est précisément un critère d'identité *emic* que possèdent les participants d'une culture orale : la variation n'existe et n'a de sens que par rapport à des constantes dont elle n'est que l'envers.

Sous sa forme la plus simple, une œuvre de musique orale, qui est le plus souvent une musique vocale accompagnée, se fonde sur une séquence mélodico-rythmique déterminée. On peut parler d'organisation modulaire – en un sens un peu différent de ce que l'on trouve chez Giannattasio et Lortat-Jacob (1982) et Lortat-Jacob (1987) –, parallèle à ce l'on a l'habitude d'appeler composition formulaire dans le domaine poétique depuis les travaux de Parry et Lord (Lord, 1960) : l'œuvre est faite de la répétition variée de cette séquence-module. Les musiques orales ne sont pas simples mais construisent leur complexité par des moyens différents de ceux qu'utilise la musique écrite. Cette complexité vient non seulement de la variation, mais surtout de l'interaction des différents niveaux et éléments dont est composée l'œuvre : voix et instrument, rythme, mélodie et timbre, soliste et chœur, groupes et individus à l'intérieur d'un chœur présentent des degrés différents de variation. Simha Arom a fait une remarque capitale à propos des polyrythmies africaines : "Nous dirons que le taux de variabilité que présente un soubassement polyrythmique est inversement proportionnel à celui qui prévaut dans le matériel mélodique qui lui est superposé." (1985, vol. II, p. 491.) On pourrait généraliser l'hypothèse et parler d'un principe de complémentarité qui organise les relations entre les différents niveaux de l'œuvre : la variabilité d'un niveau est si l'on veut compensée par la fixité d'un autre. Dans de nombreuses musiques orales, c'est le rythme qui joue ce rôle de constante : les musiques traditionnelles africaines reposent fréquemment sur des cycles rythmiques, structures isopériodiques fondées sur des pulsations isochrones qui ne sont pas nécessairement matérialisées, mais qui sont toujours virtuellement présentes, puisque, si on le leur demande, les participants n'ont aucune difficulté à les réaliser par des battements de main *(passim)*. Par ailleurs, la musique d'une cérémonie peut être constituée de différents modules, qui, portant des noms distincts, constituent des œuvres différentes et peuvent être enchaînés de façon plus ou moins contrainte.

Répétition et variation ne sont pas seulement présentes dans la poésie et la musique orales, on les retrouve dans les productions nées dans des cultures qui connaissent l'écriture. On peut alors se demander si cette morphologie est caractéristique de l'œuvre orale. Le problème s'est posé à propos de la théorie formulaire de la poésie de Parry et Lord : on s'est aperçu que des œuvres écrites pouvaient contenir un grand nombre de formules répétitives. Il est clair que des modes d'organisation analogues à ceux de la production orale se retrouvent dans d'autres musiques : c'est en particulier le cas des musiques de danse et, de façon générale, des musiques relevant de la culture "d'en bas" dans les sociétés stratifiées. Par ailleurs, l'apparition de l'écriture musicale n'a pas immédiatement changé les méthodes de composition : pendant longtemps, comme nous le verrons, le musicien n'a fait que noter extemporanément ce qu'il concevait, sans profiter des nouvelles possibilités ouvertes par l'existence d'une partition. De toute façon, l'importance de la composition modulaire marque bien la continuité entre musiques orales et musiques écrites.

Nous avons dit que l'œuvre orale se fonde sur un module mélodico-rythmique déterminé. Dans certains cas, celui-ci est clairement reconnaissable au cours de l'exécution. Dans d'autres cas, il n'apparaît pas comme tel à l'observateur étranger à la communauté et ce n'est qu'à la suite d'une enquête du musicologue qu'il peut être explicité. On peut alors parler, avec Simha Arom, de modèle qui, dans ce cas, demeure implicite, mais, soulignons-le bien, est nécessairement présent dans l'esprit aussi bien des musiciens que des auditeurs (*ibid.*, vol. II, p. 571-573 et 635-636). Il y a donc dans l'œuvre orale des constantes de surface, qui sont de l'ordre de la répétition, mais il y a aussi des régularités sous-jacentes : les variations d'un niveau quelconque, depuis le degré d'une échelle jusqu'au motif et à l'œuvre dans son ensemble, sont rapportées à la classe d'équivalence à laquelle elles appartiennent. Il faut donc que la connaissance de ces classes fasse partie, d'une façon ou d'une autre, de la compétence des musiciens. On ne peut donc en rester à l'analyse morphologique de l'œuvre orale, qui se limite au niveau neutre : il faut passer du résultat de la performance à la compétence qui le rend possible et adopter une perspective cognitive qui permette de rendre compte de la production et de la réception de la musique.

Quelles sont donc les stratégies poïétiques qui donnent naissance à ce mélange de constantes et de variations ? Les musiciens de tradition orale n'ont pas de partition à leur disposition, mais il faut bien qu'ils possèdent ce que Jacques Siron a appelé "partition intérieure" (1997). Reconnaissons d'abord que les travaux dans ce domaine sont extrêmement rares et que l'on doit se satisfaire d'hypothèses encore assez vagues. Des indications intéressantes sont données par les processus d'apprentissage : il arrive que l'on enseigne d'abord à jouer la forme la plus simple du module, son squelette mélodico-rythmique, et que ce ne soit que peu à peu que l'apprenti musicien maîtrise le jeu de variations qui peut lui être associé (Arom, 1985, vol. II, p. 792-823 ; Dehoux, 1980 et 1986). Mais par ailleurs, dès son plus jeune âge, le membre d'une communauté a entendu les variations associées au modèle. Ce qui se construit ainsi dans l'esprit de l'auditeur et du musicien, c'est un ensemble de modules et sous-modules – et nous prenons volontairement le mot dans un autre sens, le sens qu'on lui donne en sciences cognitives de systèmes spécifiques de traitement de l'information – correspondant aux classes d'équivalence mentionnées tout à l'heure : à tous les niveaux, le musicien a mémorisé et connaît l'ensemble des substitutions paradigmatiques qu'il peut opérer, selon le contexte, à un moment donné de l'œuvre. Répétons encore une fois que tout cela reste très flou : la seule chose dont on soit sûr, c'est que le musicien possède cet ensemble de compétences.

Il serait utile à cet égard de reprendre et de prolonger les analyses de Marcel Jousse, le premier et jusqu'à maintenant un des seuls à avoir tenté une étude globale de l'oralité (Jousse, 1925 ; Baron, 1982). Rappelons quelques-uns des thèmes de ses recherches, qu'il a résumées autour d'un certain nombre de "lois" : loi du bilatéralisme humain, qui fait que l'homme accompagne instinctivement l'expression de sa pensée d'un mouvement de balancement de droite à gauche ou d'avant en arrière, mouvements que l'on retrouve dans l'apprentissage traditionnel de la Torah comme du Coran ; loi du mimisme, selon laquelle la parole est inséparable de gestes expressifs parmi lesquels il faut faire une place essentielle au geste laryngo-buccal, car, comme le savent les amateurs de chant et de poésie, la parole et le chant sont d'abord des activités corporelles ; loi du formulisme, selon laquelle l'expression orale se fonde sur des formules qui font appel à toutes sortes de procédés rhétoriques à valeur mnémotechnique et constituent les pierres que chaque locuteur utilise à sa manière pour organiser son discours ; loi enfin du rythmo-mélodisme, selon laquelle le message, pour s'ancrer dans la mémoire, doit se mouler dans des rythmo-mélodies traditionnelles. L'intérêt de ces pistes de recherche, qui convergent avec d'autres modèles d'analyse comme la théorie formulaire de Parry et Lord, est qu'elles tentent de fonder les compétences du poète et du musicien de tradition orale sur un ancrage corporel : la mémoire qui retient les modèles et les variations est une mémoire corporelle, c'est un *know how*, un *skill*, un savoir pratique dans lequel interviennent, plus que l'intellect, les mouvements et les gestes du corps tout entier.

Les compétences ainsi mises en évidence sont-elles mobilisées par l'individu ou par la collectivité ? Selon la conception romantique, dont l'influence n'a cessé de se faire sentir dans l'étude des œuvres orales, la création n'est pas le résultat d'une production individuelle mais d'un travail collectif. Les formules des frères Grimm ou de Uhland sont plus prudentes et moins caricaturales qu'on ne l'a dit, mais il est vrai qu'elles reposent sur l'idée d'une création collective. C'est la même conception qu'exprime en France Jean-Jacques Ampère, un des pionniers de l'enquête folklorique scientifique : "C'est le temps où le véritable individu est la race, la tribu. Le poète est la voix de cet individu collectif et rien de plus." (Cité in Brăiloiu, 1959, p. 84.)

A cette conception romantique s'oppose la conception positiviste, qui prend le contre-pied de la précédente : la création est toujours individuelle et par ailleurs le peuple n'est pas créateur ; la poésie et la musique orale ne sont qu'un *gesunkenes Kulturgut*, résultat de la dégradation d'un bien culturel venu d'en haut. C'est sur ces principes que se fonde la *Rezeptionstheorie* de John Meier (1906), qui affirmait, au début du XXe siècle, qu'il avait pu rattacher des centaines de chansons populaires allemandes à une origine savante. De manière indépendante, Wilhelm Tappert avait montré que de nombreuses chansons populaires utilisaient des "mélodies vagabondes" *("Wandernde Melodien")* qui se retrouvaient dans toute l'Europe (1868, *passim*). Il est de fait qu'un grand nombre de chansons populaires, en Allemagne comme en France, sont d'origine lettrée : dans les deux pays, la majeure partie du folklore date de la période 1500-1800, même si certaines mélodies peuvent remonter à une époque antérieure (Davenson, 1955 et Nettl, 1973).

L'activité musicale n'est donc pas collective au sens littéral du terme : ce sont des individus qui transmettent et, le cas échéant, composent, et cela est vrai non seulement dans l'Europe moderne, qui connaît évidemment l'écriture, mais aussi dans les sociétés considérées comme les plus "simples" et les plus homogènes (Finnegan, 1977, p. 201-206) : un grand nombre de bandes de chasseurs-cueilleurs et de tribus d'horticulteurs et de pasteurs connaissent, à côté de chants collectifs, des chants personnels, rattachés à leur auteur qui en conserve la propriété. C'est le cas, parmi bien d'autres, des chants personnels des Inuit, que leurs auteurs composent exactement comme le font les poètes et musiciens des cultures lettrées (Pelinski, 1990 ; Nattiez et Conlon, 1993). Pas d'improvisation ni de style formulaire, mais une lente et difficile gestation dans laquelle le poète-musicien pèse, corrige et modifie sa composition, en suivant les étapes considérées comme caractéristiques de la composition écrite : pré-composition, composition et révision (Lindley, 1980). Un autre exemple est fourni par la musique des Bochimans Ju/'hoansi (Olivier, 1998) : une partie importante de leur patrimoine musical est constituée de chants de guérison, qui sont encore créés par certains guérisseurs en état de songe ou de transe. On le voit, l'idée d'origine romantique selon laquelle les civilisations traditionnelles sont de nature collective et ignorent les créations individuelles ne correspond pas à la réalité. Il serait facile de multiplier les exemples de productions personnelles, depuis les poètes de l'Arabie anté-islamique (Musil, 1928) jusqu'aux chants d'amour des îles Gilbert (Grimble, 1957) et aux chansons que les pasteurs dinka chantent seuls dans leurs pâturages en l'honneur de leurs troupeaux (Deng, 1973).

Il faut donc renoncer à la conception littérale d'une composition collective, mais les créations individuelles dépendent en un double sens de la communauté dans laquelle elles apparaissent. D'une part, en effet, le créateur compose à partir du stock poétique et musical fourni par la tradition et, d'autre part, même si la création individuelle apporte du nouveau – et la situation est la même s'il s'agit d'emprunts à une autre culture –, ce nouveau subit des transformations qui permettent de l'intégrer au style de la tradition. On en vient ainsi à interpréter d'une autre façon l'idée d'une création collective. Il s'agit plutôt de ce qu'on pourrait appeler, avec le spécialiste des ballades anglo-américaines Phillips Barry, une "recréation collective" (*"communal re-creation"* ; Barry, 1933). C'est à une conception analogue qu'arrivaient Petr Bogatyrev et Roman Jakobson (1929) : voulant procéder à une certaine réhabilitation de la conception romantique, ils se tournaient non vers la création mais vers les processus d'intégration de l'œuvre traditionnelle dans la communauté.

Venons-en enfin à la transmission orale, qui devrait être au centre de la recherche puisqu'il s'agit du critère qui, en principe, oppose les sociétés traditionnelles aux autres et qui est pourtant un des domaines les moins étudiés aujourd'hui. Il est dans l'état actuel des connaissances bien difficile de savoir ce qui se passe lorsqu'une musique orale est transmise d'une génération à une autre. Comme nous l'avons déjà indiqué, les ethnomusicologues se situent le plus souvent dans une perspective synchronique ; ils ont sans doute aussi été longtemps influencés par la conception romantique selon laquelle l'œuvre orale se transmet fidèlement d'un porteur à un autre. La question de la transmission s'est jusqu'à aujourd'hui à peu près exclusivement posée sur le terrain du folklore ou des textes religieux et s'est trop souvent réduite au dilemme suivant : la transmission est-elle fidèle, exacte, ou au contraire y a-t-il déperdition et transformation (Finnegan, 1977, p. 134-169) ? On affirme d'un côté que seule l'écriture peut transmettre fidèlement un message : *Verba volant, scripta manent.* On insiste de l'autre côté sur l'exactitude avec laquelle se sont transmis pendant des siècles sinon des millénaires des textes comme le *Rg-Veda.* En fait, la transmission littérale semble exceptionnelle, ne concernant dans le meilleur des cas que des textes religieux, et les expériences classiques du psychologue anglais Frederic C. Bartlett (1932) ont montré que la transmission de bouche à oreille entraîne une dégradation rapide du message. Il est vrai que les conditions d'une expérience dans un contexte contemporain ne sont pas celles de la transmission traditionnelle, mais comment croire que, sinon dans des circonstances exceptionnelles, la poésie et la musique d'une communauté puissent traverser les siècles sans se transformer ? Les langues ne cessent de changer – toutes les langues actuellement parlées sont le résultat d'une longue évolution dont nous pouvons partiellement retracer les étapes –, comment les musiques pourraient-elles échapper au changement ?

C'est vers les études de folklore qu'il faut se tourner pour obtenir quelque clarté sur les processus de transmission des œuvres orales. Les spécialistes de contes et de chansons populaires ont mis en évidence, de façon parallèle à une morphologie faite de variantes et de constantes, une transmission où se mêlent continuités et transformations (Davenson, 1955, p. 87-88). Des chansons comme la ballade *Barbara Allen* dans la tradition anglo-américaine et *Le Roi Renaud* dans la tradition francophone et européenne se sont maintenues en restant reconnaissables mais sous la forme de multiples versions dans lesquelles un grand nombre d'éléments sont susceptibles de changement. Le type mélodique principal sur lequel se chante *Le Roi Renaud* remonte à l'hymne *Ave maris stella* (vêpres du commun de la Vierge), relevant originairement du mode de *ré*, mais il se présente sous des formes extrêmement variables : tantôt il conserve la structure modale, tantôt le sentiment de modalité disparaît et l'air passe au mineur et même au majeur modernes. Les transformations vont jusqu'à menacer l'identité de la chanson : le texte peut être découplé de la musique, une même musique servant de "timbre" pour plusieurs textes et, en sens inverse, un même texte pouvant être chanté sur des airs différents. Par ailleurs, l'accumulation de petites modifications de détail finit par rendre le texte et/ou la musique de plus en plus difficilement identifiable à un type ; c'est toute la difficulté des tentatives qui ont été faites de classer la musique des ballades en types mélodiques *(tune families)* distincts.

Il est vrai que les chansons populaires vivent dans une société qui n'est plus celle de la pure oralité et que nous sommes déjà dans les mondes hybrides auxquels nous allons maintenant nous intéresser. Il y a donc possibilité d'échanges entre l'oral et l'écrit, et, peut-être plus important encore, les conditions socioculturelles ne sont plus les mêmes : à la communauté plus ou moins fermée et qui fonctionne sous un régime homéostatique a succédé une société complexe et stratifiée dans laquelle l'individu jouit d'une plus grande marge d'initiative et dans laquelle le rythme du changement est plus rapide. Mais, si nous nous sommes adressés au folklore européen pour éclairer le mode de transmission des œuvres orales, c'est pour pallier les lacunes de l'enquête ethnomusicologique. Même si c'est sur un rythme beaucoup plus lent que dans les sociétés hybrides, les musiques de tradition orale ne peuvent pas ne pas changer ; il est vrai que l'ethnomusicologie manque de la profondeur historique nécessaire pour mettre en évidence leur évolution, mais il serait souhaitable que l'on s'intéresse au moins à la question.

Dans cette perspective, il serait utile de reprendre les propositions avancées au début du XXe siècle par le folkloriste anglais Cecil Sharp (1907), qui a cherché à rendre compte de la transmission orale grâce à un modèle darwinien. Même si ces modèles ont été longtemps discrédités à cause de leur utilisation idéologique, un historien aussi peu suspect de partialité en faveur du darwinisme que Henri-Irénée Marrou (qui a publié son œuvre de folkloriste sous le nom de Davenson) n'hésite pas à parler, à propos de la chanson populaire française, d'"une forme d'évolution créatrice, dans une large mesure involontaire, et néanmoins efficace", qui correspond à une "conception en quelque sorte darwinienne de l'évolution folklorique" (Davenson, 1955, p. 96). Selon Cecil Sharp, la transmission des œuvres orales s'opère selon trois principes qui s'inscriraient facilement aujourd'hui dans le cadre de ce que Richard Dawkins appelle "darwinisme universel" (1983) : le principe de continuité, qui assure la relative stabilité de l'œuvre ; le principe de variation, qui ne cesse de la modifier et entre donc en conflit avec le précédent ; enfin le principe de sélection, selon lequel ne sont retenues que certaines des variantes ainsi engendrées. Cecil Sharp interprétait ce dernier principe dans un sens nationaliste et presque racial : pour lui ne se maintenaient que les variantes qui correspondaient à la nature profonde de la communauté. Il va de soi que toute application sérieuse de ce modèle darwinien abstrait n'a rien à voir avec les dérives du darwinisme social.

Ces principes constituent moins une explication qu'une description et un programme de recherche et c'est sans doute le troisième principe qui pose les problèmes les plus intéressants.

Comment expliquer que certaines modifications se maintiennent et que d'autres disparaissent ? Le hasard joue à coup sûr un grand rôle, mais il faut faire intervenir deux autres facteurs qui sont susceptibles d'orienter l'évolution. Il s'agit d'une part de la pression exercée par le patrimoine poétique et musical de la communauté, et d'autre part du rôle du poète-musicien lui-même. Le patrimoine, avec son style, ses types mélodiques et les dimensions de variation déjà admises, sans imposer une direction à l'évolution, canalise les modifications et retient de préférence celles qui s'intègrent plus facilement. Mais le musicien joue aussi un rôle : il choisit dans le cadre offert par ses traditions mais peut aussi les prolonger par des innovations. De toute façon, la musique change, tantôt dans le sens d'une dégradation, tantôt dans le sens d'une amélioration. On n'aime pas aujourd'hui faire intervenir les critères esthétiques, mais comment s'empêcher de préférer une version à une autre, une chanson à une autre ? On rencontre ainsi la question posée par ce qu'il ne faut pas craindre d'appeler les réussites de la tradition orale : comment nier que certaines chansons populaires, au cours d'un processus par essais et erreurs, aboutissent à des résultats esthétiquement satisfaisants ? Comment refuser le titre de chef-d'œuvre à une des mélodies sur lesquelles se chante la chanson française *La Pernette* ? Né sans doute, selon Vincent d'Indy, de la transformation d'une mélodie grégorienne, l'alléluia *Corona aurea*, l'air est publié pour la première fois dans une comédie de Favart, *Annette et Lubin* (1762), et il est probable que Favart l'a lui-même emprunté à la tradition populaire (Davenson, 1955, p. 170-175) : seule importe ici la réussite esthétique. Sur cette question, des littéraires comme Paul Bénichou sont plus courageux que bien des ethnomusicologues : il y a selon lui des cas où il s'agit "d'une création activement conduite selon la logique du récit et la propriété de l'expression ; selon le sens poétique, qui parle haut dans ce travail, et qu'on ne peut tenir hors de nos études sans les dénaturer" (1982, p. 13). En musique comme en poésie, la dialectique de l'individu et de la collectivité peut ainsi aboutir à des résultats dans lesquels les éléments présents antérieurement dans une œuvre acquièrent ces qualités de cohérence et d'unité qui ont toujours été considérées comme les caractéristiques de la beauté (sur ce point cf. Molino, 1990 et ci-dessous, p. 384-385). Encore trop influencés par le mythe romantique de la création collective, nous avons tendance à opposer création traditionnelle et création du génie individuel. Il convient au contraire, toujours avec Paul Bénichou, de souligner la continuité entre le créateur traditionnel et le créateur moderne : "Ainsi la particulière importance, dans cette sorte de poésie, d'une matière sujette à des modifications mécaniques ou fortuites ne fait que mettre davantage en relief l'action décisive d'un esprit, d'un sujet agissant, responsable en fin de compte de l'essentiel." (*Ibid.*, p. 13.)

4. Entre l'oral et l'écrit : les musiques hybrides

Une rupture capitale se produit avec l'émergence des sociétés étatiques, cités, royaumes et empires. Elles ont rapidement représenté la situation la plus générale avec, pour la période moderne, les grandes aires de "hautes civilisations" qu'ont constituées le monde chinois et japonais, le monde indien, le monde américano-indien, le monde arabo-islamique et le monde européen chrétien. La société se stratifie : à l'intérieur de la ville s'opposent couches supérieures et couches inférieures ; de son côté, la ville est séparée de la campagne, où les paysans produisent par leur travail le surplus nécessaire à l'entretien de l'Etat et des couches privilégiées qui en relèvent ; ailleurs les sédentaires, paysans et citadins, s'opposent aux nomades qu'ils perçoivent comme une perpétuelle menace. Il y a en même temps spécialisation et professionnalisation : les musiciens deviennent des spécialistes à temps complet, tandis qu'avec l'écriture apparaissent aussi les scribes, spécialistes d'un savoir qu'ils partagent avec les dirigeants et les prêtres et qui les isole de la masse illettrée.

Dans ces sociétés complexes, il est impossible de séparer les communautés d'"en bas", urbaines, paysannes ou nomades des ensembles plus vastes dans lesquels elles s'insèrent. Ces communautés constituent ce que l'anthropologue américain Robert Redfield a appelé des sociétés partielles *(part-societies)*, qui dépendent de la ville et des élites aussi bien du point de vue culturel que du point de vue économique et politique ; leur culture relève de ce qu'on peut appeler culture d'empire, qui se distingue à la fois des cultures traditionnelles des bandes et tribus et des cultures nationales que nous avons connues dans l'Europe moderne (Molino, 2000, p. 105) : il s'agit d'ensembles complexes, dans lesquels une certaine cohérence globale, d'ordre plus souvent religieux que politique, s'accompagne d'une grande diversité linguistique et culturelle. On voit en particulier coexister deux cultures, la grande et la petite tradition : "Dans une civilisation, il y a une grande tradition de la minorité réfléchie et il y a une petite tradition de la majorité largement irréfléchie. La grande tradition est cultivée dans les écoles et les temples ; la petite tradition s'élabore et s'entretient dans les vies des illettrés au sein de leurs communautés villageoises." (Redfield, 1956, p. 41-42.) La grande tradition, c'est celle de la religion dominante avec ses prêtres et ses exégètes, celle des scribes qui, non contents de s'acquitter de leurs tâches administratives, construisent des représentations symboliques du monde et de la société ; la petite tradition, c'est celle des masses paysannes et urbaines qui, tout en dépendant de l'autre à laquelle elles sont reliées par des intermédiaires comme le prêtre ou l'enseignant, développent leur propre vision du monde.

Mais la situation culturelle de ces sociétés hybrides est plus complexe encore et se présente sous des formes diverses selon les différentes aires de civilisation. Essayons de préciser un peu le cadre dans lequel se développe la musique européenne au Moyen Age. L'écriture constitue un premier trait distinctif entre les deux cultures : la petite tradition est essentiellement orale tandis que l'autre se fonde sur la maîtrise de l'écrit (rappelons qu'il ne s'agit d'abord que d'écriture linguistique avant l'émergence d'une notation musicale précise et déchiffrable à la fin du Ier millénaire). La société médiévale est traversée par une autre division, celle qu'entraîne une situation de diglossie : les couches inférieures parlent des langues "vulgaires", langues romanes ou langues germaniques qui restent longtemps orales, tandis qu'une part au moins des couches supérieures est bilingue, le latin étant la langue de la religion et de la culture. Ce n'est que progressivement que l'Eglise reconnaît la nécessité, pour que son message soit accessible aux masses illettrées, de prêcher en langue vulgaire, c'est-à-dire, comme le préconise le concile de Tours (813), *in linguam gallicam aut theotiscam*, en français ou allemand.

Une dernière division semble recouper les précédentes et couronner l'ensemble de l'édifice, celle qui oppose monde religieux et monde profane : il y a d'un côté l'Eglise, avec ses institutions, ses clercs lettrés et ses moines, et de l'autre la masse des paysans illettrés qui n'ont que peu de relations avec elle.

Ces divisions restent souvent à la base des études de la littérature ou de la musique médiévales mais elles ne correspondent pas à la réalité d'une société qui se caractérise plutôt par le brassage et la fusion. Ecrit et oral sont profondément mêlés : si c'est un livre qui est le fondement de la religion chrétienne comme des autres "religions du Livre", judaïsme et islam, ce livre existe autant ou plus dans la mémoire des prêtres et ne sert que de référence lointaine pour l'ensemble des fidèles. Et l'oral ne s'identifie pas au populaire ou à l'illettré : il y a des seigneurs illettrés, c'est-à-dire incapables de lire ou de parler latin, et pourtant cultivés et les différents milieux vivent sur de véritables cultures orales. Il en est de même pour les relations entre latin et langues vernaculaires. L'histoire de la littérature, qui s'est constituée au XIXe siècle dans le cadre des nationalismes triomphants, a séparé les textes en langue vernaculaire des textes rédigés en latin alors qu'ils ne peuvent être compris les uns sans les autres. Il ne faut enfin pas surestimer l'importance de la religion chrétienne dans la société médiévale en la voyant tout entière organisée autour de l'Eglise ; l'historien français contemporain Jacques Le Goff n'a pas craint de terminer une présentation synthétique du christianisme médiéval sur la surprenante question : "Pourquoi le christianisme médiéval n'a-t-il pas, a-t-il si mal christianisé l'Occident ?" (Le Goff, 1972, p. 856.) Pour compliquer encore le tableau, il ne faut pas oublier l'extrême diversité ethnique de l'Europe, résultat du brassage entraîné par les Grandes Invasions (IVe-VIe siècles) et par les mouvements de migrations et de conquêtes qui ne cesseront pas jusqu'à la fin du Moyen Age. Par ailleurs, ces populations hétérogènes sont prises dans des entités politiques – empires, royaumes ou principautés – qui n'ont rien à voir avec l'homogénéité des nations modernes. Le grand facteur d'unification est, avec la réserve que nous venons de faire – la christianisation a été partielle et dans bien des cas superficielle –, la religion chrétienne, peu à peu diffusée dans toute l'Europe occidentale et représentée par des clercs possédant une langue et une culture communes.

Cette esquisse d'anthropologie culturelle de la société européenne médiévale était nécessaire pour donner une idée de ce qu'était cette société hybride et c'est la même diversité que l'on retrouve en musique. On y retrouve l'opposition de l'oral et de l'écrit, rendue bientôt plus complexe encore par l'existence de deux écritures – notation du langage et notation de la musique – et donc de deux oralités. A la division entre latin et langues vernaculaires s'ajoute la division proprement musicale entre monodie et polyphonie, qui sont peu à peu devenues deux langues distinctes. On retrouve enfin la même opposition entre religieux et profane, entre d'un côté la musique des offices et de la messe et de l'autre les chants et danses de la ville et de la campagne. Mais ici aussi relations et transitions sont multiples et le développement du motet peut servir de symbole à ce mélange des cultures puisqu'on y voit s'associer le latin et le français, le religieux et le profane, l'oral et l'écrit : dans le motet *Lis ni glay* (manuscrit de Montpellier H 196, n° 266), une teneur liturgique ("AMAT") supporte un double amoureux profane *("Lis ni glay")* et un triple latin pieux adressé à la Vierge *("O Virgo pia")* ; le motet *Prenez-y garde* (même manuscrit, n° 325) est construit sur une teneur profane ("Hé mon enfant") qui était sans doute une chanson populaire et les motets dits "entés" naissent de la greffe sur un motet d'un ou plusieurs refrains connus (Chailley, 1972, p. 79-80 et 84).

Nous ne connaissons en fait qu'un pan de la musique médiévale, celle qui a été progressivement confiée à l'écriture, c'est-à-dire avant tout la musique religieuse, koinè musicale qui s'est imposée à l'ensemble du monde catholique. Ce que nous avons conservé, c'est une partie seulement de cette musique, celle des monastères et des chapitres des cathédrales, où ont été créées des écoles pour former des spécialistes, les *scholae cantorum*. Nous ne connaissons pas plus la musique "populaire", la musique d'"en bas", que nous ne connaissons la religion "populaire" des masses médiévales. Que chantait-on dans les églises des quartiers et des villages ? Il y a peu de chances que ce soit la musique polyphonique à laquelle nous accordons une attention presque exclusive. Est-on même sûrs qu'on y chantait le grégorien ? Les quelques indications que l'on peut glaner dans les textes nous font apercevoir une réalité bien différente : conciles et évêques protestent contre la présence dans l'église de danses et de "cantilènes" profanes. De même, les manuscrits luxueux qui nous ont transmis les chansons des troubadours ne nous livrent qu'une partie de la musique profane de l'époque et l'on devine, derrière cette musique savante, le monde inconnu des musiques populaires.

C'est pourquoi il conviendrait de reprendre dans cette perspective l'histoire de la musique médiévale. A cause à la fois de l'absence de documents et du préjugé en faveur de la musique savante, on a toujours privilégié la polyphonie au détriment de la musique monodique : on ne parle en effet de monodie qu'avant la naissance de la polyphonie ; après son apparition, il n'en est que plus rarement question, sauf lorsque la polyphonie emprunte une chanson à la tradition orale, lorsqu'on assiste, dans le cas de l'estampie, à la naissance d'une musique instrumentale autonome. Le fameux *Roman de Fauvel* n'a longtemps été étudié que comme témoignage d'un âge de transition et des innovations de l'Ars Nova alors qu'il comprend plus de pièces monodiques que de pièces polyphoniques : ce n'est que récemment que l'attention s'est portée sur les monodies (Rosenberg et Tischler, 1991 ; Bent et Wathey, 1998). De même, un manuscrit qui présente "l'ordonnance que Guillaume de Machaut veut dans son livre" (Bibliothèque nationale, Paris, manuscrit fr. 1584) commence le recueil de ses compositions musicales par des lais et le termine par des virelais, chansons monodiques qui encadrent les motets, ballades et rondeaux polyphoniques mais auxquelles on accorde généralement une moindre importance : les lais apparaissent comme les derniers chefs-d'œuvre d'un genre moribond, les virelais comme les témoignages d'une étape de transition entre la chanson de danse monodique et son élaboration polyphonique. A partir du moment où se développe la polyphonie, le musicologue ne s'intéresse guère à la monodie, d'abord parce qu'il n'y a pas grand-chose à en dire – à l'exception de quelques tentatives isolées comme celle de Leonard Meyer (1973) et celle plus récente de Baroni, Dalmonte et Jacoboni (1999), où trouver les éléments d'une théorie de la mélodie (Nattiez, 1987, p. 283-310) ? –, ensuite parce qu'il a longtemps été hanté par l'idée de progrès dans l'histoire : certaines œuvres, certains musiciens sont plus "progressistes" que d'autres et l'histoire de la musique médiévale a trop souvent été vue comme un développement cumulatif et orienté qui doit évidemment conduire à la polyphonie de la Renaissance puis à l'harmonie tonale (ou, si l'on préfère, à sa dissolution) ; la monodie était alors du côté du passé tandis que la polyphonie représentait l'avenir.

L'oralité musicale nous fournit au contraire l'occasion d'une défense et illustration de la monodie, fondement naturel du sens et du plaisir musical. Il ne s'agit pas de rejeter la polyphonie comme un artefact dû à l'écriture – il y a un peu partout dans le monde des traditions de polyphonie orale –, mais de reconnaître l'autonomie et la valeur propre du chant monodique que mille ans de musique à plusieurs voix ont réduit au rang de matériau et auquel seule la prise au sérieux de l'oralité peut rendre sa pleine valeur. C'est qu'il faut sans doute, avec Jacques Chailley, voir dans l'apparition de la polyphonie le début du divorce qui sépare depuis cette époque deux publics et deux cultures musicales, la culture monodique et la culture "plurivocale" (1984, p. 79-80). Les musiciens du Moyen Age étaient pourtant bien conscients de l'importance de la mélodie et le théoricien Francon de Cologne rappelait la priorité de la monodie dans la composition d'une œuvre polyphonique : *"Qui vult facere conductum primum cantum invenire debet pulchriorem quam potest"* ("Qui veut faire un conduit doit d'abord inventer un chant aussi beau que possible") (p. 80). La monodie est évidemment là avant la polyphonie, depuis les premiers chants de la synagogue et de l'Eglise primitive jusqu'au grégorien, mais il y a aussi continuité d'un chant profane dont on ne peut que deviner la présence grâce à des témoignages isolés comme les *kharadjât* (singulier : *khardja*) espagnoles, espèces de refrains en langue romane insérés dans des poèmes en langue arabe et hébraïque. Et la monodie profane continue son existence souterraine jusqu'à l'apparition des troubadours et des trouvères avant de replonger dans l'obscurité dont elle ne sort que grâce à quelques recueils et aux emprunts que lui fait la musique savante polyphonique. Celle-ci est constamment irriguée par la musique orale monodique et le développement de la musique médiévale peut être considéré comme le résultat d'une dialectique d'influences réciproques entre musique savante écrite et musique populaire orale. Donnons deux exemples de ces échanges : au XIIIe et au début du XIVe siècle se répand la mode des refrains d'origine orale, que l'on voit citer aussi bien dans les chansons de trouvères ou dans le théâtre d'Adam de la Halle que dans les motets, et la chanson profane polyphonique se construit à partir de chants de danse à refrains, rondeaux, ballades et virelais. Il n'y avait donc pas de frontière étanche entre mono- et polyphonie : dans cette culture hybride, une "chanson" pouvait être exécutée d'une façon aussi bien que d'une autre.

Cette réécriture de l'histoire sous le signe de la monodie ferait aussi apparaître l'importance anthropologique de la musique non mesurée, qui est souvent traitée avec beaucoup moins d'attention que la musique mesurée. Il est vrai que, dans un certain nombre de cultures – en Afrique par exemple –, la musique non mesurée n'est pas considérée comme relevant du domaine qui correspond à ce que nous appelons musique, mais c'est que la catégorisation ne répond pas aux mêmes critères que les nôtres et que le lien avec la danse joue un rôle essentiel. Il est certain, quelles que soient les difficultés que l'on éprouve à déterminer le rythme du grégorien ou du chant des troubadours, qu'il ne s'agit pas de musique strictement mesurée et les théoriciens du Moyen Age avaient conscience de l'existence de ces deux types : dans un traité de la fin du XIIIe siècle, Jean de Grouchy divise la musique de son temps en musique mesurée et musique "qui n'est pas aussi précisément mesurée" *(non ita precise mensurata)* (Rohloff, 1972, p. 124). Ici encore, la création en Europe de systèmes de mesure de plus en plus raffinés est considérée comme un indiscutable progrès. C'est vrai du point de vue technique, mais pourquoi cela serait-il vrai du point de vue esthétique ? Comme pour la polyphonie, le progrès technique ne doit pas servir de critère esthétique (Weber, 1951, p. 505-513 ; 1965,

p. 445-457). En fait, il faut sans doute considérer les musiques non mesurées comme un "phylum" indépendant, que l'on peut mettre en rapport avec des usages spécifiques de la parole : il s'agit du vaste domaine de ce qu'on appelle – le vocabulaire n'est pas précisément fixé – cantillation ou psalmodie *(chanting)*, modalité déjà présente dans des genres comme les déplorations funèbres et que l'on retrouve aussi bien dans de nombreuses formes de chant religieux que dans la "récitation chantée" des épopées ou de certaines poésies lyriques (Spector, 1987). Et les deux types de musique ne sont pas totalement séparés. Ils forment au contraire un couple fondé sur l'opposition récurrente entre contrainte et liberté. Ce couple a été fréquemment utilisé dans les musiques les plus diverses. Le non-mesuré est présent dans la musique turque, où le *taksim*, prélude au rythme libre, précède une suite organisée selon le système rythmique des *usul*. Et l'on trouve des traces de cette liberté rythmique au XVIIe siècle, dans les préludes non mesurés de Louis Couperin et Nicolas Lebègue. Une opposition analogue se retrouve dans l'opéra européen, où font contraste l'air mesuré et le récitatif qui, bien que noté avec des barres de mesure, laisse une grande liberté rythmique à l'interprète qui doit faire preuve de la *sprezzatura* vantée par Castiglione et Caccini : "On ne mesure point le récitatif en chantant. [...] Le compositeur, en notant le récitatif sur quelque mesure déterminée, n'a en vue que de fixer la correspondance de la basse continue et du chant et d'indiquer à peu près comment on doit marquer la quantité des syllabes, cadencer et scander les vers." (Rousseau, 1768, in 2007, p. 400) Et, à l'article "Mesuré" du même dictionnaire, Rousseau précise que "ce mot répond à l'italien *a tempo* ou *a batuta* et s'emploie, sortant d'un récitatif, pour marquer le lieu où l'on doit commencer à chanter en mesure" (*ibid.*, p. 283).

Cette importance de la monodie trouve sa meilleure illustration dans la musique des autres civilisations qui ont connu l'écriture mais qui n'ont pas systématiquement développé et utilisé de notation musicale : elles n'ont pas davantage connu l'équivalent de la polyphonie et plus tard de l'harmonie européennes. La diversité est grande selon qu'il s'agit de l'Inde, de la Chine ou du Japon et je voudrais me borner à l'exemple du monde arabo-islamique, dont la comparaison avec l'Europe est d'autant plus intéressante que les deux ensembles culturels ont été constamment en contact. Il présente une certaine homogénéité géographique : qu'il s'agisse d'abord de son berceau, l'Arabie, ou plus tard de l'aire qu'il couvre au moment des invasions seldjoukides et mongoles aux XIIe et XIIIe siècles, l'islam s'est développé dans un cadre de vie dominé par l'existence du désert et de la steppe. Ces lieux sont traversés et habités par des nomades qui vivent plus ou moins en symbiose avec les sédentaires situés sur leurs franges. Ce sont en même temps des lieux de passage, car ils sont situés sur de grandes routes commerciales : les peuples de la steppe, Turcs et Mongols, s'engouffreront dans l'axe de migration et de conquête qui traverse la plaine eurasiatique d'est en ouest. D'où le rôle joué par la lutte des nomades et des sédentaires, dans laquelle l'historien et sociologue arabe du XIVe siècle Ibn Khaldûn verra le mécanisme déterminant de l'évolution historique (1997). Les facteurs centrifuges sont donc ici beaucoup plus importants qu'en Europe, les entités politiques fragiles et variables, les migrations constantes : un extraordinaire mélange de peuples véhicule des traditions culturelles hétérogènes.

Il existe pourtant dans cette immense aire culturelle un important facteur d'unité musicale, qui joue un peu le même rôle que la musique religieuse en Europe : ses diverses régions, de l'Afrique du Nord au Proche-Orient (musiques arabe, iranienne et turque) et à l'Asie centrale, possèdent des musiques d'art qui utilisent toutes des termes issus de l'arabe *maqâm*. Le mot a des graphies différentes et au moins deux grandes acceptions – il désigne soit un cycle de composition chez les nomades d'Asie centrale soit plus généralement les "modes" apparentés sur lesquels se fondent ces musiques d'art –, mais son usage traduit l'existence d'une véritable koinè musicale d'origine arabo-iranienne qui s'est progressivement constituée du IXe au XVIe siècles et qui s'est superposée à des traditions locales multiples auxquelles elle s'est elle-même adaptée. Les musiques d'art de ces diverses régions reposent donc sur un fond commun qui porte sur toutes les dimensions du fait musical, depuis les modes et les rythmes jusqu'aux formes, aux instruments et au vocabulaire technique. Mais on retrouve ici l'opposition entre une musique d'art savante (musique urbaine, musique de cour) et des musiques populaires (locales, ethniques), qui prend aussi la forme, en Asie centrale, de l'opposition entre musique sédentaire et musique nomade (During, 1998). Comme en Europe, les liens sont multiples entre les deux traditions : en Turquie, le palais d'Istanbul a servi de creuset entre les diverses traditions (Cler, 2000) et, de façon plus générale, les confréries soufies ont partout assuré le rôle d'intermédiaire entre les diverses musiques. La grande différence avec l'Europe, c'est que musique savante et musique populaire sont toutes deux orales.

Et c'est dans le cadre socioculturel que nous venons d'esquisser que se développe l'improvisation, dont on a pu s'étonner que nous n'ayons pas parlé plus tôt. C'est que la notion est assez confuse et il importe d'en éclairer la généalogie avant de pouvoir l'utiliser sans danger. Le mot apparaît, dans un grand nombre de langues européennes, aux XVIIe et

XVIIIe siècles, c'est-à-dire au moment même où la musique savante commence à se figer dans la partition imprimée, où précisément on n'improvise plus. Ce qu'on appelle désormais improviser, on l'appelait auparavant jouer et composer : la notion n'émerge que lorsqu'elle ne fait plus partie de la pratique musicale ordinaire. D'où les associations tantôt péjoratives tantôt flatteuses qui l'accompagnent : aujourd'hui on célèbre dans l'improvisation l'amour du risque ou le bon usage des erreurs, thèmes qui ont plus à voir avec les idéologies occidentales actuelles qu'avec les réalités des musiques improvisées à travers les différentes cultures. On appelle en fait improvisation tout ce qui ne correspond pas au modèle occidental de composition écrite puisqu'on la définit par exemple comme "un intermédiaire entre la reproduction et la création" (Suliteanu, 1976, p. 97).

Pour introduire un peu de clarté dans la notion, il faut distinguer deux grands types de construction musicale non écrite, que j'appellerai improvisation-variation et improvisation-composition. Il y a d'un côté, comme dans les musiques orales que nous avons déjà envisagées, les variantes d'un modèle préétabli, qui sert à identifier la pièce exécutée : "Le modèle est une représentation à la fois globale et simplifiée de l'objet ; il le caractérise, tout en condensant, en une représentation qui en accuse la singularité, l'ensemble de ses traits pertinents, et eux seulement." (Arom, 1987, p. 119.) Il y a de l'autre côté, dans les musiques de l'Inde du Nord comme dans les musiques arabes, iraniennes ou turques, une performance dont le résultat est reconnu comme œuvre originale : le critère décisif de distinction est un critère d'identité. Dans cette improvisation-composition, l'œuvre n'est pas la réalisation d'un modèle, ou alors on donne au mot un sens absolument différent : elle se fonde sur un système modal – râga, *maqâm* ou *radif* – qui fonctionne comme cadre de la composition. Il y a aussi des formules plus ou moins fixées et des règles d'enchaînement de séquences, mais les éléments de la composition sont tout à fait semblables à ceux que l'on trouve dans la musique européenne écrite : pensons à une fugue ou à un mouvement de sonate.

La complexité du système modal et les règles de composition exigent un long apprentissage qui commence par la mémorisation et la reproduction d'un grand nombre de compositions déjà existantes et conduit progressivement à la composition originale : ici encore, le parallélisme avec la formation du musicien occidental classique est frappant. Cet apprentissage se réalise dans des "écoles" où des liens extrêmement forts s'établissent entre un maître et ses élèves ; ainsi s'instaurent des lignées musicales qui donnent naissance à des styles spécifiques et sont souvent associées à des traditions religieuses particulières (During, 1994). Enfin la composition-exécution n'est pas faite pour l'ensemble d'une communauté mais pour un public choisi de courtisans, de fidèles d'une confrérie ou de connaisseurs et d'amateurs. Il apparaît ainsi que ce second type d'improvisation est l'équivalent, pour les hautes cultures sans écriture musicale systématiquement utilisée, de la composition fondée sur l'écriture. C'est pourquoi il conviendrait de donner un autre nom à ce mode de construction, aussi complexe que ce que nous appelons composition, et de lui réserver le nom, qui a été déjà suggéré, de composition en temps réel. Rappelons qu'il ne s'agit que d'une typologie et qu'il existe un grand nombre de formes intermédiaires, mais l'essentiel est de reconnaître que les civilisations hybrides ont donné naissance aux deux grands modèles, égaux en dignité, de création musicale que sont la composition en temps réel et la composition écrite. Et n'oublions pas qu'une grande partie de la musique européenne médiévale était une musique improvisée reposant sur des principes analogues. C'est le cas non seulement pour la monodie, mais pour la polyphonie elle-même : longtemps après la diffusion de l'écriture musicale se maintient la pratique de l'improvisation polyphonique orale (Bent, 1983 et Jeffery, 1992, p. 115-118), que l'on retrouve dans certaines traditions populaires contemporaines.

Une caractéristique commune des civilisations et des musiques que nous avons appelées hybrides est l'influence de l'écriture non musicale sur la musique. Une conséquence de l'existence de scribes, de prêtres et de philosophes ainsi que de musiciens professionnels est en effet l'émergence de la théorie musicale, indépendante de l'existence d'une notation : la réflexion se porte sur tous les domaines et concerne aussi bien la musique que la théologie ou la politique. Dans la civilisation arabo-musulmane par exemple, la théorie musicale qui, comme en Europe, est une discipline scientifique, apparaît en même temps que la réflexion philosophique : dans les traités musicaux d'Al-Kindî (vers 796-vers 873) et d'Al-Fârâbî (872-950) et en particulier dans le monumental *Grand Livre de la musique (Kitâb al-mûsîqâ al-kabîr)* du second, s'opère la synthèse entre la pratique musicale arabo-persane et la théorie grecque (Erlanger, 1930-1959). C'est la rencontre entre théoriciens et musiciens professionnels qui explique que, de l'Europe à la Chine, on ait réfléchi et procédé à de multiples tentatives d'organisation et de rationalisation des échelles et des rythmes, tentatives que favorise la diversité des styles régionaux : de la Grèce antique au Moyen-Orient, les noms donnés aux modes sont souvent des noms d'origine géographique, ce qui témoigne d'une dialectique caractéristique entre variation et volonté d'unification. C'est aussi l'existence d'une réflexion théorique qui a favorisé le passage d'une pratique fondée sur des formules à l'émergence de ces objets plus abstraits que sont les échelles et les modes : la même évolution se produit en

Europe lorsqu'on dégage et élabore les "modes" dans lesquels on fait rentrer avec plus ou moins de succès les mélodies grégoriennes.

5. L'irrésistible progrès de l'écriture musicale en Europe

C'est alors que se séparent la musique européenne et celle des autres cultures lettrées : tandis que ces dernières continuent sur le chemin de la monodie, la première opère une rupture en s'engageant dans la voie de la polyphonie. Il est vrai que la plurivocalité apparaît de façon récurrente dans les cultures les plus diverses, mais ce n'est qu'en Europe qu'elle est devenue le procédé dominant de la musique d'art et il semble bien qu'il y ait un rapport entre le développement systématique de l'écriture musicale et l'évolution spécifique qui a conduit à la polyphonie puis à l'harmonie tonale : "Si l'on s'interroge sur les conditions spécifiques de l'évolution musicale de l'Occident, on doit y inclure avant toute autre l'invention de notre notation musicale moderne. Une notation musicale comme la nôtre est, pour l'existence d'une musique telle que nous la possédons, d'une importance bien plus fondamentale que ne l'est par exemple la nature de l'écriture pour l'existence d'œuvres dans les arts du langage [...], une œuvre musicale moderne quelque peu compliquée ne saurait, sans les ressources de notre notation musicale, ni être produite ni être transmise ni être reproduite : sans cette notation, elle ne peut absolument pas exister en quelque lieu et de quelque manière que ce soit, pas même comme possession interne de son créateur." (Weber, 1921, in 1998, p. 117-118.)

Il ne s'agit évidemment pas d'une causalité unique et l'évolution de la musique occidentale est une construction née de l'enchaînement de multiples circonstances, mais il est certain que la construction de l'écriture musicale a joué un rôle essentiel. La musique européenne ne s'est cependant que très progressivement soumise aux impératifs de l'écriture : l'utilisation de l'écriture musicale a été le résultat d'un lent processus de construction et de diffusion. Des trois grands domaines d'application de l'écriture – les systèmes de notation des nombres, du langage et de la musique – c'est sans doute les nombres qui viennent d'abord et les sons en dernier lieu. Dans les trois cas, la notation ne répond pas à une finalité globale et unifiée selon la conception que les linguistes se sont longtemps faite de l'écriture considérée comme codage fidèle de la parole et que l'on retrouve souvent dans le cas de la musique : qu'il s'agisse des nombres, des mots ou des sons, elle naît de besoins pratiques et elle est le résultat de stratégies concrètes et limitées, ce qui n'exclut évidemment pas, bien au contraire, l'invention intellectuelle.

La notation musicale est postérieure à l'écriture, sur laquelle elle se greffe selon des procédés divers : elle utilise des lettres, des syllabes ou des mots pour identifier les degrés d'une échelle ou la position des doigts sur les cordes et le clavier d'un instrument (tablature). Elle se construit aussi en marge de l'écriture : c'est ce qui se produit dans le cas des systèmes ekphonétiques, où l'on écrit, au-dessus du texte à chanter, des signes qui indiquent les inflexions de la voix. Par ailleurs, elle est en continuité avec des pratiques gestuelles et verbales comme la chironomie, déjà attestée en Egypte au temps de l'Ancien Empire et utilisée au Moyen Age dans un but pédagogique ("main musicale" de Guido d'Arezzo) : le passage à une notation diastématique, utilisant la double dimension de la surface pour représenter les intervalles et leur disposition relative, repose sur un principe analogue. Ce qui est frappant dans cette évolution, ce sont les aléas de l'histoire, la variété des solutions proposées et surtout le caractère créateur de la construction, résultat de multiples innovations absolument imprévisibles mais toujours ancrées dans des pratiques gestuelles et vocales, qui ne disparaissent pas lorsque existe l'écriture musicale : elle est inséparable des conventions qui en règlent l'utilisation.

A partir du moment où la musique s'écrit, une première question se pose : comment est-on passé de l'oralité à l'écriture ? Car il ne s'agit pas seulement de l'origine de l'écriture musicale, mais de la façon dont la musique qui existait avant l'écriture a été notée et comment elle s'est transformée au cours de ce processus. Ainsi s'expliquent les difficultés que rencontre l'étude du chant grégorien. La situation à la fois fascinante et désespérante dans laquelle on se trouve est caractéristique des problèmes posés par le passage de l'oral à l'écrit : on sait que le chant grégorien est d'abord une musique orale, mais tout ce qu'on possède ce sont des manuscrits qui marquent précisément la sortie, au moins partielle, hors de l'oralité. L'étude scientifique du grégorien, qui ne date guère de plus d'un siècle, s'était développée jusqu'à une époque récente dans deux directions : d'une part l'étude des manuscrits selon les méthodes de la philologie classique et de l'autre la pratique vivante des moines de Solesmes. Le caractère oral de la transmission était certes bien connu, mais on ne savait pas trop quelles conséquences de méthode en tirer.

Lorsque dom Paolo Ferretti reprend la notion de centonisation, déjà utilisée au IXe siècle par Jean Diacre pour rendre compte du mode de composition du grégorien – qu'il rapporte à saint Grégoire lui-même –, il propose une théorie proche de celle que développe Parry à peu près à la même époque (Ferretti, 1934) : une partie au moins des mélodies grégoriennes auraient été composées par combinaison de fragments existants. Ce n'est que plus récemment encore que l'on s'est posé de façon systématique le problème de la transmission orale dans la musique médiévale européenne : Hendrik Van der Werf, après s'être intéressé à la musique des troubadours et des trouvères et s'être demandé quelles pouvaient être les modalités de la composition dans une culture musicale sans notation *(notationless culture)*, a ensuite appliqué la même démarche au grégorien (1972, 1983 et 1995) ; à peu près à la même époque, Leo Treitler (1974 et 1981) et Helmut Hucke (1980) ont de leur côté pris au sérieux la transmission orale du grégorien. Quelles que soient les solutions proposées, les musicologues butent sur les mêmes difficultés, qui viennent de l'imbrication de deux processus bien différents auxquels correspondent des méthodes d'analyse distinctes. Le chant grégorien s'est constitué au cours d'une longue genèse purement orale que nous ne pouvons pas connaître directement, mais il a été noté selon des modalités dont nous aimerions savoir comment elles s'articulaient à la transmission orale : les différentes versions écrites d'une mélodie sont-elles le résultat des aléas de la transmission écrite, correspondent-elles à des versions orales différentes ou sont-elles le produit d'une genèse hybride dans laquelle interfèrent les deux types de transmission ? Comme c'est le cas pour la composition poétique orale, il semble bien que la présence récurrente de motifs ne soit pas une caractéristique exclusive de l'oralité. Les progrès de la connaissance viendront sans doute de l'utilisation conjointe des méthodes philologiques et des méthodes de l'ethnomusicologie pour mettre en évidence les processus spécifiques de chaque mode de transmission (Jeffery, 1992). Mais, pour comprendre les effets de la notation, il faudrait mieux connaître ce qu'elle implique pour le chanteur-compositeur et pour le scribe et, si l'on prend au sérieux le caractère hybride de la culture médiévale, il faut sans doute moins voir une opposition qu'un continuum entre composition orale et composition écrite.

L'impact de l'écriture ne se fait que progressivement sentir dans la pratique musicale et l'on connaît encore bien mal les étapes et les formes de son influence, mais à bien des égards l'évolution de la musique européenne peut se décrire comme l'histoire d'échanges multiples et complexes entre l'oral et l'écrit dans une évolution où la part de l'oralité semble irrésistiblement décliner devant les progrès de la notation. C'est que, dès que l'écriture s'installe, elle change virtuellement les conditions de la pratique musicale comme elle modifie les stratégies cognitives du musicien : il ne s'agit pas en effet d'un pur et simple codage dont le rôle d'intermédiaire s'effacerait derrière le message qu'il transmet, mais d'une réalité autonome qui entraîne la création de nouvelles techniques intellectuelles. Mais on s'est moins intéressé aux conséquences de l'alphabétisation musicale qu'à celles de l'alphabétisation linguistique (Goody, 1977 et 1986 ; Ong, 1982).

A l'origine, l'écriture sert sans doute avant tout d'aide-mémoire pour l'exécutant et d'outil pour l'apprentissage : la copie sera encore au temps de Bach et de Mozart un instrument essentiel de la formation du musicien. Mais peu à peu l'utilisation de l'écriture transforme les habitudes compositionnelles. L'étude n'a pas encore été faite de façon systématique et l'on ne peut que se livrer à un jeu d'hypothèses. Une première étape consiste à utiliser l'écriture pour composer une polyphonie ; on passe ainsi de la polyphonie improvisée à une polyphonie écrite, mais celle-ci se compose voix par voix : il n'y a donc pas tellement de différence avec la polyphonie orale qui continue, sans laisser de trace, à constituer la majeure partie de la musique que l'on entend.

Mais l'écriture est une espèce de machine infernale, qu'on ne peut arrêter une fois qu'elle s'est mise en marche : le besoin de noter le rythme conduit à des systèmes de plus en plus complexes, depuis les modes rythmiques du XIIe siècle jusqu'aux innovations de l'Ars Nova pour aboutir aux extraordinaires conventions graphiques de l'*ars subtilior* que l'on trouve dans le manuscrit de Chantilly (musée Condé, manuscrit 564, fin du XIVe siècle). Comme on l'a souvent remarqué, la musique savante des XIVe et XVe siècles donne lieu à "la première offensive du Papier contre l'Oreille" (Chailley, 1967, p. 137) : le rondeau de Machaut *Ma fin est mon commencement* qui doit se déchiffrer comme une énigme, le rondeau de Baude Cordier *Amans, ames secretement* dont les complexités rythmiques sont partiellement inaudibles ou son autre rondeau *Belle, bonne, sage* noté en forme de cœur (voir p. 361 du vol. IV de la présente encyclopédie), sont faits pour être lus en même temps qu'écoutés (Hoppin, 1978, chap. XIX). Mais au lieu de voir dans cette évolution une dérive regrettable, il faut y reconnaître l'autonomie conquise par l'écriture par rapport à la musique entendue. Et le mouvement continue : on passe progressivement à la composition globale, qui implique le même changement de perspective que celui que décrit Jack Goody lorsque l'écriture linguistique fait apparaître l'objet intellectuel nouveau qu'est le tableau (1977, chap. IV). Même si le musicien se servait par exemple de *tabulae compositoriae* pour avoir une idée de l'ensemble, il les effaçait aussitôt et l'on ne gardait trace, par la copie ou plus tard l'impression, que des parties séparées. Ce n'est qu'à la fin du XVIe siècle qu'apparaît l'usage systématique de la partition au sens moderne du mot, qui, avec le développement de la basse continue, joue un rôle décisif dans le passage à une pensée par accords et à la tonalité moderne. Grâce à cette double transformation, les accords acquièrent une identité propre et l'on passe à la conception verticale de la musique au cours d'une évolution qui atteint son terme avec la théorie du renversement de Rameau. Nous avons affaire ici au processus de thématisation décrit par Cavaillès pour l'évolution de la pensée mathématique (1947) : la thématisation transforme les opérations en objets d'ordre supérieur ; l'accord, présent sur la page sous la forme d'une règle opératoire, devient objet de plein droit de la pensée musicale.

L'écriture ouvre en même temps au compositeur une infinité de possibilités nouvelles. Le musicien oral, obligé de se fier à sa mémoire, ne peut jamais avoir une vue synoptique de son œuvre, même s'il s'agit seulement d'une monodie. Avec l'écriture, le compositeur, survolant l'ensemble, peut revenir sur chaque élément de sa composition, il peut corriger. Il est difficile de savoir comment composait Bach, mais il est certain qu'il ne pouvait reprendre, recopier une de ses œuvres sans lui apporter des changements, aussi minimes fussent-ils (Marshall, 1972). Le rapport à l'écriture des compositeurs varie selon les époques, les individus et les contraintes de leur langage, mais l'évolution, ici encore, tend vers un usage de plus en plus important de l'écriture. Les contemporains de Mozart ont insisté sur la facilité avec laquelle il notait ses compositions, comme si elles étaient déjà mentalement toutes faites. Il semble avoir eu besoin de l'écriture non pour esquisser des idées, qui apparaissent sans changement de l'esquisse à l'œuvre achevée, mais pour les moments de transition où entre en jeu une construction complexe, développement d'un mouvement en forme sonate ou passages polyphoniques (Einstein, 1945, in 1991, p. 187-189 ; Zaslaw, 1989, p. 419-420). C'est sans doute avec Beethoven que le processus de composition devient inséparable de l'écriture et du papier : un thème n'est pas trouvé, il est lentement construit comme le prouvent les esquisses qui jalonnent le travail de création. Comme Balzac, Flaubert ou Mallarmé en littérature, Beethoven représente une étape capitale dans la conquête de la musique par le signe.

Mais pendant longtemps le compositeur n'a noté qu'une partie de la musique qui était ensuite exécutée. Le premier âge baroque voit fleurir, en Italie surtout, les traités d'ornementation, car l'écriture ne fournit qu'un squelette auquel l'interprète doit donner vie en lui ajoutant tous les "agréments" nécessaires. C'est à la même époque que s'élaborent les techniques de la basse continue et les manuels fournissent en abondance des modèles de cadences et d'enchaînements. De façon générale, ce qui est extraordinaire durant toute la période baroque, c'est la multiplication des manuels pour toutes les techniques de la composition. En fait, jamais la musique n'a été aussi près d'être, pour une part certes limitée de la société, l'équivalent d'une langue : on apprend à composer de la musique comme on apprend à composer des discours. Et c'est dans ce sens qu'il faut interpréter la rhétorique musicale. Sous l'influence de la littérature, où l'on avait progressivement réduit une "rhétorique restreinte" à la seule théorie des figures, on ne s'est intéressé qu'aux figures musicales, alors qu'il faut interpréter la rhétorique musicale comme un autre nom de la *Kompositionslehre* : il s'agit simplement de donner des recettes pour composer sans peine. Faut-il alors s'étonner, avec Manfred Bukofzer, du caractère "mécanique" de cette musique, "comme si la composition ne consistait en rien de plus que ce que laissait supposer le mot, c'est-à-dire l'assemblage ou «com-position» de formules" (1947, p. 384) ? C'est qu'on n'est pas loin des modes de composition orale : ici encore, le musicien mémorise des formules, des enchaînements de basse continue, des types d'ornement, ce qui lui permet, comme l'aurait dit Vivaldi, de composer plus vite qu'un copiste n'aurait copié sa partition.

Ne l'oublions pas, jusqu'au XIXe siècle, le musicien n'est pas un artiste mais un artisan, qui fabrique le plus rapidement et le mieux possible des "produits saisonniers" (Roland-Manuel, cité in Chailley, 1961, in 1985, p. 10) qui doivent plaire à ses clients. Il accumule des savoir-faire gestuels, oraux et mentaux, pour lesquels l'accès à l'écrit n'est qu'un outil parmi d'autres. Composition et improvisation ne sont pas encore séparées : on ne distingue pas le compositeur de l'interprète, qui est aussi un improvisateur. Lorsqu'on regarde les circonstances de production et de réception de la musique de l'âge baroque et classique, on ne peut échapper à la conclusion que les compositeurs sont des improvisateurs qui notent – et pas toujours – leur musique. Ajoutons qu'il n'est pas sûr que ces conditions aient nui à la qualité de la musique ainsi produite.

L'imprimerie a-t-elle joué pour la musique un rôle analogue à celui qu'elle a joué pour le langage et marque-t-elle l'entrée dans une nouvelle ère ? Après McLuhan, les historiens se sont intéressés aux conséquences sociales et culturelles de l'imprimerie (Eisenstein, 1979). Pour donner une idée de l'ampleur de cette révolution technique, il suffit de rappeler que le nombre d'exemplaires produits durant la période qui va de l'invention de l'imprimerie (1455) à 1500, évalué à cent ou deux cent mille, devait déjà dépasser le nombre de manuscrits alors existants dans le monde. L'édition musicale, qui commence un demi-siècle environ après l'autre, n'atteindra jamais des proportions comparables et la copie reste jusqu'au XIXe siècle le moyen le plus courant de se constituer une bibliothèque, mais elle constitue cependant un facteur important de diffusion : comme cela s'est produit pour l'architecture et la peinture grâce à la gravure, elle a contribué à la multiplication des échanges entre traditions régionales et nationales. Elle a par ailleurs progressivement touché des milieux de plus en plus larges d'amateurs : on voit au XIXe siècle se multiplier les éditions de romances et les réductions pour piano et autres transcriptions qui répandent les airs à la mode. Les contraintes de l'édition ont enfin joué un rôle dans la transformation de la notation : comme cela s'est produit pour le livre, elles ont été un facteur de normalisation et de rationalisation.

L'imprimerie n'a longtemps concerné qu'une petite partie de la production musicale : on sait le petit nombre d'œuvres de Bach éditées de son vivant (l'édition musicale était alors beaucoup moins développée en Allemagne qu'en France) et une part importante de la musique italienne de l'âge baroque est restée en manuscrit lorsqu'elle n'a pas totalement disparu. Ce n'est qu'au XIXe siècle que la musique a été systématiquement imprimée et il ne s'agit que de la musique savante. En revanche, la musique des ballades et des chansons populaires participe d'un mode de transmission mixte : on imprime la musique, mais souvent aussi on imprime seulement les paroles en indiquant au début “Sur le timbre de…” (rappelons que l'on a publié, du vivant de Bach, le texte de toutes ses cantates, et la musique de deux d'entre elles seulement). Paroles et musique continuent à être transmises de bouche à oreille : dans l'Europe moderne et jusqu'au XXe siècle, l'écriture servait de relais partiel dans une transmission qui restait largement orale. De façon générale, connaître une musique voulait dire avant tout qu'on l'écoutait et/ou qu'on la jouait (et c'est alors qu'intervenait la partition) : la musique n'était pas lue, mais entendue et/ou jouée. Et, même quand on la lit, elle ne devient pas, comme la prose, *cosa mentale* : on en a, comme pour la poésie, une représentation sonore intériorisée. La dimension “aurale” de la musique est irréductible.

Et c'est dans ce cadre mixte, où coexistent transmission écrite et transmission orale, que se produisent des phénomènes d'oralité secondaire, c'est-à-dire des cas où les deux traditions se mêlent de la façon la plus étroite. Un exemple caractéristique est fourni par les chants polyphoniques de la Semaine sainte en Sicile et en Sardaigne : Ignazio Macchiarella a en particulier bien montré comment on est passé de la musique religieuse post-tridentine, fondée sur la technique du *falsobordone* – harmonisation d'un *cantus firmus* par des accords parfaits en position généralement fondamentale –, à une nouvelle oralité qui, à partir d'une musique écrite, a élaboré et transmis jusqu'à nos jours une forme originale de polyphonie orale (Macchiarella, 1995 ; voir aussi, dans ce volume, son article, p. 528-549).

Mais l'écriture poursuit sa marche victorieuse : la notation se précise, s'enrichit et par son progrès même se constitue en objet de plus en plus consistant et autonome. Comme pour toute création technique, il y a un dynamisme propre de l'invention qui tend à s'étendre à tous les paramètres de la musique : le but idéal de la notation, qui se réalise peu à peu au cours du XIXe siècle, est de vouloir tout noter et, de façon paradoxale, ce but est presque atteint au moment où il n'a plus aucun sens, c'est-à-dire au moment où la musique que l'on compose n'entre plus dans le cadre du système conventionnel de représentation.

6. 1900 : mort et renaissance de l'oralité

Arrêtons-nous maintenant à Paris autour de 1900. Il semblerait que l'on assiste alors aux derniers soubresauts de l'oralité d'"en haut". C'est en effet à cette époque que l'écriture triomphe dans la musique savante et le Texte Ecrit, incarnation du dieu Papier, accède alors à une tyrannie presque sans partage (Chailley, 1967) : on apprend dans des livres des théories de la musique qui ne sont guère que des conventions d'écriture, on écrit, on lit et on joue exclusivement de la musique écrite. Tout est maintenant fixé grâce au diapason, au métronome et à la barre de mesure : les compositeurs, tout au long du XIXe siècle, ont progressivement cherché à noter sur leurs partitions les plus subtiles indications de tempo, d'intensité ou d'expression, laissant ainsi de moins en moins de marge à l'interprète et l'on a vite fait le tour des pratiques qui échappent encore à la mainmise de l'écrit. Les organistes sont à peu près les seuls à maintenir la grande tradition de l'improvisation et c'est sans doute la classe d'accompagnement, où l'on enseigne conjointement la basse continue, la transposition et la réduction d'une partition au piano, qui est au Conservatoire le dernier bastion d'une conception de la musique libérée de l'asservissement à la lettre d'une partition (Kirkpatrick, 1984, in 1985, p. 140). Il y a enfin comme un dernier vestige du mode oral et gestuel de transmission dans l'apprentissage technique. Mais il s'agit de bien plus que de technique au sens le plus matériel du mot : de grands artistes et de grands professeurs fondent de véritables écoles de chanteurs et d'instrumentistes qui transmettent un style, une sonorité, un esprit. Les leçons que donnait Schoenberg à Berg ou les cours de Messiaen au Conservatoire étaient plus qu'une pure communication d'information : dans ces échanges comme dans les écoles traditionnelles où se transmettait une conception générale de la musique et de la vie, il y a, pour reprendre la belle formule de Jean During, quelque chose qui se passe et qui passe du maître au disciple (1994).

Et pourtant l'écriture savante est comme un îlot entouré d'un océan de musique orale. C'est d'abord vrai à la périphérie même de la musique savante et c'est le premier cercle d'oralité que nous pouvons tracer autour de la musique écrite. A Paris comme dans les autres grandes villes de l'Europe occidentale, sortons du Conservatoire et des salles de concert, et nous sommes immédiatement plongés dans des milieux qui ne connaissent pas l'écriture musicale : orchestres de musique légère, chanteurs et musiciens ambulants, chorales, fanfares et orphéons, ouvriers, artisans et ménagères qui chantent en travaillant. Evoquant son enfance dans le Paris de l'entre-deux-guerres, l'auteur compositeur Francis Lemarque, né en 1917 rue de Lappe, royaume de la valse musette et de l'accordéon, se souvient que la musique était partout : "Notre musique fleurissait dans la rue. Les accordéons des bals musettes, les petits orchestres des cafés de la place de la Bastille, les harmonies municipales, les fanfares militaires, qui donnaient leurs aubades dans les kiosques à musique du square Trousseau, ou dans celui de la place des Vosges, voilà ce qu'était notre univers." (Lemarque, 1992, p. 57-58.) N'oublions pas que cette culture musicale, dont nous avons aujourd'hui quelque peine à nous faire une idée, a progressivement disparu devant l'usine, la radio et la télévision.

Quittons maintenant les grandes villes tout en restant en Europe occidentale, nous passons à un second cercle d'oralité. Nous entrons en effet dans un autre monde, le monde paysan. Son exploration est à l'époque confiée au folkloriste, spécialiste mineur qui est souvent curé de village ou instituteur. Connaissance et reconnaissance de ces musiques orales sont différentes selon les pays, mais elles sont entourées de sentiments pour le moins ambigus. Si en Allemagne la chanson populaire jouit depuis le début du siècle d'un statut assuré, la musique savante se développe en dehors d'elle et ce n'est guère qu'avec Mahler que la "grande musique" osera faire des emprunts à la veine populaire. En France, après l'interruption de l'enquête Fortoul, à laquelle nous avons déjà fait allusion, les collectes se multiplient à la fin du XIXe siècle, mais la chanson populaire intéresse plus les poètes que les musiciens, plus sensibles à l'exotisme du folklore étranger, de l'Espagne à l'Orient, qu'au folklore français : pour une *Symphonie sur un chant montagnard français* (d'Indy, 1886, qui a par ailleurs recueilli les chants populaires du Vivarais) ou une suite *En Languedoc* (Déodat de Séverac, 1904), combien de *Symphonie espagnole* (Lalo, 1873) et de *Mélodies orientales* (Félicien David, 1836) ! En fait, la musique "folklorique" n'appartient pas de plein droit au royaume de la musique. Il vaut la peine de rappeler qu'en Italie, au début des années 1950, une incroyable polémique avait fait rage autour de la question : existait-il dans le pays une musique populaire indépendante de la tradition savante (Carpitella, 1973) ?

Au-delà du petit groupe de régions où s'était développée la musique savante écrite, c'est-à-dire en gros les centres urbains d'Italie, d'Allemagne, d'Angleterre et de France, les autres pays n'avaient pas de tradition savante propre et nous voilà parvenus à un troisième cercle d'oralité.

Au début du XIXe siècle encore, c'est la musique italienne et en particulier l'opéra qui triomphent sur toutes les scènes, de la Russie à l'Espagne. Sous l'influence du romantisme et du nationalisme, les musiciens de ces nations en formation ou à la recherche d'une légitimité culturelle se tournent vers les musiques orales pour y trouver de nouvelles sources d'inspiration. Ils vont sur le terrain pour recueillir cet héritage de mélodies fondées sur des échelles et des rythmes irréductibles aux normes académiques et cherchent à l'utiliser pour fonder des écoles nationales de musique savante. Ainsi se met en place une féconde dialectique de l'oral et de l'écrit, du particulier et de l'universel. Ces musiciens veulent élaborer leur propre langue, mais ils cherchent en même temps à l'intégrer à la langue savante telle qu'on l'enseigne et la pratique dans les conservatoires d'Europe occidentale. Or ce langage, qui n'a cessé de s'élargir au cours du XIXe siècle, est tout prêt à recevoir de nouveaux apports qui viennent se mêler aux innovations nées de son évolution interne.

Il y a enfin un quatrième et dernier cercle, celui qui inclut les cultures situées à l'extérieur de l'Europe et où l'oralité joue un rôle essentiel ; c'est évidemment, du point de vue de la quantité, le domaine le plus vaste mais aussi le moins bien connu. Ces musiques sont encore plus éloignées que le folklore européen des habitudes et des goûts dominants et le public ne peut guère prendre contact avec elles qu'à l'occasion des Expositions universelles comme celle de 1889, où, comme on sait, Debussy entend un gamelan. Mais l'opinion générale est plus exactement reflétée par le titre de l'ouvrage publié, lors de l'Exposition de 1900, par Judith Gautier, amie de Debussy et de Wagner : *Les Musiques bizarres à l'Exposition de 1900* (Gautier, 1900). N'oublions pas que c'est seulement dans les dernières années du XIXe siècle que se constitue une discipline spécialisée dans l'étude des musiques orales, l'ethnomusicologie (Nattiez, 2002), et celle-ci a été, dès ses débuts, confrontée à une difficulté majeure, d'autant plus grave qu'elle est toujours restée du domaine du non-dit. Elle ne se définit en effet que négativement : elle s'occupe de toutes les musiques qui ne sont pas la musique savante européenne. Il lui est alors à peu près impossible de mettre au point des méthodes valables pour un ensemble fondé sur une exclusion. L'oralité se compose de plusieurs continents musicaux et, comme nous l'avons vu, il faut au moins distinguer deux grands types de musique orale, les musiques totalement orales et les musiques hybrides, qui connaissent la stratification sociale, l'écriture et la théorie.

C'est au moment où prend place cette lente redécouverte de l'oralité que se produit un phénomène capital, qui va manifester la renaissance de la musique orale jusque dans les pays où la musique écrite triomphe : c'est la naissance et le développement du jazz et des musiques apparentées

(Kirchner, 2001). Rien n'est, il faut le rappeler, plus improbable que l'apparition et surtout la diffusion mondiale du jazz : qui aurait parié, au début du siècle, que les musiques jouées dans les bals en plein air et les bordels de La Nouvelle-Orléans par des musiciens qui cumulaient les handicaps sociaux et culturels envahiraient le monde en quelques décennies ? Il a par ailleurs mis longtemps à être reconnu comme musique de plein droit, digne d'être mise sur le même plan que la musique savante : récemment encore, les amateurs et les spécialistes de jazz constituaient un club fermé qui voulait à tout prix lui garder sa spécificité ethnique, culturelle et musicale. Les études qu'on lui consacre, à l'exception évidemment des manuels et ouvrages visant l'apprentissage, se préoccupent toujours plus de son contexte et de sa signification que de ses caractéristiques formelles, comme s'il n'était pas fait pour des analyses au sens que l'on donne au mot dans la musique savante : il est pourtant bien clair qu'il en est aussi digne, comme le montre éloquemment l'article de Patrick Villanueva (2001) dans la présente encyclopédie. Il s'est non seulement maintenu et diffusé, mais, au lieu de se figer, il a évolué et a construit sa propre histoire pour devenir, sur le plan mondial, un genre de musique spécifique et répandre une nouvelle façon de faire de la musique. Il y a deux traits révolutionnaires dans le jazz. En premier lieu, le jazz remet la musique dans la vie quotidienne, il fait danser, rompant ainsi avec l'écoute passive et intellectualisée de la musique savante européenne. Avec le temps, le jazz est lui-même devenu une musique savante, que l'on écoute plus qu'on ne la danse, mais il s'agit d'un processus qui est à l'œuvre depuis toujours dans les musiques savantes, de la Chine au Moyen Age européen. Et le jazz a été remplacé dans son rôle par de nouvelles musiques de danse, depuis les rythmes afro-américains jusqu'à la techno. En second lieu, la pratique – et non l'écoute – du jazz implique une véritable conversion pour le musicien formé dans la tradition de la musique savante occidentale : il renoue, selon des modalités propres, avec le second type d'improvisation que nous avons analysé.

7. 2000 : vers l'auralité technique

Le style de musique savante qui domine après 1945 ne semble pas avoir été influencé par la découverte progressive des musiques orales. Bien au contraire, les musiques sérielles apparaissent comme la forme extrême de musique écrite : le compositeur choisit une série et – permettons-nous un raccourci qui n'est pas toujours une caricature – il ne lui reste plus qu'à faire une page d'écriture. Cette forme extrême du graphocentrisme occidental ne dure pas longtemps : au volontarisme formel, qui entend contrôler sur le papier tous les paramètres de la composition, s'oppose l'apologie du hasard, sous la forme extrême que lui donne Cage ou sous la forme tempérée d'œuvre ouverte – je prends ici l'expression dans l'acception précise d'œuvre dans laquelle le compositeur laisse à l'interprète la liberté de combiner à sa discrétion des modules préétablis (*Klavierstück XI* de Stockhausen). Mais on reste toujours sous la domination de l'écriture : c'est à cette époque que l'on voit se multiplier de nouveaux systèmes de notation dans lesquels se donne libre cours une inventivité graphique "flamboyante".

La culture musicale écrite est beaucoup plus gravement mise en péril par les innovations techniques qui se sont multipliées depuis la fin du siècle précédent. Jusqu'au XXe siècle, la musique et la parole ne connaissaient que deux modes d'existence, l'oralité et l'écriture : d'un côté le contact immédiat entre producteur et récepteur, de l'autre une transcription dissociée et muette qui attend un lecteur-interprète pour être rendue à la vie. Et voici qu'apparaît, un demi-siècle après la photographie, son équivalent sonore : parole et musique, enregistrées, sont immobilisées et indéfiniment reproductibles grâce au phonographe puis au magnétophone avant d'être diffusées à la radio et à la télévision. C'est le statut ontologique du sonore qui est ainsi modifié (Molino, 2001) : avec le disque et la bande magnétique, le son est fixé en tant que tel et non représenté par une notation. Les conséquences pour la culture musicale sont décisives : la médiation par l'écriture n'est plus selon les cas ni nécessaire ni possible.

Pour la musique électroacoustique, elle est impossible ; le compositeur n'est pas à côté de son piano, avec des feuilles de papier pour noter sa musique, il travaille dans un studio, c'est-à-dire dans un milieu proprement technique où toutes sortes de machines – il ne s'agit plus d'instruments mais de machines (Molino, 1989) – lui permettent d'engendrer, de modifier et de manipuler tous les sons possibles et imaginables. Et s'il s'oriente selon des schémas, ceux-ci n'ont rien à voir avec la notation traditionnelle : lorsqu'il parle de ce qu'il a voulu faire, ses intentions sont inséparables des choix techniques qui lui ont permis de les réaliser. Et ces conditions sont valables non seulement pour la musique électroacoustique, mais aussi pour la musique de variétés. Ici encore, le travail se fait en studio : rien n'est plus éclairant que de savoir "comment on fabrique une chanson de variété" – c'est le titre d'un article de Pierre Braner et Thierry Durbet (2001) qui montre bien que le vrai "compositeur" d'une chanson est, au-delà d'un travail d'équipe, l'ingénieur du son. Ce qui est donc premier dans cette nouvelle situation, c'est le son, mais un son qui, transformé en objet technique, est susceptible de toutes les manipulations, depuis la sonorisation des spectacles et le travail des disques-jockeys jusqu'au *sampling* et à la composition savante.

Ainsi se met en place un nouveau mode de rapport à la musique. Nous venons de l'envisager du côté de la production, mais les transformations sont aussi importantes du côté de la réception : on écoute maintenant la musique où on veut et comme on veut, tout seul dans sa chambre ou dans la rue avec un baladeur. Mais surtout on peut l'apprendre en écoutant les enregistrements des artistes que l'on admire et en essayant de les imiter : le passage par l'écriture n'est pas nécessaire et l'on se rapproche ainsi des conditions de l'oralité traditionnelle. Il n'y a certes plus le rapport ancien de maître à disciple mais un rapport inédit, où quelque chose aussi se passe. On parlera alors, non de tradition orale, puisque le disciple n'est plus à l'écoute directe d'un maître qui lui parle, mais de tradition purement *aurale* (Finnegan, 1989, p. 136-140) et cette *auralité* est de nature technique.

Par ailleurs, le jazz n'est plus seul à représenter la part de l'improvisation : les musiques de tradition orale se sont non seulement maintenues, mais le disque, la radio ainsi que les migrations de communautés et de musiciens ont répandu en Europe et aux Etats-Unis la pratique des musiques orales du monde entier. C'est pourquoi on voit maintenant collaborer des musiciens appartenant aux deux grandes traditions de la composition orale et de la composition écrite. Enfin le synthétiseur, le clavier électronique et l'ordinateur, qui viennent s'ajouter aux instruments traditionnels et aux nouvelles machines, multiplient les possibilités de faire de la musique sans passer par les voies de l'enseignement académique et en élaborant des formes originales d'improvisation. Je crois donc qu'est en train de se construire une nouvelle culture musicale dans laquelle la musique savante occidentale n'est plus la seule référence et j'en veux pour preuve le succès en France du magnifique livre de Jacques Siron, *La Partition intérieure. Jazz, musiques improvisées* (1997 ; on lira aussi son article dans ce volume, p. 690-711). On imagine en particulier l'enrichissement qu'apporterait une formation musicale "bilingue" au cours de laquelle, au lieu d'enseigner le respect superstitieux de la lettre, on apprendrait les libertés réglées de l'improvisation.

Serions-nous alors entrés dans une nouvelle ère, dans le village global prophétisé par McLuhan, ce village qui, après la parenthèse de l'écriture, nous ramènerait à une autre forme d'oralité ? Sur un plan plus restreint, peut-on dire qu'il y a un retour à l'oralité dans la musique savante après 1945 (Bennett, 1996) ? Comme nous l'avons vu pour l'écriture, les nouvelles techniques ne remplacent pas les précédentes, elles s'ajoutent et se mêlent à elles en donnant naissance à de nouvelles formes d'hybridation : nous avons maintenant affaire à toutes les modalités possibles d'association entre l'oreille, la main, l'écrit et la technique. Car l'écrit est toujours là, d'abord sous une forme traditionnelle plus ou moins modifiée – que l'on pense à l'impression automatique de partitions –, mais aussi et surtout sous des formes nouvelles. Si les praticiens ont été au début un peu submergés par le monde sonore dont ils détenaient les clés, le développement des langages de programmation et des systèmes d'interface graphique a largement changé la donne. C'est que l'ordinateur, comme son modèle la machine de Turing, est un outil universel de représentation et de traitement des connaissances. Dans l'article auquel nous venons de faire allusion, Gérald Bennett voyait la manifestation la plus claire de l'oralité contemporaine dans le fait qu'aucun "outil d'abstraction" comparable à la notation ne vient, pour les musiques récentes, s'interposer entre le musicien et le matériau sonore *(ibid.)*. En fait, d'importants progrès ont été réalisés depuis une vingtaine d'années dans le domaine de la composition assistée par ordinateur (CAO) (Vinet et Delalande, 1999) et ils vont tous dans la même direction : créer des objets représentant des données, des opérations et des processus musicaux qui soient à la fois efficaces et faciles à utiliser pour des gens qui n'ont pas une solide formation informatique. Ces recherches n'en sont qu'à leur début mais elles répondent à un besoin fondamental, le même besoin qui a conduit à la construction des échelles et de la notation : celui de disposer d'objets abstraits qui permettent d'organiser et d'utiliser l'univers des sons. Et ces nouveaux objets, ces nouvelles notations se référeront désormais moins à la réalité sonore qu'ils représentent qu'aux modalités de leur production.

Bibliographie

ANDERSEN, Ø., 1991 : "Oral Tradition", in *Jesus and the Oral Gospel Tradition*, H. Wansbrough (éd.), Sheffield, Sheffield Academic Press, p. 17-58.

AROM, S., 1985 : *Polyphonies et polyrythmies instrumentales d'Afrique centrale*, 2 vol., Paris, SELAF.

AROM, S., 1987 : "Réalisations, variations, modèles dans les musiques traditionnelles centrafricaines", in *L'Improvisation dans les musiques de tradition orale*, B. Lortat-Jacob (éd.), Paris, SELAF, p. 119-122.

BARON, G., 1982 : *Introduction au style oral de l'Evangile d'après les travaux de Marcel Jousse*, Paris, Le Centurion.

BARONI, M., DALMONTE, R. et JACOBONI, C., 1999 : *Le Regole della musica*, Turin, Edizioni di Torino ; trad. fr., *Les Règles de la musique*, Paris, Delatour (à paraître).

BARRY, P., 1933 : "Communal Re-creation", *Bulletin of the Folklore Society of the Northeast*, vol. V, p. 4-6.

BARTLETT, F. C., 1932 : *Remembering*, Cambridge, Cambridge University Press.

BAUSINGER, H., 1968 : *Formen der "Volkspoesie"*, Berlin, Eric Schmidt.

BÉNICHOU, P., 1970 : *Nerval et la chanson folklorique*, Paris, José Corti.

BÉNICHOU, P, 1982 : "Réflexions sur la critique littéraire", in *Le Statut de la littérature. Mélanges offerts à Paul Bénichou*, Genève, Droz, p. 3-21.

BENNETT, G., 1996 : "La musique depuis 1945 et la culture orale", in *La Musique depuis 1945*, H. Dufourt et J.-M. Fauquet (éd.), Liège, Mardaga, p. 299-310.

BENT, M., 1983 : "Resfacta and Cantare super Librum", *Journal of the American Musicological Society*, vol. XXXVI, n° 3, p. 371-391.

BENT, M. et WATHEY, A. (éd.), 1998 : *Fauvel Studies*, Oxford, Clarendon Press.

BLOOMFIELD, L., 1927 : "Literate and Illiterate Speech", *American Speech*, n° 10, p. 432-439 ; repris in *Language in Culture and Society*, D. Hymes (éd.), New York, Harper and Row, 1964, p. 391-396.

BOGATYREV, P. G. et JAKOBSON, R., 1929 : "Die Folklore als eine besondere Form des Schaffens", in *Donum Natalicium Schrijnen*, J. Schrijnen et St. W. J. Teeuwen (éd.), Nijmegen-Utrecht, N. V. Dekker & Van der Vegt, p. 900-913.

BRĂILOIU , C., 1931 : "Esquisse d'une méthode de folklore musical", *Revue de musicologie*, vol. XII, n° 40, p. 233-267 ; repris in *Problèmes d'ethnomusicologie*, G. Rouget (éd.), Genève, Minkoff, 1973, p. 3-39.

BRĂILOIU, C., 1959 : "Réflexions sur la création musicale collective", *Diogène*, n° 25, p. 83-93 ; repris in *Problèmes d'ethnomusicologie*, G. Rouget (éd.), Genève, Minkoff, 1973, p. 135-147.

BRANER, P. et DURBET, T., 2001 : "Comment on fabrique une chanson de variété", in *Le Son des musiques*, F. Delalande (éd.), Paris, Buchet-Chastel, 2001, p. 86-93.

BRONSON, B. H., 1969 : *The Ballad as Song*, Berkeley-Los Angeles, University of California Press.

BUKOFZER, M. F., 1947 : *Music in the Baroque Era*, New York, Norton ; trad. fr., *La Musique baroque*, Paris, Lattès, 1982 ; rééd., 1993.

CARPITELLA, D., 1973 : *Musica e tradizione orale*, Palerme, Flaccovio.

CAVAILLÈS, J., 1947 : *Sur la logique et la théorie de la science*, Paris, Presses universitaires de France.

CHAILLEY, J., 1961 : *40 000 ans de musique*, Paris, Plon ; rééd., Plan-de-la-Tour, Editions d'aujourd'hui, 1985.

CHAILLEY, J., 1967 : *La Musique et le Signe*, Lausanne, Editions Rencontre ; rééd. en facsimilé, Paris-Montréal, L'Harmattan, 1998.

CHAILLEY, J., 1972 : *Cours d'histoire de la musique*, I. *Des origines à la fin du XVIIe siècle* ; II. *Exemples musicaux : évolution de la consonance, l'"Ars nova"*, Paris, Leduc.

CHAILLEY, J., 1984 : *Histoire musicale du Moyen Age*, 3e éd., Paris, Presses universitaires de France

CLER, J., 2000 : *Musiques de Turquie*, Arles-Paris, Actes Sud-Cité de la musique.

COCCHIARA, G., 1952 : *Storia del folklore in Europa*, Turin, Einaudi.

COHEN, Y. A., 1974 : *Man in Adaptation. The Cultural Present*, Chicago, Aldine.

CORSO, R., 1953 : *Folklore. Storia, Obbietto, Metodo, Bibliografia*, 3e éd., Naples, Pironti.

DAVENSON, H., 1955 : *Le Livre des chansons*, 3e édition (1re éd., 1944), Neuchâtel, La Baconnière.

DAWKINS, R., 1983 : "Universal Darwinism", in *Evolution from Molecules to Man*, D. S. Bendall (éd.), Cambridge, Cambridge University Press, p. 403-425.

DEHOUX, V., 1980 : *Les "Chants à penser" des Gbaya de Centrafrique*, thèse de doctorat de 3e cycle, Paris, Université de Paris-X.

DEHOUX, V., 1986 : *Chants à penser gbayas (Centrafrique)*, Paris, SELAF.

DELALANDE, F. (éd.), 2001 : *Le Son des musiques*, Paris, Buchet-Chastel.

DENG, F., 1973 : *The Dinka and their Songs*, Oxford, Clarendon Press.

DIBELIUS, M., 1919 : *Die Formgeschichte des Evangeliums*, Tübingen, Mohr.

DUNDES, A., 1965 : *The Study of Folklore*, Englewood Cliffs (N. J.), Prentice-Hall.

DURING, J., 1994 : *Quelque chose se passe. Le sens de la tradition dans l'Orient musical*, Lagrasse, Verdier.

DURING, J., 1998 : *Musiques d'Asie centrale*, Arles-Paris, Actes Sud-Cité de la musique.

EINSTEIN, A., 1945 : *Mozart : his Character, his Work*, New York, Oxford University Press ; 2e éd., 1962 ; trad. fr., *Mozart*, Paris, Gallimard, 1991.

EISENSTEIN, E., 1979 : *The Printing Press as an Agent of Change. Communications and Cultural Transformations in Early- Modern Europe*, Cambridge, Cambridge University Press.

ERLANGER, R. d', 1930-1959 : *La Musique arabe*, 6 vol., Paris, Geuthner.

FERRETTI, P., 1934 : *Estetica gregoriana*, Rome, Pontificio Istituto di Musica Sacra.

FINNEGAN, R., 1977 : *Oral Poetry. Its Nature, Significance and Social Context*, Cambridge, Cambridge University Press.

FINNEGAN, R., 1989 : *The Hidden Musicians. Music-making in an English Town*, Cambridge, Cambridge University Press.

FRIEDMAN, A. B., 1961 : *The Ballad Revival*, Chicago, University of Chicago Press.

GAUTIER, J., 1900 : *Les Musiques bizarres à l'Exposition de 1900*, transcriptions de L. Bénédictus, Paris, P. Ollendorf.

GENETTE, G., 1982 : *Palimpsestes*, Paris, Le Seuil.

GIANNATTASIO, F. et LORTAT-JACOB, B., 1982 : "Modalità di improvvisazione nella musica sarda, due modelli", *Culture musicali*, vol. I, n° 1, p. 3-35.

GOODY, J. et WATT, I., 1963 : "The Consequences of Literacy", *Comparative Studies in History and Society*, vol. V, p. 304-345.

GOODY, J., 1977 : *The Domestication of the Savage Mind*, Cambridge, Cambridge University Press ; trad. fr., *La Raison graphique*, Paris, Minuit, 1979.

GOODY, J., 1986 : *La Logique de l'écriture*, Paris, Armand Colin.

GRAFF, H., 1986 : "The Legacies of Literacy. Continuities and Contradictions in Western Societies and Cultures", in *Literacy, Society and Schooling. A Reader*, S. De Castel, A. Luke et K. Egan (éd.), Cambridge, Cambridge University Press, p. 61-86.

GRIMBLE, A., 1957 : *Return to the Islands*, Londres, Murray.

GÜNTHER, H. et LUDWIG, O. (éd.), 1994 : *Schrift und Schriftlichkeit / Writing and Its Use*, Berlin-New York, Walter de Gruyter, vol. I.

HAVELOCK, E. A., 1963 : *Preface to Plato*, Cambridge (Mass.), Harvard University Press.

HOPPIN, R. H., 1978 : *Medieval Music*, New York, Norton ; trad. fr., *La Musique au Moyen Age*, 2 vol., Liège, Mardaga, 1991.

HORNBERGER, N., 1994 : "Oral and Literate Cultures", in *Schrift und Schriftlichkeit / Writing and Its Use*, H. Günther et O. Ludwig (éd.), Berlin-New York, Walter de Gruyter, vol. I, p. 424-431.

HUCKE, H., 1980 : "Toward a New Historical View of Gregorian Chant", *Journal of the American Musicological Society*, vol. XXXIII, n° 3, p. 437-467.

IBN KHALDÛN, 1997 : *Discours sur l'histoire universelle*, Arles, Actes Sud.

ILLICH, I. et SANDERS, B., 1989 : *ABC : The Alphabetization of the Popular Mind*, New York, Vintage Books.

JEFFERY, P., 1992 : *Re-Envisioning Past Musical Cultures. Ethnomusicology in the Study of Gregorian Chant*, Chicago, University of Chicago Press.

JOUSSE, M., 1925 : *Le Style oral rythmique et mnémotechnique chez les verbo-moteurs*, Paris, Beauchesne.

KENT, S., 1996 : *Cultural Diversity among Twentieth-Century Foragers. An African Perspective*, New York, Cambridge University Press.

KIRCHNER, B. (éd)., 2001 : *The Oxford Companion to Jazz*, Oxford-New York, Oxford University Press.

KIRKPATRICK, R., 1984 : *Interpreting Bach's Well-Tempered Clavier. A Performer's Discourse of Method*, New Haven-Londres, Yale University Press ; trad. fr., *Le Clavier bien tempéré*, Paris, Lattès, 1985.

KNIGHT, D. A., 1973 : *Rediscovering the Traditions of Israel ; The Development of the Traditio-Historical Research of the Old Testament, with Special Consideration of Scandinavian Contributions*, Missoula, Society of Biblical Literature for the Form Criticism Seminar ;

rééd., Missoula, Society of Biblical Literature-Scholars Press, 1975 ; 3e éd., Atlanta, Society of Biblical Literature, 2006.

LAUSBERG, H., 1960 : *Handbuch der literarischen Rhetorik*, Munich, Max Hueber.

LE GOFF, J., 1972 : "Le christianisme médiéval en Occident du concile de Nicée (325) à la Réforme (début du XVIe siècle)", in *Histoire des religions*, Paris, Gallimard, "Encyclopédie de la Pléiade", t. II, p. 749-868.

LEMARQUE, F., 1992 : *J'ai la mémoire qui chante*, Paris, Presses de la Cité.

LÉVI-STRAUSS, C., 1958 : *Anthropologie structurale*, Paris, Plon.

LINDLEY, M., 1980 : "Composition", in *The New Grove Dictionary of Music and Musicians*, S. Sadie (éd.), Londres, Macmillan, t. IV, p. 599-602.

LOHRE, H., 1902 : *Von Percy zum Wunderhorn*, Berlin, Mayer und Müller.

LORD, A. B., 1960 : *The Singer of Tales*, Cambridge (Mass.), Harvard University Press.

LORTAT-JACOB, B. (éd.), 1987 : *L'Improvisation dans les musiques de tradition orale*, Paris, SELAF.

LORTAT-JACOB, B., 1987 : "Improvisation : le modèle et ses réalisations", in *L'Improvisation dans les musiques de tradition orale*, B. Lortat-Jacob (éd.), Paris, SELAF, p. 45-66.

MACCHIARELLA, I., 1995 : *Il Falsobordone fra tradizione orale e tradizione scritta*, Lucques, Libreria Musicale Italiana.

MALLARMÉ, S., 1945 : "Hérésies artistiques. L'Art pour tous" (1862), in *Œuvres complètes*, Paris, Gallimard, "Bibliothèque de la Pléiade".

MARSHALL, R. L., 1972 : *The Compositional Process of J. S. Bach. A Study of the Autograph Scores of the Vocal Works*, 2 vol., Princeton, Princeton University Press.

MCLUHAN, M., 1962 : *The Gutenberg Galaxy. The Making of Typographic Man*, Toronto, Toronto University Press.

MEIER, J., 1906 : *Kunstlied und Volkslied in Deutschland*, Halle, Niemeyer.

MEYER, L. B., 1973 : *Explaining Music*, Berkeley-Los Angeles, University of California Press.

MOLINO, J., 1975 : "Fait musical et sémiologie de la musique", *Musique en jeu*, n° 17, p. 37-62.

MOLINO, J., 1989 : "Musique et machine", in *Actes du colloque "Structures musicales et assistance informatique"*, Marseille, Laboratoire "Musique et informatique", p. 141-154.

MOLINO, J., 1990 : "Du plaisir au jugement : les problèmes de l'évaluation esthétique", *Analyse musicale*, n° 19, p. 16-26.

MOLINO, J., 2000 : "Les métamorphoses de l'Europe culturelle", *Esprit*, juillet, p. 94-110.

MOLINO, J., 2001 : "Tecnologia, globalizzazione, tribalizzazione", in *Enciclopedia della musica*, vol. I, *Il Novecento*, J.-J. Nattiez *et al.* (éd.), Turin, Einaudi, 2001, p. 767-782 ; version française, "Technologie, mondialisation, tribalisation", in *Musiques. Une encyclopédie pour le XXIe siècle*, vol. I, *Musiques du XXe siècle*, J.-J. Nattiez (éd.), Arles-Paris, Actes Sud-Cité de la musique, 2003, p. 69-86.

MONTAIGNE, M. de, 1965 : *Essais*, P. Villey (éd.), Paris, Presses universitaires de France.

MUSIL, A., 1928 : *The Manners and Customs of the Rwala Bedouins*, New York, American Geographical Society.

NATTIEZ, J.-J., 1987 : *Musicologie générale et sémiologie*, Paris, Christian Bourgois.

NATTIEZ, J.-J., 2002 : "Etnomusicologia", in *Enciclopedia della musica*, vol. II, *Il Sapere musicale*, J.-J. Nattiez *et al.* (éd.), Turin, Einaudi, 2002, p. 677-693 ; version française, "Ethnomusicologie", in *Musiques. Une encyclopédie pour le XXIe siècle*, vol. II, *Les Savoirs musicaux*, J.-J. Nattiez (éd.), Arles-Paris, Actes Sud-Cité de la musique, 2004, p. 721-739.

NATTIEZ, J.-J. et CONLON, P., 1993 : *Chants des Inuit Iglulik (Canada) / Songs of the Iglulik Inuit (Canada)*, disque compact et plaquette en français et en anglais, Berlin, Museum für Völkerkunde, "Museum Collection", n° 19.

NERVAL, G. de, 1842 : "Les vieilles ballades françaises", *La Sylphide*, 3e série, t. VI, p. 81-87.

NETTL, B., 1973 : *Folk and Traditional Music of the Western Continents*, 2e éd., Englewood Cliffs (N. J.), Prentice-Hall.

NETTL, B., 1983 : *The Study of Ethnomusicology. Twenty-Nine Issues and Concepts*, Urbana, University of Illinois Press ; nouv. éd., *The Study of Ethnomusicology. Thirty-one Issues and Concepts*, Urbana, University of Illinois Press, 2005.

OLIVIER, E., 1998 : *Le Patrimoine musical des Bochimans Ju/'hoansi (Namibie)*, thèse de doctorat, Paris, EHESS.

ONG, W., 1967 : *The Presence of the Word*, New Haven-Londres, Yale University Press.

ONG, W., 1982 : *Orality and Literacy. The Technologizing of the World*, Londres-New York, Methuen.

PARRY, M., 1928 : *L'Epithète traditionnelle dans Homère*, Paris, Les Belles Lettres.

PELINSKI, R., 1990 : "Oralité : un faible paradigme ou un paradigme faible ?", in *Ethnomusicology in Canada*, Ier congrès sur l'ethnomusicologie au Canada, Toronto, 13-15 mai 1988, R. Witmer (éd.), Toronto, Institute for Canadian Music, p. 30-37 ; repris en espagnol sous le titre "Oralidad : un débil paradigma o un paradigma débil ?", in R. Pelinski, *Invitación a la etnomusicología*, Madrid, Akal, 2000, p. 73-81.

RAIBLE, W., 1994 : "Allgemeine Aspekte von Schrift und Schriftlichkeit / General Aspects of Writing and Its Use", in *Schrift und Schriftlichkeit / Writing and Its Use*, H. Günther et O. Ludwig (éd.), Berlin-New York, Walter de Gruyter, vol. I, p. 1-17.

REDFIELD, R., 1956 : *Peasant Society and Culture*, Chicago, Chicago University Press.

ROHLOFF, E., 1972 : *Die Quellenhandschriften zum Musiktraktat des Johannes de Grocheio*, Leipzig, Deutscher Verlag für Musik.

ROSENBERG, B. A., 1987 : "The Complexity of Oral Tradition", *Oral Tradition*, vol. II, n° 1, p. 73-90.

ROSENBERG, S. et TISCHLER, H., 1991 : *The Monophonic Songs in the Roman de Fauvel*, Lincoln-London, University of Nebraska Press.

ROUGET, G., 1996 : *Un roi africain et sa musique de cour*, Paris, CNRS Editions.

ROUSSEAU, J.-J., 1768 : *Dictionnaire de la musique*, Paris, Veuve Duchesne ; in *Œuvres complètes*, Paris, Gallimard, "Bibliothèque de la Pléiade", 1995, vol. V, p. 603-1191 ; rééd., Arles, Actes Sud, "Thesaurus", C. Dauphin (éd.), 2007.

RYLE, G., 1949 : *The Concept of Mind*, Londres, Hutchinson.

SACHS, C., 1948 : *Our Musical Heritage*, New York, Prentice-Hall.

SACHS, C., 1962 : *The Wellsprings of Music*, La Haye, Nijhoff.

SHARP, C. J., 1907 : *English Folk-Song. Some Conclusions*, Londres, Simpkin ; 4e éd., M. Karpeles (éd.), Wakefield, EP Publishing, 1972.

SIRON, J., 1997 : *La Partition intérieure. Jazz, musiques improvisées*, 4e éd. (1re éd., 1992), Paris, Editions Outre Mesure.

SPECTOR, J., 1987 : "Chanting", *The Encyclopedia of Religion*, vol. III, p. 204-213.

SQUIRE, L., 1987 : *Memory and Brain*, New York, Oxford University Press.

SULITEANU, G., 1976 : "Les implications psychologiques dans la structure du processus de l'improvisation : concernant le folklore roumain", *Yearbook of the International Folk Music Council*, vol. VIII, p. 97-107.

TAPPERT, W., 1868 : *Wandernde Melodien : eine musikalische Studie*, 2e éd. augmentée, Leipzig, List und Francke.

TREITLER, L., 1974 : "Homer and Gregory. The Transmission of Epic Poetry and Plainchant", *Musical Quarterly*, vol. LX, n° 3, p. 333-372 ; repris in Id., *With Voice and Pen. Coming to Know Medieval Song and How it Was Made*, Oxford, Oxford University Press, 2003, p. 131-185.

TREITLER, L., 1981 : "Oral, Written, and Literate Process in the Transmission of Medieval Music", *Speculum*, n° 65, p. 471-491 ; repris sous le titre "Oral, Written, and Literate Process in the Music of the Middle Ages", in Id., *With Voice and Pen. Coming to Know Medieval Song and How it Was Made*, Oxford, Oxford University Press, 2003, p. 230-251.

TREITLER, L., 2003 : *With Voice and Pen. Coming to Know Medieval Song and How it Was Made*, Oxford, Oxford University Press.

VAN DER WERF, H., 1972 : *The Chansons of the Troubadours and Trouvères. A Study of the Melodies and Their Relation to the Poems*, Utrecht, Oosthoek.

VAN DER WERF, H., 1983 : *The Emergence of Gregorian Chant*, Rochester (N. Y.), chez l'auteur.

VAN DER WERF, H., 1995 : "Music", in *A Handbook of the Troubadours*, F. R. P. Akehurst et J. M. Davis (éd.), Berkeley, University of California Press, p. 121-164.

VAN GENNEP, A., 1924 : *Le Folklore*, Paris, Stock.

VANSINA, J., 1961 : *De la tradition orale : essai de méthode historique*, Tervueren, Annales du Musée royal de l'Afrique centrale.

VILLANUEVA, P., 2001 : "Il jazz", in *Enciclopedia della musica*, vol. I, *Il Novecento*, J.-J. Nattiez *et al.* (éd.), Turin, Einaudi, 2001, p. 591-621 ; version française, "Le jazz", in *Musiques. Une encyclopédie pour le XXIe siècle*, vol. I, *Musiques du XXe siècle*, J.-J. Nattiez (éd.), Arles-Paris, Actes Sud-Cité de la musique, 2003, p. 719-749.

VINET, H., et DELALANDE, F. (éd.), 1999 : *Interfaces homme-machine et création musicale*, Paris, Hermes.

WANSBROUGH, H. (éd.), 1991 : *Jesus and the Oral Gospel Tradition*, Sheffield, Sheffield Academic Press.

WEBER, M., 1921 : *Die rationalen und soziologischen Grundlagen der Musik*, Munich, Drei Masken Verlag ; trad. fr., *Sociologie de la musique*, Paris, Métailié, 1998.

WEBER, M., 1951 : *Gesammelte Aufsätze zur Wissenschaftslehre*, 2e éd., Tübingen, Mohr ; trad. fr., *Essais sur la théorie de la science*, Paris, Plon, 1965.

WIORA, W., 1952 : *Europäischer Volksgesang : Gemeinsame Formen in charakteristischen Abwandlungen*, Cologne, Arno Volk Verlag.

ZASLAW, N., 1989 : *Mozart's Symphonies. Context, Performance Practice, Reception*, Oxford, Clarendon Press.

ZEMP, H., 1967 : "Comment on devient musicien", in *La Musique dans la vie*, T. Nikiprowetzky (éd.), Paris, Ocora, vol. I, p. 79-103.

ZEMP, H., 1971 : *Musique dan. La musique dans la pensée et la vie sociale d'une société africaine*, Paris-La Haye, Mouton.

Ignazio Macchiarella

LE FAUX-BOURDON ENTRE ORALITÉ ET ÉCRITURE

Dans le monde de la musique occidentale, oralité et écriture ont toujours eu des rapports divers et complexes qui concernent presque toutes les formes d'expression et d'interprétation. Essentielle à toute définition globale des musiques existantes, l'étude de ces rapports a longtemps été négligée, y compris sur le plan conceptuel ; elle commence néanmoins à être développée (on lira par exemple dans ce volume l'article de Jean Molino sur l'oralité musicale, p. 477-527). Les travaux les plus importants résultent de l'étude historique de répertoires précis ou de traditions d'interprétation qui sont proches des deux domaines et donc où la rencontre entre les stratégies de l'oralité et de l'écriture devient d'emblée déterminante. Ces études bénéficient de la convergence de différentes méthodologies, de la musicologie à l'anthropologie, et se fondent sur l'interprétation de sources documentaires nombreuses et diverses. Celles-ci sont pourtant inévitablement limitées par le fait qu'elles ne sauraient rendre pleinement compte des événements sonores du passé, surtout en ce qui concerne la réalité du son musical dont nous ne pouvons avoir de connaissance précise avant l'invention du phonographe d'Edison en 1877 (Jeffery, 1992, p. 11-22).

Parmi les études de cas, celui du *falsobordone* est certainement celui qui a fait l'objet des recherches les plus approfondies (Macchiarella, 1995 ; Bradshaw, 1978, cette dernière étude étant essentiellement consacrée à l'écriture). Le terme de *falsobordone* (souvent écrit en deux mots, *falso bordone*) désigne une technique musicale qui consiste en l'harmonisation de courts fragments mélodiques par des accords parfaits en position fondamentale, et cela en deux phases : la première construite sur un seul accord répété, la seconde faite d'une cadence plus ou moins élaborée. Au cours des siècles, ce terme et surtout cette technique ont été au cœur de pratiques musicales faites d'échanges essentiels et répétés entre oralité et écriture dans le cadre de traditions d'interprétation bien délimitées et clairement définies. J'en décrirai les aspects les plus importants en ajoutant de nouvelles idées et de nouveaux faits.

L'étude du problème du *falsobordone* naît d'un approfondissement des évidentes affinités structurelles entre les répertoires polyphoniques, liturgiques et paraliturgiques, des traditions orales de trois grandes îles : la Sicile, la Sardaigne et la Corse, ainsi que de certaines parties de l'Italie méridionale. Malgré une grande diversité dans l'exécution et la couleur vocale, ces répertoires, interprétés par des groupes d'hommes presque toujours membres de confréries laïques, révèlent l'existence d'un principe unique d'organisation musicale, fondé sur l'enchaînement d'accords en position fondamentale, qui suggère d'emblée qu'il s'agit du résultat de processus de formalisation analogues.

Exemple 1

Vexilla regis *de Montedoro (Sicile), fragment,*
enregistré et transcrit par Ignazio Macchiarella
(document sonore tiré de I "lamenti" della Settimana Santa di Montedoro,
disque 33 tours, I. Macchiarella [éd.], Albatros VPA *8488, 1987)*

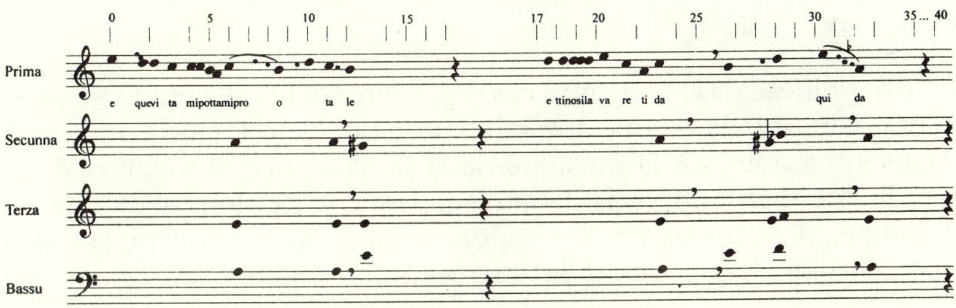

Exemple 2

Miserere *de Santulussurgiu (Sardaigne), fragment,*
enregistré et transcrit par Pietro Sassu
(document sonore tiré de Sardegna. Confraternita delle voci, Santulussurgiu,
CD*, Pietro Sassu et Renato Morelli [éd.], Nota 218, 1995)*

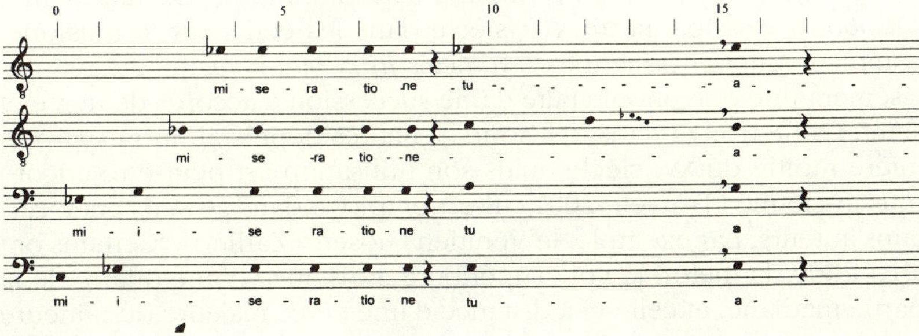

Exemple 3

Benedictus *de Speloncato (Corse), fragment,*
enregistré et transcrit par Ignazio Macchiarella
(document sonore inédit, enregistré à Speloncato pendant la Semaine sainte,
le 16 avril 2003)

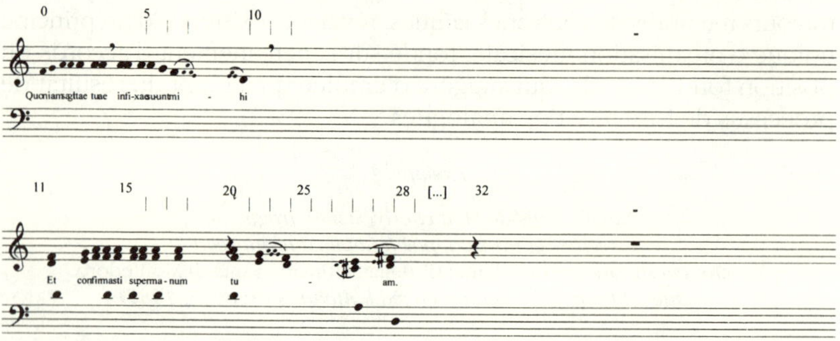

L'hypothèse d'un lien entre ces répertoires et les anciennes sources de faux-bourdons est due à une intuition de Paolo Emilio Carapezza. Dans ses études sur la musique de la Renaissance, il s'était penché sur le *falsobordone*, considérant que pour la musique italienne de l'époque, il avait joué un rôle important dans l'affirmation de la sonorité consonante de l'accord de tierce et quinte (1988, p. 10-12).

1. "Cette cantilène du peuple que l'on appelle *falsi bordoni*"

La définition du faux-bourdon, ses origines et son développement posent une question complexe pour laquelle on ne peut avancer que des hypothèses plausibles.

Dès l'abord se pose un problème de terminologie. De fait, le mot *falsobordone* apparaît au XVIe siècle dans les écrits sur la musique, comme traduction italienne du français *faux-bourdon*, qui définit précisément une polyphonie faite d'une succession d'accords de tierce et sixte. On le trouve dans des sources écrites depuis au moins la première moitié du XVe siècle, mais son utilisation est peut-être encore plus ancienne (Trowell, 2001). Il est employé dans ce sens chez certains auteurs, par exemple, le Vénitien Gioseffo Zarlino : "Certains ont l'habitude de mettre la voix supérieure à distance d'une quarte de la partie médiane, et celle-ci à distance d'une tierce majeure ou mineure de la note la plus grave. Puis, les parties ainsi composées montent ou descendent ensemble de plusieurs degrés ; cette façon de procéder est dite *Falso Bordone.* Mais en réalité, bien que cette procédure soit souvent utilisée et qu'il soit très difficile de l'éliminer, je considère qu'on ne doit pas l'approuver." (1558, in 1999, p. 247.)

C'est dans cette acception que le terme a été utilisé pendant tout le XVIe siècle et au-delà, même après qu'en Italie, comme nous le verrons, un nouveau sens eut prévalu (Baini, 1828, p. 259-260). Cette polysémie est d'autant plus étrange que les deux principes de superposition polyphonique, désignés par ce même mot, sont radicalement différents et représentent le passage d'une conception moyenâgeuse de la polyphonie à celle de la Renaissance. En effet, le *faux-bourdon* au sens français se développe sur la base d'une logique de superposition linéaire (et la citation de Zarlino est ici explicite), alors que le *falsobordone* au sens italien souligne la dimension verticale et affirme la valeur de l'accord en tant que tel.

Il est pourtant possible que le terme italien provienne du français, ce qui pourrait suggérer que la technique du *falsobordone* est issue de la pratique plus ancienne du chant en tierces et sixtes parallèles du *faux-bourdon*, du moins si l'on s'en tient aux sources écrites. (Mais il pourrait bien en être autrement, comme nous le verrons plus tard.) Cette descendance a justement été invoquée dans des écrits musicologiques sans que l'on ait abouti à un résultat vraiment convaincant (voir une synthèse de ces propositions dans Bradshaw, 1978, p. 31-35). En fait, il serait plus logique de considérer que la polysémie du terme *falsobordone* révèle des rapprochements que l'on a pu constater, mais qui sont loin de la réalité musicale concrète et qui concernent d'autres caractéristiques qui sont propres aux deux phénomènes polyphoniques (nous y reviendrons). D'ailleurs, l'historien romain du début du XIXe siècle Giuseppe Baini trouvait le terme impropre : "Alors que prospérait le *falsobordone* [il entend ici le *faux-bourdon*] première manière, que nous venons de décrire, les églises commencèrent à utiliser, pour le chant harmonieux de la psalmodie, une forme musicale bien différente de l'ancien *faux-bourdon* ; on lui donna improprement le même nom de *falsobordone.*" (1828, p. 259.)

De plus, le mot *falsobordone* au sens italien est largement utilisé vers le milieu du XVIe siècle (voir plus loin), mais la méthode d'harmonisation que nous appelons *falsobordone* (c'est-à-dire une succession d'accords répétés suivis d'une cadence, faits d'accords parfaits en position fondamentale) est déjà mentionnée dans des documents nettement antérieurs ; il s'agit d'une dizaine de manuscrits provenant de l'Italie méridionale et qui remontent au moins à la dernière décennie du XVe siècle (Bradshaw, 1978, p. 40). Cette méthode est largement répandue et documentée dès les premières décennies du XVIe siècle, à la fois dans la musique religieuse (surtout dans le chant des psaumes pour les vêpres et pour la liturgie de la Semaine sainte) et dans la musique profane (*ibid.*, p. 91 et Macchiarella, 1995, p. 144-186). Dans ce dernier domaine, la succession d'accords du *falsobordone* forme la base des premières apparitions des genres dits "populaires" tels la *frottola* et la villanelle ou encore la *villanescha* napolitaine (Cardamone, 1975). Le fragment suivant en est un exemple :

Exemple 4

Gian Domenico Da Nola, "Occhi miei uscurat'è 'l nostro sole",
in Il Primo Libro delle villanelle alla napolitana di Gio. Domenico Da Nola a tre et a quattro voci [...], *Venise, Claudio da Correggio, 1541*

La source la plus ancienne qui mentionne le terme *falsobordone* en définissant la succession d'accords de tierce et sixte répétés suivie d'une cadence, remonte à l'an 1565. Il s'agit d'un recueil de musique religieuse pour la Semaine sainte, composée par un obscur moine bénédictin, Paolo Ferrarese. On y trouve deux versions du *Miserere*, une de l'hymne *Benedictus* et une du *Pange lingua*, qui sont toutes définies comme étant "en *falso bordone*" (Ferrarese, 1565, p. 54). Pour chacun de ces chants, seul figure le premier vers suivi de l'indication *"sic cantentur alij versus"* (*ibid.*, p. 88).

Exemple 5

Paolo Ferrarese, Miserere fe 6 in falso bordone, *in Id.,* Passiones lamentationes [...], *Venise, Girolamo Scotto, 1565*

En revanche, dans les traités, le terme n'apparaît pour la première fois qu'environ vingt ans plus tard, dans l'œuvre de l'organiste génois, Giovan Battista Rossi, *Organo de cantori,* écrite en 1585 et publiée seulement en 1618. Il s'agit d'une brève définition, mentionnée en passant dans un passage sur la fugue et accompagnée d'une interprétation métaphorique de l'expression : "*Burdo.* Terme latin, signifie en italien l'animal né d'un cheval et d'une ânesse [...]. Comme celui qui est né d'un cheval et d'une ânesse n'est ni âne ni cheval, de même le *falso bordone* qui est en général fait d'un *cantus firmus* et d'un chant figuré n'est ni l'un ni l'autre." (Rossi, 1618, p. 79.) Suivent trois exemples musicaux.

Après la publication de Paolo Ferrarese, mais sans qu'il y ait avec elle de rapports évidents, on trouve des parties de *falsobordone,* indiquées clairement sous ce nom, dans une centaine de recueils de musique religieuse, à usage liturgique et paraliturgique, publiés jusqu'aux années 1720. On doit en général ces recueils à des clercs peu connus, le plus souvent membres du clergé régulier et qui vivaient dans des régions bien délimitées. Il existe tout de même une douzaine de publications de musiciens assez renommés comme Giovanni Matteo Asola, Francesco Severi, Vincenzo Ruffo et Lodovico da Viadana. (On trouve une liste complète de ces publications ainsi que des notices sur leurs auteurs in Bradshaw, 1978 et Macchiarella, 1995.) Dans ces pièces, la structure du *falsobordone* est faite de deux séries d'accords répétés avec cadence, clairement séparées par une césure médiane. En général, l'accord répété est indiqué par une brève ou une longue, alors que la cadence est construite sur deux ou trois accords, les voix créant de courts épisodes contrapuntiques. Pourtant dans certains cas, on trouve de longues inventions intéressantes, comme celles de Francesco Severi pour la chapelle Sixtine. Il s'agit de ce qu'on a appelé *falsobordoni passeggiati*, donc plus élaborés et conçus pour des chanteurs professionnels attachés à de grandes chapelles de l'époque (Bradshaw, 1981). Dans la plupart des cas, le premier accord est le même que le dernier, mais l'enchaînement des accords de la cadence semble être assez libre. Les paroles manquent presque toujours ; au mieux, on donne l'incipit d'un psaume ou une indication conventionnelle qui renvoie à un psaume ou à un texte liturgique. Comme cette organisation musicale s'adaptait avec aisance à des textes différents, ces sections de *falsobordone* étaient une sorte de réservoir de formules facilement utilisables.

En revanche, nous disposons de peu de traités après celui de Rossi, où figure le terme de *falsobordone* (il n'y en a qu'une vingtaine au cours du XVIIe siècle). Lorsque ces références existent, elles sont très sommaires, exposées en quelques lignes et rarement suivies d'exemples musicaux.

En tout cas, il n'y a rien dans ces sources, qu'il s'agisse de publications ou de traités, qui nous amène à penser que le *falsobordone* était considéré à l'époque comme une "nouveauté". Tout particulièrement, on ne peut pas dire que la première source musicale connue, celle de Paolo Ferrarese, ait été considérée comme précurseur d'une "forme de composition" originale. Bien au contraire, certains éléments tendent à suggérer que la définition se rapporte à une façon de chanter largement connue dans toute l'Italie. Par exemple, Paolo Isnardi, de Ferrare, signale la présence de *falsobordone* dans la préface de son recueil ; il parle de *"compositiones falsi bordoni vulgo appellate"* (1569), information qui est reprise par Rocco Rodio, de Calabre : *"Psalmi ad vesperas [...] quae vulgus falso bordone appellat [...]"* (1573). Matteo Asola de Vérone dit dans la présentation de son recueil de *falsobordoni* : "Il semble en outre que, dans la Maison de Dieu, les chanteurs aient interprété avec grand plaisir et grâce et que le peuple ait écouté avec joie et satisfaction [les psaumes] exécutés en *Falsi Bordoni.* Ainsi, ayant joui depuis ma tendre enfance de la Musique d'église, j'en ai composé et recueilli – non tous ceux que l'on pourrait composer et recueillir car il y en aurait un nombre presque infini – en général quatre pour chaque ton. J'ai ajouté en outre des *Falsi Bordoni* pour chanter avec la même facilité et douceur les Hymnes Sacrés de la Sainte Eglise, en réduisant au deuxième ordre la façon de chanter ces versets, afin de faciliter la tâche des Chantres." (Asola, 1575, p. 1.)

On trouve des formulations semblables dans la littérature. Par exemple, Pietro Pontio parle d'un "chant que les interprètes appellent *falso bordon*" (1588, p. 157). Adriano Banchieri, lui, parle de "cantilènes que l'on appelle couramment *falsi bordoni*" (1609, p. 18), et cela est repris par le chanteur de la chapelle Sixtine, Antimo Liberati, dans ses mémoires (1666, p. 45). Ailleurs, on trouve "Falsi Bordoni ainsi qu'ils sont dits dans l'usage populaire" (Banchieri, 1611). Le théoricien Pietro Cerone, né à Bergame mais Napolitain d'adoption, propose un lien peu habituel mais très significatif entre *falsobordone* et les "consonances populaires" de la musique profane, dans son traité (écrit en espagnol) de 1613 : "Pour composer les *chanzonetas* ou *cancioncillas* selon leur vraie nature, *il faut employer dans la composition des accompagnements aux accords naturels*, pour en faire des chansons alertes, gaies, variées, soignées et rapides ou brèves, les paroles étant prononcées presque en même temps dans toutes les parties. *Il ne doit point y avoir là d'artifice de contrepoints, ni de variété dans l'invention*, comme dans les madrigaux, mais des intervalles d'accords bien disposés. [...] Mais les *frotolas* et *estrambotes* requièrent des accords plus unis, plus faciles et plus populaires : il faut qu'ils s'accordent aux chansons populaires et grossières ; ils demandent des accompagnements simples et très rudimentaires, comme quand on fait chanter les parties [...] sur le mode du *fabordón*." (1613, p. 693, les italiques sont de l'auteur lui-même.)

Si l'on tient compte de l'ensemble des sources écrites entre le début du XVIe siècle et la fin du XVIIe, on se forge une image du *falsobordone* comme pratique habituelle et enracinée hors des milieux de la vie musicale établie de l'époque. Il ne s'agit pas d'une "innovation", mais d'une manière simple de chanter à plusieurs voix, connue depuis longtemps et bien étrangère à la conceptualisation très sommaire qui en a été faite. En d'autres termes, les documents existants nous permettent de penser que le *falsobordone* a son origine dans le monde de l'oralité et qu'il a ensuite été repris par celui de l'écriture. Cette origine est bien plus ancienne que la forme écrite dont elle diffère, ce qui est aussi vrai du *faux-bourdon* français qui progresse par tierces et sixtes parallèles. Par exemple, Franchino Gaffurio parle en 1474 de *"cantores ad* fauxbourdon *appellant"*, alors que Lanfranco da Terenzio parle en 1533 d'une "harmonie que les chanteurs appellent *Falso bordon*". C'est là très probablement la raison de la polysémie dont j'ai parlé plus haut.

Ainsi, les premières attestations écrites du *falsobordone* italien (accords de tierce et quinte) à la fin du XVe siècle ne nous donnent comme certitude qu'un *terminus ante quem* où il est déjà attesté et une indication très probable du lieu de sa naissance, l'Europe méridionale. En effet, rien ne nous dit que ces sources écrites indiquent la période réelle d'origine du *falsobordone*. Il pouvait être, à cette époque, une pratique musicale stabilisée par une tradition séculaire et théoriquement plus ancienne que le *faux-bourdon* français.

Quant au passage de l'oralité à l'écriture dans le cas du *falsobordone* italien, et, ce qui est encore plus important, en ce qui concerne sa première apparition dans le monde de l'oralité, nous manquons de témoignages précis et ne pouvons qu'avancer des hypothèses générales. Bradshaw (1978, p. 34-39) pense que le *falsobordone*, en tant que forme d'interprétation improvisée, naît de l'utilisation de formules cadentielles dans le chant grégorien chez les musiciens de la fin du XVe siècle, ce qui semble indiquer qu'il est apparu chez les interprètes érudits, ou en tout cas dans le monde des *scholae cantorum* des monastères et des chapitres des cathédrales.

D'un autre côté, il se peut que l'origine se trouve ailleurs que dans les *scholae cantorum*, dans ce que l'on peut appeler la "petite tradition musicale", c'est-à-dire la pratique quotidienne du peuple, des paysans et des habitants des petites villes qui n'avaient aucune connaissance de la grammaire musicale (voir l'article de Jean Molino dans ce volume, p. 500). On n'a évidemment que peu d'informations, d'ailleurs sommaires, sur la pratique polyphonique de la "petite tradition" et uniquement à partir de la première moitié du XVIe siècle (sur l'écart qui existait à l'époque entre le monde de l'écriture et celui de l'oralité, on lira Burke, 1978). Cela dit, les attestations existantes sont tout de même assez significatives et j'en citerai quelques-unes. La première est due à l'autobiographie du compositeur anglais Thomas Whythorne (1528-vers 1596). Il vécut longtemps dans sa jeunesse à Naples et il écrit : "Dans la partie la plus lointaine de l'Italie, il existe une région qu'on appelle le Royaume de Naples. [...] Les montagnards et les paysans de cette région pratiquent un genre de musique, différente de toutes les autres que l'on peut entendre en Italie. Bien que cette musique (chantée à trois voix seulement) comporte des défauts et des erreurs, sa plaisante étrangeté a amené différents musiciens à la corriger et la réécrire à quatre voix et d'autres à l'imiter en écrivant eux-mêmes des pièces semblables." (Cité in Bianconi, 1986, p. 346.)

Quelques années plus tard et avec encore plus de clarté, le théoricien Scipione Cerreto (1551-mort après 1631) qui a vécu toute sa vie à Naples, affirme dans son traité *Della prattica musicale vocale e strumentale* : "[...] il est vrai que le chant varié existe partout dans le monde ; on peut entendre, jusque dans les régions rurales les plus éloignées, différentes sortes de chant, comme souvent chez les hommes et les femmes qui travaillent aux champs. Pour passer le temps, car leur travail est dur, ils chantent leurs chansons et poèmes sur des airs et avec des manières de chanter dont ils ont l'habitude et qui sont la coutume du lieu. Ils habitent le même pays toute leur vie sans connaître d'aucune façon les intervalles en musique, mais d'une manière ou d'une autre ils accordent leur chant de façon que l'on entende une sorte de mélodie et de consonance. Ils créent certaines dissonances entre les voix puis les résolvent peu à peu en rapprochant les voix l'une de l'autre jusqu'à atteindre une parfaite et consonante harmonie." (1601, p. 102.)

On trouve d'autres témoignages dans la littérature, par exemple dans le splendide *Baldus* de Teofilo Folengo (1491-1544). C'est une étrange figure de musicien et de connaisseur qui a vécu dans différentes régions, pendant longtemps en Sicile. Dans le chant XX de l'édition de 1521 de son œuvre, Folengo donne une description très réaliste et vivante d'une exécution polyphonique à quatre voix, chantée par les quatre protagonistes du récit pour passer le temps du voyage. Il décrit une forme de superposition où une partie vocale, le ténor, joue clairement le rôle de guide, alors que les trois autres parties forment ensemble une sorte d'accompagnement, tout en affirmant chacune son propre caractère (Macchiarella, 1996, in 1998) :

Quattuor in voces post haec cantare comenzant. [...]
Falchettus notulas, justato pectore, squadrat.
Sustinet armonicam relevata voce camoenam,
Interea pausas exectat quattuor et sex,
Dumque tacet, resonat ternis frifolatio gorgis.
Non minus aure canit Cingar quam voce galantus,
Nunc usque ad coelum sgorgada surgit in una,
Nunc contrabassi voces descendit ad imas,
Et secum terzam, falso bordone, sonorat.
Educit Baldus tremulo de gutture voces,
Et fundas, similat cannam velut organa grossam,
Policis exterius nodos trapassat in ut re.
Plus auscultantum sopranus captat orecchias;
Sed tenor est vocum rector, vel guida tonorum.
Altus apollineum carmen depingit et ornat,
Bassus alit voces, ingrassat, fundat et auget.

(Cité in Portioli, 1883, p. 105-106.)

Ce genre de renseignements laisse penser que la pratique de ce type de chant polyphonique par accords était fortement enracinée dans la tradition orale où les processus de formalisation se développent très lentement au cours des siècles. Il faut, bien entendu, ajouter à ces informations les enseignements des musiques imprimées et surtout la comparaison avec le *falsobordone* en tant que structure de base des premiers répertoires dits d'origine "populaire" comme la *frottola* et la villanelle (voir plus haut l'exemple n° 4).

Ajoutons qu'avec le témoignage des sources c'est l'hypothèse d'une naissance dans la pratique orale de la "petite tradition" qui explique le mieux l'évolution du *falsobordone* après son apparition dans les documents écrits. Nous y reviendrons plus tard.

2. Cette "si douce consonance" qu'on entend dans les églises

La méthode d'harmonisation du *falsobordone* qui existe déjà dans les sources écrites à partir de la seconde moitié du XVIe siècle est donc régie par une organisation musicale bien définie présentant une double succession d'accords répétés avec cadence, les deux parties étant clairement séparées par une césure. On la trouve sous cette forme dans de nombreux recueils imprimés de musique religieuse et dans beaucoup de manuscrits utilisés couramment par le clergé régulier. Bien que l'on n'en ait pas de preuves explicites, cette organisation est très évidemment liée à l'action générale de l'Eglise de la Contre-Réforme. Face à la demande croissante de l'époque pour une polyphonie largement accessible (Stefani, 1975), le *falsobordone* exprimait une austérité qui pouvait satisfaire aux exigences du concile de Trente, exigences qui étaient, comme on le sait, très générales. Le concile voulait, pour accompagner la liturgie, une musique claire et simple qui respecte absolument l'intelligibilité du texte. D'ailleurs, ce concept de l'intelligibilité du texte comme but essentiel de la musique sacrée était fondé sur la conviction que la tâche de celle-ci était de souligner le sens du texte dans toute sa solennité, pour que la présentation claire de la formulation liturgique devienne un instrument d'édification religieuse. Vu ainsi, le *falsobordone* était idéal, car il sauvegardait l'intégrité et la pleine compréhension du texte grâce à son ornementation minimale, vierge de tout élément lascif.

S'il est vrai que le concile n'a fixé aucune règle visant un style musical précis, il est tout aussi vrai que lorsqu'il s'agissait de faire une musique qui puisse représenter l'esprit du concile, la présence de *falsobordone* était essentielle. On peut citer l'exemple de la fervente exhortation du cardinal Borromeo, archevêque de Milan de 1566 à 1584, qui inspira directement la création de nombreux recueils de musique religieuse de compositeurs comme Simon Boyleau, Agostino Resta, Valerio Bona, Vincenzo Ruffo et Orfeo Vecchi. Tous contenaient des sections de *falsobordone*. La chronologie confirme, elle aussi, que la centaine de pièces imprimées avait un lien étroit avec l'action de la Contre-Réforme. En effet, ce travail commence quelques années après la fin du concile de Trente et atteint son sommet autour des années 1600-1615, au moment même où l'Eglise fait son plus grand effort de propagande, pesant ainsi lourdement sur l'édition musicale ; il cesse après 1620, lorsque cet effort s'essouffle et que le baroque s'affirme pleinement dans l'art religieux.

Les dédicaces qui figurent dans les recueils sont en général faites d'expressions littéraires stéréotypées ; elles fournissent pourtant certaines informations intéressantes. Paolo Ferrarese, dont le recueil est la première source imprimée à mentionner explicitement l'existence de *falsobordoni*, dit dans sa dédicace anonyme, que dans ces pièces : "Le chant est si bien ajusté aux paroles que chacune d'entre elles et chacune de ses parties est entendue distinctement. On ne perd pas le moindre accent et il semble que le chant ne soit pas proféré par un mortel mais par un ange du paradis." (Ferrarese, 1565, p. 3.)

Simone Boyleau précise dans son recueil de 1566 qui est justement dédicacé au cardinal Borromeo : "'De la même façon, je n'ai trouvé personne d'autre que ta très vénérable dignité à qui offrir le *concentus* ou contre-point – communément appelé *falsobordone* [...] et adapté à la modulation de tous types de psaumes [...]. Il est sûr que ce n'est pas hors de propos, puisqu'en plus de toutes les vertus qui te rendent meilleur que n'importe quel sage pasteur, il est juste que tu aies à cœur que dans l'Eglise du Christ tout advienne selon ordre et beauté, à commencer par les chants sacrés, dont tu désires que, conformément aux indications du psalmiste, ils soient entonnés avec perfection et dans une intense joie." (1566, p. 22.)

Il est certain aussi que le *falsobordone* était un "instrument" que les organismes mandés par l'Eglise – les ordres religieux réguliers et les confréries laïques – utilisaient dans leur travail de prosélytes pour promouvoir le renouvellement spirituel à la suite du concile.

Comme on le sait, le rôle des ordres réguliers dans l'action de l'Eglise post-tridentine a été d'une extrême importance, sur le plan purement spirituel comme sur celui de la politique et de l'organisation. Ils étaient implantés sur tout le territoire et des monastères furent créés jusque dans les régions rurales les plus reculées ; ainsi fut formé un réseau d'institutions, une des structures de base de l'action de la Contre-Réforme. La grande importance de la musique dans toutes les organisations monacales est bien établie. Elle accompagnait les rituels internes aussi bien que l'intense travail de prédication de tous les ordres, et cela dans les centres urbains comme dans les plus petits villages. L'érudit Vincenzo Giustiniani notait en 1628 : "On connaît de nombreux prédicateurs qui, pour atteindre les gens de peu et les ignorants, utilisent davantage le chant que les concepts et ceci surtout dans les prêches du Vendredi saint. On peut donc dire en vérité, qu'en ce qui concerne l'influence de la musique, même lorsqu'elle use d'artifices, la nature joue un grand rôle, comme elle le fait chez les animaux privés de raison." (Cité in Solerti, 1916, p. 120.)

Nous savons peu de chose sur la façon dont le clergé régulier utilisait la musique pour attirer les hommes vers la spiritualité et leur inculquer les valeurs culturelles de l'Eglise ; jusqu'ici, la musicologie s'est surtout penchée sur des personnages de moines-compositeurs et sur l'activité des principaux centres culturels de chaque ordre où l'on pratiquait la "grande tradition". Mais nous manquons d'études systématiques sur la pratique ordinaire de la musique qui devait être peu élaborée sur le plan technique, d'après les simples rudiments qu'apprenaient les moines au cours de leur formation. On dispose bien de nombreuses attestations concernant l'usage du *falsobordone*, du moins chez les jésuites, les franciscains et les dominicains qui étaient les ordres les plus actifs dans la propagation des préceptes de la Contre-Réforme. Ces attestations montrent clairement que les moines avaient largement recours au *falsobordone* dans leurs rites internes et qu'ils l'utilisaient aussi comme outil didactique pour l'éducation musicale du clergé régulier et séculier dans les couvents et séminaires, centres de formation qui commençaient à se répandre au XVIIe siècle (pour des témoignages concernant ces trois ordres, on se reportera à Macchiarella, 1995, p. 246-267). Le *falsobordone* contenu dans le *Manuale choricanum* du frère mineur d'un couvent de Gênes, Agostino Casoni de Spedia, est un exemple parlant ; il s'agit d'un manuel en format de poche (12 x 8 cm), d'une grande utilité pour l'organisation de l'activité musicale, qui s'intitule *monibus necessarium & maxime invenibus*. La bibliothèque franciscaine de Bastia en possède un exemplaire (Roëmer, 1996, p. 37).

Exemple 6

Agostino Casoni de Spedia, *Falsobordone*, reproduction de la page de l'exemplaire conservé au Civico Museo Bibliografico Musicale de Bologne

Il existait une autre méthode pour propager les préceptes du concile de Trente : la réorganisation des confréries par la création de nouvelles associations, étroitement contrôlées par la hiérarchie de l'Eglise afin d'assurer à la fois la participation et le contrôle du laïcat. Grâce à l'action des ordres réguliers, les confréries se répandirent jusque dans les plus petits bourgs afin de faire participer le peuple tout entier. Elles étaient conçues comme émanation directe d'associations créées à Rome et qui servaient de modèle, comme la confrérie du Saint-Sacrement de Santa Maria sopra Minerva. Elles en acceptèrent les statuts et furent maintenues sous le regard vigilant des évêques. Ainsi, l'Eglise se donnait un puissant moyen de contrôle sur tous les domaines de la vie religieuse. Les confréries faisaient largement appel à la musique pour leurs activités, soit pour les dévotions collectives, soit pour les chœurs spécialisés, formés de membres des confréries qui avaient suivi l'enseignement du chant prévu dans les statuts. On trouve des preuves de l'usage du *falsobordone* dès la seconde moitié du XVIe siècle dans les archives de la confrérie "mère" de Rome et d'autres confréries des villes principales (on lira par exemple O'Regan, 1990). Nous n'avons pas, pour la même époque, de renseignements équivalents sur les confréries mineures et des régions rurales, non seulement parce que l'usage de l'écriture était rare à l'époque, mais aussi parce qu'une grande partie des documents concernant leur activité a été dispersée au cours du temps, surtout au moment des crises dans les rapports entre les confréries et l'Etat italien à la fin du XIXe siècle (Rusconi, 1986). Malgré cela, on peut raisonnablement soutenir que le *falsobordone* était le mode de chant habituel de toutes les confréries et qu'il était peut-être la conception même du chant à plusieurs voix, peut-être parce que les confréries cherchaient à égaler les sociétés romaines ou encore parce que les ordres réguliers exerçaient sur elles un contrôle absolu.

3. Le retour à l'oralité

Vers la moitié du XVIIe siècle, l'élan du concile de Trente retombe et dans la création religieuse, la "grande tradition" change de voie ; on cesse d'inclure des sections de *falsobordone*, imprimées sous ce nom, dans les recueils de musique religieuse. Cependant, le *falsobordone* ne disparaît pas en tant que méthode d'harmonisation ; il finit par devenir le symbole des tendances conservatrices dans le milieu de la musique religieuse qui refuse l'ouverture à la musique profane. Ainsi, le *falsobordone* trouve toujours sa place dans la liturgie de la chapelle Sixtine. Les chanteurs très spécialisés qui s'y produisent et qui élaborent à l'extrême la partie cadentielle, créent des interprétations très raffinées où il ne reste guère de traces de l'ancienne idée d'une polyphonie fondée sur la simplicité. Un exemple remarquable en est le célèbre *Miserere* de Gregorio Allegri qui est, pour l'essentiel, un *falsobordone* somptueusement orné de cadences complexes. Composé probablement en 1638, il est resté pendant des siècles au répertoire de la chapelle Sixtine comme symbole de la perfection dans la musique religieuse (Baini, 1828, p. 258-260). Mais en dehors de ce contexte exceptionnel, le *falsobordone* devait sonner comme une sorte d'archaïsme assez rudimentaire aux oreilles des gens cultivés de l'époque. On en a un témoignage parlant qui date de 1640, dû au noble romain Pietro Della Valle : "Dans les églises, on devrait entendre des musiques très différentes, à Noël, à Pâques, pendant le Carême ou la Semaine sainte [...]. Mais puisqu'il n'est pas prouvé que la musique incite à faire le mal, je ne serai jamais de ceux qui sont si stricts qu'ils voudraient l'exclure totalement de l'Eglise ou la réduire uniquement au *falsobordone* ou au plain-chant des moines comme j'ai parfois entendu dire avec déplaisir que certains, manquant de caractère et peut-être n'aimant guère la musique, voudraient le faire. Ces gens, je les appelle gens de l'Enfer, non du Paradis, car là, on chante et en chantant, on loue le Créateur." (Cité in Solerti, 1916, p. 174-175.)

Vers la moitié du XIXe siècle, dans le milieu du mouvement de renouveau spirituel qu'on appelle en général le mouvement cécilien, on "redécouvre" le *falsobordone* comme symbole de la polyphonie religieuse authentique et sévère du XVIe siècle. On imprime de nombreux volumes de *falsobordone*, dûs à certains "compositeurs célèbres" comme Giovanni Pierluigi da Palestrina, Roland de Lassus, Tommaso de Vittoria ; il s'agit de pièces fondées sur une structure d'accords répétés avec cadence que leurs auteurs ne désignaient pas explicitement comme *falsobordone*. Elles étaient conçues pour différents usages liturgiques (on lira par exemple Proske, 1859). On trouve aussi des *falsobordoni* dans les livres destinés aux églises mineures, dans le cadre de la réglementation de la musique prévue pour la dévotion des fidèles prescrite par l'Eglise à partir des dernières décennies du XIXe siècle (Macchiarella, 2003).

Si la persistance du *falsobordone* en tant que symbole d'archaïsme et d'austérité a inscrit son destin du côté de l'écriture de la musique religieuse, le monde de l'oralité lui donne un tout autre contexte, lié à la réalité actuelle des répertoires traditionnels dont il a été question au début de cet article.

Il est en effet tout à fait probable que, dès la fin du XVIe siècle et au début du XVIIe, on ait propagé un *falsobordone* "normalisé" dans l'esprit post-tridentin dans les églises et les confréries mineures et rurales, éloignées du goût musical des institutions plus importantes. Cela a pu féconder les polyphonies de transmission orale, destinées à l'accompagnement de la liturgie et à d'autres cérémonies, interprétées par des chanteurs sans "connaissance des intervalles de la musique". Nous ne possédons évidemment aucune attestation précise de ce processus de formalisation et nous ne pouvons que le reconstruire sur la base de quelques indices.

Il n'existe donc que peu d'informations sur la pratique musicale liturgique et paraliturgique post-tridentine dans les petites villes et dans les villages ; celles qui existent sont peu précises. Cette musique était certainement contrôlée par le clergé, régulier et séculier, qui, loin des centres urbains et des lieux de culture de la "grande tradition", devait être le plus souvent semi-analphabète et ayant peu l'usage de l'écriture ; nombre de missions et de rapports épiscopaux le déplorent (Burke, 1987). On peut en tout cas légitimement penser que des laïcs, bien formés, pouvaient aussi participer dans certaines situations à l'accompagnement musical de la liturgie. En même temps, il faut songer que des formes de chant polyphonique, tout à fait semblables à celles qui étaient utilisées dans la liturgie, ont commencé à se répandre dans la pratique musicale des confréries, grâce à des chanteurs spécialisés, membres de ces sociétés. On trouve en Corse des indications précises de ces deux "tendances" qui remontent au XVIIe siècle. Le synode de Bastia en 1657, après avoir rappelé que "ce sont les sacerdoces qui doivent louer et honorer Dieu Tout-Puissant en célébrant la Sainte Messe et en chantant les Divins Offices et que le rôle des fidèles est de les écouter de telle façon que toute autre activité est interdite", reconnaît pourtant que, puisqu'il n'y a pas suffisamment de clercs pour assurer le chant polyphonique, le curé pourra faire appel à des laïcs "capables et dévots pour renforcer le chant". Dans son statut de 1608, la confrérie de Poggio d'Oletta décide au contraire que "le Prieur pourra, pour les fêtes solennelles, choisir ceux qui devront chanter la Leçon ; puis on chantera le Te Deum Laudamus à deux chœurs : c'est-à-dire que les trois personnes qui auront chanté la Leçon formeront un chœur et que les autres formeront le deuxième" (Roëmer, 1996, p. 35-36). On trouve des indications semblables dans des documents provenant des deux autres îles et du Sud de l'Italie, particulièrement dans les instructions concernant la musique qui figurent dans les statuts des confréries. Il manque pourtant une étude générale sur les sources survivantes des confréries des centres mineurs et ruraux ; certaines informations figurent dans des ouvrages sur l'histoire locale, comme ceux de Sorge, 1989 et Carta, 1995.

Le fait que la polyphonie soit chantée en commun par les clercs et les membres spécialisés des confréries au cours de la liturgie (ce qui veut dire non seulement la messe mais aussi la liturgie des heures) et des offices paraliturgiques dans les oratoires est particulièrement significatif ; cela suggère un scénario précis du passage de l'écriture à l'oralité au cours du processus d'acculturation lancé par l'Eglise post-tridentine. C'est ce processus qui, avec le passage du temps, a permis la constitution des répertoires actuels de tradition orale. Il a bénéficié aussi de l'allégement progressif du contrôle du clergé régulier sur l'activité des confréries, qui est allé de pair avec la tendance à une importante autonomie organisationnelle chez les sociétés périphériques et des bourgs ruraux (Rusconi, 1986).

Il existe peu de témoignages explicites sur la présence de *falsobordone*. On en trouve un dans le journal de voyage en Sicile de Dominique Vivant Denon. Se trouvant à Agrigente pendant le carême, il écrit : "Un vendredi au soir, en passant à la place, j'entendis chanter un *Miserere* en faux-bourdon, et un grand bruit dans l'église. J'entrai, et je vis deux cents bourgeois de la ville qui, avec de grands fouets de corde a la main, se frappaient les épaules en mesure, et changeaient de main lorsque celle qui frappait était fatiguée." (1788, p. 145.)

Ce passage donne bien peu d'indications et ne nous apprend pas qui étaient les interprètes. D'autre part, la lecture du livre ne dit pas si l'auteur avait une connaissance sérieuse de la théorie de la musique. Ainsi, lorsqu'il dit "faux-bourdon", cela n'implique pas forcément une progression de tierces et sixtes parallèles, ce qui serait très singulier dans une cathédrale sicilienne de la fin du XVIIIe siècle. Il a pu simplement utiliser ce mot, comme on le faisait habituellement, pour traduire le terme italien qui à l'époque, comme aujourd'hui, signifiait en français l'harmonisation fondée sur l'accord parfait.

Plus d'un siècle plus tard, le chercheur sarde Giulio Fara nous donne un autre témoignage de première main : "Un musicien érudit [...] m'a écrit pour me parler du chant à plusieurs voix des habitants de la région de Sassari qu'il connaît bien car il est de cette ville. Il dit que la voix supérieure, le *cantus a mezza bosi* chante en fait une cantilène venue d'Orient. [...] Avec l'apparition de la polyphonie, celle-ci a été adoptée. Et donc l'accompagnement de la cantilène en *falsobordone* – plus ou moins correctement réalisé – était déjà connu et pratiqué depuis des siècles par les Sardes. Récemment, au cours de nos processions de la Semaine sainte, on chantait le *Miserere* sur une musique qui ressemble beaucoup à une Lamentation de Palestrina, *Popule meus*. Les chanteurs sont toujours des paysans, des ouvriers ou des artisans qui ne connaissent même pas l'existence d'un art musical. Ils chantent de mémoire ce qu'ils ont entendu et qui a été transmis d'une génération à l'autre." (1926, p. 533.)

D'autres informations, qui figurent dans des sources du XVIIe au XIXe siècle, se rapportent à ces régions ; le mot *falsobordone* n'y apparaît pas mais il est très probable qu'il s'agit bien de ce système polyphonique. Malgré l'absence d'autres témoignages directs, la continuité historique du *falsobordone* est clairement attestée dans les répertoires de tradition orale qui existent encore aujourd'hui. Il faut ajouter aux preuves fournies par l'analyse de ces musiques, une constatation géo-culturelle importante. Bien qu'à l'époque post-tridentine, le *falsobordone* ait été utilisé dans les églises et par les confréries des centres mineurs et ruraux de tout le monde catholique, les répertoires de tradition orale fondés sur ce mode polyphonique n'existent que dans certaines régions, celles-là même où l'on trouvait des formes de polyphonie traditionnelle dont les paroles et le style d'interprétation n'étaient pas religieux. Ces répertoires étaient pourtant fondés sur des principes de formalisation faits, eux aussi, de l'enchaînement d'accords parfaits répétés, en position fondamentale, et suivis d'une cadence (par exemple la *paghjelle* corse, le chant *a tenore* de Sardaigne et le chant *ad accordo* sicilien). En revanche, dans l'Italie du Centre et du Nord et même ailleurs, où le *falsobordone* était pourtant largement répandu, il n'était nullement enraciné dans la pratique musicale de tradition orale ; celle-ci, d'usage profane, préférait la superposition de voix parallèles fondée sur un principe mélodique linéaire, sans aucun élément harmonique vertical. Ainsi, étant donné l'échelle du temps nécessaire pour que les structures musicales puissent s'enraciner dans la tradition orale, on peut dire que le rapport des musiques du Sud avec le *falsobordone* implique que le chant par accords préexistait dans la “petite tradition” bien avant d'être transmis par l'écriture et systématiquement diffusé par l'église post-tridentine. Nous avons déjà signalé que les premières attestations écrites du système d'accords répétés suivis d'une cadence qui remontent à la fin du XVe siècle proviennent de l'Italie méridionale.

D'autre part, il serait bien peu logique de penser qu'en Sardaigne, par exemple, où les attestations les plus anciennes de chant profane en accords remontent au XVIIIe siècle (on lira surtout Madau, 1787), cette technique de chant soit apparue avec le *falsobordone* des prêtres et des moines et avec la prolifération des confréries au XVIe siècle. Ni un siècle, ni même un siècle et demi, ne peut suffire pour qu'une tradition musicale extérieure soit aussi fermement enracinée que l'indiquent les premiers témoignages de l'abbé Matteo Madau (*ibid.*, p. 25-33). Il est plus logique de penser que, dans cette île, on chantait déjà en accords et en polyphonie hors des églises et peut-être même dans les églises ; et que les schémas de *falsobordone* importés de Rome avaient rejoint une façon de chanter semblable qui était pratiquée depuis longtemps. Cette rencontre a bien dû impliquer une sorte de révision et de systématisation des expressions musicales existantes dans le sens d'un rapprochement avec l'uniformité du chant liturgique et paraliturgique de l'Eglise post-tridentine.

En somme, l'évolution du *falsobordone* indique deux directions importantes du développement historique : de l'oralité à l'écriture et de l'écriture à l'oralité. Ce mouvement se conjugue à la continuité séculaire de la pratique de la polyphonie de tradition orale dans certaines régions.

Ajoutons que l'on ne saurait dire, sur la base de cette hypothèse, que les répertoires transmis oralement aujourd'hui, bien qu'ils soient issus de cette rencontre avec les *falsobordoni* normalisés, doivent forcément être ramenés aux sources qui figurent dans les recueils de musique religieuse écrite de l'époque. En d'autres termes, on ne peut pas dire que chaque pièce individuelle, par exemple les trois dont nous avons parlé plus haut, est la réinterprétation d'un *falsobordone* précis, noté sur du papier à musique par un compositeur donné et qui a peut-être été enseigné, ou même imposé, aux chœurs de confréries par un prêtre ou un moine au XVIe ou au XVIIe siècle. Les répertoires que nous connaissons aujourd'hui sont le résultat de coutumes lentement codifiées ; on ne peut donc leur assigner une origine précise comme c'est le cas dans le monde de l'écriture. Il ne s'agit pas de la répétition constante d'une œuvre fixée une fois pour toutes, mais d'une pratique musicale qui se forge au cours du temps, à laquelle influences (ou contraintes) extérieures se sont ajoutées pour former un tout inextricable (et que nous ne pouvons aujourd'hui démêler) avec les savoirs et les usages des traditions locales. Même les cas d'analogies entre les répertoires de tradition orale d'aujourd'hui et certains *falsobordoni* que l'on trouve dans des sources du XVIe au XVIIIe siècle peuvent en fait être interprétés comme de simples coïncidences, dues à la pauvreté des combinaisons d'accords propre à ce type de polyphonie et non comme le résultat d'une véritable rencontre à l'origine. Par exemple, les membres de la confrérie de Castelsardo interprètent une version du *Deus in auditorium* qui suit le même schéma d'accords que le chœur de Monteverdi composé sur les mêmes paroles, au début des *Vêpres de la Vierge* de 1625 ; mais il n'existe aucun témoignage signalant un quelconque rapport entre ces deux musiques. La même chose est vraie de la référence au *Popule meus* de Palestrina dont parle Fara à propos des répertoires de la région de Sassari. On peut d'ailleurs penser que les prêtres et les moines qui entraient en contact avec les chanteurs d'une confrérie villageoise qui ne connaissaient pas la notation musicale pouvaient tout au plus utiliser des schémas d'accords suivant le modèle du *manuel* de Casoni et non des œuvres trop complexes comme celles de Monteverdi ou de Palestrina.

C'est dans cet inextricable tissu fait de la grande continuité du système polyphonique et des changements constants dans l'interprétation (dont on ne peut presque rien dire avec certitude avant les premiers témoignages sonores enregistrés sur bande à partir de la seconde moitié du

XXe siècle) que résident l'importance et l'intérêt des répertoires traditionnels, ou de ce que nous pouvons appeler, en dernière analyse, les *falsobordoni* actuels de tradition orale. Ces expressions musicales vivantes qui nous en disent beaucoup sur la culture et la vie sociale de ceux qui les pratiquent et les écoutent (Lortat-Jacob, 1996) ont de plus l'exceptionnel avantage de nous présenter une vision du monde de l'oralité dans ses rencontres et ses échanges avec l'écriture.

Bibliographie

ASOLA, G. M., 1575 : *Falso bordoni per cantar salmi*, Venise, Figlioli di Antonio Gardano.

BAINI, G., 1828 : *Memorie storico-critiche della vita e delle opere di Giovanni Pierluigi da Palestrina*, Rome, Società tipografica.

BANCHIERI, A., 1609 : *L'Organo suonarino*, Venise, Riccardo Amadino ; rééd., Bologne, Forni, 1978.

BANCHIERI, A., 1611 : *Conclusioni nel suono dell'organo*, Bologne, Eredi di Giovanni Rossi ; rééd., Bologne, Forni, 1981.

BIANCONI, L., 1986 : *Il Cinquecento e il Seicento*, in *Letteratura italiana*, vol. VI, *Teatro, musica, tradizione dei classici*, A. Asor Rosa (éd.), Turin, Einaudi, p. 319-363.

BOYLEAU, S., 1566 : *Modulationes in Magnificat ad omnes tropos*, Milan, Cesare Poti.

BRADSHAW, M. C., 1978 : *The Falsobordone. A Study in Renaissance and Baroque Music*, Rome-Neuhausen-Stuttgart, American Institute of Musicology-Hansser Verlag.

BRADSHAW, M. C., 1981 : préface à *Salmi passeggiati (1615)* de F. Severi, Middleton, A-R Editions, "Recent Research in the Music of the Baroque Era".

BURKE, P., 1978 : *Popular Culture in Early Modern Europe*, Londres, Temple Smith.

BURKE, P., 1987 : *The Historical Anthropology of Early Modern Italy. Essays on Perception and Communication*, Cambridge, Cambridge University Press.

CARAPEZZA, P. E., 1988 : "La musica sacra in Sicilia tra Rinascimento e Barocco", in *La Musica sacra in Sicilia tra rinascimento e barocco*, D. Ficola (éd.), Palerme, Flaccovio, p. 7-22.

CARDAMONE, D. G., 1975 : "The Debut of the Canzone Villanesca alla Napolitana", *Studi musicali*, vol. IV, p. 65-75.

CARTA, M., 1995 : *Nell'anno del Signore. Risposte dei parroci della diocesi di Galtellì al questionario di Francesco Maria Carongiu*, Orosei (Sardaigne), Centro Studi G. Guiso.

CASONI DE SPEDIA, A., 1645 : *Manuale choricanum ab utriusque sexus choricistis concupitum*, Gênes, Officina Farroni.

CERONE, P., 1613 : *El Melopeo tractado de musica theorica y pratica*, Naples, Giovan Battista Gargano e Lucrezio Nucci ; rééd., Bologne, Forni, 1969.

CERRETO, S., 1601 : *Della prattica musicale vocale e strumentale*, Naples, Giacomo Carlino ; rééd., Bologne, Forni, 1969.

DENON, D. V., 1788 : *Voyage en Sicile*, Paris, Didot l'Aîné ; rééd., Paris, Gallimard, 1993.

FARA, G., 1926 : "Genesi e prime forme della polifonia", *Rivista musicale italiana*, vol. XXXIII, p. 343-362 et 530-550.

FERRARESE, P., 1565 : *Passiones, lamentationes, responsoria*, Venise, Girolamo Scotto.

ISNARDI, P., 1569 : *Psalmi omnes [...]*, Venise, Scotto.

JEFFERY, P., 1992 : *Re-Envisioning Past Musical Cultures. Ethnomusicology in the Study of Gregorian Chant*, Chicago-Londres, Chicago University Press.

LIBERATI, A., 1666 : *Epitome della musica*, manuscrit déposé au Civico Museo bibliografico musicale di Bologne, cote D92a.

LORTAT-JACOB, B., 1996 : *Canti di Passione*, Lucques, Libreria Musicale Italiana, avec 1 CD ; version française, *Chants de Passion. Au cœur d'une confrérie de Sardaigne*, Paris, Le Cerf, 1998, avec 1 CD.

MACCHIARELLA, I., 1995 : *Il Falsobordone fra tradizione orale e tradizione scritta*, Lucques, Libreria Musicale Italiana ; trad. fr., "Le falsobordone entre tradition orale et écrite", in *Le Chant religieux corse : état, comparaisons, perspectives*, M. Pérès (éd.), Paris, Créaphis, 1996, p. 69-82.

MACCHIARELLA, I., 1996 : "Polivocalità di tradizione orale nel Rinascimento italiano : ipotesi e prospettive di ricerca", in *Polifonie. Procedimenti, tassonomie e forme : una riflessione a più voci*, M. Agamennone (éd.), Venise, Il Cardo, p. 205-238 ; 2e éd., Rome, Bulzoni Editore, 1998.

MACCHIARELLA, I., 2003 : "Le manifestazioni musicali della devozione cristiana in Italia", in *Enciclopedia della musica*, vol. III, *Musica e culture*, J.-J. Nattiez *et al.* (éd.), Turin, Einaudi, 2003, p.340-371 ; trad. fr., "Les manifestations musicales de la dévotion chrétienne en Italie", in *Musiques. Une encyclopédie pour le XXIe siècle*, vol. III, *Musiques et cultures*, J.-J. Nattiez (éd.), Arles-Paris, Actes Sud-Cité de la musique, 2005, p. 386-419.

MADAU, M., 1787 : *Le Armonie dei Sardi*, Cagliari, s. e. ; rééd., Nuoro, Illisso, 1997.

O'REGAN, N., 1990 : "Romen Confraternities and Their Oratories 1550-1600", in *Atti del XIV Congresso della Società internazionale di musicologia*, Turin, Edizioni di Torino, p. 891-898.

PONTIO, P., 1588 : *Ragionamento di musica*, Parme, Erasmo Viotto ; rééd. en fac-similé, Cassel-Bâle-Londres-New York, Bärenreiter, 1959.

PORTIOLI, A., 1883 : *Le Opere maccheroniche di Merlin Cocai*, Mantoue, Mondovì.

PROSKE, C., 1859 : *Psalmodia Vespertina*, Ratisbonne, Pustet.

RODIO, R., 1573 : *Psalmi ad vesperas*, Naples, Mattias Cancer ; rééd., Lametia Terme, A.M.A. Calabria, 1994.

ROËMER, M., 1996 : "Faits stylistiques et historiques du chant religieux en Corse", in *Le Chant religieux corse : état, comparaisons, perspectives*, M. Pérès (éd.), Paris, Créaphis, p. 33-68.

ROSSI, G. B., 1618 : *Organo de cantori*, Venise, Bartolomeo Magni ; rééd., Bologne, Forni, 1984.

RUSCONI, R., 1986 : "Confraternite compagnie devozioni", in *Annali della storia d'Italia*, Turin, Einaudi, vol. IX, p. 469-506.

SOLERTI, A., 1916 : *Le Origini del melodramma*, Turin, Bocca ; rééd., Bologne, Forni, 1976.

SORGE, G., 1989 : *Mussomeli dall'origine all'abolizione della feudalità*, 2 vol., Palerme, Sigma Edizioni.

STEFANI, G., 1975 : *Musica e religione nell'Italia barocca*, Palerme, Flaccovio.

TROWELL, B., 2001 : "Faux-bourdon" (sous-entrée de "Voice"), in *The New Grove Dictionary of Music and Musicians*, S. Sadie (éd.), Londres, Macmillan, vol. VIII, p. 614-620.

ZARLINO, G., 1558 : *Istitutioni harmoniche*, Venise, s. e.; rééd., Bologne, Forni, 1999.

Peter G. Jeffery

LA TRANSMISSION ORALE ET ÉCRITE : L'EXEMPLE DU CHANT BYZANTIN

Dans la tradition de toutes les Eglises chrétiennes d'avant la Réforme, qu'elles soient orientales ou occidentales, la liturgie était chantée, contrairement à aujourd'hui. Le chant liturgique était fait essentiellement de mélodies monophoniques, impliquant peu d'harmonie ou d'accompagnement instrumental. Les textes étaient tirés de la Bible, d'écrits hagiographiques et des sermons des Pères de l'Eglise. Le grégorien était le plus important de ces anciens chants dans l'Eglise d'Occident, bien qu'il existe des traditions locales archaïques de Rome, de Milan, de Bénévent, de Ravenne et de la péninsule Ibérique (Espagne et Portugal) qui ont été partiellement préservées dans des manuscrits médiévaux. Dans les diocèses de Milan et de Tolède, des parties des répertoires de chant mozarabe et ambrosien sont encore utilisées. En Orient, la tradition du chant byzantin domine encore, comme dans l'Eglise grecque orthodoxe. Des traductions de ces chants en slavon, géorgien, syriaque et en langues modernes sont en usage dans les autres Eglises orthodoxes qui sont en communion avec le patriarcat œcuménique de Constantinople. Des traditions de chant oriental autre que byzantin survivent dans les Eglises dites non chalcédoniennes, qui n'ont pas accepté les décrets du quatrième concile œcuménique de Chalcédoine en 451 ; il s'agit des Eglises orthodoxes syrienne, arménienne, copte et éthiopienne. C'est aussi le cas de l'Eglise orthodoxe assyrienne d'Orient qui n'accepte pas les décrets du troisième concile œcuménique d'Ephèse de 431. Presque toutes les églises orthodoxes et non chalcédoniennes, ainsi que l'Eglise assyrienne, ont des liens liturgiques avec celles qui suivent les rites orientaux de la communion catholique romaine, et qui ont donc été influencées par des tendances occidentales dans leur pensée et leur pratique. Parmi les groupes orientaux qui ont rejoint le protestantisme, l'Eglise Mar Thoma de l'Inde a maintenu une bonne part de sa tradition liturgique syrienne jacobite.

Toutes ces traditions musicales, qu'elles soient encore en usage ou uniquement connues par des manuscrits, posent des problèmes semblables au chercheur qui s'efforce d'en retracer l'histoire. On ne peut connaître le développement historique de la musique que lorsqu'il existe des documents écrits où une notation a été utilisée pour représenter les mélodies. Or, de grands pans de ces traditions n'ont pas laissé de traces écrites. Les notations les plus anciennes de chant grégorien et byzantin datent du Xe siècle ; pour les autres traditions latines, il faut attendre les XIe et XIIe siècles, le XIIe aussi pour le chant géorgien et arménien, et le XVe pour le chant éthiopien. Les chants coptes et syriaques ont rarement été notés avant le XXe siècle. Ces traditions ont donc une préhistoire, période pendant laquelle ces chants ont été créés, interprétés, enseignés et appris par des méthodes orales qui ne sont pas accessibles à la recherche historique ; nous n'en savons donc que très peu de chose. Pourtant, même après l'invention de la notation, celle-ci n'était qu'un outil pour l'enseignement. Pendant la liturgie, la majeure partie du répertoire était interprétée de mémoire.

En fait, la notation écrite n'était qu'un des moyens qu'utilisaient les chanteurs pour apprendre et enseigner le chant ; celui-ci était d'ailleurs composé de façon à pouvoir être facilement appris par cœur. On utilisait des formules musicales stéréotypées et des modèles, des formes et des genres textuels, des conventions syntactiques et des signaux sémantiques, des techniques de variation, d'adaptation et d'improvisation : tout cela aidait chaque génération de chanteurs à reproduire et à élargir le répertoire qu'elle héritait de ses prédécesseurs. Il est donc essentiel de comprendre ces méthodes si nous voulons savoir comment sont nées et se sont développées les grandes traditions du chant liturgique chrétien. Cependant, dans le monde moderne de l'écrit, les techniques de l'enseignement par l'audition et de la transmission orale ne nous sont plus familières et ne peuvent être étudiées qu'indirectement, grâce à des interprétations innovantes et réfléchies des mélodies écrites qui survivent du passé. Ceux qui étudient le plain-chant aujourd'hui s'efforcent donc de faire appel en même temps à la recherche paléographique et sémiologique sur les manuscrits de notations médiévales et à l'observation des traditions orales qui subsistent dans les cultures actuelles moins modernisées, en s'aidant de ce que les psychologues ont appris des processus mentaux de la cognition musicale.

Ces problèmes sont les mêmes pour toutes les traditions chrétiennes, mais c'est dans le chant byzantin qu'on peut les observer avec le plus de clarté. Le développement de la notation byzantine à travers l'histoire nous permet de saisir la continuité comme le changement du répertoire avec le temps, bien davantage que dans le cas des traditions occidentales. Grâce aux modèles musicaux et aux nombreuses aides mnémoniques, plus accessibles qu'à l'Ouest, on peut suivre les méthodes d'apprentissage et d'exécution des chanteurs. Bien plus que dans l'Europe occidentale moderne, on peut encore étudier les rapports entre le chant liturgique et la musique folklorique, grecque, slave et moyen-orientale. De plus, le grec était la langue du Nouveau Testament, de la Septante, des anciens conciles œcuméniques et de la majeure partie des cérémonies chrétiennes primitives, même à l'Ouest. Ainsi, sous bien des aspects, le chant liturgique grec représente la tradition centrale de la musique chrétienne primitive, et nous fournit le lien le plus direct avec les temps les plus anciens.

1. L'Eglise primitive

On trouve déjà dans le Nouveau Testament des indications montrant que les chrétiens chantaient pendant le culte (1re Epître aux Corinthiens, XIV, 26) et qu'on faisait une distinction nette entre les chants chrétiens chastes et les chansons à boire et autres manifestations libertines des non-chrétiens (Epître aux Ephésiens, V, 18-20 et Epître aux Colossiens III, 16). Dans les écrits de Luc, on trouve un psaume christianisé (Actes des Apôtres, IV, 24-30) et quatre odes ou cantiques dont la langue et la structure ressemblent aux Psaumes et qui ont acquis un rôle permanent dans le culte chrétien. Il s'agit du *Magnificat* (Luc, I, 46-55), du *Benedictus* (Luc, I, 68-79), du *Nunc Dimitis* (Luc, II, 29-32) et du noyau originel du *Gloria in Excelsis* (Luc, II, 14, et aussi XIX, 38). L'Evangile de Matthieu contient le *Benedictus* et l'*Hosanna* qui seront insérés dans le *Sanctus* de la liturgie (Matthieu, XXI, 9 ; voir aussi Marc XI, 9-10, Isaïe, VI, 3 et l'Apocalypse, IV, 8). Les Epîtres de Paul exhortent la communauté chrétienne à chanter "les psaumes, les hymnes et les cantiques spirituels" (Epîtres aux Colossiens, III, 16 et aux Ephésiens, V, 18-20) et beaucoup ont gardé des citations de ce qui semble être des textes d'hymnes anciennes. On les appelle les hymnes christologiques (voir, par exemple, les Epîtres aux Philippiens, II, 5-11, aux Ephésiens, V, 14, aux Colossiens, I, 15-20 et à Timothée, III, 16, etc.) car ils donnent les grandes lignes de la théologie de l'identité et de la mission du Christ. D'autres hymnes semblables se trouvent dans les écrits apocryphes tels que la collection pseudépigraphique anonyme connue sous le nom d'*Odes de Salomon*. Au début du IIe siècle, Pline le Jeune écrit que les chrétiens qu'il a arrêtés et interrogés avaient l'habitude de se "lier par un serment" *(sacramento)* et de chanter ensemble "un chant au Christ comme à un dieu" *("carmen christo quasi deo")* (McKinnon, 1987, p. 23-27).

Alors qu'au IVe siècle l'Empire romain commence à se convertir au christianisme, les auteurs érudits composaient des hymnes chrétiennes dans les mètres de la poésie grecque classique. Les hymnes de saint Cyrille d'Alexandrie, de Synésios de Cyrène et de saint Grégoire de Naziance à l'Est, de saint Paulin de Nole et de Prudence à l'Ouest étaient peut-être peu utilisées dans le culte. Mais les hymnes strophiques de saint Ambroise, écrites en dimètre iambique, faisaient partie de la liturgie pendant sa vie même et devinrent le modèle d'un genre important, l'hymne ambrosienne, qui a connu plus tard des centaines de réalisations. Même dans le cas des compositions authentiques d'Ambroise, seuls les textes peuvent être datés avec certitude du IVe siècle. De plus, nous ne savons pas si les mélodies qui nous ont été transmises avec ces textes, notées au XIIe siècle et plus tard, sont proches de l'époque d'Ambroise. Un fragment de papyrus trouvé à Oxyrhynchos contient une partie d'une hymne chrétienne ancienne dont la mélodie est donnée en notation musicale de la Grèce antique – c'est la seule mélodie qui puisse être datée avec certitude de la période patristique (Szövérffy, 1978-1979, vol. I, p. 1-16).

Avec le temps, les chrétiens ont commencé à chanter couramment les cent cinquante psaumes de la Bible, en utilisant la numérotation de la Septante et de la Vulgate, qui est celle que nous utiliserons dans cet article. Dans les pays où le protestantisme a eu une grande influence culturelle, comme l'Angleterre et l'Allemagne, les psaumes sont numérotés selon l'ordre hébraïque, décalés d'un chiffre par rapport à la Septante et à la Vulgate. On a ajouté au psautier des textes d'hymnes semblables, tirées des autres livres de la Bible et qu'on appelait *odes* dans l'Eglise d'Orient et *cantiques (cantica)* dans celle d'Occident. On a affecté certains psaumes à des heures fixes du cycle diurne : le matin (matines ou *orthros*), les psaumes 50 et 62 ; à l'aube (*laudes* ou *ainoi*), les psaumes 148-150 ; le soir (vêpres ou *hesperinos*), le psaume 140 ; au coucher (complies ou *apodeipnon*), les psaumes 4 et 90. Le psaume 118 était chanté aux petites heures du jour (prime, tierce, sexte, none) à l'Ouest et à minuit *(mesonyktikon)* à l'Est. Les cantiques ou odes ajoutés au psautier étaient chantés le plus souvent le matin, avant les psaumes 148-150. Les vêpres et les longues vigiles de la nuit étaient dominées par la psalmodie de forme habituelle *(cursus)* : il s'agissait de séries de psaumes chantés dans l'ordre numérique et souvent groupés par multiples de trois. Cette pratique consistant à chanter le psautier tout entier dans une période de temps donnée devint habituelle. Au début, cela se faisait en deux ou trois semaines à Milan et en quatre à Sainte-Sophie (Hagia Sophia), la cathédrale ou Grande Eglise de Constantinople. Cependant, les traditions monastiques tendaient à répartir les cent cinquante psaumes sur une seule semaine, ce qui devint la pratique commune des traditions romaine et byzantine, dont la structure est fortement monastique.

Une lettre de saint Basile (330-379) nous montre qu'à la fin du IVe siècle, il existait trois manières différentes de chanter les psaumes : *a)* la psalmodie responsoriale, où un soliste chantait le couplet et les fidèles répondaient par un refrain, toujours le même ; *b)* ce qu'on a appelé plus tard la psalmodie "antiphonique" où la congrégation, divisée en deux chœurs, chante les versets en alternance ; *c)* ce qu'on appellera la psalmodie "directe" où le psaume tout entier est chanté par la congrégation ou par un soliste, sans répétitions ni refrains (McKinnon, 1987, p. 68-69).

A mesure que l'hymne chrétienne se détache des modèles du classicisme, deux genres deviennent dominants. La longue homélie métrique, popularisée par saint Ephrem et d'autres auteurs syriens, trouve sa forme grecque principale dans les *kontakia* de saint Romanos le Mélode. Le tropaire, une courte prière en forme strophique, existait aussi au temps de saint Basile qui mentionne le *Phos hilaron* et le *Gloria patri* dans son *De spiritu sancto*. Les deux genres sont encore utilisés aujourd'hui dans la liturgie, ainsi que le *Sub tuum praesidium* adressé à la Mère de Dieu, trouvé dans un ancien papyrus chrétien (Giamberardini, 1969 et Stegmüller, 1952). On interpolait souvent les tropaires entre les versets ou stichères d'un psaume ou d'une ode, ce qui permettait de composer des séries complètes. Des tropaires étaient souvent insérés dans le psaume 50 du matin, le 140 du soir, et les psaumes de l'aube 148-150. Le genre le plus important de ce type est le canon *(kanon)* : une série d'odes dont chacune comporte une séquence de tropaires chantés sur une même mélodie.

2. La formation des livres liturgiques

2.1. *Les* libelli

A mesure que le nombre de textes liturgiques augmentait et que les services et le calendrier liturgique devenaient plus complexes, les hymnes et les chants chrétiens ont été de plus en plus souvent rassemblés dans des collections. Au début, il pouvait s'agir de petits opuscules de quelques pages que les spécialistes de la liturgie appellent *libelli*, ou petits livres. Il n'en reste que peu, bien qu'on puisse penser que certaines collections plus importantes sont formées de plusieurs *libelli*. Pour comprendre comment les livres usuels ont été constitués, nous dépendons non seulement des sources grecques, mais aussi de celles qui, en d'autres langues, préservent souvent des ensembles plus anciens, archaïques, ou qui sont simplement des assemblages de différents matériaux byzantins. Les sources les plus importantes sont les sources slavonnes ; la traduction de textes liturgiques byzantins en vieux slavon d'église a commencé au IXe siècle, lorsque les saints Cyrille et Méthode ont apporté le christianisme byzantin au monde slave. Les traductions en syriaque ont survécu dans des textes de Syrie et de Palestine, qui datent à peu près de la même époque. Les sources géorgiennes, qui suivaient au début le rite grec de Jérusalem, ont commencé leur rapprochement avec Constantinople vers le XIIe siècle.

2.2. *Les appendices du psautier*
La forme la plus ancienne de ces collections est l'appendice ou supplément du psautier. Après le Livre des Psaumes, on trouve souvent dans les manuscrits bibliques, une section contenant les cantiques ou odes tirés des autres livres de la Bible. Chaque centre liturgique avait son propre ensemble traditionnel, ce qui permet aux chercheurs d'associer chaque manuscrit de psautier à un milieu liturgique donné. L'appendice le plus ancien bien connu se trouve dans le Codex du Ve siècle ; il contient les neuf cantiques en usage dans l'Eglise de Jérusalem, dans les monastères de Palestine et dans l'Eglise de Milan (Exode, XV ; Deutéronome, XXXII, 1 ; Samuel, II ; Habacuc, III ; Isaïe, XXVI ; Jonas, II ; Daniel, III, 26-45 ; Luc, I, 46-55 et 68-79). Les psautiers proches de Constantinople utilisent les mêmes textes mais organisés différemment pour former sept odes, comme le voulait la pratique liturgique de la ville impériale. D'autres traditions, à l'Est comme à l'Ouest, utilisent différents ensembles. Ils comportent jusqu'à quinze odes dans les églises d'Egypte et d'Ethiopie, et seulement quatre dans l'église assyrienne d'Orient, qui suit le rite catholique chaldéen. Le manuscrit nommé *Antiphonaire de Bangor*, qui date de la fin du VIIe siècle, semble bien provenir d'Irlande, mais est conservé dans le monastère de Bobbio. C'est un exemple rare d'un appendice de psautier où les *libelli* de prières et d'antiphones ont été ajoutés aux odes bibliques et aux hymnes non bibliques. L'*Orationale de Vérone*, de 711, mieux agencé, consiste en prières à dire après les psaumes de l'office mozarabe, observé en Espagne. Il contient aussi des incipit d'antiphones ajoutés aux prières, ce qui fait de ce texte le plus ancien témoignage important de la tradition du chant mozarabe. Le *Psautier de Charlemagne* (Paris, Bibliothèque nationale, ms. Latin 13159, fin du VIIIe siècle) comporte des prières à dire après les psaumes et un petit appendice pour l'office monastique des bénédictins, qui comprend le plus ancien tonaire qui attribue des chants occidentaux aux huit modes grecs. Le *mawase't* éthiopien, dont la tradition manuscrite qui a survécu commence au XIVe siècle, est en fait un appendice de refrains à chanter avec les psaumes. On peut l'opposer au *Psautier de Saint-Germain*, où les refrains latins se trouvent à leur juste place à l'intérieur de chaque psaume, plutôt que

tous réunis dans un appendice (Paris, Bibliothèque nationale, ms. Latin 1194, VIe siècle).

2.3. *Lectionnaires*

A la fin du IVe siècle, la liturgie de Jérusalem s'est développée, devenant très complète ; tous les événements importants du Nouveau Testament étaient commémorés chaque année à la date et au lieu où, selon la croyance, ils s'étaient produits à l'origine. L'évêque et le clergé, les habitants et les pèlerins de passage se rendaient chaque jour à la "station", le lieu où se tenaient les vigiles et les célébrations de l'eucharistie. Le cycle annuel du culte est décrit par Egérie qui l'a observé au cours de son pèlerinage en 383. On a fini par rassembler les lectures et les psaumes de ces cérémonies dans l'ordre du calendrier, pour former le premier livre de liturgie chrétienne connu, un lectionnaire compilé entre 417 et 439 de notre ère. Cependant, le texte grec d'origine n'a pas survécu et nous ne connaissons ce document que dans une traduction arménienne. C'est pourquoi on l'appelle en général le *Lectionnaire arménien*. Il contient les lectures de la Bible pour les messes et les vigiles, avec les refrains des *prokeimena*, ou psaumes responsoriaux, chantés avant les épîtres, et les psaumes alléluiatiques, chanté avant les évangiles. L'ode des trois jeunes Hébreux, de Daniel III, chanté aux vigiles de Pâques et de l'Epiphanie, contient déjà des tropaires interpolés.

Une forme plus développée du *Lectionnaire de Jérusalem*, datant du VIIIe siècle, nous est restée dans une traduction géorgienne ; ici encore, le texte grec est perdu. A cette époque, l'année liturgique devient encore plus complexe et nombre de lectures et de psaumes sont ajoutés. De nombreux tropaires, ou du moins leurs incipit, sont aussi inclus, surtout pour les processions et pour le propre de la messe qui consiste en l'introït, le psaume responsorial, l'alléluia, un chant pour le lavement des mains après l'évangile, l'offertoire et la communion.

Contrairement au cas de Jérusalem, où les lectures et les psaumes étaient choisis pour leur rapport avec certains jours de l'année, le rite original de Constantinople s'en tenait à une attitude plus conservatrice, qu'on appelle la *lectio continua*, où chaque livre de la Bible était lu à sa juste place, du début à la fin, plus ou moins complètement au cours d'une période de temps définie. Ainsi, l'année liturgique était divisée en saisons et fondée sur les quatre évangiles (Colwell et Riddle, 1933). Les épîtres, les *prokeimena* et les alléluias figuraient dans un livre séparé, l'*Apostolos*, alors que les lectures de l'Ancien Testament, avec d'autres *prokeimena*, étaient rassemblées dans le *Prophetologion* (publié dans *Monumenta musicae byzantinae. Lectionaria*). Des traces de *lectio continua* ont aussi survécu dans la liturgie romaine : par exemple, la lecture du Pentateuque commençant à la Septuagésime, d'Isaïe pendant l'Avent, de Jean pendant le Carême et des Actes des apôtres pendant le temps de Pâques. Mais une bonne partie de ces pratiques était éclipsée par celle, plus proche, de Jérusalem, consistant à choisir les lectures selon le thème du jour. Les épîtres et les évangiles de la messe romaine figuraient dans des livres séparés, mais sans les chants. Les graduels, qui correspondent aux *prokeimena* grecs, les alléluias et les traits (des psaumes sans refrain qui remplaçaient l'alléluia pendant le Carême) étaient rassemblés à l'origine dans le *cantatorium*, le livre du cantor.

2.4. *Les hymnaires*

Les œuvres des grands hymnodes circulaient souvent sous forme de collections auxquelles s'ajoutaient rapidement d'autres œuvres semblables. Les hymnes de saint Ephrem le Syrien sont peut-être parmi les premières à avoir été ainsi recueillies. Celles d'Ambroise de Milan ont formé le cœur même de ce que les chercheurs appellent l'Ancien Hymnaire retrouvé dans les règles monastiques de Benoît et de Césaire d'Arles, qui datent du VIe siècle. Il s'est développé pour devenir le Nouvel Hymnaire à l'époque carolingienne ; à Milan, il suivit un chemin différent pour donner l'hymnaire du rite milanais ou ambrosien, adopté plus tard par les cisterciens. L'évêque monophysite Sévère d'Antioche (env. 465-538) a certainement composé des hymnes en grec, et on trouve son nom sur une collection à laquelle se sont ajoutées plus tard des œuvres d'autres auteurs. Chaque hymne est formée d'une seule strophe précédée d'un seul verset de psaume. La collection n'a survécu qu'en syriaque et les hymnes, appelées *ma'niatha*, sont encore chantées dans les liturgies syriaques. Des siècles après Sévère, elles ont été réorganisées sur la base des huit modes.

Le plus important poète liturgique byzantin, Romanos le Mélode, vivait au VIe siècle. Ses œuvres, qu'on a ensuite appelées *kontakia*, sont de longues méditations polystrophiques sur l'évangile ou le saint du jour ; elles ressemblent aux homélies mesurées de l'Eglise syriaque. Chaque *kontakion* est formé d'un *prooimion* et d'une série d'environ vingt *oikoi*, qui ont le même refrain ou *ephymnion*, et souvent reliés par un acrostiche. Bien que le *kontakion* (généralement réduit au *prooimion* et au premier *oikos*) soit encore chanté dans la liturgie byzantine, il a depuis été remplacé par le *kanon*. Cependant, les anciennes collections de *kontakia* peuvent être à la base du *Tropologion* et de l'*Asmatikon* byzantins et du *Kondakar* slave.

Le *kanon* byzantin est formé de plusieurs strophes, chantées à l'origine entre les versets des neuf odes. Il existe pour chaque ode une strophe modèle, ou *heirmos* ; toutes les autres strophes de la même ode ont la même structure (nombre de syllabes et accentuation) et peuvent donc être chantées sur la mélodie du *heirmos*. Ainsi, l'*heirmos* du *kanon* représente une stratégie de transmission orale : l'utilisation d'un texte modèle qui sert d'aide-mémoire pour la mélodie. Les sources géorgiennes du répertoire de Jérusalem montrent que les premiers *kanon* n'avaient souvent que trois odes, forme qui survit dans le livre byzantin pour le carême, le *Triodion*. Il semble pourtant qu'au VIIIe siècle, les *kanon* étaient en général écrits pour les neuf odes. Mais à un certain moment, on a pris l'habitude d'omettre la deuxième ode sauf pendant le Carême, probablement parce qu'elle était trop longue et lugubre. Il semble qu'au début, les *kanon* étaient rassemblés dans de petites collections écrites sur des rouleaux ; on en conserve à la bibliothèque du mont Sinaï et à l'université de Princeton.

2.5. Tropologia *et autres recueils de chants*

Au VIIe siècle, un nouveau genre de livre est apparu à Jérusalem ; il contenait les tropaires et les *kanon* pour les fêtes principales de l'année. Encore une fois, nous ne connaissons ce livre que par sa traduction géorgienne, qui s'intitule *Iadgari*. Il se peut que l'original grec se soit appelé *Tropologion*, un titre qui pourrait correspondre au latin *Versarium*. Cependant, dans le milieu monastique palestinien où est né le rite byzantin, le *Tropologion*, qui augmentait sans cesse, fut divisé en de plus petites unités qui sont devenues les livres courants du rite byzantin. Ainsi le *Triodion* couvre la période du Carême où les *kanon* à trois odes restaient la règle, le *Pentekostarion* sert pour les cinquante jours de Pâques à la Pentecôte, et le *Menaion* en douze volumes contient les chants des fêtes fixes rassemblés en volumes séparés pour chaque mois de l'année. Mais les chercheurs n'ont pas encore pu retracer le chemin qui sépare ces livres du modèle grec du *Iadgari*, qui est perdu. Il existe toutefois une exception : un genre de livre, l'*Oktoèchos*, chanté pendant toute l'année, surtout aux périodes où le *Triodion* et le *Pentekostarion* ne sont pas utilisés. L'*Oktoèchos* le plus ancien que nous connaissions est un appendice de l'*Iadgari* et comprend huit services pour des dimanches non précisés. Le thème de tous les textes est la résurrection. Chacun des huit services utilise un mode musical qui porte le numéro grec traditionnel : en premier les quatre modes authentes dans l'ordre numérique, suivis des quatre modes plagaux. Dans les premiers *Oktoèchoi* connus, des rouleaux et codex d'origine palestinienne et probablement monastique, ce sont les *kanon* de la résurrection de saint Jean Damascène, un moine du monastère de Saint-Sabas près de Jérusalem qui prédominent. C'est probablement la raison pour laquelle le genre de l'*Oktoèchos* lui est traditionnellement attribué. Plus tard, des chants pour les jours de la semaine ont été ajoutés à ceux du dimanche ;

le *Parakletike*, ou *Grand Oktoèchos* contient donc huit cycles hebdomadaires complets, un dans chaque mode. Ils étaient chantés dans l'ordre numérique pendant toute l'année, en commençant par le premier mode le dimanche de Pâques.

L'*Iadgari*, le *Triodion*, le *Pentekostarion* et le *Menaion* indiquent aussi le mode dans lequel doit être chanté chaque tropaire ou *kanon*. Cependant, contrairement à l'*Oktoèchos*, les huit modes ne fondent pas l'organisation, mais semblent être distribués au hasard. Pourtant un autre livre est bien organisé selon les modes, l'*Heirmologion*. Il consiste essentiellement en *heirmoi* pour les *kanon* de Jean et de ses moines de Saint-Sabas : saint André de Crète, saint Cosmas de Majuma et leur contemporain, saint Germain, patriarche de Constantinople. Plus tard, on y a ajouté des *kanon* de saint Joseph l'Hymnographe et d'autres poètes et compositeurs de Constantinople et d'ailleurs. Ainsi, l'utilisation des huit modes comme principe d'organisation des textes des chants semble être apparue dans les monastères de Palestine aux environs du VIIIe siècle, au moment même où s'instaure le principe d'organisation de l'année liturgique sur la base du *Lectionnaire de Jérusalem* qui date du Ve siècle. Bien que chaque manuscrit de l'*Heirmologion* soit disposé selon les huit modes, deux formes étaient possibles pour chaque mode. Dans un système, les *heirmoi* de chaque *kanon* étaient rassemblés dans leur ordre original. Dans l'autre, les *kanon* étaient fragmentés et les *heirmoi* organisés par ode. L'ordre des *kanon* (on utilise en général l'abréviation KaO) reste, bien entendu, plus proche du répertoire des textes ; il est donc normal que ce soit l'organisation la plus habituelle des manuscrits grecs. L'ordre des odes (OdO) était probablement plus utile pour le chanteur puisqu'il facilitait la mémorisation. C'est peut-être pourquoi les *heirmologia* slavons et géorgiens sont le plus souvent organisés ainsi. Il semble que les *heirmoi* slavons et géorgiens, bien qu'ils soient traduits du grec, aient circulé un temps comme chants individuels. Le fait qu'ils aient été rassemblés et organisés en *heirmologia* paraît être dû à un collectage indépendant plutôt qu'à la traduction d'un *heirmologion* grec complet. En effet, certains *heirmologia* géorgiens donnent l'incipit textuel grec pour chaque *heirmos*, en caractères géorgiens. Cela semble avoir aidé le chanteur à mémoriser la mélodie.

C'est à cette période où les chants ont été organisés pour la première fois en *libelli* et en livres liturgiques complets que se pose le problème de la transmission orale. Les livres qui paraissent alors révèlent des principes d'organisation des textes : par auteur, par fonction liturgique, par date du calendrier, par strophe modèle. Mais il existe aussi un principe strictement musical : les huit modes du système *Oktoèchos*. Ceux-ci étaient organisés en deux groupes de quatre : les modes du groupe principal, qu'on appellerait "authentes" à l'Ouest, portaient les numéros 1, 2, 3 et 4. Le groupe subordonné, appelé "plagal" (qui signifie "oblique" ou "diagonal" en grec) était d'abord numéroté plagal 1, plagal 2, plagal 3 et plagal 4, bien que selon la pratique byzantine habituelle, le plagal 3 soit maintenant appelé "mode grave" (*varys* en grec). Dans l'Eglise slavonne et les autres Eglises de l'Est, les modes plagaux ont fini par être numérotés 5, 6, 7 et 8. Dans les sources latines d'Occident et dans quelques sources syriennes, les modes authentes et plagaux étaient organisés par alternance, de manière qu'en latin les modes authentes portent les chiffres impairs 1, 3, 5 et 7, et les plagaux les chiffres pairs, 2, 4, 6 et 8. Mais à l'époque, les modes ne représentaient qu'un système de classification. Nous ne pouvons pas savoir quelles étaient les caractéristiques musicales qui décidaient qu'une mélodie serait chantée dans un mode ou dans un autre avant de disposer de manuscrits comportant une notation.

3. La notation neumatique primitive

On s'est rendu compte qu'il ne suffisait pas de noter le mode d'un chant, mais qu'il fallait donner la mélodie elle-même sous forme écrite. On a alors utilisé les accents graves et aigus de la grammaire grecque classique, puisqu'ils indiquaient déjà les mouvements ascendants et descendants. D'autres signes, les *neumata* grecs, ont été ajoutés pour noter des déplacements plus importants de la voix. Le système de notation le plus ancien de ce genre est probablement celui des neumes ekphonétiques, utilisés dans les livres de lectures liturgiques : le *prophetologion*, l'*apostolos* et l'*evangeliarion*. Dans chacun de ces livres, les neumes séparent le texte en phrases et clauses syntactiques, chacune étant marquée par un neume au début et à la fin (voir l'exemple 1).

Dès le Xe siècle, on trouve des livres portant des neumes paléobyzantins qui utilisent encore certains signes ekphonétiques pour essayer de représenter les mélodies des chants. Il y en avait deux sortes : dans l'*heirmologion*, les textes des strophes modèles des *kanon* pouvaient être accompagnés de neumes représentant directement les mélodies modèles. Ainsi, l'*heirmologion* devenait une sorte de livre de chant. Lorsqu'une mélodie du *heirmos* avait été apprise, le chanteur pouvait l'utiliser pour toutes les strophes d'une ode ; il n'était donc pas nécessaire d'inclure tous ces tropaires dérivés dans l'*heirmologion*. Dans quelques manuscrits étudiés par Strunk (1977, p. 212), on constate un effort pour compléter la notation non diastématique en indiquant les formules mélodiques : un texte très connu qui était chanté sur la formule mélodique d'un chant familier pouvait servir comme abrégé, pour appeler la même

Exemple 1

Jean, XV, 9-16

Disse il Signore ai suoi discepoli

9 Come il Padre ha amato me così anch'io ho amato voi

Rimanete nel mio amore

10 Se osserverete i miei comandamenti rimarrete nel mio amore

come io ho osservato i comandamenti del Padre mio

e rimango nel suo amore

11 Questo vi ho detto perché la mia gioia sia in voi e la vostra gioia sia piena

12 Questo è il mio comandamento che vi amiate gli uni gli altri

come io vi ho amati

13 Amore piú grande di questo ha nessuno dare la vita per i propri amici

14 Voi siete miei amici se farete ciò che io vi comando

15 Non vi chiamo piú servi perché il servo non sa quello che fa il suo padrone

ma vi ho chiamati amici perché tutto ciò che ho udito dal Padre

l'ho fatto conoscere a voi

16 Non voi avete scelto me ma io ho scelto voi

e vi ho costruiti perché andiate e portiate frutto e il vostro frutto rimanga

perché tutto quello che chiederete al Padre nel mio nome ve lo conceda formule dans un autre contexte. Cette pratique ne s'est pas beaucoup répandue dans le domaine byzantin, mais des siècles plus tard, elle est devenue le principe fondamental de la notation du chant dans l'Eglise orthodoxe éthiopienne (Shelemay et Jeffery, 1993-1997).

Le deuxième type de livre, le *sticherarion*, contenait les tropaires séparés qui étaient chantés avec les psaumes, surtout ceux de l'*Hesperinos* et de l'*Orthros*. Le plus souvent y figuraient les *idiomela*, les textes chantés sur des mélodies qui leur étaient particulières. D'autres textes, les *prosomoia*, étaient omis car on les chantait sur des mélodies typiques, faciles à adapter et que tout chanteur connaissait. Ces mélodies provenaient d'un tropaire-source appelé *automelon* et elles aussi étaient souvent omises dans les manuscrits car elles étaient trop connues pour qu'il faille les écrire. En fait, il semble que bon nombre des mélodies les plus connues du chant byzantin, y compris tout l'office de Pâques et des textes aussi courants que le *Phos Hilaron*, n'aient probablement jamais été écrits au Moyen Age, car il n'en reste aucun exemplaire. Nous ne connaissons donc que les mélodies postmédiévales de beaucoup de chants du répertoire byzantin, très connus et fréquemment chantés.

Deux types de notation neumatique figurent dans ces manuscrits de chant choral. Comme on ne connaît pas leur lieu d'origine, ils portent le nom de la bibliothèque française où les chercheurs occidentaux les ont découverts. La notation Coislin, la plus simple, semble provenir de Palestine, alors que la notation Chartres, qui possède un plus grand nombre de signes, vient peut-être de Constantinople, d'Asie Mineure ou de Grèce. Le plus ancien catalogue de neumes byzantins (Athos, Lavra Γ 67, f. 159*r*, datant du Xe siècle) est du type Chartres, mais c'est la Coislin qui, en fin de compte, a survécu. Nous ne savons pas lire entièrement ces deux types de neumes paléo-byzantins, mais il semble qu'il y ait eu là deux principes différents. La tendance de la notation Chartres était de multiplier les signes afin de représenter chaque geste par un symbole différent. Celle de la notation Coislin était d'utiliser un corps de symboles relativement restreint, que l'on pouvait combiner en groupes, afin d'amplifier leur sens original.

Les premières sources de chant slavon contiennent aussi des neumes apparentés à la notation paléo-byzantine et peut-être plus proches du système de Chartres. Ni les neumes grecs ni les neumes slavons ne peuvent être déchiffrés à l'heure actuelle, si ce n'est par comparaison avec des périodes plus tardives où les notations étaient devenues plus fines et précises. Quant aux neumes de l'Eglise romaine, bien que le Moyen Age les considérât comme des dérivés des accents grecs classiques, ils représentent un système indépendant qui n'est pas directement lié à la notation byzantine, malgré l'avis contraire de Floros. Les tentatives limitées de notation neumatique que l'on trouve dans les sources coptes et melkites de Syrie doivent peut-être davantage au précédent byzantin (Husmann, 1975 et 1978 ; Raasted, 1979), alors que les neumes des Eglises arménienne et géorgienne sont trop peu connus pour que l'on puisse formuler une opinion à ce sujet.

A part les neumes eux-mêmes, chaque chant noté commence par une signature modale, une indication abrégée d'une courte intonation ou d'une phrase qui était probablement chantée par le chef de chœur comme c'est le cas aujourd'hui. Ces intonations, les *echemata*, étaient de courtes mélodies standardisées sur des syllabes nasales privées de sens, telles que *"noeane"*. Cela indiquait au chœur le mode du chant et la hauteur initiale. Bien que ces *echemata* étaient d'origine grecque, les premières que nous connaissions se trouvent dans des sources latines de la fin du VIIIe ou du IXe siècle. Dans le monde grec, elles faisaient partie du grand ensemble de connaissances orales que l'on n'avait pas besoin d'écrire car tous les chanteurs les connaissaient. La première attestation grecque d'*echemata* se trouve dans les signatures modales des manuscrits de chant notés du Xe siècle.

4. La notation diastématique

Dès le XIIIe siècle, il existe des *sticheraria* et des *heirmologia* en notation ronde. Chacun des signes de l'ancienne notation Coislin correspond maintenant à un intervalle précis *(diastema)* et garde en même temps la nuance rythmique ou expressive qu'il avait toujours indiquée. Les signes peuvent être combinés selon des règles simples afin d'ajouter les nuances voulues aux intervalles. Selon que le neume se trouve au-dessus ou au-dessous, il peut représenter un intervalle, une nuance expressive ou les deux (voir l'exemple ci-dessous).

Exemple 2

Quelques neumes de la "notation ronde" byzantine

Unisson :

 *íson* même hauteur que la note précédente

sómata ("corps"), signes indiquant le pas

Seconde ascendante :

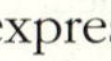 *olígon*

 oxeía

 petasthí

 koúphisma

 *pelastón*

 dýo Kentímata

Seconde descendante :

 *apóstrophos*

pneúmata ("esprits"), signes indiquant un saut :

Tierce ascendante :

 kéntima

Quinte ascendante :

 *hypsilí*

Tierce descendante :

 *elaphrón*

Quinte descendante :

 *khamilí*

Quelques combinaisons :

 *íson* + *petasthí* : unisson avec le caractère de *petasthí. Ison* neutralise la valeur d'intervalle de *petasthí* mais garde son caractère expressif.

 *olígon* + *petasthí* : tierce ascendante avec le caractère de *petasthí.* Les valeurs de *sómata* sont ajoutées.

 oligon avant *kéntima* : tierce ascendante. *Sóma (olígon)* appuie le *pneúma (kéntima)* sans ajouter sa valeur intervallique.

 *oxeía* avant *kéntima* : tierce ascendante avec le caractère de *oxeía. Soma (oxeía)* appuie le *pneúma (kéntima)* sans ajouter sa valeur intervallique, mais garde son caractère expressif.

 *kéntima* au-dessus d'*oxeía* : quarte ascendante. La valeur du *sóma* s'ajoute au *pneúma.*

 *apóstrophos* avant *elaphrón* : tierce descendante. Le *soma* appuie le *pneúma* sans ajouter sa valeur intervallique.

 *elaphrón* au-dessus d'*apóstrophos* : quarte descendante. La valeur du *sóma* s'ajoute au *pneúma.*

Ce n'est qu'avec la notation ronde que nous pouvons commencer à identifier les hauteurs précises des mélodies médiévales, en suivant la séquence des neumes d'un intervalle à l'autre. Le chant byzantin n'a jamais rien créé qui puisse se comparer à la portée occidentale, bien qu'elle ait été connue en Grèce aux XIXe et XXe siècles. Dans un certain sens, les neumes diastématiques byzantins sont un système numérique, contrairement à la méthode analogique de la portée occidentale. Plutôt que d'identifier chaque hauteur à partir d'un point de référence central comme la clé, on calcule chaque intervalle par rapport au neume précédent. La seule manière de représenter une hauteur précise dans la notation byzantine est d'utiliser la signature modale. Ainsi, à la place d'une échelle ou d'une gamme, les chanteurs grecs apprenaient le système tonal par une méthode pédagogique, le *parallagi* : on faisait chanter la même mélodie successivement avec différentes signatures modales (Strunk, 1977, p. 3-36).

En dehors des *sticheraria* et des *heirmologia* qui contiennent le répertoire syllabique de l'office monastique dont l'origine est palestinienne, d'autres ensembles de manuscrits, écrits à cette époque, comprennent la liturgie de la cathédrale de Hagia Sophia, la Grande Eglise de Constantinople. Certains comportent le répertoire mélismatique du chœur de la cathédrale : les *kontakia* et les *hypoakoai* ou grands répons de l'office, et les chants du propre de la messe byzantine. Ce répertoire est divisé en deux types de livres : le *Psaltikon* qui contient les versets pour les solistes, et l'*Asmatikon* qui donne les parties du chœur. L'*Asmatikon* semble provenir d'un livre qui est en même temps l'ancêtre du *Kondakar* slavon, mais il n'en reste aucun exemplaire et la notation kondakarienne slavonne n'a toujours pas été déchiffrée.

Les mélodies du *kontakion*, qui ne concernent que le *prooimion* et le premier *oikos*, sont tellement mélismatiques qu'il est difficile de croire qu'elles remontent à l'époque de Romanos, où l'on chantait probablement tous les *oikoi* ; il y en avait au moins vingt. On pense donc qu'entre le VIIe et le XIIIe siècle, il y a eu un grand mouvement d'élaboration mélodique du répertoire du *kontakion*. La notation de l'*Asmatikon* est particulièrement complexe. Au-dessus des neumes diastématiques, on trouve des signes plus importants dont la signification est incertaine, les "grands hypostases" ; ils représentent peut-être des gestes chironomiques.

Au début, les cathédrales grecques n'ont pas adopté l'office monastique palestinien, avec ses *kanon* et ses *stichera*. Il existe quelques manuscrits en notation ronde contenant des mélodies pour les psaumes et d'autres textes de l'office chanté, les cérémonies non monastiques des heures diurnes que l'on célébrait au début à Sainte-Sophie. Mais quand Constantinople tombe aux mains des croisés et est restaurée entre 1204 et 1261, l'office chanté de Constantinople est généralement remplacé par la forme monastique palestinienne. Ainsi, la plupart des manuscrits existants de l'office chanté proviennent en fait de Thessalonique, où le rite de la cathédrale a survécu jusqu'à la conquête turque du XVe siècle.

Les principes de la notation ronde n'ont jamais été adoptés dans le monde slave. Les traditions orales et écrites semblent y avoir divergé et la transmission orale des mélodies exécutées a peu de chose en commun avec la transmission des manuscrits, encore écrits en notation non diastématique. Au XVIIe siècle, l'écart entre écrit et oral était devenu si grand qu'il a fallu réformer la notation pour qu'ils correspondent à nouveau.

A l'époque moderne, l'interprétation des manuscrits grecs du Moyen Age est rendue difficile à cause des désaccords concernant l'exégèse, qui consistait à ajouter à une mélodie des ornements non écrits (Stathis, 1979 et Troelsgård, 1997). Les chercheurs grecs, formés aux pratiques musicales du chant byzantin moderne, considèrent que l'exégèse est très ancienne et que la forme écrite d'une mélodie n'est qu'un simple cadre, ou squelette, de la "vraie" mélodie interprétée. Ce point de vue est d'autant plus plausible que cela est encore vrai de la musique folklorique grecque. D'un autre côté, les chercheurs occidentaux, sceptiques et orientés vers la paléographique, tendent à penser que l'exégèse est un phénomène relativement récent et qu'elle s'est éloignée de la pratique plus sobre et littérale qui est, pour eux, pieusement préservée dans les manuscrits les plus anciens ; leur conditionnement culturel les amène à accorder à ceux-ci davantage de valeur. Est-il besoin de dire qu'il y a de très grandes difficultés à dater cette pratique non écrite ? Il n'est pas aisé de faire des comparaisons avec la musique folklorique grecque du Moyen Age car il en reste peu de traces avant l'époque moderne. Les "chants folkloriques d'Iviron", découverts dans un manuscrit du mont Athos, sont donc d'un grand intérêt (Conomos, 1979 et Mazaraki, 1992).

5. Le style kalophonique

Aux environs du XIVe siècle, le chant byzantin a connu un changement profond que l'on a comparé à la naissance de l'Ars Nova à l'Ouest. Le nouveau style kalophonique (le "beau son") a été créé par les maîtres musiciens qu'on appelait les *maistores*. Le plus grand des *maistores* était Jean Koukouzelis, un moine du mont Athos qui était probablement d'ascendance slavonne. Les mélodies kalophoniques, très travaillées, portaient fréquemment le nom d'un compositeur ; en fait, ce sont souvent des développements excessivement mélismatiques de mélodies traditionnelles anonymes dont elles gardaient le mode. Elles sont recueillies dans des livres appelés *Akolouthia* (l'équivalent du latin *ordo)* qui remplacent le *Psaltikon* et l'*Asmatikon*. C'est dans les *akolouthiai* du XIVe au XVIIIe siècle que l'on trouve pour la première fois des mélodies écrites pour les tons des psaumes et pour d'autres textes fréquemment utilisés comme les chants de l'ordinaire de la messe.

Le style kalophonique représente peut-être la formalisation d'une pratique orale plus ancienne consistant à ornementer les mélodies traditionnelles. Mais les manuscrits kalophoniques, qui comportent le nom d'un compositeur et une notation très développée, sont certainement plus proches de l'idéal moderne de musique composée et écrite que ne le sont les sources plus anciennes. En même temps, les manuscrits de cette époque témoignent de pratiques d'interprétation qui ressemblent à des stratégies de mémorisation et de transmission orale, bien qu'il n'y en ait pas d'exemples plus anciens. On y trouve par exemple des syllabes sans signification qu'on appelle *teretismata* ; elles servent à tenir de longs mélismes en attendant la syllabe suivante du texte. Les *anagrammatismata*, où les syllabes sont disposées dans un ordre non lexical, suggèrent aussi une origine orale plutôt qu'écrite (Conomos, 1974, p. 261-286). Les syllabes non signifiantes étaient aussi utilisées par les Slaves, qui les appelaient *anenajki*, et les coptes.

C'est à cette époque que commencent les écrits sur la théorie byzantine de la musique. On dit que Koukouzelis lui-même avait composé un chant didactique qui illustre la fonction de chaque signe neumatique, chant qui était probablement utilisé pour enseigner leur signification. Le *Papadiki*, une sorte de traité théorique qui apparaît dans un nombre incroyable de versions, augmente la courte liste des signes et termes que l'on trouve dans quelques manuscrits byzantins anciens. Un *Papadiki* commence par une liste des neumes, suivie d'autres signes musicaux, particulièrement les *phthorai* qui indiquent qu'un mode doit être transposé. Les *phthorai* sont expliqués en détail pour la première fois dans le traité de Manuel Chrysaphis qui date du XVe siècle (éd. D. Conomos, in *Monumenta musicae byzantinae. Corpus scriptorum de re musica*, vol. 2). Suit une liste des signatures modales, avec souvent les incipit de certains chants en guise d'illustration. Dans la section suivante, les signatures modales sont utilisées pour noter les *parallagi* qui enseignent les hauteurs du système tonal byzantin d'une façon qui peut se comparer à la main guidonienne occidentale avec ses mutations d'hexacordes. Le *parallagi* est souvent représenté par des diagrammes complexes en forme d'arbres, de roues ou de treillis.

Il existe, en dehors du *Papadiki*, une autre tradition de théorie musicale, l'*Hagiopolitis*, mais dont on n'a que très peu d'exemples. Le nom suggère qu'il pourrait provenir de la cité sainte de Jérusalem ou peut-être du milieu monastique qui hérita des *kanons* de saint Jean Damascène et des autres hymnodes. Contrairement au *Papadiki*, l'*Hagiopolitis* s'efforce d'incorporer des éléments de l'ancienne théorie musicale de la Grèce, y compris des parties du traité connu sous le nom d'*Anonyme Bellermann*. Il faudra encore beaucoup de travail pour sonder les mystères de cet énigmatique *Hagiopolitis*.

Le monde slave a aussi créé des listes de signes neumatiques que l'on peut comparer au noyau du *Papadiki*. On les a appelés *Azbuki* ou "alphabets". Il semble que cette liste de signes musicaux utilisés pour l'enseignement rappelait les modes d'apprentissage de l'alphabet.

6. Après la chute de Constantinople

Après la chute de Constantinople en 1453, les chantres des églises grecques ont souvent été employés pour interpréter la musique profane dans les cours des aristocrates turcs ; ils ont donc eu connaissance de la théorie du *maqâm* et d'autres aspects de la musique turque. En général, les chercheurs occidentaux considéraient qu'il y avait désintégration et "orientalisation" du chant byzantin à cette époque ; ils utilisent le terme de "méta-byzantine" pour distinguer la musique de cette période du chant byzantin médiéval. Il est compréhensible que les chercheurs grecs aient considéré que ce point de vue était chauvin et inacceptable ; ils affirment au contraire que le chant byzantin a fortement contribué à la formation de la musique turque. Ce n'est que récemment que la recherche a commencé à clarifier les vrais rapports entre les musiques byzantine et turque (Zannos, 1994). La tâche des chercheurs est donc de prendre en considération la continuité de la musique byzantine à travers les siècles tout en tenant compte des changements et de l'évolution historique. Cela implique que l'on accepte la distinction que font les savants allemands entre *historisch* (le fait historique tel qu'on l'identifie par les méthodes critiques des historiens) et *geschichtlich* (le fait historique tel qu'on le connaît par la tradition culturelle, qu'elle soit orientale ou occidentale).

L'art des XVe et XVIe siècles montre les chanteurs byzantins faisant des gestes de la main, méthode que les chercheurs modernes appellent la chironomie. Cependant, nous ne connaissons pas la signification précise de ces gestes. Les peintures représentent aussi un autre système dont ont parlé les voyageurs occidentaux à Constantinople : le *kanonarchos*. A l'époque, les Byzantins chantaient sans l'aide de livres, de mémoire, comme ils l'avaient probablement fait pendant des siècles. Les manuscrits notés du Moyen Age, qui sont notre principale source de renseignements, étaient probablement utilisés pour l'étude et pour l'enseignement plutôt que pour l'interprétation. Mais dans la peinture byzantine tardive, on voit souvent les chanteurs aidés par un *kanonarchos*, sorte de souffleur, un jeune garçon qui lisait les chants à partir du livre du culte en même temps que les chanteurs. On pense que cela leur permettait de trouver leur place dans le chant lorsque leur mémoire était défaillante (Moran, 1986). Le rôle du *kanonarchos* est devenu plus rare à l'époque moderne car les livres sont plus souvent utilisés par les chanteurs eux-mêmes. Mais il se peut que le murmure monotone du jeune garçon soit à l'origine d'une des caractéristiques les plus frappantes de la pratique byzantine moderne, l'*íson*, ou bourdon, qui ajoute une harmonie simple à la mélodie du chant. Commençant sur la finale du mode, l'*íson* change de hauteur ou est doublé lorsque la mélodie monte dans un autre hexacorde ou pentacorde, selon la structure du mode en question. Quelle que soit la date de son origine, on ne commence à noter la hauteur de l'*íson* que dans les publications du XXe siècle.

Lorsqu'on arrive au XVIIe ou XVIIIe siècle, de nouveaux signes de notation sont ajoutés aux manuscrits, souvent en rouge pour les distinguer des signes anciens. Ils servaient à préciser le rythme, la durée et d'autres détails restés vagues dans l'ancienne notation. Villoteau (1809), un chercheur qui est allé en Egypte à l'époque de l'expédition napoléonienne et a étudié la musique de tous les groupes ethniques qu'il y a trouvés, décrit en détail l'état du chant byzantin à la fin de cette période, juste avant les réformes du XIXe siècle. Sa recherche est particulièrement détaillée car il a fait une étude approfondie d'un *Papadiki* contemporain avec l'aide d'informateurs grecs.

Dans la Russie du XVIIe siècle, la tradition orale semble avoir tellement évolué qu'une réforme sérieuse de la notation s'avérait nécessaire. Aux environs de 1600, on ajoute des "lettres cinabres" aux neumes pour indiquer des hauteurs précises sur une échelle de douze sons. Une réforme encore plus importante est accomplie sous la direction d'Alexandre Mesenetz aux environs de 1667. A cette période, l'influence occidentale se fait plus forte, d'une part celle de l'Allemagne protestante et de la Pologne catholique qui passe par l'Ukraine, et de l'autre celle des compositeurs italiens catholiques employés par les tsars. Il en résulte l'adoption généralisée de la musique polyphonique, l'abandon de l'*anenajki*, et la nouvelle "notation de Kiev", une adaptation de la portée occidentale. Là où survit l'ancienne pratique du chant fondée sur les neumes, on appelle le chant *znamenniÿ*, mot qui signifie neume en Russe. On commence à écrire des listes de formules mélodiques standardisées, *popevki*, *litsa* et *fity*, en notation neumatique.

C'est aussi au milieu du XVIIe siècle que le patriarche Nikon de Moscou révise les livres liturgiques pour les rendre conformes aux livres grecs contemporains, ce qui provoque le schisme des Vieux Croyants qui rejettent les réformes (Meyendorff, 1991). Leur allégeance aux anciennes pratiques slaves a aidé à préserver le chant *znamenniÿ* et sa notation neumatique. D'autre part, la liturgie slavonne du courant dominant de l'Eglise orthodoxe commence à se ramifier en des branches qui utilisent les langues vernaculaires naissantes : le serbe, le bulgare, l'ukrainien parmi les langues slaves, le roumain et l'albanais pour les autres.

7. Le chant byzantin moderne

Une nouvelle réforme du chant byzantin a lieu au début du XIXe siècle, sous l'égide des trois maîtres qui œuvraient à Constantinople, Chrysanthos de Madytos, Hourmozios Chartophylax ("l'archiviste") et Gregorios le Protopsaltes ("le grand chantre"). Chrysanthos, le plus important, a écrit deux traités qui donnent les détails essentiels du chant byzantin tel qu'il est aujourd'hui enseigné et pratiqué. Il simplifie la notation neumatique en réduisant le nombre de signes et introduit des syllabes de solfège : *pa, vu, ga, di, ke, zo, ni*, en utilisant les premières lettres de l'alphabet grec *(a, v, g, d, e, z, i)* pour représenter les hauteurs *ré, mi, fa, sol, la, si, do* du premier mode. Il cherche à standardiser l'intonation des intervalles en utilisant un instrument perse, le *pandoura*, et en ajoutant des signes d'altération pour indiquer les différents degrés de dièses et de bémols. Les intervalles, les tétracordes et les pentacordes des différentes échelles modales sont expliqués par référence aux genres diatoniques, chromatiques et enharmoniques de la théorie grecque classique. Il distingue aussi les styles de chant et d'ornementation : *heirmologique (*syllabiques), *stichérarique* (neumatiques) et *papadikique* (mélismatiques). Une commission convoquée par le patriarche de Constantinople en 1881 précise encore l'intonation grâce à un orgue construit spécialement, le *psaltérion.* L'orgue divisait le ton entier pythagoricien (rapport de 9/8) en douzièmes, ce qui fait que toute une série de tons et de demi-tons pouvaient être définis à l'intérieur d'une octave théorique de 84 microtons.

Des enregistrements faits en Grèce au début du XXe siècle montrent qu'à côté de certaines survivances de la pratique ancienne, la musique liturgique était très occidentalisée. On prit l'habitude d'accompagner la musique polyphonique par des instruments. Il était difficile de résister à la facilité que représentait l'harmonium ou un autre instrument pour produire l'*íson*, le bourdon, et parfois, quand celui-ci était encore chanté, il commençait à se rapprocher du mouvement tonique-dominante-tonique comme la ligne de basse occidentale. A la fin du XXe siècle, on constate un regain d'intérêt pour la musique byzantine traditionnelle, grâce surtout à Lycourgos Angelopoulos qui a réalisé d'importants enregistrements avec son Chœur grec byzantin. D'autres collègues d'Angelopoulos, particulièrement Marcel Pérès, directeur de l'Ensemble Organum, ont appliqué certaines caractéristiques de l'interprétation byzantine à des exécutions et des enregistrements de musique occidentale médiévale, offrant ainsi de nouvelles perspectives aux interprètes occidentaux de musique ancienne. Le livre de Dimitri Giannelos (1996) est la meilleure introduction en langue occidentale à cette pratique moderne.

Tous les musicologues qui s'intéressent aux problèmes de transmission doivent donc reconnaître l'importance de cet ensemble de méthodes de transmission orale que représente la tradition du plain-chant chrétien byzantin. Il s'agit d'un répertoire où des milliers de textes sont mis en musique grâce à deux types différents de mélodies modèles, l'*automelon* et l'*heirmos*, tous les deux construits à partir d'un vocabulaire de formules mélodiques classiques. Un système de classification des huit modes, conçu au VIIIe siècle, s'est révélé tellement utile qu'il a été adopté par d'autres traditions de chant chrétien médiéval, à l'Est comme à l'Ouest. Parmi les méthodes imaginées par les chanteurs pour conserver et enseigner ces mélodies, figure la notation neumatique, née des accents et des ponctuations qu'on utilisait pour lire la Bible grecque en public. Parfois, pour fixer la tradition, on a utilisé des vocables non sémantiques et un lecteur qui pouvait servir de guide aux chanteurs. A certaines périodes, des styles d'ornementation et de développement des mélodies ont pu conduire à des recompositions. Avec le temps, une littérature théorique sur la musique est apparue, s'appuyant sur un matériel provenant de la théorie grecque classique. Le développement du bourdon dans les siècles récents a fourni la base d'une nouvelle manière d'aborder la polyphonie. Chacun de ces éléments a connu un long développement historique, dont une bonne partie est documentée et peut donc être retracée. Cette histoire emprunte la voie d'au moins quatre cultures différentes, grecque, slavonne, syriaque et géorgienne. Chacune a nourri le répertoire du chant byzantin pendant des siècles et chacune a rencontré et a interagi à sa façon avec les autres cultures de l'Orient musulman et de l'Occident chrétien.

En fait, les études du chant byzantin jouent un rôle central au sein de la musicologie. Comme l'a fait remarquer Strunk il y a déjà longtemps (1977, p. 39), certains aspects de la psalmodie et du culte grecs en font la tradition centrale de la chrétienté primitive et médiévale, en tout cas plus que la tradition latine de l'Occident médiéval, pourtant mieux connue. Le monde du chant byzantin nous donne une occasion sans égale d'étudier le fonctionnement, sur plusieurs siècles, de toute une série de techniques et de stratégies typiques de la transmission orale de la musique dans de nombreuses cultures du monde.

Bibliographie

ABSI, J., 1990 : *L'Hymnographie grecque et ses versions syriaque et arabe : la relation texte-musique*, Beyrouth-Jounieh (Liban), Editions Saint-Paul, "Histoire de l'église en orient (Etudes et Matériaux) II, Antioche, 2, Le chant de l'église melkite".

BERTONIÈRE, G., 1972 : *The Historical Development of the Easter Vigil and Related Services in the Greek Church*, Rome, Pontificium Institutum Studiorum Orientalium, "Orientalia Christiana Analecta 193".

BERTONIÈRE, G., 1997 : *The Sundays of Lent in the Triodion. The Sundays without a Commemoration*, Rome, Pontificium Institutum Studiorum Orientalium, "Orientalia Christiana Analecta 253".

BRASCHOWANOWA, L., 1984 : *Die mittelalterliche bulgarische Musik und Joan Kukuzel*, Vienne, H. Böhlau.

CARPENTER, M., 1970-1973 : *Kontakia of Romanos, Byzantine Melodist*, 2 vol., Columbia, University of Missouri Press.

COHEN, D., 1971 : "The Meaning of the Modal Framework in the Singing of Religious Hymns by Christian Arabs in Israel", *Yuval. Studies of the Jewish Music Research Center*, n° 2, p. 23-57.

COHEN, D., 1973 : "Theory and Practice in Liturgical Music of Christian Arabs in Israel", in *Studies in Eastern Chant*, E. Wellesz et M. Velimirovic (éd.), Londres, Oxford University Press, vol. III, p. 1-50.

COLWELL, E. C. et RIDDLE, D. W. (éd.), 1933 : *Prolegomena to the Study of the Lectionary Text of the Gospels*, Chicago, University of Chicago Press, "Studies in the Lectionary Text of the Greek New Testament 1".

CONOMOS, D. E., 1974 : *Byzantine Trisagia and Cheroubika of the Fourteenth and Fifteenth Centuries. A Study of Late Byzantine Liturgical Chant*, Thessalonique, Patriarchal Institute for Patristic Studies.

CONOMOS, D. E., 1979 : "The Iviron Folk-Songs. A Re-examination", *Studies in Eastern Chant*, E. Wellesz et M. Velimirovic (éd.), Crestwood, St. Vladimir's Seminary Press, vol. IV, p. 28-53.

CONOMOS, D. E., 1985 : *The Late Byzantine and Slavonic Communion Cycle. Liturgy and Music*, Washington (D. C.), Dumbarton Oaks Research Library, "Dumbarton Oaks Studies 21".

DEICHGRÄBER, R., 1967 : *Gotteshymnus und Christushymnus in der frühen Christenheit. Untersuchungen zu Form, Sprache und Stil der frühchristlichen Hymnen*, Göttingen, Vandenhoeck und Ruprecht, "Studien zur Umwelt des Neuen Testaments 5".

DESBY, F., 1974 : *The Modes and Tuning in Neo-Byzantine Chant*, thèse de doctorat, Los Angeles, University of Southern California.

FLOROS, C., 1970 : *Universale Neumenkunde*, 3 vol., Cassel, Bärenreiter.

FOLLIERI, E., 1960-1965 : *Initia Hymnorum Ecclesiae Graecae*, 5 vol. en 6, Vatican, Biblioteca Apostolica Vaticana, "Studi e Testi 211-215".

GARDNER, J. von, 1983-1987 : *Gesang der russisch-orthodoxen Kirche*, 2 vol., Wiesbaden, Harrassowitz.

GIAMBERARDINI, G., 1969 : "Il «Sub tuum praesidium» e il titolo «Theotokos» nella tradizione egiziana", *Marianum*, n° 31, p. 324-362.

GIANNELOS, D., 1996 : *La Musique byzantine : le chant ecclésiastique grec, sa notation et sa pratique actuelle*, Paris-Montréal, L'Harmattan.

HAAS, M., 1973 : *Byzantinische und slavische Notationen* (*"Palaeographie der Musik"*, vol. I, n° 2), Cologne, Arno Volk Verlag-Hans Gerig.

HUSMANN, H., 1975 et 1978 : *Ein syro-melkitisches Tropologion mit altbyzantinischer Notation, Sinai, Syr. 261*, 2 vol., Wiesbaden, O. Harrassowitz.

JEFFERY, P., 1992 : *Re-Envisioning Past Musical Cultures. Ethnomusicology in the Study of Gregorian Chant*, Chicago, University of Chicago Press.

JEFFERY, P., 1994 : "The Earliest Christian Chant Repertory Recovered. The Georgian Witnesses to Jerusalem Chant", *Journal of the American Musicological Society*, vol. XLVII, n° 1, p. 1-39.

JEFFERY, P. (éd.), 2000 : *The Study of Medieval Chant, Paths and Bridges, East and West. In Honor of Kenneth Levy*, Cambridge, Boydell Press.

JEFFERY, P., 2000 : "Eastern and Western Elements in the Irish Monastic Prayer of the Hours", in *The Divine Office in the Latin Middle Ages. Methodology and Source Studies, Regional Developments, Hagiography, Written in Honor of Professor Ruth Steiner*, M. Fassler et R. A. Baltzer (éd.), Oxford, Oxford University Press, p. 99-143.

LINGAS, A., 1996 : *Sunday Matins in the Byzantine Cathedral Rite. Music and Liturgy*, thèse de doctorat, Vancouver, University of British Columbia.

LINGAS, A., à paraître : *An Introduction to Byzantine Chant.*

LINGAS, A., à paraître : *Byzantine Polyphony. Edition and Commentary.*

MARAGOS, N. (éd.), 2000 : *A Guide to Transcription of Post-Byzantine (Chrysanthine) Chant*, Bloomington, National Forum of Greek Orthodox Church Musicians, "Monuments of Post-Byzantine Chant 1".

MARZI, G. (éd.), 1982 : "Byzantina (Un trattato di teoria musicale del sec. XV)", *Quadrivium*, n° 23, p. 5-60.

MATEOS, J., 1962-1963 : *Le Typicon de la grande église*, 2 vol., Rome, Pontificium Institutum Studiorum Orientalium, "Orientalia Christiana Analecta 165-166".

MATEOS, J., 1971 : *La Célébration de la parole dans la liturgie byzantine. Etude historique*, Rome, Pontificium Institutum Studiorum Orienaltium, "Orientalia Christiana Analecta 191".

MAZARAKI, D. B., 1992 : *Μουσική ἑρμηνεία δημοτικῶν τραγουδιῶν ἀπό χειρόγραφα* , 2e éd., Athènes, Philippos Nakas.

McKINNON, J., 1987 : *Music in Early Christian Literature*, Cambridge, Cambridge University Press, "Cambridge Studies in the Literature of Music".

MERCENIER, E. et PARIS, F. (éd.), 1937-1972 : *La Prière des églises de rite byzantin*, 3 vol., Chevetogne (Belgique), Prieuré de Chevetogne.

MEYENDORFF, P., 1991 : *Russia, Ritual, and Reform. The Liturgical Reforms of Nikon in the 17th Century*, Crestwood, St. Vladimir's Seminary Press.

MORAN, N. K, 1975 : *The Ordinary Chants of the Byzantine Mass*, 2 vol., Hambourg, Karl Dieter Wagner, "Hamburger Beiträge zur Musikwissenschaft 12".

MORAN, N. K, 1986 : *Singers in Late Byzantine and Slavonic Painting*, Leyde, E. J. Brill, "Byzantina Neerlandica 9".

RAASTED, J., 1979 : "Musical Notation and Quasi Notation in Syro-Melkite Liturgical Manuscripts", *Université de Copenhague. Cahiers de l'Institut du Moyen Age grec et latin*, n° 31, p. 11-37 et p. 53-77.

RAASTED, J., 1983 : *The Hagiopolites. A Byzantine Treatise on Music Theory*, in *Université de Copenhague. Cahiers de l'Institut du Moyen Age grec et latin*, n° 45.

RAASTED, J., 1995 : "Byzantinische Neumen und Kirchengesang : Ein Minimalkursus für neugierige Musikologen anderer Fachgebiete", *International Musicological Society Study Group Cantus Planu. Papers Read at the 6th Meeting. Eger Hungary, 1993*, Budapest, Hungarian Academy of Sciences Institute for Musicology, p. 879-899.

RAASTED, J. et TROELSGÅRD, C. (éd.), 1995 : *Palaeobyzantine Notations. A Reconsideration of the Source Material*, Hernen (Pays-Bas), A. A. Bredius Foundation.

REBOURS, J.-B., 1906 : *Traité de psaltique de l'Eglise grecque*, Paris, Picard et fils, "Bibliothèque musicologique 2".

ROMANOU, K., 1990 : *A New Approach to the Work of Chrysanthos of Madytos*, Crestwood, St. Vladimir's Seminary Press, "Studies in Eastern Chant 5", D. E. Conomos (éd.), p. 89-100.

SAVAS, S. I., 1965 : *Byzantine Music in Theory and Practice*, Boston, Hercules Press.

SCHULZ, H.-J., 1980 : *Die byzantinische Liturgie. Glaubenzeugnis und Symbolgestalt*, 2e éd., Trèves, Paulinus-Verlag.

SHELEMAY, K. K. et JEFFERY, P., 1993-1997 : *Ethiopian Christian Liturgical Chant. An Anthology*, 3 vol., 1 disque compact, Madison, A-R Editions, "Recent Researches in Oral Traditions of Music 1-3".

STATHIS, G. T., 1979 : "An Analysis of the Sticheron *Τον ἥλιον κρύψαντα* by Germanos, Bishop of New Patras (The Old «Synoptic» and the New «Analytical» Method of Byzantine Notation)", *Studies in Eastern Chant*, n° 4, p. 177-227.

STEGMÜLLER, O., 1952 : "Sub Tuum Praesidium. Bemerkungen zur ältesten Ueberlieferung", *Zeitschrift für katholischen Theologie*, n° 74, p. 76-82.

STRUNK, O., 1977 : *Essays on Music in the Byzantine World*, New York, W. W. Norton.

SZÖVÉRFFY, J., 1978-1979 : *A Guide to Byzantine Hymnography. A Classified Bibliography of Texts and Studies*, 2 vol., Brookline, Classical Folia Editions.

TAFT, R. F., 1978, 1991 : *A History of the Liturgy of St. John Chrysosto*, vol. II, *The Great Entrance*, 2e éd., Rome, Pontificium Institutum Studiorum Orientalium, "Orientalia Christiana

Periodica 200" ; vol. IV, *The Diptychs*, Rome, Pontificium Institutum Studiorum Orientalium, "Orientalia Christiana Periodica 238".

TARDO, L., 1938 : *L'Antica melurgia bizantina nell'interpretazione della Scuola monastica di Grottaferrata*, Grottaferrata, Scuola tip. italo orientale "S. Nilo".

THIBAUT, J.-B., 1913 : *Monuments de la notation ekphonétique et hagiopolite de l'Eglise grecque*, Saint-Pétersbourg, Kügelgen-Glitsch ; rééd. en fac-similé, Zurich-New York, Hildesheim-Olms, 1976.

TOULIATOS-BANKER, D. H., 1984 : *The Byzantine Amomos Chant of the Fourteenth and Fifteenth Centuries*, Thessalonique, Patriarchal Institute of Patristic Studies, "Analekta Vlatadon 46".

TROELSGÅRD, C. (éd.), 1997 : *Byzantine Chant. Tradition and Reform. Acts of a Meeting Held at the Danish Institute at Athens, 1993*, Aarhus, Aarhus University Press, "Monographs of the Danish Institute at Athens 2".

VILLOTEAU, G.-A., 1809 : "De la musique grecque moderne", in Id., *Description de l'Egypte. Etat moderne n° 1*, Paris, Imprimerie impériale, p. 784-833.

WILLIAMS, E. V., 1968 : "John Koukouzeles' Reform of Byzantine Chanting for Great Vespers in the Fourteenth Century", 2 vol., thèse de doctorat, New Haven, Yale University.

ZANNOS, I., 1994 : *Ichos und Makam : vergleichende Untersuchungen zum Tonsystem der griechisch-orthodoxen Kirchenmusik und der türkischen Kunstmusik*, Bonn, Verlag für systematische Musikwissenschaft, "Orpheus-Schriftenreihe zu Grundfragen der Musik 74".

Sources premières de musique byzantine

Analecta hymnica graeca e codicibus eruta Italiae inferioris, G. Schirò *et al.* (éd.), 13 vol., Rome, Istituto di Studi Bizantini e Neoellenici, Università di Roma, 1966-1983.

CHRYSANTHOS DE MADYTOS, *Εἰσαλωγὴ τῆς Ἐκκλησιαστικῆς Μουσικῆς [Introduction à la musique ecclésiastique]*, Paris, 1821 ; rééd., Athènes, Koultoura, 1977.

CHRYSANTHOS DE MADYTOS, *Θεωρητικὸν Μέγα τῆς Μουσικῆς [Le Grand Livre de la théorie musicale]*, Trieste, 1832 ; rééd., Athènes, K. Spanou, 1976-1977 ; trad. angl. in K. G. Romanou, mémoire de maîtrise, Bloomington, Indiana University, vers 1973.

Commissione musicale del Patriarcato ecumenico dell'anno 1881, *Στοιχειώδης διδασκαλία τῆς ἐκκλησιαστικῆς μουσικῆς [Enseignement élémentaire de la musique ecclésiastique]*, Constantinople, 1883 ; rééd., Athènes, Koultoura, 1978.

GARDNER, J. von et KOSCHMIEDER, E. (éd.), 1963-1972 : *Ein handschriftliches Lehrbuch der altrussischen Neumenschrift*, Munich, C. H. Beck, "Abhandlungen der Bayerische Akademie der Wissenschaften, Philosophisch-historische Klasse, neue Folge 57, 62, 68".

Izvoare ale muzicii romanesti, Bucarest, Editura Muzicala, 1976- [fac-similés et éditions de chant byzantin et de manuscrits roumains].

JACQUES D'ÉDESSE : *The Hymns of Severus of Antioch and Others*, E. W. Brooks (éd.), in *Patrologia Orientalis*, vol. VI, n° 1 et vol. VII, n° 5, Paris, Firmin Didot, 1909-1911 ; rééd., Turnhout, Brepols, 1980.

KARAS, S. I., 1981-1985 : *Μέθοδος τῆς ἑλληνικῆς μουσικῆς [Méthode de musique grecque]*, 7 vol., Athènes, Commission for the Publication of the National Music, 1981-1985.

METALLOV, V. M., 1984 : *Russische Semeiographie. Zur Archäologie und Paläographie des Kirchengesangs. Paläographischer Atlas der altrussischen linienlosen Gesangsnotation*, J. von Gardner (éd.), Munich, Sagner, "Sagners slavistische Sammlung 7".

Monumenta musicae byzantinae, C. Høeg *et al.* (éd.), Copenhague-Vienne, Munksgaard-Verlag der Oesterreichischen Akademie der Wissenschaften, 1935-.

Monumenta musicae byzantinae. Lectionaria, C. Høeg et G. Sysse (éd.), Engberg, Copenhague, Munksgaard, 1939-1981.

Monumenta musicae byzantinae. Subsidia, Copenhague, Levin & Munksgaard et autres éditeurs, 1935-.

Monumenta musicae byzantinae. Transcripta, 9 vol., Copenhague, Levin & Munksgaard, 1936-1957.

Monumenta musicae byzantinae. Corpus scriptorum de re musica, Vienne, Verlag der Oesterreichischen Akademie der Wissenschaften, 1985-.

Μουσικὸς Πανδέκτης [Musical Pandect], 8 vol., Athènes, Fraternité "Zoï" des théologiens, 1934-1938, nombreuses rééd.

MYERS, G. (éd.), 1994 : *The Lavrsky Troitsky Kondakar*, Sofia, Heron Press, "Monumenta Slavico-Byzantina et Mediaevalia Europensia 4".

PETROS LAMPADARIOS (éd.) : *'Αναστασιματάριον ἐργὸν καὶ σύντοηον [Le Livre des hymnes de la Résurrection : neumatique et syllabique]*, Athènes, Fraternité "Zoï" des théologiens, 1933, nombreuses rééd.

PHILON D'ALEXANDRIE, *De vita contemplativa*, F. Daumas (éd.), Paris, Le Cerf, 1963, "Les œuvres de Philon d'Alexandrie 29".

PHILOXÈNE, K. : *Θεωρητικόν στοιχειῶδες τῆς ηουσικῆς κατα τὸν κανονισμὸν τῶν τριῶν Διδα· σκάλων τοῦ νέου συστήματος, Γρηγορίου Προτοψάλτου, Χουρμουζίου Χαρτοφύλακος καὶ Χρυσάνθου Προύσης [Théorie élémentaire de la musique selon les trois enseignants du nouveau système]*, Constantinople, 1859 ; rééd., Thessalonique, P. Pournara, 1992.

ROMANOS LE MÉLODE, *Hymnes*, J. Grosdidier de Matons *et al.* (éd.), 5 vol., Paris, Le Cerf, "Sources chrétiennes 99, 110, 114, 128 et 283", 1964-1981.

SAVA, S., 1984 : *Die Gesänge der altrussischen Oktoechos samt den Evangelien-Stichiren. Eine Neumenhandschrift des Altgläubigen-Klosters zu Bélaja Kriníca*, 2 vol., Munich, E. Katzbichler, "Studien zur Volksmusik und aussereuropäischen Kunstmusik 9".

SMOLENSKY, S., 1976 : *Paläographischer Atlas der altrussischen linienlosen Gesangsnotation*, J. von Gardner (éd.), Munich, C. H. Beck, "Abhandlungen der Bayerische Akademie der Wissenschaften, Philosophisch-historische Klasse, neue Folge 80".

Etienne Darbellay

LIBERTÉS DANS LA MUSIQUE OCCIDENTALE SAVANTE ET ÉCRITE

Sont susceptibles de disposer au sens propre de “marges de liberté” tous les acteurs de cette activité étrange et polymorphe que l’on nomme musique, dans la mesure où y intervient leur jugement. Le maillon le plus évident dans cette chaîne est clairement celui de l’exécutant : placé dans un état de dépendance par rapport à un dispositif antérieur tenu pour normatif – une partition, un système de notation –, il est censé s’y conformer au mieux des moyens mis à sa disposition. La marge qui lui est concédée peut tenir aussi bien au degré de détermination du dispositif qu’au sens symbolique qu’on reconnaît à l’ensemble de la réalisation (par exemple, le poids spécifique accordé par une esthétique à la réinterprétation des données par l’interprète). Etudier la marge de liberté laissée à l’exécutant dans la musique occidentale écrite revient ainsi, en premier lieu, à examiner l’histoire de sa notation à la lumière d’une réalisation idéale postulée comme hypothèse de travail. Cela suppose que l’on ait les moyens de se faire une idée aussi nette que possible, sinon de la réalité intentionnelle de l’œuvre musicale telle qu’elle fut conçue par son auteur, du moins des conditions historiques d’une réalisation aussi proche que possible de l’authenticité. Le cas échéant, une fois triées les parts de détermination revenant à la tradition non écrite – mais néanmoins contraignante – de celles qui sont confiées par une esthétique particulière au libre jugement de l’interprète, nous aurons les moyens de nous faire une idée de l’envergure de la liberté que peut laisser une notation au sens large. Entre une composition notée et sa réalisation, il y a ainsi deux intervalles : le premier concerne le degré de détermination de la notation elle-même, ou la distance qui sépare une notation – ce qui est effectivement noté – de ce qui serait notable, ou susceptible d’être noté dans l’hypothèse d’une précision absolue. Mais admise cette précision, il demeure toujours le second intervalle, celui qui sépare le codage d’une réalité intentionnelle (le projet du compositeur) de sa projection dans la durée réelle (une réalisation particulière par un interprète) : c'est le domaine de la réelle liberté, celle que révèle l'appropriation singulière, individuelle, de l'œuvre par un exécutant qui lui prête sa vie. C'est celle du libre cheminement des échos réveillés par le monde symbolique du compositeur dans la table de résonance que forment l'expérience et la virtuosité de son interprète.

Même si, du point de vue prioritaire envisagé ici – celui des marges de liberté laissées à l'exécutant –, l'on réduit provisoirement la notation à un code à observer et à interpréter, son rôle dans l'évolution du phénomène musical est naturellement bien plus complexe et étendu : elle est aussi, comme on va le voir, le miroir du compositeur, son témoin, sa planche à dessin et, de ce fait, se relie aussi à sa liberté à lui. Par notation au sens large, nous entendons un ensemble de traces matérielles vérifiables laissées par une époque comme acte d'origine d'une réalité intentionnelle que nous appelons "œuvre". Il va de soi que ce scénario est réducteur : il limite l'investigation à la situation particulière de la musique occidentale, qualifiée en particulier par l'affirmation croissante du continuum *compositeur-partition-interprète.* Cette tripartition fait du rôle de l'interprète un "acte différé", celui qu'aurait accompli le compositeur lui-même dans la situation originelle d'une musique comprise comme activité spontanée, improvisée. Quant à la partition, son rôle initial d'*aide-mémoire*, donc de soutien accessoire à l'exécutant, s'est ennobli en assumant la fonction de *conservateur de l'idée* : elle devenait résidence matérielle de l'œuvre, ainsi susceptible de traverser seule les temps historiques. Ce rôle de dépositaire allait vite lui conférer toutes les prérogatives revenant au *témoin*, et même à l'*arbitre* : lorsqu'il s'agit de rechercher l'habitat réel de l'œuvre au sens d'Ingarden (1928), la partition est dès lors souvent invoquée (à tort) comme ultime recours ontologique. Elle est censée départager les opinions puisqu'elle constitue, croit-on, le lien le plus étroit dont on dispose avec le compositeur et ainsi recèle les clés ultimes de l'authenticité. Dans l'optique occidentale, la musique (écrite) est ainsi devenue une activité fragmentée par un chaînage de délégations, où l'on se passe un relais avec ceci de particulier que les distances à franchir croissent comme l'expansion perpétuelle de l'histoire.

1. Notation et *musica speculativa*

Cette situation, incidemment, ne manque pas d'être paradoxale au plus haut degré : inventée pour sauvegarder puis organiser la musique, la notation l'a accompagnée dans sa longue et forte évasion hors de la sphère matérielle du son, du côté de l'universel spéculatif. Entreprise de réflexivité, elle a contribué à conduire naturellement à une spéculation analytique sur le phénomène à noter, de façon à en déceler la logique immanente et les points d'appui universels, donc codables : échelles et constantes internes de tous ordres. Le statut le plus élémentaire, certainement originel, de l'activité musicale est bien celui d'un jeu d'écho avec les sons du monde physique : chacun s'est amusé, dès l'enfance, à faire des bruits et des sons, à les répéter en les rythmant, à l'aide de n'importe quel dispositif, institué instrument pour l'occasion. Par effet de boucle, ce jeu tend toujours à s'amplifier. La communication ainsi établie avec soi-même ne tarde pas à s'étendre spontanément pour atteindre les autres, qui s'y associent. L'émulation intersubjective qui apparaît alors ouvre la voie d'une nouvelle dimension : l'aspect social de la pratique musicale devenue jeu puis moyen de communication et d'échange (Blacking, 1973). On la répète. De là à l'introduire, comme rituel ou comme ornement, dans les cérémonies concernant non plus des individus isolés mais des groupes, avec les contraintes que cela entraîne (dates, lieux, appareil, contexte cultuel ou ludique, etc.), il n'y a qu'un petit pas. Il va de soi que la ritualisation de la musique, l'accroissement de sa complexité, l'enrichissement de son répertoire et surtout l'apparition de la polyphonie rendent indispensable un système de notation, destiné à supplanter une tradition de transmission orale dépassée quantitativement et qualitativement.

Cette étape fut évidemment franchie en plusieurs temps. Durant l'Antiquité, les notations connues de type univoque, c'est-à-dire celles dont l'interprétation des signes ne laisse pas de doute, furent alphabétiques et ne concernèrent que la monodie. Les symboles neumatiques qui facilitèrent lecture et mémorisation du répertoire de la monodie chrétienne, dit globalement "grégorien", demeurèrent purement pratiques dans la mesure où leur équivocité interdisait toute indépendance par rapport à une tradition orale parallèle : les signes en question présupposaient la connaissance de la mélodie dont ils symbolisaient en quelque sorte le cheminement diastématique. Dès la fin du Ier millénaire, en revanche, plusieurs systèmes alphabétiques ou symboliques (Apel, 1970) permirent de noter diverses *hauteurs simultanées* : on notera en particulier l'invention vers 1025, par Guido d'Arezzo, de la portée avec ses clés qui permettent de situer les *voces musicales* (ou syllabes de solmisation) sur l'échelle absolue du *systema teleion* (la gamme). Avec l'avènement de l'école de Notre-Dame (Paris, vers 1160) naît un système efficace pour coder le *rythme* (modes rythmiques), ce qui ouvrira définitivement la voie à la liberté polyphonique et à l'indépendance de l'écrit. Les équivocités et ambiguïtés rythmiques qui, dans certains cas, demeuraient attachées au principe des modes rythmiques incapables de spécifier un rythme autrement que par des ligatures et limités de ce fait à l'expression rythmique des mélismes, entraîneront le développement de perfectionnements majeurs tant en Italie qu'en France : il s'agissait dans les deux cas de spécifier des échelles de durées (des sortes de gammes de durées) à l'aide de la forme des symboles (notes et ligatures marquant les hauteurs sur la portée) ainsi que de leur ordre séquentiel. Le système italien envisageait toute une série de divisions "harmoniques" d'une seule valeur de référence : la brève valait de deux à douze divisions indiquées par des lettres (par exemple, *q* = *quaternaria*). La complexité du système et les ambiguïtés qu'il n'était pas parvenu à écarter tout à fait, le condamnèrent. En revanche, le système français fut centré autour de l'application récursive de quelques règles simples, toujours les mêmes, aux diverses "octaves de temps" symbolisées chacune par une forme différente de la note : on distingua ainsi les valeurs de la maxime à la semi-brève ; chaque valeur était divisible en deux ou en trois de sa valeur immédiatement inférieure (octave supérieure), jusqu'à la division de la semi-brève en minimes. Les organisations métriques et rythmiques étaient déductibles du contexte et, surtout, d'une indication de mesure nouvellement inventée et symbolisée par différents signes (ou armures de temps) installés comme les clés en tête de portée. Le système français dans son état achevé, celui qui a trouvé sa descendance dans la notation moderne, se trouve décrit et codifié dans le traité intitulé *Ars nova* de Philippe de Vitry (1327) : dès le début du XIVe siècle, on peut considérer que les musiciens disposaient d'un système de notation parfaitement adapté à leurs ambitions et permettant de réaliser presque tout ce qui est à la portée de notre notation actuelle. La notation ne peut donc être entendue comme invention soudaine, surgie vers 1200 : il faut retenir qu'elle émerge d'un long processus obéissant autant à des impératifs pratiques qu'à des besoins spéculatifs, et qu'en acquérant ses lettres de noblesse, elle devenait indépendante dans une large mesure du support parallèle de la tradition orale et endossait sa part, au moins métaphoriquement, des marges de liberté…

Avec la notation entendue au sens général s'amplifie une prise de conscience abstraite de la nature de cette activité musicale, qui commence désormais à revêtir un statut de science ésotérique et devient une discipline noble (au Moyen Age, au sein du *quadrivium*) au même titre que les mathématiques, l'astronomie et la géométrie, avec lesquelles elle partage le modèle harmonico-numérique pythagoricien. Dominant durant toute l'Antiquité, ce nouvel état est l'occasion d'une fission paradoxale dans la matière musicale : l'activité spontanée qui en fut la source est réduite au statut impur de la *musica mundana*, appartenant au monde physique de la génération et de la corruption.

C'est du moins ce que nous laissent croire les documents témoins qui nous sont parvenus. Envisagée par la science, elle n'est utile qu'à révéler par l'expérience sonore sa participation au monde harmonique, immuable et exemplaire des sphères, en tant qu'elle permet de démontrer par cette expérience la réalité empirique des nombres pythagoriciens "incarnés". Comme activité empirique, la *musica mundana* participe ainsi autant de la magie que des arts. Il faudra attendre plusieurs siècles pour que, avec l'humanisme de la Renaissance, soit réhabilitée en plénitude, y compris dans sa réalisation sonore matérielle, la pratique musicale vue comme œuvre humaine noble, obéissant autant, pour les uns, à des règles empiriques éventuellement fabriquées par le génie (Giordano Bruno, 1585) que, pour les autres, à des lois formelles quelle qu'en soit l'origine, telle que la participation à la Beauté divine pour des platoniciens, ou le régime de la cohérence des parties ou des rapports harmoniques pour les empiristes aristotéliciens (Panofsky, 1924, chap. III).

De là il appert que la musique, aussitôt qu'elle est notée et ainsi devient objet de réflexivité, tend à perdre pied dans l'univers matériel du son, au profit d'une spéculation qui lui ouvre une autre existence de nature principielle. Il lui faut alors parcourir un périple gigantesque au terme duquel elle pourra retrouver une noblesse dans la réalité événementielle, comme habileté artistique matérielle, à peu près au moment où l'homme commence à découvrir qu'il peut la fonder dans une esthétique plutôt qu'une métaphysique. Du statut d'ombre dans la caverne, la musique passera alors à celui de phare de la fantaisie humaine. Dans la mesure où l'on reconnaît à l'activité humaine, en vertu de la discrétion ou si l'on veut du jugement critique de l'artiste, une valeur consistant pour l'individu à pouvoir engendrer de la *nouveauté* bonne pour lui et pour les autres, à transformer le monde en perfectionnant la connaissance par l'enrichissement de son répertoire de formes, on attaque de plein fouet l'édifice parfait de la transcendance métaphysique qui servait, en dernière analyse et quelle que soit l'obédience de l'artiste ou du penseur, de garantie et de fondement à toute entreprise humaine : chaque réussite était jugée telle en vertu de sa similitude avec le "premier modèle immobile" (pour adapter la formule d'Aristote), et non par la vertu immanente, temporelle et communicative de sa propre déviance. Au règne de l'unité succède donc celui de l'altérité. C'est certainement par cette fissure dans le monolithe métaphysique, élargie par l'esthétique empirique du début de l'âge baroque, que se glisse une *nouvelle marge de liberté*, non encore envisagée jusqu'ici, la plus démesurée et la plus explosive qu'ait connue l'évolution de la musique occidentale (et aussi, d'ailleurs, des autres arts, la peinture en premier plan), celle qui ne concerne plus l'exécutant face à une notation mais le *compositeur* confronté à son projet. C'est l'âge où l'on a admis le concours de deux normes antinomiques et apparemment irréductibles, qu'on appela à la suite de Monteverdi la *prima* et la *seconda prattica*. Par là était entérinée à jamais la rupture d'avec l'instance ultime de contrôle qui devait réconcilier la nature et l'idéal ; par là s'ouvrait la voie vers l'exploration effrénée de l'expérience sensible. On a reconnu à l'autorité du compositeur, ainsi sacré "créateur", la liberté de choisir entre la voie pavée du *stile osservato* garanti par un modèle d'ordre exogène au compositeur, et les avenues mystérieuses des styles inventés ou parfois dénaturés par sa *phantasia*. Le peintre a désormais prise sur la laideur naturelle à laquelle il fait subir une sorte de transformation modale, lui trouvant des vertus de contraste où le pôle négatif du renvoi sémiotique (aboutissant au jugement de "laideur") est absorbé par la rhétorique positive de l'œuvre, l'intention symbolique et sa puissance évocatoire ; le musicien accepte la dissonance aussi bien métrique et rythmique qu'harmonique pour sa valeur expressive et l'image de déviance qu'elle véhicule. C'est un acte d'autorité de la *phantasia* créatrice sur la discipline des lois naturelles, un plaidoyer pour la liberté humaine manifestée dans celle du génie.

2. Le jeu de la spécialisation

Lorsqu'en fonction des styles, des périodes et des esthétiques, on veut donner un contenu concret aux relations établies entre *musique écrite*, *compositeurs* et *exécutants* afin de mettre en évidence des marges de liberté, quelle que soit la façon dont on aborde la question, on aboutira à un constat général : avec le temps, cette tripartition se précise, l'indépendance des rôles augmente, les ornières se creusent avec l'enrichissement de la notation et celui des instruments de musique. Il ne s'agit de rien d'autre que d'un véritable processus de "spécialisation" dont le résultat est toujours une définition plus précise des termes impliqués tant dans leur forme que dans leur fonction. L'enrichissement de la notation a lui-même pour cause une conscience croissante de la part du compositeur non seulement de son rôle, marqué d'une antériorité aussi bien logique que chronologique, mais encore de l'idiosyncrasie de son message : dans quelques cas, on peut véritablement mesurer cette prise de conscience par le souci, parfois paranoïaque, avec lequel le compositeur arrive à préciser son idée dans sa notation. On pense par exemple à Debussy qui peut aller jusqu'à inscrire un *crescendo* sur une seule note de piano, ou à Schumann qui, dans sa *Sonate pour piano en* sol *mineur*, n'hésite pas à faire suivre l'indication de tempo initiale *"so rasch wie möglich"* ("aussi rapide que possible") de *"noch schneller"* ("encore plus vite"), puis *"schneller und schneller"* ("de plus en plus vite"). Tout se passe comme si l'étau du compositeur se resserrait autour de l'interprète, augmentant la liberté du "penser" au détriment de celle du "faire".

La notation se précise donc de plus en plus et semble réduire la marge de liberté de l'interprète tout en augmentant celle du compositeur (Reynolds, 1975, p. 161 *sq.*). En supprimant l'ambiguïté, elle lie l'interprète dans les domaines où elle parvient à être explicite, et par le fait même, permet au compositeur de mieux préciser son idée. Pourtant, on constatera aussi que, parallèlement et comme un effet de bord, naissent diverses pratiques qui ont pour résultat de revaloriser la fonction créatrice des interprètes : que l'on songe à la réalisation des basses danses au XVe siècle, au rôle du continuo dès 1600, aux exigences relatives à l'enrichissement du texte écrit par l'ajout d'ornementation diversement pondérée entre les XVe et XIXe siècles, à l'introduction de séquences entièrement improvisées par l'interprète comme les cadences de concertos (XVIIIe siècle), ou encore à l'abandon partiel ou intégral de la construction sonore à la discrétion de l'interprète dans certaines musiques du XXe siècle (normalement pensées à partir d'une intervention programmée du hasard). L'une des conséquences de cet état de fait est que la "spécialisation" de l'interprète apparaît de plus en plus orientée du côté de l'improvisation, dans la mesure où celle du compositeur s'affirme dans la maîtrise de l'écrit. Tout se passe comme si le processus tendait à dépouiller le compositeur d'une prérogative pourtant essentielle aux origines du jeu musical, celle de l'action en temps réel ; inversement, l'interprète dont on aurait pu penser que cette évolution l'enfermerait à jamais dans un rôle de pur exécutant, se découvre dès lors une nouvelle liberté : la maîtrise totale du jeu en temps réel, donc un art de recréation qui fait appel à une habileté bien particulière, où la pensée s'incarne sans intermédiaire en s'épanouissant dans et par l'épaisseur de la durée.

Du côté de l'organologie, on conviendra qu'un instrument est pour ainsi dire un "programme sonore" : il installe (ou permet d'installer) un timbre caractéristique, dont la hauteur est clairement identifiable, sur l'ensemble de l'échelle sonore (le *systema teleion*). En perfectionnant l'instrument, en accroissant ses possibilités, on tend simultanément à en préciser le rôle, à en unifier le timbre et donc à le distinguer de plus en plus des autres en accroissant son identité. Les exigences placées envers la virtuosité des exécutants croissent avec l'affinement et l'extension des possibilités de l'instrument. Là aussi on constate l'apparition de diverses pratiques qui tempèrent les effets de la spécialisation, rendant à l'interprète sa liberté perdue : pensons aux choix des instruments que la plupart des œuvres publiées avant 1620 environ abandonnent régulièrement à la discrétion des exécutants, avec un titre qui inclut par exemple *"per ogni sorti di stromenti"* ; à la composition instrumentale relativement libre du continuo ; au libre choix des instruments d'exécution de tout un répertoire pour "clavier", cela jusqu'au début du XIXe siècle ; et jusqu'à la composition "chimique" de l'instrument dans certains scénarios du XXe siècle, comme le piano préparé, les usages insolites des instruments, la maîtrise intégrale du spectre sonore dans la synthèse informatique. De fait, c'est presque à l'interprète que revient en définitive, dans ce dernier cas, la charge de penser l'instrument en temps réel. Si, dès lors, on réunit l'interprète improvisateur de tout à l'heure avec l'interprète organologue, nous sommes sur le point de retrouver les origines évoquées de l'activité musicale : l'"interprète libéré" que devient le musicien oublie ses spécialisations et il assume, seul ou avec ses pairs, le circuit de l'invention et de la validation des formes. Quant à la notation, elle se dilue dans un graphisme suggestif qui n'est pas sans rappeler celui des notations analogiques de type diastématique déjà évoquées. Dans un certain sens, la boucle est bouclée…

3. Tempo et notation, ou le balancier du sens

Tentons maintenant d'illustrer d'une façon peut-être insolite mais, espérons-le, suggestive ce qui constitue à n'en pas douter le domaine-clé des rapports compositeur-interprète dans la manière d'écrire et de vivre le temps musical, ou *tempo*, non pas dans les relations voisines de durées (mètres et rythmes), mais selon un profil qui assimilerait les successions d'événements sonores au comportement d'une sorte de "mobile intentionnel" dans l'espace, dont la vitesse, la trajectoire, le cheminement à travers les obstacles conditionneraient la portée et le sens. On peut y voir aussi bien l'accroissement de l'adresse requise de l'interprète pour éviter les embûches de la partition, que celle du compositeur à y enfouir une forme de magnétisme des durées à même de capturer la liberté de son interprète dans sa lecture du tempo.

Il faut, pour ce faire, distinguer d'abord deux étapes ou deux tendances globales inconciliables : la musique "sans tempo" et celle qui en est tributaire. Il semble curieux de parler de musique sans tempo. Tout dépend évidemment de la définition que l'on donne au mot : si l'on entend par "tempo" simplement le taux d'événements par unité de temps, toute musique possède un tempo. En revanche, si l'on admet que le concept "tempo" n'apparaît qu'à partir de l'instant où il revêt un sens plus précis qui qualifie la *modification* d'une allure par référence à une norme tacite, naturelle ou conventionnelle, alors il est clair que toute musique n'en est pas affectée et que le phénomène doit être rendu explicite. Dans ce sens, le tempo par la nature *déviante* de son allure *modifie l'apparence de la pièce en dessinant et confirmant son caractère par lui rendu perceptible, et se donne ainsi comme composante intégrale du sens*. Il ne peut être ignoré et ce qu'il détermine dans l'expérience musicale (active ou passive) sera obligatoirement appelé à l'avant-scène de la perception.

On ne peut dire que la musique avec tempo soit apparue simplement en même temps que l'étiquette de "tempo", celle que chacun connaît sous les appellations coutumières prescrivant un caractère à la pièce. Ces dernières sont relevées pour la première fois dans les *canzoni* instrumentales de Girolamo Frescobaldi en 1628, où des sections sont caractérisées par une indication d'allure comme *adagio* ou *allegro*. Frescobaldi est en effet l'auteur de plusieurs *avvertimenti* à l'exécutant publiés en tête des livres de *Toccate* (1614-1615, 1627, 1637) et des *Capricci* (1624), préfaces dans lesquelles apparaît cette même terminologie et qui présentent explicitement, et pour la première fois dans l'univers de la pratique musicale directe, le concept moderne de *tempo* (Darbellay, 1987). Mais l'exemple du "madrigal moderne" qu'il donne en 1615 à l'appui de sa démonstration remonte tout de même à une époque antérieure : l'esthétique de souplesse du tempo dont l'allure devrait être calquée sur le sens des mots et les *affetti* qu'ils inspirent précède de beaucoup les années 1600, et fut mentionnée en tout cas dès 1555 par Nicola Vicentino ainsi qu'en 1558 par Gioseffo Zarlino (Darbellay, 1988*c*, p. 102-103). L'idée que fait apparaître cette prescription générale et théorique qui s'applique avant tout au domaine nouveau du madrigal est bien celle d'une *nouveauté relative à la gestion du flux musical* : en ouvrant un horizon de liberté laissée à la discrétion intelligente d'un exécutant cultivé amateur de cet art raffiné, elle laisse entendre *a contrario* que le principe périodique d'une battue fixe et régulière impliqué par la notation savante (mensuraliste) de l'époque correspondait bien à la pratique musicale, puisqu'il s'agit de s'en écarter. Afin de mesurer l'ampleur de l'innovation introduite par cette libération, il est souhaitable d'examiner de plus près l'idée dominante du système mensuraliste à "métronome incorporé" pilotant l'allure de la pièce.

4. Les origines, ou le tempo comme condition

Cette notation à la fois proche et très différente de la nôtre relativement au flux de l'exécution est née vers 1300 pour permettre l'indépendance métrique et rythmique de plusieurs voix simultanées. Elle constituait une greffe entée sur les valeurs de longue et brève *(longa, brevis)* régissant le rythme des clausules de Notre-Dame. Ces valeurs portaient leur "tempo" dans leur étiquetage : si l'on peut entendre le terme *longue* comme relatif à *brève* et en déduire qu'il ne s'agissait que d'une différenciation rythmique établissant un rapport de durée entre valeurs comparées, il tombe sous le sens, alors qu'on en est à établir une première échelle de durées, qu'on ne saurait dans le même élan la relativiser par rapport à une valeur de temps exogène au système, elle-même relative, et de ce fait susceptible de modifier sensiblement l'allure du flux. (Il est vrai qu'on trouve, dans le traité de Cologne, vers 900, une remarque relative à l'allure pondérée et grave *[morositas]* à adopter dans les *organa* et pièces religieuses [Waeltner, 1975, p. 54] ; mais il faut comprendre cela dans un contexte d'où la différenciation des durées était ou absente, ou limitée à une alternance automatique de deux valeurs réfléchissant une prosodie.) Cela est d'autant plus patent que, dans plusieurs clausules (comme *Flos filius*), on rencontre une abondance de divisions des durées de référence en valeurs très rapides : cela implique l'adoption d'une allure originale neutre, calme, que nous appellerons désormais le *tempo ordinario*, ou tempo tacite, qui règne sans attirer l'attention sur lui. La notation mensuraliste de l'Ars Nova organise donc les relations de durées entre les multiples et les divisions de ces deux valeurs de référence, longue et brève. Ces valeurs établissent respectivement ce qu'on nomme techniquement le *mode* et le *temps* du morceau, et sont données comme références invariables. Le mode (division de la longue) organise la composition métrique de l'œuvre, et le temps (division de la brève) sa composition rythmique. La *duplex longa* et la *semi-brevis* constituent, comme l'indiquent leurs noms, des dérivées des valeurs centrales qu'elles multiplient ou divisent, manifestant une fois de plus par là la qualité référentielle des durées de base. L'éventail de division de la semi-brève est appelé *prolatio*, rappelant par l'étymologie du mot qu'on se trouve dans la zone active du temps musical (aux environs de la seconde) : *prolare* signifie en effet "porter en avant", tandis que le terme *prolatio* peut désigner l'"articulation", la "prononciation". L'échelle qui s'étend de la semi-brève à la semi-minime va en effet, dès le XVe siècle, largement dominer le système de notation pour l'immense majorité du répertoire contrapuntique vocal, religieux et profane.

Tout se passe donc clairement comme si la notation musicale avait été originellement pensée comme codage réel des durées en termes de temps des horloges, plutôt que comme représentation relative abstraite des relations de durées, susceptible d'être assujettie à une référence métronomique séparée. On peut dire que le système mensuraliste est construit autour d'une valeur d'horloge du *tempus* (brève) de référence, autour de laquelle le compositeur monnayait l'allure de la pièce par le choix des divisions (les valeurs de notes divisant la brève) et des proportions (permettant une modification harmonique des rapports internes de durées). Cet étalon de durée était stipulé par le *tactus*, une battue standard régissant normalement la semi-brève (dite dans ce contexte *integer valor*) et souvent décrite dans la tradition théorique : pour la référence d'horloge, on y parle du pouls d'un homme en bonne santé, de l'allure du pas d'un homme en promenade ; on trouve même des métaphores tirées de pratique ménagères locales, comme la vitesse du couteau qui coupe les choux – *"so wirt eine minima einen gemeinen Krauthackerischen Schlag gelten"* ("la *minima* vaudra l'équivalent d'un coup de couteau pour couper les choux") – dans les mains des matrones, peut-on supposer, sur la place publique de Nuremberg (Finck, 1556, K^{v}).

Que le tempo à envisager soit tributaire de ces valeurs notées est une évidence : il suffit de rappeler que la valeur la plus petite susceptible de porter une syllabe est bien la semi-minime (la noire). Or il est clair que le fait de porter une syllabe constitue une limite dans la mesure où la vitesse de la prononciation est elle-même limitée. Cela nous donne au moins un *terminus ad quem* de la rapidité. A l'appui de la même thèse, on peut encore rappeler que les traités de musique pratique ne considèrent généralement les règles de la dissonance en contrepoint que jusqu'à leur application à la valeur de semi-minime ; au-delà, on estime se trouver dans le domaine des valeurs de *diminution*, et non plus de *composition.* (Cette distinction entre les deux types de valeurs est même occasionnellement clairement énoncée.) Par exemple, les croches (valeurs de diminution) iront toujours au moins par paires : elles ne seront envisagées que comme divisions de la semi-minime et relèveront de l'*ars eleganter cantandi* (l'art de l'ornementation par divisions). Avant l'ère baroque, elles ne justifient pas l'énoncé de règles de combinatoire qui les concernent en propre puisqu'elles sont tenues systématiquement pour relatives par rapport aux valeurs qui les contiennent. (L'une des conséquences est qu'on ne peut concevoir de "mesure" de trois croches par exemple.) Ajoutons encore que la semi-minime est la première division automatiquement binaire dans l'échelle mensuraliste : cette échelle implique en effet, de la maxime à la minime, la possibilité d'une double division binaire ou ternaire de la valeur supérieure. Par ce moyen, il est loisible de mettre en présence plusieurs niveaux métriques légalement assujettis au contrepoint mais en conflit rythmique les uns par rapport aux autres, sans faire intervenir un artifice de notation modifiant les durées relatives des notes (comme le triolet moderne). Au-delà de la minime *(prolatio)*, toutes les valeurs des échelles inférieures sont divisées par deux, comme dans le système moderne. En termes de vitesse de flux (ou de tempo), ce système de notation est évidemment compréhensible de plusieurs points de vue : d'abord, si la vitesse du flux dépasse une certaine valeur, les conflits métrico-rythmiques ne sont plus perceptibles autrement que comme perturbations ; ensuite, du point de vue des règles contrapuntiques de la dissonance, l'application des restrictions aux seules *valeurs de composition*, lentes ou modérées, s'explique dans la mesure où des quintes parallèles entendues dans un flux rapide échappent facilement à l'attention, alors que la plus petite faute qui se manifeste dans l'échelle des valeurs de composition apparaît comme une hérésie d'autant plus malvenue qu'elle est audible. Ainsi sommes-nous amenés à reconnaître dans les principes rythmiques de la notation mensuraliste *un édifice construit sur la base d'un étalon temporel fixe, auquel toutes les parties sont systématiquement ramenées*, et qui provient empiriquement des limites neurologiques de la perception du temps. Tout écart par rapport au flux constant d'un tactus stable, outre qu'il ne peut être adéquatement écrit par les moyens endogènes du système, est considéré comme une déviance et relève ainsi de la liberté de l'interprète.

Cela étant, nous nageons en plein paradoxe. Tout en étant confronté au fait évident que l'évolution de la notation va vers une augmentation de la précision limitant par là la liberté de l'interprète, nous devons par ailleurs reconnaître que l'ancienne notation mensuraliste, privée des moyens de signifier une souplesse quelconque de l'allure ou d'en modifier le cours autrement que par une proportion (donc selon un rapport qui avalise une nouvelle division en termes d'une division normative de référence), ne pouvait que céder du terrain et, si nécessaire, abandonner à l'interprète le choix du tempo et de ses avatars (plasticité rythmique, *rubato*, agogie, etc.). Etait-ce ainsi à l'interprète de compenser ? Et, regardant vers le passé, qu'en était-il du traitement du tempo dans le répertoire couvert par cette notation ? Doit-on considérer que la musique elle-même, celle de ce répertoire, n'a jamais rendu nécessaire un développement de la notation dans la mesure où elle se serait passée de cette liberté d'allure ?

La réponse ne peut être que nuancée. Tout dépend d'abord du style de musique : on n'envisagera certainement pas de la même façon une *caccia* du Trecento, une chanson de Binchois et un motet de Gombert. Lorsqu'il s'agit de musique vocale, on dispose du texte dont le sens général était utilisé (comme toujours) pour fixer l'allure de la pièce : le *compositeur* n'avait qu'à choisir une échelle de notation aussi proche que possible de l'allure envisagée. S'il s'agit de musique instrumentale, on a affaire dans la majorité des cas à des pièces constituées par des variations ou diminutions de pièces vocales, et la nature des motifs (locutions volubiles et stéréotypées de notes rapides reliant les notes principales de la mélodie préexistante) en indique clairement l'allure. Ce qui est certain, c'est que malgré certaines limitations, la notation mensuraliste n'empêcha pas quelques compositeurs maniéristes du Sud de la France (voir les manuscrits de Modène, Chantilly et Turin) d'atteindre, autour de 1400, une complexité métrico-rythmique presque sans équivalent jusqu'au XXe siècle. Ces imbroglios rythmiques où les différentes voix d'une polyphonie, par ailleurs parfaitement euphonique, suivaient comme anarchiquement chacune leur propre métrique ne pouvaient pas procéder que d'un souci de mystification illusionniste : ces complexités cachaient en toute vraisemblance une recherche de détermination extrême des moyens propres à discipliner le flux musical, ce qui a même incité Donald J. Grout (1980, p. 136) à parler d'une tentative de noter le *rubato* ou la liberté rythmique de l'interprète en donnant l'exemple suivant de Caserta :

Exemple 1

Antonello da Caserta, extrait du rondeau Dame Gentil

Par la suite, aux XVe et surtout XVIe siècles, ces recherches rythmiques issues du premier enthousiasme qui suivit la découverte de l'Ars Nova cédèrent la place à l'édification d'un contrepoint hautement hiérarchisé, harmonique, et basé avant tout sur une régularité périodique servant de toile de référence aux mondes conflictuels de la consonance et de la dissonance. Le flux fut organisé selon une alternance de temps forts et faibles, constituant l'habitat rythmique conditionnel qui autorisait ou interdisait certains intervalles selon leur nature. L'animation variée du "mouvement" qui constituait une cible prioritaire des compositeurs de 1400 dans leurs œuvres à fort profil rythmique cédait la place à un intérêt croissant pour les structures harmoniques résultant du cheminement parallèle et lisse de voix mélodiques dans le contrepoint savant : pensons aux modèles représentés par l'écriture de Ockeghem, de Josquin puis des Palestrina, Lassus, Marenzio (dans leurs œuvres avant tout religieuses). Les questions relatives à l'allure globale de la pièce – nous dirions au sens moderne son tempo – disparaissaient au second plan dans la mesure où le sens musical de l'œuvre ne passait pas par cette allure : au contraire, l'allure n'était qu'une simple condition qui devait permettre le bon fonctionnement et la claire perception des artifices contrapuntiques.

5. Développement baroque, ou le tempo comme cause

Un fait cependant demeure absolument certain : c'est que la dissolution du système mensuraliste, vers 1600, avec l'avènement du style concertant et des musiques instrumentales, devait nécessairement résulter du constat d'une lacune, sans quoi rien n'interdisait que le système perdurât… Il est en effet très intéressant d'observer vers 1600 un glissement général et progressif de l'échelle de valeurs rythmiques vers la double croche et des indications proportionnelles vers la mesure moderne. Cela était dû à une évidente impossibilité, pour la notation mensuraliste, de prescrire certains comportements du tempo, devenus exigibles selon la nouvelle esthétique dite "baroque". Nous l'avons déjà relevé plus haut à propos des écarts caractéristiques du madrigal, dont toute la toile musicale (et donc la forme temporelle) était tissée sur la trame d'un texte recherché et maniériste. Dès la fin du XVIe siècle cependant, apparaît un fait nouveau : un vaste répertoire de musique instrumentale commence à se faire jour, qui n'est plus automatiquement tributaire d'une *res prius facta* quelle qu'elle soit. En effet, la *canzona* n'est plus la simple transcription ni même une parodie de la chanson française, les musiques de danse se stylisent et dès lors se créent une identité hors de la sphère chorégraphique pure, diverses formes "libres" (sans précédents dont elles soient une greffe) s'opposent et se répondent : toccatas, fantaisies, *ricercari*, *capricci* pour ensembles diversement composés ou pour instruments harmoniques seuls. Composer un morceau de musique instrumentale, donc dépourvue du support sémantique d'un texte, et qui dure plus qu'une ou deux minutes, et cela sans l'appui d'un modèle préexistant qui lui serve d'horizon d'interprétation, représente un défi majeur. C'est celui qu'ont relevé les acteurs du premier âge baroque, Frescobaldi en tête.

La première chose à faire (et qui fut faite) a été d'assouplir la notation dans la direction d'une libéralisation des contraintes temporelles. Il fallait que fût exprimable une mesure rapide à trois temps (dont la durée, dans son extension métrique totale, fût nettement inférieure à la seconde), que l'écriture dans une échelle de valeurs donnée pût être relativisée à différentes battues (rapides ou lentes), que le régime complexe des proportions reliant entre elles diverses échelles de valeurs notées simultanées ou successives cédât la place à un principe d'organisation périodique rapportant une quantité métrique fixe à une battue qui la contînt entièrement et pût en régir librement le flux. La temporalité du discours musical, sa mobilité dans l'évolution du cours de la pièce, devait absolument devenir un facteur premier de sa signification, et pour ce faire elle devait échapper au corset trop étroit d'un tactus invariable. Le taux d'événements par unité de temps était ramené à une véritable analogie spatiale : c'est le geste, dont le déploiement spatial contient le sens, qui devait servir de modèle pour constituer des unités musicales propres à héberger des *affetti* (ou émotions) : de la même façon qu'on sépare une émotion d'une autre en la différenciant par son origine (son unité de sens), on doit pouvoir articuler l'évolution d'un discours musical autonome en modules identifiables parce qu'on peut les expérimenter séparément (Darbellay, 1987). Le taux des successions sonores n'était plus seulement une condition d'intelligibilité : dans la nouvelle toccata, il devenait le moyen privilégié pour solidariser des ensembles de sons et permettre ainsi leur articulation et leur hiérarchisation à un niveau plus élevé ; il devenait la "colle" entre les sons, permettant de former des "mots" motiviques puis des "phrases" thématiques, etc. (Darbellay, 1996). Le tempo apparut alors comme véritable régulateur du sens. Comme l'a dit Frescobaldi, il s'agissait, au sein d'un monde nouveau et sans paroles, de calquer la forme temporelle du madrigal dans tous ses caprices : réticences, interrogations, arrêts… Au monde analogique des progressions spatiales fut emprunté aussi un autre aspect de cette temporalité nouvelle : celui du caractère général lié à l'allure. Une humeur donnée (ou un *affetto*) est communiquée par l'image qu'elle se forge dans l'espace sous la forme d'un mouvement, de l'allure qui l'identifie : l'humeur "allègre" s'incarne dans la vivacité harmonieuse des gestes, par exemple. C'est ce qu'exprimèrent les nouvelles prescriptions comme adagio, allegro. Leur lien avec la forme devint d'ailleurs si étroit qu'elles servirent d'appellations contrôlées pour certaines parties de morceaux au XVIIIe siècle : on parla d'un "allegro de sonate" par exemple, avec l'intention de stipuler ainsi l'unité esthétique de la pièce par celle de son humeur (voir l'article *Sonate* de Johann Abraham Peter Schulz in Sulzer, 1794, p. 424-426). En ce sens, le tempo comme caractère était avant tout un garde-fou contre les errements ou les divagations temporels par lesquels un interprète mal avisé pouvait nuire à l'intelligibilité de la forme en détruisant son unité d'allure ; c'est en tout cas ainsi qu'il fut expliqué à plus d'une reprise vers 1770.

Ce qui semblait être au premier abord une libération de la dictature du *tactus* mensuraliste allait pourtant devenir rapidement une nouvelle contrainte pour l'interprète : si le temps mesuré du *stile osservato* ne lui posait guère de problème – il s'agissait bien d'un *tempo ordinario* ou encore *tempo giusto* –, celui qu'exigeait maintenant la production de sens dans le nouvel univers allait dépendre surtout de sa capacité discrétionnaire. En gagnant une liberté, il découvrait une contrainte, et c'est de l'équilibre de plus en plus fin et instable entre l'idée du compositeur formulée tant bien que mal dans sa notation et sa réalisation par un interprète passablement livré à lui-même que dépendit le succès de l'opération. La nouvelle notation était neutre par rapport au temps des horloges, et pourtant c'est de ce temps – et du tempo au sens moderne – que dépendait le plus l'intelligibilité du message. Est-ce à dire que la notation, en se perfectionnant, était devenue paradoxalement impropre à sa fonction ? Ou plutôt que c'était à l'interprète de ne la considérer que comme tremplin vers l'idée génératrice de base, aidé par sa connaissance des traditions et pratiques conjoncturelles qui constituaient un horizon de référence incontournable dans la réussite ?

Cette importante mutation et les nouveaux équilibres qu'elle requit provenaient ainsi d'un très profond remaniement de la matière musicale, impliquant celui des acteurs et des codes. La notion moderne de tempo, l'aspect qui incarne au plus près la liberté de l'interprète seul maître à bord, a surgi presque d'un coup, comme une forme de projection musicale des indices comportementaux qui qualifient l'évolution des passions. La fougue se peint par un tempo rapide et effréné ; le calme met en scène un mouvement sans surprise à forte symétrie interne, etc. : on trouvera même, plus tard dans l'esthétique de l'opéra au XVIIIe siècle, toute une panoplie de recettes mettant en relation une typologie d'épisodes dramatiques avec un formulaire musical dont l'ingrédient dominant est le mouvement (comme la *Poétique de la musique* de Lacépède en 1785). L'imitation de la nature fut désormais en musique celle des sentiments. Même si la doctrine était ancienne, elle ne fut jamais aussi précisément décortiquée qu'avec les entreprises positivistes de la rhétorique réanimées par les disputes humanistes du XVIe siècle puis reprises et développées par les théoriciens allemands, et par les expérimentations sonores audacieuses menées en terre italienne principalement. Cette turbulence sur le terrain et les nouveautés constantes qui en résultaient, présupposèrent évidemment un très fort éclairage contextuel pour être réellement comprises : la notation musicale seule ne pouvait en assumer la charge. Les traditions d'exécution qui, de tout temps, l'accompagnaient, jouèrent dès lors un rôle de premier plan, indispensable. Ce fut la voie ouverte pour un renouveau des développements techniques de la notation, un second souffle vers une évolution qui ne s'épuisa qu'au début du XXe siècle. On vit en outre de plus en plus de préfaces d'explications accompagner la parution de nouvelles œuvres ; les traités de musique "génériques" des XVe et XVIe siècles furent de plus en plus remplacés par des traités théoriques *spécifiques* consacrés à l'usage d'un instrument, à certains modèles d'ornementation pouvant être improvisée, à diverses questions techniques liées à un genre particulier. Il suffit de penser ici aux multiples types de déviations rythmiques ou agogiques qui constituent ce qu'on peut appeler la "variation systématique" d'un schéma métrico-rythmique simple : les références abondent, en particulier dans le domaine instrumental, qui évoquent les inégalités systématiques "à la française", les rythmes lombards, ou toutes les formes de modifications locales systématiques d'un schéma de référence, tel la valse (Humair, 1999) : il est évident qu'à de rares exceptions, c'est à une description extérieure plus qu'à la notation que revient la charge de les spécifier. Enfin, la spéculation sur la musique comme objet d'étude porta de plus en plus sur le versant empirique et physique : celui du son, des techniques pratiques de composition, de l'histoire.

Une première étape marquante dans la nouvelle évolution de l'écriture du tempo coïncide avec l'avènement de l'école de Berlin et l'*Empfindsamkeit* de Carl Philipp Emanuel Bach. A la suite d'un souci de précision de provenance peut-être didactique, mais fondé surtout dans une conscience aiguë de l'originalité et de la nouveauté de sa musique, C. P. E. Bach s'est occupé de diverses façons du perfectionnement de la notation (Darbellay, 1988*a*). Il semble évident qu'il voulait ainsi assurer la plus haute qualité possible dans la restitution de ses œuvres, dont le sens dépendait d'une esthétique très originale, instable et hautement vulnérable. (A titre de comparaison, il n'est que de rappeler l'incurie de Mozart ou de Haydn tant dans la rédaction manuscrite que dans l'édition de leurs œuvres : dans ce cas, on incline à croire que ces musiciens étaient tellement sûrs de l'évidence de ce qu'ils avaient à dire, de la réception sans contresens dont ils feraient l'objet, qu'ils se contentèrent d'une sorte de sténographie élémentaire plutôt que d'une notation digne de ce nom.) C. P. E. Bach écrivit, bien sûr, un traité important

– son *Versuch über die wahre Art das Clavier zu spielen* (1750) – dans lequel il établissait avec une précision sans précédent un ensemble de règles pratiques destinées à induire un comportement adéquat de l'exécutant pour tous les styles et tous les cas d'espèces. Il y consignait en outre tout un éventail de préceptes esthétiques susceptibles de conditionner l'interprète à affronter de façon vivante, personnelle et pourtant respectueuse de l'authenticité une partition nouvelle et souvent hermétique au premier contact, lorsqu'elle est jugée à l'aune des styles contemporains. La précision de ses enseignements en outre n'eut d'égale que celle de sa notation : il contrôlait et affinait personnellement jusqu'au dernier détail les éditions princeps de ses œuvres quand il ne les éditait pas "à compte d'auteur". Dans le cas de ce qu'il appelait le *tempo rubato* par exemple, où une partie exécutait un mélisme de quantité métrique irréductible à l'autre partie, tel que onze doubles croches à partager entre deux noires pointées, il ménageait dans le texte imprimé un espace bien visible entre les 6e et 7e doubles croches pour montrer le point d'insertion rythmique de la seconde noire pointée ! On peut sans hésiter affirmer qu'il s'arrangeait pour qu'aucun détail susceptible d'être à la fois décrit et *réalisé* ne fût omis dans la notation, dans la mesure où le cas n'était pas déjà traité de façon exhaustive dans son manuel : on a vraiment l'impression que l'exécutant est totalement pris en charge. C'est certainement l'un des points culminants atteints par une notation dans l'histoire musicale.

Dès le début du XIXe siècle et surtout l'époque romantique, le seuil "pratique" de la notation est franchi puis dépassé : pour être plus explicite, en particulier dans le domaine du tempo, on en vient à donner des indications irréalisables sur le plan matériel, sans conséquence audible possible. On rencontre des arcs de liaisons immenses reliant toute une section plutôt qu'ils n'articulent un petit groupe de notes ; on trouve quantité de symboles différenciés, dans la même pièce, pour indiquer une forme presque commune de *détaché* des notes, etc. Mais surtout, on donne sur le tempo des indications qui, dès lors, confirment clairement la thèse exposée plus haut : c'est de ce tempo – et presque de lui seul – que dépendra souvent le sens de la pièce. C'est en tout cas par lui que ce sens se communiquera, du compositeur à son interprète par le biais du caractère "émotionnel", et de l'interprète à l'auditeur par celui de l'allure. Lorsque Beethoven écrit *Langsam und sehnsuchtvoll* par exemple, *langsam* ("lentement") ne présente aucune ambiguïté et sera perçu de l'auditeur ; en revanche, on ne peut que comprendre *sehnsuchtvoll* ("plein de nostalgie"), et non le réaliser : c'est un moyen pour conditionner l'interprète. Ou encore, s'il indique *Allegro assai*, ce n'est pas l'équivalent de "vite" ; l'insistance par le terme *"assai"* (très) attire l'attention sur l'action spécifique propre du tempo, sur le rôle qu'il joue dans le dévoilement du sens. Il attend de l'exécutant qu'il fasse percevoir une passion par le biais de la rapidité, en d'autres termes que l'on perçoive qu'il joue vite pour communiquer son agitation. On pourrait en effet – certains interprètes le font admirablement – diviser "harmoniquement" le temps en un grand nombre de valeurs, donnant l'impression d'un tempo calme, presque modéré, celui du défilement des points d'appui ou de référence, alors que l'on est en train de dévider seize doubles croches à la seconde...

Sans entrer dans une alchimie trop technique relativement à ces façons de conditionner le temps, bornons-nous à évoquer deux approches, opposées mais complémentaires, incarnées dans les consignes d'allures à cette époque – même si ces approches ne sont que sous-entendues. La première est celle qui vient d'être évoquée : on envisage un groupe de valeurs rapides comme la division aussi harmonieuse que possible d'une durée mère, pensée au premier plan. Si les échéances de cette durée tombent en phase avec une valeur correspondant au *tempo ordinario* (temps tacite) ou proche de lui (environ soixante-dix à la noire), il n'y aura pas d'impression de hâte, de vitesse. Une belle exécution de l'étude dite *Leggierezza* de Liszt peut servir d'exemple. Si en revanche on aborde le même groupement par l'angle de vue des petites valeurs qui le composent et que l'on procède mentalement par additions successives de ces valeurs jusqu'à rejoindre l'échéance, on suggérera au contraire la tension et la hâte, d'autant plus si ces échéances ne coïncident pas avec des phases de temps tacite : c'est probablement ce que Beethoven avait en tête en écrivant le dernier mouvement de son opus 27, n° 2, dite *Sonate au clair de lune.* En dernier il faut rappeler encore un élément et non le moindre : c'est exactement à cette période que fut inventé le métronome, qui permit de qualifier empiriquement et sans doute possible un tempo particulier. Il ne rendit certes pas désuètes les consignes de plus en plus psychologiques par lesquelles on précisait non plus seulement l'allure de la pièce, mais le mode intentionnel souhaitable pour l'aborder, mais servit à orienter l'exécutant en particulier lorsqu'il avait à coordonner diverses sections différenciées chacune par un tempo particulier.

Il n'est guère besoin d'épiloguer plus longtemps pour caractériser la dernière phase de la notation. Avec Debussy et surtout Anton Webern, il est presque normal de rencontrer plus d'indications textuelles ou symboliques relatives au mode d'exécution que de symboles musicaux proprement dits, hauteurs et durées. La précision de la notation touche ici à ses limites de saturation, et la notation symbolique classique va souvent, dès lors, céder la place à diverses tentatives d'écritures analogiques codées en termes d'équivalences spatiales : épaisseur et pente variables d'une ligne graphique continue, étalonnée en secondes par exemple. Mentionnons aussi l'exercice curieux auquel se livrent certains compositeurs, comme Brian Ferneyhough ou Karlheinz Stockhausen, qui induisent par divers artifices de notation irréalisables une tension voulue chez l'interprète qui cherche à y parvenir. L'idée est même explicitée et quasi programmée par Stockhausen dans son article "Wie die Zeit vergeht..." (Darbellay 1988*b*).

Idéalement, l'écrit devrait infiniment rejoindre l'événement. Pour y parvenir, il doit s'enrichir continuellement de précisions, d'ajustements, d'affinements convergeant à l'infini vers une courbe idéale d'où serait évacuée la dissociation entre intention et réalité objectivée. Mais la réduction de la liberté aboutirait alors à la plénitude d'une détermination utopique qui absorberait du même coup le monde suggestif de l'ambiguïté et les facettes infinies des renvois symboliques. Mais alors le temps lui-même, la *materia prima*, aura été évacué, et avec lui la musique et sa raison d'être. Le paradoxe est dès lors celui-ci : si l'idéal d'une notation contenant toute l'intention devait se réaliser, si ainsi la liberté devenait caduque, alors disparaîtrait le geste qui forme le temps et, avec lui, toute possibilité d'art musical. De fait, la musique deviendrait "peinture" : la singularité éloquente de l'objet renverrait intégralement à sa source intentionnelle, dans un arrêt éternel et vertigineux du geste créateur contenant en lui, unique, toute l'amplitude de sa liberté.

6. Libertés : l'activité partagée

Ce voyage dans l'histoire nous a montré comment la notation est parvenue à incarner le temps, à symboliser dans ses codes abstraits la partie la plus concrète et vive de l'activité musicale. En se contentant de ne les évoquer que par allusions, il a laissé sur la rive d'autres tranches des libertés que la notation a abandonnées à l'interprète, ou que le compositeur ne lui a jamais confiées. Il a montré toutefois, nous l'espérons, que la chaîne compositeur-notation-exécutant-auditeur n'était en aucun cas, dans la mesure où ses divers termes existent réellement, assimilable à une autre chaîne, celle de l'information : émetteur, transmission du message, récepteur. Si le succès du second processus est mesuré par la superposition virtuelle des données initiales avec le résultat final, le premier implique par nécessité une série d'interruptions qui en conditionnent la qualité et lui donnent tout son sens : celles d'une chaîne de jugements puis de décisions qui font de chaque terme du processus, de chacune de ses étapes, une réalité ontologique mesurée par une valeur, celle que lui attribue et lui reconnaît la liberté critique de la discrétion artistique (Klein, 1970). Cette cascade de jugements, tous actes de liberté, illustre bien la dichotomie réelle séparant l'idée intentionnelle de sa première détermination formelle. De fait, le compositeur de musique écrite doit impérativement restreindre, par de multiples choix éliminateurs, sa vaste liberté formelle pour rejoindre la sève initiale de son intuition. La réalisation de l'idéal conçu par le compositeur tout comme celle par laquelle cette même réalisation emprunte sa vie à l'interprète sont bien des limitations de leur liberté aux deux mais en même temps des manifestations de son existence : le choix qui limite est en même temps un acte qui tranche et détermine, un *événement* intentionnel. L'événement qui est la source de l'acte musical en est aussi la fin : le détour par l'abstraction spéculative et les constellations de codes et références est un voyage hors temps servant de *guide symbolique commun* aux acteurs qui se sont partagés les tâches que leur a distribuées notre histoire de la musique occidentale.

L'insertion de la liberté dans la chaîne compositeur-notation-interprète donne lieu à deux états bien distincts de situations critiques. Le premier est celui des décisions et libertés du compositeur au moment de la naissance de l'œuvre. Cet état, qui peut se prolonger longtemps, n'apparaît en principe qu'une seule fois, ou plutôt ne se prolonge qu'autant que demeure l'attention que lui dédie le compositeur. Il qualifie les séquences de décisions au terme desquelles l'œuvre acquiert sa "liberté" à elle. L'autre état est celui de l'interprétation de l'œuvre, qui requiert à nouveau une séquence de décisions de la part de l'exécutant. Cet état est le véritable "destin" de l'œuvre, en ce sens qu'il n'est plus *historique* au sens limitatif d'une frontière événementielle, mais qu'il contribue à peupler une conscience culturelle qui, par définition, rappelle à la vie ce qui qualifie cette culture. Une œuvre musicale est comme un souvenir ramené à la surface du présent. Le souvenir modèle la psychologie comme l'ensemble des données qui constituent une culture modèlent la société, et l'œuvre musicale est, là, une mémoire d'expérience de cette société. Elle n'est plus liée à un lieu ou à un temps, elle est libre de l'histoire mais elle peut à tout instant redevenir sa totalité en plénitude, dans la mesure où elle est choisie par la liberté d'un exécutant.

La complémentarité essentielle qui régit les rapports entre la forme prétexte (écrite) et son interprète peut faire en soi l'objet d'une histoire : l'histoire de la musique est aussi bien celle de ses traces permanentes que celle de ses libertés. Parler de liberté implique que "l'œuvre" n'est donc pas achevée par son écriture. L'histoire d'une œuvre, nous l'avons dit, est bien le cortège des "discrétions" auxquelles son corps noté a pu donner naissance : une œuvre musicale écrite est à la fois un donné à juger, une source d'activité et une motivation. Son noyau dur, abstrait, est conçu pour engendrer une forme et une détermination individuelle dans une séquence d'événements, mais aussi une activité au terme de laquelle il est en quelque sorte rejoint dans son unicité première. La forme intentionnelle (peut-être symbolique) se retrouve ici elle-même, en boucle, comme une forme spéculaire : c'est, d'une certaine façon, une image de l'indépendance acquise par sa vie propre, une fois celle-ci créée. Tout, dans l'aridité de ses codes, renvoie à la vie du son, à un univers plastique et éphémère de vibrations. Mais cet univers même, mathématisé, révèle la stase parfaite de l'harmonie qui règle, comme une image idéale, les proportions d'un devenir ramené au bercail de la connaissance ou, si l'on préfère, rendu connaissable par la permanence et la réductibilité de ses clés.

L'écrit musical n'explique peut-être rien d'autre que lui-même. Trace virtuelle d'une activité qui pourrait achever son potentiel de sens, il est en même temps un absolu dont les réalisations semblent toutes être des avatars incomplets et contingents. C'est bien là qu'habite notre "marge de liberté" : elle seule est génératrice de vie puisqu'elle conduit à l'événement, elle seule est susceptible de valider l'hypothèse écrite par sa capacité à se transcender efficacement dans un devenir idéalement singularisé, celui de l'expérience musicale vécue. La folie inquiète qui légifère sur les structures n'est que le symptôme d'une aliénation fondamentale de l'homme qu'égare sa capacité de comprendre : ne parvenant pas à baliser sa vie des arrêts de sa connaissance, il s'épuise à figer le cours d'un temps générateur de formes imprévues dans des "abstractions d'évitement".

Le monde de la culture occidentale est "platonicien" : l'antériorité chronologique de l'idée sur l'événement, vérifiée dans le processus musical, affirme du même coup, avec la prééminence du compositeur-créateur, une antériorité logique dans un monde où la séquence idée-événement n'est pas "philosophiquement" permutable. On peut pourtant penser la musique selon une approche presque opposée : l'idée hors temps, ou ce qui semble l'être, ne commence à "devenir ce qu'elle est" que lorsqu'elle prend le train du temps. Etudier l'enchaînement des événements sonores à une forme abstraite préalable, leur dépendance d'une idée qui, malgré sa réalité lacunaire, semble constituer l'ultime critère de "vérité", amène à s'interroger sur la nature symbolique d'une idée embryon de temps. Alors que, normalement, la connaissance qu'inquiète le processus cherche à découvrir le symbole caché comme une balise dans l'événement, la musique se servirait-elle de l'événement pour y enfouir un symbole ? Ce peut être le départ du processus de communication : le symbole serait véhiculé d'un individu à l'autre, par l'événement. Mais le musicien se refuse à limiter la portée de son acte à un simple transport de sens : *il crée du sens, il s'explique à lui-même l'interrogation béante du devenir par sa stabilisation dans une forme intentionnelle expressive qui lui donne un sens à l'instant même où elle rejoint ce devenir en retrouvant vie.*

Bibliographie

APEL, W., 1970 : *Die Notation der polyphonen Musik (900-1600)*, Leipzig, Breitkopf und Härtel.

BLACKING, J., 1973 : *How Musical is Man ?*, Washington, University of Washington Press ; trad. fr., *Le Sens musical*, Paris, Minuit, 1980.

BRUNO, G., 1930 : *Gli Eroici furori I, 1*, in *Opere italiane*, A. Wagner (éd.), Leipzig, Weidmann, vol. II.

DARBELLAY, E., 1987 : "Tempo Relationships in Frescobaldi's Primo Libro di Capricci", in *Frescobaldi Studies*, A. Silbiger (éd.), Durham, Duke University Press, p. 301-326.

DARBELLAY, E., 1988*a* : "C. P. E. Bach's Aesthetic as Reflected in his Notation", in *C. P. E. Bach Studies*, S. L. Clark (éd.), Oxford, Oxford University Press, p. 43-63 ; rééd., 1991.

DARBELLAY, E., 1988*b* : "Une lecture de «... wie die Zeit vergeht...» de Stockhausen", *Contrechamps*, n° 9, p. 143-168.

DARBELLAY, E., 1988*c* : "Tradition et notation dans la musique baroque", in *Meslanges pour le Xe anniversaire du Centre de musique ancienne, Genève, 1975-1985*, Genève, Centre de musique ancienne, p. 93-104 ; version originale : "Tradition and Notation in Baroque Music", in *The Oral and the Literate in Music* (Proceedings of the Third International Council for Traditional Music Colloquium 1985, Tokyo), Y. Tokumaru et O. Yamaguchi (éd.), Tôkyô, Academia Music, 1986, p. 57-68.

DARBELLAY, E., 1996 : "«Mesure» et démesure du tempo dans le *stile fantastico* frescobaldien", in *Le Mouvement en musique à l'époque baroque. Actes du Colloque de Metz*, Metz, Editions Serpenoise, p. 189-208.

DARBELLAY, E., 2001 : "*Stile fantastico, passi, affetti* : des *imprese musicali* ? Le temps comme interprète de l'espace et la forme comme histoire", in *Fiori musicologici. Studi in onore di Luigi Ferdinand Tagliavini nella ricorrenza del suo LXX compleano raccolti da François Seydoux con la collaborazione di Giuliano Castellani e Axel Leuthold*, Bologne, Patron Editore, p. 175-217.

DARBELLAY, E., 1998 : "Les masques du temps", in *Le Temps et la Forme. Pour une épistémologie de la connaissance musicale*, E. Darbellay (éd.), Genève, Droz, p. 191-219.

FINCK, H., 1556 : *Practica musica*, Wittenberg, Haeredum Georgii Rhaw ; reprint, Bologne, Forni, "Bibliotheca Musica Boloniensis, II, 21", 1969.

GROUT, D. J., 1980 : *A History of Western Music*, 3e éd., New York, Norton.

HUMAIR, J.-D., 1999 : *Variations systématiques et types rythmiques : une approche musicologique du domaine microtemporel dans l'interprétation des styles musicaux*, thèse de doctorat, Genève, Faculté des lettres de Genève.

INGARDEN, R., 1928 : *Das Musikwerk*, Tübingen, Niemeyer ; trad. fr., *Qu'est-ce qu'une œuvre musicale ?*, Paris, Christian Bourgois, 1989.

KLEIN, R., 1970 : "*Giudizio* et *gusto* dans la théorie de l'art au Cinquecento", in Id., *La Forme et l'Intelligible*, Paris, Gallimard, p. 341-352.

MOLINO, J., 1998 : "Expérience et connaissance de la musique à l'âge des neurosciences", in *Le Temps et la Forme. Pour une épistémologie de la connaissance musicale*, E. Darbellay (éd.), Genève, Droz, p. 253-277.

PANOFSKY, E., 1924 : *Idea. Ein Beitrag zur Begriffsgeschichte der älteren Kunsttheorie*, Leipzig-Berlin, Bruno Hessling Verlag ; trad. fr., *Idea*, 2e éd., Paris, Gallimard, 1989.

REYNOLDS, R., 1975 : *Mind Models. New Forms of Musical Experience*, New York, Praeger.

SULZER, J. G., 1794 : *Allgemeine Theorie der Schönen Künste*, 2e éd. augmentée, 2 vol., Leipzig, M. G. Weidmanns Erben und Reich (1re éd., 1771-1774).

WAELTNER, E. L., 1975 : *Die Lehre vom Organum bis zur Mitte des 11. Jahrhunderts*, Tutzing, Schneider.

Yoshihiko Tokumaru

LE RÔLE DE LA NOTATION MUSICALE DANS LE MONDE NON OCCIDENTAL : L'EXEMPLE DE L'ASIE ORIENTALE

1. Introduction

Dans cet article, nous traitons de musiques de l'Asie orientale (Chine, Japon, Corée). La région a connu de nombreux systèmes de notation musicale depuis les temps anciens et ce n'est que peu à peu que cette notation est devenue plus importante que la transmission orale.

Certains peuples d'Asie, d'Océanie et d'Afrique n'ont utilisé que la transmission orale pour préserver leur culture musicale et linguistique. Mais récemment, leurs contacts avec d'autres cultures les ont amenés à inventer de nouvelles méthodes pour écrire leurs langues et leurs musiques. De nombreux peuples africains et asiatiques ont adopté l'alphabet latin et la notation occidentale pour leurs hymnes nationaux. Les minorités de Taïwan ont recouru à l'écriture japonaise au début du XXe siècle ; de même, de nombreuses minorités de la Chine utilisent le système chinois pour écrire leurs propres langues.

On comprend que des cultures qui n'écrivent ni leur langue ni leur musique se tournent vers des méthodes étrangères pour noter leurs œuvres littéraires et musicales. Il est encore plus fréquent que des groupes qui possèdent l'écriture, mais pas la notation musicale, utilisent le système occidental pour transcrire leurs chants. Récemment, un authentique maître du chant mongol a entrepris un travail considérable. Il s'agit de Namjiliin Norovbanzad, une grande chanteuse qui a reçu les titres d'Héroïne du Travail, d'Actrice du Peuple et le prix de l'Etat de Mongolie. Son travail est disponible au Japon grâce au Smithsonian Institute (Fujii, 1990, n° 12). Il existe deux types de chant traditionnel mongol : le chant "long" *(urtiin duu)* et le chant "court" *(bogino duu)*. Le premier se caractérise par de longs mélismes (une seule syllabe peut être chantée sur autant de notes que dans l'alléluia occidental) alors que le chant court utilise un mode syllabique. Les deux types se sont transmis oralement, mais après l'introduction de la notation occidentale par la Russie, les Mongols ont parfois utilisé celle-ci pour transcrire leurs chants, bien que rarement pour les chants longs du fait de leur nature mélismatique. C'est pourquoi nombre de chants de ce répertoire ont aujourd'hui disparu. Norovbanzad a donc décidé de noter ce qu'elle avait appris oralement de ses professeurs et elle a dû utiliser la notation occidentale puisque c'est le seul système généralement connu de son peuple. Pour les paroles, elle avait le choix entre l'alphabet mongol traditionnel et les caractères cyrilliques qui sont aussi utilisés dans son pays. L'alphabet mongol, jadis le système d'écriture officiel, a été remplacé par le cyrillique au début du XXe siècle et seules les élites le comprenaient encore. Ce n'est qu'à la fin du XXe siècle que le gouvernement mongol a décidé de faire enseigner l'alphabet traditionnel dans les écoles. On peut regretter que Norovbanzad n'ait pas recouru aux lettres traditionnelles : contrairement au cyrillique, elles sont écrites verticalement, et *urtiin duu* est considéré comme "un type de chant vertical, qui s'élève vers le ciel comme le fait l'écriture mongole, verticale elle aussi" (Norovbanzad, 2000, p. 7). Mais elle n'avait guère le choix pour faire connaître leur héritage aux jeunes générations. "Uyaxan sambuutiviin naran" ("Le beau soleil de l'univers"), extrait de son livre (voir exemple 1), donne un exemple de la transcription d'une musique transmise oralement en combinant l'écriture mongole moderne et la notation occidentale (voir aussi Nakagawa, 1980 pour ce répertoire : pour ses transcriptions de musique, p. 314-315 et pour les paroles du chant, p. 342).

Comme nous le verrons, de nombreux systèmes de notation existent au Japon. Mais traditionnellement, ils n'étaient pas utilisés pour la musique folklorique, même si les paroles des chants étaient écrites et publiées. Lorsque la radio du Japon (NHK) a lancé son grand projet de collection des chants folkloriques japonais en 1930, les responsables ont décidé d'utiliser la notation occidentale pour la musique et l'écriture japonaise pour les paroles. Ils se sont tenus à ce principe depuis le premier volume en 1939 jusqu'au dernier, publié en 1994.

Contrairement aux chansons folkloriques, la musique traditionnelle japonaise créée pendant la période d'Edo (1600-1867) était contrôlée par les guildes d'artistes. En général, on imprimait les textes des chants et on notait la musique. Le koto et le shamisen sont les instruments les plus représentatifs de cette période. Le premier est une longue cithare à treize cordes ; le deuxième un luth à long manche et à cordes pincées. Les répertoires les plus importants de ces instruments sont le *Shamisen kumiuta* et le *Koto kumiuta* (le *kumiuta* est

Exemple 1

"Uyaxan sambuutiviin naran" ("Le beau soleil de l'univers"), Norovbanzad, 2000, p. 123

une suite de chants). En 1970, un maître musicien, Kikuhara Hatuko (1900-2001), a décidé d'éditer et d'imprimer ces deux répertoires. Elle les avait appris de son père aveugle, sans l'aide de notation. Elle ne ressentait pas le besoin de noter pour elle-même ce qu'elle avait en mémoire, mais elle voulait faire connaître la version authentique de ces répertoires à d'autres musiciens. Elle a donc utilisé le système de notation le plus courant pour le shamisen et le koto. Les exemples 2 : *Shamisen kumiuta*, "Ryûkyûgumi", et 3 : *Koto kumiuta*, "Hukigumi", sont extraites des éditions imprimées de Kikuhara. On voit dans ces exemples que les systèmes utilisés ont été inventés au début du XXe siècle après l'adoption de la culture occidentale au Japon, comme le montre l'utilisation de chiffres arabes.

Ainsi, la musique traditionnelle japonaise s'est bien conservée. Mais au cours du processus de transmission, des éléments étrangers et modernes ont été intégrés. La situation est la même en Corée et en Chine.

2. L'importance de la culture chinoise en Asie orientale

Les caractères chinois ont été utilisés pour communiquer dans les pays d'Asie orientale depuis les temps anciens. Les cultures proches de la

Exemple 2

Shamisen kumiuta, *"Ryûkyûgumi", Kikuhara, 1987*a, *p. 1*

Exemple 3

Koto kumiuta, *"Hukigumi", Kikuhara, 1987*b, *p. 1*

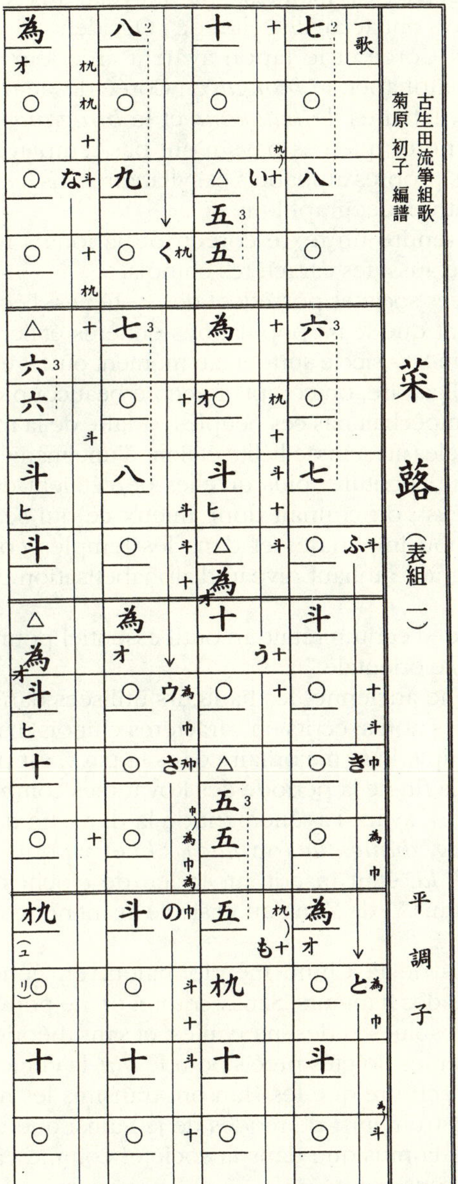

Chine, comme la Corée, le Japon, le Viêtnam, se sont appuyés sur l'écriture chinoise pour leur développement culturel. Cette ouverture aux cultures étrangères s'est manifestée à nouveau aux XIXe et XXe siècles lorsque ces pays ont accueilli celles de l'Occident.

Pourtant, la Corée et le Japon avaient créé leur propre système d'écriture : un alphabet, le *hangul*, en Corée dès le milieu du XVe siècle, et deux syllabaires, le *katakana* et le *hiragana*, au Japon au IXe siècle. Il faut noter que ces pays n'ont pas remplacé l'écriture chinoise par leurs propres alphabets et syllabaires. Ils les ont simplement ajoutés à l'écriture idéographique.

Pour comprendre un texte coréen ou japonais moderne, il faut donc connaître aussi les caractères chinois.

Le fait que ces sociétés possèdent des systèmes d'écriture ne signifie pas pour autant que leurs populations entières étaient alphabétisées. Jusqu'à la fin du XIXe siècle surtout, au moment où est entrée en vigueur l'éducation obligatoire, on comptait encore beaucoup d'illettrés, ce qui cependant n'empêchait pas ces peuples de faire de la musique. Mais les activités musicales au sein de l'élite étaient d'une manière générale liées à la maîtrise de l'écriture, plus qu'elles ne l'étaient dans les couches moins favorisées ; on connaît donc mieux ce qui se faisait dans les cours royales ou impériales et dans les temples confucianistes ou bouddhistes, grâce au haut niveau d'alphabétisation de ceux qui y vivaient.

La maîtrise de l'écriture était un outil essentiel pour la théorie de la musique en Asie orientale.

Dans la Chine ancienne, les hauteurs utilisées dans la musique de cour avaient des noms, écrits en caractères chinois. Le système pentatonique du peuple han, majoritaire dans le pays, est peut-être apparu au début ou à la fin de la période des Royaumes combattants (770-221 avant notre ère), avant l'avènement de la dynastie des Han. Le nom des notes, *gong*, *shang*, *jue* (ou *jiao*), *zhi* et *yu* qui correspondent à *do*, *ré*, *mi*, *sol*, *la*, était inscrit sur le jeu de cloches trouvé dans la tombe du marquis Yi de Zeng au Ve siècle avant notre ère (Chen, 2002, p. 115).

Les histoires de la Chine mentionnaient en général les calculs mathématiques des hauteurs. Sans écriture, on ne pouvait pas débattre des hauteurs absolues et des intervalles, et sans théorie, on ne pouvait calculer et noter les doigtés précis pour le *qin*, la cithare à sept cordes. C'est grâce à l'écriture que les Han ont transmis les noms de genres, de pièces, d'instruments, de modes de jeu ainsi que des explications sur la place de la musique dans la société, comme l'a fait Confucius dans les *Entretiens*.

Exemple 4

Tablature de biwa, *Hirano et Fukushima, 1977, p. 1*

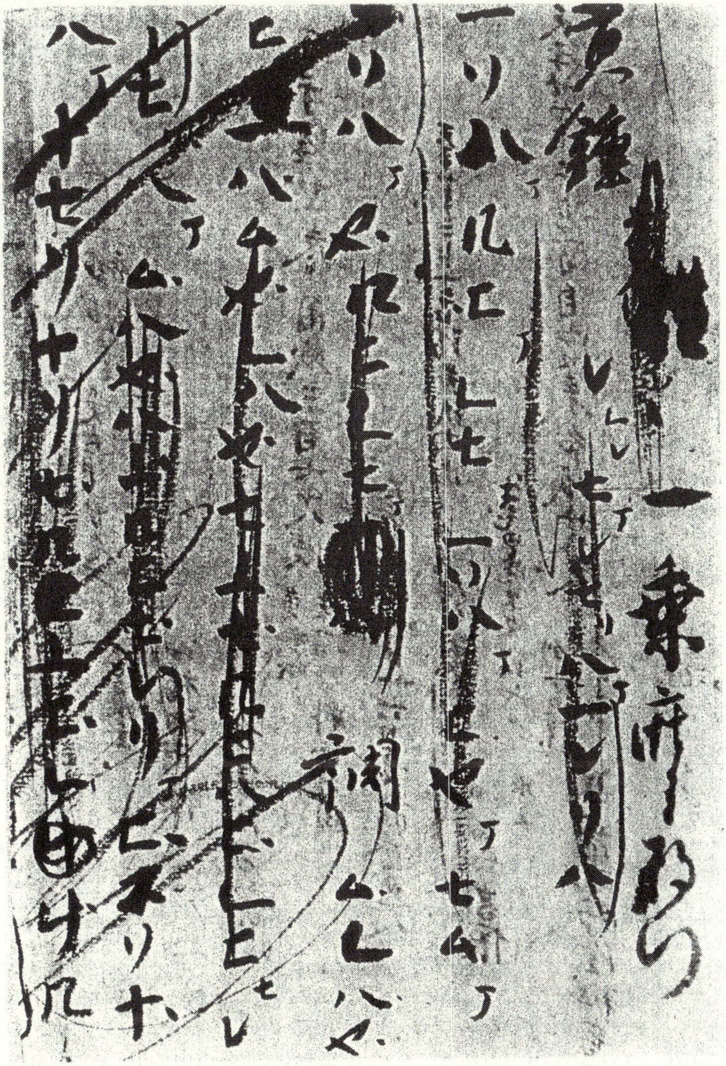

Cela est vrai des pays proches de la Chine. Au Japon, la théorie chinoise des modes et les caractères chinois ont été utilisées pour transcrire une mélodie dans la notation la plus ancienne du pays (voir l'exemple 4). Il s'agit d'une tablature pour *biwa* (luth à cordes pincées), indiquant le doigté et des modes de jeu plutôt que la hauteur ; elle a été retrouvée au verso d'un document qui date de l'an 747, conservé au Syôsôin, la bibliothèque impériale de Nara.

Les musiciens japonais ont généralement écrit leurs partitions en utilisant à la fois les caractères chinois et les syllabaires inventés au Japon. Un exemple intéressant est celui de la notation pour les *shômyô* ou chants rituels bouddhistes. L'exemple 5, en haut, est tiré d'un texte imprimé en 1472. Cette notation, la plus ancienne jamais imprimée au Japon, est considérée comme la première au monde (Fukushima, 1995, p. 140). L'exemple du bas comporte des lettres de notre cru destinées à faciliter son commentaire. Il se lit de droite à gauche et de haut en bas. La première ligne verticale *(a)*, formée de trois caractères chinois, donne le titre d'un chant rituel ; les quatre lignes suivantes *(b, c, d et e)*, de cinq caractères chacune, donnent le texte du chant : "Comment vivre longtemps, comment se forger un esprit aussi fort que le diamant, etc." A gauche des caractères, des symboles en forme de bâtonnets *(f)* indiquent la hauteur par leur orientation. Le dernier caractère de la deuxième ligne *(b)* est accompagné de nombreux symboles *(g)* ; il doit être chanté sur un long mélisme. Remarquons que cette notation comprend des signes japonais *(h)* qui donnent des indications supplémentaires sur la façon de chanter ces mélodies.

Comme le Japon, la Corée a utilisé les caractères chinois mais elle a aussi inventé ses propres façons d'écrire la langue et la musique. Le grand roi Sejong-deawang (1397-1450) a inventé un alphabet coréen *(hangul)* ainsi qu'une écriture musicale. Il s'agit d'un système de notation temporelle, le *joengganbo*, ou "notation par les carrés". Les hauteurs sont indiquées par des caractères chinois et les durées par le nombre de carrés entre chaque note. L'exemple 6 donne un aperçu de cette notation. Il faut la lire de droite à gauche et de haut en bas. Les cinq lignes verticales correspondent à la première ligne de la transcription en notation occidentale (exemple 7). Il n'y a pas de césure dans une ligne verticale ; c'est le nombre de carrés entre les caractères chinois correspondant aux paroles qui indique les durées. Dans l'exemple 7, figurent deux séries de caractères chinois : celle qui est au-dessus de la portée indique la façon de jouer du tambour *(janggo)* et celle au-dessous donne les paroles du chant.

Exemple 5

Shômyô, *Fukushima, 1995, p. 140*

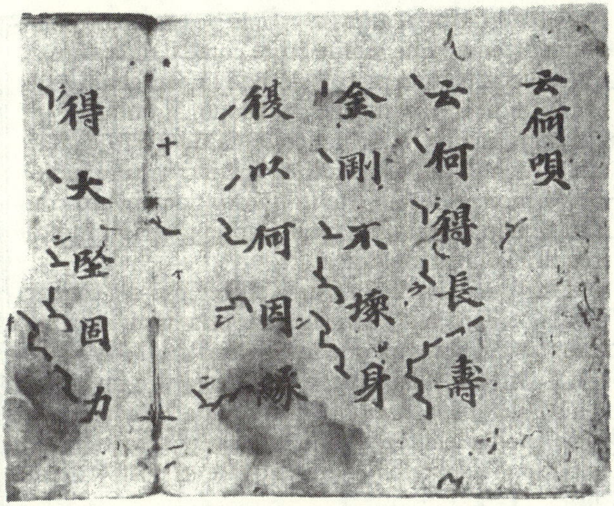

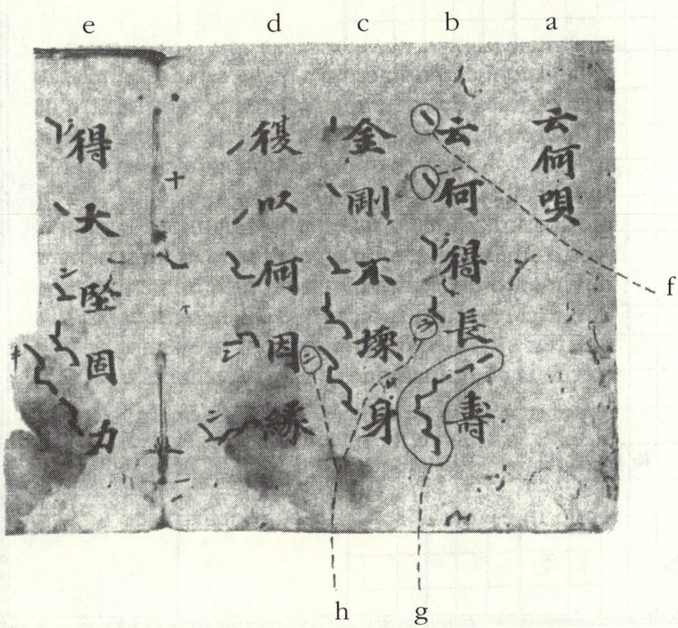

Exemple 6

Notation joengganbo

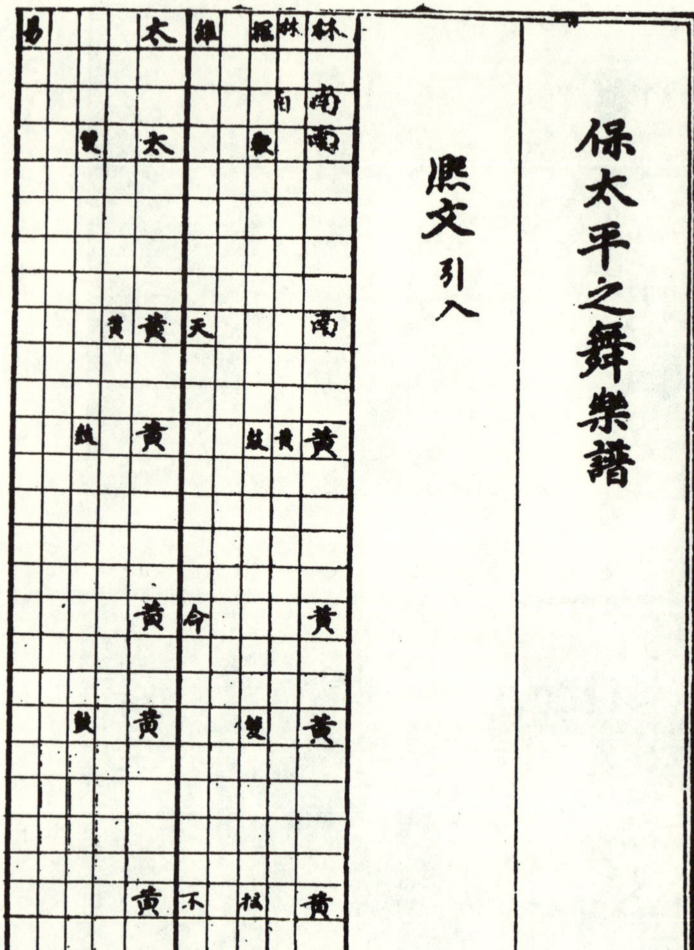

Exemple 7

Transcription de l'exemple 6

La base de cette notation existe encore de nos jours, mais on a apporté une légère modification pour faciliter la segmentation des unités de temps par l'ajout de lignes horizontales entre les carrés. L'exemple 8 est une version contemporaine et l'exemple 9 en est la transcription en notation occidentale. Dans cette dernière, les indications pour le tambour sont données sous forme de cercles ou d'autres marques. Les chiffres, 6446 par exemple, sont une forme d'utilisation coréenne de la notation métrique occidentale, largement pratiquée dans le pays.

Cette notation temporelle est utilisée en Corée. Mais il existe d'autres systèmes ailleurs. La notation du *qin* chinois (cithare à sept cordes) s'appelle en général *jiantipu* (*pu* signifie "notation") ; il s'agit d'idéogrammes ou de leur forme abrégée. Chaque mouvement des doigts porte un nom écrit en caractères. Plusieurs caractères sont nécessaires pour indiquer la sonorité voulue. Cette notation les simplifie ou les abrège pour pouvoir les grouper plus facilement. "Contrairement à la notation habituelle de la musique occidentale, le *jiantipu* n'indique pas explicitement les hauteurs et les durées. Il dit plutôt à l'instrumentiste quelle corde il doit jouer, comment il doit la pincer et à quel moment il doit l'étouffer." (Yung, 1997, p. 4.)

L'exemple 10, "Liushui" ("Eaux vives"), illustre cette notation. La première ligne comporte deux caractères chinois qui donnent le titre. L'exemple 11 est la transcription de la même pièce en notation occidentale.

Exemple 8

Notation joengganbo *moderne*

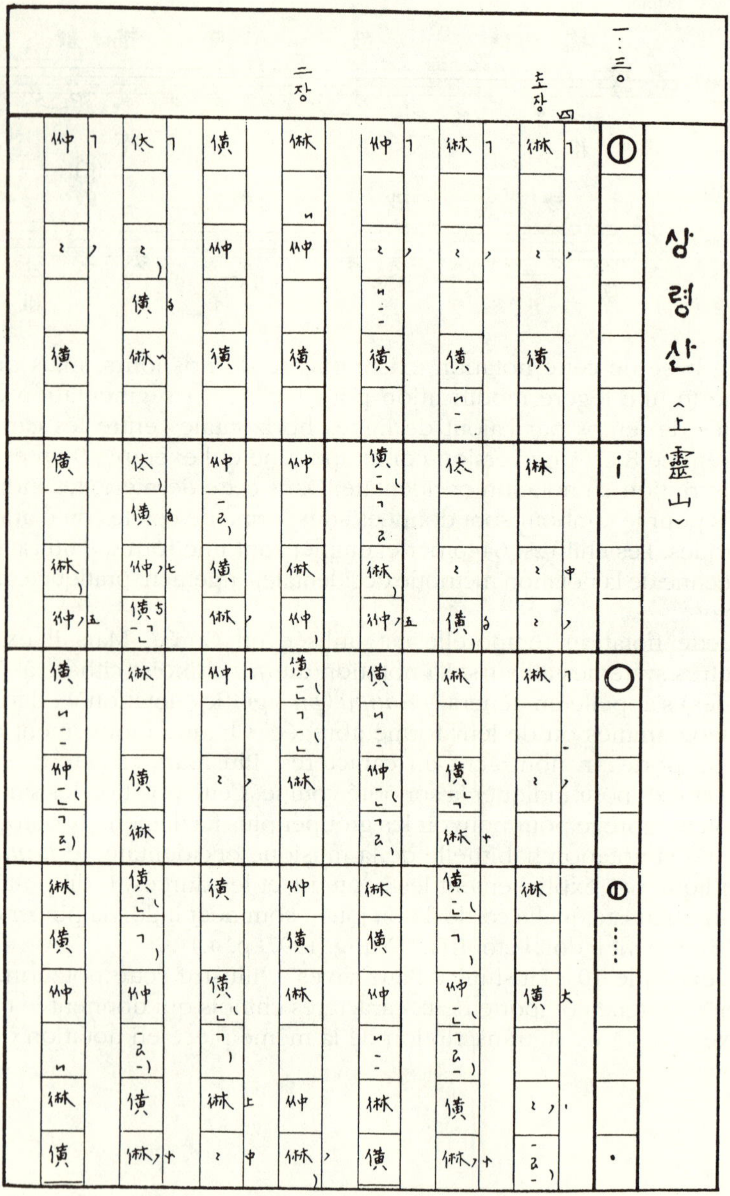

Exemple 9

Transcription de l'exemple 8

Exemple 10

"Liushui" ("Eaux vives), Yung, 1997, p. 140

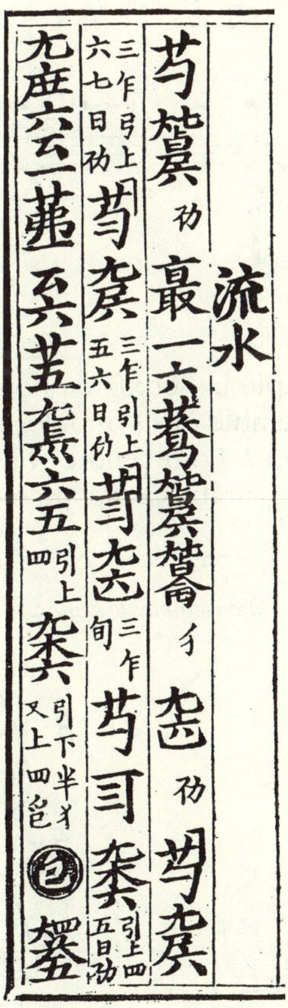

Exemple 11

Transcription de l'exemple 10

Prenant comme exemple la deuxième note dans cette pièce, Yung explique comment l'ensemble des symboles montre à l'instrumentiste la manière de jouer du *qin*. Pour rendre son explication encore plus claire, il ajoute des chiffres arabes aux cinq éléments de cet ensemble.

Exemple 12

Un ensemble de symboles

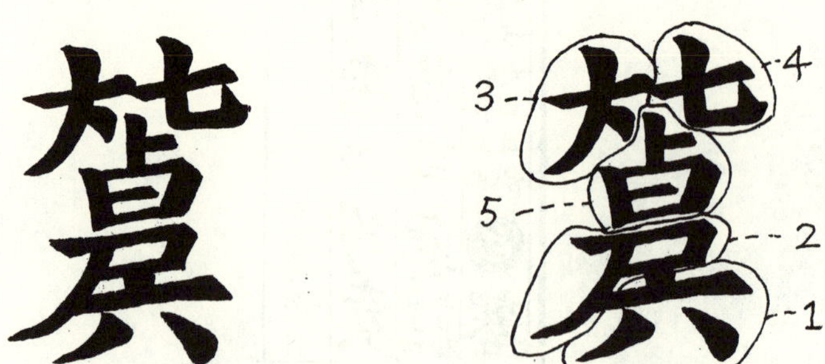

Elément 1 : le symbole indiquant le numéro de la corde figure en bas du groupe. Ici, il s'agit de la sixième corde.

Elément 2 : au-dessus du numéro de la corde, ou parfois l'entourant, un symbole indique le doigt qu'il faut utiliser et comment on doit jouer. Ici, on indique que le pouce doit pincer la corde vers l'intérieur.

Elément 3 : au coin supérieur gauche de l'ensemble figure le symbole qui indique le doigt de la main gauche qui doit être utilisé. Ici, c'est le pouce.

Elément 4 : au coin supérieur droit de l'ensemble se trouve le symbole qui indique l'endroit où le doigt de la main gauche doit étouffer la corde. Ici, c'est au chiffre sept.

Elément 5 : d'autres instructions figurent au centre de l'ensemble. Dans cet exemple, le pouce gauche doit commencer un glissando quelque part à la gauche du chiffre sept au moment où le pouce droit pince la corde, et l'étouffer en arrivant au chiffre sept *(ibid.)*

Ce genre de notation est apparu au plus tard au XIe siècle et a été utilisé sous une forme normalisée du XVIIe jusqu'à nos jours. Les partitions ainsi écrites étaient connues, comme le *qin* lui-même, en dehors de la Chine. Les samouraïs et les savants japonais recouraient généralement à cette notation et elle était encore imprimée au XIXe siècle.

Une autre notation chinoise est très répandue dans d'autres pays. On l'appelle en chinois *gongchipu* (*gongchi* est formé des noms de deux hauteurs, *gong* et *chi*, et *pu* signifie "notation"). Le mot se prononce différemment dans les autres langues. Contrairement à la notation du *qin*, liée à la gestuelle de l'interprète, la notation *gongchipu* ne s'applique pas à un instrument particulier mais à plusieurs, ainsi qu'à la voix. Il semble qu'elle soit apparue au XIIIe siècle en Chine. Elle a ensuite été adoptée par les pays voisins, la Corée, le Japon et le Viêtnam et appliquée aux instruments de ces pays, par exemple le *dan tranh* (cithare à seize cordes) du Viêtnam et le *sansin* (petit luth triangulaire à trois cordes pincées) d'Okinawa, au Japon.

Cette notation indique les hauteurs en caractères chinois. Il est facile d'écrire et de lire ce système car chaque hauteur correspond à un seul caractère. L'exemple 13 montre la correspondance entre caractères chinois et hauteurs. On peut distinguer le *do* grave du *do* plus aigu sans connaître les caractères chinois, grâce au point qui est ajouté au-dessus du *do* aigu. Un procédé similaire est employé pour les autres notes, graves ou aiguës.

Exemple 13

Correspondance entre caractères chinois et hauteurs dans la notation gongchipu

Ce système très utilisé compte de nombreuses variantes, mais on distingue essentiellement deux formes, les caractères chinois pouvant symboliser des hauteurs absolues ou relatives. Dans la plupart des genres chinois, vietnamiens et japonais, ils représentent des hauteurs relatives. Ainsi, pour le *sansin* japonais, l'interprète peut désaccorder l'instrument pour transposer une mélodie, tout en utilisant la même notation. En revanche, dans le genre *nanguan* (une musique d'ensemble de Chine du Sud, voir Wang, 2002), les caractères représentent des hauteurs absolues et ni le *pipa*, l'instrument principal de l'ensemble, ni les autres instruments ne transposent les notes.

L'exemple 14 donne un exemple contemporain de la notation *gongchepu*. Il s'agit d'une pièce du genre *beiguan*, une musique chinoise pour ensemble. L'auteur de cette notation, Lu Chui-Kuan, utilise des flèches pour ajouter des informations aux caractères chinois. Dans l'exemple du bas, des numéros ont été ajoutés pour permettre d'expliquer la signification des flèches. La flèche n° 1 désigne le titre de la pièce. La flèche n° 2 signifie que l'on doit chanter les gros caractères. La flèche n° 3 concerne le passage instrumental et la flèche pointe plusieurs caractères. La flèche n° 4 signifie qu'il faut chanter les notes indiquées par une série de petits caractères. Nous invitons le lecteur à comparer l'exemple 14 avec l'exemple 15 qui en donne la transcription en notation occidentale.

Du fait de la popularité de ce type de notation, il en existe de nombreuses variantes qui diffèrent dans leur morphologie. L'exemple 14, dont la notation est assez répandue, utilise un caractère qu'on ne trouve pas dans l'exemple 13. Il est indiqué par la flèche n° 5 qui désigne le *ré*. Dans certains genres musicaux, les séries de caractères sont écrites à l'oblique et non verticalement, pour pouvoir étendre la série des hauteurs. Cette notation a été influencée par l'écriture occidentale. En effet, au Viêtnam les caractères chinois ont été remplacés par des lettres : *ho*, *xu*, *xang*, *xe*, *cong*, pour *do*, *ré*, *fa*, *sol*, *la*. Les musiciens utilisaient surtout des abréviations dans leurs partitions, et cela jusqu'aux années 1970. Mais on les remplace de plus en plus par la

Exemple 14

Notation gongchipu *pour le genre* beiguan (*Lu, 2001, p. 74*)

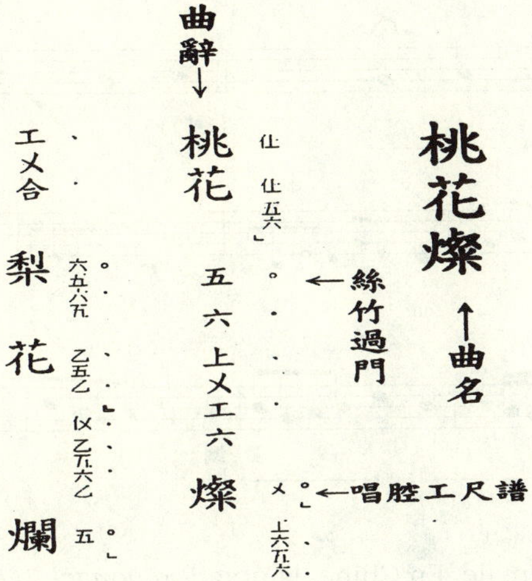

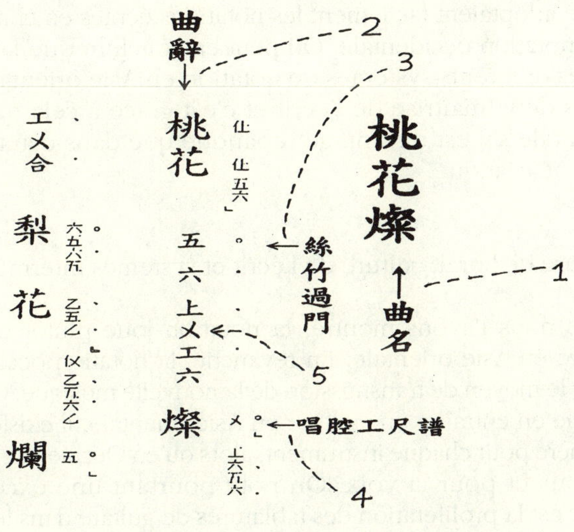

Exemple 15

Transcription de l'exemple 14 (Lu, 2001, p. 100)

notation occidentale. En Chine, la notation *gongchipu* tend à être remplacée par des chiffres : 1 pour *do*, 2 pour *ré*, etc.

Comme on l'a vu, la caractéristique fondamentale de la notation *gongchipu* est sa nature discrète, qui s'oppose à plusieurs notations linéaires de pays d'Asie orientale. Pour pouvoir s'écrire en notation *gongchipu*, une musique doit comporter des hauteurs discrètes comme *do*, *ré*, *mi*, et pas simplement des lignes mélodiques linéaires. Ceux qui avaient appris ce système adoptaient facilement les notations écrites en chiffres aussi bien que la notation occidentale. On peut en conclure que la grande diffusion des différents systèmes de notation en Asie orientale était liée au progrès de la maîtrise de l'écrit et c'est grâce à cela que la musique occidentale s'y est davantage répandue que dans d'autres parties du continent asiatique.

3. Culture de l'oral, culture de l'écrit et systèmes intermédiaires

Comme nous l'avons montré, la notation joue plutôt un rôle d'aide-mémoire en Asie orientale. En revanche, la notation occidentale tend à devenir le moyen de transmission de la nouvelle musique. Cette différence culturelle en entraîne une autre : en Asie orientale, il existe une notation particulière pour chaque instrument, alors qu'en Occident, elle est la même pour tous et pour la voix. On note pourtant une exception à cette règle : c'est la prolifération des tablatures de guitare dans les publications et sur l'Internet. Bref, en Asie orientale, la notation d'une pièce donnée est faite en général pour les instrumentistes ou les chanteurs qui la connaissent.

Dans un ensemble de *gagaku*, la musique de cour du Japon, figurent deux instruments à cordes, trois instruments à vent et trois percussions. Les professionnels n'utilisent pas de parties notées pour l'exécution en concert mais uniquement pour l'apprentissage. Comme il n'existe pas d'équivalent de la partition du chef d'orchestre dans la musique occidentale, chaque musicien utilise la notation particulière à son instrument. Le seul élément commun à tous est l'indication des structures rythmiques qui sont marquées par le grand tambour.

Les notations de *gagaku* sont bien adaptées aux besoins des instrumentistes, mais pas à ceux des compositeurs qui voudraient faire connaître leurs nouvelles pièces, car elles ne servent que d'aide-mémoire pour ceux qui ont déjà appris une œuvre. C'est pourquoi des compositeurs contemporains comme Tôru Takemitsu ou Jean-Claude Eloy ont dû recourir à la notation occidentale pour leurs pièces nouvelles écrites pour le *gagaku*.

Cette tendance à lier une notation à un instrument particulier ou à la voix correspond donc à son utilisation comme aide-mémoire et il importe peu à ses utilisateurs que son usage soit restreint, qu'elle diffère d'un instrument à l'autre et d'une école à l'autre. Le fait qu'il n'y ait pas de notation commune à tous a pu rendre difficile la communication entre musiciens ; pour pallier cet inconvénient, les cultures d'Asie orientale ont trouvé une méthode intermédiaire entre notation et oralité. C'est ce qu'on appelle souvent notation orale ou mnémonique. Elle diffère des autres en ce qu'elle peut être partagée par les professionnels et les amateurs, y compris ceux qui ne jouent pas d'un instrument. Chaque culture a inventé ses propres termes : *luogujing* ("canon de tambours et de gongs") en Chine, *syôga* ("chant de la partie instrumentale") au Japon, et *gueum* ("son de bouche") et *yukbo* ("notation de chair") en Corée.

Jones donne une bonne description de la notation orale pour percussion dans la tradition folklorique chinoise : "Les genres instrumentaux, comme l'opéra, possèdent différents systèmes mnémoniques pour les percussions, que l'on peut noter sur partition. On les appelle parfois *luogujing*, «canon de tambours et de gongs». Comme d'habitude, ces partitions ne sont qu'un aide-mémoire. Un caractère symbolise une action de l'instrument principal, mais suggère en même temps l'action de l'ensemble. Les différents modes de jeu sont prescrits par le système mnémonique : par exemple, frapper le tambour ou le gong au centre ou au bord, *laissez-vibrer* (une consigne donnée en français) ou étouffer les cymbales, etc. Ces indications mnémoniques sont souvent des onomatopées : *dong* pour le tambour grave, *ta* pour le son sec du tambour aigu *bangu*, *qi* pour les cymbales, *pu* pour les cymbales étouffées." (Jones, 1995, p. 123.)

En coréen, l'expression *gueum*, ou *ku-um* (son de bouche), renvoie à la prononciation orale des notations orales ou mnémoniques. Quand ces indications mnémoniques sont écrites, on les appelle *yukbo*, ou *yuk-po*, qui signifie littéralement "notation de chair" car elle désigne la structure fondamentale de la musique. Chaque instrument à son propre système *gueum* et *yukbo*. Les plus fréquemment utilisés sont ceux du tambour *janggo*, ou *changgo*. C'est un tambour à deux faces frappé avec une baguette de la main droite et avec les doigts de la main gauche. L'exemple 16 montre quatre modes de jeu. Les caractères chinois sont ceux qui sont utilisés dans la notation habituelle, alors que les symboles graphiques comme le cercle sont des abréviations. Les caractères latins sont la transcription de *gueum*, "son de bouche", indiquant les modes de jeu. Lorsque ces sons sont notés par écrit, ils deviennent *yukbo*, la "notation de chair".

Exemple 16

Gueum *pour le tambour* janggo

雙	⦶	*deong* (les deux faces sont frappées en même temps)
鼓	○	*kung* (frapper la face gauche)
鞭	i	*deok* (frapper la face droite)
搖	⋮	*deo reo reo reo* (frapper la face droite plusieurs fois).

On utilise aussi les systèmes *gueum* et *yukbo* pour la *gayageum* (ou *kayagum*), une cithare à douze cordes. Cet instrument fait partie de l'ensemble de musique de cour, mais intervient aussi dans la musique folklorique. L'histoire de la notation de la musique de cour, *jeongak gayageum*, est ancienne ; les cordes y sont représentées par des caractères chinois. La musique folklorique, *sanjo gayageum*, n'a pas de système de notation propre et les cordes sont désignées par *gueum* et *yukbo*. Remarquons que les sons *gueum* n'indiquent pas les cordes qu'il faut jouer, par exemple en leur donnant des numéros ou des noms, mais plutôt le timbre qu'il faut produire sur chaque corde. L'exemple 17 donne un tableau comparatif de *gueum* et *yukbo*, pour deux types de *gayageum*. Lorsque ces sons sont notés avec des lettres coréennes *(hangul)*, ils deviennent *yukbo*, c'est-à-dire la "notation de chair" pour les deux types de *gayageum*.

Exemple 17

Tableau comparatif de gueum *et* yukbo, *pour deux types de* gayageum

	JEONGAK GAYAGUM		SANJO GAYAGEUM
NUMÉRO DE LA CORDE	NOM DE LA CORDE	*gueum*	*yukbo*
1	黄	heung	cheong
2	太	dong	heung
3	仲	deong	dung
4	林	dung	dang
5	黄	dang	dong
6	太	dong	jing
7	仲	jing	ddang
8	林	jing	ji
9	南	ji	jjing
10	黄	dang	ching
11	汰	dong	jjong
12	仲	ding	jjeang

Les exemples 16 et 17 montrent que les indications concernant le timbre représentent la partie la plus importante de la notation orale. Cela signifie qu'il ne suffit pas que les instrumentistes connaissent la structure mélodique et rythmique de la musique pour la jouer correctement. En effet, ils ne peuvent choisir les timbres librement car ils sont toujours prescrits pour chaque pièce. En utilisant *gueum* et *yukbo*, ils peuvent ajouter à ce qu'ils ont mémorisé les aspects les plus importants : où il faut frapper la membrane du tambour *janggo*, quelle corde de la cithare *gayageum* il faut pincer.

Dans la musique japonaise, le timbre fait partie intégrante du système, au même titre que les hauteurs dans la musique occidentale (Tokumaru, 1991). Cette importance accordée au timbre se voit aussi dans les notations orales japonaises qu'on appelle en général *syôga* (chanter la partie instrumentale). Plusieurs études ont été publiées en anglais sur le *syôga* japonais (par exemple Tokumaru et Yamaguchi, 1986 ; Kamisangô, 1986 ; Fujita, 1986 ; Kawada, 1986). J'en donne ici deux exemples.

Le premier concerne les tambours à deux faces utilisés dans le théâtre nô. Ce sont des tambours d'aisselle qui comportent des membranes de peau attachées aux deux faces par des cordelettes. Le plus petit, *ko tuzumi*, et le plus grand, *ô tuzumi*, sont en général joués ensemble. En modifiant la tension des cordes et en frappant à différents endroits, on obtient une grande variété de timbres. D'une façon générale, le petit tambour peut produire quatre timbres différents notés par des symboles graphiques en notation ordinaire. Il y a aussi des onomatopées mnémoniques pour chaque timbre : *ta* pour un timbre fort et aigu ; *ti* pour le timbre aigu et plus léger ; *po* pour le timbre grave et résonnant ; *pu* pour le timbre grave et léger. Le grand tambour a trois timbres différents. Comme pour le petit tambour, chacun a un symbole graphique en notation ordinaire et onomatopées mnémoniques : *don* pour le timbre grave et résonnant ; *tu* pour le timbre aigu et faible ; *tyon* pour un timbre fort et aigu. Ces syllabes, *ta*, *ti*, *po*, *pu*, etc., sont des exemples typiques de *syôga*. L'ensemble de nô comporte aussi une flûte traversière, *nôkan*, et un tambour à mailloches, *taiko*. Chacun a son propre *syôga*. Parfois, les musiciens répètent une pièce sans leurs instruments ; ils chantent alors le *syôga* de leur instrument tout en respectant les durées.

Le *syôga* du shamisen, le luth à trois cordes pincées, souligne aussi l'importance du timbre. Il est très utilisé et s'appelle aussi *kuti shamisen*, ou *shamisen* de voix ; on le prononce plutôt *kuti zyamisen*.

Les aspects les plus importants du *kuti shamisen* sont : *a)* l'existence de signes particuliers pour chacune des trois cordes ; *b)* la distinction entre corde à vide ou bloquée ; *c)* l'indication du mode de jeu. Supposons que les trois cordes soient accordées sur *si-mi-si* comme dans la parenthèse au début de l'exemple 18 où la corde II est un *mi* et la corde III, la plus aiguë, est *si*. Si on les joue avec un mouvement descendant du plectre, la corde II s'appellera *ton*, ou si la durée est courte, *to*, alors que la corde III s'appellera *ten*, ou *te* si la durée est brève. Toutes les positions bloquées sur la corde II s'appellent *tun* ou *tu* et toutes celles sur la corde II s'appellent *tin* ou *ti* quelle que soit la hauteur. Le *si* peut être joué sur la corde III à vide ou sur la corde II bloquée. Dans le deuxième cas, on l'appellera *tun* ou *tu* pour le distinguer de *ten* ou *te*. Dès les répertoires les plus anciens du shamisen, au XVIIe siècle, le plectre pouvait faire un mouvement ascendant ou descendant. Le *kuti shamisen* signale cette distinction. Lorsque la corde III est attaquée à vide d'un mouvement ascendant, on l'appelle *ren* ou *re*, et non *ten* ou *te*. En revanche, lorsqu'on produit un son sur une position bloquée de la corde III d'un mouvement ascendant, on l'appellera *rin* ou *ri*, et non *ren*, ou *re*, *tin* ou *ti*.

Exemple 18

Kuti shamisen (*syôga* pour le shamisen)
(note blanche : corde à vide ; note noire : corde bloquée)

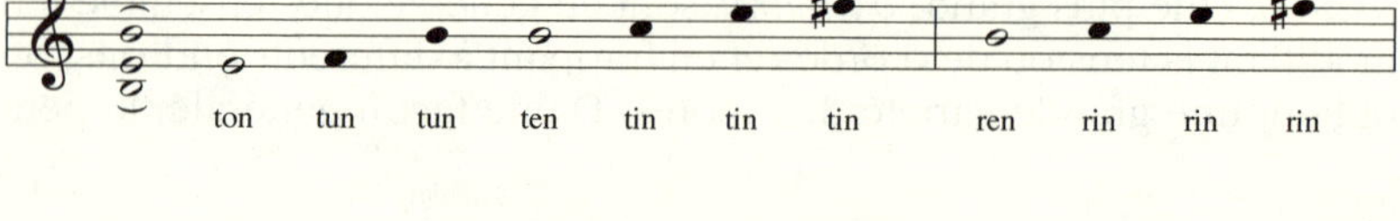

Comme on le voit dans ces exemples, le timbre a une grande importance dans la musique du shamisen. Il ne suffit pas qu'un instrumentiste connaisse une mélodie par cœur pour la reproduire sur le shamisen. Il faut avoir mémorisé le *kuti shamisen* de la mélodie pour rendre le juste style. Les chanteurs aussi doivent connaître le *kuti shamisen* pour bien comprendre la structure musicale, même s'ils ne jouent pas l'instrument. Bien que les systèmes de notation diffèrent selon les styles et les écoles de shamisen, le *kuti shamisen*, lui, est resté presque le même.

4. Conclusion : le changement de rôles

Au XXe siècle, les changements stylistiques de la musique occidentale exigeaient un travail sur la notation. Nattiez a résumé la situation de la manière suivante : "Dans la tradition occidentale, l'interprétation part d'une trace écrite." (Nattiez, 1987, p. 106.) En revanche, en Asie orientale, où la notation a pourtant une longue histoire, l'interprétation est fondée sur la transmission orale, même dans la dernière partie du XXe siècle.

Je voudrais donner l'exemple de ma propre expérience de l'apprentissage de la musique traditionnelle japonaise. Dans les années 1970, j'ai appris deux genres narratifs différents, que j'appellerai pour simplifier le genre A et le genre B. Ils sont accompagnés au shamisen. Le genre A, appelé *ittyû-bushi*, est utilisé dans le kabuki, alors que le B, *gidayû-bushi* est le genre utilisé dans le bunraku, le théâtre de marionnettes.

Il n'y a pas de système de notation particulier pour le genre A. Les musiciens devaient donc employer les notations d'autres genres ou en inventer eux-mêmes. Avant d'apprendre ce genre, j'avais étudié plusieurs autres musiques de shamisen et je pouvais donc mettre à profit ma connaissance de ces notations. Mon professeur Uzi Wabun, aujourd'hui décédée, m'a demandé de ne pas utiliser de notation, mais d'apprendre en la regardant jouer. Elle disait souvent : "N'ayez pas honte si vous ne pouvez pas retenir par cœur rapidement. Il vaut mieux me demander de répéter autant qu'il sera nécessaire plutôt que d'utiliser la notation ou un magnétophone. Ce qui est important pour votre développement, c'est de prendre autant de cours que possible pour vous imprégner du genre." A chaque leçon, elle jouait deux fois une nouvelle section, puis me demandait de la jouer avec elle. J'ai appris plusieurs pièces ainsi, sans l'aide de notation écrite, mais en utilisant le système intermédiaire *kuti shamisen*.

Le cas du genre B est plus complexe. Des systèmes de notation particuliers existent depuis le XVIIIe siècle et sont utilisés par les professionnels. Pourtant, les musiciens tendent à enseigner et à apprendre la musique sans leur aide. On considère que les notations peuvent transmettre un schéma général et des règles, mais les musiciens ont la liberté de s'en éloigner et de créer leurs propres interprétations. Mon professeur Nozawa Matunosuke, aujourd'hui décédé, est un trésor national vivant du théâtre bunraku. Il a bien voulu m'enseigner la notation du genre B. Il pouvait noter le schéma d'une pièce ou d'une de ses parties, mais pas avant de commencer à me l'enseigner ; il voulait d'abord s'assurer que je l'avais mémorisée. Comme la musique du genre B comporte en général un narrateur et un joueur de shamisen, il y a de nombreuses possibilités de réalisation dans ce cadre stylistique. Même pour un débutant comme moi, le professeur explique toutes les possibilités différentes de hauteurs et d'attaques du plectre. Grâce à ses explications, j'ai pu comprendre sa conception du genre B. Mais sans son enseignement, il aurait été dangereux de se fier uniquement à sa notation et à l'enregistrement des leçons.

Mes professeurs des genres A et B me donnaient des leçons individuelles chez eux ; il s'agissait donc d'un face à face maître-disciple. Dans ces cas, la force de la transmission orale est plus grande que celle de l'écrit. Cette transmission orale se faisait *hic et nunc*, car les professeurs n'aimaient pas que j'enregistre les leçons. Selon Ong, il s'agit là de ce qu'il classifie comme oralité primaire, laquelle s'oppose à "l'oralité secondaire de la culture de la haute technologie de notre époque où la nouvelle oralité est soutenue par le téléphone, la radio, la télévision et d'autres dispositifs électroniques" (1982, p. 11).

On voit donc qu'à l'époque, le rôle de la notation de ces styles musicaux était soumis à la domination de l'oralité primaire. La diversité des notations pour les différents genres et le fait qu'elles ne servaient qu'à un petit groupe ne créait pas de difficulté tant que la transmission de la musique était confiée à l'oralité primaire. Comme la notation ne servait que d'aide-mémoire, elle ne fondait pas l'authenticité d'une œuvre. Comme le montrent les expressions "trésor national vivant" ou "trésor national intangible" du Japon et de la Corée, on tend à lier l'authenticité d'un style ou d'une œuvre à un interprète vivant, ce qui évite de fixer un style et en assure au contraire la souplesse. Tous savent que chaque corps humain qui incarne et transmet le style authentique est unique.

Pourtant, au début du XXIe siècle, le rôle des systèmes intermédiaires entre notation et oralité semble s'affaiblir au Japon comme en Corée. En même temps, l'oralité secondaire prend de plus en plus d'importance. Grâce aux enregistrements (qui relèvent de l'oralité secondaire), certains musiciens jouent des pièces sans avoir reçu d'enseignement par le biais de l'oralité primaire. Une tendance à fixer la musique commence à apparaître. Si elle devait se poursuivre, l'Asie orientale se trouverait dans une situation où, quelle que soit la trace écrite ou enregistrée, l'exécution prendrait cette trace comme point de départ. Le rôle de la notation en Asie orientale fait face à une époque de grands changements.

Bibliographie

CHEN, Y., 2002 : "Theory and Notation in China", in *The Garland Encyclopedia of World Music*, VII, *East Asia : China, Japan, and Korea*, R. C. Provine, Y. Tokumaru et J. L. Witzleben, Londres-New York, Routledge, p. 115-126.

EMMERT, R. et MINEGISHI, Y. (éd.), 1980 : *Musical Voices of Asia. Report of the Asian Traditional Performing Arts 1978*, Tôkyô, Heibonsha.

FUJII, T., 1990 : "East Asia", in *JVC Video Anthology of World Music and Dance*, Washington (D. C.), Smithonian Institute, cassette vidéo.

FUJITA, T., 1986 : "*Kuchishôga*. The Vocal Rendition of Instrumental Expression in the Oral and Literate Tradition of Japanese Music. With Emphasis on the *nôkan*", in *The Oral and the Literate in Music*, Y. Tokumaru et O. Yamaguchi (éd.), Tôkyô, Academia Music, p. 239-251.

FUKUSHIMA, K. (éd.), 1995 : *Anthology of Sources for Japanese Music History in Facsimile*, I, *Early printed shoomyoo notations*, Tôkyô, Tôkyô Bijutsu.

HIRANO, K. et FUKUSHIMA, K. (éd.), 1977 : *Nihon ongaku, kayô siryôsyû [Sources de musique japonaise ancienne : spécimens de notations anciennes en fac-similé]* (en japonais avec résumé anglais), Tôkyô, Benseisya.

JONES, S., 1995 : *Folk Music of China. Living Instrumental Traditions*, Oxford, Oxford University Press.

KAMISANGÔ, Y., 1986 : "Oral and Literate Aspects of Tradition Transmission in Japanese Music. With Emphasis on *syôga* and *hakase*", in *The Oral and the Literate in Music*, Y. Tokumaru et O. Yamaguchi (éd.), Tôkyô, Academia Music, p. 288-300.

KAWADA, J., 1986 : "Verbal and Non-verbal Sounds. Some Considerations of the Basis of Oral Transmission of Music", in *The Oral and the Literate in Music*, Y. Tokumaru et O. Yamaguchi (éd.), Tôkyô, Academia Music, p. 158-172.

KIKUHARA, H., 1987*a* : *Syamisen kumiuta zensyû [Une édition complète de Syamisen kumiuta]*, Tôkyô, Hakusuisha.

KIKUHARA, H., 1987*b* : *Koto kumiuta zensyû [Une édition complète de Koto kumiuta]*, Tôkyô, Hakusuisha.

LU, C., 2001 : *Beiguan siqu shangsi [Analyse et appréciation du beiguan]*, Zhanghuashi (Taïwan), Zhangxian wenhuaju.

NAKAGAWA, S., 1980 : "A Study of urtiin duu. Its Melismatic Elements and Musical Form", in *Musical Voices of Asia. Report of the Asian Traditional Performing Arts 1978*, R. Emmert et Y. Minegishi (éd.), Tôkyô, Heibonsha, p. 149-161.

NATTIEZ, J.-J., 1987 : *Musicologie générale et sémiologie*, Paris, Christian Bourgois.

NOROVBANZAD, N., 2000 : *Taliin moritanii duu [Chants des cavaliers de la steppe]*, Oulan Bator (Mongolie), "Ix Urlag" Tovchoo erxlen gargav.

ONG, W. J., 1982 : *Orality and Literacy. The Technologizing of the Word*, Londres-New York, Methuen.

PROVINE, R., TOKUMARU, Y. et WITZLEBEN, L., 2002 : *The Garland Encyclopedia of World Music*, VII. *East Asia. China, Japan, and Korea*, Londres-New York, Routledge.

TOKUMARU, Y., 1991 : "Le timbre dans la musique japonaise", in *Le Timbre, métaphore pour la composition*, J.-B. Barrière (éd.), Paris, Christian Bourgois-IRCAM, p. 90-97.

TOKUMARU, Y. et YAMAGUCHI, O. (éd.), 1986 : *The Oral and the Literate in Music*, Tôkyô, Academia Music.

WANG, Y., 2002 : "Ensembles : Nanguan", in *The Garland Encyclopedia of World Music*, VII, *East Asia. China, Japan, and Korea*, R. Provine, Y. Tokumaru et L. Witzleben (éd.), Londres-New York, Routledge, 2002, p. 205-209.

YUNG, B. (éd.), 1997 : *Celestial Airs of Antiquity. Music of the Seven-String Zither of China*, Madison, A-R Editions.

Nicola Scaldaferri

POURQUOI ÉCRIRE LES MUSIQUES NON ÉCRITES ? ESQUISSE D'UNE ANTHROPOLOGIE DE L'ÉCRITURE DE LA MUSIQUE

> L'algébriste sait-il ce que deviennent ses idées quand il les fait entrer, sous forme de signes, dans ses formules ? Les suit-il à travers toutes les phases de l'opération qu'il effectue ? Non sans doute. Il les perd aussitôt de vue. Il ne s'inquiète que d'aligner et de combiner, suivant les règles connues, les signes matériels qu'il a sous les yeux ; et il accepte avec une pleine sécurité le résultat obtenu.
>
> Paul Souriau (1881), in Hadamard, 1975, p. 66.

1. La "pensée boiteuse"

Le titre de cet article pose une question à laquelle se heurtent, depuis quelques années, ceux qui traitent de musique : pourquoi et dans quelle mesure est-il pertinent de recourir à l'écriture lorsque l'on a affaire à des musiques qui ne la connaissent pas ? Certes, le problème n'est pas nouveau : la communauté des ethnomusicologues en débat depuis longtemps, eux qui ont toujours été habitués à transcrire les musiques non écrites sur du papier à musique. Mais au cours des dernières décennies, la question a gagné le domaine des musicologues, surtout depuis l'apparition de certains phénomènes "hybrides". Il suffit de songer aux musiques électroacoustiques, qui retiennent leur *statut* d'œuvre achevée hérité de la musique écrite, alors qu'elles n'offrent pas au chercheur un support forgé au cours des siècles comme la partition. On pense aussi à l'utilisation de l'électronique en temps réel, domaine où le mot "œuvre" ne permet pas de décrire une entité que l'on peut quantifier par la physique acoustique et qui représente plutôt un projet de travail ou des champs de possibles. Il y a aussi le cas du jazz ou de la musique pop qui sont peu compatibles avec un support papier, mais que l'on transcrit souvent aux fins d'analyse musicologique et de reproduction.

Telle qu'elle est formulée, la question posée par ce titre trahit un point de vue très précis qui pourrait infléchir les réponses possibles dans une direction donnée. En effet, elle implique un horizon culturel où la juxtaposition des deux termes, musique et écriture, non seulement constitue la norme pour la transmission de la pensée, mais finit par conditionner et parfois structurer les catégories conceptuelles utilisées pour observer les phénomènes étudiés. C'est dans la forme même de son énonciation que la question révèle pleinement les caractéristiques d'une "pensée boiteuse", c'est-à-dire un mécanisme de la pensée occidentale, dû surtout aux anthropologues, qui permet de construire des catégories pour l'étude des faits culturels en les enfermant ainsi dans les limites de sa propre logique (Imbriani, 1996). La notion de "musique écrite", implicite et qui va de soi, est utilisée pour désigner des phénomènes qui sont justement caractérisés par l'absence d'écriture. Cette vision culturelle est très précisément celle de la musique savante occidentale et plus particulièrement des milieux universitaires dans lesquels travaille le musicologue et auquel il soumet ses résultats. Leo Treitler propose une expression, *"the paradigm of literacy"* (1986, p. 39), qui permet de mieux discerner le contexte où naît et se justifie ce type d'interrogation. La catégorie de *literacy*, qui peut se traduire par culture de l'écrit, est apparue dans un courant de recherche qui s'est développé dans la deuxième moitié du XXe siècle et qui traite de la technologie de la communication et des processus cognitifs qui y sont liés. Elle recouvre l'ensemble des techniques, processus, comportements et concepts qui sont liés à l'écriture et à l'imprimerie. Pour Treitler, ce paradigme – conçu surtout comme catégorie historique et donc éloigné des connotations idéologiques dont nous parlerons plus loin – désigne le modèle du système de production et de diffusion de la musique savante de l'Occident au cours des derniers siècles. Au centre se trouve la figure du compositeur qui crée, par l'écriture, des œuvres qui prennent une forme intentionnellement fixée grâce à la partition. A son tour, celle-ci permet à l'interprète d'en assurer l'exécution. Dès ses débuts, la musicologie travaille dans ce contexte. L'exégèse de la musique est avant tout exégèse de textes écrits et elle s'exprime à son tour par l'écriture. En présence de phénomènes musicaux non écrits, elle doit tout d'abord leur donner une représentation symbolique sur papier.

Avant d'aborder la question des musiques non écrites, je saisirai l'occasion d'une réflexion plus approfondie sur les rapports entre musique et écriture. Il s'agit d'une relation mal équilibrée. Au sens littéral, le concept de "musique écrite", qui utilise un terme visuel pour parler d'un phénomène auditif par excellence, est en réalité un oxymore (Giannattasio, 1998). Il y a aussi instabilité terminologique : pour parler de musique, du domaine des sons, on prend des termes du domaine du langage et de la littérature qui ne sont pas toujours bien adaptés et qui n'ont pas toujours le même sens. Dans cet article, nous réfléchirons à certains modes essentiels des rapports de la musique avec l'écriture et à leurs conséquences. Nous chercherons à étudier certains domaines-limites de l'écriture musicale, où la technologie de l'écriture coïncide avec celle de l'oralité et de l'enregistrement, révélant ainsi certaines caractéristiques fondamentales. Finalement, nous considérerons les musiques non écrites pour essayer de comprendre en quoi consiste leur "écriture" et à quelle fin elle répond.

Avant d'entreprendre cette recherche, il est bon d'établir un principe ferme en faisant un tour du côté de l'ethnographie musicale. Ce qui nous mène, avec Milman Parry et Albert Lord, à Bijelo Polje au Montenegro en juillet 1935 : "Pour trouver des chanteurs, le mieux est d'aller dans un café turc et d'y poser la question. [...] On nous répondit que le meilleur était un certain Avdo Mededovic, un paysan qui demeurait à une heure d'ici. «Et quel âge a-t-il ? – Soixante, ou soixante-cinq. – Sait-il lire ou écrire ? – *Ne zna, brate* (non, mon frère !)» [...] Enfin, Avdo arriva et il chanta pour nous le chant préféré du vieux Salih, celui de la prise de Bagdad au temps du sultan Selim. Nous écoutâmes avec de plus en plus d'intérêt ce petit paysan simple dont la gorge était déformée par un énorme goitre Il se tenait assis sur le banc en tailleur, sciant le *gusle*, sciant au rythme de la musique. Il chantait vite, s'éloignant parfois de la mélodie et pendant que l'archet courait rapidement sur les cordes, il scandait les vers à une vitesse vertigineuse. Il ameuta une foule. [...] Les jours suivants furent une véritable révélation. Les chants d'Avdo étaient les plus longs et les plus beaux que nous ayons jamais entendus. Il pouvait en étirer un seul pendant une journée entière et certains atteignaient quinze ou seize mille vers. D'autres chanteurs se firent entendre, mais aucun ne pouvait égaler Avdo, notre Homère yougoslave." (Lord, 1960, in 2000, p. XI-XII.)

Ce n'est certes pas ici le lieu de discuter des recherches de Parry et Lord. Il s'agissait seulement, en abrégeant beaucoup, d'indiquer un des résultats essentiels de leurs travaux qui a invalidé une des illusions de la culture de l'écrit et ouvert la voie à de nouvelles perspectives de recherche. Ils ont fourni la preuve que l'écriture n'est pas indispensable pour créer et transmettre des œuvres poétiques et musicales d'une grande complexité, subtilité et raffinement. En mettant une plume dans la main d'Avdo, affirme Lord à la fin de son analyse, on n'aurait pas la certitude de lui avoir donné un outil plus efficace. On aurait même risqué d'en faire un poète médiocre.

2. Ecrire la musique

> Le développement et la diffusion de l'écriture vont de pair avec l'évolution technique du support et de tout ce qu'il implique : c'est une histoire de mains, de dos, de genoux, d'œil, de papier, de peau, d'encre, de forêts. [...] La Bible de Souvigny [...] est faite de 392 feuilles de parchemin de grand format [...], l'équivalent de deux cents peaux de mouton.
>
> Imbriani, 2002, p. 14.

2.1. *"Panopticum"*

Lorsqu'il s'agit de langage, l'écriture est une technique qui permet de représenter les paroles par des symboles visibles. Elle accomplit une sorte de traduction d'un sens à l'autre dans la mesure où elle transforme un phénomène essentiellement auditif en un autre, essentiellement visuel. Ferdinand de Saussure précisait déjà qu'en aucun cas le langage écrit n'était un double symbolique du langage parlé ; il inaugure plutôt un nouveau système de communication qui coexiste et interagit avec le mode du langage parlé. Des études anthropologiques des dernières décennies (Cardona, 1981 ; Goody 1977 et 1987) ont montré que l'écriture n'est pas une activité neutre et mécanique mais qu'elle implique des parcours cognitifs et comportementaux précis, ainsi que des technologies particulières de communication et de transmission. Une des conséquences les plus importantes de ce fait est qu'elle exerce une action en retour sur les données qu'elle entendait symboliser, c'est-à-dire sur le langage lui-même.

Le champ de pertinence de l'écriture a subi d'importantes mutations dans le temps. D'un côté, il s'est élargi dans le domaine de l'utilisation du langage, arrivant à se superposer et parfois à s'identifier avec la culture de l'écrit – c'est-à-dire avec l'apport des techniques, des mécanismes et des comportements liés à l'écriture et à l'imprimerie. On le constate souvent dans la langue italienne où le titre du livre célèbre de Walter Ong, *Orality and Literacy,* est traduit par *Oralità e Scrittura* [Oralité et écriture]. D'autre part, en tant qu'entité "conquérante et impérialiste qui tend à s'assimiler tout le reste" (Ong, 1982, p. 31), l'écriture a envahi d'autres domaines, outre sa connotation visuelle, où elle s'est approprié la composante qui est liée au mécanisme de la symbolisation.

C'est probablement au sein du vaste champ sémantique dont s'est chargé le terme d'écriture que l'on peut trouver le sens et la pertinence du concept de "musique écrite". L'idée de musique, surtout au sens large que lui donne la culture occidentale, retient toujours le donné sonore comme élément irréductible, même s'il n'est là qu'implicitement, comme évoqué *in absentia*. D'autre part, on a recours au concept d'écriture même lorsqu'il s'agit de phénomènes extérieurs au monde de la parole et de la littérature. Que l'on songe, par exemple, à son utilisation dans le domaine du théâtre (on parle d'écriture scénique), dans la sphère du cinéma (où est née à une certaine époque l'idée de *caméra stylo*) ou encore aux différentes significations de l'écriture ethnographique. Et Pierre Boulez, qui affectionne ce mot, y a fait appel pour parler du geste du chef d'orchestre (2002).

Dans le domaine musical, le concept d'écriture, qui renvoie avant tout au support papier, a connu un élargissement à la suite de l'invention de l'enregistrement et surtout des développements technologiques des cinquante dernières années. Pour les compositeurs de la dernière génération, sa valeur sémantique est certainement différente de ce qu'elle était, même dans un passé récent.

On entend par écriture l'action à la fois conceptuelle et artisanale qui consiste à fixer des sons sur un support papier en utilisant un système de symboles graphiques. Pour le compositeur, le fait d'écrire coïncide presque avec le fait de composer, sauf que "composer", suggère une activité plus proprement créatrice, alors qu'"écrire" se limite à un niveau inférieur, celui de l'acte artisanal.

Métaphoriquement, on utilise le verbe écrire pour indiquer la gravure des sons sur bande magnétique et, plus récemment, pour toute forme d'enregistrement sur un support numérique. On parle aussi d'écriture pour désigner l'action d'un ordinateur qui grave des données numériques sur un CD. Bien qu'elle n'implique pas forcément l'utilisation de systèmes graphiques-symboliques, l'écriture musicale suppose toujours un passage par le visuel. Dans le cas de l'écriture sur papier, l'utilisation de ces systèmes est bien sûr toujours présente, alors que dans le cas de l'écriture analogique et informatique, il suffit des opérations mentales que permet l'expérience de la visualisation.

D'une façon générale, on entend par notation un système de codage, quel qu'il soit, qui vise à représenter des événements de manière visuelle et qui s'applique dans différents secteurs qui vont des mathématiques à la minéralogie. Ces systèmes sont nombreux et peuvent changer et se transformer selon l'utilisation et l'époque. Dans le cas précis de la musique, on entend par notation le système graphique-symbolique conventionnel utilisé pour représenter les sons de façon visuelle. Elle a donc une fonction très semblable à celle de l'alphabet pour les langues. Dans le système de notation occidental, la note constitue une unité discrète semblable au phonème (Nattiez, 1987, p. 120).

Le sens du mot texte, lié au départ à une forme écrite, a connu un premier élargissement lorsqu'il a été utilisé pour parler d'objets de tradition orale. Dans ce cas, on parle de texte lorsqu'il existe des caractéristiques morphologiques ou de contenu qui en permettent l'identification. Le texte oral semble ainsi récupérer le sens ancien de *textus* (tissu, trame). Les sémiologues utilisent le mot texte aussi bien à propos de phénomènes écrits qu'oraux. De même, dans le domaine de la musique, le mot renvoie à au moins deux acceptions distinctes et semble inclure celles qui sont utilisées dans l'étude de phénomènes littéraires aussi bien qu'oraux. Il désigne alors le "texte écrit" (fixé sur support papier) et perçu visuellement, et le "texte sonore" (l'événement gravé sur support magnétique ou numérique) qui est perçu par l'oreille.

Le support est le *média* utilisé pour fixer et conserver les données sonores ou leur symbolisation par l'écriture. Le support peut donc être une feuille de papier, un rouleau de cire, une bande magnétique ou une mémoire numérique. De toute façon, il s'agit toujours d'une mémoire externe qui permet de conserver des données ; celles-ci sont représentées par des procédés de codification (écrire, graver un rouleau, etc.) et récupérées par un processus de décodage (lire, passer l'aiguille sur le rouleau, etc.). Ces processus sont fonction à la fois des caractéristiques physiques et de la résistance du support, et de l'usage auquel est destiné le texte.

Dans le cas de l'interprétation, le premier "support" important est la mémoire individuelle qui reçoit les sons par l'ouïe tout en percevant par la vue les actions qui produisent ces sons, et qui les recrée ensuite par la voix ou le geste. Les procédures de codification et de décodage sont alors indissolublement liées au support, par le jeu des processus cognitifs de l'auditeur. C'est là le domaine de l'oralité primaire où la transmission se fait directement, d'un individu à l'autre, de bouche à oreille, sans l'appui d'un quelconque support extérieur.

Au départ, on parle d'oralité à propos du langage parlé. La définition qu'en donne Paul Zumthor est la plus connue : pour lui, l'oralité est le "fonctionnement de la voix en tant qu'elle porte le langage" (1992, p. 9). Il la distingue de la vocalité qui serait l'ensemble des activités et des valeurs propres à la voix, indépendamment d'un langage. Par extension, on parle de tradition orale et d'oralité primaire à propos de phénomènes musicaux qui n'utilisent pas de technologie de transmission comme l'écriture. Cet usage présente pourtant une difficulté, surtout dans le cas où il s'agit d'événements musicaux qui ne sont pas strictement liés à la voix ou au langage, comme dans le cas de la musique instrumentale. Cette difficulté est compensée en partie par l'utilisation du terme d'"audition" et de son rapprochement avec celui d'"oralité". Ce terme permet de mettre l'accent plutôt sur la perception auditive des phénomènes musicaux que sur leur transmission par la voix (Nettl, 1983, p. 187).

Aujourd'hui, l'oralité primaire représente avant tout une dimension théorique que l'on postule en opposition à l'écriture et à la culture de l'écrit ; cela a donné naissance à une sorte de bipolarité rigide qui s'est révélée souvent fictive à l'épreuve des données empiriques. Giorgio Raimondo Cardona précise : "[...] après avoir accordé une si grande portée aux études de l'expression écrite considérée non pas comme objet particulier, mais comme unique objet d'étude, on s'est mis à donner plus d'importance à l'opposition entre l'écrit et le parlé : la langue écrite et la langue parlée, la culture de l'écrit et celle de l'oralité, la littérature savante et la littérature orale populaire, l'histoire écrite et l'histoire orale et ainsi de suite. Ainsi, implicitement ou même explicitement, on a accordé davantage de valeur à l'oralité, auparavant négligée et méconnue. Il était inévitable que cette opposition finisse par instaurer une symétrie qui, bien que nécessaire à la discussion, n'existe pas en réalité." (1982, p. 3.)

L'utilisation de cette dichotomie (qui a fourni la base idéologique au paradigme de Treitler dont nous avons parlé) a réduit les différentes situations en les ramenant à deux pôles extrêmes pour lesquels on a fini par théoriser une "mentalité" propre à chacun et à des parcours cognitifs particuliers : une pensée de l'écriture et de la culture de l'écrit, fondée sur des principes visuels, et une pensée de l'oralité fondée sur des principes auditifs. Dernièrement, ce dualisme rigide, qui a porté à sous-estimer l'importance des images et des traditions iconographiques (voir à ce propos Severi, 2004), a été réévalué. Le monde de l'ethnomusicologie a fait une contribution dans ce sens, en faisant souvent appel à la prudence pour éviter un schématisme excessif en sens contraire. Dès les années 1950, Charles Seeger plaidait pour que l'on ne considère pas cette dichotomie comme susceptible de donner des résultats utiles ; il demandait que l'on travaille plutôt sur les rapports entre les deux domaines. Au même moment, Curt Sachs soulignait qu'en réalité, il n'y avait pas deux, mais bien quatre systèmes différents de transmission de la musique ; l'oralité, l'écriture, l'imprimerie et l'enregistrement (Nettl, 1983, p. 187 ; voir aussi à ce propos Hopkins, 2000). Des études plus récentes, comme celles de Steven Feld (1986) concernant les Kaluli de la Papouasie-Nouvelle-Guinée, ont montré qu'il existait des mécanismes conceptuels que l'on considère comme typiques d'une culture de l'écrit (comme l'imagination visuelle) au sein même d'une culture illettrée. Tous ces auteurs ont ainsi montré qu'il n'y avait pas là de séparation rigide au niveau cognitif en expliquant la manière dont cette dichotomie était née de la "pensée boiteuse" qui tend à instaurer des symétries et des polarisations là où elles n'existent pas.

2.2. *Disjonctions*

Le couple musique-écriture utilisé à propos de la musique savante de l'Occident – surtout lorsqu'il s'agit du compositeur et de la création de l'œuvre musicale – est un phénomène quasi unique, une sorte d'exception parmi les différentes cultures musicales (Nettl, 1983, p. 65). En effet, dans la plupart de ces cultures, l'utilisation de la notation répond surtout à des exigences de nature théorique ou d'aide-mémoire pour l'éducation et la diffusion, alors que la dimension sonore de la musique et le moment de l'interprétation continuent à jouer un rôle central.

A cause surtout du système de notation diastématique et mesurée, l'écriture musicale en Occident tend à dissocier les phénomènes sonores de l'exécution, en favorisant leur développement en système autonome. La représentation symbolique du son par la notation permet de la fixer dans la mémoire virtuelle du support, et la lecture de la notation permet de reproduire le son à un moment ultérieur. En effet, comme le souligne Pietro Sassu (2000), si dans la tradition orale une exécution doit chaque fois reprendre du début les parcours cognitifs et les actions concrètes qu'implique le fait de faire de la musique, l'écriture permet de dissocier ce processus. En effet, l'écriture permet de considérer qu'une partie du processus est acquise et qu'il n'est pas nécessaire d'y revenir chaque fois.

L'utilisation de la notation permet en outre d'isoler conceptuellement des sons du *continuum* sonore, de les organiser dans l'abstrait et de donner vie à des structures organisées, indépendantes du contexte dont ces sons sont issus. Une fois atteint ce niveau d'abstraction, on peut aussi les réorganiser en réalités sonores, différentes de celles où ils figuraient avant. C'est là le premier pas vers la composition.

Il existe un témoignage qui illustre de façon exemplaire la naissance de ces mécanismes : c'est l'*Epistola de ignoto cantu* du moine bénédictin Guido d'Arezzo (environ 1030), événement d'autant plus important qu'il a lieu à un moment crucial dans l'histoire de l'écriture musicale occidentale (Cattin, 1991, p. 227-231). Dans cette lettre écrite à son collègue Michele, Guido décrit la méthode qu'il a élaborée pour permettre à un chanteur de déduire directement de la notation écrite sur la page, la mélodie d'un chant *ignotus*, qu'il n'avait jamais entendu auparavant. De fait, la notation occidentale, aux premiers temps de sa diffusion et surtout dans sa forme neumatique sans portée, servait avant tout d'aide-mémoire, ce qui supposait que l'on connaisse déjà la pièce que l'on lisait. Les neumes constituaient un témoignage d'une réalité sonore déjà existante plutôt qu'une aide à l'intonation. Remontant d'exécution en exécution, on devait idéalement retrouver le Saint-Esprit qui, selon les sources iconographiques, avait inspiré au pape Grégoire textes et mélodies. Un témoignage important du XIIIe siècle, conservé à la Stadtbibliothek de Munich et reproduit par Leo Treitler (1974, in 2003, planche VIII), nous montre le pape Grégoire tenant un monocorde et dictant textes et mélodies liturgiques que lui enseigne la colombe du Saint-Esprit, chantant tout près de son oreille.

Guido explique qu'il existe une autre façon d'apprendre une mélodie : il s'agit de jouer les neumes sur un monocorde en écoutant le résultat sonore comme on écouterait un professeur (Cattin, 1991, p. 229). Son innovation consiste essentiellement à rendre l'écoute superflue et à confier à l'œil ce qui était auparavant de la compétence de l'oreille.

Sa méthode, telle qu'il la décrit, commence par isoler et apprendre certains sons par cœur. Comme on le sait, Guido utilise les six premiers sons de l'hémistiche de l'hymne de saint Jean-Baptiste que connaissait par cœur tout élève chanteur *(UT... REsonare... MIra... FAmuli... SOLve... LAbii...)*. Le chanteur mémorise les sons en les rendant indépendants du contexte de l'hymne pour pouvoir les reconnaître et les chanter à son gré. Chaque fois qu'il rencontrait les symboles graphiques des sons, il pouvait entendre intérieurement l'intonation juste et les reproduire. Le fait de pouvoir dissocier les sons de l'hymne entier, de pouvoir les réorganiser et les assimiler abstraitement, permettait au chanteur d'exécuter une mélodie jamais entendue en la lisant directement sur le texte écrit grâce à cette association conventionnelle entre un son et un symbole graphique.

On est frappé d'emblée par la ressemblance entre cette description de la démarche de Guido et le postulat d'Eric Havelock (1986) sur la formation de l'alphabet de la Grèce antique, plus particulièrement l'isolement des voyelles et leur désignation par des symboles. C'est justement l'introduction de symboles permettant de distinguer les sons des voyelles de ceux des consonnes (caractéristique qui n'existe pas dans les autres alphabets de l'Antiquité) qui permit aux Grecs, selon Havelock, de codifier un alphabet abstrait, conceptuellement beaucoup plus avancé que celui des autres peuples. Cet alphabet, outil très puissant, joua un rôle fondamental dans le développement de la pensée hellénique et sa production littéraire et philosophique.

Une fois lancé le processus qui permet d'isoler les sons d'un contexte donné et de les représenter graphiquement, l'évolution peut suivre des chemins différents. Comme le soutient Imbriani (2002), lorsque les mécanismes symboliques de l'écriture sont bien ancrés, certains processus s'ensuivent de manière quasi automatique. Arrivé à ce point, l'*ignotus cantus* n'est plus dépendant d'une exécution ; il peut avoir été imaginé directement par celui qui le note. Si auparavant le texte noté décrivait une exécution et avait une valeur prescriptive pour l'interprète (nous reviendrons sur la célèbre distinction proposée par Seeger entre fonction descriptive et fonction prescriptive de la notation), dorénavant le texte noté prend une valeur pseudo-descriptive ; il ne symbolise pas ce qui est déjà une donnée sonore mais garde en même temps une valeur prescriptive pour le chanteur. Une fois que l'on a réussi à isoler des sons et à les organiser en système autonome grâce à une notation conventionnelle, il devient possible, non seulement de fixer quelque chose que l'on a déjà entendu, mais aussi ce qui n'a encore connu aucune réalisation acoustique. L'écriture était le témoignage de l'existence d'une exécution ; elle peut enfin la précéder et la déterminer.

2.3. *Transmission*

Abstraire des sons de leur contexte (dans le cas de Guido, il s'agit d'un hymne très connu) et les lier à des symboles graphiques constitue la base implicite et indispensable qui permet de déchiffrer l'*ignotus cantus* ou d'en créer de nouveaux. Mais le texte écrit ne saurait suffire ; en effet, la notation se borne à transcrire sur un support une donnée sonore qui doit ensuite être décodée et interprétée afin de retrouver sa substance acoustique. Pour décoder l'écrit, il faut connaître la correspondance entre le symbole graphique et le son mais aussi le contexte et la pratique à laquelle il fait référence. La conservation de ces clés de lecture se fait par l'éducation, qui est en même temps action de transmission. Comme le précise Guido dans sa lettre à Michele : "Pour apprendre une nouvelle mélodie, tu disposeras d'une méthode très facile et qui a déjà fait ses preuves, à condition que quelqu'un sache enseigner non seulement par le moyen de l'écriture, mais plutôt de vive voix, par la parole." (Cattin, 1991, p. 229.)

Dans la culture occidentale, le développement du concept d'œuvre musicale écrite s'accompagne d'une confiance croissante en la possibilité illimitée de sa recréation ; c'est un peu comme si tout ce qui est nécessaire pour restituer l'œuvre musicale était déjà inscrit dans le texte, qui devient lui-même musique en puissance. En fait, si on ne tient pas compte de la transmission de la pratique qui accompagne le texte et donne la clé de lecture de la notation, la préservation sur un support papier ne permet pas de retrouver le son. Un texte implique forcément une *textual community* (Stock, 1990) qui le construise et le transmette. Comme le souligne Georg Feder, "la tradition écrite nous parle parce que la tradition orale qui nous est donnée par l'ouïe et par la pratique la fait vivre et la complète" (1987, p. 8). L'apparition de l'écriture musicale n'implique pas l'abandon des systèmes de transmission orale/auditive, nécessaires pour conserver cet ensemble indispensable de connaissances qui permet justement de la décoder.

Une notation, quelle qu'elle soit, n'est pas faite en elle-même d'éléments plus ou moins précis et parfaits. Elle est toujours fonctionnelle, en rapport avec une pratique donnée. Le système de notation le plus détaillé peut bien s'avérer insuffisant par rapport au type de musique ou au système de transmission qu'il est censé représenter. Dans cette perspective, il est intéressant de voir les résultats d'une recherche faite en 1998 sur la tradition orale du chant byzantin dans l'Italie méridionale (Scaldaferri, 2000*b*). Le pope Emanuele Giordano est un des plus grands spécialistes du chant liturgique byzantin traditionnel en langue grecque de Lungro en Calabre. Il est l'auteur de la transcription de la liturgie byzantine grecque en langue albanaise. Il connaît parfaitement la notation occidentale et en fait grand usage. Pourtant, pour sa propre notation de mélodies liturgiques en grec, il a préféré utiliser les neumes chrysanthins sans portée qu'il considérait comme plus aptes à noter ces musiques. Les neumes chrysanthins, diastématiques, ne donnent pas d'indication rythmique, mais cela ne posait pas de problème pour le pope Giordano qui connaissait parfaitement la tradition et donc la manière de rythmer ces mélodies. L'utilisation d'une notation neumatique "incomplète" semble particulièrement efficace si l'on songe que, pour noter les textes littéraires de ces chants, le pope Giordano n'utilise pas l'alphabet grec, comme on aurait pu s'y attendre, mais l'alphabet latin, accomplissant ainsi une véritable translittération (une transcription du pope Giordano est citée in Scaldaferri, 2000*b*, p. 305).

La "perfection" du système de notation occidental (Rastall, 1982), utilisé du VIIe siècle à Webern, permet de répondre aux besoins d'une culture particulière. Elle s'appuie sur un système didactique fort et rigoureux, encore fonctionnel aujourd'hui, qui transmet et complète cette culture. La notation ne pourrait rien nous dire sans tout l'appareil des savoirs et des pratiques qui l'accompagnent, des cours de solfège du conservatoire aux classes d'"alphabétisation" musicale. Comme le système de Guido, "elle est mieux enseignée de vive voix, alors que c'est avec difficulté que nous réussissons plus ou moins à l'expliquer par écrit" (Cattin, 1991, p. 231). C'est l'essentielle continuité dans la transmission des données, quels qu'en soient le support, leur assimilation et leur transmission aux générations suivantes, qui permet à la fois de conserver et d'élaborer les phénomènes musicaux. Le saut d'une seule génération créerait une interruption irrémédiable, peut être égale à celle qui eut lieu dans la transmission orale/auditive des milliers de vers chantés par le *guslar* Avdo.

L'existence de technologies permettant de fixer le son directement sur un support, comme la gravure analogique sur bande magnétique après la guerre, a renforcé le mythe de la vie éternelle d'une œuvre, fixée "définitivement" par son auteur sans qu'il n'y ait plus besoin de l'intervention de l'interprète et du rituel de sa recréation. En réalité, l'exécution d'une œuvre sur bande suppose que l'on conserve non seulement le texte fixé sur le support magnétique, mais encore tout le système technique et toutes les compétences nécessaires à son entretien et à son utilisation. On ne peut, aujourd'hui, jouer certaines musiques composées pour les premiers appareils mécaniques et électroniques, car ils ne sont plus utilisables.

S'il est possible, dans certaines limites, de faire abstraction de l'interprète, on ne peut, on ne pourra jamais se borner à transmettre uniquement le support original car sa conservation s'avère problématique. On peut par exemple en transférer les données sur un nouveau support. En ce qui concerne la musique sur bande magnétique, il y a eu au cours des dernières années, de longs débats sur la question : faut-il restaurer et conserver les bandes, ou transférer les données sur un support numérique ? Il existe chez les chercheurs la conscience, parfois angoissée, de ce que la survie de ces musiques dépend uniquement de la conservation des supports et des instruments qui permettent de les lire.

Jack Goody a montré que la transmission d'une génération à l'autre englobe toujours trois choses : les objets matériels, les actions et les paroles (1977 et 1987). Il s'agit d'une tradition multiple où une des composantes ne peut rien si elle est isolée des deux autres. En ce qui concerne la transmission du patrimoine musical, un nouveau médium n'a jamais remplacé le précédent, mais s'y est intégré, s'y est ajouté. Le nouveau procédé offre de nouvelles possibilités par rapport à l'ancien, il peut proposer de nouvelles voies mais il impose aussi de conserver de nouveaux éléments. L'oralité, l'écriture, l'imprimerie, le son électronique sont, par ordre chronologique, les quatre "macrosystèmes" que nous avons connus jusqu'ici pour transmettre les données sonores. L'apparition d'un nouveau système, le développement d'une nouvelle technologie instaurent un changement qui touche avant tout le support qui doit leur être affecté ; les autres systèmes doivent continuer à transmettre tout ce qui est nécessaire pour coder et décoder le texte qui avait été fixé selon leurs principes. Avec l'apparition de l'écriture, le support, jusque-là mémoire, devient manuscrit ; avec l'imprimerie, on passe à la partition et, avec l'enregistrement, au disque, à la bande et à la mémoire numérique. Ce passage de la tradition orale/auditive à un système de représentation symbolique, puis à la fixation directe du son, montre un renforcement et un perfectionnement progressifs des possibilités de représentation et de conservation de la musique avec tout ce que cela implique. Il reste que le fonctionnement de chaque nouveau système dépend encore de celui qui l'a précédé et que la possibilité de survie du nouveau système est liée à la transmission des anciens. La disparition d'un de ces aspects rendrait vain tout le processus de transmission et de conservation des données musicales.

2.4. *Traductions*

Lorsque l'on parle de transcription en musique, il s'agit le plus souvent d'une représentation graphique d'un événement sonore qui en permet la visualisation et qui est faite soit manuellement et à l'oreille, soit par ordinateur. Le mot a pourtant d'autres sens qu'il est utile de signaler. Transcrire peut signifier changer l'instrumentation d'une pièce ou de son système de notation. Ce dernier sens est surtout utilisé en philologie musicale pour indiquer qu'un texte rédigé en notation ancienne a été réécrit en notation moderne. Le compositeur François Nicolas, parlant des thèses de Pierre Boulez, suggère un sens qui coïncide presque totalement avec l'idée même de la composition : celle-ci est considérée comme la transcription sur papier de la pensée acoustique du compositeur, enrichie de la possibilité de calcul offerte par l'écriture (Nicolas, 1988). Finalement, on parle de transcription pour qualifier certaines opérations pour lesquelles il existe déjà un terme : écrire, transférer ou simplement noter.

S'il est parfois difficile de trouver un rapport entre les différents termes de la nébuleuse sémantique du mot écriture, il existe, en ce qui concerne la transcription, un noyau qui unit les différentes acceptions et qui justifie, en quelque sorte, l'utilisation d'un terme unique. En effet, indépendamment du domaine d'application et du procédé utilisé, la transcription revient toujours à créer un texte nouveau à partir du précédent. Le texte de départ peut utiliser l'un de deux modes, auditif ou visuel, alors que le texte d'arrivée est toujours visuel. Lorsqu'il s'agit de musique, on peut donc aller de l'auditif au visuel ou bien du visuel au visuel lorsqu'il s'agit de transcrire dans notre notation une pièce écrite en une autre. Cependant, le passage par une phase acoustique est virtuellement implicite dans la transcription, comprise comme transnotation d'un texte écrit en notation ancienne à une notation moderne, donc de visuel à visuel. Pour le philologue, ce genre de transcription ne signifie pas remplacer automatiquement certains symboles graphiques par d'autres. Il s'agit de clarifier et de fixer par écrit l'intention originelle du compositeur (Feder, 1987). Une opération de ce genre suppose que l'on revienne – ne serait-ce que mentalement – au son du texte d'origine pour le transférer ensuite dans le nouveau système d'écriture conventionnelle. Le passage d'une notation à une autre ne peut se faire de façon purement mécanique. Un système de notation n'a de sens que dans le cadre de la pratique à laquelle il est lié. Lorsque la pratique change, la notation perd sa valeur et pour la déchiffrer, il faut d'abord l'interpréter. Lorsque l'on transcrit, le point d'arrivée est toujours un texte écrit qui présente une différence par rapport au texte de départ. Il doit correspondre à la vision de celui qui accomplit l'opération et doit s'insérer dans le contexte de sa pratique. Une transcription doit donc donner lieu à un texte *target-oriented* (Eco, 1996), avoir un sens pour le destinataire et être capable de donner l'image de l'original.

Il est évident que cette acception de la transcription est très proche du mécanisme de la traduction, telle qu'elle a été définie surtout au cours du XXe siècle (pour une contextualisation du point de vue de l'anthropologie, on lira Fabietti, 1999, p. 227-260). Par exemple, pour Walter Benjamin, le traducteur doit "découvrir l'intention, visant la langue dans laquelle on traduit, à partir de laquelle on éveille en cette langue l'écho de l'original tout en préservant sa différence" (1923, in 2000, p. 254). Ou encore : "[...] aucune traduction ne serait possible si son essence ultime était de vouloir ressembler à l'original. Car dans sa survie, qui ne mériterait pas ce nom si elle n'était mutation et renouveau du vivant, l'original se modifie" (*ibid.*, p. 249). Il existe, bien sûr, de mauvaises transcriptions où, comme dans une mauvaise traduction, on trouve "une transmission inexacte d'un contenu inessentiel" (*ibid.*, p. 245). Bien qu'utilisant le même mécanisme de base, la transcription en musique présente une différence par rapport à la traduction d'une langue à l'autre d'un texte littéraire : d'une part elle ne traite pas des aspects sémantiques et, de l'autre, elle implique une réduction-transformation en termes visuels.

Les ethnomusicologues sont particulièrement conscients du fait que la transcription est toujours une traduction, car ils sont en contact, non seulement avec des musiques "autres" mais avec des cultures "autres". Plus on est éloigné du genre d'expérience que l'on étudie, plus le travail devient un dialogue interculturel. Transcrire représente parfois une sorte de parcours initiatique vers la culture que l'on observe (Tourny, 1999). La distance qui sépare l'observateur du phénomène musical observé peut exister aussi à l'intérieur d'un même environnement culturel à cause de la dimension temps. Le fait que la pratique musicale d'un autre temps est différente, peut rendre indéchiffrable ce qui a été noté dans le passé, même s'il s'agit d'un texte écrit. La transcription philologique d'un texte du passé, par exemple d'une pièce polyphonique d'avant la Renaissance, comporte toujours une part d'interprétation et d'adaptation à la réalité actuelle ; il serait donc faux de considérer l'édition moderne d'une telle pièce comme étant sa représentation fidèle.

3. Les limites de l'écriture

> Quelque part, entre l'an 700 et 550 avant notre ère, l'*Iliade* et l'*Odyssée* furent, comme on dit, "confiées à l'écriture". Cette expression décrit une opération qu'on accomplit dix mille fois par heure dans les conditions de l'époque moderne et ceci dans toute la partie du monde qui "se fie" à l'écriture. Mais l'action d'origine fut tout autre : cela ressemblait un peu à un coup de tonnerre dans l'histoire de l'humanité, réduit, à cause de notre si grande habitude, au son d'un papier froissé.
>
> Havelock, 1978, p. 3.

3.1. *Transcriptions*

L'invention des appareils pour enregistrer le son a été fondamentale pour le développement de l'ethnomusicologie. Francesco Giannattasio (2002) considère que non seulement l'utilisation des moyens d'enregistrement constitue le vrai "fil rouge qui traverse et unifie l'histoire de la recherche" mais que les enregistrements faits par l'ethnomusicologue sont le résultat le plus durable de son travail, alors que les théories et les analyses sont très probablement destinées à vieillir et à devenir obsolètes.

C'est grâce à l'enregistrement que le son peut être fixé, réécouté plusieurs fois et transcrit sur papier dans tous ses détails. Pourtant, le fait de transcrire les musiques de tradition orale est plus ancien et précède l'apparition de l'ethnomusicologie scientifique et l'invention des moyens d'enregistrement. Au début, la transcription était faite en notant, presque en temps réel, l'écoute d'une exécution. Cela pouvait aussi se faire sur la base d'écoutes répétées, aboutissant ainsi à une sorte de "moyenne". C'est le cas de Carl Stumpf, pionnier de la musicologie comparée allemande ; sans moyen d'enregistrement, il a écouté plusieurs fois un musicien indien qui était venu à Halle en 1886 afin d'en faire une transcription (Nettl, 1983, p. 170). Il est probable que de nombreuses transcriptions comme celles que l'on trouve dans différentes compilations du siècle dernier résultent de ce genre de moyenne, peut-être notée de mémoire par le transcripteur.

En l'absence de moyens d'enregistrement, la transcription sur partition de musiques de transmission orale est la règle. Le phénomène sonore de tradition orale arrive donc, grâce au pouvoir de l'écriture qui le fait exister concrètement (Giannattasio, 2002), à entrer pleinement dans la culture de l'écrit et devient objet de tradition comme c'est le cas de tout autre texte écrit. Malgré leur caractère "peu fiable", ces transcriptions étaient le seul moyen pour faire connaître et diffuser des musiques qui ont d'ailleurs trouvé une place dans le cadre de la musique savante.

Les cinq mélodies exotiques que cite Rousseau dans le tableau N de son *Dictionnaire* (1768, in 2007, p. 563, 564 et 568) – un air chinois, une “chanson des sauvages du Canada”, une danse canadienne, l'“air suisse appelé le *Rans des Vaches*” et une chanson persane – constituent un exemple significatif. Rousseau les reproduit d'après d'autres auteurs et son texte deviendra la référence pour les périodes ultérieures. Le cas de la mélodie chinoise est emblématique : Rousseau l'a recueillie chez Du Halde mais en introduisant une erreur. La version de Rousseau, erreur comprise, sera rigoureusement reprise à l'avenir par des compositeurs comme Weber et Hindemith (Picard, 1999 et Leydi, 1991, p. 15).

Avec l'apparition de l'enregistrement sonore, la valeur de la transcription change. La possibilité de disposer directement du texte sonore et de pouvoir l'écouter autant qu'on le désire, réduit la prépondérance normative d'une éventuelle version sur papier. Pourtant, cela ne s'est pas fait en une seule fois et dans la première phase du développement des systèmes d'enregistrement, la transcription a gardé une importance fondamentale pour la connaissance des phénomènes sonores.

C'est en 1877 que fut inventé le phonographe d'Edison. Ce fut un moment essentiel dans l'histoire de l'enregistrement analogique. Mais il fallut attendre plusieurs années avant d'obtenir une fidélité satisfaisante du son et pour que les appareils et les supports soient réellement fonctionnels et permettent une large diffusion des œuvres. Le cylindre et les premiers disques ne suffisent pas pour devenir objets d'étude à la portée de tous. Il est certes plus facile de diffuser et d'étudier la transcription d'un chant plutôt que d'analyser son enregistrement sur un cylindre.

A partir des années 1960, la transcription servira surtout à une analyse approfondie, après écoute attentive du document sonore. Mais dans les années 1930, il en allait bien autrement. L'idée était de “transcrire une pièce et voir ensuite à quoi elle ressemble” (Nettl, 1983, p. 79). Cela est évident si l'on compare deux transcriptions d'un même répertoire, celui des chants épiques de la Parry Collection, faites à des années de distance par Béla Bartók (Lord, 1954) et Stephen Erdely (1995). Bartók a transcrit une centaine de vers d'un poème chanté par Salih Uglianin s'accompagnant sur le *gusle* ; c'est un travail extrêmement méticuleux qui force l'admiration par son extraordinaire effort pour rendre visuellement chaque petite inflexion du son. On voit là une tentative pour transférer sur papier un événement sonore, aussi fidèlement que possible. Il semble que la transcription doive servir à la connaissance de l'objet plutôt qu'à son étude. L'enregistrement est utile dans la mesure où il peut être répété autant qu'il est nécessaire et qu'on peut en réduire la vitesse ; cela permet d'identifier les points les plus controversés et de transformer le document sonore en texte écrit de manière plus précise.

Exemple 1

Béla Bartók, fragment de la transcription d'un poème épique chanté par Salih Uglianin ; enregistrement de Milman Parry et Albert Lord, 1934 (in Lord, 1954, p. 437)

Erdely, pour sa part, a publié en 1995 la transcription de trois poèmes bosniaques entiers, d'un total de plusieurs milliers de vers. Si on compare son travail à celui de Bartók, ses transcriptions s'avèrent tout à fait superficielles et approximatives. Les lignes vocales semblent à peine esquissées et la partie instrumentale est simplifiée au maximum et même omise par endroits. Mais le but d'Erdely n'était pas de transcrire sur papier les milliers de vers avec une précision méticuleuse, mais d'analyser, dans le déroulement d'une exécution complète, le fonctionnement des modules mélodiques en les isolant.

Au cours de la première moitié du XXe siècle, et à partir du premier essai consacré explicitement à ce problème par Abraham et Hornbostel en 1909, le thème de l'inadéquation de la notation occidentale pour représenter graphiquement des musiques traditionnelles a toujours été présent dans le débat ethnomusicologique ; pour combler les lacunes, il fallait faire appel à des signes diacritiques. Cette limitation n'est évidemment pas le signe d'une insuffisance de ce système de notation, parfaitement fonctionnel dans le domaine qui est le sien. Celui-ci a permis à Bach d'écrire l'*Art de la fugue*, à Stravinsky d'écrire *Le Sacre du printemps* et à Boulez d'écrire *Répons*. Elle indique plutôt la confusion qui règne au sujet du rôle de la transcription vis-à-vis du texte sonore. Dans l'effort pour représenter sur papier toute la complexité d'un phénomène auditif, on demande à la transcription plus que ce qu'elle ne peut réellement donner.

Une étape importante pour la compréhension des fonctions de la transcription, entre autres en ethnomusicologie, est franchie en 1958, par Charles Seeger. Dans un article consacré en grande partie à la discussion et l'illustration du Mélographe (système automatisé de transcription des mélodies), Seeger commence par indiquer avec clarté et perspicacité trois raisons de la confusion qui règne dans l'utilisation de la notation comme mode de transcription de la musique. Il y a tout d'abord l'idée selon laquelle tous les paramètres auditifs de la musique peuvent être représentés sur une surface à deux dimensions grâce à des paramètres visuels insuffisants. Deuxièmement, on ne tient aucun compte de ce que le développement de l'écriture musicale est apparu dans l'histoire après l'écriture de la parole ; cela a automatiquement conduit à l'intervention du domaine du langage au moment où l'on établit une relation symbolique avec la musique. Enfin, il y a confusion entre une utilisation prescriptive et une utilisation descriptive de la notation musicale, ou disons, le manque de distinction entre le rendu d'une pièce comme on pense qu'elle devait sonner, et le "compte rendu" de ce qui a été joué au cours d'une exécution (Seeger, 1958).

Les trois points abordés par Seeger sont d'une importance capitale. Le plus crucial est peut-être celui qui concerne l'intervention d'éléments

Exemple 2

Stephen Erdely, fragment de la transcription d'un poème épique chanté par Mujo Veli ; enregistrement de Milman Parry et Albert Lord, 1935 (Erdely, 1995, p. 61)

conceptuels appartenant à l'écriture de la parole dans l'écriture de la musique qu'elle a précédée et influencée. C'est au fond la conscience du fait qu'avant d'avoir parlé de la musique ou de l'avoir écrite, on a parlé et écrit. La distinction entre descriptif et prescriptif s'impose comme un vrai paradigme, à tel point qu'elle est devenue courante et fait partie du langage commun. Elle a acquis une vie propre et dépasse les limites proposées par Seeger. Cela est peut-être dû à l'allure antagoniste de termes qui trouve sa résonance dans une tradition linguistique structuraliste très à la mode dans ces années-là. Ce couple de termes est en soi suffisamment neutre pour assumer des connotations différentes selon celui qui agit. Les acceptions de ce couple changent si celui qui écrit n'est pas l'ethnomusicologue mais le compositeur ou le musicologue. Le compositeur produit une partition prescriptive, qui doit en principe coïncider avec la transcription de sa conception sonore. Si l'on renverse les acceptions proposées par Seeger, le texte écrit est descriptif par rapport à la pensée du compositeur, et prescriptif pour l'interprète.

Les réflexions de Seeger ont amené les ethnomusicologues à prendre conscience du fait que la prétendue insuffisance de la notation était due à un malentendu quant à ses fonctions et qu'il fallait relativiser la valeur normative et prescriptive de la transcription en renforçant sa valeur descriptive.

Le colloque qui a eu lieu en 1963 à l'occasion de la conférence annuelle de la Society for Ethnomusicology est un autre moment important pour la compréhension du rôle de la transcription en ethnomusicologie. Sous la présidence de Seeger, quatre chercheurs, Kolinski, Garfias, List et Rhodes ont présenté quatre transcriptions sensiblement différentes d'une même pièce, montrant ainsi clairement que la contribution individuelle joue un rôle décisif dans ce genre d'opération.

En somme, la transcription est une réduction graphique bien adaptée aux buts de l'ethnomusicologue. Celui-ci choisit les éléments qui peuvent servir aux fins de son analyse, mais qui n'auraient pas forcément de valeur pour un autre qui travaillerait sur la même pièce. Les transcriptions de Bartók sont la preuve d'une oreille musicale extraordinaire et d'une grande imagination dans la recherche de solutions graphiques et symboliques ; mais cela ne les rend pas plus utiles pour l'analyse. Une fois passée l'ère du cylindre et du disque, à l'époque de la stéréophonie, de la bande magnétique et de l'informatique, l'ethnomusicologue n'a plus besoin d'un document sur papier pour travailler ; comme Erdely, il ne transcrit que les traits nécessaires à son analyse.

Avec l'apparition de nouvelles perspectives d'étude, la manière d'utiliser la transcription pour la recherche peut changer. Mantle Hood, par exemple, a proposé le concept de bi-musicalité, qui exige de

Exemple 3

Quatre fragments de transcriptions d'une même pièce dus à quatre ethnomusicologues différents (Robert Garfias, Mieczyslaw Kolinski, George List, William Rhodes), présentées en 1963 au Symposium on Transcription and Analysis de la Society for Ethnomusicology (England, 1964, p. 274)

l'ethnomusicologue des compétences et des connaissances pratiques non seulement en ce qui concerne la musique de sa culture, mais aussi celle qu'il compte étudier. Cette approche exige que le chercheur aborde le dialogue avec l'autre culture avec des connaissances plus vastes, ne serait-ce que pour faire des transcriptions. Ce n'est pas par hasard que Hood a exprimé l'espoir que l'on utiliserait un autre genre de transcription musicale, semblable à la notation Laban utilisée pour la danse ; elle permettrait de transcrire sur papier, outre le son, une symbolisation de la composante gestuelle qui le produit (1971, p. 101). De plus, dans le monde extra-européen, il existe des exemples de notation qui indiquent la façon de produire le son, comme pour la cithare *qin*, instrument de la tradition classique chinoise (Giuriati, 1999). Et à propos d'une danse ougandaise, Sylvia Nannyonga-Tamusuza a inclus dans une transcription musicale celle des gestes chorégraphiques, indispensable pour comprendre l'organisation du rythme des tambours (Nattiez et Nannyonga-Tamusuza, 2003, in 2005, p. 1113).

Le développement de la technologie de l'enregistrement et de la manipulation du son permet à l'ethnomusicologue de faire des transcriptions et des analyses automatisées. On trouve les premières tentatives dans les analyses spectrographiques de Milton Metfessel dans les premières années du XXe siècle. Le Mélographe de Seeger représente une étape significative dans les années 1950. Mais les résultats les plus importants sont dus essentiellement aux moyens informatiques plus récents qui ont connu un grand développement à partir des années 1990. La transcription informatisée permet une représentation plus objective des données sonores et leur mesure physique ; elle est ainsi libérée de la nécessité de s'adapter à la logique de la partition sur papier à musique. Comme le souligne Seeger, cela n'empêche pas que l'on soit en présence de l'adaptation visuelle d'un phénomène *fully auditory,* "pleinement auditif", qui, en tant que réduction, exige tout de même d'en passer par une interprétation.

Dans les premières années du XXIe siècle, les techniques informatiques et les nouvelles perspectives d'étude n'ont pas encore modifié le noyau épistémologique de la transcription. Celle-ci consiste à réaliser un texte écrit "autre" à partir d'une réalité sonore, par un véritable parcours de traduction, à la fois conceptuel et sensoriel, fortement marqué par les processus cognitifs de la visualisation. En revanche, ce qui pourrait changer, ce sont le rôle et la conscience de l'ethnomusicologue qui, né dans la culture de l'écrit, ira de plus en plus fréquemment vers ses frontières et finira, toujours plus souvent comme le dit Kay Shelemay (1996), par jouer un rôle actif dans les processus musicaux qu'il se propose d'étudier.

3.2. *Collisions*
Après la Seconde Guerre mondiale, les compositeurs de l'avant-garde européenne se sont trouvés aux prises avec une situation assez semblable à celle qui avait poussé les ethnomusicologues à réfléchir sur le rôle de la notation et de la transcription. La cause en était la confrontation avec un système de transmission "non écrit" du son. Les ethnomusicologues étaient habitués au contact avec des musiques qui n'avaient pas de représentation graphique. Aussi étaient-ils sans cesse confrontés dans leur travail à des phénomènes de tradition orale/auditive et à un effort constant pour parvenir à en donner une traduction dans le cadre de l'écrit. Pour les compositeurs, le moment critique vient, au contraire, d'un phénomène plus limité dans le temps, c'est-à-dire l'expérience électroacoustique. Cela les a amenés à travailler avec des technologies permettant de fixer et de reproduire le son et a entraîné de nouvelles problématiques et de nouvelles réflexions sur la fonction de l'écriture.

Cette nouvelle situation est d'autant plus importante si l'on considère que les compositeurs de l'époque, surtout ceux qui gravitaient autour des *Ferienkurse für Neue Musik* de Darmstadt, se sentaient investis de la responsabilité de refonder le langage musical. Cette conviction entraînait parfois des implications éthiques qu'il fallait, après la guerre, inscrire dans un cadre plus vaste de reconstruction culturelle. Au cours de ces années, les techniques d'écriture musicale ont atteint des niveaux très élevés d'efficacité avec la *Totaldeterminiertmusik*, contrebalancée par la puissance opposée de l'aléatoire.

Si les trois tendances les plus importantes de l'avant-garde musicale de l'époque sont le sérialisme, l'aléatoire et l'électroacoustique, c'est cette dernière qui a les implications les plus profondes sur le plan pratique comme sur le plan conceptuel. Cela n'est pas tant dû à l'étendue des timbres produits par les nouvelles sonorités électroniques (après tout, elles s'inscrivent dans la suite logique de l'élargissement constant de l'horizon sonore) qu'aux techniques d'enregistrement. La fonction du disque et de la bande magnétique change : nés comme moyens d'enregistrement et utilisés jusque-là pour graver des musiques déjà composées, ils servent aussi maintenant à créer des musiques nouvelles, conçues directement dans les laboratoires électroacoustiques. Comme le dit Karlheinz Stockhausen, la musique électronique n'utilise pas la bande et le haut-parleur uniquement pour reproduire, mais pour produire (1959). Dans ce contexte, le compositeur qui travaille avec les moyens électroacoustiques se trouve dans une situation assez semblable à celle des premiers "compositeurs" de la fin du Moyen Age qui inauguraient un changement dans l'utilisation de l'écriture musicale : de description et témoignage d'une exécution passée, elle devenait prescription d'une exécution future.

Née comme complément de la composition traditionnelle et utilisée, surtout en Allemagne au début de la période d'expérimentation, pour mettre en œuvre les principes sériels les plus rigoureux, la bande magnétique crée un choc. Elle révèle son caractère global et finit par dicter ses règles et ses mécanismes jusqu'à introduire de nouvelles catégories de composition (Scaldaferri, 2002). Le compositeur, qui manipulait des symboles graphiques destinés à restituer le son grâce à l'entremise de l'interprète, devient un "phoniurge" (Chion, 1991) qui peut intervenir directement sur la création du son en tant que dimension physique. Par cette intervention directe sur le support, il peut "composer" son œuvre au sens le plus concret du terme en travaillant au niveau le plus intime de la création du son jusqu'à sa diffusion dans l'espace.

Chez les compositeurs de cette époque, formés dans le monde de la composition écrite et qui se trouvent aux prises avec de nouveaux moyens, les "deux dimensions", écriture et électroacoustique, sont présentes dans une pratique qui n'est pas toujours facile et qui oscille entre volontés pragmatique et visionnaire. S'il y a d'une part l'aspiration à autre chose que ce que l'on peut obtenir par l'écriture, de l'autre on pense pouvoir contrôler les nouveaux moyens simplement par les procédés bien éprouvés de l'écrit, tout en sachant qu'ils risquent parfois de n'être qu'un subterfuge. Dans les années 1950, Herbert Eimert est le directeur du studio de musique électronique de Cologne où l'on poursuit des recherches sur la musique électronique pure, partant de la production même du son par des générateurs. Il finit par soutenir que, face au domaine potentiellement infini de la musique électronique, seule l'adoption de la technique sérielle peut donner une garantie de contrôle et qu'il y a donc entre la musique sur bande et la musique écrite une continuité absolue (Eimert, 1955). Dans son œuvre pour bande magnétique, *Gesang der Jünglinge* (1956), Stockhausen projette ses structures sonores en utilisant des schémas sériels, même si ceux-ci ne sont pas pleinement concrétisés dans la réalité sonore, puisque pendant la phase de réalisation c'est la machine qui dicte en quelque sorte sa loi (Decroupet et Ungeheuer, 1993). Au studio de phonologie de Milan, Luigi Nono avait préparé un projet technique abstrait très rigoureux pour sa première composition électroacoustique. Constatant le résultat sonore décevant, il l'abandonna pour suivre les possibilités révélées par la machine (De Benedictis et Rizzardi, 2000, p. 193). Toujours à Milan, Luciano Berio et Cathy Berberian découvrent de nouvelles possibilités musicales de la voix humaine dans des compositions électroacoustiques comme *Thema* et *Visage*. Ici la voix, décomposée et manipulée sur bande jusqu'aux plus extrêmes conséquences, révèle de nombreuses qualités généralement délaissées qui exerceront une grande influence sur la composition pour voix au cours de ces années (Berberian, 1993 et Scaldaferri, 2000*a*). Bruno Maderna, qui est probablement celui qui a été le plus fasciné et passionné par les implications du nouveau support, a su non seulement exploiter dans l'écriture les concepts appris dans le laboratoire électroacoustique, mais encore utiliser les ciseaux et le montage sur le support papier comme on le fait avec la bande magnétique. Il s'agissait de décomposer et de réorganiser le texte écrit de façon à pouvoir explorer des possibilités nouvelles (De Benedictis et Rizzardi, 2000 ; Scaldaferri, 2002). Maderna utilise donc, pour la musique écrite, un principe de base du travail sur bande : manipuler physiquement le support afin d'agir concrètement sur la matière sonore. Au fond, les techniques anciennes et nouvelles, avec leurs utilisations respectives, se rencontrent et se superposent en un entrelacement souvent difficile à démêler. Dans une conférence à Darmstadt en 1957 sur les processus de composition de la musique électroacoustique, Maderna est très explicite sur l'action réciproque du compositeur et de la matière sonore et sur les possibilités d'interagir avec le matériau que l'on a déjà : "Nous sommes aujourd'hui très attirés par ce genre de pensée et de comportement, même dans la musique instrumentale. Il n'y aurait aucun sens à se demander si c'est l'expérience électronique qui a mené à ce renouvellement ou si elle n'est pas elle-même due à un développement qui existait déjà au cours des dernières années. Car il n'y a aucun doute : c'est bien la musique électronique qui a validé cette façon de concevoir la composition." (Cité in Baroni et Dalmonte, 1985, p. 83.)

Si après des décennies de débats et de malentendus les ethnomusicologues sont parvenus à définir et bien distinguer les fonctions de l'écriture musicale, les compositeurs qui travaillent avec les moyens électroacoustiques ont vite aperçu la différence pratique entre fonctions prescriptives et descriptives. Ils en sont même arrivés à les séparer en rédigeant deux partitions différentes pour un même événement sonore. Déjà en 1952, après quelques années de recherche sur la musique concrète, Pierre Schaeffer faisait la distinction entre deux types différents de partition, qu'il appelle "partition causale" et "partition des effets" (1952, p. 86). C'est la différence entre partition technique et partition "d'écoute" *(Hörpartitur)*. La première représente le projet d'un événement sonore à réaliser et à fixer sur un support magnétique. La seconde est une transcription qui utilise un système symbolique, suffisamment représentatif et évocateur de l'événement sonore que l'on a enregistré sur le support. Les fonctions de prescription et de description qui, grâce à la symbolisation, pouvaient vivre ensemble plus ou moins en paix dans la notation occidentale, sont alors rigoureusement séparées. On n'aura plus recours à la notation sur papier à musique, mais plutôt à des graphiques. La partition technique est assez semblable à un relevé d'architecte. Bien évidemment, on se demande alors ce que l'on doit considérer comme la "vraie" partition, au sens traditionnel du terme, car son absence provoque un certain malaise. On se pose aussi la question de la fonction du projet technique. Doit-il permettre une nouvelle réalisation de l'œuvre et sa nouvelle formulation, ou bien doit-on considérer qu'une fois l'œuvre réalisée et fixée dans sa dimension acoustique sur un support, le projet technique a pleinement accompli sa fonction et peut, comme le dessin d'un édifice architectural, être rangé au placard ? Si les recherches de Schaeffer ont avant tout une valeur sur le plan spéculatif et n'atteignent pas de grands sommets de la création, celles de compositeurs comme Ligeti et Kagel ont affronté le problème concrètement. Ils ont réalisé des partitions techniques qui doivent servir à de nouvelles présentations des œuvres. De son côté, Stockhausen, dans son œuvre sur bande magnétique, *Studie II*, a fait une tentative de projet graphique qui peut en même temps avoir une valeur descriptive.

Dans la musique dite mixte et qui prévoit l'utilisation conjointe de moyens électroacoustiques et d'instruments classiques, on peut utiliser en même temps différents types de partitions : tout d'abord, le graphique technique pour la réalisation et la mise en œuvre de la partie électroacoustique ; puis la partition sur papier à musique qui prescrit le rôle des instrumentistes ; enfin, la partition d'écoute représente les sons électroniques pour que l'on puisse coordonner l'ensemble des événements voulus par le compositeur. Dans ce cas, la partition d'écoute (c'est-à-dire la transcription descriptive des événements sonores gravés sur la bande) joue aussi un rôle prescriptif, surtout lorsqu'elle est destinée à l'interprète qui est chargé de la diffusion de la partie électroacoustique par les haut-parleurs. *Kontakte* (1959-1960) de Stockhausen, pour piano, percussion et bande magnétique, est un bon exemple de la coexistence de notations et de graphiques qui transmettent les différents contenus d'une œuvre. Le compositeur a d'abord écrit un projet technique très détaillé pour la réalisation des événements sonores sur bande *(Realisationpartitur)*. Puis il a écrit une partition pour l'exécution de la pièce *(Ausführungpartitur)* qui comprend, outre la notation prescriptive sur papier à musique des parties instrumentales, la transcription graphique du son que la bande est censée produire. Cette partition servira à coordonner la diffusion et surtout l'interaction des sons sur bande avec les parties instrumentales. Dans ce cas, comme dans d'autres, la coordination entre la bande et les interprètes est essentielle. La bande tourne sans interruption et détermine inexorablement le déroulement des événements gravés. Pour que l'exécution soit réussie, il est essentiel que tous les exécutants aient des points de référence précis pour pouvoir s'orienter (voir l'exemple 4).

La partition qui sert à l'exécution de *Kontakte* a donc plusieurs fonctions : elle prescrit le rôle des interprètes par la notation sur papier à musique ; elle décrit un événement sonore (créé sur la base d'un texte prescriptif) qui prend une valeur prescriptive nouvelle et déterminante par sa rigoureuse scansion du temps. Enfin elle organise l'ensemble en harmonisant le double régime temporel de la bande magnétique et des instrumentistes en assurant le fonctionnement du système entier. Si, comme le soutien Clifford Geertz, l'écriture permet à l'anthropologue de mettre de l'ordre dans un objet confus en passant par une métaphore (1983), dans une partition de musique mixte elle assure concrètement la même fonction organisatrice avec le plus d'efficacité possible.

Lorsqu'on a établi une convention graphique pour désigner des événements sonores et qu'elle s'est montrée capable de les contrôler, on peut l'appliquer aussi bien à d'autres situations. Que l'on songe, par exemple, à une autre pièce de Stockhausen de la même période, *Carré,* pour quatre chœurs et quatre orchestres, où chaque groupe est dirigé par un chef différent. Chacun des chefs dispose d'une partition divisée en deux parties : l'une prescrit le jeu de son propre groupe, l'autre décrit en résumé la musique des trois autres groupes par un graphique fondé sur une analogie visuelle et qui représente les masses sonores.

Mais le graphique d'action, qui sera bientôt largement utilisé, construit la convention son/signe sur une autre base. Le couple traditionnel son/hauteur, où chaque note écrite représente en quelque sorte l'équivalent d'un phonème, est remplacé par un symbole graphique à la signification multiple et qui désigne aussi la composante gestuelle. La convention symbolique est alors fondée sur un mécanisme nouveau qui représente non seulement les sons, mais encore les gestes qui les produisent.

La rencontre de la technologie de l'écriture avec l'électroacoustique, sujet d'importance pour le compositeur de l'après-guerre, peut aussi être considérée dans un contexte plus vaste. C'est à cette époque que furent élaborées les théories de Lévi-Strauss sur la pensée sauvage, celles de Havelock sur écriture et oralité dans la Grèce préplatonicienne, d'Ong sur langage et rhétorique, de Goody et Watt sur les implications de la culture de l'écrit, et de McLuhan sur le rôle des nouvelles technologies dans les mécanismes de la communication humaine (Havelock, 1986). Toutes ces recherches, en dépit de la différence de leurs domaines d'étude, partagent à peu de choses près les mêmes thématiques qui vont de la technologie de l'expression et de la communication humaine aux processus cognitifs qui y sont liés.

Exemple 4

Karlheinz Stockhausen, Kontakte, *pour piano, percussion et bande magnétique (1959-1960) ; page 36 de la* Ausführungpartitur, *UE 14246 L.W.*
En haut : la transcription de la partie électroacoustique avec indications du temps
Au centre : la partie de percussion
En bas : la partie de piano

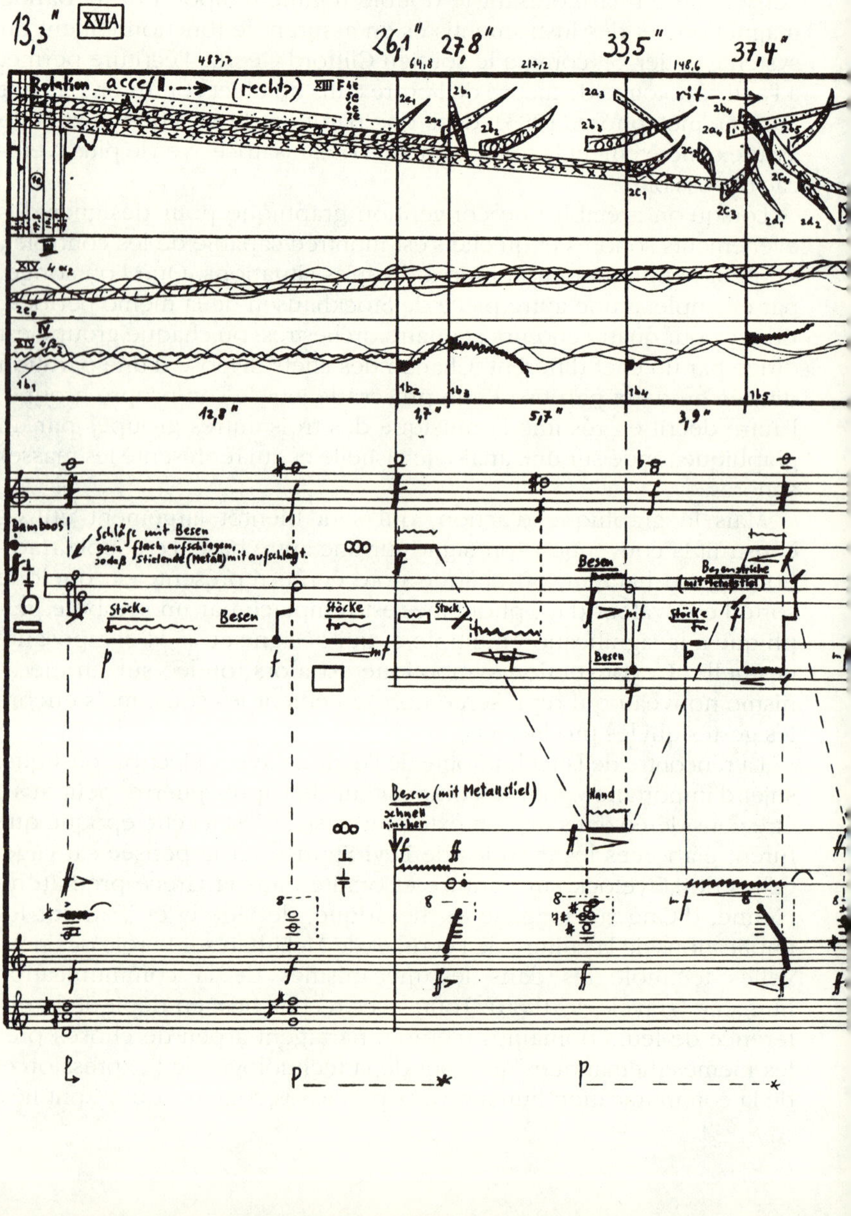

XVIIB
XVIIC
46,0"
48,6"
53,4"
steht kurz in III
Rot. langsam
steht in I
Rotation sehr schnell, links
accel.
IV
4,8"
15,7"
2,6"
Bamboos
+ Stock
+ Hand
(mit Stock)
mit Stock streichen
Besen
Stöcke
Besen langsam
Schläge
Bamboos
Striche mit Metallstiel

Havelock reconnaît les affinités importantes entre ses recherches sur les modes de communication dans la Grèce antique et celles de McLuhan sur les médias contemporains ; il souligne que ces réflexions sont fondées sur une conscience nouvelle des rapports entre médias et processus cognitifs. Cette conscience naît en partie de la rencontre avec la technologie à laquelle sont confrontés les chercheurs en cette nouvelle époque. Dans ces années-là, l'ère de la typographie est remplacée (mais mieux vaudrait dire accompagnée) par celle de l'électronique. C'est au moment où, grâce à la radio et à l'enregistrement du son, on retrouve la valeur auditive de la parole, qu'une réflexion plus lucide se développe sur l'oralité et l'écriture. Le spécialiste de l'Antiquité Parry fait un pas décisif dans ce sens quand, pour étudier la structure des poèmes homériques, il enregistre sur disque les chants de musiciens contemporains illettrés.

Le studio électroacoustique est un des lieux où la rencontre avec la technologie est vécue avec la conscience la plus aiguë. C'est le lieu où les graphiques, les magnétophones, les oscillateurs et le papier à musique cohabitent étroitement. Ils sont souvent utilisés par la même personne et dans la même œuvre. Ce n'est peut-être pas par hasard que le livre qui a eu une influence énorme et une grande importance théorique, *L'Œuvre ouverte* (1962) d'Umberto Eco, soit né justement dans le contexte du Studio de phonologie de Milan ; l'auteur y parle de ses contacts avec les musiciens "de la frontière" comme Stockhausen, Pousseur, et surtout Berio. Le livre devait devenir le manifeste des formes artistiques informelles des années 1960.

Un indice important des conditions particulières dans lesquelles travaillaient les compositeurs à l'époque nous est fourni par la floraison de textes théoriques. Stockhausen, Boulez, Schaeffer et Pousseur ont, entre autres, constamment recours à l'écriture pour expliciter en détail leur création ; ces textes n'ont pas d'équivalent du point de vue de la profondeur et de l'étendue chez les compositeurs d'autres époques. Il est certain que leur besoin d'écrire "autour" de la musique est dû à différents facteurs : un effort pour théoriser un nouveau statut pour un nouvel art des sons (comme c'est le cas chez Schaeffer), pour systématiser leurs techniques de composition, ou encore un désir de nouer un rapport avec un public qui semblait s'éloigner de plus en plus. Mais il est symptomatique que la réflexion soit souvent centrée sur le travail d'écriture du compositeur et les techniques qu'il utilise, comme si la rencontre avec d'autres technologies avait stimulé une recherche sur leur propre identité en tant qu'artisans et sur le sens de leur travail. Souvent ils en viennent à affirmer une identification absolue entre composition et écriture. Stockhausen, dans les années 1950, qui sont au centre de son activité de pionnier de l'électronique, se définit lui-même comme "quelqu'un qui écrit" ; il souligne que le métier du compositeur consiste à écrire, à confier ses œuvres à l'écriture (1959). Quelques décennies plus tard, Hugues Dufourt, philosophe et musicien de la génération suivante, qui a traversé l'expérience électroacoustique comme celle de la musique spectrale, souligne à nouveau que, dans le contexte de la musique savante occidentale, qui s'est développée par un contrôle toujours plus précis de l'oreille par l'œil, "la question *qu'est-ce que créer ?* revient toujours à la question *qu'est-ce qu'écrire ?*" (1991, p. 185).

Malgré l'évolution des diverses technologies, cette insistance sur le rapprochement de l'écriture et de la composition peut faire penser que le compositeur ne peut pas ou ne veut pas s'affranchir totalement de l'héritage de l'écrit qui l'a formé peu à peu au cours des siècles. Cela impliquerait que le compositeur est et veut rester "celui qui écrit de la musique". Ce désir tenace est peut-être dû aussi à la séparation naturelle que crée l'écriture entre le moment de la composition et celui de l'exécution et qui fait de la première audition d'une œuvre (qu'on appelle en français, et non à tort, sa *création*) un moment de véritable révélation, une expérience affective absolument unique et qui ne saurait avoir d'équivalent.

Dans son séminaire de composition de 1992 à Royaumont, Brian Ferneyhough raconte comment il était arrivé en retard à la première répétition d'un de ses quatuors ; il était resté sur le seuil écoutant, ravi et fasciné, les sons qui étaient bien les siens, il le savait, mais qu'il n'avait encore jamais entendus.

4. Le "non-écrit" et les raisons de son écriture

> [...] la note et le soupir ne sont que des entités physiques dessinées sur la page ; ils n'ont en eux-mêmes aucune valeur.
>
> Prosdocimo de Beldemandis, 1404, in Gallo, 1991, p. 133.

Dans les pages précédentes, nous avons parlé de la relation instable entre musique et écriture, entre son et symbole graphique. En suivant la logique de la pensée boiteuse, nous nous sommes fait une idée de ce que sont les musiques non écrites et de la raison pour laquelle on les écrit. Ayant ainsi clarifié la situation, nous pouvons maintenant revenir à la question initiale. Les musiques non écrites sont celles qui, théoriquement, se placent en dehors de la culture de l'écrit. Si nous considérons les quatre macrosystèmes de la transmission du son qui ont été utilisés jusqu'à maintenant (la tradition orale/auditive, l'écriture manuscrite, l'imprimé, l'enregistrement), nous pouvons avancer une hypothèse historique : les musiques non écrites coïncident avec celles qui apparaissent avant et après l'écriture, c'est-à-dire qui vivent dans le cadre de l'oralité et de la technologie de l'enregistrement. Pourtant, les systèmes de transmission sont liés entre eux de manière forte et indissociable, ce qui fait qu'on ne peut les distinguer que sur le plan de la théorie. Il suffit de penser que la fixation des sons sur un support représente une forme d'écriture et que les musiques de tradition orale sont diffusées et étudiées grâce au travail d'enregistrement. A son tour, l'enregistrement n'est pas une opération neutre, mais prend une part active à la création du document sonore. D'où une première considération : il est impossible de faire une distinction nette et pertinente entre musique écrite et musique non écrite. L'écriture se construit sur la base d'une pratique ; elle est liée à des notations, à des supports, à des modalités précises de lecture et de décodage. L'interaction entre musique et écriture ne conduit pas à une réalité que l'on peut organiser en catégories définies, mais plutôt à des classifications théoriques diverses où les phénomènes sont regroupés sur la base de rapports souvent hétérogènes. Cela est aussi dû à une certaine imprécision sémantique des termes ; ils peuvent toujours renvoyer à autre chose et doivent sans cesse être précisés.

Tout deviendrait plus simple si la question était formulée autrement, c'est-à-dire : qui accomplit l'opération, et à quelle fin ? Ou encore, au lieu de se demander de façon indéterminée pourquoi on écrit, on devrait se demander qui écrit et pourquoi il le fait. Cela permettrait d'adopter la perspective du chercheur qui se pose la question et de considérer les phénomènes musicaux "non écrits" comme le fait le musicologue ou l'ethnomusicologue qui travaille dans le cadre universitaire du monde occidental. Vues ainsi, les musiques non écrites sont toutes celles qui n'utilisent pas de partition au sens traditionnel, c'est-à-dire un texte écrit où se côtoient les aspects descriptifs et prescriptifs et qui est significatif et évocateur pour le chercheur comme pour l'interprète.

L'écriture de la musique sans partition équivaut toujours à une transcription. En effet, le compositeur est le seul qui "écrive la musique". Dans tous les autres cas, il s'agit de transcriptions-traductions qui partent d'un texte sonore, obtenu en général par enregistrement, pour le transférer sur papier sous forme de réduction-traduction visuelle. Les chercheurs ont plusieurs raisons pour utiliser la transcription. Pour l'ethnomusicologue, le passage d'une pièce de musique de tradition orale par le pouvoir révélateur de l'écriture constitue un moment essentiel dans la constitution de l'objet qu'il souhaite étudier. Elle peut aussi être une étape importante des études d'autres genres musicaux. Cela vaut la peine de mentionner, par exemple, la position de Jean-Jacques Nattiez qui montre, à partir d'une perspective sémiologique, que l'on ne peut analyser une œuvre musicale sans un texte écrit qui permette d'en discerner les différents éléments. Il indique aussi qu'en soi, l'analyse présuppose un substitut symbolique de l'événement sonore, c'est-à-dire une transcription, et que la partition écrite traditionnelle pourrait être considérée comme une sorte de "transcription phonologique à l'envers" (1987, p. 100-101).

Cela dit, à la base de tout processus de visualisation des phénomènes sonores, une motivation bien plus profonde est directement issue d'un raisonnement typique de la culture de l'écrit. Le chercheur occidental, de par son activité, a forcément besoin d'un objet stable et visible au sujet duquel il puisse parler ou écrire. Et le musicologue ne fait pas exception. Richard Widdess le souligne : "Tant que la technologie ne remplacera pas l'écriture par un mode de communication supérieur, la fonction professionnelle essentielle de tout musicologue, que son titre soit ou non précédé du préfixe «ethno-», sera toujours probablement d'écrire sur la musique ; car c'est par l'écriture que son travail devient, largement et de façon permanente, accessible aux autres." (1994, p. 73.) Widdess en conclut que, vue de cette façon, la transcription reste un instrument fondamental qui permet à la fois de produire de la musique et de transmettre des idées à son sujet.

Pour écrire, il faut être en présence d'un phénomène qui soit fondamentalement compatible avec l'écriture, ou du moins, qu'il partage avec elle la même caractéristique : être destiné à la vue. Selon les anthropologues de l'écriture, écrire "au sujet de quelque chose" signifie aussi écrire "sur quelque chose" du point de vue matériel. Ainsi, le support de l'objet d'étude doit être compatible avec le support qu'utilise le sujet qui communique par écrit. Hood montre que les aspects de la musique dont on ne peut parler sont toujours en réalité ceux qu'on ne peut voir *("they were not* untalkable, *simply* invisible", 1993, p. 138). Selon lui, on cherche, au cours du temps, à aboutir à une visualisation toujours plus précise des phénomènes sonores à l'aide de dispositifs toujours plus complexes, bien que la musique, de par sa nature, garde toujours quelque chose qu'on ne peut traduire en catégories visuelles.

En tant que substitut visuel d'un événement sonore, la transcription comporte des limites implicites à l'étude d'un phénomène musical non écrit. Une partition traditionnelle, à la fois descriptive et prescriptive, coïncide avec la rédaction définitive du projet ; elle porte la trace du travail fait en amont qui a permis sa réalisation. On ne peut dire la même chose d'une transcription, fût-elle la plus précise. Lorsqu'on sépare l'événement sonore du support et que l'on restitue l'aspect physique de la réalité sonore, certains éléments, surtout ceux qui concernent la genèse du phénomène musical, peuvent disparaître. La transcription, en tant que réduction visuelle à deux dimensions de l'événement sonore contient toujours moins d'informations que le phénomène lui-même et ne peut donc mettre en évidence les aspects qui ne sont pas pleinement exprimés. Un exemple montre clairement que la transcription ne peut traduire visuellement que ce qui existe déjà dans les données sonores. C'est le travail célèbre de Simha Arom sur les polyphonies et polyrythmies d'Afrique centrale, travail essentiel sur le monde des musiques de tradition orale (1985). Selon lui, une des tâches les importantes de l'ethnomusicologue est de remonter au modèle mental à partir duquel un musicien joue une pièce non écrite. Cela est d'autant plus essentiel et vrai lorsque des édifices polyphoniques complexes, comme c'est le cas des musiques africaines qu'il étudie, sont fondés sur une structure qui est sous-entendue dans l'esprit des exécutants.

Dans ce cas précis, les analyses et les transcriptions d'Arom révèlent de façon exemplaire les modèles structurels de la pensée des musiciens. Ses résultats ne dépendent pas tant de la précision de la transcription que du mode utilisé pour relever les données sonores. Les transcriptions ne font que révéler sur le papier une procédure qu'Arom avait déjà analysée dans la phase précédente, c'est-à-dire au moment où il a enregistré les "textes" sonores. Pendant la prise de son, il utilise une procédure particulière inspirée de la technique du "play-back" : il fait entendre à chaque instrumentiste, sur un casque, la partie qui a été enregistrée séparément par son prédécesseur, afin de déterminer la façon dont chacun choisit de coordonner sa partie avec celle des autres. Ce faisant, il a déjà réalisé une opération analytique en démontant l'édifice polyphonique en ses différentes composantes de base. Au cours de ses relevés, Arom "construit" des documents sonores qui sont déjà en eux-mêmes des analyses. Les transcriptions qu'il en fait ensuite sont des traductions sur le plan visuel de ce qui avait déjà été saisi et relevé au cours du travail précédent. Elles ont intéressé des compositeurs comme Ligeti et Berio au point que ces musiques se sont trouvées mêlées aux matériaux manuscrits d'une œuvre comme *Coro* de Berio ou l'une des études pour piano de Ligeti.

Si au fond l'enregistrement permet, grâce à l'écoute, d'étudier de la même façon les musiques non écrites, qu'elles soient électroacoustiques ou ethniques, leurs transcriptions ont pourtant toujours des significations très différentes. Cela est dû à la profonde diversité des objets musicaux. Une pièce électroacoustique est toujours une œuvre achevée, pensée et conçue dans sa totalité par un compositeur ; c'est donc une entité définissable et identifiable. Une pièce de musique de tradition orale est en réalité la fixation d'une exécution qui ne devient un objet terminé que parce qu'elle est figée par l'enregistrement. Celui-ci est doué du pouvoir d'abstraction, égal à celui de l'écriture, qui permet d'extraire les sons du contexte d'une exécution et d'en créer un nouveau texte sonore ; le résultat fixé est non une symbolisation, mais directement une réalité acoustique.

De nos jours, le chercheur qui travaille avec des méthodologies qui viennent du monde de la musique écrite transcrit les musiques qui n'ont pas de partition afin de les intégrer à un environnement familier qui les rend aptes à l'étude et à la segmentation, sur la base de catégories stables, centrées sur l'écriture. Il est probable qu'à l'avenir, affranchi de la culture de l'écrit, travaillant avec d'autres critères – peut-être élaborés à la suite de l'apparition de nouveaux systèmes de transmission – et connaissant mieux le pouvoir de l'enregistrement à restituer la réalité, le chercheur finira peut-être par se demander “pourquoi enregistrer les musiques non enregistrées”.

5. Scénarios du passé et de l'avenir

> Pourtant personne ne doit critiquer le compositeur qui se laisse tenter par l'impossible. Pour lui, la musique qu'il entend intérieurement sonne de manière mille fois plus passionnante que celle qui, une fois mise sur papier, se heurte à la réalité.
>
> Karlheinz Stockhausen, 1956, p. 70.

Le 21 septembre 1998 à Milan a eu lieu une exécution d'*A floresta è jovem e cheia de vida*, une œuvre de 1966 de Luigi Nono, pour soprano, trois voix, clarinette, dix plaques de cuivre et bande magnétique à huit pistes. Entre 1966 et 1977, il avait travaillé avec les musiciens pour en préparer plusieurs exécutions et un enregistrement. La présentation de Milan était la première depuis la mort du compositeur ; elle a été montée sur la base d'une partition posthume publiée par Ricordi (éditée par Maurizio Pisati et Veniero Rizzardi). Bien que Nono considérât *A floresta* comme une œuvre dont les éléments structurels étaient fixés, qu'il en eût écrit les parties de chaque musicien, réalisé la bande et autorisé l'enregistrement, il n'avait jamais écrit la partition. Avant l'exécution de Milan, un séminaire avait été organisé à Venise à la fondation Cini au mois d'avril 1998, pour que puissent se rencontrer et débattre les interprètes de différentes générations, les éditeurs et les chercheurs.

Les éditeurs avaient transcrit les enregistrements des exécutions précédentes en les comparant avec les témoignages écrits ; ils ont donc rassemblé et interprété toutes les sources disponibles. Cela a permis de faire ce qu'un certain courant philologique considère comme le but de toute transcription en notation utilisable, c'est-à-dire comme l'indique Feder, "mettre au clair, par écrit, l'intention sonore du compositeur, en fournissant des prescriptions meilleures et plus précises que ne l'avait fait ce dernier" (1987, in 1992, p. 108). Cette opération de transcription a bénéficié, outre les sources récentes, du témoignage des interprètes qui avaient travaillé avec Nono sur les exécutions passées ; cela était fondamental car il fallait déchiffrer certaines indications figurant dans les esquisses ou sur les parties instrumentales. Mais ce sont ces témoignages qui ont créé de nouveaux débats.

A Venise, la nouvelle édition a été prise comme texte prescriptif et la référence pour de futurs exécutants, ce qui n'a pas toujours rencontré l'accord des anciens interprètes. Il était difficile pour eux de comprendre pleinement la valeur d'un travail qui aboutissait à codifier, sous forme de "partition", ce qui avait été pour eux non seulement un événement artistique mais une réelle expérience de vie. Ils considéraient que les données inscrites sur papier ne pouvaient suffire à transmettre toute la complexité sonore de la pièce. De même, le travail de restauration de la bande magnétique n'a pas pu mettre d'accord les générations anciennes et les plus récentes. La reprise d'*A floresta* a révélé dans toute sa complexité la question de l'opportunité de "rejouer une œuvre" qui, comme celle-ci, est profondément liée à une pratique interprétative particulière.

Philippe Albèra, dans une interview avec Nono en 1987, qui préfigurait presque ce qui arriva dix ans plus tard, demanda au compositeur pourquoi il n'avait pas voulu assurer à *A floresta* une "pérennité" en rédigeant une partition. Nono répondit que, pour accepter cette exigence du "marché", il aurait dû reprendre l'œuvre, "choisir à nouveau des voix, travailler pendant au minimum un mois, découvrir de nouvelles possibilités [...]" (1987, p. 19). Il ajouta qu'il préférerait "écrire une autre œuvre". A la question de savoir ce qui arriverait le jour où il ne serait plus là, il répondit sans équivoque et d'un ton sans réplique, en fait presque sibyllin dans son apparente absence de lien avec la parole familière qu'on lit sur la page : "D'autres musiciens feront d'autres musiques ! On essaie tout de même de fixer graphiquement les choses, mais j'ai dit plusieurs fois que je ne tiens pas au concept de l'écriture ! C'est comme la musique de Gabrieli : il écrit «a sonar e cantar». La dynamique, le tempo, la répartition entre voix et instruments ne sont pas fixés. La pratique qui en faisait la réalisation a disparu." *(Ibid.)*

Bibliographie

ABRAHAM, O. et HORNBOSTEL, E. M. von, 1909-1910 : "Vorschläge für die Transkription exotischer Melodien", *Sammelbände der Internationalen Musikgesellschaft,* vol. XI, n° 1, p. 1-25 ; repris in E. M. von Hornbostel, *Tonart und Ethos. Aufsätze zur Musikethnologie und Musikpsychologie,* C. Kaden et E. Stockmann (éd.), Wilhelmshaven, Florian Noetzel, 1999, p. 112-150.

AROM, S., 1985 : *Polyphonies et polyrythmies instrumentales d'Afrique centrale,* 2 vol., Paris, SELAF.

BARONI, M. et DALMONTE, R. (éd.), 1985 : *Bruno Maderna. Documenti,* Milan, Suvini Zerboni.

BENJAMIN, W., 1923 : "Die Aufgabe des Uebersetzers (1921)", préface à l'éd. allemande de C. Baudelaire, *Tableaux parisiens,* Heidelberg, Richard Weissbach, 1923 ; repris in *Schriften,* Francfort, Suhrkamp Verlag, 1955 ; trad. fr., "La tâche du traducteur", in Id., *Œuvres,* Paris, Gallimard, 2000, vol. I, p. 244-262.

BENT, M., 1994 : "Editing Early Music. The Dilemma of Translation", *Early Music,* vol. XXII, n° 3, p. 373-392.

BERBERIAN, C., 1993 : "La nuova vocalità nell'opera contemporanea", *Symphonia,* vol. IV, n° 30, p. 10-12.

BOULEZ, P., 2002 : *L'Ecriture du geste. Entretiens avec Cécile Gilly sur la direction d'orchestre,* Paris, Christian Bourgois.

CAPUANO, G., 2002 : *I Segno della voce infinita,* Milan, Jaca Book.

CARDONA, G. R., 1981 : *Antropologia della scrittura,* Turin, Loescher.

CARDONA, G. R., 1982 : "Introduzione", *La Ricerca folklorica,* vol. V, p. 3-7.

CATTIN, G., 1991 : *La Monodia nel Medioevo,* Turin, Edizioni di Torino.

CHION, M., 1991 : *L'Art des sons fixés,* Fontaine, Editions Metamkine-Nota Bene-Sono Concept.

DE BENEDICTIS, A. I., 2000 : "... all'epoca delle valvole... Incontro con Marino Zuccheri", in *Nuova musica alla radio. Esperienze allo Studio di fonologia della RAI di Milan, 1954-1959,* A. I. De Benedictis et V. Rizzardi (éd.), vol. bilingue avec CD, Rome, CIDIM-RAI, p. 177-213.

DE BENEDICTIS, A. I., 2004 : "*«Niente differisce dalla inscrizione inscritta.» Su* Ausstrahlung *di Bruno Maderna*", in *La Scrittura come rappresentazione del pensiero musicale,* G. Borio (éd.), Pise, ETS, p. 237-291.

DE BENEDICTIS, A. I. et RIZZARDI, V. (éd.), 2000 : *Nuova musica alla radio. Esperienze allo Studio di fonologia della RAI di Milan, 1954-1959,* vol. bilingue avec CD, Rome, CIDIM-RAI.

DECROUPET, P. et UNGEHEUER, E., 1993 : "Son pur-bruit-médiations. Matières, matériaux et formes dans *Gesang der Jünglinge* de Karlheinz Stockhausen", *Genesis,* vol. IV, p. 69-85.

DUFOURT, H., 1991 : *Musique, pouvoir, écriture,* Paris, Christian Bourgois.

ECO, U., 1962 : *Opera aperta. Forma e indeterminazione nelle poetiche contemporanee*, Milan, Bompiani ; trad. fr., *L'Œuvre ouverte*, Paris, Le Seuil, 1979.

ECO, U., 1996 : "Ostrigotta, ora capesco", in J. Joyce, *Anna Livia Plurabelle*, Turin, Einaudi, p. V-XXIX.

EIMERT, H., 1955 : "Was ist elektronische Musik ?", *Die Reihe*, vol. I, p. 1-10.

ENGLAND, N. *et al.*, 1964 : "Symposium on Transcription and Analysis. A Hukwe Song with Musical Bow", *Ethnomusicology*, vol. VIII, n° 3, p. 223-277.

ERDELY, S., 1995 : *Music of Southslavic Epics from the Bihaae Region of Bosnia*, New York-Londres, Garland.

FABIETTI, U., 1999 : *Antropologia culturale. L'esperienza e l'interpretazione*, Rome-Bari, Laterza.

FEDER, G., 1987 : *Musikphilologie. Eine Einführung in die musikalische Textkritik, Hermeneutik und Editionstechnik*, Darmstadt, Wissenschaftliche Buchgesellschaft.

FELD, S., 1986 : "Orality and Consciousness", in *The Oral and the Literate in Music*, Y. Tokumaru, et O. Yamaguchi (éd.), Tôkyô, Academia Music, p. 18-28.

GALLO, F. A., 1991 : *La Polifonia nel Medioevo*, Turin, Edizioni di Torino.

GEERTZ, C., 1983 : *Local Knowledge. Further Essays in Interpretative Anthropology*, New York, Basic Books.

GIANNATTASIO, F., 1998 : "Sull'uso ricorrente di un "aberrante" ossimoro : musica scritta", *Musica/Realtà*, vol. XIX, n° 56, p. 5-10.

GIANNATTASIO, F., 2002 : "Parole (… nostre) e musica (… degli altri) : i canti sacri e profani dei «Somàli» secondo Gustavo Pesenti (1929)", in *Pensieri per un maestro. Studi in onore di Pierluigi Petrobelli*, S. La Via et R. Parker (éd.), Turin, Edizioni di Torino, p. 387-405.

GIURIATI, G., 1999 : "Scrivere i suoni : una prospettiva interculturale", in *Scrivere la musica. Per una didattica della notazione*, F. Ferrari (éd.), Turin, Edizioni di Torino, p. 39-66.

GOODY, J., 1977 : *The Domestication of the Savage Mind*, Cambridge, Cambridge University Press ; trad. fr., *La Raison graphique. La domestication de la pensée sauvage*, Paris, Minuit, 1995.

GOODY, J., 1987 : *The Interface between the Written and the Oral*, New York, Cambridge University Press.

HADAMARD, J., 1945 : *An Essay on the Psychology of Invention in the Mathematical Field*, Princeton, Princeton University Press ; trad. fr., *Essai sur la psychologie de l'invention dans le domaine mathématique*, Paris, Bordas, 1975.

HAVELOCK, E. A., 1978 : "The Alphabetisation of Homer", in *Communication Arts in the Ancient World*, E. A. Havelock et J. P. Hershbell (éd.), New York, Hasting House, p. 3-31.

HAVELOCK, E. A., 1986 : *The Muse Learns to Write*, New Haven, Yale University Press.

HOOD, M., 1971 : *The Ethnomusicologist*, New York, McGraw-Hill.

HOOD, M., 1993 : "The Untalkables of Music", *EM*, vol. I, p. 137-142.

HOPKINS, P., 2000 : *Ways of Transmitting Music*, in *The Garland Encyclopedia of World Music*, VIII. *Europe*, T. Rice, J. Porter et C. Goertzen (éd.), New York-Londres, Garland, p. 90-111.

IMBRIANI, E., 1996 : *Il Pensiero zoppo. Antropologia e retorica*, Venosa, Osanna.

IMBRIANI, E., 2002 : *La Scrittura infinita. Antropologia tra racconto e oblio*, Nardò, Besa.

LEYDI, R., 1991 : *L'Altra Musica*, Florence, Giunti-Ricordi.

LORD, A. B. (éd.), 1954 : *Serbocroatian Heroic Songs*, Cambridge, Harvard University Press, vol. I.

LORD, A. B., 1960 : *The Singer of Tales*, Cambridge, Harvard University Press ; nouv. éd., 2000.

MARAZZI, A., 2002 : *Antropologia della visione*, Rome, Carocci.

NATTIEZ, J.-J., 1987 : *Musicologie générale et sémiologie*, Paris, Christian Bourgois.

NATTIEZ, J.-J. et NANNYONGA-TAMUSUZA, S., 2003 : "Ritmo, danza e sesso : una danza ugandese d'iniziazione al matrimonio", in *Enciclopedia della musica*, vol. III, *Musica e culture*, J.-J. Nattiez *et al.* (éd.), Turin, Einaudi, 2003, p. 956-977 ; version française, "Rythme, danse et sexualité : une danse ougandaise d'initiation au mariage", in *Musiques. Une encyclopédie pour le XXIe siècle*, vol. III, *Musiques et cultures*, J.-J. Nattiez (éd.), Arles-Paris, Actes Sud-Cité de la musique, 2005, p. 1108-1129.

NETTL, B., 1983 : *The Study of Ethnomusicology*, Urbana-Chicago-Londres, University of Illinois Press ; nouv. éd., *The Study of Ethnomusicology. Thirty-one Issues and Concepts*, Urbana, University of Illinois Press, 2005.

NICOLAS, F., 1988 : "Les preuves et les traces, ou les calculs qui ne s'entendent pas", *Contrechamps*, n° 10, p. 58-74.

NONO, L., 1987 : *Festival d'automne à Paris 1987*, Paris, Contrechamps-Festival d'automne à Paris.

ONG, W. J., 1982 : *Orality and Literacy. The Technologizing of the Word*, Londres-New York, Methuen.

PICARD, F., 1999 : "Oralité et notations, de Chine en Europe", in *Cahiers de musiques traditionnelles*, vol. XII, p. 35-53.

RASTALL, R., 1982 : *The Notation of Western Music*, New York, St. Martin's Press.

ROUSSEAU, J.-J., 1768 : *Dictionnaire de musique*, Paris, Veuve Duchesne ; repris in *Œuvres complètes*, Paris, Gallimard, "Bibliothèque de la Pléiade", vol. V, 1995, p. 603-1154 ; rééd., Arles, Actes Sud, "Thesaurus", C. Dauphin (éd.), 2007.

SASSU, P., 2000 : "Musica e rito : la musica è rito", in *Studi sul Novecento musicale in memoria di Ugo Duse*, N. Albarosa et R. Calabretto (éd.), Udine, Forum, p. 209-216.

SCALDAFERRI, N., 2000*a* : "«Bronze by Gold», by Berio by Eco. Viaggio attraverso il canto delle sirene", in *Nuova musica alla radio. Esperienze allo Studio di fonologia della RAI di Milan, 1954-1959*, A. I. De Benedictis et V. Rizzardi (éd.), vol. bilingue avec CD, Rome, CIDIM-RAI, p. 100-157.

SCALDAFERRI, N., 2000*b* : "Percorsi tra oralità e scrittura nella tradizione liturgica bizantina in Italia meridionale", in *Il Canto "patriarchino" di tradizione orale in area istriana e veneto-friulana*, P. Barzan et A. Vildera (éd.),Vicenza, Neri Pozza Editore, p. 291-310.

SCALDAFERRI, N., 2002 : "Montage und Synchronisation als Grundlagen einer neuen Aesthetik, aufgezeigt an Werken von Maderna und Berio", in *Elektroakustische Musik. Handbuch der Musik im 20. Jahrhundert*, Laaber, Laaber-Verlag, vol. V, p. 66-82.

SCHAEFFER, P., 1952 : *A la recherche d'une musique concrète*, Paris, Le Seuil.

SEEGER, C., 1958 : "Prescriptive and Descriptive Music Writing", *The Musical Quarterly*, vol. XLIV, n° 2, p. 184-195 ; repris in Id., *Studies in Musicology (1935-1975)*, Berkeley-Los Angeles-Londres, University of California Press, 1977, p. 168-181 ; trad. fr., "Notation prescriptive et notation descriptive", *Analyse musicale*, n° 24, 1991, p. 6-12.

SEVERI, C., 2004 : *Il Percorso e la Voce. Un'antropologia della memoria*, Turin, Einaudi.

SHELEMAY, K. K., 1996 : "The Ethnomusicologist and the Transmission of Tradition", *The Journal of Musicology*, vol. XIV, n° 1, p. 35-51.

STOCK, B., 1990 : *Listening for the Text. On the Use of the Past*, Baltimore-Londres, Johns Hopkins University Press.

STOCKHAUSEN, K., 1956 : "A proposito di musica elettronica", *Incontri Musicali*, vol. I, p. 70-78 ; repris in *Metafonie. Cinquanta anni di musica elettroacustica*, F. Galante et L. Pestalozza (éd.), Lucques, Libreria Musicale Italiana, 1999, p. 161-171.

STOCKHAUSEN, K., 1959 : "Elektronische und instrumentale Musik", *Die Reihe*, vol. V, p. 55-67 ; repris in *Texte zur elektronischen und instrumentalen Musik*, Cologne, DuMont, vol. I, p. 140-151 ; trad. fr., "Musique électronique et musique instrumentale", *Contrechamps*, n° 9, p. 66-77.

STOCKHAUSEN, K., 1963 : "Musik und Graphik", in Id., *Texte zur elektronischen und instrumentalen Musik*, Cologne, DuMont, vol. I, p. 176-188.

TOURNY, O., 1999 : "Le vertige de la page blanche", *Cahiers de musiques traditionnelles*, vol. XII, p. 3-8.

TREITLER, L., 1974 : "Homer and Gregory. The Transmission of Epic Poetry and Plainchant", *The Musical Quarterly*, vol. LX, n° 3, p. 333-372 ; repris in Id., *With Voice and Pen. Coming to Know Medieval Song and How it Was Made*, Oxford, Oxford University Press, 2003, p. 131-185.

TREITLER, L., 1986 : "Orality and Literacy in the Music of the European Middle Ages", in *The Oral and the Literate in Music*, Y. Tokumaru et O. Yamaguchi (éd.), Tôkyô, Academia Music, p. 38-56.

TREITLER, L., 2003 : *With Voice and Pen. Coming to Know Medieval Song and How it Was Made*, Oxford, Oxford University Press.

WIDDESS, D. R., 1994 : "Involving the Performers in Transcription and Analysis. A Collaborative Approach to Dhrupad", *Ethnomusicology*, vol. XXXVIII, n° 1, p. 59-78.

ZUMTHOR, P., 1992 : *Prefazione*, in C. Bologna, *Flatus vocis. Metafisica e antropologia della voce*, Bologne, Il Mulino.

Au-delà des partitions :
de la création à la réception

Bernard Lortat-Jacob

FORMES ET CONDITIONS DE L'IMPROVISATION DANS LES MUSIQUES DE TRADITION ORALE

L'improvisation est une notion particulièrement difficile à saisir. Elle recouvre des conceptions et des pratiques très diversifiées : tantôt l'improvisateur est un musicien de tradition orale qui, sur des schémas coutumiers, produit une musique à la fois toujours semblable et toujours différente ; tantôt il est un jazzman opérant sur des "standards", identifiables comme tels durant quelques mesures, soumis ensuite à des traitements variés ; tantôt enfin, il est un émule de la tradition savante : c'est ainsi qu'un élève fraîchement sorti d'une classe d'improvisation au conservatoire, doit savoir "improviser", c'est-à-dire montrer qu'il est capable d'explorer librement les ressources du langage harmonique et contrapunctique qu'il a appris à l'école.

Pour différents qu'ils soient en apparence, ces musiciens ont en commun : *a)* de ne pas reproduire une musique déjà pleinement conçue, c'est-à-dire écrite, et *b)* de produire "sur l'instant" – c'est-à-dire au moment même de l'exécution – des énoncés inattendus et imprévisibles. Précisons que cette imprévisibilité est d'abord celle de l'auditeur, car il convient de distinguer entre processus de création et processus de perception (Molino, 1975 et Nattiez, 1987). Au contraire de ce qu'il paraît, l'improvisateur n'a de cesse de conjurer cette imprévisibilité en prévoyant et en anticipant mentalement son geste vocal ou instrumental ; si l'on exclut quelques prestations propres au free-jazz contemporain, l'improvisation n'est jamais stochastique et rarement hasardeuse : en suivant les règles qui sont les siennes, chacune tire sa réussite autant de son caractère innovant que de la réalité à laquelle elle se réfère, qui lui préexiste et lui donne son sens.

Citons deux anecdotes éclairant le rapport entre improvisation conçue (par le musicien) et perçue (par son public) : la première concerne le *taqsîm* iranien dont Bruno Nettl et Ronald Riddle (1998) ont pu démontrer que, en dépit de son caractère improvisé, il se déroule toujours de la même façon – du moins lorsqu'il est joué par un musicien tel que Ali Jihad Racy. Réflexion amusée de Ali Jihad Racy après qu'on lui eut communiqué les résultats de l'analyse : "Ah ! je ne savais pas que j'étais si prévisible." La seconde concerne des musiciens roumains en tournée à Paris, invités il y a quelques années à se produire devant un public d'experts de la direction de la Musique. Ces experts ne manquent pas de relever le caractère hautement varié de l'exécution des deux violonistes et leur demandent : "Mais, pourriez-vous jouer deux fois exactement la même chose. – Ah ! nous ne savons pas… Nous n'avons jamais essayé. Peut-être qu'en se concentrant bien, on y arriverait !"

1. Improviser à partir d'un modèle

Vue comme "un intermédiaire entre la reproduction et la création" – pour reprendre l'expression de Ghizela Suliteanu (1976, p. 97) –, l'improvisation n'est pas "pré-composée" (Nettl et Russel, 1998) : elle est tout simplement composée, sur l'instant, et à ce titre requiert l'utilisation de règles. Certes, elle fascine en produisant de l'imprévu et en sollicitant de la part de l'interprète une intense activité créative, mais cet imprévu n'est lui-même perçu comme tel que grâce à l'existence d'une référence stable et permanente : en d'autres termes, d'un *modèle*.

Du point de vue de la méthode, une approche de l'improvisation oblige le musicologue à dépasser les simples manipulations formelles conduites sur son corpus (ce qu'il a enregistré et consigné par écrit après l'écoute de ses enregistrements), car ce qu'il entend n'est que la partie visible de l'iceberg. Face aux faits d'improvisation, il est dans l'obligation de "décoller" des simples inventaires, de se dégager des transcriptions, dans la mesure où celles-ci risquent d'être dépassées elles-mêmes par une variante improvisée inédite, pour prendre en compte, au-delà du champ des réalités données, celui des virtualités.

Comprendre le processus d'improvisation revient donc à s'interroger non sur ce qui *est* constitué et formé, mais sur ce qui est de nature *à* constituer et *à* former. Certes, il peut comprendre ce processus à partir d'observations portées sur un matériel réel, et à ce titre, la démarche est celle de toute analyse musicale, mais il lui faut aussi dégager des relations virtuelles encore inédites et prévoir des chemins musicaux inexplorés. Fermons cette parenthèse téléologique en précisant que les musiciens eux-mêmes ont toujours une connaissance, au moins intuitive, du modèle qui leur sert de référence et que rendre explicite ce modèle requiert le plus souvent leur étroit concours.

2. La nature du modèle

Il convient donc d'approcher l'improvisation à partir de la notion de modèle : un modèle qui se compose d'éléments formels dûment mémorisés et en nombre fini, un peu comme le lexique d'une langue, et de règles de combinaisons, relevant d'une grammaire, à partir desquelles il est possible de produire un nombre infini d'énoncés musicaux. Bien qu'il soit une représentation strictement mentale, ce modèle est doté d'une réalité acoustique puisqu'il se compose de sons, de modes, de rythmes, de gestes techniques que, durant son apprentissage, le musicien aura intégrés et qu'il saura coordonner durant sa performance. La prégnance de ce modèle sera, pour l'auditeur, proportionnée à sa familiarité avec le genre, la forme ou le style de musique. Mais, dans tous les cas, le champ ouvert par l'improvisateur se pense et se perçoit à partir d'une référence structurelle permanente qu'il convient de qualifier.

Or, selon les cultures et les savoirs musicaux, cette référence est plus ou moins présente et formalisée. Sur le plan des principes, on peut noter que plus la référence est claire et précise, mieux le modèle joue son rôle. Le recours à la référence peut concerner la forme en général et/ou le mode mélodique ou rythmique (dans la musique savante d'Orient en particulier et dans les musiques modales en général), mais elle peut également prendre en compte des rapports de tonalité (conduites harmoniques obligées, grilles de jazz, etc.) ou des structures mélodiques plus précises ; ou encore, dans la musique de danse par exemple, se composer de simples formules métrico-rythmiques. Une des difficultés de l'approche du modèle tient précisément à son caractère multiforme. Selon les conceptions et les pratiques musicales, il semble recouvrir des réalités fort différentes.

2.1. *Modèle-composition*

Une composition ou un thème, fixés dans leur forme et parfois même écrits, peuvent servir de modèle : ce cas est évidemment fréquent dans les musiques savantes ou dans le jazz, mais également dans la musique classique d'Inde du Nord où une exploration modale improvisée sur un râga donné peut s'élaborer à partir de compositions *(bandish)* identifiées comme telles (Canzio, 1987). Autre cas, non sans analogie avec le précédent : le gamelan balinais qui, en règle générale, se prête, sinon à de réelles improvisations, du moins à diverses orchestrations à partir d'un *cantus firmus* (dit *balungan*) précomposé, et laissant, sous la direction d'un maître, une liberté plus ou moins grande aux différents pupitres de l'orchestre. Autre cas encore – limite celui-ci – : les improvisations "standardisées" données par un maître, puis mémorisées par ses épigones, en Inde, en Iran, mais tout aussi bien dans la musique instrumentale de Sardaigne ou dans le jazz. (Le jazz représente à cet égard un cas particulier. On notera par exemple qu'un "standard" de jazz est tout sauf un standard en ce sens que rien en lui, ou presque, n'est standardisé. Un standard est volontiers polymorphe et existe surtout par les interprétations qu'on en donne – et certaines sont célèbres au point de faire école. En tout état de cause, il se compose d'un certain nombre d'éléments mélodiques, harmoniques, rythmiques, etc., qui le caractérisent assez grossièrement et dont les musiciens se servent librement comme base et premier incipit de leur improvisation.) Non plus produite, mais seulement reproduite, une improvisation standardisée ne s'élabore pas à partir d'un modèle – au sens que nous donnons à ce mot – mais à partir d'une composition aussi fixe qu'une œuvre écrite (alors même qu'elle ne l'est pas) soumise occasionnellement à des micro-changements. En d'autres termes, une composition ne constitue pas, en soi, un modèle, mais peut servir de modèle à différents modes d'improvisation, lesquels d'ailleurs peuvent également à leur tour utiliser tous les procédés de composition courants dans la musique écrite (chiffrage harmonique, contrepoint, canon, formules en *fugato*, etc.). *In fine*, toute convention formelle ou stylistique peut entrer dans le jeu improvisé (typiques à cet égard sont le *radif* iranien [During, 1987] ou le *maqâm* irakien [Qassim Hassan, 1987], ou encore le *shesh moqam* d'Asie centrale puisque, en principe improvisés, ils offrent à leurs interprètes respectifs des libertés très réduites). Signalons encore l'existence de certaines formes bien connues dans la musique occidentale, qui parodient en les fixant sur le papier certaines conduites improvisées héritées de la tradition orale : ainsi le *ricercare*, la rhapsodie, l'impromptu ou la fantaisie. On s'en rend compte : les musiques orales improvisées et celles qui sont fixées par l'écriture ne se présentent pas nécessairement sous forme de deux entités opposées.

2.2. *Modèle-formule*

De façon moins sophistiquée, une simple formule métrico-rythmique, éventuellement assujettie à des contraintes modales, tonales ou mélodiques spécifiques peut, dans une culture donnée, avoir une fonction de modèle. C'est le cas notamment dans la musique de danse où les pas des danseurs, constituant des structures strictement périodiques, fournissent un cadre à l'improvisation étroitement calibré par une pulsation corporelle. On citera le cas intéressant du *ballu* (danse) de Sardaigne ou de la *roata feciorilor* ("ronde des garçons") en Roumanie transylvaine, accompagnés ordinairement à l'instrument, lequel, par intermittence, s'arrête de jouer pendant que les pas des danseurs continuent de produire le schéma métrico-rythmique de la danse. Il apparaît d'ailleurs que, si l'on excepte quelques dérives de la musique disco, ce cadre métrique n'est en général jamais vide et qu'il n'est pas réductible à un ensemble de pulsations indifférenciées. Il comprend des implications tonales et/ou accentuelles aptes à être perçues et transposées par les danseurs en gestes combinés et en mouvements. La dimension d'un modèle de ce type se complique d'ailleurs dans les danses dites "à figures" : les danseurs embrassent alors d'importants espaces que calibrent ou régissent des phrases ou des séquences musicales *ad hoc*, fournissant, le cas échéant, un cadre d'improvisation de plus large dimension.

2.3. *Modèle d'apprentissage*

Le modèle peut être intégralement donné durant la performance elle-même, sous une forme bien précise. Ainsi dans les musiques à plusieurs parties, les parties les plus simples peuvent constituer le modèle (comme le *balungan* balinais déjà cité). Mais parfois, et comme en témoignent de nombreuses pratiques à travers le monde, ces parties simples sont des artefacts réalisés occasionnellement par quelques maîtres pédagogues et destinés à leurs élèves afin d'aplanir les difficultés que représente l'apprentissage d'une forme complexe. En général, dans ces modèles, le monnayage en valeurs rapides est supprimé et les notes ornementales les plus difficiles à réaliser sont sacrifiées pour mieux laisser place à une ligne mélodique que l'élève devra, dans la musique de danse par exemple, faire cadrer avec un schéma rythmique sous-jacent. C'est ainsi que font tous les musiciens tsiganes des Balkans jouant au sein de petits ensembles (par exemple, le *taraf* de Roumanie) et qui sont, comme chacun sait, de grands improvisateurs. Par la suite, cette ligne mélodique servira de base à l'improvisation, comme si sa familiarité acquise par l'élève permettait à ce dernier de s'en éloigner.

Le modèle d'apprentissage constitue donc une base que devra assimiler le musicien débutant avant de voler de ses propres ailes et de pouvoir improviser. Dans certains cas, il est d'ailleurs clairement formalisé : dans la musique traditionnelle japonaise – mais le phénomène dépasse largement le Japon –, l'apprentissage des différents instruments passe par la mémorisation de formules syllabées (dites *shoga*) qui figurent avec une grande précision les timbres et les différentes fonctions instrumentales. Ce même système est systématiquement utilisé par les joueurs de clarinettes triples de Sardaigne : l'apprenti musicien apprend des *nodas*, c'est-à-dire des formules de base transmises de génération en génération, qui, ordonnées les unes par rapport aux autres dans le jeu improvisé, sont autant de petits thèmes de référence à partir desquels il devra développer son jeu s'il veut acquérir de la notoriété.

2.4. *Modèle donné ou à découvrir*

Dans le cas précédent, le modèle est donné dans l'exécution ou une composante d'apprentissage, avant qu'il serve d'ancrage à une prestation musicale improvisée. Mais le modèle peut également ne pas avoir d'existence explicite et être dégagé analytiquement à partir du matériau musical lui-même. Obtenu par la comparaison de pièces analogues et le recoupement de données observables, il doit alors être vérifié, autant que faire se peut, par diverses procédures de validation auprès des musiciens eux-mêmes. En tout état de cause, ce modèle est de nature empirique et construit à partir de structures récurrentes observables que pondéreront des données statistiques. Il peut être maximum, obtenu en recherchant le "plus grand dénominateur commun", comme disent les mathématiciens, et inclure la totalité des variantes attestées ainsi que certaines instructions indiquant de quelle façon et dans quelles conditions le chanteur ou le musicien passe de l'une à l'autre (Nielsen, 1983). Mais il peut aussi être échafaudé par une pratique d'"épuration", en dégageant les éléments minimum communs à toute exécution. C'est la recherche du "plus petit dénominateur commun". C'est ce que fit Simha Arom lorsqu'il analysa les polyphonies et polyrythmies instrumentales d'Afrique centrale : à partir d'une superposition dite paradigmatique des diverses parties d'une musique de trompe très complexe, il réussit à extraire un schéma mélodico-rythmique dont il vérifia ensuite la pertinence auprès de ses informateurs (1985, vol. II, p. 573).

3. Fonction du modèle

3.1. *Principes dynamiques*

Dans tous les cas précédents, le modèle est réel et doté de substance acoustique. Mais il peut aussi, dans certaines situations, n'avoir aucune matérialité préconçue et relever de principes plus abstraits : c'est ainsi qu'il peut reposer sur un principe très général, comme celui de "non-répétition" tel qu'on peut l'observer dans certaines danses de Sardaigne (Giannattasio et Lortat-Jacob, 1982) mais aussi dans d'autres musiques populaires de Méditerranée, notamment en Crète, ou encore se fonder sur un principe d'ascension mélodique, comme dans la musique de possession des Aïssaouas du Maroc. Cette ascension mélodique est, bien entendu, à mettre en relation avec une fonction symbolique de la musique évoquant ou retraçant un mouvement d'ascension spirituelle.

Bien qu'ils soient très différents, ces exemples ont en commun de mettre en œuvre des principes d'organisation relativement autonomes par rapport à la matière sonore qu'ils gouvernent. Dans le système de variations sarde, le principe d'improvisation englobe à la fois la micro-structure, correspondant à la cellule, et la macro-structure, correspondant à la phrase ; les musiciens enclenchent leur système de transformation mélodique à partir d'un matériau qui n'est pas *a priori* fixé et qu'ils soumettent à deux opérations apparemment contradictoires : l'une, négative, que l'on peut formuler en ces termes : il est interdit de réitérer les formules déjà énoncées ; l'autre, positive : il est obligatoire de réitérer une partie des notes que ces formules comprennent. En appliquant strictement ces règles, il devient possible de produire des énoncés à la fois distincts et partiellement semblables, le but recherché (et d'ailleurs partiellement verbalisé par les musiciens eux-mêmes) étant de laisser à chaque nouvel énoncé son "air de famille" et d'en faire en quelque sorte le "cousin" du précédent.

Dans les cérémonies de possession animées par les musiciens aïssaouas du Maroc, les règles requises sont d'une nature très différentes, mais elles sont tout aussi générales et concernent l'ensemble de l'organisation sonore (motifs, phrases, ensembles concaténés de formes, etc.) : dans l'action rituelle, toute nouvelle énonciation musicale, quelle que soit son extension, est assujettie au respect du principe de l'ascension mélodique (Boncourt, 1980). La métabole mélodique n'est possible que vers l'aigu, c'est-à-dire vers le "haut". Quant à la métabole rythmique, soumise elle aussi à ce principe d'efficacité, elle n'est possible que si elle s'accompagne d'une accélération du tempo.

3.2. *Modèle dense/modèle lâche*

D'une façon générale, une structuration très forte du modèle constitue une référence qui, parce qu'elle est solidement affirmée, fournit une base d'évaluation sûre. Comme le remarque Anca Giuchescu (1983) à propos de la danse roumaine – mais l'observation vaut aussi pour la musique –, un haut degré de redondance structurelle permet les improvisations les plus libres. Un modèle "dense" permet l'exercice de la variation, dans l'optique même des propositions faites par Micheàl O'Suillebhain (1984) : "La variation, c'est ce que vous faites si vous désirez changer quelque chose qui existe déjà." La variation se distingue de l'improvisation proprement dite en ce qu'elle est un jeu d'altération d'un modèle dense. En d'autres termes, les éléments variés gardent la trace tangible du modèle qui leur sert de référence. On trouvera dans la musique écrite l'équivalent de ce que nous appelons "variations" non pas à travers l'expression qu'en donne un Beethoven dans ses *Diabelli*, mais plutôt dans les formes de type chaconne ou passacaille. Dans la tradition écrite et orale, l'exercice de la variation passe par des opérations telles que l'ornementation, la transposition, la métabolisation, la modulation, l'augmentation, la diminution, etc., servant précisément à souligner des rapports de contiguïté entre réalisations et modèle, entre variations et thème. A ces techniques compositionnelles s'ajoutent presque toujours dans les musiques de tradition orale d'autres procédés requis par l'exécution "dans l'instant" : les clichés, les formules automatisées et les séquences musicales directement reliées aux nécessités de la performance.

Mais il se peut aussi que, selon un processus d'une tout autre nature, les parties modélisées fournissent des bases incertaines ou fugitives et que le modèle se voie en quelque sorte "absorbé" par des réalisations improvisées constamment renouvelées. Dans ce cas, il devient clair que le modèle – que l'on qualifiera par commodité de "lâche" par rapport au précédent qui est "dense" –, à force d'être confronté à des réalités multiples, perd son caractère d'*unica*. Mis à mal par des réalités improvisées constamment renouvelées, il se dissout ; les repères architecturaux et perceptifs qui en fondent l'existence échappent. La conscience structurante de l'auditeur est toujours vivement sollicitée, mais à travers des formes multiples qu'on peut difficilement cerner, et jusqu'à un point de rupture où la réalité du modèle disparaît à son tour en s'ouvrant à l'aléatoire.

Cependant, avant qu'on en vienne à ce point de rupture, se profilent deux possibilités : la première est que, sans constituer à proprement parler un noyau dense, le modèle comprenne des composantes stabilisées mais qui ne se révèlent qu'au moment de la réalisation, un peu à la façon d'une émulsion faite d'éléments stables mais non soudés et qu'un émulsifiant est susceptible de synthétiser. L'exécution aurait cette fonction. Autre possibilité : le processus d'improvisation, sans occulter la réalité du modèle invite à reconsidérer sa substance, ou certains aspects de sa substance. On assiste alors à un phénomène de translation où les énoncés produits prennent à leur tour une fonction structurante et se substituent au modèle primaire. La joute musicale révèle pleinement ces problèmes d'ambivalence perceptive. L'évaluation d'énoncés nouveaux s'y effectue selon deux axes : *a)* par rapport au modèle premier ; *b)* par rapport à un modèle second s'y substituant et exprimé par la version qu'en donne le chanteur rival qui vous précède et qu'il s'agit de surclasser (Lortat-Jacob, 1984*a*). En situation de joute, tout se passe comme si le modèle était doté d'une épaisseur en quelque sorte diffractée dans le temps. Le jeu de l'improvisateur – et sur un autre plan, l'attention de l'auditeur – n'est pas sans évoquer les techniques de marcottage : il consiste à couper les liens qui relient le modèle-mère à ses pousses bourgeonnantes, tandis que ces dernières, aptes à prendre leur autonomie, prennent racine à leur tour.

4. Modèle générateur/modèle-figure

Selon une conception statique, le modèle, de par sa stabilité formelle et ce qu'on pourrait dénommer son antériorité structurelle, sert de base à l'improvisation. Dès lors que cette base est présente au cours de la performance, elle sert à évaluer les énoncés nouveaux, et c'est par rapport à elle que sont reconnues les variantes et les variations dans leur caractère innovant.

Dans une conception dynamique, le modèle joue un rôle sensiblement différent. Ses composantes, ne constituant plus un simple lieu de référence, interviennent directement dans la production d'énoncés improvisés : elles sont en quelque sorte projetées en temps réel. Le modèle, d'inerte qu'il était dans la conception précédente, joue le rôle d'une matrice productive d'énoncés nouveaux et prend alors une fonction génératrice.

Dans la pratique, et quel que soit le point de vue adopté, ces deux fonctions sont combinées. C'est ainsi que dans la relation thème-variation, les variations sont évaluées par rapport au thème-modèle, mais en même temps, pour être perçues comme telles, elles comprennent toujours quelque chose de ce thème. Aussi ce dernier joue-t-il un rôle à la fois statique et dynamique dans la production d'énoncés improvisés.

Il n'en reste pas moins qu'à cette dualité fonctionnelle correspondent deux conceptions analytiques différentes selon que l'on voit dans le modèle seulement substance et forme, ou que l'on voit surtout en lui l'opérateur réglementaire par lequel se créent de nouvelles formes. En pratique, dans le premier cas, l'analyse s'attachera à décrire la réalité acoustique du modèle ; dans le second, elle dégagera le système formel rendant cette réalité possible.

En fait, tout modèle semble participer de cette double dimension, à la fois substantielle et réglementaire. Il n'est pas en effet de processus d'improvisation qui ne se nourrisse d'une substance musicale partiellement préformée. Il n'en est pas non plus qui ne requière des procédés opératoires. (Pour les procédés les plus utilisés, par exemple dans la musique persane, en particulier la musique d'art iranienne, on lira During, 1987.)

En résumé, il semble qu'il faille penser les faits d'improvisation de façon tripartite : la production d'*énoncés improvisés* suppose en effet l'existence d'un *modèle générateur* et d'un *modèle-figure*, lesquels sont en étroite interrelation avec les énoncés eux-mêmes, selon le schéma suivant :

modèle générateur

↕

modèle-figure

↕

énoncés improvisés

Les points de convergence avec le fonctionnement d'une langue semblent évidents, mais ils méritent d'être précisés. Le couple modèle générateur/énoncés improvisés évoque le couple *compétence/performance*, proposé par Chomsky, et couramment utilisé depuis en linguistique générale. Mais on le voit, en ce qui nous concerne, une troisième composante intermédiaire apparaît : le modèle-figure, lequel déborde de l'opposition duelle.

Cette notion de modèle-figure a cependant son équivalent dans la pratique de la langue : le recours fréquent à l'exemple ou à la citation pour fonder le bon usage d'un mot ou d'une construction syntaxique en serait la correspondance linguistique – "il n'y a pas de véritable dictionnaire sans exemples", rappelle Alain Rey dans son introduction au *Petit Robert*. Mais l'analogie ne saurait être poussée trop loin : le recours à l'exemple dans la pratique de la langue est une opération analytique, explicite et rationnelle, qui passe par un métalangage et complète, sans le fonder, le dispositif de communication. Dans les faits d'improvisation, le modèle-figure a une autre fonction, matricielle et inhérente à la production d'énoncés, indispensable à leur perception.

L'improvisation, on le voit, permet de saisir la dynamique de la création musicale. Certes le schéma tripartite donné plus haut est celui de toute pratique compositionnelle de la musique, mais, lorsque celle-ci est écrite, les fonctions des trois termes sont différentes sinon inverses : dans les conditions socio-historiques très particulières qui furent – et sont encore – celles de la musique classique occidentale, l'énoncé écrit que le compositeur a conçu à partir de règles et de modèles dictés par son époque, le style auquel il se rattache, son imagination propre, etc., prend corps dans une partition qui représente la référence ultime. Dans les systèmes improvisés en revanche, l'énoncé réel ne constitue qu'exceptionnellement une référence, et a constamment besoin d'une référence pour se constituer.

En définitive, c'est dans cette interdépendance entre règles, références figurées et énoncés réellement produits qu'il convient de situer les forces vives non seulement de l'improvisation, mais aussi de toute forme de création musicale. L'approche de l'improvisation relève donc d'une approche générale de la musique, en y apportant toutefois un éclairage singulier.

5. Architecture du temps

Dans la génération d'énoncés, le passage du modèle à la réalisation s'accompagne d'un facteur essentiel : le temps créant, à l'intérieur du développement de la forme, des liens d'irréversibilité.

D'une façon générale, le musicien improvisateur est plus que tout autre confronté aux contraintes du temps. D'un temps qui l'oblige à produire de la musique dans l'instant, c'est-à-dire dans des circonstances qu'on ne peut pas différer. Il dispose d'*un* savoir – celui que lui donne sa connaissance du modèle – et il dispose *un* savoir, sous forme d'énoncés réels, privilégiant une formule, en abandonnant une autre, développant tel ou tel aspect de son discours, etc. La composante syntaxique est donc au cœur du processus d'improvisation et son étude implique le recensement des procédés syntaxiques les plus utilisés. Concrètement, l'analyse tire avantage de procédés expérimentaux qui consistent, par exemple, à changer ou à intervertir des phrases ou des segments musicaux pour savoir si le discours improvisé conserve de la sorte sa cohérence. (On notera au passage que ces différentes manipulations sont facilitées par une pratique systématique de la musique étudiée.)

6. Mesuré/non mesuré

Si le facteur temps agit, ce n'est pas de la même façon selon que la musique est mesurée ou qu'elle ne l'est pas. Les musiques non mesurées permettent au musicien de conserver d'un bout à l'autre la totale maîtrise temporelle d'un espace sonore qu'il explore à sa guise, en prenant précisément le temps de souligner les contours qu'il souhaite. C'est le cas des *taqsîm* en général, de l'*âlâp* en Inde ou encore du *kaba* albanais (dénommé "mirologue" en Epire) dans lesquels les différents degrés modaux, partie intégrante du modèle, sont figurés progressivement, soit par palier, soit de façon progressive, mais en dehors d'une régulation métrique.

En l'absence de périodicité structurante, les figurations musicales elles-mêmes sont seules à porter les rapports d'intensité ou les relations hiérarchiques entre les degrés mélodiques. Le recours à de nombreuses figures rhétoriques dans les musiques de ce type n'est, semble-t-il, pas gratuit ni accidentel. Elles servent surtout à mettre en évidence, en dehors d'une temporalité pleinement définie, les notes importantes ou secondaires du mode et semblent pallier un risque de déstructuration dû à une liberté trop grande.

Par ailleurs, du fait de l'absence d'une structuration temporelle rigoureuse faisant intervenir un mètre et conférant à chaque note une valeur ou un poids que vient confirmer le cycle régulier de la mesure, la régulation opère sur la forme dans son entier développement. Dans toutes ces musiques, l'espace temporel calibré ne fait pas partie du modèle, mais le temps reste opérant (par exemple, un degré important sera traité en valeur longue et, bref, en valeur courte). En outre, le modèle peut intervenir sur l'ordre d'apparition des degrés mélodiques. C'est ainsi que le développement peut s'effectuer au sein d'un parcours pré-tracé, voire, comme dans l'*âlâp*, au sein d'un parcours obligé. Dans ce cas, il inclut non seulement des principes dynamiques, mais le système d'occurrence de notes et de figures qui, mises à la suite dans un ordre préétabli, constitueront l'énoncé improvisé.

7. Modèle, module et improvisation

Bon nombre de musiques mesurées se construisent mélodiquement sur des unités de temps régulières et, à ce titre, peuvent être abordées à partir de la notion de module. Un module est en effet un segment mélodique et rythmique strictement calibré. Fixe dans ses frontières, il se compose d'éléments mobiles et d'unités en partie ou totalement substituables. Un module possède une autonomie fonctionnelle, ce qui signifie que les parties d'énoncés qui le précèdent ou lui succèdent n'ont pas d'incidence sur la configuration qu'il adopte.

Un module a donc une fonction de modèle. Mais, du fait des conditions d'interchangeabilité – ou de “substituabilité” – qui entrent dans sa définition et de son calibrage dans le temps, il constitue également un espace de réalisation où peuvent entrer d'autres énoncés modulaires équivalents. En d'autres termes, un module est à la fois un énoncé et l'ensemble des énoncés équivalents qui peuvent y trouver lieu et place. Qu'on pense aux modules électroniques par exemple, avec leurs dispositifs de broches, leurs tailles et leurs fonctions propres, et on aura une première idée de ce qu'est un module. Un fabricant peut changer les composantes des modules qu'il vend à ses clients, l'essentiel pour ces derniers est de pouvoir adapter celui qu'ils achètent au système qu'ils possèdent déjà.

Le module peut recouvrir de simples notions métriques ou inclure des notions mélodiques et tonales. Entre ces deux extrêmes, on notera un grand nombre de cas intermédiaires. Par exemple, le jeu de la bourrée, ou de la musique de danse irlandaise (O'Suillebhain, 1987) – aussi sophistiqué soit-il –, assigne aux éléments de variations toujours la même place au sein du module : dans le développement cyclique, les temps faibles, surtout, apportent les éléments mélodiques thématiques et rythmiques nouveaux. Dans d'autres formes de musique de danse, que l'on trouve encore en Crète (Magrini, 1981), ou dans la région du Pont par exemple, l'articulation métrico-mélodique est pensée dans d'autres termes, notamment sans que la tonalité soit affirmée de façon cyclique et permanente.

En renouvelant, en partie ou en totalité, les figurations qui les composent, les modules peuvent former une suite de variations sans thème, variations qui, à leur tour, peuvent s'inscrire dans un parcours. Ils peuvent également entrer dans des cycles que rend apparent le jeu des récurrences. Enfin, les transformations qui concernent le passage d'un énoncé modulaire à un autre, s'effectuent sans seuil, ou au contraire avec des seuils. On est en présence de seuils lorsque, sans transition, le musicien quitte une élaboration thématique pour une autre fondamentalement différente.

Ces critères, notons-le, s'excluent ou se combinent diversement ; leur mode de combinaison ou d'exclusion détermine des sous-types. La notion de parcours obligé, par exemple, inclut le plus souvent celle de seuil, comme dans le développement de l'*alap* évoqué plus haut ; le contraire n'étant pas nécessairement vrai ainsi que le démontre l'analyse de Giovanni Giuriati (1983) sur la *tarantella* de Montemarano. La notion de parcours obligé exclut celle de cycle. Quant aux cycles eux-mêmes, ils peuvent être de nature différente et concerner la micro ou la macro-structure.

Si l'on prend en compte les limites extrêmes de la notion de modularité en la confrontant à la réalité musicale, il est possible de recenser :

a) d'un côté, les musiques strophiques, monomodulaires, strictement cycliques et assignant aux unités qui les composent une place toujours identique : on est alors dans un cas-limite de modularité figée où l'interchangeabilité des unités constitutives du module est très faible, sinon nulle ;

b) de l'autre, les musiques plurimodulaires mettant en jeu des unités d'ordre et de dimension fort variés, se regroupant dans des espaces irréductibles les uns aux autres.

Considérons maintenant quelques sous-types pour chacune de ces deux grandes catégories.

a) Systèmes monomodulaires

– *sans variation* : modèle et réalisations tendent à se confondre. Le modèle dans son expression modulaire procède par simple duplication de lui-même. Le cas échéant, il y a présence de différentes réalisations, de l'ordre de la variante ; ainsi, les chants de quête balkanique (par exemple, la *colinde* de Roumanie et, en général, bon nombre de chants rituels produits par une communauté) ;

– avec *variations ornementales* : c'est-à-dire strophique orné ; les exemples sont nombreux : la *ballata* italienne et la chanson européenne en général ;

– *à variations structurales* : lorsque les figures ornementales, sous l'effet d'une pression interne de la forme deviennent trop importantes, le structural prend le relais de l'ornemental. Toutefois, on parlera de variations structurales lorsque la variation est systématique et que la règle du jeu consiste dans le traitement varié du modèle de base. C'est le cas dans certaines musiques de danse crétoises, le *pidichtos* notamment, ou de toutes les musiques de danse roumaine soumises à variations et fondées sur des schémas métrico-harmoniques réguliers ; mais aussi celui du chant à guitare sarde ou des formes de flamenco dites *a compas.* Dans ces deux derniers exemples, les séquences mélodiques s'articulent sur une trame harmonique stable et cyclique. Autre exemple de construction modulaire à variations structurales, le *pibroch* d'Ecosse et des îles Hébrides (Moss, 1982), construit un peu à la façon d'un *ground* et impliquant par ailleurs la notion de parcours obligé ; dans cet exemple, le jeu ornemental s'inscrit dans une progression parfaitement établie et, de fait, prend une fonction structurale. On citera encore un cas de construction monomodulaire à seuil diffus mettant en jeu un système de variations continues, système dit “en domino” : *le ballo campidanese* de la Sardaigne méridionale, dans l'exécution qu'en donnent les meilleurs accordéonistes (Giannattasio et Lortat-Jacob, 1987).

Dans les constructions monomodulaires, et à l'exception du premier cas, limite nous l'avons dit, on est toujours dans un système de variations – le jeu de variations s'exerçant à l'intérieur d'une stricte modularité.

b) Systèmes plurimodulaires

On est en présence d'un système plurimodulaire lorsque les espaces modulaires sont de plusieurs espèces, nettement différenciés, selon des principes complémentaires ou au contraire fondamentalement antagonistes. Ces deux possibilités peuvent être combinées (Lortat-Jacob, 1984*b*). En effet, le système de micro-variations de la *tarantella* de Calabre, telle quelle est jouée traditionnellement, combine complémentarité tonale telle qu'elle s'exprime à travers un jeu de cadences régulier sur les 1er et 2e degrés, et antagonisme entre deux mètres, binaire et ternaire superposés ou, pour mieux dire, "contreposés". La plurimodularité peut concerner soit le niveau macrostructurel, de module à module, soit le niveau micro-structurel, d'élément à élément à l'intérieur du module.

Dans la musique de danse, un élément de module correspond le plus souvent à une unité de pas, le module lui-même à une figure ou à un ensemble de pas récurrents. Fonctionnement micro- et macro-structurels peuvent être fondamentalement différenciés, ou au contraire de même nature.

Dans la série plurimodulaire, on peut distinguer plusieurs sous-types. En première approche, nous utiliserons quelques métaphores pour repérer les cas suivants :

– "kaléidoscopique", sans cycle fixe, à seuils, sans parcours obligé. Exemples : la *tarantella* de Montemarano (Giuriati, 1983) et la danse de *doi* de la région d'Hunedoara (Roumanie), telles qu'elles apparaissent à travers les transcriptions de Bartók (Lortat-Jacob, 1994) ;

– de type "Meccano", à cycle, à seuils, à parcours obligé. Dans ce type de musique, comme dans l'utilisation du "Meccano", il s'agit de construire un objet en procédant par étapes successives et à partir d'éléments dissemblables sinon hétéroclites. Ces étapes rendent nécessaires des opérations distinctes et récurrentes – boulonner, visser, etc. Le *ballu* de la Sardaigne centrale en est un bon exemple ;

– de type "Lego", sans cycle, à seuils diffus, à parcours obligé. Le "Lego" nécessite des opérations d'emboîtement d'un seul type pour la construction de l'objet ; à l'inverse de celles du "meccano", les pièces du "Lego" sont toutes de même facture (en plastique et emboîtables en leurs différentes arêtes). Le "Lego" combine donc le principe du "Meccano" et du "domino". Exemples : le *pendozalis* de Crète (Magrini, 1981) et les musiques de danse jouées à la clarinette triple, *launeddas*, de Sardaigne (Lortat-Jacob, 1987*b*).

Le système monomodulaire permet, on l'a dit, l'exercice de la variation qui reste relativement limité ; le module, qui est une bonne illustration de ce que nous appelions plus haut le "modèle dense", porte en lui, et de façon stricte, les limites de sa propre altérité. Le jeu improvisé, quant à lui, relève de stratégies plus complexes et opère par combinaison de plusieurs modules. Il relève donc d'un modèle plus puissant. Combinant plusieurs modules sur l'instant, la combinatoire des possibles se voit considérablement élargie. En d'autres termes, le système plurimodulaire, contrairement au monomodulaire, ouvre un large espace au jeu improvisé et, pourrait-on dire, caractérise pleinement l'improvisation.

Dans le système plurimodulaire, le caractère occasionnel et fugitif de l'énoncé met volontiers en péril la stabilité du modèle (voir la notion de "modèle lâche" évoquée plus haut). Mais il ne peut la nier complètement sans brouiller la perception que l'on en a et, par voie de conséquence, de l'énoncé produit. D'une part, le permanent fournit un indispensable cadre de perception à ce qui ne l'est pas ; de l'autre, le jeu musical semble d'autant plus improvisé qu'il dissimule ce permanent ; en d'autres termes, l'improvisé ne se conçoit pas sans ce qui a déjà été produit et qui, pourrait-on dire, a "déjà fait ses preuves" et, en même temps, c'est par la capacité de s'écarter de ce qui a été déjà conçu et énoncé que s'évalue le caractère improvisé d'une prestation musicale. En cela réside la dialectique contradictoire de l'improvisation et, plus largement, sa dynamique féconde, touchant à la nature de la création musicale.

8. Le point de vue de l'ethnologue

A ne parler que de technique, on pourrait perdre de vue que l'improvisation est aussi – et peut-être surtout – une pratique culturelle et qu'à ce titre ses règles sont aussi sociales. C'est ainsi que des codifications cérémonielles, rituelles, officielles ou académiques se prêtent mal à des conduites improvisées et que ces codifications englobent également les conceptions musicales et les comportements musicaux. Comment, dans ces conditions particulières, s'étonner de ce que la musique, lorsqu'elle est présente, laisse peu de place à de l'imprévu et à de l'improvisé ? Comment ne pas relever également que dans les cultures méditerranéennes – à quelques exceptions près, d'ailleurs particulières –, les musiques d'hommes sont en général plus largement improvisées que celles des femmes ? (Parmi les contre-exemples, citons les chants funèbres, qui donnent lieu à des improvisations surtout textuelles et sont très souvent, sinon exclusivement, féminins.) Comment ne pas percevoir une relation entre les qualités singulières et en quelque sorte uniques du défunt et la prestation nécessairement singulière – et donc soumise à un traitement formel original – de son évocation ? Comment ne pas relier cette observation à l'existence de clivages sexuels qui émergent dans toutes les relations et qui donnent aux hommes de larges prérogatives à la fois sociales et musicales ?

On comprendra à partir de ces questions que, s'il appartient au musicologue de comprendre les mécanismes internes de l'improvisation – en d'autres termes, de décrire les systèmes qui la rendent possible comme nous avons tenté de le faire dans les sept premières sections, il revient à l'ethnologue d'évaluer les conditions sociales, parfois qualifiées d'"externes", qui favorisent ou, au contraire, entravent le jeu musical improvisé.

C'est ainsi que certaines musiques de village relevant de traditions ancestrales sont variées et riches de libertés thématiques, alors que d'autres ne le sont pas. Pour expliquer ces différences, il ne servirait pas à grand-chose d'incriminer l'inégalité d'imagination et de technique des musiciens. Ces différences sont plus probablement à chercher dans des conduites sociales. Par exemple, lorsqu'en Sardaigne un village se caractérise par sa forte identité, il n'aura de cesse de s'attribuer des valeurs esthétiques particulières et de se penser différemment d'un autre village voisin. La danse qu'il produit en consacrant le musicien le plus apte à l'interpréter aura volontiers un caractère emblématique et, de ce fait, sa variabilité structurelle sera assez limitée aussi bien sur le plan chorégraphique que musical.

Avant d'être traitée comme *forme*, la musique doit donc être pensée comme *conforme*. De toute évidence, les villages ne pourraient se reconnaître dans des productions trop changeantes et, par là même, indéfinissables. Le jeu d'identification répond à des exigences de permanence : on n'identifie que – et on ne s'identifie qu'à – ce qu'on connaît déjà. Une modification trop grande, maltraitant la danse du village dans sa forme coutumière, introduirait un trouble dans un système de connaissance et dans un indispensable jeu de reconnaissance.

Mais actuellement, de nouvelles règles sont entre les mains de musiciens professionnels, ou semi-professionnels, qui, par leur fonction et leur mobilité à l'intérieur de la Sardaigne, brouillent systématiquement les cartes et compliquent le processus d'identification au point de le rendre inopérant. Jouant des compositions plus libres, moins conformes aux modèles villageois, ils enrichissent les différentes danses, n'hésitant pas à mélanger dans leur composition plusieurs d'entre elles pour en faire une, pratiquant une forme d'improvisation en "patchwork" sur la base de schémas mélodiques et rythmiques non plus villageois, mais intra-insulaires, et même quelquefois internationaux.

Dans la période de transition que nous vivons, les danseurs et les musiciens ont encore conscience des limites villageoises qu'il convient de ne pas dépasser pour laisser aux danses leur carrure et leur fonction d'origine ; seules les danses anciennes, conservées jalousement par quelques experts, échappent radicalement au processus d'invention et d'improvisation. Elles sont reproduites telles quelles, parfois même avec les défauts de facture que leur imprimèrent les anciens, dont on conserve la mémoire en même temps que le répertoire. Quant aux productions nouvelles, elles ne sont plus aptes à jouer une fonction identitaire ; tout au plus signent-elles le style d'un musicien. On se rend compte, à travers cet exemple, que l'entrave à l'improvisation et, d'une façon plus large, à l'invention musicale et au renouveau des formes, n'est pas à mettre au compte d'un choix musical délibéré, mais à celui de contraintes sociales spécifiques.

Il ne faudrait pas en déduire pour autant que l'improvisation soit un procédé compositionnel récent dans la musique de village sarde. Elle est d'ailleurs présente – on l'a vu – dans de nombreuses traditions orales. En Sardaigne même, les musiciens de village la pratiquaient traditionnellement sur des micro-formes en apportant principalement des modifications de détail, mais en laissant à chaque danse ses configurations caractéristiques. Au sud de l'île, l'improvisation des joueurs de *launeddas* était soumise à un système très spécifique et particulièrement complexe que l'on a évoqué ci-dessus et qui, aujourd'hui, est tombé largement en désuétude. Ce qui se passe, c'est que, de nos jours, la plupart des musiciens, libérés de contraintes d'identification précises, semblent délaisser du même coup le système qui rendait cette identification pleinement opérante. Le collage, tel que désormais ils le pratiquent, permet de voyager davantage, en quelque sorte ; en outre, l'entrée dans la danse d'instruments modernes et chromatiques, tel que l'accordéon de type *fisarmonica*, offre de nouvelles ressources pour des expérimentations inédites.

Face à cette situation nouvelle et relativement incertaine, les musiciens traditionnels de Sardaigne occupent une position difficile : soit ils affirment leur identité sarde, mais souvent à partir de choses qu'ils ont déjà perdues, soit ils s'instituent créateurs, ce qui leur donne le droit de négliger des mécanismes ancestraux et, du même coup, les met en difficulté lorsqu'ils veulent ou prétendent revendiquer leur identité de musicien sarde.

Les règles identitaires, on le voit, sont au cœur du champ musical (on se reportera à la cinquième partie du volume III de la présente encyclopédie, et dans ce volume, à l'article de Marcello Sorce Keller, p. 1127-1153). Mais d'autres règles peuvent aussi entrer en vigueur, notamment dans les mécanismes d'adoption de modèles exogènes. Dans ces mécanismes, le jeu musical tout entier répond le plus souvent à la volonté de reproduction du nouveau modèle, de sorte que l'imitation prend très largement le pas sur l'invention. L'exemple de jeunes “rockers”, qui reproduisent ce que faisaient leurs aînés avec une rigueur toute mimétique, vient naturellement à l’esprit, mais, plus largement, l’attrait de la ville, la médiatisation, le vedettariat provincial, national ou même international, conduisent à une multiplication des épigones. Or, par définition, l’épigone n’est pas un improvisateur : en prenant le risque de l’être, il perdrait de vue l’objet de sa quête.

Les propriétés identitaires de la musique doivent donc être distinguées de ses propriétés identificatoires. L’identificatoire se substitue à l’identitaire lorsque l’imagination musicale, au lieu de puiser dans ses propres ressources, va à la quête d’objets entièrement fabriqués et empruntés précisément dans leur dimension d’objets fabriqués. Cela revient à dire que si les musiques à fonction identitaire sont improvisées dans les limites qu’on a définies à propos de la Sardaigne, les musiques à fonction identificatoire sont plus contraintes encore puisque, transplantées, la seule modification qu’elles puissent subir est celle que rend visible la maladresse de leurs exécutants : la fonction mimétique et le mécanisme de l’emprunt interdisent toute intervention de l’imaginaire musical et donc de l’improvisation. Jusqu’au moment où, avec la résurgence d’acquis antérieurs à cet emprunt, l’identitaire refasse jour, fusionnant alors avec l’identificatoire et donnant lieu au syncrétisme.

La pratique musicale obéit, on le voit, à des contraintes sociales et idéologiques. Tout processus d’improvisation – on l’a dit – rend nécessaire l’existence d’un modèle, mais on voit ici que les propriétés génératives de ce modèle dépendent des intentions, conservatrices ou modernistes notamment, dont se charge l’acte musical. Conserver une image acoustique de soi – c’est le cas de la musique à fonction identitaire – ou absorber dans son intégralité les images acoustiques de l’autre – cas de la musique à fonction identificatoire – revient, en tout état de cause, à restreindre le champ des possibles. Mais en même temps, cette restriction assure une certaine permanence structurelle. Celle-ci a une double fonction :

a) idéologique et sociale : la pensée symbolique a toujours besoin d’une certaine permanence structurelle ; sur des objets changeants, et donc peu identifiables, cette pensée a peu de prise ;

b) musicale : paradoxalement, la restriction du champ des possibles est indispensable à l’improvisateur, tant il est vrai que tout acte novateur ne peut être perçu qu’à la lumière d’une situation réglementaire déjà connue.

Bibliographie

AROM, S., 1985 : *Polyphonies et polyrythmies instrumentales d'Afrique centrale. Structure et méthodologie*, 2 vol., Paris, SELAF.

BONCOURT, A., 1980 : *Rituel et musique ches les Aïssaoua citadins du Maroc*, 2 vol., thèse de doctorat de troisième cycle, Strasbourg.

CANZIO, R., 1987 : "Aspects de l'improvisation dans la musique d'Inde du Nord", in B. Lortat-Jacob (éd.), *L'Improvisation dans les musiques de tradition orale*, Paris, SELAF, 1987*a*, p. 189-202.

DURING, J., 1987 : "L'improvisation dans la musique d'art iranienne", in B. Lortat-Jacob (éd.), *L'Improvisation dans les musiques de tradition orale*, Paris, SELAF, p. 135-141.

GIANNATTASIO, F. et LORTAT-JACOB, B., 1982 : "Modalità di improvvisazione nella musica sarda. Due modell", *Culture musicali*, vol. I, n° 1, p. 3-35.

GIUCHESCU, A., 1983 : "The Process of Improvisation in Folk Dance", *Dance Studies*, vol. VII, p. 21-56.

GIURIATI, G., 1983 : "Un procedimento compositivo caleidoscopico : la tarantella di Montemarano", *Culture musicali*, vol. II, n° 2, p. 19-72.

LORTAT-JACOB, B., 1984*a* : "Improvisation et modèle : le chant à guitare sarde", *L'Homme*, vol. XXIV, n° 1, p. 65-89.

LORTAT-JACOB, B., 1984*b* : "L'arbre mangé, variations sur la chèvre qui sonne en Calabre", *Revue de musique des universités canadiennes*, vol. V, p. 242-268.

LORTAT-JACOB, B. (éd.), 1987*a* : *L'Improvisation dans les musiques de tradition orale*, Paris, SELAF.

LORTAT-JACOB, B., 1987*b* : "Jeu de métamorphoses, *launeddas* de Sardaigne", in *L'Improvisation dans les musiques de tradition orale*, B. Lortat-Jacob (éd.), Paris, SELAF, p. 255-266.

LORTAT-JACOB, B., 1994 : "Le jeu du kaléidoscope : hommage à Béla Bartók folkloriste", *Il Saggiatore musicale*, vol. I, n° 1, p. 165-196.

MAGRINI, T., 1981 : *Forme della musica vocale e strumentale. Ricerca a Creta*, Milan, Edizione della Civica Scuola d'arte drammatico di Milano.

MOLINO, J., 1975 : "Fait musical et sémiologie de la musique", *Musique en jeu*, n° 17, p. 37-62.

MOSS, G., 1982 : *Pibroch : George Moss*, textes, transcriptions et notes de P. Cooke, Edimbourg, University of Edinburgh, School of Scottish Studies.

NATTIEZ, J.-J., 1987 : *Musicologie générale et sémiologie*, Paris, Christian Bourgois.

NETTL, B., 1998 : "Introduction. An Art Neglected in Scholarship", in *In the Course of Performance. Studies in the World of Musical Improvisation*, B. Nettl et M. Russel (éd.), Chicago-Londres, University of Chicago Press, p. 12 *sq*.

NETTL, B. et RIDDLE, R., 1998 : "Taqsim Nahawand Revisited, The Musicianship of Jihad Racy", in *In the Course of Performance. Studies in the World of Musical Improvisation*, B. Nettl et M. Russel (éd.), Chicago-Londres, University of Chicago Press, p. 369-393.

NETTL, B. et RUSSEL, M. (éd.), 1998 : *In the Course of Performance. Studies in the World of Musical Improvisation*, Chicago-Londres, University of Chicago Press.

NIELSEN, S., 1983 : *Stability in Musical Improvisation. A Repertoire of Icelandic Epic Songs*, Copenhague, "Acta ethnomusicologica danica 3".

O'SUILLEBHAIN, M., 1984 : intervention orale au séminaire consacré à l'improvisation dans les musiques de tradition orale et organisé par la Société française d'ethnomusicologie, Tours, juin 1984.

O'SUILLEBHAIN, M., 1987 : "«Tourner» un air : l'improvisation dans la musique traditionnelle irlandaise", in *L'Improvisation dans les musiques de tradition orale*, B. Lortat-Jacob (éd.), Paris, SELAF, p. 211-220.

QASSIM HASSAN, S., 1987 : "Le *makam* irakien, structures et réalisations", in *L'Improvisation dans les musiques de tradition orale*, B. Lortat-Jacob (éd.), Paris, SELAF, p. 143-149.

SULIETANU, G., 1976 : "Les implications psychologiques dans la structure du processus de l'improvisation concernant le folklore roumain", *Yearbook of the International Folk Music Council*, vol. VIII, p. 97-107.

Jacques Siron

L'IMPROVISATION DANS LE JAZZ ET LES MUSIQUES CONTEMPORAINES : L'IMPARFAIT DU MOMENT PRÉSENT

1. Improvisation

Improviser, c'est simultanément concevoir et réaliser de la musique, dans un même geste.

Le mot "improvisation" ne recouvre pas la même réalité pour tous. Pour le définir dans le cadre de cet article, seuls seront retenus des aspects techniques, à l'exclusion de considérations esthétiques, philosophiques ou psychologiques – il ne s'agit pas de les bannir, mais de partir d'un point de vue le plus "neutre" possible, le moins connoté, le moins lié à un contexte musical. Bien que voisins, les aspects pédagogiques, thérapeutiques et extra-musicaux (notamment l'improvisation en danse ou au théâtre) ne seront pas abordés.

Comment décrire ce qui n'existe qu'une seule fois ? Comment parler d'un monde non reproductible où l'exception est la règle ? Comment témoigner du moment présent, de cet instant fugitif où une musique s'invente au fur et à mesure de son déroulement ? D'un côté, on peut douter de l'existence d'une improvisation authentique : ne contient-elle pas toujours quelque chose de prévisible, de prédéterminé ? De l'autre, n'y a-t-il pas un mystère, une extrême difficulté à s'approcher de la fine crête du temps qui passe ? Peut-on mettre en mot une expérience unique que l'on ne peut vraiment appréhender qu'en la vivant, qu'en la traversant par une présence ?

Dans cet article, il sera surtout question de l'improvisation vue du côté de l'improvisateur, de son action et des conditions de son action – ce qui correspond au "niveau poïétique" des sémiologues de la musique (Molino, 1975 ; Nattiez, 1987 ; Baroni, 2002, in trad. fr., 2004, p. 686), ou au "point de vue émique" des ethnomusicologues et anthropologues (Nattiez, 2002, in 2004, p. 732), c'est-à-dire le point de vue des autochtones de l'improvisation. Il s'agira d'enquêter comme le ferait un ethnomusicologue de terrain face à une culture musicale inconnue, en pratiquant une observation participante et empathique de la tribu des improvisateurs, tout en sachant prendre du recul, observer, détailler et comparer.

Une fois qu'on a défini l'"improvisation", on n'a pas dit grand-chose, tant le domaine est vaste et tant il recoupe des pratiques parfois diamétralement opposées. Parmi les difficultés se trouve notamment l'ethnocentrisme, préjugé qui consiste à privilégier les références de sa propre tribu en les valorisant de manière exagérée, et en proclamant universelles des positions qui n'ont de sens que dans le contexte de sa propre tribu. Afin de l'atténuer, on peut éclaircir son cheminement en précisant d'où l'on parle, à quelle(s) tribu(s) l'on appartient et de quelles pratiques l'on est le reflet.

Exemple 1

Transcription du silence qui a précédé l'enregistrement de Kind of Blue *par l'orchestre du trompettiste de jazz Miles Davis, le 2 mars 1959 (remasterisé numériquement en Dolby* XTT *Megabass Superpro®)*

2. A propos de l'informateur

"Improvise, et j'entendrai les musiques que tu as écoutées, celles auxquelles tu t'identifies, et surtout celles que tu as visitées de l'intérieur." En improvisant, tout ce que je joue reflète ma propre histoire. L'improvisation n'est-elle pas une forme d'autobiographie musicale ?

Ce que je peux dire à propos de l'improvisation reflète ce que je joue. Convions Jacques Siron, le musicien improvisateur, à donner quelques éléments de son parcours, dans la mesure où il sera notre informateur principal. Laissons-le exprimer ses propres appartenances. Deux personnages vont se confronter. D'un côté Siron l'artiste, dont les préoccupations artistiques incluent l'improvisation musicale, aussi bien que des champs artistiques qui sortent de l'improvisation et de la musique. De l'autre, Siron le musicographe, celui qui met par écrit sa réflexion à propos de la musique. Ces deux personnages ont parfois un point de vue divergent. L'artiste prend parti, s'engage. Il fait résonner l'émotion ; il chante les beautés de l'existence, le jaillissement de l'énergie vitale, l'état poétique, les envoûtements de l'amour ou la nostalgie de l'harmonie rompue ; impertinent, il crie la révolte contre le non-sens, l'injustice, l'abus des pouvoirs, l'écrasement de l'individu. Partial et subjectif, il procède par adhésion ou par refus, par extase, transe ou indifférence ; il décale et met le monde à l'envers ; il cherche à transporter et à être transporté. Quant au musicographe, il déchiffre, met à plat, cherche de quoi est fait le transport, tente de traverser les différentes positions de l'artiste. L'improvisateur est dans un feu qui brûle le temps, le musicographe dans le regard lent qu'on porte sur un fruit qui mûrit.

En tant que musicographe (c'est Siron qui parle), je suis autodidacte, sans insertion sociale dans la musicologie "officielle". Mes interlocuteurs privilégiés sont des artistes qui s'expriment dans différents domaines, ainsi que mes élèves. Mon parcours musical a débuté avec ma famille, qui appartient à la tribu de la musique classique : lecture de partitions, contact avec une longue tradition savante qui s'étend sur plusieurs siècles, piano, puis violoncelle, conservatoire, peu d'improvisation. Adolescent, je me prends de passion pour la musique des bluesmen, puis celle des jazzmen, avec lesquelles je tente de trouver une identité qui me soit propre. Mais cette filiation est paradoxale : les nouveaux ancêtres que je me suis choisis proviennent d'un autre continent, et la couleur de leur peau diffère de la mienne et de celle de mes parents. Je mets quelque temps avant de passer de l'écoute à la pratique, pour qu'un appel suffisamment fort me porte à m'engager avec ces nouveaux aïeux. La contrebasse me paraît plus appropriée comme instrument pour joindre les musiques des deux tribus, ainsi que parfois pour explorer des tribus voisines. Je découvre l'orchestre symphonique d'une part, le jazz en groupe d'autre part. La pratique de l'improvisation collective m'apprend l'écoute, l'interaction, l'émulation avec mes pairs, le sens du rythme, l'énergie, le plaisir du jeu. Paradoxalement, c'est en écrivant de nombreuses pièces pour des improvisateurs que je trouve des outils pour progresser en improvisation : la rigueur indispensable à la pensée musicale, le sens de la construction, la nécessité d'une musique qui m'appartienne et dont les mélodies reflètent ma manière profonde de chanter. A l'intérieur de la tribu du jazz, je glisse du jazz modal à l'improvisation libre, parfois mêlée à l'écriture, souvent sortant totalement des règles canoniques du jazz. Mes explorations me poussent également hors des tribus des musiciens ; je participe à des spectacles dans lesquels j'improvise, échangeant notamment avec des acteurs, des danseurs, des plasticiens, des vidéastes ; je joue parfois en improvisation entièrement libre avec eux. Ajoutons que, sans les pratiquer, j'apprécie de plus en plus le contact des musiques non occidentales, qui sont souvent improvisées ; j'y découvre des univers savoureux, étranges, étrangers, dépaysants, qui provoquent un recul salutaire à mes manières d'écouter. Actuellement, mes sentiments d'appartenance à une tribu musicale sont moins forts que par le passé, et je profite de cette situation nouvelle pour choisir différents ancêtres. J'éprouve beaucoup de plaisir à passer entre les tribus et à me placer face à des territoires inconnus. En revanche, mon sentiment d'appartenance au domaine de la créativité et de l'invention ne fait que croître.

C'est le musicographe qui va désormais prendre la plume, non sans souvent interroger son informateur, discrètement, hors antenne.

3. Improvisé et imprévu

La définition de l'improvisation est source de malentendus et de préjugés. “Ce n'est pas de l'improvisation” ou “ce n'est plus de l'improvisation”, dit-on souvent, avec un sentiment négatif de déception voire de tromperie dès que l'on soupçonne un improvisateur d'avoir préparé son coup. On rejette la combine, la préméditation, le calcul. On attend l'innocence, l'inspiration soudaine, la création spontanée.

Mais cette attente n'est-elle pas utopique ? On peut difficilement nier l'existence d'éléments préalables à toute improvisation. Pour lever certaines confusions, n'est-il pas nécessaire de distinguer ce qui est “improvisé” de ce qui est “imprévu” ? En effet, le flot continu de traits de génie jaillissant soudain du néant n'est qu'un mythe : toute improvisation passe par une restitution du passé, une évocation de ce qu'on sait déjà, une remise en jeu de son propre répertoire. Nous sommes tous des êtres façonnés par notre culture : nos oreilles et notre mémoire ne peuvent échapper aux bains sonores de nos divers environnements ; notre manière de concevoir et de sentir le temps, la durée, le rythme trahit notre façon de bouger, elle-même imprégnée par notre culture ; nos voix sont imprimées par les sonorités de notre langue ; les instruments dont nous jouons sont imprégnés par des systèmes musicaux, par des échelles et par des timbres ; notre imagination est un carrefour de références ; nos rêves éclairent nos origines ; notre idée même de ce qu'est la musique est empreinte de valeurs culturelles (on pourrait considérablement allonger cette liste). Quel que soit le type d'improvisation, il existe toujours un mélange entre des éléments imprévus et des éléments fixés, entre l'invention spontanée, immédiate, et la restitution de gestes intériorisés, de conduits mélodiques déjà parcourus, de formules déjà visitées, de timbres déjà imaginés, d'émotions déjà ressenties.

La part exacte de l'imprévu et celle du fixé sont difficiles à apprécier de manière précise, que ce soit à l'écoute et à l'analyse (du côté du musicologue) ou que ce soit dans l'action (du côté de l'improvisateur).

Il est indéniable que certaines improvisations contiennent une part plus large d'imprévu que d'autres. A l'écoute, on peut le vérifier par exemple en comparant plusieurs prises successives de l'enregistrement d'un même morceau : certains improvisateurs vont entièrement recréer une nouvelle pièce, d'autres vont se répéter, se citer eux-mêmes, maintenir une ligne clairement reconnaissable. De son côté, un improvisateur peut évaluer après une prestation s'il s'est aventuré dans de nouveaux territoires ou s'il s'est plutôt contenté de citer ce qu'il fait d'habitude. Mais à part quelques impressions globales, quels seraient les critères pertinents pour distinguer avec précision l'improvisé du fixé ? Improvise-t-on plus à l'aide de micro-variations raffinées, sans cesse mouvantes, pleines d'imagination et de surprises, qu'avec une ligne totalement imprévisible, erratique, informe, où l'on ne reconnaît rien ? Un virtuose qui permute une cinquantaine de formules qu'il connaît par cœur improvise-t-il plus qu'un débutant qui se lance pour la première fois ? Le fameux chat qui marche de manière totalement imprévue sur le clavier d'un piano improvise-t-il autant que le vieux renard de l'improvisation qui re-cite le même solo qu'il a improvisé il y a trente ans ?

C'est essentiellement sur le plan qualitatif que l'imprévu joue son rôle dans l'improvisation. Il ne s'agit plus d'évaluer le pourcentage d'imprévu par rapport au fixé, mais de sentir des forces poétiques et des élans dramatiques. Art de l'imperfection et du jamais achevé, l'improvisation développe une véritable esthétique de l'imprévu. Mais la sensation d'imprévu ne naît pas du néant, car ce n'est qu'à partir d'un cadre que peut jaillir la surprise : c'est précisément le cadre qui permet à l'imprévu de prendre un sens musical par contraste. Il s'en détache comme une forme se dessine sur un fond. L'imprévu n'a pas de valeur esthétique en soi : il prend son sens de la relation qu'il établit avec le prévisible. Un bon improvisateur tend son action entre l'évidence et la rupture de l'évidence, entre le temps circulaire (rien n'est neuf, tout se répète) et le temps linéaire (tout est nouveau, tout progresse). Il y a des moments où il s'appuie sur le passé pour y ancrer son action, et des moments où il trouve le courage de se lancer dans l'inconnu.

Exemple 2

Piège à idées reçues. La surface du papier a été traitée par un procédé photochimique pour servir d'attrape-mouche aux idées préconçues.
Conseil d'entretien : nettoyer régulièrement cette feuille avec un chiffon sec

4. Improvisé et oral

Une autre confusion existe parfois entre l'improvisation et l'oralité/auralité. Ces deux pratiques partagent notamment l'absence de notation, la transmission sans intermédiaire, "de bouche à oreille", la relation forte et personnelle entre un élève et un maître (ou un modèle qui sert de maître), l'importance de l'écoute et de la mémoire. Cependant, tout ce qui est oral n'est pas nécessairement improvisé. De grands pans de la musique orale sont entièrement fixés, l'improvisation intervenant surtout pour pallier momentanément un défaut de mémoire. D'autre part, une notation intervient dans de nombreux types d'improvisation, que ce soit dans la réalisation d'une basse chiffrée baroque, dans l'ornementation improvisée d'une mélodie écrite ou dans l'improvisation sur une trame harmonique comme elle se pratique dans le jazz (elle sert alors souvent de "partition").

Tout ce qui est écrit n'est pas exempt d'oral et d'imprévu. En effet, aucune notation n'est capable de transcrire toute la musique : on demande à un bon interprète de lire "au-delà des notes". Il existe une part d'oralité dans la transmission de la musique écrite. Alors qu'une partition reste identique, son interprétation se modifie suivant les écoles, les modes ou les âges. Et il existe une petite part d'imprévu, voire d'improvisé, dans toute bonne interprétation. Même à l'intérieur d'un itinéraire dûment cadré par une partition bien travaillée peuvent surgir une légère inflexion totalement inattendue, une petite illumination, un tressaillement poétique qui donne à la musique son caractère vivant et unique. Et l'on rejoint le propos de l'improvisation.

Les technologies de l'enregistrement de la musique provoquent une situation intermédiaire entre l'oral et l'écrit. D'un côté, un enregistrement s'écoute "à l'oreille", sans le support d'une notation ; une musique enregistrée peut jouer le rôle de modèle comme le font les maîtres dans la transmission des musiques traditionnelles. Par exemple, l'histoire et la diffusion mondiale du jazz sont entièrement liées à l'existence du disque. De nombreux jazzmen ont "pris des cours" avec Charlie Parker ou avec John Coltrane en écoutant attentivement leurs enregistrements, en s'imprégnant de leur sonorité, souvent en relevant par écrit certains de leurs solos. D'un autre côté, un enregistrement est une forme de notation, dans le sens où il est définitivement fixé, susceptible d'être répété à volonté ; c'est un objet sans présence humaine, un intermédiaire entre l'auditeur et le musicien au même titre qu'une partition est un intermédiaire entre le compositeur et l'interprète. En réécoutant un enregistrement de musique improvisée, on oublie fréquemment que la musique a été créée instantanément. C'est le départ d'une illusion : insidieusement l'on transforme un processus en un produit fini. Ce glissement s'effectue parfois même à l'insu d'un auditeur avisé ; en réécoutant, on finit par mémoriser une improvisation, l'attention se portant essentiellement sur ce qu'on reconnaît. L'illusion peut aller plus loin : l'on métamorphose alors un événement inventé de manière unique en un monument définitif auquel on donne un statut d'œuvre, qu'on peut transcrire, analyser comme une partition, copier, objectiver, enseigner. Mais la nature profonde du geste improvisé n'échappe-t-elle pas à la transcription ?

5. Les formules (le "vocabulaire")

Tout improvisateur ayant un peu d'expérience possède un répertoire de gestes musicaux dans lequel il puise de manière plus ou moins délibérée. Ces gestes peuvent être de différentes natures : des formules mélodiques et/ou rythmiques et/ou timbrales, des climats émotionnels, des schémas de construction, etc. Les contours peuvent être soit précis (susceptibles d'être reproduits exactement), soit vagues (peu ou pas délimités, susceptibles d'être réinterprétés de nombreuses manières).

Dans certains contextes, la formule mélodique joue un rôle central. Par exemple, dans les systèmes d'improvisation modaux (occidentaux ou extra-occidentaux), elle est fréquemment une des clés du mode, car elle sert de complément mélodique à l'échelle modale et à ses intervalles. La formule contribue à définir le paysage mental du mode, sa nature profonde, sa puissance d'évocation, ses résonances intimes. Elle fait référence à un des aspects les plus vivants de la tradition : voici une petite mélodie provenant de la nuit des temps, qu'on va réinventer de la manière la plus authentique possible. L'improvisateur, qui chemine avec la formule comme compagnon de voyage, devient le porte-parole d'une voix qui ne lui appartient pas, au service de laquelle il va mettre son inventivité. Dans des contextes voisins, la formule remplit également d'autres fonctions : c'est grâce à elle qu'on entre en contact avec la divinité, qu'on invoque les forces magiques, qu'on met en transe ou qu'on guérit.

Certaines formes d'improvisation sont basées sur une combinatoire de formules, qui sont disposées, permutées, combinées, métamorphosées de différentes manières, parfois même exercées préalablement selon une analyse systématique de toutes les combinaisons possibles. Dans ce cas, la manipulation de formules sert de règle principale à l'improvisation (improvisation dite "formulaire"). Ce système se pratique souvent en puisant dans un répertoire collectif, caractéristique d'une tribu musicale.

Par exemple, le blues se définit notamment par une série de phrases types que tout néophyte doit apprendre pour être accueilli dans la tribu. Dans certaines formes de jazz, on pratique largement la citation des ancêtres, clin d'œil au passé par lequel on marque sa filiation. Parfois, la citation est poussée beaucoup plus loin. On exerce systématiquement les "patterns", motifs mélodiques stéréotypés que l'on transpose dans toutes les tonalités. La virtuosité de certains jazzmen est largement liée à leur capacité d'exécuter rapidement des conduits mélodiques appris par cœur.

Un logiciel, développé dans le cadre de la recherche en intelligence artificielle, permet même de produire à l'infini des solos "à la Charlie Parker" à partir d'une base de données de formules mélodiques extraites des solos de Parker, combinées grâce une série de règles d'harmonie et de constructions mélodiques, et mélangées selon des variables aléatoires. Exploit de technologie informatique, cette machine à improviser pose la question de la nature profonde de l'improvisation. Si elle se montre convaincante sur le plan de la précision rythmique (impeccable à tous les tempos), ou le choix des hauteurs (la silhouette des mélodies ressemble au modèle), la machine ne saurait se confondre avec l'original sur le plan du son. Dans la matière sonore de Parker plane une ombre tragique ; la machine peine à faire voir ce drame profondément humain. Le vocabulaire et la grammaire sont correctement exécutés, le code est maîtrisé, mais le cri est absent et le Bird ne prend pas son envol. On peut imaginer une modélisation beaucoup plus fine du son de Parker, comprenant des algorithmes sophistiqués qui l'imiteraient avec plus de vraisemblance. On ne ferait que déplacer le problème : il ne s'agirait que d'affiner la reproduction du modèle, c'est-à-dire de donner à la voix unique de Parker la possibilité de multiplier à l'infini des actions qui lui ressemblent. Le robot parkérien serait alors prêt à produire des solos nuit et jour sur tous les karaokés du monde, alimenté uniquement par un courant électrique. Mais le propos de l'improvisation est-il de l'ordre du clonage ? Qu'est-ce qu'un modèle vivant en improvisation ? Peut-on le réduire à un catalogue de formules ? L'imitation parfaite ne fait que dérober une image : elle n'invente rien. La voix de Parker ne nous invite-t-elle pas généreusement autant à partager ses découvertes qu'à inventer notre propre voie ?

La machine n'est pas maudite par nature. Même si sa production s'apparente à un ensemble de formules, elle peut devenir l'objet de divers esthétiques liées à l'improvisation. Son image peut servir, sur un mode parodique ou désespéré, à l'évocation de la rigidité désincarnée et de l'uniformisation froide qu'elle provoque. Comme variété particulière d'instrument de musique, elle peut donner lieu à un dialogue homme-machine dans lequel la machine propose des terrains de jeu imprévus auquel l'homme répond par l'improvisation (boîtes à rythmes, *sampling*, traitement de son en temps réel, *live electronic music*, etc.).

Pour improviser, les humains semblent parfois avoir pour objectif d'atteindre une perfection "machinique". Ce désir de perfection vise à évacuer l'imparfait et le risque, au profit de la formule, jusqu'à tomber dans une vénération apparentée à l'exploit acrobatique. Mais la séduction de l'olympisme formulaire s'épuise rapidement, et le body building du pattern peine à camoufler l'indigence de la pensée, la raideur du ton et l'assèchement de l'émotion. La caricature de la formule, c'est le cliché, la mise en boîte, le stéréotype rabâché mécaniquement.

Quel que soit le contexte d'improvisation, il est difficile d'échapper à la formule. Une écoute attentive peut repérer des éléments formulaires dans toute improvisation, parfois à des niveaux inattendus. Mais il existe une différence entre la production plus ou moins consciente de formules, et la construction délibérée d'un discours improvisé à partir de formules. Dans un cas, elle apparaît presque malgré l'improvisateur, dans l'autre, elle occupe son attention et sert d'axe principal à son action. A dire vrai, il n'y a pas nécessairement de corrélation entre les préoccupations de l'improvisateur et ce qu'on peut percevoir de son action. Dans les cas extrêmes, quelqu'un peut désirer improviser en dehors de toute formule et ne produire que des stéréotypes, alors qu'un autre peut jouer astucieusement des formules en les camouflant, en les mettant en danger, en prenant le risque de les déchirer de manière à rendre ses sources totalement imperceptibles pour un auditeur extérieur.

Exemple 3

Système de représentation bidimensionnel schématisant le déploiement soudain d'un cri improvisé dans l'espace de la conscience (mis au point par le laboratoire d'improvisométrie statistique du département de musicologie de l'université d'Oulan-Bator)

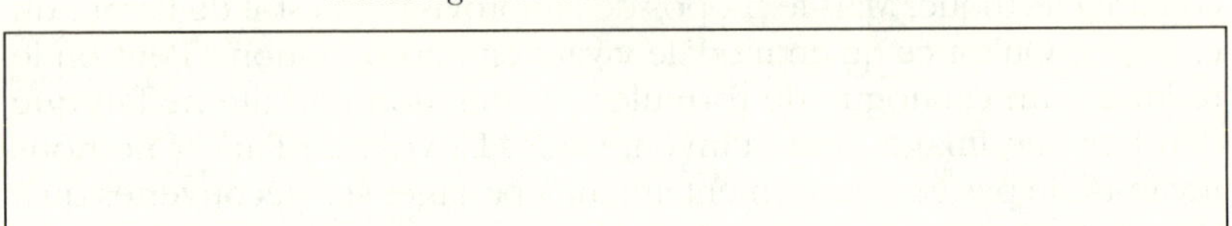

6. Règles préalables et improvisation libre (la "grammaire")

Au vocabulaire (les formules) se combine la grammaire de l'improvisation (les règles qui régissent une improvisation et qui guident le comportement des improvisateurs). Suivant les tribus et les circonstances, ces règles peuvent varier en importance et en nature.

L'improvisation peut se dérouler dans le cadre d'un style spécifique, qui implique des règles implicites et/ou explicites observées par une tribu. C'est ce que le guitariste Derek Bailey nomme l'improvisation "idiomatique", c'est-à-dire qui respecte le cadre d'un idiome. Chaque tribu improvisante crée ses règles, son code, ses coutumes. Une bonne partie de l'apprentissage consiste à acquérir la compétence du code, c'est-à-dire la capacité de s'exprimer en maîtrisant les règles suffisamment pour pouvoir en jouer souplement. Le code fonctionne grossièrement comme une langue étrangère dont il faudrait apprendre la grammaire pour s'exprimer. Préalable à toute improvisation, ce travail d'apprentissage peut être très long. Par exemple, dans la tradition savante indienne, les premières années sont consacrées à la mémorisation par imitation du maître ; considérée comme le stade supérieur de la pratique musicale, l'improvisation apparaît tardivement. Dans le jazz classique, la maîtrise de la trame harmonique et du jeu rythmique nécessite plusieurs années d'exercice. Suivant les tribus, le non-respect de la règle est considéré comme une erreur, comparable à la fausse note par rapport à une partition. Un décalage rythmique dû à une mauvaise mise en place, une dissonance mal amenée ou mal résolue, une intonation hasardeuse, un phrasé chaotique sont autant de fautes dans les tribus qui ont pour règle la qualité de la mise en place rythmique, de la conduite de la consonance, de la justesse ou de l'articulation.

La nature des règles est variable. Relatives, certaines règles ne peuvent se comparer à la fausse note. Par exemple, en ce qui concerne la construction d'une improvisation, on peut s'appuyer sur quelques principes généraux, mais il devient impossible de pointer le lieu précis de l'erreur ; l'appréciation reste qualitative et globale. Parfois, le non-respect de la règle au profit d'une idée meilleure peut se révéler positif.

Reliée ou non à un style, l'improvisation peut être cadrée par des consignes préalables portant sur des paramètres de jeu plus ou moins précis (par exemple : vitesse, nuances, énergie, densité, formules rythmiques, dynamique, phrasé, système harmonique, schéma de parcours, narration non musicale, etc.) ; le respect de la consigne et le jeu avec la règle de jeu deviennent des critères de construction.

L'improvisation peut se construire sans aucune consigne préalable : on ne précise rien avant de jouer. C'est ce que Derek Bailey nomme l'improvisation "libre", en opposition à l'improvisation idiomatique. Il serait préférable de sous-entendre "libre de consigne préalable". En effet, le mot "libre" peut signifier "hors de toute contrainte, hors de toute règle", ou il peut désigner la liberté intérieure de l'improvisateur, sa conception de l'improvisation, ses croyances intimes. Un magnifique exercice paradoxal consiste à improviser "n'importe quoi" (en dehors de tout ce qui est permis et de tout ce qui fait sens). Immédiatement se pose la question "n'importe quoi par rapport à quoi ?". La liberté ne peut s'exprimer qu'à travers des formes et un cadre. Ce cadre peut être très léger, il peut même avoir le caractère d'un "anti-cadre", c'est-à-dire d'une tension s'opposant à l'apparition d'un cadre. Mais cette tension fonctionne comme principe de construction, donc comme cadre. La disposition intérieure d'un improvisateur qui tend à se défaire des règles peut être riche, fraîche, pleine de naïveté, ou chargée de révolte contre des structures éculées. Son improvisation peut donner une impression de liberté, de fluidité, de mobilité souple, d'imagination débridée, de délire hors norme. Mais si l'on écoute attentivement ce que produit l'improvisateur, on ne peut que constater l'existence de principes de construction, de formes, donc de règles, qui sont formulées de manière plus ou moins précise. L'oreille ne peut identifier des sons comme "musique" que si elle reconnaît des formes qui lui permettent d'organiser sa perception.

Ce qui distingue l'improvisation libre d'une situation idiomatique, c'est que les règles apparaissent dans l'action, au fur et à mesure que se déroule le jeu ; elles peuvent se modifier, voire se retourner entièrement. Entre ces deux formes d'improvisation, les dispositions intérieures des improvisateurs ne sont pas identiques. Un musicien de jazz *mainstream* pourra être complètement perdu dès qu'on lui retire la trame harmonique sur laquelle il a l'habitude de construire son discours, et un improvisateur libre pourra perdre toute inspiration dès qu'il devra se soumettre à des contraintes précises. Mais il existe également des musiciens éclectiques capables d'évoluer superbement dans les deux domaines.

De nombreux jugements, souvent contradictoires, parfois péremptoires, circulent à propos de l'improvisation libre. Tantôt on la considère comme la seule forme d'improvisation qui soit authentique ; tantôt on l'estime *a priori* inefficace, impossible, chaotique ou totalement dysharmonieuse. Certains l'associent exclusivement à la tribu du free-jazz des années 1960-1970, avec ses explosions libertaires, son énergie débordante, ses délicieuses outrances expressionnistes. Ils en font une esthétique définie, avec des règles qui sont assez précises même si elles se formulent souvent par la négative : pas de tempo, pas de tonalité, pas de hiérarchie entre les musiciens, pas de beaux sons, etc. Pratiquée par des musiciens de jazz dans le prolongement du hard bop, le free-jazz est empreint d'un vocabulaire jazzy. Mais dès les années 1970, de nombreuses autres tribus se sont formées à partir du free-jazz, notamment en Europe, certaines n'ayant plus rien de commun avec le jazz. Ce que l'improvisation libre perd en idéologie, elle le gagne en élargissement de la palette sonore, en invention de nouvelles formes, en ouvertures en direction d'autres tribus (musiques contemporaines, électroacoustique, performances et happenings, musiques du monde, etc.).

Quelle que soit l'esthétique sous-jacente (elle se réduit parfois à très peu de conventions), l'improvisation libre de consigne préalable peut être d'une grande efficacité, d'une grande force et d'une grande sensualité. Son dispositif peut aboutir à des résultats sonores extrêmement variés, parfois diamétralement opposés. A l'écoute, il est parfois difficile de distinguer ce qui est produit en improvisation libre de ce qui est produit par d'autres moyens, y compris par l'écriture.

7. Raconter une histoire (le discours)

Vocabulaire et grammaire ne suffisent pas pour construire une improvisation riche et convaincante. Proche de l'art oratoire, l'improvisation demande qu'on sache "raconter une histoire". Il s'agit d'une part d'organiser son discours en suivant une certaine logique, en maintenant une tension narrative, en articulant les diverses étapes d'une dramaturgie, et d'autre part de développer une force de persuasion, un rayonnement et une présence. Il existe une rhétorique de l'improvisation, c'est-à-dire un art de bien s'exprimer et d'orienter son attention de manière à rendre l'action efficace, précise, énergétique et émouvante.

La bonne conduite d'un discours peut s'aborder directement par la pratique, en appliquant une méthode expérimentale. Elle consiste à essayer, à se tromper, à observer ce qu'on a joué, à identifier ce qui n'a pas fonctionné, à se lancer dans un nouvel essai en tenant compte de l'expérience, à persévérer dans ce cheminement fait d'essais et d'erreurs. Surtout si elle se pratique collectivement avec peu ou pas de règles préalables, l'improvisation s'accompagne de modes de fonctionnement stéréotypés. Tirant des arguments pour tout jeter en bloc, certains détracteurs de l'improvisation ne manquent pas de les souligner, en entendant qu'il est impossible d'y échapper. On leur rétorquera que d'une part, toute tribu a ses stéréotypes : les détracteurs de l'improvisation n'en sont pas à l'abri ; d'autre part, chaque manière de faire de la musique possède des limites, qui sont souvent très concrètement liées aux limites de ce que le corps et l'esprit humain sont susceptibles de réaliser. Certaines constructions ne sont réellement possibles que dans le temps réel de l'improvisation, d'autres dans le temps différé de la composition et de l'interprétation. Par exemple, l'improvisation est plus efficace que la composition pour produire certaines complexités rythmiques ou certaines combinaisons de timbres (obtenues de manière simple en improvisant, elles deviennent extrêmement difficiles à noter et encore plus à exécuter), ou pour provoquer une rencontre entre un percussionniste japonais, un musicien de jazz et une chanteuse africaine… Plus facilement que l'improvisation, la composition permet de construire une symphonie pour cent musiciens ou de manipuler des séries dodécaphoniques… L'ethnocentrisme guette certaines critiques portant sur les limites, qu'elles proviennent des défenseurs ou des détracteurs de l'improvisation.

On peut considérer les limites non plus comme des freins ou des défauts, mais comme des éléments dynamiques faisant partie intégrante du cheminement de l'improvisation. Dans ce cas, elles cessent de poser problème dès qu'elles sont clairement perçues. Elles deviennent alors un élément extrêmement stimulant de la créativité, voire une des conditions fondamentales qui permet à un discours de se développer. Suivant les circonstances, un bon improvisateur qui connaît les écueils de son art peut, soit les contourner, soit en jouer. Par exemple, traité astucieusement, un motif mélodique rabâché peut devenir le point de départ d'un imposant édifice. Il y a donc une grande différence entre un stéréotype subi et un stéréotype utilisé comme élément de jeu. Certaines conceptions de l'improvisation cherchent à fonctionner uniquement sur les réactions émotionnelles entre les partenaires, en prônant exclusivement la spontanéité ; cette manière de procéder aboutit souvent à de petits trésors. Mais, sans que cela ne s'oppose à la fraîcheur et à l'ouverture émotionnelle, d'autres conceptions s'appuient sur une claire conscience des limites. Contrairement à des idées passablement répandues même chez certains improvisateurs, il n'y a pas d'opposition entre la conscience et l'émotion ; entre l'intellect, l'imagination et le geste ; entre la tête, le cœur, les tripes et les pieds. Ce sont précisément les moments où ils cessent d'être séparés et d'être en conflit les uns avec les autres que l'improvisation prend de l'ampleur.

Parmi les stéréotypes de l'improvisation collective, la "soupe improvisatoire" est au premier plan. Chacun joue beaucoup, mais sans vraiment s'engager, en s'interrompant et en reprenant sans raison ; aucune décision nette n'apparaît ; l'écoute et l'attention sont distraites, inégales ; le son d'ensemble est opaque, confus, informe ; il devient rapidement impossible de percevoir clairement ce que chacun joue, sauf pour les instruments les plus bruyants ; la forme générale est dépourvue d'angles, d'articulations, de respirations. Peut-être que parfois au milieu de ce brouet apparaissent quelques pépites : certains semblent s'en contenter. Mais la "soupe" occasionne rapidement un sentiment de lassitude et d'inutilité. Un des grands enjeux de l'improvisation est la focalisation, c'est-à-dire la capacité de se concentrer, de concentrer son action et de concentrer le sujet de son action. La recherche d'un fil conducteur est essentielle. Elle passe par l'écoute et par la mémoire. La "soupe improvisatoire" apparaît quand on oublie au fur et à mesure tout ce qu'on produit. Si la mémoire ne retient rien, c'est généralement parce qu'on n'écoute pas assez attentivement ce qu'on joue, notamment parce qu'on se lance dans des actions imprécises, mal délimitées, trop complexes, trop décalées par rapport à ce qu'on est capable de réaliser. Un bon improvisateur réduit la distance existant entre ses limites (techniques, physiques, expressives) et son désir. Il rend son action efficace à l'intérieur de ce cadre.

Le "manque d'idées" qui arrive soudain au milieu d'une improvisation est souvent invoqué : peut-on rester dans un état de perpétuelle invention ? Le problème est généralement plus un surplus qu'un déficit d'idées. Désordonné, ce surplus provoque une perpétuelle fuite en avant aboutissant à l'épuisement par gaspillage d'énergie. Ce n'est plus la quantité des idées qui importe, mais leur qualité ainsi que la manière de les gérer. La focalisation sur un axe permet de développer harmonieusement les idées. L'imagination de certains improvisateurs est proprement époustouflante, et semble jaillir avec une intensité constante grâce à une concentration profonde.

Un autre stéréotype est l'"improvisation interminable". Tout semble bien démarrer. Les idées fusent. Puis l'énergie retombe, mais le morceau continue. Les cycles narratifs ne se referment jamais ; il existe toujours quelqu'un qui ajoute un dernier commentaire ; rien ne s'impose pour que le retour au silence devienne une nécessité. Malgré les apparences, la difficulté est rarement située à la fin du morceau, car elle se noue bien avant, souvent déjà au début quand le fil conducteur n'est pas clairement identifié. Il devient alors difficile de terminer un parcours qui n'a pas d'enjeu. L'improvisation interminable est loin d'être une fatalité. De bons groupes d'improvisateurs sont capables de conclure une pièce avec une étonnante précision ; la chute surgit avec éloquence et conviction, dépassant en intensité une fin qui aurait été fixée à l'avance.

Le "suivisme" est un autre stéréotype qui consiste à s'engouffrer immédiatement derrière chaque initiative. Dès que quelqu'un joue fort, tout le monde joue fort ; dès que ça va vite, tout va vite ; dès qu'apparaît un cri, la basse-cour se réveille instantanément. Ce manque d'autonomie empêche la création de contrastes et nivelle toutes les initiatives. C'est une des causes de la "soupe improvisatoire". Dans un bon groupe, chaque partenaire développe son autonomie, en sachant garder un cap et parfois en insistant. Le résultat sonore s'appuie sur des parcours parallèles qui se mettent en tension les uns par rapport aux autres.

La "politesse" bloque l'avance d'un groupe. Les précautions, la préoccupation exagérée de laisser de la place à l'autre, la volonté de dialoguer à tout prix sans écraser ses partenaires partent d'un bon sentiment. Mais elles sont inefficaces, car c'est de musique dont il s'agit, et non de bonne éducation : le jeu est de prendre sa place, et non de la mériter par la déférence qu'on témoigne vis-à-vis des autres. L'improvisation en groupe s'apparente à une joute rapide et intense, à une course à la meilleure idée. Jeu symbolique dont le but n'est ni d'écraser l'autre, ni de le vaincre, cette joute vise la meilleure dynamique, celle qui se nourrit de toutes les énergies en présence pour les dépasser. L'écoute doit sans cesse gouverner le jeu, mais écouter n'implique pas qu'il faille attendre poliment. Paradoxalement, un groupe gagne en cohérence et en intensité lorsque chacun affirme franchement sa place : la collaboration s'élabore sur des repères clairement définis. Le dialogue peut s'élargir grâce à des contrastes qui multiplient et diversifient les points de contact. Contrairement au dialogue parlé du théâtre, basé sur l'alternance, la musique permet la superposition de discours individuels, qui gardent chacun leur clarté tout en contribuant à l'ensemble. D'inépuisables terrains de jeu sont possibles : superpositions de lignes mélodiques indépendantes (polyphonie), de rythmes (polyrythmie), de tonalités (polytonalité), de formes (polymorphisme).

Inverse de la politesse, le "bavardage continu" est un stéréotype facile à repérer : on joue sans s'arrêter, sans laisser de la place aux autres, sans prendre le temps de respirer. Dans ce cas, l'oreille ne gouverne plus l'action et l'ego renonce à entrer en relation avec les autres. Un bon improvisateur est capable d'écouter non seulement ce qu'il produit, mais aussi le groupe, avec sa propre action au sein du groupe ; il sort de sa bulle pour percevoir l'ensemble. C'est grâce aux oreilles qu'un groupe communique : la surdité est mauvaise conseillère. L'improvisation est fragile ; elle demande la collaboration de tous, un grand engagement, ainsi qu'une intense attention dans la mesure où rien n'est acquis d'avance et où toutes les relations se construisent au fur et à mesure du déroulement d'un morceau. Un bon groupe parvient à un superbe équilibre entre les individus et la collectivité ; les initiatives circulent rapidement, chacun prenant et laissant l'occasion de mener l'ensemble, et chacun se retirant par moments pour laisser la place à de nouvelles orientations.

Les "montagnes russes" sont un autre stéréotype. L'improvisation passe par une alternance d'excitations et de dépressions, de moments où tout semble simple, suivis de moments où tout le groupe s'égare. Le suivisme s'en mêle. Chaque action entraîne une réaction immédiate de tous les autres : toute initiative personnelle est rapidement noyée. Le groupe n'ayant pas inventé un développement qui lui soit propre, il tombe cycliquement dans le doute. Toutes les idées s'enchaînent en "fondu perpétuel" : début lent, entrées étagées des différents improvisateurs, fin lente avec également sorties étagées.

Il est très difficile d'échapper entièrement aux montagnes russes. Ne rencontre-t-on pas dans d'innombrables formes musicales des alternances de tension et de détente, entre des mouvements rapides et lents, entre l'extraversion et l'introversion ? C'est la qualité de ces alternances qui a du sens : elles peuvent être dynamiques et vivantes si elles ont une direction, prévisibles et ennuyeuses si elles trahissent l'égarement. Il faut toutefois souligner une différence entre le temps réel de l'improvisation, et le temps différé de la composition : les courbes de tension-détente qu'il est possible de concevoir sont de natures partiellement différentes. Les dispositions intérieures des interprètes qui doivent réaliser une composition, autant individuellement que collectivement, ne se gèrent pas comme celles des improvisateurs. Portée par une verve oratoire, l'improvisation semble pouvoir monter plus haut et descendre plus bas que la musique écrite.

8. La face cachée de l'improvisation (l'intuition)

L'improvisation est fondamentalement imparfaite. La tentation est forte de la réduire à un produit fini. Les musicologues, les écoles d'improvisation, certains improvisateurs eux-mêmes s'attachent plus aux mécanismes qu'à l'énergie et qu'aux processus. Visitée exclusivement de l'extérieur comme on visite une œuvre achevée, une tradition d'improvisation perd son venin et devient une forme d'interprétation souvent habile, mais dépourvue d'enjeu et de vie. Par exemple, l'enseignement du jazz tombe parfois dans un académisme qui contraste singulièrement avec le non-conformisme et le bouillonnement généreux de la tradition vivante. Plusieurs facteurs y contribuent : le désir de reconnaissance sociale, l'ambition de faire ses preuves par rapport à la tradition classique, les pressions institutionnelles et financières, la massification de l'enseignement. Mais ces raisons n'excusent rien et n'expliquent pas tout. Faute d'une réflexion profonde sur la nature de l'improvisation et sur la vitalité d'une tradition, le jazz d'école devient parfois plus scolaire que certaines traditions classiques d'interprétation. Est-il nécessaire de fixer les codes du jazz des années 1950-1960 comme un ensemble de connaissances clos et privé d'histoire, qu'on s'ingénie à analyser, à découper en multiples branches d'enseignement, à élever en technique et en virtuosité, à rigidifier en cursus, à noter selon des critères "objectifs", à diplômer en valorisant l'uniformité et le conformisme ? Sans doute la maîtrise du code est primordiale, mais elle ne saurait monopoliser le débat : il s'agit de faire dialoguer le code avec le geste improvisé et avec la nécessité de raconter une histoire.

Le geste improvisé n'est pas aisé à aborder, car il contient une part d'inracontable. Cette face cachée et mystérieuse de l'improvisation s'aborde avec précautions : ici voisinent les idées les plus profondes avec la banalité, l'ésotérisme de pacotille ou même une pensée régressive. Quel intérêt y aurait-il à cacher quelque chose ? N'y a-t-il pas une certaine complaisance à garder secret un domaine auxquels seuls des initiés auraient droit ? Ou une arrogance à exclure ceux qui ne sont pas dans le coup ? Tout le monde n'a-t-il pas droit d'improviser ?

C'est là qu'intervient un changement de registre. Vécue de l'intérieur, une bonne improvisation se traverse comme une expérience vitale qu'un discours rationnel peine à appréhender : les mots deviennent alors maladroits, bavards, décalés et pédants. La vie prime l'explication : cet autre mode de connaissances fait appel à l'intuition. L'expérience intuitive n'est pas directement reproductible : elle ne s'aborde que par la bande, indirectement. Contrairement aux connaissances rationnelles, l'intuition s'impose dans la conscience par la force de l'évidence. Par son côté unique, très personnel, imprévisible, elle échappe à toute mécanisation et à toute uniformisation, les mêmes causes pouvant aboutir à des effets opposés. Forme de connaissance puissante et largement répandue, l'intuition est souvent méconnue dans la culture occidentale industrielle moderne ; elle y est oubliée, peu valorisée, mise à l'écart ou même crainte, parfois même par ceux qui en font un large usage. Or elle peut être présente dans tous les domaines de la vie. Elle n'est pas qu'un cadeau du ciel réservé aux doués, mais une expérience simple et concrète, à la portée de tous, qui n'a rien d'exceptionnel. On peut développer la capacité d'entrer en contact avec son intuition, de lui faire confiance et de se laisser guider par elle. Dans l'improvisation musicale, on renforce les chemins de l'intuition non seulement par la pratique et par l'expérience, mais également en devenant attentif et hypersensible à l'écoute, à ses propres représentations mentales, aux gestes qu'on fait "d'instinct", en suivant son corps. Il s'agit de créer un état intérieur dépourvu de jugement et d'a priori, dans lequel on accueille tous les événements sonores et toutes les sensations physiques avec la plus grande ouverture possible, avec une identification intime au son présent. En déparasitant l'écoute et en se débarrassant de tout ce qui pourrait la perturber, on s'ouvre à une très grande disponibilité. Cette qualité de présence est source d'énergie pour l'action. En musique, l'improvisation n'a pas le monopole de l'intuition : les compositeurs et les bons interprètes y font également appel, mais l'improvisation est liée à l'action immédiate, à des choix à faire et à des décisions à prendre sans possibilité ni de réfléchir longuement, ni de se relire, ni de revenir en arrière. Tout se passe dans l'urgence. La pensée fonctionne à une extrême rapidité, l'écoute est en tension continue, la mobilisation de l'attention est entière. L'engagement personnel est intense, partagé simultanément entre l'action et la non-action : il s'agit autant de faire que de lâcher prise, de tendre que de détendre, de jouer que d'être joué, de vouloir que de céder.

L'improvisation qui se déroule sur la fine crête de l'instant présent frôle constamment un moment unique qui ne se reproduira jamais ; il a un caractère labile, fragile, fugitif, fuyant, extrêmement instable. Ce qui est vrai pendant une fraction de seconde peut se révéler faux très peu de temps après. A tout moment, la situation peut se retourner, de manière imprévisible. Aucune partition ne sert de garde-fou : il est toujours possible de faire surgir une rupture, à condition d'y donner un sens et d'assumer pleinement les conséquences de son action. Le danger de la chute est réel : même les meilleurs improvisateurs ont dans chaque concert des passages moins intenses, des moments où ils tremblent. Mais il y a un art de tomber sans résister, en osant laisser tomber ce qui est inutile. Certains efforts pour sauver une situation ne font que l'empirer : elle doit mourir d'elle-même pour que puisse renaître une autre direction. L'égarement fait alors partie du processus d'invention, l'avance progressant par essais et erreurs.

Exemple 4

Crête de l'instant présent (détail vu de face)
Grossissement 1/100 000 000 000 000 000

Un bon improvisateur se sert de l'intuition non seulement pour inventer son propre parcours, mais aussi pour jouer avec les autres. Un bon groupe développe une forme de communication quasi télépathique d'une grande efficacité. Il est capable de commencer un morceau immédiatement dans le même paysage mental, il sent les différentes articulations du morceau, il sait respirer ensemble, il intègre de manière dynamique les différences apparaissant entre les individus sans perdre l'axe collectif, il arrive à conclure le morceau avec netteté. Chaque groupe a une personnalité qui lui est propre : il ne suffit pas de mettre ensemble d'excellents improvisateurs pour que la communication fonctionne. Inversement, un groupe de musiciens à la technique moyenne peut développer une grande adresse collective.

Même si d'autres contextes musicaux partagent des valeurs communes, et même s'il est parfois aussi possible de défendre des convictions opposées, l'improvisation valorise la vitalité, l'imagination, la fraîcheur, la créativité individuelle et collective, le plaisir du jeu ; la capacité d'intégration et de mise en dialogue d'individus, de traditions, de systèmes musicaux et sonores ; la vivacité des interactions entre partenaires, entraînant souvent une fraternité chaleureuse ; la remise en question permanente de tous les systèmes de pensée au profit d'une écoute souple et dynamique, centrée sur la musique présente. C'est le musicien en tant que personne unique qui est la matière première des échanges. Lorsqu'elle est au centre des débats, cette dimension humaine, à laquelle s'ajoute l'urgence du temps réel, limite certaines pratiques : un avant-gardisme formel et exclusivement cérébral ; un postmodernisme dans lequel toutes les musiques seraient consommées et nivelées sans perspective ni débat. L'improvisation n'a pas de prétention à l'hégémonie : elle est une attitude face à la musique, qui peut s'articuler avec d'autres manières de jouer, que ce soit avec l'interprétation d'œuvres écrites, ou avec d'autres domaines artistiques.

Carrefour d'autobiographies sonores et de musiques de tribus, l'improvisation joue un rôle majeur dans la pratique musicale. Si la tradition savante classique occidentale l'a progressivement désertée dès le début du XXe siècle, elle y revient, notamment sous l'influence d'autres pratiques. Elle est au centre des tribus du jazz, du rock et de certaines musiques actuelles. Dans ses formes modernes, elle contribue au dialogue non seulement entre individus mais aussi entre tribus. Art imparfait, l'improvisation trouve dans une présence instantanée l'énergie vitale pour le futur de la musique.

Exemple 5

Interlude improvisé mentalement par J. T. le 26 mai 2003 à 10 h 04, deux minutes avant de lire l'article suivant

Bibliographie

BAILEY, D., 1980 : *L'Improvisation. Sa nature et sa pratique dans la musique*, Paris, Outre Mesure ; 2e éd., 1999.

BAKER, D., 1968 : *A Method for Developing Improvisational Technique. Techniques of Improvisation*, Chicago, Down Beat Music Workshop Publication, vol. I et II ; 2e éd., 1977.

BAKER, D., 1969 : *Jazz Improvisation*, Chicago, Down Beat Music Workshop Publication ; 2e éd., 1977.

BAKER, D., 1974 : *Improvisational Concepts. Advanced Improvisation*, Chicago, Down Beat Music Workshop Publication, vol. I et II ; 2e éd., 1979.

BARONI, M., 2002 : "L'ermeneutica musicale", in *Enciclopedia della musica*, vol. II, *Il Sapere musicale*, J.-J. Nattiez *et al.* (éd.), Turin, Einaudi, 2002, p. 633-659 ; trad. fr., "Herméneutique musicale", in *Musiques. Une encyclopédie pour le XXIe siècle*, vol. II, *Les Savoirs musicaux*, J.-J. Nattiez (éd.), Arles-Paris, Actes Sud-Cité de la musique, 2004, p. 672-699.

BERLINER, P., 1994 : *Thinking in Jazz. The Infinite Art of Improvisation*, Chicago, University of Chicago Press.

BIESENBENDER, V., 1992 : *Plaidoyer pour l'improvisation dans l'apprentissage musical*, Paris, Van de Velde ; 2e éd., 2001.

BLACKING, J., 1973 : *How Musical is Man ?*, Seattle-Londres, University of Washington Press ; trad. fr., *Le Sens musical*, Paris, Minuit, 1980.

COKER, J., 1980 : *Complete Method for Improvisation*, Lebanon (USA), Studio P/R.

COKER, J., 1964 : *Improvising Jazz*, New York, Touchstone Book ; 2e éd., 1986.

DEAN, R. T., 1992 : *New Structures in Jazz and Improvised Music since 1960*, Buckingham, Open University Press.

DURING, J., 1994 : *Quelque chose se passe. Le sens de la tradition dans l'Orient musical*, Lagrasse, Verdier.

GIOA, T., 1988 : *The Imperfect Art. Reflections on Jazz and Modern Culture*, New York, Oxford University Press.

GLOBOKAR, V., 1986 : *Individuum – Collectivum*, Milan, Unicopli.

GOYONE, D. *et al.*, 1999 : *Rythmes. Le rythme dans son essence et ses applications*, Paris, Outre Mesure.

GREEN, B. et GALLWEY, W. T., 1986 : *The Inner Game of Music*, New York, Anchor Press.

HAERLE, D., 1978 : *Jazz Improvisation for Keyboard Players*, Lebanon (USA), Studio P/R.

HEGI, F., 1986 : *Improvisation und Musiktherapie. Möglichkeiten und Wirkungen von freier Musik*, Paderborn, Junfermann.

HEMSY DE GAINZA, V., 1983 : *L'Improvvisazione musicale. L'improvvisazione nell'educazione musicale : un gioco creativo per tutte le età e tutti i livelli scolastici*, Milan, Ricordi ; 2e éd., 1991.

HODEIR, A., 1954 : *Hommes et problèmes du jazz*, Roquevaire, Parenthèses ; 2e éd., 1981.

HODEIR, A., 1984 : *Jazzistiques*, Roquevaire, Parenthèses.

HOPPENOT, D., 1981 : *Le Violon intérieur*, Paris, Van de Velde.

"Improvisation, quoi de neuf ?", texte collectif, *Revue et Corrigée*, 1993.

JOST, E., 1975 : *Free-jazz*, Paris, Outre Mesure ; 2e éd., 2003.

LA PORTA, J., 1968 : *A Guide to Improvisation*, Boston, Berklee Press Publications.

LACY, S., 1994 : *Findings. My Experience with the Soprano Saxophone*, Paris, Outre Mesure.

"Le jazz est-il objet d'analyse ?", texte collectif, *Musurgia*, vol. II, n° 3, 1995.

LEVAILLANT, D., 1981 : *L'Improvisation musicale*, Paris, Jean-Claude Lattès.

LEVINE, M., 1989 : *The Jazz Piano Book*, Petaluma (USA), Sher Music Co.

LIPSIUS, F., 1986 : *The Complete Book on Creative Improvisation*, Miami, Warner Bros.

LORTAT-JACOB, B. (éd.), 1987 : *L'Improvisation dans les musiques de tradition orale*, Paris, SELAF.

MEHEGAN, J., 1965 : *Contemporary Piano Style. Jazz Improvisation*, New York, AMSCO Music Publishing Co., vol. IV ; 2e éd., 1976.

MEYER-DENKMANN, G., 1977 : *Experiments in Sound. New Directions in Musical Education for Young Children*, Londres, Universal Edition.

MOLINO, J., 1975 : "Fait musical et sémiologie de la musique", *Musique en jeu*, n° 17, p. 37-62.

NACHMANOVITCH, S., 1990 : *Free Play. The Power of Improvisation in Life and in the Arts*, New York, G. P. Putnam's Sons.

NATTIEZ, J.-J., 1987 : *Musicologie générale et sémiologie*, Paris, Christian Bourgois.

NATTIEZ, J.-J., 2002 : "Etnomusicologia", in *Enciclopedia della musica*, vol. II, *Il Sapere musicale*, J.-J. Nattiez *et al.* (éd.), Turin, Einaudi, 2002, p. 677-693 ; version française, "Ethnomusicologie", in *Musiques. Une encyclopédie pour le XXIe siècle*, vol. II, *Les Savoirs musicaux*, J.-J. Nattiez (éd.), Arles-Paris, Actes Sud-Cité de la musique, 2004, p. 721-739.

PERRET, D., 1997 : *Les Effets subtils de la musique. Une approche par le ressenti*, Barret-le-Bas, Le Souffle d'Or.

RENARD, C., 1982 : *Le Geste musical*, Paris, Hachette-Van de Velde.

RICQUIER, M., 1984 : *L'Utilisation de vos ressources intérieures*, Paris, Gérard Billaudot.

RUSSELL, G., 1959 : *The Lydian Chromatic Concept of Tonal Organization*, New York, Concept Publishing Co.

SIRON, J., 1992 : *La Partition intérieure. Jazz, musiques improvisées*, Paris, Outre Mesure ; 2e éd., 2001.

SIRON, J., 1993 : "Enchevêtrement de voies. Au carrefour de la polyphonie et des musiques improvisées contemporaines", *Cahiers de musiques traditionnelles*, n° 6, p. 119-138.

SIRON, J., 1999 : "Entre les traditions rythmiques", in *Troisième Congrès international du rythme*, Institut Jaques-Dalcroze, Genève, Papillon, p. 222-229.

SUBRAMANIAM, L. et SUBRAMANIAM V., 1995 : *Euphony. Indian Classical Music*, New Delhi, Affiliated East-West Press.

SUDNOW, D., 1978 : *Ways ot the Hand. The Organization of Improvised Conduct*, Cambridge (Mass.), The MIT Press ; 2e éd., 1993.

VAUGHAN, F., 1979 : *L'Eveil de l'intuition*, Paris, La Table Ronde ; 2e éd., 1984.

Regula Burckhardt Qureshi

L'INTERACTION DES MUSICIENS ET DU PUBLIC DANS L'INVENTION MUSICALE : L'EXEMPLE DE LA MUSIQUE SOUFIE DU PAKISTAN

1. La tradition orale

On utilise en général le terme de "tradition orale" lorsqu'il s'agit de la création, la diffusion, la transmission et la préservation de "textes" musicaux et verbaux, ainsi que leur mise en mémoire, au moyen de la communication orale/auditive. Ce processus exige l'interaction et la présence simultanée de ceux qui produisent un message sonore et de ceux, tout aussi importants, qui le reçoivent, qu'on les appelle orateurs et auditeurs ou interprètes et assistance. Ensemble, ils créent un événement fait de paroles ou de musique dont la forme, la fonction et les participants varient beaucoup : une représentation *(performance)* au sens le plus large.

Une représentation orale est bien plus que l'exécution d'un texte musical préexistant ; c'est un fait musical total qui couvre tous les aspects de la musique. L'événement *est* la musique et vice versa, et souvent ils portent le même nom. Puisque la musique est créée à nouveau à chaque représentation, elle est liée de manière indissoluble à ses agents humains. Leur interaction fait partie de l'exécution tout autant que l'aspect purement sonore et elle a une grande importance musicale, culturelle et sociale.

Puisque, pour les chercheurs occidentaux, c'est la musique qui est avant tout sujet d'étude et de réflexion, les premiers ethnomusicologues se sont fixés sur la musique comme objet sonore ; les enregistrements devenaient alors le texte primordial, objet de transcription, d'analyse et de comparaison. Une autre attitude, tout aussi enracinée, consiste à apprendre des musiciens à chanter ou à jouer leur musique, afin de comprendre leur langage dans le cadre de leur culture, sinon la façon dont celui-ci fonctionne en situation (la "bi-musicalité" de Hood, 1963). Ce n'est que récemment qu'on a accordé de l'importance à la musique comme processus de représentation plutôt que comme corpus sonore autonome, ou répertoire. Des chercheurs formés à l'anthropologie (Asch, 1972 ; McLeod et Herndon, 1980 ; Seeger, 1987) ont utilisé les études de représentations dans les domaines de la sociolinguistique et du folklore qui ont montré que l'exécution dans son contexte est importante pour l'étude de la communication verbale (Labov, 1972 ; Baumann, 1975 ; Ben-Amos et Goldstein, 1975 ; Silverstein, 1976). Le concept de "représentation culturelle" de Singer dans le cas de l'Inde a été déterminant pour cette tendance (1972).

Les ethnomusicologues se sont trouvés face à une très grande diversité de représentations musicales dans le monde. La plupart sont liées ou explicitement identifiées à des contextes précis (religion, famille, agriculture, etc.) et sont considérées comme faisant partie de la "tradition orale", même lorsque la musique est complexe et les interprètes professionnels. Il faut noter que l'on inclut dans ce cadre la musique religieuse et savante même lorsque la notation existe à côté de la tradition orale, ce qui pose problème pour la dichotomie : monde de l'oral / monde de l'écrit. C'est le cas, par exemple, en Asie du Sud, en Chine et au Japon. De plus, la plupart de ces manifestations sont vocales et comprennent donc des textes, que ceux-ci préexistent ou non à la musique.

2. Le *qawwali* en Inde : la musique pour les exigences spirituelles

Une des traditions orales les plus complexes et les plus frappantes est celle du *qawwali*, la principale musique soufie de l'Inde et du Pakistan. C'est l'assemblée soufie qui m'a présenté le répertoire musical et verbal le plus complexe et l'interaction la plus accomplie que je connaisse entre les musiciens et l'assistance. Cet article doit donc beaucoup à ma propre étude du *qawwali* et de l'exécution très interactive de ses chants spirituels. J'en ai donc fait une étude de cas, une analyse pluridimensionnelle couvrant à la fois la musique et son contexte : musiciens, mécènes, auditeurs (Qureshi, 1986).

Pour décrire brièvement le *qawwali*, je dirai qu'un chanteur principal dirige un petit groupe vocal accompagné d'un tambour, d'un harmonium et de battements de mains rythmiques ; le groupe présente une séquence continue de poèmes mystiques, chantés en style responsorial souple, caractérisé par la répétition et l'improvisation. L'assemblée soufie, où l'on chante le *qawwali*, se réunit sous la direction d'un chef spirituel ; l'écoute de la musique doit induire une expérience d'extase religieuse. Les fidèles répondent spontanément aux musiciens en exprimant leur émotion faite d'amour mystique, mais toujours selon des conventions religieuses et sociales. De leur côté, les musiciens structurent leur exécution de manière à provoquer et renforcer les sentiments des auditeurs tout en s'efforçant de susciter des offrandes, qui représentent leur rémunération.

Imaginez une assemblée soufie, organisée à Delhi pour l'anniversaire du saint soufi Nizamuddin Auliya : "Au début de la représentation du *qawwali*, le musicien principal entonne en arabe l'hymne qui sert toujours d'introduction à la fête de Nizamuddin Auliya. Le public s'ébroue. L'un après l'autre, les assistants se lèvent, se tournent vers le chef de l'assemblée, s'inclinent les mains tendues et lui présentent une offrande en argent. Certains disciples soufis s'agenouillent devant lui et se prosternent. D'autres demandent à un personnage important de présenter leurs offrandes en leur nom. D'autres encore présentent l'offrande à leur maître qui ensuite va la remettre au chef. Le chef accepte alors en pressant l'offrande sur son front comme marque de respect. Puis la somme est placée à terre et y reste jusqu'à ce qu'un des chanteurs la prenne au moment prescrit. C'est cette collecte qui représente la rémunération des musiciens.

"Pendant ce temps, les interprètes interprètent le premier vers du chant, le répétant à plusieurs reprises. Puis ils chantent le reste de l'hymne, qui est bref, et immédiatement, sans une pause, le chanteur principal entonne un deuxième hymne qui exalte l'état du disciple. C'est le moment d'un élan encore plus grand de générosité. Subitement, la musique change, le tambour et les battements de mains cessent pour que l'on entende s'envoler vers l'aigu la voix du chanteur, soutenu uniquement par l'harmonium. Comme il prononce les premiers mots d'un nouveau chant dans un lent récitatif, chaque soufi reconnaît les flots de la mélodie du *masnavi* perse classique qui exprime le désir infini du soufi : «Nous, suppliants pleins d'amour, nous nous présentons devant vous…»

"Au centre, un cheikh important, drapé d'un manteau orange, signe de la plus haute lignée sacrée de l'Inde, s'incline avec humilité et le silence tombe sur l'assemblée. Puis le tambour reprend avec une structure rythmique qui s'adapte parfaitement au rythme de la strophe et plusieurs soufis commencent à se balancer et à taper des mains. Tous les regards se tournent vers le cheikh principal qui est ému aux larmes, ces gestes révélant sa profonde émotion. Lorsqu'il tombe subitement à genoux pour toucher les pieds du chef de l'assemblée puis baiser le mur sacré derrière lui, tous ressentent profondément ferveur et dévotion. Des exclamations fusent et un vénérable soufi répète une phrase qui l'a tant ému. Abîmés dans le message du chant, plusieurs auditeurs défaillent, comme en transe.

"Soudain, l'atmosphère devient encore plus fervente ; imperceptiblement, les chanteurs sont passés à une mélodie hindoue de dévotion proche d'un râga, d'une profonde émotion. Les paroles et la musique sont de Khusrau, le plus grand disciple du saint et représentent le véritable appel du cœur de chaque fidèle. Plusieurs soufis se lèvent rapidement et, ne pouvant contenir leur émotion, se prosternent devant leur cheikh. Les chanteurs répètent sans cesse la phrase la plus importante du chant, la soulignent, l'ornementent. Alors le chanteur principal se lance dans un récitatif qui approfondit le sens de cette phrase. De nouveau, l'attention se tourne vers le cheikh au manteau orange ; par son expression, ses gestes, il exige que l'on répète tout le récitatif. Le chanteur principal répond à sa demande, revenant avec art à la phrase centrale qu'il orne de variations. Puis, obéissant au signe discret du chef de l'assemblée, le chant se termine. Après une prière en silence, tous se lèvent." (Qureshi, 1986, in 1995, p. 2-3.)

Pour éprouver réellement le *qawwali*, il faut avant tout écouter la musique, une série sans fin de chants différents, exécutés plusieurs fois, mais jamais de la même manière. Mais il faut aussi bien observer le rite qui est construit sur cette musique, rite où la quête mystique suit une forme prescrite sous la conduite d'un chef soufi qui dirige à la fois l'assistance et les musiciens. En même temps, chaque auditeur, dans sa quête spirituelle personnelle, réagit à la musique à sa façon, selon ses propres besoins et l'atmosphère du moment. Enfin, faire l'expérience du *qawwali* signifie que l'on participe à cette interaction entre musiciens et auditeurs, entre son musical et réponses des fidèles. Qu'est-ce donc que cette interaction ? Que "dit" la musique à l'assistance ? Quelle est l'influence de la cérémonie sur la musique elle-même ?

3. Le contexte de l'exécution

Pour comprendre ce processus d'interaction, il faut partir de la musique. Le *qawwali* possède un vaste répertoire de chants strophiques qui sont construits de façon ouverte, les différentes strophes étant conçues pour que l'on puisse répéter, développer la musique, la chanter sur différentes phrases du texte. Le *qawwali* est un genre léger qui est accessible bien au-delà des fidèles. Mais en tant qu'idiome musical d'une cérémonie bien précise, il possède des traits qui sont liés à trois fonctions religieuses. Le musicien doit exprimer la poésie mystique avec force en transmettant par la musique les différents aspects du texte : la sonorité des paroles, la métrique et la structure de la poésie. Il doit répéter le nom de Dieu et éveiller l'émotion spirituelle par la force des accents du tambour et des battements de mains. Enfin, ce qui est plus complexe, le *qawwali* doit servir les besoins spirituels des auditeurs soufis qui veulent entendre répéter certaines parties du texte. C'est ce qui détermine une forme de composition particulièrement souple qui permet d'isoler ou de travailler des éléments du texte sans perdre le sens de la continuité et de la cohérence. C'est la force directionnelle de la mélodie qui agit comme principe syntactique pour organiser et lier ces fragments de texte tout en permettant des conclusions différentes. L'exemple 1 donne un résumé d'un hymne soufi entendu pendant une exécution de *qawwali*, transcrite dans l'exemple 2.

Exemple 1

Hymne soufi : bref résumé

couplet	*Translittération*	*Traduction*
1	Muflisānem lāmadā dar kūe to	Amants éperdus nous venons vers toi
	Shai 'ullah az jamāl-e-rūe to	Pour ressentir la plénitude de Dieu dans la beauté de ton visage.
2	Ka'ba-e-dil qibla-e-man rūe to	La *ka'ba* de mon cœur, le centre de ma prière est ton visage :
	Sajdagāh-e-'āshiqāṅ abrūe to	Pour l'amant, le lieu de l'adoration, c'est ta présence.

Finales alternatives

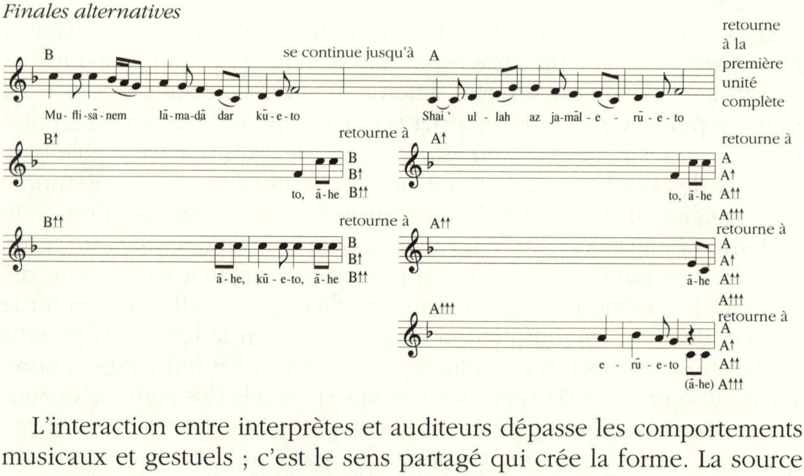

L'interaction entre interprètes et auditeurs dépasse les comportements musicaux et gestuels ; c'est le sens partagé qui crée la forme. La source essentielle de ce sens est le système de croyances soufi qui accorde une grande importance à l'"écoute" *(sama)* qui permet de se rapprocher de

Dieu. La musique est donc un moyen d'atteindre ce but spirituel ; c'est pourquoi l'interprète est subordonné à l'auditeur. Les gestes des auditeurs, leurs réponses verbales et vocales vont d'une simple main levée à une danse extatique, ou *raqs* ; ces manifestations sont le signe des différents étapes et types d'expérience mystique. Il existe aussi une réponse plus formalisée avec toutes ses variantes : une offrande à un supérieur qui lie ainsi l'expression de l'émotion à la hiérarchie spirituelle du soufisme.

Etant donné la complexité du contexte, le rôle de l'interprète est strictement déterminé tout en exigeant de la créativité. Pendant une séquence thématique assez souple, il peut choisir son chant librement et l'exécuter selon sa propre perception de la situation. En même temps, il est à chaque instant soumis au contrôle du dirigeant ; sa présence elle-même à l'assemblée dépend du bon vouloir du chef, car en tant que musicien, il fait partie d'un rituel qui est soumis aux chefs spirituels.

Les auditeurs peuvent réagir à un ensemble diffus de facteurs, musicaux et non musicaux, ou encore à une phrase précise d'un chant. Donc l'interprète doit non seulement être un musicien compétent, mais il doit connaître le répertoire gestuel des auditeurs, déchiffrer leur état spirituel et la réponse que doit leur apporter son interprétation. Essentiellement, il faut qu'il puisse renforcer, intensifier l'émotion spirituelle. Cela exige qu'il utilise la reprise, l'amplification, les répétitions multiples *(takrar)* de parties importantes du texte et donc de la musique. Lorsqu'un auditeur entre en extase, on peut être obligé de répéter une même phrase pendant des heures pour le soutenir, pendant que les autres auditeurs écoutent avec respect, retenant leur propre émotion. C'est ici que les objectifs spirituels et économiques risquent d'entrer en conflit, car pendant l'extase, les offrandes ne sont plus possibles. A la fin de cet épisode, il peut pleuvoir des offrandes, comme il peut ne pas y en avoir du tout.

4. Comprendre l'interaction

Comment l'interprète évalue-t-il l'état spirituel de ses auditeurs ? Quel est le rapport entre cet état et le chant qu'il interprète ? Pour bien observer cette interaction au cours d'une cérémonie, nous avons procédé à des enregistrements vidéo qui permettent de saisir le rapport complexe entre la musique et les réactions des auditeurs dans tous leurs détails, visuels et auditifs, et pouvoir les observer à plusieurs reprises. De plus, un film passe rapidement ; il faut donc aussi établir une transcription écrite, essentielle pour l'analyse. Une méthode très complète de transcription, le vidéographe, est conçue pour capter les réponses simultanées de plusieurs auditeurs en correspondance avec la musique.

Exemple 2

Hymne soufi dans le contexte d'une représentation : transcription sous forme de vidéographe

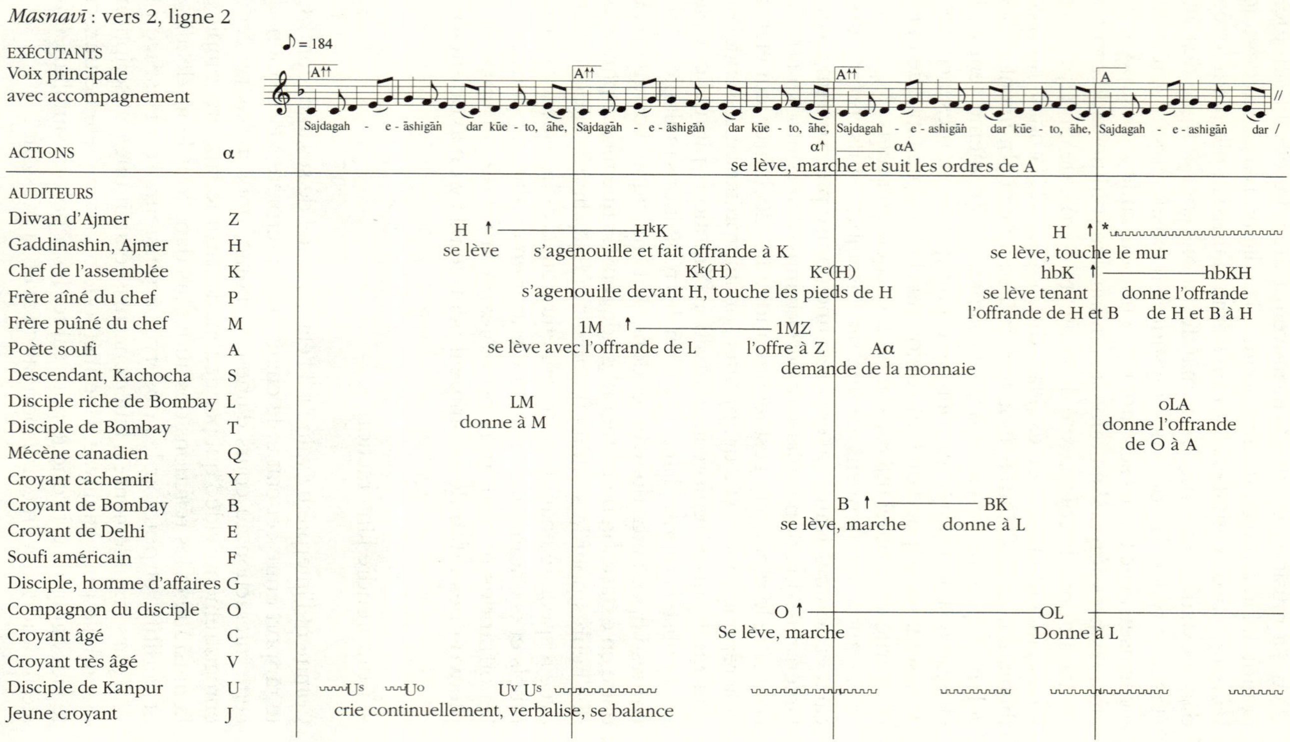

L'exemple 2 présente la transcription d'un extrait de la cérémonie que nous avons décrite. En haut de la page figure la transcription du chant sur un axe horizontal, faite par le vidéographe ; chaque unité du graphique représente une unité métrique du chant. Au-dessous, une colonne donne la liste de tous les participants, en commençant par les interprètes. Suivent les noms de tous les auditeurs que l'on peut identifier sur l'enregistrement vidéo, dans l'ordre descendant de leur statut spirituel, en commençant par le chef de l'assemblée. En face de chaque nom, sur une ligne horizontale, l'action ou la réaction de chacun est notée au moyen d'un code simple, toujours alignée sur le moment du chant qui y correspond et selon sa durée précise. Le vidéographe permet donc d'enregistrer les aspects visuels et auditifs du comportement de chaque participant au moment où il intervient en réponse à la musique, et de les noter sur l'axe du temps. On peut ainsi constater une grande variété de gestes expressifs, d'exclamations, d'offrandes dévotionnelles et, de la part de certains personnages spirituels importants, un lien affectif intense avec le message spirituel du chant.

Cela dit, l'interprète ne détermine pas son jeu uniquement sur la base des réponses de l'assistance. Il sera surtout à l'écoute des auditeurs qu'il considère comme les plus importants. Une seconde méthode de transcription consiste à établir un *videochart* qui permet de suivre la dynamique de l'interaction qui résulte de l'attention particulière de l'exécutant aux divers spectateurs. Il comporte trois colonnes, reliées par des flèches : les segments du chant, transcrits musicalement, sont à gauche ; les décisions de l'interprète qui y correspondent figurent dans la colonne centrale, les réactions de l'assistance sont décrites à droite. On peut ainsi suivre le processus de l'interaction selon un axe temporel vertical.

La figure 3 présente la transcription, sous forme de *videochart*, de l'interaction gestuelle et vocale entre un interprète et un auditeur soufi qui entre en extase. L'interprète répète donc les segments de la strophe qui ont induit l'état extatique de l'auditeur. Subitement il entonne une nouvelle strophe sur une nouvelle mélodie pour répondre à un autre auditeur, plus riche, mais il cesse aussitôt, en réponse à un geste négatif d'un troisième soufi important.

Exemple 3

Qawwali *et extase : transcription du* videochart

couplet 2 (suite)

Interprète deuxième vers (A)			*Interaction public*
3 x A1	Poursuit le vers pour que le sens soit bien compris.	→	D bouge avec de plus en plus d'intensité.
1/2 x A2	Interrompt A2 pour insérer un vers farsi comme *girah*, pour rehausser le sens du vers et impressionner les connaisseurs.	→	D s'arrête immédiatement.
Insérer le 1er vers			
(1 x) I	Commence le *girah* en soliste.	→ ✓	S fait immédiatement signe aux interprètes d'arrêter l'insert et de poursuivre la répétition de A2, donnant la priorité à l'extase de D.
Deuxième vers			
(3 x) A2	Obéit immédiatement à S et reprend la répétition de A2.	→	D se tourne immédiatement vers les interprètes et sanglote bruyamment.
(3 x) A1	Revient au début du vers pour que le message soit bien compris.	→ ✓	D secoue la tête, cherche dans sa poche, se lève et avec un cri, donne l'offrande à L en se courbant très bas.
(3 x) A2	Attend l'offrande et continue à répéter A2.	→	L donne l'offrande à S qui la remet aux interprètes. D se met debout, lève le bras, pousse des cris en commençant à tourner sur lui-même, ayant atteint l'extase. L et S se lèvent pour témoigner de l'état de D.
	Termine A2 quand tous sont debout.	← ✓	Tous imitent L et se lèvent.

D disciple âgé
S soufi du lieu
L dirigeant du groupe soufi

Ces enregistrements et transcriptions permettent de montrer comment un vocabulaire connu de gestes et d'exclamations de l'assistance est essentiel pour que l'interprète puisse induire chez ses auditeurs soufis l'expérience littéraire et musicale qui correspond à leur quête spirituelle. Il est tout aussi important que l'interprète soit capable de "lire" toutes les nuances de ce vocabulaire. Ce travail montre qu'en fin de compte, ce sont les chefs spirituels qui contrôlent les interprètes, ce qui confirme la puissance que les soufis attribuent à la musique complexe du *qawwali.*

5. Au-delà des leçons du *qawwali*

L'étude du *qawwali* a montré comment une exécution musicale est en même temps une action sociale, créée par les participants qui utilisent la musique comme un langage ayant un sens extra-musical qui naît de cette structure sonore. Ces résultats peuvent servir de point de départ pour l'étude d'autres cas de musique interactive. On peut ainsi traiter de toute une variété de situations dans des cultures différentes, impliquant des rapports complexes entre musique et société. De plus, l'interaction entre interprètes et assistance peut être extrêmement différente selon les cas, allant d'une séparation complète entre les deux, jusqu'à leur union totale. Voici trois brèves études de traditions musicales dans des cultures, des organisations sociales et des régions géographiques très différentes. Nous étudierons ensuite ce qui semble être la grande exception à ces exécutions interactives, le concert de musique savante dans le monde occidental.

5.1. *La représentation des rapports sociaux dans les mariages albanais*

Dans son compte rendu de mariages albanais à Prespa, Jane Sugarman (1997) souligne l'importance du chant comme expression des rôles sociaux, fondés sur le genre et l'âge. Les hommes et les femmes sont assis à des tables différentes pendant les mariages, et les anciens jouent un rôle prééminent dans le chant. Les invités trouvent leur place dans la société en chantant des chansons connues, s'attirant l'approbation ou les plaisanteries des auditeurs. Mais il règne aussi un sentiment d'unité entre égaux et de respect mutuel. Cela s'exprime musicalement par le fait que les autres invités entonnent un bourdon pour accompagner les chansons. Ici, le passage de soliste à ensemble, l'interaction entre chanteur et auditeurs, est exprimé par l'unisson qui les réunit tous. Le bourdon est censé faire la preuve de l'attention des auditeurs ; le son permet de se passer de commentaires sur le chanteur ou la chanson afin d'aboutir à l'"amour" ou l'harmonie sociale *(muabet).*

5.2. *La construction d'une communauté dans la danse à tambour des Déné*

Michael Asch décrit un processus d'interaction unique au cours de cette danse de tambour aborigène du Nord du Canada. Il s'agit d'un événement important qui marque certaines occasions particulières dans une communauté d'égaux de chasseurs-trappeurs. Les anciens entament la cérémonie et jouent du tambour tout en chantant. Il s'agit d'inviter les spectateurs assis à entrer dans la danse et à devenir ainsi des participants à part entière (Asch, 1988). Si tous les présents répondent en se joignant à la danse, les anciens lancent un chant nouveau et frappent le cadre de leurs tambours. Puis, tout en chantant, ils abandonnent leurs tambours pour participer à la danse, se tenant par les bras et faisant face aux autres. Tous forment un cercle et continuent à danser. Ils expriment ainsi l'unité de la communauté. La musique est donc utilisée de manière interactive pour attirer tout le peuple dans la danse. Si tous ne choisissent pas de danser, l'interaction est incomplète et le but social de la danse du tambour n'est pas atteint.

Ces formes souples d'interaction entre interprètes et assistance chez les Albanais et les Déné font qu'il est difficile de faire une distinction rigide entre les rôles des uns et des autres. Les objectifs sociaux déterminent l'interaction, dans ses aspects musicaux comme dans les autres ; c'est la fonction sociale qui décide qui doit s'exprimer musicalement, quand et de quelle manière. La fonction sociale est perceptible, même dans la musique de sociétés stratifiées et professionnalisées comme celle dont est issu le *qawwali*, mais l'étude de petites sociétés égalitaires donne un exemple très parlant de la manière dont toute activité musicale peut être en même temps une activité sociale, au sens où c'est elle qui organise la vie de la société.

5.3. *La société comme orchestre : suppression de la distinction entre exécutant et assistance dans la forêt amazonienne*

Anthony Seeger a été le premier à donner une description complète d'une cérémonie amazonienne où le peuple suyá est totalement immergé dans la musique. Il s'agit d'un rituel qui dure dix jours et où l'interactivité a tant d'importance que "l'euphorie de la participation communautaire" rend caduque toute distinction entre exécutants et assistance (1987). Comme les membres d'un orchestre, chacun chante ou crie sa propre partie, seul ou avec d'autres ; ils chantent en groupes ou tous à l'unisson. Le chant suyá et les réponses qu'il entraîne sont considérés comme l'exercice de la vie sociale elle-même et sont fondés sur les groupes sociaux d'âge, de sexe et de nom plutôt que sur des critères musicaux. Les hommes chantent pour leurs sœurs qui leur donnent de la nourriture venant de la maison natale ; cette interaction cultive un lien affectif profond entre frères et sœurs qui ne peuvent vivre ensemble selon la règle de ces sociétés amazoniennes.

5.4. *La représentation orale, l'interaction et le concert occidental*

Il est toujours facile de croire que sa propre musique ou sa propre langue sont totalement différentes de toutes les autres. Pourtant, le concert occidental fait aussi partie de la tradition orale et peut être vu comme un processus interactif impliquant les interprètes et le public, plutôt que la simple présentation d'un texte musical. Bien qu'il s'agisse toujours de musique écrite, un concert occidental est plus que la réalisation sonore de la partition d'un compositeur par un interprète, bien que le terme d'"interprétation" semble se limiter à cela dans le monde occidental. Le concert se caractérise par une absence voulue d'interaction, mais cette absence même peut être vue comme une attitude délibérée de la part du public qui s'engage dans une interaction formalisée avec les interprètes avant la présentation de chaque œuvre. Dès que le ou les musiciens apparaissent sur scène, le public applaudit et les musiciens prennent place. Puis le public fait silence, ne bouge plus – et cela provoque le début de l'interprétation. De même, dès que la musique est terminée, le public met fin à son attitude immobile et silencieuse en applaudissant avec force pour signaler sa satisfaction ; du coup, les musiciens se lèvent, saluent et sortent. Tant que durent les applaudissements, ils peuvent revenir sur scène pour saluer encore, ou jouer un bis, ce qui provoque à nouveau le silence et l'immobilité du public jusqu'à la fin de la pièce, suivie à son tour par encore plus d'applaudissements.

Ces périodes d'interaction sont certes extérieures à la musique elle-même. Mais la manière rigide avec laquelle les auditeurs observent leur partition orale de silence collectif puis de bruit collectif en est d'autant plus frappante. Cela crée une unité acoustique remarquable chez les auditeurs. Non seulement les applaudissements marquent la fin de la musique, mais encore ils créent une sorte de renversement singulier de la musique en bruit, une sorte d'espace sonore marginal, qui sépare l'exécution de la musique du domaine interactif qui implique participants et interprètes.

Les œuvres classiques sont considérées comme un idéal, une norme qui est au-delà de toute préférence personnelle des interprètes et des auditeurs. L'interprète n'est qu'un médiateur qui permet aux auditeurs de ressentir la force de cet idéal, mais uniquement en leur for intérieur ; ce n'est qu'à la fin de la représentation qu'ils partagent cette expérience avec d'autres. Quelle est donc cette idéologie qui dissocie ainsi l'œuvre de ses interprètes ? S'agit-il de centrer toute l'attention de l'auditeur sur le compositeur, le créateur de l'œuvre ? Comment les auditeurs peuvent-ils atteindre le sens de la musique en l'abstrayant des interprètes ? Cela a fait l'objet d'études philosophiques (Goehr, 1992) et sémiologiques (Nattiez, 1987). Lydia Goehr étudie les conditions intellectuelles et institutionnelles qui sont à la base du concept d'œuvre autonome. Jean-Jacques Nattiez a fourni un puissant modèle de cette séparation entre interprètes et auditeurs en montrant comment chacun donne à l'œuvre du sens, impliquant ainsi une existence indépendante de celle-ci en tant que texte et idéation.

Dans les sociétés traditionnelles, l'interaction entre exécutants et assistance nous renseigne sur l'aspect social des représentations musicales. Dans le cas de la musique savante de l'Occident, l'étude de cette interaction est importante à cause d'un problème qui fait partie du discours sur la musique depuis au moins le XIXe siècle. La signification de la musique est-elle immanente, ou construite à partir du contexte, donc du texte verbal, de la fonction et des aspects sociaux de la production de la musique ? Les philosophes ont considéré la musique comme un art transcendantal (Kant), une création distincte de ses créateurs (compositeurs et interprètes) aussi bien que de ses auditeurs (Goehr, 1992). Le texte de musique noté devient une preuve de cette "séparabilité", concept qui est élégamment présenté dans le schéma sémiotique de Nattiez sur la signification de la musique, où la musique elle-même est vue comme "trace" sonore qui est investie de sens, de façon créative, par le compositeur et de façon interprétative par l'auditeur.

Du point de vue social, le public du concert a des aspirations bourgeoises de respectabilité : être un connaisseur de cette musique qu'il ressent comme sienne, se sentir culturellement responsable. Cela signifie qu'au concert, on partage une attitude engagée : une écoute qui donne la primauté à l'œuvre, vénère le compositeur et n'accorde qu'une admiration distanciée au musicien en tant qu'interprète de l'œuvre (Bourdieu, 1979). C'est précisément l'absence d'une (inter)action dans le comportement des auditeurs qui montre le plus clairement à la fois l'intériorité et le manque d'intérêt, ce qui est en contraste complet avec l'opéra et sa culture très interactive et centrée sur l'interprète (Feldman, 1995).

Les interprètes font de même, ne montrant d'intérêt que pour leur musique, ce que symbolise le fait que le chef d'orchestre tourne le dos au public pour assurer l'exécution. Les musiciens ont aussi un code de comportement rigide, qui s'ajoute à la simple interprétation de l'œuvre. Il y a l'aspect visuel, la coordination d'une grande masse : les coups d'archet d'agents qui participent à un rituel aux règles vestimentaires rigoureuses (Small, 1998).

6. Conclusions

Que nous disent, en fin de compte, les différentes formes d'interaction entre exécutants et assistance, en dehors du simple événement musical ? Le concert occidental est fondé sur des rapports postindustriels dépersonnalisés, tout à fait opposés aux relations très personnelles, quasi féodales, de la cérémonie du *qawwali*. Dans les mariages albanais, les chants sont utilisés pour affirmer, enseigner et inculquer les normes sociales d'une société paysanne. Dans la danse à tambour des Déné au Canada comme dans la cérémonie suyá de la souris, l'interaction met l'harmonie sociale à l'épreuve et cherche à la renforcer. Dans ces communautés égalitaires où les règles de l'habitat jouent un grand rôle, la cérémonie finit par effacer tout écart entre exécution et écoute. Ces événements permettent de vivre les rapports sociaux par le son. L'importance et l'étendue de l'interaction varient, mais elle est, dans tous les cas, le lieu essentiel de processus sociaux-musicaux. Avant tout, elle lie fortement l'événement musical à ses agents humains et à leur apport créatif par l'aspect social du "faire de la musique". Cela est vrai aussi de la façon dont l'interaction entre interprète et auditeurs donne forme au processus musical. La musique est toujours soumise à des variations selon sa fonction sociale ; cela va du choix de la pièce (y compris le bis du concert classique) aux variations individuelles ou à l'improvisation de chants qui influent sur les paramètres de la musique, la durée, la mélodie, l'accompagnement, jusqu'à la texture et aux processus utilisés, comme la variation. Il est clair (qu'Adorno me pardonne) que la musique est sensible au contexte, qu'elle est fonctionnelle et porteuse de sens en dehors d'elle-même, ce qui n'est nullement dégradant pour cet art.

Bibliographie

ASCH, M. I., 1972 : *A Social Behavioral Approach to Music Analysis. The Case of the Slavey Drum Dance*, thèse de doctorat, New York, Columbia University.

ASCH, M. I., 1975 : "Social Context and the Musical Analysis of Slavey Drum Dance Songs", *Ethnomusicology*, vol. XIX, n° 2, p. 245-257.

ASCH, M. I., 1988 : *Kingship and the Drum Dance in a Northern Dene Community*, Edmonton, Boreal Institute for Northern Studies Academic Printing and Publishing.

BAUMANN, R., 1975 : "Verbal Art as Performance", *American Anthropologist*, n° 77, p. 290–311.

BÉHAGUE, G. H., 1984 : "Introduction", in *Performance Practice. Ethnomusicological Perspective*, G. H. Béhague (éd.), Westport, Green Wood Press, p. 3-12.

BEN-AMOS, D. et GOLDSTEIN, K. (éd.), 1975 : *Folklore. Performance and Communication*, La Haye, Mouton.

BOURDIEU, P., 1979 : *La Distinction. Critique sociale du jugement*, Paris, Minuit.

FELDMAN, M., 1995 : "Magic Mirrors and the Seria Stage. Thoughts towards a Ritual View", *Journal of American Musicological Society*, vol. XLIII, n° 3, p. 423-484.

GOEHR, L., 1992 : *The Imaginary Museum of Musical Works. An Essay in the Philosophy of Music*, Oxford-New York, Oxford University Press.

HOOD, M., 1963 : "Music, the Unknown", in *Musicology*, F. L. Harrison, M. Hood et C. V. Palisca (éd.), Englewood Cliffs, Prentice-Hall, p. 215-326.

KAPFERER, B., 1986 : "Performance and the Structuring of Meaning and Experience", in *The Anthropology of Experience*, V. W. Turner et E. M. Bruner (éd.), Urbana, University of Chicago Press.

LABOV, W., 1972 : *Socio-linguistic Patterns*, Philadelphie, University of Pennsylvania Press.

McLEOD, N. et HERNDON, M. (éd.), 1980 : *The Ethnography of Musical Performance*, Norwood, Norwood Editions.

NATTIEZ, J.-J., 1987 : *Musicologie générale et sémiologie*, Paris, Christian Bourgois.

QURESHI, R. B., 1986 : *Sufi Music of India and Pakistan. Sound, Context and Meaning in Qawwalii*, Cambridge, Cambridge University Press ; 2e éd., 1995.

QURESHI, R. B., 1987 : "Musical Sound and Contextual Input. A Performance Model for Musical Analysis", *Ethnomusicology*, vol. XXXI, n° 1, p. 56-86.

SEEGER, A., 1980 : "Sing for your Sister. The Structure and Performance of Suya Akia", in *The Ethnography of Musical Performance*, N. McLeod et M. Herndon (éd.), Norwood, Norwood Editions, p. 7-42 ; repris in *A Century of Ethnomusicological Thought*, K. K. Shelemay (éd.), New York, Garland, 1990, p. 269-304.

SEEGER, A., 1987 : *Why Suya Sing. A Musical Anthropology of an Amazonian People*, Cambridge, Cambridge University Press.

SEEGER, A., 1992 : "Ethnography of Music", in *Ethnomusicology. An Introduction*, H. Meyers (éd.), New York, Norton, p. 88-109.

SILVERSTEIN, M., 1976 : "Shifters, Linguistic Categories, and Cultural Description", in *Meaning in Anthropology*, K. H. Basso et H. A. Selby (éd.), Albuquerque, University of New Mexico Press, p. 11-55.

SINGER, M., 1972 : *When a Great Tradition Modernizes. An Anthropological Approach to Indian Civilization*, New York, Praeger.

SMALL, C., 1987 : "Performance as a Ritual. Sketch for the Enquiry into the Nature of a Symphony Concert", in *Lost in Music. Culture, Style and the Musical Event*, A. L. White (éd.), Londres, Routledge and Kegan Paul, p. 6-32.

SMALL, C., 1998 : *Musicking. The Meaning of Performing and Listening*, Music/Culture Series, Hanover-Londres, Wesleyan University Press.

SUGARMAN, J. C., 1997 : *Engendering Song. Singing and Subjectivity at Prespa Albanian Weddings*, Chicago, University of Chicago Press.

TURNER, V. W., 1969 : "Liminality and Communitas", in Id., *The Ritual Process. Structure and Anti-Structure*, Ithaca, Cornell Paperbacks Editions, p. 94-113.

Anne-Marie Green

L'INFLUENCE DE L'ESPACE SUR LA RÉCEPTION MUSICALE

1. Prolégomènes

L'approche des espaces musicaux doit être circonscrite car nos références ne sont jamais univoques lorsque l'espace est concerné. Il ne s'agit toutefois pas dans cette contribution de réfléchir sur l'espace tel qu'il a été envisagé par les philosophes, Hegel, Bachelard, Caillois, entre autres, qui ne se préoccupaient essentiellement que des données esthétiques. Notre perspective est de mener une réflexion sociologique à propos des espaces musicaux. Cependant, pour y parvenir, on doit d'abord s'attacher à mettre en évidence en quoi l'une des spécificités du musical, qui est le temps, peut avoir une influence sur le social. (Les autres spécificités susceptibles de favoriser la compréhension sociologique du musical ne nous concernent pas directement dans cette approche [Green, 1993*b*, p. 180].)

Considérons donc que le temps musical est un temps abstrait, c'est-à-dire un temps vécu par la conscience de celui qui en fait l'expérience, expérience elle-même enracinée dans la corporéité de l'auditeur. C'est, par conséquent, la spatialité du corps propre qui organise l'espace. Insister sur cette spécificité est fondamental pour comprendre les interactions entre les conduites musicales des acteurs sociaux et les espaces musicaux.

Si peu de sociologues se sont attachés à analyser les faits musicaux, encore moins ont-ils traité des faits musicaux avec cette approche. Notons qu'Alfred Schutz, en mettant l'accent sur les différentes temporalités de l'acte musical, souligne qu'en plus du "temps interne dans lequel le flux des événements se déroule", il y a "un temps externe, où l'on présuppose aussi un rapport face à face, c'est-à-dire un espace commun, et c'est cette dimension-ci qui lie les flux des temps internes et ordonne leur synchronisation dans un présent très fort" (1951, in trad. fr., 1984, p. 26).

C'est précisément cet espace commun qui est l'axe de notre réflexion. En effet, cette remarque sous-entend que le fait musical a longtemps été caractérisé par la présence, dans un même lieu, des créateurs (ou des interprètes) et des auditeurs. En cela, on pourrait penser qu'il y a homologie avec la danse et le théâtre. Or nous venons de voir que la spécificité du musical rend possible une communication à distance et de surcroît différée, ce qui favorise l'évolution actuelle de la réception musicale. Ainsi, si la musique vivante sous la forme du concert est toujours pratiquée, la musique enregistrée, aussi bien que la redéfinition des espaces musicaux, marque fondamentalement la dernière moitié du XXe siècle.

De précédentes recherches empiriques nous ont conduite à considérer l'espace comme une variable à part entière de la diffusion musicale, ce qui nous permet de nous engager dans une problématique centrée autour de l'interaction entre fait musical, espace et auditeur.

En effet, si les musiciens et le public ont toujours eu besoin d'un espace pour se rencontrer, il n'apparaît pas que la spécificité des rapports qu'ils entretiennent ait généré en retour une standardisation de l'espace puisque nous constatons aujourd'hui que les espaces de la musique sont multiples.

La caractéristique des espaces "traditionnels" de concert provient toujours de la rencontre de deux catégories d'agents sociaux qui se fait sur le mode de relations de pouvoir. C'est cette situation que souligne Schutz : la plupart des concerts ont lieu dans des espaces qui se caractérisent par une bipolarisation frontale où l'auditeur est interpellé comme spectateur/voyeur et est mis devant l'alternative d'écouter et de regarder, ou de fermer les yeux. Cette situation est loin d'être universelle et c'est, par exemple, l'utilisation d'une musique électro-magnétique qui offrira la possibilité à Xenakis de soustraire tant les musiciens que les auditeurs à l'immuabilité. L'espace n'est plus alors un dispositif organisateur, il est conçu comme environnement pour la liberté de création.

Que l'écoute soit renforcée ou altérée par la vision des musiciens, le phénomène de la réception musicale est complexe, et il n'y a pas qu'un seul modèle perceptif, une seule manière d'écouter la musique, un bon espace d'écoute ou de réception musicales.

Pour tenter de clarifier ce que nous entendons par "réception musicale" ou, plus précisément, pour tenter de la concevoir de manière sociologique, nous pourrions nous référer à la théorie de l'habitus de Pierre Bourdieu. Ce concept central désigne "ce que l'on a acquis, mais qui s'est incarné de façon durable dans le corps sous forme de dispositions permanentes" (1980, p. 134). En d'autres termes, il équivaut aux goûts et aux aptitudes qu'un individu a acquis au cours d'un processus de socialisation. C'est, dans le cas de la réception musicale, un système de préférences et de comportements, que l'individu a acquis/appris dès sa naissance, qui le guide dans ses actions, qui lui semble "naturel", "inné", mais qui n'est que le résultat d'un apprentissage culturel plus ou moins conscient. Ainsi, notre réception musicale comme nos goûts musicaux seraient dépendants de notre habitus.

Sans remettre en question cette conception, nous pensons que le concept de Bourdieu ne peut expliquer tous les types de réception, car il ne tient pas assez compte de l'individu en tant qu'acteur ou, pour le dire autrement, de la liberté de sens que peut produire un individu à l'égard de la musique ; cela plus particulièrement avec les nouveaux modes de diffusion. Nous pensons que tout individu, bien que dépendant de son habitus qui le classe et l'oriente, peut, par l'intermédiaire de son expérience individuelle, donner un sens personnel à ses conduites musicales et dans une certaine mesure, les faire évoluer.

Dans une autre perspective, Jauss (1974), à propos de la littérature, propose une piste utile pour le musical lorsqu'il émet l'idée qu'il faut penser en termes de "processus de réception et de production esthétique". Pour lui, l'œuvre est tributaire de la participation active de ceux auxquels elle est destinée ; ils deviennent alors les acteurs de la réception et ne sont plus agis comme le suggère Bourdieu. Cela engendre ce que Jauss nomme "horizon d'attente" : l'expérience de réception des œuvres par chacun se fait avec "ses normes et son système de valeurs littéraires, morales, politiques, etc.".

Face à ces théories, nous ajoutons l'hypothèse que la "réception musicale" peut être aussi une forme de "pratique sociale ordinaire" dans laquelle l'auditeur s'investit. Nous nous intéressons donc plus particulièrement aux nouveaux modes de diffusion de la musique parce que nous pensons qu'ils ont à voir avec les pratiques de réception musicale. Ils engendrent chez les récepteurs un double mouvement de réappropriation, au niveau du sens et de la place que prend la musique dans la quotidienneté et au niveau d'une redéfinition des espaces musicaux.

En somme, nous voulons montrer, au travers de cette hypothèse, que les auditeurs utilisent ces nouveaux modes de diffusion musicale pour mettre en place des espaces musicaux "détournés" répondant de manière plus satisfaisante à leurs attentes. Mais il y a en plus une "remise à plat" du discours et de la place généralement attribuée à la musique. Ainsi, nous postulons que les pratiques atypiques de réception musicale (non conformes aux conduites traditionnellement prescrites) permettent aussi de modifier le ressenti des pratiques dominantes. Nous pensons que ces pratiques ne sont donc pas seulement des "stratégies" à court terme visant à améliorer le quotidien de ceux qui les pratiquent ; elles produisent aussi des changements en profondeur. Par conséquent, les hiérarchies qui définissent un espace musical déterminé, notamment par la possession d'un capital de culture musicale légitime, sont de moins en moins évidentes. Parallèlement, la production musicale elle-même, ses modes de légitimation, de diffusion, sont eux aussi bouleversés. Il apparaît donc nécessaire de poser les bases d'une investigation engendrée par la question suivante : comment faire une sociologie du phénomène musical en partant du postulat que l'espace intervient dans la réception de la musique ?

2. Des faits musicaux présents dans tout notre quotidien…

Situons au préalable la place de la musique dans notre quotidienneté. Récemment un album de Michael Jackson a été mis en vente dans le monde entier le même jour : les ventes ont été estimées à des millions de disques dès la première journée. C'est un record historique dans les mondes de la musique. C'est d'ailleurs pourquoi ce même Michael Jackson vient d'être consacré "artiste du siècle" (au regard du nombre de disques vendus). Nous savons aussi que tous les sondages s'accordent pour montrer que la musique prend une place de premier plan dans la vie quotidienne, au point d'être considérée comme le "premier loisir" des Français, selon un sondage Louis Harris, publié par le quotidien *Le Monde* en 1996. Chaque année, on voit se dérouler dans l'Europe entière, la Fête de la musique, créée en 1982 par le ministre de la Culture de l'époque, Jack Lang, et qui a lieu tous les ans, le 21 juin. Dans le moindre village, ce jour-là, se retrouvent à la fois ceux qui pratiquent et ceux qui écoutent pour partager un moment de joie. Une des célébrations pour l'an 2000, offerte le 5 mai par la Ville de Paris, présentait un concert public de plein air sous la tour Eiffel, dirigé par Seiji Osawa et mettant en vedette Andrea Bocelli : il réunit deux cent mille personnes. Ajoutons que le développement des festivals de musique, quels que soient les styles musicaux, a pris une importance considérable (le ministère de la Culture recense en France plus de trois cents festivals de musique annuels : cent de jazz, soixante-quinze de rock, trente-deux de musique classique). Soulignons également que la progression de l'écoute de musique enregistrée constitue l'une des évolutions majeures de ces dernières années, selon une enquête du ministère français de la Culture parue en 1990. Cela est dû en grande partie à un mouvement massif d'équipement des ménages lui-même lié à la rapidité des mutations technologiques de ces secteurs. Il n'y a pas de raison de penser qu'il en va différemment dans les autres pays européens.

Au travers de ces exemples, on se rend compte de l'importance que prend la musique, dans la vie quotidienne, en ce début du XXIe siècle.

Ainsi, non seulement, elle est un enjeu économique et politique, mais elle est également un enjeu social de première importance. En effet, de tels événements n'existent pas sans modifier la vie musicale. C'est pourquoi on doit se demander ce que ces événements représentent et quel sens ils prennent aujourd'hui dans la société. Les faits musicaux ne se développent pas simplement les uns avec les autres ou les uns par rapport aux autres, ils sont le point de départ d'une activité ou de conduites qui sont partie prenante de l'organisation sociale tout entière et tout particulièrement de l'organisation spatiale.

Aujourd'hui, les faits musicaux semblent donc trouver une fonction différente dans la société de la stricte fonction de distinction et de légitimation (Bourdieu, 1979). De plus, leur introduction dans la sphère marchande semble quasiment changer la nature des relations que les acteurs sociaux entretiennent avec eux. Cette nouvelle place que le musical occupe dans la société d'aujourd'hui, tout en étant complexe, offre la possibilité d'analyses fécondes sur les nouveaux rapports qu'elle entretient avec l'espace.

En effet, vouloir attribuer une fonction sociale au fait musical revient à l'insérer dans un réseau de significations outrepassant son seul contenu artistique (Green, 2000*a*). Et c'est là que la problématique de l'espace telle que nous l'abordons dans cette contribution intervient.

Dans un premier temps, cherchons à mieux cerner ce qu'engendre cette transformation de la place du musical dans la vie des Français. Les conduites sont dorénavant essentiellement des *conduites d'écoute* (pour reprendre l'expression de François Delalande, 1993), plutôt que des conduites de production ou de création. Ce constat est valable pour tous les pays occidentaux, voire les pays en voie de développement. Toutefois, ce qui est important, c'est de constater que le développement de l'écoute musicale a engendré une modification fondamentale des conduites : l'écoute en privé ou singulière est celle qui prédomine, alors que les conduites musicales socialisées prennent une autre fonction et un autre sens. C'est sur ces deux aspects qu'il faut insister.

L'écoute en privé est une écoute volontaire, choisie, qui est de l'ordre de l'intime (on a une activité ménagère, de bricolage, on prend sa douche en musique, on est en voiture avec de la musique, on fait ses devoirs en musique). Pour notre part, il s'agit d'autre chose que d'un fond sonore. Ces pratiques privées, qui se rattachent toujours à un espace personnel contribuent à ce que l'on pourrait appeler "le concert domestique" (cela prenant une forme tout à fait intense lorsque l'on peut créer son propre CD ; l'utilisation des graveurs facilitant le choix de l'extrait que l'on veut écouter, sans parler du développement d'Internet et du programme MP3). On est donc aujourd'hui dans une société dans laquelle l'écoute privée est une valeur et un modèle culturel – quelles que soient les catégories d'âge, d'appartenance sociale, de sexe – qui prend un sens en dehors du strict espace domestique et qui se recrée partout. Il n'est d'exemple que l'usage du walkman qui permet de créer ou recréer partout où on le souhaite, y compris dans les espaces publics, un espace musical privé. Ainsi, il est beaucoup plus fréquent d'aimer la musique, non plus en connaisseur, mais plutôt en récepteur voire en consommateur.

Cette quête de l'émotionnel, par l'intermédiaire de la musique, explique en partie qu'elle est écoutée de plus en plus fort (même si les évolutions technologiques y contribuent). Cela est valable pour tous les publics et, partant, pour tous les genres musicaux, y compris pour les musiques savantes. Plus c'est fort, plus les auditeurs pensent que l'émotion est forte.

En outre, comme la musique est diffusée partout et qu'elle est présente à tout moment, il devient difficile pour une majorité de personnes de s'en passer (Green, 1986, 1993*a* et 1997). De plus, on s'approprie les faits musicaux comme une "drogue" et ceux-ci provoquent une recherche intense de plaisir, au point que certains peuvent avoir l'impression d'être en manque. Toutefois, à la différence des substances hallucinogènes, chacun est en mesure de gérer ce manque comme il le souhaite.

Ainsi, pouvoir disposer de musique à tout moment et en tout lieu intensifie la dimension esthétique du fait musical. Mais alors quel est le sens que l'on peut accorder à la musique dans la société d'aujourd'hui, quelle fonctionnalité prend-elle ? En référence à la définition kantienne de l'attirance désintéressée pour le beau "sans fin spécifique" qui favorise d'abord la recherche d'un plaisir esthétique et le rêve, on peut dire que la relation à la musique est purement esthétique, ce qui explique que la réception de la plupart des faits musicaux apparaît déritualisée, y compris lorsqu'il s'agit de pratiques musicales socialisées.

Les pratiques musicales socialisées ne peuvent donc plus être semblables aujourd'hui à celles qui existaient il y a une trentaine d'années. On peut, à cet égard, souligner l'importance du musical lors des fêtes : ce qui est nouveau, ce n'est pas le musical dans les fêtes, mais la manière dont il s'y intègre et le sens qu'il y prend (Green, 2004). En effet, aujourd'hui, la musique en société devient le prétexte à des moments dans lesquels la relation entretenue avec la musique est essentiellement festive (ce qui explique en partie une certaine désaffection pour les concerts dans les salles traditionnelles). Mais ce qui nous intéresse et que nos études soulignent, c'est ce qui compte dans ce cadre festif : il s'agit certes d'y écouter de la musique (ou d'en jouer), mais c'est également tout ce qui se passe autour. Il y a là la recherche d'une dimension de l'exceptionnel, du moment inoubliable, ce qui implique que chaque nouveau moment festif est toujours intimement lié au musical.

Le développement accéléré dans les grandes villes de cafés musicaux confirme ce fait : les habitués y vont, en général, pour y retrouver des amis, pour jouir d'un moment particulier et unique, et la musique en devient alors l'enjeu.

Enfin, l'accroissement du nombre des raves ces dernières années est un phénomène tout à fait significatif à cet égard : ce qui prédomine pour les jeunes (et les moins jeunes) qui participent à ces manifestations, c'est de pouvoir faire la fête pendant un certain temps, la musique n'étant alors que le prétexte à cette fête.

La véritable référence aux conduites musicales en groupe ou en société est donc la fête (ou la circonstance) qui doit être marquée, mais la musique de fête n'a-t-elle pas toujours été un des phénomènes dominant de la vie musicale ? Certainement. On peut cependant affirmer devant l'engouement de ces moments musicaux socialisés, que la recherche d'une ambiance particulière est impliquée presque dans toutes les situations. C'est donc la recherche de ces moments, uniques, exceptionnels et cette notion de partage d'émotions grâce au musical qui est affirmée et désirée. On ne peut s'étonner alors que la musique en société soit toujours associée à la recherche d'émotions.

Pour notre part, nous y voyons une dimension qui va au-delà du loisir socialisé, un aspect qui est néanmoins présent. On y trouve une dimension qui permet de se détourner de l'utilitarisme exacerbé de la société en recherchant ou en revendiquant une place à l'imaginaire et à l'émotionnel. La musique en société est donc bien une dimension qui donne un autre sens à la quotidienneté (Green, 1998).

En outre, ce qui prédomine dans ces conduites musicales socialisées, c'est la recherche d'un lien social, c'est-à-dire le fait de pouvoir être ensemble autour de goûts que l'on partage en commun plus que d'être ensemble parce que l'on appartient à une même catégorie sociale (cela ne se rattache pas uniquement aux pratiques des jeunes). Le lien social qui se crée alors circule uniquement à partir de références musicales communes ; ce sont des réseaux de goûts qui se mettent en place. On va écouter un même style musical, un même chanteur, une star (qui peut être aussi bien Johnny Halliday que Pavarotti) à laquelle on s'identifie ou qu'on admire, parce que l'on sait que, dans ces manifestations musicales, un goût commun prédomine.

La place et la forme que prend la musique dans la société aujourd'hui nous montrent bien que s'opère une mutation qui concerne aussi bien les formes traditionnelles de la vie musicale que les valeurs accordées aux pratiques légitimées. Si on ne peut prévoir quelles formes vont perdurer ou se créer dans l'avenir, on peut affirmer que les modèles ne seront plus ceux qui ont dominé la vie musicale du XXe siècle et que probablement les transformations viendront des acteurs sociaux eux-mêmes qui créent – on le voit déjà – de nouvelles formes de vie musicale et par conséquent de nouveaux espaces.

De ces moments festifs, les acteurs sociaux cherchent à conserver une trace, un souvenir de ce qui représente l'éphémère, et la musique a là un rôle de médiateur. Ainsi, pour garder ce souvenir, on décide de l'achat d'un disque dont la fonction consiste à rappeler ce moment unique, exceptionnel. Il y a donc un lien entre les relations à la musique d'ordre privé et les relations d'ordre social et inversement.

En outre, comme pour la plupart des récepteurs, "la musique ne signifie rien, donc elle signifie tout" (Jankélévitch, 1983, p. 19), le musical ne se présente plus comme un discours mais comme le partenaire du milieu, de la temporalité et de l'espace dans lesquels on se trouve. Aux nouveaux rapports avec le temps se mêlent donc les nouveaux rapports avec l'espace.

3. Les transformations des espaces musicaux… ou l'usage du walkman

Insistons un moment sur le walkman comme facteur emblématique du sens que prend la réception musicale dans notre société aujourd'hui. Avec l'usage du walkman, la musique se fait nomade (Attali, 1990). En modifiant les règles sociales liées à la réception de la musique, le walkman participe de cette difficulté à comprendre quels sont aujourd'hui les rapports sociaux, les temps sociaux et les espaces sociaux liés à la musique et c'est en ce sens qu'il peut nous interroger. Nous avons souligné précédemment que la réception de la musique a toujours été jusqu'à présent en relation avec des espaces ou des lieux spécifiques, privés ou publics (église, salle de concert, stades, etc.) et qu'il y avait presque toujours partage entre créateurs/interprètes et récepteurs, et entre récepteurs eux-mêmes. Ce qui change avec les usages sociaux du walkman, c'est qu'ils transforment particulièrement la notion de temps social et l'utilisation de l'espace.

Il est certes d'abord utilisé pour écouter de la musique à tout moment, mais à des moments délibérément choisis. La réception musicale devient alors secrète pour l'autre. En outre, il se caractérise techniquement par la possibilité de l'utiliser en tout lieu, et même d'écouter de la musique de manière quasiment ininterrompue (la technologie "autoreverse" le permettant).

On voit alors que vivre casqué, c'est faire fonctionner ses oreilles d'une façon différente de celle dont on pouvait avoir l'habitude jusqu'à présent. C'est non seulement avoir une nouvelle attitude corporelle dans la réception musicale, mais c'est aussi une façon d'utiliser, de vivre le temps social grâce à la musique, à sa manière, dans n'importe quel espace en dehors de toute référence à l'autre. Il s'agit donc d'une attitude contraire de celui qui, pour "se distinguer", se rend au concert. Cette nouvelle attitude est également possible parce que le walkman ne se décline pas ; il est trop banal pour bénéficier d'une appellation qui en appelle à de grands noms, à des repères reconnaissables, légitimables.

Des études ont pu montrer que le passage de l'espace du "privé" à celui du "public" est souvent brutal : "Beaucoup l'éprouvent chaque matin. A peine sorti de chez soi, l'on se trouve happé par l'univers du travail, ses contraintes, ses servitudes." (Prost, 1987, p. 113). Dans cette perspective avec le walkman, on n'entend plus grand-chose de son environnement, ou plutôt, on entend *autre chose.* Entendre les bruits de la ville, des transports, du marteau-piqueur, des voisins, c'est vivre loin du pouvoir de délectation de la musique. Avec le walkman, on peut désormais se dérober au paysage sonore défini, organisé par d'autres, non repérables, voire non identifiables. Certes, il fait "marcher" l'auditeur, mais autrement. De plus, on s'aperçoit que le walkman permet aux individus, au sein de la famille, d'avoir une vie privée autonome dans l'espace même de l'espace public domestique.

L'usage du walkman est donc bien une réponse à Duvignaud (1990) qui note que les sociétés, quelles qu'elles soient, ont tendance à imposer, aux individus qui les composent, des règles ou une morale particulière. Il remarque que ce que l'on décrit comme étant les "mœurs" n'est en fait que "l'expression obligatoire des sentiments", c'est-à-dire des comportements, des attitudes codées que la société a, petit à petit, mis en place et qui renvoient à ce qu'il nomme une "affectivité contrôlée". Ainsi, l'individu est "soumis" à une retenue que lui impose la société, au travers de ce que l'on pourrait appeler communément les "codes de bonne conduite" ou les "règles de vie collective".

On peut alors penser que ce nouveau mode de diffusion et de réception de la musique amplifie ou démultiplie une passion, celle de l'écoute de la musique, qui était présente auparavant chez les auditeurs. L'utilisation de ce nouveau mode de réception de la musique met au jour qu'elle répond chez ses utilisateurs à une passion antérieure.

Pour rester dans cette relation à l'espace, revenons un instant sur la salle de concert. Celle-ci est chargée de sens social, elle joue souvent le rôle d'instance de légitimation, qui façonne les règles selon lesquelles on sait écouter de la musique et apprécier le genre musical qui correspond à notre groupe social d'appartenance (catégorie sociale ou catégorie d'âge par exemple). Etant un espace séparé, dans lequel l'on propose de la "musique pure" parce qu'y est banni tout élément étranger à "notre musique", la salle de concert illustre bien cette apparente séparation des espaces et des temps spécifiquement musicaux. Le développement de l'usage du walkman modifie considérablement ces valeurs. Quel sens prend la salle de concert quand on peut "balader" la musique partout ?

Si l'on prend ce walkman dans son sens linguistique, "l'homme qui marche", on peut effectivement repérer cet usage physique. Toutefois, on ne peut oublier qu'il est un objet de diffusion de la musique qui permet de marcher dans son propre univers, sa propre temporalité, ses propres repères, sa propre culture, avec l'assurance que quiconque ne pourra entendre ce qui est écouté et ne pourra, quels que soient le lieu ou le moment, imposer l'écoute d'une musique dans un espace défini par d'autres.

Dans nos enquêtes empiriques, nous avons pu constater que l'usage du walkman est une pratique musicale qui rassemble tous les groupes sociaux (catégories d'âge, de sexe, sociales...) dont les origines aussi bien que les destins peuvent amener à les séparer ou à avoir des pratiques culturelles et musicales divergentes.

On voit bien que la frontière entre espace musical public et espace musical privé semble s'estomper, se transformer. En réalité, elle ne disparaît pas ; elle devient seulement plus subtile, et c'est certainement la conjonction du temps musical et de la possibilité d'y avoir accès partout, grâce au walkman, qui modifie cette frontière entre ces deux espaces.

Le walkman n'est donc pas sans lien avec la non-réversibilité du temps musical car, par sa technicité, il permet (comme tous les appareils de reproduction sonore, d'ailleurs) de procéder à une répétition du temps musical presque permanente (avec la touche "autoreverse"). Toutefois, ce qui le spécifie par rapport aux autres objets de reproduction sonore, c'est son usage possible partout. Et là nous voyons qu'il y a interaction entre le temps et l'espace.

4. Le métro et la rue comme espaces musicaux des sociétés contemporaines

On ne peut ignorer que le métro est un espace particulier dans lequel les voyageurs n'ont d'autres relations que celles de le partager. Aussi ce qui caractérise, dans la majorité des cas, les interactions entre ces voyageurs, c'est la proximité spatiale et la distance sociale (Augé, 1986). Dans ce contexte et dans cet espace si codé et ordonné, comment peut-on comprendre et aborder la présence de la musique vivante qui y est jouée ?

Dans un premier temps, on peut considérer qu'elle change l'espace sensible du métro car les régularités qui le caractérisent sont rompues (Sansot, 1983). Elle modifie aussi la fonctionnalité de l'espace puisque, par exemple, dans les couloirs, les voyageurs doivent avancer alors que la musique les incite à s'arrêter. Aussi en modifiant l'espace du métro, on peut penser que la musique vivante y acquiert une fonction.

Soulignons que ce musical n'est pas présent sur l'ensemble du trajet, il n'est offert que ponctuellement au cours des déplacements à l'intérieur de l'espace du métro. Ce caractère ponctuel et occasionnel, qui en fait un "événement" du paysage sonore, contribue à modifier la perception du temps passé dans le métro en atténuant sa dimension purement contraignante et en lui permettant d'être par intermittence un temps de plaisir.

Il apparaît donc que la musique vivante dans le métro est une réponse à un besoin des voyageurs. En atteignant leur sensibilité, elle représente un facteur de réalisation de soi dans le cadre de ce temps contraint. Ainsi, une véritable "histoire de sensibilité" se crée entre voyageurs et musiciens qui participent finalement, par cette activité dans cet espace, aux émotions humaines les plus profondes et peut-être les plus inaccessibles. Ces ressentis des voyageurs nous permettent d'éviter des considérations ou des interprétations d'ordre esthétique qui ne permettraient pas une approche compréhensive.

Ce rapport émotionnel avec la musique dans cet espace est à mettre en perspective avec la notion de musique "vivante". En effet, celle-ci crée des "sensations", des "sentiments" au moment des prestations, sans oublier que le caractère risqué et le "suspens" du moment les intensifient. C'est donc une certaine confiance que les voyageurs accordent aux musiciens qui provoquent des sensations et un plaisir de la réception musicale particuliers en offrant de la musique qui est là, "vivante".

L'émotion devient donc, non plus une simple caractéristique de la présence de la musique dans le métro mais plutôt l'attente principale, le paramètre primordial de la réussite du partage avec le musicien, détenteur lui-même de sa propre émotion et déclencheur de l'émotion du voyageur. Tout cela nous rapproche du concert. Pourtant l'importance de la dimension de recueillement qui caractérise toute forme de concert est totalement absente de cette situation musicale. Contrairement au concert, une bonne écoute ou au moins une bonne relation à la musique ne nécessitent, dans le métro, ni le silence ni le recueillement. Cette absence de mise en scène de l'émotion, de facteurs sociaux distinctifs correspond totalement à la situation et à l'attente des voyageurs. Si la magie existe, c'est parce que la musique met non seulement en place une rupture avec le quotidien, mais en plus, ici, elle n'est pas sanctifiée.

Nous voyons bien que si cette situation musicale se rapproche à certains égards de la musique vivante en concert, elle s'en différencie toutefois par le fait que les voyageurs n'ont pas besoin, pour y participer, d'ajuster leur comportement à certaines "manières d'écoute" (comme on parle de "manières de la table") qui font reculer les moins cultivés de l'expérience du concert, par crainte de manifester une faute de goût, celle que Pierre Bourdieu nomme "alloxie culturelle" (1979).

Cet échange musical en tant que tel crée des conditions qui lui sont propres et qui organisent non seulement l'espace public mais aussi le temps passé dans le métro. Ainsi, se rencontrent là non pas d'anonymes "usagers" du métro dans un espace social étendu, avec un degré d'interconnaissance quasiment nul, mais des voyageurs qui se rencontrent par l'intermédiaire de la musique et des musiciens. On peut aller jusqu'à considérer qu'il s'agit de la mise en place d'une identité collective créée par le musical dans un espace urbain où elle fait défaut.

Plus, on peut voir dans cette situation sociale bien particulière une voie, que nous indiquent aussi bien les musiciens que les voyageurs, vers l'interdépendance des catégories musicales dans la vie quotidienne et une mise à distance d'une division entre musique savante, musique populaire et musique de l'industrie. Cette division n'est plus alors, face à ces nouvelles manières de transmettre la musique vivante, qu'un archétype mis en place par ceux qui définissent et légitiment la vie culturelle et musicale.

En cela, la musique dans le métro telle que nous venons de l'observer répond à la logique du fonctionnement contemporain de l'appropriation et de la réception de la musique. Nous sommes assez proches d'un *zapping* musical qui pourrait être considéré comme superficiel et qui ne correspondrait pas à une conduite d'"homme cultivé". Ce phénomène est cependant révélateur des conditions dans lesquelles une grande partie des acteurs sociaux contemporains peuvent entretenir des relations d'imaginaire, d'appropriation de l'émotion esthétique auxquelles on ne donne plus de temps. Il faut donc savoir se les approprier là où elles se trouvent, ne fût-ce que quelques instants ; c'est ce que nous montrent tous ces voyageurs. Les conduites et pratiques musicales observées dans le métro ont valeur de modèle culturel (voire de modèle musical) dans la mesure où elles évoquent une société où il y a superposition de temps, une rapidité des échanges de production, une mise en avant et une perpétuelle valorisation de la nouveauté, voire de l'instable et une quasi-impossibilité d'une continuité ou linéarité des actions sociales.

On peut assimiler à ce type de pratique la musique dans la rue qui est exécutée par des musiciens. Toutefois, à la différence du métro, la rue n'est pas seulement un lieu de transit, mais aussi un lieu de promenade. Cependant, au même titre que la musique dans le métro, la musique dans la rue appartient au domaine de la musique vivante dans un espace auquel chaque auditeur donne un sens.

5. La réception musicale dans le quotidien de notre société postmoderne

Nous venons de voir que les transformations des conduites musicales peuvent être interrogées pour comprendre non seulement le sens qu'elles prennent dans notre société mais également leurs rapports avec les espaces de réception. Weber (1951) et Adorno (Adorno et Horkheimer, 1969) ont mis en évidence chacun à leur façon qu'une société qui se rationalise de plus en plus aboutit à un "désenchantement du monde". La vie musicale est aussi concernée par cette rationalisation puisque plus rien n'est laissé au hasard. Tout est pensé et organisé, depuis les infrastructures, les modes de production jusqu'à la consommation sur laquelle les mass-media ont un impact de plus en plus important. Comme le montre Baudrillard (1968 et 1972), les messages de ces mass-media ont pour effet notamment de modifier les valeurs ; aux valeurs d'usage se substituent des valeurs d'échange (richesse, pouvoir, prestige, simulacre, vedettariat). Cependant, parce que les faits musicaux sont intimement liés à l'émotion et à l'imaginaire, vient un moment où les acteurs sociaux éprouvent un besoin, conscient ou non, de fuir ces valeurs d'échange, de les contourner, de les oublier. Ils renouent alors avec des valeurs anciennes, celles de l'amitié, des sentiments, des pratiques actives et c'est ce qui caractérise une grande partie des relations entretenues aujourd'hui avec le choix de nouveaux espaces musicaux.

C'est devant ce constat qu'Elias (1987) comme Sansot (1991) montrent que, pour rompre avec l'anonymat, pour sortir du "vide de sens" créé par la société, l'homme doit être intégré à une communauté dans laquelle il puisse être reconnu, pour forger avec elle une histoire commune. Cela ne veut pas dire que la reconnaissance doive se réaliser exclusivement au sein d'un groupe, loin de là, mais dans une pluralité de groupes. Alors, pourquoi ne pourrions-nous pas considérer que certaines de ces nouvelles pratiques de réception musicale dans ces nouveaux espaces provoquent l'apparition de communautés qui seraient une réponse au fonctionnement de la société contemporaine ?

Lorsque Szendy (2001) souligne qu'"il faut cesser de moraliser l'écoute", il montre, lui aussi, combien notre oreille est construite culturellement.

Il remarque que la conception de la musique, de l'œuvre, mais aussi de la réception (la manière d'écouter, c'est-à-dire d'être un auditeur) s'inscrit clairement dans une perspective historique, en lien avec des facteurs que l'on peut qualifier d'"extra-musicaux". Par conséquent, la contrainte principale qui s'exerce sur les pratiques de réception musicale ne découle pas uniquement de la nature même du musical, mais découle aussi du rapport à la musique construit culturellement à partir de cette nature. Cela justifie de réfléchir sur l'influence que peuvent avoir les espaces sur les relations que les individus entretiennent avec le musical. Aussi, est-il nécessaire d'accepter comme conduite "vraie" ce que Szendy nomme "un art d'une écoute distraite" et de marquer ainsi une distance avec ce respect presque mystique de l'œuvre. Il ne s'agit pas de pourfendre l'écoute structurelle et la recherche du sens des œuvres, mais de montrer comment une certaine distraction est une condition tout autant nécessaire à une écoute active que ce que peut l'être "l'attention totale, structurelle et fonctionnelle". En d'autres termes, nous ne pouvons continuer à vivre sous le couvert du "tu dois", comme si nous devions être les héritiers d'une histoire de la réception musicale que nous aurions incorporée.

Nous avons vu à propos de ces nouvelles pratiques de réception musicale que la suspension du temps de la quotidienneté est une autre dimension majeure qui est recherchée. En effet, activités et pratiques musicales permettent à chacun de prendre une distance par rapport à ce temps de la quotidienneté lorsque de nouveaux espaces le permettent. On voit alors un certain hédonisme se mettre en place, qui refuse les valeurs traditionnelles de la gratification différée. On peut donc en déduire que, à bien des égards, toutes ces nouvelles formes de vie musicale au travers d'une redéfinition des espaces musicaux jouent pour tous un rôle important dans ce processus dialectique de transformation de la société.

Aussi, en acceptant d'aborder la musique tant vivante que reproduite dans les espaces les plus anonymes et les plus atypiques de la vie contemporaine, on parvient à mieux comprendre comment la musique se produit et comment elle fait sens dans la conjonction de la quotidienneté la plus banale et de l'interaction émotionnelle ; mais aussi dans la conjonction d'un plaisir individuel et singulier qui se vit et se partage en commun. Ce qui, de plus, nous paraît intéressant dans ce contexte, c'est que, dans la banalité du quotidien, l'homme procède, en utilisant le musical, à un bricolage (Certeau, 1990), à une transgression de cette banalité en créant son univers personnel et singulier.

Des articles et des livres montrent que la "non-communication" entre les êtres est la caractéristique de la société contemporaine (Lefebvre, 1968). Nous prenons quant à nous le parti de croire que la musique permet une communication, un échange, une relation au monde d'un autre ordre et qui fait de chacun un acteur de la société mais aussi un individu singulier. S'il n'y a pas communication au sens traditionnel du terme, nous savons qu'elle existe tout de même sous un autre aspect. C'est pourquoi, si l'on accepte de considérer toutes les évolutions et les transformations de la vie musicale telles que celle des espaces de réception musicale, des horizons nombreux de compréhension du musical s'ouvrent.

En conclusion, nous affirmons qu'on ne peut plus continuer à appréhender le musical présent dans des espaces non "légitimés" comme n'étant qu'un fond sonore dans un monde fonctionnalisé et vide de sens, mais on doit le considérer et l'étudier comme un élément de "réenchantement" de ce monde.

Aussi, même si nous n'avons pas toujours, pour l'instant, tous les outils conceptuels sociologiques suffisants pour aborder le musical dans les nouvelles dimensions spatiales que nous avons soulignées ici, nous voyons néanmoins que la dimension de l'espace musical fait intégralement partie des recherches socio-musicologiques puisqu'elle a pour fonction de rendre possible l'acceptation du déroulement inexorable du temps. Les nouveaux espaces musicaux, tout comme les espaces musicaux traditionnels légitimés et marqués par des rituels en leur temps, renvoient non seulement à l'expression d'émotions et de sentiments, mais permettent à chacun de prendre conscience à la fois de l'unité du social et d'accepter l'irréversibilité de la vie.

Bibliographie

ADORNO, T. W. et HORKHEIMER, M., 1969 : *Dialektik der Aufklärung. Philosophische Fragmente*, nouv. éd., Francfort, S. Fischer Verlag ; trad. fr., *La Dialectique de la raison. Fragments philosophiques*, Paris, Gallimard, 1974.

ATTALI, J., 1990 : *Lignes d'horizon*, Paris, Fayard.

AUGÉ, M., 1986 : *Un ethnologue dans le métro*, Paris, Hachette.

BAUDRILLARD, J., 1968 : *Le Système des objets*, Paris, Gallimard.

BAUDRILLARD, J., 1972 : *Pour une critique de l'économie politique du signe*, Paris, Gallimard.

BOURDIEU, P., 1979 : *La Distinction. Critique sociale du jugement*, Paris, Minuit.

BOURDIEU, P., 1980 : *Questions de sociologie (Le marché linguistique)*, Paris, Minuit.

CERTEAU, M. de, 1990 : *L'Invention du quotidien : arts de faire*, Paris, Gallimard.

DELALANDE, F., 1993 : *Le Condotte musicali. Comportamento e motivazioni del fare e ascoltare musica*, G. Guardabasso et L. Marconi (éd.), Bologne, CLUEB.

DUVIGNAUD, J., 1990 : *La Genèse des passions dans la vie sociale*, Paris, Presses universitaires de France.

ELIAS, N., 1987 : *La Société des individus*, Paris, Fayard.

GREEN, A.-M., 1986 : *Les Adolescents et la Musique*, Paris, Editions EAP ; rééd., Paris, L'Harmattan, 2006.

GREEN, A.-M., 1993*a* : *Les Personnes âgées et la Musique*, Paris, Editions EAP ; rééd., Paris, L'Harmattan, 2006.

GREEN, A.-M., 1993*b* : *De la musique en sociologie*, Paris, Editions EAP.

GREEN, A.-M., 1997 : *Des jeunes et des musiques aujourd'hui, rock, rap, techno*, Paris, L'Harmattan.

GREEN, A.-M., 1998 : *Musicien de métro : approche des musiques vivantes urbaines*, Paris, L'Harmattan.

GREEN, A.-M. (éd.), 2000*a* : *Musique et sociologie : enjeux méthodologiques et approches empiriques*, Paris, L'Harmattan.

GREEN, A.-M. (éd.), 2000*b* : *Les Métamorphoses du travail et la nouvelle société du temps libre*, Paris, L'Harmattan.

GREEN, A.-M. (éd.), 2004 : *La Fête comme jouissance esthétique*, Paris, L'Harmattan.

JANKÉLÉVITCH, V., 1983 : *La Musique et l'Ineffable*, Paris, Le Seuil.

JAUSS, H.-R., 1974 : *Literaturgeschichte als Provokation*, Francfort, Suhrkamp ; trad. fr., *Pour une esthétique de la réception*, Paris, Gallimard, 1978.

LEFEBVRE, H., 1968 : *La Vie quotidienne dans le monde moderne*, Paris, Gallimard.

Ministère de la Culture, 1990 : *Nouvelle enquête sur les pratiques culturelles des Français en 1989*, Paris, La Documentation française.

PROST, A., 1987 : "Frontières et espaces du privé : transitions et interférences", in *Histoire de la vie privée*, P. Ariès et G. Duby (éd.), Paris, Le Seuil, t. V, p. 13-113.

SANSOT, P., 1983 : *Variations paysagères. Invitation au paysage*, Genève, Klincksieck.

SANSOT, P., 1991 : *Les Gens de peu*, Paris, Presses universitaires de France.

SCHUTZ, A., 1951 : "Making Music Together. A Study in Social Relationship", *Social Research*, vol. XVIII, n° 1, p. 159-178 ; repris in *Collected Papers*, vol. II, *Studies in Social Theory*, A. Broderson (éd.), La Haye, Nijhoff, 1964, p. 159-178 ; trad. fr., "Faire de la musique ensemble", *Sociétés*, n° 1, 1984, p. 22-27.

SZENDY, P., 2001 : *Ecoute : une histoire de nos oreilles*, Paris, Minuit.

WEBER, M., 1951 : *Gesammelte Aufsätze zur Wissenschaftslehre*, 2e éd., Tübingen, Mohr ; trad. fr., *Essais sur la théorie de la science*, Paris, Presses Pocket, 1992.

Philip Tagg

SIGNIFICATIONS MUSICALES DANS LES MUSIQUES CLASSIQUES ET POPULAIRES

L'expression musicale de l'angoisse

1. Une vue d'ensemble

Depuis l'avènement de la télévision et de la vidéo, de plus en plus de gens, vivant au sein de cette culture saturée de moyens d'information qui est aussi la mienne, écoutent plus de musique accompagnant des images en mouvement que sous quelque autre forme. Le fait que les jeux vidéo, dont l'accompagnement musical est plus ou moins constant, génèrent sur le plan mondial des revenus plus importants que ceux de l'industrie musicale renforce cette tendance. L'analyse musicale telle qu'elle est généralement enseignée n'accorde cependant que peu d'attention à de tels constats. En effet, les musicologues dissèquent les structures sonores comme si ces dernières n'avaient pas de signification au-delà de leurs interrelations syntactiques. Cependant ces dissections ne se limitent plus aux seules œuvres du canon de la musique classique européenne ; désormais, même les chansons pop sont passées au crible de l'analyse schenkérienne. Pour que l'analyse musicale soit utile à la majorité des gens vivants dans la même culture que la mienne, elle se doit de traiter de la musique en tant que celle-ci *signifie quelque chose au-delà de soi.* Le présent article soutient que la notion de musème, bien que problématique, peut aider les chercheurs à s'atteler à une telle tâche sémiotique.

2. Musèmes et structures

Le terme "musème" a été inventé par Charles Seeger : "[Il s'agit d'] une unité comprenant trois composantes – trois temps – [qui] peut représenter deux progressions et qui remplit les conditions nécessaires pour être une unité musicologique formelle ou modale, indépendante tant sur le plan de la direction que de l'extension. On pourrait l'envisager comme [...] un morphème musical ou musème." (1960, in 1977, p. 76.)

Deux problèmes centraux accompagnent la notion de Seeger :

a) sa comparaison avec le morphème du langage (verbal) dérive des théories linguistiques de son époque ;

b) elle se définit syntactiquement sans faire référence à la sémantique ou à la pragmatique. Ces deux problèmes sont liés.

Seeger n'est pas le seul musicologue de son temps à établir des parallèles linguistiques. Nettl (1958) et Bright (1963) font également référence à des modèles linguistiques conférant une prééminence sur le plan sémiotique au mot écrit, à la dénotation ou aux signes arbitraires ou conventionnels. Ces parallèles furent critiqués par des musicologues tels que Nattiez (1975, 2e partie ; 1987), Imberty (1975, 1976 et 1979), Lerdahl et Jackendoff (1977), et Keiler (1978), lesquels soulignèrent les différences existant entre les sémiosis musicale et linguistique, c'est-à-dire la manière spécifique dont musique ou langage opère des renvois. Plus récemment, des linguistes ont remis en cause le primat de la dénotation en affirmant que la prosodie et les règles sociales de la parole (timbre, diction, intonation, volume, expression faciale, gestes, etc.) sont aussi intrinsèques au langage que la dénotation verbale (Bolinger, 1989 ; Cruse, 1988 ; Eco, 1990 ; Kress, 1993 ; etc.). Plus simplement, l'affirmation "Ne vous inquiétez pas pour moi" énoncée une fois nonchalamment et une autre fois avec amertume ne signifie plus la même chose ; il en va de même si un orchestre symphonique joue les premières notes de votre hymne national et si le même passage est chanté faux par quelqu'un avec un accent étranger et accompagné par deux soûlards jouant sur un mirliton et un accordéon des accords de be-bop sur des boucles d'un beat techno. Si les trois premiers temps forts, peu importe la manière dont on les définit, peuvent avoir des significations distinctes lorsqu'ils sont exécutés de manière si différente, il nous est impossible de considérer le musème, du moins tel que le définit Seeger, comme un équivalent musical du morphème.

Le problème central de la définition de Seeger est qu'elle s'appuie sur la syntaxe sonore de la même manière que, par convention, un morphème est défini comme un ensemble de phonèmes temporellement (horizontalement) contigus, sans prendre en considération ses éléments paradigmatiques (verticaux) – intonation, volume, timbre, etc. Si un morphème, pris dans le contexte de n'importe quelle langue, est une unité minimale de discours, récurrente et signifiante, alors un musème devrait posséder, dans le contexte de n'importe quelle culture musicale, des propriétés similaires. La difficulté vient ici du fait que, comme l'illustrent les deux exécutions de votre hymne national, le son d'un orchestre symphonique, d'un mirliton, d'un soûlard chantant faux ou d'un beat techno, etc., est dans chacun des cas, du point de vue sémiotique, inséparable du matériel sonore dont il fait partie lorsqu'il est *entendu* en cours d'exécution par opposition au moment où il est *lu* sous forme de notation. Bien entendu, la notion d'unité minimale de sens musical se complexifie avec n'importe quelle forme de polyphonie.

Le présent article ne vise pas à résoudre le mystère de ce qui constitue une unité minimale de sens musical, mais il est clair que de telles unités, si elles existent, doivent être considérées non seulement comme des phénomènes syntagmatiques mais aussi paradigmatiques (Nattiez, 1975, 3e partie). Si les musèmes existent en tant qu'unités minimales d'un "code" musical, alors chacune de ces unités se doit d'être une structure musicale, identifiée ou non, culturellement spécifique, que les membres d'une même communauté productrice de musique peuvent uniformément identifier et produire. Une telle structure doit être aussi identifiable à l'aide d'une fonction uniformément reconnaissable lors de l'écoute par les différents membres d'une même culture musicale à laquelle appartiennent également les musiciens qui ont produit cette structure. Il serait néanmoins prématuré à ce stade de notre recherche d'essayer d'extraire, par un acte d'alchimie intellectuelle, l'essence théorique du musème sans donner en premier lieu des exemples concrets montrant comment la construction (poïétique) et la réception (esthésique) – d'après la terminologie de Molino (1975) – de différentes structures musicales sont explicitement liées au sein d'une même culture. Une telle exemplification qui, grâce à sa nature même, implique une considération détaillée des aspects de la sémantique et de la pragmatique musicales se heurte à deux obstacles sérieux érigés par la musicologie traditionnelle occidentale :

a) son obsession syntactique n'encourage pas l'élaboration de modèles sémantiques basés sur le raisonnement paradigmatique ;

b) les notions de ce qu'est une "structure musicale" sont biaisées et/ou acceptées sans questionnement.

Les causes historiques de cette obsession pour la syntaxe, qui revient constamment dans les études musicales en Occident, sont trop complexes pour être abordées ici (Tagg et Clarida, 2003, p. 9-32). Il suffit de dire que cette fixation sur la syntaxe est tellement enracinée dans les institutions de recherche musicologique que de nombreux chercheurs défilant sous la bannière de la sémiotique semblent exclure comme hors sujet la sémantique et la pragmatique (*ibid.*, p. 45-57). Il n'est pas aisé de convaincre ceux dont la carrière de chercheur s'appuie sur une sémiotique dénaturée dont il ne reste plus que le nom, et qui est ainsi devenue, comme le souligne Eco, "une discipline perverse" (1990, in 1992, p. 286 *sq.*). Malheureusement l'obsession pour la syntaxe pervertit également les concepts de structure musicale, y compris les notions qui aident à définir les unités minimales de sens musical.

Il est beaucoup plus commun dans la musicologie traditionnelle, d'envisager les structures musicales, et particulièrement les structures tonales, à l'aide de termes ayant trait à la construction (poïétique) – "pentatonisme", "*do* majeur", "♭ VII", etc. – plus qu'à l'aide de termes liés à la réception (esthésiques/phénoménologiques) – "accord de détective", appogiature, voix de garce, etc. Tout discours à propos des arts visuels permet au commentateur de faire référence aux objets d'un tableau en fonction de ce qu'ils sont censés signifier, plutôt que de la manière dont ils sont construits. En revanche, les qualificatifs décrivant les structures musicales font figure de charabia technique aux yeux des auditeurs dotés par ailleurs d'une indéniable capacité de réception (on lira, par exemple, Francès, 1958 ; Stefani, 1982 ; Tagg et Clarida, 2003). Si la sémiotique est, comme le suggère Morris (1938), autant affaire de sémantique et de pragmatique que de syntaxe (Eco, 1990, in 1992, p. 286 *sq.*), alors les chercheurs qui s'intéressent à la signification musicale se heurtent à un sérieux problème : les signifiants qu'ils étudient sont rarement identifiés grâce à leurs signifiés dans la culture à laquelle signifiants et signifiés appartiennent tous deux (Tagg, 2001, p. 2-7).

En résumé, les signifiants de la musique (musèmes) n'ont d'existence logique que lorsqu'ils sont mis en relation avec leurs signifiés et ces derniers ne peuvent être analysés sans recourir à quelque principe empirique. Cette analyse ne doit pas seulement s'effectuer en termes de syntaxe musicale mais également en termes de phénomènes paramusicaux dont les liens avec les structures musicales examinées sont, dans un contexte culturel donné, démontrables et significatifs. En bref, il convient d'accorder la priorité à la sémantique et à la pragmatique musicales. L'obsession de la musicologie traditionnelle pour la syntaxe doit, pour que se redresse l'équilibre sémiotique, passer au second plan.

3. "Angoisse"

Le présent article, en tant qu'humble contribution pour l'établissement d'une sémiotique musicale moins obnubilée par la syntaxe, s'intéresse à un vaste champ sémantique. La question est de savoir quel champ sémantique nous devons sélectionner et cette question en appelle une autre : comment sélectionner un champ sémantique, étant donné que les signifiants musicaux ne peuvent être définis sans prendre en considération leurs signifiés et que les études consacrées à la réception musicale et offrant des preuves empiriques de l'existence de ces signifiés potentiels sont si rares ? Pour répondre brièvement à cette question, nous dirons qu'aucun aspect de la sémiosis musicale ne peut être mis en évidence sans tester des hypothèses fondées sur l'observation d'au moins deux sortes de régularités :

a) régularités communes à des objets ou intertextuelles, mettant en jeu une structure musicale identique ou similaire (décrite à ce stade de la recherche en des termes liés à la construction ou termes poïétiques) utilisée dans des œuvres différentes par des musiciens appartenant à une même culture ;

b) régularités paramusicales, c'est-à-dire des phénomènes paramusicaux similaires ou identiques, mis en relation avec des structures musicales similaires ou identiques par différents individus appartenant essentiellement à une même culture musicale (assignation sur le plan de la réception ou assignation esthésique).

Ce qui suit est par conséquent basé sur des procédés intertextuels et intersubjectifs mis en place dans notre ouvrage *Ten Little Title Tunes* (Tagg et Clarida, 2003, p. 94-152), une étude traitant des questions structurelles, théoriques et idéologiques de la sémiosis musicale. Le mot “idéologique” renvoie ici non seulement à des catégories explicitement politiques (par exemple, genre, normalité, ethnicité, militaire) mais également à d'autres champs sémantiques généraux qui, lorsqu'ils sont examinés d'un point de vue historique et suivant les différents modes de la subjectivité, n'en sont pas moins idéologiques (par exemple, l'héroïsme, la nécessité, la vitesse, la mode, la famille, la violence, l'amour). Le présent article propose une brève discussion d'un de ces champs sémantiques implicitement idéologique que, à défaut de meilleure dénomination, nous nommerons *angoisse*. En fait, les centaines de personnes sondées (Suédois pour la majorité avec quelques Sud-Américains) et dont les réponses constituent le donné empirique sur le plan de la réception à la base de la recherche présentée dans *Ten Little Title Tunes*, n'ont, à aucun moment, mentionné l'angoisse lorsqu'on leur a demandé de décrire les scénarios et les humeurs qu'ils imaginaient en relation avec chaque pièce écoutée. Les connotations qu'ils associaient à la musique étaient exprimées en ces termes : *difficultés, problèmes, soucis* ; *contre la volonté de…, en dépit de…, obstacles extérieurs* ; *destinée, destin* ; *douleur, souffrance* ; *triste, tragique* ; *seul, abandonné, mélancolie, attente, langueur* ; *départ, séparation*, etc. Les personnes sondées usèrent, à des degrés divers, de telles connotations pour quatre des dix pièces jouées.

Des tempos lents et une tonalité mineure dans trois des quatre pièces font partie des dénominateurs structurels communs suscitant le genre de réponses énumérées ci-dessus. Cependant, ils ne représentent pas les principaux critères sonores des connotations d'angoisse. Trois autres éléments sonores sont plus efficaces pour établir une distinction entre l'angoisse et d'autres champs sémantiques – funèbre, thrène, dépression, par exemple, qui, en général, dans la culture occidentale, s'appuient également sur un tempo lent et un mode mineur. Les trois éléments *sonores* qui connotent pour les personnes sondées l'"angoisse" dans les quatre pièces et qui sont absents des six autres pièces, ne donnant ainsi pas lieu à de telles connotations, sont :

a) la sonorité de l'accord mineur avec 9e ajoutée (ci-après abrégé maj9) ;

b) un accord semi-diminué soit sous forme d'un accord de septième mineure avec quinte abaissée (m7/♭5), soit sous forme d'un accord mineur avec une sixte majeure (m6) ;

c) une mélodie "tortueuse", c'est-à-dire une mélodie caractérisée par un contour disjoint et/ou une insistance sur les dissonances mélodiques.

Nous sommes pleinement conscient que d'autres paramètres d'expression permettent de générer une "angoisse" sonore – par exemple, un timbre tendu ou grinçant, un registre vocal ou instrumental restreint, des schémas d'accentuation irréguliers. Nous nous concentrerons néanmoins sur les traits harmoniques et mélodiques que nous venons juste d'énoncer et ce, pour trois raisons d'ordre pratique :

a) si tous les paramètres pertinents devaient être traités avec un même souci du détail, le présent article enflerait et prendrait des proportions démesurées ;

b) la notation musicale occidentale permet uniquement la représentation graphique sur une page imprimée d'un certain nombre de paramètres musicaux (harmoniques et mélodiques) alors qu'il n'existe aucun équivalent graphique satisfaisant ou communément accepté pour, par exemple, les variations de timbre ou d'accentuation : un CD d'accompagnement serait alors requis pour pouvoir comprendre le présent exposé ;

c) de nombreuses conventions permettent déjà la description structurelle des aspects tonaux de la musique, alors qu'en ce qui concerne la description du timbre ou de l'accentuation, de telles conventions sont à établir : traiter de ces derniers paramètres nécessiterait de longues sections consacrées à la mise en place d'une terminologie viable.

3.1. *L'accord mineur avec neuvième ajoutée*

Nous ne pouvons ici que donner quelques exemples traçant l'histoire de l'accord maj9 en Occident :

a) en tant qu'accord parfait mineur avec une neuvième majeure suspendue (m[sus9] est paradigmatiquement identique à maj9), il domine dans la section finale de l'"Agnus Dei" de la *Messe à quatre voix* de Byrd (voir l'exemple 1) ;

b) cet accord constitue un procédé commun pour exprimer la douleur dans les madrigaux, soulignant des paroles comme *"wherewith I mourn and melt"* ("avec lesquels je me lamente et je fonds") (*Wounded I Am* de Byrd) et *"Ay me, I sit and cry"* ("Ay me ! je m'assois et je pleure") (*Fire Fire !* de Morley) ;

c) il est énoncé dans des chansons émouvantes de Dowland comme *Unquiet Thoughts* ou *I Saw My Lady Weep* ;

d) il fait souvent son apparition dans les harmonisations de chorals liés à la pénitence et à l'agonie composés par Jean-Sébastien Bach tels que *Christ lag in Todesbanden* ou *Ach, wie nichtig ! Ach, wie flüchtig* ;

e) Schubert l'utilise (en tant que maj9 et non comme m(sus9) dans l'accompagnement de l'amère complainte de Gretchen (voir l'exemple 2).

Exemple 1

Byrd, "Agnus Dei" tiré de la Messe à quatre voix *(1605)*

Exemple 2

Schubert, Gretchen am Spinnrade *(1814)*

Exemple 3

Rota, Roméo et Juliette *(1968) :*
(a) motif initial 5-♭3-2 ; (b) accompagnement de piano maj9

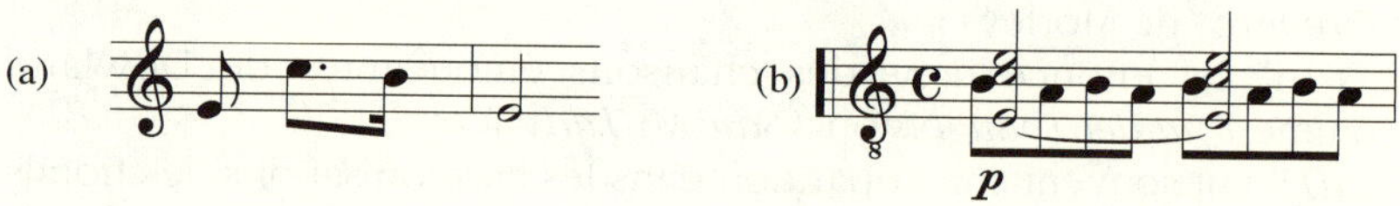

L'accord maj9 n'est pas absent des partitions de musique de films. Il joue un rôle prééminent dans trois des quatre extraits qui, d'après les plusieurs centaines d'auditeurs de l'enquête, connotent l'angoisse : par exemple, le thème de Nino Rota pour le *Roméo et Juliette* de Zeffirelli (exemple 3 ; voir aussi l'exemple 6). C'est également un accord prisé par Morricone lors de situations d'affliction, de tragédie, de séparation ou de destin cruel. On le retrouve notamment, pour ne donner que quelques exemples, dans l'accompagnement de la folie d'Ophélia dans *Hamlet* (1990), dans le thème joué en arrière-plan pendant la mort du jeune Cockeye dans *Il était une fois l'Amérique* (1984), dans la musique de "L'enlèvement' et de "La mort de Oahn" dans *Outrages* (1989), dans le thème principal de *Lolita* (1997) ou pendant "La nostalgie du père" du film *Marco Polo* (1982 ; voir aussi l'exemple 4).

Exemple 4

Morricone, "La nostalgie du père", tiré de Marco Polo *(1982)*

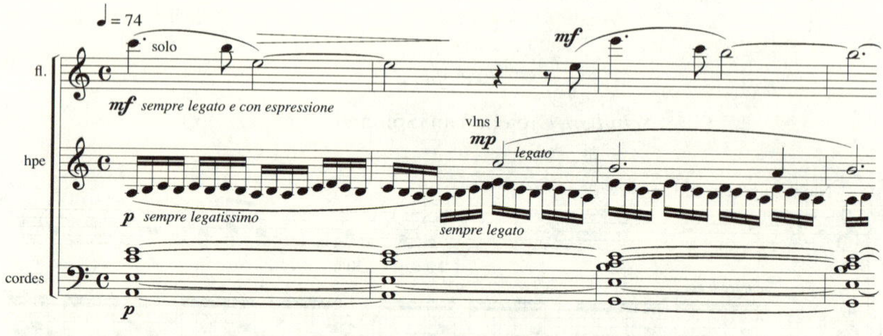

Cette même sonorité apparaît également dans la chanson populaire de l'après-guerre dans l'accompagnement de paroles évoquant une tristesse fatidique. Par exemple, la "Madame", à l'allure d'Emma Bovary, de la chanson *Madame rêve* d'Alain Bashung (1991), rêve avec langueur et désespoir d'"un silence si long" et d'"un amour qui la flingue", paroles accompagnées par cette même dynamique du demi-ton situé entre la seconde majeure et la tierce mineure propres aux tonalités mineures. Dans *Western Eyes* (1997), la chanteuse Beth Gibbons de Portishead soupire : *"I am breaking at the seams just like you"* ("Je me défais aux coutures comme toi"), avec, répété régulièrement en arrière-plan, le demi-ton de l'accord de maj9 sur les degrés II et ♭III (9 ♭10). Cette utilisation du demi-ton se retrouve traitée plus mélodiquement qu'harmoniquement dans *Life in a Glasshouse* de Radiohead (2001) – *"again I'm in trouble with an old friend"* ("encore une fois, j'ai des problèmes avec un vieil ami") – et dans *For Other Eyes* (1993) d'Elvis Costello – *"I don't know what I should do"* ("Je ne sais pas ce que je devrais faire") ; *"It's over and done"* ("C'est fait et c'est fini"). Parmi les exemples pop rock les plus frappants du champ sémantique évoqué par le frottement du demi-ton de l'accord maj9 figurent *Janie's Got a Gun* (1989 ; voir l'exemple 5) d'Aerosmith sur *"Run, run away-ay-ay"* ("Cours, enfuis-toi loin" [de la douleur des abus sexuels]) et au moins un quart de la partie de piano d'*Hello* de Lionel Richie (1985), chanson dans laquelle le personnage déplore de ne jamais *"getting the girl"* ("séduire la fille") (voir l'exemple 5).

Exemple 5

(a) Aerosmith, Janie's Got A Gun *(1989)*
(b) Lionel Richie, Hello *(1985)*

Ainsi que nous l'avons fait remarquer ci-dessus, l'accord maj9 revient de nombreuses fois dans trois des quatre pièces que les personnes interrogées connectent avec le sentiment d'"angoisse", notamment le thème principal de *Roméo et Juliette* de Rota (voir l'exemple 3). Les deux autres pièces, le thème principal du film *Un tramway nommé Désir* (1951 ; voir les exemples 6*a* et 20*a*) et la chanson *Owed to*

"g" de Deep Purple (1975 ; voir l'exemple 6*b* et 20*b*), ont suscité chez les auditeurs des associations avec le crime et l'enquête criminelle dans les milieux urbains difficiles, associations différant grandement de celles qui sont évoquées par *Roméo et Juliette* et son histoire d'amour tragique qui se déroule dans un passé rural. En dépit de cela, ces trois pièces partagent toutes à la fois l'accord de maj9 et de nombreuses réactions chez les auditeurs : *l'adversité, la difficulté, les problèmes, les soucis* ; *la séparation, le départ* ; *la solitude, l'abandon.*

3.2. *L'accord semi-diminué*

Les deux pièces urbaines mentionnées ci-dessus possèdent *à la fois* l'accord maj9 *et* le deuxième trait musical lié aux connotations d'angoisse, l'accord semi-diminué ou son renversement, l'accord mineur avec sixte ajoutée (m6 ; voir l'exemple 6).

Exemple 6

Accompagnement harmonique :
North : Un tramway nommé Désir *(1951)* (a)
Deep Purple : Owed to "g" *(1975)* (b)

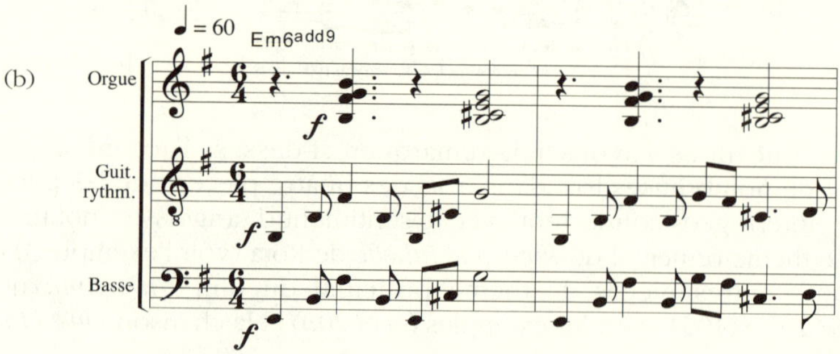

Nous considérons en quelque sorte m6 et m7/♭5 comme deux variantes paradigmatiquement interchangeables de la même sonorité semi-diminuée (voir l'exemple 7).

Exemple 7

Interchangeabilité de Dm6 et Bm7/♭5

Exemple 8

Accord du Tristan *de Wagner interprété comme m7♭/5 ou m6*

Certes, interpréter le fameux accord de *Tristan*, dont la complexité syntactique a fait couler à flots l'encre de nombreux et éminents musicologues, comme un simple m7/♭5 ou m6 peut paraître quelque peu sacrilège, mais son ambiguïté syntactique n'est, comme nous le verrons, qu'un de ses aspects sémiotiques.

Tout comme l'accord maj9, la sonorité semi-diminuée possède une longue histoire dans les cultures musicales occidentales. Par exemple, John *"sempre dolens"* Dowland l'utilise dans des moments extrêmes d'angoisse comme dans la *Pavane* des *Lachrymae ("Flow, My Tears")* et dans *From Silent Night* (1612) sur les mots *"consumed with deepest sins"* ("consumé par les péchés les plus intérieurs"). Campian l'utilise pour souligner la rupture des vœux dans *Oft Have I Sighed* (1617). L'accord figure en outre, à de nombreuses reprises, sous la forme d'un *do* m6 et d'un *mi* m7/♭5, dans la célèbre aria du Suicide de Didon à la fin du *Didon et Enée* de Purcell (voir l'exemple 9). Les textes qui accompagnent ces exemples et d'autres exemples d'utilisation de m7/♭5 ou m6 ont une teneur passablement dramatique : parlant de la tristesse dans la vie et la mort, des amitiés défaites, du dévoilement, de la honte, etc.

Exemple 9

Purcell, aria "When I am laid in earth", Didon et Enée, *1690*

Il n'y a bien évidemment rien d'angoissé dans l'utilisation baroque de l'accord semi-diminué au sein d'une progression de septièmes qui suit le cycle de quintes dans l'ordre inverse des aiguilles d'une montre : l'accord est utilisé en tant que m7/♭5 ou II^7, dans une progression (I -) IV^7 – VII^7 – III^7 – VI^7 – II^7 – V^7 (- I) où il relie simplement VI^7 à V^7. Néanmoins, II^7 ou IV$^{6/5}$ en mineur (et VII^7 ou II$^{6/5}$ dans une tonalité majeure) sont porteurs d'une valeur sémantique considérable dans au moins trois autres contextes syntactiques : *a)* en tant que "deuxième accord" après la tonique initiale ; *b)* dans des positions précadentielles ; *c)* en tant que pivot.

En confinant la partie baroque de cette histoire de la sonorité semi-diminuée aux seules œuvres de Jean-Sébastien Bach, on se rend compte que cette sonorité revient fréquemment en tant que "deuxième accord" dans le premier Kyrie de la *Messe en* si *mineur* ("Seigneur, Aie pitié") ainsi que dans les chœurs initiaux de la *Passion selon saint Jean* et de la *Passion selon saint Matthieu.* Elle apparaît également dans cette position ou en position précadentielle dans au moins trente-six réalisations de chorals sur des textes du genre : *"Herrn, ich habe missgehandelt"* ; *"Wo soll ich fliegen hin ?"* ; *"Ach ! Was soll ich Sünder machen"* ; *"Ach wie nichtig, ach wie flüchtig !"* ; *"O Traurigkeit ; Jesu Leiden, Pein und Tod"* ; *"Durch Adams Fall ist ganz verderbt" ; "Christ lag in Todesbanden"* ; *"Herr, straf mich nicht in deinem Zorn"* ; *"O Haupt voll Blut und Wunden"* ; *"Meines Lebens letzte Zeit".* Il faut ajouter à cette abondance de tristesse générée par ces "deuxièmes accords" semi-diminués et leurs contreparties précadentielles, les nombreux VII^7 et IV$^{6/5}$ qui accompagnent "ses disciplines l'abandonnèrent et prirent la fuite", "le prix du sang" et le reniement de Pierre "Je ne connais pas cet homme" (dans la *Passion selon saint Matthieu*). Nous voici ici de retour dans le champ sémantique de l'angoisse, un champ qui s'avérera n'être pas assez ambigu pour pouvoir survivre dans les œuvres instrumentales des périodes classique et rococo. En effet, si nous acceptons la description que donnait Rosen de la forme sonate comme "performance dramatique" (1971, in 1978, p. 196), il ne sera pas surprenant de voir dans la *Quarantième Symphonie* de Mozart (K. 550) l'accord *do* m6 intervenir en tant que deuxième accord important de la pièce. Cet accord est interprété par les commentateurs du début du XIXe siècle comme une "douleur passionnée", allant du "plus triste" vers le "plus exalté" (Stockfelt, 1988, p. 21-22), et ce selon le tempo adopté (Nattiez, 2002, in 2004, p. 283-284.)

Tournons-nous maintenant vers le rôle de pivot joué par notre accord de quinte diminuée. Il convient de noter que Carl Philipp Emanuel Bach pensait "qu'aucun accord [...] n'est plus adéquat" que celui de septième diminuée car il offre un "moyen d'atteindre les tonalités les plus distantes le plus rapidement possible et avec une soudaineté agréable" (1753, in 1979, p. 38). Nous voudrions maintenir que l'accord semi-diminué est également très utile, particulièrement lors de modulation dans des tons voisins ainsi que l'illustre la modulation *fa* m6 ou *ré* m7/♭5 (II$^{6/5}$/VII^{7} en *mi* ♭ majeur, IV$^{6/5}$/II^{7} en *do* mineur) de la deuxième mesure de l'exemple suivant :

Exemple 10
J.-S. Bach, Concerto brandebourgeois n° 6 en *si* ♭ majeur *(BWV 1051, 1734) ;*
2e mouvement, mesures 19-20

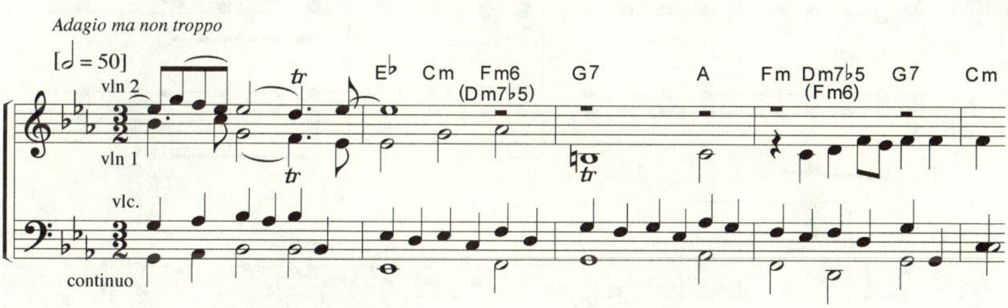

Mozart utilise fréquemment l'accord semi-diminué comme pivot, par exemple dans la progression chromatique passionnée du développement du mouvement lent de sa *Symphonie concertante en mi* ♭ (K. 364). Schubert fait un usage fort efficace de la sémiosis de l'accord semi-diminué en deuxième position dans l'angoissante poursuite musicale de son *Erlkönig*, dans son *Einsamkeit* au caractère tragiquement apathique, et plus encore, pour accompagner l'étranger voyageant sur les routes enneigées d'un monde inhospitalier où les chiens fous hurlent au seuil des maisons de leurs maîtres (voir l'exemple 11).

Le fameux accord du *Tristan* de Wagner est à la fois un pivot potentiel *et* un deuxième accord, si l'on interprète l'arpège en anacrouse du violoncelle comme une tonique de *ré* mineur (voir l'exemple 8). Alors qu'il serait possible d'obtenir à partir de l'accord initial de *Tristan fa* m7/♭5, et avec quelques accords intermédiaires, une cadence parfaite dans n'importe quelle tonalité, son prolongement immédiat avec deux autres accords accentués semi-diminués "en deuxième position" (le dernier répété deux fois) sans qu'intervienne aucune modulation, indique de toute évidence que cette sonorité était, au moins pour Wagner en 1859, dotée d'une charge sémantique propre. Cette sonorité représentait en effet pour Wagner un artifice dramatique qu'il utilisa à nouveau, par exemple, pour dépeindre la malédiction de l'anneau par Alberich avec un arpège montant de *fa* ♯ m7/♭5 (voir l'exemple 12).

Exemple 11

Schubert, "Gute Nacht", Winterreise, *1827*

Exemple 12

Wagner, "Malédiction d'Alberich" dans L'Or du Rhin *(1854)*

Exemple 13

Grieg, "Le rapt de la fiancée", Peer Gynt *(1891)*

Le même genre de procédé harmonique non modulatoire et quasi autonome est utilisé par Grieg, avec un tempo effréné, au début du "rapt de la fiancée" de sa suite *Peer Gynt* (voir l'exemple 13). Les accords de *ré* m7/♭5 angoissés de cet extrait ont certainement contribué à établir le pathos caractéristique de la sonorité semi-diminuée au sein du code musical des mass-media ; ces quatre mesures constituent la seule entrée sous "Horreur" de l'une des anthologies les plus utilisée de l'époque du film muet (Rapée, 1924, p. 173).

Les accords semi-diminués abondent dans la musique romantique européenne où ils fonctionnent, sur le plan technique, moins comme des liens vers d'autres tonalités que comme des signes qu'une modulation *peut* se produire, avec toute l'incertitude directionnelle qu'une telle ambiguïté peut entraîner, accentuant ainsi le caractère dramatique et la fonction rhétorique du passage. Par exemple, dans la reprise finale du *Liebestraum* (1847) de Liszt, chaque accord de l'enchaînement de glissements chromatiques est semi-diminué. Il convient de noter que le langage harmonique et l'orchestration des poèmes symphoniques de Liszt refont surface dans les musiques de film de Max Steiner, notamment dans *Autant en emporte le vent* (1939) où l'accord semi-diminué fait son apparition dans le passage languissant de l'ouverture du film qui fait office de premier pont, ainsi que sur la réplique *"Scarlett walks among the dead"* ("Scarlett marche parmi les morts").

Exemple 14

Steiner, pont modulant de l'ouverture de Autant en emporte le vent *(1939)*

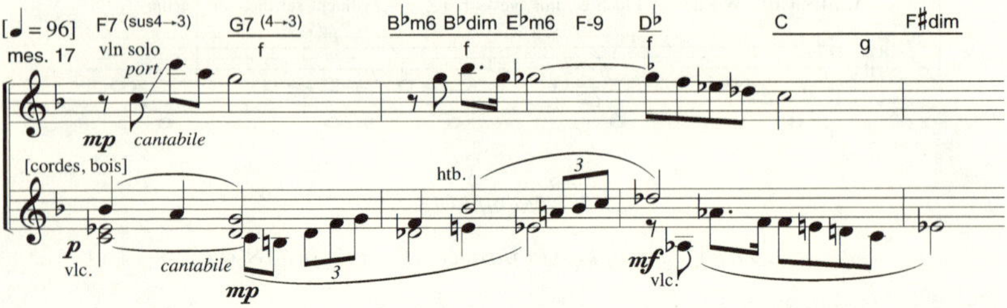

Tchaïkovski et Rachmaninov font également preuve d'un certain penchant pour une utilisation précadentielle de l'accord semi-diminué. Leur utilisation de ce procédé en position d'"accord de crise", intervenant généralement, à 75 % du temps écoulé, dans un passage ou une section particulière (Tagg et Clarida, 2003, p. 211-214), est commune et fréquente (voir l'exemple 15). Cet accord est également important pour le déploiement des notions de pathos compréhensibles par tous dans la musique de masse, et ce pour deux raisons.

Exemple 15

Tchaïkovski, Concerto pour piano en *si* bémol mineur,
opus 23 – m7/♭5 au moment de crise

En premier lieu, le thème de Tchaïkovski cité ci-dessus a été utilisé *ad nauseam* à la radio, à la télévision et au cinéma dans de trop nombreuses expressions sonores de "sentiments profonds" ; cela pour ne pas mentionner ici l'utilisation faite dans le film *Brève Rencontre* (1945) du *Deuxième Concerto pour piano en* do *mineur* de Rachmaninov pour évoquer "un amour passionné mais désespéré". Une telle évocation est si convaincante qu'elle sera parodiée une décennie plus tard dans le film à succès de Marilyn Monroe, *Sept ans de réflexion* (1955). La popularité de tels classiques incessamment rabâchés a donné lieu à une série de clones, œuvres concertantes avec piano, utilisées dans des films dont beaucoup furent produits au Royaume-Uni durant la Seconde Guerre mondiale. Ces œuvres sont décrites par les critiques de films Halliwell et Purser (1986) à l'aide de termes comme “déchirant”, “saisissant”, “lacrymal”, “histoire d'amour empreinte de tragédie”, etc. Le *Concerto de Varsovie* d'Addinsell (voir l'exemple 16) représente l'un de ces clones, composé pour le film *Dangerous Moonlight* (1941), une “histoire d'amour pendant la guerre immensément populaire”… dans laquelle “un pianiste polonais échappe aux mains des nazis et perd la mémoire en combattant lors de la bataille d'Angleterre” *(ibid.)*.

Exemple 16

R. Addinsell, Concerto de Varsovie *(1941), mesures 1-2*

Le *do* m7/♭5 catapulté en anacrouse dans l'exemple 17 est loin d'être le seul m7/♭5 ou m6 dans la pièce de Breil, et le *Concerto de Varsovie* (exemple 16) n'est pas le seul représentant d'un genre dans lequel les accords semi-diminués reviennent si fréquemment qu'ils se transforment en marqueurs stylistiques. Ce répertoire inclut également la musique de Rota pour *The Glass Mountain* (1949), le concerto de Rózsa dans *La Maison du Dr Edwards* (1940) et la partition de Brodzsky pour *RAF, The Way to the Stars* (1945). Toutes ces pièces se conforment au pathos mélodramatique évoqué plus haut et on les retrouve toutes sur l'album *Big Concerto Movie Love Themes* (1972).

Exemple 17

Breil, "The Love Strain is Heard" dans The Birth of a Nation *(1915), mesures 9-17*

En second lieu, les accords semi-diminués sont utilisés en position précadentielle en tant qu'accords de crise aux effets mélodramatiques dans de nombreuses chansons populaires de l'avant-guerre, et habituellement dans une position similaire à celle que l'on retrouve à la mesure 26 (sur 32 en tout) d'*Alice Blue Gown* (1920) de Tierney, dans *Manhattan* (1925) de Rodgers, dans *Charmaine* (1925) de Rapée ou à la mesure 14 (sur 17) du "Love Strain" de Breil (voir l'exemple 17), etc. Il n'est pas nécessaire que ce genre d'accord de crise soit semi-diminué, mais il faut qu'il possède quatre notes différentes ou plus, dont une au moins doit être étrangère à la tonalité (comme *mi* 7+, *fa* m6, *fa* ♯ dim, *la*♭7 ou *fa* ♯ m♭5 à la mesure 14 de l'exemple 17). Le but est d'incorporer une touche mélodramatique neutralisant le "happy end" de la cadence V-I qui suit. Le fait que les accords semi-diminués remplissent souvent une telle fonction confirme leur statut en tant que signifiants du drame et du pathos dans les formes les plus courantes de la musique populaire.

Il nous reste à analyser une dernière catégorie d'accord semi-diminuée : l'accord "jazz" de sixte mineure (m6), cité dans l'exemple 6. Superficiellement, cet accord ne semble pas être autre chose qu'une altération colorée de l'accord parfait mineur ; après tout, des sixtes majeures peuvent être ajoutées à des accords parfaits mineurs qui ne sont pas sur la tonique, par exemple dans *Koko* (1940) d'Ellington, dans la version de *Gloomy Sunday* (1941) par Billie Holiday, ou dans "Summertime" et "It Ain't Necessarily So" de Gershwin (*Porgy and*

Bess, 1935). S'il en est ainsi, les *fa* m7/♭5 "autonomes" accompagnant les larmes de l'héroïne dans *Pelléas et Mélisande* (voir l'exemple 18) doivent aussi être qualifiés de coloration. Cela est peu probable, car le choix harmonique fait par le compositeur est clairement en liaison avec la marque expressive *plaintif* qu'il a écrite sur la partition. Bien que techniquement correcte, d'un point de vue syntactique, la notion d'"autonomie" harmonique présentée ici passe à côté de la fonction sémiotique de l'accord sur au moins deux plans.

Exemple 18

Debussy, "Les pleurs de Mélisande", Pelléas et Mélisande*, 1902, cité par Cooke (1959, p. 66)*

Tout d'abord, la sonorité contient la même palette de hauteurs que celle des accords semi-diminués qui sont, comme nous l'avons vu, souvent traités avec une autonomie syntactique relative dans les musiques de film et les chansons populaires. Il est peu probable que les musiciens exposés à des pièces aussi répandues que le *Concerto* opus 23 de Tchaïkovski, *Charmaine* de Rapée ou la musique de Steiner pour *Autant en emporte le vent* ne prennent pas en considération les connotations évidentes des accords semi-diminués.

Enfin, l'accord jazz de sixte mineure était dans la mentalité WASP (= White Anglo-Saxon Protestant), particulièrement hégémonique aux Etats-Unis pendant l'entre-deux-guerres, souvent associé à une communauté particulière (le plus souvent la communauté afro-américaine) ou à des endroits particuliers (les bouis-bouis enfumés et les bars illégaux). Il est également associé à des paroles évoquant la mort et le crime (par exemple dans St. James Infirmary) ou à d'autres aspects d'une contre-culture "menaçante" (par exemple le *"jungle style"* d'Ellington). A cause de ces associations, l'accord est devenu la synecdoque (Tagg et Clarida, 2003, p. 99-103) d'un champ sémantique comprenant les milieux urbains louches américains, la contre-culture afro-américaine, la nuit, le danger et le crime. Ce n'est pas une coïncidence si Gershwin a utilisé de nombreux accords parfaits mineurs avec sixtes ajoutées dans les scènes de *Porgy and Bess* qui se déroulent dans les taudis afro-américains. Cela explique également le titre

Harlem Nocturne choisi par Earle Hagen pour sa pièce en *do* mineur pour "saxophone en *mi* ♭ et ensemble à vents" (voir l'exemple 19).

En résumé, l'accord jazz de sixte mineure rend manifeste un double processus de sémiosis au sein duquel les particularités de son utilisation dans l'Amérique de l'entre-deux guerre en tant que synecdoque s'associent au pathos mélodramatique caractéristique de l'utilisation de la sonorité semi-diminuée dans les musiques classique et populaire. Ces deux utilisations se renforcent l'une l'autre plutôt qu'elles ne s'excluent. Cependant, l'interaction sémiotique entre les idiomes tonaux classique et populaire pour ce qui est du thème de l'angoisse ne se limite pas aux accords maj9 et m7/♭5 ou m6.

Exemple 19

Hagen, Harlem Nocturne *(1940)*

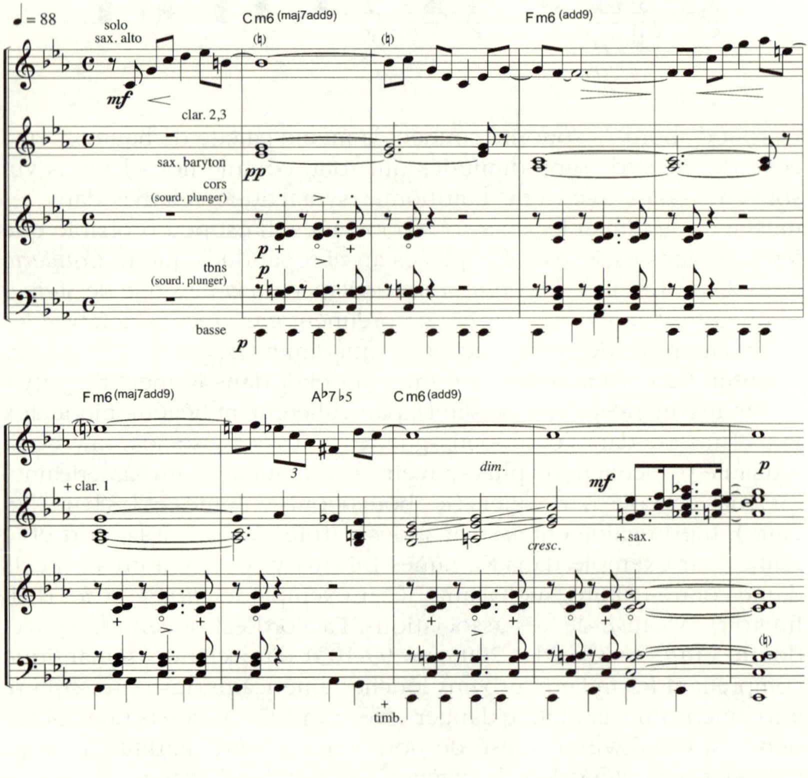

3.3. "*Mélodies tortueuses*"

Le *Harlem Nocturne* (voir l'exemple 19) contient l'ensemble des trois traits caractéristiques de l'"angoisse" analysés dans le présent article : *a)* l'accord maj9 complet avec son demi-ton frottant entre 2 et ♭3 ; *b)* un accord semi-diminué (comme m6) ; *c)* une mélodie qui se caractérise par un contour disjoint et/ou une insistance sur les dissonances mélodiques – en d'autres termes, une "mélodie tortueuse". Ces trois traits sont fortement présents dans deux des trois morceaux associés aux connotations de l'angoisse qui nous ont permis au début de ce texte de délimiter le champ sémantique général de la présente étude. Les caractéristiques harmoniques, citées dans l'exemple 6, accompagnent les lignes mélodiques de l'exemple 20.

Exemple 20

Phrases mélodiques initiales de :
(a) North : musique pour le générique de Un tramway nommé Désir *(1951)*
(b) et de Deep Purple, Owed to "g" *(1975)*

Aux côtés des connotations d'adversité, de crime, de danger évoquées par les auditeurs à l'écoute de ces morceaux, on a fréquemment fait référence au "détective", c'est-à-dire à un individu, souvent un homme blanc, censé apporter un semblant d'ordre et de justice dans un environnement hostile. Le problème est que, tout du moins dans l'intrigue classique d'un film noir, la vie du détective présente souvent un désordre sans nom : mis à part la consolation qu'il tire de la bouteille de whisky cachée dans un tiroir de son bureau délabré, il est souvent sans un sou, il se fait battre par des loubards, il se laisse importuner par les fonctionnaires bornés de la police, et il se compromet avec passion mais sans vrai bonheur avec la femme fatale impliquée dans l'écheveau de tromperies qu'il doit démêler. Tout cela pour finir tout seul dans des bouges, tout seul pour filer des suspects, tout seul pour philosopher sur les maux de ce monde. L'angoisse engendrée par un tel thème mélodique associé au détective privé est par conséquent tout autant celle du détective que celle de l'auditeur, notamment parce que la relation entre le personnage central du récit visuel (le détective privé) et son environnement peuvent également être reconnus dans le dualisme entre les figures mélodiques et les parties d'accompagnement. Puisque nous avons ailleurs déjà analysé longuement cet aspect, et d'autres, de la sémiosis de la musique de détective, nous nous contenterons de citer les génériques de deux séries télévisées de détective célèbres (voir l'exemple 21) et d'ajouter que *Harlem Nocturne* (voir l'exemple 19) fut repris comme générique de la série de détective de la chaîne CBS, *Mike Hammer* (1983).

Exemple 21

(a) Steiner, Perry Mason *(1957)*
(b) Riddle, Les Intouchables *(1959)*

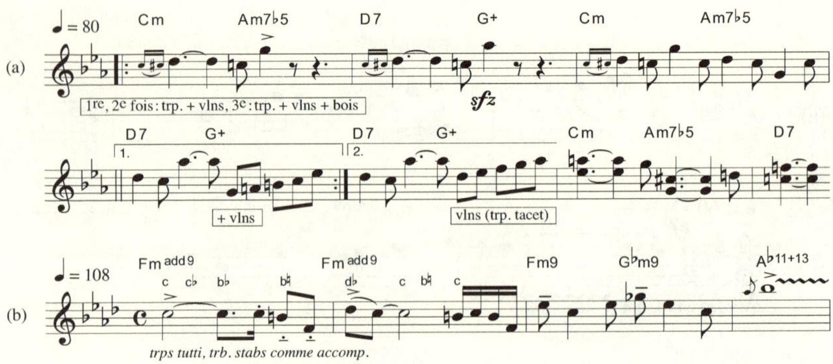

Bien entendu, les mélodies tortueuses dans des tonalités mineures avec leurs quintes et leurs septièmes augmentées, leurs neuvièmes "dissonantes", etc. ne sont en aucun cas exclusivement associées aux seuls détectives de la télévision. Marconi (2001, p. 66-110) cite suffisamment d'épanchements d'anxiété, de plainte et de désespoir, pour permettre de retracer, dans la tradition classique européenne, la longue histoire d'une sémiosis similaire, notamment avec des exemples tirés du *Don Giovanni* de Mozart, de *Il Trovatore* et *Aïda* de Verdi, et de la *Passion selon saint Matthieu* de Bach. Nous sommes en face d'un phénomène que l'on aurait pu fort bien, pour reprendre la terminologie de la rhétorique musicale de l'époque baroque, affubler des noms de *pathopeia*, *saltus duriusculus*, etc. (Bartel, 1997, p. 357-362 et 381-382). Ces termes servent à qualifier le genre de ligne mélodique tortueuse à l'aide de laquelle Bach met en musique les pleurs de Pierre dans ses deux *Passions*, pleurs empreints de remords après le reniement du Christ. Ils décrivent également la pénitence anxieuse des fugues du Kyrie Eleison de la *Messe en* si *mineur* avec notamment leurs accords semi-diminués et napolitains, ou encore la tonalité de *fa*♯ mineur de l'aria "Ach, Herr ! Was ist ein Menschenkind ?, avec ses accords m6 et ses sauts de septièmes diminuées qui coïncident avec la souffrance du Seigneur, une souffrance d'une telle intensité qu'elle conduit à la rédemption du vil "enfant de l'Homme".

Exemple 22

J.-S. Bach : "Ach, Herr ! Was ist ein Menschenkind ?", Cantate 110 *(1725)*

Il peut paraître sacrilège de juxtaposer la souffrance pour la rédemption de l'humanité avec l'*Angst* urbain des détectives privés, mais il est clair que leurs points communs musicaux et paramusicaux sont assez considérables.

4. Musèmes et idéologie

Nous avons, au cours du présent article, avancé les preuves d'une correspondance logique, dans le contexte général des traditions musicales occidentales de ces derniers siècles, entre certaines structures tonales et certains phénomènes paramusicaux. Puisque nous nous sommes concentrés sur les spécificités des structures musicales associées au champ sémantique de l'"angoisse", notre approche peut être qualifiée de musématique au même titre que l'on peut qualifier de phonématique la déconstruction du langage (verbal) en ses parties constitutives signifiantes. Il est néanmoins clair que nous sommes encore loin d'une définition du musème parce que les diverses occurrences d'une même structure tonale dans des œuvres différentes appartenant grossièrement à la même culture musicale ne sont pas nécessairement porteuses du même sens. Cela devient notamment manifeste lorsque l'on prend en considération les différences de timbre, d'orchestration, d'articulation rythmique, d'accentuation, etc. dans la majorité des extraits cités et que l'on tient compte du fait que ces différences sont signifiantes (on peut par exemple comparer l'accord maj9 hurlé par un chanteur de rock de l'exemple 5*a* et une articulation discrète du même accord dans la partie de piano de l'exemple 2). Cependant, tout comme on peut démontrer l'existence de points communs structurels et paramusicaux entre les thèmes de détective en mineur et les arias, chargées d'amertume, de Bach, on peut établir des correspondances similaires entre les exemples d'Aerosmith et de Schubert cités ci-dessus (les exemples 5*a* et 2) : en effet l'accord maj9 prédomine dans ces deux exemples exprimant l'un des aspects de l'angoisse. Si, pour faire avancer la discussion, nous qualifions l'accord maj9 de musème dans les deux exemples, il faudrait également considérer les hurlements rock et l'articulation particulière des doubles-croches chez Schubert en termes musématiques, indépendamment de leurs spécificités tonales. Le problème vient du fait que la musicologie est, sur un plan terminologique, bien équipée pour analyser la plupart des aspects de la tonalité fondée sur des accumulations d'accords parfaits, mais piètrement préparée pour l'analyse du timbre et des subtilités de l'articulation rythmico-dynamique. Développer des modèles susceptibles de combler ces lacunes méthodologiques ainsi que de nombreuses autres représente malheureusement un problème qui dépasse largement le cadre du présent article.

En dépit de ces difficultés, il est possible, en utilisant l'approche esquissée ci-dessus, de mettre en évidence des aspects importants de la sémiosis musicale dans notre culture. Une telle approche peut non seulement contribuer au développement d'une méthode musicologique s'intéressant aux catégories de sens “musicogènes”, mais elle peut aussi soulever des questions d'ordre idéologique liées à la constitution sociale de la subjectivité sous l'influence de circonstances politiques et économiques changeantes.

Par exemple, nous avons ailleurs affirmé (Tagg, 1994) que le déclin de l'importance des motifs mélodiques et la prédominance relative des boucles d'accompagnement dans certaines formes de musique techno marquent un départ radical par rapport à l'une des stratégies compositionnelles élémentaires de la musique occidentale depuis Monteverdi : le dualisme accompagnement-mélodie. Nous avons également affirmé que l'abandon de cet élément central de structuration musicale dans notre culture (“ce que Haydn et AC/DC possèdent en commun”) correspondait à un rejet de “l'ego démesuré” (de la présence mélodique dans l'opéra, le jazz ou le rock par exemple) qui, corrélativement, s'accompagne d'une répudiation de ce moi perverti propre au capitalisme débridé des ères Reagan et Thatcher.

Il est nécessaire de poser des questions similaires à propos des changements récents intervenus dans la représentation musicale de l'"angoisse". Pour un nombre croissant de membres marginalisés par notre société (notamment certains de nos anciens étudiants qui en dépit de leurs compétences sont incapables de trouver un emploi satisfaisant), les conceptions bourgeoises de l'individu (par exemple, le "rêve américain", l'idée du *self-made-man*, la diva d'opéra, la star de rock planétaire, le capitaliste cupide) ne conservent désormais que peu de crédibilité. Dès lors, comment pourrait-on élaborer et écouter des propos musicaux au sujet de cette angoisse profonde qu'entraîne sans nul doute une telle marginalisation ? Pire, où sont donc passés les modèles de succès de cette société que, "simples mortels", nous pouvons nous approprier en reconnaissant du même coup les injustices du système dans lequel nous essayons tous de survivre et en faisant preuve de la contrition adéquate en face de la souffrance et de la douleur que ce système inflige aux autres ? Pis encore, comment les individus seraient-ils capables d'exprimer quelque forme d'angoisse s'ils ne réussissent pas à développer, au travers de leur apprentissage d'aptitudes sociales à la culpabilité et à la compensation, les visées qui permettent aux hommes d'établir une distinction entre leur moi et leur environnement (Klein, 1975) ? Ce processus d'apprentissage est constamment menacé par toute cette publicité qui exploite à intervalles réguliers une forme de symbiose psychotique, normale chez les nouveau-nés, mais qui est (ou était, du moins jusqu'à récemment) considérée comme un symptôme de dysfonctionnement social chez les adultes.

Il convient également de répondre à ces questions sur un plan musicologique car on a pu récemment discerner une certaine réticence à composer, pour les films hollywoodiens dont l'intrigue regorge littéralement du sentiment d'angoisse, une partition se faisant l'écho du genre d'affliction vécue par les personnages à l'écran. *American Beauty* (Newman, 1999), *Le Bal du monstre* (Asche et Spencer, 2001) et *La Vie de David Gale* (Parker, 2003) sont trois films qui en offrent un parfait exemple : bien que les récits visuel et narratif débordent de douleur, d'injustice, de dignité, d'amertume, de solitude, etc., les partitions de ces films sont généralement conçues, contre toute attente, pour offrir une musique d'ambiance, retenue, colorée par l'insertion occasionnelle de dissonances qui se noient dans l'accompagnement. Peut-on voir dans ce manque de complémentarité une technique de mise à distance et de mise en exergue visant à rendre l'angoisse à l'écran et le sentiment d'injustice plus poignants ? Ou bien peut-on considérer ce manque comme un mécanisme d'autocensure émotionnelle reflétant une propension à réprimer toute réaction de colère et d'indignation à l'encontre des causes sociales de la douleur et du chagrin ? Peut-on voir en cela une nouvelle stratégie de "gestion de l'angoisse" musicale ?

Qu'importe si les tendances que nous venons de décrire se vérifient ou non, il aurait été impossible, dans le climat culturel actuel, de poser les questions abordées dans le présent article à propos des expressions musicales de l'angoisse sans analyser le phénomène en termes de signifiés et de signifiants musicaux. Une telle analyse est facilitée par l'existence des musèmes. Nonobstant l'absence d'une définition satisfaisante pour ce terme, il permet au moins de diriger notre attention vers des détails musico-structurels et vers leurs relations avec la vie "au-delà" de la musique. En se concentrant sur de tels détails, la musicologie peut désormais commencer à dresser une carte des catégories de la pensée aptes à recevoir une détermination musicale. Une telle carte peut, en retour, contribuer à une plus vaste compréhension des processus selon lesquels, dans cette société saturée de médias, se forment les modes de la subjectivité.

Envisager l'expression (ou la non-expression) de l'angoisse comme une catégorie musicale peut constituer une étape importante dans le développement de stratégies permettant de s'occuper de l'aliénation et de la perte de pouvoir ressenties par de nombreux membres de notre société. Le présent article a seulement effleuré la surface du problème. Une chose est néanmoins certaine : si, en tant que musicologues, nous passons à côté du défi qu'implique un tel travail, pour le moment inachevé, nous nous verrons certainement contraints d'exprimer beaucoup de remords à ceux qui sont les plus susceptibles d'être affectés par notre négligence.

Bibliographie

BACH, C. P. E., 1753 : *Versuch über die wahre Art das Clavier zu spielen*, 2 vol., Berlin, Henning ; éd. intégrale en fac-similé, Leipzig, Breitkopf und Härtel, 1969 ; trad. fr. partielle, *Essai sur la vraie manière de jouer des instruments à clavier*, Paris, Jean-Claude Lattès, 1979.

BARLOW, H. et MORGENSTERN, S., 1948 : *Dictionary of Musical Themes*, New York, Crown.

BARTEL, D., 1997 : *Musica Poetica. Musical-Rhetorical Figures in German Baroque Music*, Lincoln, University of Nebraska Press.

BOLINGER, D., 1989 : *Intonation and its Uses. Melody in Grammar and Discourse*, Londres, Edward Arnold.

BRIGHT, W., 1963 : "Language and Music. Areas for Co-operation", *Ethnomusicology*, vol. VII, n° 1, p. 26-32 ; trad. fr., "Points de contact entre langage et musique", *Musique en jeu*, n° 5, 1975, p. 31-43.

COOKE, D., 1959 : *The Language of Music*, Londres, Oxford University Press.

CRUSE, D. A., 1988 : *Lexical Semantics*, Cambridge University Press.

ECO, U., 1990 : *I Limiti dell'interpretazione*, Milan, Bompiani ; trad. fr., *Les Limites de l'interprétation*, Paris, Grasset, 1992.

FRANCÈS, R., 1958 : *La Perception de la musique*, Paris, Vrin ; rééd., 1972.

HALLIWELL, L. et PURSER, P. (éd.), 1986 : *Halliwell's Television Companion*, Londres, Paladin.

IMBERTY, M., 1975 : "Perspectives nouvelles de la sémantique musicale expérimentale", *Musique en jeu*, n° 17, p. 87-109.

IMBERTY, M., 1976 : "Le problème de la médiation sémantique en psychologie de la musique", *Versus. Quaderni di studi semiotici*, n° 13, p. 35-48.

IMBERTY, M., 1979 : *Entendre la musique. Sémantique psychologique de la musique*, vol. I, Paris, Dunod.

KEILER, A. R., 1978 : "Bernstein's «The Unanswered Question» and the Problem of Musical Competence", *Musical Quarterly*, vol. LXIV, p. 195-222.

KLEIN, M., 1975 : *The Writings of Melanie Klein*, R. E. Money-Kyrle (éd.), vol. I, *Love, Guilt and Reparation and Other Works, 1921-1945*, New York, Free Press ; trad. fr., *Essais de psychanalyse 1921-1945*, Paris, Payot, 1989.

KRESS, G., 1993 : "Against Arbitrariness. The Social Production of the Sign as a Foundational Issue in Critical Discourse Analysis", *Discourse and Society*, vol. IV, n° 2, p. 169-192.

LERDAHL, F. et JACKENDOFF, R., 1977 : "Toward a Formal Theory of Tonal Music", *Journal of Music Theory*, vol. XXI, n° 1, p. 111-172.

MARCONI, L., 2001 : *Musica, espressione, emozione*, Bologne, CLUEB.

MOLINO, J., 1975 : "Fait musical et sémiologie de la musique", *Musique en jeu*, n° 17, p. 37-62.

MORRIS, C., 1938 : *Foundations of the Theory of Signs*, Chicago, Chicago University Press ; trad. fr., "Fondements de la théorie des signes", *RSSI. Recherches sémiotiques. Semiotic Inquiry*, vol. XXI, n° 1-3, 2001, p. 15-72.

NATTIEZ, J.-J., 1975 : *Fondements d'une sémiologie de la musique*, Paris, Union générale d'éditions.

NATTIEZ, J.-J., 1987 : *Musicologie générale et sémiologie*, Paris, Christian Bourgois.

NATTIEZ, J.-J., 2002 : "Musica e significato", in *Enciclopedia della musica*, vol. II, *Il Sapere musicale*, J.-J. Nattiez *et al.* (éd.), Turin, Einaudi, 2002, p. 206-238 ; version française, "La signification comme paramètre musical", in *Musiques. Une encyclopédie pour le XXIe siècle*, vol. II, *Les Savoirs musicaux*, J.-J. Nattiez (éd.), Arles-Paris, Actes Sud-Cité de la musique, 2004, p. 257-289.

NETTL, B., 1958 : "Some Linguistic Approaches to Music Analysis", *Journal of the International Folk Music*, vol. X, p. 37-41 ; trad. fr., "De quelques méthodes linguistiques appliquées à l'analyse musicale", *Musique en jeu*, n° 5, 1975, p. 61-66.

ROSEN, C., 1971 : *The Classical Style. Haydn, Mozart, Beethoven*, New York, Viking ; nouv. éd. augmentée, New York-Londres, Norton, 1997 ; trad. fr., *Le Style classique*, Paris, Gallimard, 1978.

SEEGER, C., 1960 : "On the Moods of a Musical Logic", *Journal of the American Musicological Society*, vol. XIII, n° 1-3, p. 224-261 ; repris in *Studies in Musicology 1935-1975*, Berkeley, University of California Press, 1977, p. 64-88.

STEFANI, G., 1982 : *La Competenza musicale*, Bologne, CLUEB.

STEFANI, G. et MARCONI, L., 1992 : *La Melodia*, Milan, Bompiani.

STOCKFELT, O., 1988 : *Musik som lyssnandets konst* (Musique en tant qu'art de l'écoute), Göteborg, Musikvetenskapliga institutionen vid Göteborgs universitet.

TAGG, P., 1994 : "From Refrain to Rave. The Decline of Figure and the Rise of Ground", *Popular Music*, vol. XIII, n° 2, p. 209-222.

TAGG, P., 1998 : "Tritonal Crime and «Music as Music»", in *Norme con ironie. Scritti per i settant' anni di Ennio Morricone*, S. Miceli, L. Gallenga et L. Kokkaliari (éd.), Milan, Suvini Zerboni, p. 273-312.

TAGG, P., 2001 : "Music Analysis for «Non-musos». Popular Perception as a Basis for Understanding Musical Structure and Signification", http://tagg.org/articles/cardiff01.html

TAGG, P., et CLARIDA, B., 2003 : *Ten Little Title Tunes*, New York-Montréal, Mass Media Music Scholars' Press.

Bibliographie et discographie des exemples musicaux

ADDINSELL, R., 1942 : *"The Warsaw Concerto"*, in *Big Concerto Movie Themes*, Music for Pleasure, 33 tours, MFP 4261, 1972.

AEROSMITH, 1989 : "Janie's Got A Gun", *Pump*, Geffen 924 254-2.

ASCHE & SPENCER, 2001 : *Monster's Ball* (bande sonore), Lion's Gate DVD 50103 (2002).

BACH, J.-S., 1721 : *Brandenburg Concerto*, n° 6 in *B♭* Major, BWV 1051, A. Schering (éd.), Londres, Eulenburg (s. d.).

BACH, J.-S., 1724 : *Passion according to Saint John*, I. Atkins (éd.), Londres, Novello, 1929.

BACH, J.-S., 1725 : "Ach, Herr ! Was ist ein Menschenkind ?", *Was mein Gott will, das g'scheh allzeit* (*Cantata 110*, n°. 4, *Christmas*), cité in H. Barlow et S. Morgenstern, *Dictionary of Musical Themes*, New York, Crown, 1948.

BACH, J.-S., 1729 : *Passion according to Saint Matthew*, E. Elgar et I. Atkins (éd.), éd. révisée, Londres, Novello, 1938.

BACH, J.-S., 1891 : *The Organ Works of J. S. Bach*, Volume X. *Toccata, Preludes and Fugues*, F. Bridge et J. Higgs (éd.), *Toccata and Fugue in* D *Minor*, p. 196.

BACH, J.-S., 1931 : *371 Harmonized Chorales and 69 Chorale Melodies with Figured Bass*, A. Riemenschneider (éd.), Londres, Chappell.

BASHUNG, A., 1991 : "Madame rêve", *Climax*, Barclay 543 648.

Big Concerto Movie Themes, 1972, Music For Pleasure MFP 4261.

BREIL, J. C., 1915 : "The Love Strain Is Heard" (tiré de *Birth of a Nation*), *Filmmusik. Musik Aktuell-Klangbeispiele*, Bärenreiter Musicaphon BM 30 SL 5104/05, 1982.

BRODZSKY, N., 1945 : *"RAF, The Way To The Stars"*, *Big Concerto Movie Themes*, Music for Pleasure, 33 tours, MFP 4261, 1972.

BYRD, W., 1589 : "Wounded I am", *Invitation to Madrigals*, 2, T. Dart (éd.), Londres, Stainer and Bell, 1962, p. 44.

BYRD, W., 1605 : *Mass for Four Voices*, E. H. Fellowes (éd.), Londres, Stainer and Bell, 1922.

CAMPIAN, T., 1617 : "Oft have I sighed", *Third Booke of Ayres*, E. H. Fellowes (éd.), Londres, Stainer and Bell, 1925, p. 2.

COSTELLO, E., 1993 : "For Other Eyes", *The Juliet Letters*, Warner Brothers 45180.

DEEP PURPLE, 1975 : "Owed To «g»", *Come Taste The Band*, Warner Brothers PR 2895.

DOWLAND, J., 1612 : "From Silent Night", *A Pilgrimes Solace*, E. H. Fellowes (éd.), Londres, Stainer and Bell, 1923, p. 41.

DOWLAND, J., 1925 : "Flow, my tears" (a.k.a. Lachrymae Pavane), "I Saw My Lady Weep", "Unquiet Thoughts", *Fifty Songs, Book 1*, E. H. Fellowes (éd.), Londres, Stainer and Bell, 1925, respectivement p. 36, 34 et 1.

ELLINGTON, D., 1940 : "Koko", *Take the 'A' Train*, Success 2140CD, 1988.

HAGEN, E., 1942 : *Harlem Nocturne*, New York, Shapiro and Bernstein.

HOLIDAY, Billie, 1941 : "Gloomy Sunday (Lewis/Seres)", *Billie Holiday. The Original Recordings*, Columbia C32060, 2001.

MORLEY, T., 1594 : "Fire Fire !", *Invitation to Madrigals, 8*, T. Dart et E. H. Fellowes (éd.), Londres, Stainer and Bell, 1976.

MORRICONE, E., 1982 : *Marco Polo*, Ariola 204699.

MORRICONE, E., 1984 : *C'era una volta l'America*, Mercury 818 697-1.

MORRICONE, E., 1989 : *Casualties of War*, CBS 466016 2.

MORRICONE, E., 1990 : *Hamlet*, Virgin Movie Music 3010.

MORRICONE, E., 1997 : *Lolita*, Milan Records 35840, 1998.

MOZART, W. A., 1788 : *Symphony n° 40 in* G *Minor*, K. 550, Londres, Eulenburg, 1930.

NEWMAN, T., 1999 : *American Beauty*, Dreamworks DVD 85382, 2000.

NORTH, A., 1951 : "A Streetcar Named Desire", *Fifty Years of Film Music*, Warner 3XX 2736, 1973.

PARKER, A. et PARKER, J., 2003 : *The Life of David Gale* (bande sonore), DVD, Universal.

PORTISHEAD, 1997 : "Western Eyes", *Portishead*, Go Beat 314-359 189-2.

PURCELL, H., 1690 : *Dido and Aeneas*, W. H. Cummings (éd.), Londres, Novello, 1887.

RADIOHEAD, 2001 : "Life in a Glasshouse", *Amnesiac*, Capitol 32764.

RAPÉE, E. (éd.), 1924 : *Motion Picture Moods for Pianists and Organists*, New York, Schirmer ; rééd. en fac-similé, Arno Press, New York, 1974.

RAPÉE, E., 1926 : *Charmaine*, New York, Miller ; rééd. in *Tin Pan Alley. A Pictorial History (1919-1939)*, I. Whitcomb (éd.), New York, Paddington Press et Londres, Wildwood House, 1975, p. 170-175.

RICHIE, L., 1985 : "Hello", *Back to Front*, Motown 530 018-2, 1992.

RODGERS, R., 1925 : *Manhattan*, New York, Francis Day and Hunter.

ROTA, N., 1968 : *Main Theme from Romeo and Juliet*, covered by T. Hatch on *Hit the Road to Themeland*, Pye NSPL 41029, 1974.

SCHUBERT, F., 1814 : "Erlkönig", Op. 1, *Ausgewählte Lieder*, in F. Schubert, *Gesänge für eine Singstimme mit Klavierbegleitung nach dem ersten Drucken revidiert*, M. Friedlaender (éd.), Band I, Ausgabe für hohe Stimme, Londres-New York-Francfort, s. d., p. 170.

SCHUBERT, F., 1815 : "Gretchen am Spinnrade", Op. 2, *Ausgewählte Lieder*, in F. Schubert, *Gesänge für eine Singstimme mit Klavierbegleitung nach dem ersten Drucken revidiert*, M. Friedlaender (éd.), Band I, Ausgabe für hohe Stimme, Londres-New York-Francfort, C. F. Peters, s. d., p. 176.

SCHUBERT, F., 1829 : "Einsamkeit" from *Winterreise*, in F. Schubert, *Gesänge für eine Singstimme mit Klavierbegleitung nach den ersten drucken revidiert*, M. Friedlaender (éd.), Band I, Ausgabe für hohe Stimme, Londres-New York-Francfort, C. F. Peters, s. d., p. 90.

SCHUBERT, F., s. d. : *Gesänge für eine Singstimme mit Klavierbegleitung nach dem ersten Drucken revidiert*, M. Friedlaender (éd.), Band I, Ausgabe für hohe Stimme, Londres-New York-Francfort, C. F. Peters : *Winterreise* (Op. 89), p. 54-121 et *Ausgewählte Lieder*, p. 170-260.

STEINER, M., 1939 : *Gone With The Wind*, RCA GL 43440, 1974.

TIERNEY, H., 1920 : *Alice Blue Gown*, New York, Leo Feist ; rééd. in I. Whitcomb (éd.), *Tin Pan Alley. A Pictorial History (1919-1939)*, New York, Paddington Press et Londres, Wildwood House, 1975, p. 25.

WHITCOMB, I. (éd.), 1975 : *Tin Pan Alley. A Pictorial History (1919-1939)*, New York, Paddington Press et Londres, Wildwood House.

Noémie Pascal

MUSIQUES AU TOURNANT DU XXIe SIÈCLE : L'UNITÉ DANS LA DIVERSITÉ

Pour ceux qui en sont témoins, la musique dite "savante" du XXIe siècle naissant prend parfois l'allure d'une vaste jungle à la végétation si dense qu'aucune direction ne se laisse entrevoir. Dépourvu de tout recul temporel, comment faire pour s'y retrouver ? De la position délicate du témoin, s'il est impossible de cloisonner les musiques du présent dans des nomenclatures précises et de leur attribuer avec certitude un rôle historique, rien n'empêche de les saisir sur le vif et d'en dresser un portrait bien ancré dans le temps. Tel est le défi que nous tenterons de relever ici.

Pour y parvenir, une première étape s'impose : y être attentif. En tendant une oreille vigilante, le brouillard se dissipe : petit à petit, des formes se devinent, émanant naturellement d'une masse qui se révélait au départ floue et mouvante. En effet, c'est allant d'un concert à l'autre, d'un festival à l'autre, l'oreille bien ouverte et le regard bien curieux, qu'il est possible d'attraper le sujet à peindre, de le figer dans le temps pour mieux l'observer. Dans cette perspective, la présente étude résulte de la fréquentation de sept festivals récents de musique contemporaine : "Musimars 2004" et "Rien à voir 2004" à Montréal, "Résonances 2003" et "Agora 2004" à Paris, "Archipel 2003" à Genève, "Ars Musica 2003" à Bruxelles, la "Biennale de musique contemporaine 2003" à Zagreb, auxquels s'ajoutent de nombreux concerts entendus dans d'autres circonstances en 2003 et 2004. Il est possible que, si nous avions assisté à d'autres rencontres prestigieuses, comme la Biennale de Venise, le corpus que nous allons étudier aurait été plus complet. Or, dans la mesure où nous avons pu entendre près de deux cents œuvres composées entre 1994 et 2004 et toutes conçues par des compositeurs de tout âge et toute nationalité, nous pensons qu'elles constituent un échantillon représentatif et pertinent pour la construction du portrait musical de leur époque. Même si, probablement, plus d'un compositeur se dira, en nous lisant : "Et moi ? et moi ?", nous n'avons pas voulu faire un catalogue, impossible de toute façon, de tous les compositeurs qui nous sont immédiatement contemporains, mais chercher à saisir des tendances et tenter de caractériser et de comprendre ce qui distingue la période considérée.

La musique est ici saisie sur le vif, sans considération temporelle, sans jugement esthétique : le simple cliché photographique d'une image en réalité fort mouvante. Pour cette raison, les traits relevés ne sont pas nécessairement *propres* à l'époque concernée, chacun plongeant ses racines dans un passé souvent bien lointain : ils ont été choisis non pas en fonction de leur *nouveauté*, mais simplement pour leur *présence* dans l'époque concernée. Notre propos ici ne sera donc pas historique même si, tout au long du parcours, le lecteur ne pourra s'empêcher d'établir des liens avec des pratiques musicales de la seconde moitié du XXe siècle, et parfois même plus anciennes.

Dans un premier temps, il s'agira d'élaborer une liste de caractéristiques qui permettra de cerner les traits de la musique découverte sur la scène contemporaine internationale, mais sans en dévoiler le profil global. Une deuxième étape sera donc nécessaire : essayer de trouver une cohérence au portrait dressé et, au-delà du "quoi", tenter d'effleurer le "pourquoi".

1. Diversité

Pourquoi cette impression de "jungle" au premier regard ? S'il est une chose qui émane de l'ensemble de la scène musicale au tournant du XXIe siècle, c'est bien la diversité plutôt que l'unité stylistique : diversité des systèmes utilisés et des langages, certes, mais aussi des médiums et des formes de concert. D'une œuvre mettant en scène un grand ensemble instrumental très rythmé accompagné d'une vidéo (Riccardo Nova, *Est Aka West*, 2003) à une œuvre pour violoncelle solo à caractère méditatif (Kaija Saariaho, *Petals*, 1998), d'une œuvre pour orgue à bouche chinois (Ryota Mikami, *Isshun no yume*, 2003) à une œuvre mettant en scène trois lecteurs munis d'ordinateurs portables (Thomas Kessler, *Dichterlesung*, 2002), d'un opéra métaphorique (Pascal Dusapin, *Perelà, l'homme de fumée*, 2003) à une installation sonore présentée en plein cœur de la nature (Rudy Decelière, *Mille mètres sur terre*, 2003), d'une œuvre pour deux musiciens-cuisiniers manipulant saxophone, piano, casseroles et légumes (Hans-Joachim Roedelius, *Happy Kitchen*, 1994) à une messe pour chœur et petit ensemble instrumental présentée dans une chapelle (Silvio Foretic, *Ordinarium missae*, 1995), où sont les similitudes ? Le premier coup d'œil sur la musique examinée ici ne peut que révéler une infinie diversité et ce, non seulement d'un compositeur à un autre, mais également d'une œuvre à une autre chez un même compositeur. Cette diversité est d'autant plus marquante qu'on semble ne plus se priver de mettre côte à côte, dans un même concert, des œuvres extrêmement variées : une œuvre électroacoustique dans un concert instrumental, une œuvre strictement musicale dans le contexte d'un événement pluridisciplinaire. Bien sûr, les lieux, institutions ou ensembles musicaux ont pour la plupart leur orientation esthétique, mais ils semblent s'ouvrir peu à peu les uns aux autres.

Bref, à l'annonce d'un concert de musique contemporaine, on peut s'attendre à y voir et y entendre "tout" ou "n'importe quoi", tant au niveau de la "forme" des œuvres que de leur fond. Diversité de forme, par la variété des genres : musiques instrumentales, électroacoustiques ou mixtes ; théâtre musical ou instrumental, "danse sonore" (dans les cas où les mouvements de danseurs ont une influence directe sur le son), opéra, vidéo/musique, installations ou sculptures sonores, œuvres *in situ* ou "œuvres-espace"... Diversité de fond, par la variété des démarches et convictions artistiques des compositeurs : la musique est tantôt matière, fruit d'expérimentations concrètes, tantôt abstraction, fruit de calculs intellectuels, tantôt outil d'expression personnelle, liée à une certaine sensibilité psychique humaine, tantôt outil d'identité nationale, liée à une tradition sociale... Bref, chacun ses idées, chacun ses moyens pour les atteindre, chacun sa musique.

Donner ainsi comme première spécificité à la musique qui inaugure le IIIe millénaire sa "diversité" de forme et de fond peut paraître une voie facile, puisqu'elle permet d'englober toutes les musiques sans les réduire à un seul terme, un seul courant. Pourtant, il semble impossible de parler de cette musique – de *ces* musiques – sans passer par cette voie, tant elle est marquante. La musique qui marque l'époque étudiée est plurielle, aucun courant ne domine, aucun style ni aucune école ne semble s'imposer ou imposer de direction. D'ailleurs, comme le rappelle Jean-Jacques Nattiez dans le premier volume de cette encyclopédie, Leonard B. Meyer n'avait-il pas prédit ce phénomène dès 1967, prophétisant *"the probability of stasis"* – la probabilité d'une période de stase, voire de stagnation, caractérisée par une esthétique de la stabilité (Nattiez, 2001, in 2003, p. 1392) ? L'expérience de la musique aux alentours de l'an 2000 ne peut que confirmer cette prédiction : plusieurs styles coexistent, fluctuent de manière autonome, donnant l'impression d'une masse grouillante de styles différents mais pourtant elle-même stagnante, n'étant pas habitée par l'ambition d'*avancer* vers *une* musique de l'avenir comme aux beaux temps de l'"école" de Darmstadt. Or, à l'intérieur de cette masse apparemment hétérogène, est-il possible de trouver certains éléments d'homogénéité ? Malgré la diversité qui caractérise l'ensemble de la création musicale actuelle, est-il possible d'y déceler une certaine unité ?

2. Facteurs d'unité

A l'écoute de *ces* musiques, quelques traits frappants s'imposent au-delà des différences, n'étant ni exclusifs à leur temps, ni d'une omniprésence absolue, mais se démarquant par leur rayonnement : transcendant les différences de genres et de styles, ils ponctuent notablement l'ensemble de la création de la décennie-charnière des deux millénaires, éclipsant par leur éclat leurs antonymes.

2.1. *Mélange de styles et de genres*

L'élément récurrent le plus frappant est certainement le suivant : la diversité propre à l'ensemble du paysage musical semble trouver écho dans l'œuvre elle-même. En effet, l'œuvre n'hésite pas à unir en un tout diverses esthétiques, tant puisées dans les différentes sphères de la musique savante qu'au-delà d'elles, c'est-à-dire dans les musiques "populaires". Si ces mélanges engendrent parfois un sentiment d'hétérogénéité pour l'auditeur, les mélanges eux-mêmes font preuve, au contraire, d'homogénéité, choisissant d'intégrer plus ou moins subtilement des gestes ou des outils plutôt que de "coller" ensemble des éléments hétéroclites.

Ainsi, les œuvres qui concernent la présente étude ne se rattachent que très rarement à *un* style ou *une* école d'écriture particulière. Par exemple, des compositeurs vont avouer emprunter quelques gestes spectraux dans un discours rappelant la nouvelle complexité (on lira à son sujet Provost, 2001), ou encore, quelques techniques d'une extrême complexité dans un discours marqué globalement par une forme de simplicité. Chez les nouvelles générations de compositeurs, cette fusion de styles semble "aller de soi" comme l'illustre bien le *Barocco* de Mauro Lanza (1998-2003), mettant en scène des techniques propres à l'école spectrale dans un discours très peu spectral. Comme l'affirme Philippe Hurel (2004), lui-même rattaché à cette école, une telle ouverture entre les systèmes d'écriture était encore impensable au début des années 1990.

Au-delà des techniques d'écriture, les genres eux-mêmes font l'objet de fusions : alors que les musiques acoustiques et électroacoustiques ont été pendant un certain temps isolées les unes des autres, elles semblent de plus en plus *habitées* les unes par les autres. Bien sûr, la présence de la musique dite mixte est un exemple de cette forme de mélange, symbole d'un terrain commun aux compositeurs électroacoustiques et acoustiques, mais cet indice n'est pas isolé. Notamment, certains compositeurs acoustiques vont recourir à des procédés très proches de l'électroacoustique, et vice versa : Jean-François Laporte construisant sa musique pour instruments traditionnels en blocs sonores à partir de prises de son à la manière des musiques concrètes, Paul Dolden écrivant ses œuvres électroacoustiques à la manière d'œuvres instrumentales.

De tels "mélanges" naissent même parfois d'une abolition des barrières temporelles, géographiques et sociales : les musiques savantes au tournant du millénaire vont, par moments, puiser dans les musiques savantes d'hier, les musiques traditionnelles de toute culture ou les musiques populaires commerciales. Des œuvres comme le *Concerto pour violon* de Marcel Wengler (1997), les préludes pour piano de Howard Bashaw (1999), ou l'opéra *Œdipe sur la route* de Pierre Bartholomée (2003), par la nature de leur langage musical, rappellent sans contredit l'héritage d'un "hier" plus ou moins lointain. Si la mémoire, dans ces œuvres, fait surgir des gestes propres à la tradition classique, il lui arrive, en d'autres occasions, d'éveiller plutôt une tradition collective populaire. Qu'il s'agisse d'un folklore suédois chez Jesper Nordin (*Vintage*, 2003) ou de cultures orientales chez Riccardo Nova (*East Aka West*, 2003), l'inspiration est tantôt signe d'attachement à sa propre culture, tantôt signe de fascination pour une culture étrangère. L'influence peut s'exercer au niveau de l'instrumentation – l'accordéon chez Rebecca Saunders (*Quatuor*, 1998) et le *sheng* chez Tomi Räisänen (*Gatekeepers*, 2003) – ou sous forme de citations, tout simplement, mais souvent elle se manifeste plus implicitement dans l'écriture par les modes, les sonorités, les structures ou l'esprit culturel extra-musical dans son ensemble (La Monte Young, *Just Charles & Cello in The Romantic Chord*, 2003).

La sphère des musiques populaires contemporaines laisse aussi sa marque dans la musique savante, comme peut en témoigner la présence de rythmes envoûtants rappelant les musiques de raves (Phill Niblock, *Sweet Potato*, 2001) ou le rock (James Sellars, *Go*, 1997), ou encore la grande part allouée à l'improvisation sous l'influence du jazz, notamment dans les musiques dites actuelles (Olivier, 2001). Parfois, cette influence est à la limite de l'audible, tout en étant bien présente dans la pensée des compositeurs : par exemple, Bruno Mantovani s'inspire bel et bien des musiques populaires dans *Le Sette Chiese* (2002) même si, avoue-t-il, il n'en reste "quasiment rien" dans le résultat final du processus créateur (Mantovani, 2003, p. 18).

2.2. *L'écoute comme sens physique*

Contrastant avec l'intellectualisme de la musique des modernistes (Albèra, 2001), la musique composée et produite au tournant du siècle semble, dans l'ensemble, être conçue pour être avant tout *perçue*, le plaisir musical *physique* n'étant plus snobé au profit d'un plaisir cérébral : ici et là, on entrevoit la possibilité de leur cohabitation. L'écoute comme *sens*, c'est-à-dire s'adressant à la sensorialité physique de l'auditeur, serait donc remise de l'avant et ce, de manière presque généralisée, même dans les œuvres les plus cérébrales. L'expérience de cette musique ramène l'auditeur du IIIe millénaire naissant au plaisir corporel, physique, sensuel, attribué soit aux multiples facettes de l'ouïe, soit aux multiples sens du corps humain.

L'ouïe, un sens aux multiples facettes ? Certainement, puisque le son dévoile lui-même de multiples visages tout autant sensoriels les uns que les autres : le son comme espace quand l'auditeur s'y trouve physiquement immergé (Jonathan Harvey, *Quatrième quatuor à cordes*, 2003) ; le son comme matière palpable lorsqu'il est façonné à la manière d'un marbre ou d'une glaise, l'œuvre révélant des jeux de timbres hautement sensoriels (Toshio Hosokawa, *Silent Flower*, 1998 ; Rebecca Saunders, *Quatuor*, 1998) ; le son comme vibration dans ces œuvres aux dynamiques extrêmes ou aux rythmes envoûtants, alors qu'il traverse littéralement le corps de l'auditeur, venant l'habiter de sa pulsation propre (James Sellars, *Go*, 1997 ; Phill Niblock, *Sweet Potato*, 2001).

L'importance donnée à l'écoute dans toute sa sensualité est également évidente au travers d'œuvres multimédias de tous genres (incarnation évidente du concept de "mélange"), œuvres qui sont par-dessus tout multisensorielles. En effet, autant la diversité des médias utilisés est frappante d'une œuvre à l'autre, autant l'est-elle à l'intérieur même des œuvres : musique/vidéo, musique/danse, musique/théâtre (que ce soit sous forme de théâtre musical ou d'opéra), musique/arts plastiques (par exemple, dans le cas des installations sonores ou des sculptures sonores), musique/environnement (pour les œuvres dites *in situ*), ou même, plus rarement, musique/art culinaire (Hans-Joachim Roedelius, *Happy Kitchen*, 1994) ou mode vestimentaire (Linda Bouchard et Marcelle Deschênes, *Musique et défilé pour une fin de siècle*, 2000). Ces œuvres touchent l'auditeur de toute part, s'adressant, au-delà de l'oreille, non seulement à l'œil mais parfois même à l'épiderme ou à l'odorat. Musiques de perception ? Musiques de *perceptions* : l'auditeur a un corps physique doté de plusieurs sens et l'œuvre pluridisciplinaire, au tournant du XXIe siècle, exploite au maximum cette richesse et cette diversité.

2.3. *L'écoute comme sens psychique*

Importance de la perception par la multisensorialité, certes, mais aussi par l'expressivité d'œuvres qui "touchent" l'auditeur non pas physiquement mais "psychiquement", notamment par leur "subjectivité" : le compositeur projette dans son œuvre son état d'esprit propre ou, du moins, un état d'esprit bien défini.

Par exemple, dans plusieurs œuvres, le drame : des atmosphères inquiétantes, des sonorités étranges, une intensité menaçante, mènent l'auditeur à la limite du cauchemar (Michael Van der Aa, *One*, 2002 ; Wende Bartley, *Dreamspin*, 1999). Dans d'autres œuvres, peut-être moins nombreuses mais non moins frappantes, la comédie : par des textes, des gestuelles particulières (Dubravko Detoni, *Dolce furioso*, 2002), ou encore des agencements étranges de disciplines (comme dans *Happy Kitchen*). Dans une tout autre voie, la spiritualité, explicite par une thématique définie ou par le contexte de création (Jean-François Laporte, *Tribal*, 2002), ou encore implicite par le langage utilisé (comme dans le cas de plusieurs œuvres de Jonathan Harvey et Kaija Saariaho).

Beaucoup de musiques à l'orée du XXIe siècle semblent ainsi vouloir faire vivre une expérience complète à l'auditeur en touchant à la fois son corps et son esprit. Elles le capturent littéralement, le transportent dans un univers spécifique, utilisant tous les moyens techniques possibles et impossibles pour le faire "voyager".

2.4. *La technologie*

Tous les moyens techniques ? Ne vaudrait-il pas mieux utiliser ici le terme "technologiques" ? Car tout comme le mélange et l'importance de la perception, la technologie est une des caractéristiques fort marquantes des musiques abordées ici, se voulant tant au service de la perception qu'au service de la création, et ce, tant du côté des œuvres électroacoustiques et mixtes qu'acoustiques.

La quête d'une immersion perceptive de l'auditeur peut probablement être perçue comme un des motifs de l'omniprésence technologique dans les musiques qui nous concernent, à moins qu'elle n'en soit même la cause. Car la technologie occupe indéniablement un rôle déterminant dans la *perception* de l'œuvre : elle est non seulement présente, mais aussi, dans la plupart des cas, audible, voire visible, agissant aux différentes étapes de l'interprétation et de la diffusion de l'œuvre. Lorsque des sons résolument électroniques émergent de haut-parleurs, lorsque des sons *a priori* acoustiques sont manipulés au point d'être méconnaissables (Jean-François Laporte, *Le Sang de la terre*, 2003), lorsque des mouvements spatiaux sophistiqués animent le son émis par un instrumentiste immobile (Jonathan Harvey, *Quatrième quatuor à cordes*, 2003), lorsque les interprètes manipulent des ordinateurs sur scène (Thomas Kessler, *Dichterlesung*, 2002), l'auditeur *entend*, *voit*, *sait* la technologie.

Dans d'autres cas, pourtant, la technologie échappe à l'auditeur, sans pour autant être moins importante. C'est qu'elle ne marque pas seulement l'étape d'interprétation et de diffusion de l'œuvre : elle a également sa place à l'étape de la composition de l'œuvre, même instrumentale acoustique, lorsque le créateur fait appel à des outils d'aide à la composition tels que le programme "Open Music". Toutes les étapes du processus de l'œuvre musicale seraient donc empreintes aujourd'hui de technologie ? Sans aucun doute, puisque tant le compositeur dans sa démarche, l'œuvre dans ses outils et sa diffusion, et le public dans sa réception, deviennent les alliés du géant technologique.

3. Conséquences

Les caractéristiques relevées ici – métissages, technologie, écoute comme *sens* – ont des conséquences sur l'œuvre : d'une part, elles génèrent une forme de confusion à différents niveaux du processus musical, et d'autre part, elles sont source de spectaculaire.

3.1. *Confusion des perceptions*

Indéniablement caractéristique de la musique du tournant du siècle, la technologie, parfois cachée dans les structures internes de l'œuvre, demeure toutefois dans bien des cas très palpable, à un point tel que, parfois, le public en perd ses repères : Quel son est *réel* ? Quel son est *virtuel* ? Le son est-il acoustique mais transformé, ou simplement électronique ? La technologie, en *transformant* le son, crée un doute. L'auditeur ne peut plus se fier à ses propres sens – ni son regard, ni son ouïe – pour établir les limites entre le réel, l'irréel, le virtuel. Par exemple, dans *Strette* de Hector Parra (2003), une chanteuse s'apprête à interpréter une œuvre. Dans l'obscurité qui sera bientôt animée par des jeux de lumières, le public l'entrevoit et, par association inconsciente, se forge une idée de ce qu'il entendra : une seule voix humaine avec ses limites de souffle, de tessiture, de timbre. Mais lorsque l'œuvre commence, ô surprise, toute la logique que l'auditeur a construite sur la base de la *réalité* s'effondre : il n'entend pas une seule, mais une multitude de voix, provenant de haut-parleurs dispersés dans la salle ; la nature de cette voix ne peut être associée à aucune réalité, transcendant toutes les limites possibles du *vivant*.

Cette rupture avec le monde concret marque en grande partie les musiques à la charnière des deux siècles, plus particulièrement à travers ces œuvres instrumentales comportant un traitement électronique en direct : elles jouent avec le réel, mettant en scène un dialogue – ou un combat – entre une sonorité bien physique et son reflet technologique. Jeu d'illusion, jeu de "déréalisation" : il serait possible aussi de dire "jeu de perception", puisque l'auditeur, dans les gradins de l'arène, ne sait plus à quoi attribuer le parti de la réalité.

Ce combat ambigu est d'ailleurs au cœur des thématiques des œuvres considérées : l'illusion que l'irréel est plus vrai que le réel ; l'illusion que l'image est plus forte que l'objet ; l'angoisse de l'individu qui ne sait plus à quel monde il appartient ; l'extase de l'individu qui découvre qu'il appartient à plusieurs mondes, etc. Par exemple, le dialogue d'une chanteuse avec son image virtuelle sur écran et sur bande (Michael Van der Aa, *One*, 2003), le jeu d'un violoncelliste devant un miroir qui lui renvoie son image déformée (Jean-Baptiste Barrière, *Cellitude*, 1998), l'ambiguïté d'une installation sonore extérieure dont la musique se confond avec les sons environnants (Rudy Decelière, *Mille mètres sur terre*, 2003).

3.2. *Confusion des styles et des genres*

Si beaucoup d'œuvres se plaisent ainsi à brouiller les pistes du réel, un plus grand nombre encore, au-delà des intentions explicites des compositeurs, créent une certaine confusion au niveau des styles et des genres. En effet, le caractère composite des œuvres semble générer une multitude de zones "grises" ou zones de collision, des "entre-deux" qui, fusionnant plusieurs catégories stylistiques, ne semblent appartenir réellement à aucune d'entre elles. Où est désormais la frontière entre l'art populaire et l'art "savant" ? Entre certaines musiques actuelles et le free-jazz ? Entre l'électroacoustique et la musique techno ? Entre le minimalisme et le spectralisme ? Entre la nouvelle complexité et le modernisme ? Les questions s'étendent même au-delà du domaine musical strictement dit : la sculpture sonore est-elle une forme d'art plastique ou un genre musical ? Où se trouve la limite entre le théâtre musical et, d'une part, le simple théâtre avec musique ou, d'autre part, l'opéra de chambre ? L'ambiguïté règne et remet en question les catégories les plus solidement construites et établies dans le passé.

3.3. *Confusion des rôles*

Le mélange disciplinaire propre aux musiques considérées ici entraîne une autre forme de confusion : celle des rôles, notamment ceux qui sont normalement dévolus aux musiciens et aux non-musiciens. Prenons en exemple *Connected Spaces* de Alastair Bannerman (2003), pour flûte, danse et technologie dans lequel la danseuse contrôle le traitement électronique appliqué à la flûte, ses gestes étant captés et analysés par un système informatique. La danseuse chorégraphe est alors aussi interprète musicale et "co-compositrice", contrôlant une part de la musique par ses gestes. Sommes-nous en présence d'un danseur musicien ou d'un musicien danseur ? Dans ce type d'œuvres, les compositeurs voient leur fonction modifiée : ils ne sont plus seulement créateurs de musique, adoptant parfois la casquette du sculpteur, du metteur en scène ou du vidéaste. Telle œuvre est-elle fruit d'un compositeur vidéaste… ou d'un vidéaste compositeur ? La réponse n'est pas nécessairement évidente dans le domaine du multimédia où les fonctions des créateurs sont confondues au même titre que leurs médiums.

Du reste, une confusion semblable marque aussi les différents intervenants de la sphère strictement "sonore" de l'œuvre musicale : le compositeur, l'interprète et même l'auditeur partagent ou s'échangent leurs rôles traditionnels. Par exemple, dans le cas d'œuvres interactives (particulièrement les installations sonores), l'auditeur prend le rôle de l'interprète, voire du compositeur, alors que, dans le cas des œuvres en partie improvisées, l'interprète est en quelque sorte compositeur à son tour – à moins que le compositeur ne se fasse lui-même interprète.

3.4. *Le spectaculaire*

Outre diverses formes de confusion, les caractéristiques musicales relevées dans ce portrait sont directement liées à un dernier aspect tout autant marquant : la priorité donnée au spectaculaire. Les mélanges de tous genres, l'importance de la perception physique et dramatique, et finalement, les moyens technologiques employés, notamment au service de la perception, sont en effet autant de facettes du spectaculaire.

Les œuvres multimédias, notamment, s'inscrivent à fond dans cette direction : tous les moyens techniques disponibles sont utilisés pour créer un espace englobant, plurisensoriel, "pluristimulant", qui frôle la "magie" par la manière dont il transforme la réalité. Souvent à la limite du "spectacle", elles jouent la plupart du temps dans le grandiose, ajoutant à l'impact de la multisensorialité celui de l'inouï et du jamais vu.

Les œuvres strictement sonores, bien que d'une manière plus subtile, laissent souvent entrevoir cette même tendance au spectaculaire. Dans les œuvres mixtes avec traitement en temps réel, les sonorités amplifiées, déformées, spatialisées, viennent surprendre l'auditeur et lui en mettre "plein la vue". Dans les œuvres acoustiques, les techniques de jeu nouvelles, la complexité des rythmes, des lignes mélodiques ou des timbres, l'énergie et la virtuosité requises dans l'interprétation en font tout autant, lorsque ce n'est pas simplement l'intensité dynamique ou rythmique qui s'empare de l'auditeur stupéfait par la puissance et la nature du son. Bref, tout sauf la monotonie, tout sauf la retenue, tout sauf la sobriété.

4. L'unité *par* la diversité

Mais tout ne serait-il qu'éclatement et hétérogénéité ? Malgré la diversité qui marque de manière évidente le paysage musical au tournant du siècle, il est possible de discerner, au-delà des différences de genres ou de styles, quelques constantes. Mélanges de styles et de disciplines au point de créer une certaine confusion, importance de la perception *physique* et *psychique*, emploi de la technologie au service de ces perceptions jusqu'à brouiller les pistes du réel et du virtuel, le tout souvent à l'excès, générant le *spectaculaire* : en fait, ces éléments semblent tisser des liens entre beaucoup d'œuvres de la période abordée, témoignant de la présence d'une certaine unité au-delà de l'incontestable diversité.

Bien sûr, ces éléments ne sont pas *uniques* à cette époque (1994-2004) ; bien sûr, ils ne se retrouvent pas nécessairement dans *toute* œuvre qui y est créée. Mais leur contraire – c'est-à-dire l'œuvre sobre et sans mélanges – est devenu très rare. A part quelques exceptions, les caractéristiques définies ci-dessus se retrouvent dans la plupart des œuvres sous diverses formes, intensités et alliages : certaines œuvres ne sont habitées que discrètement par un des traits relevés ici, alors que d'autres les présentent tous dans l'excès. Peu importe ces gradations, la toile semble tissée, le portrait semble complété, révélant *l'un* au-delà du multiple, révélant l'unité au-delà de la diversité.

4.1. *"Macro-diversité", "micro-diversité"*

Or, l'unité du paysage musical étudié s'avère bien particulière, les éléments qui la génèrent correspondant eux-mêmes à une diversité *interne* aux œuvres, diversité associée notamment aux multiples types de mélanges qui les habitent. Il serait donc possible de relever deux niveaux de diversité dans les musiques abordées ici : premièrement, une "macro-diversité", liée à l'immense variété des genres et des styles qui marque l'ensemble de la scène musicale ; deuxièmement, une "micro-diversité", associée à cette forme de diversité interne aux œuvres, fruit de métissages et de fusions multiples.

4.2. *Impureté*

Mais en quoi consiste, plus précisément, cette "micro-diversité" ? A quelle esthétique pourrait-on associer ce concept ? L'ensemble des caractéristiques relevées rappelle inévitablement la théorie avancée par Guy Scarpetta il y a vingt ans (1985), alors qu'il discernait une "esthétique de l'impureté" dans l'art, ce qui explique que certains des traits observés dans les œuvres composées entre 1994 et 2004 soient la continuation ou la transformation de procédés déjà présents au cours des dernières décennies du XXe siècle, et même dans des périodes plus reculées de l'histoire de la musique.

En quel sens la musique d'aujourd'hui serait-elle *impure* ? Parce qu'elle réunit des styles d'esthétiques différentes ou encore parce qu'elle s'associe à d'autres disciplines artistiques, donc impureté par l'"intrusion" d'éléments *a priori* étrangers. Impure par l'accumulation des effets, par la démesure, le débordement, le spectaculaire, en opposition à la sobriété du "pur". Impure par la confusion des styles, des rôles et des perceptions qu'elle donne du monde, entre le réel et l'irréel, le vrai et l'artifice – en opposition à la transparence et à la clarté du "pur". Impure du point de vue des puritains, par le côté "charnel" de cette musique qui s'affirme en tant que matière physique, palpable, concrète, qui est touchée et qui touche, qui recherche le plaisir physique et psychique, qui accueille et est accueillie par "l'autre" (voir le tableau qui suit).

Traits d'impureté et exemples musicaux

"MÉLANGES" : EN OPPOSITION A L'UNIFORMITÉ DU PUR	
Mélange de disciplines	*East Aka West* (musique et vidéo), R. Nova, 2003 *Connected Spaces* (musique et danse), A. Bannerman, 2003 *Perelà, l'homme de fumée* (opéra), P. Dusapin, 2003 *Happy Kitchen* (musique et art culinaire), H.-J. Roedelius, 1994 *Musique et défilé pour une fin de siècle* (musique et mode), L. Bouchard et M. Deschênes, 2000
Mélange de styles (emprunts aux musiques populaires, classiques ou extra-occidentales)	*Le Sette Chiese* (pour grand ensemble instrumental), B. Mantovani, 2002 *Go* (pour cinq instrumentistes), J. Sellars, 1997 *Concerto pour violon* (pour violon et orchestre), M. Wengler, 1997 *Prelude Book I* (pour piano solo), H. Bashaw, 1999 *Œdipe sur la route* (opéra), P. Bartholomée, 2003 *Vintage* (pour percussions, bande et traitement), J. Nordin, 2003 *Isshun no yume* (pour *sheng*), R. Mikami, 2003 *Just Charles & Cello in The Romantic Chord...* (pour violoncelle), La Monte Young, 2003
L'ÉCOUTE COMME SENS (PHYSIQUE) : PLAISIR PHYSIQUE, CHARNEL, OPPOSÉ AU "PURITANISME"	
Matière	*Silent Flower* (pour quatuor à cordes), T. Hosokawa, 1998 *Quatuor* (pour accordéon, clarinette, contrebasse, piano), Rebecca Saunders, 1998
Espace	*Quatrième quatuor à cordes* (pour quatuor à cordes et électronique), J. Harvey, 2003 *Mille mètres sur terre* (installation sonore), R. Decelière, 2003
Intensité	*Sweet Potato* (pour clarinette et échantillons de clarinette), P. Niblock, 2001 *Go* (pour cinq instrumentistes), J. Sellars, 1997

L'ÉCOUTE COMME SENS (PSYCHIQUE) : "TOUCHER" L'AUDITEUR, LE "CONTAMINER" D'UN ÉTAT D'ESPRIT DONNÉ, EN OPPOSITION A LA DISTANCIATION ÉMOTIVE DE LA PURETÉ	
Drame	*One* (pour soprano, vidéo, électronique), M. Van der Aa, 2003 *Dreamspin* (œuvre électroacoustique), W. Bartley, 1999
Spiritualité	*Petals* (pour violoncelle solo et électronique), K. Saariaho, 1998 *Tribal* (pour quarante musiciens et instruments inventés), J.-F. Laporte, 2002
Humour	*Happy Kitchen* (pour piano, saxophone, électronique et recette de cuisine), H.-J. Roedelius, 1994 *Dolce furioso* (pour orchestre), D. Detoni, 2002
TECHNOLOGIE : INTÉGRATION DU SON "ARTIFICIEL" OU TRANSFORMATION DU SON "RÉEL", OPPOSÉ AU "NATUREL" DU PUR	
Outil d'interprétation et de diffusion	*Dichterlesung* (pour trois performeurs et électronique), T. Kessler, 2002 *Strette* (pour soprano, électronique, vidéo en temps réel et lumières), H. Parra, 2003 *Le Sang de la terre* (pour instruments inventés et traitement), J.-F. Laporte, 2003
CONFUSION, OPPOSÉE A LA CLARTÉ DU PUR	
Confusion des rôles	*Connected Spaces* (musique et danse), A. Bannerman, 2003 *Grenzenlose Freiheit* (installation sonore interactive), sous la direction de G. Eckel, 2002
Confusion des genres ou styles	*Le Discours* (canevas d'improvisation pour deux musiciens et plus, instrumentation au choix), J. Hétu, 2004 *Des hommes inutiles* (opéra de chambre), F. Caron, 1999
Confusion du réel	*One* (pour soprano, vidéo, électronique), M. Van der Aa, 2002 *Strette* (pour soprano, électronique, vidéo en temps réel et lumières), H. Parra, 2003 *Cellitude* (pour violoncelle et traitement électronique), J.-B. Barrière, 1998
SPECTACULAIRE, OPPOSÉ A LA SOBRIÉTÉ DU PUR	
	Viola Viola (pour deux altos), G. Benjamin, 1997 *East Aka West* (musique vocale, instrumentale, électronique et vidéo), R. Nova, 2003

Pour mieux cerner ce concept d'impureté, quelques exemples empruntés aux festivals que nous avons fréquentés (voir *supra*), en commençant par le comble de l'impureté en musique : le pluridisciplinaire. Biennale de Zagreb, le 6 avril 2003, *East Aka West*, de Riccardo Nova (2003) : sur scène, six chanteurs (Neue Vocalsolisten Stuttgart), deux ensembles de six musiciens (Icarus, Italie ; Cantus, Croatie) jouant, en plus des instruments de l'orchestre traditionnel, guitare électrique et clavier, et finalement, cinq musiciens (principalement percussionnistes) traditionnels de l'Inde, le tout avec traitement électronique et accompagné d'une vidéo projetée sur deux écrans. Impureté du "musical" par sa fusion avec le "visuel" (image vidéo). Impureté de l'instrumentation par son métissage : instruments traditionnels occidentaux, instruments traditionnels non occidentaux, puis instruments provenant du milieu de la musique populaire. Impureté de l'écriture musicale : quelques passages de rythmes indiens, quelques passages électroniques, quelques passages vocaux ou instrumentaux, tantôt juxtaposés, tantôt superposés, le tout le plus souvent dans des dynamiques extrêmes. Impureté de la perception : l'auditeur est littéralement saisi par le sonore et le visuel, tous deux d'une frénésie étourdissante, qui l'emprisonnent dans un cercle infernal de sensations extrêmes. Bref, on est bien loin de la contemplation du "purement" sonore.

Quelques jours plus tard, même ville : *Happy Kitchen*, de Roedelius (1994), interprétant lui-même son "spectacle" (lui-même composé de plusieurs de ses œuvres exécutées en continu) en compagnie de Jurij Novoselic. Entre quelques extraits plutôt minimalistes au piano et des mélodies langoureuses au saxophone (avec, par moments, des traitements électroniques), les musiciens préparent une recette de cuisine sous les yeux des spectateurs, amplifiant à l'aide de micros les différentes sonorités qui en découlent : les coups de couteau tranchant l'oignon, les crépitements de l'huile sur le feu, le vin s'écoulant du goulot. Instants culinaires entrecoupés d'instants musicaux. Cadence finale : les musiciens remplissent leur assiette et commencent à savourer leur petit plat. Impureté ? Confusion des genres : le livre de recettes comme partition, la partition comme livre de recettes ; le culinaire devenu musical et, pourquoi pas, le musical devenu culinaire (la musique "consommée") ; le péché de gourmandise venant contaminer ce qu'il pourrait rester de pur à la musique mais la musique, en retour, n'aidant pas à purifier le culinaire ; la salle de concert devenue cuisine, emblème du quotidien, ou la cuisine devenue salle de concert, emblème du spectaculaire. Bref, si la musique a, depuis toujours, entretenu une relation particulière avec les plaisirs du palais (Cantagrel, 2002), cette relation est ici portée à son paroxysme, non sans ironie, jouant avec l'impureté sans trahir aucun remords.

Au-delà de ces exemples d'impureté frappants, un autre exemple, plus subtil : le *Quatrième quatuor à cordes* de Jonathan Harvey, créé le 11 mars 2003 à Bruxelles (Quatuor Arditti, Festival Ars Musica). Dans cette œuvre, les sonorités émises par les instrumentistes sont spatialisées grâce à un système électronique de traitement en temps réel (Spat) : le son est ici d'une sensorialité – d'une sensualité – extrême, venant caresser le corps entier de l'auditeur qui se trouve au cœur des déplacements sonores. Expérience physique, oui, mais également expérience psychique : "La matière sonore connaît toutes sortes de métamorphoses psychiques", affirme le compositeur – et l'auditeur aussi, la musique devenant "métaphore de subtils modes d'existence" comme le rêve, le "voyage astral", ou encore la méditation bouddhiste. Impureté par la sensorialité et la subjectivité, donc, mais aussi impureté par l'ambiguïté entre le réel et le virtuel, l'auditeur sentant la présence, tout autour de lui, du "fantôme" du son produit par les instrumentistes. "Le quatuor est le rêveur, et la spatialisation, le rêve…" (Harvey, 2003, p. 82.)

A peine le concept d'impureté en musique est-il effleuré qu'il ouvre un immense champ de réflexion. Certains s'y sont déjà aventuré, prenant un angle tantôt historique et sémiologique (Molino, 2001*a*), tantôt ontologique (Jankélévitch, 1960), ce dernier révélant la réalité suivante : "[La pureté] n'*est* jamais" (*ibid.*, p. 276), se révélant, par le fait même, une utopie. L'impureté se trouverait naturellement partout, y compris en art : par définition, toute création n'est-elle pas justement hybridation, c'est-à-dire union de différents éléments sous une forme inédite ? Comme le déclare Molino (1975, p. 37), "la musique […] ne saurait être réduite à l'unité", étant à la fois production, objet et réception, liée à l'ensemble des faits humains ou sociaux. Et l'histoire de la musique ne témoigne-t-elle pas de constantes hybridations ? Comment, dans ces cas, oser parler d'une musique pure et lui opposer une musique impure ? Il suffit alors de reprendre l'idée de Jankélévitch selon laquelle pureté et impureté sont avant tout des intentions (1960, p. 264) : une musique pure est alors celle qui *aspire* à la pureté, si utopique soit-elle, contrairement à la musique impure qui, elle, affronte de front son impureté.

4.3. *L'impureté en musique, d'hier à aujourd'hui*

Cette façon d'exploiter ouvertement la facette impure de la musique n'est certes pas unique au XXIe siècle naissant, comme le confirmerait un bref regard sur l'ensemble de l'histoire de la musique occidentale : des tragédies grecques à l'opéra mozartien, des mystères du Moyen Age au *Gesamtkunstwerk* wagnérien, des comédies-ballets de Lully aux premiers happenings des années 1950 avec John Cage ; mais aussi, de manière plus subtile, des madrigaux sensuels de Gesualdo au poème symphonique chez Strauss et Liszt, des chansons polyphoniques de Janequin du XVIe siècle à l'intégration des bruits dans la musique instrumentale telle qu'on la retrouve pour la première fois chez Varèse et ultérieurement chez Berio. De plus, bon nombre des caractéristiques relevées ici ont leur racine dans les œuvres et les pratiques de la seconde moitié du XXe siècle : exploitation des marges des instruments (*Sequenze* de Berio) ; confusion des rôles des compositeurs, interprètes, auditeurs (Cage) ;

construction, par Renzo Piano, d'une sorte de "boîte-récipient" où se mêlent les exécutants et les auditeurs du *Prometeo* de Luigi Nono ; rencontre de l'instrumentation et de l'électronique ou électroacoustique (musiques mixtes) ; mélange du musical et du théâtral (Kagel) ; spatialisation du sonore (conception d'un espace et d'un dispositif spécifiques pour l'exécution du *Répons* de Boulez, entre autres œuvres). L'impureté assumée jalonne à un point tel l'histoire de l'art qu'on peut arriver à se demander qui, de l'impureté à la pureté, est l'exception.

Si l'impureté en musique a ainsi marqué *tous* les temps, quel serait donc l'intérêt d'utiliser le concept d'impureté pour définir la musique à la charnière des deux millénaires ? Cette première question en amène inévitablement une seconde : quelles sont alors les particularités de l'impureté de la musique de la période la plus récente, ou encore, pourquoi est-elle particulièrement frappante ? Ici, il faut insister sur quatre facettes.

Premièrement, la situation de cette impureté dans l'histoire : elle survient après un temps de quête de pureté absolue, celle des modernistes – par contraste, elle n'en est que plus frappante. Deuxièmement, son intensité : à l'aube du IIIe millénaire, les moyens techniques pour mettre en scène l'impureté sont illimités. Par le fait même, elle prend des proportions plus importantes puisque les créateurs, technologie à l'appui, ont la possibilité de réaliser les idées les plus grandioses, de la "re-création" d'un univers perceptif complet dans le détail, à la transformation extrême de la réalité par amplification ou déformation du son. Troisièmement, son omniprésence : on ne parle pas de l'impureté d'*un* style particulier, mais plutôt de multiples formes d'impureté, liées à de multiples styles. La diversité des styles fait d'ailleurs figure de quatrième point : le tournant du siècle est marqué non seulement par l'impureté de l'*œuvre*, mais aussi par l'impureté du milieu musical dans son ensemble, alors que l'éventail des styles et des genres n'a jamais été aussi large et hétérogène.

Car aucune époque n'a montré autant de diversité que la nôtre : le IIIe millénaire s'ouvre sur le "tout est permis", le "tout est possible", des retours dans le temps aux voyages autour du globe, du minimalisme au maximalisme, de la plus grande simplicité à la plus grande complexité, de l'art d'élite à l'art populaire, de l'avant-garde technologique à l'organologie archéologique, du "rien à voir" propre à l'acousmatique au "tant à voir" du pluridisciplinaire, de la référence à l'abstraction…

"Abstraction" ? Oui, même l'abstraction est permise, même la plus grande abstraction et sa quête de pureté. Oui, cinquante ans après Darmstadt, on peut encore entendre des œuvres d'esthétique beaucoup plus "pure", pour ne pas dire "moderniste" : comment ignorer, par exemple, le travail de compositeurs comme Jason Eckardt (*Echoes White Veil*, 1996) ou Paul Nauert (*A Collection of Caprices*, 2002) ? Il serait impossible, au sujet des œuvres de ces compositeurs, de parler d'impureté intentionnelle, ou de "micro-diversité". Sinon, comment pourrait-on expliquer, ou justifier, leur présence dans le paysage musical actuel ? Par la "macro-diversité". Un point blanc – ou même plusieurs – sur un tableau multicolore le rend-il principalement monochrome ? Au contraire, ces œuvres ne font qu'ajouter à la diversité du paysage musical, et même plus : elles confirment et élargissent l'étendue de son hétérogénéité.

5. La diversité comme signe de liberté

Mais si telle est bien la réalité de la situation actuelle, que peut-elle donc signifier ? Simplement, que l'artiste est libre. Non seulement libre de faire ce qu'il veut, mais aussi conscient de la liberté des autres : il choisit son propre chemin sans pour autant l'imposer, contrairement à la période moderniste des années 1950. Il n'y a plus d'"école", plus de compositeur qui prétende avoir trouvé la "voie de l'avenir" en musique. C'est en quelque sorte chacun pour soi ; l'individu-roi ne reconnaissant aucun maître, mis à part lui-même. On ne compose plus en vue d'un futur collectif, mais pour un présent personnel. Et dans la sphère du "personnel", tout est permis, du geste le plus moderne et "pur" au geste le plus impur.

5.1. *La diversité comme signe de liberté*

Une question s'impose toutefois : alors que la liberté est une valeur si importante, alors que les œuvres "se doivent" d'être libres, est-il vraiment possible de parler de liberté ? Cette liberté, qui semble régner dans le monde de la musique, est-elle réelle ou illusoire ? Sans entrer dans les détails – une étude sociologique et philosophique approfondie pourrait être nécessaire –, la simple observation du monde musical actuel est éloquente. Il suffit de voir à quel point certains compositeurs semblent terrassés par leur "devoir", celui de présenter un travail "personnel" qui se démarquera des autres, l'originalité devenant dans certains cas un but en soi plutôt qu'un résultat naturel. Il suffit de voir à quel point la musique, dans plusieurs pays, est institutionnalisée : si le compositeur est bel et bien libre de créer ce qu'il veut, en aura-t-il les moyens s'il ne répond pas aux attentes du milieu ? Il suffit de voir à quel point la relation entre le compositeur et l'auditeur est ambiguë : une forme de rapport passionnel oscillant entre amour et haine, laissant souvent entrevoir des jeux de pouvoir entre un compositeur qui se veut démiurge absolu tout en cherchant à satisfaire l'auditeur, et un auditeur ultra-critique mais qui aime se laisser transporter passivement par les gestes du compositeur. Il suffit, finalement, de voir à quel point la technologie accapare certaines sphères du milieu. Non, elle n'est pas obligatoire à tout parcours, mais elle menace sans cesse, confrontant le compositeur à ses propres limites et cachant, sous ses airs d'outil dévoué à la création, une lourdeur parfois vicieuse.

L'artiste de l'an 2000 ne serait peut-être finalement pas moins esclave que l'artiste d'hier. Sa particularité serait donc non pas d'être libre, mais de *croire en sa liberté* : non seulement dans les milieux artistiques mais aussi dans l'ensemble de la société, la liberté est sur toutes les bouches, elle semble être la valeur absolue, pour ne pas dire la seule valeur, entre la liberté de pensée, d'expression, d'action. L'utopie du progrès propre à l'avant-garde moderniste aurait-elle fait place à l'utopie de la liberté ? On ne cherche plus à "faire avancer l'art" : on cherche à laisser parler librement son imaginaire.

Non seulement le compositeur peut se permettre d'avoir les idées les plus folles, les plus extrêmes – mais en plus, il détient les outils pour concrétiser ces idées. Comment ? Au-delà de l'absence de contraintes sociales et de tabous, grâce à la technologie qui rend tout possible. Grisé par l'utopie de liberté infinie, l'artiste du nouveau millénaire semble avoir trouvé en la technologie le champ d'exploration idéal pour cultiver l'illusion de la liberté. Idéal, puisqu'en apparence illimité : quoi de plus rassurant que de sentir l'éternité devant soi – mais aussi, quoi de plus angoissant !

5.2. *Les pièges de la liberté*

Les modernistes, en empruntant le chemin si étroit de la quête de la pureté, avaient frappé un mur. On aurait pu croire qu'en se libérant de ce chemin, en prenant la liberté d'explorer toutes les voies possibles et impossibles, de faire tous les croisements imaginables, les artistes auraient atteint l'éden. Que rêver de mieux, pour un créateur, que d'avoir la liberté de faire ce qu'il veut, sans contraintes sociales ni techniques ?

Pourtant, l'utopie de la liberté semble constituer en soi un piège peut-être aussi grand que l'utopie du progrès ou de la pureté chez les modernes. Certes, cette liberté sans bornes, cette esthétique plurielle dans sa micro- et sa macro-diversité, est positive par la manière dont elle ouvre à des richesses souvent insoupçonnées, mais elle comporte également plusieurs risques, des risques que révèlent malgré elles certaines œuvres qui témoignent, plutôt que d'une grande liberté, d'un certain "libertinage" (Scarpetta, 1985, p. 330).

Par exemple, ayant la liberté du mélange et du métissage entre styles ou disciplines, l'œuvre d'esthétique "impure" rencontre un risque de "dissonance", celui de ne pas parvenir à unir l'ensemble des éléments convoqués dans un tout harmonieux. Mélange d'éléments au départ hétérogènes, l'œuvre dans son ensemble peut facilement elle-même manquer d'unité. Combien d'œuvres mettant en scène musique et vidéo laissent une place trop grande au visuel, reléguant la musique au second plan ? Ou encore, combien d'œuvres alliant instruments traditionnels et électronique donnent l'impression d'un combat entre David et Goliath, ce géant technologique ? Certaines œuvres semblent parfois allier le n'importe quoi au n'importe quoi : les spectateurs qui ont assisté à *Happy Kitchen* ont certes salivé à l'odeur du plat mijoté, mais leur estomac comme leurs oreilles sont restés sur leur faim. Qu'est-ce que la cuisine apporte à la musique ? Qu'est-ce que la musique apporte à la cuisine ? La liberté, est-ce réellement cela, butiner à gauche et à droite, sans retenue ?

Cette liberté sans frontière peut apparemment conduire à un autre écueil : celui de tomber dans le "kitsch", dans le cliché, par le simple fait de prendre la liberté de pousser une idée à l'extrême : des œuvres trop expressives ou trop techniques, des œuvres trop tournées vers l'innovation technologique (effet "gadget") ou trop nostalgiques du passé, trop homogènes ou trop hétérogènes. Kitsch par le trop, mais aussi par le fait d'une préoccupation exacerbée de la notion de plaisir, omniprésente dans les discours des compositeurs : la frontière entre une musique "faite pour être entendue" et une musique "faite pour plaire" est mince, et le risque de tomber dans la facilité, dans la "sucrerie", est grand. Plaisir facile : plaisir libertin ?

Résultat possible, déjà tangible : le public devient blasé. A force de voir l'extraordinaire, cet extraordinaire devient "ordinaire" : rien n'étonne plus, rien ne choque plus – dans les salles de concert, presque toujours les mêmes applaudissements, sans tomates, mais sans fleurs non plus. Car le public blasé n'est pas seulement celui qui ne s'émerveille plus : il est également celui qui ne se révolte plus – devant l'œuvre la plus kitsch comme devant les pires scènes de violence et de pornographie sur Internet ou à la télévision. Le piège du kitsch est donc étroitement lié à un autre danger : celui d'accepter n'importe quoi sous le prétexte de la liberté. En donnant droit d'exister à toute chose dans le domaine de la musique, on semble parfois en venir à accepter l'inacceptable, du simple "mal écrit" au pire cliché.

Mais que de pièges, dans le domaine de l'esthétique de l'impureté, dans ce monde de "macro-diversité", des pièges plus dangereux que jamais, peut-être, puisque l'artiste "libre" n'a aucune indication pour l'aider à les éviter. En effet, dans un univers sans balises, comment ne pas "perdre le nord" ? Une fois la liberté "acquise", que chercher ? Où aller ? La tâche du compositeur est peut-être plus difficile que jamais, n'ayant aucune contrainte pour l'aider à faire ses choix, prisonnier de sa propre liberté.

Par chance, les pièges ne sont que des pièges : si certaines œuvres s'y laissent prendre, il ne faut surtout pas oublier les autres œuvres qui parviennent à maintenir un équilibre à travers les notions de métissage, de communicabilité ou d'expressivité – des œuvres qui témoignent de la capacité du compositeur à bien vivre sa liberté, ou plutôt, à ne pas en abuser. L'or se fait bien sûr plus rare que le sable : à l'approche de la musique du présent, alors que le temps n'a pas encore pu faire le tri, combien faut-il entendre d'œuvres quelconques pour une seule révélation ? Sans pour autant vouloir crier au chef-d'œuvre, quelques moments musicaux étincellent à l'intérieur de certaines œuvres : *Viola Viola*, de George Benjamin (1997), *Le Sette Chiese* de Bruno Mantovani (2002) ou *Silent Flower* de Toshio Hosokawa (1998). Ces quelques exemples, parmi d'autres, prouvent que "grâce au dosage, le venin de l'impureté cesse d'être toxique et mortel" (Jankélévitch, 1960), que la valeur n'est pas une catégorie obsolète.

5.3. *Impureté et critères esthétiques*

S'il est possible de dénoncer la mort du jugement dans l'univers de l'impureté assumée, il n'en demeure pas moins que les critères esthétiques y persistent, autonomes et imperturbables. Quels sont ces "critères" ? Comme le propose Molino, citant à la fois Platon et un esthéticien américain contemporain, Monroe C. Beardsley, l'"entièreté", l'harmonie et l'éclat, ou encore, la complexité, l'unité et l'intensité (Molino, 1990, p. 22 ; on lira aussi, dans ce volume, "Du plaisir à l'esthétique. Les multiples formes de l'expérience musicale" de Jean Molino, p. 1154-1196). Si l'esthétique de l'impureté jongle particulièrement dangereusement avec ces concepts, elle ne les laisse pas pour autant nécessairement tomber. Peut-être serait-il possible ici de rassurer les mélomanes et musicologues qui, comme Nattiez (1999, p. 201-202), craignent la disparition des critères du beau. Molino, lui-même, se fait confiant (1990, p. 26) : "Il y a, il y aura encore de belles et de grandes œuvres, mais rien ne nous permet de prévoir où elles naîtront, quels styles, quels systèmes elles utiliseront." Il est donc permis de croire en la fertilité de l'univers de l'impureté, comme de tout univers, car si de multiples "n'importe quoi" peuvent naître du "tout est permis" de l'an 2000, quelques bijoux peuvent aussi voir le jour, qu'un contexte davantage balisé aurait étouffés. L'existence de ces perles, *comme à toute époque*, n'est-elle pas la preuve qu'une certaine permanence des critères de qualité existe ?

Une inquiétude, cependant : la période où domine le "tout est permis" favorise-t-elle l'exercice de l'exigence ? A l'auditeur – compositeur, mélomane ou néophyte – de trouver ces perles, et si le deuil des critères esthétiques en tant qu'absolu n'est pas encore à faire, la mort du jugement se fait bel et bien menaçante. En réalité, l'artiste en tant que créateur n'a pas à fuir l'impureté : rien ne garantit qu'une quête de pureté favoriserait davantage l'éclosion des critères esthétiques fondamentaux. C'est plutôt à l'artiste, en tant qu'auditeur de sa propre œuvre, et au simple auditeur extérieur de détecter l'impureté kitsch de l'impureté fertile, de reconnaître la présence de la première mais d'exiger la seconde. Oui à l'impureté assumée, mais non à l'acceptation aveugle de tout ce qu'elle peut engendrer. Si l'esthétique de l'impureté, nommée ou non comme telle, est souvent associée à la mort du jugement, l'équation n'est pourtant pas fatale : il est possible d'espérer un monde – utopique, certes, à l'heure actuelle – où tout soit permis sans que tout ne soit accepté, un monde sans barrières dans lequel *l'exigence esthétique* scintillerait en étoile du berger.

6. Du "quoi" au "pourquoi"

Une fois le tableau dressé, si bariolé soit-il, une question subsiste : pourquoi ? Pourquoi à cette époque particulière le paysage musical est-il aussi coloré ? Dans l'espace qui nous est attribué, risquons deux pistes de réflexion.

6.1. *Eclatement*

Première piste, explication "verticale" ou "synchronique" : l'attitude des artistes telle que définie ici est le produit logique et inévitable de la société dans laquelle ils vivent. En ce sens, Molino a parlé, ici même, de l'explosion technique, de la "tribalisation" et de la mondialisation, ces trois transformations sociales majeures "qui ont, de l'extérieur, modifié le champ musical" (2001*a*, in 2003, p. 69). Permettons-nous d'ajouter une autre particularité : l'éclatement. Eclatement des frontières culturelles, géographiques et sociales, éclatement des valeurs traditionnelles, des interdits et des tabous : la société occidentale de ce début de siècle se veut sans limites, sans balises, avec pour principal mot d'ordre la satisfaction du moindre besoin ou du moindre désir de l'individu, auquel la société se plaît à laisser croire qu'il est libre de courir vers sa propre gloire. A cette image, telle serait la musique de cette société : fille de multiples Icares qui, grisés par leur liberté, s'envolent vers le soleil. Combien s'y brûleront les ailes ?

6.2. *Postmodernisme ?*
Seconde piste, explication “horizontale” ou “chronologique” : les artistes ont l'attitude qu'on leur connaît *en réaction* à des événements passés, en l'occurrence le modernisme de la première moitié du XXe siècle. Avec leur quête de pureté et leur utopie du progrès, les modernes aspiraient à suivre *un* chemin – *le* chemin qui assurerait à la musique avenir et noblesse. Or, la voie de l'*un* impliquait l'anéantissement de *l'autre* : les artistes avaient *une* voie à suivre, et aucun égarement n'était possible. Au bout d'un certain temps, plutôt bref, en étant un si grand nombre à marcher dans un tunnel si étroit, les artistes ont rapidement manqué d'oxygène. Ils ont alors eu envie de sauter les barrières, sortir du chemin, pour gambader dans tous les sens, sans contraintes. En d'autres mots, les artistes ont voulu se *libérer*, et cet acte de libération a tôt fait de se trouver un nom : le *postmodernisme*. Cette histoire mène-t-elle jusqu'au XXIe siècle naissant ? Est-il possible de désigner la musique du présent par le concept de postmodernisme ? Certes, les caractéristiques d'ensemble de la musique au début du XXIe siècle, telles que nous avons tenté de les définir dans la présente étude, ont beaucoup en commun avec ce que l'on entend généralement par postmodernité : Scarpetta, un des premiers à se réclamer du postmodernisme, y associe lui-même l'impureté (1985), et il serait faux d'affirmer que cette “attitude” (Ramaut-Chevassus, 1998) est absolument révolue. Or, il est pourtant possible d'imaginer la suite du scénario. Supposons un jour où, le temps ayant fait son travail, l'asphyxie provoquée par les modernes ait été oubliée. Supposons un jour où, toutes les barrières ayant été détruites par les postmodernes, l'acte de révolte et de libération ne soit plus nécessaire, où la liberté ne soit plus un idéal à atteindre mais un acquis. Telle pourrait alors se définir, de manière générale, la musique à l'orée de l'an 2000 : une musique qui, faisant suite à la musique de *libération* des postmodernes, se *veut* libre – une musique de *liberté*.

6.3. *L'ascension d'Icare*
Avec ce sentiment absolu de liberté digne d'Icare, les créateurs en ce début de millénaire entraînent avec eux, dans leur ascension, les auditeurs. C'est pourquoi l'expérience de la musique du présent est si grisante, offrant à l'auditeur surprise après surprise, transcendant les limites du possible et de l'imaginable. Mais parallèlement à cette excitation, un double vertige se fait sentir, lié, en premier lieu, à l'insécurité de l'inconnu mais surtout, en deuxième lieu, à l'interrogation suivante : jusqu'où les ailes des compositeurs nous mèneront-elles ? Quelques frissons à l'idée d'une chute, certes, mais aussi quelques sueurs à l'idée d'avoir presque atteint le sommet, car une fois celui-ci gagné, où aller ? Mais

peut-être cette angoisse n'est-elle que le fruit d'une illusion récurrente dans l'histoire humaine : aussi bien les périodes perçues par leurs contemporains comme celles de l'aboutissement et l'"apogée" d'une évolution, que celles où les esprits sont désorientés par ce qu'ils perçoivent comme un amas de diversité et de confusion, ne s'abusent-elles pas elles-mêmes en croyant être *la dernière* ? Se penser à la fin de l'histoire, en fait, quel soulagement !

Espérons qu'avec le recul, les générations futures regarderont avec un sourire ironique cette angoisse typiquement "fin de siècle" qui marque notre époque. Sûrement pourront-elles nous comparer à des temps plus anciens – le baroque, par exemple – nous définissant comme une époque "techno-baroque", ou encore nous associeront-elles au point final d'une longue ère artistique nécessaire à une forme de renaissance. Car, qui sait ? Icare, juste avant de se brûler les ailes, décidera peut-être de faire demi-tour, à moins qu'il ne découvre, à la place du soleil brûlant, une nouvelle planète à explorer…

Bibliographie

ALBÈRA, P., 2001 : "Modernità : il materiale sonoro", "Modernità : la forma musicale", in *Enciclopedia della musica*, vol. I, *Il Novecento*, J.-J. Nattiez *et al.* (éd.), Turin, Einaudi, 2001, p. 119-165 ; "Modernité, I. Le matériel sonore" ; trad. fr., "Modernité, II. La forme musicale", in *Musiques. Une encyclopédie pour le XXIe siècle*, vol. I, *Musiques du XXe siècle*, J.-J. Nattiez (éd.), Arles-Paris, Actes Sud-Cité de la musique, 2003, p. 213-263.

Archipel, 2003 : programme (festival), Genève, 30 mars-6 avril 2003.

Ars Musica, 2003 : programme (festival), Bruxelles, 6-23 mars 2003.

BARICCO, A., 1992 : *L'Anima di Hegel e le mucche del Wisconsin*, Milan, Garzanti ; trad. fr., *L'Ame de Hegel et les Vaches du Wisconsin*, Paris, Albin Michel, 1998.

BOSSEUR, J.-Y., 1998 : *Musique et arts plastiques : interactions au XXe siècle*, Paris, Minerve.

CANTAGREL, G., 2002 : "Musica e gola", in *Enciclopedia della musica*, vol. II, *Il Sapere musicale*, J.-J. Nattiez *et al.* (éd.), Turin, Einaudi, 2002, p. 443-463 ; version française, "La musique et les plaisirs de la table", in *Musiques. Une encyclopédie pour le XXIe siècle*, vol. II, *Les Savoirs musicaux*, J.-J. Nattiez (éd.), Arles-Paris, Actes Sud-Cité de la musique, 2004, p. 472-492.

CHARLES, D., 2001 : *Fiction de la postmodernité selon l'esprit de la musique*, Paris, Presses universitaires de France.

CHION, M., 1994 : *Musiques, médias et technologies*, Paris, Flammarion.

COMPAGNON, A., 1990 : *Les Cinq Paradoxes de la modernité*, Paris, Le Seuil.

GALARD, J. et ZUGAZAGOITIA, J. (éd.), 2003 : *L'Œuvre d'art totale*, Paris, Gallimard-Musée du Louvre.

HARVEY, J., 2003 : "Quartet n° 4", *Ars musica 2003*, programme de festival, Bruxelles, p. 82-83.

HOBSBAWM, E. J., 1996 : *The Age of Extremes. A History of the World, 1914-1991*, New York, Vintage Books ; trad. fr., *L'Age des extrêmes. Histoire du court XXe siècle*, Bruxelles, Complexe, 1999.

HUREL, P., 2004 : *La Musique spectrale… à terme !*, conférence, Montréal, Festival Musimars, 4 mars 2004.

JANKÉLÉVITCH, V., 1960 : *Le Pur et l'Impur*, Paris, Flammarion.

LYOTARD, J.-F., 1986 : *Le Postmoderne expliqué aux enfants*, Paris, Galilée.

MANTOVANI, B., 2003 : "Le sette chiese", in *Cité de la musique. Espaces / la spatialisation*, notes de programme, Paris, 8 au 15 octobre 2003, p. 18-19.

MESSADIÉ, G. et LUSSATO, B., 1986 : *Bouillon de culture*, Paris, Robert Laffont.

MOLES, A., 1971 : *Psychologie du kitsch : l'art du bonheur*, Paris, Denoël-Gonthier.

MOLINO, J., 1975 : "Fait musical et sémiologie de la musique", *Musique en jeu*, n° 17, p. 37-62.

MOLINO, J., 1990 : "Du plaisir au jugement : les problèmes de l'évaluation", *Analyse musicale*, n° 19, p. 16-26.

MOLINO, J., 2001*a* : "Tecnologia, globalizzazione, tribalizzazione", in *Enciclopedia della musica*, vol. I, *Il Novecento*, J.-J. Nattiez *et al.* (éd.), Turin, Einaudi, 2001, p. 767-782 ; version française, "Technologie, mondialisation, tribalisation", in *Musiques. Une encyclopédie pour le XXIe siècle*, vol. I, *Musiques du XXe siècle*, J.-J. Nattiez (éd.), Arles-Paris, Actes Sud-Cité de la musique, 2003, p. 69-88.

MOLINO, J., 2001*b* : "Il puro e l'impuro", in *Enciclopedia della musica*, vol. I, *Il Novecento*, J.-J. Nattiez *et al.* (éd.), Turin, Einaudi, 2001, p. 1051-1063 ; version française : "Le pur et l'impur", in *Musiques. Une encyclopédie pour le XXIe siècle*, vol. I, *Musiques du XXe siècle*, J.-J. Nattiez (éd.), Arles-Paris, Actes Sud-Cité de la musique, 2003, p. 659-673.

Musimars, 2004 : programme (festival), Montréal, SMCQ-Faculté de musique de l'université McGill, 1er-6 mars 2004.

NATTIEZ, J.-J., 1999 : *La Musique, la Recherche et la Vie*, Montréal, Leméac.

NATTIEZ, J.-J., 2001 : "La musica dell'avvenire", in *Enciclopedia della musica*, vol. I, *Il Novecento*, J.-J. Nattiez *et al.* (éd.), Turin, Einaudi, 2001, p. 1251-1281 ; version française, "La musique de l'avenir", in *Musiques. Une encyclopédie pour le XXIe siècle*, vol. I, *Musiques du XXe siècle*, J.-J. Nattiez (éd.), Arles-Paris, Actes Sud-Cité de la musique, 2003, p. 1392-1424.

OLIVIER, D., 2001 : "Le «musiques actuelles»", in *Enciclopedia della musica*, vol. I, *Il Novecento*, J.-J. Nattiez *et al.* (éd.), Turin, Einaudi, 2001, p. 1182-1193 ; version française, "Les musiques actuelles", in *Musiques. Une encyclopédie pour le XXIe siècle*, vol. I, *Musiques du XXe siècle*, J.-J. Nattiez (éd.), Arles-Paris, Actes Sud-Cité de la musique, 2003, p. 1335-1346.

PROVOST, S., 2001 : "Complessità / Semplicità / Complessità", in *Enciclopedia della musica*, vol. I, *Il Novecento*, J.-J. Nattiez *et al.* (éd.), Turin, Einaudi, 2001, p. 514-525 ; version française, "Complexité / Simplicité / Complexité", in *Musiques. Une encyclopédie pour le XXIe siècle*, version française, vol. I, *Musiques du XXe siècle*, J.-J. Nattiez (éd.), Arles-Paris, Actes Sud-Cité de la musique, 2003, p. 620-631.

RAMAUT-CHEVASSUS, B., 1998 : *Musique et postmodernité*, Paris, Presses universitaires de France.

REA, J., 2001 : "Il postmoderno", in *Enciclopedia della musica*, vol. I, *Il Novecento*, J.-J. Nattiez *et al.* (éd.), Turin, Einaudi, 2001, p. 1207-1237 ; trad. fr., "Postmodernisme(s)", in *Musiques. Une encyclopédie pour le XXIe siècle*, vol. I, *Musiques du XXe siècle*, J.-J. Nattiez (éd.), Arles-Paris, Actes Sud-Cité de la musique, 2003, p. 1347-1378.

Résonances, 2003 : programme du festival, Paris, IRCAM, 15-24 octobre 2003.

Rien à voir (15e festival), 2004 : programme du festival, Montréal, Réseaux, 11-15 février 2004.

SCARPETTA, G., 1985 : *L'Impureté*, Paris, Grasset.

SCARPETTA, G., 1988 : *L'Artifice*, Paris, Grasset.

SCHNEIDER, M., 1993 : *La Comédie de la culture*, Paris, Le Seuil.

STEINER, G., 1989 : *Real Presences*, Chicago, University of Chicago Press ; trad. fr., *Réelles présences. Les arts du sens*, Paris, Gallimard, 1991.

Twenty-Second Music Biennale Zagreb. International Festival of Contemporary Music, 2003 : programme du festival, Zagreb, 4-12 avril 2003.

Troisième partie

TYPOLOGIES ET COMPARAISONS

Voix et instruments

Gilles Léothaud

CLASSIFICATION UNIVERSELLE DES TYPES DE TECHNIQUES VOCALES

Malgré leur importance aussi bien numérique que culturelle dans les musiques de tradition orale, les techniques vocales, en tant que telles, n'ont jamais fait l'objet de systématisations comparables à celles qui existent dans le domaine instrumental. Ainsi, la classification de Hornbostel et Sachs (1914), pourtant loin d'être totalement cohérente, a présenté suffisamment de qualités et d'efficacité pour être à peu près admise et adoptée par les chercheurs du monde entier. (A noter qu'une nouvelle classification, plus élaborée, est proposée par Geneviève Dournon dans le présent volume, p. 833-868.) Certes, des systèmes de classement touchant spécifiquement à la musique vocale ont déjà été proposés. Le plus connu est sans doute la *cantométrique* de Alan Lomax (1968 et 1976), qui dégage des traits spécifiques au répertoire vocal, les répartit et les compare dans des aires culturelles préalablement définies selon la classification de l'anthropologue Murdock (1957, 1962-1967 et 1967). Mais ces travaux, pour intéressants qu'ils soient, n'envisagent pas la voix comme instrument, dans sa dimension "organologique" pourrait-on dire.

Bien entendu, l'appareil vocal pourrait être simplement assimilé à un instrument de musique comme un autre, et trouver sa place dans les classifications déjà existantes. C'est, après tout, un instrument à vent, de la famille des anches membraneuses. Mais son particularisme est tel qu'il est possible de lui appliquer une problématique spécifique, débouchant sur l'élaboration d'une typologie fondée essentiellement sur des critères d'émission.

Chez l'homme, aucun des organes nécessaires à la production du langage et du chant n'a pour fonction première la phonation : tous doivent assurer en priorité des tâches nécessaires au maintien de la vie. Les poumons et la musculature respiratoire fournissent l'air qui oxygène le sang (hématose), puis l'expulsent avec le gaz carbonique, avant d'engendrer une onde sonore ; le larynx est d'abord le sphincter des voies aéro-digestives avant d'être mis en vibration par le courant aérien ; les cavités pharyngo-buccales, ainsi que le système articulateur – joues, dents et langue –, avant de moduler l'onde sonore et d'articuler les phonèmes, préparent par la mastication les aliments pour leur descente vers les organes de la digestion. La parole et le chant, acquisitions majeures de l'humanité, ne disposent pas de systèmes propres, contrairement à l'ouïe ou la vue et n'existent que par récupération, par détournements d'organes ou de fonctions. Le système phonatoire apparaît de ce fait non spécialisé, avec pour conséquence un très grand degré de liberté dans la réalisation des formes acoustiques. En d'autres termes, la détermination physiologique ne pèse pas d'un grand poids en matière vocale, et c'est davantage du côté de la culture que de la mécanique qu'il faut chercher les justifications de la pratique.

L'analyse d'une technique vocale doit nécessairement opérer dans une double perspective, celle de la production phonatoire et celle du signal sonore, ou si l'on veut, étudier d'une part comment est réalisé un énoncé vocal, et d'autre part, déterminer quelle est la nature acoustique de cet énoncé. Ce critère de premier niveau peut donc prendre en compte soit une technique vocale au sens physiologique du terme, soit une manifestation vocale, sous l'angle de la production phonique.

De nombreuses difficultés viennent limiter cette ambition et en atténuer la cohérence. L'étude de la production vocale à sa source n'est pas toujours possible, elle demande souvent la participation physique du chanteur et, dans ce cas, elle n'est pas réalisable à partir d'enregistrements. S'ajoutent à cela l'absence de vocabulaire technique consensuel, la méconnaissance encore importante de certains "gestes vocaux", et un recensement incomplet des techniques vocales dans le monde extra-occidental. Si une classification universelle s'avère nécessaire, elle est encore imparfaite et loin d'être achevée.

Les techniques vocales, à un premier niveau, peuvent se répartir en trois grands groupes :

– *groupe I* : les techniques réalisant une extension du système phonatoire au moyen d'un dispositif matériel rapporté au conduit pharyngo-buccal, afin de déformer, transformer, masquer ou travestir le timbre original ;

– *groupe II* : les techniques se limitant aux seuls moyens physiologiques pour produire et transformer le timbre vocal, sans référence externe ; il correspond à une utilisation "normale" ou orthodoxe du système phonatoire ;

– *groupe III* : les techniques mettant en œuvre des principes acoustiques d'interférences et de sons de combinaison susceptibles d'engendrer des illusions auditives fondées sur la perception de la hauteur spectrale.

Pour les exemples illustrant chacun de ces groupes et sous-groupes, nous renverrons à une sélection discographique. Les disques sont signalés par le nom du pays ou de l'ethnie concerné. Pour prendre conscience, auditivement, de l'extraordinaire variété des techniques vocales à travers le monde, nous nous permettons de renvoyer aux *Voix du monde. Une anthologie des expressions vocales* (Léothaud, Lortat-Jacob et Zemp, 1996, et, dans la discographie, *Voix*, 1996).

1. Groupe I : mixage voco-instrumental

1.1. *Mixage voco-instrumental par fusion*

Un grand nombre de techniques vocales, dans les cultures traditionnelles, sont étroitement liées aux instruments de musique, non que l'appareil phonatoire soit considéré lui-même comme un instrument, mais plutôt en raison de rapports de contiguïté ou de symbiose. Par "instrument de musique", il faut entendre – au sens le plus large – tout dispositif matériel susceptible de produire du son ou d'agir sur lui, au sein d'un processus musical. Voix et instruments sont parfois conçus comme les éléments séparés d'un ensemble unitaire qui, en se ressoudant le temps d'une exécution, se transforment l'un l'autre par interaction et constituent une entité nouvelle.

Nous désignerons l'ensemble de ces procédés par l'expression *mixage voco-instrumental*. Le fait d'adjoindre un dispositif matériel à la sortie de la bouche crée, de fait, un nouveau profil phonatoire.

Il existe différents procédés de mixage voco-instrumental qui peuvent se ramener à trois configurations acoustiques de base : *a)* CV + CPB + résonateur ; *b)* CV + CPB + mirliton ; *c)* CV + CPB + système excitateur, où CV désigne les cordes vocales, c'est-à-dire l'excitateur, et CPB, le conduit pharyngo-buccal, c'est-à-dire les cavités naturelles de résonance.

a) Voix (CV + CPB) + résonateur

La première configuration offre un large éventail de réalisation. Dans ce cas, un résonateur s'ajoute aux cavités de résonance physiologiques et agit sur l'onde sonore déjà émise comme troisième cavité, en série avec les deux précédentes. On sait que, dans ce cas, les fonctions acoustiques de transfert agissent séparément sur l'onde laryngée, créant chacune leur propre distorsion dans le spectre sonore : le son laryngé primaire, déformé d'abord par le pharynx et la bouche, l'est encore une fois par ce dispositif placé à la sortie des lèvres et dans lequel chante le musicien.

L'exemple le plus simple est fourni par les propres mains du chanteur utilisées comme résonateur post-buccal. On rencontre de telles techniques au Burundi sous la forme des *ubuhuba*, ou "petites souffleries", qui consistent à faire vibrer les lèvres entre les mains jointes pour obtenir un son d'instrument à anche (Burundi, pl. 3 et 4).

Le dispositif peut être rapporté, extérieur au corps lui-même. Il en existe trois types, dont les principes d'action sont différents : les masques, les altérateurs de voix et les microphones.

Les masques

Ils participent du principe général du déguisement vocal. Ils sont attestés dans le monde entier, et leur ancienneté se perd dans la nuit paléolithique. Dans les sociétés archaïques, ils sont liés au rituel, dont ils constituent un élément important.

Un masque agit principalement sur trois plans. Il modifie d'abord l'aspect extérieur, et peut n'être que facial ou au contraire dissimuler le corps entier. Mais en permettant l'identification à un personnage – esprit d'un ancêtre, animal, génie ou divinité –, il transforme le comportement de son porteur par la possession qu'il induit et qui se manifeste souvent par la transe. Le masque n'est autre qu'un médium, dont le rôle est de provoquer et de faciliter cette transmutation. Il peut enfin déformer le timbre de la voix dans le cas fréquent où il oppose une barrière matérielle au spectre rayonné : il joue alors le rôle d'un filtre passe-bas qui coupe ou plutôt atténue plus ou moins les harmoniques aigus. C'est bien la voix et non plus seulement le corps qui est alors déguisé.

Les masques sont particulièrement élaborés en Afrique de l'Ouest, notamment chez les Dogons du Mali ou les Dan de Côte-d'Ivoire et du Liberia (Dan). Ces derniers distinguent deux sortes de masques : les "masques habillés" et les "masques dénudés". Les premiers sont des masques traditionnels, portés toujours par des hommes ; les seconds sont des masques uniquement sonores, regroupant plusieurs éléments pour former un "masque ensemble", à la voix composite : par exemple, pour un seul masque, l'association de sifflets, d'une voix gutturale et d'une autre chantant dans une poterie.

Dans le théâtre nô du Japon, l'acteur principal, ou *shite*, porte un masque dont l'action est double : filtrer les fréquences de la voix entre 1 000 et 3 000 Hz, et créer un formant nettement dessiné à 800 Hz (Japon, 1987).

Les altérateurs de voix

Les altérateurs de voix – porte-voix ou tube dans lequel on chante – existent surtout dans le monde mélanésien. Ainsi en Nouvelle-Guinée, les Papous iatmul chantent dans le *mai*, un tuyau de bambou ouvert aux deux extrémités ; les lèvres entourent l'embouchure, la langue et les dents restant libres pour articuler des paroles (Papous, pl. B14).

Un vase, une poterie, une casserole, peut également servir d'altérateur de voix ; on en connaît des exemples chez les Inuit (Inuit, pl. 11, 70, 80), aussi bien qu'au Rajasthan.

Les 'Aré' aré des îles Salomon utilisent même dans certains cas les tuyaux d'une flûte de Pan comme résonateurs : ils chantent en voix de fausset une mélodie en la jouant simultanément sur la flûte, mais en faisant seulement vibrer la fréquence propre des tuyaux, sans souffler sur l'arête (*Voix*, II, pl. 22).

Le microphone

L'usage du microphone à des fins déformantes reste marginal, surtout dans les cultures orales. Le procédé consiste à déformer la voix en jouant sur la distance et la qualité de l'espace entre la bouche et le micro ; acoustiquement, ce sont les conditions de diffraction de l'onde sonore sur la capsule qui sont modifiées. Cette technique, souvent utilisée au music-hall pour imiter les instruments de musique ou produire divers bruitages, est connue dans des musiques urbaines amplifiées d'Afrique ou d'Amérique du Sud (Zaïre, pl. 1).

b) Voix (CV + CPB) + mirliton

Dans cette deuxième configuration, à la place d'un résonateur, une membrane vibrante – le mirliton – est appliquée contre la bouche. Les enfants occidentaux connaissent le peigne entouré de papier de soie, et les jeunes Malgaches utilisent une tige de riz écrasée pour imiter les vagissements des nourrissons ; les deux mains placées devant la bouche maintiennent le mirliton tout en lui offrant une caisse de résonance (*Voix*, I, pl. 15). En tant qu'instrument de musique autonome, le mirliton est un tube creux muni à l'une ou aux deux extrémités d'une membrane près de laquelle est percée une ouverture sur laquelle on pose les lèvres pour émettre des sons ; le *kazoo* du commerce en offre un exemple voisin, avec une seule membrane.

La simplicité du dispositif tranche avec la complexité du principe acoustique. La membrane, mise en vibration non par le souffle expiratoire mais directement par l'onde sonore, génère en retour une distorsion harmonique qui modifie considérablement l'enveloppe du spectre initial. Ce procédé est parfois utilisé avec d'autres instruments de musique, au demeurant forts différents les uns des autres : xylophones à résonateurs multiples d'Afrique subsaharienne (Xylophones, pl. 5-10), flûtes traversières d'Extrême-Orient (Mirliton, pl. 15), ou vièles d'Europe centrale.

Par ses facultés "déguisantes", le mirliton est un instrument fortement connoté à la magie ou au rituel dans certaines cultures. Ainsi, au Honduras, des guérisseurs utilisent également une voix "mirlitonnée" associée au registre de fausset (*Voix*, II, pl. 11). Chez les Baoulé de Côte-d'Ivoire, le mirliton, constitué d'un os de toucan obturé par une membrane de cocon d'araignée, est associé au tambour à friction pour produire la voix des esprits protecteurs (*Voix*, II, pl. 12).

c) Voix (CV + CPB) + système excitateur

Avec la troisième configuration, ce n'est plus un résonateur ajouté, mais un système excitateur à part entière qui est placé à la sortie de la bouche afin de mettre en vibration l'air expiré pendant le chant. Ce système excitateur peut être constitué soit par les lèvres elles-mêmes formant un biseau (chanter en sifflant), soit par une arête couplée à un résonateur (flûte globulaire) ou à un tuyau (flûte tubulaire). Dans tous les cas, l'air déjà mis en vibration par les cordes vocales est réutilisé pour être soumis à la nouvelle périodicité d'un excitateur externe, rapporté au conduit pharyngo-buccal, et qui produit un son nouveau, distinct et indépendant de celui de la voix.

Au Togo, les Kabiye utilisent des "flûtes d'eau" appelées *nyefè* lors de rituels liés à la saison des pluies. Ce sont des tubes de bambou fermés à une extrémité et remplis d'une certaine quantité d'eau pour en déterminer la hauteur ; les *nyefè* sont exclusivement réservées aux femmes qui ne soufflent pas dedans directement mais chantent des sons gutturaux. Le souffle expiratoire est ainsi mis en vibration par le biseau de la flûte dont on entend la note unique mélangée à la voix de la chanteuse.

L'utilisation la plus élaborée est sans conteste le chant dans la flûte. Il est attesté dans de nombreuses régions, mais c'est une véritable spécialité de l'Asie centrale, jusqu'au Rajasthan. Les Bachkirs, en Oural méridional (Oural, pl. 18), jouent de la flûte *kuraï* faite d'une tige d'angélique séchée d'environ 1 mètre de long ; l'instrument est insufflé obliquement à droite, la langue roulée à gauche, et le musicien joue tout en émettant des sons proches de ceux de la guimbarde, tantôt en bourdon accompagnateur, tantôt en premier plan sonore, la flûte accompagnant alors le chant. Au Baloutchistan, au Pakistan et au Rajasthan (*Voix*, II, pl. 23), la flûte oblique se prête à une technique voisine ; certains musiciens indiens (Rajasthan, pl. 1-3) parviennent même à intercaler des mots et à mener un récit par bribes entre le jeu de la flûte et le bourdon vocal.

On peut aussi classer dans ce groupe les techniques consistant à chanter pendant le jeu de la guimbarde, pratique peu courante, mais attestée par exemple chez les aborigènes maria du Madhya Pradesh en Inde (Bastar, pl. B9). Toutefois, la guimbarde induit une technique vocale différente (voir *infra*).

1.2. *Mixage voco-instrumental par juxtaposition*

Dans les techniques décrites jusqu'à présent, la voix était mixée, mêlée à un son d'instrument ou modifiée par lui. Mais il existe des cas où le chant est juxtaposé à celui d'un instrument à vent. Il n'y a plus superposition, mais association intime de deux sources de même origine, à partir du même souffle, dont le décalage temporel n'empêche pas une impression de fusion qui n'existe pourtant pas *stricto sensu*. C'est le cas du hoquet voco-instrumental.

Ce procédé est surtout exploité en Afrique équatoriale, chez les Pygmées (M'Benzélé, pl. 1). Le *hindewu* m'benzélé (ou *mobeke* chez les Aka) est un sifflet de 7 à 8 centimètres de long, taillé dans une branche de papayer, naturellement creuse, et qui produit une hauteur fixe. Le jeu consiste en un hoquet entre voix et instrument, c'est-à-dire en une succession régulière – plus ou moins serrée – de sons de sifflet et de sons chantés, généralement sur trois hauteurs, la flûte fournissant la quatrième note, toujours la plus aiguë. Il en résulte une sorte de troisième terme, voix composite créée par la collaboration du son vocal et du souffle expiratoire sonorisé par le *hindewu*. C'est en quelque sorte l'alternance rapide d'un excitateur interne (les cordes vocales) et d'un excitateur externe (le biseau). Les Pygmées sont des virtuoses de cet instrument et l'utilisent à l'occasion des retours de chasse fructueuse.

Cette technique est observée dans quelques autres régions du monde. Chez les Papous huli (Huli, pl. A4), le musicien chante en voix de fausset et souffle alternativement dans un petit tube de bambou *(pilipè)* produisant lui aussi une seule hauteur, supérieure aux notes de la mélodie chantée qui, contrairement aux exemples africains, peut comporter des paroles.

La technique du hoquet voco-instrumental peut se complexifier, d'abord par l'usage d'une flûte à plusieurs trous d'intonation. Chez les K'mu du Laos (K'mu, pl. B3), les femmes chantent et soufflent alternativement dans une flûte traversière à embouchure centrale, produisant ainsi une double mélodie, à la fois par mixage et par alternance si serrée des deux sources qu'il est presque impossible de les distinguer à l'oreille.

Chez les Ouldémé, au nord du Cameroun, les flûtes *ajelin* n'ont pas de trous d'intonation, comme chez les Pygmées, mais c'est leur nombre qui augmente pour se constituer en véritable ensemble instrumental. La formation peut comporter de trois à cinq femmes tenant chacune deux tuyaux de longueurs différentes : le hoquet polyphonique se constitue sur deux niveaux, entre les femmes elles-mêmes et les sons de leurs deux tuyaux d'une part, entre leur propre jeu et celui de leurs partenaires d'autre part (Cameroun, pl. 1).

Le *didjeridu* des Aborigènes d'Australie – nom couramment utilisé pour désigner un instrument existant dans différentes ethnies sous d'autres appellations – représente un cas hybride, puisque tout à la fois tuyau sonore et résonateur (Australie, 1963, pl. 25). Sous la forme d'une branche d'eucalyptus pouvant atteindre 2 mètres de longueur, c'est d'abord un altérateur de voix dans lequel les musiciens prononcent des syllabes variées, couvrant un large éventail de phonèmes. Mais c'est également une trompe dans laquelle vibrent les lèvres, avec en outre la technique de la respiration circulaire afin de produire un spectre continu et riche en harmoniques, d'où ressortent, au gré des accents rythmiques, divers partiels. La voix ainsi déformée joue autant sur le timbre, par alternance de couleurs vocaliques, que sur le rythme, par des impulsions organisées selon un schéma accentuel plus ou moins complexe.

1.3. *Imitation des instruments de musique*

Dans les rapports complexes que la voix entretient avec les instruments de musique, ces derniers sont parfois virtuels, et leur existence n'est plus alors que phonatoire. L'imitation vocale des instruments de musique peut paraître anecdotique, mais ce serait méconnaître une grande différence d'appréciation entre les sociétés dites de haute culture – celles qui connaissent l'écriture et considèrent la voix humaine comme un modèle à imiter par les instruments, exprimant en cela une conception anthropocentrique – et nombre de cultures archaïques, où selon des conceptions animistes, l'esprit est présent dans les objets, la voix devant alors imiter l'instrument, autrement valorisé qu'une chose inerte.

On peut distinguer cinq fonctions imitatives principales.

a) Fonction de substitution

Lorsqu'un instrument jugé indispensable fait défaut, il existe toujours la ressource de l'imiter. Loin d'être une boutade, cette réponse fut la cause du développement par les Noirs de certaines techniques vocales dans les débuts du jazz, à l'époque où leur prix rendait certains instruments inaccessibles. L'imitation du cornet à piston ou de la trompette bouchée fut courante, et la tradition s'en est perpétuée jusqu'à aujourd'hui. Le réalisme de l'imitation est alors obligatoire (Jazz, pl. 9).

Mais l'imitation peut être la réponse à une spoliation : à Bali, dans certains villages où les orchestres ont été volés au temps de la colonisation, s'est développée la pratique du gamelan vocal, véritable imitation par des chanteurs des percussions disparues (Bali, pl. 16).

Des choix culturels sont souvent à l'origine de ces techniques. Certains Roms de Hongrie, perpétuant une ancienne tradition dictée par la pauvreté, refusent d'utiliser les instruments de musique, leur substituant des effets sonores vocaux, onomatopées, roulements de langue virtuoses et bruits divers exploitant les richesses du timbre vocal (Tsiganes, pl. 16).

b) Fonction ludique

Imiter un instrument de musique peut être un jeu ou un passe-temps. L'*ubuhuba* du Burundi, décrit plus haut, en est un exemple

(Burundi, pl. 3 et 4). L'imitation prend parfois valeur de tour de force et de virtuosité. Dans ce cas, comme pour la fonction de substitution, la ressemblance avec le modèle est de rigueur. Pendant leurs longues transhumances, les bergers mongols (Mongols, pl. B2) occupent une partie de leur temps à jouer de la flûte traversière *limbe* puis à en produire une imitation, dite "par le nez", d'une fidélité confondante grâce à une émission vocale très tendue en registre de fausset, une forte pression sous-glottique, et un travail important de la pointe de la langue contre la voûte palatine (les lèvres restant presque immobiles), afin de reproduire les ornements si caractéristiques du jeu instrumental.

c) Fonction mimétique

La sensibilité au timbre est très développée dans de nombreuses cultures où l'harmonisation des différentes couleurs instrumentales entre elles revêt une grande importance. C'est dans cet esprit qu'un chanteur modèle sa voix sur l'instrument qui l'accompagne, et vice versa dans la mesure du possible.

La lyre éthiopienne *bagannâ* possède des cordes graves qui bourdonnent et "grésillent", à la manière de certains luths indiens ; la voix qu'elle accompagne prend parfois des inflexions similaires dans le grave elle aussi, et les deux timbres fusionnent alors sur les unissons (Ethiopie, pl. A5).

Mais c'est surtout avec les instruments à cordes frottées, naturellement plus proches du timbre vocal, que peut se produire une véritable imprégnation mimétique. De tels exemples sont courants avec des vièles d'apparence rudimentaire, comme en utilisent les caravaniers de l'Himalaya (Sikkim, pl. A5) ou du Tibesti, au Tchad (Teda, pl. 12). Là, les Teda utilisent une vièle appelée *kiiki*, dont l'unique corde est faite du même crin que celui de l'archet ; le chanteur fredonne doucement, en voix de fausset, souffle parfois entre ses dents pour mieux imiter encore le frottement de l'archet, réalisant ainsi un rapprochement des timbres vocaux et instrumentaux.

d) Fonction didactique

Reproduire vocalement les sons d'un instrument de musique, non dans l'intention de l'imiter mais pour l'enseigner à un élève, est un procédé largement répandu dans les sociétés traditionnelles. Cette pratique s'est développée dans les hautes cultures asiatiques, surtout pour l'enseignement de la percussion.

En Inde, où le jeu du *tabla* a atteint un haut degré de technicité, les différentes frappes du tambour portent des noms à caractère onomatopéique – l'alphabet rythmique ou *bola* (Tabla, pl. A1). Il existe ainsi plus d'une vingtaine de *bola*, que l'élève commence par apprendre un par un, puis qu'il combine en formules stéréotypées, d'abord oralement, puis sur son instrument. La complexité et la virtuosité du jeu digital se traduisent par une rapidité d'élocution spectaculaire dans la déclinaison des formules rythmiques.

Un énoncé onomatopéique des frappes – plus simple – existe aussi en Iran pour le *zarb*, dans les pays arabes, ainsi qu'en Extrême-Orient, notamment au Viêtnam pour le tambour de cérémonie *trông nhac* joué avec des baguettes. Mais ce principe des syllabes mnémotechniques n'est pas réservé à la percussion, et au Japon, tous les instruments de la musique classique sont susceptibles d'être imités dans cet esprit.

e) Fonction rituelle

Un instrument peut être "humanisé", acquérir une nouvelle dimension spirituelle par la vocalisation de sa sonorité perçue alors comme une forme de transsubstantiation. Ainsi, au Bénin, tel tambour est frappé dans certaines séquences du rituel, seulement verbalisé dans d'autres. D'autre part, dans des récits mythiques, la voix prend en charge le timbre de certains instruments et fournit du même coup de précieuses informations sur la manière dont ce timbre est entendu par les membres de cette culture : par exemple le récit, par un vieux Banda gbambiya, de la création des xylophones dans son ethnie (Centrafrique, pl. 3).

1.4. *Imitation des animaux*

Ce genre de technique est observé dans de nombreuses populations, et comme pour les instruments de musique, possède plusieurs fonctions, ludique, signalétique, cynégétique, et magique. Ainsi, les Aborigènes australiens se plaisent parfois à incorporer dans le jeu du *didjeridu* une imitation des aboiements et grognements du dingo (Australie, 1968, pl. 1).

Imiter le cri d'un animal est une technique d'approche ou d'appât du gibier bien connue des chasseurs forestiers, comme les Pygmées en Afrique centrale (Aka, pl. A1) ou les Wayãpi de l'Oyapock, qui imitent parfaitement le tinamou, l'atèle ou l'agami (Guyane, pl. B6-10). Si d'autres usages du camouflage sonore ont dû être employés, notamment pour la guerre, ils ne sont pas formellement attestés.

Au cours de certains rituels de possession, un individu peut se "transformer" en animal, en être investi par possession, et reproduire alors son cri, généralement avec une grande ressemblance. De tels phénomènes existent dans le chamanisme sibérien où ces imitations, en se désacralisant, donnent naissance à un répertoire profane qui en conserve les techniques vocales (Sibérie, pl. 11).

2. Groupe II : techniques physiologiques

En dehors des rapports étroits qu'elle entretient avec les instruments de musique, la voix est cultivée pour elle-même, sans références matérielles extérieures. Les techniques vocales sont ici fonction des paramètres sonores traditionnels : timbre, hauteur et intensité.

2.1. *Le timbre*

Il peut s'apprécier selon deux critères distincts, facilement appréciables par la spectrographie : la *proportion de bruit* présent dans le signal, et la *couleur*, fonction de la composition harmonique.

a) Proportion de bruit

Le premier critère renseigne sur la présence et l'importance d'éléments bruyants au sein du spectre : rugosité, raucité, "noirceurs" et autres "impuretés", le plus souvent intentionnels. Il est possible d'imaginer des quantifications perceptives à la manière de Mantle Hood (1971, in 1982, p. 161 *sq.*) sur des échelles graduées, allant de la voix "lisse", dont le spectre purement harmonique constitue l'idéal du bel canto occidental, au timbre le plus chargé, comme le cultivent par exemple les chanteurs de flamenco (voix *afilla*) (Flamenco, pl. 8).

Une seconde échelle peut être dédiée au souffle, plus ou moins audible dans le timbre, et dont la présence est parfaitement contrôlable par l'analyse acoustique. Si la pureté de l'émission, c'est-à-dire la suppression de tout bruit d'écoulement d'air, est recherchée dans la musique occidentale aussi bien pour les instruments à vent que pour le chant, c'est loin d'être le cas dans certaines traditions, pour lesquelles un souffle audible garantit au contraire la nature humaine de la musique. Le souffle, généralement peu présent dans les voix projetées (voir *infra*), fait au contraire partie intégrante du timbre dans d'autres techniques, comme au Burundi, où il existe un chant chuchoté accompagné par la cithare *inanga* ; selon les musiciens, cette manière de chanter est celle qui procure le meilleur équilibre sonore entre voix et instrument (Burundi, pl. 1).

Certaines techniques vocales utilisent largement la sonorisation du souffle. Nul n'ignore l'importance du souffle, symbole de vie, dans les religions traditionnelles, et les mystiques, les contemplatifs ou les yogis insistent sur l'importance de son contrôle. Chez les derviches de certaines confréries soufies, la respiration se change en halètements saccadés dont la répétition provoque, par suroxygénation du sang, un état second favorisant l'entrée en transe. Ce procédé est connu dans le monde islamique sous le terme générique de *dhikr* (*Voix*, I, pl. 16).

A Madagascar, le *rimotsy* des Antandroy consiste à créer un rythme par des successions brusques et rapides d'expirations et d'inspirations sonorisées (Madagascar, 1997, pl. 17). Souvent comparé à un racleur vocal, il sert aussi bien à chauffer l'ambiance et à dynamiser le chant qu'à favoriser l'entrée en transe dans les séances de possession.

b) Couleur

La couleur de la voix est globalement déterminée par la répartition de l'énergie spectrale : les voix sombres possèdent peu d'énergie dans l'aigu, à l'inverse des voix claires ; les timbres éclatants ou brillants présentent une décroissance harmonique de forme exponentielle ; les voix minces ont peu d'énergie dans les zones inter-formantiques. Ici, ce ne sont évidemment pas les qualificatifs qui comptent, mais l'analyse spectrale, qui en objective, au moins en partie, la perception.

La nasalité doit également être prise en compte : fortement prégnante dans certaines cultures, notamment autour de la Méditerranée, c'est une qualité facilement repérable à la fois par l'oreille et par l'analyse (Italie, pl. 20).

2.2. *La hauteur*

a) Tessiture

L'appréciation de la hauteur passe naturellement par une reconnaissance de la tessiture, mais, à l'inverse de l'Occident qui en a poussé fort loin la taxinomie, ce critère semble peu pertinent dans les cultures orales, où une répartition de type soprano, alto, ténor et basse n'aurait souvent pas de sens. C'est pourquoi il est préférable d'entendre par tessiture une donnée plus générale, de type grave, médium et aigu, à laquelle s'ajoute une notion importante, celle d'aisance, de confort, ou au contraire de difficulté, de dépassement d'aptitude personnelle. Certaines voix très aiguës ou tendues ne le sont qu'au prix d'efforts considérables, fruit d'un travail vocal approprié, et ce serait une erreur de croire ces performances naturelles. Dans l'Oach, par exemple (Roumanie, pl. 8), les jeunes gens se préparent longtemps et s'entraînent pendant des années pour produire un jour, au cours d'un bal, la note la plus aiguë possible qui, en cas de succès, leur vaudra un prestige considérable dans la communauté.

b) Registration

La registration, paramètre spécifique à la voix humaine, conditionne largement le paramètre de la hauteur.

Lorsqu'un chanteur parcourt la totalité de son étendue vocale, par exemple du grave à l'aigu, de façon naturelle, sans technique vocale particulière, le timbre n'en reste pas homogène d'un bout à l'autre ; il se produit de brusques changements de couleur en passant de l'extrême grave au grave et au médium, de la fin du médium au début de l'aigu, et de l'aigu au suraigu. La voix change de timbre, ce sont les changements de registre, bien connus des théoriciens du chant (exemple 1).

Exemple 1

Changements de registre sur un glissando ascendant

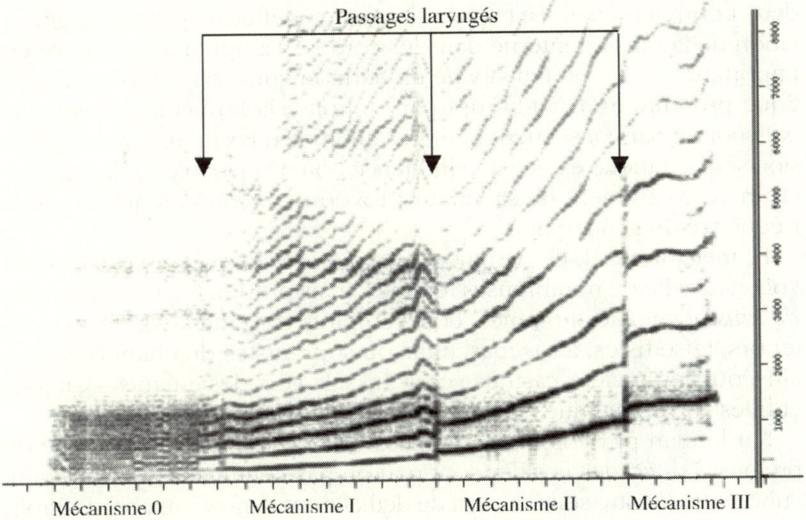

Nous savons désormais, grâce aux travaux de Vennard (1967) et aux nombreuses recherches qui ont suivi, que ces changements de timbre sont provoqués par des modifications de la configuration vibratoire des cordes vocales, d'où l'élaboration d'une terminologie, plus précise (voir notamment Castellengo *et al.*, 1983, et Castellengo, 1991), précisant les anciennes dénominations telles que *voix de poitrine, voix de tête, voix de fausset, voix de gorge*, etc. Cette nouvelle terminologie, en passe de devenir consensuelle dans la communauté scientifique francophone et ailleurs, définit quatre modes vibratoires distincts, ou passages laryngés, appelés "mécanisme 0" (registre de *strohbass*, ou *fry*), "mécanisme I" (registre de poitrine), "mécanisme II" (registre de tête pour les femmes et de fausset pour les hommes), "mécanisme III" (registre de sifflet pour les femmes).

Le mécanisme 0 produit un timbre extrêmement grave, et même grasseyant, sur une tonalité inférieure à celle de la voix parlée. Encore mal connu sur le plan physiologique, il correspond à une fermeture incomplète de la glotte lors de la phonation. Il en résulte un bruit de souffle audible malgré la faible pression sous-glottique. Le chant classique occidental ne recourt jamais à ce registre, sauf pour obtenir des effets spéciaux.

Le mécanisme I produit la voix naturelle des hommes adultes, et de certaines femmes qui peuvent l'utiliser en permanence dans la voix parlée. Les cordes vocales sont contractées et s'accolent sous forme de deux bourrelets épais. La montée dans l'aigu s'effectue par une augmentation de la tension interne dans les cordes ; l'amplitude vibratoire est importante, et le son émis riche en harmoniques, car l'ouverture glottique présente un front abrupt par rapport à la fermeture, plus lente, engendrant par conséquent une oscillation de relaxation. Enfin, la pression sous-glottique exerce une influence non négligeable sur la hauteur, et un accroissement de sa valeur provoque une augmentation de la fréquence du son laryngé.

Le mécanisme II, couramment nommé *voix de tête*, correspond à la voix naturelle de nombreuses femmes, mais produit également la *voix de fausset* chez les hommes, et les emplois de hautes-contre, contre-ténors, falsettistes, altos masculins ou sopranistes du chant baroque, ainsi que les anciens castrats ; c'est aussi la voix des enfants – garçons et filles – avant la mue.

Sur le plan physiologique, le mécanisme II s'avère antinomique du premier. Les cordes vocales sont peu ou pas contractées, et s'accolent l'une contre l'autre sous l'aspect de deux lames minces, aux bords étroits et peu profonds. L'amplitude vibratoire est faible et la fourniture laryngée moins riche en harmoniques qu'en mécanisme I, car les ouvertures et fermetures périodiques sont moins abruptes et de durées voisines. Quant à la pression sous-glottique, elle n'intervient que très peu dans la montée vers l'aigu, d'importantes variations de sa valeur n'exerçant presque pas d'influence sur la fréquence du son chanté.

En mécanisme III, les muscles vocaux sont totalement relaxés, les ligaments tendus au maximum et la compression médiane – c'est-à-dire des cordes l'une contre l'autre – à sa plus haute valeur ; l'ouverture glottique n'intéresse plus qu'une partie des cordes. Une telle configuration, avec une importante pression sous-glottique, donne accès à l'extrême aigu de la voix féminine mais aussi de la voix masculine où il peut parfaitement exister. Ce mode d'émission est connu en chant lyrique occidental sous diverses appellations, telles que *voix de sifflet*, *registre de flageolet* ou *petit registre*, ces deux dernières dénominations ne valant que pour les femmes.

Les registres sont perçus dans beaucoup de cultures comme un caractère important dont l'emploi doit être plus ou moins strictement réglementé : la registration vocale apparaît ainsi comme un véritable marqueur culturel conditionnant nombre de comportements vocaux, particulièrement chez les hommes, où le mécanisme II se charge de valeurs symboliques.

Ainsi, en Occident, le grave en voix de poitrine et l'aigu en fausset furent le mode normal d'émission pendant les périodes baroque et classique, jusque vers 1830 où les canons esthétiques changèrent, prohibant le mécanisme II pour les hommes et imposant aux voix lyriques l'aigu exclusivement en voix de poitrine, beaucoup plus sonore, héroïque et spectaculaire. Cette règle s'est imposée partout, et est plus que jamais en vigueur dans le monde lyrique actuel.

Dans les cultures traditionnelles, il existe des impératifs phonatoires du même ordre. Le mécanisme II chez les hommes est prohibé dans les musiques modales (Inde, Iran, Turquie, pays arabes), mais de rigueur dans maintes traditions théâtrales d'Extrême-Orient – et pas seulement pour les rôles travestis. Les contraintes sont plus rares chez les femmes, mais il existe des traditions où l'on réserve la voix de tête à quelques effets expressifs qui prennent alors un relief saisissant, comme, au Japon, l'épopée accompagnée au *biwa* déclamée selon le mécanisme I (Japon, 1994, pl. 1). Dans le chant long *urtyn duu* mongol, la voix de fausset n'est pas admise chez les hommes, alors que les femmes doivent chanter le grave en registre de poitrine et l'aigu en voix de tête (Mongolie, 1994, pl. 19).

Le monde méditerranéen valorise fortement le mécanisme I. Les hommes s'expriment dans l'aigu, et même le suraigu de leur voix de poitrine, et les femmes dans ce même premier mécanisme, c'est-à-dire, pour elles, dans le grave. De telles conduites vocales sont attestées notamment en Italie (Italie, pl. 20), à Malte, en Espagne (Espagne, XXVI, pl. 19) et au Portugal (Portugal, pl. 1), ainsi que dans l'aire maghrébine.

Il existe une technique essentiellement fondée sur les changements de registre, connue d'abord sous la forme du *jodel* (ou *yodel*) alpin, et pratiquée par des populations germanophones (Suisse, pl. 10-11). Le terme a été conservé pour désigner ce procédé dans les différentes régions du monde où il a été observé depuis, principalement en Europe du Sud et dans les Balkans, et à l'Est jusqu'en Géorgie (Géorgie, pl. 8), en Mélanésie (Salomon, 1978-1990, pl. 8), chez les Pygmées d'Afrique équatoriale (Gabon, pl. 2) et les San d'Afrique du Sud.

Le *jodel* consiste à vocaliser en passant rapidement et fréquemment du mécanisme I au mécanisme II et vice versa, sur de larges intervalles ; les syllabes utilisées sont dénuées de sens, mais leurs voyelles, ouvertes ou fermées, facilitent la transition d'un registre à l'autre (par exemple "è-i" pour passer du mécanisme I au mécanisme II).

Le mécanisme 0 fait l'objet d'utilisations très différentes selon les cultures. La voix *fry*, souvent associée aux masques, est utilisée en Afrique ; les Bassari du Sénégal la nomment "voix roulée" ou "voix d'eau", rendant bien compte de son timbre granuleux (Sénégal, pl. 4). De là, elle est passée chez les chanteurs de jazz (Ida Cox, Louis Armstrong). Elle consiste en une émission rauque caractérisée par une vibration à basse fréquence de l'épiglotte, de la luette, ainsi que des bandes ventriculaires, modulant l'enveloppe de la fréquence fondamentale (Dan, pl. 10). Le mécanisme 0 permet enfin la technique *period doubling* (voir *infra*, Techniques spectrales).

2.3. *L'intensité*

Les catégories de l'intensité touchent principalement à deux paramètres : l'extériorisation et la dynamique. L'extériorisation couvre un champ allant de la forte projection vocale, avec volonté manifestée d'être entendu et d'agir sur autrui – voix de plein air, chant à tue-tête (Roumanie, pl. 8), voix publiques, griots ou *dyeli* d'Afrique occidentale (Guinée, pl. A1), voix d'opéra… –, à la voix intime, au chant pour soi ou pour un auditoire réduit, voix chuchotée ou murmurée. L'intensité acoustique, mesurable en décibels, n'est cependant pas le facteur le plus important : c'est la réalisation phonatoire de cette intensité qui importe, à savoir la tension, l'appui sous-glottique et l'appui abdominal principalement. Une oreille exercée peut analyser – au moins en partie – la technique d'un chanteur. Mais sans analyses en présence effective de celui-ci, des incertitudes demeureront. D'une façon générale, plus le soutien abdominal est important, plus la voix est puissante, sans pour autant donner une impression d'effort. Avec l'appui sous-glottique, c'est le contraire, l'effort est manifeste, voire manifesté, la voix semble forcée, parfois jusqu'à la sensation de mise en danger de l'organe du chanteur.

Quant à la dynamique, elle est considérée ici dans son sens habituel de rapport d'amplitude, de l'intensité la plus petite à l'intensité la plus grande. Dans de nombreuses cultures africaines, la dynamique est réduite, tout est dans la nuance *forte* ; dans un râga indien, au contraire, l'*alap* exige un très long *crescendo* (Inde, pl. A1).

2.4. *Techniques ornementales*

L'ornementation rend instable la ligne mélodique, coupe le flux de l'émission et s'affranchit de la registration. Elle est à l'origine de nombreux gestes vocaux, souvent fort complexes, et suppose de la part des organes phonatoires une mobilité, une synchronisation musculaire et une plasticité souvent inconnues de la technique occidentale classique.

Les systèmes de transcription manuels, si sophistiqués soient-ils, en rendent difficilement compte, et seules les notations de type spectrographique donnent une idée de cette richesse (exemple 2).

Exemple 2

Quatre types d'ornements

Corée : *pansori*

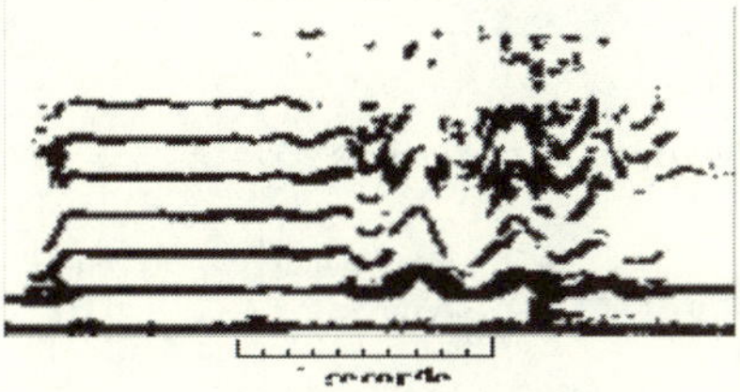

Iran : *tahir*

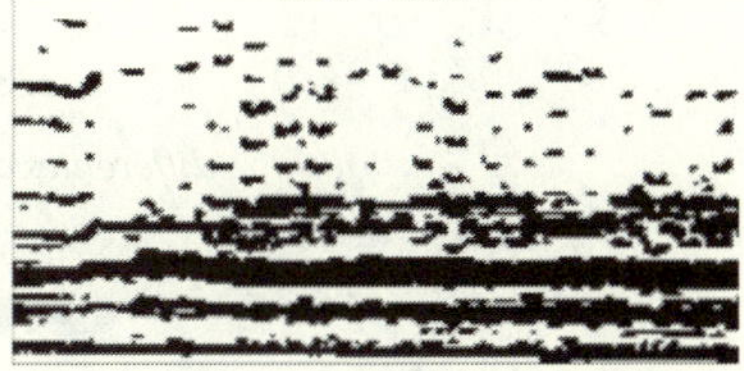

Mongolie : *urtin duu*

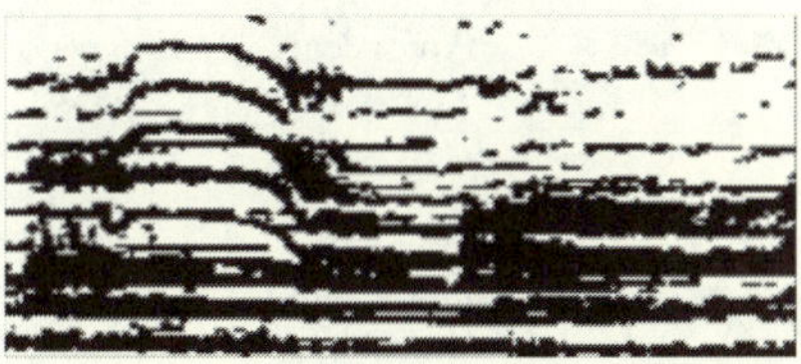

Opéra pékinois : voix de fausset

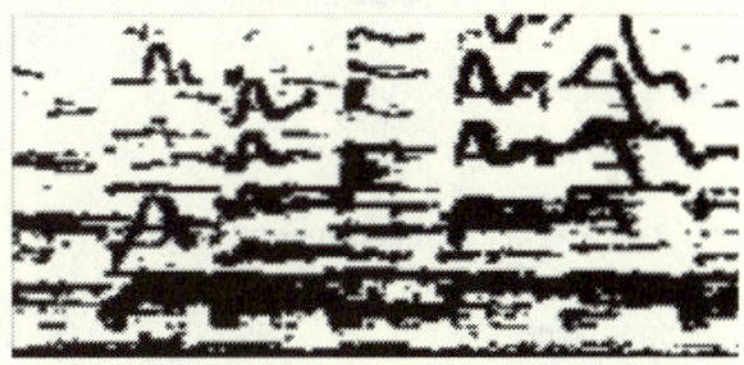

Cependant, malgré son importance – voire son omniprésence – dans nombre de traditions orales, aussi bien savantes que populaires, aucune typologie générale de l'ornementation, ni d'ordre musical ni d'ordre phonatoire, n'a encore été réalisée. Nous nous bornerons donc à quelques exemples tirés de recherches actuellement en cours.

Le vibrato peut être défini comme une variation systématique, sans solution de continuité, de la hauteur et/ou de l'intensité. Il se caractérise par quatre paramètres : vitesse, profondeur, homogénéité, dynamique interne. La vitesse représente le nombre de fluctuations par seconde, et la profondeur (de la modulation) l'intervalle balayé par la fluctuation ; l'homogénéité prend en compte la plus ou moins grande régularité des cycles, et la dynamique interne la présence et la place d'éventuels accents d'intensité dans le cycle.

Si la vitesse est lente, jusqu'à cinq ou six fluctuations par seconde, l'oreille entend une *ondulation* dont elle peut facilement suivre le contour ; si la vitesse est rapide, supérieure à 8 Hz, elle perçoit une succession de notes contiguës, sous la forme d'un *trémolo* ou *chevrotement* ; entre ces deux valeurs, pour un vibrato compris entre six et huit fluctuations par seconde, l'oreille ne perçoit plus de variations de hauteur, mais seulement d'intensité : c'est le phénomène psychoacoustique de la *cadence de fusion.* Dans la musique savante occidentale, le vibrato n'existe qu'à cette cadence et est jugé incorrect ou désagréable hors de ces limites.

Il en va bien entendu autrement dans les autres traditions où toutes les ressources du vibrato sont susceptibles d'être exploitées sans restrictions. L'exemple 3 présente cinq exemples de combinaisons de paramètres illustrant comment peut s'établir une catégorisation :

Exemple 3

Vibrato : différentes combinaisons de paramètres

• **Afsâne Ziâ'i** : ***tahir***
vibrato simple
cadence de fusion

Profondeur : 70 cents
Vitesse : 6 Hz

• **Zhang Junqiu** : Opéra de Pékin
ondulation
homogène

Profondeur : 95 cents
Vitesse : 4 Hz

• **Yûsuf al-Tâj** : chant strophique libanais
trémolo
homogène
accents s/ crête supérieure

Profondeur : 342 cents
Vitesse : 6 Hz

• **Mohinuddin Dagar** : ***dhrupad***
trémulation
accents s/ crête supérieure

Profondeur : 700 cents
Vitesse : 8 Hz

• **Yûsuf al-Tâj** : id.
ondulation
composite
accents s/ crête inférieure

Profondeur : 207 cents
Vitesse : 4 Hz

La main peut intervenir pour modifier l'émission par pressions répétées sur la gorge (l'apophyse du cartilage thyroïde), créant ainsi une sorte de trémolo voisin du hoquet, difficile ou impossible à obtenir autrement. Cette technique, attestée déjà par un relief assyrien datant de 3 500 ans, existe encore chez les bergers du Kurdistan (Islam, pl. A3).

3. Groupe III : techniques spectrales

Au-delà de leur aspect spectaculaire, ces techniques sont importantes en ce qu'elles jouent sur des données perceptives peu explorées par la musique occidentale. L'essentiel de l'information est contenu dans le timbre, qui devient l'élément variant principal, alors que la hauteur peut rester fixe au cours de la pièce. Ici un jeu sur le contenu spectral, là une mélodie de timbre au sens le plus strict du terme : autant de pratiques redécouvertes et exploitées aujourd'hui par la musique contemporaine.

3.1. *Interférences et hauteur résiduelle*

Des effets acoustiques peuvent être produits par combinaison de plusieurs voix. C'est le cas de la polyphonie religieuse sarde où les harmoniques des quatre voix se combinent et interfèrent pour produire, selon le principe des sons différentiels, une voix résiduelle appelée *quintina* (Sardaigne, 1992*b*, pl. 10). Il existe, dans les polyphonies de tradition orale, d'autres phénomènes d'interférences encore non étudiés, faisant entendre des notes virtuelles, tels que les sons soustractifs ou additifs (moines tibétains de Gyütö, *pasi but but* des Bunun de Taïwan) (*Voix*, I, pl. 26 et III, pl. 6).

3.2. *Period doubling*

Le mécanisme 0 (voir *supra*) est à la base d'un phénomène connu sous le nom de *period doubling* consistant à faire vibrer, lors d'une émission normale, une structure pharyngo-buccale deux fois plus lentement que les cordes vocales, produisant ainsi un son à l'octave inférieure du fondamental et se superposant à lui de manière audible. Il s'agit d'un véritable dédoublement de la voix, dont l'origine physiologique reste encore à préciser.

On voit clairement sur l'exemple 4, immédiatement après l'intonation ascendante du son principal, apparaître un nouveau régime vibratoire, de fréquence exactement inférieure de moitié par rapport au régime initial, manifesté par des harmoniques deux fois plus rapprochés qu'au début du spectre.

Cette technique est parfaitement maîtrisée par les voix de *bassu* dans la polyphonie *a tenores* des Sardes (Sardaigne, 1992*a*, pl. 1) et dans le style *kargyraa* des Touvas (Touvas, pl. 1), mais de façon encore plus frappante par les femmes xhosa d'Afrique du Sud qui s'en servent dans certains répertoires, comme le *umngqokolo*, pour imiter l'arc musical ; parfois, la périodicité secondaire n'est pas deux fois, mais trois fois plus longue, et on entend alors distinctement un son à la 12e inférieure du fondamental principal. C'est un moyen pour ces femmes d'obtenir des tessitures graves, très prisées, alors que leur voix naturelle est normalement aiguë (Xhosa, pl. 2).

Exemple 4

Kargyraa, *dédoublement de période*

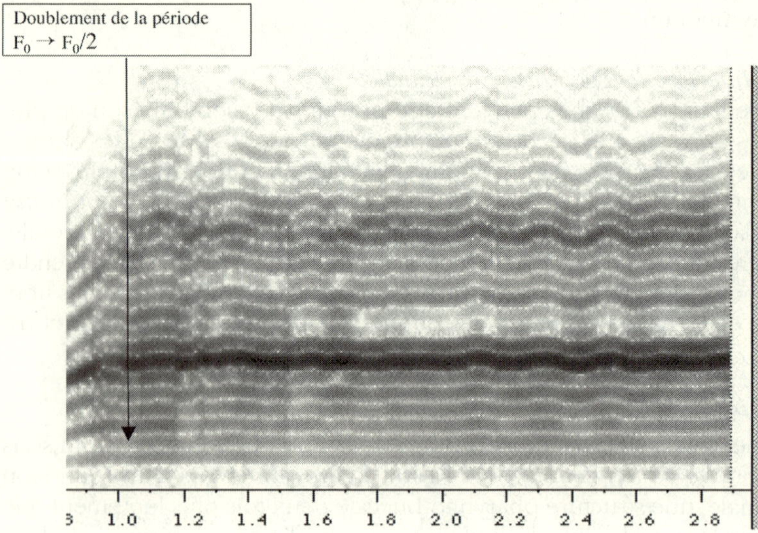

3.3. *Excitateur externe*

Ce sont toujours les cavités pharyngo-buccales qui modifient le spectre, mais celles-ci peuvent être excitées de deux façons différentes : par excitateur externe ou par excitateur interne.

L'excitateur externe se substitue au dispositif laryngé. La fonction vibratoire est extériorisée et assujettie à l'entrée du conduit buccal. L'excitateur peut être une corde, comme pour l'arc et la cithare en bouche, une baguette serrée entre les dents et percutée par les doigts (Mongolie), une languette, comme pour la guimbarde, voire un coléoptère battant des ailes maintenu devant la bouche ouverte (Papouasie-Nouvelle-Guinée) (*Voix*, II, pl. 33).

Tous ces dispositifs fonctionnent selon un principe acoustique identique. Le vibrateur engendre un spectre homogène, riche en harmoniques, de hauteur déterminée et de faible intensité ; son couplage avec le conduit pharyngo-buccal engendre une distorsion du spectre excitateur, c'est-à-dire la création de formants dépendant de la fréquence propre du conduit, rendant du même coup l'excitateur beaucoup plus sonore. Les paramètres déterminant la fréquence propre d'un résonateur – principalement son volume et sa surface d'ouverture – peuvent, dans le cas des cavités phonatoires, varier dans des proportions considérables grâce au système articulateur, notamment par la mobilité de la mâchoire, l'ouverture de la bouche, la forme et la position de la langue.

La variation du volume des résonateurs entraîne une modification de leur fréquence propre et par conséquent du timbre résultant du dispositif excitateur. Ces variations sont si importantes qu'elles donnent l'impression de changements de hauteur, créant l'illusion d'un jeu mélodique.

Avec les cordophones, la fréquence du son fondamental peut être modifiée par variation de longueur ou de tension de la corde, soit que le musicien agisse sur la courbure du bois de l'arc, soit qu'il appuie un objet dur – morceau de bois ou canif – à l'extrémité de la corde opposée à sa bouche ; la montée ainsi obtenue est généralement de l'ordre de la 2e majeure (Oubangui, pl. B11). Cette possibilité n'existe pas avec la guimbarde, mais un couplage plus fort, dû à l'appui du cadre contre les dents, rend plus audible l'émergence des harmoniques (Guimbardes, pl. 4).

3.4. *Excitateur interne : le chant diphonique*

L'émission diphonique consiste pour un chanteur à émettre un spectre riche en harmoniques, puis à accorder très finement sa cavité buccale sur l'un des composants de ce spectre dont l'amplitude augmente ainsi fortement par résonance ; par déplacement de la langue, le volume buccal peut varier, donc sa fréquence propre, et sélectionner ainsi différents harmoniques. L'extrémité apicale de la langue, appliquée contre la voûte palatine, agit comme un sélecteur de fréquence, se déplaçant d'avant en arrière pour descendre, et d'arrière en avant pour monter l'échelle des harmoniques.

Ce principe est comparable à l'excitateur externe sauf que, au lieu d'attaquer le résonateur par le vestibule labial, les cordes vocales sont un excitateur interne qui peut, par ailleurs, modifier la périodicité du fondamental, et permettre théoriquement l'utilisation d'autres échelles harmoniques pouvant se combiner entre elles par juxtaposition, augmentant ainsi les possibilités musicales. Mais cette faculté n'est pas toujours exploitée, probablement à cause de l'extrême difficulté technique à la réaliser. La mélodie spectrale, produite uniquement par variations de la fréquence propre du résonateur agissant comme un filtre à bande étroite sélectionnant tour à tour différents harmoniques d'un spectre excitateur invariable, conserve de ce fait la même fréquence pendant son exécution, et n'existe donc pas en tant que telle pour un appareil de mesure comme le fréquencemètre. On entend bien deux sons, mais les cordes vocales n'en produisent qu'un seul (exemple 5).

Exemple 5

Chant diphonique

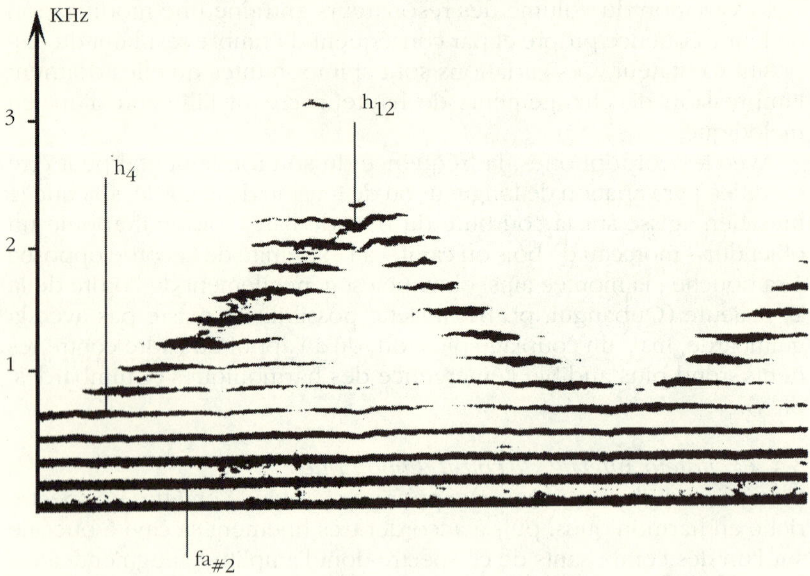

Si notre oreille perçoit malgré tout une polyphonie, c'est que la sensation de hauteur ne dépend pas seulement de l'appréciation de la fréquence du fondamental d'un son, ni même de l'écart existant entre deux harmoniques de rangs consécutifs (écart dont la valeur est systématiquement égale à la fréquence du fondamental). Le système auditif se montre très sensible à la répartition énergétique spectrale, et un harmonique suffisamment amplifié est perçu de façon autonome, à sa hauteur propre. Il en découle que cette sensation est d'autant plus nette pour un composant que ses voisins immédiats sont moins intenses : dans le cas contraire, en effet, l'oreille reconstitue la hauteur du fondamental, et avec d'autant plus de facilité que celui-ci est effectivement présent dans le spectre. Cela se produit avec certaines techniques, comme le *xöömij* mongol (Mongolie, 1986, pl. 1), où la perception du fondamental demeure nette à l'écoute, en dépit d'un important formant évoluant entre 2 000 et 3 000 Hz (exemple 6) : les harmoniques 9 à 13 sélectionnés par le chanteur dans cette séquence se trouvent en réalité chaque fois au centre d'une bande large et ne se détachent pas franchement de leurs voisins.

Exemple 6

Xöömij mongol

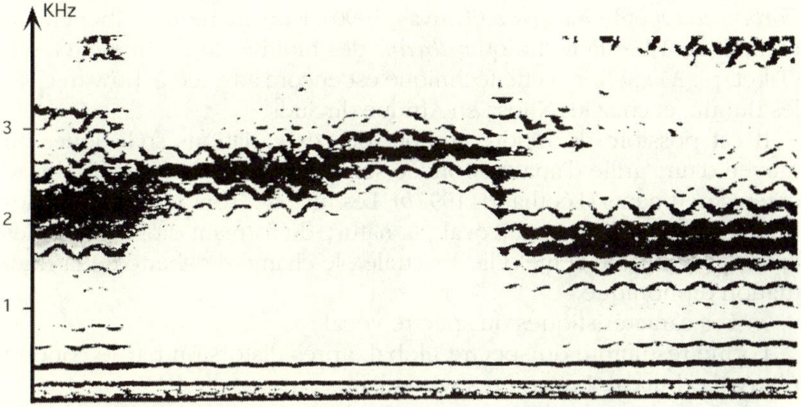

Le chanteur diphonique peut s'aider d'une propriété du couplage des résonateurs. En effet, si le pharynx s'accorde sur la fréquence fondamentale des cordes vocales, il se produit un accord phono-résonantiel, suscitant un formant grave en plus du formant aigu engendré par la bouche. Le couplage des deux cavités se traduit alors par un appauvrissement du reste du spectre, de nature à isoler la mélodie spectrale et à la rendre plus perceptible.

Remarquons également que la largeur de bande du filtre buccal doit tenir compte de la hauteur du fondamental : plus sa fréquence est petite, plus la largeur de bande doit être étroite pour rester sélective et ne pas "accrocher" l'harmonique voisin. Mais en compensation, les harmoniques sélectionnés peuvent être plus nombreux, du fait que leurs fréquences respectives sont plus proches les unes des autres. Cette nécessité de produire un spectre bien fourni, ainsi qu'un fondamental assez grave pour le séparer suffisamment de la série des harmoniques exploitables explique en partie la difficulté accrue, pour une voix féminine, à utiliser la technique diphonique : le mécanisme II est naturellement moins riche que le mécanisme I, et le fondamental y est en moyenne plus haut d'une octave.

Le chant diphonique joue finalement sur une propriété paradoxale de la perception humaine, puisqu'il n'est pas produit par des variations de fréquences, mais par des changements de timbre, suffisamment importants pour entraîner une modification de la sensation de hauteur.

Si les mécanismes de production du chant diphonique sont toujours les mêmes, les variantes stylistiques apparaissent plus nombreuses. Citons le *xöömij* mongol, l'*uzliau* des Bachkirs, le *kai* des Gorno Altaïsk, et les quatre formes décrites chez les Touvas : le *sygyt*, l'*ezengileer*, le *borbannadyr* et le *kargyraa* (Touvas, 1990). Hors du monde sibérien, on connaît au Tibet la technique *dbyans* des moines de Gyüme et Gyütö (Tibet, pl. A1) ; enfin, cette technique est encore attestée à Taïwan chez les Bunun, et chez les Xhosa en Afrique du Sud.

Il est possible de rendre compte de ces variations stylistiques au moyen d'une grille d'analyse fondée sur quatre niveaux retenant douze critères pertinents (Léothaud, 1991*b*). Les niveaux sont les suivants : les caractéristiques du spectre vocal ; la nature du formant diphonique ; les caractéristiques de la mélodie spectrale ; le champ de liberté de la fluctuation diphonique.

a) Les caractéristiques du spectre vocal

Forme résultante du spectre global, après distorsion par le conduit pharyngo-buccal. Les critères secondaires en sont :

– la fréquence du spectre laryngé : détermination de la hauteur du fondamental, et des éventuels intervalles pour y parvenir ;

– le nombre d'harmoniques : plus ou moins grande richesse spectrale (qui peut d'ailleurs fournir des indications sur le régime vibratoire laryngé) ; d'abord, analyse du timbre "pré-diphonique", celui sur lequel se cale le musicien avant d'émettre la mélodie spectrale, notamment formants et proportion de souffle ; ensuite, analyse en régime diphonique ;

– la situation et la largeur des zones de réjection : emplacement dans le spectre des bandes d'harmoniques filtrées avec leurs fréquences de coupure ;

– la valeur des zones de réjection : évaluation par une mesure contrastive de type signal/bruit, ou même à l'œil nu sur un sonagramme, de l'importance de la réjection, qui va de la simple atténuation à la disparition totale des harmoniques concernés. C'est principalement l'analyse de ce niveau spectral qui permet l'étude et la classification des différents types d'émission et des styles, tels qu'ils sont désignés par certains chanteurs : le Mongol sundui, par exemple, distingue la "voix grave", la "voix de gorge", la "voix nasale" et la "voix de tête".

b) la nature du formant diphonique

Image du formant responsable de la sensation de hauteur diphonique décrite selon deux paramètres principaux :

– la largeur de bande : pouvant aller d'une bande large – cinq harmoniques ou plus simultanément – à un seul composant ;

– la situation spectrale : mesure de la fréquence de chaque harmonique, ou limites de la bande s'ils sont groupés en rangs consécutifs.

c) Les caractéristiques de la mélodie d'harmoniques

Analyse de la mélodie spectrale en intégrant les points suivants :

– l'ambitus diphonique : harmoniques extrêmes, donnant l'étendue mélodique ;

– le nombre d'harmoniques concernés : relevé des composants effectivement utilisés, repérage des éventuels absents dans la série ;

– la distribution : évaluation (ou quantification) de l'occurrence de chacun des harmoniques ; détermination éventuelle d'une échelle par la mise en évidence de degrés préférentiels.

d) Le champ de liberté de la fluctuation diphonique

C'est tout autant le style musical que la technique de l'interprète qui est analysé ici :

– la valeur et la précision du contrôle harmonique. Rapidité des changements d'accord des cavités de résonance : aisance dans l'utilisation d'intervalles non conjoints. Intensité relative d'un harmonique par rapport à ses voisins immédiats d'une part, et par rapport au fondamental d'autre part. Cette valeur détermine la clarté ou la netteté de sa perception. La mesure, semblable à l'expression d'un rapport signal/bruit, est toutefois délicate à interpréter à cause de la non-linéarité du système auditif, beaucoup plus sensible aux fréquences comprises entre 2 000 et 4 000 Hz, qui sont justement celles de la mélodie spectrale, qu'aux fréquences inférieures (de 100 à 250 Hz) réservées au fondamental. Ce phénomène bien connu, illustré par les courbes isosoniques de Harvey C. Fletcher, risque de fausser les mesures effectuées en décibels. Il faut donc en tenir compte en opérant une pondération des résultats, en les exprimant par exemple en dBA. Une telle précaution n'est évidemment pas nécessaire pour des harmoniques voisins, au sein du même formant.

– les variations du fondamental. Repérage de toutes les fluctuations de hauteur apportées au fondamental : non seulement les changements de degrés, mais aussi l'ornementation par vibrato, qui peut être importante.

– l'utilisation de procédés rythmiques et ornementaux. Description des techniques faisant usage d'accents organisés, comme dans l'*ezengileer* (Touvas, 1990), qui rythment la mélodie, et lui donnent parfois un caractère imitatif (souvent le galop du cheval).

4. Et la voix dans la musique occidentale ?

On s'étonnera peut-être de ne pas retrouver ici les bases des classifications vocales en usage dans la musique savante occidentale. Toutes proportions gardées, il en est de même avec le domaine instrumental quand la classification Sachs et Hornbostel, à vocation universelle, met à mal les catégories familières au musicien européen (bois, cuivres, claviers, percussions).

La voix cultivée occidentale est le fruit d'une pratique élaborée et complexe qui se traduit essentiellement par la réalisation de quatre objectifs fondamentaux d'émission, lesquels ont largement conditionné son évolution technique. Ces objectifs sont :

a) la *pureté* d'émission, la voix "propre", avec suppression totale de tout bruit de souffle, considéré comme parasite ;

b) une large *étendue*, aussi bien pour les femmes que pour les hommes, mais développée surtout vers l'aigu, plus valorisé que le grave. Rares sont d'ailleurs les cultures qui n'ont pas de préférences marquées pour une tessiture particulière (grave dans la musique religieuse orthodoxe des Slaves ou au Tibet, aigu dans les Andes ou le monde méditerranéen) ;

c) une forte *puissance*, permettant de se faire entendre dans des salles de concert de plusieurs milliers de places, sans amplification ;

d) une parfaite *homogénéité*, c'est-à-dire une égalisation du timbre sur toute l'étendue vocale, masquant notamment les ruptures naturelles de registres.

Ces exigences s'inscrivent en outre dans le cadre d'une esthétique plus générale et se retrouvent pour une large part dans la conception des instruments de musique, qui doivent répondre, eux aussi, aux impératifs énumérés ci-dessus. Remplir ces conditions implique en contrepartie une transformation de la voix naturelle par la construction d'un timbre spécifique, typique du chant lyrique, éloigné de celui de la voix parlée – rendant malaisée l'identification des interprètes – donc à forte connotation culturelle.

Il en découle une taxinomie vocale qui reflète naturellement ces préoccupations. Ainsi, les critères de hauteurs y demeurent déterminants (de la basse au ténor pour les hommes et du contralto au soprano pour les femmes) mais greffent par-dessus des facteurs de puissance, de tessiture et de couleur (distinction par exemple entre ténors héroïque, dramatique, lyrique, léger, pour des étendues sensiblement égales) qui débouchent finalement, et de façon pragmatique, sur la notion d'emploi théâtral.

La présente classification, certes un modeste premier pas, s'inscrit dans une autre perspective, celle de pouvoir répondre indistinctement aux formes les plus diverses de l'expression vocale des traditions du monde.

Bibliographie

CASTELLENGO, M., 1991 : "Continuité, rupture, ornementation ou les bons usages de la transition entre deux modes d'émission vocale", *Cahiers de musiques traditionnelles*, n° 4, p. 155-165.

CASTELLENGO, M., ROUBEAU, B. et VALETTE, C., 1983 : "Study of the Acoustical Phenomena Characteristic of the Transition between Chest Voice and Falsetto", in *Proceedings of SMAC Conferences*, Stockholm, KTH, p. 113-117.

CASTELLENGO, M., LORTAT-JACOB, B. et LÉOTHAUD, G., 2002 : "Pitch Perception. Five Voices with Four Sardinian Singers", in *Musical Sounds of Past Millennia*, ISMA 2001 Proceedings, D. Bonsi, D. Gonzalez, D. Stanzial (éd.), Venise, Fondazione Scuola di San Giorgio-CNR, vol. II, p. 351-354.

CORNUT, G., 1983 : *La Voix*, Paris, Presses universitaires de France.

GAGNARD, M., 1987 : *La Voix dans la musique contemporaine et extra-européenne*, Paris, Van de Velde.

HOOD, M., 1971 : *The Ethnomusicologist*, New York, Mc-Graw Hill ; nouv. éd., Kent, The Kent State University Press, 1982.

HORNBOSTEL, E. M. von et SACHS, C., 1914 : "Systematik der Musikinstrumentenkunde. Ein Versuch", *Zeitschrift für Ethnologie*, vol. XLVI, p. 553-590 ; repris in Id., *Tonart und Ethos. Aufsätze zur Musikethnologie und Musikpsychologie*, C. Kaden et E. Stockmann (éd.), Wilhelmshaven, Florian Noetzel, 1999, p. 151-206 ; trad. angl. : "Classification of Musical Instruments", *The Galpin Society Journal*, vol. XIV, n° 3, 1961, p. 3-29.

LE HUCHE, F., 1984 : *Anatomie et physiologie des organes de la voix et de la parole*, Paris, Masson.

LÉOTHAUD, G., 1991*a* : "L'acoustique vocale", in *La Voix dévoilée*, R. Cross (éd.), Paris, Romillat, p. 68-89.

LÉOTHAUD, G., 1991*b* : "Le chant diphonique : aspects physiologiques et acoustiques", *Bulletin d'audiophonologie*, vol. VII, n° 4, p. 453-465.

LÉOTHAUD, G., LORTAT-JACOB, B. et ZEMP, H., 1996 : *Les Voix du monde. Une anthologie des expressions vocales*, coffret de 3 CD avec un livret, coll. "CNRS-Musée de l'Homme", Le Chant du Monde, CMX 374.1010.12.

LÉOTHAUD, G. et LORTAT-JACOB, B., 2002 : "La voix méditerranéenne : une identité problématique", in *La Vocalité dans les pays d'Europe méridionale et dans le bassin méditerranéen. Actes du colloque de La Napoule (2000)*, Université de Nice-Sofia-Antipolis-Editions Modal, coll. "Modal Poche", p. 9-14.

LEROI-GOURHAN, A., 1964-1965 : *Le Geste et la Parole*, 2 vol., Paris, Albin Michel.

LOMAX, A., 1968 : *Folk Song Style* and *Culture*, Washington, American Association for the Advancement of Science ; 3e éd., New Brunswick-Londres, Transaction Publishers, 2000.

LOMAX, A., 1976 : *Cantometrics*, Berkeley, University of California Press.

LORTAT-JACOB, B., 1996 : *Canti di Passione*, avec 1 CD, Lucques, Libreria Musicale Italiana ; version française, *Chants de Passion. Au cœur d'une confrérie de Sardaigne*, avec 1 CD, Paris, Le Cerf, 1998.

MILLER, R., 1977 : *English, French, German and Italian Techniques of Singing. A Study in National Tonal Preferences and how they Relate to Functional Efficiency*, Metuchen (N. J.), Scarecrow Press.

MILLER, R., 1986 : *The Structure of Singing. System and Art of Vocal Technique*, New York, Schirmer-Thomson Learning ; trad. fr., *La Structure du chant : pédagogie systématique de l'art du chant*, Paris, IMPC, 1990.

MURDOCK, G. P., 1957 : "World Ethnographic Sample", *American Anthropologist*, n° 59, p. 664-687.

MURDOCK, G. P., 1962-1967 : "Ethnographic Atlas", *Ethnology*, vol. I-V.

MURDOCK, G. P., 1967 : "Ethnographic Atlas. A Summary", *Ethnology*, vol. VI, n° 2, p. 107-236.

REID, C. L., 1983 : *A Dictionary of Vocal Terminology*, New York, Joseph Patelson Music House.

SCHAEFFNER, A., 1936 : *Origine des instruments de musique*, Paris, Payot ; rééd., Paris, Mouton, 1980.

TRAN QUANG HAI et ZEMP, H., 1991 : "Recherches expérimentales sur le chant diphonique", *Cahiers de musiques traditionnelles*, vol. IV, p. 27-68.

VENNARD, W., 1967 : *Singing. The Mechanism and the Technic*, New York, Carl Fisher.

Discographie

Aka, 1982 : *Chasseurs pygmées*, ORSTOM, CETO 795.

Australie, 1963 : *Australia. Songs of the Aborigines and Traditional Music of Papua New Guinea*, Lyrichord, LYRCD 7331.

Australie, 1968 : *The Aborigenes. Songs and Dances of Northern Australia*, Arion, ARN 64056.

Bali, 1986 : *Ritual Music from Bali II. Cross-section through the Music of the Annual Cycle in Tatulingga*, Musicaphon, BM 30 SL 2571.

Bastar, 1980 : *Musique tribale du Bastar*, Le Chant du Monde-CNRS, LDX 74736.

Burundi, 1967 : *Burundi. Musiques traditionnelles*, Ocora-Radio France, C 559003.

Cameroun, 1996 : *Cameroun. Flûtes des monts Mandara. Cameroon. Flutes of the Mandara Mountains*, Ocora-Radio France, C 560110 HM 83.

Centrafrique, 1996 : *Xylophones de l'Ouham-Pendé*, Ocora-Radio France, C 560074.

Chine, 1992 : *Chine. Musique ancienne de Chang'an*, Inédit, Maison des cultures du monde, W 260036.

Dan, 1993 : *Masques dan. Côte d'Ivoire*, Ocora-Radio France, C 580048.

Espagne, 1997 : *Antologia del Cant Valencià d'Estil (1915-1996)*, Fonoteca de Materials vol. XXV et XXVI, CD 702-703.

Ethiopie, 1970 : *Ethiopia*, vol. I, *Music of the Central Highlands*, Tangent Records, TGM 101.

Flamenco, 1957 : *Pepe de la Matrona*, Le Chant du Monde, LDX 274 829.

Gabon, 1989 : *Musique des Pygmées Bibayak*, Ocora-Radio France, C 559053.

Géorgie, 1989 : *Géorgie. Chants de travail. Chants religieux*, Ocora-Radio France, C 559062

Guimbardes, 1997 : *Guimbardes du monde. Tran Quang Hai*, Playasound, PS 66009.

Guinée, 1972 : *Musique malinké, Guinée*, Musée de l'Homme, Vogue LDM 30 113.

Guyane, 1980 : *Wayãpi. Guyane*, ORSTOM, CETO 792.

Huli, 1978 : *The Huli of Papua Niugini*, coll. "Music of Oceania", Musicaphon BM 30 SL 2703.

Inde, 1964 : *India III*, coll. "Unesco", Bärenreiter-Musicaphon, BM 30L 2018.

Inuit, 1989 : *Canada. Jeux vocaux des Inuit*, Ocora-Radio France, C 559071.

Islam, 1976 : *Music in the World of Islam*, I. *The Human Voice*, Tangent Records, TGS 131.

Italie, 1999 : in I. Macchiarella, *Voix traditionnelles d'Italie*, livre et CD, Arles-Paris, Actes Sud-Cité de la Musique.

Japon, 1987 : *Musique du Nô. Shakkyô : Pont en pierre*, Ocora-Radio France, C 559005.

Japon, 1994 : *Japon. Kinshi Tsuruta* (biwa), *Katsuya Yokoyama* (shakuhachi), Ocora-Radio France, C 580059.

Jazz, 1982 : *Love*, Muse Records, MR 5258.

K'mu, 1972 : *Laos. Musique du Nord*, coll. "Musique du Monde", Galloway Records, GB 600531.

Madagascar, 1965 : *Musique malgache*, Ocora-Radio France, OCR 24.

Madagascar, 1997 : *Madagascar. Anthologie des voix*, Inédit, Auvidis, W 260076.

M'Benzele, 1965 : *The Music of the Ba-Benzele Pygmies*, coll. "Unesco", *An Anthology of African Music*, Bärenreiter-Musicaphon, BM 30 L 2303.

Mirliton, 1988 : *Chine. Musique classique vivante*, Ocora-Radio France, C 559049.

Mongolie, 1986 : *Mongolie. Musique et chants de tradition populaire*, GREM G 7511.

Mongolie, 1994 : *Chants mongols*, Inédit, Auvidis, W 260009.

Mongols, 1973 : *Chants mongols et bouriates*, Vogue, LDM 30 138.

Oubangui, s. d. : *Chants et danses de la forêt centrafricaine*, Harmonia mundi, HM 733.

Oural, 1992 : *Musique sur les Routes de la Soie*, Auvidis, Ethnic B 6776.

Papous, 1962 : *Music of the Middle Sepik*, coll. "Music of Oceania", Musicaphon, BM 30 SL 2700.

Portugal, 1992 : *Fado de Coimbra (1926-1930)*, Arquivos do Fado II, Interstate, HTCD 15.

Rajasthan, 1989 : *Flûtes du Rajasthan*, Le Chant du Monde-CNRS, LDX 274 645.

Roumanie, 1992 : *Roumanie. Musique pour cordes de Transylvanie*, Le Chant du Monde-CNRS, LDX 274937.

Salomon, 1978-1990 : *Polyphonies des îles Salomon (Guadalcanal et Savo)*, Le Chant du Monde-CNRS, LDX 274 663.

Salomon, 1995 : *Iles Salomon. Musiques intimes et rituelles 'Aré' Aré*, Le Chant du Monde-CNRS, CNR 274963.

Sardaigne, 1992*a* : *Polyphonies de Sardaigne*, coll. "CNRS/Musée de l'Homme", Le Chant du Monde, CNR 274 760.

Sardaigne, 1992*b* : *Sardaigne. Polyphonies de la Semaine sainte*, coll. "CNRS/Musée de l'Homme", Le Chant du Monde, CNR 274936.

Sénégal, 1982 : *Sénégal. Musique des Bassari*, Le Chant du Monde-CNRS, LDX 74753.

Sibérie, s. d. : *Kolyma : chants de nature et d'animaux*, Sibérie 3, Buda Musique, Musique du Monde, 92566-2.

Sikkim, s. d. : *Musique tibétaine du Sikkim*, Vogue MC 20.119.

Suisse, 1990 : *"Jüüzli". Jodel du Muotatal*, Le Chant du Monde-CNRS, LDX 274 716.

Tabla, 1968 : *The Drums of India Chatur Lal*, Liberty Records, WPS-21403.

Teda, 1990 : *Tchad. Musique du Tibesti*, Le Chant du Monde-CNRS, LDX 274 722.

Tibet, 1975 : *Tibetan Buddhism. Tantras of Gyütö : Sangwa Düpa*, Nonesuch, Explorer H-72064.

Touvas, 1990 : *Tuva. Voices from the Center of Asia*, Smithsonian Folkways, SF 40017.

Tsiganes, 1993 : *Rom Sam Ame ! Traditions tsiganes en Hongrie*, Musiques du Monde, Fonti Musicali, MT 0037.

Voix, 1996 : *Les Voix du monde. Une anthologie des expressions vocales*, coffret de 3 CD et livret, Le Chant du Monde-CNRS, Harmonia mundi, CMX 3741010.12.

Xhosa, 1996 : *Afrique du Sud. Le chant des femmes xhosa*, VDE-GALLO, VDE-879.

Xylophones, 1992 : *République centrafricaine. Musique de xylophones*, Le Chant du Monde-CNRS, LDX 274932.

Zaïre, 1987 : *Zaïre. Musiques urbaines à Kinshasa*, Ocora-Radio France, C 559007.

Geneviève Dournon

INSTRUMENTS DE MUSIQUE DU MONDE : FOISONNEMENT ET SYSTÉMATIQUES

> L'instrument de musique n'a jamais constitué pour la musique qu'un outil. Mais de tous les vestiges pouvant nous renseigner sur un art qui tend à s'évanouir, et cela dès l'instant même où il jaillit faute d'écriture capable d'en sauvegarder la totalité, l'instrument est encore ce dont nous avons conservé le plus de témoignages certains à travers les temps.
>
> André Schaeffner, 1936, in 1994, p. 370.

1. Un peu d'organologie

Depuis des temps immémoriaux la musique et ses instruments figurent parmi les créations les plus complexes de l'humanité et constituent un élément essentiel de la vie des communautés et des individus.

D'essence immatérielle, la musique trouve une concrétisation dans ses outils privilégiés que sont les instruments. Comme le dit André Schaeffner dans l'avant-propos de son maître ouvrage, *Origine des instruments de musique*, paru une première fois en 1936 (in 1994, p. 11) : "La diversité des instruments naît de l'union réelle de la musique et de la vie. Il semble qu'à cette condition de matérialité notre sens de la musique s'élargisse. Trop limitée au seul aspect de ses œuvres, la musique gagne à être vue également sous le naturalisme de ses instruments." Leur invention et leur développement se sont opérés, au cours des âges et au gré des civilisations, à partir de quelques principes fondés sur la nature et les propriétés sonores d'éléments comme l'air (ou l'eau) et de matériaux empruntés aux règnes minéral, animal et végétal. D'un point de vue acoustique, les instruments de musique, de quelque origine qu'ils soient ou à quelque tradition qu'ils appartiennent, ont donc des fondements semblables. Leur prodigieuse diversification résulte d'un long processus évolutif visant à l'accroissement ou au perfectionnement des ressources sonores pour répondre aux exigences culturelles et esthétiques liées à la créativité musicale propre à chaque peuple.

Science des instruments de musique, l'organologie présente plusieurs facettes selon qu'elle s'occupe d'eux sous l'angle matériel ou culturel. L'une appréhende l'instrument en tant qu'outil producteur de son (morphologie, facture, techniques de jeu). L'autre intègre un ensemble de données relatives, d'une part, à l'acoustique, à la musique (répertoire, échelles, etc.), au musicien et, d'autre part, au contexte social ou historique de l'instrument, y compris le rôle réel ou symbolique qui lui est dévolu dans une communauté donnée par rapport aux mythes fondateurs, aux croyances, à l'organisation du pouvoir spirituel ou temporel aussi bien qu'au cycle de la vie collective et privée. Deux approches complémentaires qu'on pourrait qualifier, respectivement, de classificatoire et d'analytique (De Vale, 1990).

En Europe, le champ d'exploration de l'organologie, limité longtemps au domaine classique occidental, va singulièrement se développer avec l'arrivée massive et ininterrompue d'instruments considérés tour à tour comme "exotiques", "traditionnels", "populaires", "ethniques" ou encore "extra-européens". Cet apport en quelque sorte exogène, va considérablement enrichir la recherche organologique et amener au XIXe siècle des scientifiques, conservateurs de collections instrumentales, à concevoir des outils pour l'élaboration de taxonomies aptes à identifier, classer, étudier les instruments musicaux connus ou encore à découvrir, contribuant ainsi à la naissance et à l'essor de l'ethnomusicologie.

Quel que soit le genre d'étude que l'on entend poursuivre, distinguer, nommer et ordonner constituent un préalable pour aborder le sujet avec des données et une terminologie correctes. Une préoccupation qui ne date pas d'aujourd'hui et dont l'Occident n'a pas le monopole. Gérer le réel, mettre de l'ordre dans la diversité des choses, des êtres, des animaux, des plantes ou des phénomènes, apparaît en effet comme une activité mentale inhérente aux sociétés et aux civilisations. Une exigence résumée par la formule de Claude Lévi-Strauss : "Tout classement est supérieur au chaos", qui ajoute dans ce même chapitre intitulé "La science du concret" : "[…] même un classement au niveau des propriétés sensibles est une étape vers un ordre rationnel." (1962, p. 24.)

Concernant des objets assez sensibles pour produire des sons musicaux, un tour d'horizon de quelques instrumentariums et de leur organisation permettra de voir sur quels critères se fondent les approches classificatoires émanant de différentes cultures de traditions orale ou écrite qui ont pour un grand nombre d'entre elles quelques millénaires d'existence (Kartomi, 1991 et Dournon, 1993).

2. Instrumentariums et systématiques : un tour d'horizon

Dans l'exploration de différents systèmes élaborés au fil du temps et des civilisations, il y a lieu de cerner la notion d'instrumentarium avant d'aborder les concepts qui fondent leur classification. C'est ainsi qu'on peut distinguer entre *les instrumentariums de type patrimonial, régional ou ethnique*, groupant les instruments ressortissant à une même culture, et *les collections instrumentales* réunies empiriquement ou scientifiquement.

Les premiers, qu'on pourrait qualifier d'"autochtones", sont homogènes et traditionnellement clos. Quand on y trouve des apports étrangers, les tenants de la culture les considèrent comme hors du patrimoine ancestral. A l'opposé, les collections à vocation universelle ou multiculturelle sont hétérogènes et ouvertes. L'élaboration de systématiques doit prendre en compte leur extrême diversité tant organologique que géoculturelle.

Dans le domaine des instruments et des systèmes classificatoires, les sources d'information puisent aux connaissances empiriques et scientifiques comme au savoir ancestral de sociétés à écriture (Chine, Corée, Inde, Tibet, Java, Grèce antique, mondes arabe et occidental) ou à tradition orale (Afrique, Indonésie, Mélanésie, Amérique indienne). Les premières s'appuient sur une compilation de sources anciennes et modernes, tandis que les concepts sous-tendant ce que Kartomi (1991, *passim*) appelle les *culture-emerging schemes* (explicites ou implicites), sont portés à notre connaissance grâce aux recherches des ethnomusicologues, linguistes, ethnographes et ethnologues alimentées par des enquêtes *in situ* (Dournon, 1996 et Aubert, 1995).

2.1. *Systèmes patrimoniaux ou régionaux*

De quelques sociétés à traditions orales

Afrique. Des recherches menées auprès de divers peuples de l'Ouest de l'Afrique : Dan (Zemp, 1971), Kpelle (Stone, 1982), Hausa (Ames et King, 1971), mettent en évidence la tendance africaine à personnifier les instruments, souvent considérés non pas comme des objets ordinaires, mais comme l'émanation d'un être surnaturel, ou comme une extension des personnes qui en jouent.

Les Dan de Côte-d'Ivoire classent leurs instruments d'après l'origine mythique de leurs propriétaires ou inventeurs humains et non humains (génie, dieu, masque, sorcière, animal). Le système des Kpelle qui repose sur la manière de produire les sons fait une distinction entre les instruments dans lesquels on souffle (flûtes et trompes) et ceux que l'on frappe (tambours et cordes). Pour les Hausa, il existe cinq catégories musicales suivant que les musiciens tambourinent, soufflent, chantent, acclament ou parlent. C'est en fonction des gestes déclenchant la production du son que les Bassari du Sénégal classent leurs instruments de musique en quatre groupes : "clochés", "cornés", "tambourinés", tandis que dans la section des "coupés", ils réunissent vièle et racleur du fait de l'analogie entre le mouvement de va-et-vient de l'archet sur la corde et celui du bâton raclant le tube cannelé (Lestrange et Gessain, 1976). D'après Lo-Bamijoko (1987), les Igbo du Nigeria établissent un système de type combinatoire par rapport à différents critères : modes de mise en vibration (frappement, souffle), fonction musicale (rythmique, mélodique, mélodico-rythmique), rôle du musicien (conducteur, accompagnateur, teneur du rythme).

Comme d'autres, les sociétés africaines peuvent combiner plusieurs approches classificatoires qui transparaissent au travers de terminologies vernaculaires. Ainsi les rapports de taille ou de sonorité peuvent induire une différenciation entre mâle et femelle pour les tambours ou les flûtes, aussi bien que des relations de parenté entre des instruments de même type joués ensemble comme les trompes des Banda centrafricains (Arom, 1985).

Indonésie et Philippines. En Indonésie et aux Philippines où elle a longtemps travaillé, Margaret Kartomi (1985) montre le parallélisme des schémas classificatoires locaux avec les structures de la société. Les Mandailing, bien qu'ayant des termes pour différencier leurs instruments suivant les quatre modes d'actionnement – battus (tambours, gongs), soufflés (flûtes, anches), pincés (cithares), frottés (vièles) –, considèrent cette donnée comme secondaire. Seuls les ensembles instrumentaux font véritablement l'objet d'un classement dont le fondement, d'ordre religieux et philosophique s'apparente à l'organisation de la famille, du système clanique, du village, voire du cosmos. Ces sociétés font aussi une distinction entre instruments *asli* "authentiques" et instruments *asal* "étrangers" (d'origine arabo-islamique ou occidentale). Les critères retenus par les T'boli des Philippines sont d'ordre musical. Une première distinction se fait entre instruments joués en solo ou en ensemble, avant de les distribuer suivant le caractère de la musique qu'ils produisent : *gentle music* des cordes pincées, des flûtes et des guimbardes, et *strong music* des gongs, des tambours et des bâtons pilonnant.

Mélanésie. L'instrumentarium des 'Aré' aré des îles Salomon présente l'originalité de ne mettre en œuvre qu'une seule et même matière, le bambou. Les systèmes classificatoires des "musiques de bambou" font appel à des données d'ordre organologique, musical et culturel. C'est ainsi qu'on y distingue entre bambous "frappés" et bambous “soufflés”, subdivisés ensuite suivant que leur jeu est individuel ou collectif. Ce peuple fait par ailleurs une autre distinction entre les instruments fondée sur le pouvoir magique plus ou moins grand de leur musique (Zemp, 1978).

Continent américain. Les importants travaux des ethnomusicologues sur les cultures amérindiennes mentionnent peu de taxonomies indigènes. D’après Victor Fuks (1990), les Wayãpi du Brésil amazonien, bien que distinguant entre instruments à air et percussions, font intervenir d’autres facteurs d’ordre culturel (relation aux esprits ancestraux, circonstance et lieu d’intervention) ou musicaux (jeu solo ou en groupe, dimensions des flûtes). Une enquête de Rosalia Martinez (1992) auprès de deux sociétés boliviennes montre que la distribution des ensembles instrumentaux s’effectue par rapport à leur utilisation rituelle dans les fêtes saisonnières.

Pour ce qui concerne notre sujet, on voit que c’est souvent par l’examen des terminologies vernaculaires qu’ont été mis au jour classements et systèmes fondés sur des concepts différents ou complémentaires. Ces quelques exemples font apparaître, dans ce domaine comme dans d’autres, l’importance des recherches sur le terrain et l’apport considérable des ethnosciences (notamment ethnomusicologie et ethno-organologie). Cette orientation des sciences humaines vers le cognitif devrait dans l’avenir faire sortir de leur anonymat d’autres *“culture-emerging schemes”*.

De quelques sociétés à écriture

Chine. La très ancienne classification *ba yin*, étroitement liée à des concepts philosophiques et cosmogoniques, se fonde sur les sources du son pour distribuer les instruments suivant huit matières constitutives, parmi lesquelles il convient de distinguer entre celles qui sont mises effectivement en vibration (métal, bois, pierre, soie, peau) et celles qui constituent les réceptacles de l’air vibrant comme le bambou des tuyaux, l’argile des flûtes globulaires, la courge des orgues à bouche. Ce faisant, on se trouve face à deux grandes catégories qui ne sont pas sans évoquer la dichotomie de Schaeffner : matières solides/air. Très influencée par la Chine, la Corée a longtemps suivi le système chinois tout en conservant sa propre répartition des instruments suivant leur rôle dans les différentes musiques de cour : rituelle, chinoise et coréenne.

Inde. L’Inde a le privilège d’être la première et la seule à avoir conçu un système reposant sur la production des sons pour définir quatre grandes classes. Une classification qu’on trouve exposée dans le *Nâthyashâstra*, traité sanskrit sur le théâtre, la danse et la musique datant du tout début de notre ère et attribué à Baratha-Muni (1961). La différenciation entre les instruments *vadhya* s’opère ici par rapport à l’élément vibrant : *tata vadhya* (de *tan* = tendre) correspond aux cordes ; *avanadha* (couvert) aux tambours ; *sushira* (creux/percé) aux tuyaux dans lesquels on souffle. Quant à la catégorie des *ghana vadhya* (de *han*, frapper un corps rigide), elle anticipe de quelque deux millénaires celle des autophones/idiophones d'organologues européens comme Mahillon (1893) et Hornbostel et Sachs (1914).

Bouddhisme tibétain. Dans le bouddhisme tibétain, on ne trouve pas trace de théorie classificatoire des instruments, au sens indien ni occidental du terme. La tradition monastique répartit les instruments par rapport à leurs interventions dans le rituel, en relation avec les divinités, terribles ou paisibles, destinataires de leurs sonorités (Helffer, 1994).

Tradition javanaise. Dans la tradition javanaise, tenant autant à l'écrit qu'à l'oralité, la musique a fait l'objet de nombreux traités, repris ou aménagés depuis le milieu du siècle dernier par des chercheurs javanais et occidentaux. Les systèmes prennent en compte différentes données telles que : matériaux constitutifs (métal, bambou, bois, peau, cordes) ; modes d'excitation sonore (frappement avec un maillet pour les instruments des gamelan ou avec les mains pour les tambours, pincement ou frottement pour les cordes, traction pour les guimbardes, secouement pour les bambous des *angklung.* Mais c'est leur rôle musical au sein de l'ensemble qu'on a tendance à privilégier. Ainsi, la terminologie traditionnelle permet à Jaap Kunst (1973) de distribuer les instruments en cinq groupes, suivant qu'ils sont chargés du *nuclear theme* (du javanais *balungan*, "squelette"), du contrepoint, du rôle paraphraseur, de la ponctuation rythmique ou des changements de tempo. D'autres auteurs indonésiens différencient les instruments des gamelans d'après leur rôle rythmique ou mélodique.

Monde grec. Les penseurs de l'Antiquité opéraient une distinction entre la musique "animée" produite par la voix et la musique "inanimée" des instruments, aussi bien qu'entre instruments "mâles" et "femelles" eu égard au caractère et au statut de leur musique. Par ailleurs, du fait de leur attribution à des divinités agraires ou pastorales – la *kithara*, lyre d'Apollon, par rapport à l'*aulos*, double instrument à anche de Déméter –, les cordes avaient le pas sur les vents.

Monde arabe. Dans les anciens traités marqués par la pensée grecque, c'est la musique au sens large qui fait l'objet de théorie. On y trouve de rares descriptions ou des listes d'instruments soumis à des interdits religieux. Les IXe et Xe siècles voient apparaître des ébauches de classification, dont celle de Al-Fârâbî dans le *Grand traité sur la musique*, publié en français en 1930. Il y appréhende la musique (divisée en *speculativa* et *practica*) sous l'angle du rapport durée-continuité des sons et des ressources mélodiques. La voix se trouve ainsi en bonne place, suivie par les instruments à cordes frottées, les vents, les cordes pincées et enfin les percussions. Le musicien et théoricien arabe fait une autre intéressante distinction suivant que "l'organe percuteur est la main ou l'appareil respiratoire", ce qui pourrait avoir inspiré à Schaeffner l'idée de sa propre classification bipartite : instruments à corps solide vibrant/instruments à air vibrant (1936, in 1994, p. 371-377).

Europe. A la période médiévale, on donne plus d'importance à la musique vocale, liée à la célébration divine, qu'aux instruments où prévalent tour à tour cordes et vents (avec également une distinction entre "hauts" et "bas" instruments), tandis que les percussions sont longtemps tenues pour négligeables. Avec la Renaissance, on commence à s'intéresser non plus seulement aux instruments anciens mais aussi aux contemporains et se fait jour une perception plus humaniste et matérialiste, prenant en compte morphologie et techniques de jeu. Au XIVe siècle, les apports de différents théoriciens débouchent avec Johannes de Muris sur le système à trois classes : cordes/vents/percussions, toujours en usage dans la musicologie classique et l'orchestre occidental. C'est cette même tripartition que Rousseau reprend dans son *Dictionnaire de musique* (1768), mais l'*Encyclopédie* de Diderot, avec une vaste collection de planches vraisemblablement préparées par lui, présente non seulement des instruments européens mais quelques instruments étrangers (seconde suite, planche I – sistre d'Isis, instrument chinois, trompette marine chinoise, sifflet de Pan – [in Rousseau, 2007, p. 625 et 631] ; planche VII [in *ibid.*, p. 625 et 637).

A partir du XVIe siècle, et à travers différents traités dont *Musica Getuscht* de Sebastian Virdung (1511), *Syntagma musicum* de Michael Praetorius (1618-1619) où l'on voit, parmi les planches illustrant sa section "De organographia", plusieurs instruments "exotiques" (entre autres : cloche double, pluriarc, harpe tels qu'on les joue encore aujourd'hui en Afrique), Marin Mersenne (1636-1637) et Pierre Trichet (1640), on assiste au véritable essor de l'organologie taxonomique, suscité par l'introduction dans l'instrumentarium occidental de spécimens venant de civilisations lointaines mais aussi des traditions rurales et populaires européennes. Ce courant d'intérêt qui ne cessera plus fait apparaître la nécessité de concevoir des systèmes classificatoires, fondés sur des critères d'ordre acoustique, morphologique ou fonctionnel qui, dès la fin du XIXe siècle, vont amener les spécialistes à remettre en cause le système tripartite devenu inadéquat. En effet, si les sections des cordes et des vents permettent, avec les subdivisions appropriées d'accueillir nombre d'instruments d'autres cultures, la classe dite des "percussions" explose devant la profusion des nouveaux arrivants. Comment en effet associer sous une même étiquette la kyrielle de tambours à membrane percutée avec cloches, gongs ou xylophones où la percussion s'exerce sur des matériaux rigides ? Où situer et classer le bataillon de hochets, sonnailles et sistres qu'on secoue, de castagnettes et cymbales qu'on entrechoque, de languettes qu'on pince...

2.2. *Systèmes universels*

Ce sont d'abord des responsables de collections publiques ou privées (Mahillon, Montandon, Sachs, Galpin, Bessaraboff, Schaeffner et leurs disciples) qui, pour des raisons pratiques autant que scientifiques, élaborent des outils aptes à gérer le "chaos" constitué par les importantes collections regroupant dans des musées d'art, d'histoire, de musique ou de sciences humaines des instruments de toutes origines, recueillis au cours des temps par diverses voies : voyageurs, explorateurs, savants, administrateurs coloniaux, cabinets de curiosités dont les trouvailles s'adjoignaient, ici et là, à des collections privées, royales ou monastiques.

A la fin du XIXe siècle, fondateur du musée instrumental du Conservatoire royal de musique de Bruxelles grâce à l'appui de François-Auguste Gevaert, Victor-Charles Mahillon dont les relations suivies avec Raja S. M. Tagore, donateur d'importantes collections d'instruments et de documents indiens, furent probablement "une source d'inspiration dans le développement des idées de Mahillon" (Jairazbhoy, 1990, p. 68), va emprunter à l'Inde le concept des quatre catégories pour élaborer son "Essai de classification méthodique de tous les instruments anciens et modernes fondée sur la nature différente des corps employés comme sources sonores" (Mahillon, 1893).

Ce système présente l'avantage considérable de faire éclater le fourre-tout de ce qu'on appelait jusque-là "percussions" en deux classes distinctes : celle des instruments à membranes, autrement dit les tambours, et celle des "autophones" regroupant les instruments dont la matière mise en vibration est rigide. La subdivision en branches, sections et sous-sections (suivant l'organisation linnéenne), prend en compte aussi bien la manière dont s'opère la mise en vibration que les principaux caractères structurels observables. L'idée d'une systématique visant à l'universel est née, ouvrant ainsi une voie nouvelle à l'organologie.

Le concept sera repris et développé en 1914 par Eric von Hornbostel et Curt Sachs dans leur "Systematik der Musikinstrumente" qui définissait ainsi les quatre classes :

– les *chordophones* : "une ou plusieurs cordes sont tendues entre des points fixes" ;

– les *membranophones* : "le son est mis en vibration par des membranes fortement tendues" ;

– les *idiophones*, dont la matière vibrante, "grâce à leur solidité et leur élasticité, produit les sons sans que des cordes ou des membranes tendues soient requises" ;

– les *aérophones* dans lesquels "l'air lui-même est le vibrateur, au sens premier du terme".

La hiérarchisation des données, basée sur l'opposition binaire, suit d'assez près le système décimal de Dewey. Les deux auteurs exposent les principes, les difficultés, les faiblesses ou les failles de leur systématique dans une introduction fondamentale pour les organologues, musicologues et conservateurs de collections.

André Schaeffner, alors responsable du département d'ethnomusicologie et des instruments de musique du musée de l'Homme à Paris, se démarque en 1936 du système précédent. Il propose une classification en deux classes, fondée elle aussi sur la structure physique et les propriétés des corps (ou éléments) soumis à vibration, et où il distingue, d'une part, les matières solides subdivisées suivant qu'elles sont ou non susceptibles de tension et, d'autre part, l'air qui peut être ambiant ou contenu dans un réceptacle.

Partant de la dichotomie de Schaeffner, l'auteur de ces lignes, qui lui succède en 1970 comme conservatrice des collections, a tenté d'en faire une synthèse avec la systématique plus élaborée de Hornbostel et Sachs, au lieu de les opposer comme on avait tendance à le faire jusque-là, et en y apportant un notable aménagement des données et un développement des rubriques assorties de nombreux exemples concrets. Les quatre classes des organologues allemands se laissent aisément redistribuer (au niveau supérieur de la hiérarchisation) au sein des deux catégories de Schaeffner. Les idiophones entrent d'emblée parmi les instruments à corps solide vibrant, constitués par des matériaux "non susceptibles de tension", tandis que cordophones et membranophones y trouvent aussi leur place mais en tant qu'instruments constitués de "corps solides susceptibles de tension". Quant aux aérophones, ils s'inscrivent en bonne logique dans la classe des "instruments à air vibrant".

Plusieurs recherches menées par des théoriciens et organologues, notamment Hans Heinz Dräger (1947), Mantle Hood (1971), Herbert Heyde (1975), Michel Ramey (1974), Tetsuo Sakurai (1981) ainsi que Oskar Elscheck et Erich Stockmann (1969), tous deux plus particulièrement attachés à l'étude des instruments populaires européens, un peu négligée jusque-là, visent à une étude globale de l'instrument, but ultime d'une "organologie idéale" qui prendrait en compte un ensemble de données de tous ordres (morphologie, acoustique, techniques de jeu, fabrication, production musicale, statut du musicien, symbolisme, histoire, distribution, répartition, filiation, contexte socioculturel, etc.) et dont la mise en œuvre passe nécessairement par un traitement informatique ou *via* une *Multidimensional Scalogram Analysis* (MSA) proposé par René Lysloff et Jim Matson (1985). Réalisable (et réalisé) si on se limite à l'étude monographique d'un type d'instrument, voire à celle d'un instrumentarium régional, mais difficile à atteindre si l'on vise à l'universel, cet objectif ne fait pas toujours une différenciation assez nette entre les trois niveaux d'analyse – classificatoire (macrotaxonomie), typologique (microtaxonomie), et descriptif – qui ont chacun leur logique propre, leurs outils conceptuels et leur méthodologie. Il n'en reste pas moins qu'étude exhaustive et processus forcément réducteur d'une systématique sont complémentaires. D'ailleurs, la plupart des tenants d'une organologie "globale" restent pour l'essentiel fidèles à la "Systematik der Musikinstrumente" d'Hornbostel et Sachs, tout comme la classification proposée ici qui lui doit beaucoup.

D'après les systèmes émanant de différentes cultures et brièvement évoqués, on voit se dessiner en matière de classification deux tendances, suivant que l'on considère *la nature de l'instrument* ou son *contexte*. La première met l'accent sur la fonction proprement sonore (propriétés des matières vibrantes et/ou modes de mise en vibration) qui met en œuvre, empiriquement ou scientifiquement, les lois de l'acoustique. Elle génère des classifications de type *organologique*, aptes à organiser des instrumentariums régionaux comme des collections à vocation universelle. On peut y ranger les systèmes chinois, indien, kpelle, hausa, bassari, 'aré' aré, aussi bien que ceux de Mahillon, de Hornbostel et Sachs, de Schaeffner et de leurs successeurs (dont l'auteur de ces lignes), conçus pour des ensembles d'origine pluriculturelle. La différenciation d'ordre quantitatif plutôt que qualitatif y fonctionne sur deux plans : l'homogénéité des instruments concernés et le degré d'élaboration des critères de subdivision.

L'autre courant qui prend en compte des facteurs relevant davantage du rôle musical, social, symbolique, rituel ou magique dévolu à l'instrument dans une communauté donnée, débouche sur des classifications de type *culturel*. S'y retrouvent le système dan groupant les instruments par rapport aux mythes de création ; celui des Mandailing qui reflète leurs structures socioreligieuses ; celui de la tradition monastique tibétaine distinguant les instruments d'après leurs interventions dans les rituels, ou bien, comme c'est le cas dans des communautés boliviennes, suivant les fêtes calendaires, tandis qu'en Corée coexistent le système organologique chinois et un autre, autochtone, fondé sur les genres musicaux. Compte tenu de ce qui précède et de l'état actuel de nos connaissances, il semble que les systèmes fondés sur des critères d'ordre organologique soient les plus répandus dans le monde, indépendamment de la société ou de la civilisation considérée, de la nature ou de l'importance de l'instrumentarium.

Notons encore que les principes régissant les systèmes que nous avons appelés "patrimoniaux" ou "régionaux" n'ont de pertinence qu'à l'intérieur de leur propre culture, à l'exception de l'ancien système indien dont le concept s'avère une base "opératoire" pour une systématique apte à gérer des ensembles représentatifs, pourrait-on dire, du patrimoine instrumental de l'humanité.

3. Essai de classification organologique

Considérant les instruments en tant qu'objets producteurs de son, le critère initial concernera la matière vibrante elle-même, les liens entre ses propriétés et la propagation des ondes acoustiques étant fondamentaux. Il sera complété par des données concernant le mode de mise en vibration et la structure de l'instrument, autrement dit l'agencement de ses parties fonctionnelles. Si le principe directeur s'applique d'un bout à l'autre du système, la hiérarchie entre les caractères secondaires peut et doit s'adapter à la logique propre de l'instrument. Il y a donc lieu de prendre en compte :

– *l'élément vibrant principal (ou la portion de cet élément entrant en vibration) ;*

– *la manière dont cet élément est mis en vibration (frappement, pincement, raclement, frottement, secouement, souffle, etc.) ;*

– *la configuration de cet élément par rapport à la structure de l'instrument.*

Notons que l'ébranlement de l'élément principal peut entraîner la vibration de bruiteurs attachés à l'instrument. Cymbalettes fixées à des claquettes (*kartal*, Rajasthan ; voir 111.211 dans la classification ci-après), cordelettes tendues sous la membrane d'un tambour sur cadre (*bendir*, Maroc : 211.211.1), plaques bruissant au sommet d'un manche de harpe ou de luth africain, sont à considérer comme autant d'accessoires dont les timbres se superposent aux sonorités propres de l'instrument.

Par ailleurs, les techniques de jeu ne constituent pas toujours des facteurs d'identification infaillibles. A titre d'exemple, des *pizzicati* occasionnels n'empêchent pas le violon de se ranger avec les vièles à archet ; les marteaux actionnés par un clavier pour frapper les cordes d'un piano ne modifient pas son appartenance organologique aux cithares sur caisse. A l'inverse, il y a des apparences trompeuses comme dans le cas du *bans* des Rawaut de l'Inde centrale (414.112) qui, à première vue, a tout d'une flûte à quatre trous, alors que sa technique de jeu montre qu'il s'agit sans conteste d'une trompe (Dournon, 1989).

Toute classification nécessite une sélection restreinte de données aptes à définir de manière pertinente les principaux spécimens instrumentaux. Dégagées à partir des caractéristiques visibles, donc observables par tout un chacun, leur hiérarchie suit, autant que faire se peut, le système décimal de Dewey qui implique une opposition binaire à chaque niveau. S'agissant de l'étude d'un type spécifique, il y aura lieu de faire appel à une batterie de critères plus fins, correspondant au niveau d'analyse d'une taxonomie (Laurenty, 1974 ; Dournon et Wright, 1978 ; Borel, 1986 ; Le Gonidec, 1997).

Une classification ne peut être qu'un *work in progress.* Celle que nous proposons ici a fait l'objet de révisions qui se sont avérées nécessaires pour son application pratique aux collections du musée de l'Homme (qui réunissaient en 1993 quelque huit mille instruments des cinq continents) ou à celles d'autres institutions, pour l'enseignement et par rapport à des publications antérieures (Dournon, 1992 et 1996). Ouvert et modulable, le système permet d'y apporter des aménagements utiles aussi bien que l'éventuel développement ultérieur de telle ou telle rubrique, ou l'intégration de nouvelles données, au fur et à mesure de l'accroissement de connaissances qui, en matière d'instruments de musique, sont encore loin d'être exhaustives.

Ne sont pris en compte ici que les instruments acoustiques, dans une perspective synchronique et sans considération de leur histoire ou de leur appartenance aux musiques savantes, ethniques ou populaires, européennes et extra-européennes. Toutefois, et pour des raisons évidentes, les instruments ressortissant aux cultures musicales du monde sont largement plus nombreux que ceux, plus familiers sinon mieux connus, qui relèvent du domaine de la musicologie classique occidentale.

En se reportant aux notices correspondantes dans les trois volumes du *New Grove Dictionary of Musical Instruments* (Sadie, 1984), ouvrage qui fait jusqu'ici autorité, le lecteur pourra visualiser l'instrument et compléter utilement l'information en ce qui concerne l'origine, la description, la localisation géographique, l'histoire, le jeu et l'usage. De même, il trouvera dans le *Guide pour la collecte des musiques et instruments traditionnels* (Dournon, 1996) de nombreux exemples illustrés par des documents photographiques.

3.1. *La matière vibrante est un corps solide qui ne peut être tendu*

Les *idiophones* regroupent les instruments dont la matière solide, trop rigide pour être tendue, vibre par elle-même sans apport de corde(s) ou de membrane(s). Pour cette catégorie, foisonnante (et parfois rebelle au classement), la hiérarchie des données prend en compte : le mode de mise en vibration de la matière, la structure de l'instrument : massive (corps plein) ou non (corps creux ou évidé), sa facture (élément unique ou multiple), le cas échéant sa matière, si elle justifie une appellation usuelle (xylophone, métallophone, lithophone) ou donne une information pertinente. La première subdivision des idiophones s'effectue par rapport aux sept modes d'ébranlement suivants :

– entrechoc de deux (ou plus) éléments semblables (pleins ou creux) tels que claquettes, cymbales, castagnettes, bâtons ou tubes ;

– frappement d'un élément (plein ou creux) de forme et de matière diverses par un percuteur (baguette, marteau, mailloche). Du fait du très grand nombre d'instruments entrant dans cette section et de leur extrême diversité de nature et de forme, nous n'avons retenu que les exemples les plus significatifs. On remarquera que les cloches à battant interne ou externe s'y trouvent réunies en raison du frappement de leur paroi par un percuteur, même si c'est un mouvement de secouement qui met en branle le percuteur quand il se trouve à l'intérieur de la cloche ;

– pilonnement du sol, d'une pierre, du fond d'un récipient avec un pilon, une poutre ou un tube de bambou qui peut être acoustiquement à la fois l'élément vibrant et le percuteur ;

– secouement de corpuscules mobiles à l'intérieur d'un objet creux (hochets) ou à l'extérieur (hochets-sonnailles) ; de disques ou d'anneaux enfilés sur une tige (sistre) ; de bambous oscillants dans un cadre *(angklung)*, ou suspendus comme dans le *tang koa*, l'étonnant carillon hydraulique des Sedang du Viêtnam (voir *infra* 145) ;

– raclement avec une baguette d'un élément strié ou rainuré (creux ou plein) ;

– frottement (avec les doigts, une baguette, un archet) des bords ou de la face lisse d'un objet (creux ou plein) ;

– pincement de l'extrémité libre d'une languette végétale ou métallique (rendue flexible par un amincissement du matériau) sertie ou découpée dans un cadre (guimbarde) ; d'une série de languettes (métalliques ou végétales) disposées sur une caisse de résonance *(sanza, mbira)*.

1 IDIOPHONES

11 ENTRECHOC de deux (ou plus) éléments semblables indépendants ou reliés
111 corps plein = claquettes
111.1 bâtons/blocs : *clave* (Mexique) ; *tsuke* (Japon) ; *teke bora* (Bénin)
111.2 plaques (bois/bambou/os/ivoire/métal/autres)
111.21 deux éléments (bois/métal) : *cerek* (Malaisie) ; *tengere* (Niger) ; *whip, frusta* (Angleterre, Italie)

111.211 avec bruiteurs (disques métalliques/autres) : *kartal*, *cimta* (Inde) ; *sinh tien* (Viêtnam)
111.22 deux + deux éléments : *kartal* (Rajasthan)
111.23 trois à six éléments : *paiban* (Chine) ; *pak* (Corée)
112 corps creux ou présentant une cavité
112.1 cymbales, cymbalettes, crotales (métal) : *manjira* (Inde) ; *châp* (Thaïlande)
112.11 double : *qarqab* (Maroc)
112.12 en série sur un support : *zilli massa* (Turquie)
112.2 castagnettes (bois/os/ivoire) : *castanetas* (Espagne) ; *nacchere* (Italie)
112.3 cuillères : *koutalia* (Grèce) ; *kasik* (Turquie) ; *muong* (Viêtnam)
112.4 coques végétales : *tekeya* (Centrafrique) ; plaques de métal repliées : *kemanak* (Java)

12 FRAPPEMENT : élément vibrant frappé par un (ou plusieurs) percuteur
121 corps plein
121.1 un élément (bâton/poutre/plaque/bois/pierre) : *amagala* (Ouganda) ; *simandro*, *kepalo* (Yougoslavie)
121.11 avec résonateur annexe : *kertok kepala* (Malaisie) ; *imbila* (Zambie) (pouvant être considéré aussi comme xylophone à lame unique)
121.2 série d'éléments (bâton/poutre/plaque/lame)
121.21 en bois = xylophone
121.211 lames libres
121.211.1 sur fosse : *doso* (Bénin) ; *linga sho* (Centrafrique) ; *akadinda* (Ouganda) ; *boboman* (Indonésie)
121.211.2 sur troncs d'arbre : *gbo* (Côte-d'Ivoire)
121.211.3 sur jambes : *antranatra*, *kilangay* (Madagascar)
121.212 lames fixées
121.212.1 sur échelle de corde : *kaw law* (Thaïlande)
121.212.2 sur caisse de résonance : *gambang* (Java) ; *ranât êk*, *ranât thum* (Thaïlande)
121.212.3 sur support avec résonateurs multiples : *bala* (Mali) ; *bolange* (Sierra Leone) ; *kundung* (Nigeria) ; *cho* (Burkina Faso) ; *mbila* (Mozambique) ; *ndjimba* (Zaïre) ; *kalangba* (Centrafrique) ; *marimba* (Guatemala)
121.22 plaque de pierre = phonolithe
121.221 en série = lithophone
121.221.1 équerres suspendues : *bianqing* (Chine) ; *p'yôn'gyông* (Corée)
121.221.2 autres formes posées : *goong lu* (Viêtnam) ; *picancala* (Togo)
121.23 plaque/lame/disque (métal) : *kyizi* (Birmanie) ; *ghant* (Orissa)
121.231 en série = métallophone
121.231.1 sur caisse de résonance : *saron* (Java)
121.231.11 avec résonateurs multiples et clavier : célesta (Europe)
121.231.2 sur support avec résonateurs multiples : *gender* (Java)
121.24 disque à rebord = gong : *gangsa* (Philippines) ; *thali* (Inde) ; *luo* (Chine)
121.241 avec bosse centrale : *gong ageng*, *kempul* (Java) ; *agung* (Philippines)
121.25 bulbe

121.251 élément unique : *kenong* (Java)
121.251.1 en série : *bonang* (Java) ; *không mön* (Thaïlande) ; *kyi-waing* (Birmanie)
122 corps creux ou présentant une cavité
122.1 bloc de bois (ou bambou) fendu et évidé ou “tambour de bois à fente”
122.11 fente simple: *linga* (Centrafrique) ; *muyu* (Chine) ; *kröng* (Thaïlande) ; *koturka* (Inde) ; *woodblock* (Europe) ; *kelei* (Sierra Leone) ; *logo* (Samoa)
122.111 avec protubérance(s) centrale(s), une : *garamut* (Papouasie-Nouvelle-Guinée) ; deux : *ikoro* (Nigeria)
122.12 fentes multiples ou “tambour xylophone” : *kende* (Guinée)
122.13 deux langues opposées : *teponatzli* (Mexique)
122.2 récipient
122.21 hémisphérique ou convexe (courge/bol/pot/couvercle)
122.211 posé : *ghatam* (Inde) ; *kin* (Japon) ; *kwarya* (Nigeria)
122.211.1 en série (bols contenant de l’eau) : *jaltarang* (Inde)
122.212 retourné sur le sol : *gaasay* (Niger) ; *teke* (Ouganda)
122.213 retourné sur l’eau ou “tambour d’eau” : *assakhalebo* (Niger) ; *jicara de agua* (Mexique) ; *jaltal* (Rajasthan)
122.22 tubulaire (bambou) : *patang-ug* (Philippines)
122.221 en série ou “xylophone de bambou” : *tinglik* (Bali)
122.23 cylindrique renversé ou “tambour de bronze” : *hpâ-si* (Birmanie) ; *tonggu* (Chine) ; *steel drum* (Trinidad)
122.231 en série : *steel band* (Trinidad)
122.24 conique/tronconique/prismatique/autres formes = cloche
122.241 avec percuteur libre
122.241.1 corps unique (métal/bois/argile/verre/coque végétale) : *bonsho* (Japon) ; *nzoro* (Centrafrique) ; *mokange* (Gabon) ; *t’ûkchong* (Corée)
122.241.11 en série : *bianzhong* (Chine) ; carillon (France)
122.241.2 deux corps reliés par un élément de préhension (métal)
122.241.21 superposés : *agogo* (Nigeria)
122.241.22 côte à côte : *kuge* (Nigeria) ; *gonga* (Zaïre)
122.242 percuteur(s) attaché(s)
122.242.1 à l’intérieur de la cloche
122.242.11 corps unique (métal/bois/bambou/ivoire/poterie/autres)
122.242.111 un battant : *dril-bu* (Tibet) ; *irna* (Madhya Pradesh) ; *campanella* (Italie) ; cloche, clochette (France)
122.242.112 plusieurs battants
122.242.12 deux corps opposés par le sommet (métal/bois) : *uyara* (Nigeria)
122.242.13 corps multiples à plusieurs battants : *tsingalagala* (Angola)
122.242.2 à l’extérieur de la cloche : cloches d’animaux en bois (Asie du Sud-Est)

13 PILONNEMENT : l’élément vibrant percute un autre élément (corps humain/mortier/plateau/sol/eau/autres)
131 corps plein (pilon/bâton/poutre) : *kakakumo* (Gabon) ; *jawân* (Irak) ; *txalaparta* (Pays basque)

132 corps creux (courge/bambou/bois/métal) : *'au ni mako* (îles Salomon) ; *ipu hula* (Hawaii) ; *ganbo* (Haïti) ; *duvu* (Fidji) ; *bara* ou "tape-cuisse" (Guinée) ; *lanzas* (Equateur) ; bambou refendu : *balingbing* (Philip pines) ; *toka* (Assam)

14 SECOUEMENT
141 bille(s) libre(s) dans récipient fendu ou ajouré = grelot
141.1 en série et attachés sur une partie du corps/un support/un bâton : *muyang, ghungru* (Inde) ; *zang* (Russie) ; *suzu* (Japon)
142 grenaille contenue dans un récipient = hochet
142.1 corps unique
142.11 formes (tubulaire/sphérique/ovoïde/circulaire/tubulaire/conique) et matières diverses (bois/courge/pierre/poterie/métal/vannerie/carapace de tortue/autres), avec ou sans poignée : *chocalho* (Brésil) ; *maraca* (Mexique) ; *ichaka* (Nigeria)
142.12 radeau (grenaille prise dans un réseau parallèle de tiges végétales) : *kayamba* (Kenya)
142.2 corps double (en forme d'haltère) : *ngala* (Zaïre)
142.3 corps multiples enfilés sur tige/bâton/cordelette : *zare* (Burkina Faso)
143 assemblage de corpuscules (végétaux/coquille/os/métal) = sonnailles
143.1 corporelles : *ekpiri* (Nigeria)
143.2 sur un bâton : *rideksnis* (Lituanie)
143.3 entourant un élément creux (courge) = hochet-sonnailles : *segbureh* (Sierra Leone) ; *seo* (Guinée) ; *agbe* (afro-cubain)
144 disques, anneaux, calottes de courge glissant sur une tige = sistres : *sanâsel* (Egypte) ; *wasamba* (Guinée) ; *siyak* (Martinique) ; *sonajero* (Mexique)
145 bambous oscillants dans un cadre : *angklung* (Java) : *tang koa* (Viêtnam)

15 RACLEMENT d'une paroi ou d'une surface cannelée = racleurs
151 corps plein
151.1 bâton ou tige végétale : *gwasak* (Nigeria)
151.11 avec résonateur annexe : *hiohkhat* (Arizona) ; *ekola* (Namibie)
151.2 plaque rainurée : *washboard* (afro-américain)
151.3 mâchoire de bovidé : *quijida* (afro-cubain)
151.4 roue dentée : crécelle (France) ; *raganella* (Italie) ; *carraca* (Espagne) ; *matraca* (Chili) ; *ratchet* (Angleterre)
152 corps creux
152.1 courge : *guïro* (Cuba) ; *reco reco* (Brésil)
152.2 tube végétal/métallique : *chara* (Rajasthan) ; *kirgicha* (Madhya Pradesh)
152.21 avec bruiteurs annexes : *kargach* (Madhya Pradesh)
153 caisse : *yu* (Chine) ; *ô* (Corée)

16 FROTTEMENT (digital ou autre) d'une surface ou d'une arête lisse
161 corps plein ou "bloc frotté" : *launut* (Nouvelle-Irlande)
161.1 lame frottée avec un archet : *musical saw*, scie musicale (Angleterre, Canada, France)

162 corps creux
162.1 bols/verres : *musical glasses* (Europe)
carapace de tortue : *ayotl* (Mexique)

17 PINCEMENT du bout flexible d'une languette
171 languette fixée ou découpée dans un cadre (facture idioglotte/hétéroglotte) = guimbarde
171.1 bout libre dépassant du cadre (métal) ; pincement direct : *scacciapensieri* (Italie) ; guimbarde (France) ; *maultrommel* (Allemagne) ; *vargan* (Russie) ; *morchang* (Inde)
171.2 bout libre ne dépassant pas du cadre (végétal/os/métal) ; ébranlement indirect (pincement/frappement du cadre/traction d'un cordon) : *röding* (Viêtnam) ; *ghoraliyo* (Inde) ; *genggong* (Bali) ; *susap* (Papouasie-Nouvelle-Guinée) ; *muhonyu* (Sibérie)
172 série de languettes fixées sur un support = lamellophone ou languettophone
172.1 languettes végétales
172.11 sur plaque : *kasandji* (Gabon)
172.12 sur caisse de résonance : *agidigbo* (Nigeria) ; *kongoma* (Sierra Leone)
172.2 languettes métalliques (disposées sur un rang ou deux)
172.21 sur caisse de résonance : *sanza* (Zaïre, Centrafrique, Cameroun) ; *mbira* (Mozambique, Zimbabwe) ; *likembe* (Ouganda, Zambie, Angola)
172.211 avec résonateur annexe : *malimba* (Malawi)

3.2. *La matière vibrante susceptible de tension est une membrane*

Dans les *membranophones*, plus communément appelés tambours, la matière vibrante est un corps solide qui se présente sous forme de membrane (une ou deux) tendue(s) sur l'ouverture d'une caisse de résonance de formes et de matières diverses, ou sur un cadre (quand le rayon de la membrane est égal ou supérieur à la hauteur du support).

La mise en vibration s'obtient par frappement ou friction. Le frappement de la ou des membranes s'effectue directement (Fd) avec les doigts, deux baguettes, main et baguette, soit indirectement (Fi) comme c'est le cas avec le tambour dit "à boules fouettantes" où, par un mouvement d'oscillation imprimé à l'instrument, les deux petits percuteurs reliés par des cordelettes au corps du tambour viennent en frapper les peaux. La friction ou le frottement (f) s'exerce avec les mains humides soit sur une tige rigide, soit sur une mèche ou lanière, fichée au centre d'une membrane tendue sur une caisse de forme souvent cylindrique à fond ouvert pour faciliter le mouvement. A notre connaissance, seul l'instrument africain a deux membranes activées (222.1).

Les subdivisions s'établissent par rapport au nombre de membranes, puis par rapport à la morphologie de la caisse ou du cadre. Les modes de fixation de la peau (collée, clouée, chevillée, lacée en X, V, W, Y ou II, cerclée/lacée, ou combinés avec d'autres dispositifs) ne sont mentionnés que s'ils constituent un trait pertinent d'identification, comme c'est le cas pour les tambours en forme de sablier dont le dispositif de fixation des membranes permet d'en modifier la tension en cours de jeu (212.14).

2	MEMBRANOPHONES
21	FRAPPEMENT
211	une membrane (frappement direct) = Fd
211.1	caisse (bois/métal/courge/poterie)
211.11	hémisphérique = timbale (peau lacée/clouée/collée/chevillée) : *naas* (Tchad) ; *tambari* (Nigeria) ; *nagara* (Inde) ; *naqqara* (Irak) ; *kultrün* (Chili) ; cerclée avec tringles et mécanisme : *timpani* (orchestre occidental)
211.111	contenant de l'eau ou *water-drum* : *tamamâpka* (Amérindiens)
211.12	cylindrique/tubulaire : *apinti* (Surinam) ; *kateobak* (Indonésie)
211.12.1	sur socle : *pahu hula* (Hawaii)
211.13	calice
211.131	peau collée : *zarb* (Iran) ; *darabukka* (Egypte) ; *tarija* (Maroc)
211.132	peau lacée : *thôn* (Thaïlande)
211.14	mortier : *tindé* (Niger)
211.15	sablier
211.151	cerclée/collée : *kundu* (Papouasie-Nouvelle-Guinée)
211.152	lacée : *kalali* (Tchad)
211.16	tonnelet : *atabaque* (Brésil)
211.161	sur socle : *utumpan* (Ghana)
211.17	tronconique (membrane chevillée/lacée/mixte) : *mutumba* (Zimbabwe) ; *bongo* (afro-cubain)
211.18	sphérique (courge) : *bindiri* (Burkina Faso)
211.2	cadre (membrane collée/clouée)
211.21	circulaire : *chang* (Rajasthan) ; *lppumin* (Montana) ; *bodhran* (Irlande)
211.211	avec bruiteurs ou "timbre"
211.211.1	cordelette(s) tendue(s) sous la peau : *bendir* (Maroc) ; *teueikan* (Ontario)
211.211.2	sonnailles (anneaux/cymbalettes) : *dâyre* (Kurdistan) ; *tar* (Maghreb)
211.212	avec dispositif de préhension : *uchiwa daiko* (Japon) ; *kilaut* (Canada)
211.22	octogonal : *ghera* (Rajasthan)
212	deux membranes : frappement direct ou indirect
212.1	sur caisse
212.11	cylindrique : membranes lacées : *langorony* (Madagascar) ; cerclées/lacées : tambourin (France) ; *daula* (Sri Lanka) ; *dhol* (Inde) ; *t'bol* (Mauritanie) ; *tabl* (Irak) ; *bombo* (Argentine) = Fd
212.12	tonnelet : renflé (membranes cerclées/lacées/clouées) : *tsuridaiko* (Japon) ; *bedug* (Java) ; *chin'go*, *popko* (Corée) ; ou allongé : *mrdangam* (Inde) ; *pakhavaj* (Inde) = Fd
212.13	tronconique (cerclées/lacées) : *mâdar* (Inde) ; *bata* (Nigeria) = Fd

212.14 sablier : membranes cerclées/lacées ou “tambour à tension variable” par pression de la main ou du bras sur le laçage (en II ou X) : *tama* (Sénégal) ; *dundun* (Nigeria) ; *udâkki* (Sri Lanka) ; *hudko* (Népal) ; *kotsusumi* (Japon) ; *changgo* (Corée) = Fd
212.141 avec boules fouettantes (membranes collées/lacées) : *damaru* (Tibet, Inde) = Fi
212.2 sur cadre (membranes cerclées/lacées/collées/clouées) = Fd
212.21 circulaire : *caja* (Argentine) ; *davul* (Turquie) ; *huaigu* (Chine)
212.211 avec dispositif de préhension: *dhyângro* (Népal) ; *sogo* (Corée)
212.22 quadrangulaire : *deff* (Maroc) ; *adufe* (Portugal, Brésil)

22 friction d’une tige rigide, mèche ou lanière = f
221 tambour à une membrane
221.1 baguette de friction interne : *mukuiti* (Gabon)
221.2 baguette/mèche de friction externe : *cuica* (Brésil) ; *rommelpot* (Flandres) ; *buhai* (Roumanie)
222 tambour à deux membranes
222.1 lanières de friction externes (Côte-d’Ivoire)

3.3. *La matière vibrante susceptible de tension est une corde*

Dans les *cordophones*, ou instruments à cordes, la matière vibrante provenant d’un corps solide réduit à l’épaisseur d’une corde (tendon animal, crin, lanière végétale, soie, métal, plastique) est tendue aux deux extrémités sur un support, constituant le corps ou la caisse de résonance. De la configuration des éléments constitutifs dépend la disposition des cordes. La combinaison des critères (structure du support et montage des cordes) détermine les types et sous-types.

Pour cette catégorie, le mode de mise en vibration ne peut intervenir au même niveau que pour les trois autres classes, mais comme une indication complémentaire (frappement = F ; pincement = P ; frottement par un archet = fa, ou par une roue = fr ; souffle = S). En effet, cette donnée ne permet pas de distinguer radicalement entre des types ou sous-types différents et elle présente l’inconvénient de séparer des cordophones apparentés structurellement. Ainsi, en supposant que le mode de mise en vibration soit retenu au deuxième niveau hiérarchique, on trouverait des cithares sur caisse de même structure telles que *santur* et *qânûn* (311.611 et 612) à la fois sous pincement et frappement ou, pour les cithares sur table *kayagûm* et *ajaeng* (311.51), à la fois sous pincement et frottement. Il en irait de même pour l’arc musical dont la corde peut être pincée, frappée voire ébranlée par le souffle 321.12). Quant aux cordes des lyres, si le pincement est le mode d’actionnement le plus répandu, y déroge la *strâkharpa* suédoise (372.1) jouée avec un archet.

L’examen montre que la disposition des cordes par rapport à leur support constitue un critère plus pertinent, facilement observable ; qui plus est, il a une incidence directe sur la technique de jeu. On se trouve ainsi devant deux cas de figure suivant que le support décrit une droite ou une courbe. Quand le corps de l'instrument s'inscrit dans une ligne droite, les cordes se trouvent dans un plan parallèle à celui de l'instrument. Quand celui-ci décrit une ligne courbe ou brisée, le plan des cordes se situe alors dans un plan perpendiculaire à celui du support, qu'il s'agisse de la caisse de résonance ou du manche de l'instrument. Dans le premier cas (cithare, luth), on peut appuyer la corde sur une partie de l'instrument pour en modifier la longueur vibrante et ainsi produire plusieurs sons, ce qui n'est pas possible dans le second cas (harpe et ses variantes, pluriarc, lyre) où les cordes sont jouées à vide.

Cette donnée permet en outre d'expliciter l'appellation organologique de harpe-luth et de harpe-cithare (35 et 36) donnée à deux cordophones africains. Le corps de luth du premier et le corps de cithare sur bâton de l'autre s'inscrivent dans un seul plan, tandis que leurs cordes, soulevées par un chevalet vertical, se retrouvent dans un plan perpendiculaire à l'instrument et, de ce fait, ne peuvent être jouées qu'à vide comme celles d'une harpe.

Quelques spécimens résistent à la contrainte classificatrice en raison de l'ambiguïté de tel ou tel trait de facture ne répondant pas à une même définition typologique comme c'est le cas de ce cordophone participant à la fois de l'arc et de la harpe (deux types instrumentaux étroitement apparentés). Il s'agit d'un instrument africain, désigné communément comme "harpe fourchue" mais qu'on pourrait considérer aussi bien comme une variante pluricorde de l'arc musical (322.1). A l'encontre de la harpe, ses cordes ne sont pas tendues entre un manche et une caisse formant entre eux une courbe ou un angle mais, comme dans l'arc musical, entre les deux extrémités d'un support arqué ou angulaire sous lequel est rapporté un résonateur ouvert. Pour rester cohérent, on a dû appliquer cette donnée au *waji*, "pseudo-harpe" d'Asie centrale (322.2), pourvu d'une caisse de résonance qu'embroche l'arc sous-tendant les cordes. A l'inverse, un autre cordophone africain, désigné souvent comme "arc en terre", répond mieux à la définition de la harpe (341.11) du fait que sa corde est tendue entre un manche arqué et une caisse de résonance constituée par un trou creusé dans le sol recouvert par une peau ou un couvercle formant en quelque sorte la "table d'harmonie".

Un autre cas se présente dans la prolifique section des cithares dont les cordes non seulement courent parallèlement au corps de l'instrument (bâton, tube, cuvette, caisse, table, etc.), mais sont également parallèles entre elles, à l'exception du *qin* chinois (311.52). Il s'ensuit que cette notion de non-parallélisme des cordes entre elles a dû être introduite, assortie de la présence ou de l'absence de chevalets, dans la section des cithares sur table bombée (311.5).

Une fois posée la définition organologique des luths et vièles – corde(s) tendue(s) parallèlement à l'instrument constitué d'un manche droit et d'une caisse s'inscrivant dans un même plan –, leur extrême diversification est traitée par rapport à ces deux éléments structurels suivant qu'ils sont faits ou non dans un même bloc de bois. On a ainsi des instruments de structure monoxyle (*rebab* 312.111 ; *pipa*, *biwa* 312.112 ; *kamayacha* 312.121), ou de structure composite (312.2 *sq.*), se différenciant à leur tour par rapport au mode d'assemblage des deux éléments : manche fixé à la caisse de résonance, traversant la table ou la caisse, prolongé en pique. Interviennent le cas échéant, s'il s'agit d'un trait pertinent de distinction, la facture de la caisse (monocoque ou en plusieurs parties), la matière de la table (bois ou peau), le rapport approximatif de longueur entre caisse et manche (court ou long si inférieur, égal ou supérieur à la table d'harmonie). A la différence des versions proposées antérieurement (Dournon, 1992 et 1996) et par souci d'unification avec les autres types de cordophones, cette section n'est plus subdivisée en "luths à cordes pincées" et "luths à cordes frottées ou vièles" (subdivision qu'il est facile de remettre en œuvre le cas échéant). La distinction s'effectue par l'indication du mode de mise en vibration : P = pincement (doigts, plectre) pour les luths ; fa = frottement par un archet pour les vièles ; fr = frottement par une roue pour les vielles. Parmi les données telles que nombre, mode de fixation, fonction des cordes (mélodiques/sympathiques/bourdon), accord, présence de touches ou de frettes, qui relèvent plus d'une typologie ou d'une étude exhaustive de tel ou tel cordophone considéré isolément, ne sont retenues que celles qui peuvent constituer un trait pertinent.

Rappelons brièvement ici qu'il y a lieu de distinguer entre terminologies organologique et vernaculaire pour éviter confusions, "faux amis" ou autres impropriétés de termes, tout au moins en ce qui concerne la langue française. Bien qu'ils soient nombreux aussi dans les autres catégories, on n'en retiendra que quelques exemples relatifs aux cordophones. En Inde, le *sitar* (312.212.11) désigne un luth, *vina* est une cithare sur bâton (311.121) dans le Nord, alors que dans le Sud, il s'agit d'un luth, apparenté au *sitar* (312.212.11). *Tanbur*, *tambura* désignent différents luths d'Orient et d'Asie centrale (312.212.1 et 312.212.21), une lyre au sud de l'Irak (371) comme à Zanzibar, tandis que *lyra* (312.112) est une vièle à archet crétoise, *lira* une vielle à roue en Ukraine (312.213.32), sans oublier que l'antique *kithara* grecque, d'où vient le terme cithare, est en réalité une lyre…

3	CORDOPHONES
31	PLAN DES CORDES PARALLÈLE AU PLAN DE L'INSTRUMENT
311	cithares : corde(s) tendue(s) parallèlement à un corps de résonance ne comportant pas de manche et parallèles entre elles (à l'exception du *qin* chinois). Modes de mise en vibration : pincement = P ; frappement : F ; frottement avec archet = fa ; avec bâton = fb ; souffle = S
311.1	sur bâton/tige/règle
311.11	idiocorde (corde découpée dans l'écorce même du support végétal) : *etemb* (Sénégal) ; *bhuyabaja* (Inde) = F
311.12	hétérocorde (corde rapportée) : *satiev* (Cambodge) ; *dunde* (Sulawesi) = P
311.121	avec résonateur(s) annexe(s) : *bin, vina, rudra-vina, jantar* (Inde) = P ; *satiev* (Cambodge) = P ; *zeze* (Zaïre) = P
311.2	tubulaire (bambou)
311.21	idiocorde : *valiha* (Madagascar) = P ; *gintang* (Assam) = F
311.22	hétérocorde : *valiha* moderne = P
311.221	avec résonateur annexe : *sasando* (Timor) = P
311.3	radeau : assemblage parallèle de tiges végétales (facture idiocorde) : *pandaa* (Burkina Faso) ; *yomkwo* (Nigeria) ; *dendung* (Orissa) = P
311.4	sur cuvette/cheneau/gouttière : *bangwe* (Mozambique) ; *inanga* (Burundi) = P
311.5	sur table bombée
311.51	cordes parallèles entre elles (avec chevalets) : *koto* (Japon) ; *kayagûm* (Corée) ; *dan tran* (Viêtnam) = P ; *ajaeng* (Corée) = fb
311.52	cordes non parallèles entre elles (pas de chevalets) : *qin* (Chine) = P
311.6	sur caisse
311.61	trapézoïdale
311.611	isocèle : *santur* (Iran) ; *Hackbrett* (Suisse) ; *tambal* (Roumanie) ; épinette des Vosges (France) ; *cimbalom* (Hongrie) = F
311.612	rectangle : *qânûn* (Egypte) ; *kantele* (Finlande) = P
311.612.1	avec mécanisme (clavier/marteaux/sautereaux/pédales) : clavecin = P ; piano = F
311.7	naviforme : *kachapi* (Java) = P
311.8	autres formes : *chakhê* (Thaïlande) ; *dulcimer* (Appalaches) ; *gusli* (Russie) ; *bandura* (Ukraine) = P ; *langspil* (Islande) = fa
311.9	sur cadre ou "cithare éolienne" = S (cordes ébranlées par le vent)
312	luths et vièles : corde(s) tendue(s) parallèlement entre une caisse et un manche droit situés dans un même plan Mise en vibration des cordes : luths = P ; vièles = fa ; vielles = fr
312.1	structure monoxyle : caisse, manche et chevillier faits dans un même bloc de bois
312.11	table ovale ou piriforme
312.111	en peau (manche court ou long) : *qanbus* (Yémen) = P ; *rebab* (Tunisie) = fa ; *gusle* (Yougoslavie) = fa
312.112	en bois (manche court) : *biwa* (Japon) ; *pipa* (Chine) = P ; *gadulka* (Bulgarie) ; *lyra* (Crète) ; *lirica* (Croatie) ; *kemençe* (Turquie) = fa

312.12	table circulaire (manche court)
312.121	en peau : *ravaj* (Rajasthan) = P ; *kamayacha* (Rajasthan) = fa
312.13	table échancrée/cintrée
312.131	en peau (manche long) : *sgra-snyan* (Népal) ;
312.131.1	avec cordes sympathiques (manche court) : *rabâb* (Afghanistan) ; *sarod* (Inde) = P ; *sarangi* (Inde) ; *sarinda, qeychak* (Balouchistan, Afghanistan) = fa
312.132	en bois
312.14	autres formes
312.2	structure composite : caisse et manche (long ou court) assemblés
312.21	manche fixé à la caisse de résonance
312.212	caisse d'une seule pièce ou "monocoque" (bois/courge/métal)
312.212.1	table circulaire en bois (manche long) : *tanpura/tambura* (Inde) = P
312.212.11	avec cordes sympathiques et résonateur annexe : *sitar, sarasvati vina* (Inde) = P
312.212.2	table ovoïde
312.212.21	bois (manche long, avec/sans frettes) : *saz* (Azerbaïdjan) ; *setâr, dotâr* (Iran) ; *tanbur* (Kurdistan) ; *baglama* (Turquie) ; *laouto* (Crète) = P
312.212.22	peau (manche long) : *guinbri* (Maroc) = P
312.212.3.	table échancrée/cintrée
312.212.31	en peau (manche long) : *tar* (Afghanistan) = P ; *esraj* (Inde) = fa
312.212.32	en bois : *charango* (Bolivie) = P
312.212.4.	table quadrangulaire en peau (manche long) : *shamisen* (Japon) = P
312.213	caisse en plusieurs éléments
312.213.1	table triangulaire en bois (manche long) : *balalaïka* (Russie) = P
312.213.2	table ovale/piriforme
312.213.21	en bois, manche court : *'ud* (Proche et Moyen-Orient) ; luth, mandoline (France) ; *cobza* (Roumanie) ; manche long : *chonguri* (Géorgie) = P
312.213.3	autres structures de caisse (manche court)
312.213.31	avec clavier : *nyckelharpa* (Norvège) = fa
312.213.32	avec roue actionnée par une manivelle : vielle à roue (France) ; *lira* (Ukraine) ; *vevlira* (Suède) ; *hurdy-gurdy* (Angleterre) = fr
312.214	éclisses reliant table et fond de la caisse
312.214.1	table circulaire manche court : *yueqin* (Chine)
312.214.2	table échancrée (manche long ou court) : guitare (France) ; *chittara* (Italie) ; *guitarra* (Espagne) ; *violao* (Portugal) ; *ukulele* (Hawaii) = P ; violon, viole (France) ; *violino* (Italie) ; *Geige* (Allemagne) = fa
312.215	manche (long ou court) traversant la peau de la table (ovale/circulaire) couvrant une caisse monocoque (bois/courge/métal) : *khalam* (Sénégal) ; *tidinit* (Mauritanie) = P ; *imzad* (Tchad) = fa
312.216	manche (long) traversant la caisse
312.216.1	cylindrique : *erhu* (Chine) ; *dan nhi* (Viêtnam) ; *dra û* (Cambodge) ; *endingidi* (Ouganda) = fa
312.216.2	hémisphérique : *goge* (Niger, Nigeria) = fa
312.216.3	prismatique : *bana* (Madhya Pradesh) ; *masenqo* (Ethiopie) ; *morin khuur* (Mongolie) = fa

312.217	et prolongé en pique
312.217.1	caisse sphérique : *kamançe* (Iran) ; *joze* (Irak) ; *ghichak* (Asie centrale) = fa
312.217.2	cordiforme : *rebab* (Java) = fa
312.217.3	parallélépipède : *kokyû* (Japon) = fa
32	PLAN DES CORDES PERPENDICULAIRE AU PLAN DE L'INSTRUMENT arc musical : corde(s) tendue(s) entre les deux extrémités d'une branche arquée (résonateur annexe ou buccal). Modes de mise en vibration : frappement = F ; pincement = P ; souffle = S
321	monocorde
321.1	résonateur buccal : *mbela* (Centrafrique) = F ; *umrhubhe* (Afrique du Sud) ; *marimba* (Colombie) = F
321.11	corde segmentée : *chipendani* (Zimbabwe) ; *isithontolo* (Afrique du Sud) = F
321.12	avec vibrateur de plume : *gora* (Afrique du Sud) = S
321.2	résonateur (courge/bois/métal/poterie)
321.21	attaché à l'arc : *berimbau* (Brésil) ; *zegari* (Mauritanie) ; *belembau tuyan* (îles Mariannes) = F, ou posé sur le sol : *villu* (Kerala) = F
322	pluricorde
322.1	avec résonateur ouvert : *juru* (Côte-d'Ivoire) = P
322.2	avec caisse de résonance : *waji* (Nouristan) = P
33	PLURIARC : ASSEMBLAGE DE PLUSIEURS ARCS MUSICAUX
33.1	dans une caisse de résonance (bois, courge) : *banga* (Guinée) ; *lukombe* (Zaïre) ; *ngwomi* (Gabon) = P
33.2	sur une plaque végétale : *kondingi* (Sierra Leone) = P
34	HARPE : corde(s) tendue(s) entre un manche, arqué ou droit, et une caisse dessinant un angle ; plan des cordes perpendiculaire à l'instrument. Mise en vibration par pincement = P
341	caisse creusée dans le sol ou "harpe en terre" : *tekpede* (Côte-d'Ivoire)
341.1	caisse en bois et manche courbe ou "harpe arquée"
341.11	ovoïde/prismatique/échancrée/naviforme, table en peau : *kundi, ngombi* (Zaïre, Centrafrique) ; *saun-gauk* (Birmanie)
341.12	hémisphérique, table en peau : *ardin* (Mauritanie)
341.121	avec chevalet : *bolon, simbing* (Guinée)
341.13	prismatique, table en bois
341.131	avec élément de soutien ou "colonne", un rang de cordes : *irish harp* (Irlande) ; *arpa* (Paraguay) ; deux rangs de cordes (+ clés, pédales, etc.) : harpe d'orchestre
342	manche droit ou "harpe angulaire" : *changi* (Géorgie)
35	HARPE-LUTH : caisse et manche droit assemblés sur un même plan (luth), deux rangs de cordes soulevées par un chevalet vertical dans un plan perpendiculaire (harpe) : *kora, soron* (Guinée, Gambie) = P
36	HARPE-CITHARE : cithare sur bâton idiocorde (pourvue d'un ou plusieurs résonateurs), cordes soulevées par un chevalet vertical dans un plan perpendiculaire : *mvet* (Gabon) = P

37	LYRE : cordes tendues entre une caisse et un manche [joug] reliés entre eux par deux montants (longs ou courts, symétriques ou non). Plan des cordes perpendiculaire au manche. Mise en vibration par pincement = P ou frottement = f (rare)
371	caisse (bois/carapace de tortue), table en peau, montants longs : *tanpura* (Irak) ; *baganna* (Ethiopie) ; *kissar* (Soudan) ; *ndongo* (Ouganda) = P
372	caisse et table en bois, montants courts : *naryukh* (Sibérie) = P
372.1	avec archet : *strâkharpa* (Scandinavie) = f
38	MONOCORDE A TENSION VARIABLE, caisse cylindrique/tronconique (bois/métal/courge), table en peau = P
381	avec manche
381.1	droit : *apang* (Rajasthan)
381.2	fourchu : *gopiyantra, ektara* (Bengale)
382	sans manche (tension manuelle) : *bhapang* (Rajasthan) ; *pulluvan kudam* (Kerala) ; *khamak, anandalahari* (Bengale) ; *jhamalika* (Maharashtra)

3.4. *La matière vibrante est l'air*

Cette matière invisible sans laquelle la vie et les sons n'existeraient pas, emplit en silence les tuyaux de nombreux instruments. Dans cette catégorie des *aérophones*, la mise en vibration qui implique d'une manière ou d'une autre l'intervention du souffle, permet d'opérer une première distinction, suivant que l'air vibrant se trouve dans un contenant, ou qu'il s'agit de l'air ambiant ébranlé par la rotation d'un objet (plaque, disque ou tube). Le rhombe, dont le vrombissement est associé à la voix d'êtres surnaturels dans de nombreuses traditions, est l'exemple le plus représentatif de ces aérophones "libres" ou à "air ambiant". Appelés plus communément "instruments à vent", les instruments dont le volume d'air destiné à être mis en vibration est contenu dans un réceptacle sont de loin les plus nombreux et les plus diversifiés. On y distingue trois types principaux définis par rapport à la manière dont le souffle du joueur provoque cette vibration :

– pour les flûtes (dont le corps peut être tubulaire ou globulaire), il s'agit d'un jet d'air envoyé sur le bord ou sur l'arête d'un orifice formant l'embouchure (Le Gonidec, 1997). Terminale quand elle est située à l'extrémité du tuyau, elle peut présenter une coupe nette, un biseau plus ou moins marqué, être pourvue d'un dispositif pour conduire le souffle diversement aménagé (bloc, bandeau, bague), ou latérale quand elle se trouve sur le côté du tuyau. L'insufflation se fait généralement par la bouche, plus rarement par le nez comme, entre autres, le *ohe hano ihu* de Hawaii (411.112.1) De l'extrême diversité morphologique de ce type n'ont été retenus que quelques exemples représentatifs ;

– pour les instruments à anche(s) : le volume d'air contenu dans l'instrument vibre par l'intermédiaire de fines languettes vibrantes (végétales ou métalliques) se présentant comme "libres" ou "battantes". L'anche libre, plus étroite que l'espace dans lequel elle se meut, est sertie dans la paroi des tuyaux d'orgues à bouche d'Asie, à soufflerie buccale, soit dans des plaquettes d'instruments à soufflets manuels ou mécaniques tels que l'accordéon, l'harmonica, l'harmonium. Dans le tuyau à perce cylindrique des clarinettes, la colonne d'air est ébranlée au moyen d'une anche battante simple (plus large que son espace d'oscillation), découpée dans la paroi même du tuyau (idioglotte), soit rapportée (hétéroglotte) sur un petit tube d'insufflation, ou encore fixée sur un bec comme dans la clarinette de concert ou encore le saxophone dont le tuyau a une perce conique.

Deux fines lamelles de roseau logées à l'entrée du tuyau et "battant" l'une contre l'autre entre les lèvres pincées du musicien constituent l'anche double des hautbois présentant une perce cylindrique ou conique. Quant aux cornemuses montées de deux ou de trois tuyaux (mélodique et bourdon), les premières sont équipées d'anches de clarinette (412.223), les autres combinent tuyaux à anche double et tuyau à anche simple (412.321.1 et 2). Du fait que dans la facture de l'orgue sont associés des tuyaux de flûtes à conduit d'air et d'autres équipés d'anches de clarinette (qui ont remplacé les anches libres des premiers spécimens) fonctionnant grâce à un dispositif (soufflerie, sommiers, claviers, etc.), cet aérophone complexe entre dans une section distincte (413) ;

– pour les trompes (cors et trompettes), l'ébranlement du volume d'air est provoqué par la pression et la vibration des lèvres contre l'embouchure de l'instrument. Les subdivisions s'opèrent en fonction de l'emplacement de l'embouchure (terminale ou latérale), de la perce et de la forme du tuyau sans qu'on tienne compte du matériau constitutif (bois, bambou, courge, pierre, corne, métal, céramique, coquille marine, etc.).

Bien que n'entrant pas dans le cadre classificatoire, il est intéressant de signaler au passage une technique d'insufflation (dite communément "souffle circulaire ou continu"), moins courante que la respiration alternée, destinée à assurer la continuité du flux sonore, qui est pratiquée dans de nombreuses cultures par des joueurs de flûte (*satara* 411.14.12), d'instruments à anches (clarinette *launeddas* 412.23), de trompes (*didjeridu* 414.11 ; *bans* 414.112), par quelques musiciens de jazz, tandis que c'est un réceptacle à volume variable alimenté en air par un tube insufflateur ou par un soufflet, qui assume cette continuité dans les cornemuses, comme dans des instruments à anches libres (accordéons et autres harmoniums).

4	AÉROPHONES
41	AIR CONTENU DANS UN RÉCEPTACLE
411	flûtes : jet d'air envoyé sur l'arête d'une
411.1	embouchure terminale
411.11	simple
411.111	corps globulaire : *xun* (Chine) ; *fana* (Tchad)
411.112	corps tubulaire
411.112.1	tuyau unique : *hindewhu* (Centrafrique) ; *nsegu* (Ouganda) ; *ohe hano ihu* (Hawaii).
411.112.11	série de tuyaux = flûte de Pan
411.112.111	sur un rang : *svyril* (Ukraine) ; *naï* (Roumanie) ; *larchemi* (Géorgie) ; *nyanga* (Mozambique) ; *obulere* (Ouganda) ; *'au paina* (îles Salomon) ; *pixiao* (Chine) ; *rondador* (Equateur)
411.112.112	sur deux rangs : *siku* (Bolivie)
411.112.113	en faisceau : *'au waa* (îles Salomon)
411.12	biseautée ou "flûte oblique" : *ney* (Iran) ; *narh* (Rajasthan) ; *kaval* (Bulgarie) ; *alamoru* (Ouganda) ; *sarewa* (Niger) ; *soudina* (Madagascar)
411.13	avec encoche (formes : U/V/croissant/double croissant) : *kena* (Andes) ; *tokoro* (Bolivie) ; *shakuachi* (Japon) ; *chok* (Corée) ; *mbele* (Kenya) ; *endere* (Ouganda) ; *gemfé* (Afrique du Sud)
411.14	à conduit d'air (interne/externe) aménagé avec un bloc (initial/médian) et divers dispositifs intégrés ou rapportés (bague/bandeau/bec/tube insufflateur)
411.14.1	conduit interne
411.14.11	ouvrant au ras du tuyau
411.14.111	un tuyau : *caval* (Roumanie) ; *algoja* (Madhya Pradesh)
411.14.111.1	avec tube insufflateur rapporté : *fujara* (Slovaquie)
411.14.112	deux tuyaux : *cyla diaré* (Albanie)
411.14.12	dépassant en bec : *flauto diretto* (Italie) ; *recorder* (Angleterre) ; flûte à bec (France) ; *Blockflöte* (Allemagne) ; *masul* (Maroc) ; *satara* (Rajasthan) ; *tarka* (Bolivie) ; *pincullu* (Pérou)
411.14. 121	corps globulaire : *molinukaï* (Lituanie) ; *bulbul* (Géorgie)
411.14.2	conduit externe
411.14.21	bloc initial et bague : *suling* (Java)
411.14.22	bloc médian et glissière externe ou *courting flute* : *sûl, siyotanka* (Amérindiens)
411.14.23	bloc médian et bandeau externe : *bansi, bansuri* (Madhya Pradesh)
411.14.231	deux tuyaux : *uruâ* (Brésil)
411.2	embouchure latérale
411.21	corps globulaire : *ocarina* (Italie) ; *nokan* (Japon) ; *tigoto* (Cameroun)
411.22	corps tubulaire
411.22.1	simple : *foedhin* (Yémen)
411.22.2	biseautée : *bansuri, venu* (Inde, Népal) ; *ryüteki* (Japon)
411.22.21	avec mirliton : *di* (Chine) ; *taegum* (Corée)
411.22.22	à réglage manuel ou *hand stop flute* : Guyane

411.22.23	avec plaque d'embouchure rapportée/clefs : flûte traversière (orchestre occidental)
411.22.3	à conduit d'air
411.22.31	avec tube insuffleur rapporté : *mohoceno* (Bolivie)
411.22.32	double dans un tuyau bipartite : *murali* (Madhya Pradesh)
412	anche
412.1	libre sertie dans :
412.11	un tuyau/corne : *töki* (Viêtnam)
412.111	une série de tuyaux avec réceptacle d'air = orgue à bouche
412.111.1	disposés sur un rang circulaire : *shô* (Japon) ; *sheng* (Chine)
412.111.2	sur deux rangs parallèles : *khène* (Laos) ; *khaên paet* (Thaïlande) ; *sumpotan* (Malaisie)
412.111.3	deux rangs non parallèles : *mbuat, raj qeej* (Viêtnam)
412.12	sur plaquettes : *armonica a bocca* (Italie) ; harmonica (France)
412.121	avec soufflet et clavier : *organetto* (Italie) ; accordéon (France) ; *concertina* (Russie) ; harmonium portable ou positif (Europe) ; *sruti box* (Inde)
412.2	anche battante simple (idioglotte/hétéroglotte) = clarinettes
412.21	sur un tuyau
412.211	anche terminale : *zhaleyka* (Russie) ; chalumeau (France) ; *xerémia* (Baléares)
412.211.1	avec résonateur annexe : *tule* (Guyane)
412.212	anche latérale ou "clarinette traversière" : *bou-kam* (Burkina Faso)
412.22	sur deux tuyaux (égaux/inégaux), avec/sans pavillon(s) : *zummara* (Irak) ; *zumare* (Albanie) ; *mijwiz* (Liban) ; *arghul* (Egypte)
412.221	anches dans réceptacle ouvert : *diple* (Dalmatie) ; *alboka* (Pays basque)
412.222	réceptacle rigide fermé : *pungi, murali* (Inde)
412.223	réceptacle à volume variable (sac) = cornemuse : *tsambouna* (Grèce) ; *zaqq* (Malte) ; *tulum* (Turquie) ; *mashak* (Rajasthan) (voir aussi 412.321 *sq.*)
412.23	tuyaux : *launeddas* (Sardaigne)
412.3	anche battante double = hautbois
412.31	tuyau à perce cylindrique : *hichikiri* (Japon) ; *pi nai* (Thaïlande) ; *balaman* (Arménie)
412.32	tuyau à perce conique (pavillon intégré/rapporté) : *ghayta* (Maghreb) ; *algaita* (Nigeria) ; *zurna* (Syrie, Turquie) ; *nagasvaram, shanai* (Inde) ; *rgya-gling* (Tibet) ; *selompret* (Java) ; *chirimia* (Guatemala)
412.321	trois tuyaux avec anches double et simple, réceptacle à volume variable (sac) = cornemuse (factures diverses)
412.321.1	tube d'insufflation buccale : *zampogna* (Italie) ; *tulum* (Turquie) ; *tsambouna* (Grèce) ; biniou (France) ; *gaita* (Espagne) ; *Scottish Highland bagpipe* (Grande-Bretagne)
412.321.2	soufflet manuel : cabrette (France)
413	orgue : tuyaux de flûtes à conduit d'air et avec anches de clarinette, mécanisme soufflerie/claviers, etc. : orgue positif, grandes orgues (France) ; *organo* (Italie) : *Orgel* (Allemagne)

414 trompes
414.1 embouchure terminale
414.11 perce cylindrique (bois/os/bambou) : *didjeridu* (Australie) ; *rkang-gling* (Tibet) ; *vaccine* (Jamaïque)
414.112 avec trous de jeu : *bans* (Madhya Pradesh)
414.113 avec pavillon : *trutuka* (Chili) ; *puputu* (Bolivie) ; *trumbita* (Pologne)
414.114 avec mirliton (membrane collée à une extrémité) : *nyastaranga* (Inde) ; *kazoo* (Afro-américain/Europe)
414.12 perce conique
414.121 tuyau droit (bois/métal) : *bucium* (Roumanie) ; *Alphorn* (Suisse) ; *ragai* (Lituanie) ;
414.121.1 avec pavillon (métal) : *nafîr* (Maroc) ; *kakaki* (Nigeria) ; *gashi* (Tchad)
414.121.2 en segments emboîtés (gourde) : *waza* (Soudan) ; télescopiques (métal) : *dung-chen* (Tibet)
414.122 tuyau courbe (corne/ivoire/bois/métal/courge) : *akum* (Inde) ; *shofar* (Israël) ; *ongo* (Centrafrique) ; olifant (France)
414.122.1 avec mirliton : *lipenga* (Malawi)
414.122.2 avec trous de jeu : *cornet* (Europe) ; *sarv* (Russie) ; *bockhorn* (Suède)
414.123 tuyau enroulé/replié/en S (métal/corne/poterie) : *narsigâ* (Népal)
414.123.1 avec dispositifs rapportés (embouchure/valve/piston/coulisse, etc.) : clairon, serpent (France) ; *trumba* (Italie) ; *horn* (Angleterre) ; trombone (Europe)
414.124 tuyau spiralé (coquille) = conque (terminale) : *shankh* (Inde) ; *horugaï* (Japon) ; *dung* (Tibet) ; *lapinka* (Irak)
414.124.1 avec embouchure rapportée : *pu* (Tahiti)
414.2 embouchure latérale
414.21 tuyau droit à perce cylindrique (bois/bambou/métal) : *amakondera, inkanka* (Rwanda)
414.211 avec pavillon rapporté : *pututu* (Bolivie)
414.212 avec mirliton
414.22 tuyau courbe à perce conique (corne/ivoire/bois/métal/courge) : *betene* (Tchad) ; *durum* (Nigeria) ; *aporo* (Kenya) ; *tori* (Inde)
414.23 tuyau spiralé = conque (latérale) : *davui* (Fidji)

42 AIR AMBIANT
mis en vibration par le tournoiement d'un objet plein ou creux
421 plaque tournoyant au bout d'une ficelle = rhombe (ovoïde/pisciforme/bord lisse/dentelé, bois/os) : *egburuburu* (Zaïre) ; *hevehe, balum* (Nouvelle-Guinée) ; *aigé* (Brésil) ; *juco* (Nicaragua) ; *burunga* (Inde) ; *sosom* (Irian Jaya) ; *bullroarer* (Angleterre) ; *brüklys* (Lituanie)
422 tube tournoyant : "tube harmonique" (France)
423 disque bourdonnant : *fur-fur, uvuru* (Afrique du Sud) ; diable (France)

4. Conclusion

Vu la prolifération des instruments dans le temps et à travers les traditions savantes, classiques ou populaires, l'inventaire de l'instrumentarium de l'humanité est encore loin d'être clos et cette brève étude ne vise qu'à en donner une vue panoramique forcément incomplète.

Cependant, en survolant les grands types organologiques, on remarque que le continent africain possède l'éventail quasiment complet des types de cordophones avec ses nombreux spécimens d'arcs musicaux, de harpes, de cithares, de lyres, de luths et de vièles, auxquels s'ajoutent des inventions spécifiques telles que pluriarc, harpe-luth et harpe-cithare qu'on ne trouve nulle part ailleurs. Les ingénieux cordophones à tension variable semblent bien être l'apanage de l'Inde et la vielle à roue une exclusivité de la vieille Europe. L'Eurasie ne compte plus ses innombrables espèces de luths et de vièles. Les cithares sur caisse du Moyen-Orient se retrouvent dans la facture occidentale de clavicordes, épinettes, clavecins et autres pianos-forte, tandis que les cithares sur table bombée restent l'apanage des cultures extrême-orientales. Quant à la lyre née dans l'antique Sumer et présente pendant des millénaires en Egypte pharaonique, elle se joue encore au Soudan et dans le Sud de l'Irak. Si elle a disparu de l'art musical gréco-romain où elle fit longtemps florès, sa présence en Sibérie sous une facture inattendue a de quoi déconcerter.

Parmi l'incroyable complexité morphologique des aérophones, les flûtes en roseau, en os ou en céramique "inventées" par les Amérindiens des anciennes civilisations andines comptent de nombreux spécimens dont les agencements émerveillent l'organologue autant que la facture de cette flûte double de l'Inde à tuyau unique. Le continent européen n'est pas en reste pour l'invention d'instruments à air vibrant équipés de dispositifs ingénieux et on y a découvert, de surcroît, des vestiges d'instruments en os, ancêtres préhistoriques de la flûte à bec.

Dans les montagnes tibétaines résonnent les puissantes trompes de bronze des lamas comme retentissent d'une vallée à l'autre celles des bergers alpins au long tuyau de bois gainé d'écorce. Les orgues à bouche d'Asie du Sud-Est mettent habilement en œuvre l'invention promise à un bel avenir de l'anche libre qui équipa les premiers orgues hydrauliques et, encore de nos jours, harmonicas, accordéons et harmoniums, alors que depuis la Mésopotamie, en passant par l'Egypte et la Grèce antique, des aérophones à anche battante (simple ou double) tels que clarinettes doubles, hautbois, voire cornemuses, ont essaimé vers l'Inde, le Moyen-Orient et les pays du pourtour méditerranéen.

Ainsi, à partir des mêmes lois acoustiques, appliquées de manière empirique, artisanale ou scientifique, à partir de matériaux et de morphologies propres à chaque culture, sans omettre la place qu'y tient la facture instrumentale occidentale étudiée par l'organologie classique, se sont développés des instruments que l'on pourrait voir comme des "universaux".

Sur le devant de la scène, figurent les tambours à membranes présents, à de rares exceptions près, d'un bout de la planète à l'autre, qui ne sauraient toutefois concurrencer en invention et en originalité la cohorte des idiophones. Dans cette classe prolifique, qui va des sonnailles aux xylophones et aux métallophones indonésiens, peuvent figurer en bonne place les tambours de bois à fente, qu'ils soient horizontaux comme en Afrique, en Mélanésie, au Mexique, en Chine, ou érigés tels de monumentaux "arbres à musique" en Océanie, tout comme les délicates guimbardes de bambou ou de métal, répandues de la Nouvelle-Guinée aux Philippines, de l'Inde à la Sibérie, de Java à la Sicile, sans oublier le rhombe mystérieux que font tournoyer rituellement les Aborigènes d'Australie, les Indiens du Brésil, les Dogons du Mali, les Sénoufos du Nigeria et dont les hommes de la préhistoire ont laissé derrière eux un spécimen en os gravé mis au jour en Dordogne et vieux de près de vingt mille années...

A un moment donné, tant de prolifération et de diversification impose la nécessité de distinguer, nommer, classer, élaborer des systématiques et il semble bien que nombre de cultures y aient fait face à leur manière. Si l'on en croit Stephen Tyler, "nous classifions parce que la vie dans un monde où rien ne serait identique serait intenable. C'est grâce aux dénominations et aux classifications que le monde si riche de la variabilité infinie est ramené à des dimensions manipulables et devient supportable." (1969, p. 7.)

Si Al-Kanti, fameux théoricien arabe du IXe siècle, pensait que *chaque peuple a des instruments reflétant sa nature*, ne pourrait-on pas étendre cet axiome également à la manière dont les peuples classent leurs instruments ? En effet, l'organisation d'une réalité complexe à partir d'un concept, d'une série de concepts hiérarchisés ou combinés sous forme de paradigmes, quel que soit le niveau d'élaboration des données, est nécessairement révélatrice de modes de pensée, de savoirs ancestraux et de croyances propres à une culture ou à une société.

A travers quelques exemples, on a vu se dégager pour les instruments musicaux deux courants classificatoires : l'un, organologique, fondé sur la matérialité des instruments en tant que source sonore, et l'autre prenant en compte des facteurs d'ordre culturel liés à la fonction sociale, rituelle et esthétique.

La classification proposée dans cette étude, qui se situe d'emblée dans la première tendance, se fonde sur un double questionnement : *dans un instrument de musique, qu'est-ce qui vibre et comment ?* Elle n'a pas d'autre ambition que de fournir au spécialiste comme au non-spécialiste un outil pour l'aider à identifier n'importe quel instrument acoustique existant ou disparu, avec une terminologie aussi adéquate que possible. Proposer un outil classificatoire suffisamment maniable pour y admettre d'autres instruments absents ou à venir, autant que des aménagements ou des améliorations, pour servir autant que faire se peut de point de départ à des études plus approfondies. Par ailleurs, à travers les exemples qui y sont proposés et qu'on pourrait aisément multiplier en considérant l'extraordinaire inventivité humaine, on a vu apparaître des parentés et des rapprochements entre des instruments provenant de cultures et de mondes différents, un sujet de réflexion considérable.

Si classifier ne constitue qu'une étape dans l'étude organologique, elle s'avère indispensable pour définir et situer un instrument en tant qu'*artefact* destiné à produire des sons ou de la musique. C'est également une voie d'accès à des recherches complémentaires où d'autres questions fondamentales se posent : *Comment ? Pourquoi ? Depuis quand ? Par qui ces sons sont-ils produits ? Pour jouer quelle musique ? A quelles fins ?*

Autant d'interrogations dont les réponses font entrer de plain-pied le facteur d'instruments, le musicien et le chercheur dans les champs d'investigation de l'art, de l'ethnohistoire, de l'ethnomusicologie, en ouvrant des perspectives excitantes sur l'imaginaire et l'esthétique musicale des cultures du monde.

Bibliographie

AMES, D. et KING, A. V., 1971 : *Glossary of Hausa Music and its Social Contexts*, Evanston, Northwestern University Press

ANOYANAKIS, F., 1979 : *Greek Popular Musical Instruments*, Athènes, National Bank of Greece.

AROM, S. 1985 : *Polyphonies et polyrythmies instrumentales d'Afrique centrale*, 2 vol., Paris, SELAF.

AUBERT, L. (éd.), 1990 : *Cahiers de musiques traditionnelles*, vol. II, "Instrumental".

AUBERT, L., 1991 : *Planète musicale. Instruments de musique des cinq continents*, Genève, Musée d'Ethnographie.

AUBERT, L. (éd.), 1995 : *Cahiers de musiques traditionnelles*, vol. VIII, "Terrains".

BARATHA-MUNI, 1961 : *The Nâtyasâstra*, Calcutta, Asiatic Society.

BASSET, C., 1995 : *Musiques de Bali à Java, l'ordre et la fête*, livre et CD, Arles-Paris, Actes Sud-Cité de la musique.

BEBEY, F. : *Musique de l'Afrique*, Paris, Horizons de France.

BESSARABOFF, N., 1941 : *Ancient European Musical Instruments*, Cambridge, Harvard University Press

BOREL, F., 1986 : *Les Sanza*, Collections d'instruments de musique, Neuchâtel, Musée d'Ethnographie.

CHENOWETH, V., 1964 : *Marimbas of Guatemela*, Lexington, University of Kentucky Press.

DAMPIERRE, E. de, 1991 : *Harpes zandé*, Paris, Klincksieck.

DE VALE, S. C., 1990 : *Organizing Organology. Selected Reports in Ethnomusicology*, vol. VIII, p. 1-34.

DEVA, B. C., 1978 : *Musical Instruments of India. Their History and Development*, Calcutta, Firma KLM.

DIAGRAM GROUP (THE), 1976 : *Musical Instruments of the World. An Illustrated Encyclopedia by the Diagram Group*, Londres, Paddington Press ; trad. fr., *Les Instruments de musique du monde entier : une encyclopédie illustrée*, M.-H. Champion, M. Maynaud et H. Schricke (éd.), Paris, Albin Michel, 1978.

DOURNON, G., 1989 : "«Une flûte qui trompe». Parallèle entre deux aérophones indiens", *Cahiers de musiques traditionnelles*, vol. II, "Instrumental", p. 13-33.

DOURNON, G., 1992 : "Organology", in *The New Grove Handbooks in Musicology*, H. Myers (éd.), Londres, MacMillan, vol. I, p. 245-297.

DOURNON, G., 1993 : "Instrumentariums et classifications", *Revue de musicologie*, t. LXXIX, n° 2, p. 297-307.

DOURNON, G., 1996 : *Guide pour la collecte des musiques et instruments traditionnels*, Paris, Editions Unesco.

DOURNON, G. et SCHWARZ, J., 1990 : *Instruments de musique du monde/Musical Instruments of the World*, CD, Paris, Le Chant du Monde, LDX 74675 CM251.

DOURNON, G. et WRIGHT, J., 1978 : *Les Guimbardes du musée de l'Homme*, Paris, Institut d'ethnologie.

DRÄGER, H. H., 1947 : *Prinzip einer Systematik der Musik Instrumente*, Cassel-Bâle, Bärenreiter.

ELSCHEK, O. et STOCKMANN, E. (éd.), 1969 : "Zur Typologie der Volksmusikinstrumente", *Studia instrumentorum musicae popularis*,, Stockholm, Musikhistoriska Museet vol. I.

FISCHER, H., 1983 : *Sound-Producing Instruments in Oceania*, 2e éd. révisée, Boroko, Institute of Papua New Guinea Studies.

FUKS, V., 1990 : "Waiapi Musical Instrument, Classifications, Symbols and Meanings", *Selected Reports in Ethnomusicology*, vol. VIII, p. 143-174.

HELFFER, M., 1994 : *Mchod-rol ou l'Offrande de musique. Essai sur les instruments de musique dans les traditions religieuses tibétaines*, Paris, Editions du CNRS.

HEYDE, H., 1975 : *Grundlagen des natürlichen Systems der Musikinstrumente : Beiträge zur musikwissenschaftlichen Forschung in der DDR*, Leipzig, VEB Deutscher Verlag für Musik.

HOOD, M., 1971 : *The Ethnomusicologist*, New York, Mc-Graw Hill.

HORNBOSTEL, E. M. von et SACHS, C., 1914 : "Systematik der Musikinstrumente", *Zeitschrift für Ethnologie*, vol. XLVI, p. 553-590 ; trad. angl., "Classification of Musical Instruments", *The Galpin Society Journal*, vol. XIV, n° 3, 1961, p. 3-29.

IZIKOWITZ, K. G., 1970 : *Musical and Other Sound Instruments of the South American Indians*, East Ardsley, Eng. S. R. Publishers ; éd. originale, Göteborg, Flander Boktryckeri Aktiebolag, 1934.

JAIRAZBHOY, N. A., 1990 : "The Beginnings of Organology and Ethnomusicology in the West. V. Mahillon, A. Ellis and S. M. Tagore", *Selected Reports in Ethnomusicology*, vol. VIII, p. 67-80.

JEAN DE MURS (JOHANNES DE MURIS), 1931 : *Summa musicae* (1784), in *Scriptores ecclesiastici de musica sacra potissimum*, M. Gerbert (éd.), Milan, Bollettino Bibliographico Musicale, vol. III.

JENKINS, J. L. et ROVSING OLSEN, P., 1976 : *Music and Musical Instruments in the World of Islam*, Londres, Horniman Museum.

KARTOMI, M. J., 1985 : *Musical Instruments of Indonesia*, Melbourne, Indonesian Arts Society.

KARTOMI, M. J., 1991 : *On Concepts and Classifications of Musical Instruments*, Chicago-Londres, University of Chicago Press.

KOTHARI, K. S., 1968 : *Indian Folk Musical Instruments*, Delhi, Sangit Natak Akademi.

KUNST, J., 1968 : *Hindu-Javanese Musical Instruments*, 2e éd., La Haye, Nijhoff.

KUNST, J., 1973 : *Music in Java. Its History, its Theory and its Technique*, 3e éd., La Haye, Nijhoff ; 1re éd., 1927.

LAURENTY, J.-S., 1974 : *La Systématique des aérophones de l'Afrique centrale*, Tervuren, Musée royal de l'Afrique centrale.

LE GONIDEC, M.-B., 1997 : "Essai de classification «universelle» des flûtes", *Pastel*, n° 33, p. 24-35.

LESTRANGE, M.-T. et GESSAIN, M., 1976 : "Collections Bassari, Sénégal, Guinée", *Catalogue du musée de l'Homme*, vol. XV, n° 4, série C, Afrique noire II, Paris, Muséum national d'histoire naturelle, p. 84-100 et p. 244-258.

LÉVI-STRAUSS, C., 1962 : *La Pensée sauvage*, Paris, Plon.

LEYDI, R., 1979 : *Zamponia in Europe*, Côme, Società italiana di etnomusicologia.

LEYDI, R. et MANTOVANI, S., 1970 : *Dizionario della musica popolare europea*, Milan, Bompiani.

LINDSAY, J., 1979 : *Javanese Gamelan. Traditional Orchestra of Indonesia*, Londres-Singapour, Oxford.

LYSLOFF, R. et MATSON, J., 1985 : "A New Approach to the Classification of Sound-Producing Instruments", *Ethnomusicology*, vol. XXIX, n° 2, p. 213-236.

LO-BAMIJOKO, J.-N., 1987 : "Classification of Igbo Musical Instruments, Nigeria", *Journal of the International Library of African Music*, vol. VI, n° 4, p. 15-51.

MAHILLON, V.-C., 1893 : *Catalogue descriptif et analytique du Musée instrumental du Conservatoire royal de musique de Bruxelles*, 5 vol., Gand, Librairie générale de Ad. Hoste.

MAIOLI, W., 1991 : *Il Suono e la Musica*, Milan, Jaca Book.

MARTINEZ, R., 1992 : *Bolivie. Musiques calendaires des vallées centrales*, notice du CD, Le Chant du Monde, coll. "CNRS/Musée de l'Homme", LDX 274.

MERSENNE, M., 1963 : *Harmonie universelle* (1636-1637), F. Lesure (éd.), rééd., 3 vol., Paris, CNRS.

NORBORG, A., 1989 : *A Handbook of Musical and Other Sound-Producing Instruments from Equatorial Guinea and Gabon*, Stockholm, Musikmuseets skrifter, n° 16.

ORTIZ, F., 1952-1955 : *Los Instrumentos de la musica afrocubana*, 5 vol., La Havane, Publicationes de la Direccion de Cultura del Ministerio de Educaccion.

PICKEN, L., 1975 : *Folk Musical Instruments of Turkey*, Londres, Oxford University Press.

PRAETORIUS, M., 1986 : *Syntagma musicum*, vol. II, *De Organographia, Parts I et II* (1618-1619), D. Z. Crookes (éd.), Oxford, Clarendon Press, "Early Music Series 7".

QUASSIM HASSAN, S. Q., 1980 : *Les Instruments de musique en Irak et leur rôle dans la société traditionnelle*, Paris, Mouton.

RAMEY, M., 1974 : *A Classification of Musical Instruments for Comparative Study*, thèse de doctorat, Los Angeles, University of California.

ROUSSEAU, J.-J., 1768 : *Dictionnaire de la musique*, Paris, Veuve Duchesne ; in *Œuvres complètes*, Paris, Gallimard, "Bibliothèque de la Pléiade", 1995, vol. V, p. 603-1191 ; rééd., Arles, Actes Sud, "Thesaurus", C. Dauphin (éd.), 2007.

SACHS, C., 1964 : *Real-Lexikon der Musikinstrumente*, New York, Dover Publication ; 1re éd., Berlin, J. Bard, 1913.

SACHS, C., 1965 : *Geist und Werden der Musikinstrumente*, Berlin, D. Reimer ; 1re éd., Berlin, 1929.

SADIE, S. (éd.), 1984 : *The New Grove Dictionary of Musical Instruments*, 3 vol., Londres, Macmillan Press.

SAKURAI, T., 1981 : "The Classification of Musical Instruments Reconsidered", *Kokuritsu Minzokuyaku Hakubutsukan*, vol. VI, n° 4, p. 824-831.

SÁROSI, B., 1967 : *Die Volkmusikinstrumente Ungarns*, Leipzig, VEB Deutscher Verlag für Musik.

SCHAEFFNER, A., 1932 : "D'une nouvelle classification méthodique des instruments de musique", *Revue musicale*, sept.-oct., p. 215-231.

SCHAEFFNER, A., 1936 : *Origine des instruments de musique. Introduction ethnologique à l'histoire de la musique instrumentale*, Paris, Payot ; rééd. en fac-similé, La Haye-Paris, Mouton-Maison des Sciences de l'homme, 1968 ; 3e éd. en fac-similé, N. Cousin et G. Léothaud (éd.), Paris, EHESS, 1994.

SODERBERG, B., 1956 : *Les Instruments du Bas-Congo et dans les régions avoisinantes*, Stockholm, Statens etnografiska Museum.

STONE, R. M., 1982 : *Let the Inside be Sweet. The Interpretation of Music Event among the Kpelle of Liberia*, Bloomington, Indiana University Press.

TRICHET, P., 1970 : *Traité des instruments de musique* (1640), F. Lesure (éd.), Genève, Minkoff.

TYLER, S. R., 1969 : *Cognitive Anthropology*, New York, Holt-Rinehart and Winston.

VERTKOV, K. A., BLAGODATOV, G. et JAZOVITSKAJA, E., 1975 : *Atlas of Musical Instruments of the Peoples Inhabiting the USSR*, Moscou, State Institute of the Theatre, Music and cinematography in Leningrad ; 1re éd., 1963.

VIRDUNG, S., 1931 : *Musica Getuscht* (1511), L. Schrade (éd.), Cassel-Bâle, Bärenreiter.

ZEMP, H., 1971 : *Musique dan. La musique dans la pensée et la vie sociale d'une société africaine*, Paris-La Haye, Mouton.

ZEMP, H., 1978 : "'Aré' Aré Classification of Musical Types and Instruments", *Ethnomusicology*, vol. XXII, n° 1, p. 37-67.

ZGUNDA, F., 1992 : *Les Instruments de musique en Tunisie*, Tunis, Centre des musiques arabes et méditerranéennes.

ZIEGLER, C., 1979 : *Catalogue des instruments de musique égyptiens*, Paris, Musée du Louvre.

Laurence Libin

HISTOIRE, SYMBOLISME ET FONCTIONS DES INSTRUMENTS DE MUSIQUE OCCIDENTAUX

1. Définition

Le mot "instrument", comme ceux de la même famille "construire", "détruire", "instruire" et "structure", vient du latin *struere* qui signifie "empiler" ou "édifier". Contrairement aux outils qui modifient ou déplacent des objets, les instruments n'ont pas pour but premier d'altérer les choses mais plutôt de nous aider à construire un savoir, à comprendre des phénomènes. Les instruments scientifiques comme le thermomètre ou le télescope permettent de dépasser les limites que nous imposent nos sens en rendant possible que les gens observent et mesurent des domaines autrement insondables. De même, les instruments de musique élargissent les capacités expressives du simple corps en nous permettant d'explorer plus avant l'univers intangible de l'esprit et des sentiments. A l'aide d'instruments particulièrement réactifs, les musiciens explorent des idées et révèlent des états d'âme qui ne peuvent être véhiculés de façon adéquate par d'autres moyens.

Les instruments de musique fonctionnent grâce à la création et à la régulation de vibrations audibles dans l'atmosphère. La vitesse (fréquence), la puissance (amplitude) et la forme (structure harmonique) de ces ondes déterminent la hauteur d'un son musical, sa force, la qualité de son timbre ainsi que ses caractéristiques passagères en ce qui concerne l'attaque et le déclin du son. La place et la durée d'un son jouent aussi un rôle dans la perception qu'en a l'auditeur, de même que des facteurs psychologiques et physiologiques propres à chacun. Les jugements qualitatifs sont par conséquent subjectifs de même que déterminés par la culture ; des sons qui délectent certains auditeurs peuvent faire violence à d'autres habitués à des sonorités différentes. Tandis qu'on peut évaluer objectivement les propriétés physiques d'un instrument (les matériaux dont il est composé, l'art de sa fabrication, sa fiabilité, sa stabilité, etc.), l'appréciation de son efficacité musicale dépend inévitablement de l'attitude de l'auditeur ainsi que du goût et des compétences de l'interprète.

Comme le compositeur d'avant-garde John Cage (1913-1992) l'a montré, n'importe quel son, y compris du bruit pris au hasard, peut apparaître dans un contexte musical. Certaines pages d'orchestre célèbres présentent des parties instrumentales pour enclumes sur lesquelles on frappe, chants d'oiseaux, canons, fuseaux, clochettes et sifflets entre autres effets surprenants entendus surtout dans la musique des XVIIIe et XIXe siècles. Des œuvres de musique concrète incorporent des bruits mécaniques ou naturels enregistrés et modifiés, tandis que d'autres compositeurs du XXe siècle, souvent iconoclastes, présentent des sons d'automobiles, radios, sirènes, machines à écrire et autres "instruments" non conventionnels comparables, adaptés à la musique de scène ou de film. Les musiciens populaires ne se montrent pas moins créatifs lorsqu'ils utilisent des objets aussi banals qu'une bouteille, une poêle, une scie, une cuillère ou un baquet qu'ils tapent, pincent, frottent ou dans lesquels ils soufflent.

La variété des sources sonores de la musique s'avère donc aussi vaste qu'une définition exhaustive de la musique elle-même. Cependant, dans le langage courant, le terme "instrument musical" fait référence à un instrument spécialisé conçu par son facteur pour produire des notes raffinées capables d'inflexions diverses. La convention veut que cette définition embrasse certains appareils à signal sonore tels que les cloches et des machines produisant des sons mécaniquement comme les boîtes à musique, les carillons ou les harpes éoliennes mais les avis divergent sur la légitimité de considérer les machines qui reproduisent le son de façon électrophonique, radios et phonographes compris, comme des instruments à part entière.

En fonction de leurs objectifs variés, les musiciens choisissent des sortes particulières d'instruments afin de servir des buts expressifs spécifiques. Le fait de reconnaître et d'honorer ce choix dans sa pratique revêt de l'importance si l'on veut rendre fidèlement le but esthétique d'un compositeur car les instruments de différents types et de diverses périodes varient beaucoup quant à leur souplesse, leurs qualités d'articulation, leurs registres de hauteurs et de puissance, leur timbre, leur accord et bien d'autres caractéristiques distinctives parmi lesquelles, de façon significative, leurs connotations extra-musicales, discutées plus loin. A l'évidence, une œuvre composée pour quatuor à cordes ferait un effet différent si elle était jouée en plein air par un orchestre de cuivres, et ce, même si on jouait les mêmes notes. Le contraste repose non seulement sur le son et l'acoustique mais aussi sur les attentes du public, qui sont éveillées par des signaux visuels avant même que la musique ne commence.

2. Symbolisme et statut

Dans le folklore et l'art traditionnel de toute culture, certaines sortes d'instruments sont fortement, et même exclusivement, associées aux femmes, à la cour, à l'exorcisme, la guérison, la guerre, la louange religieuse et autres activités ou classes sociales que ces instruments peuvent être amenés à symboliser. Des types d'instruments anciens tels que la corne de bélier *(shofar)* et la lyre *(kinnor)*, mentionnés dans la Bible, ont naturellement tendance à véhiculer les connotations extra-musicales les plus durables, profondément ancrées dans la conscience historique. Les noms d'instruments archétypaux sont attachés à des choses de forme similaire : une campanule (*bellflower* en anglais, c'est-à-dire littéralement "fleur en forme de cloche"), un oiseau-lyre, un bidon (*oil drum*, littéralement "tambour à huile") et des expressions idiomatiques comme *"drum up business"* ("stimuler le commerce") et *"harp on a subject"* ("ressasser une question") nous rappellent que la pratique de ces instruments nous est familière.

De tels instruments, chargés de signification en soi, sont en mesure de transmettre des messages forts, sans être joués ou en étant seulement représentés dans des œuvres picturales, ne serait-ce qu'à travers leur imagerie. L'olifant médiéval européen, par exemple, un cor décoratif taillé dans une défense d'éléphant exotique et luxueuse, se voulait le signe de la propriété terrienne élitiste tandis que le motif représentant une lyre grecque symbolisait le classicisme dans les meubles de style et les arts décoratifs de la fin du XVIIIe et du début du XIXe siècle. (L'identification et l'interprétation des images liées à la musique dans l'art constituent le champ d'investigation de l'iconographie musicale.) Les matériaux dont les instruments sont fabriqués contribuent à leurs significations propres : des cordes de boyau très tendues, par exemple, suggèrent des sensations de tension corporelle qui, à l'excès, peuvent causer ou révéler une pathologie, d'où l'expression anglaise *"high-strung"* (littéralement "hypertendu") pour décrire une personne très nerveuse. Tandis qu'une corde que l'on peut voir vibrer connote la vitalité, une corde cassée, à l'inverse, peut symboliser la mort.

Depuis des temps très reculés et dans de nombreuses régions du monde, on considère que les instruments à cordes pincées, bien accordés et joués avec tempérance, sont à même de stimuler et d'affiner l'intellect en même temps qu'ils préservent la santé par l'harmonisation du corps et de l'esprit. Le rapport clairement proportionnel qui existe entre la longueur d'une corde, la tension à laquelle elle est soumise et sa hauteur de note renforce le sentiment de concorde rationnelle, bien exprimé par les lyres légendaires d'Apollon et d'Orphée. Les harpes européennes ont hérité de cette aura sacrée qui entoure la lyre de sorte que, dans l'art chrétien, on voit souvent les anges jouer de la harpe ; elle apparaît aussi comme attribut du David biblique dont la musique apaisa la rage de Saül. Encore aujourd'hui, la harpe véhicule une image exaltée du calme, de la grâce et de la vertu.

La croyance en un pouvoir magique des cloches de repousser le mal est tout aussi répandue. Clochettes ou grelots de hauteur indéfinie ont été portés comme amulettes pendant des milliers d'années. Des bergers superstitieux croient toujours que le fait de pendre des cloches au cou des vaches ou des moutons protège les animaux contre les accidents. Quant aux cloches d'église, qui acquièrent un caractère sacré en recevant un nom et une bénédiction, on considère qu'elles protègent ce qui les entoure, en maîtrisant le mauvais temps par exemple. Fabriquer une grande cloche coûte cher et comporte des risques ; cela peut en faire un objet de fierté et de vénération pour la communauté. Une cloche qui se fend est signe de malheur et la confiscation puis la fonte des cloches pour réaliser des armements ont suscité beaucoup de ressentiment en temps de guerre. En 1498, suite aux "bûchers de vanité" à Florence, "La Piagnona", une cloche attribuée à l'artiste Verrocchio qui avait menacé les partisans de Savonarole, fut, à ce que l'on raconte, retirée de l'église San Marco, fustigée et bannie pendant dix ans.

L'attitude des gens vis-à-vis des instruments reflète l'idée qu'ils se font du pouvoir de la musique de vaincre le chaos pour imposer l'ordre. Les dissonances, à l'inverse, mettent en danger le bien public en dérangeant l'équilibre fragile des forces cosmiques. L'idée d'un univers cohérent, réglé par une musique éthérée, trouve son expression dans le concept d'harmonie céleste, l'"harmonie des sphères", dont la musique humaine ne serait qu'une banale copie. D'après cette ancienne conception du monde, les instruments de musique (dont la voix), lorsqu'ils sont réglés et employés correctement, favorisent la paix tant au niveau personnel qu'à l'échelle de la société et représentent par conséquent d'importants moyens de maintien de l'ordre. En revanche, utilisés de façon inadéquate, ils peuvent devenir des agents subversifs. Sous cet angle philosophique, la fonction des instruments de musique dépasse largement l'utilisation moderne que l'on en fait normalement dans le but de divertir et, par conséquent, les musiciens peuvent assumer d'importantes responsabilités morales, par exemple lorsque les organistes d'église cherchent à élever l'esprit des fidèles à un plus haut degré.

Les instruments à vent, inspirés par le souffle qui donne la vie, sont généralement liés à la fonction reproductrice mâle. Les flûtes aux sonorités douces étaient jadis considérées comme particulièrement séduisantes du point de vue de leur valeur symbolique autant que de leur effet sonore.

Certaines parties de l'opéra de Mozart *La Flûte enchantée* ainsi que l'histoire pour enfants du joueur de pipeau d'Hamelin se font l'écho de croyances anciennes concernant les effets ensorceleurs des flûtes. Ces croyances ont ensuite perdu de leur force chez les personnes éduquées pendant la période que l'on nomme le "Siècle des lumières". Moins touchées par les progrès de l'alphabétisation et des sciences, les cornemuses ont gardé des connotations phalliques plus marquées, essentiellement à cause de leur forme particulière et des matériaux dont elles sont faites, en particulier le sac en peau à l'odeur souvent forte, qui rappelle un scrotum et dont se dégagent les tuyaux. Des têtes de chèvre gravées, représentant le désir charnel, décorent fréquemment les cornemuses rustiques telles le *Bock* ("chèvre") allemand, dont les sonorités rauques augmentaient jadis, à l'évidence, une excitation sexuelle latente. Ce type de cornemuse, qui entretient des rapports lointains avec la lubricité du dieu Pan, apparaît fréquemment dans les représentations baroques de mariages paysans. Avec un timbre également très âcre tout en étant cependant beaucoup moins affirmés à la fois sur le plan sonore et visuel, les hautbois et autres instruments à anche de la même famille possèdent des connotations pastorales exploitées, de façon bien connue, par Haendel (voir la symphonie pastorale, ou "Pifa", dans *Le Messie*) et Beethoven *(Sixième Symphonie).*

Parce que le fait de souffler avec excès peut tourner la tête, de nombreux types d'instruments à vent, dont la douce flûte de Pan (ou syrinx, appelée ainsi d'après la malheureuse nymphe qui excita le désir de Pan) peuvent être synonymes d'asphyxie ou de délire, comme on le voit dans les représentations bachiques ; l'*aulos*, un instrument à anche aux sonorités intenses, habituellement représenté avec deux tuyaux qui partent dans des directions opposées, apparaît souvent dans ce contexte sur les peintures des vases grecs. Cependant, les "cuivres" comme on les nomme, dont le son est produit grâce à l'air qui passe entre les lèvres pressées dans une embouchure concave, sont le plus souvent associés, quant à eux, au combat et à la guerre. La "trompette de la Renommée" constitue un cliché pictural commun pour proclamer l'honneur, le pouvoir et la victoire, tandis que la sonnerie apocalyptique des "trompettes du jugement dernier" réveillera les morts. Plus éloignés des cataclysmes, les cors, généralement incurvés et coniques (une forme dérivée des cornes naturelles des animaux et des défenses d'éléphant), symbolisent habituellement la chasse. A l'époque moderne, le cor de postillon, à l'origine un autre instrument utilisé pour envoyer des signaux à l'extérieur, a servi d'emblème aux services des postes et télécommunications.

Parmi les instruments qui incarnent un sentiment nationaliste figure la harpe irlandaise, représentée dans les armes royales de la Grande-Bretagne, la *gusla* serbe décorée d'images patriotiques et le cor des Alpes que l'on peut voir dans les publicités pour les produits suisses. L'histoire compte beaucoup de cas d'instruments de musique soumis à des régulations, mis en avant ou à l'écart pour des raisons idéologiques. Par exemple, l'Angleterre déclara les grandes cornemuses des Highlands hors la loi dans le but de mettre à genoux le patriotisme écossais après la poussée jacobite de 1745 et déjà au XVIe siècle. Les protestants réformistes des Lowlands d'Ecosse liaient le fait de jouer de la cornemuse avec le satanisme et en interdirent la pratique les jours saints. Parmi les instruments plus récents, la guitare électrique amplifiée et le saxophone, aujourd'hui largement associé au jazz et à ses dérivés, font aussi l'objet de débats. Des inquiétudes conservatrices à l'égard des connotations sexuelles violentes de la guitare électrique, telle qu'en a joué par exemple la star du rock Jimi Hendrix (1942-1970) dont la vie fut interrompue de façon tragique, ou le jeu parfois extrême du saxophoniste John Coltrane (1926-1967), montrent comment le comportement des interprètes influe sur la vision que les gens ont de leur instrument.

Evidemment tous les instruments ne bénéficient pas des mêmes faveurs selon l'endroit et l'époque. L'orgue, que l'on entendait dans les festivals, les cirques et autres événements publics à l'époque romaine, a été écarté par l'Eglise au temps des premiers chrétiens en raison de son passé païen. L'organistrum, ou vièle à roue, dont on repère les premières occurrences dans les institutions religieuses médiévales, est ensuite indiscutablement devenu un instrument de mendiant, peut-être parce qu'il était peu maniable et manquait de raffinement tonal, peut-être aussi parce que son bourdon rugueux rappelait celui de la cornemuse paysanne. Néanmoins, la vièle à roue comme la cornemuse, sous des formes très raffinées, ont gagné l'estime des cercles arcadiens à l'époque baroque (bien que l'institution littéraire romaine Accademia dell'Arcadia ait choisi de prendre la flûte de Pan pour emblème) et à nouveau au cours d'une poussée nationaliste nostalgique à la fin du XIXe siècle. Même le violon, un instrument modeste à l'origine, a été frappé d'infamie comme en témoigne l'expression *"to fiddle"* (littéralement, "violoner") qui signifie en anglais "tricher" ou "perdre son temps".

Certains groupes religieux dont les Eglises catholique romaine et orthodoxe orientale ainsi que les communautés juives pratiquantes ont sévèrement limité voire proscrit la pratique de certains instruments pour louer Dieu, considérant qu'ils étaient sources de distraction et même funestes. Au XIXe siècle en particulier, des sectes fondamentalistes trouvaient tout instrument, quel qu'il soit, dangereusement immoral et pensaient que le fait d'en jouer, dans quelque circonstance que ce fût, développait la vanité, un esprit de compétition malsain et l'attachement aux biens de ce monde. Ce type d'incidences néfastes se reflète dans de nombreuses natures mortes européennes de caractère sombre, dans lesquelles des violons et d'autres instruments, parfois cassés ou laissés à l'abandon, figurent les plaisirs fugitifs et décevants, les désillusions de la vie ainsi que la brièveté de la jeunesse.

Sous un jour moins pessimiste, il est fréquent de voir des gens jouer sur des instruments accordés dans des allégories picturales représentant l'audition ainsi que dans des scènes de divertissement domestique. Dans les peintures de genre et gravures qui montrent des concerts privés, du XVIe au XVIIIe siècle, apparaissent souvent les interprètes, dirigés par un flûtiste debout et rassemblés autour d'un instrument à clavier à cordes pincées joué par une femme assise. Dans une exécution réelle, le continuo que réalise l'instrument à clavier en posant des accords assure une cohésion rythmique et harmonique : une fonction analogue au rôle stéréotypé de la mère garante de la stabilité familiale sous le contrôle du mari. Les scènes décrites ici participent de l'impression (qu'elles renforcent en même temps) que le clavier serait d'essence féminine, contrairement à la flûte.

Il arrive que ces peintures soient moins innocentes qu'elles ne paraissent, comme lorsqu'un peintre baroque fait le portrait d'une séduisante jeune personne seule dans une pièce, s'amusant avec un luth ou un virginal tandis qu'un autre instrument, souvent une viole de gambe basse, se trouve près d'elle sans qu'on en joue. La jeune femme semble anticiper sur la venue d'un visiteur (masculin) ou bien fixe le spectateur d'un air provocateur comme si elle l'invitait à la rejoindre dans un duo d'amour. D'autres tableaux au contenu érotique à peine voilé montrent des femmes, parfois nues, empoignant flûtes et flûtes à bec, qui sont en général des attributs masculins. Certains instruments étaient tellement associés à un sexe que la transgression d'une telle connotation pouvait apparaître osée. Encore aujourd'hui, certaines personnes trouvent incongru qu'un homme puisse se plaire à jouer de la harpe ou une femme de la trompette ou du trombone. Les moralistes victoriens tentaient de dissuader les jeunes femmes de jouer du violoncelle ou du violon en leur faisant croire que la posture requise par ces instruments ne les montrerait pas à leur avantage et serait donc gênante par son manque d'esthétisme.

Parce que la musique se construit dans le temps, les instruments qu'elle utilise présentent théoriquement beaucoup de points communs avec les horloges : dans les deux cas, il s'agit de découper le temps en intervalles isolables ; l'horloge (ou tout autre marqueur temporel automatique de même type, comme un métronome) d'une manière objective et, dans l'idéal, rigoureusement invariable, un instrument de musique de manière subjective mais non moins précise, en réponse aux commandes nuancées de l'interprète. Vu le rapport obsessionnel que l'Occident entretient avec le passage du temps, il n'est pas étonnant que les horloges (*clocca* en latin médiéval et *Glocke* en allemand, ce qui signifie "cloches"), les automates et les instruments à clavier comptent parmi les mécanismes connus les plus sophistiqués depuis le Moyen Age jusqu'à nos jours. Pendant des siècles, la fabrication d'horloges et celle d'instruments de musique aux mécanismes complexes ont été des artisanats très liés, se recoupant tout particulièrement chez les moines bénédictins du Moyen Age, qui ont développé la technologie nécessaire à l'observation du temps liturgique, et chez les astrologues-médecins qui avaient besoin d'outils de précision pour calculer les intervalles spatiaux et temporels, clés de l'harmonie physique et spirituelle. (Le monocorde, un outil de calcul et de thérapie connu depuis l'Antiquité, permettait de rendre audibles des rapports numériques ; aux alentours de 1400 après J.-C., l'addition de cordes supplémentaires et d'un mécanisme de clavier a transformé le monocorde en clavicorde.)

On perçoit souvent la musique occidentale, quand elle est dépourvue d'une pulsation répétitive marquée, comme "atemporelle" et allogène. La musique de danse plus terre à terre fait appel à des mesures binaires ou ternaires simples et sans ambiguïté, généralement soulignées par des gestes (taper du pied ou des mains) et des instruments à percussion. Les religieux du Moyen Age, qui n'appréciaient guère la danse et autres passe-temps païens, méprisaient tout particulièrement les tambours et autres percussions dénués de hauteur fixe et qui marquent le temps sans recourir à la mélodie. Il se peut que les diverses représentations du temps et du rythme puissent contribuer à expliquer le statut relativement bas des percussions et percussionnistes dans la musique classique occidentale. Dans certaines régions d'Afrique, au Proche-Orient et en Inde, où l'activité des percussions est beaucoup plus subtile, complexe, voire mélodique, celles-ci sont parfois magnifiquement ornées et même, chez certains peuples d'Afrique, vénérées.

L'importance des tambours, cymbales et autres batteries *(traps)* dans le jazz, le rock et les orchestres de danse ainsi que la célébrité de batteurs tels que Gene Krupa (1909-1973) et Ringo Starr (né en 1940) doivent sûrement quelque chose aux influences militaires et extra-européennes que ces genres ont connues, lesquels ont peut-être influencé en retour la manière moderne dont les Irlandais jouent du *bodhran*. La pratique du tambour avec des baguettes plutôt que les doigts ou les paumes de main souligne une forme d'athlétisme et de théâtralité, poussée à l'extrême par des troupes de batteurs de compétition qui s'affrontent dans des festivals au Japon *(kodo)* : munis de lourdes baguettes, ils s'attaquent avec véhémence à d'énormes instruments pour produire un mur de son et de mouvement qui vous submerge. Le pouvoir excitant des instruments à percussion a longtemps été vu d'un œil suspicieux par ceux qui l'associent, de même que la danse, au paganisme charnel. Les chefs militaires, quant à eux, reconnaissent l'utilité du tambour non seulement dans la transmission de signaux mais aussi pour remonter le moral des troupes. Au même titre que les drapeaux, les tambours décorés des insignes d'un régiment incarnent l'honneur du groupe et les perdre au combat est synonyme d'humiliation.

Ainsi, les attitudes sociales qui découlent de la fonction accordée à différents types de sons contribuent à la formation de hiérarchies artificielles entre familles instrumentales. Dans la théorie musicale scolastique occidentale depuis le Moyen Age, on considère normalement la voix humaine, "don de Dieu", comme l'instrument le plus proche du divin en termes de beauté et de pouvoir expressif, suivie par les cordes, les vents et, pour finir, les percussions et les crécelles avec le statut le plus bas. Cette hiérarchie, que reflètent des mythes comme celui de la victoire d'Apollon, le joueur de lyre, sur Marsyas, le joueur de flûte, lors d'une compétition, vient en partie du degré d'effort musculaire requis par l'instrument (le statut décroît, de celui qui demande le moins d'effort, vers celui qui en exige le plus) et de l'impossibilité pour la plupart des instruments à vent de produire plusieurs notes simultanément et, par conséquent, de produire une harmonie de façon autonome comme peuvent le faire la majorité des instruments à clavier et à cordes. (A l'exclusion de quelques techniques vocales ésotériques, un chanteur seul ne peut pas non plus produire plus d'une note à la fois mais la voix compense largement ce handicap par l'adjonction de la communication verbale.) Parce que les instruments à vent font appel aux poumons et à la bouche, l'interprète ne peut pas en même temps jouer et chanter, contrairement à beaucoup d'autres musiciens.

L'une des mesures prises par la révolution du XXe siècle concernant les mœurs sociales a consisté à opérer un renversement magistral dans la représentation de l'adéquation de certains instruments à un sexe plutôt qu'à un autre. Alors que, par le passé, les flûtes étaient essentiellement dévolues aux hommes, aujourd'hui ce sont les filles qui, en majorité, apprennent à en jouer. A l'inverse, les guitares autrefois considérées comme féminines à cause de leur forme finement courbe et de leur son délicat sont littéralement devenues des symboles de puissance depuis qu'elles ont quitté le cadre intime pour monter sur les scènes de concert, notamment grâce au charisme du virtuose Andrés Segovia (1893-1987). Aux XVIIIe et XIXe siècles, la grande majorité des pianistes amateurs était constituée de femmes tandis que les organistes étaient essentiellement des hommes ; aujourd'hui la répartition des instruments entre les sexes semble à peu près équilibrée.

Il faut savoir que l'une des fonctions importantes du piano, de la harpe et d'autres instruments luxueux mais peu transportables consistait, dans la demeure du XIXe siècle, à restreindre la liberté des femmes qui devaient rester chez elles pour s'exercer et prendre des leçons, deux activités qui occupent beaucoup de temps. Les mécanismes de ces instruments de salon étaient dissimulés avec beaucoup de goût de façon à ce que ceux qui les pratiquaient ne semblent pas travailler sur des machines ; quoi qu'il en soit, beaucoup de jeunes filles des classes moyennes dépensaient beaucoup d'énergie pour devenir des musiciennes accomplies afin d'apparaître plus désirables en faisant notamment valoir la prospérité de leur famille. En dehors des pays émergents de l'Asie, où ce type de compétence artistique connote encore un certain statut, les gens possèdent beaucoup moins de pianos chez eux qu'il y a un siècle. Aujourd'hui, beaucoup moins de jeunes prennent le temps d'apprendre la musique sérieusement et, comme la vie sociale se passe de plus en plus à l'extérieur, ils se tournent souvent plutôt vers des instruments moins encombrants, comme les guitares et les claviers électroniques transportables.

3. Les origines

Les plus anciens objets sonores de l'humanité, qui n'étaient pas fabriqués mais trouvés dans la nature comme les bâtons et les pierres, remontent à la préhistoire, bien avant l'apparition du concept de musique. Il est certain que les premiers outils produisant des sons ont dû remplir des fonctions multiples. Parmi les exemples primitifs que l'on trouve encore aujourd'hui figurent des marteaux en pierre, des récipients dans lesquels la nourriture était pilée en cadence, des peaux tendues servant à recouvrir les objets ou les personnes, des cordes et des liens étirés : autant d'objets qui produisent incidemment du son quand on les utilise. Une fois que leur potentiel sonore a été reconnu, certains matériaux ou certaines formes montrant des qualités de résonance particulières ont pu être volontairement et artificiellement exploités, comme les sifflets en os creux utilisés pour envoyer des signaux, attirer des proies ou jouer un rôle dans des rituels magiques. Peut-être un désir d'imiter les sons naturels ou d'envoyer des signaux plus puissants a-t-il poussé nos lointains ancêtres à créer des outils plus spécialisés, conçus pour infléchir le son ou le rendre optimal. On a peut-être donné à ces premiers instruments, comme à leurs homologues modernes (jouets inclus) dans certaines régions du monde, la forme d'êtres vivants pour s'approprier les voix mystérieuses et les pouvoirs spirituels de leurs modèles. Peut-être aussi ces objets anthropomorphes ou zoomorphes étaient-ils fabriqués ou décorés avec des matériaux spectaculaires comme du sang (apprécié pour ses qualités adhésives), de l'os, des cheveux, de la corne ou de la peau pour renforcer l'efficacité de leur pouvoir. Il est alors possible que des tabous aient entouré leur fabrication et leur usage, les amenant ainsi à être consacrés à des tâches particulières comme les rituels initiatiques ou la préparation au combat. Les types de violons populaires de l'ancienne Asie centrale, ancêtres des instruments à cordes frottées occidentaux et orientaux, étaient clairement associés aux cultes hippiques ; les violons populaires modernes de la Mongolie à l'Europe de l'Est sont encore aujourd'hui décorés de têtes de chevaux ciselées, de même que l'archet à crin de cheval, et les noms zoomorphes de certaines parties de l'instrument rappellent cette association avec l'univers équestre : la tête, le manche (*neck* en anglais, c'est-à-dire littéralement le "cou"), la table d'harmonie (en anglais *belly*, le "ventre"), le dos, les éclisses (*ribs* en anglais, c'est-à-dire les "côtes"), le sillet (*saddle* en anglais, la "selle"), le cordier (ou *tail*, la "queue").

L'impact physiologique et émotionnel du son joue bien entendu un rôle fondamental dans la signification attribuée aux instruments. Un coup de corne de bélier puissant, soudain et désagréable ou le cri strident d'un sifflet en os préhistorique peut avoir suscité l'agitation, la terreur ou la fureur tandis que les sonorités calmes et douces invitent sans aucun doute à la relaxation. Les réactions innées au son, que l'on observe chez les animaux et qui relèvent en définitive de réflexes déjà en place avant la naissance, sont aux sources mêmes du pouvoir que la musique possède d'évoquer des états d'âme. La pratique renforce les réactions de l'auditeur, comme l'a montré le physiologiste russe Ivan Petrovitch Pavlov (1842-1936) à travers l'expérience d'un chien qu'il avait dressé pour saliver au son d'une cloche.

Les prototypes archaïques des quatre principales familles d'instruments de musique se sont probablement développés de façon autonome, à des rythmes et à des époques variés, sans corrélation entre les différentes régions éloignées les unes des autres. Les formes élémentaires et l'existence quasiment partout dans le monde des *idiophones* (des solides autorésonnants, dont le son est produit par percussion, frottement ou pincement) et des *aérophones* (des tubes, récipients ou lames que l'on fait résonner par la vibration d'air) semblent indiquer que ces types sont plus anciens que les *membranophones* (des membranes tendues, caractéristiques des tambours) et *chordophones* (des instruments à cordes tendues, généralement pincées ou frottées). (Concernant ces catégories, voir l'article de Geneviève Dournon dans ce volume, p. 833-868.) Une cinquième catégorie, les *électrophones* (alimentés par le courant électrique), est apparue récemment mais s'est vite répandue dans les pays économiquement développés et il semble qu'elle prenne le pas sur les autres dans l'industrie instrumentale du XXIe siècle.

Les membranophones et chordophones n'étaient apparemment pas universellement connus durant la préhistoire. Leur invention a nécessité une technologie capable de produire des peaux et cordes adaptées et de les maintenir en tension. On n'a pas besoin de tels savoir-faire pour produire efficacement des sons avec des cailloux, bûches (comme les singes semblent le faire) ou autres objets creux : os, bâtons, coquillages, etc. Les chordophones n'ont, semble-t-il, pas existé chez les Aborigènes d'Australie, lesquels étaient présents il y a peut-être 40 000 ans, et les tambours, selon toute vraisemblance, ont été introduits en Australie depuis la Nouvelle-Guinée bien plus tard. Quant aux Amériques, que les hommes n'habitent que depuis 20 000 ans environ, elles ignorent manifestement les chordophones jusqu'à l'arrivée des Européens. Néanmoins, cordes et peaux se désagrègent rapidement et on ne peut donc pas s'attendre à retrouver des traces de leur première manifestation.

La construction des instruments a tout d'abord dépendu des matériaux bruts disponibles localement. Les ressources de corne animale et de défenses d'éléphants facilement accessibles et que l'on peut évider sans difficulté ont favorisé la production de cors et trompettes dans lesquels on souffle avec la bouche tandis que les habitants des côtes et des îles ont peut-être trouvé pratique de se tourner vers de grosses coquilles de conques pour en faire des aérophones comparables, alimentés par l'air que l'on fait vibrer avec les lèvres. Ailleurs, les carapaces de tortue ont servi à faire des crécelles et des résonateurs de chordophones. Dans d'autres régions, bambous et bâtons creux représentaient une ressource abondante pour fabriquer de nombreuses sortes d'instruments qui, dans des zones de forêt, étaient peut-être faits en bois. Le développement de l'agriculture a amené la production de calebasses à coque dure, idéales pour accueillir des crécelles, servir de caisses de résonance pour de petits tambours et de résonateurs pour des chordophones ou idiophones, entre autres usages musicaux. La cuisson de l'argile et, bien plus tard, la fonte des métaux, ont permis de réaliser des instruments plus solides, s'appuyant sur une technologie plus sophistiquée, tels que les sifflets en céramique et les gongs en bronze.

Les corps de la plupart des instruments en bois étaient probablement taillés à partir d'une pièce unique comme les tambours à fentes *(log drum)* aujourd'hui. Finalement, de meilleurs outils, des matières adhésives plus fiables ainsi qu'une meilleure maîtrise des propriétés physiques du bois ont permis que les instruments soient le fruit d'un travail d'assemblage de pièces de bois indépendantes et d'espèces différentes, comme dans un violon, permettant aux facteurs de mieux contrôler la forme, les épaisseurs, la flexibilité et l'orientation du grain. Le même type d'évolution a eu lieu dans la fabrication d'instruments réalisés à partir d'autres matières naturelles qui, lorsque la technologie et l'économie l'ont rendu possible, ont été remplacées petit à petit par des matériaux synthétiques plus solides et plus facilement transportables. Par exemple, on a ainsi fabriqué les cors en cuivre, en argent et en laiton plutôt qu'en corne animale ou avec des défenses. Ces évolutions ont permis l'apparition de nouvelles formes et de nouveaux sons sans que cela garantisse forcément de meilleurs résultats musicaux. Les matières naturelles traditionnelles et les méthodes primitives de fabrication sont encore largement répandues dans le monde aujourd'hui, en particulier pour les instruments folkloriques.

Les migrations humaines et la mise en place d'un commerce avec des pays lointains ont enfin permis la propagation des savoir-faire et des designs instrumentaux. Les échanges culturels le long des anciennes routes commerciales terrestres et maritimes pourraient expliquer les similitudes surprenantes que l'on observe dans les manières d'accorder certains idiophones en Indonésie et en Afrique de l'Est, dans les formes de luths à manche court que l'on trouve sur un large territoire géographique allant de l'Extrême-Orient à l'Afrique du Nord et à l'Europe occidentale. La morphologie de beaucoup d'instruments anciens indique souvent la manière dont on était censé en jouer mais ce n'est pas toujours le cas du fait que diverses techniques de jeu peuvent s'appliquer à une même forme. La même corde peut être pincée avec un doigt ou un plectre ou encore frottée avec un archet. Un instrument de la famille des flûtes peut produire des notes sensiblement différentes en fonction de la puissance avec laquelle on souffle dedans. On peut frapper un tambour avec des baguettes souples ou rigides, les paumes ou les doigts. La musique folklorique moderne utilise sans aucun doute de nombreuses techniques anciennes mais peut aussi s'avérer mauvaise informatrice quant à la manière dont des instruments similaires étaient employés jadis.

Les vestiges archéologiques ne sont pas à même d'apporter des certitudes concernant des instruments anciens à l'état fragmentaire découverts sur des sites disséminés à travers le monde mais il semble acquis que beaucoup des types d'instruments connus en Europe pas plus tard qu'au Moyen Age soient originaires d'ailleurs. On coulait des cloches en bronze en Chine bien avant que cette technologie n'apparaisse en Europe. Des preuves visuelles ainsi que des termes apparentés – par exemple "luth" (en arabe, *al-'ud*), "nacaires" (en italien, *nacchera* ; en arabe, *naqqarah*) et "rebec" (en arabe, *rebab*) – indiquent que ces types d'instruments auraient des origines arabes. La technique consistant à faire vibrer des cordes à l'aide d'un archet serait venue d'Asie centrale en Europe par le truchement de l'Empire byzantin et de l'Espagne islamique au cours du Xe siècle après J.-C., mais plusieurs siècles plus tard, les formes européennes d'instruments à cordes frottées et pincées n'étaient pas encore clairement différenciées.

A l'instar des découvertes archéologiques, les indices picturaux et linguistiques en ce qui concerne l'origine des instruments doivent être appréhendés avec précaution. La quasi-absence de luths dans les représentations qui nous viennent de la Grèce antique ne signifie pas que ces instruments, qui apparaissent fréquemment dans l'art égyptien, étaient inconnus en Grèce ; il se peut simplement qu'ils aient assumé un statut jugé indigne de la représentation.

4. Evolution

Les instruments de musique remplissent des fonctions multiples et peuvent se développer ou bien tomber en désuétude pour de nombreuses raisons. L'étude ci-dessous concerne principalement l'évolution de la facture des instruments mais la façon de s'en servir se modifie aussi avec le temps. Souvent, les musiciens d'avant-garde mettent au point de nouvelles techniques pour jouer d'instruments courants sans que cela n'entraîne de modification de leur morphologie ; ce fut le cas du piano avec Henry Dixon Cowell (qui brossait directement les cordes dans *Aeolian Harp*, 1923 et *The Banshee*, 1925) et de la flûte telle qu'elle a été traitée par Edgar Varèse dans *Density 21.5* (1936), avec l'introduction du claquement percussif des clefs. A l'inverse, on peut modifier la structure ou l'apparence d'un instrument sans que ses propriétés musicales s'en trouvent pour autant affectées. Par conséquent, l'idiome d'un instrument ainsi que sa forme et l'art de le construire peuvent évoluer de façon autonome même si, en général, on observe des influences réciproques.

Il arrive que facteurs d'instruments et praticiens travaillent ensemble, comme Jean-Sébastien Bach avec l'ingénieux facteur d'orgues Gottfried Silbermann (1683-1753) et le luthier Johann Christian Hoffmann (1683-1750). Exceptionnellement, on trouve les deux compétences réunies à un haut niveau d'expertise dans la même personne ; c'est le cas de la pianiste et factrice de pianos allemande Nannette Stein (1769-1833) et de l'excellent flûtiste doublé d'un facteur de flûtes révolutionnaire Theobald Boehm (1794-1881). Beaucoup de musiciens populaires ont fabriqué leurs propres instruments, de même que certains compositeurs de musique expérimentale comme l'américain Harry Partch (1901-1976).

Cependant, on remarque que la plupart des facteurs professionnels ne peuvent jouer qu'à un niveau élémentaire et que beaucoup de bons musiciens ignorent à peu près tout de la façon dont leur instrument est fait et dont il fonctionne.

Les changements de goût, l'évolution des conditions d'exécution, le renouvellement des matériaux et des technologies, les incitations commerciales et politiques, les besoins d'expression personnelle d'un artisan ou d'un musicien, les mouvements de population, la perte d'un mécène ou la destruction de cultures entières comptent parmi les facteurs en jeu dans le développement ou le déclin des instruments. Ces forces interagissent de façon complexe, imprévisible et à un rythme irrégulier. Parce que les rapports de causalité sont difficiles à prouver, les historiens sont rarement en mesure de déterminer précisément les raisons pour lesquelles une idée originale s'est développée à un moment et dans un lieu particuliers ou encore les causes du déclin d'un instrument autrefois courant. Les explications simples restent souvent partielles, néanmoins quelques observations d'ordre général peuvent aider à clarifier ces problèmes.

Les instruments dotés de peu de parties mobiles présentent un potentiel de développement moindre que ceux dont la mécanique est complexe, par exemple les orgues à tuyaux ou les pianos ; cependant des modifications physiques apparemment mineures peuvent apporter des changements sonores importants, comme en élargissant les trous d'une flûte en bois ou en remplaçant les cordes d'une guitare par de nouvelles faites d'un matériau différent (boyau, nylon, métal). Certains instruments simples comme les cloches ou les guimbardes semblent défier les forces de l'évolution et restent fondamentalement stables pendant des siècles ; d'autres comme le *Geigenwerk* (un instrument à clavier utilisant un système de cordes frottées, inventé à la fin du XVIe siècle) peuvent s'avérer malaisés à utiliser ou trop spécialisés pour pouvoir s'adapter à des conditions changeantes et ainsi disparaissent rapidement en ne laissant quasiment aucune trace musicale.

Pourtant, même un répertoire conséquent ne garantit pas la longévité d'un instrument : le disgracieux baryton (une sorte de basse de viole, à cordes frottées et pincées, pour laquelle Josef Haydn composa beaucoup de charmantes pièces de musique de chambre) et l'élégante musette (une sorte de petite cornemuse à soufflerie, appréciée par l'aristocratie française avant la Révolution) ont inspiré une musique de grande qualité sans que cela les ait empêchés de pratiquement disparaître après l'effondrement de l'élite qui en avait soutenu la fabrication et l'usage. A l'inverse, la viole d'amour (un instrument semblable à la viole, en plus petit, avec des cordes frottées sympathiques et dont la première description apparaît au XVIIe siècle) a réussi à survivre à travers une production limitée mais continue tout au long des XIXe et XXe siècles malgré un répertoire infime.

Heureusement, contrairement aux animaux disparus, les instruments tombés en désuétude peuvent souvent être ressuscités quand les circonstances changent. Par exemple, le goût pour l'ancien à la fin du XIXe siècle a relancé le clavecin, bien que sous une forme moderne, dans laquelle Wanda Landowska (1879-1959) a particulièrement brillé. La publicité qu'elle a faite de l'instrument, comme le docteur Albert Schweitzer (1875-1965) pour les orgues à tuyaux historiques, a suscité un intérêt tour à tour universitaire et commercial pour les instruments anciens et a permis la copie et la restauration de nombreuses pièces de musée. L'engouement pour les instruments du passé s'est intensifié après la Seconde Guerre mondiale, quand le mouvement dit de retour à la musique ancienne a accéléré la redécouverte de savoir-faire et de techniques d'interprétation oubliés depuis longtemps ; de nos jours, de nombreux types d'instruments occidentaux sont fabriqués et joués comme on pouvait le faire par le passé.

Autrefois, beaucoup de facteurs d'instruments professionnels étaient soumis à des corporations locales dont le but consistait à réguler le commerce, à maintenir des niveaux élevés de savoir-faire et à limiter la concurrence en restreignant le nombre de maîtres pratiquant un même art. Afin d'empêcher qu'un maître soit injustement avantagé, les corporations d'artisans ont eu tendance à interdire l'innovation. Les facteurs qui jouissaient du privilège de travailler sous le haut patronage de quelqu'un ou qui n'avaient pas de motivation commerciale étaient souvent autorisés à passer outre les mesures de régulation et bénéficiaient ainsi d'une plus grande liberté de manœuvre pour faire des expérimentations. Cependant, la guerre et la peste décimaient périodiquement les rangs des facteurs et détruisaient leurs marchés tout en interrompant la continuité de leur artisanat, ce qui redirigeait ainsi le cours normal de l'évolution des instruments.

Avant la fin du XVIIIe siècle, l'autorité des corporations visant à protéger les savoir-faire avait commencé à baisser irrémédiablement. Le parcours traditionnel allant de l'apprenti jusqu'au maître en passant par le statut de compagnon, adapté aux petits ateliers, a été remplacé par des méthodes industrielles de fabrication des instruments à grande échelle avec lesquelles la division du travail augmentait la productivité (et non pas nécessairement l'efficacité) mais abaissait le statut des travailleurs indépendants et leur capacité à s'autodéterminer. Les fabricants prospères, de même que les musiciens conservateurs, se sont souvent montrés hostiles aux innovations coûteuses et risquées.

De plus en plus, au XIXe siècle, l'innovation est devenue un moyen nécessaire pour sécuriser les brevets – lesquelles protégeaient les profits – et, à travers la publicité, pour distinguer les marques entre elles. Malgré tout, certaines sortes d'instruments n'étaient pas adaptées à la production industrielle et perpétuèrent les méthodes anciennes. La facture de violons de pointe, en particulier, requérait une attention individuelle portée à chaque pièce et un jugement expert d'un bout à l'autre du processus de fabrication. La manufacture des cuivres et des instruments à clavier était en revanche plus apte à la réalisation mécanique, au moins sous certains aspects, et leur design furent parfois ajustés de façon à faciliter la production de masse.

Au vu des modèles que la facture instrumentale a produits au cours des deux cents dernières années, on observe que le goût bourgeois préfère la nouveauté et encourage en général un rythme d'innovation soutenu tandis que les connaisseurs, dont l'expertise repose sur une longue expérience, ont tendance à freiner le changement. Ainsi la guitare, essentiellement destinée aux amateurs, a connu des transformations radicales au cours des cent cinquante dernières années alors que le style du violon est resté assez conservateur malgré les tentatives qu'on a pu faire pour remodeler certains membres de la famille à des fins ergonomiques et acoustiques. Cependant, beaucoup d'innovations visant à rendre les instruments plus pratiques à utiliser, et donc à attirer plus particulièrement un public d'amateurs, ont finalement gagné la faveur des professionnels et ce, même si l'opération entraînait des complications mécaniques ou l'emploi de matériaux peu familiers mais plus stables comme le plastique. La mécanisation des instruments à vent, des timbales et des harpes (les systèmes de clés pour les bois, les valves chez les cuivres, le recours aux pédales pour accorder timbales et harpes) peut être perçue comme l'illustration de ce processus, de même que l'adoption des cordes en nylon et des peaux de tambour en plastique ou encore la mentonnière du violon et la pique du violoncelle. Le mécanisme d'échappement moderne du piano, particulièrement compliqué et qui permet de réentendre une note avant que la touche correspondante ait été tout à fait relâchée, a aussi été interprété comme une adaptation aux défaillances des musiciens amateurs. Le fait que les orgues à tuyaux construits pour des lieux séculaires aux XIXe et XXe siècles aient introduit des timbres et des accessoires qui furent ensuite adoptés par les orgues d'église montre encore une fois l'importance de la culture populaire pour dynamiser l'innovation.

Peu d'instruments occidentaux apparus bien avant le XIXe siècle peuvent être attribués avec certitude à un inventeur en particulier. Même les brevets ne s'avèrent pas toujours des preuves tangibles, car certains pays accordent les brevets non pas toujours au créateur mais à la première personne qui se réclame de l'objet. Il est cependant évident qu'aucun instrument ou mécanisme n'est entièrement nouveau ; tous ont des antécédents d'une manière ou d'une autre, bien qu'ils puissent être difficiles à déterminer. Un engin acoustique aussi complexe que le violon, par exemple, a dû prendre forme au fil d'une longue période d'expérimentation, de recherche et de sophistication progressive. Bien que la forme extérieure distinctive du violon apparaisse pour la première fois dans l'art de l'Italie du Nord au début du XVIe siècle, il semble que le concepteur de cette forme Renaissance soit voué à rester dans l'anonymat, même si on accorde à Andrea Amati de Crémone (actif à peu près de 1510 à 1580) d'avoir créé les courbes gracieuses de l'instrument. La peste et la famine au XVIIe siècle ont contribué à assurer la primauté des modèles de Crémone en éliminant d'autres centres de fabrication de la compétition.

Plus que d'identifier l'inventeur d'un instrument, il importe de découvrir les principes qui président à son apparence esthétique. Reflétant la croyance scolastique selon laquelle un plan rationnel basé sur des lois mathématiques devrait automatiquement produire des sons harmonieux, des plans fondés sur des proportions géométriques semblables à celles qui étaient utilisées dans l'architecture et la sculpture grecques ont servi de matrice à beaucoup d'instruments raffinés de la Renaissance et de l'ère baroque, depuis les orgues à tuyaux jusqu'aux flûtes et aux luths. Les unités de mesure et systèmes de hauteurs locaux ont aussi joué un rôle dans la définition des paramètres qui déterminent le style ; par conséquent, des instruments à vent à hauteur fixe (comme les flûtes à bec) fabriqués dans différentes villes n'étaient pas toujours interchangeables et cela devint un problème avec le développement des voyages et du commerce.

La normalisation des mesures et hauteurs (un processus que la Révolution industrielle accéléra) a petit à petit allégé beaucoup de ces difficultés mais en gommant les spécificités régionales. Au cours du XIXe siècle, comme une classe moyenne toujours plus nombreuse s'est mise à composer un nouveau marché remplaçant celui de l'aristocratie qui avait joué un rôle de mécène, l'augmentation des liquidités disponibles ainsi que du temps accordé aux loisirs a alimenté une demande en instruments destinés à la pratique amateur dans des proportions inconnues jusqu'alors. Quand l'industrie a commencé à produire en masse des modèles standard, les prix au détail (et parfois la qualité) ont eu tendance à baisser rendant les instruments plus abordables et accessibles au plus grand nombre. Cette évolution profita à son tour à l'édition musicale ainsi qu'à l'enseignement. A l'heure actuelle, les instruments électroniques bon marché et que l'on peut utiliser de façon variée continuent de promouvoir la pratique musicale amateur, en particulier chez les jeunes attirés par les nouvelles technologies.

Le modèle théorique conventionnel de l'évolution des instruments découle d'un paradigme dix-neuviémiste que l'on peut se représenter comme un arbre qui grandit, avec toujours de nouvelles branches qui s'élèvent vers le haut au fil du temps, avec une variété, une sophistication et une excellence en progrès permanent. A l'époque romantique, on imputait le plus souvent les progrès effectués dans le domaine de la facture d'instruments aux exigences extraordinaires des grands compositeurs dont les œuvres transcendantes avaient pu apparaître au premier abord injouables sur les instruments conventionnels. Pour satisfaire à ces exigences hors norme, les fabricants étaient obligés, à ce que l'on présumait, d'innover et d'améliorer leurs produits, d'où l'idée erronée que les derniers modèles de pianos préférés par les modernes seraient "meilleurs" que ceux de Beethoven ou de Mozart, lesquels à leur tour étaient, à ce que l'on suppose, supérieurs aux clavecins d'avant, plus "primitifs" ; en réalité, ils sont simplement différents.

Cette vision autosatisfaite et téléologique de l'histoire des instruments est rejetée par les critiques qui observent que, indépendamment des doléances habituelles des interprètes, les bons instruments de quelque époque que ce soit répondent parfaitement aux exigences musicales de leur temps. Quoi qu'il en soit, on conçoit mal que les compositeurs puissent écrire pour des instruments qui n'ont pas encore été inventés et leur musique ne peut pas s'épanouir au concert si elle exige plus que ce que les instruments existants peuvent offrir. Par ailleurs, de même que les chanteurs cherchent continuellement à développer leur technique vocale, les instrumentistes découvrent de nouvelles façons de jouer des instruments familiers. Même le potentiel musical d'instruments "simples" comme la flûte à bec *(flauto diretto)* est infini et l'on continue de composer pour elle, comme pour d'autres types d'instruments autrefois considérés comme dépassés, de nouvelles œuvres. Les instruments qui n'exercent pas d'attrait sombrent vite dans l'oubli ; cependant, ceux qui pêchent par manque d'efficacité peuvent souvent être améliorés et ceux qui ne sont plus à la mode, remis au goût du jour. Peu d'instruments anciens arrivent à survivre sans subir quelque modification. Le véritable talent artistique, malgré tout, défie les compromis et traverse les modes. Personne aujourd'hui ne songe à soutenir sérieusement que les violons modernes soient de qualité supérieure aux chefs-d'œuvre crémonais d'Antonio Stradivari (1644-1737) et de Giuseppe Guarneri (1698-1744), même si quasiment tout leur travail a été compromis par les altérations postérieures.

Un paradigme de l'évolution récent, issu de la paléontologie et soutenu par l'histoire de l'innovation technologique, indique de longues périodes de relative stabilité ponctuées par le développement rapide et soudain de nouveaux types en réaction à des conjonctions fortuites et imprévisibles de facteurs "environnementaux" favorables, extra-musicaux aussi bien que musicaux. De tels épisodes sont suivis d'une disparition quasi aussi rapide de la plupart des nouveautés ; seuls quelques modèles viables survivent, que les musiciens peuvent exploiter et affiner. Rétrospectivement, ces rescapés constituent le courant d'évolution dominant. Ce processus et les changements de style ne sont ici pas connotés positivement (par exemple, l'aube de l'ère baroque ou le triomphe du romantisme ne suffisent pas à expliquer les phénomènes).

Parce que l'innovation instrumentale est généralement motivée par des incitations commerciales et non par les besoins des musiciens, elle présage souvent des nouvelles tendances compositionnelles en ouvrant involontairement la voie de nouveaux territoires sonores que les compositeurs peuvent explorer. Il peut se passer des décennies ou des générations avant que les musiciens gagnent assez de familiarité avec les capacités d'un nouvel instrument pour développer un idiome qui lui soit spécifique. Par exemple, le *gravicembalo col piano e forte* de Bartolomeo Cristofori, le premier piano-forte à avoir connu le succès, inventé vers 1700, et le saxophone d'Adolphe Sax, breveté en 1846, ont mis un certain temps à exprimer leur potentiel et en suivant des chemins que leurs créateurs n'auraient pas pu prévoir. En effet, Sax aurait peut-être été scandalisé par certaines des utilisations plus extrêmes que la musique populaire du milieu du XXe siècle a pu faire de son instrument. Puisque Sax ne peut pas avoir pris en compte les aspirations des interprètes de jazz, il semble que le saxophone, par son extraordinaire versatilité – laquelle ne fut peut-être pas recherchée – anticipait fortuitement sur leurs souhaits. De la même façon, bien que l'expressivité dynamique du "clavecin avec marteaux" de Cristofori eût soulevé un intérêt limité pendant la première moitié du XVIIIe siècle, avant de se faire une réputation qui se répand largement dans les années 1760 et 1770, ce n'est que vers la fin du siècle qu'une véritable écriture spécifiquement pianistique se développa, notamment dans les mouvements lents des derniers concertos pour piano de Mozart.

On est frappé par le peu d'évolution qu'a connu le design du piano au cours du XXe siècle en dépit des vastes changements qui sont intervenus dans le style et l'écriture pianistiques. A l'inverse, les avancées révolutionnaires réalisées dans le domaine du design et de la fabrication des pianos aux Etats-Unis (notamment l'introduction de cadres en fonte capables de supporter une énorme tension des cordes), qui ont conduit à la domination des firmes Chickering et Steinway sur la scène internationale dès avant les années 1860 et qui établirent avant 1900 les caractéristiques essentielles du piano à queue de concert moderne, ne furent pas conditionnées par des évolutions stylistiques dans la musique américaine.

De la même façon, les aménagements acoustiques et mécaniques opérés par Theobald Boehm sur la flûte en gros au cours des années 1830 à 1860 ont eu lieu alors que cet instrument "doux", jusqu'ici relativement peu sonore, était ignoré de beaucoup des compositeurs de musique sérieuse, comme le montre le petit nombre de concertos pour flûte composés à l'époque, par rapport à la profusion du répertoire du XVIIIe siècle. Les innovations de Boehm – principalement son système de clés complexe, grâce auquel les trous de grande taille se trouvaient idéalement placés – ont été fonction de ses compétences dans le travail du métal et furent motivées par son expérience d'interprète, frustré par le manque de commodité de la flûte en bois traditionnelle comportant peu de clés pour faire face aux exigences techniques et aux excès dynamiques de la musique romantique. Quoi qu'il en soit, après que Boehm eut solutionné ces problèmes, les flûtistes allemands professionnels mirent du temps à adopter son système et l'écriture pour flûte ne changea pas immédiatement suite à ses travaux.

Bien entendu, il se peut que la croissance du public et la taille importante des nouvelles salles de concert vers la fin du XVIIIe siècle et au XIXe aient réclamé des instruments plus sonores et plus éclatants mais ces facteurs ne permettent alors pas d'expliquer l'acceptation d'instruments si puissants par les cadres intimes où la plupart des concerts se déroulaient au XIXe siècle. Dans certains cas, il est possible que l'amplification du volume et du brillant sonore résulte du travail effectué pour améliorer la fiabilité, la solidité et la normalisation des instruments nécessaires à une production en masse. Le métal s'avère supérieur au bois sur ces points, et les progrès techniques réalisés dans le travail du métal ont joué un rôle déterminant dans certaines évolutions telles que le piano à cadre métallique rigide, la flûte de type Boehm, légère et résistante aux atteintes du temps, la trompette à valves dont le système s'exécute rapidement et sans bruit, etc.

Malgré les avantages pratiques qu'ils présentent, l'apparition de ces instruments "améliorés" a rencontré la résistance de nombreux musiciens professionnels qui se sont peut-être vus obligés d'acquérir de nouvelles techniques. Les cors à valves, apparus en France avant les années 1830, ne furent finalement acceptés par le Conservatoire de Paris qu'en 1897. Certains orchestres ont continué à utiliser des flûtes en bois et des violons à cordes de boyau jusque dans les années 1920.

La prolifération remarquable de nouveaux instruments pendant la révolution industrielle a été principalement le fait des progrès démographique, économique et technologique qui ont créé un terrain fertile pour le consumérisme des classes moyennes dans les centres urbains de l'Europe de l'Ouest, la Grande-Bretagne et les Etats-Unis. De façon caractéristique, cette époque aimait la technologie pour elle-même et beaucoup d'énergie a été déployée pour placer moult machines nouvelles de toutes sortes qui se sont vite avérées éphémères. Parallèlement, les instruments d'orchestre les plus courants sont devenus de plus en plus standardisés afin de simplifier la production de masse et de limiter les coûts de production, ce qui a entraîné une certaine uniformisation. L'établissement de normes de hauteur internationales a permis de faire un pas dans cette direction, dans un souci pratique et économique plutôt qu'en raison d'évolutions du style musical.

De façon comparable, de nombreux facteurs non musicaux sont à l'origine de l'avènement actuel du champ des instruments électroniques expérimentaux : entre autres, les progrès rapides et la chute des prix des logiciels et des systèmes informatiques, la simplification des liaisons MIDI *(musical instrument digital interface)* et la publicité typiquement dirigée vers une large population jeune, avide d'exploration et désireuse de créer de nouvelles formes d'expression. Bien qu'une certaine normalisation industrielle soit déjà apparue, il existe une telle variété de composants disponibles, différents mais compatibles, que les utilisateurs ont toute latitude pour personnaliser leurs propres instruments et leurs systèmes de play-back.

Comme nous l'avons déjà suggéré, et au rebours de ce que l'on croit habituellement, les pressions que lesdits grands compositeurs auraient pu exercer pour obtenir de plus amples moyens d'expressivité musicale ne constituent pas nécessairement la principale force motrice de l'invention des instruments occidentaux et de leurs évolutions par la suite. Les impératifs commerciaux, comme la réduction des coûts grâce à la simplification du design et de la fabrication ou encore l'utilisation de nouveaux matériaux, l'attrait des gens pour des produits "nouveaux" et plus "perfectionnés" ainsi que le désir constant de faire des instruments plus fonctionnels et faciles d'entretien, représentent des facteurs aussi déterminants, sinon plus, qui n'ont peut-être aucune relation avec les besoins expressifs des compositeurs.

Par exemple, dans la seconde moitié du XIXe siècle, l'orgue à anches, comme on l'appelle (harmonium, *melodeon*), a connu une grande popularité en Europe et en Amérique ; des milliers de modèles ont été vendus en relativement peu de temps, principalement pour être utilisés par les classes moyennes dans le cadre familial, les petites églises et les institutions où ils remplacèrent les pianos et orgues à tuyaux plus coûteux. De multiples ensembles d'anches en métal graduées offraient une variété tonale dans un ambitus limité et les modèles de plus grande taille équipés de pédales étaient tout à fait appropriés pour l'entraînement des organistes. Cependant, malgré les brevets que les inventeurs ont revendiqués pour des orgues à anches "améliorés" et les efforts accomplis pour perfectionner leur sonorité, peu de compositeurs ont été attirés par le son de ces instruments. En l'absence de répertoire spécifique, ils ont principalement servi à exécuter des accompagnements simples et des arrangements génériques. Vu que si peu de musique de qualité durable a été composée spécialement pour ces instruments, il est difficile d'avancer qu'ils puissent avoir répondu à quelque besoin réel des compositeurs. En fait, leur indéniable succès tient à leur prix bon marché, leur facilité d'entretien et à des aspects particulièrement mis en avant par la publicité tels que leur meuble de rangement, souvent impressionnant mais prétentieux.

Beaucoup des mêmes facteurs expliquent la vogue qu'ont connue les orgues électriques bon marché au milieu du XXe siècle et qui fit quasiment tomber les orgues à anches en désuétude. Ces orgues électriques ou électromagnétiques – en particulier les modèles qui ont rencontré un franc succès commercial à partir de 1935, créés par l'ingénieur américain Laurens Hammond (1895-1973) – se sont fait une place dans la musique populaire et familiale ainsi que dans les petites églises mais, au bout de quelques décennies, beaucoup ont succombé à des défaillances techniques et se sont vu remplacés par des synthétiseurs électroniques plus souples d'utilisation, plus petits et plus fiables, lancés par l'ingénieur américain Robert Moog (né en 1934). Bien que de nombreux organistes d'église aient dénigré la sonorité artificielle des orgues électriques et que toute la gamme des petits modèles (appelés *spinet*, c'est-à-dire littéralement "épinette", et *chord* car ils génèrent spontanément les accords à partir de la tonique) n'aient été que de peu d'utilité, les musiciens de jazz et interprètes de gospel américain ont développé un style qui a révélé et exploité au maximum les capacités propres de l'orgue Hammond. Néanmoins, quand il est devenu difficile de se procurer des pièces de remplacement, la majorité des orgues électriques s'est trouvée condamnée, les rescapés intéressant essentiellement les amateurs d'objets anciens.

Comme cela a été vrai pour les premiers orgues électriques et synthétiseurs, beaucoup d'instruments innovants apparaissent grâce à des progrès réalisés hors de la sphère musicale. Les premiers orgues Hammond, par exemple, ont été développés à partir de moteurs synchrones mis au point pour des horloges électriques. L'imposant telharmonium de Thaddeus Cahill (1906), un synthétiseur qui utilisait des composants de téléphonie apparus dès les années 1870, a été le précurseur du travail d'Hammond. Les mécanismes d'échappement dans les horloges, les marteaux à bascule et les métiers à tisser préfigurent ceux des pianos viennois du XVIIIe siècle, tandis que l'introduction de pistons hermétiques sur les cuivres au début du XIXe siècle pourrait prendre sa source dans le fait que l'industrie ait eu besoin de pistons plus efficaces pour les pompes et moteurs à vapeur.

L'application de l'énergie électrique aux instruments de musique, que Jean-Baptiste de La Borde avait déjà expérimentée dans son clavecin électrique (1759) et à laquelle le Britannique Robert Hope-Jones (1859-1914), ingénieur en téléphonie et facteur d'orgues à tuyaux révolutionnaires, a donné une impulsion, illustre avec encore plus de force l'impact considérable et néanmoins imprévisible de la science et de la technologie sur le design des instruments. Par exemple, on rapporte que c'est l'observation que Lev Sergueiévitch Termen aurait faite de l'influence de la proximité de son corps sur une radio qui lui aurait donné l'idée de l'*aetherphon*, parent du thérémin, introduit en 1920 et lié à quantité d'instruments électroniques de la première génération basés sur les oscillateurs de fréquences radio. Aujourd'hui, les synthétiseurs fonctionnent grâce à des microprocesseurs à l'origine mis au point pour les ordinateurs.

Selon toute probabilité, les synthétiseurs actuellement à la pointe du progrès seront bientôt rendus obsolètes par de petits ordinateurs puissants capables d'assumer et de développer les mêmes fonctions et qui répondront un jour à des impulsions électriques provenant directement du cerveau sans passer par les lèvres ni les doigts des interprètes. En effet, on peut prévoir l'arrivée d'appareils informatiques et de communication reliés à Internet, dont les fonctions seraient multiples et dont les applications musicales (notamment l'échantillonnage et la reproduction haute fidélité d'à peu près tout le répertoire de la musique mondiale enregistrée par le passé) ne représenteront qu'une facette de leurs capacités. Comme ces appareils interactifs se répandent et deviennent de plus en plus simples à manipuler, les moyens pour créer, enregistrer, étudier et transmettre la musique vont gagner en accessibilité et à moindre coût dans tout le monde développé. L'éducation musicale pourrait alors connaître une démocratisation et une universalisation sans précédent et, grâce à ces instruments multifonctions, la compétence musicale aurait des chances d'apparaître moins ésotérique.

Bibliographie

BALFOUR, H., 1899 : *The Natural History of the Musical Bow. A Chapter in the Developmental History of Stringed Instruments of Music*, Oxford, Clarendon Press.

BASSALA, G., 1988 : *The Evolution of Technology*, Cambridge, Cambridge University Press.

EHRLICH, C., 1976 : *The Piano. A History*, Londres, J. M. Dent and Sons.

HEYDE, H. (éd.), 1986 : *Musikinstrumentenbau 15.-19. Jahrhundert. Kunst-Handwerk-Entwurf*, Wiesbaden, Breitkopf und Härtel.

HEYDE, H., 1987 : *Das Ventilblasinstrument. Seine Entwicklung im deutschensprachigen Raum von den Anfängen bis zur Gegenwart*, Leipzig, VEB Deutscher Verlag für Musik.

LIBIN, L. (éd.), 1995 : "The Fire Watchers", *Bulletin of Primitive Technology*, n° 9, p. 11-36.

LIBIN, L., 2000 : "Progress, Adaptation, and the Evolution of Musical Instruments", *Journal of the American Musical Instrument Society*, vol. XXVI, p. 187-213.

MEYER, L. B., 1989 : *Style and Music. Theory, History and Ideology*, Philadelphie, University of Pennsylvania Press.

POWELL, A., 2002 : *The Flute*, New Haven-Londres, Yale University Press.

SACHS, C., 1940 : *The History of Musical Instruments*, New York, W. W. Norton and Co.

VAN DER MEER, J. H., 1983 : *Musikinstrumente : von der Antike bis zur Gegenwart*, Munich, Prestel.

WILLIAMS, P. F., 1993 : *The Organ in Western Culture, 750-1250*, Cambridge, Cambridge University Press.

WINTERNITZ, E., 1967 : *Musical Instruments and their Symbolism in Western Art*, New York, Norton.

Giovanni Giuriati

TYPOLOGIE DES ENSEMBLES INSTRUMENTAUX

"Un groupe de musiciens jouant ensemble en public" : telle est la définition synthétique que le *Harvard Dictionary of Music* (Apel, 1969, p. 294) donne du terme "ensemble" (terme français utilisé en anglais et en allemand et qui correspond à l'italien *complesso*). La définition poursuit en opposant "ensemble" à "solo". Le *Dizionario enciclopedico universale della musica e dei musicisti* donne du terme *complesso* une définition légèrement plus articulée : "Groupe instrumental variant selon le nombre et l'ensemble d'instruments, ayant pour vocation des exécutions collectives." (Basso, 1980, p. 623.) Dans le premier cas, la définition se réfère au groupe de musiciens ; dans le second, elle insiste au contraire sur le groupe d'instruments ; nous verrons que cette distinction n'est pas indifférente quand on entend construire une typologie des ensembles instrumentaux. La définition proposée par l'ethnomusicologue hongrois Bálint Sárosi (1972, p. 116), pour qui un ensemble instrumental est constitué de plusieurs personnes et de plusieurs instruments, intègre les deux aspects et est donc plus claire : "Plusieurs personnes et plusieurs instruments qui jouent ensemble."

Au-delà des définitions, proposer une typologie des ensembles instrumentaux sur une base interculturelle est une entreprise ardue, voire impossible. Quand on pense à l'immense variété des assemblages sonores instrumentaux que les différentes cultures musicales ont produits au cours de leur histoire, et continuent de produire, on mesure la difficulté que représente l'élaboration d'une telle typologie. Dans ces pages, je tenterai de donner une première indication sur l'ampleur, la variété et la diversité des ensembles instrumentaux à travers le monde, qui, bien souvent, sont fort différents de ceux de la tradition européenne savante. Il s'agira moins d'une description exhaustive des possibles combinaisons, tellement nombreuses qu'elles sont presque infinies, que d'une présentation typologique accompagnée d'exemples significatifs pouvant fournir des coordonnées permettant de s'orienter dans cette énorme diversité.

Comme pour d'autres champs de la théorie musicale, la musicologie occidentale a forgé une série de termes qui définissent des typologies d'ensembles instrumentaux résultant de sédimentations historiques : quatuor à cordes, trio, orchestre, consort, fanfare, pour n'en citer que quelques-uns dans le désordre. Cette terminologie, rien moins que systématique, est insuffisante et imprécise quand on considère les ensembles instrumentaux sur une échelle géoculturelle plus vaste, en vue d'établir une taxonomie valide sur des bases transculturelles.

Aujourd'hui encore, il semble que les manuels ou les études de caractère organologique ou ethnomusicologique soient dépourvus d'une nomenclature à laquelle se référer. Si l'on s'est beaucoup intéressé à la classification des objets qui produisent des sons – les instruments de musique –, en revanche les études systématiques portant sur les manières dont ces objets sonores sont combinés entre eux sont bien rares. Cette dernière opération est en effet beaucoup plus complexe, dans la mesure où ces combinaisons impliquent de prendre en compte, en plus des aspects organologiques, les répertoires musicaux spécifiques. Le *New Grove Dictionary of Musical Instruments* lui-même ne consacre, d'une manière surprenante, que quelques lignes à la définition du terme "ensemble", confirmant ainsi le peu d'attention accordée à la question (Sadie, 1984, vol. I, p. 712). Néanmoins, il est possible d'obtenir des indications en consultant les recherches menées sur des zones géomusicales précises ou les études ethnomusicologiques de type comparatif.

Alan Lomax est l'un des rares spécialistes à avoir proposé des paramètres permettant de cataloguer des ensembles instrumentaux, dans le cadre de sa recherche sur le système "cantométrique" avec lequel il entendait établir, à l'échelle de la planète, une typologie des relations entre les modalités du chant et les systèmes culturels. Mais, centrée sur le chant, l'analyse de Lomax (1968, p. XII) n'approfondit pas la classification instrumentale : "La pleine évaluation de toute la musique orchestrale aurait demandé au moins deux fois plus de temps que celui que nous avons consacré à notre expérience." Cependant, sur les trente-sept paramètres de son système, quatre concernent les ensembles instrumentaux : paramètre 3 : le groupe instrumental ; paramètre 7 : l'organisation musicale de base de l'orchestre ; paramètre 8 : la fusion mélodique de l'orchestre ; paramètre 9 : la fusion rythmique de l'orchestre. S'intéressant surtout aux types d'organisation sociale que semblent sous-tendre certaines pratiques instrumentales, Lomax distingue dans les groupes instrumentaux (paramètre 3) les catégories suivantes : un seul instrument ; un orchestre avec un instrument dominant ; un orchestre "à l'unisson social", sans instrument dominant ; des rapports hétérogènes ; des alternances et superpositions. Pour ce qui est de l'organisation musicale des orchestres (paramètre 7), Lomax différencie entre monophonie, unisson, hétérophonie et polyphonie (ou polyrythmie). Toutefois, on peut observer que les concepts de fusion mélodique et de fusion rythmique (paramètres 8 et 9) sont très subjectifs et donc conditionnés par une grande marge d'arbitraire. Lomax privilégie en effet les dynamiques d'exécution qui régissent les groupes instrumentaux, et sa typologie, très générale et subjective, paraît insuffisante pour rendre compte de la complexité de la question.

Une autre proposition de classification, qui se réfère principalement au folklore de l'Europe centrale et septentrionale, nous est proposée dans un volume des *Studia instrumentorum musicae popularis*, sous la direction d'Erich Stockmann (1972). Le volume réunit les actes d'un colloque qui s'est tenu en 1969, au cours duquel les membres du groupe d'études sur les instruments de musique de l'International Folk Music Council ont débattu des caractéristiques des ensembles instrumentaux dans le folklore de différents pays européens. Durant ce colloque, chaque typologie proposée était déduite de la pratique musicale du pays concerné. Le critère commun était le nombre d'instruments présents dans le groupe. Claudie Marcel-Dubois (1972), par exemple, a proposé de considérer, outre une typologie "musicale" (deux, trois instruments ou plus), une typologie "fonctionnelle" (rôles des instruments) et "évolutive" (évolution historique). Mais si ces catégories sont applicables à une zone culturelle homogène, elles ne sont pas toujours extensibles sur une base interculturelle.

Pour dresser une typologie des ensembles instrumentaux, on peut aussi se reporter aux classifications élaborées pour les polyphonies. Simha Arom, en particulier (1985, vol. I, p. 84-101), propose une typologie valide pour la plurilinéarité aussi bien vocale qu'instrumentale. Sa classification est fondée en premier lieu sur les procédés musicaux. Cependant, il existe une différence fondamentale entre les ensembles vocaux et les ensembles instrumentaux : là où la voix humaine, quand bien même diversifiée, demeure une sur le plan morphologique, les instruments présentent une diversité morphologique et sonore presque infinie. De surcroît, des procédés importants dans une classification des polyphonies vocales, par exemple le "parallélisme", n'ont que peu d'intérêt lorsqu'il s'agit d'ensembles instrumentaux. Inversement, les catégories de multilinéarité homorythmique et hétérorythmique proposées par Arom sont trop générales pour rendre compte des innombrables différences de rôles et de modalités des combinaisons entre instruments (monodiques et multisonants) ayant des fonctions mélodiques, rythmiques et harmoniques. En d'autres termes, si la perspective principale est celle des combinaisons instrumentales, la classification d'Arom, qui semble privilégier les modalités et les procédés de combinaison formelle, finit par aplatir les différences de timbre et de fonction qui sont les plus appropriées à une typologie instrumentale. (A ce propos, le lecteur se reportera, dans le présent volume, à l'article d'Arom *et al.*, p. 1088-1109, sur la typologie des polyphonies, et à l'ouvrage qui en propose une taxonomie générale sous la direction de Maurizio Agamennone [1996]).

Il semble donc que la littérature scientifique existante, bien que fournissant de précieuses indications, ne puisse suggérer un modèle efficace de taxonomie.

Souhaitant proposer dans ces pages une typologie de l'immense variété des combinaisons instrumentales, j'ai choisi comme critère principal les *modalités d'exécution*. Ce choix est le fruit de mon expérience dans le champ de la classification des sources sonores. Les modalités d'exécution sont en effet une entrée importante du catalogue électronique des documents sonores de la collection des disques et bandes magnétiques au musée de l'Homme. Participant à l'élaboration de ce catalogue, en 1994 (sur l'élaboration du fichier et sur son premier modèle, on lira Pitoëff, 1993), j'ai pu tester l'efficacité de ce critère taxonomique en mettant en fiches de très nombreux enregistrements de musique traditionnelle khmère et en observant que, dans cette tradition musicale, la distinction des différentes entrées sélectionnées correspondait à la distinction effective des répertoires musicaux. Par ailleurs, ce critère m'avait déjà permis de cataloguer la bibliographie des études sur la musique populaire italienne, avec exemples musicaux, établie sous la direction de Diego Carpitella (Biagiola, Giuriati et Macedonio, 1983).

Selon moi, il présente l'avantage de tempérer les appréciations portées sur la composition de l'ensemble instrumental par celles qui se rapportent aux caractéristiques musicales des répertoires exécutés. De fait, il est très fréquent que les choix d'une combinaison instrumentale soient déterminés par des raisons musicales ; par conséquent, l'examen des procédés musicaux et des rôles attribués aux instruments sera partie intégrante de cette typologie. Les modalités d'exécution impliquent en effet que l'on considère, outre le nombre et le type d'instruments qui constituent un orchestre, les manières dont ces instruments sont combinés entre eux : des rôles (mélodique, rythmique, harmonique) aux procédés de combinaison formelle des parties instrumentales (soliste et accompagnement, polyphonie, hétérophonie, hoquet, etc.).

Dans ce cadre, il sera plus difficile de tenir compte, quand les données ethnographiques le permettent, de la symbolique et des fonctions associées aux ensembles instrumentaux ; à partir du moment où l'on se propose d'élaborer des taxonomies sur une base transculturelle, la connexion entre son (ou instrument) et significations (symboliques) attribuées à ces ensembles par chaque culture passe nécessairement au second plan. Car cette association, bien que très importante, est spécifique à chaque culture et se prête difficilement à des généralisations à une échelle universelle. Je veux néanmoins rappeler que les relations entre la sphère symbolique, magico-religieuse et les combinaisons instrumentales sont fondamentales. La dualité masculin/féminin associée à des couples d'instruments, que l'on retrouve dans la plupart des cultures musicales, en est un exemple, parmi tant d'autres possibles (Sachs, 1962, in 1965, p. 94-100).

La même difficulté à généraliser vaut pour certaines classifications autochtones d'ensembles instrumentaux, étroitement liées aux usages et aux fonctions (cérémonielles et rituelles) assumés par ces organiques. Kartomi en mentionne quelques-unes dans son étude sur les classifications instrumentales : ainsi, celle des Mandailing de Sumatra, dans laquelle les ensembles de gongs et de tambours sont catalogués en étroite relation avec la structure sociale et la vie rituelle de la communauté (Kartomi, 1990, p. 215). Zemp aussi (1978), analysant les typologies instrumentales des 'Aré' aré des îles Salomon, observe leur lien étroit avec les conceptions culturelles locales. Il signale, par exemple, que pour les 'Aré' aré, le lexème *'au* a plusieurs significations : "bambou", mais aussi "instrument de musique" (les flûtes de Pan fabriquées en bambou sont le principal instrument des 'Aré' aré) et "ensemble de flûtes de Pan" ; enfin, *'au* étant employé pour désigner les répertoires musicaux joués par ces instruments, ce lexème révèle le lien très étroit, présent dans une grande partie des musiques de tradition orale, entre ensembles instrumentaux et répertoires. Ainsi, au Cambodge, le terme *pineat* désigne à la fois les orchestres de percussions accordées et les répertoires qu'ils exécutent. Dans la musique européenne, le terme quatuor a, de la même manière, une double signification.

Dans la présente étude, je ne considérerai que les combinaisons instrumentales, excluant la voix humaine d'une manière quelquefois forcée puisque les relations entre voix et instrument sont très étroites. Les ensembles dans lesquels les instruments de musique accompagnent la voix sont en effet innombrables et, parmi les modalités d'exécution, la typologie "voix et instrument" est peut-être la plus fréquente. Dans de nombreuses traditions, il existe un modèle vocal de référence, au point que l'on trouve toujours une version chantée d'un répertoire instrumental, comme le soulignent Arom à propos des répertoires polyrythmiques et polyphoniques de la République centrafricaine et les musiciens cambodgiens à propos de leurs répertoires instrumentaux. Par ailleurs, il est vrai aussi que la voix assume parfois une fonction "instrumentale" : le *skat* dans le jazz, par exemple, ou l'*alap* dans le *dhrupad* de la musique de l'Hindoustan. Par conséquent, une séparation entre voix et instrument peut être très artificielle. Mais, pour circonscrire le domaine tellement vaste de cet essai consacré aux combinaisons instrumentales, le chant ne sera considéré ici que sur un mode incident et, pour une étude plus complète à son sujet, nous renvoyons le lecteur à d'autres contributions.

Les modalités d'exécution permettent de définir la typologie d'ensembles instrumentaux suivante :

1. Groupe de musiciens jouant d'un seul instrument/plusieurs instruments joués par un seul musicien

1.1. *Deux instrumentistes ou plus jouant d'un seul instrument* (par exemple les xylophones africains)

1.2. *Un seul musicien jouant à la fois de plusieurs instruments* (par exemple l'homme-orchestre)

2. Couple d'instruments

2.1. *Couple d'instruments comme unité musicale* (par exemple les flûtes de Pan des Andes)

2.2. *Association musicale de deux unités distinctes et interdépendantes* (par exemple flûte et tambour)

3. Ensemble de solistes (par exemple trio d'instruments dans la musique classique indienne)

4. Ensemble d'instruments du même type

4.1. *Ensemble d'instruments de tailles différentes correspondant à différents registres* (par exemple le consort de violes de gambe)

4.2. *Ensemble d'instruments de même taille* (par exemple les tambours royaux du Burundi)

5. Ensemble extensible (par exemple gitan roumain)

6. Orchestre (par exemple le gamelan indonésien)

7. Plusieurs ensembles instrumentaux jouant simultanément

7.1. *Ensembles coordonnés musicalement entre eux* (par exemple la composition *Gruppen* de Stockhausen)

7.2. *Ensembles présents simultanément mais musicalement autonomes* (par exemple plusieurs gamelans dans des cérémonies à Bali)

C'est précisément cette typologie que je me propose de détailler dans les pages suivantes et d'illustrer par des exemples empruntés à diverses cultures musicales.

1. Groupe de musiciens jouant d'un seul instrument/plusieurs instruments joués par un seul musicien

Ce premier type semble contredire les définitions selon lesquelles l'ensemble instrumental est formé de plusieurs exécutants et de plusieurs instruments. Mais il peut exister des cas particuliers dans lesquels *a)* deux instrumentistes, ou plus, jouent d'un même instrument ; *b)* un seul musicien joue simultanément de plusieurs instruments.

1.1. *Deux instrumentistes ou plus jouent d'un même instrument*
Dans le premier cas, si l'on adopte la définition du *Harvard Dictionary of Music* selon laquelle un ensemble instrumental est un "groupe de musiciens qui jouent ensemble en public", le nombre d'instruments n'est pas déterminant et, de fait, il n'est pas rare que plusieurs musiciens utilisent un même instrument. Tel est le cas, par exemple, des xylophones africains. Serena Facci décrit la manière dont les musiciens nande (Zaïre) jouent du xylophone *endara.* L'instrument est constitué de dix-neuf lames, la plus longue atteignant environ un mètre et demi, appuyées sur deux troncs de bananier posés à même le sol. Il peut y avoir quatre ou cinq exécutants par instrument, assis face à face. Chacun frappe un nombre limité de lames du xylophone et le résultat de l'exécution collective est une polyrythmie complexe (Facci, 1986-1987). Gerhard Kubik mentionne une pratique semblable dans la musique pour xylophones *amandinda* du Bouganda (Ouganda). La facture des instruments est la même que celle des instruments du Zaïre, mais les exécutants ne sont que trois : l'un joue une partie sur les deux sons les plus aigus du xylophone (à douze lames), tandis que les deux autres élaborent une partie polyrythmique sur les lames restantes (voir figure ci-dessous et Kubik, 1983, p. 64).

Exemple 1

Joueurs du xylophone amadinda *du Bouganda (Ouganda)*

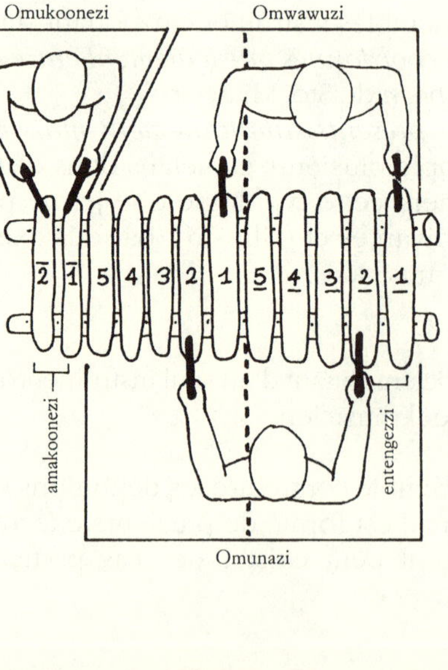

La *marimba* mexicaine et guatemaltèque peut aussi être jouée par plusieurs exécutants. Ce xylophone est construit selon différents modèles, et certains, de grandes dimensions, permettent à deux, trois ou quatre musiciens, placés sur un même côté de l'instrument, de jouer simultanément. Au Guatemala, par exemple, la *marimba grande*, qui compte soixante-dix-huit lames de bois (pour une étendue de six octaves et demie), est jouée par quatre exécutants. La *marimba cuache*, de dimensions plus réduites, comporte cinquante lames et prévoit trois exécutants pour une étendue de cinq octaves (O'Brien, 1980, p. 777).

Dans la musique classique européenne, le répertoire pour piano à quatre mains offre un exemple tout aussi significatif. Là encore, les potentialités offertes par l'ample étendue du clavier de l'instrument sont exploitées par plus d'un exécutant.

1.2. *Un seul musicien joue simultanément de plusieurs instruments*
Dans le second cas, un musicien joue simultanément de plusieurs instruments. Si l'ensemble est défini en tant qu'ensemble de plusieurs instruments, l'éventualité d'un seul exécutant jouant de ces instruments simultanément est donc un cas limite qui représente, d'une certaine manière, l'inverse du précédent. Le terme utilisé en anglais pour désigner cette situation d'exécution, *one man band*, suggère qu'elle est assimilée à celle d'un ensemble instrumental.

Un exemple souvent donné dans la littérature organologique est celui du joueur de *tabor and pipe* européen, qui utilise simultanément un petit tambour et une flûte à trois trous : "Ces quelques trous ne demandaient qu'une seule main. L'autre était donc disponible pour un second instrument : soit un tambour – le petit *tabor* en Angleterre, ou le grand *tambourin* en Provence –, soit une cithare longitudinale avec d'épaisses cordes en boyau accordée sur la tonique et la dominante comme le sont le *tambourin du Béarn* dans le Sud de la France ou l'*altobasso* en Italie du Nord." (Sachs, 1940, p. 312.) Sachs rappelle que l'on trouve des représentations de ce couple d'instruments, joué par un seul musicien, dans les miniatures du XIIIe siècle, et qu'on le rencontre encore dans le folklore européen.

Un autre exemple de polyinstrumentiste est l'homme-orchestre, musicien ambulant qui portait une sorte d'accordéon *(organetto)*, une guitare ou une grosse caisse sur le dos, avait à portée des lèvres une flûte ou un harmonica et, sur la tête, des clochettes : "Ces musiciens ambulants équipés de différents instruments dont ils jouaient simultanément ont été nombreux jusqu'au milieu du siècle dernier, et pas seulement en Italie. Il y a encore quelques années, certains étaient actifs dans nos villes." (Leydi, 1990, p. 152.)

On mentionnera en outre les chanteurs folk des années 1960 (comme Bob Dylan, Donovan ou Pete Seeger) qui, fréquemment, jouaient à la fois de la guitare et de l'harmonica ou du *kazoo*. Nketia cite le cas d'un joueur de lyre du Kenya qui "fournit un accompagnement de percussion en frappant un anneau de métal, glissé sur le gros orteil de son pied droit, contre la structure de son instrument, tout en actionnant les clochettes de chevilles attachées à la même jambe" (1974, p. 113-114). Dans un tout autre contexte, le chaman népalais peut être considéré comme un polyinstrumentiste : alors qu'il joue du tambour, il agite, par des soubresauts du corps, des clochettes qu'il porte en bande sur la poitrine (Giannattasio, 1986-1987).

Dès cette première typologie, la difficulté de parvenir à une classification schématique et d'obtenir une réduction à quelques catégories mutuellement exclusives saute aux yeux. Le concept même d'ensemble instrumental, dans son acception la plus simple, semble pourtant ne pas prêter à confusion. Mais, dans la pratique, nous voyons que les solutions données aux modalités de faire de la musique ensemble ou à la plurilinéarité des parties instrumentales comportent une infinité de possibilités. Un autre facteur ajoute à la complexité : les procédés musicaux. Car, si un morceau déterminé ou un répertoire musical prévoit la présence d'une partie soliste et d'un accompagnement, ce principe musical peut être réalisé selon différentes modalités d'exécution : par un couple voix-instrument, par un couple composé de deux instruments, ou encore par un seul instrument multisonant (dans les deux premiers cas, il peut y avoir de surcroît un seul exécutant ou deux). Ainsi, dans le folklore du Centre et du Sud de l'Italie, les combinaisons voix/musette, cornemuse/musette, musette soliste, peuvent exécuter un même morceau (mélodie accompagnée). Le principe de l'organisation musicale est le même, mais la modalité d'exécution change d'une manière significative. En particulier, le bourdon peut être une composante d'un instrument multisonant ou être du ressort d'un ou de plusieurs instruments distincts du soliste. Ainsi, en Inde, si on utilise dans certains répertoires des clarinettes à deux tuyaux, dans d'autres répertoires le *shanai* (hautbois) soliste est accompagné d'un ou de plusieurs instruments du même type qui exécutent uniquement un bourdon.

Par conséquent, il ne faut pas oublier qu'en certaines circonstances le critère des procédés musicaux est articulé d'une manière indépendante et ne constitue pas forcément une spécification du critère des modalités d'exécution. Dans la typologie que je propose ici, je tenterai, dans la mesure du possible, d'intégrer ces deux critères, puisqu'ils sont étroitement liés.

2. Couple d'instruments

En plus de la donnée purement numérique (en toute logique, l'ensemble instrumental le plus simple est formé de deux instruments), le duo instrumental a une importance musicale particulière en tant que modalité d'exécution spécifique. C'est, du reste, ce qu'ont observé Agamennone, Facci et Giannattasio (1996) lorsqu'ils ont considéré la diaphonie comme une typologie distincte de la polyphonie, dans leur classification des polyphonies italiennes.

Il existe en effet des répertoires conçus spécialement pour un couple d'instruments, qui impliquent une autre distinction typologique entre *a)* le couple d'instruments comme unité musicale ; *b)* l'association instrumentale de deux entités musicales distinctes et interdépendantes.

2.1. *Le couple d'instruments comme unité musicale*
Dans le premier cas, le couple d'instruments exécute un répertoire musical dans lequel l'interdépendance mélodico-rythmique est évidente, au point que le couple constitue une unité indissociable. Cela vaut, par exemple, pour les ensembles de flûtes de Pan andins ou mélanésiens, ou bien pour les couples d'instruments de la musique balinaise. Le couple est alors considéré comme l'unité musicale de base et, éventuellement, comme la "matrice" d'ensembles instrumentaux plus nombreux.

Le cas des flûtes de Pan des Andes est emblématique parce que la structure même de l'échelle (et de la mélodie) est conçue de manière à ne pouvoir être jouée que par un couple d'instruments, puisque les sons de l'échelle qu'exécute chaque instrument du couple sont complémentaires. Tel est le cas du *jula-jula* des hauts plateaux boliviens : le couple est formé de deux flûtes, l'une à quatre tuyaux (nommée *ira*), l'autre à trois tuyaux (nommée *arca*). "Dans certains cas, les quatre sons de la flûte «masculine» *(ira)* forment avec les trois sons de la flûte «féminine» *(arca)* un type d'échelle pentatonique." (Voir l'exemple 2 et Schechter, 1984, p. 335.)

La pratique d'exécution prévoit aussi la complémentarité des deux instruments du couple, selon une technique que les ethnomusicologues qualifient de *hoquet.* Dans ce cas, le résultat sonore est moins une polyphonie qu'une seule mélodie distribuée entre deux instruments. Olsen (1980, p. 380) écrit à propos de la flûte de Pan : "Il en a existé de tout temps en Amérique de nombreux exemples, représentés dans l'iconographie comme des instruments sacerdotaux dont on joue souvent en couple. Aujourd'hui, chez les Aymarà, la pratique d'exécution prévoit qu'ils soient joués en hoquet : chaque instrument ne pouvant exécuter que la moitié des hauteurs, il faut un jeu de deux

Exemple 2

Modèle scalaire d'un couple de flûtes de Pan boliviennes

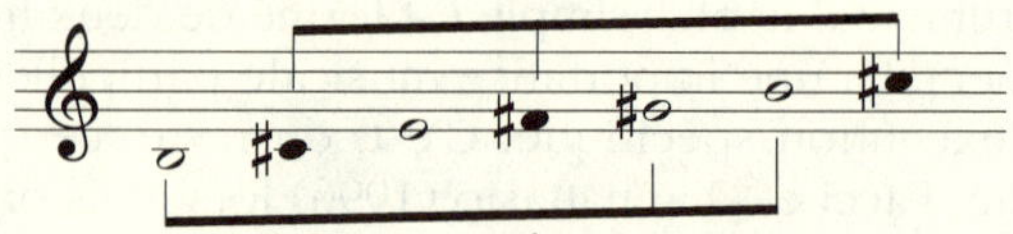

instruments pour interpréter, d'une manière interdépendante, la gamme complète. Cette technique présente un avantage pratique (chaque musicien ne doit exécuter que la moitié des notes) mais il est probable aussi que, dans le passé, elle ait eu une valeur spirituelle à cause de la signification magique du dualisme."

Olsen évoque une symbolique de type magique et il faut, en effet, insister sur le fait que les choix musicaux sont souvent liés à des significations (magiques, religieuses, rituelles) qui, quelquefois, les déterminent. Mais l'objectif premier de cet essai étant, nous le disions plus haut, l'identification d'une typologie instrumentale et sonore sur une base interculturelle, nous sommes obligés de faire passer au second plan les rapports entre structure musicale, comportements sociaux et conceptions culturelles.

La musique balinaise nous offre un autre exemple d'un couple d'instruments liés sur le plan fonctionnel. A Bali (Indonésie), le couple constitue l'élément qui fonde aussi les grands ensembles instrumentaux. La présence du couple, dans la musique balinaise, est expliquée et justifiée par des principes musicaux qu'illustre l'exemple du duo de métallophones *gender wayang*, qui accompagne la représentation du théâtre d'ombres. Ce duo (plus souvent un quatuor dans lequel les deux parties principales sont doublées à l'octave par deux autres instruments d'un registre plus aigu, autrement dit par un autre couple) est constitué d'instruments *(gender)* à dix lames de bronze accordées selon une échelle pentatonique.

Chaque instrument exécute sa partie, distincte des autres mais étroitement liée à celles-ci, si bien que cette partie ne peut être jouée en solo. Alors que la main gauche exécute la mélodie commune aux deux instruments, la droite est souvent employée pour la technique de hoquet. Le terme *kotekan*, adopté à Bali pour désigner cette technique, indique qu'une mélodie jouée sur un tempo très rapide est divisée entre les deux instruments, chacun exécutant sa partie qui "s'encastre" dans celle de l'autre : "D'ordinaire, l'anglais traduit *kotekan* par «parties interdépendantes», car si cette technique implique une seule mélodie, elle est composée en réalité de deux lignes mélodiques liées entre elles, qui seraient incomplètes si elles étaient jouées séparément et qui, pour atteindre le résultat souhaité, doivent être au contraire interdépendantes." (Tenzer, 1991, p. 46.) Chaque instrument exécute deux sons (dans une mélodie composée en tout de quatre sons). A la différence de l'exemple andin, le couple d'instruments possède ici une étendue et une échelle identiques. Les deux sons employés pour le *kotekan*, par chaque instrument, varient selon le morceau. La langue balinaise a forgé des termes spécifiques pour décrire les deux parties : *polos* (la plus grave et la principale) et *sangsih* (la plus aiguë). L'encastrement des deux parties produit une mélodie dont la rapidité est doublée par rapport à la vitesse d'exécution réelle de chaque musicien.

A ce principe de répartition des sons de la mélodie entre les deux instruments s'ajoute un autre phénomène propre au couple d'instruments : chacun est accordé différemment. Un *gender* est accordé légèrement plus aigu que l'autre, afin que la percussion simultanée des lames semblables des deux métallophones produise des battements contrôlés dans la fréquence par l'accordeur, selon une esthétique typiquement balinaise.

Un autre couple de termes correspond à cette différence : *pengisep* et *pengumbang* (respectivement "plus aigu" et "plus grave"). "Comme tous les métallophones du gamelan, les *saron* sont construits en couples accordés d'une manière différente, afin de produire, quand on joue à l'unisson d'un couple d'instruments, un ton qui prenne la forme de «pulsations» et résulte des battements ou vagues alors créés, nommés *ombakan*. Le son le plus grave du couple est dit *pengumbang*, littéralement «son qui bourdonne», et le plus aigu *pengisep*, son «de succion»." (McPhee, 1966, p. 30.)

2.2. *Association instrumentale de deux entités musicales distinctes et interdépendantes*

Dans le second cas, qui est le plus fréquent, le couple est formé d'instruments de type différent ou, plus rarement, d'instruments du même type mais de registre différent, associés étroitement dans un répertoire donné. Ici, le couple n'est pas lié indissolublement par des facteurs structuraux et musicaux. Il s'agit plutôt de conventions culturelles qui font que le lien entre les deux instruments, quand bien même fort, est moins "institutionnel" et, surtout, moins exclusif. S'il est vrai que, dans de nombreux cas, il existe une relation privilégiée entre les deux instruments, il arrive aussi qu'un instrument ou les deux soient doublés ou, même, que le couple se défasse, une possibilité inconcevable dans le cas, par exemple, du couple *guja-arca* des flûtes de Pan andines.

Les couples de ce type sont nombreux, et l'association des deux instruments prévoit différents rôles. Une première complémentarité de rôle dans le couple est donnée en associant un instrument mélodique et un instrument dont la fonction est strictement rythmique. Il existe de multiples exemples de cette modalité, à commencer par le couple aérophone-tambour présent dans maintes cultures musicales, sur les différents continents. Ainsi, dans la zone andine, la flûte à entaille (la *quena*) est associée au tambour (*caja* ou *bombo*) et, dans le folklore du Centre et du Sud de l'Italie, le duo musette-tambourin est courant. Dans le monde arabe, on rencontre fréquemment le couple aérophone à hanche double *(zurna, mizmar)* et tambour *(tabl)*, présent du Maroc au Liban en passant par l'Irak. Dans la musique classique iranienne, le *zarb* (tambour en forme de vase) accompagne différents instruments mélodiques, dont le *tar*, luth à long manche. En Afrique subsaharienne aussi on trouve fréquemment un couple constitué d'un cordophone et d'un instrument à percussion. Sallée (1978, p. 62) décrit, au Gabon, un duo instrumental formé de la harpe *ngombi* et d'une lame de métal frappée. Facci signale la présence chez les Nande du Zaïre du duo lamellophone (ou flûte) et bâton rythmique. Cet instrument à percussion, nommé *akakete*, est employé pour accompagner différents instruments mélodiques (Facci, 1986-1987, p. 128).

Fréquemment, il existe aussi des couples dans lesquels les deux instruments tiennent un rôle mélodique sous la forme d'un contrepoint ou dans des combinaisons du type mélodie-bourdon ou mélodie-ostinato. Ainsi, dans le cas des *sopile* (instruments à hanche double) de l'île de Krk, en Croatie, les deux instruments mélodiques, de registre différent, exécutent des contrepoints avec des parties indépendantes sur le plan du rythme, dans lesquels prévalent des rencontres d'intervalles de seconde : les instruments, bien que semblables, ont un registre différent et exécutent des mélodies indépendantes sur le plan de la structure. La musique classique occidentale offre aussi des exemples de couples d'instruments semblables, dont les duos de violon ou de piano. L'instrument présente alors des caractéristiques identiques, et l'exécution, fondée sur l'affinité de timbre, est élaborée selon des principes différents d'une pièce à l'autre, déterminés par le compositeur. Les *Quarante-quatre duos pour deux violons* de Bartók, composés en 1931, illustrent cette combinaison instrumentale. Le rôle de violon principal et le rôle d'accompagnement peuvent être définis pour toute la composition ou bien alterner.

La combinaison mélodie/bourdon est un cas classique, dans lequel le double rôle musical est assumé par un seul instrument : ainsi, les clarinettes à deux tuyaux qui, de la zone méditerranéenne aux Indes, sont formées d'un tuyau mélodique et d'un autre tuyau servant de bourdon.

Mais ces deux rôles peuvent aussi être répartis entre deux instruments différents, comme dans l'exemple déjà cité du *shanai* indien, soutenu dans son rôle mélodique par le bourdon qu'exécute un autre *shanai*. Dans cette association, bien qu'il s'agisse d'instruments identiques, la relation d'interdépendance obligatoire entre les instruments du couple n'existe pas : le rôle du bourdon peut être tenu aussi par l'autre instrument ou par plusieurs instruments simultanément. Dans le Val di Resia (au Frioul), les instruments du couple sont différents entre eux : violon *(citira)* et basse *(bunkula)*, et la forme musicale se présente de manière légèrement différente : mélodie et ostinato (Strajnar, 1988).

Il existe en outre des couples instrumentaux fondés sur la relation entre la mélodie et l'accompagnement harmonique. Dans le folklore européen, il est fréquent que les instruments capables d'exécuter des harmonies (accordéon, guitare) accompagnent un instrument soliste : ainsi, le duo clarinette-accordéon courant dans la zone balkanique, ou le couple violon-guitare présent dans le folklore musical de l'Italie, surtout dans le Centre et le Nord du pays.

En Europe, dans les sonates de la musique de chambre du XVIIIe siècle et du XIXe siècle, l'instrument soliste mélodique (violon, flûte, violoncelle, etc.) est accompagné par le piano. Le duo instrumental peut alors assumer plus de deux rôles (plusieurs rôles pouvant incomber à un même instrument), puisque le piano, qui a une fonction de soutien harmonique, exécute un contrepoint rythmique et mélodique. Dans un autre exemple tiré du folklore musical de l'Italie centrale et méridionale, la musette, dans son duo avec la cornemuse (*ciaramella*, aérophone à hanche double), sert à la fois de contrepoint mélodique (double) et de bourdon. En Bretagne, une légère variante est offerte par le duo bombarde (hautbois) et biniou (cornemuse), dans lequel le biniou exécute un seul contrepoint, l'instrument n'ayant qu'un "chanter" (tuyau mélodique), et non deux comme la musette.

Un duo instrumental peut donc présenter une grande variété de combinaisons et de rôles, et il est souvent difficile de définir quel est le rôle – rythmique, celui de contrepoint mélodique ou d'accompagnement harmonique – qui prévaut dans la relation avec l'instrument soliste, par exemple. Une autre question, que j'aborderai brièvement, est celle des transformations diachroniques d'un ensemble instrumental qui, à leur tour, déterminent des modifications dans les rôles musicaux. Dans le folklore italien, on est souvent passé de la musette à l'harmonica *(organetto)* ou à l'accordéon. Une plus grande facilité d'utilisation et une agilité mélodique et rythmique supérieure ont fait que, au cours des dernières décennies, l'instrument le plus moderne (l'accordéon) a peu à peu remplacé l'instrument le plus archaïque (la musette). En Italie et dans les Balkans, il est arrivé la même chose à la cornemuse, progressivement évincée par la clarinette. Ces substitutions impliquent aussi l'introduction de principes harmoniques : l'accordéon et le petit orgue (l'*organetto*) produisent en effet avec la main gauche des accords fondés sur l'harmonie tonale et permettent des modulations de ton là où la musette, en revanche, évolue dans un champ modal et ne produit pas d'accords mais uniquement des bourdons sur le 1er et le 5e niveau. Quant à la clarinette, elle est en mesure d'exécuter des mélodies dans différentes tonalités, ce que l'on n'obtiendrait pas avec une cornemuse.

3. Ensemble de solistes

Il existe des ensembles instrumentaux dans lesquels chaque instrument exécute une partie soliste. Dans ces formations de dimensions variables, mais plus grandes que le duo instrumental et généralement composées d'instruments de type différent, chaque instrument a une partie nettement distincte.

En schématisant, on distingue trois rôles principaux dans ce type d'ensembles : mélodique, rythmique, soutien harmonique (ou bourdon).

Un ensemble particulièrement représentatif de cette typologie est celui adopté par la musique classique indienne, dans laquelle un instrument soliste (*sitar*, *vina*, *sarod*, *sarangi*, *shanai*, la même rubrique) est accompagné par un tambour *(tabla, pakhavaj, mrdangam)* et par un instrument qui exécute des sons tenus, ayant une fonction de bourdon (*tanpura*, harmonium). Après que l'instrument mélodique a improvisé un prélude, soutenu par le seul bourdon, les trois instruments jouent ensemble une seconde partie de l'exécution. On a donc bien une formation de solistes puisque chaque instrumentiste exécute une partie unique et joue un rôle spécifique dans l'organisation musicale.

Un autre trio d'instruments, qui illustre bien les trois rôles principaux, est celui que l'on rencontre dans d'innombrables folklores méditerranéens et, en particulier, en Italie centrale et méridionale et dans les Balkans. Ainsi, l'ensemble qui interprète la tarentelle de Montemarano (Avellino) est constitué dans son noyau minimum de trois instruments : clarinette (mélodie), accordéon (soutien harmonique et contrepoint mélodique), tambourin (rythme). La clarinette exécute la mélodie, tandis que l'accordéon soutient de ses accords l'improvisation de la clarinette et, dans le même temps, exécute un contrepoint mélodique ; le tambourin scande rythmiquement l'exécution (Giuriati, 1982). Dans cet exemple, chaque instrument exécute une partie soliste dans le plein sens du terme, improvisée et complémentaire aux autres.

Ces deux exemples illustrent le type “ensemble de solistes” dans son noyau le plus réduit : trois instruments tenant trois rôles musicaux distincts. Mais il existe des formations instrumentales de solistes de dimensions plus importantes en Extrême-Orient, dans le Sud-Est asiatique et dans le monde arabe, avec différentes variantes. Il s’agit d’ensembles d’instruments à cordes et à vent, accompagnés parfois de percussions, dont les dimensions varient généralement de cinq à dix unités : chaque instrument est alors le seul exemplaire de son genre et exécute une partie indépendante.

En Chine, par exemple, et plus particulièrement dans la région de Shanghai, les ensembles nommés *Jiangnan sizhu* (soie et bambou du Jiangnan) (Witzleben, 1995) sont composés d’un nombre variable d’instruments à cordes et à vent, souvent avec un accompagnement de percussions. Le *dizi* (flûte traversière), le *erhu* (vièle à deux cordes), le *pipa* (luth) et le *yangqin* (psaltérion) en sont les instruments principaux. On peut leur ajouter l’orgue à bouche, la flûte droite et d’autres types de luths et de percussions. Les instruments, qui ne sont jamais doublés dans l’ensemble instrumental, exécutent simultanément des variations d’une même mélodie, dont le résultat est hétérophonique. Dans cet ensemble, le rôle mélodique, tenu par les instruments principaux, domine nettement. Les percussions ne sont présentes qu’épisodiquement, de même que le bourdon (exécuté par l’orgue à bouche *sheng*, qui tient aussi bien le rôle mélodique que celui de bourdon-*cluster*).

Au Cambodge et en Thaïlande, les ensembles *pinpeat* (*piphat* en Thaïlande) et *mohori* fonctionnent de la même manière (Giuriati, 1993 ; Morton, 1976). Ces formations instrumentales comptent de cinq à une dizaine d’éléments, et aucun instrument n’y est jamais doublé. L’ensemble *pinpeat* est dominé par les instruments à percussion accordés (xylophones et carillons de gong), l’ensemble *mohori* par les instruments à cordes, et la composante rythmique est davantage présente à travers un tambour, des timbales (uniquement dans l’ensemble *pinpeat*) et des cymbales. Dans ce répertoire aussi, chaque musicien joue une partie soliste spécifique et différente des autres, selon le style idiomatique de son instrument et sa propre manière de jouer, sur la base d’un référent mélodique commun.

Dans le monde arabe et en Perse, les ensembles instrumentaux de solistes jouent aussi fréquemment en hétérophonie. En particulier le *thakt* de la musique classique arabe compte jusqu’à six instruments : un *oud* (luth), un *qanun* (psaltérion), une ou deux *kamanjah* (vièle), une *ney* (flûte) et, pour les percussions, un *riqq* (tambour sur cadre) et une *darbouka* (tambour en forme de vase) (Touma, 1971). Comme dans le cas du *Jiangnan sizhu*, on peut ajouter à ces instruments de base d’autres instruments sans que se vérifie nécessairement un redoublement des parties musicales.

Il existe aussi des ensembles de solistes formés uniquement d'instruments à percussion, que l'on rencontre principalement en Asie orientale. En Chine, le *shifan qingluogu* ("dix variations de gong et de tambours") décrit par Liang (1985, p. 223-229) en est un exemple significatif. Cet ensemble est formé de tambours, d'un gong, d'un *wooden block*, de *clappers* et de cymbales qui exécutent chacun une partie distincte, selon des formules rythmiques offrant en permanence des microvariations. La section musicale "militaire" de l'Opéra de Pékin, *wuchang*, est un autre ensemble de percussionnistes solistes. Composée elle aussi de tambours, d'un gong et de cymbales, elle accompagne les scènes de combat (et d'acrobaties) de l'opéra. En Corée, le *Samul Nori* ("Quatre matériaux"), un ensemble moderne qui reprend des styles et des instruments des ensembles musicaux campagnards, est constitué d'un quatuor d'instruments à percussion : *changgo* (tambour en forme de sablier), *buk* (tambour à deux peaux), *k'kwaengwari* (petit gong) et *ching* (grand gong).

La plupart des formations de jazz (hormis les *big bands*, orchestres proprement dits) sont des ensembles de solistes. Le jazz est généralement joué par un petit groupe de musiciens dans lequel sont représentés les trois rôles : mélodique (tenu par divers instruments comme le saxophone, la trompette, la clarinette, le vibraphone, etc.), rythmique (batterie), et de soutien (contrebasse ou basse électrique et instruments exécutant des accords comme le piano et la guitare). L'ensemble est, de toute façon, très variable. L'exposition collective d'un thème suivie d'improvisations exécutées à tour de rôle par les solistes est caractéristique de cette formation ; les autres instruments ont surtout une fonction de soutien. Mais, en général, tous les instruments, batterie et basse comprises, exécutent en alternance une partie soliste.

Enfin, la classe des ensembles de solistes comprend aussi les formations de musique de chambre européennes des XVIIIe et XIXe siècles. L'ensemble compte alors de trois à neuf instruments (à cordes, à vent, piano) qui jouent ensemble, bien que chaque instrument exécute une partie distincte, caractérisée dans un sens soliste.

4. Ensemble d'instruments du même type

Le terme *consort* (ou plus exactement *whole consort*) est entré dans l'usage musicologique pour caractériser des groupes instrumentaux de musique européenne ancienne, composés d'instruments de même famille mais de registre différent : "Groupes homogènes, toutes les parties d'une composition étant exécutée par des instruments de la même famille, violes de gambe, trombones ou flûtes à bec. Et, bien sûr, cela impliquait de fabriquer tous les instruments dans des tailles différentes." (Sachs, 1940, p. 303.) Dans le consort Renaissance, formé de violes de gambe ou de flûtes à bec, le tissu sonore est constitué par des instruments de la même famille dans différents registres : par exemple, soprano, contralto, ténor et basse. La dénomination de consort peut être étendue à des cultures musicales autres que celle de la musique européenne ancienne, l'Occident n'ayant pas été le seul à associer des timbres d'instruments du même type. Parmi les nombreuses variantes, on distingue deux typologies principales : *a)* les ensembles d'instruments de dimensions différentes correspondant à différents registres ; *b)* les ensembles d'instruments de mêmes dimensions.

4.1. *Ensemble d'instruments de tailles différentes correspondant à différents registres*

S'il existe une grande variété d'ensembles qui utilisent des instruments de tailles et de registres différents et adoptent divers procédés musicaux (soliste-accompagnement, entrelacs contrapuntiste, polyrythmie, hoquet), tous ont en commun l'homogénéité de timbre de l'ensemble, qui devient un élément sonore pertinent et important. On mentionnera, à titre d'exemple et en reprenant la classification élaborée par Hornbostel et Sachs (1914), les ensemble suivants.

Les cordophones

En premier lieu les ensembles de musique européenne classique, depuis les *whole consorts* de violes de gambe de la Renaissance, déjà cités, jusqu'au quatuor (ou quintette) d'instruments à cordes des XVIIe et XVIIIe siècles dans lequel figurent deux instruments de taille identique (deux violons) et deux (ou trois) instruments d'un registre plus grave : viole, violoncelle ou contrebasse. Dans un milieu populaire et urbain, on trouve par exemple les consorts de balalaïka russe : ce cordophone à trois cordes pincées, doté d'une caisse harmonique triangulaire caractéristique, constitue des formations qui peuvent inclure les six dimensions différentes (et registres correspondants) de l'instrument.

Les aérophones

L'Europe a connu, à la Renaissance et à l'âge baroque, des consorts de flûtes à bec ou de cromornes. En Amérique centrale et en Amérique du Sud ainsi qu'en Océanie, les ensembles de flûtes de Pan de tailles différentes sont également fréquents. Zemp, dans son étude sur la musique des 'Aré' aré des îles Salomon (Zemp et Schwarz, 1973), en donne un exemple significatif : un ensemble de huit flûtes de Pan, nommé *'au paina*, est composé de couples d'instruments de quatre tailles différentes. Les consorts de clarinettes *uyle* des Wayãpi de l'Amazonie, décrits par Beaudet (1997), sont formés d'instruments en bambou à anche battante, de tailles différentes ; chacun produit un seul son à une hauteur fixe. Les *tule*, dont le nombre peut varier de trois à dix, sont employés pour exécuter des répertoires de danse avec la technique du hoquet.

Des consorts de trompes et de cornes se rencontrent dans plusieurs régions d'Afrique, dont l'Ouganda. Les ensembles de trompettes royales *amakondeere* sont formés au minimum de cinq instruments à embouchure latérale, accordés selon les sons de l'échelle pentatonique.

Les membranophones

C'est surtout en Afrique que l'on rencontre des consorts de membranophones. Sur la presque totalité du continent africain, les ensembles instrumentaux composés uniquement de tambours de registres différents (et ayant différentes fonctions) sont en effet très répandus. Selon Nketia (1974, *passim*), les ensembles formés uniquement de tambours à une ou deux membranes sont une caractéristique de la musique africaine. Ainsi, en Ouganda, la danse la plus populaire, la *baakasimba*, est accompagnée par un trio de tambours (deux *mbuutu* et un *ngalabi*, tambour à long fût) (Nattiez et Nannyonga-Tamusuza, 2003). Toujours en Ouganda, Anderson décrit l'ensemble *entange*, formé de douze tambours accordés et de trois tambours ayant une fonction exclusivement rythmique, dont jouent six musiciens (1977). Dans d'autres zones de l'aire interlacustre, des formations de tambours constituent les orchestres royaux qui accompagnent les célébrations (Wymeersch, 1979). En Afrique occidentale, Zemp (1971) décrit les consorts de tambours à une membrane des Dan de la Côte-d'Ivoire ; ces tambours, nommés *baa*, ont différentes dimensions et sont utilisés par trois musiciens (rarement deux ou quatre). Zemp signale aussi l'association terminologique (et symbolique) établie par les Dan entre le tambour principal, dit "tambour-mère", et le petit tambour, dit "tambour-enfant", une association que l'on rencontre dans bon nombre d'autres régions d'Afrique.

Les idiophones

En Indonésie, les *anklung* (tuyaux de bambou fixés sur un cadre et frappés par le musicien) sont des consorts d'idiophones accordés, composés d'instruments de tailles différentes. Chaque *anklung* produit un seul son, et la formation est constituée d'autant de musiciens qu'il y a de sons dans l'échelle ; les exécutants se coordonnent entre eux pour jouer une mélodie. A Bali, il existe aussi le *gamelan jegog*, dont les instruments sont composés de tuyaux de bambou frappés avec des baguettes, sur une étendue qui va des registres très graves aux registres très aigus.

Le *steel band*, apparu dans la zone des Caraïbes au cours des années 1930 et 1940, est un substitut des premiers ensembles instrumentaux en bambou de cette région. Ce consort est formé de nombreux instruments fabriqués à partir de bidons d'essence façonnés et accordés afin de constituer un instrument de musique capable de produire des mélodies lorsqu'on le frappe avec des baguettes. On connaît trois versions principales de cet instrument, selon la dimension et le registre adoptés : les *tenor pans* (qui exécutent la mélodie), les *rhythm pans* (dans un registre moyen) et les *bass pans* (dans le registre grave).

4.2. *Ensemble d'instruments de même taille*

Il existe aussi des ensembles dans lesquels tous les musiciens jouent d'instruments du même type, de la même taille et du même registre. Tel est le cas, par exemple, de l'orchestre des tambours royaux du Burundi : quelque vingt musiciens exécutent des formules rythmiques sur un même type de tambours, chacun assumant tour à tour le rôle de chef de la formation.

Dans le monde arabe, les ensembles composés d'un nombre variable de tambours sur cadre sont aussi des consorts d'instruments de même taille ; on y recourt en différentes occasions et, en particulier, lors des cérémonies soufies, avec ou sans la présence du chant. Chez les Berbères du Haut-Atlas marocain, les *leamt*, "sociétés de jeunes gens", exécutent des danses avec le tambour sur cadre ; là encore, le chant peut être présent ; les tambours sont nombreux et tous de même taille. Dans la danse *ahwas* exécutée lors des grandes fêtes, "le nombre d'hommes qui jouent du tambour n'est pas limité : plus ils sont nombreux, mieux c'est" (Lortat-Jacob, 1980, p. 65), et plusieurs solistes alternent durant l'exécution.

A Bali, on trouve des consorts de guimbardes de même taille (deux instruments ou plus), nommés *gamelan genggong*. Ces ensembles exécutent, sur un son commun de bourdon, les typiques mélodies à hoquet de l'île, dans lesquelles une mélodie est distribuée en "encastrement" entre deux parties instrumentales.

On rappellera, parmi les cordophones, les ensembles de plusieurs guitares, caractéristiques du flamenco andalou et des gitans du Sud de la France. Là encore, à l'intérieur d'une formation d'instruments équivalents, les rôles du soliste et de l'accompagnement sont différenciés sur le plan musical. Enfin, il existe des ensembles d'accordéons dans lesquels plusieurs instruments semblables ou équivalents jouent des parties différentes sur le plan musical, sur une vaste étendue, en utilisant des registres différents et des zones différentes du clavier : alors que certains accordéons exécutent la mélodie, d'autres se voient attribuer les parties de contrepoint ou de remplissage, et un troisième groupe soutient la mélodie avec la basse et les accords.

Il est très fréquent que l'on ajoute à ces ensembles un ou plusieurs instruments ayant une fonction rythmique ; ces additions donnent lieu à une autre typologie. Tel est le cas, par exemple, des ensembles de xylophones africains auxquels on ajoute très souvent des tambours, des cloches ou des sonnailles, dont la fonction est strictement rythmique. Cependant, il s'agit moins d'une nouvelle typologie que d'une possible extension de l'organique, commune à de nombreux ensembles instrumentaux. L'"extensibilité" est en effet une autre caractéristique de certains ensembles instrumentaux.

5. Ensemble extensible

Si ce type occupe une place à part dans la typologie des ensembles instrumentaux, c'est, précisément, parce qu'on le peut le considérer comme "transversal" par rapport aux différentes typologies que nous venons d'étudier. De fait, on a déjà rencontré cette modalité à différents niveaux : extension d'un couple (dit "matrice") à plusieurs couples, addition d'une partie de percussion dans de nombreux ensembles africains, addition d'autres instruments à un noyau de base.

Lortat-Jacob utilise la notion d'extensibilité pour définir les ensembles instrumentaux des gitans roumains, composés surtout d'instruments à cordes : "Une des caractéristiques de la partie d'accompagnement est d'être extensible ; elle peut toujours se dédoubler, et un, deux ou trois ou quatre instruments peuvent soutenir le soliste." (1994, p. 114.) Selon lui, dans ces formations, la partie soliste, généralement tenue par le violon, peut être doublée. La section d'accompagnement est susceptible de variations plus grandes encore et peut comprendre un ou plusieurs accordéons, cymbalums, violons, contrebasses. Autrement dit, un procédé musical prévoyant une partie soliste et un accompagnement peut être réalisé par deux instruments au minimum ou "élargi", comme c'est souvent le cas, à un groupe d'instruments plus nombreux.

Si l'on considère l'extensibilité dans une perspective plus vaste, celle-ci peut se produire selon deux modalités principales :

– en doublant une ou plusieurs parties dans un ensemble de solistes ;

– en ajoutant à un ensemble de base des instruments qui exécutent de nouvelles parties ou introduisent de nouveaux rôles.

Dans les exemples d'ensembles de solistes que nous avons donnés, il n'est pas rare que certaines parties soient doublées par plusieurs musiciens. Par exemple, la tarentelle de Montemarano (Avellino) est souvent exécutée par plusieurs tambourins assumant la partie rythmique là où un seul suffirait. L'extensibilité de la composante rythmique d'accompagnement est caractéristique de diverses cultures. La grande variabilité du nombre de guitares et de *palmas* (battements rythmiques des mains) dans l'accompagnement du flamenco andalou offre un autre exemple d'extensibilité, tant du rôle rythmique que du rôle mélodico-harmonique.

En revanche, les formations traditionnelles au Moyen-Orient et en Extrême-Orient sont des cas emblématiques d'ensembles instrumentaux que l'on peut élargir en leur ajoutant des parties nouvelles. Dans l'ensemble cambodgien *pinpeat*, les musiciens se réfèrent à un noyau fondamental de cinq instruments, dans lequel chaque instrument est responsable d'une partie musicale, mais l'addition d'autres instruments, qui confèrent plus de variété et plus de richesse à l'exécution, est appréciée. Les parties fondamentales sont celles, en particulier, du *ronat ek* (xylophone dans le registre aigu), du *kong thom* (carillon de gong dans le registre grave), du *sralai* (aérophone à anche double), du *samphor* (tambour à deux membranes) et du *skor thom* (couple de timbales). Les fonctions principales sont représentées de la manière suivante : la partie des percussions accordées dans le registre aigu, la partie des percussions accordées dans le registre grave, la mélodie, le cycle rythmique. On peut ajouter à ces instruments considérés comme fondamentaux le *roneat thoung* (xylophone de registre aigu), le *kong touc* (carillon de gong dans le registre aigu), le *roneat dek* (métallophone avec une étendue identique au *roneat ek*), le *ching* (cymbales) et, éventuellement, un second *sralai* d'un registre plus aigu. On obtient ainsi un ensemble instrumental dont le noyau fondamental, formé de cinq instruments, est élargi jusqu'à dix instruments et plus.

Ailleurs, des instruments sont ajoutés, dont le rôle demeurerait, autrement, implicite, comme dans le cas des instruments ayant une fonction rythmique associés à des ensembles d'instruments mélodiques. Nous avons déjà mentionné, surtout dans la musique africaine, l'addition de cloches, de sonnailles, de clochettes de chevilles et autres instruments rythmiques à des ensembles de cornes ou de xylophones.

Du reste, cette extensibilité des organiques est courante aussi dans la musique classique européenne : du nombre variable d'instruments pouvant jouer la basse continue dans la musique baroque aux fluctuations du nombre d'instruments à cordes formant un orchestre symphonique. La plupart des groupes de rock et de pop de la scène musicale occidentale des dernières décennies sont, eux aussi, extensibles : le noyau initial constitué d'une guitare électrique, d'une basse et d'une batterie peut accepter de nombreux autres instruments.

La définition de cette typologique recoupe en effet très exactement les critères liés aux procédés musicaux pratiqués par les différentes formations instrumentales. Les procédés musicaux qui permettent et favorisent l'extensibilité sont essentiellement de deux types :

a) la présence d'un nombre prédéterminé de parties, dont chacune peut être exécutée par un ou plusieurs instruments, y compris des instruments non identiques : un nombre minimum d'instruments est nécessaire, qui correspond aux parties d'un morceau déterminé, mais il est possible de leur ajouter d'autres instruments ;

b) la présence d'un modèle mélodico-rythmique pouvant être réalisé par un nombre plus ou moins grand d'instruments improvisant simultanément des variations sur ce modèle.

Cette typologie met donc davantage l'accent sur l'aspect dynamique de la variabilité de l'ensemble dans la réalisation d'un procédé musical déterminé et, en tant que tel, il faut la considérer comme transversale par rapport aux autres typologies étudiées ici. Les motifs pour lesquels on élargit un ensemble sont d'ordre divers, déterminés aussi bien par des raisons inhérentes à l'exécution musicale que par des facteurs extra-musicaux. On retrouve dans cette typologie un aspect dynamique de transformation et d'adaptation qui, par-delà les caractères spécifiques de certains répertoires, par exemple ceux des gitans roumains, est une caractéristique potentielle d'une très grande majorité d'ensembles instrumentaux.

6. Orchestre

"Il se distingue surtout des ensembles dits «de chambre» par le plus grand nombre d'éléments qui le forment, bien que théoriquement cette distinction ne puisse être précisée par une ligne de partage nette. [...] Dans son aspect pratique, l'orchestre est la communauté des instrumentistes associés soit occasionnellement, soit d'une manière stable, dont le nombre et le choix permettent, en recourant tour à tour à tous ou à certains d'entre eux, de nombreuses possibilités d'exécution." (Bruni, 1984, p. 441.) L'orchestre est donc un ensemble instrumental caractérisé par un nombre élevé de musiciens et par le fait d'être divisé en sections pouvant jouer séparément ou ensemble. La présence de parties doublées peut constituer un autre facteur distinctif. Ce redoublement, autrement dit la même partie jouée par deux ou plusieurs instruments, s'effectue le plus souvent avec des instruments du même type.

Mais en réalité cette définition ne permet pas d'opérer une distinction nette entre orchestre, ensembles de solistes et ensembles extensibles. Elle implique, au contraire, des cas de contiguïté et/ou de superposition.

L'existence, y compris dans le lexique de la musique classique européenne, d'un terme intermédiaire, "orchestre de chambre", est emblématique. Dans ce cas aussi, le critère de la modalité d'exécution recoupe le critère des procédés musicaux. Le nombre d'instruments, par exemple, n'est pas déterminant : il peut arriver que les dimensions d'un orchestre de chambre soient plus restreintes que celles d'un des complexes de solistes cités plus haut. C'est alors davantage le procédé d'exécution fondé sur le doublement de certaines parties et sur l'articulation en sections caractérisées par des timbres différents qui vaut à un ensemble la dénomination d'"orchestre".

Néanmoins, il est possible de se mettre d'accord sur une définition large, selon laquelle l'orchestre est un ensemble instrumental de grandes dimensions, articulé en sections, avec doublement de parties instrumentales. C'est à cette définition que répond l'orchestre symphonique de la musique européenne des XVIIe et XVIIIe siècles, et cette définition s'applique aussi à de nombreuses formations instrumentales propres aux traditions musicales non européennes.

Comparé à un orchestre européen, le gamelan des îles de Java et de Bali, en Indonésie, offre un exemple d'orchestre particulièrement significatif par son ampleur et sa singularité. Dans ce type d'orchestre, qui peut compter plus de quarante instruments, on identifie des sections qui jouent ensemble et alternent entre elles, et différents doublements des parties musicales. Dans un grand gamelan de Java, formé de quelque quarante-cinq exécutants, Hood et Susilo (1967) ont défini cinq groupes principaux d'instruments. Les gongs, de plusieurs dimensions, fournissent la trame du cycle rythmique à travers différentes densités rythmiques. Viennent ensuite un grand nombre de métallophones accordés. La famille des *saron* (métallophones) exécute la mélodie fixe (thème nucléaire) du morceau, qui sert de référence à l'improvisation des autres instruments mélodiques. Enfin, deux groupes d'instruments improvisent sur la base d'un style d'exécution soit "vigoureux", soit "délicat". Les instruments "vigoureux" sont ceux de la famille des *bonang* (carillon de gong) dans les différents registres ; ils exécutent des improvisations relativement simples. Parmi les instruments au style "délicat", on trouve le *gender* (métallophone), le *gambang* (xylophone), le *rebab* (vièle), dont les improvisations sont plus complexes et se font sur un tempo plus rapide. Un tambour (ou un couple de tambours) *kendang* agit comme un chef d'orchestre (le gamelan n'ayant pas de véritable chef), en indiquant des variations dynamiques et de tempo, des attaques, des passages d'une section à une autre dans le morceau, des cadences conclusives. Nous n'entrerons pas dans la description détaillée de tous ces instruments, pour laquelle nous renvoyons le lecteur à la littérature existante (Hood, 1989 et Tenzer, 1991), mais nous soulignerons que le gamelan répond pleinement à la définition d'orchestre, par le nombre d'instruments comme par la présence de parties doublées et de sections distinctes sur le plan du timbre.

Une autre caractéristique des gamelans de Java et de Bali est en effet d'être constitués de sections aux timbres opposés. Ainsi, les grands orchestres balinais *gamelan gong kebyar*, exploitent d'une manière caractéristique le contraste entre le *gangsa* (métallophone à lames) et le *reog* (carillon de gong), afin de donner plus de variété et de brio à l'exécution.

Au Japon, l'orchestre *gagaku*, auquel la musique de la cour impériale a été assignée dès la période Heian (794-1185), a des dimensions plus réduites. L'organique compte une quinzaine d'instruments dont les parties sont doublées : flûtes *(ryuteki)*, hautbois *(hichiriki)*, orgues à bouche *(sho)*, luths *(biwa)*, cithares *(so)* ; s'y ajoutent les percussions d'un petit gong *(shoko)* et des deux tambours *tsuridaiko* et *kakko*. Le procédé musical est hétérophonique : les instruments mélodiques exécutent des variations d'une même mélodie dictées par le style idiomatique spécifique à chaque instrument (Sestili, 1996).

Si l'une des principales caractéristiques de l'orchestre est le doublement des parties, les ensembles employés dans la liturgie bouddhiste répondent aussi à cette définition, bien qu'ils soient de moindres dimensions. Ces orchestres sont en effet composés d'un noyau de huit à douze instruments à vent et à percussion auxquels on peut ajouter d'autres instruments (Vandor, 1976). Les aérophones sont toujours joués en couples : *rgya-gling* (à anche double), *dung* (trompette télescopique), *rkang-gling* (trompette courte), *dung-dkar* (conque). Des couples de cymbales (*gsil-snyam* et *rolmo*), un tambour à deux membranes *(rnga)*, une cloche *(dril-bu)* et un petit tambour *(damaru)* complètent l'orchestre.

Les fanfares peuvent être considérées comme des orchestres, dans l'acception interculturelle du terme que nous proposons. Il s'agit, au moins dans ce cas, de formations composées exclusivement (ou surtout) d'instruments à vent (aérophones, bois et/ou cuivres), accompagnés quelquefois de percussions. L'Afrique subsaharienne connaît un type particulier d'orchestre-fanfare. Les orchestres de trompettes des Banda Linda de la République centrafricaine, par exemple, sont formés de dix-huit cornes d'antilope (les six plus aiguës sont à embouchure latérale) et de bois (embouchure apicale) ; chaque instrument émet un seul son de l'échelle pentatonique. Les trompettes sont regroupées par famille selon les registres, et les instruments ayant le même son avec des octaves différentes exécutent la même partie, qui consiste en une formule mélodico-rythmique imbriquée dans les autres parties selon la technique du hoquet (Arom,

1985, vol. II, p. 501-707). Ici, chaque partie n'est pas exactement doublée (elle l'est à l'octave) et est essentielle à la construction de l'ensemble sonore. La technique d'exécution en hoquet implique que chaque instrument exécute un seul son d'une mélodie issue de l'"encastrement" d'un ensemble de cinq parties. Le hoquet, principe musical déjà défini dans le couple d'instruments, est appliqué dans ce cas à l'échelle plus vaste des sections de tout un orchestre.

Si, dans les orchestres que nous avons mentionnés, chaque instrument (ou famille) a un rôle distinct et de même importance, d'autres orchestres illustrent une modalité d'exécution particulière qui distingue un rôle de "fond" (accompagnement) et un rôle soliste qui émerge au "premier plan". L'exemple le plus familier est peut-être celui du concert pour instrument seul (piano, violon, etc.) de la musique classique européenne. Un autre cas est celui des orchestres de jazz, dans lesquels les différents instruments alternent en solo. Le *concerto grosso* de la musique baroque européenne est encore un autre cas de figure : l'orchestre y alterne avec un ensemble restreint, composé en général de deux ou trois instruments *(concertino)*. Dans ces exemples, le trait distinctif renvoie de nouveau au procédé de composition musicale plutôt qu'au type d'organique ou au nombre d'instruments.

Au cours du XXe siècle, le modèle du grand orchestre européen a été adopté par des pays extra-européens, Chine ou Egypte, par exemple. Des instruments propres à la musique classique européenne sont alors associés à d'autres qui appartiennent aux différentes traditions locales. Touma a décrit, en Egypte, un "grand orchestre arabe" qui comptait "un *oud*, un *qanun*, un *ney* et, environ, deux contrebasses, vingt violons, cinq violoncelles, ainsi que des clarinettes, des hautbois, des tambours, des accordéons, une *darbûka*, des cymbales, des clochettes et d'autres instruments encore ; tous tonnent à l'unisson sur le public ou, comme dans le cas des orchestres «évolués» harmoniquement, en imitant et copiant sans discernement l'orchestration d'un style européen du passé" (Touma, 1971, in 1996, p. 141).

7. Plusieurs ensembles instrumentaux jouant simultanément

La présence simultanée et intentionnelle de plusieurs formations instrumentales distinctes peut être considérée comme une dernière typologie d'ensembles instrumentaux, fondée sur les modalités d'exécution.

Deux situations différentes répondent à cette définition : *a)* les ensembles coordonnés musicalement entre eux ; *b)* les ensembles présents simultanément mais musicalement autonomes.

7.1. *Les ensembles coordonnés musicalement entre eux*
Un cas célèbre dans l'histoire de la musique est celui des *cori spezzati* ou *battenti* de Saint-Marc, à Venise, au XVIe siècle, dans lesquels les voix sont souvent doublées par des ensembles instrumentaux ou remplacées par eux. On a alors deux ensembles instrumentaux qui peuvent être distincts mais jouent ensemble "la même composition". Dans la musique contemporaine aussi, on recourt à plusieurs ensembles instrumentaux présents simultanément. Ainsi, dans la musique européenne du XXe siècle, *Gruppen* (1955-1957) de Karlheinz Stockhausen, dont la partition est écrite pour trois groupes orchestraux distincts mais simultanés et coordonnés. A la même époque, John Cage et d'autres ont composé pour plusieurs groupes orchestraux coordonnés entre eux en un ensemble sonore conçu comme une unité.

7.2. *Ensembles présents simultanément mais musicalement autonomes*
Les musiques traditionnelles extra-européennes connaissent aussi le cas de figure dans lequel plusieurs formations instrumentales jouent simultanément dans un même lieu sans qu'il y ait entre elles une coordination musicale. Ainsi, à Bali, où la présence de plusieurs ensembles instrumentaux, au cours d'une cérémonie dans un temple hindouiste, est considérée sinon comme nécessaire du moins très appréciée des dieux. Selon un texte chanté des *kidung*, chants sacrés balinais, plus les ensembles instrumentaux et vocaux qui jouent simultanément au cours d'une cérémonie sont nombreux, plus les dieux sont satisfaits. A Bali, justement, un terme exprime cette notion liée à la sacralité du son et, lors d'une cérémonie dans un temple, il arrive que l'on entende à la fois un grand *gamelan gong kebyar*, un *gamelan pelegongan* plus délicat et un duo de *gender wayang* (auxquels s'ajoutent les chants sacrés du prêtre et des fidèles). Bien que ces ensembles s'installent quelquefois dans les différentes cours du temple, ils n'en sont pas moins parfaitement audibles et chacun exécute un morceau complètement indépendant sur le plan musical.

Dans d'autres fêtes ou cérémonies, il est fréquent de rencontrer dans un même lieu plusieurs formations instrumentales, y compris du même type, qui jouent simultanément. Dans la région du Vésuve (Naples), les nombreux groupes improvisés de *tammorre* (tambours sur cadre), qui accompagnent les danseurs à l'extérieur des sanctuaires consacrés à Marie, en offrent un bon exemple. Ou bien, dans le cortège du carnaval de Montemarano (Avellino), les ensembles clarinette-accordéon-tambourin qui accompagnent la tarentelle en se glissant dans les rangs des danseurs, à une certaine distance les uns des autres. Les formations exécutent le même genre musical et le même répertoire sans qu'il y ait la moindre coordination musicale entre elles. Mais cette présence simultanée ayant pour fonction d'accompagner la danse, ce qui serait considéré comme une "gêne" dans une conception musicale classique européenne, est perçue ici comme souhaitable et fonctionnelle.

Bien que ce dernier type soit un cas limite dans la typologie des ensembles instrumentaux que nous avons définie, le mentionner nous a semblé utile dans la mesure où il résulte d'une conception de la musique et de l'espace sonore différente de celle qui domine dans la musique occidentale, où prévaut la présence d'un seul événement sonore à la fois dans un même lieu.

8. Conclusion

La typologie des ensembles instrumentaux que nous avons proposée a pour but principal de montrer (et de démontrer), à travers de nombreux exemples empruntés aux cultures musicales des cinq continents, combien peuvent différer les manières de combiner les instruments entre eux pour faire de la musique. Ce que la musique classique européenne a créé au cours de son histoire, aussi longue soit-elle, ne représente qu'une petite part de cette énorme variété. Par conséquent, le lexique élaboré par la musicologie est insuffisant pour traduire cette réalité plus vaste, en continuelle transformation.

La typologie que nous avons définie se veut une première contribution à la systématisation d'une question qui peut avoir, en plus d'un intérêt ethnomusicologique, une portée plus générale. Elle aidera, en effet, toute personne qui s'intéresse à la musique, à quelque titre que ce soit, à mieux s'orienter dans une pratique d'écoute et de comparaison sur des bases interculturelles en lui donnant des outils d'interprétation qui lui permettront de comprendre davantage ce kaléidoscope sans fin de combinaisons d'objets sonores, que l'homme utilise pour faire de la musique.

Bibliographie

AGAMENNONE, M. (éd.), 1996 : *Polifonie. Procedimenti, tassonomie e forme : una riflessione a più voci*, Venise, Il Cardo.

AGAMENNONE, M., FACCI, S. et GIANNATTASIO, F., 1996 : "I procedimenti polifonici nella musica tradizionale italiana. Proposta di tassonomia generale", in *Polifonie. Procedimenti, tassonomie e forme : una riflessione a più voci*, M. Agamennone (éd.), Venise, Il Cardo, p. 239-277.

ANDERSON, L. A., 1977 : "The Entenga Tuned-drum Ensemble", in *Essays for a Humanist. An Offering to Klaus Wachsmann*, New York, Town House Press, p. 1-57.

APEL, W. (éd.), 1969 : "Ensemble", in *Harvard Dictionary Of Music*, 2e éd. rév., Cambridge, Harvard University Press, p. 294.

AROM, S., 1985 : *Polyphonies et polyrythmies instrumentales d'Afrique centrale. Structure et méthodologie*, 2 vol., Paris, SELAF.

AROM, S., 1989 : "La musica per complessi di corni dei Banda-Linda : forma e struttura", in *Ethnomusicologica*, D. Carpitella (éd.), Sienne, Accademia Musicale Chigiana, p. 25-44.

BASSO, A. (éd.), 1983 : "Complesso", in *Dizionario enciclopedico universale della musica e dei musicisti. Il Lessico*, Turin, UTET, vol. I, p. 623.

BEAUDET, J.-M., 1997 : *Souffles d'Amazonie*, Nanterre, Société d'ethnologie.

BIAGIOLA, S., GIURIATI, G. et MACEDONIO, M., 1983 : "Bibliografia della musica popolare italiana con esempi musicali", *Culture musicali*, vol. II, n° 3, p. 121-180.

BRUNI, M., 1984 : "Orchestra-orchestrazione", in *Dizionario enciclopedico universale della musica e dei musicisti. Il Lessico*, A. Basso (éd.), Turin, UTET, vol. III, p. 441-476.

DIAGRAM GROUP (THE), 1976 : *Musical Instruments of the World. An Illustrated Encyclopedia by the Diagram Group*, Londres, Paddington Press ; trad. fr., *Les Instruments de musique du monde entier : une encyclopédie illustrée*, M.-H. Champion, M. Maynaud et H. Schricke (éd.), Paris, Albin Michel, 1978.

FACCI, S., 1986-1987 : "La musica dei wanande dello Zaire", *Culture musicali*, vol. V-VI, n° 10-11, p. 103-140.

GIANNATTASIO, F., 1986-1987 : "Musica e trance nello sciamanismo nepalese", *Culture musicali*, vol. V-VI, n° 10-11, p. 66-102.

GIURIATI, G., 1982 : "Un procedimento compositivo caleidoscopico : la tarantella di Montemarano", *Culture musicali*, vol. I, n° 2, p. 19-72.

GIURIATI, G., 1993 : *Musica tradizionale khmer*, Modène, Mucchi.

HOOD, M., 1989 : "L'arte della composizione e dell'improvvisazione nella musica tradizionale giavanese", in *Ethnomusicologica*, D. Carpitella (éd.), Sienne, Accademia Musicale Chigiana, p. 91-106.

HOOD, M. et SUSILO, H., 1967 : *Music of the Venerable Dark Cloud. The Javanese Gamelan Khjai Mendung*, Los Angeles, UCLA Institute of Ethnomusicology.

HORNBOSTEL, E. M. von et SACHS, Curt, 1914 : "Systematik der Musikinstrumente", *Zeitschrift für Ethnologie*, vol. XLVI, p. 553-590 ; trad. angl., "Classification of Musical Instruments", *The Galpin Society Journal*, vol. XIV, n° 3, 1961, p. 3-29.

KARTOMI, M. J., 1990 : *On Concepts and Classifications of Musical Instruments*, Chicago, University of Chicago Press.

KUBIK, G., 1983 : "Emica del ritmo musicale africano", *Culture musicali*, vol. II, n° 3, p. 47-92.

LEYDI, R., 1990 : "Il mercato della musica popolare. Dal foglio volante alla cassetta", in *Canti e musiche popolari*, R. Leydi (éd.), Milan, Electa, p. 145-156.

LIANG, D. M., 1985 : *Music of the Billion. An Introduction to Chinese Musical Culture*, New York, Heinrichshofen.

LOMAX, A., 1968 : *Folk Song, Style,* and *Culture,* Washington (D. C.), American Association for the Advancement of Science ; 3e éd., New Brunswick-Londres, Transaction Publishers, 2000.

LORTAT-JACOB, B., 1980 : *Musiques et fêtes au Haut-Atlas,* Paris, Mouton-EHESS.

LORTAT-JACOB, B., 1994 : *Musiques en fête : Maroc, Sardaigne, Roumanie,* Nanterre, Société d'ethnologie.

MARCEL-DUBOIS, C., 1972 : "The Type and Nature of French Instrumental Ensembles", in *Studia instrumentorum musicae popularis II,* E. Stockmann (éd.), Stockholm, Musikhistoriska Museet, p. 173-183.

McPHEE, C., 1966 : *Music in Bali,* New Haven-Londres, Yale University Press.

MORTON, D., 1976 : *The Traditional Music of Thailand,* Berkeley-Los Angeles, University of California Press.

NATTIEZ, J.-J. et NANNYONGA-TAMUSUZA, S., 2003 : "Ritmo, danza e sesso : una danza ugandese d'iniziazione al matrimonio", in *Enciclopedia della musica,* vol. III, *Musica e culture,* J.-J. Nattiez *et al.* (éd.), Turin, Einaudi, 2003, p. 957-977 ; version française, "Rythme, danse et sexualité : une danse ougandaise d'initiation au mariage", in *Musiques. Une encyclopédie pour le XXIe siècle,* vol. III, *Musiques et cultures,* J.-J. Nattiez (éd.), Arles-Paris, Actes Sud-Cité de la musique, 2005, p. 1108-1129.

NKETIA, J. H. K., 1974 : *The Music of Africa,* Norton, New York.

O'BRIEN, L. L., 1980 : "Guatemala. Folk Music", in *The New Grove Dictionary of Music and Musicians,* S. Sadie (éd.), vol. VII, p. 776-780.

OLSEN, D. A., 1980 : "Symbol and Function in South American Indian Music", in *Musics of Many Cultures,* E. May (éd.), Berkeley-Los Angeles, University of California Press, p. 363-385.

PITOËFF, P., 1993 : *Archives musicales du musée de l'Homme. Principes documentaires et base de données informatisée,* CNRS, UMR 9957, Laboratoire d'ethnomusicologie, Paris, Musée de l'Homme, inédit.

SACHS, C., 1940 : *The History of Musical Instruments,* New York, Norton.

SACHS, C., 1962 : *The Wellsprings of Music,* J. Kunst (éd.), La Haye, Nijhoff ; rééd., New York-Toronto, Mc-Graw Hill, 1965.

SADIE, S. (éd.), 1984 : "Ensemble", in *The New Grove Dictionary of Musical Instruments,* Londres, Macmillan Press, vol. I, p. 712.

SALLÉE, P., 1978 : *Deux études sur la musique du Gabon,* Paris, ORSTOM.

SÁROSI, B., 1972 : "Instrumentalensembles in Ungarn", in *Studia instrumentorum musicae popularis II,* E. Stockmann (éd.), Stockholm, Musikhistoriska Museet, p. 111-136.

SCHECHTER, J. M., 1984 : "Jula-jula", in *The New Grove Dictionary of Musical Instruments,* Londres, Macmillan Publishers, vol. II, p. 335.

SESTILI, D., 1996 : *Musica e danza del principe Genji. Le arti dello spettacolo nell'antico Giappone,* Lucques, Libreria Musicale Italiana.

STOCKMANN, E. (éd.), 1972 : *Studia instrumentorum musicae popularis II,* Stockholm, Musikhistoriska Museet.

STRAJNAR, J., 1988 : *Citira*, Udine, Pizzicato.

TENZER, M., 1991 : *Balinese Music*, Berkeley-Singapore, Periplus Editions.

TOUMA, H. H., 1971 : *Die Musik der Araber*, Wilhelmshaven, Heinrichshofen ; trad. fr., *La Musique des Arabes*, Paris, Buchet-Chastel, 1977 ; nouv. éd. angl. augmentée, *The Music of the Arabs*, Portland, Amadeus Press, 1996.

VANDOR, I., 1976 : *Musique du bouddhisme tibétain*, Paris, Buchet-Chastel.

WITZLEBEN, J. L., 1995 : *"Silk and Bamboo"? Music in Shangai. The Jiangnan Sizhu Instrumental Ensemble Tradition*, Kent (Ohio)-Londres, Kent State University Press.

WYMEERSCH, P., 1979 : *Ritualisme et fonction des tambours en Afrique interlacustre*, Rome, Istituto Italo-Africano.

ZEMP, H., 1971 : *Musique dan*, Paris-La Haye, Mouton.

ZEMP, H., 1978 : "'Aré' Aré Classification of Musical Types and Instruments", *Ethnomusicology*, vol. XXII, n° 1, p. 37-67.

ZEMP, H. et SCHWARZ, J., 1973 : "Echelles équiheptatoniques des flûtes de Pan chez les 'Aré' Aré", *Yearbook of the International Folk Music Council*, n° 5, p. 85-121.

Rythmes, échelles, mélodies, polyphonies

Simha Arom

L'ORGANISATION DU TEMPS MUSICAL : ESSAI DE TYPOLOGIE

Après plus de vingt-cinq années consacrées à l'étude des musiques africaines – dans lesquelles le rythme tient une place prépondérante –, nous avons été amené à examiner, puis à remettre en cause la conception occidentale des phénomènes liés à l'organisation du temps dans la musique.

L'objectif du présent article est de montrer que cette structuration temporelle du fait musical résulte d'une combinatoire de concepts et de principes à l'œuvre dans toutes les cultures. Nous nous proposons de nous pencher sur la polysémie du terme de métrique et sur la confusion – le chevauchement – entre les notions de *métrique*, *mesure* et *rythme*. Pour ce faire, nous nous fonderons sur une double confrontation, synchronique et diachronique, entre des systèmes musicaux pratiqués aujourd'hui en Afrique subsaharienne, et ceux qui ont été pratiqués en Europe au Moyen Age et à la Renaissance jusqu'à nos jours.

Nous serons ainsi conduit à montrer que, d'un point de vue perceptif, ce que la tradition occidentale considère comme *mesure* est en fait une manifestation dont l'essence procède du rythme ; que le concept même de mesure n'a de sens que par rapport à la graphie musicale ; et que, par conséquent, la mesure n'a pas d'existence propre.

1. Musiques mesurées et non mesurées

Il convient de poser d'emblée que l'ensemble des musiques du monde se divisent en deux grandes catégories : les musiques mesurées, dans lesquelles chaque durée entretient un rapport strictement proportionnel avec toutes les autres, et celles qui ne relèvent pas de ce principe.

Une telle distinction a existé de tout temps. Attestée dans la musique savante des Grecs de l'Antiquité, on la retrouve dans la théorie musicale du Moyen Age, sous les termes opposés de *cantus mensuratus* (chant mesuré) et de *cantus planus* (plain-chant). Cette même distinction se manifeste plus près de nous aussi bien dans les préludes non mesurés de Couperin que dans la plupart des musiques électroacoustiques, de même que dans l'opéra classique, où alternent airs ou ensembles mesurés – désignés parfois sous l'expression italienne de *tempo giusto* – et *recitativo secco*, non mesuré. On entend par *non mesurée* une musique dont le déroulement peut être comparé à un enchaînement continu de vagues dont chacune possède sa propre dynamique, sa propre énergie ; le temps y est traité de manière fluide et s'avère rebelle à tout découpage arithmétique, à toute segmentation fondée sur un étalonnage régulier.

La musique non mesurée n'étant pas soumise à des quantités fixes, la durée de chaque son n'a de signification que compte tenu de sa position par rapport à ce qui le précède et ce qui le suit, c'est-à-dire à la formule mélodique (plus rarement rythmique) à laquelle il se trouve intégré.

Le non-mesuré se manifeste plus fréquemment dans les musiques monodiques et hétérophoniques que dans celles qui sont proprement polyphoniques. Il concerne aussi bien la musique vocale qu'instrumentale. Pour ce qui est de la musique vocale, le chant non mesuré a cours en premier lieu dans un contexte où les paroles priment sur la mélodie qui les véhicule. C'est le cas de nombreuses musiques liturgiques : cantillations, psalmodies, prières de type litanique, récitatifs plus ou moins déclamés. On le retrouve également dans les épopées, les complaintes, les lamentations funèbres et autres. Le plus souvent, il s'agit de versets chantés qui regroupent deux ou plusieurs motifs ou formules mélodiques, dont chacun correspond à une unité textuelle. C'est dire que leur tracé temporel épouse le flux prosodique des paroles. Les textes liturgiques étant souvent en prose, la dimension des versets est extrêmement variable. Cela a une incidence directe sur la configuration de la phrase chantée, puisqu'elle doit toujours permettre d'intégrer la totalité des paroles de l'unité textuelle qu'elle véhicule.

En ce qui concerne la musique instrumentale, deux genres l'illustrent au mieux : le *maqâm* de la musique arabe, qui peut être intégralement ou en partie non mesuré (mais dont le prélude – *taqsîm* – n'est jamais mesuré), et le râga indien, strictement mesuré quant à lui, mais dont la partie introductive, *âlâp*, est toujours exécutée sans aucune contrainte métrique.

Dans les musiques mesurées, au contraire, chaque durée entretient un rapport strictement proportionnel avec toutes les autres. Le terme "mesuré", dit Rousseau dans son *Dictionnaire de musique*, "répond à l'italien *a tempo* ou *a batuta*" (1768, in 2007, p. 283).

Ces durées proportionnelles sont nécessairement fondées sur un étalon de temps qui se manifeste diversement selon les époques et les civilisations. Ainsi, la métrique grecque antique se fondait-elle sur un *temps premier*, unité de durée minimale, indivisible, dont les multiples constituaient le *pied* et le *mètre*. En Occident, cet étalon n'est autre que la "battue" du chef d'orchestre, battue qui a pour fonction de marquer les temps. Et c'est pour cela que Rousseau juxtapose les deux notions de *temps* et de *battue*.

Il s'agit bien d'un étalon de mesure, lequel n'a rien à voir avec le terme de "mesure" tel qu'il est employé dans la musique occidentale depuis le XVIIe siècle. Cette dernière acception a trait, en effet, à *l'écriture* musicale ; elle désigne l'assemblage d'un certain nombre de valeurs de base disposées en groupes, lesquels sont séparés les uns des autres par des barres verticales.

Ce dernier point n'est pas sans importance lorsqu'on sait que, prise en ce sens, la notion de mesure n'a cessé d'exercer une contrainte extraordinaire sur toute la musique savante, depuis l'époque dite baroque jusqu'à nos jours. Ce n'est guère qu'au XXe siècle que certains compositeurs ont tenté de s'en dégager. On pense en particulier au *Sacre du printemps* de Stravinsky ou aux *Sonates pour piano* de Boulez. La libération de cette tutelle est cependant loin d'être acquise, même aujourd'hui : l'enseignement du solfège que dispensent écoles et conservatoires, en insistant sur les notions de temps "forts" opposés à des temps "faibles", nous en donne la preuve. Quant aux définitions du terme de "mesure" proposées par les dictionnaires et encyclopédies de musique, force est de constater qu'elles sont, elles aussi, assujetties à cette dichotomie.

Toutefois, le souci d'une exécution correcte de la musique, aussi complexe soit-elle, ne peut justifier pareille contrainte : l'histoire de la musique en témoigne. En effet, à l'époque de l'Ars Nova, où la polyphonie, en particulier avec Philippe de Vitry et Guillaume de Machaut, avait atteint un très haut degré de raffinement, la notion de mesure, au sens où on l'entend aujourd'hui, n'avait pas encore fait son apparition. Ce qui existait alors – et les textes en apportent la preuve unanime –, c'était un simple étalon de temps qui assurait le synchronisme des diverses parties vocales et instrumentales lors de l'exécution et qui, simultanément, indiquait le tempo. Cet élément, qui préfigure la *batuta* de Rousseau, avait pour nom *tactus*, littéralement "touchement".

Or c'est sur un principe identique à celui du *tactus* médiéval que repose l'articulation des durées dans bien des musiques de tradition orale, notamment en Inde et en Afrique subsaharienne : la notion de réitération régulière de temps accentués, opposés à d'autres qui ne le seraient pas, leur est totalement étrangère. Ces musiques ne sont donc pas fondées sur des *mesures*, au sens où l'entend le solfège classique, mais bien sur des *pulsations*, c'est-à-dire sur *une succession d'unités de temps isochrones et d'égale intensité* pouvant être matérialisées par un geste, par des battements de mains ou par tout autre procédé percussif.

Néanmoins, la perspective dans laquelle s'inscrit la démarche des musiciens et musicologues occidentaux – voire de la plupart des ethnomusicologues – est à ce point tributaire de la notion occidentale de *mesure* que, confrontés à une musique qui en fait abstraction, ils éprouvent de prime abord – nous en avons fait nous-même l'expérience – de grandes difficultés à se repérer dans un tel flux musical, même quand ils en pressentent la rigueur. Ces difficultés tiennent au fait qu'il est extrêmement malaisé pour l'auditeur occidental de concevoir une architecture musicale qui ne soit sous-tendue par une alternance régulière – ou éventuellement irrégulière – de temps forts et de temps faibles.

Pourtant, pendant une longue période de son histoire, la musique européenne procédait de façon analogue. L'emploi de la battue comme étalon de mesure, attesté vers 1275 (Chailley, 1961, p. 251), est demeuré prépondérant pendant quatre siècles. Même le "bâton" du chef d'orchestre n'avait, à l'origine, d'autre fonction que de marquer le *tactus*. Dès le XVIIe siècle, un autre mode de mesure, hiérarchisé celui-ci, s'était timidement introduit : il ne put s'affirmer que grâce à l'évolution que subissait à la même époque l'écriture musicale. En effet, explique Jacques Chailley, "le seul fait de grouper les temps en mesures ne fut possible que lorsque la notion de «mesure» elle-même, notée graphiquement par des barres, envahit le solfège au cours du XVIIe siècle" (*ibid.*, p. 255).

Avatar d'une simple convention graphique, cette notion a progressivement modifié en Occident la conception même de l'organisation temporelle de la musique. Depuis qu'elle est entrée dans les mœurs, la barre de mesure fait partie de la panoplie – tant conceptuelle que matérielle – des compositeurs : chacun d'eux s'est efforcé de faire coïncider les cadres préexistants mis à sa disposition avec la structure métrique de l'œuvre qu'il envisageait ; chacun n'a cessé de soumettre son choix d'un schéma métrique aux contraintes de la mesure. Qu'on le veuille ou non, un compositeur pense musicalement en fonction de la barre de mesure et, s'il indique 3/4 plutôt que 6/8 – bien qu'il s'agisse dans les deux cas d'un même rapport quantitatif –, ce choix n'est pas fortuit. Cela montre bien que la mesure n'est pas seulement une servitude ; elle constitue également un soubassement à l'organisation rythmique.

A cet égard, l'ethnomusicologue se trouve placé dans une situation comparable à celle du compositeur. En effet, visant à traduire, sous forme graphique, une musique transmise oralement, il aura tout naturellement tendance à vouloir insérer ce qu'il entend dans les schémas métriques que lui offre un système de notation conventionnel préexistant. Mais, par une telle opération, les musiques traditionnelles dépourvues de toute accentuation régulière se voient déformées, trahies, en ce que la graphie y suggère une opposition entre temps forts et temps faibles.

Cette situation est le résultat des conditions dans lesquelles la jeune discipline qu'est l'ethnomusicologie s'est développée. Celle-ci, en effet, a recours à des concepts qui non seulement sont utilisés par une discipline quelque peu différente – la musicologie occidentale – mais qui, du fait de l'évolution historique de cette dernière et de glissements sémantiques successifs, se révèlent aujourd'hui fort ambigus.

2. Les concepts de métrique et de rythme

2.1. *Problèmes de définition*

Semblable confusion provient essentiellement des différentes acceptions que recouvre le terme de métrique, ainsi que des chevauchements de signification entre les notions de *métrique* et de *rythme*. Elle est due, on l'a vu, à l'évolution de la notation musicale et tout particulièrement à la substitution progressive de la notion de "mesure" à celle de *tactus*. La barre de mesure et les temps forts qu'elle implique sont à ce point contraignants que la plupart des définitions de dictionnaires relatives au rythme n'envisagent même pas l'existence d'une rythmique qui puisse être proportionnelle – c'est-à-dire mesurée – sans pour autant être soumise à une accentuation régulière coïncidant nécessairement avec certains temps. Ainsi, la définition du terme de rythme renvoie toujours à celle de mesure et inversement, sous le prétexte que l'un n'est pas concevable sans l'autre. La lecture des définitions proposées par une trentaine de musicologues, de psychologues, de philosophes et d'esthéticiens est éloquente à cet égard : Nattiez a pu les classer selon qu'elles considèrent le mètre comme un sous-ensemble du rythme, faisant de la périodicité le trait fondamental de celui-ci, ou selon qu'elles les séparent nettement, tout en prenant, le plus souvent, comme étalon, la distinction entre temps forts et temps faibles (Nattiez, 1987, p. 318-329). On pourra également se reporter à Cooper et Meyer (1960, p. 8 et 96), Burlitt (1967, III, p. 933), Reinhard (1968, p. 40), Benary (1973, p. 16-18, 79, 86 et 88), Herzfeld (1974, p. 54), Honegger (1976, I, p. 5), Sadie (1980, XII, p. 222), London (2001, p. 281-282). L'apogée de la confusion semble atteint par le dictionnaire *Die Musik in Geschichte und Gegenwart* qui, dans ses deux éditions, y compris la plus récente, regroupe "Rythme, métrique, mesure" *sous une seule et même entrée* (Dürr et Gerstenberg, 1963 et Seidel, 1998).

Les différents sens du terme de métrique, de même que la confusion entre les diverses métriques et les différentes définitions du rythme concernent en fait toute la terminologie musicologique, celle de l'Antiquité comme celle d'aujourd'hui. De fait, comme le fait observer Nattiez (1987, p. 113), il n'existe pratiquement pas d'étude consacrée aux problèmes du rythme qui ne s'ouvre par un avertissement portant sur la confusion régnant en cette matière (Lussy, 1883, p. 1 ; Kunst, 1950, p. 1-6 ; Willems, 1954, p. 54-64 ; Fraisse, 1974, p. 1-6 ; Creston, 1964, p. IV-V). Et on peut ajouter à cette liste Apel (1944, p. 639), Chailley (1951, p. 95), Cooper et Meyer (1960, p. 1), Benary (1973, p. 8), Kolinski (1973, p. 494). C'est déjà le cas dans l'un des premiers traités de l'Occident, qui date de la fin du IVe siècle, le *De musica* de saint Augustin. Dans le dialogue du troisième livre, précisément intitulé "Du rythme au mètre", le maître engage ainsi son disciple à distinguer les deux notions : "Ces mots, lui dit-il, ont chez nous un sens très large et il faut éviter les équivoques. […] Il faut distinguer dans le langage ce que distingue la réalité" (Augustin, 1947, p. 163). Et dans le cinquième livre du même ouvrage, il ajoute : "Autre chose est l'abus fait d'un mot à cause d'une certaine affinité, autre chose le fait de donner son vrai nom à un objet" (*ibid.*, p. 297).

2.2. *La métrique*

Au-delà de ce "babélisme", tentons une synthèse. Le terme de métrique, tel qu'il est utilisé aujourd'hui, possède au moins trois sens différents, sinon contradictoires :

a) au sens propre, il renvoie à *metrum*, qui désigne une valeur constante prise comme étalon, *par rapport à laquelle sont déterminées toutes les durées*, soit par multiplication, soit par division ;

b) en *versification*, la métrique concerne l'organisation de séquences linguistiques dans des unités fondées sur des oppositions de quantités (syllabes longues et brèves), d'accents et/ou de hauteurs tonales ;

c) en *musique*, enfin, on entend par métrique la manière d'ordonner les unités de temps dans un cadre de référence plus grand, matrice d'organisation temporelle ou *mesure*, dotée d'indications précises relatives non seulement aux valeurs qui y figurent (2/4 ou 4/4 par exemple) mais aussi à leur mode d'articulation (3/4 ou 6/8). Dès lors, la mesure est *un schéma temporel régulier, marqué par un temps fort opposé à un ou plusieurs temps faibles, au sein duquel les valeurs sont hiérarchisées.*

2.3. *Le rythme*

Examinons maintenant la terminologie relative au rythme. On trouvera ailleurs (Nattiez, 1987, chap. XI) un inventaire de ces nombreuses acceptions. Ici, encore, résumons.

Il est clair que la difficulté à définir le rythme tient pour l'essentiel au fait de son intrication, son interaction, avec la métrique. Pour en être convaincu, il suffit de mettre côte à côte les définitions des deux termes que certains rythmiciens nous proposent.

Dans *The Rhythmic Structure of Music*, Cooper et Meyer, qui sont considérés comme faisant autorité en la matière, définissent la mesure comme “un cadre d’ordonnancement d’accents et de temps faibles à l’intérieur duquel le groupement rythmique prend place. Elle constitue la matrice dont émerge le rythme” (1960, p. 96).

Quant au rythme, “[il] peut être défini comme la manière selon laquelle un ou plusieurs temps non accentués sont groupés en relation avec un temps accentué. [...] Puisqu’un groupe rythmique peut être appréhendé seulement quand ses éléments sont distingués l’un de l’autre, le rythme, tel qu’il est défini ci-dessus, implique toujours une corrélation entre un temps unique, accentué (fort), et un ou deux temps non accentués (faibles)” (*ibid.*, p. 6).

On voit que les deux définitions, se recouvrant parfaitement, sont en fait tautologiques.

Les diverses définitions de la mesure font toutes état d’une hiérarchisation des temps qu’elle regroupe. Ainsi, pour le *Riemann Musik-lexikon* (Burlitt, 1967, III, p. 933-934), ses différentes parties relèvent d’une hiérarchie accentuelle dont la barre de mesure est le “point d’appui” principal, alors que pour le *Ullstein Lexikon der Musik*, “la mesure est un étalon, mais qui crée en même temps des règles d’accentuation” (Herzfeld, 1974, p. 541).

On pourrait multiplier les exemples. Tous insistent sur le fait qu’il n’y a pas de mesure sans accent.

Fonder la mesure sur une réitération régulière d’accents, c’est lui reconnaître de fait un caractère rythmique. A l’origine, on l’a vu, la mesure ne visait qu’à regrouper un certain nombre de *temps*, eux-mêmes dérivés de ce que le Moyen Age nomme *tactus*.

“Le temps est une pulsation neutre, dépourvue d’accentuation métrique”, indique André Souris dans l’*Encyclopédie de la musique*. “Sous le nom de *tactus* [...], ce temps unitaire a suffi à organiser l’exécution des polyphonies les plus complexes de la Renaissance. [...] Les barres de mesure restaient indépendantes de l’accentuation métrique.” Et il conclut en remarquant que “le système de la mesure s’étant greffé sur celui du *tactus*, il en est résulté de graves confusions” (in Michel, 1961, III, p. 787).

Comme on l’a déjà relevé, c’est seulement dans la seconde moitié du XVIIe siècle qu’est apparu l’usage de la mesure. Aussi, lorsque cette notion s’est introduite dans le vocabulaire musicologique, l’idée concomitante d’un accent régulièrement réitéré y pénétra avec elle. Dès lors, les notions de métrique (au sens de “mesure”) et de rythme furent envisagées comme indissociables. Cela empêcha de définir clairement ce qui est propre à chacune d'elles et, par corollaire, ce qui les distingue. D'où l'utilisation d'une terminologie ambiguë qui est au cœur même de la plupart des confusions dans le domaine de la rythmique. Les interprétations contradictoires qui en découlent se caractérisent par un sens trop général accordé à nombre de termes dont les contours sont mal définis. Il est donc nécessaire d'avoir recours à un vocabulaire rigoureux et univoque, ce à quoi on s'emploiera maintenant.

3. Métrique, rythme et forme rythmique

Dans les musiques mesurées, *métrique* et *rythme* se trouvent en interaction permanente. Afin de pouvoir rendre compte des modalités de celle-ci, il est nécessaire d'envisager isolément le statut respectif de ces deux paramètres. C'est pourquoi il est essentiel, à ce stade, d'opérer une distinction fondamentale entre le sens du terme de *métrique* – tel que je le conçois –, et celui qui lui est généralement conféré dans le vocabulaire musicologique, à savoir la manière d'ordonner les temps dans un cadre de référence hiérarchisé, la *mesure*.

La métrique, au sens où je l'entends, approche, à peu de chose près celui de *metrum* mentionné plus haut, à savoir *la détermination, par rapport à une valeur constante prise comme étalon, des intervalles de temps* obtenus soit par multiplication, soit par division, mais – et ce point est essentiel – *d'où est absente toute idée de hiérarchisation.* Si l'on adhère à une telle définition, on peut poser d'emblée l'axiome suivant : la métrique concerne *l'étalonnage du temps en quantités – ou valeurs – égales* ; *le* rythme, *les modalités selon lesquelles des durées différenciées sont regroupées.* Le groupement des valeurs – qui entretiennent obligatoirement un rapport strictement proportionnel avec l'étalon de temps – engendre, quant à lui, une organisation sonore, délimitée et donc perceptible. Pour faire image, on peut dire que la métrique est la trame muette sur laquelle le rythme se déploie.

Pour qu'une suite de sons – ou un groupement de valeurs – puisse être perçue comme une *forme rythmique,* il faut nécessairement que l'un au moins de ses constituants soit marqué par un trait qui l'oppose aux autres. Il existe trois types de marques susceptibles de rendre sensible cette opposition : l'*accent,* la *modification de timbre,* l'*alternance des durées.*

Accent : l'opposition se matérialise ici au moyen d'une marque accentuelle (dont la réitération peut être régulière ou irrégulière). En l'absence d'opposition de timbres et de durées, l'accent demeure le seul critère rythmique.

Modification de timbre : l'opposition est produite par l'alternance (régulière ou irrégulière) de timbres différenciés. A défaut de marque accentuelle et d'opposition de durées, le timbre constitue le seul critère rythmique.

Alternance des durées : l'opposition résulte ici de la succession de valeurs inégales. En l'absence de toute accentuation et de timbres différenciés, l'opposition des durées demeure le seul critère rythmique.

Associés le plus souvent dans la pratique, la distinction de ces trois paramètres tient à des raisons de méthode ; elle vise à exposer les trois conditions *nécessaires et suffisantes* à l'émergence de toute forme rythmique (Arom, 1985, vol. I, p. 330-331).

Dans la mesure où l'on souscrit à la proposition selon laquelle l'existence même du rythme est conditionnée par la présence d'un trait discriminant, *contrastif*, il en découle, en bonne logique, la proposition inverse : *dès lors qu'il y a contraste, il y a nécessairement rythme.* Force est alors de reconnaître que la définition généralement admise de la "métrique" (fondée sur l'opposition entre temps forts et faibles, sons accentués et dépourvus d'accentuation), s'appuie en réalité sur des critères dont l'essence même est rythmique. Ce qui n'a pas échappé à Nattiez, lorsqu'il note que "le concept de rythme peut désigner [...] *le phénomène du mètre lui-même*" (1987, p. 321 ; c'est nous qui soulignons).

Une forme déployée dans le temps est une *forme rythmique.* Par ce terme, j'entends *tout groupement de sons qui se prête à une délimitation par le biais de l'une au moins des marques mentionnées plus haut.* Dans ces conditions, une cellule de deux sons tout comme l'intégralité d'un mouvement de symphonie constituent aussi bien l'une que l'autre une *forme rythmique*, même si leurs dimensions respectives diffèrent considérablement.

Pour qu'une forme rythmique puisse être perçue comme telle, il faut nécessairement qu'elle soit intégrée dans un cadre temporel qui en permette la réitération. Cette réitération peut ou non coïncider avec ce cadre. Dans le premier cas, la forme est constituée par une *figure*, délimitée par une période qui se confond avec ce cadre. Dans le second cas, la figure s'inscrit dans une séquence forcément plus développée, au sein de laquelle elle jouxte d'autres formes rythmiques, de dimensions variables, mais qui sont également réitératives. La distribution de toutes ces formes – tributaires le plus souvent d'un principe d'*inclusion* les unes dans les autres – se prête à un nombre infini de combinaisons. Il découle de ce qui précède que *répétition implique périodicité.*

4. Organisation métrique et tempo

4.1. *Métrique régulière et irrégulière*

On a dit plus haut que le groupement des valeurs – ou des sons – qui engendre une structure rythmique entretient obligatoirement un rapport proportionnel avec la valeur constante prise comme étalon. Or ce rapport se manifeste différemment selon que cette valeur peut être divisée ou *ne peut faire l'objet que d'une multiplication*. La valeur-étalon est tributaire de deux facteurs, qui interfèrent : *l'organisation métrique et le tempo* de la séquence qu'elle sous-tend, c'est-à-dire dans laquelle la périodicité se manifeste.

L'organisation métrique peut se manifester sous deux aspects. Elle peut être régulière ou irrégulière :

– elle est *régulière*, lorsque la forme rythmique de la séquence qu'elle sous-tend se prête à une segmentation en pulsations isochrones, *divisibles à leur tour en parties égales* ; c'est la valeur de cette pulsation qui servira alors d'étalon ;

– elle est *irrégulière* lorsque la forme rythmique est irréductible à une telle segmentation *à moins de ralentir le tempo dans lequel elle se meut* ; dans ce cas, la valeur-étalon coïncide forcément avec la valeur la plus brève.

Cela revient à dire qu'il existe deux types d'étalon, la *pulsation* – dont la conception est proche de celle du *tactus* médiéval – et la valeur la plus brève, l'équivalent du *chronos protos* de la Grèce antique. On les envisagera maintenant successivement.

On peut dire de la métrique que la *pulsation* – cette "battue" dont parle Rousseau – en est la pierre angulaire, en ce qu'elle peut faire non seulement l'objet d'une division, mais également d'une multiplication. Elle constitue ainsi l'unité de référence pour la détermination de séquences qui – indépendamment de leur dimension – en sont toujours des multiples entiers. C'est elle encore qui est à la base de la "mesure" occidentale. Elément organique de toute musique fondée sur une périodicité régulière – entendons par là *divisive* –, elle constitue également l'unité de référence pour la détermination du tempo.

La durée la plus brève, l'équivalent du "temps premier", le *chronos protos* de la musique grecque ancienne, ne peut être décomposée. Elle constitue l'unité métrique élémentaire, indivisible, par rapport à laquelle toutes les autres durées constituent nécessairement des multiples.

Dans les musiques dont la périodicité est *irrégulière*, plus précisément *asymétrique*, c'est-à-dire irréductibles à une *pulsation* isochrone et dont de surcroît le tempo est trop rapide pour permettre une division de la valeur opérationnelle minimale, l'étalon ne peut que se confondre avec cette dernière.

Au contraire de la pulsation, qui se prête aussi bien à la division qu'à la multiplication, l'étalon constitué par l'unité métrique élémentaire ne peut faire l'objet que de multiplications. C'est le cas du rythme *aksak* – terme turc signifiant boiteux, irrégulier, emprunté à la théorie musicale ottomane (voir *infra*).

La situation évoquée ici paraît être la seule en musique qui présente une interférence entre la variable *tempo* – qui désigne le mouvement dans lequel une séquence musicale se déroule – et l'un des paramètres qui rendent compte de ses propriétés structurelles. A ce titre, elle nécessite quelque éclaircissement : une quelconque séquence musicale de périodicité irrégulière, lorsqu'elle est exécutée dans un mouvement modéré, se laisse bien évidemment diviser en pulsations isochrones, que le temps objectif suffit à matérialiser d'une manière ou d'une autre (geste du chef d'orchestre ou battements de mains par exemple). En revanche, lorsque cette même séquence se trouve réalisée dans un tempo très vif, comme c'est le cas pour l'*aksak*, la durée objective qui séparait jusqu'ici une pulsation d'une autre peut alors correspondre à celle qui sépare maintenant deux valeurs minimales, parfois à moins encore. Or, étant donné le groupement asymétrique de ces dernières, la pulsation se révèle ici inopérante. C'est la valeur brève qui fait alors office de valeur référentielle. C'est uniquement en raison du changement de tempo que le caractère asymétrique, "boiteux", devient perceptible. Le tempo apparaît alors comme un critère pertinent pour l'identification de l'*aksak*.

Pour distinguer l'organisation temporelle des musiques qui se prêtent à une division en pulsations égales de celles qui sont asymétriques, la terminologie musicologique a qualifié les premières de "rythmes divisifs", les secondes de "rythmes additifs". Cette dichotomie prête à confusion car, par définition, un rythme n'est ni "additif" ni "divisif" : tout simplement, il *est*. Ce qui, en revanche, relève bien d'un principe additif ou divisif, c'est la détermination de l'organisation métrique qui le sous-tend. Qualifier le rythme de l'une ou de l'autre façon revient donc à caractériser une forme, non pas au regard de ses propriétés intrinsèques, mais en fonction de l'opération mentale que son appréhension requiert. Cette dernière procède en effet soit par division en pulsations, soit par multiplication – ou *addition*, ce qui revient au même – des valeurs opérationnelles minimales.

4.2. *Le rythme aksak*

Définition

Les formes rythmiques qui relèvent d'une métricité procédant par division sont de loin les plus répandues ; elles englobent l'ensemble de la musique savante occidentale jusqu'au début du XXe siècle, les musiques

– tant savantes que populaires – de l'Inde et de l'Indonésie, mais aussi celles d'Afrique subsaharienne et d'ailleurs. Les formes asymétriques, obtenues par addition ou multiplication, sont fréquentes en revanche dans les musiques traditionnelles des Balkans. Désignées par le terme turc *aksak*, ce sont elles qui permettront de parachever la démonstration établissant que la "métrique", source de tant de confusions, n'a pas d'existence propre. Ce n'est donc sans doute pas un hasard si le terme *aksak* ne figure dans aucun des grands dictionnaires musicaux.

L'*aksak* repose sur un principe de juxtaposition de cellules rythmiques regroupant, selon des arrangements divers, deux *et* trois valeurs fondamentales, principe qui engendre des configurations irrégulières, d'où leur caractère "boiteux".

Posons d'emblée que tous les *aksaks* – autres que celui, *matriciel*, de cinq valeurs, fondé sur la combinaison de deux cellules (2 + 3 ou 3 + 2) – en constituent des extensions, obtenues par *ajout* et/ou *intercalation*. Ainsi, un *aksak* comptant neuf valeurs ne peut être produit que par l'*adjonction* de deux cellules binaires à celui qui en compte cinq (3 + 2) + *(2 + 2)*, soit 3 + 2 + 2 + 2. La formation, à partir de ce dernier, d'un *aksak* totalisant douze valeurs, peut se faire soit par l'ajout d'une cellule ternaire à celle qui y figure déjà (ce qui donnera 3 + *3* + 2 + 2 + 2), soit par l'*intercalation*, entre deux cellules binaires, d'une cellule ternaire (3 + 2 + 2 + *3* + 2).

La multiplicité des arrangements auxquels peut donner lieu l'*aksak* nécessite, pour mieux le comprendre, l'établissement d'une typologie.

Typologie

Pour plus de clarté, on se bornera pour le moment à examiner l'*aksak en soi*, en tant que phénomène *structurel*, sans prendre en compte sa dimension culturelle, c'est-à-dire la manière dont il est conçu et perçu par ses utilisateurs.

D'emblée, une distinction s'impose, selon que le nombre global des valeurs fondamentales qui le constituent est *pair* ou non. Dans le premier cas, l'*aksak* présente une forme *symétrique* divisible par deux ou par trois – parfois aussi par cinq – en temps égaux, *en pulsations équidistantes*. Ainsi, par exemple, une figure de type 3 3 2 = 8 se laisse diviser par 2 ou 4, alors qu'une configuration de type 3 2 2 3 2 = 12 est divisible aussi bien par 2 ou 4 que par 3 ou 6. C'est pourquoi je qualifierai tous ceux dont le nombre global est pair comme étant des *pseudo-aksaks*.

Parmi les *aksaks* totalisant un nombre *impair* de valeurs fondamentales, certains se laissent réduire en pulsations équidistantes, mais uniquement selon un principe ternaire (2 2 2 3 = 9, tout comme 3 x 3 = 9). C'est pourquoi je les considérerai comme des *quasi-aksaks*.

Viennent enfin ceux, fondés sur des *nombres premiers* – tels 5, 7, 11, 13 – qui, par définition, ne peuvent être divisés que par eux-mêmes.

La matrice *première* – j'entends par là l'*aksak matriciel* qui fonde le principe même du groupement de cellules comportant des quantités binaires *et* ternaires – est celle de 5 (2 + 3 ou 3 + 2), qui se trouve précisément être un *nombre premier*. Parce qu'il ne présente aucune ambiguïté d'interprétation quant aux modalités d'une possible réduction en temps égaux, un tel *aksak* est irréfutable. C'est pourquoi il me semble à la fois légitime et pertinent de qualifier d'*authentique* tout *aksak* issu d'un nombre premier.

Reste le cas des *aksaks couplés* et des *aksaks composés* qui correspondent au groupement de deux ou plusieurs *aksaks*.

Là encore, il convient de subdiviser chacune de ces deux catégories, selon que le nombre global de valeurs des *aksaks* qui y figurent respectivement est pair ou impair.

Paradoxalement, le couplage de deux *aksaks* authentiques (donc fondés sur des nombres premiers) donnera nécessairement lieu à un module dont le nombre global sera pair. De ce fait, deux *aksaks* authentiques accolés l'un à l'autre perdent leur qualité originelle et se transforment en un *pseudo-aksak*. Inversement, lorsqu'un *aksak* pair se trouve être combiné à un *aksak* impair, leur couplage engendrera inévitablement une somme impaire. Or dans la mesure où cette dernière est divisible, sur une base ternaire, en temps égaux, l'on sera alors en présence d'un *quasi-aksak* ; si elle y est réfractaire, on aura affaire à un *aksak authentique*.

Par *aksak authentique*, nous entendons donc un module rythmique exécuté dans un tempo rapide, fondé sur la combinaison de cellules binaires et ternaires (par exemple 5 = 2 + 3, 7 = 3 + 2 + 2) et dont la somme correspond nécessairement à un *nombre premier*, tel que 5, 7, 11, 13, 17, 19, 23, 29.

En raison de l'interdépendance entre leur caractère irrégulier et la rapidité de leur tempo, les *aksaks* authentiques sont *irréductibles à une pulsation isochrone*. Or dans une forme rythmique réfractaire à une telle division, le seul critère d'organisation temporelle demeure celui du mode de groupement des valeurs qui la constituent. Ce dernier, on l'a vu, relève du rythme. C'est pourquoi il est impossible de différencier la "mesure" d'un *aksak* authentique de son articulation rythmique. Pour s'en convaincre, il suffit d'écouter un *aksak authentique* et d'en matérialiser tour à tour le schéma métrique et la figure rythmique. Infailliblement, les deux coïncideront.

Les *aksaks authentiques élémentaires* – nous entendons par là *ceux dont le nombre de cellules ne peut être modifié* – sont 5, en 2 + 3, et 7, en 2 + 2 + 3. En effet, un *aksak* totalisant 11 valeurs fondamentales peut être formé de quatre cellules (en 2 3 3 3) mais aussi de cinq (en 2 2 2 2 3), alors que dans ceux dont la somme est de 5 et de 7 valeurs, le nombre de cellules ne peut varier. (Les autres *aksaks* élémentaires sont ceux qui totalisent 8, 9, 10 et 12 valeurs fondamentales.)

Par opposition aux *aksaks authentiques*, tous les autres, que leur somme soit paire ou impaire, sont divisibles en temps égaux. Il convient toutefois de les distinguer. C'est à quoi nous nous attacherons maintenant.

Dénommons *quasi-aksaks* ceux qui comptent un nombre impair – mais non premier – de valeurs fondamentales. Ils se caractérisent par des figures à tempo vif, inscrites dans un cadre métrique dont la somme des valeurs, divisible par 3, est donc asymétrique (par exemple 2 + 2 + 2 + 3 = 9, qui équivaut à 3 x 3).

Cette asymétrie engendre un important coefficient d'ambiguïté, en ce qu'elle permet de percevoir le contenu rythmique de deux façons différentes, soit comme un *aksak* véritable, soit comme un module rythmique inscrit dans une armature métrique divisible en trois temps égaux, mais qui serait "syncopé" Ainsi, dans l'exemple ci-dessus, l'enchaînement 2 2 2 qui précède le 3 peut-il être perçu par rapport à ce dernier comme une hémiole (6 = 3 x 2 mais aussi 2 x 3).

Dave Brubeck, au début du célèbre *Blue Rondo à la Türk* – dont la partition indique comme mouvement métronomique 126 à la noire pointée (mais qui prend soin de préciser 378 à la croche, qui est la valeur fondamentale de cette pièce) –, joue précisément sur cette ambivalence, en réitérant trois fois un *aksak* de 2 + 2 + 2 + 3 qui alterne régulièrement avec un groupement de 3 + 3 + 3 : le thème principal du morceau est construit sur la matrice rythmique 2 2 2 3 – 2 2 2 3 – 2 2 2 3 – 3 3 3, qui est énoncée successivement seize fois, pour être reprise cinq fois encore avant la fin du morceau.

Le *quasi-aksak* le plus simple est celui de 9, en 2 2 2 3.

En raison de leur caractère symétrique, nous qualifions les *aksaks* dont la somme est paire de *pseudo-aksaks*. On entendra par là une forme rythmique énoncée dans un tempo vif, inscrite dans un cadre métrique divisible dont la somme des valeurs constitutives correspond à un nombre pair (par exemple 3 + 3 + 2 = 8, qui équivaut à 2 x 4 ou 4 x 2).

Les *pseudo-aksaks* élémentaires sont 8, en 2 3 3 ; 10, en 2 2 3 3 ; 12, en 2 2 2 3 3.

Aksaks structurels et aksaks culturels

Les anthropologues – tout particulièrement Clifford Geertz (1973) – insistent sur le fait que la culture doit être comprise comme un ensemble partagé de systèmes de signification et d'entendement. L'ethnomusicologue Mieczyslaw Kolinski, de son côté, évoque à propos de la métrique et du rythme l'existence de patrons mentaux (*"mental patterning"* in 1973, *passim*). Cela implique que la perception du rythme opère sur la base d'un code partagé au sein d'un même système cognitif. Deux exemples viennent le confirmer, chacun à sa façon.

En novembre 1990, dans le village de Lokulela, dans l'extrême Sud-Ouest du Zaïre, en pays bolia, j'ai recueilli une berceuse. La mère tenait son enfant contre sa poitrine et, frappant de sa main droite le haut de son bras gauche, scandait son chant par l'ostinato rythmique asymétrique suivant : 2 2 2 3. Cet ostinato irrégulier de neuf valeurs fondamentales – qui est en fait un *pseudo-aksak* – peut tout aussi bien se concevoir sur une base de trois pulsations équidistantes (3 x 3). Aussi, afin de tester sa réaction, j'ai superposé celles-ci au chant de la mère, suscitant aussitôt sa réprobation ainsi que celle, immédiate et unanime, de tous les villageois présents. Cela signifie que pour les Bolia, cette berceuse ne peut être pensée que sous la forme d'un *aksak*.

A l'inverse, les ethnomusicologues anglo-saxons ont mis en évidence l'existence d'un patron rythmique panafricain que Jones nomme *"African signature-tune"* (1959, p. 210), et Pantaleoni *"timing pattern"* (1972, p. 58), 12 en 2 2 3 2 3, qui pourrait être considéré comme le couplage de deux *aksaks* authentiques : 5 (2 3) + 7 (2 2 3). Or partout en Afrique centrale où j'ai demandé – sans plus de précision – qu'on superpose à cette figure des battements de mains, les frappes correspondaient systématiquement au regroupement des douze valeurs élémentaires en quatre pulsations ternaires (4 x 3). Ici, la figure est pensée en fonction d'une symétrie globale et en aucun cas comme la juxtaposition de deux *aksaks*.

Ces deux exemples illustrent de façon éloquente la divergence qui peut exister entre l'*aksak*, considéré uniquement sous son aspect structurel et la manière dont il est ressenti dans un contexte culturel donné.

5. Retour au mètre, à la mesure, au rythme

Au terme de cet examen, l'*aksak authentique* apparaît comme la forme temporelle la plus condensée qui soit, puisque tout y fusionne : la forme est délimitée par un cadre périodique dont l'armature métrique se confond avec l'articulation du rythme.

Puisqu'il est impossible de marquer de façon différente la "mesure" de l'*aksak* authentique et son rythme, il s'ensuit que la "mesure", absorbée par ce dernier, n'a pas d'existence autonome. Ne subsiste qu'un seul niveau d'articulation, celui de la forme elle-même.

De surcroît, cette démonstration à propos de l'*aksak* aura permis de déterminer le statut de la mesure et de dissiper du même coup la confusion qui règne dans les rapports entre la métrique, telle qu'elle est généralement admise, et le rythme. Convention graphique pour régler l'agencement des durées et en faciliter la lecture, la mesure constitue un cadre *abstrait* – puisque *prédéterminé* et *vide* – qui préexiste à la musique. Le concept de mesure préfigure cependant l'un des attributs de la substance sonore qui viendra s'y inscrire – celui d'*une marque réitérative régulière*. De ce fait, une fois dotée de substance, la mesure constitue un *premier niveau* d'articulation rythmique.

Tous les auteurs s'accordent pour dire que les éléments qui fondent la mesure doivent être perceptibles. Si tel est le cas, c'est donc qu'ils relèvent du rythme. En ce sens, la mesure – une fois dotée de substance –, en ce qu'elle implique la récurrence régulière d'une marque, constitue, par là même, un *premier niveau* – élémentaire – d'articulation rythmique : l'attaque d'un son sur le premier temps diffère par l'une de ses propriétés de tous les autres sons figurant dans cette même mesure. Tant que l'articulation rythmique de la substance musicale s'aligne sur la régularité de la mesure, tant qu'elle lui est *commétrique*, ne subsiste que ce premier niveau ; lorsque – comme c'est le plus souvent le cas – elle va à l'encontre de cette régularité, lorsque le groupement des valeurs vient la contrecarrer, s'instaure un deuxième niveau d'articulation rythmique, *contramétrique*. (Les termes de *commétrique* et de *contramétrique* sont dus à l'ethnomusicologue Mieczyslaw Kolinski [1973].) Or dans les musiques fondées sur une organisation en mesures, la perception du second niveau s'ordonne nécessairement par rapport à la régularité sous-jacente du premier, celui qui est précisément établi par la mesure.

C'est le principe de cette *double articulation* du rythme qui a constitué le fondement même de l'organisation temporelle de la musique savante occidentale depuis la fin de la Renaissance jusqu'à l'époque contemporaine. Principe minimal, donc nullement limitatif, comme en témoignent les œuvres de bien des compositeurs, de Bach à Ligeti, sans oublier Beethoven ni Brahms. Sous l'angle de la perception, le conflit entre la régularité de la mesure et l'articulation contramétrique du rythme suscite un effet d'*ambivalence*, directement tributaire du degré de divergence entre ces deux éléments. L'adjonction – c'est-à-dire la superposition – de tout rythme contramétrique supplémentaire accroît d'autant le taux d'ambivalence. Dès lors, il apparaît que *plus grand est l'antagonisme entre les différents niveaux rythmiques, plus grand est le coefficient d'ambiguïté, plus dense le contenu musical.*

Bibliographie

APEL, W., 1944 : *Harvard Dictionary of Music*, Cambridge (Mass.), Harvard University Press.

AROM, S., 1984 : "Structuration du temps dans les musiques d'Afrique centrale : périodicité, mètre, rythmique et polyrythmie", *Revue de musicologie*, vol. LXX, n° 1, p. 5-36.

AROM, S., 1985 : *Polyphonies et polyrythmies instrumentales d'Afrique centrale. Structure et méthodologie*, 2 vol., Paris, SELAF.

AROM, S., 1992 : "«A la recherche du temps perdu» : métrique et rythme en musique", in *Les Rythmes. Lectures et théories*, J.-J. Wunenburger (éd.), Paris, L'Harmattan, p. 195-205.

AROM, S., 2002 : "La trascrizione", in *Universi sonori. Introduzione all'etnomusicologia*, T. Magrini (éd.), Turin, Einaudi, p. 69-93.

AROM, S., 2005 : "L'*aksak*. Principes et typologie", *Cahiers de musiques traditionnelles*, n° 17, p. 11-48.

AUGUSTIN, saint, 1947 : *La musique. De musica libri sex*, G. Fianert et F.-J. Thonnard (éd.), Bruges, Desclée de Brouwer.

BENARY, P., 1973 : *Rhythmik und Metrik. Eine praktische Einleitung*, Cologne, Musikverlag Hans Gerig.

BLUME, F. (éd.), 1949-1979 : *Die Musik in Geschichte und Gegenwart*, 17 vol., Cassel-Bâle-Londres-New York, Bärenreiter.

BRĂILOIU, C., 1951 : "Le rythme *aksak*", *Revue de musicologie*, vol. XXX, p. 71-108 ; repris in *Problèmes d'ethnomusicologie*, G. Rouget (éd.), Genève, Minkoff, 1973, p. 303-340.

BRUBECK, D., 1960 : *Blue Rondo à la Türk*, San Francisco, Derry Music Company.

BURLITT, W. (éd.), 1967 : *Riemann Musiklexikon*, 3 vol., Mayence, Schott.

CHAILLEY, J., 1951 : *La Musique médiévale*, Paris, Editions du Coudrier.

CHAILLEY, J., 1961 : *40 000 ans de musique. L'homme à la découverte de la musique*, Paris, Plon.

CLER, J., 1994 : "Pour une théorie de l'*aksak*", *Revue de musicologie*, vol. LXXX, n° 1, p. 181-210.

COOPER, G. et MEYER, L. B., 1960 : *The Rhythmic Structure of Music*, Chicago, University of Chicago Press.

CRESTON, P., 1964 : *Principles of Rhythm*, New York, Columbo.

DÜRR, W. et GERSTENBERG, W., 1963 : "Rhythmus, Metrum, Takt", in *Die Musik in Geschichte und Gegenwart*, F. Blume (éd.), Cassel-Bâle-Londres-New York, Bärenreiter, vol. XI, p. 383-419.

FRAISSE, P., 1974 : *Psychologie du rythme*, Paris, Presses universitaires de France.

GEERTZ, C., 1973 : *The Interpretation of Cultures*, New York, Basic Books.

HERZFELD, F., 1974 : *Ullstein Lexikon der Musik*, Francfort-Berlin-Vienne, Verlag Ullstein.

HONEGGER, M. (éd.), 1976 : *Science de la musique. Formes, technique, instruments*, 2 vol., Paris, Bordas.

JONES, A. M., 1959 : *Studies in African Music*, 2 vol., Londres, Oxford University Press.

KOLINSKI, M., 1973 : “A Cross-Cultural Approach to Metric-Rhythmic Patterns”, *Ethnomusicology*, vol. XVII, n° 3, p. 494-506.

KUNST, J., 1950 : *Metre, Rhythm, Multi-part Music*, Leyde, Brill.

LONDON, J., 2001 : “Metre”, in *The New Grove Dictionary of Music and Musicians*, S. Sadie (éd.), 2e éd., Londres, Macmillan, vol. XXI, p. 281-282.

LUSSY, M., 1883 : *Le Rythme musical, son origine, sa fonction, son accentuation*, Paris, Heugel.

MICHEL, F. (éd.), 1958-1961 : *Encyclopédie de la musique*, 3 vol., Paris, Fasquelle.

NATTIEZ, J.-J., 1987 : *Musicologie générale et sémiologie*, Paris, Christian Bourgois.

PANTALEONI, H., 1972 : “The Three Principles of Timing in Anlo Dancing Drumming”, *African Music*, vol. V, n° 2, p. 50-63.

REINHARD, K., 1968 : *Einführung in die Musikethnologie*, Wolfenbüttel-Zürich, Möseler.

ROUSSEAU, J.-J., 1768 : *Dictionnaire de la musique*, Paris, Veuve Duchesne ; in *Œuvres complètes*, Paris, Gallimard, “Bibliothèque de la Pléiade”, 1995, vol. V, p. 603-1191 ; rééd., Arles, Actes Sud, “Thesaurus”, C. Dauphin (éd.), 2007.

SADIE, S. (éd.), 1980 : *The New Grove Dictionary of Music and Musicians*, 20 vol., Londres, Macmillan ; 2e éd., 29 vol., Londres, Macmillan, 2001.

SEIDEL, W., 1998 : “Rhythmus, Metrum, Takt”, in *Die Musik in Geschichte und Gegenwart*, L. Finscher (éd.), Cassel, Bärenreiter, vol. VIII, p. 257-317.

SOURIS, A., 1961 : “Tempo”, in *Encyclopédie de la musique*, F. Michel (éd.), Paris, Fasquelle, vol. III, p. 787.

WILLEMS, E., 1954 : *Le Rythme musical (Rythme-rythmique-métrique)*, Paris, Presses universitaires de France.

Nathalie Fernando

ÉCHELLES ET MODES : VERS UNE TYPOLOGIE DES SYSTÈMES SCALAIRES

1. Introduction

L'objectif de cet article est d'exposer les principes en vertu desquels musicologues et ethnomusicologues s'accordent généralement à définir les notions d'échelle et de mode. Il vise également à soulever la problématique que posent, d'une part, l'usage de ces deux termes quant à l'analyse des systèmes scalaires des musiques traditionnelles – au sein de cultures qui connaissent l'écriture comme au sein de celles qui fondent la transmission de leurs savoirs exclusivement sur l'oralité –, et d'autre part, la définition des objets auxquels ils renvoient.

Dans un premier temps, nous ferons la synthèse des critères les plus couramment utilisés pour catégoriser une succession de hauteurs en termes d'échelle ou de mode. Nous évoquerons le caractère conceptuel de ces deux outils analytiques, de même que l'antériorité de la notion de mode sur celle d'échelle, ou encore la condition réciproque et hiérarchisée de leur coexistence.

Nous verrons ensuite que l'usage désormais systématique de ces deux termes pour analyser des systèmes scalaires appartenant à toute époque ou culture musicale est corollairement lié à la nature même de leurs définitions théoriques. Le fait que ces dernières reposent généralement sur des archétypes figés, parfaitement identifiables, facilite le maniement de ces deux concepts dont on peut craindre qu'ils ne rendent pas compte de la dynamique du système qu'ils sont censés décrire. Il s'avère en effet que, quelle que soit l'époque – et parfois même de nos jours –, les théoriciens, les musicologues, comme les musiciens, ont tâché de mettre par écrit non pas ce qu'ils retenaient des pratiques, mais un ensemble de règles qui consistaient à rationaliser les phénomènes qu'ils observaient. Leurs procédés de modélisation se sont alors le plus souvent fondés sur des considérations mathématiques, physiques ou géométriques sans prendre en compte, semble-t-il, la part qui revenait aux processus cognitifs lors de la catégorisation des formes musicales – tant au niveau de leur conception que de leur perception. A ce titre, les quelques exemples de formulations théoriques que nous donnerons ne se veulent pas exhaustifs. (Au sujet de la description détaillée des systèmes modaux tant extra-européens qu'occidentaux, nous croyons indispensable de consulter l'article de Harold Powers *et al.*, 2001.) Les exemples que nous privilégions se veulent simplement représentatifs de la problématique qu'ils sous-tendent : d'une part, la nécessité d'avoir recours à d'autres termes que ceux d'échelle et de mode pour définir les différentes étapes qui entrent dans la théorisation d'un système scalaire ; d'autre part, et face à la similitude des principes ayant implicitement ou explicitement servi de support aux spéculations des musicologues afin de légitimer – voire normaliser – leurs théories sur la constitution et le fonctionnement des systèmes scalaires, la difficulté de distinguer ce qui relève de l'universel ou du culturel.

Enfin, nous aborderons le problème que pose la définition des systèmes scalaires au sein de communautés d'Afrique centrale vivant dans un contexte exclusivement oral, où il n'y a ni traité, ni même verbalisation des règles de la grammaire musicale. Nous montrerons qu'il semble alors nécessaire de remettre en cause la théorisation des systèmes scalaires en terme d'archétypes et de déclinaison de ces archétypes, et de reconnaître l'impuissance des deux outils analytiques développés – échelle et mode – non pas à décrire, mais à modéliser le système d'organisation des hauteurs en tenant compte d'un regard interne à la culture.

2. Les notions d'échelle et de mode

L'échelle correspond à une segmentation du continuum sonore en unités discrètes qui s'opposent les unes aux autres. Elle s'inscrit à l'intérieur d'un intervalle cadre – généralement l'octave – au-delà duquel elle se reproduit identique à elle-même. L'échelle contient un potentiel intervallique et renvoie à un inventaire fini, à un réservoir clos de tous les degrés – délimitant la nature et le nombre d'intervalles – à partir desquels sont élaborés les différents modes.

Quelles que soient les cultures et les théories en usage, le mode consiste en une *sélection* des degrés de l'échelle. Par exemple, l'échelle indienne comporte vingt-deux *shruti*, l'échelle arabe vingt-quatre "quarts de tons", tandis que leurs modes respectifs comptent seulement cinq à sept degrés à l'intérieur de l'octave. (Le terme *shruti* désigne la hauteur à laquelle il est possible de réaliser tel ou tel degré. Chacun d'eux peut en effet, selon le mode, être exécuté à différentes hauteurs – différents *shruti* – tout en conservant le même nom. Précisons qu'un manuscrit anonyme du XVIIIe siècle [ms. 11604], conservé à la bibliothèque Sarasvatî Mahal de Tanjavûr, a conduit certains théoriciens à prendre en compte l'existence de deux *shruti* supplémentaires, ce qui porterait le nombre total de *shruti* à vingt-quatre [Mukherjee, 2004, p. 346].)

En fonction de la sélection opérée, chaque mode propose une configuration scalaire différente, c'est-à-dire une organisation spécifique des intervalles potentiellement présents au sein de l'échelle. Parallèlement à cette opération de sélection s'organise la *hiérarchisation* des degrés, ce qui implique que toutes les notes du mode n'ont pas le même poids ou la même valeur mélodique. La tonique, à partir de laquelle les modes sont généralement présentés et ordonnés sous formes de gammes ascendantes et descendantes, ne détient pas nécessairement un statut aussi important que dans le système tonal occidental. D'autres notes occupent une place tout aussi privilégiée et parfois même plus essentielle. Ces dernières sont reconnaissables à la fréquence de leur occurrence, à leur position systématique en début ou fin de phrase, à la présence de motifs ornementaux qui les entourent et qui permettent de les valoriser au sein du contour mélodique, ou encore à leur durée. Tout mode indien possède, par exemple, deux notes pôles – *vâdi* et *samvâdi* – généralement à la quarte ou à la quinte l'une de l'autre (Suvarnalata, Van der Meer et Harvey, 1999, p. 2). Chacun de ces modes possède par ailleurs une ou plusieurs *nyâsa svara*, notes que le musicien peut prolonger ou sur lesquelles il peut conclure le mode (Clinquart, 2001, p. 52) et dont la tonique fait nécessairement partie. De même, dans les musiques d'Afrique centrale, peut-on observer la prégnance de plusieurs degrés autour desquels va s'articuler la ligne mélodique. Ce phénomène, particulièrement perceptible dans la musique vocale monodique, instaure un sentiment de polarité (Fernando, 1999, p. 117). Et c'est sans doute cette sensation de polarité qui conduit certains psycho-acousticiens à parler, au sujet des notes privilégiées d'un mode – au-delà de leur définition vernaculaire – de "valeur focale" (McAdams, 1989, p. 268).

La prédominance de certains degrés au sein du mode n'est pas sans incidence sur le contour mélodique qui aura tendance à reposer principalement sur un ou plusieurs types d'intervalles, contribuant ainsi à la récurrence de certaines formules mélodiques clés, emblématiques de ce mode.

Certaines cultures attribuent au mode une fonction extra-musicale, liée au sentiment, à l'affect. C'est ainsi qu'en Inde, les modes peuvent, au-delà de leur structure intervallique et de leurs degrés privilégiés, être catégorisés en fonction de leur *rasa*, c'est-à-dire du sentiment qu'ils sont censés exprimer. Empreints d'un symbolisme fort, certains modes sont en outre rattachés à des moments précis de la journée ou de la nuit, d'autres encore à une saison. Ainsi, il semble que le choix de tel ou tel *shruti* pour l'exécution d'un degré ait également une connotation spécifique. Mukherjee signale par exemple que le *shruti achyuta-shadja* ou encore *achyuta-madhyama* "suggère une notion d'absolu, d'infaillible" (2004, p. 347).

Enfin, dans nombre de traditions musicales qui privilégient la musique monodique et au sein desquelles l'improvisation tient une part essentielle, le mode ne colore pas seulement l'exécution d'une pièce musicale, il est directement impliqué dans l'*élaboration formelle* de celle-ci en constituant l'armature même du morceau. C'est notamment le cas du *râga* indien où l'art du soliste consiste, au cours de l'*alap* – la partie non mesurée de la pièce –, à égrainer petit à petit les notes du mode ou encore à instiller ponctuellement le mode principal de notes appartenant à un autre mode pour l'enrichir de touches étrangères. Il en va de même dans le *maqâm* arabe, où l'instrumentiste passe subtilement d'un mode à un autre, allant jusqu'à susciter par moments un sentiment d'ambiguïté modale.

Tous ces phénomènes opèrent indépendamment les uns des autres. C'est dire que leur combinatoire n'est pas nécessaire pour définir la notion de *modalité* qui, selon les traditions musicales, peut être envisagée sous des aspects différents.

Les notions d'échelle et de mode constituent deux outils conçus et élaborés par les analystes – musicologues, théoriciens – afin d'expliquer les modalités de fonctionnement des multiples configurations scalaires proposées par les musiciens. Les définitions que nous donnons de ces deux termes tendent à laisser supposer que l'échelle préexiste au mode, alors que l'opération intellectuelle qui permet de passer de l'un à l'autre, d'un état à un autre, est sans doute inverse. L'échelle procède en fait d'une construction *théorique* et d'une projection mentale de l'analyste à partir de l'observation des différents modes – alors que le mode reflète une réalité culturelle définissant l'organisation et la nature des intervalles dans un contexte mélodique donné.

3. Du mode à l'échelle

Comme nous l'avons déjà souligné, les modes n'utilisent pas nécessairement tous les degrés de ce potentiel intervallique que constitue l'échelle. Par exemple, la théorie indienne admet que la note *ra* puisse être réalisée selon plusieurs *shruti* différents, mais proscrit l'exécution d'un même degré au sein du même râga selon deux *shruti* différents. De même, dans le *maqâm*, les musiciens n'enchaînent jamais deux degrés consécutifs parmi ceux qui fondent les vingt-quatre quarts de ton de l'échelle.

Les intervalles qui composent certaines échelles sont donc généralement plus petits que ceux des modes auxquels elles renvoient et ne sont jamais joués en succession : dans la plupart des cas de figure, le plus petit intervalle qui permet d'opposer deux degrés consécutifs n'est pas matérialisé, ce que synthétise le schéma suivant en montrant comment des intervalles A et B s'opposent et permettent de définir deux structures scalaires différentes, tandis que l'intervalle C, qui les sépare, est obtenu par déduction et n'a d'existence que virtuelle au sein d'une échelle tout aussi abstraite.

Exemple 1

Projection de l'échelle à partir du mode

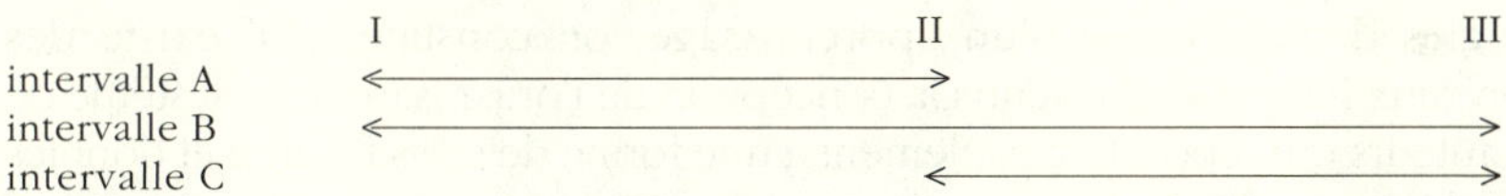

Si l'existence des intervalles A et B est attestée par la pratique musicale, celle de l'intervalle C relève du domaine de la spéculation théorique. Sa définition devient toutefois source de l'évolution du langage musical lorsque les musiciens s'emparent des traités théoriques pour donner naissance à de nouvelles organisations scalaires ou à des formes musicales "inédites".

Ces petits intervalles, indispensables à la détermination de l'espacement des degrés dans l'échelle et des intervalles constitutifs des modes, sont donc le fruit d'une projection de l'intégralité des successions d'intervalles admises par une culture donnée au sein d'un ensemble clos, l'échelle – dont les degrés constituent les bornes. Cette projection n'est possible que si l'on pose que ces différentes organisations scalaires sont représentées à partir d'un même degré de référence – c'est-à-dire une même hauteur de départ –, déployant ainsi dans un plan de hauteurs sonores *momentanément stable* la superposition de différentes structures intervalliques. En d'autres termes, cette représentation de tous les degrés permettant de matérialiser les différentes configurations intervalliques d'une tradition musicale se fait en synchronie et en référence à une hauteur absolue – ou tout au moins en référence à un ensemble de rapports de hauteurs évoluant dans le même ordre de grandeur. Enfin, la déduction d'intervalles de type C n'est aisée que si ceux qu'elle permet de discriminer (A et B) sont parfaitement stables. Or ce n'est pas toujours le cas dans la pratique, ce qui explique sans doute les tâtonnements théoriques et les multiples versions données pour tenter d'expliquer ce phénomène d'instabilité et pour rationaliser le calibrage des intervalles qui composent l'échelle. Sans doute est-il plus important pour les musiciens d'opposer A et B sans se soucier de la nature de l'intervalle qui les distingue (C), dès lors que la dimension de ce dernier n'induit aucune ambiguïté quant à l'identification des deux autres.

Il est un fait que cette forme de théorisation, qui articule de façon hiérarchisée les rapports d'interdépendance qui prévalent entre les notions d'échelle et de mode, a vu le jour dans des cultures où domine principalement la musique monodique, ou au sein desquelles la grammaire musicale a été théorisée selon une perspective évolutionniste comme une progression de la monodie vers la polyphonie. Cependant, si l'on examine de près les principes qui sous-tendent les théories en usage au sein de différentes cultures qui connaissent l'écriture ou qui ont fixé un certain nombre de règles dans le cadre d'un apprentissage, on constate qu'il existe des niveaux intermédiaires dans la conception de l'organisation du système de hauteurs qui répondent également à une forme de classification et dont les seuls termes d'échelles et mode *ne suffisent pas à rendre compte*. Au regard des deux outils dont ils disposent – les termes d'échelle et de mode –, nombre de musicologues et musiciens avouent leur embarras pour qualifier ces niveaux intermédiaires. Jacques Chailley avait sans doute identifié ce problème et l'avait partiellement résolu en utilisant deux termes supplémentaires, ceux de *système* et de *schéma* (1985, p. 57-58).

4. Entre échelle et mode

Certaines théories opèrent, en amont de la sélection d'un certain nombre de degrés pour fonder un mode, une distinction entre les degrés de l'échelle. Elles proposent un premier niveau de hiérarchisation qui se manifeste notamment à travers la dénomination des notes. La théorie arabe, par exemple, fait état de quatorze noms qui correspondent aux quatorze notes dites "principales", les autres étant signifiées par l'ajout d'un qualificatif subordonné au nom que porte la note principale la plus proche : *'adjam* désigne le *si*♭, *nim 'adjam*, le son situé "un peu plus bas que *'adjam*", c'est-à-dire le *si*♭ moins un quart de ton. La théorie chinoise, quant à elle, parle d'une échelle heptatonique comprenant cinq notes principales et deux *bian*, ces derniers correspondant respectivement aux 4e et 7e degrés : entre *jiao* et *zhi* (3e et 5e degré), on trouve *bianzhi* et entre *yu* et *gong* (6e et 8e degré), *biangong* (Ma Hiao-Tsiun, 1960, p. 285). Ces deux notes intermédiaires se positionnent à une hauteur plus ou moins mobile et détiennent un poids bien inférieur aux autres degrés de la mélodie, puisqu'elles ne sont considérées et utilisées que comme notes de passage. Malgré la présence théorique de sept notes au sein de chaque mode, la plupart des pièces reposent sur les cinq notes principales, ce qui explique sans doute pourquoi la conception vernaculaire de l'ensemble du système modal est pentatonique.

D'autres théories font référence à un système classificatoire qui renvoie aux différents modes pratiqués dans la culture et qui repose sur une sélection des degrés compris dans l'échelle. Ainsi, au début du XVIIe siècle, le musicologue indien Venkatamakhi élabora le système des *mêlakarta*, encore en vigueur aujourd'hui dans la musique karnatique de l'Inde du Sud (Clinquart, 2001, p. 47). Celui-ci comporte soixante-douze configurations scalaires formées mathématiquement à partir des quatorze *shruti* les plus courants – et non des vingt-deux théoriquement admis – qui permettent de renvoyer aux principaux modes heptatoniques utilisés. Il présente ce que l'on peut appeler en termes neutres, un "éventail de gammes" composées de sept notes, avec une "tonique", la note *sa* – en réalité la première note de cette échelle – et une quinte immuable, la note *pa*. (Précisons que la coutume consiste à utiliser l'abréviation servant à solfier les notes *œadhja [shadhaja], rishabha, gândhära, madhyama, panchama, dhaïvata* et *nishâda*, respectivement abrégées en *sa, ri, ga, ma, pa, dha, ni*. Cette dénomination renvoie uniquement à la place des degrés dans le mode, non à leur hauteur absolue. Les théories extra-occidentales, cependant, contrairement à la nôtre, ne font pas référence à la notion de hauteur absolue, ou plutôt à un diapason, tel que nous concevons cet étalon de hauteur depuis la fin du XIXe siècle. Si elles présentent généralement leurs modes à partir d'une note, qu'elle soit ou non toujours la même, il s'agit là d'une simple convention qui n'est pas opératoire dans la pratique puisque les modes peuvent être réalisés à partir de n'importe quelle hauteur. Même dans la tradition musicale chinoise, qui fait état d'un diapason officiel, l'observation prouve que ce dernier n'est pas respecté dans la musique profane non rituelle [Chailley, 1985, p. 23].)

Toutes les autres notes, *ri, ga, ma, dha, ni* correspondent à des hauteurs différentes, ce qui confère à chaque gamme une configuration spécifique. Cependant, les *mêlakarta* ne sont pas pour autant des modes ; ils constituent une simple sélection des degrés de l'échelle. En effet, le système des *mêlakarta* n'éclaire pas l'interprète sur la façon dont les gammes doivent être mises en pratique : il n'indique pas, par exemple, le nombre de notes à utiliser au sein de chacune d'entre elles – certains râgas pouvant se dérouler sur cinq ou six degrés et renvoyer néanmoins à certains de ces soixante-douze *mêlakarta* dont ils constituent des dérivés – ; en outre, il ne fait pas état des notes principales – dont la mise en valeur permet d'aboutir à la réalisation d'un mode – et ne précise pas dans le détail sur quel *shruti* tel ou tel degré peut être joué. Or, le jeu subtil qui régit l'usage d'un mode et qui s'établit à partir du choix des *shruti*, permet en effet de distinguer, sur le plan émotionnel, deux râgas qui renvoient théoriquement au même *mêlakarta*.

C'est en s'inspirant de ce principe que Vishnu Narayan Bhatkhande (1860-1936) détermina les *thât* du Nord de l'Inde, à savoir dix gammes heptatoniques types, fondées sur un système dodécaphonique, *déduites* à partir des râgas les plus fréquemment exécutés (Suvarnalata, Van der Meer et Harvey, 1999, p. 3). Les *that* ont donc, au regard du répertoire, la même fonction *classificatoire* que les *mêlakarta*.

Ces deux principes de catégorisation vernaculaire, qui ont une origine historique et conceptuelle commune, répondent à la définition que Jacques Chailley (1985, p. 58) donnait de ce qu'il nomme un "système". L'auteur distingue en effet trois niveaux d'organisation des hauteurs, allant du plus neutre au plus connoté culturellement, ceux d'échelle, de système, et de mode – en passant par la notion de *schéma* dont le rôle est d'asseoir le caractère du mode :

"Une échelle est la mise en ordre des notes mises à la disposition du musicien, qu'elles soient effectivement employées ou non. L'échelle est indéfinie ; elle n'a ni commencement ni fin, puisque tous les sons peuvent, en principe, se reproduire à l'octave ; elle n'est pas hiérarchisée et ne comporte par elle-même aucun degré privilégié. [...]

"A l'intérieur de l'échelle se découpe un système qui comprend les sons *effectivement employés*. Nous n'avons dans le système aucune notion de tonique ni de finale, mais une première ébauche de structure peut commencer à s'y faire jour, par la mise en place, plus ou moins complète, d'intervalles de structure [...]. Les mélodies primitives, qui sont souvent des variations sur une cellule type, groupent fréquemment les notes du système selon un schéma plus ou moins fixe qui détermine l'aspect de la mélodie. Ce n'est que lorsque le système se solidifie autour d'une note privilégiée, la *tonique*, développant souvent à son tour une dominante et établissant une hiérarchie entre les degrés, avec en général prédominance de la note finale, que nous pouvons parler de mode.

"Contrairement à l'échelle, le *mode* se définit par sa *structure. Il peut y avoir des modes différents sur une même échelle* [...]. Il n'y a donc mode que lorsqu'il y a *structuration de l'échelle*." *(Ibid.)*

Aux trois vocables "tonique", "dominante" et "finale", qui font directement référence à la grammaire musicale occidentale, nous préférons celui, plus général, de *polarité*. De même, le "schéma" correspond en fait aux formules mélodiques qui caractérisent généralement chaque mode – comme c'est le cas par exemple dans les musiques indiennes ou arabes.

Plus loin, Jacques Chailley précise : "Un même mode peut user d'échelles différentes : ce que fait par exemple notre mineur classique quand il passe de son échelle harmonique (exemple en *la* mineur : *mi-fa-sol♯-la*) à son échelle mélodique ascendante (*mi-fa♯-sol♯-la*) ou descendante (*la-sol-fa♮-mi*), soit trois échelles pour un mode." *(Ibid.)*

Cette conception occidentale du mode est relativement applicable au râga indien, chaque *mêlakarta* pouvant en effet selon sa réalisation en pente ascendante, *ârôhana*, ou descendante, *avarôhana*, proposer des degrés – et donc des intervalles – différents (Clinquart, 2001, p. 50).

Les exemples que nous venons de donner montrent à quel point musicologues et théoriciens se trouvent dans la nécessité d'avoir recours à d'autres termes que ceux d'échelle et de mode lorsqu'il s'agit de nommer, définir – et donc catégoriser – des faits musicaux, et de passer ainsi de l'observation d'une pratique à la théorisation de celle-ci. La tâche leur est néanmoins facilitée dans la mesure où la théorisation qui s'est faite dans nombre de traditions musicales – au sein de cultures qui connaissent l'écriture et tiennent un discours théorique sur leur grammaire musicale – a abouti à l'élaboration de modèles types ou d'archétypes scalaires, totalement figés. Certains ont été fixés par des autochtones, musiciens ou non, souvent philosophes ou scientifiques, qui observaient les pratiques de leur époque et qui étaient désireux de les rationaliser à travers des règles précises – ou encore qui traduisaient, interprétaient le cas échéant, les informations laissées par les traités anciens. D'autres ont été développés par des musicologues qui souhaitaient pouvoir se référer à un outil conceptuel permettant de définir, sur la base de règles tangibles, la constitution de systèmes scalaires inconnus. Les musiciens se sont parfois emparés des théories développées par les musicologues puis se les sont réappropriées afin d'expliquer ou de transmettre leur pratique. A l'inverse, les musicologues se sont fondés et se fondent encore le plus souvent sur la théorie en usage dans la culture pour définir des systèmes scalaires tout en constatant parfois que la réalité des pratiques ne coïncide pas en tout point avec la théorie en question.

De tout cela résulte une grande confusion dans les explications que l'on recueille dans les écrits contemporains d'ici ou d'ailleurs, et l'observateur en arrive à ne plus savoir ce qui demeure réellement pertinent pour la culture. L'intérêt cependant d'effectuer une synthèse des différents principes qui sous-tendent les théories en usage, est de constater que ces dernières font référence – souvent de façon implicite – à des principes similaires, dont on se demande comment ils ont pu rendre compte de toutes les diversités de conception, si l'on pose l'un des axiomes le plus courant qui consiste à soutenir que les manières de penser les systèmes scalaires sont éminemment culturelles. Nous verrons par exemple que l'intervalle de quarte, valorisé par le tétracorde tel qu'il est énoncé chez les Grecs, régit nombre de modèles explicatifs, de même que le système de calcul pythagoricien des rapports intervalliques.

La plupart des théories qui tentent de synthétiser *a posteriori* le fonctionnement des systèmes scalaires dans le monde reposent en effet sur un nombre limité de principes qui semblent avoir traversé le temps comme l'espace et qui ne reflètent bien souvent qu'une partie des phénomènes relevés dans les diverses pratiques. Comme nous allons le voir, elles s'appuient principalement sur des raisonnements mathématiques ou des calculs physiques dont l'objectif est de parvenir à une rationalité parfaite. Il s'agit essentiellement de modèles explicatifs reposant sur un système tétracordal, sur le cycle des quintes, sur la théorie dite "des quintes soufflées" ou bien encore sur la théorie de la résonance. Certaines théories musicales renvoient – explicitement ou non – à une combinaison de ces principes, d'autres ne se réfèrent qu'à un seul.

Aussi, les lignes qui suivent voudraient succinctement rendre compte de l'ampleur de ce que l'on pourrait appeler "l'acharnement théorique" qui consiste à tenter de faire coïncider les faits – de façon plus ou moins satisfaisante – avec une certaine forme de rationalité. Elles font état des modèles explicatifs les plus courants, sans relater en détail l'évolution historique – parfois hypothétique – des systèmes scalaires concernés, pas plus qu'elles ne se prononcent sur leurs influences mutuelles, sous-entendues mais jamais formellement attestées. Elles s'appuient sur quelques exemples de théorisation ayant trait aux systèmes scalaires grecs, indiens, arabes, chinois et japonais. Leur objectif n'est en aucun cas d'invalider les règles qui semblent faire office de loi, mais d'attirer l'attention du lecteur sur le fait que la recherche systématique d'un certain type de logique aboutit à la fixation de ce qui, dans la pratique, ne l'est sans doute pas avec autant de précision – ou en tout cas pas selon les mêmes termes.

5. L'imbroglio théorique

Nous allons examiner ici les préceptes sur lesquels reposent les diverses théories concernant l'élaboration des systèmes scalaires. Ce sont eux qui expliquent pourquoi on est souvent confronté à un véritable imbroglio théorique.

5.1. *Les* shruti *indiens*

Les théoriciens indiens se sont ingéniés, au cours des siècles, à établir des règles tendant à la fois à unifier les théories plus anciennes et à les clarifier, en vue d'en faciliter notamment la mémorisation. Leur démarche a abouti le plus souvent à une sorte de schématisation approximative des pratiques en vigueur et parfois à une simplification extrême du système modal, comme le prouve la mise au point des *mêlakarta* ou des *thât.*

Rappelons que le système des *mêlakarta* repose sur la division de l'octave en deux tétracordes conjoints qui commencent respectivement par les notes *pa* et *sa* : *sa ri ga ma* et *pa dha ni sa.* Ce système est sous-tendu par une conception partielle de l'échelle en ce qu'il ne retient que quatorze *shruti*, huit dans le tétracorde inférieur, six dans le supérieur. Les deux notes qui se trouvent à l'intérieur de chaque tétracorde peuvent prendre des valeurs différentes, ce qui permet d'obtenir six configurations principales pour chaque tétracorde, auxquelles s'ajoutent six autres configurations pour le tétracorde inférieur : la note *ma* peut en effet changer de hauteur en fonction de chacune des six configurations résultant de la mobilité des deux notes intérieures du tétracorde, *ri* et *ga.* Il existe donc douze configurations pour le tétracorde grave qui entrent en combinaison avec les six configurations du tétracorde supérieur, pour un total de soixante-douze *mêlakarta*, c'est-à-dire soixante-douze gammes types.

Toutefois, ce principe reste purement théorique puisque, dans la pratique, chacun des cinq degrés mobiles *(ri, ga, ma, dha, ni)* peut être exécuté selon quatre *shruti* différents, les degrés *ri* et *dha* pouvant même être réalisés dans certains cas sur les deux *shruti* graves des notes *ga* et *ni* qui leur sont immédiatement supérieures (Mukherjee, 2004, p. 14-26).

On comprend alors que le *mêlakarta* constitue une construction à partir d'un réservoir plus vaste de possibilités dans lequel le musicien puise pour exécuter un râga. Comme nous l'avons dit plus haut, ce dernier implique une évolution interdépendante du mode et de la forme musicale, grâce à la conjonction d'un ensemble d'éléments (notes prépondérantes, possibilité de faire entendre la version ascendante et descendante d'un *mêlakarta*, réalisation défective de celui-ci, motifs mélodiques caractéristiques, ornements, pauses sur certains degrés, choix du mode et des *shruti* en fonction de la circonstance ou de l'émotion que l'on veut susciter, etc.) dont la combinatoire unique est représentative d'un râga particulier.

5.2. *Le système grec classique*

Les systèmes tétracordal et classificatoire indiens ne sont pas sans analogie avec certains des éléments développés par les théoriciens grecs plusieurs siècles avant notre ère – dont Alain Daniélou (1985, in 1995, p. 7) affirme qu'ils avaient connaissance du système indien. Selon Jacques Chailley (1979, p. 23-55), qui a toujours défendu une théorie évolutionniste de l'élaboration des systèmes scalaires, la musique grecque aurait tout d'abord connu le tricorde qui se serait progressivement rempli, grâce à la force attractive de ses bornes, d'un, puis de deux degrés mobiles. A l'époque grecque classique, ces deux degrés se seraient fixés pour correspondre à ce que l'on a nommé des *genres* : le diatonique, le chromatique ou l'enharmonique. Aristoxène proposa par exemple six façons de réaliser le tétracorde, ce qui fait dire à Chailley que les genres ne sont que des systèmes classificatoires permettant de se repérer sans toutefois refléter la réalité (*ibid.*, p. 33). Il semble en effet que les musiciens s'autorisaient de nombreuses licences dans la pratique de ces différents genres. Celles-ci étaient désignées par le terme de "nuance", littéralement "coloration", ce qui n'est pas sans faire penser à la notion d'affect – inséparable de tout mode indien. Les pythagoriciens – auxquels Aristoxène s'opposa vigoureusement – eurent pour objectif de "traduire" les intervalles par des rapports fractionnels, y compris ceux des différents genres de tétracorde. Le système qu'ils mirent au point était fondé sur la division du monocorde dont résultaient les intervalles d'octave, quarte et quinte, ainsi que sur un modèle mathématique qu'ils affectionnaient particulièrement. Ils s'aperçurent en effet que les intervalles répondaient à des rapports fractionnels correspondant à [(n + 1) : n] – formule qu'ils adoptèrent et tentèrent d'appliquer de façon systématique (*ibid.*, p. 34). Il semble alors que la découverte et la mesure des intervalles ne correspondaient qu'à un jeu intellectuel tentant d'atteindre une sorte de perfection mathématique sans se soucier de la réalité que recouvraient les pratiques musicales.

Le système grec classique regroupa les tétracordes qui furent tout d'abord conjoints (deux tétracordes ayant pour charnière le même degré et auxquels on ajoutait un ton pour atteindre l'octave), puis disjoints (le ton étant alors placé à la charnière de ces deux tétracordes). D'autres juxtapositions tétracordales de part et d'autre de l'octave devaient ultérieurement agrandir le système. Le fonctionnement par tétracorde disjoint, qui aurait été mis au point par Pythagore, valorisa particulièrement les intervalles d'octave et de quarte. Les fonctions de chaque note située à l'intérieur de ces deux tétracordes étaient identiques, que les tétracordes soient conjoints ou disjoints : les bornes étaient fixes, seules pouvaient glisser les notes internes. Malgré la présence de l'octave, chaque tétracorde constituait un intervalle de référence ainsi qu'une unité indépendante. Les musiciens pouvaient, comme dans le système indien ou arabe, combiner des tétracordes de genres différents de façon à obtenir plusieurs configurations possibles à l'intérieur de l'octave. A ce principe combinatoire s'ajoutait le jeu des nuances, démultipliant encore les possibilités.

5.3. *Théorisations arabes*

Le système grec ne laissa sans doute pas les théoriciens arabes indifférents (Rodolphe d'Erlanger en fait mention à de nombreuses reprises dans le tome V de son étude sur la musique arabe, 1949). La plupart soutiennent en effet que l'évolution de leur système scalaire se serait opérée à partir de la division d'un tétracorde. De même, ils font généralement référence à un système classificatoire qui s'appuie sur la configuration caractéristique du tétracorde incluant la note fondamentale de chaque mode.

On sait par exemple que les *maqâm* sont répartis en différents genres qui portent chacun un nom *(râst, bâyâti...)*. Ces genres constitueraient autant de catégories renvoyant chacune à des modes "dérivés". Ceux-ci reposeraient sur une configuration scalaire distincte sur la totalité de leur ambitus, mais feraient cependant tous état d'une même succession d'intervalles particulière entre les trois notes qui précèdent la note finale du mode (Touma, 1975, in 1977, p. 41), d'où leur regroupement au sein d'une même famille. (Il semble néanmoins qu'il existe quelques variantes qui affectent particulièrement la dernière note du tétracorde, la quatrième après la tonique.) Comme dans la théorie grecque ou indienne, il est possible d'enchaîner des tétracordes d'origines modales différentes au sein d'une même octave.

Le même auteur fait également allusion à deux systèmes qui seraient toujours en vigueur au Proche-Orient. Les deux semblent avoir abouti, après des perfectionnements qui se firent sur plusieurs siècles, à la division de l'octave en vingt-quatre intervalles plus ou moins égaux. L'un, sans doute d'inspiration persane, est représenté dès le Xe siècle par Al-Fârâbî ; l'autre, beaucoup plus tard, au XIXe siècle, par Michael Meshaq. Tous deux font référence aussi bien à des calculs fractionnels qu'à des principes ergonomiques – faisant allusion au geste du musicien dont la main parcourt le manche du luth.

Al-Fârâbî proposa une octave composée de vingt-cinq intervalles différents en passant par la division du système tétracordal conjoint opératoire chez les Grecs, mais en se référant à la méthode pythagoricienne pour le calcul des intervalles. Il partit en fait de la division de chaque tétracorde en dix intervalles, plus cinq pour le ton qui conduisait à l'octave. La distance que couvre le premier intervalle de quart de ton correspond ainsi aux 35/36 de la longueur totale de la corde, ce qui coïncide avec la formule mathématique chère aux pythagoriciens. Selon ce que rapporte Touma (1975, in 1977, p. 34), Al-Fârâbî conseillait néanmoins de choisir, parmi les vingt-cinq sons, des combinaisons de sept degrés qui privilégiaient l'intervalle de tiers de ton et non l'intervalle de quart de ton.

Par ailleurs, Touma relève que l'introduction théorique du système tempéré n'a pas influencé les pratiques des musiciens qui se fondent en réalité sur une échelle dont les intervalles sont de tailles inégales : "En pratique [...], chanteurs et musiciens utilisent une profusion de degrés à l'intérieur de l'octave que l'on peut réduire empiriquement à vingt-quatre degrés inégaux." (*Ibid.*, p. 34.)

Meshaq proposa quant à lui une solution fondée sur des principes géométriques pour parvenir à la division du manche du luth en vingt-quatre frettes marquant chaque quart de ton. Il partit de la division d'un monocorde, mais les rapports fractionnels qu'il obtint ne sont pas de nature pythagoricienne.

Mehdi Barkechli (1960, p. 460) et Mahmoud Guettat (1986, p. 16), tous deux musicologues, affirment en parlant de la musique iranienne – qui aurait servi selon le premier de modèle à la musique arabe (Barkechli, 1960, p. 461) – que le système tétracordal diatonique ou naturel fondé sur le système pythagoricien était en usage bien avant l'époque d'Al-Fârâbî. (Précisons que Guettat [1986, p. 14-16] ne fait pas directement référence à Al-Fârâbî [Xe siècle] mais se reporte aux écrits de Ibn al-Munajjim [mort en 912] et de Al-Kindî [790-847]).

En réalité, le système tétracordal dont il semble que al-Fârâbî se soit inspiré, fait bien référence au système tétracordal iranien décrit par Barkechli (1960, p. 462). Ce système était théoriquement fondé sur la division d'un intervalle de quarte en six intervalles pythagoriciens. Sur chacune des quatre cordes du *oud*, il était en effet possible de produire cinq notes dont la troisième demeurait particulièrement mobile. De là, le classement des chants en deux catégories, ceux qui faisaient entendre cette note mobile dont la hauteur formait approximativement, avec la première, une tierce "mineure" – la plupart des théoriciens contemporains font référence au système tempéré et utilisent la définition occidentale des intervalles – et ceux qui utilisaient la note suivante (la quatrième de l'ambitus), laquelle formait une tierce "majeure" avec la première. A l'intérieur de la quarte, les sons s'échelonnaient de la façon suivante : 1/1 *(do)*, 8/9 *(ré)*, X (note mobile) 64/81 *(mi)* et 3/4 *(fa)*. Les théoriciens de l'époque cherchèrent à stabiliser cette note mobile en calculant sa place à distance d'un ton descendant à partir de la dernière note, le *fa*, et obtinrent ainsi un *mi*♭ pythagoricien. Depuis cette même note – *mi*♭ – ils calculèrent un ton descendant pour obtenir le *ré*♭. L'intervalle initial de quarte offrit donc la possibilité de produire six sons : *do*, *ré*♭, *ré*, *mi*♭, *mi* et *fa*.

Selon Alexis Chottin (1960, p. 534), "les genres de la théorie grecque portent un nom arabe analogue", celui de *jins* (Guettat, 1986, p. 16, donne le terme de *jam* pour parler de tétracorde.) Contrairement à la théorie grecque, qui considère le parcours de ce tétracorde comme descendant – ce qui a certainement eu une incidence sur la façon dont ils ont explicité les phénomènes d'attraction –, les Arabes le concevraient en montant. Al-Fârâbî aurait défini les modes en associant deux tétracordes disjoints et les aurait qualifiés de "forts" ou "faibles" selon la nature des tétracordes sur lesquels ils se fondent : les forts seraient proches du genre diatonique défini par les Grecs, les faibles des modes chromatique et enharmonique. Il aurait ainsi dénombré six configurations scalaires fortes et six faibles, à partir desquelles il élabora des modes. Cette classification a, semble-t-il, prêté à discussion puisque d'autres théoriciens ont pu regrouper les modes différemment ou ont trouvé d'autres types de modes. Mahmoud Guettat, par exemple, en se référant à la même tradition qu'Alexis Chottin, propose de distinguer huit modes qui se différencient par la place de la première tierce sur le manche du luth, et qu'il serait possible de ramener à trois genres qu'il nomme *ajnas*, sans référence explicite aux trois genres grecs. Il cite trois tétracordes types : *do* (1/1) *ré* (9/8) *mi* (9/8) *fa* (256/243) ; *do* (1/1) *ré* (9/8) *mi*♭ (256/243) *fa* (9/8) ; *do* (1/1) *ré*♭ (256/243) *mi*♭ (9/8) *fa* (9/8). Comme on peut le constater, tous reposent sur des rapports intervalliques fractionnels de type pythagoricien.

Malgré les divergences de terminologie et la disparité des sources historiques auxquels les théoriciens et musicologues font référence pour reconstituer la formation du système scalaire et la classification des modes musicaux utilisés dans la musique arabe, on comprend que tous parlent d'un système scalaire reposant sur des principes analogues, lesquels pourraient être théorisés à partir de calculs pythagoriciens appliqués à un système tétracordal plus ou moins en rapport direct avec le système grec.

5.4. *Persistance du système pythagoricien et cycle des quintes*

Le système pythagoricien, qui semble perdurer dans la mémoire des théoriciens du monde entier, n'aura pas échappé à l'ethnomusicologue Constantin Brăiloiu qui s'était lui-même fortement appuyé sur les travaux de Riemann publiés au début du XXe siècle. Ayant remarqué que la plupart des échelles issues de la musique de tradition orale étaient pentatoniques, Brăiloiu propose une réflexion sur l'origine et sur la nature du pentatonisme, qu'il définit à partir du cycle des quintes (1953). Ce modèle explicatif trouve en effet son origine dans l'élaboration du système pythagoricien qui définit l'octave par le rapport 1/2, la quinte par 3/2 (ou 2/3 lorsqu'on parle de longueur de corde) puis la quarte par 4/3 (ou 3/4). La prolongation et l'évolution de ce système en une succession de quintes ascendantes – ou quartes descendantes – artificiellement ramenées au sein d'une seule octave vont permettre de former l'échelle pentatonique anhémitonique, de type *sol-la-si-ré-mi* (Brăiloiu, 1953, in 1973, p. 336-337) : "Pour la majorité des théoriciens, la «loi générale» qui a «présidé à la formation» du pentatonique ne fait aucun doute : c'est la «consonance» ou relation d'octave, quarte, quinte. [...] Le principe de la consonance a servi de fondement à bon nombre d'hypothèses sur la genèse du pentatonique. La plus répandue, de beaucoup, le représente comme découlant d'un «cycle de quintes» abrégé. Les sons ainsi obtenus seraient ensuite «rassemblés» dans l'octave du son initial." (*Ibid.*, p. 350-351.)

Précisons cependant que la concentration des cinq sons au sein de l'octave initiale ne satisfait ni l'auteur, ni d'autres musicologues, notamment Jacques Chailley. Le premier évoque la trop grande complexité mentale que requiert cette opération pour des peuples "primitifs" (Brăiloiu, 1953, in 1973, p. 351), le second, le fait que l'octave était autrefois ignorée, tant à l'époque de la Grèce antique qu'à celle de la modalité grégorienne (Chailley, 1985). Une telle présentation du cycle des quintes n'est pour Chailley "qu'une abstraction sans valeur réelle" (1964, p. 257).

D'autres musicologues ont eux aussi utilisé le cycle des quintes, mais se sont inspirés des théories extrême-orientales, comme Jaap Kunst qui s'est référé à la tradition musicale chinoise. A la suite de son maître Erich von Hornbostel, il tente en effet d'expliquer la formation des *laras pelog* et *slendro* de Java en se fondant notamment sur la théorie des quintes soufflées (Kunst, 1973, p. 24 *sq.*).

La théorie dite "des quintes soufflées" prend sa source dans une légende chinoise qui raconte comment ont été définis les douze *lülü* correspondant à notre total chromatique. (Pour *lülü*, nous utilisons ici la transcription que nous suggère François Picard, ce dont nous le remercions.) L'histoire dit qu'à partir de six sons chantés par un phénix mâle auxquels répondirent six autres sons chantés par un phénix femelle, furent taillés douze bambous de taille différente correspondant à chacune de ces notes. Le premier d'entre eux représenta par la suite une sorte de diapason (Ma Hiao-tsiun, 1960, p. 284-286). (Notons que la hauteur de ce diapason ainsi que la largeur du bambou en question diffèrent selon les sources. C'est sans doute, comme l'explique François Picard, que ce *huangzhong* [dit "cloche jaune"] servait de base au système des mesures – et donc au calcul de grains dus pour payer l'impôt –, et dont la taille était modifiée par les dirigeants en fonction des besoins.) La théorie aura déterminé qu'il fallait choisir un certain nombre de sons parmi ces douze *lülü* pour former une échelle. Aussi, à partir d'une progression par quintes, furent définis les cinq premiers degrés qui, ramenés au sein de l'octave, donnèrent naissance aux modes pentatoniques, avant que d'autres notes n'y soient ajoutées. Chaque mode pouvait s'organiser à partir des douze *lülü* du système.

Pendant des siècles, le système intervallique chinois fit l'objet de maints calculs fractionnels de type pythagoricien avant que les théoriciens n'aboutissent au tempérament égal. Celui-ci finit par satisfaire les rationalistes forcenés qui souhaitaient impérativement retomber sur la note de départ après un nombre donné de permutation de quintes.

Quoi qu'il en soit, la théorie des "quintes soufflées" fait référence, semble-t-il, au bambou qui sert de diapason. Il s'agit alors de faire ressortir l'harmonique de la quinte (le troisième harmonique situé au-dessus du fondamental) en soufflant dans une flûte dont l'extrémité est bouchée. On obtient alors un intervalle d'environ 678 *cents*, inférieur à la quinte pythagoricienne qui est de 702 *cents*. Le *cent* est une unité de mesure mise au point par Ellis (1885) pour rendre compte des échelles musicales non tempérées. (Un *cent* équivaut à 1/100 de demi-ton tempéré, 100 *cents* à un demi-ton et 1 200 *cents* à une octave.) La quinte pythagoricienne ne permet pas de tempérer l'octave, contrairement aux quintes soufflées dont la reproduction aboutit au bout de vingt-trois cycles à la même note avec 1/4 de coma de différence, ce qui conduit à la formation d'une octave proche de 1 200 *cents*. Cette théorie permettra notamment à Kunst de fonder sa thèse sur l'équidistance théorique des intervalles de l'échelle *slendro* dans la musique indonésienne (1973, p. 64).

Pour terminer ce rapide tour d'horizon, mentionnons la formation des échelles japonaises dont les origines pourraient être expliquées à partir de principes qui font eux aussi référence au système grec ancien. Akira Tamba (1995, p. 27) montre que les échelles japonaises seraient nées d'une sorte d'osmose entre les échelles chinoises véhiculées par une musique savante importée de Chine – tradition ayant pénétré au Japon dès le VIIIe siècle – et la persistance des échelles japonaises traditionnelles qui reposeraient, quant à elles, sur un système tétracordal proche du système grec ancien. La théorie défendue par Akira Tamba fait en effet référence à la quarte en tant qu'intervalle cadre ainsi qu'aux notions de "bornes fixes" et de "notes mobiles". Par ailleurs, l'évolution du système scalaire japonais – encouragée par une revalorisation de traditions locales au cours du Moyen Age – semble pouvoir être décrite selon une thèse évolutionniste, fondée elle aussi sur la capacité du phénomène d'attraction à créer de nouveaux intervalles – et, de fait, de nouvelles attractions… C'est ainsi que serait né, par exemple, l'intervalle d'octave, par la juxtaposition de deux tétracordes disjoints engendrés à partir de la fixation d'une note mobile du tétracorde inférieur et l'émergence, à partir de cette dernière, d'un nouveau tétracorde. Grâce à la création de l'intervalle d'octave, le système japonais traditionnel aurait eu tendance à coïncider de plus en plus avec le système déjà en vigueur dans la musique savante du pays. Néanmoins, les bornes seraient toujours demeurées opératoires et auraient préservé l'autonomie de chaque tétracorde malgré le cadre formé par l'octave. Akira Tamba souligne que le fonctionnement par tétracorde a favorisé dans certaines traditions japonaises, comme le *shômyô*, l'émergence de formules cellulaires qui permettent d'identifier les modes ou encore de renvoyer à telle ou telle école d'apprentissage du chant.

Lorsque les calculs ne convinrent plus pour fournir un modèle explicatif satisfaisant, les scientifiques et musicologues prirent en compte le phénomène de perception. Dès 1863, Helmholtz proposait une "théorie de la résonance" fondée sur la fusion des harmoniques, laquelle visait à expliquer les rapports rationnels qui entrent dans la constitution des intervalles en passant par la notion de "consonance", définie comme l'absence de battement, entre deux sons jouées simultanément (1863, in 1954, p. 194). Une fois encore, la confrontation de cette théorie avec la pratique ne répondit pas aux espoirs d'élucider cette dernière. Peu à peu, toutes les tentatives théoriques visant à la rationalisation des échelles tendirent vers la définition *équidistante* des degrés à l'intérieur de l'octave, qui devint alors l'intervalle cadre de référence comprenant les degrés de l'échelle : le tempérament égal – du moins sur le plan théorique – pénétra en effet nombre de cultures à un moment donné de leur histoire.

5.5. *Bilan et difficultés*

Toutes les explications théoriques que nous venons d'évoquer reposent le plus souvent sur des principes mathématiques, seuls garants semble-t-il de la restitution idéale du système d'organisation des hauteurs et seuls à même de sous-tendre les logiques qui ont présidé à leur évolution. La similitude des principes sur lesquels elles se fondent conduit nécessairement à certaines interrogations. Tout d'abord, elle soulève une question d'ordre historique concernant les contacts, les processus de métissage et d'emprunts, surtout lorsque l'on sait que nombre des populations concernées ont été en relation à un moment donné de l'histoire – Indiens, Perses et Grecs par exemple. Cette question intéresse particulièrement les tenants d'une interprétation diffusionniste – tel A. M. Jones (1971), qui soutient la thèse de l'origine indonésienne des systèmes scalaires ayant cours en Afrique. Par ailleurs, il est surtout troublant de constater que des scientifiques de tous horizons – pays comme discipline – aient recherché en vue d'une théorisation de leur propre système musical, des modèles mathématiques et physiques n'ayant que peu à voir avec les processus cognitifs de perception et d'élaboration des formes musicales, et que ceux-ci aboutissent en fait à la définition d'archétypes figés dont la nature était en contradiction avec la souplesse relevée dans les pratiques.

Face à ce constat, on ne peut envisager que cette alternative : soit la théorie correspond réellement à une pratique, soit elle n'y correspond pas. Le premier cas conduit lui-même à deux hypothèses : la première ne peut éviter d'évoquer les méthodes d'apprentissage qui se réclament désormais de la théorie écrite et fixée selon un certain nombre de canons ; la seconde consiste à dire que, même si chaque culture fait état de systèmes scalaires qui lui sont spécifiques, rien n'exclut que la conception elle-même – ainsi que les phénomènes psycho-acoustiques qui agissent directement sur les processus cognitifs et notamment sur les capacités de segmentation du continuum sonore en intervalles distincts – relève de principes fonctionnels qui pourraient se révéler universels. Les archétypes scalaires proposés résulteraient alors de principes conceptuels communs à nombre de cultures.

Dans le cas où l'on admet que les théories ne correspondent pas à la pratique, on peut leur reprocher de ne pas être à même d'expliquer *toute* la complexité des processus qu'engendre la mise en application d'un système scalaire. Plusieurs d'entre elles considèrent les réalisations qui ne correspondent pas à l'idéal défini comme des exceptions ou des licences tout à fait autorisées et non comme des *possibles* résultant du fonctionnement intrinsèque au système. La part d'imprévisibilité – souvent imputée au geste aléatoire du musicien ou à des choix individuels et personnels – n'est généralement pas prise en compte lors de la recherche de ce qu'on pourrait appeler la norme mentale collective. Il est pourtant certain qu'un musicien ne peut, sans être contredit ou corrigé, chanter ou jouer en dehors du système défini par la culture à laquelle il appartient. C'est de cette légèreté d'appréciation que résulte sans doute le fait que nombre de théories en vigueur dépeignent le système scalaire comme un objet stéréotypé, soumis à des règles extrêmement complexes. Elles le définissent en des traits qui ne rendent pas compte de la flexibilité des principes qui le sous-tendent.

Il semble donc que la principale difficulté à laquelle se confronte tout théoricien est de parvenir à rendre compte des principes qui régissent la part d'aléatoire, de souplesse et de dynamique qui a toujours été relevée dans les pratiques elles-mêmes. Par ailleurs, il est vraisemblable que les possibilités que recouvre potentiellement un système scalaire soient inversement proportionnelles aux moyens déployés pour le mettre en œuvre. Or, c'est précisément la corrélation entre cette contrainte minimale et ce maximum de liberté qu'il est difficile de traduire à travers des règles empreintes de rigidité ou par des théories qui représentent les systèmes scalaires sous forme d'archétypes. En réalité, il ne s'agit peut-être pas, pour le musicien, de choisir entre deux possibilités, mais de disposer d'un champ virtuel d'expression beaucoup plus vaste.

Il nous semble alors qu'afin de mieux rendre compte des pratiques, il faille saisir le problème sous l'angle des capacités cognitives humaines en s'interrogeant davantage sur les phénomènes qui interagissent au niveau de la conception, de la réalisation et de la perception des formes, et en s'attachant à mettre au jour la nature des représentations mentales qui sous-tendent la matérialisation du système musical. Cela permettrait sans doute de comprendre comment rigueur rime avec souplesse. C'est ce que nous avons tenté de faire, en l'absence de tout traité écrit et de toute théorie explicite, en travaillant auprès de deux populations camerounaises – les Pygmées bedzan et les Ouldémé.

6. Pour une approche cognitive des échelles

6.1. *Le problème*

La grande majorité des populations d'Afrique centrale ne verbalisent guère les règles qui sous-tendent leur théorie musicale. De plus, le vocabulaire technique qui pourrait correspondre à celui qui est en usage dans la théorie occidentale demeure rare. Chez les Pygmées bedzan et les Ouldémé, il n'existe ainsi aucun terme pour parler d'échelle ou de mode. Les notes elles-mêmes ne sont pas nommément isolées du contexte mélodique. Autrement dit, les unités discrètes qui fondent le système de hauteur ne sont conçues qu'à travers les formes musicales qu'elles permettent d'engendrer. Le seul moment où le musicien égrène l'échelle est relatif à l'accordage de l'instrument. Il est cependant peu courant qu'un musicien accorde son instrument sans tester chaque degré au sein d'un fragment mélodique extrait d'une pièce.

Outre le fait de ne disposer d'aucun élément concret pour aborder les notions d'échelle et de mode, la problématique tient à la constante mobilité des réalisations scalaires. Un musicien peut en effet exécuter la même pièce dans ce que le musicologue analysera comme autant de configurations scalaires différentes – voire autant de "modes" différents. Les échelles étant pentatoniques, l'auditeur est par exemple amené à identifier des hauteurs correspondant tantôt à *do, ré, mi, sol, la,* tantôt à *do, ré, fa, sol, la.* (Ici, nous utilisons les notes les plus proches du système tempéré, bien que les intervalles utilisés dans cette région ne le soient pas.) L'interprète peut également, lorsqu'il chante, modifier les intervalles de l'échelle au cours de sa performance.

Face à ce phénomène, nombreux sont les ethnomusicologues qui ont procédé à des mesures d'intervalles afin de mettre au jour des récurrences qui permettraient de comprendre pourquoi et à partir de quel repère le musicien agit ainsi. Mais ces dernières demeurent inutiles car elles ne permettent de conclure à aucune systématique constante vérifiable et elles ne font que confirmer la problématique liée à cette mobilité sans suggérer de pistes pour la résoudre. Tenter de comprendre le fonctionnement du système scalaire en interrogeant les musiciens ou encore en observant le comportement mélodique se révèle donc insuffisant.

L'absence de termes et de théorie explicites – à laquelle s'ajoute l'impossibilité de se référer à un quelconque traité ancien – peut apparaître comme un handicap. Il n'en est rien. Cela constitue en fait un réel avantage dans la mesure où l'ethnomusicologue n'a affaire à aucun discours théorique qui aurait pu se trouver influencé par des récits ou par l'interprétation plus ou moins exacte de diverses sources. Il est amené, dans le cas présent, à s'enquérir des modalités de conception, de la nature des références mentales, sur lesquelles on ne peut faire des hypothèses qu'étiques mais dont on peut valider la pertinence émique par le biais d'expérimentations précises permettant de contourner bien des obstacles. (Sur la différence entre les catégories étiques et émiques, on lira Alvarez-Péreyre et Arom, 1993, et Nattiez, 2002, in 2004, p. 732-733.) Nous retracerons brièvement l'heuristique de cette démarche afin que le lecteur puisse saisir comment nous sommes parvenue aux résultats que nous livrons plus loin.

Les premières tentatives qui ont été faites en ce sens sont tout à fait récentes puisqu'elles remontent aux années 1980-1990. Les expériences mises au point puis pratiquées sur le terrain par Simha Arom et son équipe concernaient différentes communautés centrafricaines (Arom, 1991 ; Arom, Voisin et Léothaud, 1997 ; Arom et Voisin, 1998 ; Dehoux, 1991 ; Fürniss, 1991 ; Léothaud, 1991 ; Pelletier-Ortiz, 1991 ; Voisin, 1991). Il s'agissait à l'époque de déterminer les principes qui régissent l'accord de leurs xylophones.

Pour parvenir à leurs fins, les chercheurs ont donc imaginé de transformer le clavier d'un synthétiseur en celui d'un xylophone, en y adaptant des lames de bois, disposées comme elles le seraient sur l'instrument originel. Le timbre de chaque lame du véritable xylophone avait été préalablement modélisé, de même que diverses propositions d'accordage des "lames" qui devaient être soumises aux musiciens. Ces derniers pouvaient à leur guise moduler la hauteur de chaque lame grâce à un curseur, ce qui leur permettait de modifier les propositions des chercheurs. Il devenait alors possible de dégager progressivement la nature des intervalles préférentiels ainsi que leur modalité d'ordonnancement au sein de l'échelle.

Cette méthode interactive a permis d'obtenir des résultats probants en montrant tout d'abord que la conception du système pentatonique anhémitonique en usage dans cette région repose sur des intervalles de 200, 240 et 285 *cents* qui ne doivent rien au cycle des quintes, pas plus qu'à la série des harmoniques. L'intervalle de 240 *cents* semble toutefois détenir un statut tout particulier, dans la mesure où les musiciens admettent que l'échelle puisse être fondée uniquement sur cette grandeur d'intervalle, c'est-à-dire qu'elle soit équipentatonique – ce qui n'est pas sans rappeler l'hypothèse de Kunst à propos du *slendro* de Java. Cependant, et assez curieusement, les musiciens ne la réalisent jamais ainsi dans la réalité.

Par ailleurs, les relevés montrent que les trois grandeurs d'intervalles mises au jour peuvent faire l'objet de marges de réalisation sensiblement différentes selon les communautés. Cela signifie qu'à ce stade de la recherche, on peut émettre l'hypothèse que ces trois grandeurs d'intervalles constituent des modèles intervalliques tout à fait acceptables pour décrire les systèmes scalaires de plusieurs communautés différentes, tout en gardant à l'esprit que chacune conserve sa spécificité culturelle, laquelle se traduirait en termes de déviation par rapport au modèle défini. Enfin, la souplesse du système ne fait cependant pas de ces trois grandeurs d'intervalles des figures indifféremment interchangeables, puisque les musiciens ont refusé certaines des configurations scalaires qui leur étaient proposées, ce qui a conduit les chercheurs à supposer l'existence de possibilités modales différentes.

Sur le plan théorique, l'expérimentation a favorisé l'émergence d'une notion nouvelle et importante, celle de *scalème*, que Frédéric Voisin définit comme "le champ de dispersion de hauteurs idéales, virtuelles, qui sont manifestées grâce aux conditions propres à l'expérimentation" (1991, p. 46). Cette définition ouvre une première voie quant à l'explication des marges de réalisation que l'on mesure en comparant les échelles issues de plusieurs versions d'une même pièce.

Malgré l'incontestable avancée que représentent ces expérimentations, plusieurs interrogations demeurent. L'une d'entre elles concerne la notion de *scalème*. La nécessité de faire appel à ce terme semble en effet privilégier l'idée qu'il existerait une différence entre une conception qui serait idéale – et sans doute commune à l'ensemble des musiciens – et une réalisation qui n'en serait pas la résultante directe. Or, il est possible d'imaginer qu'il existe une relation plus étroite entre le modèle mental et l'actualisation qui en est faite.

Une autre interrogation est liée au fait, d'une part, que les trois grandeurs d'intervalles ne s'opposent pas en tant que telles au sein du système – nombre de configurations scalaires différentes étant toutes jugées comme équivalentes par les musiciens –, et d'autre part, que les raisons pour lesquelles certaines configurations scalaires sont acceptées, mais d'autres pas, demeurent obscures.

Enfin, si les expérimentations semblent alimenter la thèse selon laquelle la représentation mentale du système scalaire centrafricain serait pensée à partir d'une division équidistante de l'octave, on se demande pourquoi les musiciens préféreraient un modèle qu'ils ne réalisent jamais.

La première question exige que l'on prenne en compte le jugement culturel d'équivalence que les musiciens établissent entre les différentes versions scalaires d'une même pièce ; cela implique que l'on considère les différences observées comme inhérentes au système et non plus comme des déviations de l'interprète par rapport à un idéal non réalisé. La seconde conduit à s'intéresser à la pertinence culturelle de la notion de *mode* telle qu'elle est habituellement définie, c'est-à-dire comme relevant d'une *sélection* et d'un *choix* opérés parmi les degrés d'une échelle virtuelle, et à découvrir comment un musicien pourrait concevoir des échelles fondées sur une succession de grandeurs d'intervalles bien définies et admettre dans le même temps que ces différences ne sont pas pertinentes.

Quant à la dernière question, Jean Molino (in *Musicae Scientiae*, 2000, p. 32) devait donner la réponse suivante : l'échelle équipentatonique fait sans doute partie de "la sphère des possibles", ce qui revient à dire qu'elle ne transgresse pas les normes qui régissent le système. Reste à déterminer les raisons pour lesquelles elle n'est toujours réalisée que partiellement – à savoir un ou deux intervalles sur la totalité de l'échelle.

6.2. *Expérimentations sur le terrain*

Entre 2000 et 2002, de nouvelles expérimentations ont été menées *in situ* au sein de deux communautés camerounaises, les Pygmées bedzan et les Ouldémé (Arom, Fernando et Marandola, 2003). Les premiers disposent d'un répertoire qui se fonde essentiellement sur des polyphonies vocales alors que les seconds possèdent divers ensembles de flûtes. L'objectif était identique à celui qui avait motivé les premières expérimentations conduites en Centrafrique. Il s'agissait là encore de comprendre quelles étaient les modalités d'élaboration et de fonctionnement des systèmes scalaires – mais cette fois dans deux contextes différents, l'un vocal, l'autre instrumental, tous deux étant polyphoniques. Les expériences reposaient également sur une méthode interactive similaire. Cependant, nous disposions d'outils technologiquement plus développés. Dans le cas des Bedzan, nous pouvions utiliser l'enregistrement des propres voix des musiciens et en manipuler la hauteur *sans modifier le timbre*. Par ailleurs, l'usage de l'enregistrement multi-pistes facilitait l'analyse des données sur le plan consonantique, en particulier lorsqu'il s'agissait d'estimer le phénomène d'épaisseur qui se manifestait systématiquement au sein des quatre voix de la polyphonie.

Pour les expériences pratiquées chez les Ouldémé, une équipe de l'IRCAM (Institut de recherche et de coordination acoustique-musique, Paris) avait, au préalable, réalisé un artefact de leurs flûtes ainsi qu'un programme informatique permettant, d'une part, de simuler le son des instruments et, d'autre part, d'intervenir directement sur l'accord en ayant la possibilité d'imposer certaines contraintes.

Dans les deux cas, la méthode reposait sur des principes d'induction et de déduction. Pour ce qui concerne les polyphonies vocales bedzan, nous cherchions à déterminer non seulement la nature des intervalles et leurs marges de réalisation afin d'expliquer l'instabilité des échelles mais aussi à comprendre ce qui, dans le fonctionnement d'un système, permettait aux musiciens d'exécuter une même pièce tantôt selon une échelle de type tétratonique, tantôt selon une échelle pentatonique.

La démarche consistait à proposer aux musiciens des modèles scalaires hypothétiques qui étaient progressivement modifiés en fonction des réactions de l'auditoire, jusqu'à parvenir à une validation sans équivoque de la part du groupe. Le matériel dont nous disposions permettait de construire des configurations scalaires qui n'avaient encore jamais été réalisées par les musiciens, l'objectif étant d'estimer leur degré de vraisemblance. Le fait de valider des échelles qui n'avaient jamais été matérialisées par les musiciens constituait un pas considérable en vue de la compréhension des processus d'élaboration des formes et permettait d'émettre des hypothèses vraisemblables quant aux critères culturels qui conditionnent leur catégorisation. Notons que certaines hypothèses théoriques visaient à être infirmées, c'est-à-dire qu'étaient soumises aux musiciens des propositions dont on supposait qu'elles seraient refusées conformément aux règles que nous avions préalablement déduites.

Dans le cas de la polyphonie instrumentale ouldémé, nous cherchions à comprendre les normes intervalliques qui permettaient aux instrumentistes de s'accorder. Comme il a déjà été mentionné, cette communauté dispose de plusieurs ensembles de flûtes de factures différentes. Nous avions alors choisi de nous intéresser à un ensemble qui se compose de dix flûtes sans trous de jeu dont les hauteurs s'échelonnent progressivement du grave à l'aigu, ces flûtes étant regroupées par paires et réparties entre cinq musiciennes. (L'ensemble *ajélin* ouldémé demeure l'apanage des femmes.)

Malgré le dépassement de l'ambitus d'octave, cet intervalle n'apparaît presque jamais au sein de l'accord, l'échelle pentatonique ne se renouvelant donc pas à l'identique dans les deux registres de l'ambitus. En d'autres termes, l'accord de l'ensemble des flûtes répond à des configurations scalaires différentes selon les registres – les degrés du registre inférieur n'étant pas reproduits au double de leur fréquence dans le registre supérieur. Dès lors, il restait à déterminer le statut de l'octave et le fonctionnement d'un système qui permet de ne pas considérer cet intervalle comme un cadre privilégié à l'intérieur duquel prendraient place les cinq degrés de l'échelle pentatonique.

Nous avions donc imaginé la fabrication de dix tuyaux en bakélite équipés chacun d'un dispositif permettant, d'une part, de capter les propriétés du souffle envoyé par les musiciennes – célérité, puissance –, d'autre part, d'accorder l'instrument. Cet accordage devait pouvoir être fait directement par les musiciennes mais également par nous-même grâce à une interface informatique (Cuadra, Vergez et Caussé, 2002). Tout comme pour les Bedzan, nous soumettions aux musiciennes diverses configurations scalaires ; l'interface nous permettait également de stabiliser l'accord de certains tuyaux pour observer comment les musiciennes accordaient les autres en fonction des cadres que nous leur imposions.

Au-delà des problématiques soulevées spécifiquement par chaque contexte expérimental, la question centrale concernait la mobilité de *tous* les degrés de l'échelle. En effet, nous avions constaté, en comparant les différentes versions d'une même pièce bedzan ou les divers accords d'un même ensemble instrumental ouldémé, la présence de ce que nous nommions, en tant qu'analyste, des *mutations intervalliques* (Arom, 1997 et *Musicae Scientiae*, 2000) – c'est-à-dire des modifications d'intervalles entre deux degrés qui détenaient la même position au sein de l'échelle. Celles-ci résultaient sans aucun doute de l'application rigoureuse de règles que nous ne pouvions cependant définir à la seule analyse des données immanentes.

Nous ne nous étendrons pas davantage sur l'heuristique de la démarche, qui est sans doute tout aussi importante que les résultats obtenus eu égard aux informations d'ordre cognitif qu'elle révèle, mais nous exposerons un bref résumé de ces résultats dans une perspective comparatiste.

6.3. *Hypothèses sur le fonctionnement des échelles en Afrique centrale*

Le dépouillement des expériences nous a conduite à envisager le fonctionnement du système d'opposition des hauteurs sur la base d'un modèle dynamique, lui-même sous-tendu par des schèmes de nature prototypique. Ce modèle explicatif rend bien compte de la flexibilité qui régit la réalisation des intervalles mais aussi, nous semble-t-il, de leur conception de même que de leur perception. Par ailleurs, il permet de mieux cerner les principes qui sous-tendent les processus de catégorisation des formes et selon lesquels deux réalisations formellement différentes sont culturellement considérées comme équivalentes.

La configuration de toute échelle semble ici reposer sur des intervalles structurants inférieurs à l'octave qui, par un jeu d'équilibre intervenant dans l'étalonnage de leurs proportions – et corollairement dans la conception proportionnelle des intervalles qui les subdivisent –, engendrent les intervalles de grandeur différente que l'on relève au niveau des multiples actualisations du système scalaire.

Pour les Bedzan, ces intervalles cadres sont des tricordes ou tétracordes composés respectivement de deux et trois intervalles conjoints. Ils peuvent faire l'objet de marges de réalisation relativement importantes, tout comme les intervalles qui les composent. Le calibrage de chaque intervalle – et donc la marge de réalisation qui lui est accordée – est cependant limité par une triple contrainte relative *a)* aux limites inférieures et supérieures admises par les tricordes et tétracordes, *b)* aux limites inférieures et supérieures des intervalles qu'ils abritent, *c)* à la valeur que prend l'octave issue de la juxtaposition de ces deux intervalles-cadres de tricordes et/ou de tétracordes (selon le caractère tétratonique ou pentatonique de l'échelle). Les normes que nous avons pu inférer concernant les intervalles-cadres et l'octave engendrée par leur juxtaposition sont les suivantes :

Exemple 2

Estimation des marges de réalisation des intervalles-cadres et des contraintes réciproques qui les conditionnent

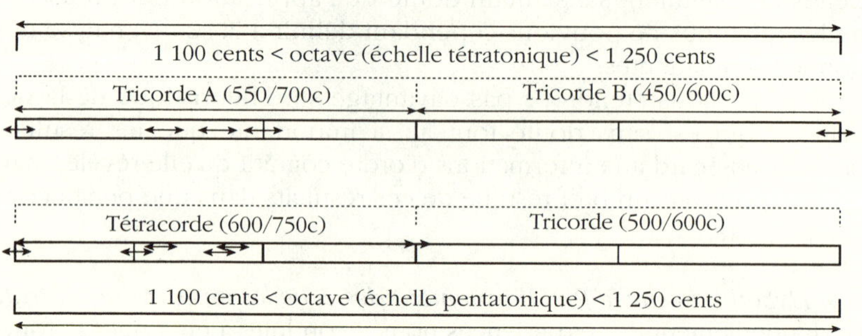

Le schéma ci-dessus illustre graphiquement les processus et les marges de mobilité des intervalles : lorsque les Bedzan utilisent une échelle pentatonique, le tétracorde peut prendre place aussi bien dans la partie supérieure qu'inférieure de l'octave.

Les degrés qui s'insèrent dans chaque intervalle-cadre de type tricordal ou tétracordal établissent également un rapport de contrainte réciproque de même niveau entre les intervalles qu'ils forment et ceux des tétracordes ou tricordes qui les comprennent. Ils engendrent la formation de nouveaux tricordes ou tétracordes simplement décalés d'un degré :

Exemple 3

Exemple dans le cas d'une échelle tétratonique

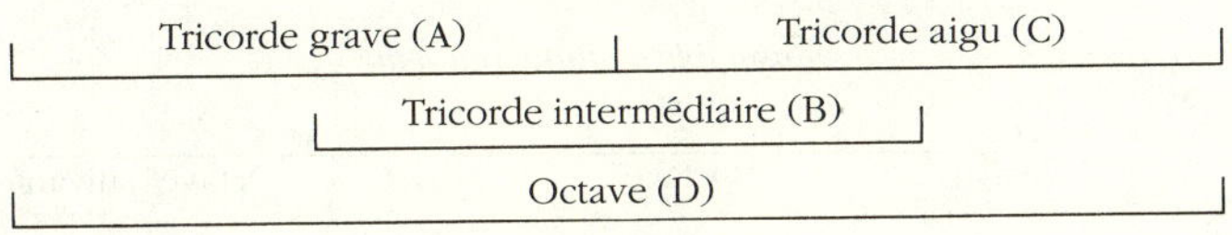

Evoluant en interdépendance les uns des autres, tous les intervalles entretiennent donc des rapports de contraintes réciproques. Voici leur mode opératoire dans le cadre d'une échelle tritonique :

– les intervalles A et C sont généralement supérieurs à B ;

– l'intervalle B est compris entre 450 et 600 *cents*, ou peut correspondre à l'une de ces deux dimensions ;

– l'intervalle A est inférieur ou égal à 500 *cents*, l'intervalle C inférieur ou égal à 650 *cents* ;

– les intervalles A et C sont différents de B selon un minimum de 50 *cents* ;

– l'intervalle B admet une marge de réalisation maximale de 150 *cents* ;

– l'octave peut être réalisée entre 1 100 et 1 250 *cents*.

Si les marges de réalisation violent conjointement plusieurs des contraintes – dimension de l'un ou l'autre des tétracordes ou tricordes et/ou dépassement de l'octave au-delà des normes –, les modèles scalaires sont refusés par les musiciens.

La souplesse du système explique la réalisation de l'épaisseur telle qu'on la mesure lorsque les chanteurs se rejoignent sur le même degré de l'échelle. Les expériences attestent que la production d'épaisseur est recherchée. Nous leur avons en effet proposé la superposition, pour les quatre voix qui fondent la polyphonie, de quatre types de configurations scalaires différentes répondant aux normes que nous avons dégagées, et la réponse, immédiatement positive, fut enthousiaste.

Tout comme les Bedzan, les Ouldémé ne semblent pas considérer l'octave comme l'intervalle le plus pertinent pour fixer les limites de l'échelle. Cependant, si les premiers tiennent compte de l'équilibre simultané des tricordes, des tétracordes et de l'octave, les seconds ne semblent se référer qu'au seul tétracorde pour concevoir (du moins dans le cas de l'ensemble instrumental sur lequel a porté notre étude) la prolongation du système pentatonique au-delà de l'octave.

Les dix tuyaux qui constituent l'ensemble étant répartis entre cinq musiciennes – chacune détenant deux tuyaux – la reproduction de l'octave ne peut que se situer entre deux tuyaux d'une même paire et non à la charnière de deux paires de flûtes, comme le montre le schéma suivant :

Exemple 4

Ensemble de flûtes ouldémé

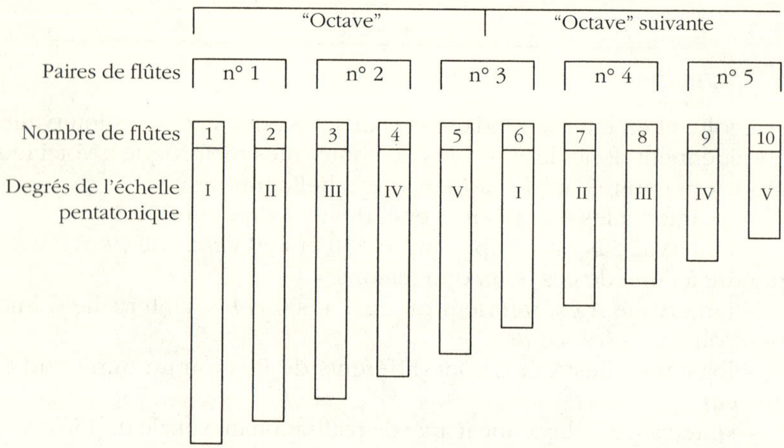

La modalité d'accordage utilisée par les femmes permet de comprendre le statut privilégié du tétracorde. En effet, chaque musicienne accorde, en les comparant, les deux tuyaux d'une même paire avant de tester, avec sa partenaire la plus proche, les intervalles qui séparent les tuyaux les plus petits puis les tuyaux les plus grands de deux paires contiguës – par exemple les flûtes 1-3 puis 2-4. L'opération est renouvelée ainsi à partir de chaque paire de flûtes pour l'ensemble de la formation en se déportant donc chaque fois de paire de flûtes en paire de flûtes. L'évaluation se fait au sein de chaque tétracorde que recouvrent les flûtes 1-4 puis 3-6, etc.

Les résultats des expérimentations prouvent qu'il n'existe, entre chaque flûte et chaque paire de flûtes, *qu'une seule grandeur d'intervalle* pouvant prendre des valeurs allant de 120 *cents* à 330 *cents* – ce qui représente une variabilité extrêmement importante. Cependant, comme dans le cas de la polyphonie vocale bedzan, la dimension de cet intervalle est soumise à deux contraintes liées *a)* à la nature de l'intervalle qu'il forme avec celui qui lui est conjoint au sein d'un tricorde et *b)* à la grandeur du tétracorde qui englobe deux paires de flûtes.

Les contraintes qui conditionnent la réalisation des intervalles instaurent un jeu d'équilibre à plusieurs niveaux qui crée une interdépendance entre les intervalles, comme le montre le schéma suivant :

Exemple 5

Interdépendance des intervalles au sein de l'ensemble de flûtes ouldémé

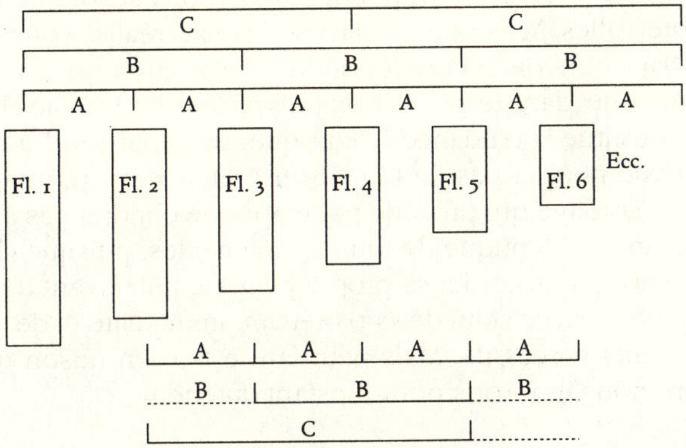

Les normes concernant la grandeur des intervalles sont les suivantes :
– l'intervalle A doit être compris entre 120 et 330 *cents* ou égal à l'un de ces deux nombres ;
– l'intervalle le B doit être compris entre 380 et 560 *cents* ou égal à l'un de ces deux nombres ;
– l'intervalle C doit être compris entre 590 et 860 *cents* ou égal à l'un de ces deux nombres.

Les structures ainsi superposées entretiennent néanmoins un système d'opposition puisque les limites respectives des trois grandeurs d'intervalles sont distantes de plusieurs *cents* – correspondant à 40/50 *cents*. Les trois types de calibrage offrent donc de multiples possibilités de variations sans toutefois pouvoir être confondus entre eux malgré la souplesse des marges de réalisation autorisées.

Dans la pratique, ce modèle de fonctionnement est translaté de deux paires en deux paires, ce qui permet de contrôler à la fois la grandeur de l'intervalle qui sépare les deux flûtes d'une même paire, mais aussi celui qui sépare chaque paire. Chaque couple de tuyaux appariés présente des rapports de solidarité qui impliquent que le fonctionnement de chaque paire de flûtes puisse être envisagé comme formant un seul et même instrument. Le principe tétracordal sur lequel repose l'accord des flûtes conduit à la neutralisation de l'intervalle d'octave en tant que cadre préférentiel, auquel se substitue un intervalle aux dimensions plus réduites.

Enfin, au sein des deux communautés, bedzan et ouldémé, nous avons testé une échelle équipentatonique à 240 *cents* qui a été, à chaque présentation, unanimement appréciée. Comme le prouvent les résultats obtenus, cet intervalle fait bien partie de "la sphère des possibles" ; mais surtout il semble permettre une application parfaite d'un système fondé à la fois sur un emboîtement pyramidal et sur un équilibre translationnel des intervalles en réalisant un jeu de proportions absolument constant entre les intervalles. Mais pourquoi n'est-il jamais réalisé comme tel dans la réalité ? Sans pouvoir encore répondre à cette question, on peut toutefois imaginer que, dans le cadre de la polyphonie bedzan, le choix esthétique que constitue la tendance à "fabriquer de l'épaisseur" au sein de la polyphonie ne permet pas de le réaliser ; dans le cadre de l'ensemble ouldémé, l'accordage qui procède par étapes ne conduit pas à un ajustement simultané et identique de tous les intervalles, puisque chaque flûtiste commence par accorder sa propre paire de flûte avant de comparer le résultat obtenu avec celui de sa partenaire immédiate et de procéder à des ajustements successifs. Mais peut-être est-ce en raison de phénomènes dont nous ignorons pour l'instant la teneur.

7. Vers une typologie universelle des systèmes scalaires

Nous l'avons dit, les expériences qui ont été menées *in situ* en Centrafrique puis au Cameroun ont pris place au sein de communautés qui ne verbalisent pas les règles qui sous-tendent la systématique de leur musique. La méthode expérimentale utilisée pour accéder à l'ensemble de règles non verbalisées a certainement livré plus d'informations que ne l'aurait fait une enquête uniquement fondée sur le questionnement. Il est en effet vraisemblable que les musiciens n'aient pas entièrement conscience des processus cognitifs qui régissent l'élaboration et l'actualisation des formes.

Les investigations menées ces dernières années nécessitent encore d'être approfondies. Cependant, elles permettent d'ores et déjà nombre de remarques concernant tant la nature du système scalaire que l'usage du vocabulaire analytique – lequel se doit d'être adapté aux différents niveaux et plans d'observations de l'objet que l'on tente de modéliser.

L'idée de la prédominance structurelle de tricordes ou de tétracordes sur l'octave constitue sans doute l'une des règles les plus opératoires dans le monde. Dans les échelles d'Afrique centrale, tous les degrés – y compris ceux qui forment les bornes du tétracorde – peuvent être mobiles et aucune grandeur d'intervalle n'est figée. Le système tétracordal semble être applicable à partir de n'importe quel degré de l'échelle, ce qui a pour effet d'engendrer un jeu de contraintes réciproques qui garantissent l'équilibre de l'ensemble : la grandeur de chaque intervalle est en fait tributaire de celle des autres. Tout intervalle peut être élargi ou rétréci dès lors que la position de chacune de ses bornes – constituées par les degrés – est telle qu'elle puisse facilement être identifiée au sein de l'échelle sans la moindre ambiguïté. Autrement dit, il est possible de "déformer" un intervalle jusqu'à ce que sa dimension n'incite pas à confondre les degrés qui en constituent les bornes avec ceux qui sont immédiatement supérieurs et/ou inférieurs. Le modèle retenu ici est donc celui d'un système dynamique au sein duquel les musiciens semblent davantage se référer à des réalisations prototypiques qu'à une configuration scalaire prédimensionnée. Les marges de réalisation résultent donc davantage de la nature des références mentales que d'une déviation par rapport à un système figé. Cela explique sans doute pourquoi de multiples actualisations du système d'opposition des hauteurs sont toutes considérées comme culturellement équivalentes. Par ailleurs, cela conduit à remettre en question l'idée que l'échelle puisse correspondre à un archétype unique représentatif d'un modèle idéal de l'organisation des hauteurs. Celle-ci peut en fait recouvrir de multiples réalités formelles dont l'analyse des traits ne permet pas nécessairement de dégager des points communs et d'aboutir à une représentation dont il devient possible de prédire de façon tangible les multiples variations. Chaque musicien peut réaliser des formes différentes dont on peut penser qu'elles résultent de références mentales également dissemblables, ces dernières répondant néanmoins à une norme collective qu'il est possible de modéliser uniquement en termes de dynamique – et donc de processus. Cette modélisation doit nécessairement recouvrir les potentialités du système et admettre la possibilité pour ce dernier de comprendre et de créer l'aléatoire.

Il semblerait que les propriétés de tels systèmes scalaires ressemblent à celles qui fondent les systèmes phonologiques de toute langue, et selon lesquelles un même phonème peut admettre différentes réalisations sans pour autant remettre en cause les conditions de son identification. Dès lors, on peut considérer que la discrimination des hauteurs ne puisse s'envisager qu'au sein d'un continuum sonore progressant du grave vers l'aigu – ou inversement ; cet espace, comme le temps, devant être segmenté en un certain nombre de points pour constituer les marques qui, en s'opposant, vont permettre de créer des formes. L'élaboration des intervalles permet aux degrés qui établissent leurs limites momentanées de se distinguer – de s'opposer – dans le même plan que forme le continuum sonore. Chaque intervalle entretient avec le suivant des frontières souples qui toutefois, lorsqu'elles sont dépassées, induisent une ambiguïté quant à l'identification des degrés, entraînant l'incompréhension du "message" et donc son invalidité culturelle. A ce titre, les systèmes pentatonique ou tétratonique qui prévalent en Afrique centrale détiennent plus de marge de variabilité fréquentielle que les systèmes micro-tonaux indiens ou arabes.

Quant à la notion de mode – qui selon la définition habituelle sous-tend implicitement l'existence d'une échelle calibrée –, il semble qu'elle ne puisse exister selon cette acception en Afrique centrale. En fait, ce que l'auditeur occidental identifie comme des *mutations* – lorsqu'il pense reconnaître plusieurs configurations scalaires dans les différentes versions données d'une même pièce ou les multiples propositions acceptées par les musiciens dans le cadre des expérimentations – renvoie, du point de vue de la culture concernée, à un seul et même objet.

Si, dans ce contexte, la notion même d'échelle n'est pas culturellement plus pertinente que celle de mode, quel terme alors utiliser pour parler des systèmes de hauteurs bedzan ou ouldémé ? Sans doute cela dépend-il du plan d'observation. S'agit-il simplement de décrire ? Il est alors possible de dire que les musiciens produisent des échelles et proposent plusieurs modes différents. Lorsqu'il s'agit d'expliquer les principes de fonctionnement, c'est-à-dire de rendre compte, à travers la modélisation d'un système, de la pertinence culturelle – et surtout de justifier l'équivalence culturelle qui est établie par la communauté entre plusieurs formes différentes –, le problème devient plus délicat.

Au risque de paraître paradoxal – et en l'absence de termes plus adéquats –, il nous semble que la notion d'échelle modale que l'on doit à Tran Van Khê (1968, p. 152) demeure utile pour évoquer ce dernier cas de figure. Les musiciens produisent des échelles qui détiennent en fait des caractéristiques modales. L'association de ces deux termes, dont chacun renvoie théoriquement à des niveaux différents, semble neutraliser leur signification respective et permet à l'observateur de prendre en compte la mobilité du système, la présence de polarités, le phénomène de mutations, de même que le jugement d'équivalence, sans toutefois trahir la pensée autochtone.

Le modèle explicatif de type dynamique que les expériences menées au Cameroun nous ont permis de dégager permet de comprendre pourquoi, dans les communautés africaines observées, les musiciens ne pensent leur système d'opposition des hauteurs que lors de sa mise en œuvre – c'est-à-dire au cours de la performance d'un chant ou encore, lors de l'accordage, par l'intermédiaire de l'objet concret que représente l'instrument. Il permet également d'expliquer le phénomène d'épaisseur et son caractère, tout aussi aléatoire que celui des formes produites. Par ailleurs, il ne manque pas de susciter des interrogations quant aux modèles explicatifs proposés par certaines théories pour expliciter le fonctionnement de systèmes scalaires en usage ailleurs dans le monde, et au même titre, il se peut qu'il encourage à aborder différemment la modélisation des systèmes scalaires qui n'auraient pas encore été explicités. Enfin, il introduit une nouvelle catégorie au sein de la typologie que l'on pourrait être amené à faire des différents systèmes scalaires connus à travers le monde – y compris le monde occidental. Il semble en effet que nous ayons désormais affaire à trois catégories de systèmes :

a) ceux qui sont figés par le tempérament égal et soumis à un diapason à hauteur fixe, comme en Occident ;

b) ceux qui font référence, tels les systèmes indiens et arabes, à différents archétypes non tempérés – ou tempérés seulement en théorie –, même si ces archétypes sont loin de traduire la subtilité des licences pratiquées par rapport à la norme ;

c) ceux qui fonctionnent selon un modèle dynamique complexe – comme c'est le cas chez les Bedzan et les Ouldémé –, manifestant des propriétés toujours nouvelles, non observables au seul niveau de leurs éléments constitutifs, et fonctionnant à partir d'un réseau cohérent de relations qui s'établit dans l'instant. Les catégories intervalliques s'organisent alors momentanément et se renouvellent sans cesse dans l'espace que constitue le *continuum* sonore sur la base de contraintes réciproques établies par la norme collective.

On ne peut s'empêcher de penser que ce dernier cas de figure renferme, à des degrés divers, les propriétés universelles, fruit de l'alliance entre souplesse et rigueur, qui ont sans doute permis, et permettent encore, de générer et de mettre en œuvre nombre de systèmes scalaires, quelles que soient les cultures.

Bibliographie

ALVAREZ-PÉREYRE, F. et AROM, S., 1993 : "Ethnomusicology and the Emic/Etic Issue", *The World of Music*, vol. XXXV, n° 1, p. 7-33.

AROM, S., 1991 : "L'étude des échelles dans les musiques traditionnelles : une approche interactive", *Analyse musicale*, n° 23, p. 21-24.

AROM, S., 1997 : "Le syndrome du pentatonisme", *Musicae Scientiae*, vol. I, n° 2, p. 139-163.

AROM, S., FERNANDO, N. et MARANDOLA, F., 2003 : "A Cognitive Approach to Bedzan Pygmies Vocal Polyphony and Ouldeme Instrumental Polyphony. Methodology and Results", *Proceedings of the 5th Triennial* ESCOM *Conference*, R. Kopiez *et al.* (éd.), Hanover, University of Music and Drama, p. 457-466.

AROM, S., VOISIN, F. et LÉOTHAUD, G., 1997 : "Experimental Ethnomusicology. An Interactive Approach to the Study of Musical Scales", in *Perception and Cognition of Music*, I. Deliège et J. A. Sloboda (éd.), Hove, Erlbaum, Taylor and Francis, p. 3-30.

AROM, S. et VOISIN, F., 1998 : "Theory and Technology in African Music", in *The Garland Encyclopaedia of World Music*, R. M. Stone (éd.), vol. I, *Africa*, New York, Garland, p. 254-270.

BARKECHLI, M., 1960 : "La musique iranienne", in *Histoire de la musique*, Roland-Manuel (éd.), Paris, Gallimard, "Encyclopédie de la Pléiade", vol. I, p. 453-524 ; rééd., Paris, Gallimard, "Folio", 2001.

BRĂILOIU, C., 1953 : "Sur une mélodie russe", in *Musique russe*, Paris, Presses universitaires de France, vol. II, p. 329-391 ; repris in Id., *Problèmes d'ethnomusicologie*, G. Rouget (éd.), Genève, Minkoff, 1973, p. 341-405.

BRĂILOIU, C., 1955 : "Un problème de tonalité (la métabole pentatonique)", in *Mélanges d'histoire et d'esthétique musicales offerts à Paul-Marie Masson*, Paris, Richard-Masse, t. I, p. 63-75 ; repris in Id., *Problèmes d'ethnomusicologie*, G. Rouget (éd.), Genève, Minkoff, 1973, p. 407-421.

CHAILLEY, J., 1964 : "Ethnomusicologie et harmonie classique", *Les Colloques de Wégimont, IV-1958-1960*, Bruxelles, Université de Liège, vol. XXIX, p. 249-269.

CHAILLEY, J., 1979 : *La Musique grecque antique*, Paris, Les Belles Lettres.

CHAILLEY, J., 1985 : *Eléments de philologie musicale*, Paris, Leduc.

CHOTTIN, A., 1960 : "La musique arabe", in *Histoire de la musique*, Paris, Gallimard, "Encyclopédie de la Pléiade", vol. I, p. 526-544 ; rééd., Paris, Gallimard, "Folio", 2001.

CLINQUART, I., 2001 : *Musique d'Inde du Sud. Petit traité de musique carnatique*, Arles-Paris, Actes Sud-Cité de la Musique.

CUADRA, P. de la, VERGEZ, C. et CAUSSÉ, R., 2002 : "Use of Physical-Model Synthesis for Developing Experimental Techniques in Ethnomusicology. The Case of the Ouldémé Flute", in *Proceedings of the International Computer Music Conference*, Göteborg, p. 53-56.

DANIÉLOU, A., 1985 : *La Musique de l'Inde du Nord*, Paris, Buchet-Chastel ; rééd., Fontfroide-le-Haut, Fata Morgana, 1995.

DEHOUX, V., 1991 : "Topologie et modalités de jeu des xylophones centrafricains", *Analyse musicale*, n° 23, p. 36-41.

ELLIS, A. J., 1885 : "On the Musical Scales of Various Nations", *Journal of Royal Society of Arts*, n° 33, p. 485-527.

ERLANGER, R. d', 1949 : *La Musique arabe*, Paris, Geuthner, t. V ; rééd. en fac-similé, Paris, Institut du monde arabe, 2001.

FERNANDO, N., 1999 : *Patrimoines musicaux de la province de l'Extrême-Nord du Cameroun. Conception, classifications vernaculaires, systématique*, thèse de doctorat, Paris, Université Sorbonne-Paris IV.

FÜRNISS, S., 1991 : "Recherches scalaires chez les Pygmées aka de Centrafrique", *Analyse musicale*, n° 23, p. 31-35.

GUETTAT, M., 1986 : *La Tradition musicale arabe*, Nancy, Ministère de l'Education nationale.

HELMHOLTZ, H. von, 1863 : *Die Lehre von den Tonempfindungen als physiologische Grundlage für die Theorie der Musik*, Vieweg, Braunschweig ; 3e éd., 1870 ; rééd., 1954 ; trad. angl., *On the Sensation of Tone as a Physiological Basis for the Theory of Music*, New York, Dover, 1977.

JONES, A. M., 1971 : *Africa and Indonesia. The Evidence of the Xylophone and Other Musical and Cultural Factors*, Leyde, Brill.

KUNST, J., 1973 : *Music in Java. Its History, its Theory and its Technique*, La Haye, Nijhoff ; 1re éd., 1934.

LÉOTHAUD, G., 1991 : “Le sens de la mesure”, *Analyse musicale*, n° 23, p. 47-49.

MA HIAO-TSIUN, 1960 : “La musique chinoise”, *Histoire de la musique*, Paris, Gallimard, “Encyclopédie de la Pléiade”, vol. I, p. 282-302.

McADAMS, S., 1989 : “Contraintes psychologiques sur la forme”, in *La Musique et les Sciences cognitives*, S. McAdams et I. Deliège (éd.), Bruxelles, Mardaga, p. 257-283.

MUKHERJEE, P., 2004 : *The Scales of Indian Music. A Cognitive Approach to Thât/mêlâkartâ*, New Delhi, Indira Gandhi National Center for the Arts.

Musicae Scientiae, 2000 : “L’Afrique et l’Europe médiévale : la théorie du pentatonisme revue à travers les systèmes africains de tradition orale”, *Musicae Scientiae*, Forum de discussion 1, à propos de S. Arom, 1997.

NATTIEZ, J.-J., 2002 : “Etnomusicologia”, in *Enciclopedia della musica*, vol. II, *Il Sapere musicale*, J.-J. Nattiez *et al.* (éd.), Turin, Einaudi, 2002, p. 677-693 ; version française, “Ethnomusicologie”, in *Musiques. Une encyclopédie pour le XXIe siècle*, vol. II, *Les Savoirs musicaux*, J.-J. Nattiez (éd.), Arles-Paris, Actes Sud-Cité de la musique, 2004, p. 721-739.

PELLETIER-ORTIZ, S., 1991 : “Les échelles musicales d’Afrique centrale : problématique, hypothèses”, *Analyse musicale*, n° 23, p. 26-30.

POWERS, H. S. *et al.*, 2001 : “Mode”, in *The New Grove Dictionary of Music and Musicians*, S. Sadie (éd.), Londres, Macmillan, vol. XVI, p. 775-860.

SUVARNALATA, R., VAN DER MEER, W. et HARVEY, J., 1999 : *The Raga Guide. A Survey of 74 Hindustani Râgas*, Monmouth, Wyastone Leys, Nimbu Records.

TAMBA, A., 1995 : *Musiques traditionnelles du Japon. Des origines au XVIe siècle*, Arles-Paris, Actes Sud-Cité de la Musique.

TOUMA, H. H., 1975 : *Die Musik der Araber*, Wilhelmshaven, Heinrichshofen ; trad. fr., *La Musique arabe*, Paris, Buchet-Chastel, 1977 ; 2e éd., 1996.

TRAN VAN KHÊ, 1968 : “Modes musicaux”, in *Encyclopedia Universalis*, Paris, vol. XI, p. 148-153.

VOISIN, F., 1991 : “La modélisation des systèmes d’accord des xylophones centrafricains”, *Analyse musicale*, n° 23, p. 42-46.

Annie Labussière

GESTE ET STRUCTURE MODALE DANS LE CHANT TRADITIONNEL A VOIX NUE

1. Introduction : orientation de la recherche

L'exposé qui va suivre doit, en première instance, se situer par rapport aux deux grandes disciplines de recherche qui, depuis des décennies, décrivent et analysent la musique, phénomène symbolique : la musicologie d'une part, l'ethnomusicologie, d'autre part. A la première seront empruntés les termes appartenant au métalangage de description du fait musical (notions de hauteur, de durée, de tempo, d'échelle, de mode), et une méthode d'analyse spécifique. On sera redevable à la seconde de la possibilité, pour un musicien occidental, de se sensibiliser aux musiques traditionnelles de toute provenance en se mettant à leur écoute à travers les prestigieuses collections que les archives sonores et le disque mettent actuellement à sa disposition. Car s'il reconnaît que "le musical, c'est le sonore construit et organisé par une culture" (Molino, 1975, p. 53), le chercheur a le droit de se poser, une fois de plus, la question des universaux en musique, en tentant, à des fins comparatives, une démarche personnelle de transcription et d'analyse. On a choisi ici de s'intéresser au chant traditionnel, lorsque celui-ci est exécuté "à voix nue", c'est-à-dire sans le soutien d'un quelconque instrument de musique. On s'est également limité à l'écoute et à l'analyse de pièces monodiques, le but recherché étant l'observation de l'organisation linéaire et de la dynamique des mélodies retenues. Ces pièces se construisent en effet à partir de la combinaison de deux éléments : le texte chanté, d'une part, les mouvements mélodiques, de l'autre. Quelle que soit la langue utilisée, le texte impose ses contraintes rythmiques par la combinaison spécifique des consonnes et des voyelles, éléments de structuration de la parole, lesquels sont présents, en proportion diverse, dans toutes les langues actuellement connues. C'est dire que la mélodie peut s'étudier dès lors que la parole, par les structures de son seul *signifiant*, permet et révèle une organisation des hauteurs dans le temps. De leur côté, les mouvements mélodiques manifestent des propriétés structurales et une dynamique liées à ce que l'on pose ici en premier lieu : l'hypothèse d'une hiérarchie des intervalles issus du cycle des quintes. On sera alors amené à distinguer, dans le comportement d'un chant à voix nue, ce qui relève de cette hiérarchie et ce qui, éventuellement, confère à certains degrés mélodiques des propriétés fonctionnelles non forcément liées à cette hiérarchie. Dans ce sens, le travail présenté ici s'orientera nécessairement vers l'analyse modale, dans un but évident de remise en question de notions trop souvent erronées ou mal définies.

2. Méthodologie

2.1. *Un outil de travail*

L'exemple 1 présente l'échelle théorique qui s'élabore, comme d'autres avant elle, selon le cycle des quintes, à partir d'un son générateur numéroté **1** et arbitrairement disposé sur la seconde ligne de la portée (Brăiloiu, 1953, in 1973, p. 348). Cette échelle se démarque toutefois des précédentes puisque l'on y fait l'hypothèse d'une hiérarchie entre les intervalles, hiérarchie mise en évidence grâce à une représentation schématique (devenue habituelle) en valeurs rythmiques, selon l'importance relative de chacun des degrés constitutifs de cette échelle : on aperçoit alors immédiatement une *structure profonde* notée en rondes et des degrés respectivement notés en blanche, noire, croche. La forme losangée des têtes de notes veut insister sur le caractère théorique de cette représentation, d'où est absente toute notion de hauteur absolue et où seuls comptent les rapports d'intervalles. Les degrés sont numérotés à partir du son générateur **1**, placé sur la seconde ligne de la portée. Ce choix arbitraire est dû à des considérations matérielles (c'est-à-dire ne pas excéder deux lignes supplémentaires aux deux extrémités de l'échelle). Le graphisme souligne également la hiérarchie des degrés. Sont notés en gras, les degrés **1**, **2**, **5**, structure profonde ; en italique gras, les degrés ***3*** et ***6***, également structurels, mais susceptibles d'inflexion ; en italique, les degrés *7* et *4*, essentiellement mobiles et dépourvus de statut structural. L'ajout du slash (à gauche du chiffre) ou de l'anti-slash (à droite du chiffre), permet d'indiquer la position d'un degré par rapport à l'octave centrale (exemple 1).

Exemple 1

Echelle théorique

En raison de la hiérarchie qui les rassemble, tous les degrés de cette échelle théorique s'inscrivent dans une relation dynamique. Le signe d'altération qui surmonte certains d'entre eux désigne une possible inflexion du degré concerné : celui-ci, en effet, selon sa place dans une tournure mélodique ou "schème", peut s'infléchir par attraction d'un degré fort, voisin, ou encore, sous l'effet de la pente mélodique ; il s'agit alors d'une autre version du même degré et non pas d'un degré distinct. L'échelle admet donc une véritable mouvance des hauteurs, sans que soit affectée sa structure profonde, laquelle reste essentiellement diatonique. Eu égard à chacun des exemples transcrits, cette échelle théorique se posera donc comme schéma de référence ; elle n'a, théoriquement, pas de limites dans l'espace sonore ; en pratique, elle permet, *compte tenu des contraintes qu'impose l'hypothèse initiale*, la transcription et l'analyse de productions vocales chantées à voix nue dans une culture traditionnelle donnée.

2.2. *Une conduite guidée*

L'exemple 2 met à la disposition de l'analyste quelques spécimens de la combinaison de 2 à 5 degrés de l'échelle théorique, sous forme de schèmes élémentaires, *chaque schème incluant le son générateur* **1**. Dès l'abord, ce parti se réclame de la nature essentiellement "incomposée" – c'est-à-dire non décomposable en tons et demi-tons – des intervalles se succédant dans chacun de ces schèmes ; par nature, en effet, ceux-ci sont aptes à activer "l'instinct de conjonction" de celui qui écoute et de lui permettre d'entrer de plain-pied dans les arcanes de l'*ordre mélodique* (Chailley, 1955, p. 69-165), d'en comprendre le fonctionnement comme d'y déceler les transgressions. On s'habituera à situer, dans ces tournures mélodiques, les intervalles de quinte : **/Q**, de quarte : **Q**, de ton : **T** et de trihémiton ou tierce mineure incomposée : **3**. Ce faisant, on se gardera de penser que ces schèmes, que l'on peut qualifier d'élémentaires, puissent impliquer une quelconque notion d'antériorité : tous existent dans le présent, sont constamment à l'œuvre dans le chant traditionnel et ne sauraient être qualifiés de "primitifs" ; les premières

Exemple 2

Exemples de schèmes élémentaires

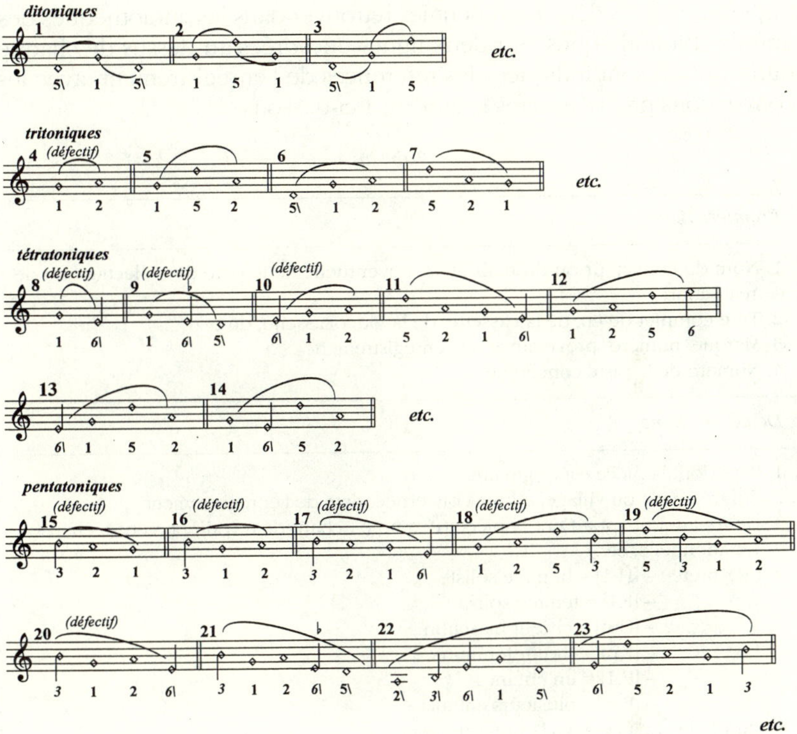

pièces ici transcrites auront pour objet de les mettre en situation. L'exemple 2 propose quelques-uns de ces schèmes, qu'ils soient complets ou incomplets (c'est-à-dire "défectifs", à savoir ne présentant pas la totalité des intervalles de l'échelle concernée).

L'agencement de ces schèmes peut théoriquement varier à l'infini, mais leur présence et leur dynamique propre demeurent limitées aux habitudes et aux performances vocales des individus. La sensibilité qu'il acquiert à ces pratiques, constitue, pour le chercheur, une réserve capable d'alimenter sa mémoire en créant des "rapports associatifs" (Meeùs, 1993, *passim*) susceptibles d'orienter son analyse.

2.3. *Présentation des pièces vocales*

Les enregistrements des exemples rassemblés ici sont, à peu d'exceptions près, disponibles chez les distributeurs spécialisés dans les musiques de tradition orale. A défaut, on peut les retrouver dans les audiothèques des grandes bibliothèques. Sur deux lignes encadrées au-dessus de chaque transcription sont indiquées les références de l'enregistrement, avec les conventions précisées dans le tableau 1 ci-dessous.

Tableau 1

Première ligne
1. Nom du collecteur ou du réalisateur ; éventuellement, date de collectage ou de réalisation 2. Titre complet du CD, de la cassette, de la vidéocassette, du DVD 3. Marque, numéro, provenance de l'enregistrement 4. Numéro de la piste concernée
Deuxième ligne
1. Pays dont la pièce est originaire 2. Contrée, ville ou village, ethnie concernée, date de l'enregistrement 3. Genre auquel appartient la pièce (exemple : chant de travail, berceuse, chanson traditionnelle, etc.) 4. Interprète : – [H.1] = homme soliste – [F.1] = femme soliste – [H.n] = chœur masculin – [F.n] = chœur féminin – [E.1] = un enfant – [E.n] = plusieurs enfants 5. Durée de la pièce dans l'enregistrement

Les pièces sont transcrites et présentées sous forme paradigmatique, c'est-à-dire que "les séquences équivalentes sont [...] écrites au-dessous les unes des autres, dans une même colonne, et le texte doit se lire, en faisant abstraction des blancs, de gauche à droite et de haut en bas" (Ruwet, 1972, p. 117). Les signes d'altération sont indiqués avec précision à l'intérieur de chaque fragment mélodique mais ne sont valables que pour ce fragment. Ce type de représentation, notamment pour une pièce monodique, est déjà analytique : il permet de mettre en évidence :

– l'articulation de la pièce autour du *son générateur* (**1**, **1** ou **/1**) *toujours présent* ;

– les éléments de répétition ;

– les coïncidences dans les "appuis" rythmiques et les cadences ;

– la structure des schèmes transcrits et les gestes mélodiques qui les parcourent.

Chacune des "colonnes" que cette présentation met en évidence sera nommée "paradigme". Si le discours analytique fait allusion à ces paradigmes, ceux-ci seront numérotés de gauche à droite (premier, second, troisième paradigme, etc.). Une telle présentation peut surprendre le musicien rompu à la lecture intérieure des partitions musicales traditionnelles. Il s'apercevra vite, au contraire, que l'analyse paradigmatique de pièces monodiques, fondée sur le principe de répétition, permet une lecture plus rapide et plus juste des exemples proposés. La durée totale de la pièce, indiquée dans l'encadré, est celle de la plage enregistrée. Le mouvement métronomique, également encadré au début de la transcription, ne saurait être qu'approximatif ; il donne cependant l'allure générale de la monodie transcrite et guide l'écoute intérieure. Les pointillés, en fin de transcription, signalent que la pièce vocale se prolonge de façon aléatoire jusqu'en fin de minutage. Pour les chants à couplets ou à variations, en revanche, les signes traditionnels de reprise sont conservés, la pièce étant alors répétée durant tout le minutage indiqué (voir le tableau 1, 2e ligne). Enfin, on pourra lire, en dessous de la transcription, l'*aspect* de la mélodie analysée, c'est-à-dire la succession de ses intervalles du grave à l'aigu s'inscrivant sur le fragment correspondant de l'échelle théorique. Sur cet aspect sont reportés les principaux *gestes mélodiques* à l'œuvre dans le déroulement temporel de la monodie analysée.

3. Ecoute et analyse

3.1. *Propriétés des structures profondes*

On a rassemblé dans ce paragraphe des pièces vocales très simples, fondées sur le recours aux schèmes élémentaires présentés ci-dessus (voir l'exemple 2). Toutefois, le musicien sera invité à ne pas s'en tenir à une simple lecture solfégique de ces premiers exemples, pour prendre conscience des propriétés dynamiques qu'ils mettent en œuvre, en dépit de leur naïveté apparente. Tels cris de cueillette (exemple 3) que lancent voix d'enfants et voix d'hommes entremêlent, sur un parcours de près de deux minutes, voix chantée et voix parlée. On repère facilement, dans les séquences chantées, le schème de nature ditonique que cette pièce, transcrite en *a*, met en évidence en le plaçant sur le son générateur **1**. C'est la dynamique du schème qui est ici mise en situation par ce basculement de la quinte : l'intervalle tend à s'appuyer sur le son inférieur **1** et à se projeter vers l'aigu, sur le **5**, où il ne trouve pas sa résolution. Pas de pulsation repérable dans cette séquence : le

Exemple 3

Coll. Victor Randrianary, Madagascar, anthologie des voix, *Inédit W 260076-5 Madagascar, Agnalabo Andrefa, 1996, ethnie mikea masikoro, cris de cueillette, [E+H.n], 1:42*

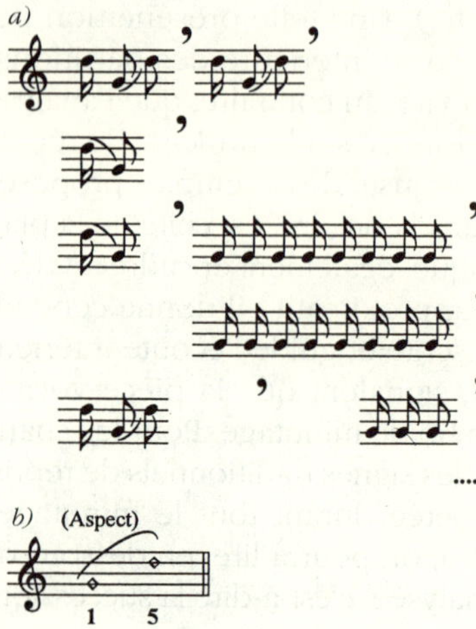

geste mélodique initial se reproduit, ici, entrecoupé de silences d'une durée aléatoire, signalés par une virgule en gras. En *b*, l'*aspect* du schème est virtuellement placé sur l'espace correspondant de l'échelle théorique et surmonté d'une courbe régulière qui signe son instabilité et son absence de résolution terminale.

Contrairement à la précédente, la seconde pièce (exemple 4), de caractère érotique, impressionne par l'audace de son large ambitus. En effet, elle combine d'une part le mouvement perpétuel de la quarte mélodique – laquelle, au contraire de la quinte, vient s'appuyer sur le son supérieur et bascule ensuite en sens contraire –, d'autre part un large saut dans le registre supérieur, par le ton **1-2**, suivi de deux quartes consécutives **2-5-/1**. Le schème est de nature tritonique, **1-2-5**, avec "appel de quarte" en anacrouse initiale, et réitération, à l'octave supérieure, du son générateur. Les trois paradigmes qui résultent du schéma de transcription mettent en évidence l'envergure de ce saut spatial et sa progression vers une résolution constamment retardée, sur le degré **2**. Cet exemple témoigne d'une part de la prégnance de la structure tritonique qui commande, on le verra, des pièces très élaborées, d'autre part de la nature dynamique des schèmes s'appuyant sur cette structure profonde.

Exemple 4

Coll. Francis Corpataux, Le Chant des enfants du monde, *1990-1995,* ARN *64340-25*
Chine, peuple miao, "Appel de l'amoureux", [E.n], 1:38

Avec la comptine guinéenne qui suit (exemple 5), on entre de plain-pied dans l'univers rythmique et langagier des enfants. On sait en effet que celui-ci constitue "un système particulier" qui "procède [...] d'un mouvement ordonné" et que "les langues les plus diverses (se plient) à son inflexibilité" (Brăiloiu, 1956, in 1973, p. 299). Il est possible de dénombrer ici 17 "séries" caractéristiques de la rythmique enfantine, toutes constituées de deux valeurs entières : longue : (♩) et brève : (♪) en nombre pair dans chaque série, avec appui thétique sur les valeurs impaires. Le plus souvent fixées sur des séries de 6 et de 8 brèves (paradigmes 1 et 2), les séries peuvent varier en valeurs et en durée, (paradigme 3), ou se rétrécir, comme ici en fin de parcours (paradigme 4). Les quatre paradigmes s'appuient mélodiquement sur la relation tétratonique **6\ -1-2.** Toutefois, l'insistance se porte davantage sur la relation **1-2** et si l'aspect de la comptine fait appel au trihémiton (la conjonction de tierce mineure incomposée **1-6**), le **6** n'a pas ici valeur de "finale mélodique". On est ici, en effet, davantage du côté de la parole que de la mélodie : toute comptine est un fait de langage. Elle s'arrête quand tout a été "compté" ou "raconté". Une

Exemple 5

Coll. Francis Corpataux, Le Chant des enfants du monde, *1990-1995,* ARN *64340-10*
Guinée, comptine, [E.1], 1:36

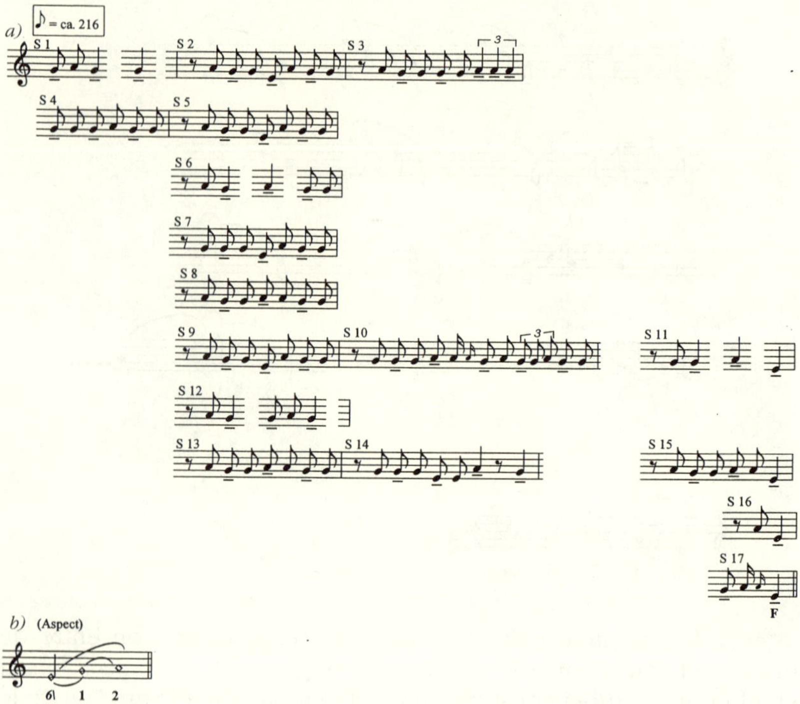

écoute attentive prouve d'ailleurs que l'ultime 6\ est négligemment lâché, quasi parlé.

En revanche, dans la pièce suivante (exemple 6), ce même trihémiton est nanti de toute la valeur incantatoire que lui confère le balancement de son mouvement répétitif.

On n'insistera jamais assez sur la place qu'occupe, dans l'univers mélodique, la mise en situation de relations intervalliques de nature tétratonique (voir l'exemple 2, schèmes 8 à 14). Celles-ci sont perceptibles dans les émissions vocales les plus humbles : on les décèle dans les *majekrahi*, répertoire chanté des Gégé du Nord de l'Albanie, répertoire qui, par son nom même, désigne "le sommet de la pauvreté" (Ahmedaja, 1999, p. 209) ; on les décèle également dans certains jeux de gorge des Inuit (Nattiez, 1989, plage n° 6). Mais ces relations resurgissent également

Exemple 6

Coll. J.-M. Beaudet et L. Weiri, Chants kanaks, cérémonies et berceuses, *Le Chant du Monde,* LDX *274909-18.*
Nouvelle-Calédonie, région de Hienghène, berceuse, [F.1], 1:49

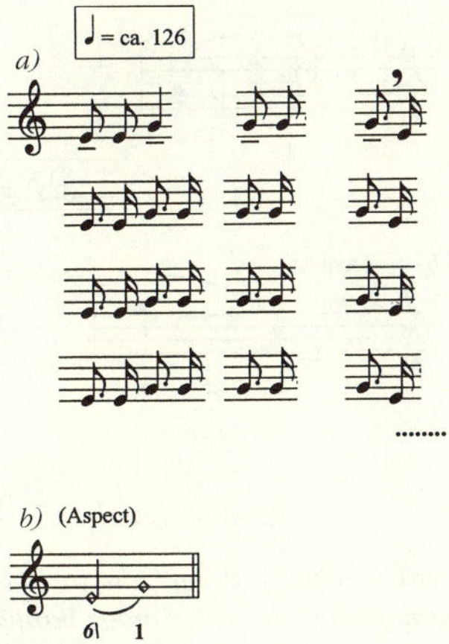

au fil de mélodies très élaborées. En outre, nombre de chants à voix nue de toutes provenances sont entièrement construits sur un système de nature *tétratonique*. On peut alors assimiler celui-ci à une sorte de grille mélodique sans faille, sans issue, qui confère à ce type de pièces une allure de piétinement ou encore de mouvement giratoire caractéristique. On en prendra conscience dans les exemples qui vont suivre.

Collectée en Afrique de l'Ouest, la pièce suivante (exemple 7) s'appuie sur le geste même du schème invoqué : le chœur répond à la voix soliste en scandant, par deux battements de mains fortement marqués, l'affirmation du ton **1-2**. Le geste circulaire **2-6-5-2-1-2** du schème renforce ce caractère giratoire.

Le système tétratonique peut également présenter, dans son aspect, la succession intervallique **T-3-T**. Cette symétrie entraîne une plus grande rigueur dans la structure même de la mélodie, renforçant également son caractère quasi obsessionnel. C'est le cas de la pièce suivante (exemple 8), dans laquelle des jeunes filles hah nhi, formant deux rangs face à face, chantent tout en piétinant légèrement le sol. On observe ici que la chute de quarte **1-5**, constamment réitérée, mais aussitôt quittée pour le geste inverse, ne désigne pas une note terminale : la chanson peut se poursuivre indéfiniment.

Exemple 7

Coll. Patrick Kersalé, Parole d'ancêtre LOBI, *ANAKO, 1999,* CD *Syrinx Academy 8*
Afrique, Burkina Faso, chant des jeunes filles au clair de lune, [F.1/F.n], 1:30

Exemple 8

Réal. Patrick Kersalé, Nord Viêt-Nam, 2000, *"Eau de liberté", clip vidéo (extrait),*
Nord Viêt-Nam, peuple ha nhi, ronde chantée, [F.n], 1:15

La grille tétratonique impose ici sa force structurale dont on montrera pourtant que c'est en elle, et non pas dans la trop fameuse "gamme pentatonique" que s'alimente la grande créativité mélodique. On entrera néanmoins de plain-pied dans l'univers du pentatonisme ;

on en dégagera les particularités en tentant de saisir où se situent sa force de séduction mais aussi ses limites. Le jeu vocal suivant (exemple 9), collecté dans une ethnie malgache, permet de remarquer une nette tendance du schème vers le diton **1-2-*3***, le ***3*** apparaissant ici sous forme de *bian*, terme chinois désignant une note faible, étrangère au système et cherchant à s'y intégrer. Le geste **2-1-*6*** marque l'appartenance au système tétratonique, mais le **2**, ici maintes fois réitéré, lance périodiquement un appel au degré supérieur, le ***3***, qui s'infléchit vers lui.

Exemple 9

Coll. Victor Randrianary, Madagascar, anthologie des voix, *Inédit W 260076-10*
Madagascar, Berenty, 1995, ethnie antandroy, jeu vocal, [H.1], 1:00

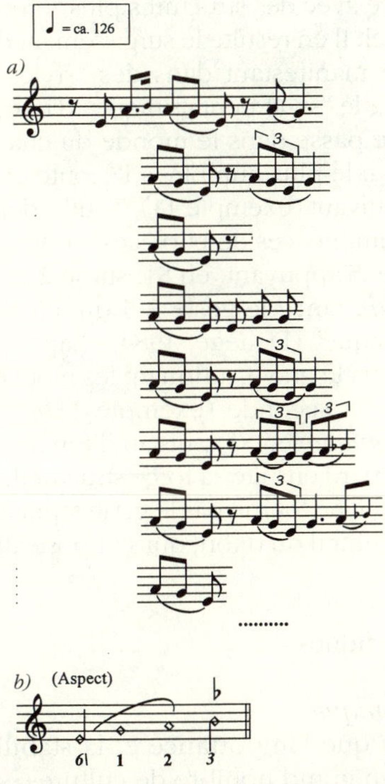

Une fois installé, le diton agit ici comme une sorte de "socle", de repère sécurisant, comme il le fait dans nombre de mélodies traditionnelles. Schème défectif (défectif par rapport à l'échelle pentatonique, voir l'exemple 2, schèmes 15 et 16), il signe néanmoins l'entrée en scène du pentatonique, même si l'on n'entend ici ni les cinq degrés caractéristiques de cette échelle, ni, *a fortiori*, aucune tournure mélodique appartenant au "système pentatonique" (Brăiloiu, 1953, in 1973, p. 351-365). L'exemple 10 rassemble, en *a* et *b*, deux pièces exclusivement fondées sur le diton. Le parti giratoire subsiste ici, mais l'on est frappé par l'importance donnée au **2**, degré central du schème et point de ralliement, réitéré dans l'une et l'autre de ces deux pièces.

3.2. *L'extension mélodique*

On assiste ainsi à une extension des schèmes mélodiques : les pièces s'organisent de part et d'autre du diton ; toutefois, le parti adopté diffère selon la prégnance de celui-ci dans l'élaboration du schème dans le temps. En effet, les structures les plus profondes, *ditonique* et *tritonique*, peuvent imposer leur dynamique ; dans ce cas, elles sont en quelque sorte en concurrence avec des structures plus "en surface", commandées par le diton structurel. Il en résulte le surgissement de deux options mélodiques, celles-ci se manifestant dans des "styles" dont on tentera de cerner la spécificité : le "style pentatonique" d'une part, le "style modal" de l'autre. Ce qui se passe dans le monde du chant à voix nue peut se concrétiser au niveau le plus humble, à l'écoute des deux petites comptines de l'exemple suivant (exemple 11). Toutes deux fidèles aux "séries" de la rythmique enfantine, ces deux pièces n'ont ni la même orientation, ni la même ossature. S'appuyant, en S1, sur le **2** et le ***3*** du diton, la première (exemple 11*a*), lance le geste **2-5** qui crée, sur la quinte **5**, une levée, un geste "arsique" (Deliège, 1984, chap. V, *passim*) qui renvoie ensuite le schème vers le grave, affirmant les mouvements de bascule du *ditonique* profond. La seconde (exemple 11*b*) fait d'abord appel au trihémiton du *tétratonique* (en S1) puis au diton du *pentatonique* (en S2) ; mais son trihémiton perd ensuite sa force structurale : monnayé en S3, S4, S5, par un 7\ mobile, il ne fournit pas le geste terminal : celui-ci se retourne et affirme le **2**, son central du diton, qui s'impose alors comme finale.

4. Les options mélodiques

4.1. *Le style pentatonique*

Il est incontestable que l'importance et la stabilité relative du diton l'emportent, dans un grand nombre de cultures, sur les mouvances et la dynamique qu'impliquent les relations intervalliques les plus profondes, celles du *ditonique* et du *tritonique*. On assiste, dans ce cas, à la mise en place de tournures mélodiques spécifiques, familières à l'instinct mélodique universel, sorte de "lieux communs" (Brăiloiu, 1953, in 1973, p. 365) que Brăiloiu qualifiait du reste de "pentatonismes",

Exemple 10a

Réal. Cécile Gueunoun, Grand Nord russe, *1997,* PS *65189-7*
Grand Nord russe, peuple tchouktche, chanson, [E.1], 1:48

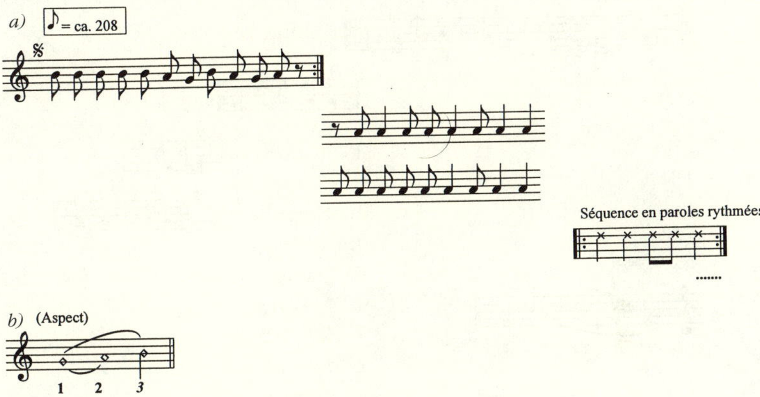

Exemple 10b

Coll. Henri Lecomte, Sakha, Yakoutie : épopées et improvisions, SDRM *92565-2-10*
Sibérie, peuple sakha, danse en rond osuokhaï, [H.1/H.n], 19:02

Exemple 11a

Réal. Yann-Fañch Kemener, Dibedibedañchoù, *DASTUM, 1987-1999, CD 37*
France, Centre-Bretagne, comptine, [H.1], 1:29

a')

b') (Aspect)

Exemple 11b

Réal. Radio-Slovenija, Slovénie, *1989, OCORA C600007-3*
Slovénie, comptine, [E.1], 0:21

a')

b') (Aspect)

susceptibles d'engendrer le meilleur comme le pire, et trop souvent offertes aux arrangements harmoniques les plus fallacieux. Toutefois, la mise en situation de ces tournures s'avère très différente selon le pays d'origine : étroitement tributaires du parti rythmique sur lequel elles se fondent, elles n'ont, d'une culture à l'autre, ni la même envergure, ni le même potentiel de créativité. On en jugera par l'écoute de différents chants à voix nue construits sur une structure pentatonique nettement perceptible. En effet, l'intérêt d'une pièce "en pentatonique" réside ailleurs que dans la seule référence à l'échelle de cinq notes tant de fois invoquée. On considérera d'abord (exemple 12) telle berceuse hmong qui s'articule autour du diton central du pentatonique anhémitonique et s'appuie, dans un syllabisme imperturbable, sur une pulsation rigoureuse. Elle juxtapose des séquences séparées par de brefs silences mais qui, toutes, parcourent la totalité de l'ambitus mélodique. L'effet de mouvement giratoire est remarquable. On prend conscience ici de la stabilité du schème ; aucune finale n'est pressentie ou imposée : là encore, la mélodie est infinie.

Avec la pièce suivante (exemple 13), sous-tendue de bout en bout par une pulsation lente, on atteint un niveau plus complexe. Le déroulement mélodique est fait de longues tenues, de silences, de mélismes autour des sons de structure. La transcription est, comme la précédente, accompagnée de son schéma structural. Le pentatonique est ici hémitonique puisqu'il fait appel au *7*, degré faible de l'échelle et théoriquement absent du système. Le premier paradigme met en évidence un incipit greffé sur "l'appel de quarte" et appoggiaturé, dans sa deuxième occurrence, par le ♯7 ; le second paradigme montre la réitération d'une cadence sur ***3*** que prolonge la descente vers l'octave grave (paradigme 3) et la remontée du schème vers le **2** du diton, *degré suspensif* dans chacun des couplets de cette mélodie. Au terme du dernier couplet, l'inflexion finale se fait sur le son générateur **1**. On peut contrôler, en *b*, sur le schéma, et de même, en *c*, sur l'*aspect* qui lui fait suite, la direction que prennent les gestes mélodiques ici à l'œuvre. On prend conscience de la mouvance interne du *pentatonique hémitonique* lorsque celui-ci se manifeste librement à travers la voix nue.

On ne quittera pas le style pentatonique sans en relever deux exemples en Occident, où le traitement des chants à voix nue, sensiblement différent de celui des pièces précédentes, appartient cependant au même univers. La première pièce (exemple 14), rapide, syllabique, se chante sur un rythme trochaïque très affirmé. L'intonation lance l'"appel de quarte" **5\-1** et le schème passe plusieurs fois

Exemple 12

Réal. Patrick Kersalé, Viêt-Nam, Musique et chants des Hmong, *VDE GALLO, CD 915-12*
Viêt-Nam, peuple hmong, berceuse, [F.1], 5:24

sur les degrés faibles : quatre occurrences du ♯7, en broderie ou note de passage (paradigmes 1 et 2), et deux occurrences du *4*, mobile, (paradigme 1). La structure pentatonique, constamment présente, se résout sur la formule **2-1-6** qui ramène le trihémiton structurel. Le déroulement linéaire s'appuie sur de constants changements de direction, avec ce "profil crénelé" (Brăiloiu, 1953, in 1973, p. 362) caractéristique du style.

La seconde pièce (exemple 15) est une *ballade* irlandaise de grand style dont la présentation paradigmatique souligne l'originalité. Dès le premier coup d'œil, on est frappé par les changements brusques de registre, mis en évidence sur les deux paradigmes centraux. On

Exemple 13

Réal. Richard Evans, "Tibet, Tibet", Yungchen Lamo, *1996, Real World* LTD, UK:CDR *W59-3*
Tibet, complainte, [F.1], 4:30

aperçoit ensuite des relations d'octave et de quinte qui dessinent trois gestes cadentiels : **2\-2-6\ – 2-2\-6\ – 6\ -2\-1-2**. C'est toutefois le diton qui étaye solidement la pièce, sa note centrale lui fournissant, au grave, la finale.

4.2. *Le style modal*

On prendra garde de se maintenir ici sur le terrain spécifique de l'*oralité* en se défiant de toute idée préconçue sur le sujet, ainsi que de toute notion qui se rattacherait aux séculaires "théories modales" dont on sait que, dans le domaine de l'écriture, elles sont loin d'établir un quelconque consensus (voir dans ce volume p. 945-979 l'article de

Exemple 14

Coll. Beal Leader, Londres, 1965, The Voice of the People,
vol. V, Reg Hall (éd.), TSCD *655-15*
Angleterre, Londres, traditionnel, [H.1], 1:04

Nathalie Fernando). On rejettera en premier lieu le recours aux “modes harmoniques dits naturels” (Chailley, 1960, p. 86), à leur fantaisiste numérotation grégorienne comme à leurs noms de pseudo-modes “grecs”. On ne se référera pas non plus à “l’octave modale” en tant que critère analytique et l’on s’en tiendra à la méthodologie proposée dans cet exposé.

Dans quel “mode” est-on ?

En première instance, on proposera de confronter deux mélodies originaires d’Europe centrale – consciente que l’on est de tout ce que cette référence géographique implique de vague et de fluctuant. Les deux pièces (exemple 16*a* et *b*) sont des chants à couplet qui installent, sur une pulsation modérée, un schème mélodique structuré, en deux gestes successifs, sur la quinte **1-5**. Le premier geste (paradigme 1) fait sa cadence sur la division tritonique de la quinte (le degré **2**), le second (paradigme 2) fait le mouvement inverse et retrouve le son générateur **1** qu’il impose comme finale. Dans les deux cas, c’est la structure du tritonique profond qui est ici invoquée (voir *supra* la section 2.1) On vérifie, sur l’*aspect* de chacune de ces deux pièces (noté en *b* et *b’*), l’identité de leur *ambitus* (la sixte **1-6**) et celle de leur *geste initial ascendant* : **1-2-5**. Toutefois, on a immédiatement repéré la différence de traitement du degré ***3***, dans l’une ou l’autre chanson : dans la pièce *a*, celui-ci atteste la prégnance du diton, si solide qu’il émerge en “diton direct” (paradigme 2) et que le degré faible, le *4*, se maintient constamment “bas”, c’est-à-dire

Exemple 15

Coll. Tony Engle, Londres, 1974, The Voice of the People,
vol. III : Reg Hall (éd.), TSCD *653-1*
Irlande, ballade tragique, [H.1], 5:51

proche du diton. En revanche, dans la pièce *b*, c'est la prégnance de la quarte **Q** du tritonique profond, qui prévaut : les degrés ***3*** et *4* sont comme *écartelés en sens contraire* : le ***3*** s'infléchit vers le **2** tandis que le *4* est "tiré" vers l'aigu par la force structurelle de la quinte. On vérifie ici la pertinence de l'échelle théorique, dont la présentation permet (grâce aux degrés respectivement surmontés d'un bémol et d'un dièse) de mettre en évidence la "seconde augmentée" ainsi produite. Les aspects *b* et *b'* montrent qu'ils ont en commun leur structure profonde, sans préjudice des sons intermédiaires.

Exemple 16a

Réal. Herman C. Vuylsteke, Serbie orientale, "Les bougies du paradis", *rééd. 1992, Ocora C 580041-12*
Serbie orientale, peuple valaque, complainte d'une femme valaque, [F.1], 2:00

Exemple 16b

Réal. Radio nationale croate, Croatie, musiques d'autrefois *(1958-1993), Ocora C 600006-5*
Croatie, Nord et Nord-Ouest, chanson de mariage, [F.1/F.n], 1:59

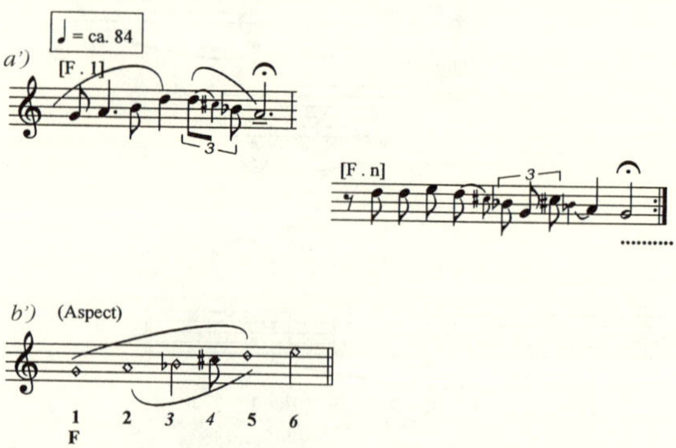

"En mode de fa*" :* fa-sol-la-do-ré

Ces deux pièces dessinent ainsi un geste mélodique qui, réitéré, désigne sans ambiguïté une "finale modale". Ici, la finale n'est autre que le **1**, son générateur de l'*échelle théorique* qui sert de base à ce travail. On atteint ici un tournant spécifique dans l'orientation de la recherche. En effet : en faisant retour sur l'hypothèse de départ (voir *supra* 2.1) il est possible de concilier le chiffrage des degrés de l'*échelle théorique* avec l'intitulé conventionnel des "modes", en nommant ceux-ci à partir du son habituellement adopté comme générateur du cycle des quintes, le *fa*, de telle sorte que la série **1-5-2-6-*3*-** *7-4* de l'*échelle théorique* devra se lire : *fa, do, sol, ré, la, mi, si.* Si donc l'on nomme "les six modes" par le nom de leur finale, la correspondance sur l'échelle se fera sur la série chiffrée **1-2-*3*-5-6-**♯*7*, série que l'on lira *fa, sol, la, do, ré, mi.*

On s'emploiera à rappeler ces équivalences pour aider le lecteur au cours de l'analyse, les finales modales étant alors notées en italiques (exemple 17). Les pièces, *toujours transcrites sur l'échelle théorique*, devront être mentalement *lues un ton au-dessous de la note écrite* (ou, plus commodément encore, en clé d'*ut* quatrième ligne).

Exemple 17

Ce que l'échelle permet ici de mettre en évidence, ce ne sont plus d'hypothétiques "octaves modales" distribuant tons et demi-tons dans un ordre donné, mais bien des *structures*, nanties de leurs mouvances internes et de leur potentiel dynamique. On posera ainsi que les deux pièces précédentes (voir l'exemple 16) sont bien "en mode de *fa*", qu'elles s'appuient sur une quinte de structure **1-2-*3*-5** – soit *fa-sol-la-do*, selon l'équivalence établie – au même titre que toute pièce dans laquelle le son générateur s'impose comme finale, où les degrés ***3*** (le *la*) et *4* (le *si*) assujettis à la structure profonde ont un certain pouvoir de *mobilité*, et où la quinte, par son geste de bascule **5-1** (soit *do-fa*), peut éventuellement limiter l'extension du schème vers l'aigu. Mais la théorie scolaire est tenace : s'appuyant sur les "modes naturels", elle refuserait aux deux pièces de l'exemple 16 leur appartenance au mode de *fa*, qu'elle concéderait cependant à la chanson suivante (exemple 18), dont le degré *4* (le *si*) veut bien, au moins dans sa première occurrence, se conformer à la suite des intervalles (ou *aspect*) de l'octave "naturelle" de *fa*. Il est pourtant clair que ce *4*, inféodé à la

Exemple 18

Coll. Jean-Bernard Vighetti, Tradition chantée de haute Bretagne, *SCM 041-I-13C*
Haute Bretagne, Saint-Martin-sur-Oust, [F.1], 1:46

hiérarchie modale de la pièce, se comporte ici en "degré mobile". On posera donc de la façon suivante la *structure* du "mode de *fa*" :

fa	*sol*	*(♭)la*	*do*	*(♭)ré*
1	**2**	*(♭)***3**	**5**	*(♭)***6**
F				

"En mode de sol*" :* sol-la-do-ré-fa

Le rôle du *geste mélodique* est essentiel dans l'orientation de la pensée modale. Il met en évidence la structure profonde d'un schème ; il conduit le déroulement linéaire dont il scrute dans le détail le moindre mélisme ; il désigne les cadences, fait pressentir la finale. La synthèse de ces éléments fait émerger une "isotopie modale" que l'oreille est amenée à ressentir et à décrypter. Les deux pièces suivantes (exemple 19*a* et *b*) sont, dans ce sens, intéressantes à comparer. Il s'agit de deux chansons bretonnes qui n'ont en commun ni le tempo, ni le rythme, ni l'ambitus, ni la formule d'intonation. La première (exemple 19*a*), avec ses lourdes pulsations ternaires, est lentement déclinée par une voix soliste à laquelle répond, dans le même style, l'unisson d'un groupe masculin ; la seconde (exemple 19*b*) installe un tempo rapide sur un rythme trochaïque ; c'est une joyeuse et bondissante "chanson à répondre" dans laquelle, à chaque reprise, s'enchaîne, par tuilage, la voix du second soliste. Ces deux pièces ont

Exemple 19a

Réal. S. Le Hunsec, Patrick Malrieu, Veillée à Languidic,
Dastum bro erg, "Tradition vivante de Bretagne" 8-7
Bretagne, commune de Languidic, complainte de la mariée, [H.1/H.n], 4:49

Exemple 19b

Réal. Jean-Michel Guilcher, Chansons à répondre *(1973), EMI 2C 062-12.483-I-2*
Bretagne, Rond de Guérande (Y. Guilchier), [H.2], 3:05

cependant en commun : leur *structure*, leur *finale*, et le *geste mélodique* spécifique **1-2**, soit *fa-sol*, selon l'équivalence établie (voir *supra* 4.2, partie *"En mode de* fa*" :* fa-sol-la-do-ré) ; ce geste amène la finale à un ton **T** au-dessus du son générateur. Dans la pièce *a*, ce geste caractéristique est parfaitement mis en évidence à la charnière des deux premiers paradigmes ; dans la pièce *b*, il se révèle dans les cadences : cadence sur **2** (le *sol*, paradigme 1), cadences sur **1** (le *fa*), puis sur la finale **2** (le *sol*, paradigme 2). Parallèlement, on remarque une disposition différente du schème symétrique **T-3-T** qui sous-tend les deux pièces : ce schème – **2\\-*3*\\-5\\-*6*** ou **2-*3*-5-*6*** – qui signe la quinte structurale du mode de *sol (sol-la-do-ré)*, s'il est immédiatement décelable dans la seconde pièce : **6\\-5\\-*3*\\-2** *(ré-do-la-sol)*, s'est renversé dans la première : **6\\-2-*3*-5** *(ré-sol-la-do)* où l'appel de quarte **6\\-2** *(ré-sol)* s'emploie à préparer la finale modale (paradigme 2). Les formules d'intonation, si différentes, sont intéressantes à observer : en *a*, présentation quasi obsessionnelle et réitérée du degré modal **2** (le *sol*), dans un mouvement répétitif de la relation **2-5-*3*** *(sol-do-la)* ; en *b*, double geste bondissant **6\\ -1-5** *(ré-fa-do)* qui, en dernière instance, se résout sur **2**.

Le geste modal de *sol* s'affirme encore dans tel chant arménien (exemple 20) dont on présente ci-dessous la transcription. Les trois

Exemple 20

Réal. Robert Ataian, Arménie. Musique de tradition populaire et des Achough, *Ocora C 580005-10*
Arménie, peuple achough, chant d'un paysan émigré, [H.1], 2:59

paradigmes mettent en évidence de nombreux mélismes où passent les sons subordonnés à la structure, le *4* (*si* ou *si♭*), note mobile, et le ***3*** (*la*), infléchi cette fois *(la♭)* vers le **2** *(sol)*, finale du chant. Ce qui est remarquable, ici, c'est le large *geste tritonique* : **5\-1\-2** (soit : *do-fa-sol*) qui préside à l'ensemble du déroulement linéaire. Le poids de cette structure profonde, joint au geste descendant de la pente mélodique, permet la mise en œuvre de relations que l'analyse scolaire rattacherait à une "échelle à seconde augmentée".

En rétablissant, dans le langage conventionnel, la structure du mode de *sol*, on a alors la configuration :

Sol	*(♭)la*	*do*	*(♭)ré*	*fa*
2	*(♭)3*	**5**	*(♭)6*	**1**
F				

C'est cette structure, et les gestes mélodiques qu'elle engendre, qui font la spécificité de ce mode et permettent de l'identifier.

"En mode de la*" :* la-do-ré-fa-sol

En poursuivant l'exploration des degrés que, selon l'hypothèse de départ, l'*échelle théorique* attribue à chaque finale "modale" (voir l'exemple 17), on voit que, dans l'exploration que l'on s'est proposée, le degré ***3*** (soit le *la*), qui se présente maintenant comme "note modale terminale", c'est-à-dire susceptible d'acquérir une *fonction de finale* dans le discours mélodique, est plus faible, dans la hiérarchie, que les deux précédents. En outre, on est vite intrigué par la série de hauteurs qui suivent ce degré sur l'échelle théorique. Cette série qui, d'une part, propose comme finale modale le troisième degré du diton, ***3*** *(la)*, et, d'autre part, s'appuie sur les quatre bornes **5\-*6*\-1** *(do-ré-fa)* du tétratonique, *ne présente pas de quinte de structure.* Cette spécificité explique peut-être pourquoi la chanson traditionnelle de nos régions, particulièrement rivée à la dynamique quinte-quarte, paraît ignorer le mode de *la.* Une telle assertion risque d'interloquer les analystes habitués à transposer les "modes naturels" (voir *supra* 4.2) sur tous les degrés d'une échelle chromatique indifférenciée et de repérer facilement un "mode de *la* sur…" (Gonnard, 2001, p. 56). Emouvante, secrète, telle chanson d'amour originaire de Salonique (exemple 21) révèle, sur de lentes pulsations ternaires, les propriétés du *mode de la.* Toute la première partie (paradigmes 1 à 3) trouve un point d'ancrage sur ***6*** (le *ré*) qui s'enveloppe dans la mouvance de la quarte et s'arroge un rôle cadentiel tandis que le schème s'étend vers l'aigu. Le quatrième paradigme ouvre une autre voie : on entend le geste de sixte ascendante, ***3*\-1** *(la-fa)* – geste caractéristique

Exemple 21

Coll. Constantin Brăiloiu, Collection universelle de musique populaire enregistrée, *C. Brăiloiu éd., vol. V-18*
Salonique, communauté judéo-espagnole, chanson d'amour, [H.1], 1:03

a)

b) (Aspect)

dans ce mode – puis son lent renversement, degré par degré, vers la finale : superbe témoignage d'un sens modal sans équivoque.

La pièce suivante (exemple 22*a*), originaire de Lituanie, affirme également, et sans ambiguïté, son appartenance au même "mode de *la*". L'incipit de sixte, ***3*\\-1** *(la-fa)*, entre d'emblée dans la gestuelle typique avec laquelle le schème, sur son faible ambitus de sixte, ne cessera d'affirmer sa structure dans le balancement **5\\-*3*\\-*6*\\-*3*** – soit *do-la-ré-la.* On n'a pas résisté au plaisir de noter, en dessous de cette transcription, le célèbre chant russe des *Bateliers de la Volga* (exemple 22*b*), dans lequel structure, gestuelle, réitérations de formule et finale affirment, de façon quasi identique à la pièce précédente, la spécificité du mode de *la.*

On rappellera alors l'idée essentielle liée à l'hypothèse théorique initiale (voir notre introduction) : le degré ***3*** (le *la*, finale) est ici investi d'une *fonctionnalité indépendante de la place hiérarchique qu'il occupe dans l'échelle de référence.* On posera donc que le mode de *la* se structure, non sur la quinte, mais sur la sixte, comme indiqué ci-dessous :

la	*do*	*(♭)ré*	*fa*	*sol*
3	**5**	*(♭)**6***	**1**	**2**
F				

"En mode de do*" :* do-ré-fa-sol-la

Telle qu'elle se présente sur l'échelle théorique, la structure du "mode de *do*", qui désigne le degré **5** *(do)* comme finale, s'appuie essentiellement

Exemple 22a

Coll. Lieutuvos Radijas, Lituanie, le pays des chansons, *1958-1995, Ocara C 600005-21*
Lituanie, village de Pigoniai, 1969, chanson de mariage, [F.1], 1:38

Exemple 22b

Ensemble de Saint-Pétersbourg *(1996), Intersound Inc D. P.-1-1*
Russie, traditionnel : "Le chant des bateliers de la Volga", [H.n], 3:20

sur la "grille tétratonique" **5\-6\-1-2** – soit *do-ré-fa-sol* – (voir l'exemple 8). La force structurale de ce schème est responsable, dans un nombre imposant de pièces traditionnelles, d'une sorte d'oscillation entre les pôles de la structure profonde : **5\-1** *(do-fa)*, d'une part, **2-5** *(sol-do)*, d'autre part. Les gestes de "bascule" observés dans les manifestations les plus élémentaires de ce schème tritonique (voir les exemples 3 et 4) commandent nombre de chants "à voix nue". Toutefois, l'équilibre plus ou moins accusé entre ce geste et la structure plus en surface de la "grille" tétratonique va déterminer le choix structurel et stylistique des pièces "en mode de *do*". Les exemples qui vont suivre permettent d'observer ces mécanismes. La première pièce (exemple 23*a*) installe d'emblée une longue formule d'intonation qui se structure sur le geste arsique **5\-1** – on traduira : *do-fa* – et se polarise sur le son générateur (paradigme 1). A la reprise, le schème s'infléchit et fait une première cadence (paradigme 2, ligne 1) sur **6** – soit *ré* – pour rejoindre ensuite le point de départ (paradigme 2, ligne 2) sur le mouvement cadentiel **2-5** *(sol-do)*, le degré **5** *(do)* troquant ainsi son statut initial d'essence "arsique" contre celui de degré conclusif. On retrouve, dans la ballade flamande qui suit (exemple 23*b*), une *bipolarisation* du même type, mais resserrée dans chaque épisode : on repère (paradigmes 1-2) le double geste : **5\-1//2-5** – soit *do-fa//sol-do* –, puis (paradigme 3) la cadence **1-5\-6** *(fa, do, ré)*, enfin (paradigme 2, ligne 2), la chute conclusive **2-5** *(sol-do)*.

Cette bipolarité du mode de *do* est particulièrement décelable dans notre culture ; les improvisations d'enfants en portent de nombreux témoignages : la prégnance du schème tétratonique **5\-6\-1-2** (soit : *do-ré-fa-sol*) notamment, y est manifeste. Il arrive cependant que ce même schème confère aux degrés hiérarchiquement les plus solides – ceux du *tritonique* sous-jacent – un rôle premier dans la structure, ce qui induit une gestuelle et une dynamique plus larges, avec fléchissement des degrés intermédiaires. C'est ce que l'on a déjà observé à propos du mode de *sol* (voir l'exemple 20). Le mode de *do* en donne également de superbes exemples, telle la pièce suivante (exemple 24), témoin du style de monodies grecques en voie de disparition mais conservées ici grâce à la vigilance de deux éminents ethnomusicologues (voir les références de l'enregistrement). L'interprète s'exprime ici dans un mode que sa tradition réserve à un répertoire du nom de *tabakhaniotika*. Les pièces de ce répertoire sont chantées sur des poèmes "formés de distiques indépendants les uns des autres" (Arom et Yannopoulos, 1983-1994, p. 7). Le style est entièrement mélismatique et chaque couplet apporte de nouvelles variations. Mais la structure se maintient, rigoureusement identique, pendant tout le temps

Exemple 23a

Coll. Jude Le Paboul, Eléonore Le Provost, mélodies du pays de Baud, *DASTUM 1986, K7-II-3*
Bretagne, Morbihan, pays de Baud, chanson traditionnelle, [F.1], 5:20

Exemple 23b

Coll. Paul Collaer, 1951, Collection universelle de musique populaire enregistrée, *C. Brăiloiu éd., vol. V-15*
Belgique, peuple flamand, ballade, [F.1], 1:01

imparti. La transcription (premier couplet seulement) est suivie de son schéma dans lequel on observe : l'intonation, puissante, sur le ton **1-2** (*fa-sol*, paradigme 1) sur laquelle s'établit une oscillation affirmant la puissance structurale du son générateur **1** (le *fa*). Le schème se projette ensuite vers le grave (paradigme 3), atteint le **5** *(do)* puis

Exemple 24

Coll. S. Arom et T. Yannopoulos, Grèce. Monodies vocales *(1983-1994),*
AUDIVIS *D 8056-1, Grèce, chant d'attente, mode dit "tabakhaniotiko", [H.1], 5:02*

remonte, établissant une longue cadence sur ♯7\ (*mi*, paradigme 4), degré hiérarchiquement faible mais rencontré ici, pour la première fois, en sa qualité de degré "suspensif", toujours prêt à se résoudre sur **1** *(fa)*. Projeté, en dernière instance, et dans chaque couplet, vers le grave, le schème confirme la fonctionnalité du **5** *(do)* en tant que note modale terminale. La structure symétrique de ce schème, **T-3-T**, de nature tétratonique, s'appuie sur le tritonique profond **5\\-1-2** *(do, fa, sol)* : le **6** s'infléchit vers le **5** et le ♯7\ se hausse vers le son générateur **1**, créant une "relation de seconde augmentée" (voir l'exemple 20). Mais dans toute la pièce, le *geste* essentiel demeure : il se porte d'abord sur le son **1** *(fa)*, puis sur le **5** *(do)*, finale modale. Il s'agit bien, ici encore, d'un mode de *do*.

On est ainsi fondé à établir comme suit la structure du mode de *do* :

do	*(♭)ré*	*fa*	*sol*	*(♭)la*
5	*(♭)***6**	**1**	**2**	*(♭)***3**
F				

"En mode de ré*" :* ré-fa-sol-la-do

Si l'on fait retour à la nomenclature générale des modes, telle que présentée sur l'échelle théorique (voir l'exemple 17), on se trouve en présence d'une finale potentielle, le degré ***6*** (soit le *ré*) qui, comme le ***3*** du mode de *la*, tombe sur un degré représenté par une blanche, donc hiérarchiquement moins prégnant que ceux de la structure profonde de l'échelle. Toutefois ce ***6*** *(ré)* se trouve en relation de quinte avec le ***3*** *(la)*, troisième degré du diton, tandis que le second degré de ce même diton, le **2** *(sol)* se place, au plan intervallique, au centre même de la nouvelle structure, ce qui lui confère une solidité remarquable. La structure modale qui se présente alors accuse en effet une symétrie, facile à mettre en évidence, de deux tons flanqués de deux trihémitons :

3-T-T-3

Une telle disposition autorise, comme on l'avait fait pour le mode de fa (voir *supra* 4.2, partie *"En mode de* fa*" :* fa-sol-la-do-ré), à identifier le mode de *ré* dans toute mélodie dont l'ambitus se restreint à la quinte ***6*\\-*3***, *(ré-la)*, soit tout schème structuré sur *ré-fa-sol-la*. Les exemples en sont nombreux. La chanson suivante (exemple 25), recueillie dans le Grand Nord russe, martèle, par son rythme *"giusto"* – c'est-à-dire fondé sur "l'emploi de deux durées invariables dont le rapport est 1 : 2 ou 2 : 1 [et] la libre alternance de groupes rythmiques élémentaires formés de deux ou trois de ces durées" (Brăiloiu, 1948, in 1973, p. 153-154). Les appuis alternatifs sur l'un ou l'autre des trois degrés du diton et la chute de quarte sur la finale ***6*** *(ré)* "brodant" légèrement sur **5** *(do)* montrent tout ce que cette pièce doit à la *métrique* sur laquelle s'affirme, sans ambiguïté, son orientation modale.

Arrivé à cette étape de l'exploration du mode de *ré*, le lecteur se surprendra probablement à fredonner à son tour telle version francophone du *Roi Renaud*, de *La Blanche Biche* ou de telle autre complainte surgie de sa mémoire, avec la conviction que ce sont là de véritables témoignages du mode de *ré*. Mais "le vieux mode de *ré*" (Emmanuel, 1926, p. 91) qui, comme ses congénères, se qualifie par sa structure et sa gestuelle, se manifeste dans toutes les cultures ; les tendances stylistiques varient, mais la structure et le geste mélodique demeurent. On écoutera

Exemple 25

Coll. Cécile Gueunoun, Grand Nord russe, *1997,* PS *65189-15*
Grand Nord russe, peuple tchouktche, [F.1], 2:30

néanmoins deux pièces typiques originaires de régions bretonnes ayant chacune leur répertoire, leur langue, leurs coutumes. Ce faisant, on saluera au passage la ténacité avec laquelle la Bretagne maintient, c'est le cas de le dire, contre vents et marées, la tradition du chant à voix nue. Les deux premières pièces (exemple 26*a* et *b*) ont en commun l'intonation de quinte ascendante ***6\\-3*** *(ré-la)*, la cadence sur ***3*** *(la)* et le geste descendant qui rejoint la finale. Mais la chanson 26*a*, prisonnière de sa quinte structurale, n'étend pas son ambitus au-delà du ♯*4 (si)*, lequel cependant se maintient "haut", attiré par le **5** *(do)*, ici, virtuel. Remarquable par sa pulsation ternaire très lente, cette mélodie montre une grande liberté d'accentuation et de respiration, insistant, par réitérations, sur un échange entre les degrés du diton, ***3*** *(la)* et **2** *(sol)*, avant de rejoindre la finale. La pièce 26*b*, plus classique, installe une pulsation ternaire régulière et étend son ambitus jusqu'à l'octave. Le *(♯)4 (si)* se comporte ici en degré mobile, mettant parfaitement en évidence la structure du mode.

Avec sa quinte et son diton très affirmés, la structure du mode de *ré* peut ainsi se noter :

ré	*fa*	*sol*	*(♭)la*	*do*
6	**1**	**2**	*(♭)***3**	**5**
F				

Exemple 26a

Réal. Yann-Fañch Kemener, Dibedibedañchaou, *DASTUM, 1987-1999, CD-10*
France, Bretagne, pays bigouden, traditionnel, [H.1], 1:27

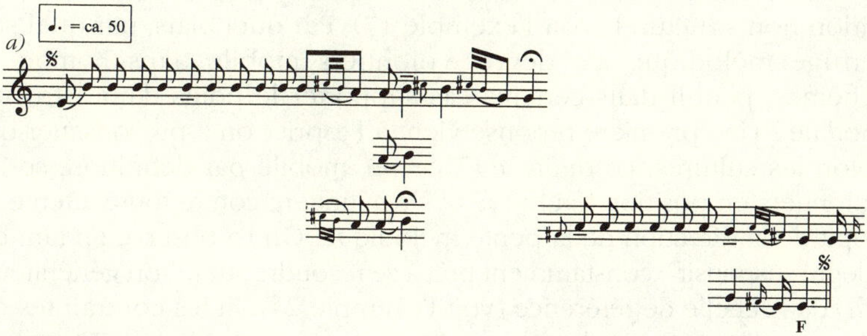

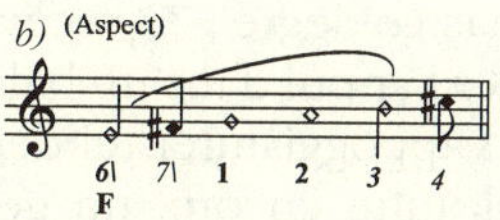

Exemple 26b

Réal. Yann-Fañch Kemener, Didedibedañchaou, *DASTUM, 1987-1999, CD-26*
France, Bretagne, pays fisel, traditionnel, [H.1], 0:32

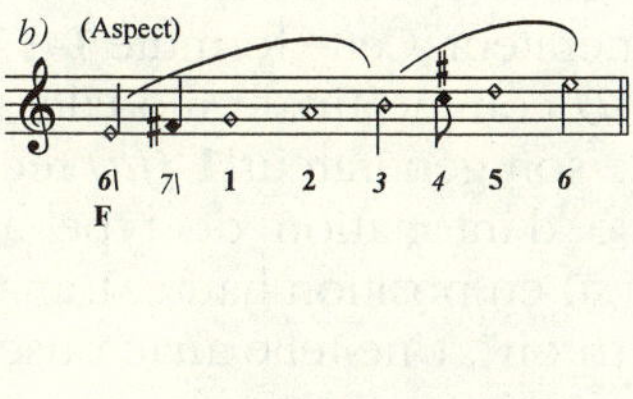

"En mode de mi*"* : mi-fa-sol-la-do

Telle qu'elle se présente, l'échelle théorique dont on a établi les principes dans cet exposé, paraît faillir à ses propres obligations lorsqu'elle propose, comme "finale modale" son septième degré, le *(♯)7*, par définition non structurel (voir l'exemple 17). Par quel biais, par quel subterfuge mélodique, ce degré, volontiers mobile dans nombre de schèmes, peut-il dans certains cas supporter le poids d'une structure modale ? Une première réponse vient à l'esprit : on a pu constater que, selon les cultures, ce degré *(♯)7*, ce *mi*, mobile par définition, se fixe volontiers en position haute : ♯7 et s'y maintient contre toute attente, en dépit de la direction de la pente mélodique. On l'a observé en tant que "degré suspensif", constamment prêt à se résoudre sur le son générateur **1** *(fa)* de l'échelle de référence (voir l'exemple 24). Si les contraintes établies par l'hypothèse de départ n'autorisent pas ce degré ♯7 à recevoir un accent thétique direct – il ne saurait assumer l'appui dans un balancement quinte-quarte –, il peut en revanche appoggiaturer tel degré fort, en "broder" un autre ou porter, vers tel autre encore, un geste arsique : on entendra par exemple "l'appel de quarte" ♯7\\-***3*** *(mi-la)* ou la chute de quinte ♯7-***3*** *(mi-la)*. Dans ce cas, une formule centrée sur le diton et revenant sur le degré arsique initial peut révéler une finale modale de type désinentiel *(katalexis)* (Deliège, 1984, p. 178). Ces spécificités sont décelables à l'écoute d'une poésie chantée collectée à Tarif (Arabie), dont on a transcrit les premières strophes (exemple 27). Les différentes occurrences du schème se distribuent en cinq paradigmes qui permettent de repérer :

– un appel de quarte ♯7\\-***3*** *(mi-la)* se repliant sur **2** *(sol)* ;

– une fixation sur le diton **1-2-*3*** *(fa, sol, la)* ;

– un appui sur le ton **2-1** *(sol-fa)* ;

– une cadence passagère sur ***6*** *(ré)* appogiaturé par ♯7\\ *(mi)* ;

– une cadence catalétique de type conclusif par **1**-#7\\ *(fa-mi)* avec réitérations du ♯7\\ *(mi)*, finale modale.

La relation **1**- ♯7\\ *(fa-mi)* semble donc bien se constituer en formule conclusive lorsque le schème, solidement installé sur les bornes du diton, amorce un geste descendant vers le degré placé immédiatement *sous* le son générateur. Cette formule **1**- ♯7\\, de nature "catalétique", désigne ♯7\\ *(mi)* comme finale modale. Ce geste est d'autant plus convaincant si le son générateur **1** *(fa)* reçoit un appui direct lancé par une formule d'intonation de type anacrousique incluant le degré faible, ♯*4* (le *si*) en position haute. L'analyse scolaire parlerait alors de "relation de triton". Une telle anacrouse appelle fortement l'accent sur **1** (le *fa*, son générateur) et la désinence sur ♯7\\, également en position haute.

Exemple 27

Coll. Simon Jargy, Anthologie musicale de la péninsule Arabique,
vol. 1, Poésie chantée des Bédouins, *VDE CD-780-9*
Arabie, Tarif (Emirats arabes unis), genre : skhiri, [H.1], 1:31

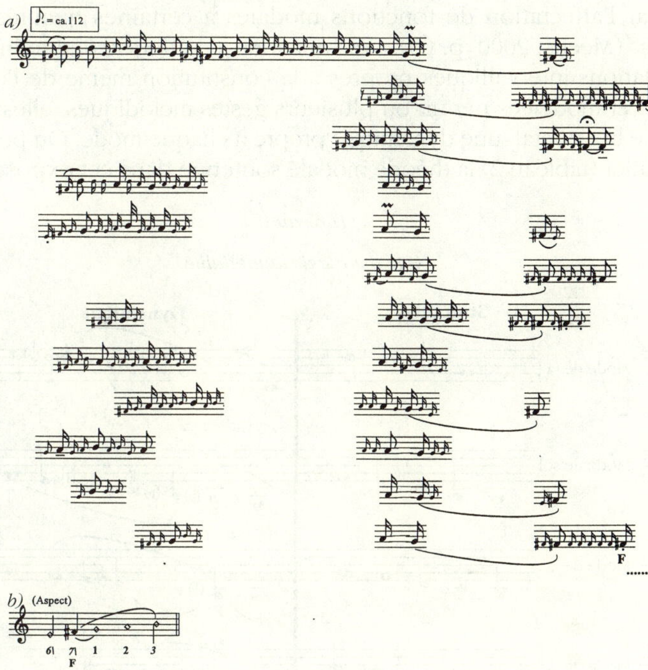

Totalement inféodée à la présence du diton, la structure du mode de *mi* peut alors s'inscrire comme suit :

mi	*fa*	*sol*	*(♭)la*	*do*
♯7	**1**	**2**	***(♭)3***	**5**
F				

5. Irrégularités, transgressions, contre-exemples

La théorie modale ici proposée vérifie l'hypothèse de départ selon laquelle, dans le comportement d'un chant à voix nue, la fonctionnalité qu'acquiert un degré modal demeure relativement indépendante de la hiérarchie imposée par l'échelle théorique. On a posé, en effet, que l'échelle n'est pas *première* : le degré modal est investi d'un poids structural et discursif qu'il ne saurait tenir de sa seule position hiérarchique. C'est pourtant lui, et lui seul, qui a titre de *finale* dans une pièce modale. Toutefois, l'échelle, en tant que système de référence, est suffisamment stabilisée pour qu'il soit "possible d'établir des catégories modales définies par l'affectation de fonctions modales à certaines qualités systémiques" (Meeùs, 2000, p. 60). Ces fonctions, en effet, se déterminent par des relations intervalliques propres à la constitution même de l'échelle. Etayées et modelées par un ou plusieurs gestes mélodiques, elles créent, sur l'axe horizontal, une dynamique propre à chaque mode. On peut ainsi récapituler (tableau 2) la théorie modale soutenue dans cet exposé :

Tableau 2

Une théorie de la modalité

Ce tableau met en lumière le rôle essentiel et la singularité des gestes mélodiques propres à une fonction modale donnée : ceux-ci vont de l'ample geste de bascule quinte-quarte (modes de *fa* et de *ré*) aux inflexions raffinées (mode de *mi*), en passant par la contradiction (trompeuse) du mode de *do*, les formules répétitives du mode de *la*, ou la signature caractéristique du mode de *sol*. Or, si l'on a pu observer que l'échelle théorique ici présentée s'est montrée apte à permettre la transcription et l'analyse de chants à voix nue provenant de cultures très étrangères les unes aux autres, on est conscient que l'analyse mélodique conventionnelle, qui ne pense ni par "structures" ni par "gestes" mais par échelonnement de degrés et mesures d'intervalles sur diverses échelles (avec, à l'heure actuelle, l'utilisation des outils informatiques), aurait probablement ausculté ces chants selon d'autres critères. Pourtant, l'hypothèse de départ selon laquelle l'échelle théorique présentée ici, *diatonique dans son essence*, admet la mouvance de certains de ses degrés (voir *supra* 2.1) pourrait éventuellement se concevoir dans l'analyse ethnomusicologique. Peut-être ouvrirait-elle d'autres voies d'accès à des problèmes complexes, si l'on se souvient par exemple que le système pentatonique, tel qu'il se manifeste dans certaines cultures (et notamment en Afrique), est sujet à mutations (Arom, 1997, *passim*) ou à fluctuations de degrés (Tourny, 2000, p. 25-33. Voir également, dans ce volume, la section 6 de l'article de Nathalie Fernando, p. 964-974). Quant au chapitre de la *modalité*, il serait intéressant de le réexaminer sous l'angle nouveau exposé dans cet essai, tout en prenant conscience des exigences et de la dimension restrictive qu'impose la théorie soutenue. On ne manquera pas, d'ailleurs, de rencontrer des contre-exemples. Or, c'est "en étudiant ces derniers comme tels" (Hagège, 1985, p. 54) que l'on s'approchera au plus près des nuances, des variantes, des choix, des problèmes que la mélodie peut encore proposer ou poser.

Entonnée dans un registre aigu, la pièce suivante (exemple 28) met immédiatement en conflit la conception de l'analyse mélodique telle qu'on l'a soutenue dans cet exposé et la façon dont celle-ci est traditionnellement "évacuée" par l'enseignement musical traditionnel, sous l'emprise des divers manuels d'apprentissage du solfège et des théories "pratiques" de la musique. Au vu de l'*aspect* de cette mélodie, tout élève moyen remettra mentalement le tétracorde supérieur à sa place, par exemple dans l'octave de do_2 à do_3, et entendra ici, avec juste raison, un "mode mineur mélodique", évidemment "transposable dans tous les tons". On lui a appris également que l'on peut "passer en modal" en modifiant telle ou telle note de la "gamme". Moyennant quoi, le professeur approuve : "Quel mode ? oui, c'est ça. C'est *fa* mineur moins le *ré* bémol." (Hennion, 1988, p. 183.) Or, en écoutant cette pièce, en la transcrivant selon son accentuation et son rythme, on peut constater qu'elle se relie au mode de *do*, même si celui-ci, totalement transformé ici dans son essence par le balancement tonal tonique-dominante, a évacué son geste mélodique originel **5\-1** *(do-fa)* qui aurait entraîné un 7\ haut (le *mi*). Dans ce "mineur mélodique", la *structure* du mode

Exemple 28

Coll. Albert Poulain (1959), Tradition chantée de haute Bretagne,
Les grandes complaintes, I-13
Haute Bretagne, Ruffiac, complainte, [F.1], 1:10

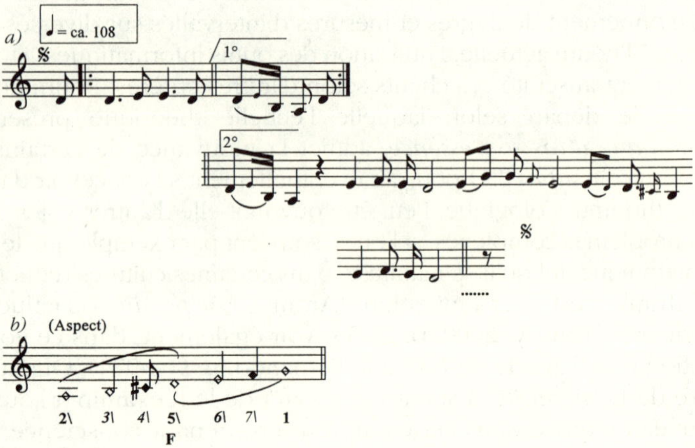

de *do* s'est maintenue : autrement dit, ce n'est pas tant par l'intervention de la "note sensible" ou par la modification de tel autre degré que le système tonal agresse la modalité ; cela se réalise davantage sur le plan de la *structure* et du *geste.* Il serait en outre erroné d'analyser cette pièce en prétendant, par exemple, s'appuyer sur les "notes du tétratonique établi à partir du «mode de *ré*» [...] *ré-mi-sol-la*" (Gut, 1993, p. 10) : en effet, on a pu établir (voir *supra* 4.2, partie *"En mode de* do" : do-ré-fa-sol-la), que seul le mode de *do* structure sa quinte sur un schème élémentaire de nature tétratonique : *do-ré-fa-sol*, sous-jacent dans cette complainte.

Le phénomène de la mutation ou *métabole* se présente également, sans que l'on puisse l'affecter à telle ou telle culture de façon préférentielle. Il abonde dans les improvisations d'enfants. On en connaît le mécanisme (Brăiloiu, 1955) : la structure mélodique une fois installée, elle paraît opérer un brusque déplacement où l'analyse traditionnelle désignerait "une modulation", ou, tout au moins, "une transposition du schème". L'oreille subit en effet une sorte d'égarement, une interrogation implicite sur l'orientation modale, même s'il y a "reprise" avec retour brusque sur la structure initiale, comme c'est le cas dans telle "chanson à danser" venue de Roumanie (exemple 29). Le premier schème (paradigme 1) s'installe sur la quinte initiale du mode de *fa*, **1-2-3-5** *(fa-sol-la-do).*

Exemple 29

Réal. Herman C. Vuylsteke (1974-1979), Roumanie,
la vraie tradition de Transylvanie, *Ocara - C 559070-11*
Roumanie, Buciumi, Saláj, chanson à danser, [F.1], 1:31

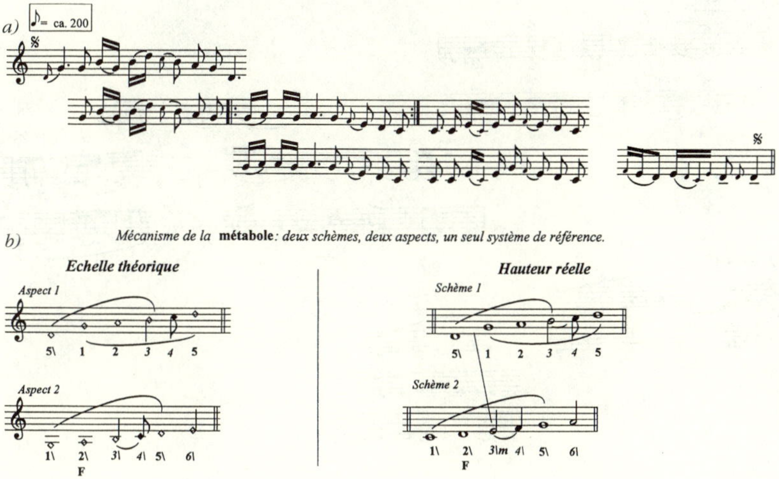

Le second schème, plus étendu (paradigmes 2 et 3), reproduit la même structure *par déplacement du système de référence.* En effet, il n'y a pas eu transposition du schème sur un autre degré du système, c'est le système lui-même qui s'est déplacé : la structure initiale s'est maintenue imperturbablement sur la quinte du mode de *fa.* La métabole se produit entre les deux premiers paradigmes en insérant l'un de ses degrés forts (ici le ***3***\, d'où l'indication ***3***\ *m*) en lieu et place d'un degré faible (ou absent) du schème précédent. Le schéma ***b)*** met en évidence la structure pentatonique sous-jacente dans chacun des deux schèmes. Les deux aspects, en ***c)***, sont présentés à droite dans leur hauteur réelle, à gauche sur l'échelle de référence. Une ligne oblique précise comment s'articule la métabole.

Avec un dernier chant, venu de Bulgarie, se tairont les voix nues évoquées jusqu'ici dans cet exposé. La transcription (exemple 30) met tout de suite en ***a*** l'accent sur les mélismes, nombreux et denses, qui caractérisent cette pièce. Au-delà de leur extrême variété, la structure du schème, mise en évidence par le schéma ***b***, révèle un geste mélodique de grande envergure : une chute de quarte **1-5** *(fa-do)* suivie d'une chute de quinte

Exemple 30

Coll. Francis Corpataux, Le Chant des enfants du monde, *2000,* ARN *64572-1*
Bulgarie, Dobrudja, célébration des fleurs, [E.1], 3:19

6\\-2 *(ré-sol).* Les degrés intermédiaires sont subordonnés à ce double geste : le ♯7\\ *(mi)* et le **2** *(sol)*, surmontés d'un point d'orgue (paradigme 1), ont un rôle suspensif et soulignent la structure initiale **1-2-5** *(fa-sol-do).* De même, le retournement du schème (paradigme 2) par ♯4\\-**5\\-6** *(si-do-ré)*, suivi d'un détour sur **1** *(fa)*, et de la longue attente suspensive sur 7\\ (*mi* bémol, paradigme 3), amène le long mélisme terminal autour des degrés de structure **5\\-2** *(do-sol)*, avec, en dernière instance, l'interruption sur le ♯4\\ *(si)* et la chute sur la finale modale *sol* (paradigme 4). La structure du mode de *sol* est respectée, mais le double geste descendant, avec ses tenues, ses appuis, ses mélismes, ses points d'orgue créant des retards qui repoussent sans cesse les degrés principaux, laissent volontiers l'oreille dans l'incertitude jusqu'à la courbe terminale. De même, le geste qui devrait amener la finale par **1\\-2** *(fa-sol)*, est ici littéralement *renversé* par l'énoncé, dès l'intonation, du degré **1** *(fa)* à l'octave aiguë. On peut conclure, à propos de cette superbe *Célébration des fleurs*, qu'elle porte témoignage, par la voix d'un enfant, de ce que l'on pourrait appeler "l'art de la transgression".

6. Conclusion

Le but premier de cet article était d'établir qu'un chant traditionnel à voix nue ne saurait s'analyser par rapport au système chromatique indifférencié auquel se réfère la conception moderne de la mélodie, conception qui permet de "transposer" tout schème mélodique sur l'échelle chromatique de référence. Au contraire, un système hiérarchisé exclut toute démarche de transposition d'un schème de nature modale : on se rapproche ici de la conception ancienne de la modalité, laquelle "repose nécessairement sur un système sous-jacent à degrés différenciés" et où "une œuvre est dans un mode dans la mesure où elle associe les qualités de certains degrés du système à certaines fonctions particulières" (Meeùs, 1997, p. 75). *Une mélodie modale ne se transpose pas* : ce qui a été transposé au cours de la démonstration, c'est le système lui-même, dans le seul but de rejoindre les intitulés habituels des modes. Conscient que ce type d'analyse, de nature essentiellement étique (sur ce terme, voir Nattiez, 2002, in 2004, p. 732), ne retiendra pas l'attention de l'ethnomusicologue qui "se méfie des perspectives globales" (Molino, 2000, p. 128), on a cependant tenté cette démarche, laquelle s'est voulue comparative. On l'a orientée de façon à "rassembler" plutôt qu'à "diviser". On a pris conscience du fait que l'extrême variété des cultures, qui se manifeste dans la diversité des styles, trouve un point d'ancrage commun dans les structures et le geste mélodique essentiels. L'approche analytique n'a pas amoindri la ferveur de l'écoute, bien au contraire : elle l'a fortifiée, aiguisée, relancée sans cesse, l'incitant à s'ouvrir à des horizons de plus en plus larges. On a appris surtout à écouter les voix venues d'ailleurs ; on a, sans comprendre les langues, suivi les mouvements de l'âme sur la linéarité des gestes mélodiques ; on a surpris le chant intérieur de l'autre, on l'a interrogé sans relâche, surtout quand il se dérobait. Le poète le sait, qui écrit : "Ardue est la beauté, presque une énigme." (Bonnefoy, 1987, p. 46.) Dépouillé des contingences linguistiques et culturelles, le chant traditionnel à voix nue s'inscrit dans l'immédiateté de la présence sonore ; proche ou lointain, humble ou superbe, il ne cesse de poser l'énigme de la musique absolue.

Bibliographie

AHMEDAJA, A., 1999 : *Zur Melodik der albanischen Volkslieder. Eine Typologie der gegischen Lieder*, Vienne, thèse de doctorat, Nationalbibliothek, Vienne-Innsbruck, Universitätsbibliotheken.

AROM, S., 1969 : "Essai d'une notation des monodies à des fins d'analyse", *Revue de musicologie*, vol. LV, n° 2, p. 172-216.

AROM, S., 1978 : "Chant de déploration sur le cadavre", *Centrafrique. Anthologie de la musique des Pygmées aka*, enregistrement intégral, Ocora, CD HM83 x 2, notice, p. 18.

AROM, S., 1982 : "Nouvelles perspectives dans la description des musiques de tradition orale", *Revue de musicologie*, vol. LXVIII, n° 1-2, p. 168-212.

AROM, S., 1997 : "Le «syndrome» du pentatonisme africain", in *Musicae Scientiae*, vol. I, n° 2, p. 139-163.

AROM, S., 1998 : "«L'arbre qui cachait la forêt». Principes métriques et rythmiques en Centrafrique", *Revue belge de musicologie*, vol. LII, p. 179-195.

AROM, S. et YANNOPOULOS, T., 1983-1994 : "Monodies vocales grecques", *Musiques et musiciens du monde. Greece, Vocal Monodies*, AUVIDIS-Unesco, CD, D 8056, notice, p. 7-11.

BLANC, J. et MILLOUR, A. : *Voix de Bretagne*, RSCD 205, notice, p. 2-7.

BONNEFOY, Y., 1987 : *Ce qui fut sans lumière*, Paris, Mercure de France.

BOUDINET, G., 1995 : *De l'universel en musique*, Paris, Publisud.

BRĂILOIU, C., 1948 : "Le *giusto* syllabique bichrone. Un système rythmique propre à la musique populaire roumaine", *Polyphonie*, II, p. 26-57 ; repris et corrigé in "Le *giusto* syllabique. Un système rythmique populaire roumain", *Anuario musical*, Barcelone, Instituto español de musicologia del CSIC, 1952, vol. VII, p. 117-158 ; repris in *Problèmes d'ethnomusicologie*, G. Rouget (éd.), Genève, Minkoff, 1973, p. 153-194.

BRĂILOIU, C., 1953 : "Sur une mélodie russe", in *Musique russe*, Paris, Presses universitaires de France, vol. II, p. 329-391 ; repris in *Problèmes d'ethnomusicologie*, G. Rouget (éd.), Genève, Minkoff, 1973, p. 341-405.

BRĂILOIU, C., 1955 : "Un problème de tonalité (la métabole pentatonique)", in *Mélanges d'histoire et d'esthétique musicales offerts à Paul-Marie Masson*, Paris, Richard-Masse, t. I, p. 63-75 ; repris in *Problèmes d'ethnomusicologie*, G. Rouget (éd.), Genève, Minkoff, 1973, p. 409-421.

BRĂILOIU, C., 1956 : "Le rythme enfantin : notions liminaires", repris sous le titre "La rythmique enfantine", in *Les Colloques de Wégimont. Ethnomusicologie I*, P. Collaer (éd.), Paris-Bruxelles, Elsevier ; repris in *Problèmes d'ethnomusicologie*, G. Rouget (éd.), Genève, Minkoff, 1973.

CHAILLEY, J., 1955 : *Formation et transformations du langage musical*, vol. I, *Intervalles et échelles*, Paris, Centre de documentation universitaire.

CHAILLEY, J., 1959 : "Essai sur les structures mélodiques", *Revue de musicologie*, vol. XLIV, p. 139-175.

CHAILLEY, J., 1960 : *L'Imbroglio des modes*, Paris, Leduc.

CHAILLEY, J., 1985 : *Eléments de philologie musicale*, Paris, Leduc.

CŒURDEVEY, A., 1998 : *Histoire du langage musical occidental*, Paris, Presses universitaires de France.

COURT, R., 1976 : *Le Musical. Essai sur les fondements anthropologiques de l'art*, Paris, Klinckcieck.

CROSS, R., 1991 : *La Voix dévoilée. Actualités scientifiques sur la voix chantée*, Paris, Romillat.

DELIÈGE, C., 1984 : "La structure prosodique", in *Les Fondements de la musique tonale*, Paris, Lattès, p. 173-181.

EMMANUEL, M., 1926 : *Pelléas et Mélisande de Debussy*, Paris, Mellotée.

FÓNAGY, I., 1983 : *La Vive Voix. Essai de psycho-phonétique*, Paris, Payot.

GONNARD, H., 2001 : "Maurice Ravel, *Le Tombeau de Couperin*, approche analytique de la fugue", *Musurgia*, vol. VIII, n° 2, p. 49-58.

GUT, S., 1993 : "Le prélude de *Pelléas* : les ambiguïtés du contraste et de la cohésion", *Analyse musicale*, n° 31, p. 6-14.

HAGÈGE, C., 1985 : *L'Homme de paroles*, Paris, Fayard.

HENNION, A., 1988 : *Comment la musique vient aux enfants. Une anthropologie de l'enseignement musical*, Paris, Anthropos.

KERSALÉ, P. et COULIBALY, A., 1999 : *Mali. Parole d'ancêtre songhay*, Fontenay-sous-Bois, Anako.

KERSALÉ, P. et KAMBOU, B., 1999 : *Burkina Faso. Parole d'ancêtre lobi*, Fontenay-sous-Bois, Anako.

LABUSSIÈRE, A., 1975 : "Rythme enfantin, pentatonismes et *giusto* syllabique dans les créations vocales des enfants", *Revue de musicologie*, vol. LXII, n° 1, p. 25-85.

LABUSSIÈRE, A., 1995 : "Le style musical enfantin, concepts et méthodes d'analyse", *Musique et style. Méthodes et concepts*, OMF, Université de Paris-Sorbonne, coll. "Conférences et séminaires", n° 3, p. 115-124.

LABUSSIÈRE, A., 1997 : "Réflexion sur la modalité à partir de productions vocales d'enfants d'âge scolaire", *Musurgia*, vol. IV, n° 3, p. 81-118.

LORTAT-JACOB, B., 1975 : "Quelques problèmes généraux d'analyse musicale", *Revue de musicologie*, vol. LXI, n° 1, p. 3-34.

MEEÙS, N., 1993 : "Les rapports associatifs comme déterminants du style", *Analyse musicale*, n° 32, p. 9-18.

MEEÙS, N., 1997 : "Mode et système. Conceptions ancienne et moderne de la modalité", *Musurgia*, vol. IV, n° 3, p. 67-80.

MEEÙS, N., 2000 : "Fonctions modales et qualités systémiques", in *Musicae Scientiae*, Forum de discussion 1, "L'Afrique et l'Europe médiévale : la théorie du pentatonisme revue à travers les systèmes africains de tradition orale", p. 55-63.

MOLINO, J., 1975 : "Fait musical et sémiologie de la musique", *Musique en jeu*, n° 17, p. 37-62.

MOLINO, J., 1993 : "Geste et musique : prolégomènes à une anthropologie de la musique", *Analyse musicale*, n° 10, janvier 1988, p. 8-15.

MOLINO, J., 2000 : "Remarques sur le pentatonique : synthèse des apports", in *Musicae Scientiae*, Forum de discussion 1, "L'Afrique et l'Europe médiévale : la théorie du pentatonisme revue à travers les systèmes africains de tradition orale", p. 123-128.

Musicae Scientiae, 2000 : Forum de discussion 1 : "L'Afrique et l'Europe médiévale : la théorie du pentatonisme revue à travers les systèmes africains de tradition orale".

NATTIEZ, J.-J., 1975 : *Fondements d'une sémiologie de la musique*, Paris, Union générale d'éditions.

NATTIEZ, J.-J., 1987 : *Musicologie générale et sémiologie*, Paris, Christian Bourgois.

NATTIEZ, J.-J., 1988 : "Quelques remarques sur les rapports entre musicologie et ethnomusicologie", *Analyse musicale*, n° 11, p. 7-8.

NATTIEZ, J.-J. *et al.*, 1989 : *Jeux vocaux des Inuit (Inuit du Caribou, Netsilik et Igloolik)*, Ocora, HM 83, C559071, plaquette, p. 3-15.

NATTIEZ, J.-J., 1999 : *La Musique, la Recherche et la Vie*, Montréal, Leméac.

NATTIEZ, J.-J., 2002 : "Etnomusicologia", in *Enciclopedia della musica*, vol. II, *Il Sapere musicale*, J.-J. Nattiez *et al.* (éd.), Turin, Einaudi, 2002, p. 677-693 ; version française, "Ethnomusicologie", in *Musiques. Une encyclopédie pour le XXI*e *siècle*, vol. II, *Les Savoirs musicaux*, J.-J. Nattiez (éd.), Arles-Paris, Actes Sud-Cité de la musique, 2004, p. 721-739.

OSMOND-SMITH, D., 1989 : "Entre la musique et le langage : vue depuis le pont", *La Musique et les Sciences cognitives*, I. Deliège et S. McAdams (éd.), Bruxelles, Mardaga, p. 137-148.

RUWET, N., 1972 : "Méthodes d'analyse en musicologie", in *Langage, musique, poésie*, Paris, Le Seuil, p. 100-134.

TOURNY, O., 2000 : "Le système scalaire des chants liturgiques éthiopiens", in *Musicae Scientiae*, Forum de discussion 1, "L'Afrique et l'Europe médiévale : la théorie du pentatonisme revue à travers les systèmes africains de tradition orale", p. 25-33.

Harold Powers

TYPES MÉLODIQUES DANS LA MUSIQUE OCCIDENTALE ET DANS LA TRADITION ORALE

1. Les types mélodiques et leurs manifestations

Le mot "mélodie" et ses dérivés dans les autres langues européennes viennent du latin médiéval *melodia*, provenant lui-même du grec μελῳδία. Dans son sens le plus général, le terme "mélodie" est aujourd'hui perçu comme faisant partie d'un ensemble de trois termes. La mélodie s'oppose au "rythme", car elle traite des hauteurs plutôt que l'accentuation ou de la durée, et elle s'oppose à l'harmonie car elle fait référence à des combinaisons successives et non simultanées de hauteurs. Le terme "mélodie" désigne ainsi, plus particulièrement, une succession de hauteurs perçue comme cohérente et habituellement close sur elle-même ; le mot "air" en est un synonyme proche mais moins élégant. Le champ lexical de la "mélodie" prise en ce sens subsume des termes comme "motif" ou "figure" qui se réfèrent à des successions cohérentes de hauteurs courtes et ouvertes, ainsi que des termes comme "sujet" et "thème" pouvant être pris, dépendamment du contexte, pour des équivalents de "mélodie" ou "motif".

Un groupe de mélodies qui se ressemblent de manière notable peut être vu comme appartenant à un "type mélodique" particulier ; les mélodies elles-mêmes deviennent alors des manifestations *(tokens)* de ce "type", au sens que Charles Sanders Peirce donnait à ces termes pour lesquels nous faisons appel au résumé qu'en donne Robert Hatten (1994, p. 44-45) : "Un type est une catégorie conceptuelle ou idéale définie par des traits ou par un ensemble de qualités qui déterminent essentiellement son identité. Un type peut être compris ou conçu sur le plan de la cognition comme une inférence ; il n'existe pas sur le plan de la perception. Un *token* est d'un autre côté, une entité perceptible qui concrétise et rend manifeste le type."

Dans les sections 2 et 3 ci-dessous, nous examinerons les types mélodiques de deux corpus musicaux : 1. les antiennes de l'office divin du chant grégorien de l'Eglise catholique romaine, telles qu'elles ont été notées en Europe occidentale au Moyen Age ; 2. la musique de la culture de l'Inde du Nord telle qu'elle est encore pratiquée aujourd'hui. Comme nous le verrons, un type mélodique donné est, dans chacune de ces cultures musicales, "défini par des traits [...] qui déterminent essentiellement son identité". Cependant, alors qu'un type mélodique n'est, dans le cas du chant grégorien que nous connaissons, rien de plus "qu'une inférence sur le plan de la cognition", on pourrait l'envisager dans le cas de l'art musical de l'Inde du Nord comme existant à la fois "sur le plan de la perception" et en tant qu'entité idéale et conceptuelle.

Les types mélodiques prennent place au sein d'un vaste éventail d'organisation des hauteurs qui va de simples collections de hauteurs particulières, c'est-à-dire des gammes, jusqu'à des mélodies fixées et inaltérables. La notion de "type mélodique" couvre ainsi l'ensemble du territoire compris entre la gamme et la mélodie. Il est possible que certains types mélodiques soient très proches de l'extrémité où résident les mélodies, de telle sorte que les mélodies individuelles du type se ressemblent les unes par rapport aux autres ; de tels types mélodiques sont, en quelque sorte, des mélodies généralisées. D'autres types peuvent se situer près de l'extrémité où se trouvent les gammes, définis moins par des configurations individuelles que par la simple accentuation et/ou l'absence d'accentuation (voire l'oubli volontaire) dans telle ou telle échelle d'une ou plusieurs classes de hauteurs ; ils sont alors des échelles particularisées.

Les exemples 1, 2 et 3 ci-après offrent une typologie mélodique de l'énorme répertoire des antiennes de l'office grégorien. Les exemples 4 et 5 sont des *tokens* de "types" mélodiques réifiés, propres à l'art musical de l'Inde du Nord, que l'on nomme râgas. Les trois sujets mélodiques de l'exemple 6 proviennent de la polyphonie vocale européenne (Palestrina) du XVIe siècle. Ces dernières mélodies présentent une nette ressemblance avec d'autres mélodies d'un type similaire, mais d'autres successions mélodiques utilisant d'autres hauteurs résonneront simultanément avec elles. Chaque succession mélodique particulière est par conséquent également soumise à des contraintes harmoniques, c'est-à-dire à certaines obligations qui contribuent à créer une euphonie à partir de plusieurs hauteurs simultanées et à faire en sorte que cette succession de simultanéités soit convenable.

Les deux mélodies européennes des XVIIIe et XIXe siècles des exemples 7 et 8 sont d'un ordre différent. Contrairement aux mélodies de l'exemple 6, ces mélodies empruntées à Mozart et à Verdi sont désormais inextricablement intégrées au substrat harmonique. Leurs propriétés mélodiques dépendent en surface de l'articulation et de l'élaboration de courts motifs et figures qui leur sont propres, constituant un avant-plan complexe mais néanmoins cohérent. Ces traits mélodiques individuels se fondent, en profondeur, sur une succession de points d'appui mélodiques qui suivent une simple descente par ton ; l'euphonie et l'adéquation sonore de la succession des harmonies naissent à leur tour grâce à ces points d'appui. Les types identifiables, qu'ils soient génériques, stylistiques, formels ou relevant d'autres types peircéens, sont sans doute cognitivement importants pour ce répertoire, mais le type mélodique en tant que tel ne représente pas un facteur déterminant.

2. Types de mélodies grégoriennes

Les exemples 1, 2 et 3 sont des antiennes tirées des observances monastiques médiévales de l'office divin (pour une description succincte mais néanmoins détaillée de ce répertoire et de ses sources, on lira Huglo, 1980). Toutes ces mélodies, sauf deux, sont transcrites d'après l'antiphonaire de Worcester *(AW)* datant du XIIIe siècle et qui contient les mélodies que l'on retrouve traditionnellement dans les sources bénédictines *(Anonyme 1922).* Les exemples 3-B et 3-D sont des antiennes du XIIe siècle tirées de l'antiphonaire de Morimond *(AM)*, qui ont subi des modifications liées aux réformes générales entreprises par l'ordre cistercien (Maître, 1998).

Les six mélodies de l'exemple 1 sont des adaptations d'un type mélodique proche de l'extrémité "mélodie" de notre éventail. Nous transcrivons ici à l'aide des syllabes de solmisation les lettres majuscules et minuscules du système diatonique du Moyen Age et de la Renaissance où les majuscules (A = LA), minuscules (a = *la*) et minuscules avec une apostrophe (a' = *la'*) représentent les trois registres aigus successifs. (Il convient de noter que ces lettres telles qu'on les utilise dans le chant grégorien *ne* renvoient *pas* à des fréquences mais seulement à des positions relatives sur une échelle dont la hauteur "absolue" varie dépendamment du contexte d'exécution. Le système diatonique médiéval prend ses origines dans les écrits de Boèce, théoricien du VIe siècle. L'utilisation des lettres de l'alphabet latin vit quant à elle le jour en Italie aux alentours du XIe siècle, et en premier lieu sous l'influence de Guido d'Arezzo.) Ces mélodies se meuvent vers le haut et vers le bas de manière similaire, au sein d'un ambitus limité entre RÉ et *la*, allant chercher une ou deux fois le DO, en dessous du RÉ et une ou deux fois le *si♭* ou *do* au-dessus du *la*. Le RÉ sur lequel ces mélodies se terminent se nomme *finalis*. Bien que ce terme

Exemple 1

Six versions d'un même type mélodique du premier mode, proche du spectre compris entre la mélodie et la gamme comme mélodie

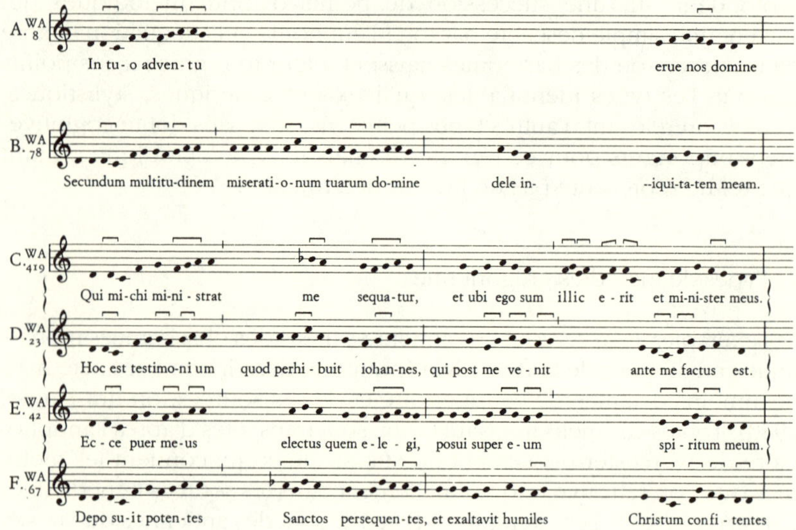

désigne effectivement la dernière note d'une succession de hauteurs, on lui conféra rapidement une fonction totalement différente : on accorda à la hauteur de la *finalis* le pouvoir de gouverner directement ou indirectement les hauteurs de toutes les autres notes de la pièce. En résumé, on ajouta au rôle de la *finalis* dans le domaine temporel de la succession des hauteurs, un rôle dans le domaine atemporel de l'espace des hauteurs : en n'étant plus seulement une note *finale*, elle devenait également une *tonique* (pour reprendre le terme moderne courant). L'identification de la *finale* avec la *tonique* dans des pièces musicales se perpétua en Europe, en pratique et en théorie, jusqu'au XXe siècle, mais, ainsi qu'on peut l'observer dans d'autres cultures musicales comme celle, contemporaine, de l'Inde du Nord, une telle identification n'est ni logiquement ni musicalement inéluctable.

L'identification de la hauteur conclusive avec la hauteur régissant la pièce fut formulée au XIe siècle par Guido d'Arezzo. Il énonça en premier une doctrine qui permettait de préserver la cohérence entre les notes par la limitation de leurs mouvements adjacents dans une même phrase aux intervalles diatoniques situés en deçà d'une quinte juste, une doctrine fort bien illustrée par les six mélodies de l'exemple 1 (et leurs sauts de faible amplitude vers DO et *si*♭ ou *do*).

"Habes itaque sex vocum consonantias, id est tonum, semitonium, ditonum, semiditonum, diatessaron et diapente. In nullo enim cantu aliis modis vox voci coniungitur, vel intendendo vel remittendo." ("C'est pourquoi il y a six intervalles mélodiques, c'est-à-dire le ton, le demi-ton, la tierce mineure, la tierce [majeure], la quarte et la quinte. En effet, dans aucun chant, une note ne s'enchaîne à une autre note, soit en montant soit en descendant à l'aide d'autres intervalles." (Guido d'Arezzo, 1955, p. 104 ; notre traduction.)

Guido avança alors cinq principes, recommandations et analogies visant à expliquer pourquoi la note finale d'un chant particulier doit gouverner les autres. Les trois premiers principes sont strictement musicaux : la *finalis* doit durer plus longtemps ; elle donne sa couleur aux autres notes ; les conclusions et les débuts des phrases intermédiaires sont déterminés par cette note : *"[1] Cum autem quilibet cantus omnibus vocibus et modis fiat, vox tamen quae cantum terminat, obtinet principatum ; ea enim et diutius et morosius sonat. [2] Et praemissae voces, quod tantum exercitatis patet, ita ad eam aptantur, ut mirum in modum quandam ab ea coloris faciem ducere videantur. [3] Per supradictes nempe sex consonantias voci quae neumam terminat reliquae voces concordare debent. Voci vero quae cantum terminat, principium eius cunctarumque distinctionum fines vel etiam principia opus est adhaerere."* ("[1] Bien que chaque chant s'identifie à l'ensemble des notes qui le compose, la note qui le termine est prédominante ; celle-ci, en effet, résonne le plus longuement et le plus longtemps. [2] Les autres notes, ainsi qu'il est d'autant plus évident pour le chanteur expérimenté, sont tellement en adéquation avec celle-ci qu'elles semblent par moments dériver une partie de leur coloration de cette dernière. [3] Les notes restantes doivent s'accorder avec la note qui termine la phrase suivant les six intervalles mentionnés ci-dessus. Le début d'un chant et même le début et la fin des sections qui le composent doivent se conformer à cette note finale.") (*Ibid.*, p. 139-140 ; notre traduction.)

Le groupe des hauteurs utilisées dans l'exemple 1 – DO, RÉ, MI, FA, SOL, *la, si* ♭, et *do* – représente l'échelle des hauteurs disponibles, la hauteur RÉ – la *finalis* – domine à l'instar d'une *tonique* toutes les autres notes. Une telle échelle est nommée "mode" dans la théorie du plain-chant ; chaque pièce du répertoire des antiennes et de la plupart du reste du corpus grégorien se rapporte à un de ces huit modes. Les antiennes des exemples 1, 2, 3 figurent parmi les centaines d'autres antiennes qui comprennent les hauteurs *si* et *ré* et qui sont toutes identifiées dans la théorie du plain-chant comme appartenant au premier mode. Le *ré* est simplement un RÉ à l'octave supérieure mais le *si* ♭ apparaissant dans l'exemple 1-C était en théorie perçu, d'après la norme "essentielle" du système médiéval diatonique à laquelle se conformait l'ensemble des modes, comme un remplacement "accidentel" du *si*♮.

Les segmentations de l'espace temporel dans l'exemple 1 sont étroitement liées à la syntaxe du texte. Les exemples 1-C/D/E/F représentent différentes versions d'une forme basique de cette mélodie fort maniable : leurs textes possèdent deux propositions, avec deux motifs mélodiques par proposition, soit quatre en tout. Les enchaînements initiaux – RÉ-DO-FA-SOL-FA-SOL-*la* – sont quasiment identiques, avec un mouvement ascendant depuis le RÉ-DO du début jusqu'à FA puis SOL pour finalement arriver à *la*, note supérieure de la quinte parfaite au-dessus de RÉ. Les phrases mélodiques des secondes parties de la première proposition se développent de différentes manières à partir de *la*, notamment en descendant jusqu'à FA pour remonter jusqu'à *la* et terminer un ton en dessous sur SOL. Les troisièmes phrases passent de SOL à MI puis reviennent au SOL et descendent de nouveau grâce au motif *la*-SOL-FA puis au motif MI-RÉ-DO pour commencer à approcher la finale. Chacune des quatrièmes phrases débute avec un type de descente particulier vers DO puis une remontée vers SOL soit MI-FA-SOL, MI-SOL, ou encore RÉ-SOL, pour finalement conclure par une même descente cadentielle vers la *finalis* : SOL-FA-MI-RÉ.

L'exemple 1-B est une manifestation *(token)* à trois motifs du type mélodique standard de quatre phrases dans lequel le deuxième motif, descendant de *la* vers SOL, est prolongé, alors que le troisième motif est raccourci et vient se fondre avec le quatrième. L'exemple 1-A est un *token* raccourci de ce type, comprenant seulement le motif initial qui amène le *la* et le motif cadentiel de base MI-FA-SOL-FA-MI-RÉ qu'il partage avec les exemples 1-B et 1-C, mais sans la préparation à partir de la note inférieure que l'on retrouve dans ces deux derniers exemples.

L'exemple 2 illustre un autre aspect de la typologie mélodique de l'antiphonaire grégorien. L'exemple 2-A reprend l'exemple 1-A avec son motif initial arrivant sur *la* et son motif cadentiel MI-FA-SOL-FA-MI-RÉ. Chacune des quatre autres antiennes citées dans l'exemple 2 amène le *la*, situé une quinte au-dessus de la *finalis* RÉ à l'aide d'un motif initial différent ; dans l'exemple 2-B, ce mouvement intervient deux fois avec, lors de la deuxième occurrence, le motif utilisé dans l'exemple 2-A. Chacune des quatre antiennes est articulée en deux ou trois segments à l'aide de deux ou trois descentes cadentielles vers la *finalis* RÉ ; le motif cadentiel MI-FA-SOL-FA-MI-RÉ est légèrement varié à la fin des deux parties de l'exemple 2-D et de la première partie de l'exemple 2-E.

L'approche de la *finalis* à la fin de l'exemple 2-B incarne, en revanche, un motif cadentiel différent. Dans les exemples 2-B/C/D les trois descentes conclusives vers la *finalis* RÉ sont précédées par des

Exemple 2

Typologie des motifs initiaux, médians et cadentiels dans cinq mélodies du premier mode

phrases intermédiaires qui accompagnent respectivement les mots *"ab ecclesia"*, *"et cuiusvis manus"* et *"claudi curantur"*. Dans l'exemple 2-B, cependant, les types motiviques conclusifs et intermédiaires se fondent pour accompagner les mots *"ab ecclesia ad Deum"* à l'aide d'un seul motif cadentiel FA-SOL-LA-FA-MI-RÉ que l'on retrouve également dans une multitude d'autres antiennes.

L'exemple 2-B est particulièrement intéressant car il fait l'objet d'une analyse de la part du théoricien de la musique du XIIe siècle Jean d'Afflighem. Jean définit la syntaxe musicale en la comparant à la syntaxe verbale en usant, plus particulièrement, de la terminologie propre à la ponctuation (il convient néanmoins de noter que l'auteur intervertit les significations, médiévales, des termes *comma* [virgule] et *colon* [deux-points]) : *"[...] cum cantus in quarta vel quinta a finali voce per suspensionem pausat, colon est ; cum in medio ad finalem reducitur, comma est ; cum in fine ad finalem pervenit periodus est. Ut in hac antiphona :* Petrus autem, *colon,* servabatur in carcere *comma,* et oratio fiebat *colon,* pro eo sine intermissione *comma,* ab ecclesia ad Deum *periodus."* ("[...] Lorsque le chant s'arrête, comme suspendu sur la quarte ou la quinte au-dessus de la finale, cela équivaut à un deux-points *[colon]* ; lorsqu'il retourne à la finale au milieu, c'est une virgule *[comma]* ; lorsqu'il parvient à la finale à la fin, c'est un point *[periodus].* Ainsi dans l'antienne citée : *Petrus autem,* deux-points, *servabatur in carcere,* virgule, *et oratio fiebat,* deux-points, *pro eo sine intermissione,* virgule, *ab ecclesia ad Deum,* point.") (Jean d'Afflighem, 1950, p. 79-80 ; notre traduction.)

Chacune des antiennes de l'exemple 2 est une manifestation *(token)* d'un type mélodique différent (pour une discussion plus approfondie de la typologie mélodique de l'antiphonaire grégorien, voir Ferretti, 1934 et Gevaert, 1895). Dans l'antiphonaire de Worcester, chaque antienne est du premier mode avec sa *finalis* RÉ. (D'après l'inventaire et l'analyse de 47 mélodies faits par Gevaert [1895, p. 225-446], les exemples 2-A/B/C/D font respectivement partie des *thèmes* 5, 4, 3 et 2 ; le motif initial des *thèmes* 4 et 3 se caractérise par un saut de quinte ascendant. L'exemple 2-E, *"Domine quinque talenta"*, est écrit dans le troisième mode dans certaines sources. Il possède la même mélodie de base mais qui se situe un degré au-dessus dans le système diatonique grégorien ; en d'autres termes, MI est sa *finalis*/tonique et le degré juste au-dessus est le demi-ton FA qui se substitue au ton entier MI situé juste au-dessus de la *finalis*/tonique RÉ des mélodies du premier mode.) La plupart des mélodies et des types mélodiques du premier mode font de *la* la principale hauteur secondaire, après la *finalis* RÉ, mais certaines d'entre elles fonctionnent différemment. Les exemples 3-A/C montre deux *tokens* d'un type mélodique avec *finalis* RÉ habituellement classé sous le premier mode mais dont la hauteur secondaire de l'accent initial est *sol* plutôt que *la.* Normalement, une mélodie avec une *finalis* RÉ et un tel accent initial devrait être classée parmi les mélodies du second mode, un mode dit "plagal", équivalent du premier mode qui lui est dit "authente".

La différence principale entre modes authentes et plagaux réside dans le fait que les hauteurs des mélodies authentes, comme celle du premier mode, sont toutes (sauf une) situées au-dessus de la *finalis,* s'étendant ainsi jusqu'à une octave ou plus vers le haut et seulement un ton au-dessous de la *finalis.* L'ambitus d'une mélodie en mode plagal, en revanche, va jusqu'à une quinte au-dessous de la *finalis* mais pas plus haut qu'une quinte ou qu'une sixte au-dessus de celle-ci. Le degré vers lequel tend la phrase initiale, caractéristique du mode authente, est le cinquième degré au-dessus de la *finalis* (ou le sixième comme dans le troisième mode), alors que dans les modes plagaux comme le deuxième mode, on ne doit pas accentuer de note située au-delà du quatrième degré au-dessus de la finale. D'après Gui d'Eu, théoricien de la réforme du chant cistercien au XIIe siècle : *"Differentes enim habent compositiones autenti et plagales. Proprium est autentorum non morose gravari circa finem, sed quasi quadam alacritate elevari, et frequentare suum diapente. [...] Proprie autem ad compositionem plagalium pertinet, cantum in principio sui a finali per diatessaron emergere, sed et hoc non convenit autentis."* ("Les [modes] authentes et plagaux sont constitués différemment. Il est propre aux modes authentes de ne pas s'attarder pesamment autour de la finale mais de s'élever plutôt avec une certaine alacrité et de recourir fréquemment à la quinte. [...] Il est propre aux modes plagaux de débuter en s'élevant d'une quarte depuis la finale alors que cela ne convient pas aux modes authentes.") (1995, p. 164 ; notre traduction.)

Exemple 3

Type mélodique ambigu du premier mode,
modifié d'après la théorie réformiste cistercienne

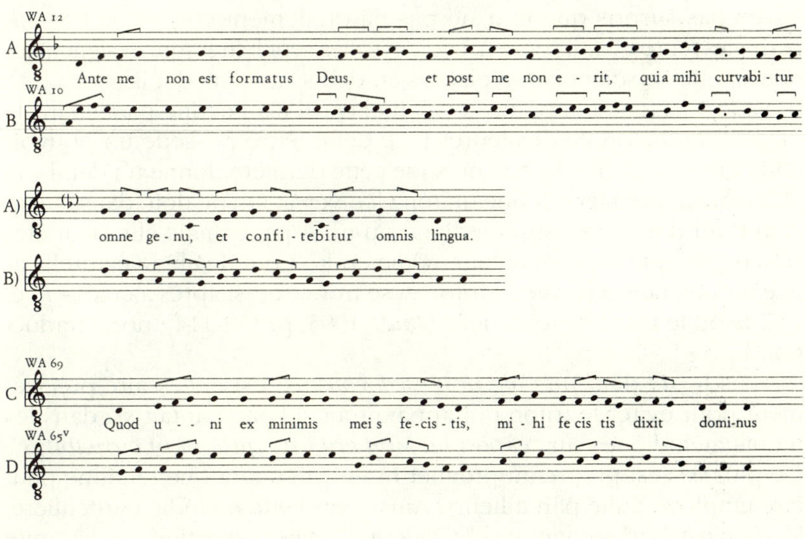

Cela dit, les mélodies représentatives du premier mode dans les exemples 3-A et 3-C avec leur forte insistance initiale sur *sol* étaient considérées comme corrompues par les réformateurs cisterciens et dûment modifiées pour pouvoir entrer dans le cadre de leur théorie modale. Bien que les mélodies appartenant à ce type mélodique ne descendent guère au-dessous de la *finalis*, comme le font les mélodies du deuxième mode plagal, les cisterciens les reclassèrent parmi les mélodies de ce dernier mode, le mode plagal de RÉ. Quelques-unes, y compris celles de l'exemple 3 furent en revanche recomposées ; on remplaça les motifs initiaux apparemment défectueux par d'autres motifs appartenant à d'autres types mélodiques du premier mode.

De surcroît, la note *si*♭ était l'élément récurrent essentiel du contour de la mélodie *"Ante me non est formatus Deus"* (voir exemple 3-A). Or, son utilisation ne pouvait, dans le système diatonique médiéval, être qu'accidentelle et non essentielle. Encore une fois, comme le souligne Gui d'Eu : *"Ne miretis quia in naturali compoto litterarum ♭ rotundum non apposuerim quod non est aliqua de septem, sive prius positis, sive repetitis [...]. Accidentale autem merito dicitur, quia in naturali dispositione litterarum non habet locum [...]. Habet littera ista vim contrariam ♮ quadrato cum illa littera facit semitonium, cum qua illa tonum, et e converso. In nullo autem cantu aliquod spatium, vel lineam, per se debet obtinere, sed intervallo ♮ quadrati quasi furtim aliquando interponi, et quia propter tritonum inventa est tantum invenitur post a acutum, et superacutam ubit tritonus terminatur."* ("Ne soyez pas surpris que je n'aie pas naturellement compté le ♭ [= *si*♭] parmi les lettres, car il n'a rien à voir avec les sept lettres [qui désignent les notes], que ce soient celles placées au début ou leurs duplications [...]. Il est fort justement appelé accidentel car il n'a aucune place dans la disposition naturelle des lettres [...]. Cette lettre possède un pouvoir contraire à celui du ♮ [= *si* ♮], puisque cette dernière donne un demi-ton alors que la première donne un ton vice-versa. On ne doit, dans aucun chant, lui donner en soi une ligne ou un espace, mais elle peut être située, presque furtivement au même endroit que le ♮ [= *si* naturel] car elle fut inventée à cause du triton et se trouve ainsi après a et a' [= *la* et *la'*], là où le triton se termine.") (*Ibid.*, 1995, p. 112-114 ; notre traduction.)

Mais le *si*♭ de *"Ante me non est formatus"* est nécessaire précisément pour éviter le triton qui apparaîtrait si l'on chantait *si*♮ dans les motifs mélodiques sur *"et post me non erit"* et *"quia mihi curvabitur"*. De plus, *si*♮ est propre au premier mode et en tant que tel, il ne peut être employé nulle part ailleurs. Ainsi dans cette mélodie particulière, le *si*♭ n'est évidemment pas "accidentel" mais "essentiel" : voilà toute la contradiction. Par conséquent, dans l'antiphonaire réformé cistercien, l'ensemble de la mélodie a été transposé à la quinte pour pouvoir terminer sur *la* comme dans l'exemple 3-B. A cet effet, *la* devient la *finalis*/tonique, appelée *affinalis*, et à la quinte supérieure on retrouve *mi* et le demi-ton supérieur, *fa* ; tous les autres intervalles sont les mêmes que ceux de la mélodie initiale de telle sorte que la contradiction entre le rôle "essentiel" d'un degré dans la pièce et son rôle "accidentel" dans le système est désormais résolue.

La contradiction générée par l'insistance initiale sur le quatrième degré plutôt que sur le cinquième degré au-dessus de la *finalis* est également résolue en remplaçant la phrase mélodique initiale par une autre phrase qui appartient à un type mélodique du premier mode et qui insiste grandement sur la note située une quinte au-dessus de la *finalis*, notamment à l'aide d'un saut direct de RÉ à *la* comme dans les exemples 2-B/C ; étant donné la transposition pour éviter tout *si* ♭, le saut est désormais depuis l'*affinalis la* vers *mi*. Le reste de *"Ante me non est formatus"* s'attarde sur la quinte au-dessus de la *finalis* et conclut à l'aide d'un motif cadentiel caractéristique du premier mode, n'occasionnant ainsi aucun autre changement pour conformer la mélodie à la théorie cistercienne.

La mélodie de l'exemple 3-C *"Quod uni ex minimis"* représente une manifestation *(token)* particulièrement concise du même type mélodique ; sa relation avec *"Ante me non est formatus Deus"* est similaire à celle entre *"In tuo adventu"* et *"Qui michi ministrat"* des exemples 1-A/C : la mélodie la plus courte utilise les types motiviques du début et de la fin de celle qui est plus longue. Les réformateurs cisterciens ont ici aussi remplacé ce motif initial, avec son insistance caractéristique sur la note située une quarte au-dessus de la *finalis*, par un *token* d'un type motivique débutant par un saut de quinte, en l'occurrence un motif parfaitement similaire à celui qui se trouve au début de l'exemple 2-B *"Petrus autem"*. (Dans l'antiphonaire cistercien moderne, ces mélodies sont notées sous forme "corrigée" mais sans transposition, c'est-à-dire qu'elles débutent comme *"Petrus autem"* à une hauteur normale pour le premier mode avec pour *finalis* RÉ et la note "pseudo-essentielle" *si* ♭ située un demi-ton au-dessus du cinquième degré *la*.)

3. Types de mélodies dans les *râgas* de l'Inde du Nord

Les mélodies du chant grégorien très répandues comme *"Qui michi ministrat"* (exemple 1-C) et *"Ante me non est formatus Deus"* (exemple 3-A) ont en commun le même ensemble de hauteurs, c'est-à-dire la même échelle, et la même *finalis* RÉ (qui est également leur tonique). Bien qu'elles incarnent deux types mélodiques différents, elles appartiennent toutes deux au premier mode de la théorie du chant grégorien. Une distinction similaire entre type d'échelle et type mélodique existe dans la musique classique de l'Inde du Nord, et un même genre de fusion entre ces deux types que celui qui se cache derrière l'approche cistercienne des types mélodiques divergents, a parfois contaminé les observateurs extérieurs de la musique indienne. On distinguait déjà type d'échelle et type mélodique en 1834. Dans un ouvrage extraordinaire, N. Auguste Willard, un officier eurasien au service de l'un des petits Etats princiers de ce que l'on appelait alors les Indes britanniques, écrivait à propos de la différence entre *thât* (type d'échelle) et *râginî* (un synonyme de râga ou type mélodique) : "Un *thât* se rapproche le plus de ce nous entendons par mode et il vise à établir les distances exactes, les unes par rapport aux autres, entre les différentes hauteurs qui constituent l'octave. Le *râginî* donne en revanche des hauteurs dans une certaine succession et détermine l'importance relative de chacune. Un même *thât* peut être utilisé pour différents *râginî*, suivant un ordre de succession différent alors qu'aucun *râginî* ne peut être joué en dehors du *thât* qui lui est propre. Un *râginî* ne peut pas être considéré comme une chanson car les interprètes chevronnés peuvent adapter les paroles d'une chanson à n'importe quel *râginî*. De même, les changements rythmiques ne détruisent pas la qualité qui lui est inhérente." (1834, in 1875, p. 65.)

Cette distinction est illustrée dans les exemples 4 et 5 transcrits en notation occidentale à partir de l'énorme collection de compositions compilée par Vinayak Narayan Patwardhan, lui-même disciple de Vishnu Digambar, l'artiste et enseignant le plus important de la première moitié du XXe siècle. Dans ma transcription, les syllabes *do/ré/mi/fa/fa♯/sol/la/si* représentent les classes de hauteurs qui correspondent aux lettres *sa/ri/ga/ma/tîvra-ma/pa/dha/ni* du *sargam* (solfège) de l'Inde du Nord. Dans ces exemples, les syllabes servant à transcrire les noms des notes du *sargam* indien suivent les conventions modernes occidentales où un "*do* medium" est écrit *do'*. Il convient de noter que les lettres du *sargam* indien, comme les lettres et les positions sur la portée du chant grégorien, ne représentent pas des hauteurs "absolues". Chaque soliste (homme ou femme) établit la hauteur "actuelle" de la tonique du système *sa (= do')* suivant la fréquence qui convient le mieux à sa voix et à son instrument. Le degré *sa* est la *tonique* du système de la musique classique indienne, mais ce n'est pas une tonique au même titre que RÉ est une tonique pour les premier et deuxième modes grégoriens, ou MI, FA et SOL pour, respectivement, les troisième et quatrième, cinquième et sixième, et septième et huitième modes. *Sa* est une *tonique-bourdon* que l'on trouve en fond de *tous* les râgas indiens mais elle n'est la note dominante d'aucun râga *particulier*. Par exemple dans le râga Mârvâ, la tonique *sa* (= *do'*) n'est presque jamais jouée dans le registre grave et son occurrence à l'octave supérieure n'intervient que dans un contexte particulier, déterminé par des nécessités d'ordre purement formel applicables à l'exécution de n'importe quel râga.

Exemple 4

Deux sthâyî *du genre* chotâ khayâl *dans le râga Gaud Sârang*

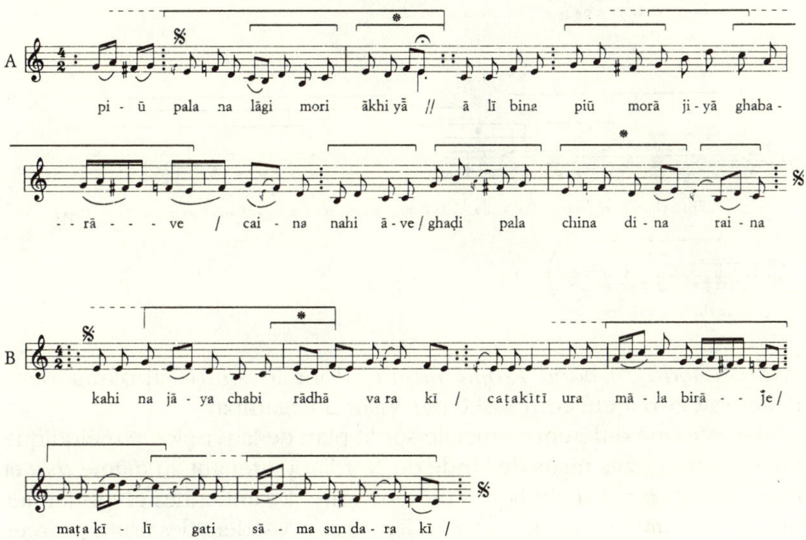

Les exemples 4-A/B illustrent les *sthâyî* (ou refrains "de base") de deux pièces fixes qui utilisent toutes deux le râga Gaud Sârang, le même genre vocal *chotâ khayâl* ("petite idée") – ou *chîz* ("chose") – et le même quadruple mètre *(tîntâl)* exécuté sur un tempo rapide *(drut lay)* (Patwardhan, 1960, p. 56). Les deux *sthâyî* des exemples 5-A/B possèdent de nombreux points communs avec ceux des exemples 4-A/B, non seulement sur le plan du style et du tempo mais aussi sur le plan du type d'échelle (ou *thât*) utilisé. Ils utilisent tous deux le râga Bihâg. (Patwardhan, 1961, p. 292, 296). *"Pala na lâgi mori âkhiyâ"* (exemple 4-A) et *"Aba hû lâlana mâikâ"* (exemple 5-A) sont peut-être les pièces les plus connues du genre *chotâ khayâl* au tempo rapide à cause de leurs râgas respectifs, Gaud Sârang et Bihâg. (La mélodie de Bihâg sur

Exemple 5

Deux sthâyî *du genre* chotâ khayâl *dans le râga Bibâg*

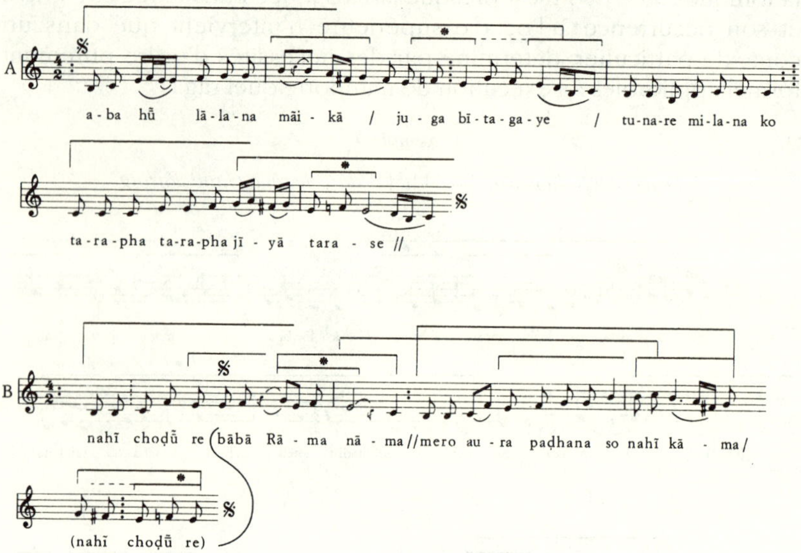

"Nahî chodû re bâbâ Râma nâma" dont le *sthâyî* apparaît dans l'exemple 5-B a été composée par Vishnu Digambar.)

Il existe une différence cruciale sur le plan de la typologie mélodique entre les différents râgas de l'Inde du Nord appartenant au même *thât* et les différents types mélodiques du répertoire des antiennes grégoriennes qui appartiennent au même mode : les râgas possèdent des noms propres alors que ce n'est pas le cas pour les types mélodiques grégoriens. Les théoriciens médiévaux du chant grégorien, et probablement aussi les chanteurs, étaient certainement conscients qu'il existait des ressemblances mélodiques au sein même du répertoire, ressemblances qui dépassaient le cadre rigide du système des huit modes, mais ils ne les ont pas systématiquement mises en évidence. Les types mélodiques illustrés dans les exemples 1 et 3 ou analysés dans les travaux de Gevaert et Ferretti sont des modélisations conçues par des théoriciens européens pour garantir la cohérence du répertoire. Pour l'artiste de l'Inde du Nord, les râgas sont, au contraire, des entités réelles ; ils peuvent être directement manipulés au cours de longues séances d'improvisation, avec ou sans relation à des mélodies fixes et mémorisées.

En cours d'exécution, un *chotâ khayâl* de tempo rapide tel *"Pala na lâgi"* dont le *sthâyî* est illustré dans l'exemple 4-A, pourra être le noyau de la deuxième partie d'une longue énonciation de ce râga ; il sera alors précédé d'un *badâ* ("grand") *khayâl* de tempo lent. La majorité de l'exécution sera consacrée à de longues plages d'improvisation sur le râga encadrant les deux compositions fixes. Le *sthâyî* d'un *khayâl*, ou même seulement sa première ligne ou son premier motif, sera ensuite utilisé comme un point de retour dans les passages où des développements sur les types motiviques des râgas du genre *âlâp* (discours "non rythmique" utilisé surtout dans les *khayâl* de tempo lent) et *tân* (des élongations rapides de certains passages de la pièce utilisés surtout dans les *khayâl* de tempo rapide, qui peuvent suivre ou ne pas suivre la métrique de la pièce) seront improvisés. La musique instrumentale se conforme à une procédure fondée sur un principe similaire ; la différence principale est que l'*âlâp* lent non rythmique est joué avant que la composition fixe et métrique, au rythme lent, ne débute.

Dans la tradition vocale incarnée par Vishnu Digambar, le *khaâl* rapide dans le râga Gaud Sârang de l'exemple 4-A commence par une mélodie sur *"Pala na lâgi mori âkhiyâ"* chantée dans l'aigu (voir le signe de répétition) dont la note finale sur *"-â"* est tenue pour trois temps (ainsi que le suggère la croche pointée avec le point d'orgue). Ce vers est répété plusieurs fois, commençant par *"piû"*. Le deuxième vers peut aussi être répété plusieurs fois avant que l'artiste ne conclue le *sthâyî*, après quoi débutera l'improvisation d'une série de *tân* ornés de plus en plus longs, délimités par un retour, à un moment choisi, au premier vers du *sthâyî*. Enfin, on attendra l'*antarâ* ("intermédiaire"), c'est-à-dire la seconde partie (non illustrée ici) du *khayâl* dont le premier vers sera traité de la même manière. L'artiste pourra revenir sur le *sthâyî* et l'utiliser comme point de départ pour d'autres *tân*. L'exécution pourra vers la fin de la pièce revenir à quelques phrases soutenues et flottantes d'*âlâp* avant de se conclure par une série finale de *tân* virtuoses.

Le *chotâ khayâl "Kahi na jâya"* de l'exemple 4-B, également basé sur le râga Gaud Sârang, est assez similaire à *"Pala na lâgî"* (les unités motiviques caractéristiques du râga sont délimitées dans les deux exemples par des parenthèses). Les mélodies des premiers vers qui vont être répétées sont similaires et les développements des deux *sthâyî* possèdent de nombreux points communs, concluant notamment par des phrases mélodiques presque identiques sur *"ghabarâve"* dans l'exemple 4-A et sur *"mâla birâje"* et *"sâmasundara kî"* dans l'exemple 4-B. Néanmoins on ne saurait les considérer comme deux mélodies identiques mais plutôt comme deux occurrences d'un même type mélodique. Les types motiviques de ces deux pièces se recoupent entre eux ou avec d'autres configurations plus neutres. La plupart sont constitués de motifs tournant autour de *do*, *mi* et *sol*. Le type motivique principal pour ce râga est *mi-ré-fa-mi* (signalé par une astérisque), intervenant par exemple au point d'arrivée de chaque *khayâl*, respectivement sur *"âkhiyâ"* et sur *"râdhâ"*. Comme on peut le constater dans les phrases mélodiques du début, la descente vers la tonique *do* du système n'est pas directe ; l'ornementation autour de *do* à l'aide de SI et *ré* se retrouve dans l'exemple 4-A sur *"lâgi mori"*, *"nahi âve"* et sur *"raina"*, amenant un retour au début ; on note aussi la présence de *si* et *ré'* entourant la tonique *do'* à l'octave supérieure notamment sur *"jiyâ gha[barâve]"* dans l'exemple 4-A et sur *"[mata]kîlî"* dans l'exemple 4-B. Le gruppetto *sol-la-fa♯-sol* sur *"piû morâ"* et *"ghadi pala"* constitue la seule occurrence du *fa♯*. Ce court motif est suivi soit d'une montée vers le gruppetto *do'-si-ré'-do'* comme sur *"piû morâ"* juste avant *"jiyâ gha[barâve]"*, soit d'une descente vers le gruppetto *mi-fa-ré-fa-mi* sur *"ghadi pala"* juste avant *"china dina"*. Cela confirme l'indépendance syntactique de ce motif par rapport à ce qui l'entoure.

Ce genre de procédés, et bien d'autres, sont généralisés dans la pratique et théorie de l'enseignement de la musique de l'Inde du Nord, notamment dans les descriptions de râgas que l'on nomme râga-*laksana* (ou "caractérisation des râgas"), ainsi que l'indiquent les extraits suivants tirés du *râga-laksana* pour le râga Gaud Sârang d'Omkarnath Thakur, l'un des plus grands artistes/enseignants du milieu du XXe siècle et également un disciple de Vishnu Digambar.

"Ce processus *(calan)* n'est pas direct :

sol\ \\
SI-*do-mi-ré-fa-mi, sol-fa♯-la-sol, do'-si-ré'-do', la-sol-fa-mi, fa-mi-ré-fa-mi, ré——do——*
ré/

"Lorsqu'on élabore une improvisation non mesurée *(âlâpcâri)*, on ne doit jamais s'arrêter sur les notes *ré*, *fa*, *la* ou *si*. Seules les trois notes *mi*, *do* et *sol* peuvent être utilisées comme des points de repos *(mukâm)*. Le contour *(châyâ)* de Gaud Sârang apparaîtra simplement dès que l'on chantera [les notes] *mi-ré-fa-mi*. Lorsqu'on interpelle quelqu'un par son nom, cette personne tourne son visage vers celui qui l'a interpellée pour voir qui est en train de lui parler. De la même manière, si quelqu'un chante les notes *mi-ré-fa-mi*, Gaud Sârang dressera sa tête et dira «me voici».

"Le début des improvisations non mesurées *(âlâp)* et des développements *(tân-kriyâ)* sur ce râga dérive de *mi*. La fondation du râga tout en entier repose sur cette note, et l'on doit s'arrêter sur celle-ci dans chacune des phrases de l'improvisation non mesurée et du développement. [...] Généralement, la nature *(prakâti)* de ce râga est modérément enjouée. Son échelle *(jâtî)* est ni pentatonique ni hexatonique, ni même complète [c'est-à-dire heptatonique] mais plutôt faussement complète *(vakra-sampûrna)*. Les connaisseurs l'appellent aussi le «Bihâg du jour»." (Thakur, 1954*a*, p. 16-17.)

Les deux *khayâl* du râga Bihâg de l'exemple 5 se ressemblent au même titre qu'il existe une ressemblance les deux *khaâl* du râga Gaus Sârang. De plus, les râgas Bihâg et Gaud Sârang ont en commun le même type d'échelle et le même degré dominant *mi*. Cependant *mi-fa-mi* est le motif qui souligne le *mi* dans Bihâg (voir astérisque dans les exemples) : notamment sur *"juga bî[ta]"* et *"tarase"* dans l'exemple 5-A et, de la même manière, sur *"Râma nâ[ma]"* et *"chodû re"* dans l'exemple 5-B. Le degré de l'échelle *ré* qui joue par ailleurs un rôle important dans les ornements de Gaud Sârang en tant que note voisine de *mi* et de *do* est très faiblement utilisé dans le râga Bihâg, comme on peut le constater, par exemple, dans les phrases mélodiques descendantes sur *"[bî]ta gaye"* et *"jîyâ tarase"* dans l'exemple 5-A et sur *"Râma nâma"* dans l'exemple 5-B où *ré* est une note de passage, et enfin, dans les montées SI-*do-mi-fa-sol* sur *"[aba] hû lâlana"* et *"tarapha tarapha jî[yâ]"* dans l'exemple 5-A et sur *"nahî chodhû re bâbâ Râ[ma]"* et *"mero aura padhana"* dans l'exemple 5-B où *ré* est tout simplement omis. L'utilisation du degré *la* est semblable à celle du degré *ré* : faible dans les descentes et nulle dans les montées : voir par exemple les correspondances dans l'exemple 5-B entre la figure mélodique *si-do'-si-(la fa ♯)-sol* sur *"nahî kâma"* et sa transposition à la quinte, *mi-fa-mi-(ré* SI)-*do*, sur *"Râma nâma"* ; voir également dans l'exemple 5-A les correspondances entre d'un côté *"mâkâ"* et de l'autre *"[ga]ye"* et *"[tara]se"*. On peut également observer qu'ici et dans d'autres passages des deux *sthâyî* du râga Bihâg, *si* possède en général la même valeur que *mi*. Omkarnath Thakur généralise tout cela dans son *râga-laksana* :

"Bihâg est un râga très connu. On le compte parmi les râgas les plus «purs» *(suddha)* […] car il est ni coloré *(châyâ)* par ni mélangé à d'autres râgas. […] [Outre Bihâg], il existe d'autres râgas similaires où un même mouvement musical *(kriyâ)* peut surgir dans les deux parties de l'octave centrale :

Si-do-mi-fa-mi—ré SI *do—- / fa ♯-sol-si-do'-si—la fa ♯ sol—*

"Dans ce râga, *mi* et *si* sont considérés comme des notes fortes. Dans la montée *(âroha)*, *ré* et *la* sont omis, et même dans la descente *(avaroha)*, ces deux notes sont considérées comme faibles et sont rapidement énoncées. La montée et la descente du râga sont les suivantes :

SI-*do-mi-fa-sol-si-do'-si-la fa ♯ sol—fa ♯ —mi-fa ♮ mi—ré Si do—*

"La forme caractéristique *(sva-rûpa)* de Bihâg sera complétée par les notes suivantes :

mi-fa-mi—*ré* SI *do*—, *si-do-si*—*la fa*♯ *sol*—*fa*♯—*mi-fa*♮ —*mi*—*ré* SI *do*—

"Le râga est chanté ou joué à la moitié de la seconde partie de la nuit. Son utilité principale est l'expression [ou *rasa* (un sentiment codifié verbalisable)] de l'amour pendant la séparation, de la description de soi, et d'un état d'innocence et de simplicité *(mugdha-bhâva).*" (Thakur, 1954*b*, p. 1-2.)

Attribuer, comme le fait Thakur, un "sentiment codifié verbalisable" *(rasa)* au râga Bihâg ainsi qu'une nature particulière *(prakrti)* à Gaud Sârang, est un lieu commun de la théorie de la musique classique indienne ; cette idée a pour équivalent la notion d'ἦθος attribuée, par Platon et nombre de ses successeurs aux modes de la musique grecque antique. La doctrine antique de l'ἦθος des modes était connue de l'Occident médiéval mais, mis à part un étrange passage dans un traité anonyme du XVIe siècle (Coussemaker, 1867, p. 448), elle ne fut pas mise en relation avec le répertoire du chant grégorien. Cependant, avec la pénétration des idées humanistes à propos des modes européens dans les cultures musicographiques des XVe et XVIe siècles, des qualités expressives ont été attribuées aux modes européens en fonction de leurs noms grecs, empruntés des auteurs de l'Antiquité tardive.

Les râgas Bihâg et Gaud Sârang possèdent de nombreux points communs, notamment un même type d'échelle, une même insistance sur *mi*, mais ils sont néanmoins hautement différenciés. La note *si* est dans Bihâg un degré fort, et pour ainsi dire indépendant, alors que dans Gaud Sarang, cette même note est limitée aux gruppetti autour de *do* (sauf dans certains cas exceptionnels). Dans le râga Bihâg, le *fa*♯ contrebalançant le *si* n'est pas simplement utilisé pour ornementer *sol* comme c'est le cas dans Gaud Sârang ; il apparaît également dans le motif descendant *sol-fa*♯ *-mi-fa*♮ *-mi* des exemples 5-A-B, respectivement sur *"jîyâ tara[se]"* et *"nahî chodhû re"*, marquant le retour au début du râga. Bihâg et Gaud Sârang diffèrent également car ils possèdent un motif qui leur appartient en propre, respectivement, *mi-fa-mi* et *mi-ré-fa-mi.* On observe également des restrictions quant à l'utilisation des notes *ré* et *la.* Par ailleurs, Bihâg avance dans l'ensemble plus librement et plus directement ; il y a dans ce râga moins de circonvolutions et détours que dans Gaud Sârang. Finalement, Bihâg reste au milieu de la gamme et peut-être même plus proche du haut de la gamme alors que Gaud Sârang se situe essentiellement dans les notes aiguës de la gamme.

4. Types mélodiques dans la musique occidentale (Palestrina, Mozart, Verdi)

Au cours du IIe millénaire de l'ère chrétienne, la musique vocale puis instrumentale où plusieurs hauteurs étaient jouées simultanément, vint à occuper une place de plus en plus importante dans la musique écrite européenne. Les contraintes imposées par la simultanéité sur chaque agrégat sonore et sur leur succession ont joué un rôle croissant sur la conduite des lignes mélodiques et sur la manière dont celles-ci étaient perçues. Malgré cela, les types mélodiques restent encore des facteurs importants de la polyphonie vocale du XVIe siècle.

Exemple 6

Mélodies initiales des parties de cantus *de trois motets de Palestrina, composé dans le type tonal* LA♮-sol.

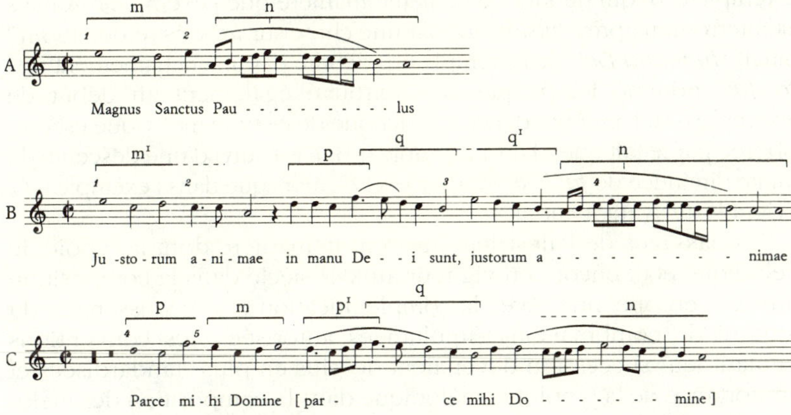

L'exemple 6 nous donne les sujets initiaux des parties de *cantus* de trois motets à quatre voix de Palestrina : *Motecta festorum totius anni* (1563), *Offertoria totius anni* (1593) et *Mecdtorum liber quintus* (1584) (Palestrina, 1939). Ces trois motets appartiennent au même "type tonal" (LA♮-*sol*) qui se caractérise notamment par une *finalis*/tonique de classe "LA" et par une utilisation de *si*♮ plutôt que *si*♭ dans toutes les voix et un registre aigu plutôt que grave pour chacune des quatre voix. Ce type tonal – un concept inventé par Hermelink (1962) ; voir également Powers (1981) – fut fréquemment utilisé par Palestrina et par d'autres compositeurs. Les parenthèses au-dessus de la portée dans l'exemple 6 signalent des enchaînements courants de ce qui apparaît comme trois variantes d'un type mélodique plus général que l'on retrouve dans les parties de *cantus* de ce type tonal. Les chiffres au-dessus de la portée indiquent le nombre de voix simultanées à chaque moment de l'énonciation de chaque mélodie ; lorsque deux voix ou plus sont chantées en même temps, cette texture complexe est sujette aux contraintes harmoniques des accords et de leur succession.

Les sujets mélodiques du *cantus* se définissent grossièrement dans ce type tonal par un ambitus qui s'étend de *la'* à *mi"* (pouvant être élargi de chaque côté d'un ou deux degrés) et plus particulièrement, à la fin, par une descente par ton de *mi"* à *la'*. Ce type mélodique se retrouve dans l'exemple 6-A : le motif initial *m* insiste sur *mi"*, cette dernière note est immédiatement réaccentuée à l'aide d'un mouvement ascendant, suivi d'un trait descendant, assez courant ; le tout est nommé type motivique *n*. Ce dernier type motivique conclut également l'exposition du sujet de l'exemple 6-B, qui débute de la même manière que l'exemple 6-A mais est interrompu après *"justorum"* par une chute sur *la'* sans retour au *mi"* initial. *"In manu Dei"* de l'exemple 6-B débute par un enchaînement *ré"-do"-fa"*, nommé ici *p*, que l'on retrouve également au début de l'exemple 6-C. L'indépendance syntactique de ce type motivique est corroborée par le fait que, dans l'exemple 6-B, il est suivi d'une descente de quinte diminuée de *fa"* à *si'* (nommée ici *q*), alors que dans l'exemple 6-C, il vient juste avant le motif *m*.

Ces passages de Palestrina illustrent la manière dont la typologie mélodique était encore en vigueur au XVIe siècle dans la composition musicale européenne. Avec la complexification et l'accroissement du nombre de combinaisons simultanées autorisées, les conventions régulant leur succession devenaient de plus en plus standardisées et l'importance de la typologie mélodique dans la composition des mélodies elles-mêmes s'amenuisait de plus en plus. Dans la musique européenne dite "harmonique tonale" des XVIIIe et XIXe siècles, la mélodie est devenue la composante sonore la plus importante de la succession polyphonique des sonorités, régie par ses propres principes de construction et d'ordonnance. Par conséquent, les mélodies de l'art musical européen de cette période peuvent sans difficulté être conçues en termes de motifs et de traits mélodiques de surface unifiés par une succession sous-jacente de hauteurs "nodales" descendant par mouvement conjoint, à l'instar des mélodies des passages de Palestrina cités dans l'exemple 6 avec leurs descentes sous-jacentes de *mi"* à *la'*.

Les relations entre les configurations mélodico-rythmiques de surface, directement perceptibles et l'arrière-plan abstrait composé de hauteurs "nodales" non mesurées sous-jacentes, sont normalement analysées en tenant compte des conventions qui gouvernent les structures et les successions harmoniques desquelles elles sont censées faire partie. Néanmoins, l'interpénétration des lignes et des motifs de la musique harmonique tonale européenne peut souvent, à l'audition, être décrite en termes purement mélodiques, notamment lorsque l'on a affaire à des mélodies où deux registres de hauteurs ou plus sont utilisés lors d'une même succession. Les exemples 7 et 8 nous offrent une parfaite illustration de ce genre de mélodie.

Exemple 7

Mozart, Sonate pour piano *K. 310, 2e mouvement, mes. 1-8*

La mélodie de l'exemple 7 représente le sujet principal du mouvement lent de la *Sonate pour piano* K. 310 de Mozart. Une relation étroite entre la ligne mélodique sous-jacente et son élaboration en surface apparaît nettement. Cette mélodie sous-jacente se déploie par mouvement conjoint descendant ; en surface, la succession des notes présente un reflet ornemental direct de cette ossature mélodique.

La mélodie de Mozart commence par dévoiler son ambitus général en déployant un arpège de *fa'* à *la"*. Ce *la"* est laissé en suspens pour un moment, et les quatre premières mesures viennent articuler le premier trait de *do"* à *fa'* (voir les flèches) à l'aide d'appogiatures ou *Seufzer* (soupirs) légèrement ornés : *do"-si♭'/ si♭'-la'/ la'-sol' /fa'-mi'* (ces appogiatures sont indiquées par des parenthèses pour chaque mesure). Les *Seufzer* sont imbriqués aux fragments d'une descente de quinte dans les mesures 2-3 et 3-4, mouvements décoratifs qui font écho à la descente de quinte de la mélodie sous-jacente.

Les quatre mesures suivantes présentent une version plus élaborée des quatre premières, réitérant la descente de *do"* à *fa'* avec cette fois une surface motivique qui semble plus intégrée à la mélodie sous-jacente. Les *Seufzer* légèrement ornés, en fond dans la mesure 5, disparaissent ensuite sous la pression du retour vers le *do"* au début de la mesure 6, pour être remplacés par des descentes rapides de quinte depuis le registre aigu secondaire. Dans la mesure 6, la première de ces descentes de quinte traverse le registre aigu secondaire et conduit rapidement le *la"*, mis à l'écart au début de la mélodie, vers *do"*, la plus haute note du registre principal. La seconde descente à la mesure 7 s'empare du *fa"* du gruppetto de la mesure précédente et pour avancer encore plus rapidement vers un *la'* orné, repositionnant ainsi la mélodie dans le registre principal, avant de conclure par des ornements sur *sol'* puis *fa'*.

Exemple 8

Verdi, Otello, *acte I, scène 3, troisième quatrain des réminiscences de Desdémone*

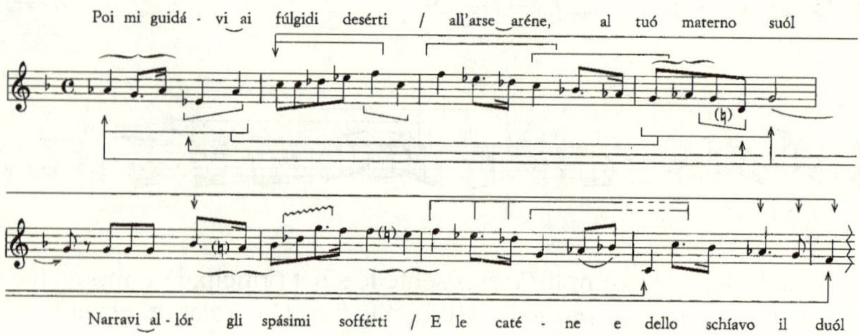

L'exemple 8 contient la mélodie chantée par Desdémone dans le troisième des quatre quatrains en mètre *endecasillabo lirico* du duo final de l'acte I d'*Otello* de Verdi. Son contour rythmique est fondé sur les vers de Boito. Les vers de dix et onze syllabes en alternance sont normalement accentués dans cette strophe mais Verdi a divisé le texte des deuxième et quatrième vers à l'aide de virgules là où les voyelles sont élidées, afin d'obtenir onze attaques pour les deux mesures de la mélodie chantée sur ces vers, mélodie qui s'étend jusqu'au temps faible de la troisième mesure du quatrième vers (l'accent secondaire sur *"tuó"* au troisième vers suit la musique de Verdi, alors que l'accent aurait du normalement tomber sur *"materno"*). L'accompagnement orchestral double la mélodie ou sert d'amplification harmonique placée au-dessus d'elle, de telle sorte que c'est la mélodie qui contient en fait les sonorités les plus graves de la texture sonore.

La mélodie de Desdémone, à l'instar de la mélodie de Mozart dans l'exemple 6, se compose de deux unités de quatre mesures, la seconde de ces unités étant une variante de la première. Cependant, ces fragments motiviques ne sont pas plus étroitement liés à la ligne mélodique sous-jacente qu'ils ne le sont dans la mélodie de Mozart et, pour cette raison, ils ne peuvent pas être perçus comme des échos de la mélodie en surface. La mélodie sous-jacente se déploie sur tout le registre depuis *do"* (mesures 2, 3, reprises à la mesure 8) en passant par *si♭'* (mesure 6) jusqu'à *la♭'-sol'-fa'* (mesures 8-9). La mélodie de surface présente différentes façons d'articuler une quarte juste – voir les crochets au-dessus et en dessous de la portée – tantôt à l'aide d'un saut (mesures 1, 2 ou 4), tantôt à l'aide d'un mouvement conjoint descendant (mesures 2 et 3-4). Les mouvements conjoints de quarte ascendants et descendants des mesures 2 et 3 mettent en place un registre aigu secondaire *fa"/do"* que l'on rejoint indirectement aux mesures 7-8. Le *do"* de la mesure 8 est approché deux fois, de chaque côté, par un mouvement conjoint de l'étendue d'une quarte, ce mouvement est interrompu les deux fois par l'insertion d'un autre bout de mélodie. On arrive sur le *do"* des mesures 7-8 par un mouvement descendant à partir de *fa"* qui se fait l'écho des mesures 2-3. Dans ces deux mesures, le mouvement vers *do"* est interrompu à la fois par le trait *sol'-la♭'-si♭'-do"* situé dans le registre principal, et par un reversement de la descente à la mesure 3. Cette quarte juste est à son tour interrompue par *do'*, situé à la fin d'une ligne mélodique secondaire plus grave commençant aux mesures 1 et 4 par *mi♭'* et *ré♯'* et se dirigeant vers le *do'* de la mesure 8 : le lien entre le *mi♭'* de la mesure 1 et le *ré'* de la mesure 4 est souligné par des sauts de quarte descendants à partir de *la♭'* et *sol'*. La relation entre le *la♭* de la mesure 1 et *sol'* à la mesure 4 est mise en évidence, en dépit du trou de deux mesures, par des ornements sur les demi-tons voisins de ces notes (voir les accolades). Le *la♭'* fortement accentué de la mesure 1 et le *sol'* de la mesure 4 mettent en place une autre ligne mélodique secondaire, qui se situe au milieu du registre principal, et se termine à la mesure 9 sur *fa'*. Cette ligne mélodique rejoint sur cette dernière note la mélodie principale et se déploie parallèlement à une autre ligne mélodique secondaire *mi♭'-ré'-do'* aux mesures 1, 4, et 8, située dans le bas du registre.

5. Constante de traits mélodiques

En dépit de grandes différences stylistiques, les mélodies européennes étudiées ici, extraites du répertoire grégorien dans les exemples 1, 2 et 3, de la polyphonie vocale du XVIe siècle dans l'exemple 6, ou des pratiques harmoniques et tonales des XVIIIe et XIXe siècles dans les exemples 7 et 8, ont en commun une forte prédisposition à utiliser des mouvements conjoints, que ce soit en surface ou de manière plus profonde. En revanche, la cohérence mélodique repose dans le répertoire du chant grégorien sur un ensemble de types motiviques alors que les mélodies fondées sur l'harmonie tonale comme celles des exemples 7 et 8 dépendent des quelques règles de succession harmonique. Les mélodies de la polyphonie vocale européenne de la Renaissance, comme celles de Palestrina dans l'exemple 6, contiennent ces deux aspects : elles sont construites à partir de fonds communs de types motiviques tout en étant limitées (mais pas déterminées) par certaines règles de succession harmonique. La cohérence du répertoire présenté dans les exemples 4 et 5 tirés de la musique de l'Inde du Nord telle qu'elle est encore pratiquée aujourd'hui, repose dans l'ensemble, comme dans le cas des exemples grégoriens 1, 2 et 3, sur un tissu de types motiviques interconnectés.

Cependant, ligne mélodique et type mélodique ne sont pas, néanmoins, les seules organisations cohérentes de successions de motifs musicaux. Le *céngkok* javanais et les mélodies dodécaphoniques à la Schoenberg puisent, par exemple, leur cohérence intra-culturelle d'autres principes, d'autres modes d'expérience. Mais ceci est une autre histoire, trop longue pour être abordée ici.

Bibliographie

ANONYME, 1922 : fac-similé du codex F. 160 de la cathédrale Worcester, in *Paléographie musicale*, Tournai, Desclée, vol. XIII ; rééd., Berne, Lang, 1971.

COUSSEMAKER, E. de, 1867 : *Scriptorum de musica mediae aevi nove series II*, Paris, A. Durand-Pedone-Lauriel.

FERRETTI, P., 1934 : *Estetica gregoriana I*, Rome, Pontificio Istituto di Musica Sacra ; trad. fr., *Esthétique grégorienne*, Solesmes, Abbaye Saint-Pierre de Solesmes.

GEVAERT, F.-A., 1895 : *La Mélopée antique dans le chant de l'église latine*, Gand, Hoste Editeur ; rééd., Osnabrück, Zeller, 1967.

GUI D'EU, 1995 : *Regule de arte musica*, in *La Réforme cistercienne du plain-chant : étude d'un traité historique*, C. Maître (éd.), Brecht, Cîteaux, "Commentarii cistercenses".

GUIDO D'AREZZO, 1955 : *Micrologus*, in *Corpus Scriptorum de musica IV*, J. Smits Van Waesberghe (éd.), Rome, American Institute of Musicology.

HATTEN, R. S., 1994 : *Musical Meaning in Beethoven. Markedness, Correlation, and Interpretation*, Bloomington, Indiana University Press.

HERMELINK, S. : 1962 : *Dispositiones modorum : die Tonarten in der Musik Palestrinas und seiner Zeitgenossen*, Tutzing, Schneider.

HUGLO, M., 1980 : "Antiphon", "Antiphoner", in *The New Grove Dictionary of Music and Musicians*, S. Sadie (éd.), Londres, Macmillan, vol. I, p. 471-490.

JEAN D'AFFLIGHEM, 1950 : *De musica cum tonario*, in *Corpus Scriptorum de musica I*, J. Smith Van Waesberghe (éd.), Rome, American Institute of Musicology.

MAÎTRE, C. (éd.), 1998 : "Fac-similés de Paris, Bibliothèque nationale, MS nouvelles acquisitions latines 1411", in *Un antiphonaire cistercien pour le temporale : XIIe siècle*, Poitiers, Société générale-Ministère de la Culture.

PALESTRINA, G. P. da, 1939 : *Le Opere complete*, R. Casimiri (éd.), Rome, Scalera.

PATWARDHAN, V. N., 1960 : *Rag-vijnan III (6)*, Pune.

PATWARDHAN, V. N., 1961 : *Rag-vijnan II (7)*, Pune.

POWERS, H. S., 1981 : "Tonal Types and Modal Categories in Renaissance Polyphony", *Journal of the American Musicological Society*, vol. XXXIV, n° 3, p. 428-470.

THAKUR, O., 1954*a* : *Sangitanjali, IV.2*, Varanasi (Bénarès).

THAKUR, O., 1954*b* : *Sangitanjali, II*, Hathras, Sangeet Press.

WILLARD, N. Auguste, 1834 : "Treatise of the Music of Hindustan", repris in S. M. Tagore, *Hindu Music From Various Authors*, Calcutta, Babu Punchanum Mukerjea, 1875.

Francesco Giannattasio

DU PARLÉ AU CHANTÉ : TYPOLOGIE DES RELATIONS ENTRE LA MUSIQUE ET LE TEXTE

1. Musique *vs* procédés musicaux

L'ethnomusicologie a montré, sur la base de la vaste documentation qu'elle a réunie sur les différentes cultures du monde, que la musique, en tant que forme de représentation autonome et de production symbolique spécifique destinée surtout à l'écoute et à l'appréciation esthétique, ne constitue que la pointe visible de l'iceberg, cristallisée à la lumière du soleil, comparée à la part immergée, beaucoup plus vaste, d'une expressivité musicale qui plonge ses racines dans la faculté humaine de communiquer par l'intermédiaire des sons.

Pour employer une comparaison un peu risquée, on pourrait dire que la musique, en tant que forme autonome de représentation, dépend d'une dimension sonore plus générale, comme l'éternuement d'un acteur sur la scène ressortit aux nombreux et différents éternuements de ce même acteur hors du cadre de la fiction théâtrale. La distinction est claire : sur la scène, la manifestation retentissante d'un rhume naissant devra être chargée d'emphase, devenir un éternuement entre guillemets, en accord avec le caractère du personnage, de sorte que le public pense que c'est le personnage et non l'interprète qui a pris froid. Les expédients qui indiquent cette distance sont essentiellement d'ordre phonique : une autre intensité, la manière dont l'éternuement est plus ou moins vocalisé et timbré, un temps d'exécution différent, voire une diminution retardée du son, et ainsi de suite. Mais il peut arriver aussi que, durant les répétitions, l'acteur en question considère qu'il serait bon d'accentuer un éternuement spontané et hors scénario afin de signaler au directeur du théâtre qu'un courant d'air fâcheux traverse la scène en permanence. Ainsi, par différentes modalités de formalisation, le même événement assume – selon le contexte, les circonstances, les référents et les intentions – des fonctions de communication et des valeurs symboliques variées, à l'intérieur d'un *continuum* expressif qui va de la spontanéité du quotidien à la prédominance du message sur la réalité contingente qui est le propre de la représentation.

Ce qui est vrai d'un éternuement l'est plus encore de la voix, qui donne à l'homme "la possibilité d'articuler d'une manière audible sa volonté et ses sentiments" (Cardona, 1990, p. 345). Dans le parler de tous les jours, la voix exerce cette "faculté extraordinaire et unique" *(ibid.)* de plusieurs manières : elle indique par le timbre et les inflexions l'identité individuelle et les divergences ou affinités d'intention avec autrui ; elle amplifie ou réduit les distances spatiales et sociales à travers le volume et les intonations ; elle encourage ou sanctionne des actions par les différentes possibilités de la modulation sonore, du rendu de l'emphase, de la variation du tempo et du rythme d'élocution, de la corrélation entre les sons et les silences. Mais ces traits caractéristiques, timbre, intensité, tempo, rythme et profils d'intonation, qui constituent l'interface communicative et sociale du système de références de la langue et que les linguistes disent "suprasegmentaux" (ou "prosodiques", du grec προς + ᾠδή, "vers le chant"), acquièrent dans la parole chantée un relief autonome et deviennent les traits spécifiques d'une "codification musicale". De fait, lorsqu'on écoute un énoncé verbal, c'est précisément ses différents degrés de prégnance et de récurrence structurales qui permettent de percevoir cet énoncé comme parlé ou chanté. D'où il s'ensuit qu'il existe, entre le parler de tous les jours et le chant, plus qu'une contiguïté évidente : une étroite corrélation.

Il suffit d'analyser avec attention une formalisation chantée de la parole pour se rendre compte de ce qu'elle est non seulement le lieu d'expression maximale de tous les aspects de la "musicalité" potentielle du parler – profils d'intonation, emphases intensives, onomatopées, concordances phoniques et rythmiques, etc. – mais aussi le lieu où se constituera, concrètement, la "discursivité" du musical – phrases, périodes, structures syntaxiques (par exemple, du type antécédent/conséquent ou proposition/réponse), reprises, ponctuations phoniques telles que les respirations, les cadences, les pauses, etc. – sur laquelle est fondée aussi la musique dite "pure", ou musique instrumentale.

Dans les traditions orales de chaque société, la contiguïté du parlé au chanté se voit confirmée dans de nombreuses modalités de formalisation du discours, caractérisées par la prééminence emphatique d'un ou de plusieurs traits suprasegmentaux dans l'énoncé du message linguistique. Les slogans, proverbes, salutations, dictons, ordres et exhortations militaires, exorcismes, formules magiques, incantations, prières, discours rituels, comptines, avis de crieurs publics et de marchands ambulants – la liste pourrait continuer à l'infini – sont tous des événements dans lesquels la caractérisation phonique (en particulier rythmique et/ou intonative) assume, dans l'acte de communiquer, un rôle co-essentiel, voire prédominant sur les traits plus spécifiquement référentiels de l'énoncé verbal. Ainsi, ceux qui se souviennent des artisans ambulants qui passaient sous leurs fenêtres savent bien que le profil mélodique du cri d'appel du rémouleur suffisait à signaler son arrivée et à le distinguer du marchand de parapluies, du chiffonnier ou du rempailleur de chaises. Bien que l'on puisse situer ces différentes formes d'expression dans un espace intermédiaire idéal du parlé au chanté, il n'est pas facile d'établir dans quelle mesure leurs caractères sonores ont une fonction exclusivement "prosodique" (linguistique) et dans quelle mesure elles assument au contraire les caractères explicites d'une "codification musicale". Il est certain que toutes ne relèvent pas pleinement de la notion courante de musique, une notion qui, dans notre culture comme dans d'autres civilisations de l'écrit, est le résultat d'une spécialisation et d'un transfert de sens progressif – communs à toutes les activités considérées comme ressortissant à l'art – des formes et des procédés d'expression vers des finalités spécifiques d'esthétique et de représentation. (Sur le concept de musique, voir dans ce volume, les articles de Giannattasio, p. 399-427, Strohm, p. 428-454 et Goehr, p. 455-474.)

Cependant, l'existence de formes intermédiaires du parlé au chanté n'est pas réductible à une simple question de procédés formels ; de même, ces formes ne peuvent être interprétées en utilisant comme seul référent les seuils conventionnels que chaque culture, sur la base de ses catégories de pensée et de ses taxinomies, établit entre langage et musique. Un phénomène bien connu, la plainte funèbre rituelle, il y a peu encore très généralisée, y compris dans différentes traditions folkloriques européennes, montre avec clarté qu'il ne suffit pas de recourir à des catégories établies pour décrire et comprendre une formalisation chantée qui se prête mal à des divisions rigides comme il en existe entre langage, poésie et musique ou, sur d'autres plans, entre réalité, fiction et représentation scénique des émotions. Dans son travail sur les plaintes funèbres en Lucanie (*Morte e pianto rituale*, 1958), l'historien des religions Ernesto De Martino (avec l'ethnomusicologue Diego Carpitella) a défini dans ces plaintes une véritable "technique de l'affliction" : leur formalisation sonore – le recours à des profils d'intonation précis, à une scansion syllabique, à un ordre strophique, etc. – servirait à garantir un "discours protégé", autrement dit à contenir les pleurs et les plaintes, spontanés dans une large mesure, à l'intérieur de modules d'expression stéréotypés, contrôlables sur le plan de l'émotion par les individus et socialement compréhensibles et acceptables dans une ritualisation du deuil. Les plaintes funèbres, de même que les tentatives analogues de réordonner dans une forme chantée une pensée perturbée durant des états délirants de nature psychiatrique (Giannattasio, 1997), doivent être considérées comme le résultat d'une "fusion de toute la gamme des possibilités de stylisation vocale en vue d'une performance affective" (Feld et Fox, 1994, p. 41) ; elles trouvent donc difficilement leur place dans une définition conventionnelle de "chant", quand bien même les insérerait-on dans des schémas mélodiques et de versification précis.

Dans un cadre plus général de relations du parlé au chanté, le cas certainement le plus controversé est justement celui de la versification, c'est-à-dire de la formalisation "poétique". Comme l'ont mis en lumière des études récentes (voir, par exemple, Molino, 2002 ; Giannattasio, 2002 ; Banti et Giannattasio, 2003), cette formalisation peut être considérée, du fait de sa genèse et de ses développements, comme le *trait d'union* le plus important entre langage et musique. Ce n'est pas un hasard si, dans la tradition littéraire occidentale, la relation ambiguë entre parole et musique, signifié et son (Brogan, 1993*a*, p. 939-940), a été un leitmotiv des discussions théoriques et des différentes définitions de la poésie qui se sont succédé au cours des siècles, à partir de la Grèce antique. Nous n'en parcourrons pas toute l'histoire et nous nous limiterons à observer la présence de cette ambivalence dans deux des plus fameuses définitions de la poésie de la littérature européenne : celle de Dante (*De vulgari eloquentia*, vers 1304, lib. II, chap. IV), *"nihil aliud est quam fictio rhetorica musicaque posita"* ("ce n'est rien d'autre qu'une formulation rhétorique mise en musique"), dans laquelle la relation entre parole et musique est résolue par un lapidaire *que* ; et celle plus récente de Paul Valéry (1943, in 1960, p. 637), "hésitation prolongée entre le son et le sens", dans laquelle cette relation assume, en revanche, la forme d'un insoluble *aut... aut.*

Nous reviendrons plus en détail sur la nature musicale des formes poétiques mais une réflexion préliminaire sur la notion occidentale de poésie nous permettra d'expliciter les critères qui seront les nôtres dans les pages suivantes, où nous tenterons d'analyser les principales modalités de formalisation du parlé au chanté.

Ce n'est pas un hasard si l'on rencontre exactement les mêmes problèmes quand on entend donner une définition générale de la poésie et définir ce qu'est la musique (voir dans ce volume l'article de Giannattasio : "Le concept de musique dans une perspective anthropologique et ethnomusicologique", p. 399-427). Et il n'est pas non plus fortuit que cette difficulté soit apparue surtout, comme dans le cas des formes et des comportements musicaux, après que la recherche ethnographique eut montré : *a)* que les formes et les comportements "poétiques" ont une diffusion presque universelle ; *b)* que, dans la plupart des cultures traditionnelles (et non pas seulement dans les cultures à prédominance orale), la poésie se présente généralement sous forme de "vers chantés", ce qui rend difficile la distinction entre production "poétique" et "musicale" à l'intérieur d'un *continuum* expressif qui, surtout dans des contextes de rites, de cérémonies et de spectacles, comporte différents niveaux de formalisation mélodique et rythmique de la parole ; *c)* que de nombreuses cultures ne connaissent pas de termes spécifiques qui correspondent peu ou prou à notre notion moderne de poésie – une notion à la fois extrêmement sélective et extensive puisqu'elle va désormais, comme l'a observé Hymes (2001, p. 187), "bien au-delà du langage", au point de signifier un "plaisir esthétique dans presque toute sphère d'action".

On ne peut, en effet, comprendre l'extension sémantique actuelle du terme "poésie" sans se référer aux transformations intervenues dans la tradition littéraire et artistique de l'Occident. Bien de l'eau a coulé sous les ponts depuis que "les Grecs utilisaient un même terme, *mousikê*, pour désigner la danse, la musique, la poésie et l'éducation de base", dans la mesure où "*mousikê* était essentiellement une méthode «mnémotechnique», une modalité rythmique et mélodique permettant de préserver les savoirs de la culture" (Winn, 1993, p. 804). Déjà, dans la production littéraire écrite de la Grèce antique et dans les réflexions théoriques postérieures (l'on pense en particulier aux traités de la période hellénistique), cette césure irréparable entre poésie et musique s'était produite, transformant progressivement les caractères à l'origine oraux et auraux de la poésie (métrique, rythme, prosodie, assonances, parallélismes morphosyntaxiques, etc.) en simples marqueurs d'une "forme spéciale" de langage et en normes principalement graphiques. Suivant la même progression et des étapes d'évolution analogues, on a assisté aussi, au fil des siècles, à un transfert graduel de la signification du terme poésie qui, des caractères formels de la versification, est passée aux contenus et aux modalités particulières de la parole que les liens rigides du vers, justement, déterminaient à l'origine (lexique et construction rhétorique fortement évocateurs dans le son et dans les images, structures grammaticales et syntaxiques spécifiques, renvois métaphoriques, "rejets pindariques", etc.). S'il est vrai que, dans les traditions littéraires européennes, la musique et la poésie ont toujours entretenu une relation intime dans de nombreuses formes de poésie pour musique et de "musique pour poésie" (jusqu'à l'opéra et à la variété), il est vrai aussi que, des origines "musicales" de la poésie, il n'est resté au fil des siècles qu'un vague souvenir, moins appliqué qu'évoqué par certains termes du vocabulaire poétique : par exemple, *chant* (y compris dans le sens de "partie d'un poème"), *chantre*, *chanson* (du lat. *cantio*, "chant, exorcisme, enchantement", bien que le terme soit passé à la poésie par la *canso* des troubadours) ou *chant poétique* (en italien *carme*, du latin *carmen*, "son, chant, chanson, poésie, vaticiner, formule magique, enchanter, prière"), qui dérivent tous de l'étymon de *canere* ("moduler des sons, chanter, jouer de la musique, vaticiner, prophétiser, enseigner") ; ou bien du grec *lyrique* (λυρικός, "appartenant à la lyre"), *mélique* (de μέλος, "chant"), *ode* (ᾠδή, "chant") et *prosodie* (πρός + ᾠδή, d'où dérive d'une manière significative le calque latin *accent (ad + cantus)*.

Dans les dictionnaires occidentaux d'aujourd'hui, la plupart des définitions de *poésie* commencent par des formulations du genre : "art verbal de s'exprimer en forme métrique (ou rythmique, ou en vers) [...]" et, à vrai dire, cette acception ne diffère pas beaucoup de celles que l'on trouve dans maints dictionnaires non occidentaux (Banti et Giannattasio, 2003, p. 292-293). Néanmoins, les premiers complètent leurs définitions en spécifiant les finalités de la poésie, par exemple "[...] qui a pour objet la création d'un plaisir intellectuel au moyen d'un langage d'une grande puissance évocatrice et passionné" ("Poetry", in Thatcher, 1965, p. 40) et, en outre, proposent au moins deux autres définitions, généralement du type : 2. Manière ou œuvre du poète (ou d'une école poétique) ; 3. Dans un sens plus large, élan spirituel qui peut être exprimé dans toute œuvre d'art (voir, par exemple, le *Vocabolario della lingua italiana Zingarelli* ou *Le Petit Robert*).

Il est évident que ces définitions, de même que celles qui sont couramment données de la musique, tentent d'associer deux niveaux de signification différents : le premier renvoie aux procédés spécifiques de la formalisation (le vers, la rime, le rythme, la métrique, etc.) ; le second, plus restreint, est fondé essentiellement sur la capacité des spécialistes attitrés (les poètes) à évoquer une expérience esthétique qui, bien que particulière, est pour une bonne part généralisable à d'autres formes d'art (la poésie des images, la poésie du geste, et ainsi de suite). Par ailleurs, une définition qui se limiterait aux seuls aspects formels échouerait à rendre la densité de la notion occidentale de poésie : en premier lieu parce que les procédés de versification ne caractérisent pas seulement la poésie proprement dite, mais se retrouvent aussi dans les proverbes et les jeux d'enfant, dans les slogans et les jingles publicitaires, et bien évidemment dans les formes les plus différentes de chant, savantes ou populaires ; en second lieu parce que cette définition exclurait les différentes formes de "vers libre" caractérisées par un abandon intentionnel de la rime et de la métrique, lesquelles ont été, à partir de la seconde moitié du XIXe siècle, largement employées dans la production poétique occidentale ; enfin parce que cette définition ne ferait pas apparaître la prédominance des contenus sur les moyens d'expression, qui est le propre de la notion courante de poésie.

Il ne fait aucun doute que c'est surtout le deuxième niveau, celui des finalités et des valeurs, qui qualifie l'idée de poésie *stricto sensu* que notre culture s'est construite dans le temps sur la base de choix particuliers de genres, de contenus, de modalités de production, de fonctions, d'occasions, etc. Mais il faut souligner que, dans de nombreuses cultures traditionnelles, on n'observe pas de dichotomie entre procédés poétiques et poésie dans le sens étroit du terme, là où dans d'autres cultures cette dichotomie sera en revanche très marquée, quoique fondée sur des critères distinctifs en partie ou totalement différents de ceux de la littérature occidentale (Banti et Giannattasio, 2003, p. 294-295). Il devient donc nécessaire de distinguer les deux niveaux quand on entend aborder, dans une perspective comparative et interculturelle, la question du vers poétique. De fait, si l'on peut aisément, sur le plan des procédés formels, opérer des rapprochements et tenter des généralisations, il faut, en revanche, sur le plan des valeurs, vérifier, cas par cas, les fondements historiques et culturels d'éventuelles notions locales de "poésie".

Quand le musicologue allemand Carl Dahlhaus considère qu'il serait "désastreux" d'étendre le concept européen de musique à la "production musicale de certaines cultures extra-européennes" (Dahlhaus et Eggebrecht, 1985, p. 12), il montre d'une manière magistrale qu'une semblable distinction/confusion entre le plan des procédés et celui des valeurs est largement présente aussi dans la notion occidentale de musique. Et, en raison précisément de ce que nous disions plus haut sur les différentes "productions poétiques", Dahlhaus a probablement raison d'inviter à la prudence dans l'utilisation des termes, à la condition de ne pas prétendre ensuite que la notion européenne de musique serait la seule qui soit digne de considération et de "prestige". Mais la communauté de destin des notions occidentales de musique et de poésie atteste que la question est plus complexe qu'il n'y paraît, et qu'elle a quelque chose à voir avec un problème aujourd'hui encore non résolu : celui du sens profond et caché dans un usage expressif et communicatif de certaines structures de son, comme les structures rythmiques et mélodiques. Il semble que la linguistique, de son côté, accuse un semblable retard dans la manière d'affronter cette question d'une façon appropriée et, aujourd'hui, les études sont bien peu nombreuses, hormis celles, extrêmement originales et suggestives, d'Ivan Fónagy (voir, en particulier Fónagy, 1983), qui ont proposé une approche théorique convaincante des caractères prosodiques dans le cadre d'une sémantique "des émotions", ou "affective" (Molino, 2002, p. 19 et 22).

Dans cette direction, l'optique musicologique ouvre une perspective d'enquête parmi d'autres, linguistique, neuroscientifique, psychologique, cognitive, etc. Grâce à sa vaste documentation sonore et à ses compétences spécialisées portant sur les timbres, les tempos, les rythmes et les mélodies des structures musicales, la musicologie est en mesure de fournir non seulement des indications plus fiables sur les relations avérées entre langage et musique mais aussi d'utiles points de départ pour aborder, en termes plus généraux, l'étude des procédés sonores de la communication. Ainsi, une étude menée dans le cadre d'une musicologie générale pourrait contribuer à résoudre une question qui ne l'est encore que partiellement : celle de la genèse historique et de la nature effective d'une distinction entre communication linguistique et expressivité musicale. Signalons que c'est dans cette direction que se développe depuis quelques années, même si les résultats en sont encore largement spéculatifs, ce que l'on appelle l'*"evolutionary biomusicology"* (Wallin, Merker et Brown, 2000), qui associe musicologues, biologistes, linguistes et neuroscientifiques dans une double tentative : d'une part, définir les protoformes communes à la musique et au langage entre les anthropoïdes et les premiers hommes et, de l'autre, comprendre comment les capacités cognitives plus spécifiquement musicales ont ensuite évolué dans notre espèce.

Mais à cette fin, et pour les raisons exposées ici, une enquête musicologique sur les modes de formalisation du parlé au chanté demande à être menée avec une méthodologie d'approche extrêmement prudente. Il faut, en particulier :

– écarter temporairement toute définition ou idée préconçue, occidentale ou non occidentale, de la musique, du chant et de la poésie, ainsi que toute distinction subtile entre procédés prosodiques de la langue et procédés musicaux ;

– considérer dans son ensemble le vaste champ de communication confié à la voix humaine, en imaginant que les divers niveaux de formalisation par la parole, de celle qui est dite à celle qui est chantée, sont situés dans un *continuum* idéal dont on supposera qu'il ne prévoit pas de seuils fixes et définis d'une manière rigide entre langage et musique ;

– soumettre les différentes modalités d'expression vocale – dans les formes et les genres qui les matérialisent dans les diverses cultures – à une "analyse paramétrique" (Molino, 2002, p. 21), sur la base de traits constitutifs communs (de tempo, d'accent, d'intonation, de timbre, etc.), qui dégagera, aux niveaux formels et fonctionnels, des caractéristiques et des valeurs symboliques communes.

Et c'est précisément sur la base de ces critères que nous examinerons, dans les pages suivantes, la question des formes intermédiaires du parlé au chanté, conscient de ce que séparer artificiellement les procédés musicaux d'une notion plus générale de musique est non seulement contraire aux habitudes mais peut se révéler d'une certaine manière limitatif. Par ailleurs, l'entreprise ne peut pas ne pas avoir le caractère expérimental d'une proposition et ne pas aboutir à des résultats provisoires, largement perfectibles.

2. Existe-t-il une progression du parlé au chanté ?

Si l'on postule un *continuum* expressif du parlé au chanté, le premier problème qui se pose est de savoir si ce *continuum* se prête à une segmentation ordonnée selon une progression allant des formes et des procédés les plus proches du langage vers les formes et les procédés les plus proches du chant (et vice versa) ou si, justement, il peut mener à une phylogenèse des différentes modalités de formalisation sonore. Il faut, dès à présent, écarter d'éventuelles équivoques : ces possibilités ne sont pas données d'emblée, même si des péripéties historiques et culturelles peuvent, dans certains cas, suggérer le contraire.

A ce propos, rappelons l'hypothèse intéressante en son temps de Curt Sachs (1961, in 1965, p. 49-78) sur l'évolution de toutes les structures et formes mélodiques à partir de deux modèles "primitifs" : les mélodies "en pic", "pathogéniques", et les mélodies "horizontales", originairement "à intervalle unique". Sachs écrit : "Les deux types se développent sur un parcours qui va d'un opposé à l'autre : les mélodies en pic passent des gémissements naturels, spontanés, aux stylisations domestiquées ; les mélodies horizontales s'adaptent à l'inflexion correcte, à la métrique et à la signification des paroles qui les accompagnent, devenant ainsi des mélodies parlées réalistes, autrement dit des imitations." (*Ibid*., in 1965, p. 73.)

Envisageant ensuite, pour les mélodies "horizontales", un *iter* d'évolution fondé sur une progression par schèmes à un, à deux, à trois intervalles, et ainsi de suite, Sachs ne paraît pas du tout certain de l'universalité inexorable de ce parcours, quand il insiste sur le fait que "la seule affirmation que l'on puisse *oser avancer* est que les formations d'une seule note, comme celles de deux notes, appartiennent aux époques les plus reculées de l'humanité" (*ibid*., p. 72 ; c'est nous qui soulignons). De fait, les dynamiques et les processus culturels sont beaucoup plus complexes, hétérogènes et imprévisibles que ne l'ont donné à penser toutes les reconstructions linéaires des ethnographes évolutionnistes du début du XXe siècle. En ce sens, une grande partie des reconstructions phylogénétiques des comparatistes musicaux de l'école de Berlin ne peut être considérée comme fiable dans une perspective largement interculturelle, bien que l'idée de Sachs d'une double genèse, émotionnelle et verbale, de la formalisation mélodique, ne semble pas dénuée de fondement et, même, nous le verrons, suggère un excellent terrain de réflexion et d'investigation.

Un facteur, surtout, interdit de définir une progression, ou un ordre quelconque de succession, dans l'application à la parole des divers procédés de formalisation sonore – mélodique, rythmique, de timbre et d'intensité : dans les différentes cultures du monde, ces procédés, qu'ils soient isolés ou combinés entre eux, donnent lieu à une énorme variété de formes et de modalités expressives qui, toutes, ont des fonctions et des règles d'utilisation différentes, liées à un contexte linguistique et social spécifique. Par conséquent, quand on se réfère par convention à un *continuum* idéal du parlé au chanté, on doit imaginer ce dernier comme un champ fluide et indéfini, animé par de nombreux types, modes et formes d'expression qui, bien que présentant un "air de famille", ne partagent que quelques-uns des traits et des propriétés dont l'ensemble détermine le *continuum*. Entre la récitation monotonique et atemporelle d'une prière et l'emphase fiévreuse, dans le rythme et l'intonation, d'un slogan scandé sur un stade de football, il existe peu de traits communs, et une quelconque relation phylogénétique est impensable. Et pourtant, ces deux modalités peuvent être légitimement situées dans une zone intermédiaire du parlé au chanté. Cette dernière présente donc toutes les caractéristiques d'une classe "polytypique" (ou "polythétique" [Needham, 1975]), dans laquelle des agrégats ne se prêtent pas à une classification linéaire par différences et divisions dichotomiques, à l'image de celle, traditionnelle, qui est utilisée pour les objets naturels (espèces biologiques et objets inanimés) ; à la limite, il faudrait recourir à une classification "en archipel", fondée sur les différentes superpositions possibles de traits et de procédés communs et sur leur "distance" majeure ou mineure par rapport à des catégories surordonnées, choisies comme modèles de référence conventionnels, comme prototypes (ou, si l'on préfère, comme îles majeures de l'archipel) (Molino, 1996).

Explorant le *continuum* du parlé au chanté, il faut donc se contenter d'apprécier les différentes modalités d'expression sur la base des procédés qui leur donnent une forme et un sens spécifiques, sans prétendre définir quelque type d'ordre que ce soit. Ce qui n'exclut pas, naturellement, de s'interroger sur leur genèse ou de constater l'existence de modalités de formalisation sonore plus ou moins complexes et articulées.

Si, aujourd'hui, une exploration de ce genre est possible, et peut-être opportune, nous le devons principalement à la très vaste documentation que l'ethnomusicologie a réunie sur les différentes pratiques vocales ; de tout temps, en effet, cette dernière a élargi le champ de sa recherche bien au-delà d'une dimension explicitement musicale. On a ainsi collecté et analysé non seulement des chants, des danses et des musiques instrumentales, mais aussi des cris de guerre, des formules de salutation, des slogans et toute autre forme de "sonorisation" de la parole, y compris les "langages sifflés et tambourinés" qui constituent en réalité un objet d'étude strictement linguistique, du fait de leur caractère de substitut sonore des traits verbaux des différentes langues "à tons" (voir, à ce sujet, Sebeok et Umiker-Sebeok, 1976).

Mais dès les années 1930 et les enquêtes menées par George Herzog (1934 et 1936) sur les idiomes musicaux des différentes sociétés indigènes nord-américaines, l'ethnomusicologie s'est intéressée aussi, d'une manière spécifique, aux relations entre musique et langage et aux multiples niveaux de formalisation phonique et rythmique de la parole, dans les différentes cultures ; il suffit de penser, par exemple, aux études systématiques de Constantin Brăiloiu sur le "*giusto* syllabique" (1948), sur le vers populaire chanté roumain (1954) ou sur la "rythmique enfantine" (1956).

Dans ce champ d'études, la question des "frontières du parlé au chanté" aussi est apparue avec clarté, grâce surtout à l'ethnomusicologue George List. Abordant cette question du point de vue des zones concernées (1961), puis d'une manière systématique et interculturelle (1963), List a proposé une typologie des parcours qui mèneraient à la parole chantée. Selon lui (1963), il existe deux itinéraires possibles d'extension phonique du parlé : le premier réside dans la négation, ou le nivellement, de l'intonation jusqu'à un profil complètement plat (monotonique) ; le second procède, en revanche, par une emphase croissante du profil d'intonation, dont l'extrême, selon List, est bien représenté par la *Sprechstimme*, une expression employée par Arnold Schoenberg quand il a théorisé et utilisé la "voix parlante" (ou *Sprechgesang*, "parlé-chanté") pour son *Pierrot lunaire* (1912). De cette dernière au chant proprement dit, l'étape suivante s'effectue à travers une stabilisation des hauteurs, tandis qu'à partir du ton unique une évolution analogue se produit par l'addition progressive de tons auxiliaires jusqu'à la définition d'une structure scalaire effective. List illustre avec efficacité ces deux itinéraires dans un diagramme conçu comme une carte géographique traversée par une sorte d'équateur qui marque la frontière ou, mieux, le plus grand degré d'équidistance entre les pôles extrêmes du parlé et du chanté ; dans les deux hémisphères, il situe quatre modalités de formalisation différentes – récitation accordée (dans l'original : *intonational*), récitation, cantillation accordée *(intonational)*, cantillation – adoptées comme points de référence (voir l'exemple 1).

Exemple 1

Le diagramme de List (1963, p. 9)

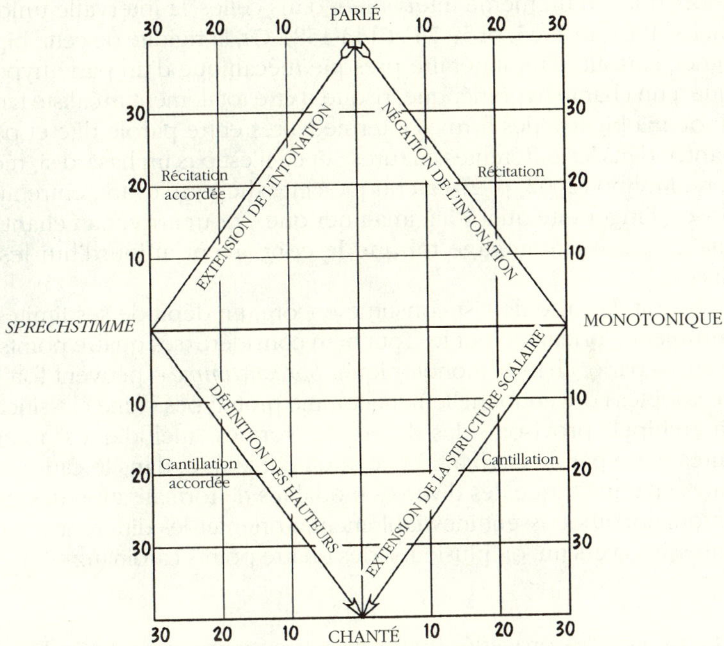

Deux aspects sautent aux yeux lorsqu'on observe ce diagramme. Le premier est certainement que List ne prend pas en compte, dans un processus de transition de la parole vers le chant, la formalisation rythmique et, plus généralement, la question des durées vocaliques. Il justifie ce choix par l'impossibilité de trouver une quelconque régularité dans la manière dont les différentes cultures alternent, dans le chant, les durées vocaliques de leurs langues respectives. Cette raison, toutefois, paraît peu convaincante, surtout si l'on considère que presque toutes les cultures ont élaboré des modalités de formalisation "poétique" spécifiques, qui régissent nécessairement, à différents niveaux, la récurrence des traits phonologiques de durée de la parole et ce, en particulier, quand cette dernière se présente sous une forme chantée. Le deuxième aspect est que List, en avançant l'hypothèse d'un double parcours qui mène du parlé au chanté, semble reprendre pleinement la dichotomie de Sachs entre genèse émotionnelle et verbale de la mélodie et des structures scalaires (ces dernières étant générées, selon Sachs, par une "consolidation intérieure" des hauteurs dans les mélodies "en pic" et par une extension – préfixes, suffixes, enchaînement en séries, jonctions ou disjonctions, d'un même intervalle – dans celles "à intervalle unique") (Sachs, 1961, in 1965, p. 59-75 et 143-158). Or, la rigidité de cette bipartition et, surtout, d'un itinéraire presque mécanique d'un parlé hypothétique à un chanté hypothétique, risque d'être totalement irréaliste face au panorama bigarré des formes intermédiaires entre parole dite et parole chantée dans les différentes cultures ; et ce n'est pas un hasard si, récemment, Molino (2002, p. 20) a critiqué cette thèse, relevant, entre autres choses, l'ingénuité qu'il y a à imaginer que, "pour arriver au chant", on puisse "partir du langage tel que le conçoivent aujourd'hui les linguistes".

Cela dit, la carte de List constitue encore, en dépit de ses limites, un instrument d'orientation utile. Tout bien considéré, ses quatre points cardinaux – parlé, chanté, monotonique, *Sprechstimme* – peuvent fort bien être adoptés conventionnellement comme prototypes d'une classification "en archipel" provisoire des différentes formes "mélodiques" intermédiaires entre parole et chant. Et ce aussi parce que, dans le cadre d'une analyse paramétrique, les diverses modalités de formalisation des profils d'intonation aboutissent inévitablement à orienter les différentes formes expressives vers un, ou plusieurs, des quatre points cardinaux.

3. Typologie des procédés de formalisation expressive du parlé

Malgré l'extrême diversité des formes que l'on peut situer dans un *continuum* du parlé au chanté, il est possible de ramener les procédés d'altération phonique de la parole, visant une formalisation expressive particulière de cette dernière, à trois typologies fondamentales :

1. *altération intentionnelle et/ou conventionnelle du registre vocal* (ambitus, timbre et intensité) ;

2. *altération du profil d'intonation* pouvant être effectuée selon deux modalités opposées entre elles : *a)* un nivellement qui peut aboutir à l'élimination totale de toute articulation prosodique au point d'aplatir l'énonciation verbale sur un seul ton *(recto tono)* ; *b)* une amplification de l'emphase jusqu'au seuil extrême du *Sprechgesang*, au-delà duquel l'articulation mélodique est exprimée par les degrés, définis et stables, d'une échelle musicale ;

3. *segmentation rythmique des énoncés* sur la base d'une équivalence entre les unités syllabiques ou les durées vocaliques, les accents et/ou les différentes unités de texte ou de sons qu'il est possible de

répéter (rimes, assonances, allitérations, etc.) ; cette segmentation confère au temps d'élocution une dimension cyclique, souvent liée à une unité périodique de référence métrique (pulsation).

(Dans la suite de cet exposé, nous renverrons à la classification – 1, 2*a*, 2*b* et 3 – de cette typologie.)

Dans les différentes cultures du monde, toutes les formes et tous les genres vocaux que l'on situe idéalement du parlé au chanté résultent de l'action, séparée ou combinée de différentes manières, de ces trois types de procédés. Un exemple particulièrement significatif nous est donné par le *haka* des Maoris, que chacun connaît à présent puisqu'il est exécuté par les joueurs de rugby de l'équipe nationale néo-zélandaise avant chaque match. Le *haka* est en fait une ancienne danse de postures, que les Maoris d'autrefois utilisaient pour effrayer leurs ennemis et se donner du courage avant le combat ; elle est accompagnée par un chœur qui énonce de longues suites de slogans (et ce n'est pas un hasard si le terme "slogan" dérive du gaélique *sluagh-ghairm*, "cri de guerre"), caractérisée par une emphase extrême *(Sprechgesang)* du profil intonatif du parlé (2*b*), et par une organisation métrique et rythmique précise (3), et généralement scandée par des battements de mains et le martèlement des pieds frappant le sol. Dans nos armées, les ordres militaires aussi sont caractérisés par une formulation sonore qui résulte de la combinaison de plusieurs procédés : les énoncés y sont segmentés ("ā-ttention, re-pos, en avant-marche") dans une dimension temporelle précise (3) ; celle-ci acquiert quelquefois une rythmicité régulière, comme dans le cas flagrant de l'ordre "ún-deux", qui marque et synchronise la marche de la troupe ; conjointement, on trouve aussi une amplification de l'emphase du profil mélodique (2), habituellement sur un ample intervalle unique, ascendant ou descendant – ā-ttention (_¯), re-pos (¯_) –, liée à une amplification de l'emphase des registres vocaux (1), correspondant à l'intensité (¯ plus fort ; _ plus doux) et au timbre. En revanche, c'est parmi les formalisations caractérisées par un type dominant de procédé que l'on situera le rap de la microculture hip-hop contemporaine. Bien que considéré généralement comme un genre de chant, le rap est surtout défini par une segmentation rythmique des énoncés (3), renforcée par des figures (tercets, quatrains, formules rythmiques), des accents, des assonances, etc., et à laquelle une rapidité élevée du temps d'élocution confère un relief majeur ; même s'il est vrai que la rythmicité accentuée des énoncés mène aussi, très souvent, à une amplification de l'emphase du profil intonatif, parfaitement compatible avec une éventuelle réalisation mélodique de type musical (comme dans le *pop-rap*, par exemple, ou dans le *ragamuffin* et autres styles dérivés du rap).

3.1. *L'altération du registre vocal (type 1)*
Parmi ces trois types de formalisation, celui qui implique une altération du registre vocal compte une très vaste variété d'usages : des différents répertoires stylistiques du parlé aux différentes formes de déclamation et de récitation, en passant par les récitatifs du bel canto. En ce sens, on peut dire qu'il n'existe pas de modalités phoniques de la parole qui ne présentent ce procédé de formalisation, avec ses fonctionnalités spécifiques. Mais, en réalité, la distinction entre modalités "intentionnelles" et "conventionnelles" aussi est extrêmement générique puisqu'elle dépend, dans une large mesure, des circonstances particulières de la performance vocale et du rôle tenu par les différents "parlants". Nous n'évoquons ici cette distinction que pour rappeler qu'une altération du registre vocal peut être : *a)* le produit d'un choix – nous pensons par exemple à la tendance qu'ont certaines personnes à modifier l'intensité, le timbre et, souvent, l'ambitus de leur voix, quand elles parlent au téléphone) ; *b)* le fruit de conventions sociales plus ou moins codifiées, tels les répertoires stylistiques du parlé que l'on rencontre, dans une mesure plus ou moins grande en fonction du niveau de stratification sociale, dans toutes les cultures : des plus compréhensibles, comme baisser le niveau d'intensité et la hauteur de la voix quand on s'adresse à une personne d'un statut plus élevé, à ceux dont la fonction précise est plus difficile à déterminer, sinon en termes de stéréotype culturel distinctif, comme pour la voix nasalisée des prêtres, par exemple ; *c)* enfin, le résultat de techniques expressives particulières, propres à une profession, comme dans le cas de la diction théâtrale ou de la pose de la voix chez les chanteurs. Et c'est précisément parce que cet éventail d'usages et de fonctions est très large qu'étudier ce procédé en l'isolant des procédés intonatifs et rythmiques comporte tant de difficultés, en plus de présenter un risque d'éparpillement.

3.2. *Le nivellement du profil intonatif (type 2*a*)*
Dans notre culture, le nivellement de la prosodie du parlé sur un profil essentiellement plat revient, en tant qu'"intonation récitative neutre" (Stefani, 1976, p. 11), en maintes occasions : dans certaines formes de lecture solitaire à voix haute ou d'énonciation publique de mesures et de verdicts, dans la récitation inexpressive et aplatie sur la rythmique du vers des poésies apprises par cœur par les enfants, dans les annonces des centraux de radio-taxi ou dans celles que les supermarchés diffusent par haut-parleurs, etc. ; par ailleurs, le sens commun identifie ce nivellement à des termes qui en soulignent la monotonie : rengaine, mélopée (en italien, *nenia*), litanie, cantilène. Hormis le premier, purement onomatopéique, les autres ont des origines antiques : *nenia* reprend le latin

nenia (plainte funèbre, formule magique, incantation, chant enfantin) et dérive probablement du grec νηνίατον (type de cantilène, sorte de chant phrygien) ; *litanie* est un terme déjà présent dans le latin tardif (*litania*, prière), en tant qu'emprunt ecclésiastique au grec λιτανεία (prière, supplique) ; *cantilène* reprend le terme latin *cantilena* (chant frêle, simple et monotone, une presque incantation et, par extension, ensemble instrumental correspondant), déverbatif désignant l'acte du *cantilare* (*cantil-ela > cantil-ena*, voir Leumann, 1926-1928, in 1977, p. 312 et 323), "entonner", "chantonner", d'où dérive aussi le terme cantillation employé actuellement en musicologie. Tous ces termes renvoient d'une manière ou d'une autre à des formalisations de la parole dans un cadre rituel et liturgique, si l'on considère que *cantilena* a été autrefois adopté pour désigner, en tant que *cantilena romana* (par exemple, Paolo Diacono, VIIe siècle), le chant liturgique, dit ensuite "chant grégorien", de l'Eglise de Rome (Sesini, 1942, en particulier p. 9). Et c'est aussi cantillation, auquel correspond l'anglais *chant*, bien que ce dernier désigne "davantage un mode d'exécution vocale situé approximativement du parlé au chanté qu'une forme définie" (Welsh, 1993, p. 182), que l'on adopte principalement comme "désignation générique pour un corpus de musiques religieuses traditionnelles, comme la *cantillation hindoue, la cantillation hébraïque, la cantillation byzantine, la cantillation russe*, etc." (Apel, 1958, p. 3-4.)

Dans la plupart des cultures, en effet, un développement monotonique, bien que présent dans d'autres genres et répertoires (les comptines et contes pour enfant, par exemple), est généralement lié aux impératifs de transcendance de la parole, qui sont le propre des formules magiques ou de dévotion (tels les mantras de l'hindouisme et du bouddhisme populaire) et, plus généralement, de la prière. C'est ainsi qu'on le retrouve dans les liturgies juive, chrétienne et musulmane, où il semble que l'aplatissement du profil intonatif libère d'une certaine manière la prière et le discours religieux des traits émotionnels et référentiels contingents, leur conférant un statisme solennel. Dans les traditions juive et chrétienne, il est certain que la jonction entre la parole du rite et un signifiant sonore fondé sur une corde récitative à hauteur constante, auquel on associe en général une intensité et un timbre fondamentalement uniformes, a aussi pour fonction de "mettre en lumière la structure d'un texte" (Seroussi, 2002, p. 152) et d'"obtenir une prononciation distincte et clairement audible des paroles" (Apel, 1958, p. 203) ; mais il est tout aussi certain qu'il s'agit de "donner du relief au contexte liturgique" et de "véhiculer les émotions" (Seroussi, 2002, p. 152) ou, comme l'observe Sesini à propos du chant grégorien, d'élever celles-ci "par des moyens matériels minimum" (1942, p. 13) "dans une sphère supérieure, libre de toute passion ou sentimentalité courantes, de toute sensualité" (p. 14).

Dans l'histoire des religions monothéistes, la pratique de la cantillation a des origines lointaines. Il est impossible de remonter aux sources de la liturgie juive qui, au cours des millénaires, a connu, entre autres, de nombreuses transformations dans ses différentes traditions occidentales et orientales. Cependant, il semble que la pratique de la cantillation biblique remonte au moins à la période qui suit immédiatement l'exil de Babylone (VIe siècle avant J.-C.) (Fubini, 2002, p. 143). Elle serait donc antérieure de plusieurs siècles au décret du Talmud stipulant que la Bible doit être lue, et rendue compréhensible "dans un ton doux et musical". Il est certain, en revanche, que le rite chrétien et sa cantillation s'enracinent dans la liturgie juive et, comme l'observe Apel (1958, p. 87), "une analyse historique [...] montre clairement que presque toutes les cantillations du répertoire du grégorien ont un arrière-plan psalmodique".

Hormis les moments de la liturgie qui prévoient une récitation *recto tono*, autrement dit sur une seule hauteur non modifiable, le niveau le plus élémentaire de la cantillation grégorienne est représenté par les formules mélodiques utilisées pour l'énonciation des lectures et des prières faisant partie de la messe et de l'office. Même le moderne *Liber usualis* prescrit des "tons" spécifiques pour les prières et les lectures (tirées des Prophètes, des Epîtres ou des Evangiles) qui sont partie intégrante de la messe. L'exécution de ces tons consiste essentiellement en une récitation sur une hauteur déterminée, dite *tenor*, accompagnée de modulations descendantes (ou descendantes-ascendantes), auxquelles correspondent différents signes de ponctuation indiqués dans le texte. Les ponctuations mélodiques (dites *positurae* ou *pausationes*) sont, essentiellement, au nombre de quatre : la *flexa*, le *metrum*, l'*interrogatio* et le *punctum*. Selon Apel, "la *flexa* implique normalement un simple mouvement descendant vers la note inférieure, du type *la-sol*, et correspond en principe à une virgule du texte. Le *metrum* implique un mouvement descendant-ascendant, du type *la-sol-sol-la* ou *la-sol-fa-la*, et son utilisation coïncide généralement avec le deux-points. Les phrases interrogatives requièrent en général une récitation sur la note inférieure à celle du *tenor* et une remontée au *tenor*, par exemple : *sol... sol-la*, ou *sol... sol-fa-sol-la*. Le point implique une descente conclusive sur une hauteur inférieure, par exemple d'un *tenor* en *la* au *sol* [...]. De nombreux tons de lecture prévoient aussi une formule légèrement plus étendue pour la conclusion, autrement dit pour les dernières paroles du texte." (1958, p. 202.)

Un court exemple éclairera ce qui se passe en pratique :

Exemple 2

Fragment d'un ton de lecture de l'Evangile (voir Liber usualis, *1960, p. 108 et Apel, 1958, p. 205), illustrant la manière dont certaines formes de ponctuation sont appliquées au texte verbal*

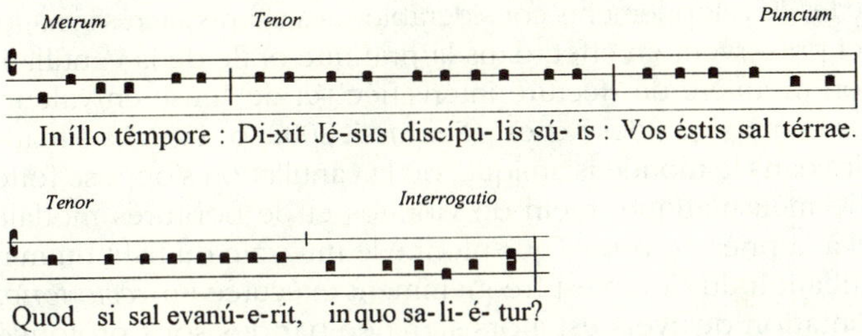

D'autres tons liturgiques fonctionnent à peu près de la même manière, tels ceux destinés aux absolutions et aux bénédictions. La récitation des Psaumes est fondée sur des principes analogues, même si l'on y introduit d'autres formules (comme la clausule initiale de l'*intonatio*, la clausule conclusive de la *terminatio* et, surtout, la *mediatio*, une formule qui remplace le *metrum* et prévoit une montée par la corde récitative) et des règles structurelles plus complexes, comme la référence au système des huit modes ecclésiastiques et une bipartition symétrique *(parallelismus membrorum)* du verset psalmodique selon un profil en arc qui détermine, par la médiane au centre, une séparation entre un "antécédent" ascendant (πρότασις, proposition) et un "conséquent" descendant (ἀπόδοσις, réponse).

Toute histoire de la musique occidentale partant du chant grégorien, chacun sait que ce dernier a connu bien d'autres développements mélodiques plus complexes que la simple cantillation syllabique des prières, des *lectiones* et des Psaumes : du style neumatique (deux, trois ou quatre notes pour une grande partie des syllabes) du *Sanctus*, de l'*Agnus Dei*, des introïts et de nombreux antiphonaires, au style mélismatique (jusqu'à vingt notes par syllabe, voire davantage) des *Kyrie*, des offertoires, des alléluias, etc. Mais ce qu'il importe ici d'observer, c'est que le nivellement de la parole sur une corde récitative et la ponctuation phonique au moyen de simples variations de hauteur modelées sur le texte verbal constituent aussi le préambule logique des développements les plus articulés du grégorien. Il suffit de penser, par exemple, à la structure ascendante de l'*interrogatio*, qui trouve sa raison d'être, comme d'ailleurs toutes les autres formules, dans la prosodie de la langue et, dans une large mesure, dans la prosodie de l'*Ars rhetorica* latin (de Cicéron à Quintilien). Tout le reste n'est qu'"ornements" (et ce terme du lexique musical est particulièrement significatif), peu à peu ajoutés et constamment élaborés à des fins purement intensives et ornementales, au point de devenir des éléments structuraux de la tessiture musicale.

Cela vaut aussi pour la "signification sonore" de la liturgie juive. Malgré les développements considérables des chants sacrés synagogaux, ceux-ci préservent en effet, dans la pratique orale de la cantillation, la fonction première de "lecture intensifiée" et de "mise en valeur de la structure syntaxique des textes" (Seroussi, 2002, p. 153). La situation est similaire dans le monde islamique, où la cantillation s'oppose fortement au style mélismatique, plein de vibratos et de fioritures modales, de l'appel à la prière *(adhan)* qu'entonne le muezzin du haut du minaret : la cantillation du Coran est fréquemment exécutée en *recto tono*, et la segmentation des vers est alors signalée par des sons prolongés ou, quelquefois, par des ponctuations criées (Léothaud, Lortat-Jacob et Zemp, 1996, CD 1, plage 17).

Ces exemples montrent que le nivellement de la prosodie du parlé sur un profil monotonique n'est pas du tout, comme on pourrait le croire, un procédé qui éloigne d'une perspective mélodique de type musical. En fait, le nivellement de la récitation sur une hauteur constante pose les bases d'une intonation stable des sons de la parole et, donc, de l'affirmation de points de référence tonaux sans lesquels les échelles musicales elles-mêmes ne pourraient exister. Mais, bien que ce procédé soit vérifiable dans de nombreuses et différentes cultures du monde, il ne faut pas en conclure que l'affirmation d'une sensibilité tonale a nécessairement pour point de départ un nivellement des profils prosodiques de la parole. Pour se rendre compte de l'impossibilité qu'il y a à généraliser cette hypothèse, il suffit de penser aux langues à tons, comme le chinois ou certaines langues bantoues, dans lesquelles une récitation *recto tono* rendrait totalement incompréhensible la signification du texte verbal ; ou encore, aux Kaluli de Nouvelle-Guinée, étudiés par Steven Feld (1982), qui semblent avoir trouvé dans les chants des oiseaux de leur forêt pluviale l'inspiration de leurs mélodies et de leurs échelles.

3.3 *L'amplification de l'emphase du profil intonatif (type 2* b*)*

Le procédé fondé sur l'amplification de l'emphase des profils intonatifs du parlé est une question plus élaborée à cause de l'ample variété de modes d'expression auxquels ce procédé donne lieu. L'éventail va en effet de la récitation comme pure "messe entre guillemets", aux plans du timbre et de l'intonation, de registres et de niveaux de l'élocution quotidienne, jusqu'aux formes extrêmes de parlé-chanté, comme celle du *haka* maori. Bien que l'ethonomusicologie ait emprunté à Schoenberg le terme *Sprechgesang* pour décrire ces formes extrêmes, celles-ci montrent clairement que, dans le concret de la communication, le parcours suivi est à l'opposé de celui que le compositeur viennois a théorisé quand, élaborant et adoptant le *Sprechgesang* pour ses œuvres, il a imposé aux chanteurs d'opéra une sorte d'"anadorémisme" à rebours qui les oblige à renoncer, non sans peine, à la précision de leurs intonations musicales. Cette inversion du parcours du parlé au chanté a des conséquences déterminées : la *Sprechstimme* de Schoenberg entend avoir un caractère déroutant et, donc, "non réaliste-naturel" (l'on pense au *Pierrot lunaire* ou à *Moïse et Aaron*). Or, dans les sociétés les plus diverses, cette manière d'"élever la voix" dans des situations contingentes, en soulignant les significations de la parole par une signalétique sonore spécifique, vise au contraire à rassurer et à convaincre, et elle est utilisée pour conférer un aspect réaliste à des scénarios simulés (théâtre, opéra, jeux d'enfant, etc.) ou, inversement, pour inscrire des scénarios réels dans les modules stéréotypés rassurants du rite (comme dans le cas des plaintes funèbres), ou encore pour inciter à une action déterminée ou amener un auditoire à partager des idées ou des décisions.

L'éventail est vaste, qui va des cris de guerre et ordres militaires aux cris des vendeurs ambulants et slogans de la publicité radiotélévisée ou des supporters sportifs, en passant par les diverses formes de rhétorique politique et religieuse. Celles-ci, parce qu'elles utilisent les potentialités émotionnelles des profils intonatifs du parlé comme technique oratoire spécifique – "Il y a dans le parler une sorte de chant indéfinissable" *("Est autem in dicendo etiam quidam cantus obscurior")*, remarque Cicéron dans l'*Orator* (XVIII, 57) –, constituent peut-être l'exemple le plus fertile dans le cadre d'une analyse de ce procédé.

Comme l'a observé Maurice Bloch (1974), la prédication religieuse et le discours politique sont caractérisés par un langage affirmatif et par un ton fortement persuasif, qui amènent les auditeurs à s'identifier au message, généralement lapidaire et sur le mode de la harangue, du chef charismatique, et à manifester un assentiment immédiat, sans prendre le temps de réfléchir ou de nourrir le moindre doute. Cette stratégie est fondée sur une sélection soigneuse non seulement du vocabulaire et de la syntaxe mais aussi des modalités d'utilisation de la voix. Les traits caractéristiques de l'art oratoire religieux et politique sont généralement les suivants : 1. un placement précis du timbre de la voix ; 2. une fragmentation de la période oratoire en segments courts et plus ou moins équivalents par leur longueur et leur intonation, avec une prédominance nette de phrases coordonnées, entrecoupées de silences étudiés qui déclenchent souvent dans l'auditoire un répons continu (*oui !*, *non !*, *c'est vrai !*, etc.) ; 3. une tendance au parallélisme morphosyntaxique et sémantique et, plus généralement, à la répétition de sons, de syllabes, de phrases, qui peut aussi prendre la forme d'une réitération variée et croissante *(incremental repetition)* (Friedman, Doughtie et Brogan, 1993) ; 4. un usage savant des explosions d'intensité et des formules cadencées suspensives, caractérisées par des prolongements vocaliques et une prononciation glissando.

Tout un chacun reconnaît immédiatement, à la position de sa voix, un prédicateur religieux ou un homme politique en train de haranguer la foule ; sans même parler des cas où ces deux figures coïncident : dans la mémoire des moins jeunes résonnent encore les cadences de la longue variation passionnée sur le thème *"I have a dream"*, qui a caractérisé le fameux meeting-sermon de Martin Luther King, à l'occasion de la marche en faveur des droits civiques à Washington, le 28 août 1963. Quant au timbre et au profil mélodique, plus ou moins prononcés, des différents styles rhétoriques, ils varient aussi en fonction des caractéristiques culturelles et individuelles des orateurs et, dans certains cas, ils présentent un niveau de formalisation tel qu'il est possible, en forçant un peu, de les transcrire d'une manière indicative sur une portée de musique. Cela est tout à fait faisable, par exemple, pour de nombreux discours de Benito Mussolini, dont la rhétorique à l'ancienne et le timbre de ténor d'opéra sont évidents dans l'incipit de l'annonce de l'entrée en guerre de l'Italie (10 juin 1940) ; quelque sept secondes pour scander d'une voix pleine, avec de longs silences laissés aux acclamations de la foule massée sur la Piazza Venezia, sept mots seulement :

Exemple 3

Benito Mussolini : phrase initiale de la proclamation de l'entrée en guerre de l'Italie

Pour saisir les autres traits caractéristiques de l'art oratoire politique, indiqués plus haut aux points 2, 3 et 4, il n'est pas inintéressant d'étudier un fragment du discours prononcé le 18 avril 1998 par Silvio Berlusconi à Milan, sur la Piazza Duomo, pour clôturer le premier congrès national de Forza Italia, la formation politique à laquelle lui-même a donné pour nom un slogan de supporter de foot et ce, peut-être, pas par hasard. Le fragment en question est le suivant :

[...] un cuore pieno di nulla, Signor Presidente ?	
Nooo ! Abbiamo un cuore pieno di amore	Responsorio della platea : *Siii !* (glissando)
Abbiamo un cuore pieno di speranza	Respons. : *Siii !* (glissando)
Abbiamo un cuore pieno di fiducia	Respons. : *Siii !* (glissando)
Abbiamo un cuore che batte forte per il nostro Paese	Respons. : *Siii !* (glissando)
Abbiamo un cuore caldo [...]	Respons. : *Bér-li-scó-ni*
Bér-li-scó-ni	

[...] un cœur plein de rien, monsieur le Président ?	
Nonnn ! Nous avons un cœur plein d'amour	*Répons de l'auditoire :* Ouiii ! *(glissando)*
Nous avons un cœur plein d'espérance	*Répons :* Ouiii ! *(glissando)*
Nous avons un cœur plein de confiance	*Répons :* Ouiii ! *(glissando)*
Nous avons un cœur qui bat fort pour notre Pays	*Répons :* Ouiii ! *(glissando)*
Nous avons un cœur chaud [...]	*Répons :* Bér-li-scó-ni
Bér-li-scó-ni	

A elle seule, la transcription du texte met en lumière les traits qui, en général, différencient, sur les plans de la syntaxe et des contenus, le discours "rituel" religieux et politique du discours "ordinaire" (Bloch, 1974, p. 60) : vocabulaire restreint ; prédominance de la parataxe sur l'hypotaxe ; fixité dans la séquence des actes verbaux ; parallélisme fondé sur l'anaphore (toutes les phrases commencent par "Nous avons un cœur") ; recours permanent à des figures rhétoriques à effet ; sollicitation permanente d'une réaction de la part du public. En outre, la transcription du mouvement sonore des quatre premières phrases, réalisée non pas sur une portée musicale mais sur une grille qui permet de rendre compte de la durée, du profil mélodique et des pics d'intensité *(f = forte ; ff = fortissimo)*, met en lumière d'autres traits fondamentaux, comme le fractionnement du discours en segments courts et pratiquement égaux dans leur durée (environ deux secondes et demie) et une amplification notable de l'emphase du profil intonatif grâce à des prononcés glissando et à des formules de cadence comme l'*interrogatio* de la première phrase (_ – ¯) (voir l'exemple 4).

Que deviennent ces structures rhétoriques quand elles adoptent un code expressif explicitement "musical" ? Le cas, bien connu, des sermons des prêtres de différentes églises chrétiennes afro-américaines, qui passent sans solution de continuité du parlé au chanté, permet de répondre en partie à cette question. Dans ce type de performances, la fièvre anxiogène de l'élocution trouve un aliment supplémentaire dans une dynamique musicale particulière, où le renvoi continuel de la

Exemple 4

Silvio Berlusconi : extrait du meeting du 18 avril 1998, à Milan

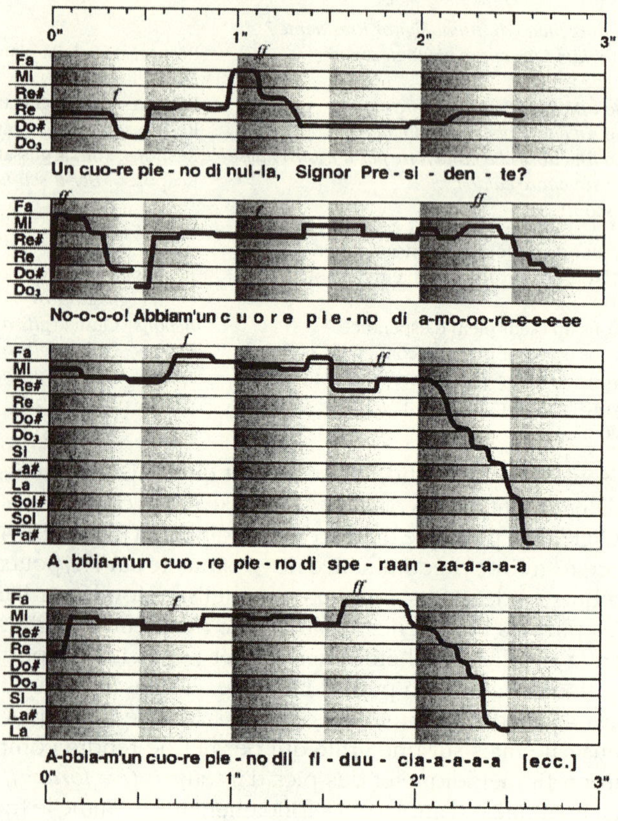

conclusion d'une période s'effectue comme un ajournement systématique du retour de détente sur une cadence mélodico-harmonique conclusive. Cette attente accumulée crée un climat de paroxysme qui peut induire, justement, chez certains fidèles, des altérations tellement profondes de l'état émotionnel qu'elles débouchent sur des moments de transe. Les premières mesures de la séquence chantée d'un sermon de la révérende Audrey Bronson, pasteur baptiste de la Church of the Open Door, à Philadelphie (Léothaud, Lortat-Jacob et Zemp, 1996, CD 1, plage 25), permettent d'observer comment, dans ce type d'exécutions parlées-chantées, la grammaire et la syntaxe de la parole et de la musique peuvent se superposer et coïncider totalement. Nous en donnons ci-dessous le texte verbal suivi d'une transcription indicative sur une portée (exemple 5), qui inclut l'accompagnement d'un orgue Hammond et le contrepoint de répons des fidèles (*Yeah !*, *Jesus !*, *Father !*, etc.) :

Dernières paroles qui précèdent le passage au parlé-chanté :

That's all. I said I'll be through in just a few minutes
But looka (look) here. I just got one more thing
Y'all don't mind me preaching, do you ?

C'est tout. J'ai dit que je finirai dans quelques minutes.
Mais regardez ici. J'ai juste une autre chose [à dire].
Cela ne vous dérange pas que je prêche, n'est-ce pas ?

I got one more thing, Heaven help us all :
When Jesus looked down and He saw – I said "He saw" –
the condition of the world, He said : "Father, Father,
prepare me a body and I'll go down.
I saw Sodom, [and I saw Gomorrah]..."

Une dernière chose, que le Ciel nous aide :
Quand Jésus regarda en bas et qu'il vit – je dis "Il vit" –
l'état du monde, Il dit : "Père, Père,
prépare-moi un corps et je descendrai.
Je vis Sodome [et je vis Gomorrhe]..."

(Suit une longue séquence d'anaphores : Je vis Babylone, je vis la Syrie, je vis Ezéchiel, etc.*)*

On pourrait étendre l'analyse à d'autres formes caractérisées par une amplification de l'emphase des profils intonatifs du parlé : différents types de discours rituels, de slogans, de cris des marchands ambulants, etc. Mais nous retrouverions dans toutes, combinées de différentes manières, les modalités de formalisation que nous avons observées dans les exemples de rhétorique politique et religieuse : de l'accentuation de l'emphase des profils prosodiques à l'emploi constant des glissandos, des formules mélodiques de cadence, etc. Soulignons, par ailleurs, que certaines procédures morphologiques et syntaxiques, comme la segmentation et le parallélisme, sont aussi à la base de nombreux systèmes de versification, dans lesquels, cependant, ils instituent, selon une règle, une relation fonctionnelle avec un autre procédé de formalisation : le procédé rythmique.

3.4. *La formalisation rythmique (type 3)*

En dépit de l'aura d'"élévation spirituelle" qui s'attache à la notion occidentale de poésie, il est significatif que les enfants, lorsqu'ils jouent avec les assonances et les allitérations des mots et inventent des énoncés souvent dénués de sens, soient les premiers et les plus actifs utilisateurs du procédé de formalisation qui implique l'assujettissement des énoncés

Exemple 5

Fragment d'un sermon baptiste de la Rév. Audrey Bronson, à Philadelphie

à une scansion rythmique basée sur le *numerus*. Constantin Brăiloiu (1956) a montré avec éloquence que l'on observe dans presque toutes les cultures une même métrique vocale fondée sur des suites de couples de syllabes scandées sur un temps binaire, à laquelle recourent les enfants dans leurs jeux collectifs. Cette métrique n'implique pas nécessairement une formalisation mélodique ; mieux, presque toujours dans les comptines, les contes et les rondes enfantines, il y a en permanence osmose entre parlé, ton unique, parlé-chanté et chant véritable. Pour reprendre les termes de Brăiloiu : "Le rythme enfantin ne se manifeste que par le truchement de la parole. A première vue, c'est donc un rythme vocal. [...] il existe en dehors de toute mélodie, si même il s'adapte souvent à quelqu'une (auquel cas, on peut avoir affaire aussi bien à des éléments mélodiques très archaïques qu'à des bribes de chansonnettes ou rengaines modernes, tombées d'un récepteur radiophonique, mais auxquelles il impose sa cadence rigoureuse). Plus communément, les enfants récitent sur un seul son ou, simplement, scandent en parlant. Néanmoins, d'ordinaire, les enfants récitent sur une seule note, ou scandent simplement en parlant." (1956, in 1973, p. 268.)

Bien que renvoyant à des systèmes linguistiques différents entre eux, cette rythmique vocale enfantine présente dans la plupart des cultures les mêmes caractéristiques métriques et accentuelles, comme l'attestent des exemples portant sur deux schémas, parmi les plus simples et les plus récurrents, empruntés à ceux que rapporte Brăiloiu (1956) et cités par Banti et Giannattasio (2003, p. 297) (voir l'exemple 6).

Le fait que la métrique enfantine soit avant tout un procédé de la parole indépendant de la formalisation mélodique, et qu'elle apparaisse aussi dans les proverbes et les jeux de mots des adultes ne doit pas nous tromper : parmi les procédés d'altération phonique, le procédé rythmico-périodique est à coup sûr le plus étranger au langage, et ce à cause de la présence de la régularité rigide des durées qui est, au contraire, le trait constitutif principal de l'organisation métrique et rythmique de la musique. Il est beaucoup plus probable que cette référence à une périodicité isochrone ait eu pour origine les processus d'imitation et de synchronisation gestuelle propres à des activités cinétiques collectives, comme le travail, la marche, le jeu et la danse (à ce propos, voir Trevarthen, 1999-2000, et Molino, 2002, p. 22-23). Nous pensons, dans cette optique, à la fonction eurythmique de nombreux chants de travail qui, d'une part, permettent, en encadrant les gestes et les comportements itératifs dans le présent continu d'une rythmicité cyclique, de "tromper le temps" et d'alléger le côté pénible de l'activité et, de l'autre, garantissent à ces activités productives une régularité, une synchronicité et une coordination au niveau du groupe de travail (Giannattasio, 1992,

Exemple 6

Deux schémas récurrents dans la rythmique enfantine, d'après Brăiloiu, 1956

Han-	*dy,*	*Span-*	*dy,*	*Jack*	*a*	*dan-*	*dy*	(anglais)
Sa	*che-*	*mi-*	*se*	*de*	*Ve-*	*ni-*	*se*	(français)
Ko-	*ti,*	*ko-*	*ti,*	*yo-*	*ly,*	*yo-*	*ly*	(Sénégal)
Uk-	*kuer-*	*pun-*	*ga,*	*au-*	*i-*	*wun-*	*ga*	(esquimau)
Cho-	*co-*	*la-*	*te_y*	*mo-*	*li-*	*nil-*	*lo*	(espagnol)

Că-	*ra-*	*mi-*	*dă*	*nou-*	*ă*	(roumain)
Ντί-	*λι,*	*ντί-*	*λι,*	*ντί-*	*λι,*	(grec)
Hei-	*le,*	*Hei-*	*le,*	*Se-*	*gen*	(allemand)
Gi-	*ro,*	*gi-*	*ro-*	*ton-*	*do*	(italien)
Roo-	*bow*	*roob*	*leh*	*noo*	*da'*	(somalien)

(Les deux derniers exemples ont été ajoutés par Banti et Giannattasio, 2003, p. 207.)

p. 218-230). Mais il est évident aussi qu'il existe un lien entre mouvement corporel et parole rythmée dans des pratiques mystiques favorisées par la répétition continue de brèves formules jaculatoires au signifié théologique profond, souvent accompagnées d'une gestualité rythmée et, de toute façon, par une respiration rythmée qui génère une hyper-oxygénation cérébrale et contribue à induire des conditions extatiques ; les pratiques collectives du *dhikr*, dans les confréries soufies musulmanes, caractérisées essentiellement par une répétition psalmodiée ou chantée du nom d'Allah (Rouget, 1980) en offrent un exemple éloquent, de même que les pratiques analogues des hésychastes chrétiens (Paparozzi, 1981, et Vâlsan, 2000), attestées à partir du IVe siècle parmi les Pères du désert, développées par les moines du mont Athos depuis le XIIIe siècle, et toujours en vigueur dans certains milieux du mysticisme orthodoxe et catholique, dont les formules jaculatoires semblent être un développement du *Kyrie eleison*.

Par-delà les jeux et comptines des enfants, par-delà les proverbes, les devinettes, les jeux de mots, les slogans publicitaires et les emplois "particuliers" que nous venons d'évoquer, il est certain que, lorsqu'on se réfère à la formalisation rythmique de la parole, on pense en premier lieu à la production poétique. Comme nous le disions plus haut, toutes les définitions de la poésie partent de la caractérisation métrique ou rythmique de cette dernière. Cela dit, les constructions poétiques ne sont pas déterminées seulement par une rythmique mesurée, puisque d'autres modalités de formalisation participent à l'organisation du discours poétique et ce, d'une manière souvent significative : ainsi, le parallélisme morphosyntaxique, auquel nous nous sommes déjà intéressés à propos des procédés d'amplification de l'emphase des profils intonatifs, est dans de nombreux cas la conséquence d'une répétition coordonnée de séquences de morphèmes, sur la base d'un système de versification précis, et implique aussi certainement la détermination de profils prosodico-mélodiques spécifiques. C'est pourquoi la question des procédés poétiques mérite une réflexion à part.

4. La dimension "musicale" de la poésie

Que la poésie prévoie, dans toutes les traditions orales, une forme chantée et qu'elle ait été à l'origine, en Occident, "mélique" et "lyrique", trouvant son unité rythmique dans une pratique de type musical, ne peut être une coïncidence. Et ce n'est pas non plus un hasard si la possibilité concrète d'affronter dans une perspective linguistico-anthropologique, mais également ethnomusicologique, la question de la formalisation poétique est redevable, en premier lieu, à l'introduction dans le débat scientifique, à partir des années 1930, des problématiques "oralistes", qui ont porté l'attention sur les techniques, les logiques et les finalités de la composition poétique dans des milieux de tradition orale, en se référant amplement au monde expressif de la Grèce antique, "d'Homère à Platon" (voir, par exemple, Havelock, 1963). Des chercheurs comme Milman Parry, Eric A. Havelock, Walter J. Ong, Jack Goody, Ruth Finnegan et Paul Zumthor ont créé, en focalisant l'attention sur les modalités spécifiques de la formalisation poétique dans des milieux de tradition et de "mentalité" orales (la versification comme moyen mnémotechnique, le style formulaire, etc.) les conditions permettant d'aborder une question de première importance : celle de la genèse historique et de la nature effective de la poésie dans le cadre d'une relation entre communication linguistique et expressivité musicale.

Il est certain que l'on peut aussi considérer et étudier séparément les caractères phonologiques et phoniques du vers chanté. Mais quand on veut saisir le système qui les unit et permet à chacun de vivre *aussi* par lui-même, il faut les apprécier dans leur essence commune. Si cette voie n'est pas facilement praticable pour la poésie du passé, elle est en revanche toujours possible pour les cultures vivantes. Et l'on pourra peut-être, en observant ce qui se passe dans ces cultures, affiner les hypothèses sur des systèmes poétiques désormais totalement confiés à l'écriture et aux théories métriques, pour lesquels une relation entre musique et poésie n'est plus retraçable.

Un exemple, tiré d'une vaste étude menée récemment sur les rapports entre métrique et rythme musical dans le système de versification somalien (Banti et Giannattasio, 1996 et 2003 ; Giannattasio, 2002), devrait permettre de rendre compte de la nature indissociablement double, linguistique et musicale, de la poésie dans des milieux de tradition orale.

Au fil des siècles, les Somaliens ont développé une très riche production poétique. Cette production est articulée en une variété de genres qui, tous, prévoient (aussi, ou seulement) une forme chantée ; s'y ajoutent de nombreux chants traditionnels liés à la vie quotidienne *(heeso)* et la chanson moderne *(heello)* qui partagent avec la poésie proprement dite *(maanso)* des règles métriques et prosodiques communes (dont, par exemple, l'allitération). Le somalien comporte dix sons vocaliques : cinq voyelles brèves < ă, ĕ, ĭ, ŏ, ŭ >, et cinq longues < ā, ē, ī, ō, ū >, auxquelles s'ajoutent les deux semi-voyelles /y/œ/w/ qui, dans la scansion métrique, peuvent fonctionner comme consonne ou comme voyelle. Le fait que, dans le temps d'élocution de la langue somalienne, les voyelles longues durent environ deux fois plus longtemps que les voyelles brèves, permet de comprendre pourquoi, dans la plupart des genres de la poésie et du chant populaire somaliens, on retrouve une métrique quantitative, dans laquelle une syllabe longue peut permuter avec deux syllabes brèves, et vice versa. Ce qui, quand on est habitué à la répétitivité régulière des mètres syllabiques, pose une question précise : comment peut-on, simplement en les écoutant, reconnaître et apprécier des vers comme appartenant à une même métrique si, dans une même composition, ces vers présentent un nombre de syllabes très différent ?

L'un des genres majeurs de la poésie somalienne, la *masafo*, utilisé pour traiter de thèmes importants et souvent employé par les chefs religieux, nous fournit une réponse. Dans les premières décennies du XXe siècle, l'un de ces chefs, Maxamed Cabdille Hasan, le fameux Sayid, qui a pris la tête d'une sanglante révolte derviche contre les Anglais, est aussi, indépendamment de cette activité politique controversée, l'un des plus grands poètes somaliens du siècle dernier. On considérera donc trois vers de *masafo* tirés de deux de ses compositions.

a) Duul haad Amxaaraa, kaa dooni maayee
— — ∪ — —, — — ∪ — —
(Je ne cherche pas chez toi les gens soumis aux Abyssiniens)

b) Diinkiyo dugaaggiyo, ad duufka siiyaye
— ∪∪ ∪ — ∪∪, ∪∪ — ∪ — ∪∪
(C'est toi qui les as contraints à manger des tortues, des bêtes sauvages et d'autres choses immondes)

c) Iyagiyo Brberiguba, baha gaalo weeyee
∪∪∪∪ ∪ ∪∪∪∪, ∪∪ — ∪ — —
(Eux et ceux de Berbera sont apparentés aux infidèles)

Le vers *a* est composé de deux hémistiches parfaitement égaux, comprenant chacun cinq syllabes longues, excepté la troisième. Dans les exemples *b* et *c*, la distribution des longues et des brèves change, et le nombre des syllabes de chaque hémistiche varie (de 6 à 9). Mais dans les trois vers, on compte 9 mores par hémistiche, pour un total de 18 mores par vers. En outre, si l'on compare les trois vers, on s'aperçoit que la syllabe au centre de chaque hémistiche est toujours brève. L'examen d'un nombre très élevé de vers de *masafo* a permis d'établir que ces caractéristiques sont suffisamment constantes pour qu'on puisse en déduire le schéma général suivant :

$$\underline{\cup\cup}\ \underline{\cup\cup}\ \cup\ \underline{\cup\cup}\ \underline{\cup\cup}\ ,\ \underline{\cup\cup}\ \underline{\cup\cup}\ \cup\ \underline{\cup\cup}\ \underline{\cup\cup}$$

Par conséquent, chaque hémistiche de *masafo* apparaît constitué de cinq positions : dans la première, la deuxième, la quatrième et la cinquième, on trouve une syllabe longue et deux brèves, alors que la troisième position peut être occupée seulement par une brève. Les deux hémistiches de *a* illustrent ainsi la réalisation minimum du schéma (5 syllabes), là où le premier hémistiche de *c* illustre la réalisation maximum (9 syllabes). Sur la base de ce schéma, il s'ensuit qu'un vers de *masafo* peut, virtuellement, varier de 10 à 18 syllabes.

La transcription et l'analyse musicale d'un nombre considérable de vers, chantés par des personnes différentes, ont mis en lumière une autre constante : indépendamment du style de l'exécution (soit, en substance, de la ligne mélodique utilisée), chaque hémistiche est toujours chanté en respectant un même schéma rythmique ternaire, articulé sur 9 pulsations que trois accents organisent selon la série 2 + 3 + 3 + 1. En superposant le schéma métrique et le schéma rythmique, on obtient le modèle de réalisation chantée d'un hémistiche de *masafo*, lequel nous offre la réponse à la question que nous nous posions :

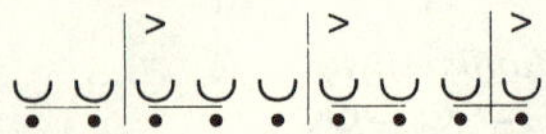

Ce sont en effet la pulsation régulière et la division ternaire scandée par trois accents qui régissent la distribution proportionnelle des différentes quantités de voyelles dans chaque hémistiche, ce qui permet de composer facilement le vers comme de juger, dès la première écoute, de la qualité de sa facture. Ainsi, ce schéma fait apparaître que, dans l'exécution chantée, la première position métrique est réalisée en anacrouses, tandis que la cinquième comporte, dans le cas d'une voyelle longue, un déplacement de l'accent sur la deuxième more de la voyelle (*aá*, *eé*, etc.). La transcription musicale des vers *b* et *c* donnés plus haut, réalisée d'après l'exécution, différente aussi sur le plan mélodique, par deux chanteurs (Banti et Giannattasio, 2003, p. 300) montre clairement comment on réalise cela :

Exemple 7

Réalisation chantée de deux vers de masafo,
extraits de deux compositions du poète somalien Maxamed Cabdille Hasan (le premier avec des allitérations en d, *le second avec des allitérations en* b)

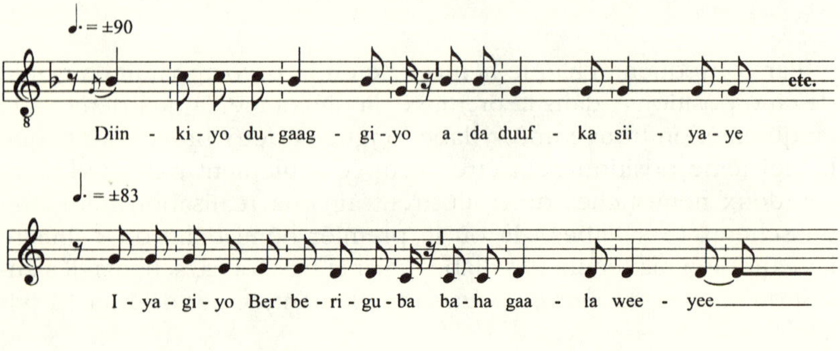

En déterminant la position des accents et la disposition des quantités vocaliques selon des valeurs rythmiques proportionnelles, la référence à une pulsation isochrone sous-jacente permet de percevoir une équivalence phonico-temporelle dans des vers comprenant un nombre parfois très différent de syllabes ; or, ce procédé n'est pas seulement un expédient mnémotechnique mais le fondement même de la poésie en tant que "langage particulier". De fait, ce langage altère et modifie sensiblement la parole, qu'il uniformise et introduit dans une temporalité et une dimension cyclique totalement différentes de celles de l'élocution normale.

Sans vouloir étendre le modèle métrico-rythmique de la poésie somalienne à d'autres systèmes poétiques, étant donné les différences entre les typologies métriques des diverses cultures (Molino, 2002, p. 23-26), on peut néanmoins légitimement se demander si, à l'origine, les métriques de la poésie de la Grèce classique ne renvoyaient pas aux rythmes d'une exécution chantée (Gentili, 1955, in 1977, p. 1). Malheureusement, cette question est vouée à demeurer sans réponse. Il est évident qu'on ne peut plus reconstruire la relation entre une formalisation poétique qui nous est parvenue par l'intermédiaire de l'écriture (et de l'élaboration théorique correspondante) et des phones linguistiques et musicaux désormais morts et condamnés au silence. Néanmoins, l'exemple somalien, dans lequel il est impossible de dissocier un tant soit peu les traits linguistiques des traits rythmico-musicaux, nous enseigne que, même si l'on considère qu'une fusion analogue est à l'origine de la poésie occidentale, plus de deux millénaires d'histoire littéraire ont obscurci cette réalité, et relégué la poésie dans un champ purement linguistique.

A une époque récente, la linguistique moderne a elle aussi contribué à brouiller les idées, surtout depuis que Roman Jakobson (1960) a introduit la "fonction poétique" parmi les fonctions constitutives, et donc immanentes, de la communication verbale. On sait que, pour Jakobson, ce qui caractérise la fonction poétique du langage, par différence avec ladite "fonction émotive", par exemple, qui met l'accent sur l'émetteur, c'est "l'accent mis sur le message pour son propre compte" placé sur le message en tant que tel (1960, in 1963, p. 218). Dans la chaîne du discours, "la fonction poétique projette le principe d'équivalence de l'axe de la sélection sur l'axe de la combinaison. L'équivalence est promue au rang de procédé constitutif de la séquence" (*ibid.*, p. 220) : "Les syllabes sont converties en unités de mesure, et il en va de même des mores ou des accents" *(ibid.)* ; "l'équivalence des sons [...] implique inévitablement l'équivalence sémantique" (*ibid.*, p. 235) et "toute séquence d'unités sémantiques tend à construire une équation. La superposition de la similarité sur la contiguïté confère à la poésie son essence de part en part symbolique, complexe, polysémique" (*ibid.*, p. 238). L'hypothèse de Jakobson selon laquelle il existerait une fonction poétique intrinsèque au langage a amené de nombreux linguistes à considérer que la poésie et, d'une manière générale, tout phénomène métrique, relève pleinement de leur compétence, avec des conséquences souvent remarquables : des analyses soigneuses de différents systèmes poétiques (par exemple,

Dixon et Koch, 1996 ; Banti et Giannattasio, 1996 ; Jouad, 1995 et 2002), des typologies transculturelles de la versification et de l'organisation métrique (Halle et Keyser, 1980), de nouveaux modèles d'analyse phonologique, comme la phonologie métrique (Kiparsky et Youmans, 1989 ; Goldsmith, 1990) et, plus généralement, un regain d'intérêt pour les aspects rythmiques, intonatifs et mélodiques du langage.

Mais existe-il vraiment une fonction poétique du langage ? Jakobson lui-même admet non seulement que "le vers est sans doute toujours d'abord une figure phonique récurrente" (1960, in 1963, p. 233) mais surtout que "la mesure des séquences est un procédé qui, en dehors de la fonction poétique, ne trouve pas d'application dans le langage. C'est seulement en poésie, par la réitération régulière d'unités équivalentes, qu'est donnée, du temps de la chaîne parlée, une expérience comparable à celle du temps musical – pour citer un autre système sémiotique" (*ibid.*, p. 221). Ces considérations, justement, paraissent plus que suffisantes pour nier l'existence autonome d'une fonction poétique du langage et pour entériner les propos récents de Jean Molino : "La poésie ne se confond pas avec le langage ou une de ses fonctions : elle est le résultat de l'application sur le langage d'une structuration qui entretient des liens très étroits avec la musique et la danse" (2002, p. 31 ; sur cette conception, voir aussi Molino et Gardes-Tamine, 1982 et 1988).

Et c'est précisément parce que la formalisation poétique se présente comme la médiation intermédiaire la plus "structurée" du parlé au chanté qu'elle constitue, surtout dans des milieux et des cultures de tradition orale, un objet de première importance pour l'étude non seulement de l'expressivité linguistique, mais aussi des systèmes musicaux et de leurs fondements.

5. *Tonus finalis*

Le cas des procédés poétiques montre de la manière la plus éloquente qui soit que la vaste zone intermédiaire du parlé au chanté accueille et inclut, en plus d'une variété considérable de formes et de genres expressifs, des clés d'interprétation indispensables pour comprendre, dans une dimension plus générale (et interculturelle), le code que nous nommons musical et certains de ses procédés symboliques fondamentaux. Dans les formes intermédiaires du parlé au chanté, de même que dans le passage de l'éternuement spontané de l'acteur à ceux qu'il doit interpréter sur la scène, ce qui détermine une modulation des procédés sonores, c'est la variété de relations possibles entre les mobiles et intentions individuelles et les conventions sociales et culturelles. Certes, l'emphase de l'éternuement d'Albéric dans la première scène de *L'Or du Rhin* de Wagner nous dit sans équivoque possible qu'il ne s'agit pas d'une urgence physiologique mais d'une admirable interprétation théâtrale ; de la même manière, la présence de structures rythmiques, mélodique et scalaires dans une exécution chantée nous place sans équivoque devant une codification de type musical. Mais qu'y a-t-il derrière ?

Le bref voyage proposé dans ces pages montre que l'application à la parole de différents procédés de formalisation sonore fait émerger une série d'éléments structuraux – profils intonatifs, emphases intensives, onomatopées, concordances phoniques et rythmiques, segmentations de la période, anaphores et répétitions, récurrences d'accentuation, ponctuations phoniques, etc. – qui, par la suite, dans la codification musicale, acquièrent la solidité et la stabilité des traits systématiques. C'est pourquoi un examen plus attentif des formes intermédiaires entre parole et chant a une importance cruciale, surtout dans une perspective sémiologique et musicale. Et ce aussi, comme l'a observé justement Jean Molino, parce que "tout [...] conduit à penser que ces prétendues formes intermédiaires sont génétiquement premières, musique et langage tels que nous les connaissons ne s'étant que peu à peu dégagés à partir d'une indistinction antérieure" (2002, p. 20).

Cependant, il faut observer qu'une enquête dans la zone intermédiaire entre parole et chant a aussi un curieux effet secondaire : elle nous amène inévitablement à percevoir avec une sensibilité musicale toute production sonore, en nous et chez nos semblables, si bien que l'on devient d'incorrigibles "écouteurs". Mais étant donné ce qui nous est donné à entendre et à voir chaque jour, cette condition n'est pas du tout désagréable. Elle serait même amusante et plus utile qu'il n'y paraît. Grâce à elle, par exemple, nous apprécions et valorisons dans de nombreux cas une dimension consubstantielle, et très précieuse, du sonore : celle du silence, si chère à John Cage.

Bibliographie

APEL, W., 1958 : *Gregorian Chant*, Bloomington, Indiana University Press.

BANTI, G. et GIANNATTASIO, F., 1996 : "Music and Metre in Somali Poetry", in *Voice and Power. The Culture of Language in North-East Africa. Essays in Honour of B. W. Andrzejewski*, R. J. Hayward et I. M. Lewis (éd.), Londres, School of Oriental and African Studies, p. 83-127.

BANTI, G. et GIANNATTASIO, F., 2003 : "Poetry", in *Companion to Linguistic Anthropology*, A. Duranti (éd.), Malden-Oxford, Blackwell Publishers, p. 290-320.

BLOCH, M., 1974 : "Symbols, Song, Dance, and Features of Articulation. Is Religion an Extreme Form of Traditional Authority ?", *Archives européennes de sociologie*, vol. XV, n° 1, p. 55-81.

BRĂILOIU, C., 1948 : "Le *giusto* syllabique bichrone. Un système rythmique propre à la musique populaire roumaine", *Polyphonie*, II, p. 26-57 ; repris et corrigé in "Le *giusto* syllabique. Un système rythmique populaire roumain", *Anuario Musical*, Barcelone, Instituto español de musicologia del CSIC, 1952, vol. VII, p. 117-158 ; repris in *Problèmes d'ethnomusicologie*, G. Rouget (éd.), Genève, Minkoff, 1973, p.153-194.

BRĂILOIU, C., 1954 : "Le vers populaire roumain chanté", in *Revue des études roumaines*, vol. II, p. 7-74 ; repris in *Problèmes d'ethnomusicologie*, G. Rouget (éd.), Genève, Minkoff, 1973, p. 197-264.

BRĂILOIU, C., 1956 : "Le rythme enfantin : notions liminaires", repris sous le titre "La rythmique enfantine", in *Les Colloques de Wégimont. Ethnomusicologie I*, P. Collaer (éd.), Paris-Bruxelles, Elsevier ; repris in *Problèmes d'ethnomusicologie*, G. Rouget (éd.), Genève, Minkoff, 1973.

BROGAN, T. V. F., 1993*a* : "Poetry", in *The New Princeton Encyclopedia of Poetry and Poetics*, A. Preminger et T. V. F. Brogan (éd.), Princeton, Princeton University Press, p. 938-942.

BROGAN, T. V. F., 1993*b* : "Verse and Prose", in *The New Princeton Encyclopedia of Poetry and Poetics*, A. Preminger et T. V. F. Brogan (éd.), Princeton, Princeton University Press, p. 1346-1351.

CARDONA, G. R., 1990 : *I Linguaggi del sapere*, C. Bologna (éd.), Rome-Bari, Laterza.

DAHLHAUS, C. et EGGEBRECHT, H. H., 1985 : *Was ist Musik ?*, Wilhelmshaven, Heinrichshofen.

DE MARTINO, E., 1958 : *Morte e pianto rituale nel mondo antico : dal lamento pagano al pianto di Maria*, Turin, Bollati Boringhieri.

DIXON, R. M. W. et KOCH, G., 1996 : *Dyirbal Song Poetry. The Oral Literature of an Australian Rainforest People*, St. Lucia, University of Queensland Press.

FELD, S., 1982 : *Sound and Sentiment. Birds, Weeping, Poetics and Song in Kaluli Expression*, Philadelphie, University of Pennsylvania Press.

FELD, S. et FOX, A. A., 1994 : "Music and Language", in *Annual Review of Anthropology*, vol. XXIII, p. 25-53.

FÓNAGY, I., 1983 : *La Vive Voix. Essai de psycho-phonétique*, Paris, Payot.

FRIEDMAN, A. B., DOUGHTIE, E. et BROGAN, T. V. F., 1993 : "Incremental Repetition", in *The New Princeton Encyclopedia of Poetry and Poetics*, A. Preminger et T. V. F. Brogan (éd.), Princeton, Princeton University Press, p. 581-582.

FUBINI, E., 2002 : "Quale musica ebraica oggi e quale uso nell'ambito della sinagoga", in *La Musica sacra nelle chiese cristiane. Atti del convegno internazionale di studi, Roma, 25-27 gennaio 2001*, S. Pozzi (éd.), Bologne, AlfaStudio, p. 141-147.

GENTILI, B., 1955 : *La Metrica dei Greci*, Messina, D'Anna ; rééd., Messina-Florence, D'Anna, 1977.

GIANNATTASIO, F., 1992 : *Il Concetto di musica. Contributi e prospettive della ricerca etnomusicologica*, Rome, La Nuova Italia Scientifica ; rééd., Rome, Bulzoni, 1998.

GIANNATTASIO, F., 1997 : “La musica come rappresentazione organizzata di processi logico-emotivi : alcuni esempi”, in *Le Frontiere della psicoanalisi*, A. M. Accerboni et A. Schön (éd.), Rome, Borla, p. 45-56.

GIANNATTASIO, F., 2002 : “Il tempo delle more. Riflessioni sui rapporti fra metrica verbale e ritmo musicale a partire da alcuni esempi di poesia somala”, in *Sul verso cantato. La poesia orale in una prospettiva etnomusicologica*, M. Agamennone et F. Giannattasio (éd.), Padoue, Il Poligrafo, p. 137-161.

GOLDSMITH, J. A., 1990 : *Autosegmental and Metrical Phonology. A New Synthesis*, Oxford, Blackwell.

HALLE, M. et KEYSER, S. J., 1980 : “Metrica”, in *Enciclopedia Einaudi*, Turin, Einaudi, vol. IX, p. 254-284.

HAVELOCK, E. A., 1963 : *Preface to Plato*, Cambridge, Harvard University Press.

HERZOG, G., 1934 : “Speech Melody and Primitive Music”, *The Musical Quarterly*, vol. XX, n° 4, p. 452-466.

HERZOG, G., 1936 : *Research in Primitive and Folk Music in the United States. A Survey*, Washington, American Council of Learned Societies, “Bulletin n° 24”.

HYMES, D., 2001 : “Poetry”, in *Key Terms in Language and Culture*, A. Duranti (éd.), Malden-Oxford, Blackwell Publishers, p. 187-189.

JAKOBSON, R., 1960 : “Closing Statement. Linguistics and Poetics”, in *Style in Language*, T. A. Sebeok (éd.), Cambridge-New York-Londres, Technology Press of MIT-John Wiley and Sons, p. 350-377 ; trad. fr., “Linguistique et poétique”, in Id., *Essais de linguistique générale*, N. Ruwet (éd.), Paris, Minuit, 1963, p. 209-248.

JOUAD, H., 1995 : *Le Calcul inconscient de l'improvisation. Poésie berbère. Rythme, nombre et sens*, Paris-Louvain, Peeters.

JOUAD, H., 2002 : “La terza articolazione : il calcolo della durata di enunciazione”, in *Sul verso cantato. La poesia orale in una prospettiva etnomusicologica*, M. Agamennone et F. Giannattasio (éd.), Padoue, Il Poligrafo, p. 89-125.

KIPARSKY, P. et YOUMANS, G. (éd.), 1989 : *Rhythm and Meter. Phonetics and Phonology*, San Diego, Academic Press, vol. I.

LÉOTHAUD, G., LORTAT-JACOB, B. et ZEMP, H. (éd.), 1996 : *Les Voix du monde. Une anthologie des expressions vocales*, 3 CD et livret, Le Chant du Monde, CMX 374.1010.12.

LEUMANN, M., 1926 : *Lateinische Laut- und Formen-Lehre*, Munich, Beck ; rééd., Munich, Beck, “Handbuch der Altertumswissenschaft”, série 2, 2e partie, vol. I, 1977.

Liber usualis, 1960 : *Liber usualis missae et officii*, Tournai, Desclée.

LIST, G., 1961 : “Speech Melody and Song Melody in Central Thailand”, *Ethnomusicology*, vol. V, n° 1, p. 16-32.

LIST, G., 1963 : “The Boundaries of Speech and Song”, *Ethnomusicology*, vol. VII, n° 1, p. 1-16.

MOLINO, J., 1996 : “Sistemi inerti e sistemi «pericolosi». Tassonomie e modelli di rappresentazione nella classificazione delle espressioni polifoniche”, in *Polifonie. Procedimenti, tassonomie e forme : una riflessione "a più voci"*, M. Agamennone (éd.), Venise, Il Cardo, p. 97-114 ; version française à paraître in Id., *Le Singe musicien.*

MOLINO, J., 2002 : "La poesia cantata. Alcuni problemi teorici", in *Sul verso cantato. La poesia orale in una prospettiva etnomusicologica*, M. Agamennone et F. Giannattasio (éd.), Padoue, Il Poligrafo, p. 17-33 ; version française à paraître in Id., *Le Singe musicien.*

MOLINO, J. et GARDES-TAMINE, J., 1982 : *Introduction à l'analyse linguistique de la poésie*, Paris, Presses universitaires de France ; 2e éd. mise à jour, *Introduction à l'analyse de la poésie*, I. *Vers et figures*, Paris, Presses universitaires de France, 1987.

MOLINO, J. et GARDES-TAMINE, J., 1988 : *Introduction à l'analyse de la poésie*, II. *De la strophe à la construction du poème*, Paris, Presses universitaires de France, 1988.

NEEDHAM, R., 1975 : "Polythetic Classification. Convergence and Consequences", *Man*, vol. X, n° 3, p.349-369.

PAPAROZZI, M., 1981 : *La Spiritualità dell'Oriente cristiano. L'esicasmo*, Rome, Studium.

ROUGET, G., 1980 : *La Musique et la Transe*, Paris, Gallimard ; 2e éd., 1990.

SACHS, C., 1961 : *The Wellsprings of Music*, La Haye, Nijhoff ; rééd., New York-Toronto, McGraw-Hill, 1965.

SEBEOK, T. A. et UMIKER-SEBEOK, D. J. (éd.), 1976 : *Speech Surrogates. Drum and Whistle Systems*, 2 vol., La Haye-Paris, Mouton.

SEROUSSI, E., 2002 : "The Dimension of Sound in the Traditional Synagogue", in *La Musica sacra nelle chiese cristiane. Atti del convegno internazionale di studi, Roma, 25-27 gennaio 2001*, S. Pozzi (éd.), Bologne, AlfaStudio, p. 149-156.

SESINI, U., 1942 : *La "romana cantilena". Corso completo, storico, didattico, critico di canto gregoriano*, Rome, Ediz. Cremonese della S. A. Editrice Perrellae.

STEFANI, G., 1976 : "Dal parlato al canto : l'intonazione recitativa", *Studi musicali*, vol. V, p. 3-27.

THATCHER, V. S. (éd.), 1965 : *New Webster Encyclopedic Dictionary of the English Language*, 2 vol., New York, Grolier.

TREVARTHEN, C., 1999-2000 : "Musicality and the Intrinsic Motive Pulse : Evidence from Human Psychobiology and Infant Communication", in *Rhythm, Musical Narrative, and Origins of Musical Communication*, C. Trevarthen (éd.), numéro spécial de *Musicae Scientiae*, p. 155-215.

VALÉRY, P., 1943 : *Tel Quel II. "Rhumbs"*, Paris, Gallimard ; rééd. in Id., *Œuvres*, Paris, Gallimard, "Bibliothèque de la Pléiade", 1960, vol. II, p. 597-650.

VÂLSAN, M., 2000 : *Sufismo ed esicasmo. Esoterismo islamico ed esoterismo cristiano*, Edizioni Mediterranee, Rome.

WALLIN, N., MERKER, B. et BROWN, S. (éd.), 2000 : *The Origins of Music*, Cambridge, MIT Press.

WELSH, A., 1993 : "Chant", in *The New Princeton Encyclopedia of Poetry and Poetics*, A. Preminger et T. V. F. Brogan (éd.), Princeton, Princeton University Press, p. 182.

WINN, J. A., 1993 : “Music and Poetry”, in *The New Princeton Encyclopedia of Poetry and Poetics*, A. Preminger et T. V. F. Brogan (éd.), Princeton, Princeton University Press, p. 803-806.

YAASIIN, C. K., 1976 : *Qaamuuska Af-Soomaaliga*, Mogadiscio, Wasaaradda Hiddaha iyo Tacliinta Sare iyo Akademiyada Dhaqanka.

Simha Arom, Nathalie Fernando, Susanne Fürniss,
Sylvie Le Bomin, Fabrice Marandola, Emmanuelle Olivier,
Hervé Rivière (†) et Olivier Tourny

TYPOLOGIE DES TECHNIQUES POLYPHONIQUES

On s'accorde généralement pour considérer comme polyphonie tout ce qui ne relève pas de la monodie – musique exécutée à l'unisson ou à l'octave –, c'est-à-dire toute manifestation plurilinéaire, indépendamment des modalités selon lesquelles elle se manifeste. Une telle définition présente l'inconvénient de ne pas préciser si la plurilinéarité est régie ou non par des principes structurels ; il s'agit pourtant là d'une distinction capitale.

Sur les huit procédés recensés dans la présente contribution, sept présentent une organisation systématique sur l'axe vertical. Ce sont : le tuilage, le bourdon, l'homorythmie, le contrepoint, l'imitation, le hoquet et la polyrythmie. Un seul y échappe, c'est l'hétérophonie – phénomène qui, par son aspect non systématique sur le plan de la simultanéité, ne procède pas de la polyphonie à proprement parler, mais dont les manifestations plurilinéaires transcendent, par définition, la monodie ; c'est ce qui justifie son insertion ici et c'est par elle que nous commencerons.

S'agissant de musiques non écrites, la typologie prend appui sur des traits que tout mélomane averti peut déceler à la simple écoute. C'est pourquoi, dans la mesure du possible, les différents cas de figure font l'objet de renvois à la discographie (où les enregistrements sont annoncés selon le nom du pays, de l'ethnie ou un nom de code). Mais les sept procédés polyphoniques inventoriés ici se rencontrent aussi dans les musiques savantes occidentales. Afin d'élargir la perspective comparative, nous indiquons chaque fois quelques œuvres, souvent bien connues dans nos contrées, où l'on peut rencontrer ces procédés.

1. Hétérophonie

Le terme vient du grec *heteros* : "autre, différent" et de *phônê* : "voix, son". L'*hétérophonie* s'oppose à la *monodie*, terme qui désigne une mélodie exécutée à l'unisson ou à l'octave. Les musicologues médiévistes ont tendance à considérer l'hétérophonie comme un stade intermédiaire entre la *monodie* et la *polyphonie* à proprement parler.

L'hétérophonie désigne l'exécution simultanée, mais quelque peu variée, d'une *même référence mélodique*, par deux ou plusieurs sources sonores – voix et/ou instrument(s). Sur le plan du rythme, il en résulte de fréquents décalages, ainsi que de légères variantes sur le plan mélodique. Ce qui conduit Guido Adler à parler de "plurivocalité non organisée" (1908, p. 24), et Pierre Boulez, à la définir comme "la superposition à une structure première de la même structure changée d'*aspects*" (1963, p. 135-136). L'hétérophonie se caractérise par l'*absence de toute régularité* des phénomènes plurilinéaires. Il s'agit là d'une catégorie intermédiaire entre la monodie et un type quelconque de plurilinéarité systématisée.

Le phénomène est très répandu dans les musiques de tradition orale : chez les juifs d'Ethiopie et d'Irak (Ethiopie, 1990, pl. 1 et 7 ; Hazanout, pl. 12), au Sri Lanka (pl. 5), dans le *gagaku* japonais (1987), en Ethiopie (Ethiopie, 1991, pl. 1-2, 9-10), chez les Peuls du Nord-Bénin (Peul, 1975-1988, pl. 8) et ceux du Sénégal (Peul et Tenda, pl. 4-7), au Maroc (1971-1990, pl. 13 ; Maroc, 1988, pl. 1), en Inde du Nord (pl. 17), au Cambodge (pl. 21), chez les Quechua (pl. 8 et 10).

On le rencontre aussi, bien entendu, dans les diverses musiques occidentales : chez Beethoven (*Sixième Symphonie*, 3e mouvement, à plusieurs reprises ; *Neuvième Symphonie*, 4e mouvement), Verdi (*Simon Boccanegra*, acte II, scène 9), Debussy (*La Mer*, dans les trois mouvements), Stravinsky (*Le Sacre du printemps*, "Danse des adolescentes", chiffres 28 à 30 et 32 à 37), Berio (dans plusieurs épisodes de *Coro*).

L'hétérophonie se manifeste différemment selon qu'une musique est mesurée ou non. Dans le premier cas, le phénomène est moins prégnant, surtout en ce qui concerne le rythme, puisque l'armature métrique contribue à en réguler la synchronisation. Certaines musiques hétérophoniques font état, en effet, d'une stratification extrêmement élaborée du rythme, qui correspond à différents niveaux de monnayage de celui-ci. La grande majorité des ensembles instrumentaux du Sud-Est asiatique (Bali) se fondent sur ce principe.

C'est dans les musiques non mesurées que l'hétérophonie est la plus prononcée, tant sur les plans rythmique que mélodique. Parfois, la densité plurivocale est telle que les divergences de la ligne mélodique sont difficilement identifiables.

Exemple 1

Décalage temporel

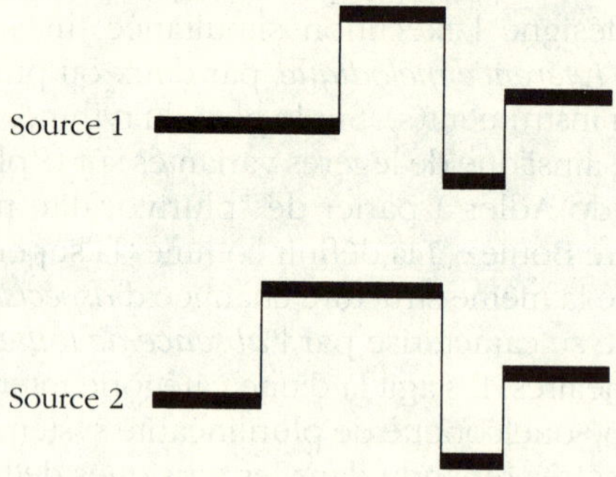

Exemple 2

Divergences mélodiques

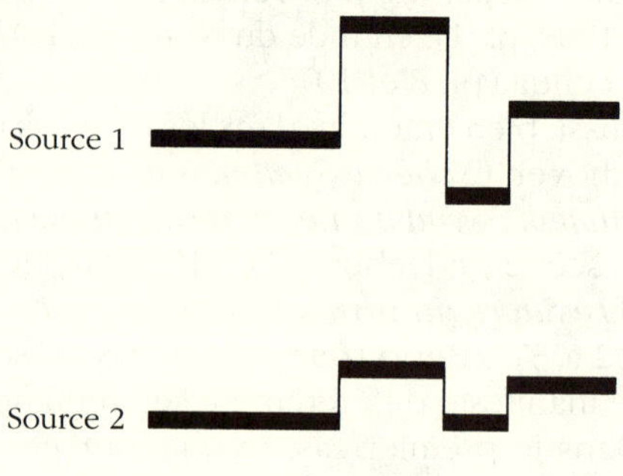

Exemple 3

Décalages temporels et divergences mélodiques

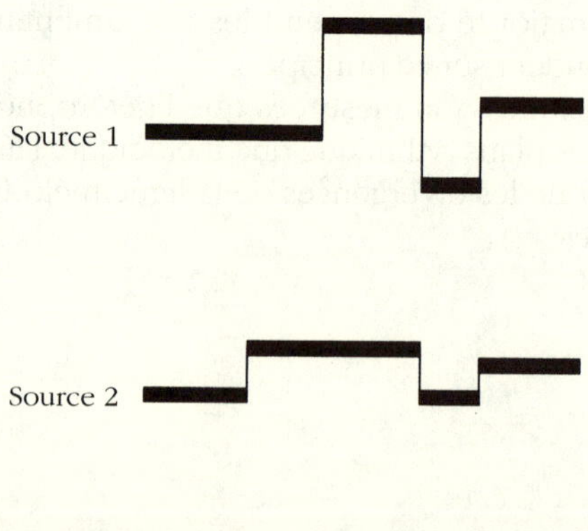

Il y a lieu de distinguer l'hétérophonie comme effet *involontaire* de celle qui résulte d'une *intention.* L'hétérophonie involontaire se produit notamment au cours de l'apprentissage, lorsque l'enfant n'arrive pas encore à se synchroniser sur la mélodie qui lui est enseignée. L'hétérophonie intentionnelle, quant à elle, vise à enrichir une même idée mélodique par l'ajout de diverses variantes et ornementations. Avec l'émergence d'une deuxième voix dont les caractéristiques se distinguent nettement de la voix de référence, l'hétérophonie a épuisé ses effets. L'hétérophonie peut couvrir la quasi-totalité de la durée d'un morceau, ou bien n'apparaître que de façon sporadique ; dans les deux cas, la fin de la pièce s'achèvera sur l'unisson.

2. Tuilage

On entend par *tuilage* le recouvrement sporadique de deux ou plusieurs sources sonores, recouvrement qui se produit dans un contexte par ailleurs *monodique*, mais dont la réalisation obéit nécessairement à un *principe d'alternance* entre au moins deux types d'intervenants (tels que soliste/chœur, deux solistes, deux chœurs). Il en résulte une polyphonie rudimentaire – puisque sporadique – mais *systématique*, en ce qu'elle se manifeste dans des positions déterminées. Elle est engendrée par l'anticipation ou le retard de l'une des parties sur l'autre.

Les manifestations du tuilage sont fréquentes dans les musiques vocales de types antiphonal et responsorial. Les chants à danser du Centre-Bretagne en sont une très bonne illustration (Kemener). Ce phénomène est aussi largement répandu dans de nombreuses musiques africaines : chez les Dan (pl. 2), chez les Hutu (Rwanda, pl. 5), chez les Gbaya (Instruments, pl. 29).

On le rencontre également dans les musiques occidentales savantes : chez Roland de Lassus *(La Nuict froide et sombre)*, Brahms (*Ein deutsches Requiem*, opus 45, 4e mouvement, "Wie lieblich sind deine Wohnungen" à plusieurs reprises), Bizet (*Carmen*, acte II, duo Carmen-Don José, "Non, tu ne m'aimes pas"), Offenbach (*La Belle Hélène*, acte I, scène 7, "Le couplet des rois"), Wagner (*Tristan und Isolde*, acte II, scène 2, duo Tristan-Isolde, où des tuilages sont combinés avec un peu d'imitation), Debussy *(Jeux)*, Mahler (*Première Symphonie*, 3e mouvement, et *Neuvième Symphonie*, 1er mouvement, à différentes reprises dans les deux cas).

3. Bourdon

Le terme bourdon désigne une ou plusieurs notes tenues – vocales ou instrumentales – qui servent d'assise à une ou plusieurs mélodies se déroulant simultanément au-dessus de lui. Les modalités de fonctionnement du bourdon varient selon qu'il est intégré ou non à l'instrument ou à l'émission vocale : un seul musicien peut produire à la fois bourdon et mélodie ou bien deux ou plusieurs musiciens se répartissent les rôles au sein de la polyphonie. Simple ou multiple, continu ou discontinu, le bourdon assume, le plus souvent, une fonction modale et se démarque, par sa nature, de toutes les autres notes exprimées dans les autres parties en présence. Il tient lieu, en particulier dans la musique vocale accompagnée, de référence de hauteur permettant au chanteur de stabiliser son intonation. Lorsque plusieurs bourdons sont superposés, ils peuvent fonctionner indépendamment les uns des autres. Le bourdon n'est donc pas, en lui-même, un procédé polyphonique ; c'est seulement par extension que ce terme fait référence au procédé, aussi serait-il plus précis de parler de musique sur bourdon.

Le schéma suivant (exemple 4) illustre les différentes manières d'être de la musique sur bourdon et du bourdon lui-même.

Exemple 4

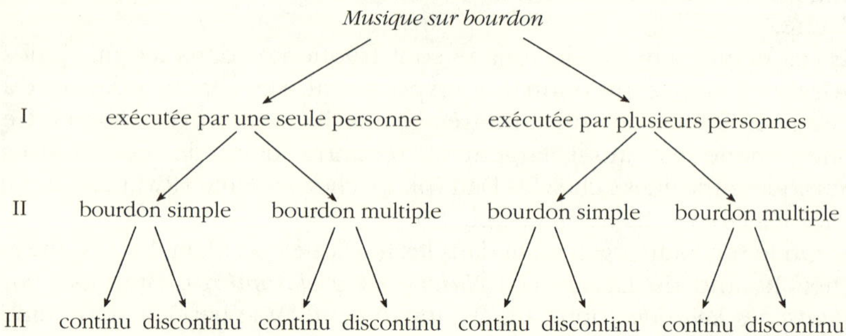

3.1. *Bourdon et mélodie exécutés par un seul ou plusieurs musiciens*

Pour qu'ils soient exécutés par une seule personne, bourdon et mélodie doivent nécessairement être produits par un même instrument ou procéder d'une combinaison entre voix et instrument. Trois cas de figure se présentent :

a) le bourdon fait partie de la facture même de l'instrument, en particulier pour les cordophones ou les aérophones : c'est le cas notamment de la vielle à roue (Chabenat), de la cornemuse (Blanchard), de la clarinette double *murali* des musiciens du Rajasthan (Rajasthan) ou de la clarinette triple *launeddas* de Sardaigne (Sardaigne, 1985) ;

b) deux instruments – l'arc musical et la guimbarde – ne peuvent émettre qu'un ou deux sons fondamentaux alternativement : ces instruments présentent la particularité d'être tenus entre les lèvres entrouvertes du musicien ; ce dernier, par les modifications du volume de sa cavité buccale, engendre une mélodie en faisant ressortir certaines des harmoniques produites par le bourdon instrumental, celui de l'arc musical (Klangfarben, pl. 2) ou de la guimbarde (Voix, II, pl. 34), par exemple ; le même principe se rencontre dans le chant diphonique où un même exécutant n'émet qu'un seul son fondamental dont il sélectionne et amplifie certains harmoniques pour créer une mélodie (Voix, II, pl. 36 et 38).

c) le bourdon vocal peut également être associé au jeu d'un instrument à vent comme dans le jeu de la flûte *narh* du Rajasthan (Rajasthan, pl. 1-4) ; un ou plusieurs musiciens – chanteurs ou instrumentistes – peuvent exécuter un bourdon cependant que leurs partenaires se chargent de la ou des parties mélodiques (Salomon, 1990, pl. 1 et 23).

3.2. *Bourdon multiple*

Lorsque le bourdon est multiple, les notes qui le constituent peuvent être jouées selon trois modalités :

a) simultanément, comme c'est le cas, pour la musique instrumentale, de la cornemuse écossaise (Molard) ou du *shruti box* indien (Kerala, pl. 1) et, pour la musique vocale, des polyphonies sardes (Sardaigne, 1992) ;

b) successivement, comme dans le chant *oniugu* des Batéké du Gabon (Voix, III, pl. 11) ou des chants d'Albanie (Albanie) ;

c) arpégées, comme dans le jeu de la *tanpura* indienne (Dhrupad).

3.3. *Bourdon continu et bourdon discontinu*

Le bourdon continu présente trois modalités de réalisation :

a) le son est entretenu, sur les cordophones, le plus souvent par un archet, et pour les aérophones grâce à la technique du souffle continu (Instruments, pl. 26) ;

b) le son est réactivé : il est marqué régulièrement ou non par une attaque ou par un accent (Rajasthan, pl. 3) ;

c) il fait l'objet d'une articulation rythmique (par exemple, bourdon vocal simple dans lequel le musicien intègre des syllabes (Rajasthan, pl. 2) ;

Le bourdon discontinu présente deux modalités de réalisation :

– il est régulier, c'est-à-dire régulièrement entrecoupé de silences ;

– il est sporadique : l'alternance entre son et silence est irrégulière.

Le bourdon est très fréquent dans les musiques qui nous sont familières. Citons, à tite d'exemples : Bach, *Toccata et fugue en* fa *majeur* ; Mozart, *Requiem* ("Domine Jesu", mesures 61 à 65 et 72 à 75) ; Beethoven, *Neuvième Symphonie*, 1er mouvement : bourdon sur la quinte *la-mi* aux mesures 1 à 16, et sur la quinte *ré-la* aux mesures 35 à 51 ; Brahms, *Variations sur un thème de Haendel*, dernière variation de la fugue finale ; *Ein deutsches Requiem* : 1er mouvement, "Selig sind die da Leid tragen", pédale de *fa* sur les dix premières mesures, puis sur les mesures 65 à 74 ; 3e mouvement, "Herr, lehre doch mich", mesures 173 à 208 ; 6e mouvement : à partir de la mesure 224, où le bourdon alterne entre *do*, *sol* et *ré* ; Gounod, *Faust*, acte I, scène 1 et acte IV, scène 3, "Scène de l'église", à plusieurs reprises dans les deux cas ; Wagner, *Das Rheingold*, très longue pédale sur *mi* ♭ durant les 136 mesures du prélude ; Mahler, *Neuvième Symphonie*, 2e mouvement.

4. Homorythmie

On entend par *homorythmie* le procédé dans lequel toutes les parties en présence adoptent un même découpage rythmique, indépendamment des relations que leurs lignes mélodiques entretiennent. Il convient d'établir une distinction selon que toutes les parties sont d'égale importance ou qu'une ligne mélodique prédomine ; dans ce dernier cas, on parlera d'*homophonie*.

Le principe d'homorythmie peut être appliqué de manière plus ou moins rigoureuse : en effet, en raison de légères variantes – telles que le monnayage de certaines durées – toutes les parties peuvent ne pas épouser une rythmique identique. Il serait alors plus précis de parler de *tendance* homorythmique. L'*homorythmie stricte* est présente notamment en Asie (Viêtnam, I, pl. 2), en Europe (Sardaigne 1992) et en Océanie (Kanak, pl. 11-12). La musique à *tendance* homorythmique est pratiquée en Amérique du Sud (Venezuela, 1997), dans la poésie chantée du Moyen-Orient (Moyen-Orient, pl. 1, 2 et 3) et en Afrique centrale (Banda, pl. 9 ; Ouham-Pendé, pl. 2-5 et 10-12).

Qu'elle soit vocale et/ou instrumentale, l'homorythmie est obtenue par *mouvement parallèle* ou par *mouvement divergent*. Le procédé du *mouvement parallèle* est extrêmement répandu en Afrique subsaharienne, où il est réalisé en intervalles de tierces (Voix, III, pl. 13), de quartes (*ibid.*, pl. 14) ou de quintes (*ibid.*, pl. 12). On le trouve également dans les Andes (Bolivie) et en Chine (Chine, pl. 1) par intervalles de quarte ou de quinte. La conduite mélodique par mouvement divergent est présente en Océanie (Danses, II, pl. 14), en Asie (Viêtnam, I, pl. 5 et II, pl. 16) ainsi qu'en Europe (Slovénie, pl. 6-7).

Soulignons un exemple caractéristique d'homorythmie dans la musique savante : dans la "Danse des adolescentes" du *Sacre du printemps* de Stravinsky, où elle constitue la base de tout ce morceau, et dans la "Danse sacrale" *(ibid.)*.

Quant à l'*homophonie*, on la rencontre aussi bien en Europe – notamment dans les Alpes et en Corse (Danses, I, pl. 14 ; Voix, III, pl. 19) – qu'en Bolivie (Danses, II, pl. 17).

On en trouve de nombreux exemples dans les musiques savantes européennes : chez Roland de Lassus *(Un jour vis un foulon, Matona mia cara)*, Claude Le Jeune ("Revecy venir du printans" du *Printans)*, Brahms, dans le thème ("Choral de saint Antoine") des *Variations sur un thème de Haydn*, et dans *Ein deutsches Requiem* (2e mouvement, "Denn wir haben hie keine bleibende Statt"), Beethoven (*Neuvième Symphonie*, 2e mouvement, mesures 268 à 295), Mendelssohn, dans le grand choral de la *Cinquième Symphonie (Reformation)*, Gounod (*Faust*, acte IV, scène 4, "Chœur des soldats"), Bartók (*Concerto pour orchestre*, 4e mouvement), Britten (dans le thème de Purcell exposé au début du *Young Person's Guide to the Orchestra*).

5. Contrepoint

Etymologiquement, le terme de contrepoint est dérivé de *punctus contra punctum*, "point contre point", attesté au XIVe siècle. Il désignait un procédé compositionnel "note contre note". Néanmoins, dès le XVe siècle, les théoriciens se rallient à la pratique de certains compositeurs, qui conféra une indépendance rythmique aux différentes parties d'une polyphonie (Johannes Tinctoris, *Liber de arte contrapuncti*, 1477). On entend ici par contrepoint tout édifice polyphonique fondé sur la superposition de deux ou plusieurs lignes mélodiques distinctes dont l'articulation rythmique diffère.

Jusque dans la seconde moitié du XXe siècle prévalait l'idée selon laquelle ce procédé serait l'apanage de la musique savante occidentale. Or, depuis, les travaux des ethnomusicologues ont révélé la prégnance du contrepoint dans bien des musiques de tradition orale : il est particulièrement répandu en Europe orientale, dans certaines zones d'Afrique subsaharienne, en Océanie, ainsi que dans la musique de certaines minorités d'Asie du Sud-Est et d'Extrême-Orient. Tout comme dans la musique notée, le contrepoint représente, dans les cultures de l'oralité, la technique polyphonique la plus complexe. Le plus souvent, il est réservé aux seules musiques mesurées.

Dès lors que des lignes mélodiques offrent des configurations rythmiques différentes, elles peuvent procéder par mouvement similaire ou divergent.

Exemple 5

Contrepoint à quatre parties

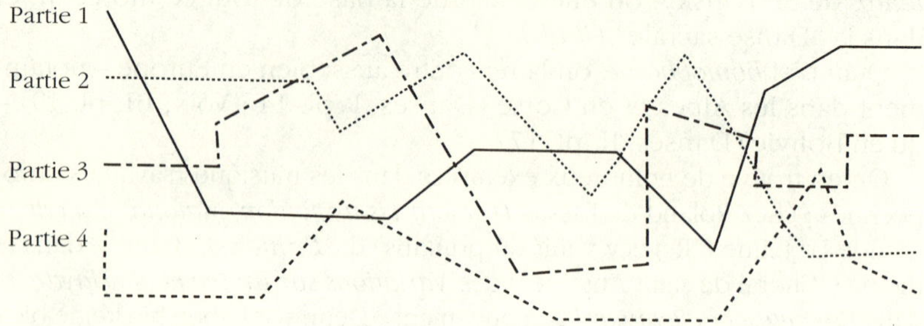

Certaines techniques contrapuntiques procèdent de l'*imitation* (voir *infra*). Le contrepoint peut être aussi bien vocal qu'instrumental, ou encore combiner les deux.

5.1. *Contrepoint vocal*

Dans une musique vocale, la réalisation du contrepoint peut regrouper de deux à plusieurs dizaines de chanteurs. Cela ne signifie pas pour autant que chaque chanteur dispose d'une partie qui lui soit propre : le contrepoint est fondé sur un nombre limité de parties constitutives qui sont autant d'épures mélodiques et que les différents participants enrichissent par de nombreuses ornementations, variantes et variations. Le plus souvent, chacune de ces parties porte un nom dans la langue vernaculaire, ce qui prouve bien qu'elles procèdent d'une conceptualisation en amont de la réalisation. Dans certaines cultures (Pygmées, Bochimans), l'attribution des parties entre les chanteurs n'est pas prédéterminée. Qui plus est, en cours d'exécution, les chanteurs peuvent passer librement d'une voix à une autre.

Le contrepoint vocal à deux parties est particulièrement fréquent en Océanie (Voix, III, pl. 21) et en Extrême-Orient (Taïwan, pl. 1 et 3), mais aussi dans les pays baltes (Pays baltes, pl. 15). On trouve celui à trois voix dans différentes régions d'Europe : dans le *jodel* suisse (Suisse, pl. 10-11), en Géorgie (Voix, III, pl. 23), en Afrique australe (Namibie, pl. 3) et en Extrême-Orient, à Taïwan (Voix, III, pl. 22).

L'une des populations dont le contrepoint est aujourd'hui le mieux connu est celle des Pygmées aka de Centrafrique. Leur polyphonie vocale prend appui sur quatre parties constitutives (Aka, 1987, II, pl. 8-14). Certaines populations de Tanzanie, les Wagogo et les Kuria, partagent ce procédé (Tanzanie). Il est extrêmement rare qu'un contrepoint compte plus de quatre parties. Tel est pourtant le cas des Dorzé d'Ethiopie (Dorzé, pl. 3) qui distinguent six parties constitutives.

5.2. *Contrepoint instrumental*
Contrairement au contrepoint vocal, le contrepoint instrumental peut être réalisé par un seul musicien sur un instrument *polyphonique en lui-même* (comme les harpes, xylophones, lamellophones et aérophones doubles) : les deux mains du musicien exécutent alors des parties rythmiquement et mélodiquement distinctes. On rencontre ce type de contrepoint instrumental essentiellement en Afrique subsaharienne (Instruments, pl. 7, 8, 29 et 32), ainsi que dans certaines régions d'Europe, comme en Sardaigne, où il se superpose souvent à un bourdon (Instruments, pl. 26).

Dans les ensembles instrumentaux, le contrepoint à deux parties ou plus peut être engendré par des instruments de même type, comme les orchestres de flûtes de Pan (Salomon, 1994), ou de types différents comme le gong et la flûte au Viêtnam (Viêtnam, pl. 22), fussent-ils pris isolément, monodiques ou potentiellement polyphoniques, comme les xylophones de Centrafrique (Ouham-Pendé, pl. 12).

5.3. *Contrepoint voco-instrumental*
L'association entre voix et instruments – outre celle d'une voix avec un instrument monodique (Rwanda, pl. 7) – peut donner lieu à une trame contrapuntique particulièrement dense. Tel est fréquemment le cas en Afrique subsaharienne où des instruments en eux-mêmes polyphoniques, comme le xylophone, ont pour vocation d'accompagner le chant aussi bien individuel (Centrafrique, pl. 7-8) que collectif (Aka, pl. 23 ; Bamum, pl. 5). Dans ces cas, le contrepoint inhérent à l'instrument lui-même est enrichi par la ou les lignes mélodiques qui le coiffent.

Exemple 6

Combinatoires de voix et d'instruments dans le contrepoint

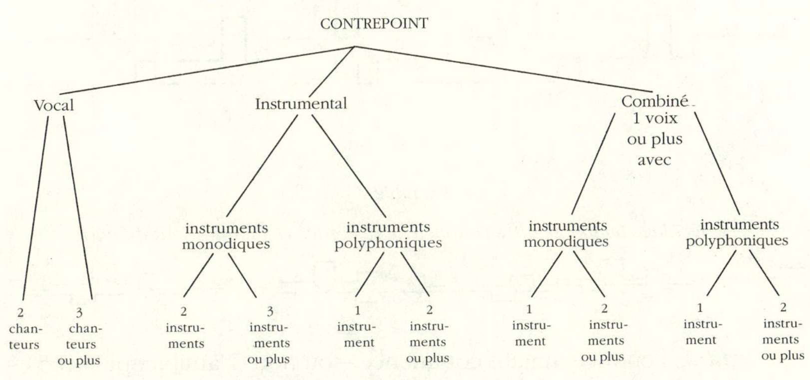

6. Imitation

Le procédé de l'imitation est attesté dans la musique occidentale depuis le début du XIIIe siècle (école de Notre-Dame). Citons ultérieurement, chez Buxtehude, le canon puis l'imitation (fugato) de la *Canzona* pour orgue, BuxWv 166 ; chez Haydn, le 2e mouvement (Menuet) de la *Symphonie n° 44* dite "funèbre" qui est entièrement en canon ; chez Mahler, le canon sur la mélodie de "Frère Jacques", mais en mineur, de la *Première Symphonie (Titan)*. Il désigne la réalisation – décalée dans le temps – d'un énoncé identique ou semblable, à une même hauteur que l'énoncé de référence ou à une hauteur différente. C'est dire que l'imitation est un procédé contrapuntique. Elle peut concerner la mélodie, le rythme, ou encore la combinaison des deux. Lorsque l'ordre de grandeur des intervalles est respecté, il s'agit d'une transposition ; lorsqu'il est modifié, il s'agit d'une mutation. Il n'est pas rare de trouver des pièces entières basées sur l'imitation qui en est alors le principe constitutif.

Le principe d'imitation s'incarne de différentes manières. Chacune d'elles se définit en fonction de quatre traits, caractérisés respectivement par une opposition de deux termes (même/différent) :

– *trait 1* : le décalage temporel entre l'énoncé de référence et l'énoncé imitatif est constant (Viêtnam, II, pl. 3 et 4 ; Nouvelle-Guinée, IV, pl. 31-32, V, pl. 13 ; Inuit, 1991) ou varie (Kaluli, pl. A4-3) ;

Exemple 7

Le décalage temporel entre l'énoncé de référence et l'énoncé imitatif est constant

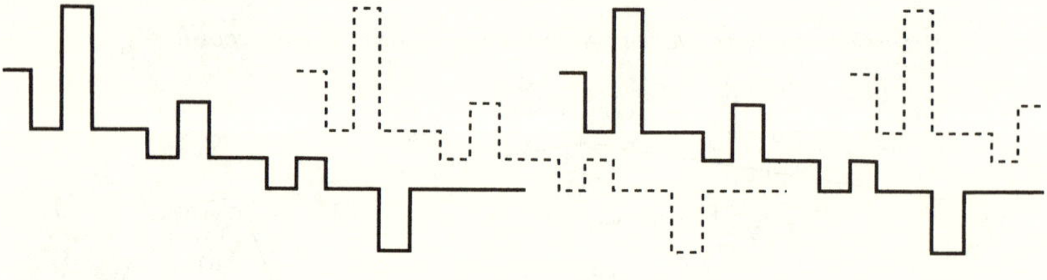

Exemple 8

Le décalage temporel entre l'énoncé de référence et l'énoncé imitatif varie

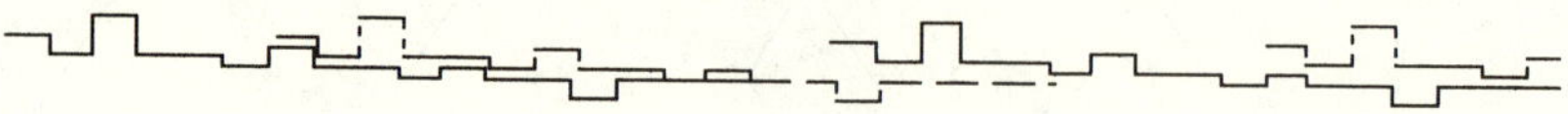

– *trait 2* : l'énoncé imitatif commence – ou non (Namibie, pl. 3 et 5) – à la même hauteur que l'énoncé de référence.

Exemple 9

L'énoncé imitatif commence à une hauteur différente de celle de l'énoncé de référence

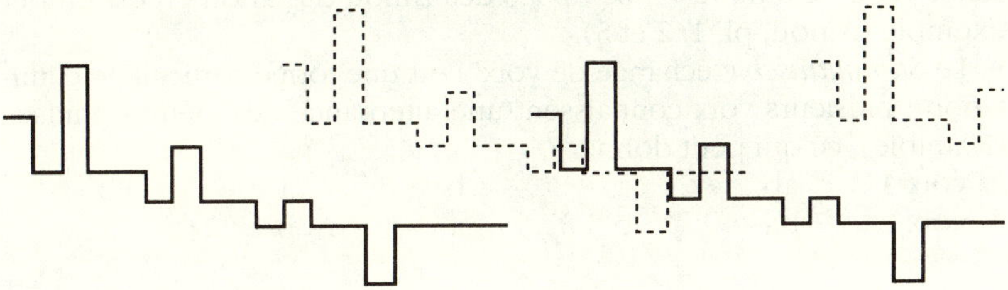

– *trait 3* : il reproduit – ou non (*ibid.*, pl. 3 et 5) – les mêmes valeurs de durée que l'énoncé de référence ;

Exemple 10

L'énoncé imitatif comprend des valeurs de durée différentes de celles de l'énoncé de référence

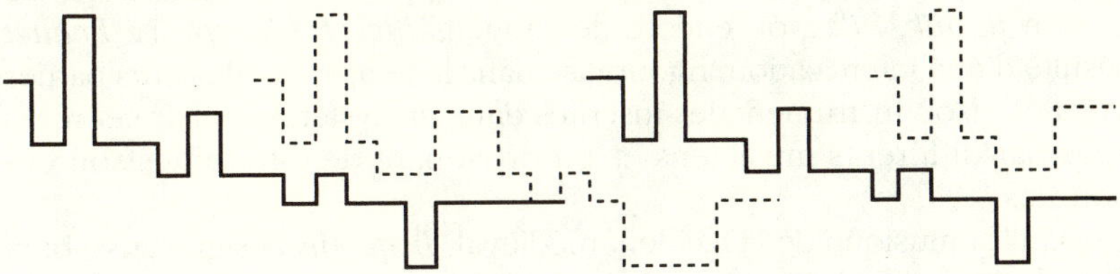

– *trait 4* : la succession des hauteurs reproduit fidèlement – ou non (Nouvelle-Guinée, IV, pl. 31-32 et V, pl. 13) – celle de l'énoncé de référence.

Exemple 11

La ligne mélodique de l'énoncé imitatif est une variante de celle de l'énoncé de référence

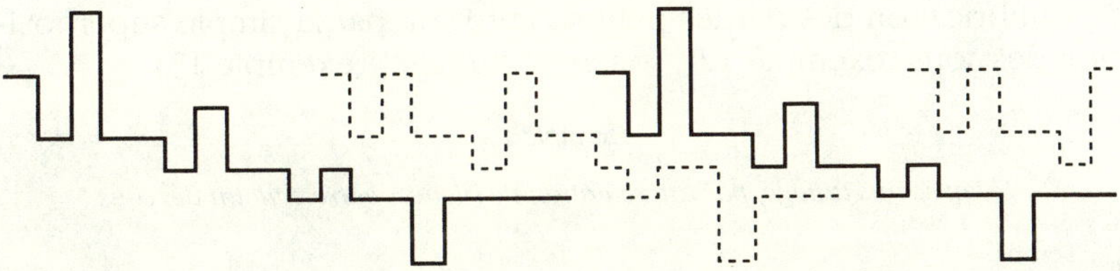

Le *canon* (du grec *kanon* : "règle", "précepte") constitue la forme la plus parfaite de l'imitation en ce que le décalage entre l'énoncé de référence et l'énoncé imitatif est constant ; l'énoncé imitatif commence à la même hauteur que l'énoncé de référence, ses valeurs de durée et sa ligne mélodique reproduisent fidèlement celles de l'énoncé de référence (voir l'exemple 7). Le *upopo* des Aïnou du Japon en est un bel exemple (Aïnou, pl. 1, 2 et 5).

Le *Stimmtausch* ("échange de voix") est une forme particulière d'imitation : plusieurs voix connaissent une alternance des mêmes phrases (Namibie), ce qui peut donner :

voix 1 :	ab	a	b	a	b
voix 2 :	ba	b	a	b	a

7. Hoquet

Le terme *hoqueto* vient du latin médiéval *hoquetus*. Les sources écrites françaises attestent le terme *hoquet* dans une acception musicale dès le XIVe siècle (il s'agit d'un dérivé de *hok*, d'origine onomatopéique ; la forme moyen-française *icquet* peut être rapprochée du gallois *ic*, du breton *ik*, *hik*, *hiket*, ou encore de l'anglais *hicket*, *hiccup*). Le *hoquet* résulte d'une intercalation, rigoureuse dans le temps, de plusieurs parties vocales et/ou instrumentales inscrites dans un système scalaire et réalisées par différents musiciens et/ou provenant de différentes sources sonores.

Dans la musique de l'Occident médiéval, *hoquetus* désigne aussi bien la technique d'écriture qu'une pièce entière composée selon cette technique (par exemple le *Hoketus David* de Guillaume de Machaut). Le plus souvent toutefois, le hoquet est utilisé de façon sporadique, comme dans de nombreux épisodes du *Coro* de Berio. Dans les musiques de tradition orale d'Afrique (Madagascar, pl. 4 ; Cameroun, pl. 1), d'Amérique du Sud (Guyane, 1998, pl. 8 ; Mato Grosso, pl. 6), d'Asie (Viêtnam, I, pl. 1) et d'Océanie (Salomon, 1990, pl. 2-7), il constitue en revanche fréquemment le principe structurant la totalité d'une pièce.

L'imbrication des parties peut se faire soit par la simple superposition des sons (exemple 12), soit avec "tuilage" (exemple 13).

Exemple 12

Hoquet sans tuilage, par intercalation de silences entre chacun des sons

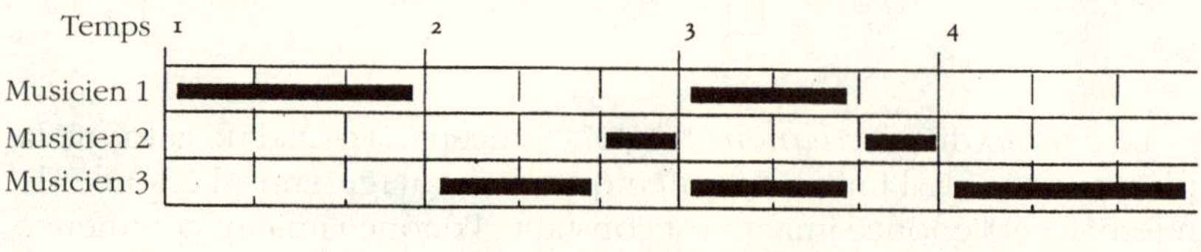

Exemple 13

Hoquet avec tuilage

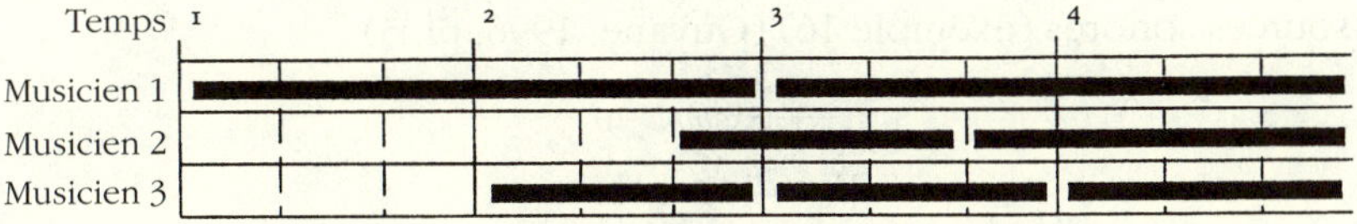

Cette imbrication s'effectue soit selon une alternance après chaque son émis (comme dans les exemples 12 et 13), soit selon une alternance de séries de sons (comme dans l'exemple 14).

Exemple 14

Hoquet avec alternance de séries *de sons*

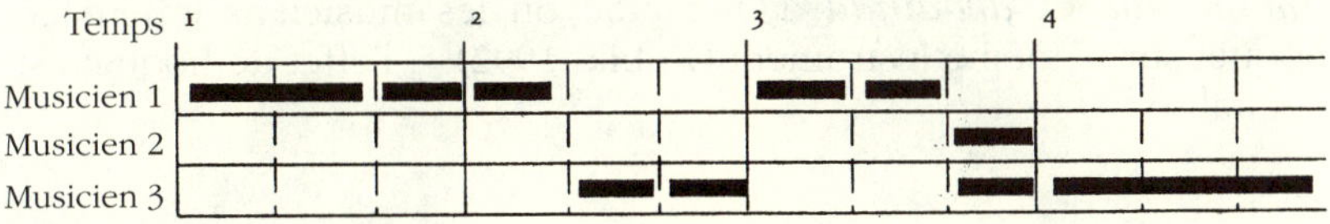

Le plus souvent, les instruments ne produisent qu'un seul son, comme c'est le cas dans les orchestres de trompes *banda linda* et *banda dakpa* (Banda, pl. 1-2, 4, 8 et 10-11) et de flûtes *banda linda* (*ibid.*, pl. 6-7). Mais on trouve parfois des musiques où les sources sonores peuvent en produire plusieurs (exemple 15).

Exemple 15

Hoquet avec trois sources sonores produisant chacune deux sons

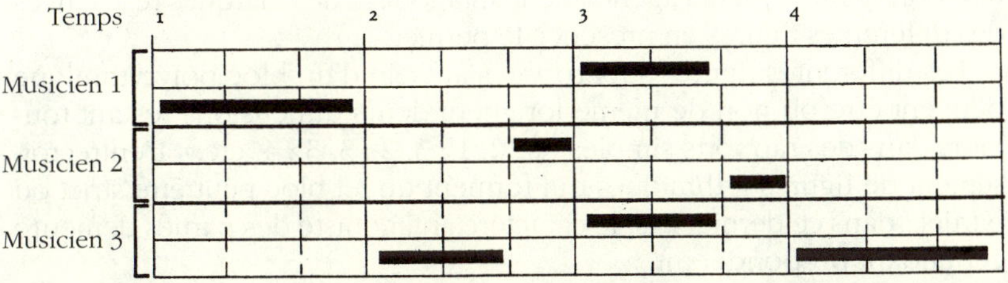

Procédant d'un principe d'entrecroisement de différentes figures rythmiques, et du fait de leur étagement à des hauteurs fixes, le hoquet se situe à l'intersection de la polyrythmie et du contrepoint.

En l'absence de tout agrégat, consonance ou tuilage, le hoquet est un leurre polyphonique ; il n'est en effet qu'une monodie dont la structure est répartie entre les différents musiciens ou entre différentes sources sonores (exemple 16) (Guyane, 1996, pl. 5).

Exemple 16

Monodie "polyphonisée"

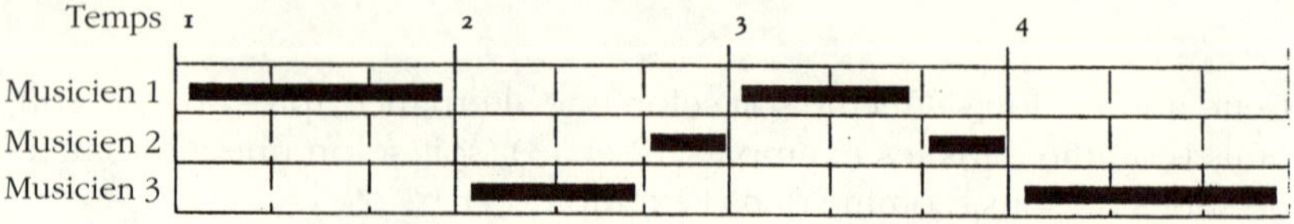

Ainsi, lorsque les timbres des instruments sont peu différenciés – voire pas du tout, comme c'est le cas des musiques pour xylophones *amandinda* et *akadinda* d'Ouganda, où les musiciens jouent en hoquet sur le même instrument (Kubik, 1992) –, l'effet de hoquet est neutralisé.

8. Polyrythmie

La polyrythmie s'applique ici aux instruments qui ne procèdent pas d'une quelconque organisation scalaire des hauteurs ; c'est ce qui la distingue du contrepoint. La polyrythmie résulte de l'entrecroisement d'au moins deux figures rythmiques. Tributaires d'un même étalon de temps, ces figures sont caractérisées par au moins l'une des trois marques que sont l'accentuation, l'opposition de timbre et l'alternance des durées. La simple superposition de rythmes issus du monnayage ne suffit pas à produire une polyrythmie : seul l'agencement antagoniste des marques respectives des différentes figures en présence le permet.

Les différentes figures superposées au sein d'un bloc polyrythmique peuvent être ou non de même longueur, leurs dimensions restant toujours dans des rapports simples (1 : 2, 1 : 3, 2 : 3, 3 : 4, etc.). L'entrecroisement de figures rythmiques qui forment un tel bloc peut être strict ou partiel ; dans ce dernier cas, le caractère antagoniste des parties demeure cependant prépondérant.

Les deux exemples suivants illustrent l'entrecroisement *strict* de figures rythmiques de même longueur (exemple 17) ou de longueurs différentes (exemple 18)

Exemple 17

Entrecroisement strict entre figures rythmiques de même longueur

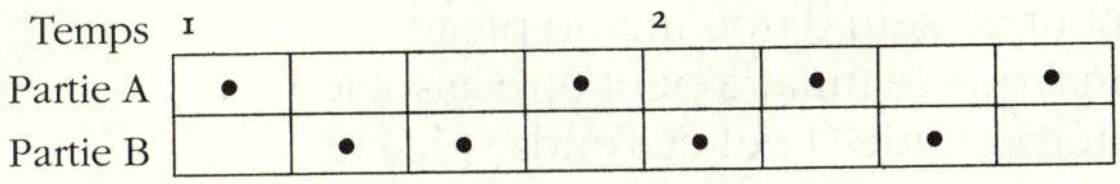

Exemple 18

Entrecroisement strict entre figures rythmiques de longueurs différentes

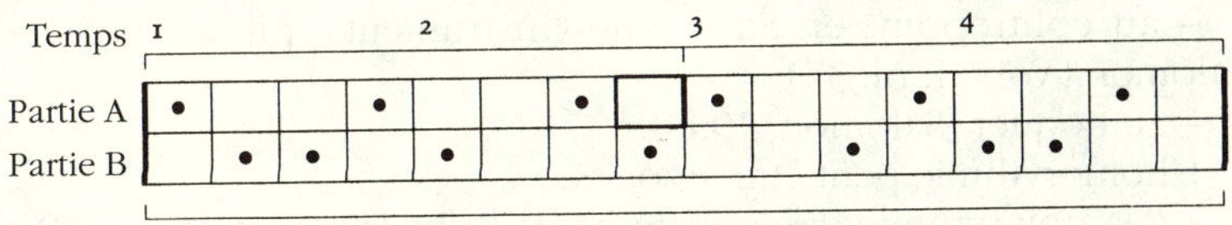

Les deux derniers exemples présentent un entrecroisement *partiel* fondé sur des figures rythmiques de même longueur (exemple 19) ou de longueurs différentes (exemple 20)

Exemple 19

Entrecroisement partiel entre figures rythmiques de même longueur

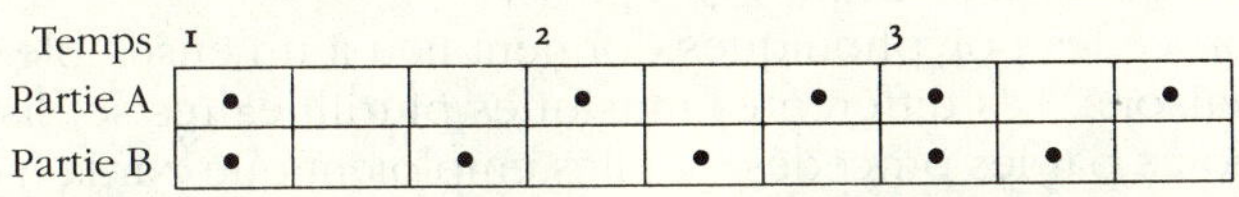

Exemple 20

Entrecroisement partiel entre figures rythmiques de longueurs différentes

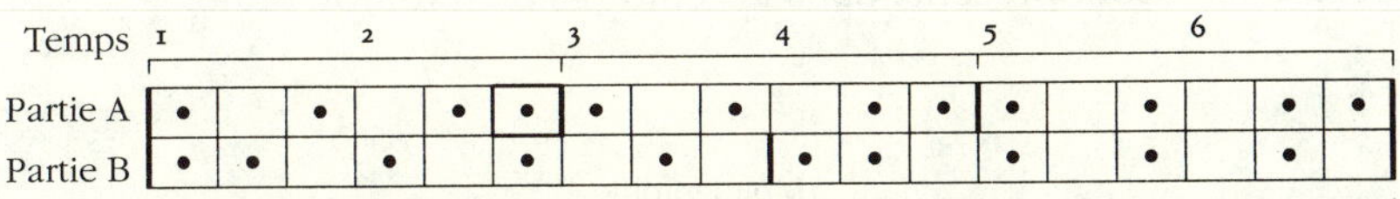

La polyrythmie peut être exécutée seule, ou accompagner des parties vocales et/ou instrumentales. Pour des exemples : Instruments, pl. 9 et 11 ; Danses, I, pl. 4 et 2, II, pl. 22 ; Venezuela, 1995, pl. 1, 7-16 et 18-21.

On rencontre de nombreux exemples de polyrythmie dans les musiques occidentales. Citons la scène finale de l'acte I du *Don Giovanni* de Mozart, *Chronochromie* de Messiaen, un passage des *Soldaten* de Zimmermann, *Clapping* de Steve Reich, et chez Ligeti, les 1er et 5e mouvements de son *Concerto pour piano*, et les *Etudes pour piano*, notamment les n° 1, 4 et 8.

9. Combinaison des différents types de polyphonies

Dans les faits, il est fréquent que plusieurs techniques polyphoniques se combinent au sein d'une même pièce.

C'est ainsi que le tuilage peut être associé :

– à l'hétérophonie (Peul et Tenda, pl. 4) ;

– à l'homorythmie (Aka, 1987, I, pl. 11).

Le bourdon peut être associé :

– à l'homorythmie (Albanie) ;

– à l'homophonie (Italie) ;

– au contrepoint en Sardaigne (Instruments, pl. 26) ou aux îles Salomon (Voix, I, pl. 34) ;

– au hoquet (Salomon, 1990).

L'homorythmie peut être associée :

– à la polyrythmie dans la rumba de Cuba (Danses, II, pl. 22) ;

– au contrepoint (Taïwan, pl. 2 et 4 ; Kanak, pl. 2) ;

– au hoquet et la polyrythmie (Banda, pl. 16).

Le contrepoint peut être associé :

– à la polyrythmie (Aka ; Namibie, pl. 3, 14, 15 ; Cameroun, pl. 2) ;

– au hoquet (Tanzanie).

La polyrythmie peut encore être associée :

– au hoquet (Cameroun, 1996, pl. 3).

Les procédés polyphoniques donnent lieu à un ensemble infini de combinaisons. Les différentes musiques plurilinéaires se distinguent donc moins par les procédés qu'elles emploient que par la façon spécifique dont elles les combinent.

Au regard de cette typologie, il apparaît que, à l'exception de l'harmonie tonale, tous les procédés polyphoniques de la musique savante occidentale sont présents dans les cultures de tradition orale.

Bibliographie

ADLER, G., 1908 : "Ueber Heterophonie", *Jahrbuch der Musikbibliothek Peters*, vol. XV, p. 17-27.

APEL, W., 1970 : *Harvard Dictionary of Music*, Cambridge (Mass.), Harvard University Press.

AROM, S., 1984 : "Structuration du temps dans les musiques d'Afrique centrale : périodicité, mètre, rythmique et polyrythmie", *Revue de musicologie*, vol. LXX, n° 1, p. 5-36.

AROM, S., 1985 : *Polyphonies et polyrythmies d'Afrique centrale. Structure et méthodologie*, 2 vol., Paris, SELAF.

AROM, S., 1993 : "Une voix multiple", entretien avec Serge Pahaut, *Cahiers de musiques traditionnelles*, vol. VI, "Polyphonies", p. 185-196.

AROM, S. et MEYER, C. (éd.), 1991 : *Les Polyphonies populaires russes*, Rencontres à Royaumont, Paris, Créaphis, avec un CD.

AROM, S. et SHARVIT, U., 1994 : "Plurivocality in the Liturgical Music of the Jews of Sana'a (Yemen), Jerusalem", *Yuval*, vol. VI, p. 34-67.

BOULEZ, P., 1963 : *Penser la musique aujourd'hui*, Mayence, Gonthier.

CERNY, M. K., 1993 : "Zur Frage antiker Mehrstimmigkeit im Lichte neuer Funde und Forschungsergebnisse", in *Acta universitatis Palackianae Olomucensis, Facultas philosophica*, "Philosophica-Aesthetica 12", Olomouc, p. 15-30.

CHAILLEY, J., 1967 : *Cours d'histoire de la musique*, Paris, Leduc, vol. I.

DROZINA, M., 1987 : "Puti stanovlenija i razvitija mnogogolossia na pocve vostocnyh monodijnih kul'tur", *Izvestija Akademii Nauk Tadzikskoj SSR*, vol. IV, p. 38-46.

ENGLAND, N., 1995 : *Music among the Zu' | 'wa-si and Related Peoples of Namibia, Botswana, and Angola*, New York-Londres, Garland.

FELD, S., 1982 : *Sound and Sentiment. Birds, Weeping, Poetics and Song in Kaluli Expression*, Philadelphie, University of Pennsylvania.

FÜRNISS, S., 1993 : "Rigueur et liberté : la polyphonie vocale des Pygmées aka (Centrafrique)", in *Polyphonies de tradition orale. Histoire et traditions vivantes*, C. Meyer (éd.), Rencontres à Royaumont, Paris, Créaphis, p. 101-131.

FÜRNISS, S. et OLIVIER, E., 1998 : "Musiques vocales pygmée et bochiman : deux conceptions africaines du contrepoint", *Musurgia*, vol. IV, n° 3, p. 9-30.

GIURIATI, G., 1996 : "Le orchestre del Sud-Est asiatico : eterofonia o polifonia ?", in *Polifonie, procedimenti, tassonomie e forme : una riflessione 'a piu voci'*, M. Agamennone (éd.), Venise, Il Cardo-Biblioteca Venezia, p. 181-203.

GOLEMOVIC, D. O., 1991 : "The Role of Accompanying Voice in Serbian Two-voice Folk Singing. An Example of the Vocal Tradition in Western Serbi", *Narodna umjetnost*, vol. III, p. 309-318.

HORNBOSTEL, E. M. von, 1909 : "Ueber Mehrstimmigkeit in der aussereuropäischen Musik", *Bericht über den Dritten Kongress der Internationalen Musikgesellschaft*, Vienne, 25-29 mai 1909, Vienne, Artaria, p. 298-303.

HUGLO, M., 1985 : "Notes sur l'organum vocal du IXe siècle", *Revue de musicologie*, vol. LXXI, n° 1-2, p. 177-179.

KOJIMA, R., 1986 : "The Kalasha. Musical Performance at the Natumaturi Uchao", *Ongaku gaku*, vol. XXIII, n° 2, p. 97-115.

KUBIK, G., 1992 : "Embaire Xylophone Music of Samusiri Babalanda (Uganda 1968)", *The World of Music*, vol. XXXIV, n° 1, p. 57-84 ; rééd. in Id., *Composing the Music of Africa. Composition, Interpretation, and Realization*, M. Floyd (éd.), Aldershot, Ashgate Studies in Ethnomusicology, 1999, p. 107-133.

LÉOTHAUD, G., LORTAT-JACOB, B. et ZEMP, H., 1996 : *Les Voix du monde. Une anthologie des expressions vocales*, coffret de 3 CD et un livret, coll. "CNRS-Musée de l'Homme", Le Chant du Monde, CMX 374.1010.12.

MALM, W. P., 1972 : "On the Meaning and Invention of the Term «Disphony»", *Ethnomusicology*, vol. XVI, n° 2, p. 247-249.

MILLER, T. E., 1984 : "Oral Tradition Psalmody Surviving in England and Scotland", *Hymn*, vol. XXXV, n° 1, p. 15-22.

NKETIA, J. H. K., 1962 : "The Hocket-Technique in African Music", *Journal of the International Folk Music Council*, vol. XIV, p. 44-52.

RANDEL, D. M. (éd.), 1986 : *The New Harvard Dictionary of Music*, Cambridge (Mass.)-Londres, The Belknap Press of Harvard University Press.

RIEMANN, H., 1931 : *Dictionnaire de musique*, Paris, Payot.

SCHAEFFNER, A., 1968 : *Origine des instruments de musique. Introduction ethnologique à l'histoire de la musique instrumentale*, Paris, Mouton.

SIRON, J., 1993 : "Enchevêtrement de voies. Au carrefour de la polyphonie et des musiques improvisées contemporaines", *Cahiers de musiques traditionnelles*, vol.VI, "Polyphonies", p. 119-138.

TEMPERLEY, N., 1981 : "The Old Way of Singing : its Origins and Development", *Journal of the American Musicological Society*, vol. XXXIV, n° 3, p. 511-544.

WINDHOLZ, J., 1991 : "Bäuerliche deutsche Mehrstimmigkeit in Kirowo/Karangada um 1980", *Jahrbuch für Volksliedforschung*, vol. XXXVI, p. 48-68.

ZIEGLER, S., 1993 : "Une perspective historique sur la polyphonie géorgienne", *Cahiers de musiques traditionnelles*, vol. VI, "Polyphonies", p. 29-44.

Discographie

Aïnou, 1993 : *Japon. Chants des Aïnou*, coll. "Unesco", Auvidis, D 8047.

Aka, 1987 : *Centrafrique. Anthologie de la musique des Pygmées aka*, Ocora-Radio France, C 559012/13.

Aka, 1998 : *Centrafrique. Pygmées aka. Chants de chasse, d'amour et de moquerie*, Ocora-Radio France, C 560139.

Albanie, 1988 : *Albanie. Polyphonies vocales et instrumentales*, coll. "CNRS/Musée de l'Homme", Le Chant du Monde, CNR 274897.

Bali, 1995-2000 : *Anthologie des musiques de Bali*, 4 coffrets, coll. "Musique du Monde", Buda musique, 926002/012/022/032.

Bamum, 1997 : *Cameroun. Royaume bamum*, coll. "Inédit", Maison des cultures du monde, W 260074.

Banda, 1992 : *République centrafricaine. Polyphonies banda*, coll. "Unesco", Auvidis, D 8043.

Blanchard, 1988 : *Jean Blanchard. Musiques pour cornemuse*, Ocora-Radio France, C 559044.

Bolivie, 1987 : *Bolivie, Syrinx de Bolivie*, coll. "Unesco", Auvidis, D8009.

Cambodge, 1971-1990 : *Cambodge. Musique royale*, coll. “Unesco”, Auvidis, D 8200.

Cameroun, 1996 : *Cameroun. Flûtes des monts Mandara*, Ocora-Radio France, C 560110 HM 83.

Centrafrique, 1992 : *République centrafricaine, Musique de xylophones*, coll. “CNRS/Musée de l’Homme”, Le Chant du Monde, CNR 274932.

Chabenat, 1988 : *Musiques pour vielle à roue, Gilles Chabenat*, Ocora-Radio France, C 559046.

Chine, 1992 : *Chine. Musique ancienne de Chang’an*, coll. “Inédit”, Maison des cultures du monde, W 260036.

Dan, 1993 : *Côte d’Ivoire. Masques dan*, Ocora-Radio France, C 580048.

Danses, 1998 : *Les Danses du monde*, coll. “CNRS/Musée de l’Homme”, Le Chant du Monde, CNR 5741106.7.

Dhrupad, 1989 : *Chants dhrupad, N. S. et N. F. Dagar*, coll. “Ethnic”, Auvidis, B 6159.

Dorzé, 1994 : *Ethiopie. Polyphonies des Dorzé*, coll. “CNRS/Musée de l’Homme”, Le Chant du Monde, LDX 274646.

Ethiopie, 1990 : *Liturgies juives d’Ethiopie*, coll. “Inédit”, Maison des cultures du monde, Auvidis, W 460013.

Ethiopie, 1991 : *Ethiopie*, Sunset-France, PS65074.

Gagaku, 1987 : *Gagaku : Japon*, Ocora-Radio France, C 559018 HM 65.

Guyane, 1996 : *Musique instrumentale des Wayana du Litani*, coll. “Musique du Monde”, Buda musique, 926372.

Guyane, 1998 : *Wayãpi de Guyane. Un visage sonore d’Amazonie*, coll. “CNRS/Musée de l’Homme”, Le Chant du Monde, CNR 2741102.

Hazanout, 1988 : *Hazanout. Chants liturgiques juifs*, coll. “Inédit”, Maison des cultures du monde, Auvidis, MCM 260005.

Inde du Nord, 1971-1990 : *Inde du Nord. Musique instrumentale, sitar, flûte, sarangi*, coll. “Unesco”, Auvidis, D 8200.

Instruments, 1990 : *Instruments de musique du monde*, coll. “CNRS/Musée de l’Homme”, Le Chant du Monde, LDX 274675.

Inuit, 1991 : *Canada. Chants et jeux des Inuit*, coll. “Unesco”, Auvidis, D 8032.

Italie, 1993 : *U mese du granu. Compagnia Sacco di Ceriana*, Amori, AM001.

Kaluli, 1981 : *Music of the Kaluli*, Institute of Papua New Guinea Studies, IPNGS 001C.

Kanak, 1990 : *Chants kanaks. Cérémonies et berceuses*, coll. “CNRS/Musée de l’Homme”, Le Chant du Monde, CNR 274909.

Kemener, 1997 : *Yann-Fañch Kemener, Kan ha Diskan*, Spézet, Coop Breizh-Siam Productions, CD 445.

Kerala, 1990 : *Inde du Sud. Musiques rituelles et théâtre du Kerala*, coll. “CNRS/Musée de l’Homme”, Le Chant du Monde, CNR 274910.

Klangfarben, 1998 : *Klangfarben der Kulturen, Musik aus 17 Ländern der Erde*, Staatliche Museen Preussischer Kulturbesitz, Berlin.

Madagascar, 1996 : *Madagascar. Pays bara*, Ocora-Radio France, C 560089 HM 83.

Maroc, 1971-1990 : *Maroc. La tradition arabe dans la musique marocaine*, coll. "Unesco", Auvidis, D 8200.

Maroc, 1988 : *Maroc. Musique classique andalou-maghrébine*, Ocora-Radio France, C 559016.

Mato Grosso, 1995 : *Enauené-Naué et Nhambiquara du Mato Grosso*, AIMP XLIII, VDE-Gallo, VDE-875.

Molard, 1992 : *Patrick Molard : Piobaireachd. Musique classique de cornemuse écossaise*, Gwerz Pladenn, GWP003.

Moyen-Orient, 1989 : *Moyen-Orient. La Poésie chantée*, coll. "Unesco", Auvidis, D8025.

Namibie, 1997 : *Namibie. Chants des Bushmen ju'hoansi*, Ocora-Radio France, C 560117.

Nouvelle-Guinée, 1993 : *Irian Jaya. Musik aus dem Bergland West-Neuguineas*, Museum Collection, Staatliche Museen Preussischer Kulturbesitz Berlin, CD 20.

Ouham-Pendé, 1996 : *Centrafrique. Xylophones de l'Ouham-Pendé*, Ocora-Radio France, C 560094.

Pays baltes, 1994 : *Voix des pays baltes*, coll. "Inédit", Maison des cultures du monde, W 260055.

Peul, 1975-1988 : *Les Peuls. Peuls de la région de Kouandé (Nord-Bénin)*, coll. "Unesco", Auvidis, D 8006.

Peul et Tenda, 1994 : *Sénégal. Musique des Peul et des Tenda*, Ocora-Radio France, C 560043.

Quechua, 1992 : *Musique quechua du lac Titicaca*, Ocora-Radio France, C 580015.

Rajasthan, 1989 : *Flûtes du Rajasthan*, coll. "CNRS/Musée de l'Homme", Le Chant du Monde, CNR 274645.

Rwanda, 1995 : *Musiques du Rwanda*, coll. "Traditions du Monde", Fonti musicali, FMD 206.

Salomon, 1990 : *Polyphonies des îles Salomon (Guadalcanal et Savo)*, coll. "CNRS/Musée de l'Homme", Le Chant du Monde, CNR 274663.

Salomon, 1994 : *Iles Salomon. Ensembles de flûtes de Pan 'aré' aré*, coll. "CNRS/Musée de l'Homme", Le Chant du Monde, CNR 274961.62.

Sardaigne, 1985 : *Sardaigne. Launeddas*, Ocora-Radio France, C 558611.

Sardaigne, 1992 : *Polyphonies de Sardaigne*, coll. "CNRS/Musée de l'Homme", Le Chant du Monde, CNR 274 760.

Sardaigne, 1992 : *Sardaigne. Polyphonies de la Semaine sainte*, coll. "CNRS/Musée de l'Homme", Le Chant du Monde, CNR 274936.

Slovénie, 1997 : *Slovénie. Musiques et chants populaires*, Ocora-Radio France, C 600007.

Sri Lanka, 1992 : *Sri Lanka. Musiques rituelles et religieuses*, Ocora-Radio France, C 58003.

Suisse, 1990 : *"Jüüzli". Jodel du Muotatal, Suisse*, coll. "CNRS/Musée de l'Homme", Le Chant du Monde, CNR 274716.

Taïwan, 1989 : *Polyphonies vocales des Aborigènes de Taïwan*, coll. "Inédit", Maison des cultures du monde, W 260011.

Tanzanie, 1994 : *Tanzanie. Musique des Wagogo et des Kuria*, coll. "Inédit", Maison des cultures du monde, W 260041.

Venezuela, 1995 : *Venezuela. Chants et tambours des confréries noires*, Ocora-Radio France, C 560085.

Venezuela, 1997 : *Venezuela. Musique de l'Orénoque. Uneo Hurtado*, Ocora-Radio France, C 560119.

Viêtnam, 1997 : *Vietnam. Musique des montagnards*, coll. "CNRS/Musée de l'Homme", Le Chant du Monde, CNR 2741085.86.

Voix, 1996 : *Les Voix du monde. Une anthologie des expressions vocales*, coll. "CNRS/Musée de l'Homme", Le Chant du Monde, CNR 3741010.12.

Quatrième partie

CONCLUSIONS : PROBLÈMES CONTEMPORAINS DE LA CONNAISSANCE DU MUSICAL

Bruno Nettl

LA NOTION D'AUTHENTICITÉ DANS LES MUSIQUES OCCIDENTALES ET NON OCCIDENTALES

1. Introduction

Le concept d'authenticité revêt une importance particulière dans la vie musicale des XXe et XXIe siècles même si on lui connaît des antécédents significatifs dans le passé. Il s'agit fondamentalement d'une idée qui naît de la croyance qu'il existe une façon juste (et par conséquent, d'évidentes façons, inexactes ou fautives) d'associer la musique avec quelque chose de culturel, une façon juste qui doit être perçue, choisie et jouée. Ce "quelque chose" – qui peut être quasiment n'importe quoi – peut concerner une société, une culture ou un groupe ethnique, un rituel ou un ensemble de rituels ou même, en fait, le système musical d'une religion, un compositeur, un mouvement social ou politique, une période de l'histoire de la musique et plus encore. La présence de cette idée est tangible dans des expressions variées comme "ce n'est pas une mélodie populaire authentique", "le compositeur n'a trouvé sa véritable voix qu'à un âge mûr", "cette exécution de musique de la Renaissance n'était pas authentique", "le concert a été donné sur instruments authentiques", "ce n'est pas la vraie musique carnatique", "ce récital n'a pas donné l'impression d'écouter du vrai Brahms" ou encore "ce n'était pas une authentique danse de la cérémonie Medicine Lodge des Indiens Blackfoot". Quoi qu'il en soit, l'idée est souvent présente même lorsque le terme n'apparaît pas et parce que ce concept est si largement répandu, utilisé d'une culture à une autre et à travers tout un spectre de professions et d'associations dans le champ musical, il est nécessaire d'en appréhender la signification pour observer la culture et l'interprétation musicales.

Le concept d'authenticité, compris assez largement pour embrasser même les cas dans lesquels le terme lui-même peut être absent, sert donc de support à la définition de frontières entre les musiques, les périodes historiques et les interprétations. Les jugements esthétiques s'appuient fondamentalement sur cette notion et cela ne se limite pas à l'"esthétique formelle". De façon significative, le concept d'authenticité occupe une place centrale dans la recherche historique positiviste. Par conséquent, nous avons affaire à un ingrédient essentiel de la recherche et de la réception de la musique. En effet, cette notion concerne l'étude des sources par les historiens mais aussi la détermination des styles d'interprétation, la compréhension de processus difficiles à saisir comme l'improvisation et enfin la relation que la musique entretient avec l'univers culturel, telle que les ethnomusicologues la comprennent : quatre champs qui vont chacun être brièvement traités ici. On retrouve un élément connexe dans tous ces domaines : la compréhension, la contemplation, l'évaluation et même la création de la musique dans une perspective comparative qui traverse les espaces culturels ou historiques, et l'idée que l'authenticité est donc toujours un pont reliant quelque chose d'"autre" au cadre spatio-temporel actuel. C'est seulement lorsque les musiciens, conscients d'eux-mêmes, se sont mis à jouer ce qui est pour eux la musique du passé ou lorsqu'ils ont commencé à s'intéresser à des musiques issues d'autres cultures, d'autres classes ou d'autres lieux, ou à produire une musique qui utilise des styles ou des principes participant d'autres cultures ou périodes historiques, que le concept d'authenticité a pris toute sa dimension.

2. Les œuvres authentiques

Pour les historiens de la musique, le concept d'authenticité joue un rôle majeur dans l'évaluation et l'utilisation des sources écrites et, plus récemment, sonores. Ainsi par exemple, dans le cas d'un manuscrit qui a été découvert, un paradigme composé de trois questions peut être appliqué à une source associée au nom d'un compositeur. Tout d'abord, est-ce que le compositeur a eu quoi que ce soit à voir avec cette musique ? Ici le terme "authentique" est d'ordinaire utilisé pour distinguer l'œuvre en question (par exemple, les œuvres de Beethoven authentifiées, c'est-à-dire celles dont nous sommes assurés qu'elles ont été composées par lui) des œuvres "apocryphes" comme la dénommée *Symphonie Iena* qui fut mal attribuée par le passé. Ensuite il faut se demander si la source est bien de la main du compositeur. Présente-t-elle l'œuvre d'une façon voulue et approuvée par le compositeur ou s'agit-il d'un arrangement ou d'une révision ? Dans le dernier cas, on peut considérer que l'œuvre n'est pas authentique. Cependant l'authenticité peut se manifester à des degrés divers : une œuvre peut tout d'abord être écrite sous la forme d'un projet dont on pourrait soutenir qu'il constitue la forme la plus authentique sous certains rapports dans la mesure où il s'agit de la version la plus proche du jaillissement des idées et ce même si, finalement considérée comme une version "préliminaire", celle-ci n'a pas été ratifiée par le compositeur. Il existe, on l'espère, une partition autographe originale que le compositeur a reconnue comme étant la version finale pouvant être jouée et publiée. Cependant on peut aussi trouver des arrangements et des révisions effectués tardivement par le compositeur ou des arrangements réalisés par d'autres mais qu'il aurait approuvés ou encore des révisions dont le but aura été de tirer parti de progrès effectués, par exemple, dans la technologie instrumentale. Toutes ces versions peuvent revendiquer un degré d'authenticité. De plus, dans bien des cas, les œuvres ne nous parviennent pas à travers un manuscrit original du compositeur (et, en effet, le concept d'"originalité" ne s'applique pas à beaucoup d'entre elles). Pour une œuvre spécifique, une source doit être comparée à d'autres sources existantes de la même œuvre et avec d'autres œuvres qui auraient été écrites par le même compositeur, la même école ou institution, de façon à évaluer le degré de confiance que l'on peut accorder à la source et à voir si elle a subi ou non des altérations au cours de la transmission.

Déterminer l'authenticité est ici un problème difficile. Cependant le concept, en même temps qu'il joue un rôle majeur dans l'étude des sources historiques, s'avère relativement facile à appliquer ici ; mais l'"authenticité" exerce aussi une influence sur la pensée des historiens de la musique d'autres manières et celles-ci mettent en jeu une variété d'approches quant aux représentations qu'ils se font du monde de la musique. Une certaine vision de l'histoire perçoit le cours de l'art musical comme une longue série d'unités sur un axe couvrant de nombreux siècles. Ces unités peuvent être des nations, des périodes, écoles de composition, genres, institutions, compositeurs, etc., dont les relations les unes avec les autres, dans la synchronie comme dans la diachronie, produisent l'action de l'histoire. C'est grâce à de telles frontières que chercheurs, musiciens et public définissent et aussi souvent évaluent la musique. Le fait de se trouver, pour ainsi dire, au cœur d'une telle "unité" peut conférer de l'authenticité à une œuvre (ou un compositeur, un genre, etc.). Dès lors, on peut discuter lequel du Beethoven dans la trentaine ou du "dernier" Beethoven serait le plus authentique ou, disons, défendre que Leoš Janáček n'atteignit son véritable style qu'à la quarantaine. On entend que l'opéra italien connaîtrait sa forme la plus authentique chez Donizetti ou que Bach serait le seul véritable compositeur de fugues. La notion d'authenticité (mais pas toujours le terme lui-même) apparaît aussi dans d'autres cultures. On a décrit des concerts de musique classique perse dans les années 1970 comme "très" ou "légèrement" ou encore "pas vraiment" classiques en s'appuyant sur un concept de classicisme clairement analogue à celui d'authenticité en Europe. Dans la culture musicale carnatique de Madras, la musique qui s'est approchée le plus de la "trinité" classique des compositeurs du début du XIXe siècle s'est vue enveloppée d'une aura d'authenticité (c'est parfois le terme anglais que l'on employait dans ce cas) et les musiciens ont quelquefois été encensés par des critiques pour lesquels une certaine improvisation livrait un râga sous une forme très authentique. De plus, la musique qui ne montrait pas de prise de distance par rapport aux idéaux du passé (avérés ou parfois imaginés) était authentique tandis que les interprétations qui faisaient usage d'éléments empruntés au style musical occidental l'étaient moins. Dans les cultures qui ont développé une tradition d'art musical, il semblerait que le concept d'authenticité puisse tenir un rôle similaire à celui qu'il joue dans la culture occidentale.

3. L'étude des styles d'interprétation authentiques

Comme nous venons de le voir, l'idée d'authenticité ainsi que des concepts apparentés s'avèrent signifiants dans le processus d'évaluation des œuvres et compositions musicales dans la culture occidentale du XXe siècle. Les œuvres elles-mêmes (ou groupes d'œuvres, genres, répertoires) de même que les sources peuvent être plus ou moins authentiques. Cependant, en musicologie et dans la pratique musicale, le problème d'authenticité a surtout joué un rôle dans l'étude des styles d'interprétation passés et dans l'évaluation de l'exécution.

Au fond, la musique authentique est celle qui incarne réellement ce qu'elle se donne pour mission de représenter. Ainsi, une exécution "authentique" d'une œuvre française du XVIe siècle suppose d'être précisément cela ; et il en va de même pour une "mélodie populaire hongroise authentique". Si cette explication semble tautologique, il est évident que la question est en fait bien plus complexe. Quel sens cela a-t-il d'être authentique dans le contexte du XXIe siècle ? On peut simplement vouloir dire que cette œuvre est, d'une certaine façon, typique de son époque et de sa culture : une œuvre typique de la Renaissance française et non un objet que ses contemporains auraient trouvé étrange ou irrecevable. Le terme fait référence, plus souvent, à une musique jouée exactement comme on l'aurait fait au XVIe siècle, utilisant probablement les mêmes effectifs, nombres de voix, instruments, pratique d'exécution, ornementation, timbre, que l'on aurait peut-être pu entendre lors de la première. Les exigences en matière d'authenticité pourraient aussi réclamer de donner l'œuvre dans une salle permettant de reproduire ce qui pouvait être attendu à l'origine et peut-être aussi dans des costumes d'époque (une demande souvent satisfaite). Pour ce qui est de la salle appropriée, on espère pouvoir recréer la même sorte d'environnement acoustique avec l'idée que cela puisse aider à recouvrir le son original. Les costumes, quant à eux, participent à la création d'une aura d'authenticité mais leur utilisation s'insère aussi dans la conception vingtiémiste d'une taxinomie musicale (les catégories classique, rock, musique ancienne, "nouvelle") qui se trouve symbolisée ou mise en avant par les vêtements que portent les musiciens (smoking, T-shirt, costume Renaissance, col roulé). Ainsi on classe la musique du XVIe siècle à l'extérieur de notre sphère culturelle du XXe (alors que celle du XIXe en ferait partie).

En somme, dans le domaine des pratiques d'exécution de la musique occidentale, on invoque la notion d'authenticité principalement pour le répertoire ancien. Le concept implique de tracer une frontière arbitraire qui détermine quand commence la musique de "notre culture" : peut-être à la fin de l'ère baroque avec Vivaldi, Bach et Haendel. Disons qu'elle se situerait peut-être opportunément autour de 1650. C'est la première ligne de démarcation qui sépare "notre" musique de la musique ancienne. On accepte que la musique composée en aval de cette ligne approximative soit jouée de multiples façons, dans des versions et des arrangements divers sans qu'une grande attention soit portée (excepté par les historiens professionnels) au son que cette musique pouvait avoir ou aux manières dont elle pouvait être perçue en son temps. Il y a, à n'en pas douter, des musiciens pour promouvoir l'exécution des œuvres pour clavier de Mozart sur des copies de piano-forte dans l'espoir de retrouver le son et le caractère de l'époque du compositeur et l'on trouve des interprétations des concertos de Vivaldi qui font usage de violons et d'archets baroques ; mais il s'agit là quasiment de curiosités au sein de la vie musicale moderne et elles sont essentiellement montées à l'intention d'auditeurs férus de concerts historiques ou peuvent même être considérées comme des exercices ou rituels musicologiques. En général, la société mélomane de la fin du XXe siècle écoute volontiers les œuvres pour clavecin de Bach – des pièces à l'origine écrites pour orgue ou clavecin – jouées au piano, sur synthétiseurs électroniques, orgue électrique ou, à l'occasion, arrangées pour orchestre symphonique, ensemble vocal, dans un style jazz ou même sous forme parodique. Ainsi on identifie la musique de Bach comme faisant partie de "notre" musique, de la véritable musique de notre culture et on ne ressent pas la nécessité de lui appliquer le concept historique d'authenticité.

Comme nous remontons le cours de l'histoire, la musique dite "ancienne" commence avant Bach, Haendel et Vivaldi, disons en gros vers 1650. La question n'est pas ici d'établir une date précise et peut-être faut-il tolérer un écart de plus ou moins cinquante ans. Cependant il existe bien une ligne temporelle qui sépare “notre” musique de la musique “ancienne” que l’on traite du coup comme un objet provenant d’une culture différente. Son exécution réclame un soin particulier et exige de porter une attention particulière aux questions d’authenticité. L’idée sous-entendue, selon laquelle la “musique ancienne” relève d’une sphère musicale étrangère, est corroborée par toutes sortes de preuves, au-delà de la simple utilisation de l’étiquette “musique ancienne”. Ceux qui la pratiquent ont tendance à se considérer comme des musiciens à part. Les normes qu’ils appliquent et leurs relations les uns avec les autres diffèrent quelque peu de celles qui sont en usage chez les musiciens qui jouent “notre” musique. Ainsi, ils se définissent au sein de groupes et d’ensembles chacun caractérisé par une approche distinctive et clairement identifiable de l’interprétation authentique ; chaque musicien est chargé de jouer un certain nombre d’instruments de la même famille et beaucoup d’entre eux assument des parties vocales aussi bien qu’instrumentales. Le recours aux costumes historiques que l’on a évoqué (pour le XVIe siècle et non le XVIIIe qui, après tout, pourrait aussi offrir un divertissement intéressant sur le même principe) peut sembler superficiel dans son rapport à l’interprétation authentique mais il montre explicitement la différence faite entre ce que cette culture reconnaît comme “sien” et ce qui lui est étranger. Certaines des particularités de ces ensembles de “musique ancienne” sont dictées par ce que l’on sait des pratiques historiques. Pourtant, il est intéressant de noter que l’on pourrait – mais nous avons choisi de ne pas le faire – effectuer les mêmes distinctions pour la musique des siècles suivants.

Les musiciens qui s’intéressent à la pratique musicale authentique de la musique ancienne sont confrontés à une myriade de problèmes relatifs à la musique. Au début du XXe siècle, quand beaucoup restait encore à découvrir en matière de sources musicales et de textes théoriques concernant le Moyen Age, la Renaissance et le début de l’ère baroque, l’interprétation des systèmes de notation anciens constituait le principal obstacle. Aujourd’hui, les problèmes de transcription de la notation occidentale ancienne semblent avoir été largement résolus et les chercheurs s’accordent sur les composantes fondamentales de hauteur et de rythme de ces musiques. Ainsi, ceux qui s’efforcent de produire une exécution authentique se soucient désormais principalement de l’ornementation, des timbres vocaux et instrumentaux, de l’instrumentation (l’identité et la combinaison des instruments) et de l’improvisation. Ces éléments constitutifs de la musique font partie des indications que la notation ne fournit pas clairement, peut-être parce qu’ils relèvent d’une norme valable pour toute la musique d’une époque et pouvaient ainsi sembler évidents pour ses praticiens ou aussi parce que ces éléments étaient totalement laissés au jugement individuel au sein d'un système de pratiques acceptées. De nos jours, les musiciens peuvent discuter pour savoir s'il n'y a qu'une seule façon "correcte" d'ornementer un passage, ou si certaines variantes auraient semblé possibles à un musicien sérieux du XVIIe siècle, des variantes qui seraient tout aussi "authentiques". De même, on peut se demander si les musiciens de l'époque revendiquaient un certain degré de liberté individuelle, bien au-delà de ce qu'autorise la culture musicale du XXe siècle qui, avec les enregistrements et partitions imprimées détaillées à sa disposition, exerce un contrôle serré des pratiques.

L'évaluation critique du timbre ou de l'authenticité sonore dans la musique européenne a été largement influencée par la découverte des instruments anciens, l'étude de l'iconographie musicale (et ainsi la façon dont les artistes montrent les musiciens dans leur rapport les uns avec les autres et avec le public) ainsi que par l'étude de sociétés non occidentales dont on pense qu'elles peuvent avoir une parenté avec notre musique ancienne mais qui ont l'avantage d'encore exister. Par exemple, le fait de comprendre que les instruments et les genres perses ainsi que du Moyen-Orient arabe étaient manifestement connus de l'Europe occidentale de la fin du Moyen Age a amené certains musiciens du XXe siècle à penser que la musique médiévale européenne ressemblait peut-être à celle du Moyen-Orient actuel ou qu'au moins la première a été informée des pratiques et idéaux sonores de la seconde. Du coup, certains interprètes de musique médiévale, à travers leur quête d'authenticité, recherchent un timbre vocal et une pratique d'ornementation provenant de la musique classique arabe ou perse et utilisent des improvisations inspirées de genres non mesurés tel que le *taqsîm* arabe ou le *âvâz* perse.

4. La notion d'authenticité dans l'improvisation

Le concept d'improvisation, tout particulièrement, amène à réfléchir à des problèmes intéressants pour la recherche d'authenticité dans l'interprétation actuelle de la musique ancienne et ces débats touchent des sujets qui intéressent notamment l'ethnomusicologie. L'histoire de la cadence de concerto illustre bien quelques-unes des nombreuses difficultés rencontrées lorsqu'on applique le concept d'authenticité à l'improvisation dans la musique ancienne et même dans la musique que l'on considère comme faisant partie de "notre" culture. A certains moments, dans un concerto typique de la fin du XVIIIe siècle, le soliste était invité à improviser une cadence dans laquelle il montrait sa capacité à jouer spontanément avec le matériel thématique du mouvement grâce à un art de la variation et du développement en même temps qu'il devait exhiber sa virtuosité technique. Qu'un musicien comme Mozart ait réellement improvisé ses cadences ou qu'il les ait préparées ou mémorisées à l'avance, c'est une chose que l'on ne peut pas savoir mais, peu après sa mort, d'autres compositeurs et notamment Beethoven ont composé des cadences pour les concertos de Mozart qui étaient prévues pour être jouées comme elles étaient écrites mais en donnant l'impression d'être improvisées. Le caractère improvisé est venu de ce que les cadences se sont éloignées des formes standard de petites pièces et plus encore de ce qu'elles ont adopté un rythme variable et non mesuré. De nos jours, les pianistes qui interprètent les concertos de Mozart jouent fréquemment les cadences de Beethoven. La question de l'authenticité d'une telle pratique se pose et la critique passe par plusieurs questions : ces cadences "composées" peuvent-elles prétendre à quelque authenticité ? Elles ne reproduisent pas les habitudes d'improvisation de Mozart. Cependant, si un musicien devait improviser une cadence, alors il faudrait se demander *a)* si cela ressemblerait à quelque chose que Mozart aurait accepté, *b)* si le public (sachant l'aura tout à fait différente que possède la notion d'improvisation dans les deux époques concernées) réagirait de la même façon qu'au temps de Mozart et *c)* si les attitudes et les choix de l'interprète correspondraient de quelque façon que ce soit à ceux du XVIIIe siècle. Par ailleurs, si le soliste choisit une cadence de Beethoven pour un concerto de Mozart et s'éloigne de ce qui est écrit, cela constitue-t-il une atteinte à l'authenticité de l'œuvre de Beethoven ou, si ce dernier avait dans l'idée que chaque soliste prenne ses distances avec sa prescription et, en quelque sorte, improvise "sur" sa cadence, avons-nous affaire, là encore, à une autre violation de l'authenticité ?

La littérature de la musicologie historique présente tout un ensemble de positions. A un bout de la chaîne, on trouve le "tout permis" : un interprète peut faire ce qu'il veut d'une pièce ancienne et y incorporer son propre ensemble de valeurs musicales. A l'autre bout, le problème devient presque une question de moralité et le concept d'authenticité tourne à l'impératif absolu. Une interprétation authentique, c'est-à-dire acceptable sur un plan tout autant musical que moral, est une exécution dans laquelle les désirs et intentions des compositeurs sont respectés. Cette attitude peut semer la discorde entre l'esthétique pure et la fidélité historique, le musicien conservateur préférant une version "moins intéressante" (qui interdise à l'interprète une certaine créativité dont son homologue du XVIIe siècle jouissait peut-être) à une version esthétiquement plus satisfaisante qui prendrait en compte les ressources acoustiques et instrumentales du XXe siècle et serait informée des pratiques musicales qui se sont développées au fil du temps.

Sans doute n'y a-t-il pas de réponse qui renferme la vérité absolue. Une solution acceptable pour les deux extrêmes consisterait à exiger que l'on intègre le maximum de données possibles sur les pratiques des compositeurs, des interprètes et des publics des temps passés et, lorsque cela est possible, à les traduire dans des interprétations qui serviraient de référence historique mais, en même temps, laisser toute musique être jouée comme le souhaitent les musiciens et le public actuels, ce qui l'intégrerait à la culture musicale présente. Pour les ethnomusicologues, la mission consiste à observer, analyser et comparer.

Ainsi donc, des débats similaires concernant l'authenticité existent dans d'autres cultures. Prenons l'exemple de l'improvisation en Inde ou en Iran. Dans la tradition musicale classique perse, une sorte de suite s'est développée qui combine cinq sections ou pièces avec la même structure modale. L'identité spécifique des pièces peut varier quand l'interprète décide d'improviser mais les genres restent constants. La troisième de ces sections, nommée *âvâz*, était l'improvisation non mesurée centrale, entourée par des pièces d'accompagnement écrites. La base d'improvisation du *âvâz* se trouve dans le *radif*, un répertoire d'environ deux cent cinquante petites pièces mémorisées par les étudiants mais qui n'étaient pas destinées à être jouées pour elles-mêmes en concert. Au fil du XXe siècle, les musiciens ont eu tendance à donner de moins en moins d'importance au *âvâz*, à le raccourcir au profit des pièces écrites et ils se sont mis à jouer de plus en plus le *âvâz* (dans un mode quel qu'il soit) plus ou moins de la même façon chaque fois ou, en fait, à présenter de la musique composée et mémorisée dans un style qui garde le caractère improvisé (comme pour les concertos virtuoses discutés plus haut). En fin de compte, ils se mirent aussi à utiliser du matériel provenant du *radif* lui-même en lieu et place du *âvâz*. Dans les années 1960, cela a entraîné chez les musiciens un débat sur l'authenticité : est-ce que le déclin de l'improvisation indique une perte d'authenticité, ou est-ce qu'au contraire l'exécution du *radif*, la source d'improvisation “originale”, correspond à la redécouverte de la véritable authenticité ou encore, est-ce que l'importance accordée de plus en plus à la standardisation qui fait du *âvâz* une pièce au moins virtuellement préfabriquée, peut-être sur le modèle de la musique classique occidentale, produit une sorte d'authenticité à travers l'imitation d'une culture dominante ?

Dans les débats similaires qui animent la musique classique de l'Inde du Sud, la signification de l'improvisation en tant que façon authentique de jouer des portions importantes des exécutions ne soulève pas d'interrogation. En revanche, beaucoup de musiciens se demandent si l'on devrait permettre, dans les pratiques de jeu, le sacrifice de l'authenticité des détails au profit du maintien d'une “authentique” tradition carnatique.

Ainsi, dans les débats qui ont cours parmi les musiciens de diverses cultures, le concept d'authenticité exerce une influence majeure sur l'évaluation des façons dont les pièces issues d'un répertoire musical existant doivent être jouées. Les débats portent sur ce qu'implique la notion d'authenticité, la manière dont on détermine ce qui en témoigne et sur le degré d'importance de ce concept dans le maintien d'une tradition.

5. L'authenticité pour les ethnomusicologues

En ethnomusicologie, la notion d'authenticité a tenu son rôle le plus significatif dans l'appréciation des relations entre cultures (ou unités culturelles telles que les nations, tribus et groupes ethniques) et styles et répertoires musicaux. Si l'ethnomusicologie se définit comme l'étude des musiques et des cultures musicales du monde, la question se pose inévitablement de savoir ce qu'est la musique spécifique d'une culture ou d'une société. Comment les pratiques et styles musicaux entrent-ils en relation avec les autres caractéristiques d'une culture ? Ces questions, d'une certaine façon essentielles pour l'ethnomusicologie, font indéniablement appel au concept d'authenticité.

Avant les années 1980, les ethnomusicologues avaient tendance à concevoir le monde comme un groupe de sociétés distantes, chacune avec sa propre culture distinctive et sa propre musique. Bien entendu, on avait conscience que les musiques du monde s'influençaient les unes les autres, que les musiques africaine et asiatique, par exemple, avaient pénétré l'art occidental et la musique populaire, et que la plupart des cultures, à leur tour, avaient intégré des éléments de la musique occidentale. On savait aussi que le répertoire musical de chaque société se composait d'une variété de genres et de styles dont certains étaient à l'évidence anciens dans la mesure où ils attestaient une longue présence (des décennies ? des siècles ?) dans la musique de la société en question et d'autres étaient apparus récemment. Etablir jusqu'à quel point une musique particulière appartient à une société et en témoigne typiquement a été un objet de réflexion majeur dans la pensée ethnomusicologique.

Parmi les premiers et les plus importants chercheurs qui se sont préoccupés de la question figure Béla Bartók dont la volumineuse collection de chants populaires hongrois a eu pour but d'isoler ce qui était véritablement hongrois, différent de toute autre musique que l'on pourrait entendre en Hongrie, en particulier la musique tsigane, laquelle, selon lui, avait été considérée à tort comme la musique hongroise véritable. En effet, le travail de collecte de Bartók a prouvé que les paysans hongrois possédaient un ensemble de styles distinctifs de musique folklorique auxquels lui et d'autres chercheurs hongrois ont alors accordé des degrés variables d'authenticité : un style "ancien" qui reliait la musique folklorique hongroise à celle d'autres peuples finno-ougriens, un style "nouveau" qui, tout en étant distinctement hongrois, partageait aussi certaines caractéristiques des musiques folkloriques de peuples européens environnants, et une catégorie "pot-pourri" relativement peu authentique qui manifeste des combinaisons stylistiques mêlant des traditions hongroises et des matériaux populaires allemand, slovaque, tchèque, roumain et citadin. Pour Bartók, l'authenticité s'identifie avec le fait de pouvoir démontrer une ancienneté de même qu'une association unique avec la culture hongroise.

Il en résulte que, dans de nombreuses collections de mélodies populaires de la fin du XIXe et du début du XXe siècle, la meilleure et donc la plus authentique musique folklorique se veut ancienne, cohérente et écartée de toute civilisation urbaine, et ce, même s'il se peut que le terme "authentique" n'apparaisse pas. La même idée a donc joué un rôle dans le travail de Cecil Sharp qui a cherché de vieilles mélodies anglaises et des ballades chez les Américains d'origine anglaise et écossaise installés dans les Appalaches. Sharp pensait que le "terrain le plus fertile" pour collecter ce type de matériaux anciens devait être un secteur où "les conditions les plus primitives dominaient". Il fut donc surpris de découvrir que les "meilleurs textes" et les "plus belles mélodies" provenaient de certaines zones "malgré l'intrusion de l'industrialisation" et "le progrès général de la civilisation" (1932, in 1952, vol. I, p. 15).

Bien que le terme "authentique" ne soit pas très présent dans le vocabulaire écrit des premiers ethnomusicologues, il a occupé une place importante dans la rhétorique orale des enseignants et étudiants d'après l'expérience que j'en ai eue dans les années 1940 et 1950. On l'utilisait pour déterminer si la musique valait la peine d'être étudiée ou pas. Lorsque j'ai commencé à m'intéresser aux enregistrements de musique apparue en Amérique, on m'a prévenu que beaucoup des collections enregistrées comportaient de la musique qui n'était pas authentique. Il s'agissait de musique moderne, de chants dont la composition avait été influencée par la musique anglo/hispano-américaine ou de chants issus de mouvements de regroupement tribal ou religieux récents, et que, donc, on devait supposer qu'ils n'appartenaient pas vraiment au groupe en question. La musique populaire des tribus, dérivée de la musique populaire anglo-américaine, était considérée assez peu authentique et dépourvue d'intérêt. A la conférence de l'International Folk Music Council de 1950, le concept d'authenticité ainsi que le besoin de restreindre le champ de recherche aux mélodies populaires "orthodoxes" et d'aider les sociétés à travers le monde à maintenir leur folklore musical authentique étaient les problématiques constamment au cœur des discussions.

Le retour périodique des traditions populaires comme la découverte des ballades britanniques et écossaises dans l'Angleterre du début du XIXe siècle, le mouvement de danse folklorique anglaise au XXe, la redécouverte de la musique folklorique, de la culture et même de la langue tchèques peu après 1800 et le réveil de la musique folklorique (des mélodies accompagnées de textes anglais) aux Etats-Unis dans les années 1930 à 1060 témoignent selon Bohlman d'"actes d'authentification manifestes et explicites" (1988, p. 130). Faire revivre un répertoire a pour but de réactualiser l'héritage laissé par une période historique, souvent afin de recréer, aussi, son contexte social et ses valeurs. Ainsi, le retour de vieilles chansons populaires dans l'Amérique urbaine (et la création de nouvelles chansons dans le même style) par des chanteurs professionnels comme Woody Guthrie ou Pete Seeger suggère aussi le retour, à travers la musique, à une Amérique idyllique, rurale, paisible, à un héritage culturel pré-capitaliste si l'on admet que cette musique constituait le véritable héritage de la culture américaine. De la même façon, le retour de la musique folklorique tchèque au XIXe siècle a cherché à réactualiser, en tant que véritable culture du pays, le temps de la liberté et de l'hégémonie dans une Bohême provinciale et, en effet, cela a été un facteur déclenchant dans le renversement final de l'hégémonie culturelle allemande. Ainsi, le concept d'authenticité transposé dans des retours culturels a eu un impact fort au-delà de la seule sphère musicale.

6. Conclusion

Finalement, est-ce que le concept d'authenticité apporte quelque chose aux chercheurs, aux mélomanes et aux musiciens ? La musique "authentique" est automatiquement perçue comme bonne d'une certaine façon, supérieure et même morale. Cependant, ce concept révèle en fait, de la part de ceux qui lui accordent de la valeur, une approche particulière de la relation entre la pratique et la compréhension de l'espace et du temps présents, le "maintenant" et "ici", et le passé ou "l'autre". Plutôt que de distinguer ce qui est "authentique" de ce qui l'est moins ou pas du tout, il serait peut-être plus utile de rendre compte avec précision de ce que l'on veut dire par là dans chaque cas, car il existe diverses espèces de phénomènes "authentiques" : l'exécution "authentique" de la musique ancienne ambitionne d'approcher ce qu'on aurait pu entendre dans les siècles passés ; le "véritable" Brahms fait référence à la musique composée après les *Variations sur un thème de Haydn* ; le chant populaire hongrois véritable est celui dont le style ne rappelle pas d'autres musiques populaires ou folkloriques européennes. Tenter de promouvoir le concept d'authenticité auprès de la pratique moderne de la musicologie et de l'ethnomusicologie nous entraînerait dans des paradoxes : si on demande aujourd'hui à certains Américains de naissance s'ils s'identifient avec un vieux chant de cérémonie plus ou moins qu'avec la musique d'un groupe pop comme Xit, ils opteront vraisemblablement pour le second. Et comment un musicien allemand réagirait-il à l'idée, peut-être exprimée par un auditeur asiatique ou africain, que Schoenberg ou Stravinsky ne donnent pas l'impression de relever de la musique occidentale authentique ?

Il est évident que sous certains rapports la notion d'authenticité, d'une façon de jouer et d'étudier la musique qui soit "correcte" et même "adéquate d'un point de vue moral", peut à juste titre faire l'objet de critiques et même paraître ridicule. L'idée de réserver un terme laudatif comme "authentique" à quelque chose d'ancien et de statique n'a pas de sens à une époque qui reconnaît la prédominance de styles, de genres, d'événements et de fonctions culturellement et socialement mélangés. Adhérer à des principes d'authenticité semblerait indiquer des attitudes dogmatiques et des jugements qualitatifs arbitraires. Cependant, le fait que le concept d'authenticité joue un rôle si important au sein de nombreuses cultures et dans des domaines aussi variés de l'activité musicale que l'esthétique, les pratiques de jeu et l'ethnographie laisse penser que sa compréhension est essentielle à la saisie de la culture musicale. L'idée fondamentale qui sous-tend la notion en question, partagée par les chercheurs mais aussi par les musiciens du monde et les consommateurs de musique, c'est qu'il y aurait des façons justes et fausses (et aussi intermédiaires) de produire de la musique et que la musique qu'une société produit et consomme se rapproche plus ou moins du cœur de sa culture. Il s'agit donc d'un concept à aborder avec circonspection mais qu'on ne peut, en aucun cas, négliger.

Bibliographie

BARTÓK, B., 1931 : *Hungarian Folk Music*, Londres, Oxford University Press.

BERGERON, K. et BOHLMAN, P. V. (éd.), 1992 : *Disciplining Music. Musicology and its Canons*, Chicago, University of Chicago Press.

BLUM, S., BOHLMAN, P. V. et NEUMAN, D. M. (éd.), 1991 : *Ethnomusicology and Modern Music History*, Urbana, University of Illinois Press.

BOHLMAN, P. V. 1988 : *The Study of Folk Music in the Modern World*, Bloomington, Indiana University Press.

BROWN, H. M. et SADIE, S. (éd.), 1990 : *Performance Practice*, 2 vol., New York, Norton, coll. "The New Grove Handbooks in Music".

DANUSER, H. (éd.), 1992 : *Musikalische Interpretation*, Laaber, Laaber-Verlag.

KARPELES, M., 1951 : "Reflections on Authenticity in Folk Music", *Journal of the International Folk Music Council*, vol. III, p. 10-16.

KINGSBURY, H., 1988 : *Music, Talent, and Performance. A Conservatory Cultural System*, Philadelphie, Temple University Press.

KIVY, P., 1995 : *Authenticities. Philosophical Reflections on Musical Performance*, Ithaca-Londres, Cornell University Press.

SHARP, C. J., 1932 : *English Folk Songs in the Southern Appalachians* (1917), M. Karpeles (éd.), 2 vol., Londres, Oxford University Press ; rééd., 1952 et 1960.

TREITLER, L., 1989 : *Music and the Historical Imagination*, Cambridge, Harvard University Press.

WIORA, W., 1983 : *Das musikalische Kunstwerk*, Tutzing, Schneider.

Marcello Sorce Keller

REPRÉSENTATION ET AFFIRMATION DE L'IDENTITÉ DANS LES MUSIQUES OCCIDENTALES ET NON OCCIDENTALES

1. Introduction

Le musicologue Carl Dahlhaus, lors d'un débat sur le thème "Identité et musique" (à Berlin, congrès de l'International Council for Traditional Music, en 1987), a remarqué avec justesse qu'il faudrait substituer au mot "identité" le terme allemand *Wesen*, que l'on peut traduire par "être" ou, mieux, me semble-t-il, en interprétant le sens que Dahlhaus lui donnait, par "conscience de l'être". De fait, cette expression désigne la conscience de ce que l'on est et, donc, dans la même mesure, de ce que l'on n'est pas. L'être humain, sitôt né, développe une capacité de se reconnaître, fondée sur un processus psychologique de différenciation et de séparation progressives d'avec la mère (avec qui il vit dans un premier temps en continuité tant physique que psychologique), puis d'avec les objets qui l'entourent et, enfin, d'avec le reste du monde, tel qu'il le perçoit. Ainsi, l'être humain se définit-il lui-même dans la mesure exacte où il reconnaît ce qui est au-delà et extérieur à lui, autre que lui.

On comprend alors pourquoi l'idée d'"identité", *sub specie musicae*, est un fait psychologique nourri d'une forte composante sociale. De fait, tout ce qui est extérieur à notre être ne nous est pas étranger au point que nous l'ignorions comme une chose existant au-delà de notre horizon. Bien des choses et des personnes avec lesquelles nous vivons en étroite relation sont, au contraire, perçues par nous, dans une mesure plus ou moins grande, comme des extensions de notre être, raison pour laquelle elles influencent notre comportement. Elles contribuent à créer le milieu dans lequel nous apprenons à nous mouvoir et, par voie de conséquence, la vision que nous avons de nous-mêmes et le point de vue que nous avons sur le reste de la réalité. C'est ainsi que nous développons un sentiment d'appartenance à un lieu déterminé, à une culture précise, à une sous-culture, une ethnie, une race, une nation, un parti politique, une religion, une classe sociale, un groupe d'âge, une élite ou, au contraire, à un groupe marginal, marginalisé, voire volontairement en marge, qui sont autant de formes d'identité. La musique (activité sociale par excellence) contribue d'une manière significative à définir ces identités et à les exhiber (sinon, à l'occasion, à en faire ostentation) aux yeux de ceux qui en sont exclus ou s'en veulent exclus. En ce sens, on peut dire que l'activité qui consiste à faire de la musique, nos goûts dans sa production et son écoute, nos choix de participer avec d'autres aux rites auxquels la musique donne une substance, constituent une autre manière de clarifier pour nous-mêmes et pour autrui ce que nous sommes (ou, du moins, ce que nous pensons être ou désirons être), à qui nous nous identifions et, au contraire, avec qui nous désirons ne pas être confondus. Par conséquent la musique, faire de la musique, est une activité qui nous unit à quelqu'un et, dans le même temps, nous sépare de quelqu'un d'autre – toujours et en tout lieu.

Après avoir posé que la musique est un élément du processus qui concourt à la construction et à la manifestation de notre individualité et de notre identité socioculturelle, il faut s'interroger, à travers quelques exemples, sur la manière dont se produit ce phénomène. Les exemples que je propose mettent en lumière un sentiment d'identité sociale générique, ou bien politique, de classe, ethnique, nationale, religieuse, mais aussi ce sentiment d'identité que donne le fait de partager, ou de ne pas vraiment partager, le rôle que la société à laquelle nous appartenons nous attribue sur la base de notre appartenance biologique au sexe masculin ou au sexe féminin. N'oublions pas, cependant, que tous ces termes correspondent à des catégories imbriquées entre elles et, donc, difficilement séparables les unes des autres. Entre autres, l'appréciation est très différente selon la position que l'on occupe en tant qu'observateur extérieur ou, au contraire, quand on est totalement plongé dans une de ces réalités spécifiques ainsi connotées. Disons, alors, que les exemples qui suivent mettent en évidence des formes d'identité et d'identification musicales qui, vues de l'extérieur, seront plus facilement perceptibles dans un éclairage que dans l'autre (ethniques plutôt que religieuses) bien que, vues de l'intérieur, elles puissent aussi avoir une autre explication.

2. Musique et identité générationnelle

Il n'est pas nécessaire d'aller bien loin pour trouver un exemple de la manière dont la musique représente des formes d'identité sociale. Les exemples sont en effet fort nombreux, y compris dans notre monde occidental, à portée de main et aujourd'hui même. D'autres appartiennent aux souvenirs de ceux qui ont vécu, comme l'auteur de ces pages, la seconde moitié du XXe siècle.

Commençons avec Lisa, une jeune fille de 16 ans qui fréquente le Liceo Artistico, à Lugano. Elle s'habille à la mode "punk" et, cohérente avec le style vestimentaire qu'elle arbore, elle dit aimer surtout et, en effet, presque exclusivement, la musique de Nirvana (le groupe punk-grunge qui s'est imposé en 1991 avec le disque intitulé *Nevermind* et a réussi alors, aux Etats-Unis, à dépasser Michael Jackson au hit-parade). L'appartenance de Lisa à une micro-culture du monde de la jeunesse, qu'elle partage du reste en totalité avec la plupart de ses camarades de classe, est carrément affichée. Cette ostentation passe principalement par l'habillement et, dans une mesure non négligeable, par l'indifférence, voire le presque mépris que lui inspire tout autre genre musical, de la musique classique au jazz, naturellement, mais aussi la plupart des musiques qu'apprécient les jeunes gens de son âge, pop, rock *mainstream* ou autre. Dans le cas de Lisa, la musique de Nirvana, plus qu'un symbole, est un drapeau brandi avec agressivité, qui semble dire : "Qui ne me suit pas fait partie d'un monde que je refuse." Il est intéressant de noter que la micro-culture à laquelle Lisa aime se sentir associée utilise, et ce n'est pas un hasard, toute une série d'attitudes provocatrices qui s'expriment à travers une symbolique para-démoniaque renvoyant clairement au romantisme tardif et qui est recyclée sur les pochettes de disque avec des techniques de représentation dans le style de la BD : en somme, un ensemble de signaux qui ne peut pas passer inaperçu. Et il va de soi que cette micro-culture recourt aussi à une musique qui, comme toutes les musiques-drapeau du monde de la jeunesse, use d'une amplification à très haut volume, qui atteint souvent le seuil de la douleur et, donc, qu'elle ne veut pas seulement se faire remarquer mais, semble-t-il, entend aussi agresser, voire blesser.

Que l'adhésion à un genre de musique puisse servir à prendre ses distances par rapport à la culture, à la communauté et à l'autorité de la société dans laquelle on est né n'est pas un phénomène inédit : dans les années 1950, l'explosion du rock-and-roll l'illustrait parfaitement. Pour la première fois, une génération entière d'Américains utilisait un genre musical pour rompre avec la manière de vivre et la manière de voir de ses aînés. Mais le phénomène rock-and-roll a eu aussi un fort impact hors des Etats-Unis et, par là même, est plus intéressant encore. Il montre effectivement que, dans le monde occidental, se formait alors une micro-culture de la jeunesse qui choisissait pour symbole de son identité une musique venue, pour bon nombre de ces jeunes, d'un autre pays, et qui était donc dénuée de toute connotation nationale.

C'est ainsi que s'est formé ce qu'on désigne aujourd'hui du terme *sound group*, soit un ensemble de personnes (y compris transnationales) qui adoptent une certaine musique pour son propre style de vie, à cause des valeurs que ces personnes y voient représentées ou, ce qui revient à peu près au même, à cause des valeurs qu'elles parviennent à attribuer à cette musique (Magrini, 2000). La même chose se produit aujourd'hui avec des genres musicaux tels que le grunge, le punk, la techno et bien d'autres, qui prennent dans des milieux générationnels déterminés mais ne captivent pas tous ceux qui appartiennent à ces milieux ; car la part du choix personnel ou, si l'on veut, "vocationnelle" demeure. On sait que, à partir du rock-and-roll, les musiques des jeunes sont devenues toujours plus visibles au niveau international et, du fait de leur impact, y compris économique, elles ont été un objet d'études important pour les sciences sociales.

3. Musique et identité divisée

Le sentiment d'identité sociale est rarement monolithique. De fait, chaque individu appartient simultanément à des groupes différents (sexe, âge, famille, classe, profession, espace linguistique, nation, etc.). Ce qui signifie que l'individu doit gérer des identités multiples, qui peuvent aussi interagir, non sans susciter des problèmes. (Les sociologues parlent de "conflits de rôle" quand un individu appartient simultanément à des groupes différents et que ces groupes réclament de lui des formes de comportements acceptables ou même imposés par les uns, mais répréhensibles, voire sanctionnés, par les autres). Le fait que tous les individus appartiennent simultanément à de nombreux groupes sociaux à l'intérieur desquels ils cultivent souvent des goûts et des pratiques musicales particuliers, leur demande donc de développer un certain degré de plurimusicalité. En d'autres termes : personne, ou presque personne n'aime, en réalité, toujours et uniquement un seul genre musical. Un jeune Italien de Naples peut s'identifier au phénomène punk s'il est un *teenager* et vit son adolescence sur un mode conflictuel avec ses parents. Dans le même temps, un Lombard (un "de la plaine du Pô") ne pourra pas ne pas se reconnaître, peu ou prou, dans une musique légère (celle, par exemple, de Nino d'Angelo et d'autres comme lui) ayant pourtant une connotation typiquement napolitaine et qui obtient son plus grand succès dans ce milieu régional ; et cette identification sera d'autant plus forte que le jeune Lombard sera à l'étranger et aura le mal du pays. Dans ce cas, l'identité nationale prend le pas sur l'identité locale qui devient, avec la distance, moins significative. Du reste, la chanson napolitaine, en plus d'être la “Chanson napolitaine”, est un bon exemple de ce que les Américains nomment *heritage music* : une musique issue des traditions d'un milieu spécifique, mais qui, par la suite, est devenue accessible presque partout et, de ce fait, plaît à des publics différents ; ceux-ci apprécient alors sa “traditionalité” et – mais il est à peine besoin de le souligner – savent l'incorporer, à divers titres, dans leur conscience musicale (la country music et le klezmer en sont d'autres exemples). D'une manière analogue, et pour en rester à l'Italie, il ne fait aucun doute que les chœurs alpins (dont le plus connu est le Coro della SAT) sont d'abord et avant tout l'expression d'une manière de vivre la musique caractéristique des régions du Nord. Mais ils ont aussi, à l'extérieur de ces régions, d'autres connotations (entre autres patriotique, depuis que les Italiens du Sud, devant combattre dans les Alpes durant la Première Guerre mondiale, sont entrés en contact avec cette manière de faire de la musique et l'ont vécue ensuite comme quelque chose qui appartenait “à leur camp”), que tous les Italiens, y compris ceux des îles, perçoivent plus ou moins.

Le cas est différent, quoique fréquent, lorsque le sentiment d'appartenance simultanée à des réalités diverses s'exprime à travers un genre musical qui fait de l'hybridation stylistique son point fort. Le Sud Sound System, un groupe rock de Lecce, dans les Pouilles, nous en offre probablement un exemple : ce groupe, qui a fait ses débuts en 1991, propose une musique dans laquelle le reggae jamaïquain est associé aux traditions des *tarantoli* – ces personnes saisies de folie parce que mordues, disait-on, par une tarentule et qui peuvent sautiller pendant des heures – dans la région des Pouilles. Ce groupe utilise le dialecte de cette région pour le texte de ses chansons. Et c'est peut-être aussi pour cette raison – nonobstant les exotismes jamaïquains auxquels il recourt – que sa diffusion est restée surtout locale. Le dialecte et certains aspects d'un style musical qui renvoie au folklore satisfont un public qui souhaite entendre “sa” musique. Dans le même temps, des aspects de l'arrangement et l'utilisation de la voix permettent une identification nationale. Enfin, la présence d'éléments exotiques évite probablement l'impression désagréable, très présente dans le Sud de l'Italie, de faire partie d'un milieu isolé et provincial. Le répertoire de Sud Sound System définit ainsi le public “jeune” d'une région déterminée : le lieu d'intersection d'éléments musicaux dont la compréhension a, en un moment précis, une signification qu'il n'aurait pas si les conditions géographiques et temporelles étaient autres.

La musique dite *arabesk* de Turquie est un phénomène encore plus complexe, qui concerne un territoire beaucoup plus vaste. C'est un genre de *popular music* répandu dans toute la péninsule de l'Anatolie mais qui trouve aussi un public au Liban et en Egypte et qui, sur le plan du style, a des points communs avec le rock *mizrahi* israélien et le rebetiko grec. La manière complexe et problématique dont les amateurs d'*arabesk*, d'extractions sociales et régionales différentes, attribuent à ce genre musical une valeur qu'ils associent à leur identité locale respective a constitué l'objet d'une étude très intéressante de Martin Stokes (1992).

A travers cet exemple, nous voulons montrer que, si la proximité (géographique et culturelle) amplifie les différences et invite à choisir des objets d'identification circonscrits, l'éloignement estompe au contraire, mais dans la même mesure, bien des différences et nous permet ainsi de choisir – en règle générale – des objets d'identification véritablement macroscopiques. Dans la belle vallée du Tessin, dans la région de Trente, j'ai eu l'occasion de constater que les habitants de deux bourgades voisines, Pieve et Cinte, considèrent que la manière de chanter de leurs voisins est "tout autre chose" et ne peuvent, par conséquent, s'identifier à elle. Est-il besoin de préciser que, pour un observateur extérieur, les styles musicaux de ces deux bourgs semblent absolument identiques ? L'ethnologue américain Roderic Knight m'a rapporté un cas diamétralement opposé : durant un séjour en Inde, il eut l'occasion d'entendre (sur un marché, je crois), une chanson du groupe suédois ABBA (cette histoire remonte à la fin des années 1970). Le caractère sentimental de la chanson, me dit-il, lui donna brusquement une énorme nostalgie de son pays, et lui fit sentir avec une telle acuité qu'il était étranger au pays dans lequel il se trouvait que les larmes lui sont montées aux yeux. L'anecdote me parut intéressante : comment un Américain perçoit comme familière une musique venue de Suède (dont la connotation était clairement occidentale, évidemment, et c'est précisément ce qui compte), une musique à laquelle il ne se serait sûrement pas identifié s'il l'avait entendue aux Etats-Unis. Ce n'est donc pas seulement que le sentiment que l'on a de son identité sociale, à travers la musique, n'a pas un caractère monobloc, comme je le disais plus haut. Il est, de surcroît, variable dans le temps et selon notre point d'observation socioculturel.

Nous venons de voir qu'en des temps de mondialisation aussi, il existe de nombreux répertoires qui s'adressent à des sphères beaucoup plus étroites que la sphère nationale. Cela se vérifie de la manière la plus flagrante dans le champ de la musique traditionnelle (ainsi, pour ce qui est de l'Italie, le *stornello*, le *canto a vatoccu*, le *maggio* sont des répertoires à connotation régionale). Celui qui participe à ces répertoires ne le fait pas d'une manière exclusive, évitant de s'identifier, à un autre niveau, à des répertoires de caractère national ou international. Mais, dans le champ de la musique traditionnelle comme dans celui de la *popular music*, il existe des répertoires qui s'adressent à des publics restreints. Tel est le cas de musiques très différentes entre elles, comme le raï algérien, le *mbalax* du Sénégal, l'*highlife* du Ghana, l'*afrobeat* et le *jújù* du Nigeria, le *soukous* du Zaïre, les genres *jit* et *chimurenga* du Zimbabwe, le *mbaquanga* de l'Afrique du Sud, le rock *mizrahi* en Israël, le *qawwali* du Pakistan, le *zouk* des Antilles, le *soca (soul-calypso)* de Trinidad, la salsa de New York et d'autres formes hybrides, tels le *bhangra* anglo-indien et les *cajun* et *zydeco* franco-américains. Tous ces styles et genres sont souvent fortement hybridés (la musique pop/rock anglo-américaine faisant généralement partie du mélange) et, en même temps, ils sont locaux (certains plus que d'autres) en termes d'usage et de popularité. Autrement dit, ils représentent des réalités partielles du pays d'où ils proviennent, avec lesquelles certaines personnes, en raison de leur origine sociale, ont le sentiment de pouvoir s'identifier. Au fond, ces styles et genres nous disent que les particularismes locaux, pour la plupart tellement évidents dans la dynamique sociale et politique de notre temps, ne sont pas moins évidents dans le monde de la musique.

Mais les répertoires locaux que je viens de mentionner sont susceptibles aussi, dans une mesure qui varie selon les cas, d'être absorbés par le courant supranational des "musiques du monde", dans lequel ils perdent naturellement *une* bonne partie de leurs connotations d'origine. Tel est le cas du raï. Ce genre musical a vu le jour à Oran, en Algérie, à la fin des années 1970 ; il a emprunté son nom à une formule exclamative : *"Raï !"* ("Je te le dis, sûr ! c'est ça !") Cette musique est liée à des textes qui mettent l'accent sur l'érotisme, le désir de liberté sexuelle (pour les hommes comme pour les femmes) et qui traduisent, en général, des positions politiques progressistes – connotations que le public non algérien, qui ne voit dans le raï que l'une des "musiques du monde", ne peut évidemment pas saisir. A ce niveau, le raï est bien sûr choisi par des *sound groups* transnationaux qui se font particulièrement visibles et tangibles lors des représentations données par les musiciens qui incarnent le mieux la popularité de ce genre : Cheb Khaled un personnage à qui le raï est presque identifié au niveau international, a donné des concerts à Paris, à Bombay, à Dubaï, au Caire, à Los Angeles, à Beyrouth, en Suisse et au Japon (Virolle, 1995).

Avec le raï, tel qu'il est vécu par les Algériens, on touche donc un type de sentiment d'identité que l'on peut associer à des positions politiques particulièrement visibles dans de nombreux répertoires. N'oublions pas, du reste, que tout sentiment d'identité sociale est aussi une forme d'identité politique, au moins tacitement. Et il n'y a rien de surprenant à cela. La musique est un phénomène qui, au niveau du son comme au niveau des comportements nécessaires à sa production (ou qui lui sont associés), est tellement apte à se charger de valeur symbolique que, en tant que symbole, elle peut fonctionner pour presque tout et, *in primis*, pour la politique. Ainsi, dans les années 1950-1960, le Folk Music Revival a eu une connotation politique : des personnes orientées politiquement à gauche s'y sont identifiées parce que, en plus de la valeur intrinsèquement musicale qu'elles accordaient à cette musique, elles voyaient dans son retour une expression culturelle importante des classes sociales dites, dans la terminologie de Gramsci, "subalternes", raison pour laquelle cette musique avait été jusque-là sous-évaluée, sinon ignorée (Denisoff, 1971).

4. Musique "classique" et identité de la classe moyenne

En matière d'identité et de musique, il vaut la peine d'insister sur le fait que les répertoires lointains et exotiques ne sont pas les seuls exemples intéressants. Les répertoires qui nous sont les plus familiers peuvent eux aussi servir d'exemples, même si la familiarité que nous en avons nous empêche souvent de saisir consciemment leurs connotations symboliques ; or, nous accueillons ces connotations aussi spontanément que nous recevons les messages des langages dits non verbaux, auxquels nous sommes tout autant habitués. Prenons, par exemple, la musique savante européenne (celle que l'on désigne couramment par l'expression "musique classique"). On oublie facilement qu'elle aussi est porteuse de signaux sociaux interprétables en termes d'identité. Nous choisirons de nous arrêter, pour nous limiter à un seul de ses aspects, sur l'étrange antagonisme que représente tout morceau appelé "concerto pour instrument soliste et orchestre". Cette opposition représente bien celle que l'on imagine permanente, dans la société occidentale, entre d'une part l'individu et son besoin de liberté, de mobilité et, de l'autre, la nécessité de protéger et de conserver le tissu social dans son ensemble. Le soliste d'un "concerto" incarne donc le désir de liberté de l'individu (son désir d'être visible en tant que tel et non perdu dans la masse), tandis que l'orchestre (avec toute sa hiérarchie de rôles et de fonctions) nous rappelle, évidemment, l'ordre social dans lequel nous sommes tous situés. La question de savoir jusqu'où la situation peut aller sans que l'ensemble se désagrège constitue une partie non négligeable du charme de ce qui est exécuté. Ce n'est donc peut-être pas une coïncidence si le concerto pour instrument seul et orchestre est né et s'est progressivement affirmé au XVIIIe siècle. A cette époque, précisément, parallèlement à la diffusion des grands drapeaux de l'identité collective, tant nationale qu'idéologique, et des mouvements politiques et orientations de pensée comme le socialisme, l'identité collective et l'identité individuelle, la société et l'individu, commencèrent à se dessiner toujours plus nettement sous la forme de polarités conceptuelles. Dans l'Antiquité, comme, du reste, aujourd'hui encore dans de nombreuses sociétés traditionnelles, l'identification collective est au contraire plus forte que le sens de l'identité individuelle. Dans ces cas, l'identification au groupe auquel j'appartiens par ma naissance, une appartenance réitérée ensuite par des rites de passage, est la règle dominante qui définit mon identité individuelle : pour reprendre les termes de Norbert Elias, l'identité-Nous prévaut, ici, sur l'identité-Je. Il n'est donc pas surprenant que, dans ces contextes sociaux, l'individu n'émerge pas même en tant que "compositeur" ou en tant qu'"interprète soliste".

Bien que la musique classique soit aujourd'hui écoutée par des amateurs aux origines sociales très variées (grâce aux moyens de reproduction électroniques qui nous ont habitués à la dissocier de son milieu et de son contexte premiers), le concert de musique classique demeure un rite social, dans lequel la classe moyenne se reconnaît particulièrement bien et voit exprimer une série de valeurs auxquelles elle est attachée. Au nombre de ces valeurs, il y a l'idée que l'individualité de l'artiste (compositeur, chef d'orchestre, soliste) qui émerge avec brio et originalité doit être saluée et récompensée d'une manière appropriée. Cette célébration trahit d'ailleurs l'ambivalence de fond de la société bourgeoise vis-à-vis de l'argent : symbole de succès d'un côté, chose impure de l'autre, avec laquelle l'art ne devrait jamais avoir à faire (ainsi l'achat d'une place au guichet du théâtre n'est, apparemment, qu'une question secondaire dans le rituel du concert, au point que cette opération s'effectue dans une petite salle à part, presque dérobée, et non dans le foyer, où le rite social se déploie au contraire dans toute sa prétention). Les difficultés que l'on rencontre lorsqu'on veut connaître le montant des cachets des grands solistes sont tout aussi significatives ; dans les concerts de musique rock, en revanche (dont on aime pourtant à penser qu'ils sont forcément motivés par des considérations purement commerciales), il est beaucoup plus facile d'obtenir des informations sur l'ordre de grandeur des rétributions.

5. Musique et identité ethnique

On observe aussi que de nombreux genres musicaux (y compris ceux que nous venons de mentionner) sont susceptibles, selon les lieux et les circonstances, d'être associés à un sentiment d'identification de type ethnique. La forme et l'ampleur de ce phénomène dépend eut naturellement du sens que l'on donne au terme "ethnie". Anthony D. Smith rappelle que le terme grec *ethnos* signifiait, selon les cas, bande, troupe, groupe, nuée, race, peuple, nation, caste, tribu, sexe (1992). Lorsqu'on accepte le sens courant du terme "ethnie" – une population qui se distingue par des traits communs et un fort sentiment d'identité doté d'un certain "caractère national" qui résulte en partie de la géographie et d'un vécu historique partagé –, tout paraît simple et clair. Cependant, si l'on considère la question d'un regard plus attentif, on ne tarde pas à comprendre que cette première impression est illusoire. De fait, dans certains cas, la caractéristique commune d'une population sera la langue (par exemple, en Italie) et, dans d'autres, la religion (par exemple, en Israël) ; elle pourra être aussi le fait de se reconnaître dans un type d'institutions et de culture politique (par exemple en Suisse, aux Etats-Unis), ou de partager le sentiment d'une patrie perdue et/ou retrouvée (Israël). Dans cette direction, on le voit, le concept d'"ethnie" se dilue et se confond avec celui de nation et d'autres encore. Nous ne débattrons pas ici de la sémantique de ces termes : tous ont été forgés par une longue histoire qui conditionne leurs connotations actuelles. Mais l'on ne peut éviter de dire que le terme "ethnie" cohabite inconfortablement avec le terme "race", avec lequel on désignait, jusqu'en 1930, la presque totalité des micro-cultures. Après les monstrueuses expériences des totalitarismes du XXe siècle, nous ne parlons plus de "races" (dans le sens génétique du terme) qu'à propos des "races canines" et autres sujets politiquement inertes et inoffensifs tels que la reproduction de la drosophile – mais jamais à propos des êtres humains. Il n'existe donc pas d'études fiables à ce sujet, qui tenteraient de trouver un lien entre des caractéristiques génétiques déterminées, chez certaines populations, et leur manière de faire de la musique, non plus que sur un possible sentiment d'identification avec un certain répertoire musical sur la base d'une appartenance consciente à une ethnie génétiquement supposée. La seule chose que l'on puisse dire, c'est que toute culture complexe véhicule la croyance selon laquelle le talent musical est particulièrement évident chez certains de ses membres considérés comme appartenant à une "ethnie" et, souvent aussi, à une langue ou à une religion. Ainsi, dans la civilisation occidentale, les juifs, dit-on, ont un talent musical particulièrement développé, qui transparaît en particulier dans le nombre élevé de violonistes virtuoses ayant un patronyme juif. De même, dans le Nord de l'Inde, les musulmans sont considérés comme les meilleurs joueurs de *sarangi* et, au Mexique, il est très difficile d'être pris au sérieux en tant que joueur de *marimba* si l'on ne vient pas de l'Etat de Chiapas.

Enfin, il faut observer que, indépendamment de ce que l'on veut qu'elle soit dans son essence, l'identité que nous appelons "ethnique" est un fait social pour ainsi dire "biodégradable" et, donc, non irréductible.

Mais surtout, cette identité est un phénomène discontinu, dont l'intensité, chez l'individu, varie considérablement en fonction de l'époque et des situations ; en outre, ce phénomène est distribué d'une manière inégale entre les membres de chaque communauté. Souvent, pour les anciens, elle tend à devenir une donnée de fait, alors que pour les jeunes, elle est toujours davantage liée à d'autres identités concomitantes, souvent vécues avec plus d'intensité. Pour circonvenir nombre de ces problèmes, nous prendrons l'exemple d'un groupe social qui est aussi ethnique, parce que séparé des autres par son mode de vie et sa localisation géographique comme par sa propension à l'endogamie : les Pygmées mbuti du Zaïre. La culture des Pygmées mbuti du Zaïre est une petite culture, une petite ethnie, relativement homogène, peu influencée par les cultures limitrophes et, de surcroît, très circonscrite géographiquement. Les Mbuti nous montrent bien que la musique – qui est aussi, et dans une mesure importante, une forme de comportement – peut facilement, en tant que telle, devenir le symbole et la métaphore d'autres aspects, non musicaux, de la vie socio-économique. Par exemple, dans leur société égalitaire, les Pygmées mbuti, qui vivent dans la forêt Ituri au nord-est du Zaïre, produisent une musique vocale polyphonique dans laquelle la participation de chaque individu constitue une contribution utile à l'ensemble. Mais cette contribution personnelle, aussi importante soit-elle, ne permet jamais à un individu en particulier de se distinguer du groupe, d'en émerger d'une manière visible. En d'autres termes : il semble que cette musique chorale soit la traduction symbolique, une métaphore, précisément, de l'égalitarisme vécu au quotidien par les Mbuti. On a là un cas qui paraît être l'antithèse de l'orchestre occidental (né dans la forme que nous lui connaissons aujourd'hui au moment de la révolution industrielle), que Lewis Mumford voyait comme une "usine où produire de la musique" (articulée selon une claire hiérarchie : directeur, premier violon, second violon, second premier violon, autres premiers et seconds violons, etc.) – une métaphore, donc, comme nous le disions, de l'organisation socio-économique de la société occidentale moderne et de son organisation hiérarchique (1952).

L'une des difficultés à laquelle on se heurte quelquefois lorsqu'on veut saisir les liens symboliques entre la musique et des formes d'identité déterminées, y compris de type ethnique, réside dans le fait que les répertoires musicaux, sans même changer sensiblement de forme et de style (en somme, la modalité d'utilisation du matériel sonore), peuvent être employés dans des formes de plus en plus différentes et prendre ainsi des connotations totalement nouvelles. Il arrive en effet que le lien se rompe entre un répertoire et la fonction spécifique à laquelle il était habituellement associé, quand cette fonction cesse d'être socialement utile ou appréciée. Par exemple, dans une société où l'activité de la pêche est de moins en moins rentable puis finalement abandonnée, les chants liés à ce travail perdent leur raison d'être. Désormais sans fonction, ils peuvent néanmoins en retrouver une en acquérant un autre sens, en tant, par exemple, que symboles d'une certaine identité ethnique, régionale, etc. En général, la capacité de survie d'un répertoire et, lorsqu'il se "dé-fonctionnalise", de récupérer une fonction, dépend largement de l'attitude que le groupe social, qui en est le détenteur, observe par rapport à sa tradition, du désir de la préserver et de l'importance attribuée à un répertoire précis en tant que symbole, justement, d'une identité ethnique, locale ou nationale. Une musique traditionnelle (transmise oralement) peut exister, bien sûr, dans des sociétés très différenciées et, quand c'est le cas, des formes d'échange se créent entre les différents milieux, qui montrent bien la dynamique des processus d'identification qui se produisent en elle. Certaines personnes, par exemple, essaient de se valoriser à leurs propres yeux en s'associant symboliquement aux membres des classes les plus riches et les plus influentes. Un moyen de le faire est de s'approprier d'une manière ou d'une autre la musique qui circule dans les classes supérieures. Quand les plus aisés sont musicalement alphabétisés et que les moins riches ne le sont pas, ces derniers incorporent souvent, à leur manière, dans une mesure et sous des formes qui varient selon les circonstances, la musique du niveau supérieur en l'introduisant dans leur tradition orale. A partir de ce moment, cette musique est soumise à un processus d'"oralisation", qui comporte presque toujours des transformations, quelquefois profondes, et des métamorphoses stylistiques permettant de rendre la musique venue de l'extérieur compatible avec le nouveau milieu dans lequel elle circule.

En outre, la musique peut aider à garder un contact idéal avec une culture d'origine, quand on ne vit plus dans celle-ci et que l'on court le risque, réel, de perdre cette culture, à moins qu'on ne l'ait, justement, déjà perdue. Et voilà que, dans ce cas (que les anthropologues nomment "survivance marginale"), l'on observe, chez les immigrants italiens aux Etats-Unis, en Australie ou au Brésil, par exemple, que les chants traditionnels du pays d'origine sont préservés avec plus de conservatisme que dans la mère patrie. C'est pourquoi, quand on veut étudier les formes les plus anciennes d'une tradition populaire, il faut rechercher ces formes parmi les communautés d'émigrants plutôt que dans les territoires où la tradition a vu le jour. Et pourtant il n'en va pas toujours ainsi. Certains émigrants (y compris parmi les Italiens aux Etats-Unis) vivent leur musique traditionnelle (celle de leur région d'origine) en tant que souvenir et symbole d'une vie pauvre qu'ils ont voulu fuir et désirent donc oublier. De fait, on a constaté que, dans certains groupes d'émigrants italiens aux Etats-Unis, c'était non pas la musique traditionnelle de leur village d'origine mais les chansons de la propagande fasciste *("Facetta nera", "Giovinezza, giovinezza")*, entendues dans les années précédant immédiatement leur départ, qui étaient devenues des symboles d'identité ethnique, en perdant (heureusement) les connotations politico-idéologiques qu'elles véhiculaient quand elles circulaient dans la péninsule italienne.

6. Musique, instruments de musique et identité nationale

L'identité nationale peut être vue comme une construction sociale ou comme une qualité associée à un espace physique. Mais, si ces formes d'identité peuvent être construites ou imaginées, elles sont mobilisées par des intérêts particuliers et elles émergent, d'une manière parfois prépondérante, dans des situations de confrontation aux "autres", perçus alors comme différents et potentiellement antagonistes.

La *popular music* peut faire partie de ce processus. Chacun sait que le tango (une forme de danse liée à un style musical né dans les faubourgs de Buenos Aires) est devenu un symbole national pour toute l'Argentine. Il en va de même du fado portugais (une forme vocale accompagnée par des instruments à plectre) que tout le monde associe au Portugal, grâce aussi à une chanteuse extraordinaire, Amalia Rodrigues, et que les Portugais eux-mêmes vivent comme "leur" chose. Ou encore la musique *zouk*, que les gens de couleur des Petites Antilles chantent dans la langue officielle et qui a acquis une énorme importance puisque le *zouk*, aujourd'hui, représente l'identité des Antilles au niveau aussi bien local qu'international (Guilbault, 1993). Un des phénomènes les plus intéressants et les plus remarquables, dans l'évolution qu'ont connue au XXe siècle différentes formes de *popular music*, est l'association qui s'est opérée entre certains genres et des groupes sociaux pauvres et marginalisés, du moins à l'origine. Il est presque paradoxal que des milieux sociaux dans lesquels se produisent inévitablement des phénomènes de déviance, y compris criminelle, aient été déterminants dans l'élaboration de nouveaux genres et de nouvelles formes de musique ; paradoxal, surtout, si l'on considère que, parmi ces genres et formes, bon nombre sont devenus célèbres dans le monde entier et, souvent, ont été élevés au rang de symbole de cultures nationales. C'est en effet parmi les groupes économiquement pauvres et marginalisés que sont nés des genres musicaux aussi divers et vivants que le tango ou le fado, déjà mentionnés, mais aussi le *rebetico* (Grèce), le *kroncong* (Indonésie), le reggae (Jamaïque) et, naturellement, le ragtime, le blues, le jazz aux Etats-Unis, au début du XXe siècle (Manuel, 1988). Le cas du tango est à cet égard exemplaire. Déprécié à ses débuts en Argentine à cause de sa connotation fortement sensuelle et plébéienne, il faut attendre les années 1910-1914, époque à laquelle il commence à devenir populaire en Europe, pour qu'il soit pris au sérieux dans son pays d'origine. Nous savons ce qu'est aujourd'hui le tango au niveau international, et combien les Argentins lui sont reconnaissants pour l'image qu'il donne de leur pays (Pelinski, 2001).

Mais la *popular music* n'est pas la seule à avoir cette fonction d'identification nationale. Les étudiants qui suivent au conservatoire les cours d'histoire de la musique savent que, à partir de la période romantique, la musique populaire a surtout – mais non exclusivement – joué ce rôle dans les pays qui ne possédaient pas une tradition musicale savante très développée. Ces pays, de l'Espagne à l'Angleterre, de la Finlande à la Bohême, de la Russie à la Hongrie, ont élaboré leur propre conception du "populaire" (Labajo Valdés, 1992). Mais il est arrivé aussi que des pays de grande tradition musicale savante aient senti, à leur manière, le besoin de se référer à leur patrimoine folklorique sur un mode nationaliste. Certains l'ont fait, comme en Allemagne, en soulignant davantage l'aspect littéraire que l'aspect musical de leur folklore. Tel a été le cas de Achim von Arnim (1781-1831) et de Clemens Brentano (1778-1842), auteurs du recueil de chants populaires intitulé *Des Knaben Wunderhorn*, dont la motivation était clairement nationaliste. Du temps de la domination napoléonienne, ce recueil (et d'autres postérieurs, avec texte et musique) entendait réveiller le sens des traditions et la conscience nationale en proposant à toutes les populations de langue allemande un bien culturel commun. L'Italie n'a pas connu ce phénomène : la très forte différenciation régionale, manifeste sur le plan musical au moins autant qu'elle l'est du point de vue des dialectes, s'opposait à une perception unitaire de la péninsule italienne.

Cependant, cette fonction de représentation du sentiment de l'identité nationale n'est pas dévolue qu'à la seule musique, comprise en tant que répertoires musicaux, qu'ils soient vocaux ou instrumentaux. Les instruments eux-mêmes peuvent tout aussi bien l'assumer. Même si l'Irlande est peut-être le seul pays à avoir adopté officiellement un instrument de musique comme symbole national – la harpe celtique –, nombreux sont les cas où un instrument assume, de fait, ce rôle symbolique, sur un mode non officiel ou semi-officiel. La *mbira* africaine (un instrument dans lequel des lamelles de bambou ou de métal, actionnées par les pouces, sont appliquées sur une caisse de résonance, nommé aussi *kalimba* et *sanza*) est certainement un instrument important pour l'identité culturelle des Shona du Zimbabwe (ex-Rodhésie). La même chose vaut pour le *cymbalum* (type de cithare de grandes dimensions, dont les cordes sont frappées avec de petits maillets) en Ukraine et pour les gitans en Hongrie, ou pour la flûte de Pan en Roumanie, un instrument qui existe dans de nombreuses parties du monde mais qui est ressenti par les Roumains comme étant leur, au point qu'il est enseigné au conservatoire. Le *didjeridu* des Aborigènes australiens est un autre cas intéressant. Diffusé à l'origine uniquement parmi les tribus du Nord de l'île, il s'est répandu après la colonisation de l'Australie et, devenu aujourd'hui un symbole d'identité pour tous les Aborigènes, il est aussi, dans un sens, un symbole national pour tous les Australiens, qu'ils soient aborigènes ou blancs. (Sur la diffusion nationale et internationale du *didjeridu*, on lira dans ce volume l'article de Robin Ryan, p. 218-245). Enfin, nous mentionnerons la *nickelharpa*, un instrument traditionnel suédois dont on joue avec un archet, un peu semblable à la vièle, considéré par de nombreux Suédois comme un instrument national et, en Finlande, le *kantele* (une sorte de cithare de petites dimensions que l'on peut tenir sur les genoux).

7. Langues, musique et formes d'identité supranationale

Il existe des pays où la langue, parlée presque exclusivement par les gens du lieu, constitue un des symboles majeurs de l'identité nationale – en Italie, par exemple. Ces pays, au demeurant, ne sont pas très nombreux. Ailleurs, quand la langue est aussi un symbole national fort, elle jouit souvent d'une bonne diffusion à l'extérieur des frontières nationales : ainsi le français ou le turc. Mais chaque cas est différent. Preuve en est que les Turcs semblent considérer que "celui qui parle turc est turc par définition", ce que ne font pas les Français. Et pourtant, dans le monde francophone comme dans la "grande Turquie" qui englobe des pays de l'ancienne Union soviétique, circulent des répertoires musicaux communs, liés à la langue, dans lesquels se reconnaissent peu ou prou tous les auditeurs, même s'ils ne vont pas jusqu'à se considérer les uns et les autres comme des compatriotes. L'Espagne propose un cas analogue : le castillan, qui lie la péninsule Ibérique à l'Amérique latine, symbolise non pas tant l'unité espagnole qu'une "hispanité" universelle, que l'on serait bien en peine de définir avec précision et qui s'exprime cependant (comme dans les cas de la France et de la Turquie) à travers la circulation de musiques qui appartiennent presque exclusivement au monde hispanique et qui, par conséquent, identifient ce monde. L'espace anglophone est un autre cas, à la fois semblable et particulier (mais en matière de langue et de musique, chaque cas est semblable et particulier). En dépit de la fameuse phrase de Churchill sur les Anglais et les Américains, selon laquelle ces deux peuples seraient "séparés" par une langue commune, les Anglais et les Américains, mais aussi les Irlandais, les Australiens, les Néo-Zélandais et les Canadiens sont, sur le plan musical, très compatibles et, entre autres choses, ont littéralement conquis le monde avec le pop et le rock, parvenant à faire de leur musique une musique qui jouit maintenant d'un espace reconnu sur toute la planète – plus ou moins vaste selon les pays et les cultures.

Les langues plurinationales constituent donc des cas intéressants, puisque là où il existe une langue commune, il existe aussi un répertoire musical, ou plusieurs répertoires, appréciés par un public plus ou moins large en deçà et au-delà de frontières politiques déterminées. Ces répertoires communs sont vécus d'une manière très différente d'un cas à l'autre, mais il est certain que, même s'ils ne fonctionnent pas comme symbole d'une agrégation nationale (qui n'existe pas davantage qu'elle n'est souhaitée), ils font office de miroir réfléchissant des habitudes, des folklores, des manières d'exprimer l'émotion (pensons au caractère un peu "mélodramatique" de tant de chansons hispano-américaines), dont on a le plaisir de découvrir qu'on n'est pas les seuls à les cultiver.

En Europe centrale, la *Volksmusik*, qui réunit l'Allemagne, l'Autriche et la Suisse allemande, est un exemple de ce genre. Il est clair que ces trois pays partagent la même langue (par-delà les formes dialectales qui la différencient), bien qu'ils soient, sur d'autres plans, très différents en tant que nations. Pour qui vit dans un pays latin (l'Italie ou la France, par exemple), il peut être malaisé de saisir les différences culturelles entre l'Autriche et l'Allemagne, et davantage encore de comprendre la différence de culture politique qui sépare les Suisses allemands de leurs voisins germaniques ; mais ces différences sont, en revanche, évidentes et bien perceptibles à l'intérieur de l'aire linguistique germanique. Et pourtant la *Volksmusik*, à laquelle je me réfère, jouit d'une circulation et d'une popularité fondamentalement semblables dans ces trois nations. Si *Volksmusik* en est la dénomination correcte (bien que ce genre n'ait pas grand-chose à voir avec la musique qu'étudient les folkloristes et les ethnomusicologues, transmise oralement dans les campagnes et jouée sur le seul plan local), on la désigne aussi par l'expression *neue Volksmusik* (qui souligne la modernité du genre : guitares électriques, hybridation avec le jazz ou la country, le tout destiné au marché du disque, etc.), ou encore *volkstümliche Musik* (musique populaire).

Depuis une vingtaine d'années (à partir du 5 mars 1981, exactement), ce type de *Volksmusik* a trouvé un véhicule de diffusion spectaculaire sous la forme d'un programme de télévision intitulé *Musikantenstadl* (la petite ville des musiciens), dont le maître de cérémonie est un présentateur-chanteur, autrichien, Karl Moik. C'est le type de programme qui fait grimacer les intellectuels. Nonobstant, dans le monde germanophone, personne n'ignore son existence et chacun l'a vu et écouté au moins une fois ; et ce, aussi, parce que ce programme est diffusé simultanément par les télévisions bavaroise, autrichienne et suisse allemande. Il faut ajouter que l'émission se déroule devant un public réel qui, souvent attablé, écoute donc en buvant un verre, et que, d'une fois sur l'autre, l'émission est enregistrée dans une ville différente, tour à tour en Autriche, en Suisse et en Allemagne. Les chanteurs et les groupes qui représentent cette musique populaire sont totalement inconnus hors de l'aire germanophone. Ils ont pour noms : Hansi Hinterseer, Maria et Margot Hellwig, Heino, Patrick Lindner, Franzl Lang, les Klostertaler, Stefan Mross, Stefanie Hertel, les Paldauer, etc. Si, lors d'un séjour en Allemagne ou en Autriche, on veut se procurer l'un de leurs disques, on s'aperçoit qu'on les trouve partout, indice de leur popularité.

Que dire de la musique ? Les chansons, très simples (généralement des accords de tonique et de dominante, un chant diatonique, linéaire et syllabique étroitement associé aux accords qui l'accompagnent), sont exécutées par de petits groupes, dans lesquels sont présents, outre les claviers électroniques et les guitares électriques, des instruments plus traditionnels comme l'accordéon diatonique et même le type de cithare appelé *Hackbrett*. Un chanteur soliste ou, très souvent, un duo homme-femme, utilise à l'occasion le *yodel* et interprète des textes qui se réfèrent à des histoires d'amour simples (sans drame ni problèmes) ou décrivent les beautés de la nature alpine et des petits villages disséminés sur ce territoire plutôt vaste.

Il me semble que l'on peut dire que ce répertoire traduit le dénominateur commun, fortement idéalisé, d'une germanité simple, communautaire et rurale, dont le souvenir est agréable aux Autrichiens comme aux Allemands et aux Suisses allemands. C'est fondamentalement un artifice (comme l'était l'Arcadie littéraire fondée à Rome, à la fin du XVIIe siècle, par les poètes du cercle de Christine de Suède). Et pourtant ce caractère artificiel est accepté par un vaste public qui voit en lui une représentation d'un mode de vie qu'il considère comme ayant été celui de ses pères ou grands-pères. Et la musique, avec les échos folkloriques qu'elle exprime, semble être justement un symbole efficace de cette forme particulière d'identité alpine.

8. Musique et identité culturelle-religieuse

On rencontre dans de nombreuses cultures et micro-cultures des répertoires musicaux à vocation religieuse et liturgique qui revêtent une grande importance quand il s'agit d'exprimer son identité et de la réitérer à travers un rituel, dans toutes les occasions du culte où cette musique est requise. Il a existé et il existe encore des communautés socioculturelles, quelquefois supranationales (les pays islamiques, par exemple) ou nationales (l'Angleterre et son Eglise réformée), voire locale (les vaudois, les amish, les mennonites), pour lesquelles la religion, entre autres symboles, constitue un signe de reconnaissance de première importance. Il est certain, cependant, que toutes les religions n'accordent pas à la musique un rôle de premier plan ; certaines la vivent même sur un mode très problématique. L'islam en est une, qui considère la musique et, *a fortiori*, la danse, avec plus de suspicion encore que ne le fait le christianisme (une maxime attribuée à Mahomet énonce : "A ceux qui écoutent musique et chansons en ce monde, au Jour du Jugement il leur sera versé du plomb fondu dans les oreilles !"). L'islam et le christianisme sont aussi, d'une manière significative, des religions qui ont expulsé la danse de la liturgie ; et ce, au nom du danger que ferait courir la pratique de cette expression corporelle, plus à même de mener au plaisir des sens qu'à la communion de l'âme avec Dieu (seuls les derviches, groupe islamique marginal, qui cultive la croyance selon laquelle la communion avec la divinité est plus perceptible dans un état d'extase mystique, utilisent la danse dans leurs rites). Quant à la musique, l'islam n'accepte sans restrictions que la cantillation du Coran (tolérée, toutefois, dans la mesure où il ne s'agit pas véritablement de musique) (Seroussi, 2002). Le christianisme, pour sa part, a toujours strictement délimité ce que la congrégation peut chanter et, plus encore jouer, durant la liturgie. Les églises réformées, à l'exception des calvinistes et des adeptes de la doctrine de Huldreich Zwingli, ont été en général plus libérales.

Sur une question d'une portée aussi vaste, pour laquelle il serait difficile de choisir un échantillonnage représentatif de tous les cas où l'identité religieuse s'appuie, dans une mesure plus ou moins grande, sur un répertoire musical, je ne présenterai qu'un exemple, choisi, me semble-t-il, parmi les moins connus. Les mennonites et les amish de l'Amérique du Nord (dont les populations comptent respectivement 60 000 et 380 000 personnes) tirent leur origine du mouvement anabaptiste qui a vu le jour en Europe, au XVIe siècle. Même si certains réformateurs anabaptistes, suivant Zwingli, éliminèrent complètement la musique des rites du culte, ces groupes d'anabaptistes, persécutés à cause de leur foi, ont développé une hymnologie très caractéristique (les amish se séparèrent des mennonites en 1693 parce qu'ils prônaient un mode de vie plus strict, en particulier sur le plan vestimentaire). Un important recueil de ces hymnes (qui contient les textes mais non la musique), intitulé *Ausbund, das ist etliche schone christliche Lieder* (1583), a été introduit aux Etats-Unis, en 1683, par les mennonites (ainsi dénommés parce que adeptes de Menni Simons), lorsque ceux-ci commencèrent d'émigrer, puis par les communautés amish à partir de 1720. Réédité en Pennsylvanie en 1742, l'*Ausbund* est resté en usage jusqu'à aujourd'hui, ce qui en fait un recueil très particulier. Il représente en effet, cas unique dans le monde protestant, une tradition ininterrompue, longue de quatre siècles, fondée sur ces textes publiés, et sur lesquels sont chantés différents hymnes qui, à la différence du texte, ont été transmis oralement.

Les amish, plus encore que les mennonites, constituent une société extrêmement conservatrice. Ils continuent de parler entre eux un dialecte allemand qui a peu changé depuis l'époque de leur émigration, ils portent des vêtements sévères qui évoquent ceux du XVIIe siècle, ils refusent l'automobile et l'électricité. On imagine donc avec quelle ténacité ils ont conservé leur liturgie et leur utilisation liturgique du chant. Ce chant religieux est très singulier : monophonique, intensément mélismatique, sans accompagnement, non métrique et interprété avec une certaine lenteur. George Pullen Jackson est parvenu à montrer que bon nombre des mélodies aujourd'hui encore associées aux textes de l'*Ausbund* remontent aux "chants chorals" des églises réformées, bien que de prime abord ces mélodies ne soient pas reconnaissables comme telles (1945). Il semblerait que, au cours de la transmission orale dont elles ont fait l'objet pendant quatre siècles environ, ces mélodies aient été d'une certaine manière ralenties et que, entre les notes principales, des passages mélismatiques aient été peu à peu introduits. Il est évident que les traditions les plus conservatrices aussi finissent par accepter quelque changement, quelque innovation, surtout si celle-ci correspond à leur conception du monde. A la différence des amish, chez les mennonites, l'*Ausbund* est tombé en désuétude au début du XIXe siècle, et ces derniers célèbrent maintenant leurs rites avec un ensemble de chants composés d'hymnes réformés allemands et de psaumes calvinistes. Le cas des amish est donc des plus singuliers. Leur société, fortement endogame, ethniquement germanique, trouve sa raison d'être dans leur foi. Leurs rites sont liés à un répertoire musical ancien, dont la parenté avec les hymnes des autres églises protestantes est, à première vue, rien moins qu'évidente ; de surcroît, ce répertoire est le seul pratiqué, activement, par les amish. Il s'agit donc d'une tradition qui les identifie avec force, dans la mesure où elle n'est pratiquée par personne d'autre (Bachmann-Geiser, 1988).

9. Musique, sexualité et identité de "genre"

Quand la compositrice française Cécile Chaminade (1857-1944) présentait ses œuvres au public, il était fréquent que les critiques jugent sa musique, tantôt trop "féminine", tantôt trop "masculine" pour avoir été produite par une femme (Tardif, 1993). Ce cas tragi-comique d'une artiste critiquée quoi qu'elle fît, soit qu'elle arrivât (supposait-on) à exprimer sa nature féminine, soit qu'elle parvînt à la dissimuler, est emblématique de la difficulté que rencontrent les femmes dans notre société pour assumer les rôles les plus importants dans le domaine musical. En Occident, la tendance actuelle est d'offrir à tous, hommes, femmes, homosexuels, les mêmes chances. Mais même si l'on réussissait en cela, le problème de la relation entre sexualité et musique ne serait pas du tout résolu : la question de savoir si la "féminité" ou la "virilité" sont véritablement exprimables en musique et si la musique peut contribuer réellement à définir une identité de "genre", pour qui la produit, l'écoute ou se reconnaît en elle, demeurerait en effet entière. Depuis une vingtaine d'années, de nombreux musicologues et ethnomusicologues considèrent que l'on peut répondre par l'affirmative à cette question. Après tout, l'appartenance d'un individu au genre masculin ou féminin est certainement la première chose qui guide notre manière d'entrer en relation avec lui (avant et davantage encore que son âge). Ce qui détermine notre manière d'établir une relation est moins la différence sexuelle pure et simple (qui est une donnée biologique objective) que le mode sur lequel cette différence est vécue dans la culture de référence ; il est en effet très différent pour une femme de vivre sa féminité en Suisse ou dans un village de la zone méditerranéenne et, pour un homme, de vivre son homosexualité en Californie ou en Afrique centrale (Magrini, 2003). Prenons, par exemple, le cas extrême des Hua de Nouvelle-Guinée, qui définissent la virilité et la féminité davantage en termes de "fluides corporels" et d'"odeurs" que sur la base de l'anatomie extérieure ; parce que l'on peut, dans une certaine mesure, transférer ces substances, un individu sera classifié, à l'occasion, comme appartenant dans un premier temps à un genre puis, ultérieurement, à l'autre genre (Classen, Howes et Synnott, 1994).

On s'aperçoit donc peu à peu que le "genre" (quand on entend par ce terme la manière dont les cultures interprètent la différence biologique du sexe) s'insinue dans notre manière *a)* d'assumer des rôles de type musical, *b)* de pratiquer des répertoires déterminés et, peut-être (car nous entrons ici sur un terrain controversé), *c)* de construire la "discursivité" d'un morceau de musique et de la rattacher à l'émotivité de qui écoute ce morceau.

Pour ce qui est des rôles, j'ai observé combien il est difficile pour une femme d'assumer, dans le domaine musical, le prestige (du compositeur) et le pouvoir (du chef d'orchestre) ; et j'ai observé aussi l'embarras avec lequel on la considère si elle joue de certains instruments (trombone, basson, tuba, percussions). Car les instruments sont porteurs, dans maintes sociétés, d'une connotation de "genre". Certains sont surtout utilisés par les hommes (pensons au basson ou au tuba, en Occident), d'autres par les femmes (par exemple, aujourd'hui encore, la harpe ou, au Japon, le *koto*). Il arrive en effet que les instruments expriment des connotations de genre tellement marquées qu'elles dépassent la simple corrélation d'usage (instruments pour hommes ou pour femmes). Ainsi, de nombreuses cultures considèrent la flûte comme un symbole phallique et, pour cette raison, les femmes n'ont, bien souvent, pas le droit d'y toucher, quand il ne leur est pas carrément interdit de regarder cet instrument – cas limites, bien sûr. Dans le monde occidental, les choses ne sont jamais aussi radicales. Et pourtant, dans la conscience d'un grand nombre de personnes, il s'attache à des instruments comme le violon et la guitare, à cause de leur forme, quelque chose d'agréablement féminin, indépendamment du sexe de l'instrumentiste. Il arrive aussi que cette connotation puisse être réinterprétée et changer de signe. Si la guitare classique a été un instrument "féminin" (à cause des courbes de sa forme et de la manière enveloppante dont le guitariste, un homme presque toujours, la tient ou, mieux, la serre dans ses bras), la guitare électrique, en revanche, que l'on utilise dans le rock, ne l'est plus. Le corps de l'instrument, devenu plus petit, met en valeur la longueur du manche. Et les guitaristes rock (presque toujours de sexe masculin) la brandissent avec agressivité à la hauteur, précisément, de leurs parties génitales. La psychanalyse n'est pas nécessaire pour voir dans cette guitare un symbole phallique. La guitare rock a donc changé de sexe. Comme quoi, un instrument de musique aussi peut être transsexuel...

Considérons maintenant les répertoires, qui existent partout. Certains, surtout dans les sociétés traditionnelles, ont clairement une connotation féminine et sont donc pratiqués uniquement par les femmes : dans la ritualité du monde paysan de l'Italie du Sud, tel était encore le cas, il y a quelques décennies, des berceuses et des plaintes funèbres (il était impensable pour un homme de se substituer à une femme dans l'exercice de ces chants). De même, dans le Nord de l'Italie, les chants narratifs que les folkloristes appellent "épico-lyriques" ou, souvent aussi "ballades", selon l'usage anglo-saxon, constituaient un répertoire pratiqué presque exclusivement par les femmes et dans lequel les chansons présentaient un point de vue féminin de la réalité (histoires tragiques mettant en scène des femmes victimes et évoquant donc les dangers que les hommes faisaient peser sur elles) (Magrini, 2003). Mais il existe aussi des répertoires typiquement masculins (par exemple, les chants épiques des joueurs de *guzla*, en Serbie et au Montenegro, qu'Albert B. Lord a étudiés dans les années 1950). Les *stornellatori* ou chanteurs *a braccio* (chanteurs qui improvisent) en Italie centrale, les *cantastorie* ou chanteurs ambulants en Italie méridionale et les griots en Afrique étaient et sont (on en rencontre encore) des figures masculines. En Crète, le chant *rizitiko* aussi est un répertoire pratiqué par les hommes. Par ailleurs, la manière dont des répertoires déterminés sont perçus hors de leur contexte, sur la base de la culture locale, ne manque pas non plus d'intérêt : ainsi l'opéra italien du XVIIIe siècle, dans lequel la présence des castrats était plus qu'évidente, était-il considéré par les Anglais comme tellement efféminé qu'il représentait à leurs yeux un danger pour la moralité publique (McGeary, 1992).

Mais la question est de savoir pourquoi des répertoires déterminés sont pratiqués uniquement soit par des hommes, soit par des femmes. Il y a à cela plusieurs réponses. Un répertoire peut être associé à des rites dans lesquels certains rôles sont assignés aux femmes (la plainte funèbre) ; les thèmes abordés dans le texte du chant peuvent exprimer une vision du monde soit masculine soit féminine ; et il arrive aussi que des groupes d'hommes ou de femmes se réunissent ou décident de manifester leur solidarité de groupe et de genre en exécutant des morceaux de musique. Il est alors évident que, exécuter et transmettre des morceaux appartenant à ces répertoires équivaut à expliquer son rôle d'homme ou de femme et, donc, à montrer publiquement son identification à ce rôle.

En d'autres termes, l'activité qui consiste à faire de la musique n'est pas indifférente ou neutre sur le plan social. Faire de la musique est utilisé, comme le sont d'autres activités, pour établir et définir des rôles. Faire ou ne pas faire certaines choses, dans certains lieux et en certains moments de la vie sociale, définit l'appartenance à des groupes et au genre masculin ou féminin (même s'il existe, bien entendu, dans chaque société, des comportements, y compris musicaux, qui sont ouverts à la participation de tous). Il en résulte que le fait d'assumer un comportement musical qui, dans une culture donnée, est assigné habituellement à l'autre sexe, constitue une forme de déviance, de transgression, qui peut être l'indice d'une situation culturellement en évolution, voire le prélude d'une redéfinition imminente des rôles.

Jusque-là, nous nous trouvons sur un terrain relativement sûr. Mais quand on veut savoir si les formes d'intelligence que nous associons au sexe masculin ou au sexe féminin, et les manières d'exprimer son émotion que la culture impose à l'individu sur la base de son appartenance à l'un ou à l'autre sexe ou, même, à celui, homme ou femme, qui se sent homosexuel, s'expriment un tant soit peu dans la composition, dans le jeu musical et dans le sens donné à la musique que l'on écoute, alors commencent les problèmes. Autrement dit, s'il est possible de relire l'histoire de la musique dans la perspective du "genre" et de faire avancer l'histoire sociale ou la sociologie en étudiant la manière dont le "genre" des individus a influencé leurs carrières et leurs activités musicales, en revanche il est infiniment plus ardu d'introduire le concept de "genre", en tant qu'instrument d'analyse, pour aborder des questions d'histoire et de critique qui concernent le processus de composition, les choix esthétiques des compositeurs et la réception de leurs œuvres. Des spécialistes pensent que la musique dite "pure" ou "absolue" aussi possède toujours un contenu narratif dans lequel est représentée une action animée par des caractères (thèmes, mélodies) inévitablement porteurs de connotations érotico-sexuelles évidentes (Citron, 1994 et McClary, 1994). Mais il est certainement très difficile d'en donner une preuve objective, et plus difficile encore de montrer que, durant la représentation, les auditeurs "lisent" en ces termes le contenu d'une "sonate", par exemple. Or, quand bien même serait-ce le cas, on peut toujours considérer que la "narration" est non pas réellement *dans* la musique mais, au contraire, imaginée ou construite par les auditeurs, sur la base de leurs penchants (Nattiez, 1990). Aujourd'hui, certains musicologues, à la manière peut-être des musiciens "engagés" des années 1960 qui se heurtaient à la difficulté de donner quasiment à chaque note de leurs compositions une signification politique, s'efforcent de lire dans chaque note quelque résonance érotico-sexuelle.

Quoi qu'il en soit, bien avant que l'on ne se passionne pour la question de savoir comment la sexualité et sa définition culturelle influencent la pratique musicale, Alan Lomax (1968) se disait convaincu qu'il était possible de voir dans la production de certain type de *sound* vocal un élément révélateur, entre autres choses, du type de rôles et de relations entre "genres" en vigueur dans une société donnée. A l'époque, son approche du *sound* a été très critiquée. Mais, indépendamment des mérites ou des torts de son travail pionnier, Lomax n'aurait sûrement pas été mécontent de voir que, désormais, prévaut l'opinion selon laquelle l'étude des comportements musicaux peut être véritablement un instrument, d'une importance non négligeable, pour comprendre la manière dont le rapport entre les sexes est articulé dans les sociétés.

10. Conclusions

Enfin, il faut observer que, lorsque le sentiment d'identité ethnique, nationale, religieuse, sociale, sexuelle devient exprimable ou, sous quelque forme que ce soit, représentable par la musique, des stratégies sont mises en œuvre afin que cette représentation ait lieu. Par exemple, Ricardo Trimillos, qui étudie la culture des jeunes chez les Philippins installés aux Etats-Unis, explique que ceux-ci expriment leur sentiment d'identité *a)* en conservant des groupes musicaux traditionnels, *b*) en intégrant le répertoire des Philippines dans des contextes nouveaux, absents dans leur patrie d'origine, *c)* en créant des styles néo-traditionnels (autrement dit nouveaux mais, dans le même temps, clairement identifiables comme philippins), *d)* en promouvant la diffusion de la musique philippine dans les médias, *e)* en invitant des artistes philippins à donner des concerts aux Etats-Unis et, aussi, *f)* grâce à la présence d'artistes philippins qui s'infiltrent dans les genres musicaux euro-américains (1986). D'un cas à l'autre, d'une culture à l'autre, les stratégies peuvent différer. Mais il n'en reste pas moins que la musique (que nous avons tendance, en Occident, à concevoir aujourd'hui comme un fait sonique transportable et exploitable partout) est aussi, toujours, et dans une mesure non négligeable, une forme de comportement, certes modifiable, adaptable en fonction des circonstances, mais qui doit être aussi en principe – en tant que comportement – rendu visible, produit en public d'une manière ou d'une autre. Les modes particuliers de sa représentation sont naturellement fort nombreux et demanderaient donc un développement à part.

En conclusion, je crois qu'il n'est pas vain de souligner que l'universalité du phénomène musical, si universalité il y a, ne tient pas au fait que ses manifestations locales sont toujours universellement compréhensibles et appréciables par ceux qui les vivent comme extérieures à leur horizon socioculturel (parfois elles le sont, d'autres fois non, et le plus souvent elles ne le sont que partiellement). L'universalité de la musique résiderait plutôt dans le fait qu'elle manifeste partout une forte capacité à caractériser des groupes humains qui aiment à se sentir "autres", pour des raisons historiques et anthropologiques les plus diverses. Contrairement à ce qu'on entend dire quelquefois sur la capacité de la musique à rassembler les peuples, faire de la musique est une expression tellement directe d'une manière d'être personnelle qui, elle-même, est l'expression d'une situation particulière dans l'espace et dans le temps et d'un vécu historique spécifique, que cette activité est, par sa nature même, discriminante. Quand une représentation musicale a lieu, on peut être sûr que les valeurs de certains y sont représentées, affirmées, célébrées. Toute performance articule et exprime d'une manière ou d'une autre les valeurs d'un groupe social spécifique, qu'il ait le pouvoir ou soit au contraire marginalisé, qu'il soit riche ou pauvre à ce moment-là de son histoire. Aucune représentation n'est, à l'origine, conçue pour avoir une valeur universelle. La musique est au contraire une célébration du "caractère local" des gens. C'est pourquoi les ethnomusicologues parlent de "musiques", au pluriel. Toutes les musiques sont en effet enracinées dans un temps, un lieu, un vécu historique et un contexte culturel précis, et toutes sont liées à ces facteurs. Par conséquent, il faudrait les juger, en admettant qu'il soit nécessaire de le faire, selon l'efficacité avec laquelle elles expriment, d'une part des valeurs en accord avec la situation pour laquelle elles ont vu le jour et, de l'autre, une manière particulière de voir le monde et les rapports humains. Si le "sens" d'une musique donnée, conçue pour un autre temps et/ou un autre lieu, est peu ou prou perceptible aussi dans notre temps et dans le contexte qui est le nôtre, c'est parce que nos coordonnées spatio-temporelles partagent avec celles qui ont présidé à la naissance de cette composition des aspects de cette manière de vivre le monde et les rapports humains. Mais nous n'aurons jamais l'assurance que cette continuité de vision puisse perdurer indéfiniment. Par ailleurs, qu'une musique puisse être dotée d'un contexte et investie de significations totalement étrangers à ceux dont elle était porteuse à l'origine, cela aussi peut assurément se produire. Aujourd'hui, surtout en Occident, nous avons tendance à accueillir volontiers des musiques d'une autre origine, temporelle et géographique. Mais il n'est pas dit que notre disponibilité et la bonne volonté avec laquelle nous nous les approprions soient couronnées de succès. Ce qui ne signifie pas que nous ne sachions pas ou que nous ne puissions pas saisir le sens premier de ces musiques. Néanmoins il est très difficile, quand on écoute sur un lecteur de CD, dans son appartement milanais, de la musique classique indienne ou le gamelan balinais, de deviner le sens que ces musiques avaient dans le contexte qui les a vues naître et dans l'occasion-fonction pour laquelle elles ont été pensées. Mais cela importe peu (ou, du moins, cela n'est important que jusqu'à un certain point). Il reste le fait extraordinaire que nous sommes devenus tellement actifs dans notre capacité d'écoute, tellement créatifs, que nous attribuons à ces formes sonores venues de loin, dans l'espace ou dans le temps, un "sens" qui est nôtre, résulte de notre créativité d'auditeurs et qui est approprié aux exigences de notre manière de vivre d'Occidentaux. Mais il s'agit là, naturellement, d'une autre histoire, une histoire en cours, qui caractérise notre temps et qui, elle aussi, mériterait un développement à part…

Bibliographie

BACHMANN-GEISER, B., 1988 : *Amische. Die Lebensweise der Amischen in Berne, Indiana*, Berne, Benteli Verlag.

BOHLMAN, P. V., 1992 : “La riscoperta del Mediterraneo nella musica ebraïca. Il discorso dell'«altro» nell'etnomusicologia dell'Europa”, in *Antropologia della musica e culture mediterranee*, T. Magrini (éd.), Bologne, Il Mulino, p. 107-124.

CITRON, M. J., 1994 : “Feminist Approaches to Musicology”, in *Cecilia Reclaimed. Feminist Perspectives on Gender and Music*, S. C. Cook et J. S. Tsou (éd.), Urbana-Chicago, University of Illinois Press, p. 15-34.

CLASSEN, C., HOWES, D. et SYNNOTT, A., 1994 : *Aroma :The Cultural History of Smell*, Londres, Routledge.

DENISOFF, R. G., 1971 : *Great Day Coming. Folk Music and the American Left*, Urbana, University of Illinois Press.

GUILBAULT, J., 1993 : *Zouk : World Music in the West Indies*, Chicago, University of Chicago Press.

JACKSON, G. P., 1945 : “The Strange Music of the Old Order Amish”, *Musical Quarterly*, vol. XXXI, n° 3, p. 275-288.

LABAJO VALDÉS, J., 1992 : “Il concetto di folklore nella costruzione del nazionalismo spagnolo”, in *Antropologia della musica e culture mediterranee*, T. Magrini (éd.), Bologne, Il Mulino, p. 124-132.

LOMAX, A., 1968 : *Folk Song Style and Culture*, Washington (D. C.), American Association for the Advancement of Science ; 3e éd., New Brunswick-Londres, Transaction Publishers, 2000.

MAGRINI, T., 2000 : “From Music Makers to Virtual Singers. New Musics and Puzzled Scholars”, in *Musicology and Sister Disciplines. Past, Present, and Future. Proceedings of the 16th International Congress of the International Musicological Society (London, 1997)*, D. Greer (éd.), Londres, Oxford University Press, p. 320-330.

MAGRINI, T., 2002 : “Musica e genere”, in *Universi sonori*, T. Magrini (éd.), Turin, Einaudi, p. 211-229.

MAGRINI, T. (éd.), 2003 : *Music and Gender. Perspectives from the Mediterranean*, Chicago-Londres, University of Chicago Press.

MANUEL, P. L., 1988 : *Popular Musics of the Non-Western World*, New York, Oxford University Press.

McCLARY, S., 1994 : “Constructions of Subjectivity in Schubert's Music”, in *Queering the Pitch. The New Gay and Lesbian Musicology*, P. Brett, E. Wood et G. C. Thomas (éd.), New York-Londres, Routledge, p. 205-233.

McGEARY, T., 1992 : “«Warbling Eunuchs» : Opera, Gender, and Sexuality on the London Stage, 1705-1742”, *Restoration and 18th Century Theatre Research*, 2e série, vol. VII, n° 1, p. 1-22.

MUMFORD, L., 1952 : *Art and Technics*, New York, Columbia University Press.

NATTIEZ, J.-J., 1990 : "Can One Speak of Narrativity in Music ?", *Journal of the Royal Musical Association*, n° 115, p. 239-257 ; original français révisé, "Peut-on parler de narrativité en musique ?", *Revue de musique des universités canadiennes*, vol. X, n° 2, 1989, p. 68-91.

PELINSKI, R., 2001 : "Migrazione di un genere : il caso del tango", in *Enciclopedia della musica*, vol. I, *Il Novecento*, J.-J. Nattiez *et al.* (éd.), Turin, Einaudi, 2001, p. 1132-1152 ; trad. fr., "La migration d'un genre : le cas du tango", in *Musiques. Une encyclopédie pour le XXIe siècle*, vol. I, *Musiques du XXe siècle*, J.-J. Nattiez (éd.), Arles-Paris, Actes Sud-Cité de la musique, 2003, p. 1269-1291.

SEROUSSI, E., 2002 : "La musica e il trascendente", in *Universi sonori*, T. Magrini (éd.), Turin, Einaudi, p. 255-271.

SMITH, A. D., 1992 : *Ethnicity and Nationalism*, Leyde-New York, Brill.

SORCE KELLER, M., 1992 : "La *popular music* come riflesso dei contatti culturali nell'area mediterranea", in *Antropologia della musica e culture mediterranee*, T. Magrini (éd.), Bologne, Il Mulino, p. 133-146.

SORCE KELLER, M., 2002 : "Musica come rappresentazione e affermazione di identità", in *Universi sonori : introduzione all'etnomusicologia*, T. Magrini (éd.), Turin, Einaudi, p. 187-210.

STOKES, M., 1992 : *The Arabesk Debate. Music and Musicians in Modern Turkey*, Oxford, Clarendon Press.

TARDIF, C., 1993 : *Portrait de Cécile Chaminade*, Montréal, Louise Courteau.

TRIMILLOS, R., 1986 : "Music and Ethnic Identity. Strategies among Overseas Filipino", *Yearbook for Traditional Music*, vol. XVIII, p. 9-20.

VIROLLE, M., 1995 : *La Chanson raï. De l'Algérie profonde à la scène internationale*, Paris, Karthala.

Jean Molino

DU PLAISIR A L'ESTHÉTIQUE : LES MULTIPLES FORMES DE L'EXPÉRIENCE MUSICALE

La musica è il desiderio dei desideri.
Edoardo Sanguineti, Luciano Berio,
Sequenza I.

Quels sont les effets produits par la musique sur les auditeurs ? Qu'est-ce qu'écouter de la musique ? Il est bien difficile de le savoir. Les différentes disciplines qui s'occupaient traditionnellement de la musique ne s'intéressaient guère à cet aspect de la question : ni la *musica theorica*, tournée vers les mathématiques, ni la *musica practica*, qui se préoccupait seulement de la réalité sonore, ni la *musica poetica*, qui correspondait à une théorie de la composition. L'étude de la réception, reprenant à partir de la Renaissance les théories antiques de l'*êthos* des modes, se fondait sur une *Affektenlehre* inspirée de la rhétorique : "L'objet de la musique est le son. Sa fin est de plaire et d'exciter en nous diverses passions." (Descartes, 1966, tome I, p. 13.) Mais les correspondances que l'on cherchait à établir entre les tonalités et les passions de l'âme restaient à la fois vagues, incertaines et plus théoriques qu'appuyées sur l'analyse empirique des réactions des auditeurs. Les travaux de psychologie expérimentale ainsi que les recherches inspirées par les sciences cognitives et les neurosciences ont considérablement enrichi nos connaissances dans ce domaine, mais peut-on être sûrs que l'on ait ainsi accès à l'ensemble des stratégies de réception de la musique ? La théorie musicale européenne, qui sert plus ou moins explicitement de fondement à ces travaux, est le résultat d'une évolution qui a privilégié certains types de musique et certains types d'écoute. L'étude comparative contraint à élargir les perspectives et à mettre en évidence la variété des conduites ainsi que leur ancrage dans des réalités musicales ignorées ou sous-estimées par la tradition occidentale.

1. Le témoignage des mélophobes

En fait, ce qui nous donne peut-être une idée plus juste de ce qu'est la musique pour un auditeur, c'est la tradition à peu près ininterrompue de ceux qui la condamnent. A côté de l'iconoclasme, il faudrait faire une histoire et une anthropologie du refus et de la condamnation de la musique, de la "mélophobie". Il s'agit d'ailleurs en général moins de refus total que d'ambivalence : il est rare que l'on proscrive absolument toute forme de musique, mais on oppose la bonne à la mauvaise. C'est déjà le cas pour Platon qui reconnaît l'importance de la culture musicale, parce que "rien ne plonge plus profondément au cœur de l'âme que le rythme et l'harmonie". (Platon, *La République*, III, 401*d*, 1950, p. 957.) Il n'y a que deux "modes" musicaux recevables, ceux qui correspondent à la guerre et développent l'héroïsme du soldat et ceux qui accompagnent l'activité vertueuse du sage citoyen. Voilà déjà qui devrait nous conduire à nous interroger sur la pérennité de la musique militaire – elle fait que le guerrier, devant tous les périls, "fidèle et ferme à sa place de combat, tient tête à la fortune" (*ibid.*, 399*a*, p. 953) – et de la musique civique, des hymnes nationaux par exemple ; ces musiques ne touchent pas tout le monde de la même façon et cela dépend de bien des circonstances, mais croit-on qu'elles n'ont pas un effet brutal sur le corps et l'esprit des auditeurs ? En revanche, il faut bannir les instruments à plusieurs cordes et aux "harmonies" complexes et toutes les musiques qui sont des "imitations de la bassesse et de la démesure, ou de la démence et de toute autre tare" (*ibid.*, 400*b*, p. 954). Ces musiques mettent l'âme hors d'elle-même en conduisant à l'excès et au dérèglement et l'on voit apparaître un thème qui se retrouvera tout au long de la tradition anti-musicale : la mauvaise musique a partie liée avec l'amour charnel, dans lequel l'excès du plaisir produit le dérèglement – "peux-tu mentionner un plaisir qui soit plus grand et plus vif que celui qui a rapport à l'amour charnel ?" (*ibid.*, 403*a*, p. 958). La musique est essentiellement dangereuse et on ne peut l'accepter dans un état bien policé que dans des limites très étroites, en la soumettant à des règles et à des contrôles stricts.

C'est pourquoi les fondateurs de religion se sont toujours méfiés de la musique. Ils en connaissent la puissance, et c'est la raison pour laquelle ils veulent la canaliser au seul service de la nouvelle foi. Le christianisme naissant reprend les conceptions de l'Antiquité tardive et fait ainsi une place ambiguë à la musique ; si la musique théorique d'inspiration pythagoricienne révèle l'harmonie qui règne dans l'œuvre divine et si la perspective néo-platonicienne inclut la musique dans l'ascension de l'âme qui se débarrasse de toute matière et se purifie pour devenir incorporelle, il faut aussi se détacher de la musique païenne et des tentations diaboliques qu'elle offre au fidèle : "La purification de l'âme consiste, pour le dire en un mot et d'une manière qui vous suffise, à traiter avec mépris les plaisirs des sens ; à ne pas repaître ses yeux des exhibitions inconvenantes des saltimbanques ou du spectacle de corps qui enfoncent en nous l'aiguillon du plaisir ; à ne pas laisser nos oreilles verser dans les âmes une mélodie corruptrice, car de cette sorte de musique naissent naturellement des passions, filles de l'indignité et de la bassesse." (Basile, 1885, col. 581.)

Il est vrai que la faiblesse et la corruption de l'homme pécheur ont besoin du secours qu'apporte la puissance sensible du son, mais saint Augustin n'est pas sûr que, dans le chant religieux lui-même, l'auditeur n'éprouve pas une délectation coupable (*Les Confessions*, 10, 33 et 49-50, 1962, tome II, p. 228-231).

La plupart des réformateurs religieux témoignent de la même ambivalence. Si Luther aime la musique et lui réserve une place importante dans la liturgie, Calvin n'admet que le chant à l'unisson, sans accompagnement instrumental. Il est parfaitement conscient de la puissance de la musique : "Car à grand-peine y a-t-il en ce monde qui puisse plus tourner ou fléchir çà et là les cœurs des hommes, comme Platon l'a prudemment considéré. Et de fait nous expérimentons qu'elle a une vertu secrète et quasi incrédible à émouvoir les cœurs en une sorte ou en l'autre." La musique est un don de Dieu et c'est "la première ou l'une des principales" choses propres "à recréer l'homme et lui donner volupté". Il faut donc en "modérer" l'usage "pour la faire servir à toute honnêteté et qu'elle ne soit pas occasion de nous lâcher la bride à dissolution, ou de nous efféminer en délices désordonnées, et qu'elle ne soit point instrument de la paillardise ni d'aucune impudicité" (Calvin, 1876, col. 169-170).

L'attitude de l'islam n'est guère différente (During, 1988, p. 217-247). Si le Coran ne condamne jamais explicitement la musique, les discussions sur son usage légitime mettent en œuvre des arguments qui, malgré les différences de contexte, appartiennent à la même classe typologique que ceux de la tradition chrétienne. Il fallait différencier la religion nouvelle de celles qui l'entouraient et l'opposer aux mœurs relâchées du "paganisme" *(djahiliya)*. Le sérieux de la religion doit être séparé des divertissements de la vie profane. C'est pourquoi les docteurs de l'islam s'efforcent de distinguer la cantillation *(tajwîd)* du Coran de la musique profane, le plus souvent désignée par le terme qui renvoie au chant accompagné *(ghina)*. Les instruments de musique sont des "divertissements" (*malâhî*, pluriel de *malha*, qui signifie au sens propre amusement, distraction). Pour les puritains de l'islam, la musique évoquait avant tout les esclaves chanteuses *(qiyân)* du Moyen Orient, musiciennes et courtisanes : elle était donc associée à tout ce qui pouvait faire obstacle à une vie droite selon les préceptes de la religion, à tout ce qui était interdit, le jeu de hasard, le vin et la luxure. Les condamnations des puritains n'ont pas plus empêché le développement de la musique dans le monde islamique que dans le monde chrétien, mais on perçoit dans les deux cas l'inquiétude des hommes de foi devant les débordements que peut provoquer une musique libérée de tout contrôle.

Lorsqu'au contraire la musique est mise au service de l'Etat, elle joue un rôle essentiel dans le maintien de l'ordre social. C'est ce qui se passe dans la tradition chinoise, où elle est associée aux rites comme le dit Sima Qian dans ses *Mémoires historiques* : "Si l'on s'écarte un instant des Rites, il n'y a plus, au-dehors, que cruauté et arrogance ; si l'on s'écarte un instant de la Musique, il n'y a plus, au-dedans, que licence et perversion. La Musique permet au sage de faire grandir [parmi les hommes le sentiment] des répartitions équitables." (Cité in Granet, 1968, p. 337.)

2. De la transe au rock : les musiques dionysiaques

Faut-il se méfier de la musique ? Les mélophobes n'avaient sans doute pas tort si l'on regarde ce qui se passe lorsqu'elle entraîne ce que redoutaient précisément les responsables d'un Etat et les fondateurs de religions. C'est d'abord vrai au sein même de la religion, où elle accompagne les états de transe (Rouget, 1980 et During, 1988). Celle-ci, qui est présente dans de nombreuses religions traditionnelles, joue un rôle central dans le soufisme islamique, qui en a donné des descriptions détaillées. Les états spirituels sont provoqués par l'"audition" *(sama')*, c'est-à-dire l'audition de poésie chantée, dont les effets peuvent atteindre une extraordinaire intensité. C'est ainsi que le philosophe et mystique musulman Al-Ghazâlî évoque un mystique qui, après avoir entendu un vers, "se leva et entra en transe, et il courut furieusement et arriva dans un champ de bambous qui avaient été coupés mais dont les tiges étaient comme des épées. Et il continua à y courir et à répéter le vers jusqu'au matin, et le sang s'échappait de ses pieds et ses jambes enflèrent. Et il vécut après cela quelques jours et mourut" (Ghazâlî [al-], 1901-1902, in 1901, p. 716). Le terme qui est utilisé pour décrire cet état spirituel est le mot *wajd*, dont le sens est assez difficile à définir : en dehors de l'acception technique qu'il reçoit dans le cadre du soufisme, il désigne une émotion, et en particulier l'émotion amoureuse. Il faut donc se garder de traduire le mot arabe par transe ou par extase, car en fait il couvre l'ensemble des effets produits par la musique, depuis les effets physiques et physiologiques les plus spectaculaires jusqu'aux émotions les plus discrètes. Un autre terme est davantage utilisé pour désigner le plaisir musical profane, ou plus exactement l'effet que produit le chant non religieux, il s'agit du mot *tarab*, que l'on pourrait traduire par émotion poétique et musicale – les deux ne se séparant pas. L'audition profane est susceptible de produire les mêmes effets violents que la transe religieuse. L'auteur du *Livre des chansons (Kitâb al-Aghânî)*, Abû-l-Faraj al-Isfahânî, raconte qu'une chanteuse ayant commencé à chanter des vers du grand poète 'Umar Ibn Abî Rabî'a en sa présence, les auditeurs, saisis par le *tarab*, "se mirent à claquer des mains, à battre en cadence le sol de leurs pieds, à balancer leurs têtes en criant : «Nous nous offrons en sacrifice pour toi, ô Jamila, /Pour te protéger de tout mal… Comme ton chant et tes paroles sont sublimes !» Quant au poète 'Umar, il se mit à crier : «Malheur à moi. Malheur à moi…» Il déchira sa tunique de haut en bas, dans un état d'inconscience totale." (Cité in Jargy, 1971, p. 25-26.)

Ces expériences extrêmes n'ont-elles plus cours dans le monde contemporain ? C'est au fond la thèse qui a été longtemps défendue par les ethnologues ou les musicologues : cette façon de réagir à la musique serait caractéristique des cultures anciennes et n'aurait plus sa place dans les civilisations développées d'aujourd'hui. Il y a cependant un contre-exemple majeur qui vient s'inscrire en faux contre cette thèse : il est fourni par l'ensemble des musiques de chant et de danse de la jeunesse, du jazz au rock, au disco et à la techno. Lorsque l'intérêt s'est transporté des musiques "exotiques" aux musiques urbaines, on s'est alors aperçu que l'on pouvait légitimement rapprocher le concert rock et plus récemment la soirée "rave" de la transe et de la possession : l'observateur habitué du concert classique ou de l'opéra ne peut voir dans ces cris, ces gestes, ces délires que la marque de la barbarie et essaie d'en rendre compte, comme il peut, par la pression de l'industrie musicale, par les maux de la société, par la désorientation de la jeunesse, par la drogue, etc. Il est beaucoup plus intéressant d'y voir, du point de vue anthropologique, le retour à une forme fondamentale de rapport à la musique que l'évolution particulière de la musique européenne d'en haut avait fait croire disparue à jamais. Pour s'interroger avec quelque pertinence sur la perception de la musique et sur les plaisirs qu'elle procure, il faut se fonder sur la connaissance du plus grand nombre possible d'expériences musicales sans exclure *a priori* les unes ou les autres parce qu'elles seraient "primitives", barbares, hystériques, provoquées par les drogues, la psychologie des foules et le déchaînement de corps libérés de toute entrave.

Ici encore, il vaut mieux s'adresser aux mélophobes, aux ennemis de la musique, qu'à ses amis et à ses spécialistes. Dans l'ouvrage qu'il a consacré à la crise intellectuelle et morale de la société américaine, le philosophe Allan Bloom a consacré un chapitre au rôle de la musique dans la culture de la jeunesse. Ce chapitre commence par des phrases qui en donnent immédiatement le ton : "Bien que les étudiants n'aient pas de livres, ils ont la musique au superlatif. Rien n'est plus singulier dans cette génération que sa dépendance à la musique. C'est l'âge de la musique et des états d'âme qui l'accompagnent." (1987, p. 68 ; notre traduction.) Il est vrai que nos villes sont envahies par des jeunes filles et par des jeunes gens qui, le casque de leur baladeur sur la tête, marchent, courent ou dansent, les yeux ailleurs, enfermés dans une bulle musicale qui les isole du monde commun. La jeunesse communie dans le concert de rock et dans le bal du samedi soir mais recrée une communauté virtuelle à partir de la multiplicité des écouteurs individuels. La musique n'est pas seulement entendue, les auditeurs y participent par leur corps, qui l'accompagne même dans la solitude. Cette musique écoutée et agie n'est pas la musique classique, mais la chanson contemporaine, constamment soumise au renouvellement de la mode, à chaque instant enregistrée par la hiérarchie des hit-parades. Comment alors ne pas voir, avec Bloom, dans ces manifestations de la toute-puissance de la musique, une résurgence de la musique dionysiaque telle qu'elle a été décrite par Nietzsche dans *La Naissance de la tragédie*, dont il ne faut pas oublier le titre complet dans la première édition : *La Naissance de la tragédie issue de l'esprit de la musique* ? On se souvient que Nietzsche oppose l'art et, plus généralement, la civilisation apollinienne à la musique et à la vision du monde dionysiaque. Au monde plastique du rêve s'oppose l'exaltation de l'ivresse au sein de laquelle le sujet s'anéantit jusqu'à un complet oubli de soi-même. Devant le déchaînement de ces musiques, l'amateur de musique classique et le moraliste éprouvent la même horreur que le Grec apollinien devant l'intrusion de la barbarie dionysiaque : "Représentons-nous dès lors, dans ce monde artificiellement endigué et bâti sur l'apparence et la mesure, la musique extatique des fêtes dionysiaques retentissant en accents magiques et ensorcelants, et laissant éclater à grand fracas, jusqu'à la stridence du cri, toute la *démesure* de la nature exultant dans la joie, la souffrance ou la connaissance ! Représentons-nous ce que pouvait signifier, face à ces chants populaires démoniaques, l'artiste apollinien psalmodiant au son évanescent de sa harpe ! Les Muses de l'art de l'«apparence» pâlissaient devant un art qui, dans son ivresse, proclamait la vérité, et la sagesse de Silène criait : «Malheur ! Malheur !» au front de la sérénité olympienne. L'individu

– ses limites et sa mesure – sombrait dans cet oubli de soi qui est le propre des états dionysiaques et perdait toute mémoire des préceptes apolliniens. La *démesure* se dévoilait comme la vérité ; la contradiction, la volupté née de la douleur s'exprimaient d'elles-mêmes du plus profond de la nature." (Nietzsche, 1872, in trad. fr., 1977, p. 55.)

La typologie de Nietzsche semble décrire avec assez d'exactitude les deux pôles entre lesquels se distribuent les plaisirs de la musique : à une extrémité se situent les écoutes actives au cours desquelles le sujet participe de tout son être à une exaltation collective, réelle ou virtuelle, de type religieux ou érotique ; à l'autre se trouvent les attitudes plus distanciées des amateurs de musique classique. Il y a ainsi un continuum qui va des formes les plus spectaculaires de la transe à l'audition passive d'un disque ou de la radio par un intellectuel qui a besoin d'un fond sonore sans surprise pour réfléchir ou pour écrire.

3. Le langage des sentiments

Je voudrais maintenant me rapprocher de notre écoute moderne de la musique classique européenne en m'adressant à un amateur dont le témoignage peut à première vue paraître trop singulier pour être fiable, celui de Stendhal. On ne peut mettre en question sa passion pour la musique : "La musique qui a peut-être été ma passion la plus forte et la plus coûteuse, elle dure encore à cinquante-deux ans et plus vive que jamais." (1890, in 1955, p. 209). Il a par ailleurs l'avantage de haïr l'hypocrisie et la vanité : il se fait un devoir de dire et d'écrire ce qu'il pense, même s'il ne se fait pas faute d'y ajouter un certain dandysme de la provocation. Il apporte surtout à l'analyse de ses réactions une rafraîchissante "naïveté" qui tranche sur l'affectation générale qui caractérise les témoignages dont on dispose sur l'effet produit par la musique. Dans ce domaine, l'attitude la plus fréquente consiste, pour reprendre la formule de Molière utilisée à propos de la tragédie, à "se guinder sur de grands sentiments" (*La Critique de l'Ecole des femmes*, scène 6) et, pour toutes sortes de raisons plus ou moins valables – de la honte au sens des convenances –, à ne pas tenter de dire simplement ce que l'on éprouve. C'est pourquoi nul musicologue, nul psychologue, nul philosophe sérieux n'oserait faire appel à Stendhal pour nous éclairer sur les réalités de la réception musicale. Le philosophe Etienne Gilson n'hésite pas à faire de lui – à propos de la peinture, mais le jugement serait *a fortiori* le même pour la musique – le symbole même d'un certain "philistinisme", c'est-à-dire de cette erreur qui consiste "à ne pas voir le beau de l'art où il est et à le voir où il n'est pas", à ne pas le reconnaître dans le faire et à le placer indûment dans la signification ou dans l'image qu'il présente. La variante de philistinisme dont se rend coupable Stendhal est le philistinisme sentimental, qui repose sur l'association de l'art et de la sexualité : "L'auteur de l'*Histoire de la peinture en Italie* aimait passionnément la peinture, comme il aimait l'Italie, et d'ailleurs du même amour, qui ne faisait lui-même qu'un avec l'amour de la femme et du plaisir dont elles charment toujours l'imagination faute de le donner toujours aux sens." (Gilson, 1963, p. 266.) C'est en se plaçant dans une perspective "correctrice" que le philosophe condamne sans appel cette façon de percevoir l'art, mais ni le musicologue ni le psychologue ne sont en reste : il y a de bonnes et de mauvaises façons d'écouter de la musique, et n'allons surtout pas voir ce qui se passe vraiment dans l'esprit des gens, car où irait-on si la musique servait surtout à donner aux auditeurs une excitation érotique ? Et pourtant, sur quoi repose la fascination qu'a exercée depuis le début le *Tristan et Isolde* de Wagner sinon sur cette alliance de musique et de sexualité ? Ecoutons donc Stendhal et prenons-le au sérieux. Son dilettantisme s'appuie sur la variété des goûts : puisqu'il n'y a pas de beau absolu, puisqu'il n'y a pas de critère immuable pour juger d'une œuvre, il ne faut pas se fier aux autres, aux conventions et aux convenances, il ne reste plus qu'à être soi, à être seulement fidèle à ce que l'on éprouve personnellement.

Le point de départ est clair : "En musique comme en amour, ce qui est beau, c'est ce qui plaît." (Stendhal, 1817, in 1970, p. 197) L'association entre musique et amour semble chez lui, aller de soi, et ce plaisir est d'abord d'ordre physique : "Il me semble que la musique diffère en cela de la peinture et des autres beaux-arts, que chez elle le plaisir physique, senti par le sens de l'ouïe, est plus dominant et plus de son essence que les jouissances intellectuelles. La base de la musique est le plaisir physique ; et je croirais que notre oreille jouit encore plus que notre cœur en entendant Madame Barilli chanter : *Voi que sapete / Che cosa é amor*. Mozart, *Figaro*." (*Ibid.*, p. 121.)

Le premier critère de la belle musique est donc le plaisir de l'oreille, car "toute musique qui ne plaît pas d'abord à l'oreille n'est pas de la musique. La science des sons est si vague, qu'on n'est sûr de rien avec eux, sinon du plaisir qu'ils donnent actuellement" (*ibid.*, p. 101). C'est pourquoi les êtres les plus grossiers sont aussi sensibles, sans doute même plus sensibles à la musique que les soi-disant connaisseurs : "Il y a peut-être plus d'amour pour la musique dans vingt de ces gueux insouciants de Naples, appelés *lazzaroni*, qui chantent le soir le long de la rive de Chiaja, que dans tout le public élégant qui se réunit le dimanche au Conservatoire de la rue Bergère. Pourquoi s'en fâcher ?

Depuis quand est-on orgueilleux des qualités purement physiques ?" (*Ibid.*, p. 77.) Le connaisseur, en réalité, ne connaît rien à la musique, précisément parce qu'il croit savoir, et le virtuose ne pense qu'à la difficulté vaincue. L'amateur, au lieu de chercher à apprendre la musique, doit suivre une autre voie, celle qui consiste à approfondir son expérience et donc à mieux se connaître. Dans le livre qu'il a consacré à Stendhal, le philosophe Alain ajoute à propos de cette façon d'écouter : "Je n'oserais dire si c'est la bonne, tant la prétention de savoir la musique a faussé le jugement de ces temps-ci, mais je ne suis pas loin de considérer comme un monstre celui qui lirait un roman pour savoir comment ce roman est fait, et pour apprendre lui-même à en écrire. Nous sommes bien loin de juger par nous. Nous croyons que juger par raisons ce soit juger par nous. C'est vouloir premièrement s'accorder aux autres, ce que Stendhal ne fait jamais." (1958, p. 790.)

Stendhal nous dit franchement ce qu'il aime et ce qu'il n'aime pas : "Je n'ai aucun goût pour la musique purement instrumentale [...]. La seule mélodie vocale me semble le produit du génie. Un sot a beau se faire savant, il ne peut suivant moi trouver un beau chant." (1890, in 1955, p. 327.) Cette préférence, qui est générale jusqu'au XIXe siècle – et qui est aujourd'hui encore largement majoritaire –, se fonde sur la parenté profonde qui unit la voix et la parole à la musique : elles expriment les sentiments, les émotions et les passions avec une fidélité et une intensité dont ni la parole ni la musique seules ne seraient capables. Grâce à la conjonction des deux arts, poésie et musique, le musicien "exprimera non seulement le principal mouvement de la passion du personnage, mais quelques-unes des cent manières dont son cœur change en parlant à ce qu'il aime" (1817, in 1970, p. 349). Il y a une espèce de complémentarité entre les deux, car la musique seule est trop vague et a besoin de la parole pour préciser le sentiment, tandis que la poésie seule ne saurait exprimer les infinies nuances d'une vie affective en perpétuel changement :

"L'air *«Deh ! signor !»* de Paolino dans le *Mariage secret*, ne peint pas précisément le malheur de se voir enlever sa maîtresse par un grand seigneur, mais il peint une tristesse profonde et tendre. Les rôles particularisent cette tendresse, dessinent les contours du tableau, et la réunion des paroles et de la musique, à jamais inséparables dans nos cœurs dès que nous les avons entendues une fois, forment la peinture la plus vive qu'il ait été donné à l'homme passionné de tracer de ses sentiments." (*Ibid.*, p. 182.)

Mais, à côté de cette écoute orientée par les paroles, l'action et les personnages d'un opéra, Stendhal connaît une autre façon d'aimer la musique : "La bonne musique me fait rêver avec délices à ce qui occupe mon cœur dans le moment. De là les moments délicieux que j'ai trouvés à la Scala de 1814 à 1821." (1890, in 1955, p. 331.) (On comprend pourquoi les études de psychologie expérimentale sont condamnées à ignorer ces confidences peu avouables...) Cette rêverie sentimentale se déclenche au seul son d'une cloche : "A Rolle, ce me semble, arrivé de bonne heure, ivre de bonheur de la lecture de *La Nouvelle Héloïse* et de l'idée d'aller passer à Vevey, prenant peut-être Rolle pour Vevey, j'entendis tout à coup sonner en grande volée la cloche majestueuse d'une église située dans la colline à un quart de lieue au-dessus de Rolle ou de Nyon, j'y montai. Je voyais ce beau lac s'étendre sous mes yeux, le son de la cloche était une ravissante musique qui accompagnait mes idées et leur donnait une physionomie sublime. Là, ce me semble, a été mon approche la plus voisine du *bonheur parfait.*" (*Ibid.*, p. 373.) La musique met en branle l'imagination, canalisée par le sentiment : "Mes sentiments brodent sur un chant ce qui, d'après la passion dominante, peut faire le plus de plaisir à mon âme." (1932, in 1955, p. 1068.)

Ce chant, qui évoque des sentiments et des souvenirs dans une rêverie plus ou moins vague, tourne toujours autour de l'amour : "Je viens d'éprouver ce soir que la musique, quand elle est parfaite, met le cœur dans la même situation où il se trouve quand il jouit de la présence de ce qu'il aime ; c'est-à-dire qu'elle donne le bonheur apparemment le plus vif qui existe sur cette terre." (1822, in 1969, p. 39.) Le chant ne touche l'âme que sur le mode de la tendresse mélancolique, du souvenir, du regret ou de l'espoir amoureux. C'est pourquoi la passion triomphante fait disparaître le pouvoir et le charme de la musique : "Mes souvenirs étaient charmants, vifs ; ils se changèrent en réalité. Je trouvai que j'aimais actuellement Mme P(ietragrua). Dès lors, mille petites circonstances qui m'intéressaient à Milan pâlirent. Les cloches, les arts, la musique, etc., tout cela charmant un cœur inoccupé devient fade et nul quand une passion le remplit." (1932, in 1955, p. 1094.) Le plaisir de la musique est non un plaisir de substitution comme le suggère Gilson, mais un plaisir "périphérique", comparable aux préliminaires amoureux, qui se tient sur le bord de la passion et de sa satisfaction, avant ou après, mais jamais pendant... On peut retenir quatre enseignements du "cas" Stendhal : le plaisir musical est d'abord physique ; il déclenche des associations guidées par l'affectivité et dépend fortement de l'expérience individuelle ; il est étroitement lié à l'amour. On voit pourquoi Platon et les fondateurs de religions ont raison de se défier de la musique : Stendhal est d'accord avec eux pour lui trouver un fondement érotique.

Récusera-t-on le témoignage de Stendhal parce qu'il est trop singulier, trop isolé ? Je voudrais me transporter maintenant dans le Yémen d'aujourd'hui afin de savoir comment, dans ce pays et cette culture qui n'ont pas grand-chose à voir avec l'Italie et la France du début du XIXe siècle, on écoute la musique (Lambert, 1977). Au cours du *magyal*, réunion qui se déroule durant l'après-midi dans le salon des habitants de Sanaa, les hommes rassemblés mâchent du *qât*, arbuste dont les feuilles ont un effet stimulant ; vers la fin de l'après-midi, à "l'heure de Salomon", commence la séance musicale *(jalsa)*, durant laquelle des musiciens chantent des vers en s'accompagnant sur leur luth *(oud)*. Ce sont les mêmes mots que nous avons déjà rencontrés à propos de l'extase religieuse, *wajd* (émotion) et *tarab* (ravissement), qui désignent l'effet produit par la musique. Mais les réactions sont plus modérées que dans les anecdotes traditionnelles qui illustrent les pouvoirs de la musique. Il va d'abord de soi que la musique est le langage des sentiments et que le jeu du musicien-chanteur produit une communion émotive. L'état d'esprit qui s'empare à la fois du musicien et des auditeurs conserve, dans cette culture profondément imprégnée par le puritanisme zaydite, un parfum d'interdit : la musique est, comme la femme, tentation *(fitna)*, c'est-à-dire en même temps attirance presque irrépressible de la beauté et menace de désordre. Ici encore, la musique est étroitement liée à l'attrait sexuel : selon un musicien de Sanaa, écouter de la musique, c'est comme faire l'amour, sauf que cela dure plus longtemps. L'émotion est provoquée par l'association de la poésie et de la musique ; les thèmes développés sont les thèmes traditionnels de la poésie arabe classique : désir passionné, séparation, maladie d'amour… La tonalité la plus caractéristique est celle de la tristesse heureuse – c'est le titre d'une chanson de la chanteuse libanaise contemporaine Fayrouz *(al-huzn as-sa'îd)* –, où se mêlent le désir de la beauté, l'attente du plaisir et le souvenir nostalgique des bonheurs passés. C'est en ce sens que la musique est, selon des formules traditionnelles, remède de l'esprit *(dawâ al-nafs)* et médecine de l'âme (*tibb al-arwâh*). Nous ne sommes pas si loin de la purgation des passions aristotéliciennes : la musique excite, émeut et en même temps repose et purifie dans la mélancolie des souvenirs. Il suffit de voir, aujourd'hui encore, dans un café d'Afrique du Nord ou du Moyen-Orient, des hommes en train d'écouter Farid al-Atrach et Oum Kalsoum pour immédiatement penser à cette "tristesse profonde et tendre" dont parlait Stendhal.

Au-delà ou plutôt en deçà des différences culturelles, les formes du plaisir musical semblent bien se rejoindre et témoigner d'un enracinement commun dans une nature humaine universelle, même si cette nature est filtrée et canalisée par le contexte social et culturel : la musique conçue comme langage des sentiments se retrouve dans les cultures les plus différentes, de la théorie de l'êthos dans l'Antiquité classique à l'*Affektenlehre* baroque, chez Stendhal et au Yémen, mais aussi chez les Kaluli de Nouvelle-Guinée, pour lesquels la musique est "un sentiment esthétiquement codé" (Feld, 1982, p. 273).

4. Du plaisir à l'intérêt

Mais il y a bien d'autres réponses possibles à la musique, bien d'autres plaisirs qu'elle peut procurer. Ces réponses varient selon les individus mais aussi selon les groupes auxquels ils appartiennent. A cet égard, une rupture décisive se produit lorsqu'on passe des communautés homogènes aux sociétés étatiques stratifiées (sur cette discussion, voir *supra*, p. 484-487). S'installe alors une séparation entre la culture d'en haut et la culture d'en bas et, pour les amateurs appartenant aux couches supérieures, le goût musical se définit non seulement par la musique qu'ils apprécient mais aussi par celle qu'ils rejettent : la première est belle, élevée, distinguée ; la seconde, celle des classes inférieures, est laide, basse, vulgaire. La division en deux de la société s'associe à un dualisme métaphysique : il y a une musique qui élève, une musique spirituelle, et en face d'elle une musique qui abaisse, qui enfonce dans la matérialité du corps. Ce dualisme s'accompagne d'un net contraste entre les façons dont les classes inférieures et les classes supérieures conçoivent le rapport à la musique et plus généralement à la culture. Pour les gens d'en haut, la culture est une "chose sérieuse", qui exige une "volonté fermement appliquée" : "La musique appartient à la culture, c'est-à-dire à quelque chose qu'il faut imposer, arracher avec une violence patiente à la lourdeur et à la torpeur animale : on n'atteint, je l'ai dit, à la véritable musique, à cette zone de haute réalité spirituelle où l'âme se rassemble, qu'au prix d'un effort soutenu, d'une véritable ascèse, qui ne peut aller sans fatigue." (Davenson, 1942, p. 141.)

Les gens d'en bas, en revanche, "se laissent aller" – ce sont évidemment les termes utilisés par les gens d'en haut – à ce qui leur plaît immédiatement, à cette musique "légère", "écœurante", "sirupeuse" que condamnent les amateurs de la seule vraie musique, la "grande", la "sublime", la musique pure. Aussi l'amateur bien élevé a-t-il honte du plaisir qu'il ne peut quelquefois s'empêcher de ressentir à entendre ces musiques de mauvais goût et sa méfiance à l'égard du plaisir "facile" va jusqu'à lui faire éprouver de la mauvaise conscience s'il se sent trop facilement, trop physiquement "chatouillé" par la ligne mélodique, trop sentimentale et trop ornée, d'un *Nocturne* de Chopin.

C'est dans la même tradition que s'inscrit le refus du plaisir, l'hédonéphobie, caractéristique des musiques d'avant-garde depuis le début du siècle. Le vieux désir d'épater et de "choquer le bourgeois", réactivé par Dada et le surréalisme, s'associe au renouvellement plus rapide du langage musical, tandis que les idées d'œuvre de l'avenir, d'avant-garde et de révolution légitiment ruptures et innovations. La musique ne doit plus être un divertissement agréable pour amateurs bien nourris – ce qu'elle ne craignait pas d'être aux époques baroque et classique –, mais une protestation contre les conditions de l'existence sociale contemporaine. On aboutit ainsi à l'interprétation hégéliano-marxiste d'Adorno, qui a triomphé dans l'Europe d'après la Seconde Guerre mondiale : le divertissement est réactionnaire et la musique authentique doit refuser le plaisir comme elle doit refuser l'organisation capitaliste de la société. Les dissonances choquent les auditeurs parce qu'elles "leur parlent de leur propre condition ; c'est uniquement pour cela qu'elles leur sont insupportables" (1949, in trad. fr., 1962, p. 19). "La vérité de cette musique semble résider dans le démenti qu'elle oppose, par une absence de sens organisée, au sens de la société organisée dont elle ne veut rien savoir, plutôt que dans sa capacité à revêtir par elle-même un sens positif. Dans les conditions actuelles, elle en est réduite à la négation déterminée." (*Ibid.*, p. 30.)

On ne pourra que s'étonner plus tard du succès qu'a eu cette idéologie si peu en accord avec la réalité, mais on a eu et on a encore bien d'autres exemples de la volonté d'aveuglement de l'intelligentsia européenne lorsqu'il s'agit pour elle de se draper sans risque dans les oripeaux de la Révolution. Il suffit pour notre propos de rappeler comment l'histoire récente a démenti toutes les prophéties : des révolutionnaires purs et durs comme Boulez ont redécouvert le plaisir de la musique que des créateurs aussi originaux que Berio n'avaient jamais rejeté, tandis que les musiques d'aujourd'hui n'en récusent plus systématiquement l'usage. Pire encore, on s'aperçoit maintenant que la musique de Webern, dont on nous vantait la rigueur sans concession, est pleine de lyrisme et de séduction : le *Quatuor à cordes* opus 28 et les deux *Cantates* opus 29 et 31 sont beaux et font plaisir à entendre.

C'est que les plaisirs sont à la fois variés et variables : "On s'habitue, c'est tout", chantait Brel et l'on sait que l'on peut aimer ce qui vous fait mal. L'œuvre de Sade fournit l'exemple d'une recherche du plaisir qui, à la poursuite d'une intensité croissante, se trouve entraînée dans les enfers du sadomasochisme. La musique européenne du XIXe et du XXe siècle a, comme les autres arts, suivi la voie d'une esthétique du choc et de la provocation, du *crescendo* de Mannheim au violon de Paganini et au piano de Liszt, jusqu'à la violence expressionniste d'*Erwartung*. Il y a un plaisir de l'excès, qui se manifeste aussi bien dans le nombre des instruments de l'orchestre, dans les oppositions d'intensité et de rythme, dans la recherche du chromatisme et de la dissonance. C'est que la musique vit, dans les sociétés étatiques, sous le régime de l'historicité et qu'il faut toujours du nouveau. On comprend ainsi le rôle essentiel qui est dévolu au snob, qui défend une nouvelle musique non pas parce qu'elle lui plaît immédiatement, mais parce qu'il doit se forcer à l'admirer. Au fond, il pratique en musique la leçon donnée par Pascal à ceux qui ne croient pas mais veulent croire : "Suivez la manière par où ils ont commencé. C'est en faisant tout comme s'ils croyaient, en prenant de l'eau bénite, en faisant dire des messes, etc. Naturellement même cela vous fera croire et vous abêtira." (*Pensées*, Brunschvicg 233, Lafuma 418, 1963, p. 551.) En fait tout le monde procède de la même façon quand il est en face d'une œuvre au style de laquelle il n'est pas habitué : il doit commencer par croire qu'elle finira par lui plaire et le snobisme est une bonne raison d'insister.

Comme on le constate, le plaisir est une notion trop vague, trop extensible ; il faut lui en adjoindre une autre, l'intérêt. C'est sans doute une des formules que l'on entend le plus souvent à propos d'œuvres contemporaines ; on ne sait trop si elles plaisent ou si elles sont belles, alors on dit : "Ah, comme c'est intéressant !" Il y a un plaisir de l'intérêt : plaisir né de la curiosité, du désir de nouveauté. Nous aimons tous les grands et petits maîtres du passé ainsi que ceux d'hier, mais nous sentons bien qu'on ne peut pas toujours reprendre les recettes déjà utilisées, même les plus récentes ; alors il faut d'une certaine façon faire confiance au nouveau. Il est vrai qu'il est difficile de choisir, mais il faut parier et se dire qu'un jour peut-être on aimera. Même si l'on en doute, un autre intérêt peut intervenir, l'espoir de miser sur le bon cheval. Richard Strauss, après avoir dit, dans une lettre à Alma Mahler, tout le mal qu'il pensait de la musique de Schoenberg, conclut cependant qu'il vaut mieux lui donner la subvention de la fondation Mahler : "On ne sait jamais ce que la postérité peut dire." (Cité in Rosen, 1975, in trad. fr., 1979, p. 24.) Il y a donc une extraordinaire variété de plaisirs et d'intérêts qui se mêlent dans l'écoute d'une œuvre musicale.

Il n'a pas été question jusqu'à maintenant du plaisir ou de l'intérêt musical qui pourrait apparaître comme le plus naturel et le plus spécifique, le plaisir du musicien professionnel ou du connaisseur. Ils sont certainement susceptibles d'éprouver toute la gamme des plaisirs des autres auditeurs, mais s'y ajoutent d'autres intérêts, plus intellectuels : ils sont capables de suivre le traitement des voix dans une fugue ou la construction d'un mouvement de sonate. Il est alors permis de se demander comment coexistent, dans l'esprit du musicien, le plaisir de l'ignorant et le savoir du connaisseur. La réponse se trouve dans ce que j'appellerai métaphoriquement le syndrome de personnalité multiple.

Le moi ou la conscience ne sont pas un théâtre classique où l'on respecte les trois unités d'action, de temps et de lieu : ils sont faits d'esquisses multiples en concurrence et en mouvement incessants, à la surface desquelles surnage une attention plus ou moins fixée (Dennett, 1991). A l'intérieur même de la corporation plus restreinte des spécialistes, les plaisirs et les intérêts sont extrêmement variés. Les premiers spécialistes, à la fois compositeurs et exécutants qui se produisaient dans leur propre communauté, participaient directement à l'activité et aux émotions du groupe. La spécialisation croissante, l'invention de la notation et la constitution de théories de plus en plus complexes ont peu à peu creusé un fossé entre le compositeur, l'exécutant et le public. L'intérêt du spécialiste se tourne de plus en plus vers ses techniques : l'exécutant devient virtuose et le compositeur n'entend dans la musique des autres que ce qui peut lui servir pour composer la sienne. L'évolution de la musique occidentale a en même temps placé au cœur de la production la musique instrumentale, qui est ainsi devenue la forme "pure" de la musique. C'est à partir de ce moment-là qu'ont pu se développer les conceptions formalistes de la musique, de Hanslick à Stravinsky : l'écoute la plus adéquate est alors celle qui ne s'intéresse qu'aux structures immanentes de l'œuvre, c'est l'analyse. Le plaisir, ici, est avant tout plaisir de connaissance et de création.

Il ne faut pas oublier, pour clore cette typologie schématique des plaisirs de la musique, ce qu'on peut appeler le degré zéro du rapport à la musique, lorsqu'elle sert de fond sonore à une activité physique ou mentale, celle de la ménagère occupée à faire la cuisine comme celle de l'intellectuel en train de lire, d'écrire ou de réfléchir. Pour ce dernier au moins, la musique demeure aux marges de l'attention et place le corps dans un état de relaxation favorable à la concentration. Selon les théoriciens puristes, c'est la musique "légère" qui doit jouer ce rôle en fonctionnant "comme procédé de décapage de la fatigue nerveuse" : "Rôle légitime, pourvu que cette musique ne vise pas à la volupté charnelle, mais seulement au bon équilibre, à la santé du corps ; il faut qu'elle conserve ce caractère simple et naïf, encore tout physique : une forme supérieure du jeu de quilles." (Davenson, 1942, p. 142.)

5. Spécificité de l'expérience musicale : il n'y a pas d'esthétique générale

Tels sont quelques-uns des effets produits par la musique ou, pour reprendre le titre de l'ouvrage de William James, *The Varieties of Religious Experience* (1902), quelques-unes des multiples formes de l'expérience musicale. Nous n'avons pas jusqu'à maintenant parlé d'esthétique, car cette diversité est un défi pour l'esthétique telle que nous l'entendons.

Pour nous en effet la musique est un art et sa réception est l'objet d'une expérience spécifique, l'expérience esthétique. On sait bien que les deux notions d'art et d'esthétique, sans même parler de la Beauté, qui ne semble plus avoir cours dans l'Occident contemporain, sont des créations de l'Europe moderne et contemporaine : dans quelle mesure sont-elles applicables aux autres cultures ? Existe-t-il des universaux artistiques et esthétiques ? Rappelons d'abord comment nous concevons habituellement ces notions : l'art se présente à nous sous la forme de l'"objet d'art", exposé dans un musée ou vendu dans une galerie et doté d'une valeur spécifique, la valeur artistique (Maquet, 1986, in trad. fr., 1993, p. 13-22) ; il faut par ailleurs distinguer l'art par destination, l'art pour l'art – l'œuvre faite pour être un objet d'art –, et l'art par métamorphose – lorsqu'on fait entrer dans le circuit de l'art des œuvres qui avaient à l'origine une autre finalité (Malraux, 1947). Quant à l'expérience ou attitude esthétique, on peut la définir comme "l'attention désintéressée et pleine de sympathie et la contemplation portant sur n'importe quel objet de conscience quel qu'il soit, pour lui-même seul" (Stolnitz, 1960, chap. I : "The Aesthetic Attitude" ; trad. fr., in Lories, 1988, p. 105) ; c'est la conception devenue courante depuis Kant et que l'on retrouve chez Hanslick à propos de la musique : "C'est dans la contemplation pure que l'auditeur jouit de l'œuvre musicale." (1854, in trad. fr., 1986, p. 63.)

Il est clair que de nombreuses cultures ne connaissent ni l'art ni l'expérience esthétique tels que nous venons de les définir : la musique entendue au cours d'un rituel ou d'une fête n'est pas une œuvre d'art par destination et ne saurait être l'objet d'une attention désintéressée. Il faut d'ailleurs ajouter que la réflexion occidentale sur l'art et l'esthétique a constamment privilégié les arts plastiques aux dépens des arts du son et du rythme, de Platon à Malraux et aux anthropologues contemporains : la plupart des ouvrages consacrés à l'anthropologie de l'art s'occupent à peu près exclusivement des arts visuels (Maquet, 1986 ; Layton, 1981 ; Hatcher, 1999). Or le mode d'existence de la musique est, en particulier avant l'invention de techniques d'enregistrement, très différent de celui des objets tridimensionnels ; c'est pourquoi il est préférable de se situer non sur le plan d'une hypothétique esthétique générale, mais sur le plan de l'expérience proprement musicale. Et cela d'autant plus que la musique possède trois caractéristiques spécifiques qui la distinguent aussi bien des arts plastiques que des arts du langage : les liens étroits entre réception et production, l'importance de l'ancrage physique de la réception comme de la production et enfin l'absence d'une signification de type iconique ou linguistique.

Un premier facteur explique la complexité et l'hétérogénéité de la réception musicale : celle-ci ne peut être séparée de la production, car les situations les plus fréquentes impliquent une participation active de tous les assistants, de la cérémonie religieuse à la danse et au concert de rock, du quatuor familial à l'instrumentiste ou au chanteur qui s'exercent dans la solitude. Il est très différent d'écouter une musique dans un fauteuil, de la danser et de la jouer. C'est pourquoi l'esthétique musicale ne peut se fonder exclusivement sur les stratégies de réception, sur l'esthésique : elle doit faire intervenir les stratégies de production, la poïétique (Molino, 1975 ; Nattiez, 1987, 1re partie, chap. V, section 2). L'amateur qui ne fait qu'écouter la musique ne représente qu'un cas particulier, celui de l'auditeur de musique instrumentale classique et d'opéra au XIXe et au XXe siècle en Europe : l'habitué du concert, réduit à être un pur auditeur sans grandes connaissances techniques, ne participe guère au spectacle que par des applaudissements. Mais il serait inexact de voir là, même à cette époque, la seule modalité de rapport à la musique : si, comme on l'a dit et répété, le piano a été, dans une certaine mesure, un instrument bourgeois, cela signifie que les jeunes filles de bonne famille savaient chanter et jouer, ce qui leur donnait une tout autre perception de la réalité musicale ; il en était de même pour tous ceux qui pratiquaient, en famille et entre amis, la musique de chambre. Dans la majorité des cas, la musique n'est pas quelque chose que l'on reçoit passivement, c'est quelque chose que l'on fait, une activité à laquelle on participe. Cela n'est pas seulement vrai lorsque l'on joue d'un instrument, mais aussi lorsqu'on chante ou chantonne, lorsque l'on danse. Situation bien différente de celle qui caractérise la contemplation visuelle, où l'observateur est extérieur à son objet et entretient un rapport purement privé avec lui. Selon Kant, "on peut imputer à la musique un certain manque d'urbanité, car, et la nature des instruments en est la première responsable, ses effets dépassent les limites qu'on voudrait leur assigner (et s'étendent jusqu'au voisinage), et elle s'impose en quelque sorte, portant préjudice à ceux qui n'appartiennent pas à la société de musique ; ce qui n'est pas le cas des arts qui s'adressent à l'œil puisqu'on peut toujours détourner son regard si l'on ne veut point subir l'impression qu'ils suscitent." Et Kant ajoute à la fin du paragraphe la note suivante : "Ceux qui ont recommandé qu'on chante des cantiques à l'occasion des dévotions domestiques n'ont pas réfléchi à la pénible incommodité que ces exercices *bruyants* (et par là même souvent pharisaïques) font subir au public, puisqu'ils contraignent les voisins ou à se joindre aux cantiques, ou à laisser en plan leur travail intellectuel." (1790, § 53, in trad. fr., 1985, p. 1117.) (On ne sera pas surpris que Kant, qui accorde la première place à la musique pour l'agrément qu'elle procure aux sens, la relègue au dernier rang des Beaux-Arts si on les classe d'après la culture qu'ils procurent à l'âme.) On comprend alors l'erreur de toutes les esthétiques générales, qui ont pris comme modèle du rapport à l'œuvre la relation visuelle, distanciée et, si l'on veut, apollinienne ; ce privilège implicitement accordé au visuel oriente presque nécessairement l'esthétique dans une direction soit platonicienne et néoplatonicienne soit kantienne. Ce qui est ainsi perdu, c'est le sens et la spécificité des *performing arts* et la musique est un *performing art* en un double sens : elle suppose des exécutants et, d'un point de vue anthropologique, le public participe le plus souvent à l'exécution (voir dans ce volume, pour un exemple, l'article de Regula Burckhardt Qureshi, p. 712-726). Il n'y a donc pas, opposés l'un à l'autre, le plaisir du musicien et le plaisir de l'auditeur, mais un continuum avec tous les mélanges possibles : la musique est avant tout activité.

Deuxième facteur de diversité : le plaisir musical a un ancrage physique beaucoup plus fort que les autres arts. On peut reprendre, en la transposant – car la tradition situe la beauté d'abord dans le visible –, la formule scolastique : le Beau, c'est ce dont l'audition plaît (*quod auditum placet* au lieu de *quod visum placet*). Mais, à côté des qualités propres des sons, des voix et des instruments, il faut accorder une place centrale aux rythmes, aux profils mélodiques, aux intensités. Ici encore, il importe de respecter la spécificité de la musique par rapport aux arts visuels. Ceux-ci sont plus abstraits, plus intellectuels, plus "éthérés" : les yeux du connaisseur suivent les contours d'un corps et les lignes d'un tableau, mais il est rare qu'il se mette à dodeliner de la tête pour en respecter les ondulations. La musique, en revanche, chez l'auditeur aussi bien que chez l'exécutant, sollicite immédiatement la participation du corps qui ne peut s'empêcher de vibrer au rythme de ce qui est entendu. La musique est ainsi activité en un second sens : la pure et simple audition est aussi participation. Selon la musique, selon le contexte, selon les individus, la part du corps est variable et la palette des réactions peut ainsi aller de la transe à l'indifférence agréable d'une musique de fond.

Troisième facteur de variation : la musique est, selon la formule de Susanne Langer, un symbole incomplet – *an unconsummated symbol* (1957, p. 24). Elle ne représente ni à la façon des images ni à la façon des signes linguistiques. C'est la raison pour laquelle on se sert, pour caractériser ses effets, de termes vagues comme "suggérer" ou "évoquer". On comprend alors pourquoi la musique a souvent été associée à l'indicible. Les autres arts reposent aussi sur un fondement perceptif mais se situent en même temps au-delà : dans le cas des arts plastiques, il y a représentation iconique, et dans le cas des arts du langage, représentation symbolique. Réduite à elle seule, la musique ne signifie pas au sens propre du mot, elle évoque des états affectifs vagues et ambivalents et ne reçoit des significations plus précises que lorsqu'elles lui sont fournies par autre chose qu'elle. En fait, le plus souvent, la musique est accompagnée par des éléments qui orientent la symbolisation. Ce sont les paroles qui, durant toute la période où la musique a été surtout vocale – et c'est, du point de vue anthropologique, la majeure partie de son histoire –, ont joué ce rôle de désambiguïsation ; aujourd'hui encore la chanson constitue l'écrasante majorité de la musique produite dans le monde (en 1998, la musique classique représentait à peine 2,8 % des ventes de disques sur le marché américain). A côté des paroles, le contexte s'acquitte souvent de la même fonction : c'est le cas pour toute musique qui s'inscrit dans un cadre rituel ou institutionnel. Enfin l'histoire individuelle joue un rôle décisif : à cause précisément de son incomplétude sémantique et en même temps de sa prégnance motrice et affective, la musique s'associe de façon privilégiée aux expériences les plus profondes de l'individu dont elle exprime et maintient la tonalité émotionnelle.

Il faut donc accepter la réalité et reconnaître la légitimité de cette variété dans les modes d'appréhension de la musique : il n'y a pas de "bonne" façon, de façon juste et unique de l'entendre. Et c'est ici qu'apparaît le caractère tout à fait particulier de ce qu'on appelle aujourd'hui esthétique : elle s'est constituée sous l'influence théorique de la tradition platonicienne et de la tradition kantienne et au terme d'un mouvement de restriction qui a porté à la fois sur le répertoire musical et sur les modalités d'appréhension de la musique. D'un côté, en effet, la séparation des musiques d'en haut et des musiques d'en bas a exclu du champ musical les genres – danse et chanson – dans lesquels la dimension motrice-affective est essentielle et irréductible ; de l'autre s'est progressivement imposée comme modèle l'écoute orientée vers l'analyse formelle des œuvres, les autres modalités apparaissant comme bâtardes et impures. On a alors cru que cette pureté des œuvres et des écoutes, résumée dans l'œuvre de Hanslick et dans le célèbre "axiome" de Stravinsky, constituait le point d'aboutissement de l'évolution musicale. En fait, l'attitude esthétique telle qu'on l'envisage aujourd'hui encore n'est qu'une modalité parmi d'autres du rapport à la musique, modalité particulière qui concerne uniquement la musique instrumentale et une mince couche de la société européenne des XIXe et XXe siècles. Les plaisirs de la musique s'étendent de la transe religieuse ou érotique à l'analyse et de l'expression des sentiments à l'agrément épidermique des musiques légères. Faut-il encore parler d'esthétique pour désigner l'ensemble de ces conduites ? L'essentiel est de reconnaître et d'accepter leur irréductible diversité.

6. Pour une anthropologie de l'expérience musicale

L'art pour l'art musical n'est pas un universel : c'est un constat sur lequel s'accordent les ethnomusicologues. Y aurait-il en revanche une expérience musicale universelle ? C'est une hypothèse qui a été suggérée par l'ethnomusicologue David P. McAllester : "Je dirais que l'un des universaux, ou quasi-universaux, les plus importants de la musique, c'est qu'elle transforme l'expérience. [...] La musique peut accroître l'excitation ou apaiser les tensions, mais dans les deux cas, elle transporte d'un état à un autre." (1971, p. 380). Même si la suggestion n'a pas toujours été bien accueillie, elle n'en a pas moins été souvent reprise, par John Blacking par exemple : "La conviction que la musique peut transformer l'expérience, accroître le degré de conscience, induire l'extase, ou même soigner la maladie, est peut-être universellement partagée, et elle incite à exécuter d'innombrables performances musicales." (1977 ; trad. fr., p. 23 ; notre traduction). Mais peut-on en rester à une définition de ce genre, extrêmement vague et qui s'appliquerait aussi bien à d'autres situations ? Blacking comme McAllester sont obligés de reconnaître, comme on n'a pas manqué de le leur objecter, que la musique n'est pas la seule à provoquer ces modifications des états de conscience : c'est aussi le cas du sexe et, pourrait-on ajouter, de la drogue. Par ailleurs, comme nous l'avons vu, cette hypothétique expérience semble bien prendre les formes les plus variées, les plus inattendues.

Y aurait-il cependant, malgré cette diversité, quelque chose de commun à ces expériences à première vue si hétérogènes et que l'on pourrait appeler leur aspect esthétique ? Ici encore, la démarche qui s'impose n'est pas de réduire *a priori* les phénomènes au simple et à l'homogène mais de dégager les éléments d'une multiplicité organisée : il conviendrait d'utiliser les méthodes qui ont déjà fait leurs preuves de la phonologie à l'identification des échelles pour dégager les oppositions "emic" qui interviennent dans ce que les membres d'une culture reconnaissent comme de "bonnes" ou "belles" expériences musicales.

Partons des fondements de l'expérience musicale. Elle met en jeu au moins les éléments suivants : *a)* il y a d'abord la présence de schèmes sonores et rythmiques perçus et agis par l'exécutant et/ou l'auditeur, qui constituent le caractère distinctif de la musique ; *b)* l'événement musical prend place dans un contexte défini, qu'il s'agisse d'un rite ou d'un concert ; *c)* il provoque chez le participant des réactions en même temps affectives et cognitives qui s'accompagnent de multiples renvois symboliques faisant intervenir l'ensemble des expériences et des savoirs antérieurs du sujet.

La thèse que nous voudrions proposer est la suivante : l'expérience musicale, comme toute expérience "esthétique", est un composé, variable dans l'espace, dans le temps et selon les individus, mais fondé sur des éléments constitutifs dont on peut préciser la racine anthropologique et suivre les multiples développements et transformations d'une culture à l'autre. Nous voudrions donc proposer un premier inventaire de paramètres, qui correspondent à de véritables phylums de l'expérience musicale. Nous allons, pour les dégager, nous arrêter à trois types de sociétés dans lesquelles l'activité musicale se présente sous des formes différentes, ce qui nous permettra de mettre en évidence la continuité de ces phylums mais aussi les innovations à la fois internes et externes grâce auxquelles ils évoluent et se transforment.

7. Le régime de la communauté restreinte

La première situation que nous allons envisager correspond à l'activité musicale de communautés restreintes comme les bandes de chasseurs-cueilleurs ou les tribus d'agriculteurs, de pasteurs ou d'horticulteurs. Ce qui caractérise l'activité musicale dans ces communautés, c'est ce qu'on peut appeler le "cycle court" de la production et de la réception (Molino, 1989) : le créateur, qui est souvent en même temps le chanteur musicien, produit son œuvre dans et pour un public proche de lui de sorte que le contact entre le producteur, l'œuvre et le public s'opère sans distance et sans intermédiaire. Une partie importante des activités musicales est d'ordre collectif, mais il ne faut pas oublier les créations individuelles : l'insistance sur le collectif est un héritage du romantisme, alors que de nombreuses communautés, des Inuit aux Kapauku de Nouvelle-Guinée, donnent l'exemple de cultures dans lesquelles les chansons ont des auteurs connus et appartiennent à des individus ou à des groupes. Il y a par ailleurs, dans les communautés les plus étroites et les plus homogènes, une claire diversification des intérêts et des compétences, qui est reconnue par les membres de la culture : la remarque en a déjà été faite par Bloomfield à propos des goûts et des capacités dans le domaine du beau langage et de l'éloquence (1927).

Dans ces cultures, l'événement musical est souvent lié à une circonstance sociale qui correspond à une situation ou à un moment fondamental de l'existence et cette circonstance, avec l'ensemble des renvois symboliques auxquels elle est associée, donne à l'événement un sens général qui définit l'horizon d'attente des participants. Par ailleurs, l'expérience n'est pas seulement musicale, car l'événement dans lequel intervient la musique constitue un véritable *Gesamtkunstwerk* : dans le *gisalo* kaluli, dans le *nkwa* igbo comme plus tard dans le *nâtya* indien ou la *mousikê* grecque, la musique est inséparable non seulement des paroles mais encore du cadre, des décors, des danses, des vêtements et des couleurs qui l'accompagnent. Il ne faut cependant pas surestimer la fonctionnalité sociale de la musique, car, comme l'a fait remarquer l'ethnologue Jean Guiart à propos de l'art de l'Océanie, les individus qui font partie de ces communautés ne sont pas constamment soumis à l'emprise d'une religion ou d'une conscience collective toutes-puissantes : "Nous prétendons à une vue plus réaliste des choses, voyant l'homme océanien dans sa vie quotidienne, où le rite et le mythe ont une place moins primordiale qu'on ne l'a cru." (1961, p. 1592.) C'est dire que la musique a un sens pour l'individu indépendamment de sa fonction : l'ethnomusicologue mentionne souvent mais sans insister qu'une musique rituelle peut être réutilisée dans un contexte de divertissement. C'est dire aussi qu'il existe des musiques de divertissement : Hugo Zemp a relevé que, chez les Dan, un des mots qui tournent autour du champ conceptuel de ce que nous appelons musique, *tloo*, inclut dans son acception générale d'"amusement" la danse, la musique et le chant aussi bien que l'amusement dans un sens plus restreint (1971, p. 69). Cette association entre musique et divertissement se retrouve dans de nombreuses cultures : le mot qui désigne en arabe les instruments de musique, *malâhî*, signifie littéralement "jouets".

L'expérience musicale s'accompagne d'émotions et de sentiments, affects qui reposent sur des propriétés biologiques de l'espèce : "Les références de la sensibilité esthétique, chez l'homme, prennent leurs sources dans la sensibilité viscérale et musculaire profonde, dans la sensibilité dermique, dans les sens olfacto-gustatifs, auditif et visuel, enfin dans l'image intellectuelle, reflet symbolique de l'ensemble des tissus de sensibilité." (Leroi-Gourhan, 1965, p. 82-83.) La musique occupe dans ce domaine une place privilégiée, car elle est non seulement affaire de sensibilité auditive mais aussi, par le rythme, de notre sensibilité kinésique et même de notre sensibilité viscérale et cela sans compter son inscription dans un spectacle total qui sollicite d'autres dimensions encore de la sensibilité. Mais on voit pourquoi il faut dépasser la perspective traditionnelle d'une vie affective qui ne connaîtrait que les deux valeurs du plaisir et du déplaisir : le lien avec la situation et sa signification fait qu'on ne peut caractériser ces expériences par le plaisir ou la satisfaction qu'elles procureraient, comme le font souvent, depuis Kant, les théoriciens d'une esthétique générale. C'est tout un éventail de modalités affectives qui est présent dès les origines et la musique peut faire mal aussi bien que plaisir, inquiéter aussi bien qu'apaiser, bouleverser aussi bien que charmer : comme le montre l'enquête de Steven Feld chez les Kaluli de Nouvelle-Guinée, il y a des musiques qui sont expressément conçues pour faire pleurer (1982). La diversité des affects est irréductible et constitue une constante de l'expérience musicale : comment pourrait-on, aujourd'hui encore, réduire au commun dénominateur d'un hypothétique plaisir l'effet produit par les musiques militaires, les hymnes nationaux, les musiques religieuses ?

L'expérience musicale, comme toute autre expérience subjective, ne peut être communiquée : c'est le problème de ce que les philosophes appellent les "qualia", c'est-à-dire de la qualité irréductible et littéralement indicible de toute expérience sensorielle et affective (la couleur rouge, le goût d'un fruit, un sentiment de mélancolie...). Mais on peut d'une part tenter d'exprimer ce que l'on ressent et d'autre part porter un jugement et une appréciation sur ce qu'on a vu et entendu. Or il semble bien que toutes les cultures disposent d'une part d'une "psychologie populaire" qui leur permet de décrire leurs états mentaux et d'autre part d'un vocabulaire technique, d'un métalangage qui leur permet de décrire et de commenter leur musique (Zemp, 1971 ; Feld, 1982 ; Coppet et Zemp, 1978 ; Zemp, 1995) : il s'agit donc bien là de deux candidats sérieux au titre d'universel (voir dans ce volume, p. 372-379).

Il semble bien aussi exister partout – autre candidat à l'universel – un lexique réservé à l'appréciation de ce qu'il ne faut pas craindre d'appeler Beauté. Rien n'est plus surprenant pour nous, qui appartenons à une culture dans laquelle ce mot n'a plus droit de cité dans le domaine de l'art contemporain, que de voir l'importance, dans ces cultures, des termes appartenant au champ conceptuel du Beau. Il faut ici bien sûr sortir des sempiternelles et vaines discussions sur l'extension conceptuelle des mots qui, dans des cultures diverses, ont quelque chose à voir avec ce que nous appelons Beau. Comme on s'en est aperçu pour les équivalents plus ou moins lointains de notre "musique", la dispersion des acceptions est grande, mais elle n'est pas quelconque : elle suit des directions privilégiées que l'on retrouve dans un grand nombre de langues, par exemple l'association de la musique, de la poésie et de la danse. Il en est de même pour la Beauté et rien n'est plus urgent qu'une enquête comparative qui dégage les réseaux d'associations privilégiées qui constituent son champ conceptuel. Mais il faut pour cela se débarrasser des réticences que manifestent encore les spécialistes à s'intéresser à la Beauté : "A l'inverse de certaines notions dont l'usage ne semble guère problématique, la référence à la beauté à propos des sociétés non occidentales est de celles qu'on suspecte aussitôt d'ethnocentrisme. Ainsi, tandis qu'on admet sans discuter qu'un Mélanésien fasse état de la fertilité d'un jardin, on ne concède qu'avec prudence qu'il puisse le trouver «beau»." (Jeudy-Ballini, 1999, p. 9.) Le constat est clair et la raison ne le semble pas moins : comment imaginer que des êtres vivant dans des conditions si difficiles et soumis à la pression constante de forces surnaturelles aient le temps et l'envie de "saluer la Beauté", comme dit Rimbaud dans *Une saison en enfer* ?

C'est pourtant ce qu'ils font constamment : "Les Inuit avaient pourtant, et ont toujours une conception très précise de la beauté." (Graburn et Stern, 1999, p. 22.) L'appréciation des œuvres se fonde, chez les Inuit comme ailleurs, sur des ensembles différenciés de critères qui ont surtout été étudiés et mis en évidence dans le domaine des arts plastiques en Afrique : Robert Thompson a ainsi pu dégager, à partir de jugements exprimés par deux cents informateurs yoruba sur des sculptures, des critères comme la ressemblance modérée avec le sujet, la visibilité des diverses parties de l'objet, la luminosité et le poli, la disposition symétrique ou la représentation du sujet dans sa prime jeunesse (1968). Nous ne disposons pas d'inventaires aussi détaillés au sujet de la musique, c'est pourquoi nous relèverons seulement quelques aspects plus généraux de la Beauté.

Il faut d'abord souligner l'importance du Beau naturel qui, pour nous, ne va pas de soi : si, chez Kant encore, le Beau ou le Sublime sont présents dans la nature avant de l'être dans l'art humain, le XIXe siècle voit le Beau de l'art l'emporter définitivement, dans l'esthétique occidentale, sur le Beau naturel. C'est cette mutation dont témoigne avec éclat l'*Esthétique* de Hegel lorsqu'il proclame la supériorité absolue de l'art sur la nature : "Du point de vue *formel*, même une méchante idée qui passe par la tête d'un homme est *plus élevée* que n'importe quel produit de la nature, car sont toujours présentes en elle spiritualité et liberté." (Hegel [1835-1838], in 1970, p. 14 ; notre traduction.) La situation est évidemment bien différente dans des sociétés qui ne voient pas de coupure entre nature et culture et c'est souvent la Beauté naturelle et en particulier la Beauté humaine, évidemment associée à l'attrait sexuel, qui apparaît alors comme l'expérience esthétique paradigmatique. Des liens analogues se retrouvent dans le domaine sonore, comme l'ont admirablement montré les travaux de Steven Feld : la musique humaine est, chez les Kaluli, inséparable du chant des oiseaux qui lui sert de répondant et de modèle, et c'est par ailleurs le monde sonore des chutes d'eau qui sert de métalangage pour parler de la musique humaine et de son organisation (1982).

Il y a dans de nombreuses langues une association étroite entre le Beau et le Bon. Pour les Inuit du Canada, la Beauté "constitue moins un phénomène visuel ou sensuel qu'une mesure de compétence pratique et morale. La beauté correspond à la «droiture» de l'apparence, de l'exécution, du goût, de l'expérience sensuelle" (Graburn et Stern, 1999, p. 34). Chez les Sulka de Nouvelle-Guinée, il n'y a pas de contradiction "entre réalité sensible et réalité non perceptible : l'apparence renseigne sur l'essence et tout ce qu'on dit «beau» *(ayar)* s'entend par définition comme bon, sain, apte, conforme ou efficace" (Jeudy-Ballini, 1999, p. 9). Cette association récurrente ne doit pas nous surprendre ni éloigner de nous les cultures qui la connaissent, car elle se retrouve aux sources de la tradition occidentale : dans la Grèce antique, il est difficile de distinguer ce qui, dans l'emploi non philosophique du mot *kallos*, est de l'ordre du plaisir de voir, de l'ordre de l'utile ou de l'ordre du moralement et socialement bon, et le titre que Nelson Graburn et Pamela Stern ont donné à l'article qu'ils ont consacré à la notion de beauté chez les Inuit du Canada est une formule à laquelle Platon et la tradition néoplatonicienne auraient pleinement souscrit : "Ce qui est bien est beau." (Graburn et Stern, 1999.) C'est ce lien entre Beauté et morale qui explique l'importance des qualifications morales et non purement esthétiques dans l'appréciation de la musique et qui est à la source des diverses formes que peut prendre la théorie de l'êthos musical.

Un témoignage significatif de l'importance de la Beauté nous est fourni par les cultures dans lesquelles une appréciation positive est récompensée par un don. Chez les Sulka de Nouvelle-Guinée, l'organisateur d'une cérémonie est tenu de remettre un présent à toute personne qui manifeste son admiration pour la beauté d'un masque (Jeudy-Ballini, 1999, p. 12). On retrouve des coutumes analogues dans d'autres sociétés des hautes terres de Nouvelle-Guinée : chez les Kilenge, on offre un présent, en nature ou en argent, à celui qui a fabriqué un tambour pour faire l'éloge de sa qualité musicale (Dark, 1983) ; chez les Kaluli, les danseurs doivent compenser par des dons l'effet émotionnel qu'ils ont produit sur les spectateurs (Schieffelin, 1976, p. 143-144). C'est que l'expérience de la Beauté est une expérience profondément ressentie, presque traumatisante : les auditeurs d'un chant manifestent leur émotion en se précipitant sur les chanteurs et en étalant sur leur corps de la chaux à bétel (Jeudy-Ballini, 1999, p. 15). S'il est assez difficile de déterminer la signification exacte des dons offerts à ceux qui expriment leur admiration, ils ne s'en inscrivent pas moins dans un échange où ils apparaissent comme la contrepartie de l'effet produit par la Beauté.

Un aspect essentiel de l'expérience et du jugement est ce qu'on peut appeler la dimension opérative. Il s'agit d'abord du plaisir de la production pour ceux qui exécutent la musique, et c'est un facteur d'autant plus important que les membres de ces cultures ont eux-mêmes une compétence technique : comme il n'y a pas de séparation tranchée entre exécution et composition, il n'y a pas d'esthésique séparée de la poïétique et l'on passe insensiblement de l'une à l'autre, les conduites de production étant virtuellement présentes dans la perception de l'auditeur. Il ne faut pas oublier par ailleurs que la participation du public prend le plus souvent des formes actives : il n'y a jamais d'écoute passive comparable à celle d'un auditeur de concert. Mais, de façon plus générale, cette dimension correspond à l'un des facteurs déterminants de l'appréciation : qu'il s'agisse de praxis ou de poïésis, l'essentiel est que la conduite ou l'objet soit "bien fait". Cette conception est bien résumée dans le titre d'un article de Philipp Dark (1983) à propos d'une société de Nouvelle-Guinée : "Among the Kilenge, «Art is something which is well done»" ("Chez les Kilenge, «l'art est quelque chose qui est bien fait»"). Comment ne pas voir ici un universel de l'expérience humaine, un des plus profonds sans doute, puisqu'il repose sur la nature même de l'*homo faber* ? Ainsi s'expliquent les liens étroits qui ont toujours uni ce que nous distinguons sous les noms d'art et d'artisanat : l'art est, au sens étymologique du mot, un ensemble de moyens réglés qui tendent à une fin et Aristote définissait le terme correspondant, *tekhnê*, comme "disposition à produire accompagnée de règles exactes" (*Ethique à Nicomaque*, 1140a9). Il y a, du côté de l'acteur ou du producteur, la satisfaction du travail accompli : l'homme, comme le Dieu de la Genèse, est satisfait de son œuvre lorsqu'elle est bien faite (Genèse, I, 31). Il y a aussi, du côté du "récepteur", la reconnaissance de ce travail : qu'il s'agisse d'un potier, d'un violoniste ou d'un ébéniste, le récepteur ne peut séparer l'appréciation du produit d'un jugement sur le travail qui l'a réalisé. Mais, avant même le jugement, il y a empathie immédiate avec le producteur : le récepteur ne peut manquer de participer virtuellement aux efforts et aux capacités de cet *alter ego* qui a su et pu réaliser ce produit. C'est sans doute cette reconnaissance mêlée selon le cas d'étonnement, d'admiration ou de mépris qui accompagne la perception de l'art(isanat) et de la fabrication depuis les premiers silex taillés jusqu'aux dessins d'enfants aujourd'hui.

Cette reconnaissance ne s'arrête cependant pas à l'œuvre bien faite, il faut faire une place à ce qui la dépasse, aux qualités exceptionnelles qui font accéder d'un côté à la perfection de l'objet et de l'autre à la virtuosité du producteur. Dans le livre encore largement méconnu qu'il a consacré à l'"art primitif", Boas a justement insisté sur l'importance de la virtuosité : "Dans le cadre d'une analyse des formes de l'art primitif procédant par induction, il suffit d'admettre que la régularité de la forme et l'uniformité de la surface sont des composantes essentielles de tout effet décoratif, étroitement associées au sentiment que procure la maîtrise des difficultés rencontrées et au plaisir de la virtuosité" (1927, in trad. fr., 2003, p. 55). Il serait facile de suivre ce phylum de la difficulté vaincue et de faire l'inventaire des diverses formes qu'il prend selon les époques et les cultures, de l'éloge de la règle cher aux âges "classiques" à la recherche systématique des contraintes chez les tenants de l'Art pour l'Art ("Oui, l'œuvre sort plus belle / D'une forme au travail / Rebelle...", Théophile Gautier, *L'Art*) ou les membres de l'Oulipo. La virtuosité a toujours joué un rôle important aussi bien pour l'auditeur que pour le musicien. Paganini et Liszt sont des exemples parmi beaucoup d'autres du rôle créateur de la virtuosité, que Luciano Berio a très heureusement souligné à propos de ses *Sequenzas* : "Parmi les différents éléments unificateurs des *Sequenzas*, le plus évident, le plus extérieur, est la virtuosité. J'ai un grand respect pour la virtuosité..." (1998, trad. fr., p. 39.) Même lorsque les fonctions du compositeur et de l'interprète se sont séparées, la virtuosité instaure un dialogue fécond entre le compositeur, l'interprète et l'instrument. Il n'y a donc aucune raison d'exclure la virtuosité de l'expérience musicale.

L'expérience et le jugement sont par ailleurs nécessairement comparatifs : la musique que j'entends en ce moment vient s'inscrire dans l'ensemble des musiques que j'ai déjà entendues et de celles que je pourrais entendre. Elle n'est donc perçue que sur le fond sonore que constituent ces autres musiques : on ne peut s'empêcher de rapporter l'exécution d'une pièce connue à toutes les autres exécutions et cette comparaison, implicite ou explicite, constitue l'"horizon d'attente" de toute expérience musicale. Ce qui est vrai de l'expérience l'est plus encore du jugement, qui n'a de sens que dans le cadre d'un choix entre plusieurs termes. La comparaison fait aussi partie de l'expérience du musicien : il se compare à lui-même et surtout il se compare aux autres. La comparaison se transforme en rivalité et cette situation est institutionnalisée dans les concours musicaux et poétiques qui se retrouvent dans de nombreuses sociétés. Toutes les cultures ne sont pas également individualistes et agonistiques, mais l'exemple des Inuit parmi bien d'autres montre bien que la relative homogénéité des communautés restreintes n'exclut pas l'esprit de compétition dont témoignent les fameux duels chantés qui jouent un rôle dans le règlement des conflits.

Un dernier phylum doit être mentionné, car il s'inscrit en faux contre un postulat d'autant plus insidieux qu'il reste le plus souvent implicite, celui selon lequel les communautés restreintes constitueraient des isolats culturels, enfermées dans un monde qui ne change pas. C'était, il n'y a pas si longtemps, le principe de l'opposition entre sociétés chaudes, immergées dans une histoire dynamique, et sociétés froides, figées dans un présent à peu près immobile. Il apparaît au contraire que ces communautés changent, dans le domaine musical comme dans tous les autres : elles changent par emprunt et par évolution interne. Leur état normal est celui de sociétés qui acceptent et reconnaissent la présence de musiques d'origine étrangère et cependant intégrées et appréciées. Les Kaluli de Nouvelle-Guinée ne prétendent être à l'origine que d'un seul genre de chants parmi les six qu'ils pratiquent : les autres ont été empruntés à des sociétés voisines (Feld, 1982, p. 35). Il faut insister sur cette notion d'emprunt, car elle constitue la face active de ce qu'on fait le plus souvent entrer dans la catégorie abstraite de la diffusion : un trait musical emprunté se transforme tout en transformant l'ensemble musical dans lequel il vient prendre place. Le changement s'opère non seulement par diffusion et emprunt, mais aussi par évolution interne. S'il est difficile de mettre en évidence ces transformations à cause de notre connaissance insuffisante du passé de ces communautés, il n'y a aucune raison de ne pas suivre l'exemple donné depuis longtemps par la linguistique, qui se fonde sur la méthode comparative pour reconstruire les étapes antérieures de l'évolution. C'est en appliquant cette méthode que Jean-Jacques Nattiez a pu rattacher les *katajjait* des Inuit du Canada à une culture musicale circumpolaire (1999), ce qui lui a permis de mettre en évidence à la fois une origine commune et des évolutions divergentes.

Si les musiques changent, on est conduit à faire l'hypothèse de l'existence d'un double versant dans le rapport d'une communauté à sa musique : les agréments de la répétition n'excluent pas les plaisirs de la nouveauté. On est tellement hanté par la préconception d'une communauté homogène et qui ne connaît que la monotone répétition de formules et de rites intangibles que l'on ne se demande pas si les musiciens et les auditeurs ne sont pas sensibles à une nouvelle variation ou à un chant nouveau. Le rythme du changement et la recherche de la nouveauté prennent des formes différentes selon les cultures, mais l'essentiel est de prendre conscience que la curiosité et le plaisir du nouveau sont présents dans les communautés restreintes, dans lesquelles se manifeste déjà la dialectique fondamentale de la tradition et de l'innovation.

On constate que sont déjà présents dans ces cultures les principaux phylums de l'expérience musicale : circonstances et fonctions, diversité des affects, métalangue et commentaires, dimension opérative et virtuosité, comparaison et concurrence, tradition et renouvellement, mais aussi présence de la Beauté. C'est une présence qui a quelque chose d'incongru pour nous qui vivons à l'époque d'arts qui ne sont plus beaux – qui oserait parler de Beauté lorsqu'il s'agit d'art contemporain, si ce n'est du bout des lèvres ? – mais dont l'enracinement anthropologique ne fait plus de doute lorsqu'on constate que cette Beauté, exclue du Grand Art, est toujours massivement présente dans l'expérience courante et la vie quotidienne de nos contemporains.

Les phylums que nous avons distingués constituent des composantes qui présentent des formes différentes selon les cultures et qui se retrouvent, dans des proportions elles-mêmes différentes, dans l'expérience musicale des membres de ces communautés. Il ne faut en effet jamais oublier que, même collectives, les expériences sont vécues par les individus : c'est dans leurs réseaux cognitifs, affectifs, mémoriels, symboliques et musicaux que ces diverses composantes se cristallisent en expériences. Faut-il alors parler d'esthétique pour les caractériser ? L'essentiel est de ne pas se laisser tromper par les mots, car le choix d'un mot que l'on transforme en concept expose aux dangers de l'essentialisme : on ne peut s'empêcher de penser qu'il y a un noyau commun à tout ce que l'on fait entrer dans la notion et le philosophe comme l'esthéticien voudront à tout prix donner une définition générale à laquelle ramener l'ensemble de ce qu'ils considèrent comme expériences "esthétiques". Il nous semble préférable d'en rester à l'idée d'expérience musicale dont l'hétérogénéité et la diversité excluent toute réduction à l'un et au simple.

8. "Hautes cultures" et "Grand Art"

Transportons-nous maintenant dans une des sociétés qui connaissent la ville, l'Etat et l'écriture : elles sont le lieu d'une mutation essentielle, qui se manifeste en particulier par la stratification de la société. Rappelons que la stratification et les phénomènes qui l'accompagnent sont des processus progressifs et, à mesure que l'on passe de la communauté restreinte à la chefferie ou à la royauté, ces évolutions sont déjà en marche sans prendre les mêmes voies ni les mêmes formes. C'est avec cette stratification institutionnalisée qu'apparaissent les oppositions sur lesquelles reposent encore en grande partie les sociétés et les cultures contemporaines. Il s'agit de sociétés divisées entre une mince couche de classes dirigeantes et une masse d'agriculteurs produisant des surplus grâce auxquels l'élite peut vivre sans travailler. A cette division économique correspond une culture elle aussi divisée entre masse et élite mais aussi entre ceux qui savent et ceux qui ne savent pas : avec le savoir, qui est en même temps un pouvoir, apparaît une nouvelle espèce d'hommes, prêtre et scribe, qui se définit par la maîtrise de cette nouvelle technique qu'est l'écriture. Ainsi se séparent une culture des gens d'en bas, culture orale, culture populaire, le plus souvent ignorée et méprisée, et une culture des gens d'en haut, culture écrite, culture savante assurée de sa supériorité.

Cette stratification culturelle s'accompagne d'une différenciation des compétences : il y a spécialisation croissante des musiciens et leur apprentissage au sein d'une famille ou d'une corporation contribue à les isoler de la société globale, à laquelle ils ne sont plus liés que par des liens beaucoup moins directs. Ainsi s'instaure un cycle long de la vie musicale, dans lequel les producteurs sont séparés de ceux qui se bornent à écouter. Ce cycle devient d'autant plus complexe que la musique est de plus en plus étroitement associée à des théories. Il y avait déjà des théories très élaborées dans les cultures orales, mais elles se développent grâce à la spécialisation et à l'intervention des spécialistes du discours, les scribes et les prêtres. On voit alors s'édifier de grandes théories artistiques et esthétiques qui, de Plotin aux théoriciens de l'Inde ou de la Chine, rapprochent l'expérience esthétique et surtout l'expérience musicale d'une expérience de type religieux ou mystique qui met en contact avec l'Absolu. C'est alors aussi qu'apparaît l'étude scientifique des sons : des liens nouveaux s'établissent entre la musique et le savoir. La mise en relations entre les sons et les nombres et avec le cosmos, ce que nous appelons en Occident la découverte de Pythagore, est un cas de découverte multiple, qui s'est produite à peu près en même temps au Moyen-Orient, en Grèce et en Chine (Molino, 2002). Avec le développement de la science et de la théorie musicale, il n'y a pas seulement séparation entre musiques d'en haut et musiques d'en bas, mais entre musique théorique et musique pratique : il ne s'agit pas d'un exemple parmi d'autres de la rationalisation occidentale, mais du résultat d'une nouvelle situation sociale et culturelle.

C'est dans ces conditions qu'apparaît une nouvelle forme d'art que l'on peut appeler le "Grand Art", expression à laquelle il convient de donner un sens purement descriptif et non le sens laudatif dans lequel l'utilise Valéry ("Ce que j'appelle «Le Grand Art», c'est simplement l'art qui exige que *toutes les facultés* d'un homme s'y emploient [...]", Valéry, 1960, p. 1221) : il s'agit, et c'est son trait distinctif, d'un "art de l'élite" (Triggers, 2003, p. 541). Il n'y a rien qui, à première vue, permette de rapprocher les arts de l'Egypte pharaonique, de la Mésopotamie, de la Chine des Shang et des Zhou, des Mayas, des Aztèques, des Incas ou du royaume yoruba : un simple amateur ne peut manquer de reconnaître immédiatement leurs styles spécifiques. Ils ont cependant en commun d'être des arts d'en haut, qui sont au service des puissants, hommes et institutions d'ordre politique et/ou religieux. Dans ces sociétés, les classes dirigeantes se livrent au plaisir de la consommation ostentatoire *("conspicuous consumption")* théorisée par Veblen (1970), qui est non seulement signe de distinction mais avant tout marque et symbole de pouvoir. Il ne s'agit pas seulement de consommation immédiate, mais aussi de la production de ce que nous appelons "Art" : la "grande" architecture, la "grande" sculpture, la "grande" peinture n'apparaissent que lorsque les surplus prélevés par les élites leur permettent de rassembler les fonds, les matériaux coûteux, les artisans de plus en plus spécialisés grâce auxquels elles peuvent édifier ces œuvres faites pour défier le temps et immortaliser la mémoire de ceux qui les ont commandées. Longtemps – et encore aujourd'hui pour une large part de ceux qui appartiennent à une tradition lettrée –, l'art a été identifié à ce qui apparaît avec les temples et statues égyptiennes, les palais du Moyen-Orient ancien ou de la Crète, l'architecture et la sculpture de la Chine, du Japon ou des civilisations de l'Amérique précolombienne, car il s'agit de formes d'art que l'on peut faire facilement entrer dans la même catégorie que les arts de l'Europe, de la Grèce au XXe siècle : les Grecs de l'Antiquité étaient déjà fascinés par la civilisation égyptienne, à laquelle leur art a fait d'importants emprunts.

Indépendamment de leurs styles spécifiques, ces arts possèdent en effet un certain nombre de caractéristiques communes qui leur donnent un "air de famille" et permettent de comprendre la facilité avec laquelle ils ont été adoptés par l'Europe. Il s'agit d'abord d'un art monumental, qui s'impose par sa seule et massive présence. C'est ensuite un art en partie au moins représentatif, qui ne sort pas du cadre de la mimésis : on y reconnaît, plus ou moins stylisés selon des conventions diverses, les êtres et les choses du monde extérieur ; il y a en particulier à peu près partout représentation des dieux et des souverains qui aboutit à des arts du portrait. C'est aussi un art savant : qu'il s'agisse de l'architecture, de la sculpture ou de la peinture, les pratiques se fondent sur des savoirs techniques et scientifiques plus ou moins élaborés. On comprend alors que les œuvres ainsi produites frappent par la complexité qui est le résultat des conditions mêmes de leur genèse. Il ne reste évidemment pas, pour la musique, de traces comparables à celles que laissent les arts monumentaux, mais il est légitime de faire l'hypothèse d'une évolution comparable. Qu'il s'agisse des musiques "classiques" de la Chine, du Japon, de l'Inde ou du monde islamique, elles appartiennent aussi à la famille du Grand Art : musiques de spécialistes au service des puissants, elles se fondent sur des théories musicales, philosophiques et religieuses d'une grande richesse. Elles ont aussi un aspect représentatif en ce que, par l'intermédiaire de systèmes d'êthos, elles établissent des correspondances entre la musique et les affects de l'auditeur. Elles manifestent enfin une complexité qui suppose l'existence de nouveaux rapports à l'art.

C'est alors en effet qu'apparaissent de nouvelles figures dans lesquelles s'incarnent ces nouveaux rapports. Il y a le mécène qui, sans être nécessairement lui-même homme de goût, commande des œuvres parce qu'elles sont un symbole de pouvoir et de luxe. Il y a le collectionneur qui, en Chine comme en Europe, rassemble des objets d'art et des "curiosités" (Mauriès, 2002) et peut dans certains cas faire profiter le public de ses trésors : le musée n'est pas une invention de l'Europe moderne, puisque, à l'époque d'Auguste, existaient à Rome des collections publiques où le butin des conquêtes était à la fois objet d'admiration et signe de puissance (Rouveret, 1995).

C'est enfin dans ces "hautes civilisations" qu'apparaît l'esthète : deux ouvrages indiens, le fameux *Kâmasûtra* ainsi que le *Nâgarasarvasva* de Padmashrî, décrivent par le menu la vie de l'élégant citadin, le *Nâgara*, qui, parce qu'il possède les moyens d'une existence indépendante, peut se livrer en toute quiétude à une vie de raffinement. Dans une atmosphère de "luxe, calme et volupté", au milieu des fleurs, des parfums et des oiseaux qui chantent dans leur cage, la musique joue un rôle essentiel : dans l'antichambre à côté du lit trône sur un coussin une *vina* incrustée d'ivoire, car "pour le citadin au cœur sensible, la *vina* et les accessoires de dessin sont aussi précieux que la vie", et dans la salle de réception sont organisées des soirées avec musique, danse, chants et instruments. De même, quel que soit leur niveau social, les jeunes filles doivent apprendre les soixante-quatre arts d'agrément, dont les premiers sont la musique vocale, avec les notes, les modes, les rythmes et les tempos, la musique instrumentale (percussions, cordes, tambours, flûtes) et la danse (mouvements des mains et du corps, expression, émotion, sentiment). C'est pourquoi, précise un commentaire du *Kâmasûtra*, "les courtisanes ont toujours été respectées, non seulement pour leur beauté, leur mode de vie et leur attrait mais aussi pour leur savoir, leur utilité et leur rôle social". On trouve des descriptions analogues dans ce qu'on a pu appeler, pour la Chine, *"guide-books for the scholar of elegant taste"* (Van Gulik, 1969, p. 51), qui décrivent l'intérieur dans lequel doit vivre l'esthète raffiné : c'est dans cette tradition que s'inscrit le *Xian qing ou ji (Notes de loisir envoyées au hasard)* de Li Yu, où ce lettré pauvre rassemble ses réflexions toutes orientées autour de la chasse au plaisir et au bonheur personnels (Dars, 2003).

Ainsi s'opère le passage progressif de l'art fonctionnel à l'art séparé, l'art pour l'art, car il faut se débarrasser du préjugé encore largement répandu selon lequel l'art non fonctionnel, objet de contemplation, serait une invention de l'Europe moderne : c'est le cas de toutes les hautes cultures dans lesquelles une minorité dispose du rang, de la fortune et du loisir qui lui permettent de prendre par rapport à l'art cette distance désintéressée qui sera pour l'Europe moderne la caractéristique même de la relation esthétique.

Il y avait aussi, dans les sociétés stratifiées, à côté de ces musiques d'en haut, le monde inconnu des musiques d'en bas. Nous ne saurons jamais ce que chantaient les ouvriers qui construisaient les pyramides ou les paysans du delta, nous ne connaîtrons jamais les musiques sur lesquelles dansaient les paysans chinois du temps de Confucius : l'histoire ne se fait qu'avec des documents, mais il faut éviter de la transformer en tribunal qui condamne tout ce qui lui échappe, et cela d'autant plus que nous pouvons avoir une idée, aussi insuffisante soit-elle, de la richesse de ces musiques. C'est que les élites entretenaient avec elles des relations ambiguës dans une dialectique d'influences réciproques : les couches populaires recevaient et transformaient les musiques d'en haut, tandis que les élites pouvaient apprécier les musiques d'en bas comme témoignage de la "simplicité" du peuple mais aussi faire appel à elles pour renouveler leur inspiration. En Chine, le premier recueil de poésies qui est en même temps un Classique, le *Livre des poèmes (Shijing)*, reprend pour une large part des poésies chantées venues de la tradition populaire. Et les emprunts ne cesseront plus, depuis la fondation, en 177 avant notre ère, du "bureau de musique" *(yuedu)*, chargé de recueillir des chansons populaires afin de connaître l'état d'esprit de la population, jusqu'au "poème à chanter" *(ci)*, né dans le milieu des courtisanes à la fin de la dynastie des Tang, et jusqu'aux recueils de chansons populaires publiés au XXe siècle. En Europe, la musicologie traditionnelle ne s'est guère intéressée à ces emprunts : il ne s'agissait pour elle que d'une matière brute, qui n'accédait à la dignité de Grande Musique que lorsqu'elle était reprise et élaborée que par les professionnels d'en haut. Il serait pourtant révélateur de faire une histoire systématique de ces échanges, des traditions populaires médiévales à la *frottola* italienne, de la chanson en forme d'air dans la France du XVIe siècle et de la suite de danses baroque jusqu'à la redécouverte de la poésie et de la chanson populaires à l'époque romantique et aux revendications nationalistes du XIXe et du XXe siècle.

Mais la situation musicale était encore plus complexe que ne l'indique la simple opposition entre musiques d'en haut et musiques d'en bas. Les sociétés stratifiées sont celles dans lesquelles apparaît la ville, qui fonctionne comme un extraordinaire creuset culturel : même si son organisation politique n'en fait pas partout une communauté urbaine comme en Europe, la coexistence de nombreuses catégories sociales et la présence de spécialistes de la production artistique, des joailliers, peintres et poètes aux musiciens, aux chanteurs et chanteuses, favorisent les emprunts et les mélanges.

Malgré ces échanges, l'existence de ces deux familles d'expérience musicale – celle des gens d'en haut et celle des gens d'en bas – conduit à une hiérarchie des goûts : dans les sociétés stratifiées, un des fondements de l'expérience esthétique est l'opposition de deux goûts, le bon et le mauvais, le goût d'en haut et le goût d'en bas. Aux yeux des gens d'en haut, le bon goût et les bonnes manières sont du côté des élites et de la ville, tandis que les mauvaises manières et la barbarie sont du côté des paysans et des classes inférieures : les goûts artistiques sont indissociables de qualités sociales et morales, celles qui font le lettré, l'homme bien élevé ou l'honnête homme. Qu'il s'agisse de l'Europe classique, de la Chine, du

Japon ou du monde arabo-islamique, l'essentiel est de refuser le vulgaire et la vulgarité : dès qu'il y a strates sociales, les modes de vie et l'expérience "esthétique" ne se définissent pas seulement en eux-mêmes mais aussi par différenciation. Mais il vaut la peine de noter que, malgré cette hiérarchie officielle des goûts, la réalité des expériences conduit à des formes de "diglossie" esthétique : les membres de l'élite savent bien que leur musique est supérieure à celle des gens d'en bas et ils ne cessent de le répéter, mais ils ne peuvent souvent échapper au charme, pour eux presque exotique, de ces musiques faciles qu'ils entendent dès qu'ils sortent de leur milieu. Ainsi s'introduit une certaine dose d'hypocrisie esthétique, qu'il ne me semble pas injurieux de voir aussi à l'œuvre tout au long de l'histoire de la musique occidentale.

9. Musique pure et pluralisme

C'est dans le cadre de ces hautes cultures que doivent être situés les développements propres à l'Europe. Il convient en effet d'abandonner la perspective habituelle qui oppose la voie royale de la musique européenne à toutes les autres évolutions : d'abord parce que l'histoire de la musique européenne n'est pas plus *une* et pas plus téléologiquement orientée que les autres, et ensuite parce que sa spécificité n'exclut pas les ressemblances avec des développements qui ont pris place dans d'autres sociétés stratifiées.

On sait comment s'est développée, dans l'Europe du XIXe siècle, une conception de la musique "absolue" (Dahlhaus, 1978) qui est une des formes que prend, sur un plan plus général, la théorie de l'Art pour l'Art. Or rien n'est plus fascinant à cet égard que les ressemblances qui apparaissent entre la sacralisation de la musique qui prend place durant le XIXe siècle européen et l'idéologie de l'art du *qin* en Chine. La conception de la musique absolue repose sur deux modèles d'interprétation de l'œuvre d'art : le modèle de la contemplation, selon lequel l'œuvre, qui constitue sa propre fin, doit être l'objet d'une attention désintéressée, et le modèle "hétérocosmique", selon lequel elle constitue un monde en soi, autonome et complet (Abrams, 1991*b*). Mais on a beaucoup moins remarqué les sources de cette nouvelle conception. Il s'agit en fait, comme l'a bien montré M. H. Abrams, de l'application à la musique et à l'art en général de concepts issus d'une théologie chrétienne platonisée : l'écrivain Karl Philipp Moritz transpose à l'œuvre d'art le vocabulaire du pur amour désintéressé qui ne s'adressait traditionnellement qu'à Dieu et voit dans la création artistique l'équivalent de la création divine, que l'artiste réalise dans le même état de contemplation qui sera celui de l'auditeur ou du spectateur (Abrams, 1991*a*). Ce que Van Gulik a appelé l'idéologie du *qin* (1969) est le résultat d'une lente élaboration qui s'est poursuivie durant plusieurs siècles et à laquelle ont contribué aussi bien le confucianisme, le taoïsme que le bouddhisme. Ainsi s'est constituée une conception de la musique considérée à la fois comme le privilège de la classe des lettrés et comme une véritable ascèse. D'une part, en effet, le *qin* est réservé au petit nombre et ne doit pas être touché par le vulgaire : il est le symbole même de la vie du lettré. Jouer de l'instrument est d'autre part le moyen de se purifier de toutes les passions basses et de mettre, par la méditation et la contemplation, l'âme du musicien en harmonie avec le *dao*. La chronologie des deux développements n'a rien de commun, pas plus que les sources d'inspiration, mais la rencontre n'en est pas moins significative : dans des traditions et dans des circonstances différentes se produisent des évolutions qui conduisent à des conceptions comparables de l'Art pour l'Art et de l'art comme substitut ou complément de la religion.

Un développement spécifique a conduit en Europe à l'idée d'une musique “pure”, c'est-à-dire purifiée de toute intention expressive et de tout renvoi à un absolu qui serait situé hors d'elle-même et l'on a cru un moment que cette musique “autoréférentielle” constituait le terme d'une évolution qui avait enfin conduit à dévoiler la vraie nature de toutes les musiques. On a pu alors penser qu'il en était de même, non plus du côté de la production mais du côté de la réception : la purification de la musique entraînerait l'apparition d'un nouveau type d'écoute qui représenterait, pour l'expérience musicale, un point d'aboutissement comparable. Il est certain que des développements techniques et institutionnels ont conduit à poser l'existence d'une écoute que l'on pourrait elle aussi qualifier de pure : il s'agit d'une approche qui se confond en fait avec l'analyse telle qu'on la conçoit aujourd'hui, c'est-à-dire une analyse qui n'a plus, comme c'était le cas jusqu'au milieu du siècle dernier, la fonction de préparer à la composition, mais qui cherche seulement à rendre compte scientifiquement d'une musique entièrement objectivée.

Mais, comme la musique pure, l'écoute pure est un mythe. Il est vrai que l'attention portée à la forme ainsi que le progrès des méthodes d'analyse ont certainement contribué à modifier, en partie au moins, notre rapport à la musique, mais l'expérience musicale ne saurait s'identifier à l'analyse. Il faut en effet retourner contre le mythe de l'écoute pure les armes de l'ethnomusicologie et de la sociologie. Pourquoi séparer aujourd'hui la musique de son contexte ? La musique pure en est aussi dépendante que les musiques des communautés restreintes et il ne serait que justice d'appliquer à la réception la formule que Goethe réservait pour la création : “Toutes mes poésies sont des poésies de circonstance”

(Eckermann, 1837-1848 : conversation avec Goethe du 18 septembre 1823). Toute expérience musicale est une expérience circonstancielle et l'on retrouve dans les conduites d'écoute contemporaines la présence des mêmes phylums que dans les communautés restreintes ou les autres sociétés stratifiées. Mais les conceptions de la musique et de l'écoute pures ont conduit à poser une question nouvelle : quelle est la part de l'interne – structures et formes musicales – et de l'externe – circonstances – dans l'expérience de la musique ? Cette question ne serait jamais auparavant venue à l'esprit d'un musicien ou d'un auditeur, car la musique était pour eux inséparablement formes, imitation et affects. Nous avons séparé et purifié chacune des composantes de la totalité vécue qu'est l'expérience musicale : il faut donc les recombiner pour reconstituer cette totalité.

L'expérience et le jugement esthétique sont des mixtes, et cela en un double sens : parce qu'aux propriétés formelles de l'objet se joignent les réactions affectives et intéressées du sujet ; parce qu'aux facteurs "internes" s'ajoutent des facteurs "externes", qui mettent en jeu la complexité des relations humaines au sein d'une communauté. Il ne reste plus qu'à tenir une comptabilité en partie double dans laquelle interviennent critères internes et critères externes et à étudier comment s'imbriquent dans tout jugement esthétique les deux types de critères. Rien n'est plus difficile que de penser l'impur et le mixte, car les réflexes hérités poussent à réduire le complexe au simple : réduction esthétique quand on ramène le jugement aux seuls facteurs internes, réduction sociologique lorsqu'on le ramène exclusivement aux facteurs externes. Le mélange n'est pourtant pas impossible à penser, comme le prouve l'analyse que fait Proust de la soirée musicale organisée par Charlus chez les Verdurin. Tout est double ici, et ambivalent : le narrateur, en écoutant le septuor de Vinteuil, pense à son amour pour Albertine mais reçoit en même temps la révélation d'un "appel supra-terrestre" qu'il n'oubliera plus. Il n'en observe pas moins attentivement le spectacle caricatural qu'offrent les musiciens, M. de Charlus et les autres invités, Mme Verdurin qui plonge la tête dans les mains pour cacher et manifester la profondeur de son émotion et dont le narrateur croit un instant qu'elle dort alors que les ronflements qu'il entend sont ceux de sa chienne… La musique est "communication des âmes", mais le ravissement du narrateur repose sur le travail ingrat de l'amie de Mlle Vinteuil, qui a patiemment déchiffré les manuscrits du musicien et dont la conduite a pourtant contribué à sa mort ; quant à la soirée, elle a été organisée par Charlus afin de faire connaître "sa jeune idole", le violoniste Morel, et d'obtenir pour lui la Légion d'honneur. Les "éléments impurs" sont ainsi indissociablement liés aussi bien dans la soirée que dans la sensibilité du narrateur

(Proust, 1988, p. 752-769). Et l'on retrouve la même complexité et le même mélange dans les réactions des chanteurs et des auditeurs des chants de la Semaine sainte à Castelsardo (Lortat-Jacob, 1996).

Si le purisme a occupé le devant de la scène durant la deuxième moitié du XXe siècle, c'est le pluralisme qui va sans doute dominer le XXIe, comme l'avait annoncé Leonard B. Meyer dès 1967 (Meyer, 1967 et Nattiez, 2001). Déjà les sociétés stratifiées ne l'avaient pas ignoré, que ce soit dans les villes ou dans les "cultures d'empire" où une même organisation politique rassemblait des peuples et des cultures hétérogènes, mais il a connu au XXe siècle une ampleur radicalement nouvelle à la suite des transformations subies par les sociétés contemporaines : démocratisation, globalisation et développement des techniques d'enregistrement et de diffusion. Le résultat est qu'aujourd'hui toutes les musiques du monde sont à la disposition de l'auditeur comme du musicien, mais le phénomène décisif est l'accès des musiques d'en bas aux moyens de communication de masse : toutes les musiques se situent sur le même plan. Il existait antérieurement une hiérarchie, à la fois sociale et culturelle, qui mettait chacun et chaque chose à sa place : comme il y avait des classes supérieures et des classes inférieures, il y avait des musiques supérieures et des musiques inférieures, et rien ne permettait de mettre en cause cette hiérarchie. Et voici que maintenant on entend les unes et les autres sur les mêmes radios et les mêmes télévisions, avec un avantage quantitatif marqué en faveur des musiques d'en bas.

Nous vivons dans un monde pluraliste dans lequel coexistent plus ou moins pacifiquement des individus et des communautés qui ont des visions du monde religieuses, philosophiques et morales souvent difficiles à concilier et, si le pluralisme politique ne règne pas partout, on peut dire que le pluralisme culturel et en particulier le pluralisme musical sont beaucoup plus largement répandus : il est de plus en plus difficile de croire qu'il existe, en musique, en littérature ou cinéma, une hiérarchie unique dans laquelle viendraient s'inscrire les différentes œuvres ; les goûts se mêlent, se heurtent ou s'ignorent. Il y a maintenant en musique un certain nombre de répertoires qui s'adressent à des publics distincts : musique classique européenne, musique savante contemporaine, variété, jazz, rock, musiques "ethniques", *world music*… Et il ne s'agit là que de rubriques grossières, chacune pouvant être divisée en sous-ensembles plus ou moins clairement distingués selon les individus et les milieux. Lorsqu'on en arrive aux styles définis d'un point de vue "emic", c'est-à-dire reconnus comme tels par les pratiquants, auditeurs et musiciens, on aboutit à la géographie extrêmement diversifiée des styles musicaux présents aujourd'hui dans nos sociétés.

Cette situation entièrement nouvelle pose avec acuité les problèmes de la confrontation, de la relativité et du mélange des goûts. C'est que toutes les attitudes semblent possibles en face de ce trop-plein de musique : il y a les "fanatiques" d'une seule musique à laquelle ils se tiennent farouchement, mais, avec la diffusion universelle de la musique, il est rare que l'on ne connaisse qu'un répertoire, même si l'on est par ailleurs un amateur inconditionnel d'un seul d'entre eux. Le pluralisme est donc aussi une réalité individuelle : il y a des bilingues – on joue, on écoute, on compose du classique et du jazz –, des trilingues lorsqu'on ajoute par exemple la pratique d'une musique "ethnique". Faut-il s'arrêter à trois ? Ce pourrait être l'objet d'une passionnante enquête. Il y a enfin les polyglottes complets, pour lesquels je préférerais parler d'éclectisme gastronomique (n'oublions pas l'origine de la métaphore du goût) : comme on aime picorer ici ou là un peu de toutes les cuisines du monde, pourquoi ne pas se promener "à travers chants" (Berlioz) en écoutant tantôt un baroque, tantôt un chant grégorien, tantôt un brin de *qin* chinois, tantôt une pincée de *didjeridu* australien, tantôt – *horresco referens* ou, si l'on préfère, mes cheveux se hérissent en le disant – une chanson de variété à la mode (de préférence un peu ancienne, car l'âge et les souvenirs de jeunesse atténuent un peu le scandale) ? Je parle ici bien sûr des gens d'en haut – car, sous une forme différente, ils existent toujours – et cela pour dédramatiser les querelles portant sur les menaces que représenteraient les musiques de masse pour la survie des "bonnes", des "grandes" musiques. Il en est des goûts musicaux comme des préférences et des habitudes sexuelles : il y a peu de chances qu'une préférence ou une habitude fasse disparaître les autres…

On peut de la même façon dédramatiser les problèmes de jugements de valeur : si l'on restreint la question à chacun des répertoires et à son public spécifique, il est probable que l'on peut parvenir à une hiérarchie de valeurs à peu près cohérente dans le groupe. Non que chaque membre ait la même opinion, mais la familiarité avec le répertoire a tendance à faire converger les jugements. La situation n'est évidemment plus la même lorsqu'il s'agit de comparer des répertoires différents : comment comparer Mozart à Louis Armstrong, Billie Holiday aux Beatles ou à Georges Brassens ? Les différences de jugement reposent alors sur des expériences irréductibles et cela est vrai non seulement lorsqu'on compare les goûts d'individus appartenant à des communautés différentes, mais encore lorsqu'on interroge le même individu : le pluralisme des expériences, des goûts et des jugements est une donnée indépassable de la situation musicale contemporaine (Molino, 2003).

10. Après l'esthétique, l'arc-en-ciel des expériences musicales

Telle est l'extraordinaire variété des modalités de réception de la musique, qu'il convient d'accepter sans les situer sur une échelle absolue : il n'y a pas de "bonne" façon, de façon juste et unique de l'entendre. Cette diversité des plaisirs et des intérêts est un défi pour toute esthétique musicale – et plus encore évidemment pour le projet d'une esthétique générale –, car il est impossible de réduire à l'unité les multiples modes d'appréhension de son objet. C'est précisément dans cette volonté de réduction que réside le péché originel de l'esthétique, qui, selon Valéry, "naquit un jour d'une remarque et d'un appétit de philosophe", "se développa *in abstracto* dans l'espace de la pensée pure et fut construite par assises, à partir des matériaux bruts du langage commun, par le bizarre et industrieux animal dialectique qui les décompose de son mieux, en isole les éléments qu'il croit simples, et se dépense à édifier, en appareillant et contrastant les intelligibles, la demeure de la vie spéculative" (1957, p. 1297-1298).

C'est pourquoi nous avons utilisé le mot d'expérience, rendant ainsi hommage à John Dewey, qui, en 1934, avait intitulé son ouvrage consacré à l'art et à l'esthétique *Art as Experience* (1987). Mais il n'y a pas, contrairement à ce qu'il affirmait, d'expérience esthétique en général ; aussi avons-nous préféré parler d'expérience musicale pour décrire ce qui se présente sous la forme d'un véritable arc-en-ciel de réactions à des musiques elles-mêmes infiniment diverses. Ces réactions n'ont-elles rien en commun ? Ce sont en fait des mélanges dans lesquels, comme on retrouve dans l'arc-en-ciel le mélange des couleurs fondamentales, on peut distinguer non des éléments simples et stables, mais ce que nous avons appelé des phylums, c'est-à-dire des paramètres de l'expérience qui se transforment et se présentent sous la forme de combinaisons chaque fois différentes dans les diverses cultures.

Bibliographie

ABRAMS, M. H., 1991*a* : "Art-as-Such. The Sociology of Modern Aesthetics", in *Doing Things with Texts*, New York-Londres, Norton, p. 135-158.

ABRAMS, M. H., 1991*b* : "From Addison to Kant. Modern Aesthetics and the Exemplary Art", in *Doing Things with Texts*, New York-Londres, Norton, p. 159-187.

ADORNO, T. W., 1949 : *Philosophie der neuen Musik*, Tübingen, Mohr ; trad. fr., *Philosophie de la nouvelle musique*, Paris, Gallimard, 1962.

ALAIN, 1934 : *Stendhal*, Paris, Rieder ; rééd. in *Les Arts et les Dieux*, Paris, Gallimard, "Bibliothèque de la Pléiade", 1958.

AUGUSTIN, saint, 1962 : *Les Confessions*, 2 vol., Paris, Desclée de Brouwer, "Bibliothèque augustinienne".

BASILE, saint, 1885 : "Sermo de legendis gentilium libris ad adolescentes", in J.-P. Migne, *Patrologiae Cursus Completus, Series Graeca*, Paris, chez l'auteur, t. XXXI.

BERIO, L., 1998 : "Introduzione alle *Sequenze*", livret du coffret "Luciano Berio, *Sequenzas*", Deutsche Grammophon, 457-038-2, p. 58-72 ; trad. fr., "Une introduction aux *Sequenzas*", *ibid.*, p. 39-53.

BLACKING, J., 1977 : "Can Musical Universals Be Heard ?", *The World of Music/Le Monde de la musique*, vol. XIX, n° 1-2, p. 14-22 ; trad. fr., "Les universaux en musique : peut-on les entendre ?", *ibid.*, p. 23-29.

BLOOM, A., 1987 : *The Closing of the American Mind*, New York, Simon and Schuster ; trad. fr., *L'Ame désarmée. Essai sur le déclin de la culture générale*, Paris, Julliard, 1987.

BLOOMFIELD, L., 1927 : "Literate and Illiterate Speech", *American Speech*, vol. X, p. 432-439.

BOAS, F., 1927 : *Primitive Art*, Oslo-Cambridge, H. Aschehoug-Harvard University Press ; rééd., New York, Dover, 1955 ; trad. fr., *L'Art primitif*, Paris, Adam Biro, 2003.

CALVIN, 1876 : "A tous chrétiens et amateurs de la parole de Dieu", in *Calvini opera quae supersunt omnia*, Brunswick, Schwetschke, vol. VI.

COPPET, D. de et ZEMP, H., 1978 : *'Aré' aré. Un peuple mélanésien et sa musique*, Paris, Le Seuil.

DAHLHAUS, C., 1978 : *Die Idee der absoluten Musik*, Munich, Bärenreiter Verlag ; trad. fr., *L'Idée de la musique absolue*, Genève, Contrechamps, 1997.

DARK, P., 1983 : "Among the Kilenge, «Art is something which is well done»", in *Art and Artists of Oceania*, M. Mead (éd.), Sydney, The Dunmore Press.

DARS, J., 2003 : *Les Carnets secrets de Li Yu*, Arles, Philippe Picquier.

DAVENSON, H., 1942 : *Traité de la musique selon l'esprit de saint Augustin*, Neuchâtel, La Baconnière.

DENNETT, D. C., 1991 : *Consciousness Explained*, Boston, Little Brown ; trad. fr., *La Conscience expliquée*, Paris, Odile Jacob, 1993.

DESCARTES, R., 1966 : *Abrégé de musique*, in *Œuvres*, 2 vol., Paris, Le Club français du livre.

DEWEY, J., 1987 : *Art as Experience* (1934), in Id., *The Later Works, 1925-1953*, Carbondale, Southern Illinois University Press, vol. X.

DURING, J., 1988 : *Musique et extase*, Paris, Albin Michel.

ECKERMANN, J. P., 1837-1848 : *Gespräche mit Goethe in den letzten Jahren seines Lebens*, 3 vol., Leipzig, F. A. Brockhaus ; rééd., *Gespräche mit Goethe*, H. H. Houben (éd.), 26e éd., Wiesbaden, Brockhaus-Verlag, 1975 ; trad. fr., *Conversations de Goethe avec Eckermann*, C. Roëls (éd.), Paris, Gallimard, 1988.

FELD, S., 1982 : *Sound and Sentiment*, Philadelphie, University of Pennsylvania Press.

GHAZÂLÎ, al-, 1901-1902 : *Ihya ulum ad-din [La Vivification des sciences de la foi]*, traduction du livre XVIII, *Journal of the Royal Asiatic Society*, 1901, p. 195-252 et 705-748 ; 1902, p. 1-28.

GILSON, E., 1963 : *Introduction aux arts du Beau*, Paris, Vrin.

GRABURN, N. et STERN, P., 1999 : "Ce qui est bien est beau. Un regard sur la beauté chez les Inuit du Canada", *Terrain*, n° 32, mars 1999, p. 21-36.

GRANET, M., 1968 : *La Pensée chinoise*, Paris, Albin Michel.

GUIART, J., 1961 : "Océanie", in *Histoire de l'art*, vol. I, *Le Monde non chrétien*, Paris, Gallimard, "Encyclopédie de la Pléiade", p. 1585-1635.

HANSLICK, E., 1854 : *Vom Musikalisch-Schönen. Ein Beitrag zur Revision der Aesthetik der Tonkunst*, Leipzig, Weigel ; rééd. en fac-similé, Darmstadt, Wissenschlaftliche Buchgesellschaft, 1965 ; trad. fr., *Du beau dans la musique*, Paris, Christian Bourgois, 1986.

HATCHER, E. P., 1999 : *Art as Culture*, Boston, University Press of America.

HEGEL, G. W. F., 1835-1838 : *Vorlesungen über die Aesthetik I*, in *Werke*, Francfort, Suhrkamp, vol. XIII, 1970 ; trad. fr., *Esthétique*, Paris, Flammarion, 1979.

JAMES, W., 1902 : *The Varieties of Religious Experience*, New York-Londres, Longmans Green.

JARGY, S., 1971 : *La Musique arabe*, Paris, Presses universitaires de France.

JEUDY-BALLINI, M., 1999 : "«Dédommager le désir». Le prix de l'émotion en Nouvelle-Bretagne (Papouasie-Nouvelle-Guinée)", *Terrain*, n° 32, mars 1999, p. 5-20.

KANT, E., 1790 : *Kritik des Urteilskraft*, Berlin-Lindau, Lagarde-Friedrich ; trad. fr., *Critique de la faculté de juger*, in *Œuvres philosophiques*, Paris, Gallimard, "Bibliothèque de la Pléiade", 1985, t. II.

LAMBERT, J., 1997 : *La Médecine de l'âme. Le chant de Sanaa dans la société yéménite*, Nanterre, Société d'ethnologie.

LANGER, S. K., 1957 : *Philosophy in a New Key*, Cambridge, Harvard University Press.

LAYTON, R., 1981 : *The Anthropology of Art*, New York, Columbia University Press ; 2e éd., Cambridge-New York, Cambridge University Press, 1991.

LEROI-GOURHAN, A., 1965 : *Le Geste et la Parole*, II, *La Mémoire et les Rythmes*, Paris, Albin Michel.

LORIES, D., 1988 : *Philosophie analytique et esthétique*, Paris, Klincksieck.

LORTAT-JACOB, B., 1996 : *Canti di passione*, Lucques, Libreria Musicale Italiana ; version française, *Chants de passion*, Paris, Le Cerf, 1998.

MALRAUX, A., 1947 : *Psychologie de l'art. Le Musée imaginaire*, Genève, Skira ; rééd. in Id., *Ecrits sur l'art*, J.-Y. Tadié (éd.), Paris, Gallimard, "Bibliothèque de la Pléiade", 2004, vol. I, p. 965-1161.

MAQUET, J., 1986 : *The Aesthetic Experience. An Anthropologist Looks at the Visual Arts*, New Haven, Yale University Press ; trad. fr., *L'Anthropologie et l'Esthétique*, Paris, Métailié, 1993.

MAURIÈS, P., 2002 : *Cabinets de curiosités*, Paris, Gallimard.

MCALLESTER, D. P., 1971 : "Some Thoughts on «Universals» in World Music", *Ethnomusicology*, vol. XV, n° 3, p. 379-380.

MEYER, L. B., 1967 : *Music, the Arts and Ideas. Patterns and Predictions in Twentieth-Century Culture*, Chicago, Chicago University Press ; nouv. éd. avec un postlude, 1994.

MOLINO, J., 1975 : "Fait musical et sémiologie de la musique", *Musique en jeu*, n° 17, p. 37-62.

MOLINO, J., 1989 : "Musique et machines", *Actes du colloque "Structures musicales et assistance informatique"*, Marseille, Laboratoire "Musique et informatique", p. 141-154.

MOLINO, J., 2002 : "La musique et les nombres", in *Observation, analyse, modèle. Peut-on parler d'art avec les outils de la science ?*, Paris, IRCAM-L'Harmattan, p. 21-58.

MOLINO, J., 2003 : "Esperienze e guidizi estetici", in *Il Giudizio estetico nell'epoca dei mass media. Musica, cinema, teatro*, A. R. Addessi et R. Agostini (éd.), Castello, Libreria Musicale Italiana, p. 123-143 ; version française à paraître in Id., *Le Singe musicien.*

NATTIEZ, J.-J., 1987 : *Musicologie générale et sémiologie*, Paris, Christian Bourgois.

NATTIEZ, J.-J., 1999 : "Inuit Throat-Games and Siberian Throat Singing. A Comparative, Historical, and Semiological Approach", *Ethnomusicology*, vol. XLIII, n° 3, 399-418.

NATTIEZ, J.-J., 2001 : "La musica dell'avvenire", in *Enciclopedia della musica*, vol. I, *Il Novecento*, J.-J. Nattiez *et al.* (éd.), Turin, Einaudi, 2001, p. 1251-1281 ; version française, "La musique de l'avenir", in *Musiques. Une encyclopédie pour le XXIe siècle*, vol. I, *Musiques du XXe siècle*, J.-J. Nattiez (éd.), Arles-Paris, Actes Sud-Cité de la musique, 2003, p. 1392-1424.

NIETZSCHE, F., 1872 : *Die Geburt der Tragödie aus dem Geist der Musik*, Leipzig, Fritzsch ; rééd. in *Sämtliche Werke. Kritische Studienausgabe in 15 Bänden*, Munich-Berlin-New York, Deutscher Taxchenbuch Verlag-De Gruyter, vol. I, 1967 ; trad. fr., *La Naissance de la tragédie enfantée par l'esprit de la musique*, in *Œuvres philosophiques complètes*, Paris, Gallimard, 1977, vol. I, p. 23-156.

PASCAL, B., 1963 : *Œuvres complètes*, Paris, Le Seuil.

PLATON, 1950 : *La République*, in *Œuvres complètes*, Paris, Gallimard, "Bibliothèque de la Pléiade", t. I, p. 857-1241.

PROUST, M., 1923 : *La Prisonnière*, Paris, Gallimard ; in *A la recherche du temps perdu*, Paris, Gallimard, "Bibliothèque de la Pléiade", vol. III, 1988, p. 7-415.

ROSEN, C., 1975 : *Schoenberg*, New York, Viking Press ; trad. fr., *Schoenberg*, Paris, Minuit, 1979.

ROUGET, G., 1980 : *La Musique et la Transe*, Paris, Gallimard ; nouv. éd. revue et augmentée, 1990.

ROUVERET, A., 1995 : "Artistes, collectionneurs et antiquaires : l'histoire de l'art dans l'encyclopédie plinienne", in *Histoire de l'histoire de l'art*, vol. I, *De l'Antiquité au XVIIIe siècle*, Paris, Louvre-Klincksieck, p. 49-64.

SCHIEFFELIN, E. L., 1976 : *The Sorrow of the Lonely and the Burning of the Dancers*, New York, St. Martin's Press.

STENDHAL, 1817 : *Vies de Haydn, de Mozart et de Métastase*, Paris, Didot ; rééd., Genève, Cercle du Bibliophile, 1970.

STENDHAL, 1822 : *De l'amour*, Paris, Librairie universelle ; rééd., Paris, Garnier, 1969.

STENDHAL, 1890 : *Vie de Henri Brulard* ; rééd. in *Œuvres intimes*, Paris, Gallimard, "Bibliothèque de la Pléiade", 1955, p. 1-398.

STENDHAL, 1932 : *Journal* ; rééd. in *Œuvres intimes*, Paris, Gallimard, "Bibliothèque de la Pléiade", 1955, p. 399-1308.

STOLNITZ, J., 1960 : *Aesthetics and Philosophy of Art Criticism*, Boston, Houghton Mifflin.

THOMPSON, R. F., 1968 : "Esthetics in Traditional Africa", *Art News*, vol. LXVI, n° 9, p. 44-45 et p. 63-66 ; rééd., in *Art and Aesthetics in Primitive Societies*, C. Jopling (éd.), New York, E. P. Dutton, 1971, p. 374-381.

TRIGGERS, B. G., 2003 : *Understanding Early Civilizations*, Cambridge University Press.

VALÉRY, P., 1957 : "Discours sur l'esthétique", in *Œuvres*, Paris, Gallimard, "Bibliothèque de la Pléiade", vol. I, p. 1294-1314.

VALÉRY, P., 1960 : "Degas Danse Dessin", in *Œuvres*, Paris, Gallimard, "Bibliothèque de la Pléiade", vol. II, p. 1163-1240.

VAN GULIK, R. H., 1969 : *The Lore of the Chinese Lute*, Tôkyô, Sophia University and the Charles E. Tuttle Company.

VEBLEN, T., 1970 : *Théorie de la classe de loisir*, Paris, Gallimard.

ZEMP, H., 1971 : *Musique dan. La musique dans la pensée et la vie sociale d'une société africaine*, Paris-La Haye, Mouton.

ZEMP, H., 1995 : *Ecoute le bambou qui pleure. Récits de quatre musiciens mélanésiens ('Aré' aré, îles Salomon)*, Paris, Gallimard.

Jean-Jacques Nattiez

UNITÉ DE LA MUSIQUE… UNITÉ DE LA MUSICOLOGIE ?

En guise de conclusion

1. Ecriture de la musicologie, culture pop et rock, jugements de valeur *(bis repetita)*

Par rapport à la musicologie d'hier, qui choisissait volontiers ses objets d'enquête en fonction de la valeur que le musicologue leur accordait – les fameux canons –, il semble que la musicologie post-moderne ait apporté un acquis définitif : plus question d'exclure qui que ce soit, quoi que ce soit d'une investigation musicologique quelconque, ni les femmes compositrices, ni les musiques actuelles, ni les musiques pop. L'acquis sur le plan scientifique est indéniable, car le chercheur n'a pas le droit d'écarter un fait ou une donnée quelconque des objets à investiguer ou des explications à donner. Mais cela ne va pas sans engendrer une certaine mauvaise conscience. Le musicologue formé à l'écoute de la musique classique ("élitiste" selon le post-moderne) peut-il faire abstraction du jugement de qualité qu'il est tenté de porter contre les musiques commerciales, de façon générale, ou contre certaines de leurs manifestations ? C'est à une réévaluation du fonctionnement des jugements esthétiques que le post-modernisme l'invite. Mais en même temps, il n'est pas interdit de questionner les motivations, en particulier idéologiques, qui sont celles du post-moderne.

Ici, le risque est double, et les arguments *pro et contra*, antinomiques. Le post-moderne est porté à faire l'éloge de telle ou telle forme de musique, hier exclue du champ de la "grande musique" (ou de la musique "d'en haut"), pour des raisons politiquement correctes. Dans cette perspective, *il faut* jouer, écouter, programmer, analyser, accepter ces musiques, car ce sont celles qu'apprécient les jeunes, les déshérités, les exclus, etc., avec lesquelles ils s'identifient. Adorno, lui, condamnait sans appel le jazz et les musiques de variétés en se fondant sur les intentions mercantiles des producteurs de musique : "Une sociologie critique de la musique devra rechercher dans le détail pourquoi, aujourd'hui, autrement qu'il y a cent ans, la musique légère est mauvaise, doit être mauvaise sans exception." (1962, in 1994, p. 229.) Cet argument semble largement partagé : "Quant à la musique pop, il s'agit, à mon avis, d'un phénomène de masse, d'une musique produite avec des méthodes et à une échelle industrielles et que l'on peut qualifier désormais de culte de la banalité." Est-ce un disciple d'Adorno qui s'exprime ainsi ? Non. Ces propos ont été tenus par Joseph Ratzinger en 2001 (cité in *Le Devoir*, 20 avril 2005, p. A3). Néo-marxistes, Benoît XVI, même combat ! Le postmoderne, lui, se place du côté des récepteurs, et il réhabilite l'hédonisme et le plaisir indépendamment des motivations des multinationales du disque (Middleton, 1990, chap. II ; on lira aussi les articles de Frith [2001] et de Middleton [2002] dans cette encyclopédie). Révélateur de ce point de vue, au niveau le plus élevé, celui de Michel Foucault dans le contexte d'un dialogue avec Pierre Boulez : "Non seulement la musique rock (beaucoup plus encore qu'autrefois le jazz) fait partie intégrante de la vie de beaucoup de gens, mais elle est inductrice de culture : aimer le rock, aimer tel type de musique rock plutôt que tel autre, c'est aussi une manière de vivre, une façon de réagir : c'est tout un ensemble de goûts et d'attitudes. Le rock offre la possibilité d'un rapport intense, fort, vivant, «dramatique» (en ce sens qu'il se donne lui-même en spectacle, que l'audition constitue un événement et qu'elle se met en scène), avec une musique qui est en elle-même pauvre, mais à travers laquelle l'auditeur s'affirme ; et par ailleurs, on a un rapport frêle, frileux, lointain, problématique avec une musique savante dont le public cultivé se sent exclu. On ne peut parler d'*un* rapport de la culture contemporaine à *la* musique, mais d'une tolérance, plus ou moins bienveillante à l'égard d'une pluralité de musiques. A chacune on donne «droit» à l'existence ; et ce droit est perçu comme une égalité de valeur. Chacune vaut autant que le groupe qui la pratique ou la reconnaît." (Foucault, 1983, in Boulez, 2005, p. 483-484.) Au point de vue d'orientation sociologique et sociale de Foucault, Boulez répond, cinglant : "Est-ce en parlant *des* musiques, et en affichant un œcuménisme éclectique, qu'on va résoudre le problème ? Il semble bien, au contraire, qu'on l'escamote – en phase avec les tenants de la société libérale avancée. Toutes les musiques, elles sont bonnes, toutes les musiques, elles sont gentilles. Ah ! le pluralisme, il n'y a rien de tel comme remède à l'incompréhension. [...] Tout est bien, rien n'est mal : il n'y a pas de valeurs, mais il y a le plaisir. [...] L'économie est là pour nous le rappeler, au cas où nous nous perdrions dans cette utopie fadasse : il y a des musiques qui rapportent et qui existent pour le profit commercial ; il y a des musiques qui coûtent, dont le projet même n'a rien à voir avec le profit. Aucun libéralisme n'effacera cette différence." (Boulez, 1983, in Boulez, 2005,

p. 484.) Du côté du moderniste, ou tout simplement du musicologue ou du mélomane formé à la musique "classique", il y a la tentation de rejeter toute musique d'"en bas" parce qu'elle est l'exploitation commerciale des goûts du public, et notamment des jeunes, par les multinationales du disque. On brocarde ici les intentions perverses et intéressées du producteur de musique, mais sur la base, on vient de le voir avec Boulez, de l'expression radicale d'une exigence esthétique qui conduit à condamner sans distinctions un secteur entier de musique. Que faut-il préférer : la position esthétique de Boulez ou l'argument sociologique et, d'une certaine manière, éthique de Foucault ?

L'attitude adoptée dans la présente encyclopédie est quelque peu schizophrénique puisque nous avons clairement pris le parti d'assumer l'existence *des* musiques, mais sans qu'un certain nombre de nos auteurs aient étouffé leur sens critique. Peut-être trouvons-nous l'explication de cette contradiction dans un numéro de revue, significativement intitulé "Rock, punk, rap : culture ou imposture ?", où le romancier québécois Gaétan Soucy a posé la différence entre deux points de vue qu'il convient, selon lui, de bien distinguer. "Il existe ce que l'on peut appeler une définition anthropologique de la culture et une définition, mettons humaniste, épithète un peu maladroite sans doute, mais que j'utiliserai par pure commodité. La définition anthropologique [...] se justifie absolument si l'on se place du point de vue scientifique : c'était là en effet la seule possibilité offerte à l'ethnologue pour embrasser les phénomènes humains relevant de «civilisations» autres, et ce en dehors de toute hiérarchie, puisque toute hiérarchie est investie des valeurs, peut-être inconscientes, de celui qui l'établit." (1999, p. 23.) C'est évidemment la position que nous avons adoptée ici. Répétons-le encore une fois : du point de vue scientifique, la musicologie *n'a pas le droit* d'exclure *a priori* quelque genre de musique que ce soit. Et c'est ce que Pierre Boulez, lors du lancement à New York du premier volume de notre entreprise, le 1er mars 2001, avait parfaitement compris : "L'*Encyclopédie* photographie une réalité de fait, ce avec quoi je ne peux pas ne pas être d'accord." (2001.) Il ajoutait, et comme l'a noté Stefano Catucci, le journaliste du *Manifesto*, c'était sans doute la première fois : "Par ailleurs, je n'ai pas de préjudices contre la musique pop, le rap, etc. Chacun a le droit de s'exprimer artistiquement et de le faire avec ses moyens propres. L'important, c'est qu'il résiste au nivellement du marketing." En se fondant sur l'argument économique de type adornien, Boulez introduit ici le jugement de valeur qui relève de ce que Gaétan Soucy appelle la définition humaniste de la culture. A propos de la culture rock, Soucy se fait plus radical et tranchant (il faudrait en fait citer dans son intégralité cette admirable entrevue) : "La culture, ce n'est pas se contenter de mettre le nez au vent, et écouter la musique que tout le monde écoute, manger ce que tout le monde mange, adhérer à ce à quoi tout le monde adhère, aimer les mêmes téléromans [...]. Bref, la culture, ce n'est pas ce qui est à la mode, même si c'est une mode qui dure longtemps, tel le rock'n'roll. C'est même tout le contraire, dans la mesure où je sens la culture intimement liée à ce que, faute de mieux, nous nommerons l'autonomie du sujet, le sujet comme *instance critique*. «Se cultiver», pour user d'une expression qui fait rire tout le monde de nos jours, cela me semble être une tentative réfléchie de désaliénation, de libération si vous voulez, un *effort* pour embrasser le plus grand champ d'expérience possible, histoire, littérature, pensée, art, science, afin de comprendre plus profondément la condition humaine et ses enjeux. [En ce sens,] il ne me semble pas exister quelque chose comme une culture rock, au sens authentique et si les mots conservent encore pour nous quelque valeur." (1999, p. 24-25.) Il y aurait donc de bonnes et, disons, de moins bonnes cultures. Son critère ? L'incapacité pour le rock à se penser lui-même.

"Lorsque, vers la fin de sa vie, John Lennon accorde à *Rolling Stone* (le magazine) une entrevue foudroyante d'intelligence, c'est justement parce qu'il avait pris du recul vis-à-vis d'une expérience profondément rock'n'roll qui avait failli, à la lettre, le tuer." (*Ibid*., p. 29-30.) Soucy insiste beaucoup sur la nécessité de cette distance : "Le rock ne saurait être une culture, au sens humaniste, en ceci précisément qu'une civilisation n'existe que dans la mesure où elle a les outils et l'espace philosophique adéquat pour pouvoir se réfléchir elle-même jusque dans ses fondements. Et le rock, par définition, *par essence*, exclut cette réflexion, exclut toute réflexion. Le rock'n'roll est *imprudence*, en son fondement même. Sans soucis des conséquences, parce que sans soucis tout court : il est un *refus* du souci." (*Ibid*., p. 29.) On objectera sans doute que tout le travail musicologique qui se développe depuis nombre d'années, sur le rock et la musique pop en général, et les articles de Luca Marconi, Allan F. Moore, Pierfrancesco Pacoda et Gino Stefani, Maryse Souchard, John Shepherd, Franco Fabbri, Simon Frith dans le volume I de cette encyclopédie, et celui de Richard Middleton dans le volume II, viennent sans doute contredire les affirmations de Soucy. Mais il a comme prévenu l'objection : "On peut être rocker et sacrément intelligent ; il y a, parmi ces immenses espaces d'expression, des poètes, surtout des musiciens inouïs que j'admire. Je *suis* un amateur de rock. Seulement voilà, pour réfléchir l'expérience rock'n'roll, je *dois sortir* du rock'n'roll." *(Ibid.)* Et parlant de "ceux qui s'intéressent au rock comme phénomène culturel", il déclare : "Il s'agit la plupart du temps d'intellectuels qui se situent justement à l'extérieur de l'expérience rock, ou en dehors de son idéologie, ou qui encore n'ont goûté de celle-ci que ce qu'il fallait pour pouvoir en parler sans trop pisser dans un violon. Ils apprécient en ceci, rejetant en cela, le phénomène rock (comme c'est mon cas). En se situant du point de vue qui est le leur : celui de la culture universelle et humaniste par exemple, reposant essentiellement sur la réflexion, la contrainte de vérité, l'effort d'objectivité, le respect du concept et le souci du dire juste. Ce qui ne fait pas très rock'n'roll." (*Ibid.*, p. 30.) Car qu'est-ce, selon lui, que cette nature fondamentale du rock à laquelle il fait allusion ? "*Il est dans l'essence du rock'n'roll d'être récupéré à des fins mercantiles.* Cette récupération n'est donc pas marginale, superficielle, éventuellement réversible, ce qui permettrait, au rêve de certains, de récupérer les forces vives et subversives du rock'n'roll. Non, je le répète : la récupération du rock est au cœur même du rock comme le stalinisme était au cœur même de la révolution bolchevique. Rien n'a jamais «mal tourné» : l'Histoire a toujours ce qu'elle mérite." (*Ibid.*, p. 31.) Comme beaucoup, Boulez parlait lui aussi de mercantilisme, on l'a vu. Mais Soucy fait une autre observation qui donne à réfléchir : "L'industrie du rock en est à ce stade typique du parvenu qui, une fois bien établies sa puissance et son hégémonie, éprouve un besoin de considération et de respectabilité tous azimuts." (*Ibid.*, p. 33.) Ici, le directeur de cette encyclopédie et ses collaborateurs pourraient se sentir gagnés par la mauvaise conscience : est-ce que le fait de s'intéresser au rock et aux musiques pop du point de vue scientifique de la culture anthropologique, et en évacuant le maximum de jugements de valeur à leur sujet, ne contribue pas à donner à ces genres musicaux la *légitimation culturelle* que recherchent précisément leurs promoteurs industriels ? Mais l'honnêteté de Soucy nous conduit probablement à la solution. "Il existe bien évidemment des réalisations d'un grand intérêt musical, ressortissant à l'esthétique rock'n'roll. […] Remarquons qu'il s'agit souvent, comme dans le cas d'un Frank Zappa, ou d'un Brégent à ses débuts [un compositeur québécois], de musiciens de culture immensément plus vaste, et qui explorent les formes du rock, parfois de manière parodique, afin d'enrichir leur propre langage musical. Mais qui ne voit qu'un Zappa ou un Brian Eno débordent et transcendent de toutes parts le simple rock'n'roll ?" (*Ibid.*, p. 30.) Retournons un instant à Boulez : "Frank Zappa, avec qui j'ai collaboré, était un type inquiet, curieux, aventurier, mais ferme tout de même : un de ceux qui ont vraiment de la valeur […]. Celui qui cherche vraiment à s'exprimer par l'art doit être capable de se confronter aux niveaux les plus élevés de connaissance, de technique, de réflexion, parce que, de ce point de vue, une hiérarchie reste valide." (2001.) Ce n'est sans doute pas un hasard si nos deux auteurs, qui ne peuvent connaître les propos l'un de l'autre, en viennent à citer le même musicien. Et il est symptomatique qu'une des rares revues à se consacrer encore à la musique contemporaine, *Circuit*, ait choisi Frank Zappa pour thème d'un numéro portant, pour la première fois, sur la musique pop ("Frank Zappa...", 2004). Nous voilà donc ramenés à la question de la *qualité* et de la *valeur*. Or, aussi bien chez Boulez que chez Soucy, il y a ici un nouvel argument : il ne s'agit plus de faire passer la ligne de partage des bonnes et des mauvaises musiques entre les genres musicaux, entre les musiques d'"en haut" et celles d'"en bas", mais comme cela a été proposé dans l'article qui précède le présent texte, entre *telle œuvre ou tel musicien particuliers*, dont on considère qu'ils sont bons ou mauvais (encore à ce sujet, voir Molino, 2003). Au-delà de la position adornienne rappelée plus haut et qui était terriblement simplificatrice, on est ramené à la question autrement difficile : comment fonder le jugement esthétique, *indépendamment des genres musicaux* ?

Il semble raisonnable, d'une part, d'insister sur la légitimité de défendre une culture où la *connaissance* est valorisée. Soucy : "Ceux qui applaudissent à l'ignorance, qui est la pire des aliénations, ceux qui croient que cette ignorance est synonyme de libération et d'iconoclastie salutaire – et il y en a qui croient cela – devraient garder à l'esprit qu'il ne suffit pas de battre à coups de chaîne un poète jugé médiocre, comme l'a fait Vicious, pour devenir Arthur Rimbaud. Je suis peut-être odieux de le rappeler à ces zélateurs de l'ignorance salvatrice, mais Rimbaud composait à treize ans des poèmes en latin d'une impeccable facture ; à seize ans, comme en témoignent certaines de ses lettres clés, il possédait une connaissance remarquable de la poésie universelle, de Homère jusqu'à lui. Le droit à la connaissance est un des droits les plus sacrés. Mais il n'existe pas de *droit à l'ignorance*." (1999, p. 27.) Et cela inclut, pour nous, mélomanes, musiciens et musicologues, la nécessité de *connaître les musiques qui, éventuellement, nous déplaisent esthétiquement*. Cela est encore plus vrai lorsqu'on est soi-même un pédagogue de la musique, et c'est la conclusion à laquelle sont arrivés les auteurs italiens (Rosalba Deriu, Franca Ferrari, Serena Facci) qui se sont penchés, dans le volume II de cette encyclopédie, sur l'enseignement, dans le primaire et dans le secondaire, de la musique classique à l'époque de la culture pop : nous demandons aux jeunes de connaître notre culture ; il nous faut aussi connaître la leur. A l'inverse, Boulez va dans le même sens à propos des producteurs de musique pop : dans la déclaration publique citée, il se prend à rêver que, pour enrichir leurs productions musicales, les rappeurs aient l'occasion d'apprécier l'extraordinaire variété rythmique du *Sacre du printemps*... (2001). Position sans doute utopique, si l'on songe aux effets de la stratification sociale sur la fréquentation des différents types de musique, et en particulier de celle des cultures "d'en haut" pour les gens des cultures "d'en bas". Mais fondamentalement, le souhait de Boulez est juste : tout producteur de musique devrait pouvoir avoir accès à toute espèce de musique – ce qui est le cas de rockers cultivés comme Zappa et Eno. Plusieurs lui répondraient sans doute que les musiciens "d'en bas" peuvent se passer de la culture "d'en haut" qui est l'apanage d'une élite. Ce serait là une position sociologiquement réductrice et déterministe que, pour ma part, je ne peux accepter, car, à l'image du raisonnement d'un Bourdieu qui fonde l'évaluation esthétique sur l'appartenance sociale et la volonté de se distinguer (1979), elle nie la possibilité d'une *autonomie* du jugement de valeur.

Nécessité de la connaissance donc. Mais aussi, nécessité de tenir compte de la diversité des critères esthétiques. Un genre ne saurait être condamné ou ignoré sous le prétexte de son "essence" mercantile. La preuve en est qu'il est possible de faire la différence, dans la catégorie "musique pop" ou "rock", entre de la bonne et de la mauvaise musique, on vient de le voir. Qui pourrait affirmer, d'ailleurs – pensons à l'opéra et à Pavarotti, mais aussi aux cachets des grands chefs d'orchestre et des "divas" de la musique "sérieuse" (Natalie Dessay, Hélène Grimaud, les trois ténors) – que le monde de la musique classique est exempt de tout mercantilisme ? A l'inverse, peut-on, épistémologiquement, établir une relation bi-univoque entre la qualité des œuvres et des productions, et l'appartenance sociale de ceux qui les produisent ou qui les écoutent ?

On est encore une fois ramené à la question contre laquelle tout discours musicologique finit toujours par se heurter : qu'est-ce qu'une bonne œuvre, une bonne production musicale ? C'est l'énigme avec laquelle j'avais terminé mon introduction au volume I, et j'avais alors "lâchement" renvoyé à la fin du présent volume. Ce n'est donc pas un hasard si, avec la section "esthétique" de l'article sur les universaux, et avec le texte lu précédemment, cette encyclopédie se termine par une réflexion qui nous conduit "du plaisir à l'esthétique". L'idée fondamentale y est que nos critères avec lesquels nous évaluons les musiques d'autres cultures ou d'autres groupes sociaux ne sont pas nécessairement ceux des communautés ou des individus concernés, mais cela ne veut pas dire qu'il n'y ait pas des axes, des phylums transhistoriques et transculturels, par rapport auxquels s'articulent les jugements de beau et de laid, de réussite et de médiocrité. Tout comme dans l'ensemble de ce volume, le défi ici – et il est encore plus difficile dès que l'on touche à l'esthétique – a été de tenter de concilier la diversité culturelle et historique des catégories par lesquelles l'esprit humain réagit aux œuvres et aux pratiques musicales, en même temps que des types de critères universels apparaissent. Il ne s'agissait pas, on s'en doute, de tenter de réconcilier démagogiquement des contraires – tout le monde il est beau, tout le monde il est gentil –, mais de montrer, une fois encore, que l'unité est à rechercher à partir du divers. Pour cela, le problème des fondements d'une esthétique universelle a été examiné selon les trois grandes dimensions propres à toute forme symbolique : l'univers des stratégies créatrices – le poïétique – et celui des propriétés immanentes de l'objet (dans l'article sur les universaux, p. 380-385), et l'univers des stratégies perceptives – l'esthésique (dans l'article que l'on vient de lire). Et dans chacun de ces trois secteurs constitutifs des formes symboliques, une typologie des universaux du Beau a été proposée, mais toujours en respectant la présence d'éléments hétérogènes reliés aux schèmes sonores et rythmiques, aux contextes de la pratique et de la perception musicales, et aux associations affectives, cognitives et symboliques de l'être humain. Ainsi, au-delà de l'appartenance culturelle et sociale des producteurs et des récepteurs de musique, qui vient en quelque sorte colorer le jugement de goût, n'y aurait-il pas des propriétés immanentes du Beau musical, inscrites dans la matière des œuvres et des productions, et à propos desquelles les jugements esthétiques s'expliqueraient par la constitution neuro-cognitive de l'être humain ? Les lecteurs et les lectrices jugeront si, au travers de ce qui est proposé ici, ils trouveront des arguments qui leur permettraient *à la fois* de fonder leurs propres réactions sur des critères stables de jugement esthétique, et de comprendre l'attitude esthétique des Autres.

2. D'aujourd'hui à demain : vers l'unité de la musicologie ?

Cette ouverture nécessaire à la musique de toutes les époques et de toutes les cultures n'est pas le seul acquis de la musicologie postmoderne. De la même façon que, en politique, on a assisté, selon le mot de Lyotard (1979), à la fin des "grands récits", il semble que l'ère des paradigmes explicatifs holistes – c'est-à-dire susceptibles d'expliquer tous les aspects d'une réalité à partir d'un nombre limité de propositions – soit désormais obsolète. Peut-on vraiment rendre compte de l'histoire et de tous les phénomènes musicaux d'une période donnée à partir d'un modèle sociohistorique globalisant qui en prendrait en charge toutes les manifestations et toutes les variations ? Cela est douteux. Peut-on rendre compte de l'organisation d'une œuvre ou du fonctionnement d'un style à partir d'un seul modèle analytique ? Il semble bien que non. Peut-on construire un projet musicologique d'ensemble en se fondant seulement sur une période particulière de l'histoire humaine (de Bach à Boulez, pour simplifier), aussi proche soit-elle de nos goûts personnels et de notre culture ? Poser ainsi la question, c'est déjà y répondre.

Il est probable qu'un partisan convaincu du post-modernisme ne s'étonnera pas de cette situation, l'éclatement, le métissage, le mélange des genres étant des composantes essentielles de l'esprit actuel : elles peuvent caractériser aussi la musicologie post-moderne. De nouveaux consensus, épistémologiques et idéologiques, sont apparus, je les ai rappelés brièvement dans le texte d'introduction à ce volume. Mais les choses ne sont pas simples pour autant et je discerne deux paradoxes dans la musicologie actuelle, auxquels la musicologie de demain devrait, à mon sens, tenter d'apporter des réponses.

Le premier paradoxe, c'est que ses différentes branches – essentiellement l'histoire de la musique, l'ethnomusicologie, l'analyse musicale et la psychologie de la musique – ont connu des développements séparés et autonomes, ce qui s'est traduit par la création de sociétés savantes et de revues scientifiques distinctes, parfois rivales. L'analyse musicale reste, par nature, immanente ; l'ethnomusicologie et l'histoire de la musique ont évolué vers le relativisme et le culturalisme ; la psychologie cognitive de la musique est par nature fidèle à la vérification expérimentale et recherche la vérité. Mais en même temps, il n'est plus possible, d'une part, de faire de l'analyse sans tenir compte de l'environnement historique et culturel, et, de l'autre, d'entreprendre une anthropologie ou une sociologie de la musique sans prendre en charge "la musique elle-même", et sans se doter d'outils aussi rigoureux que possible pour l'analyser ; et dans ces trois cas, on est toujours nécessairement ramenés aux stratégies cognitives.

Mais il y a un second paradoxe. On constate l'éclatement des méthodes et des savoirs, de même que la prolifération des connaissances et la diversité des faits considérés comme musicaux. Mais en même temps, le problème est bien de savoir comment connecter l'étude du matériau musical à ses contextes et à son environnement (historique, culturel, social), et aux stratégies créatrices et perceptives qui lui sont reliées. S'il en est ainsi, ce qui est en jeu, c'est la construction d'une *musicologie générale* : générale parce qu'elle ne se fixe *a priori* aucune limite aux thèmes de ses investigations, mais aussi parce qu'elle devra s'appuyer sur un certain nombre de principes et de méthodes communs, quels que soient l'objet d'étude et son époque ou sa culture d'appartenance. Pour qu'une telle musicologie générale existe un jour, c'est la question de l'unité de la musicologie qu'il faut poser.

Précisons qu'"unité" ne signifie pas "totalité". D'abord, parce que, et nous le savons aujourd'hui, aucune description aussi raffinée et poussée soit-elle, ne décrira jamais dans sa totalité une œuvre, un style, un genre, une période : à cet égard, nous sommes condamnés à la fragmentation du savoir. Ce qui est en jeu, c'est plutôt de voir comment différents ordres de réalité (le sonore, les structures musicales, le culturel, le social, l'historique, le neuropsychologique, le biologique) peuvent être reliés ensemble, pour la simple raison que l'on ne peut plus prétendre rendre compte d'un phénomène musical quelconque à partir d'une seule de ces approches, comme notre volume II l'aura sans doute montré à l'évidence.

N'y a-t-il pas lieu de penser que, si l'on prend conscience de ces deux paradoxes pour tenter de les dépasser, la musicologie pourrait s'orienter dans de nouvelles directions ? Il convient sans doute d'accorder toute sa force opératoire au concept de *génération*, tel que l'a théorisé Hermann Danuser (1986) pour la musicologie. Et, dans son ouvrage consacré à l'histoire de la musique du XIXe siècle, Dahlhaus (1980) en a montré toute l'efficacité empirique : il met en lumière une homogénéité certaine dans la création, mais aussi dans la pensée, pour chacune des périodes qu'il dégage (elles durent, selon lui, de quinze à vingt-cinq ans). La musicologie étant, comme la musique, une forme symbolique, il n'est pas interdit de penser qu'il en aille de la même façon dans l'histoire des sciences et dans celle de notre discipline. On pourrait d'ailleurs montrer l'existence d'analogies entre les périodes modernes et post-modernes de la musique *et* de la musicologie. Le problème est vaste. Je me contenterai, pour en montrer la légitimité, de reproduire le petit jeu de comparaisons entre l'idéal moderne et les traits de la post-modernité, proposé par Francis Dhomont, un compositeur de musique électroacoustique, d'ailleurs remarquable, pour caractériser ces deux générations de la vie *musicale* au XXe siècle. On se rendra vite compte que les formules qu'il propose peuvent s'appliquer aussi au *discours* postmoderne : "Le modernisme [est-il] téléologique, messianique ? Le post-moderne rejette toute finalité, la foi dans le futur, l'évolutionnisme culturel. Le moderne se veut-il universel ? Le postmoderne retourne au vernaculaire *via* le cosmopolitisme. [...] L'un recherche-t-il la rigueur, la cohérence, l'épure ? L'autre revendique la licence, l'impureté, le maniérisme. [...] L'un est péremptoire, l'autre sceptique. [...] L'un du passé fait table rase, l'autre y puise ses références. L'un fuit en avant, l'autre «entre dans l'avenir à reculons». L'un critique, l'autre tolère. L'un est autoritaire, l'autre permissif. L'un veut surprendre, l'autre veut plaire. L'un penche vers l'apollinien, l'autre vers le dionysiaque. L'un exige le dépassement, l'ascèse, l'autre prêche pour l'hédonisme et le jeu. [...] L'un défend le dogme, l'autre l'éclectisme. L'un tente de démocratiser l'art d'élite, l'autre récupère l'art populaire. L'un provoque le public, l'autre le cible." (1990, p. 30-33.) Je ne peux aborder ici, mais je n'ignore pas, le problème très complexe des relations dynamiques qui existent, au cours d'une même période, entre création musicale et pensée sur la musique, ainsi que la difficulté que l'on rencontre à décrire le passage d'une période à une autre, ce qui conduirait à relativiser beaucoup les vertus explicatives du fameux *Zeitgeist*, l'"esprit du temps", concept que, le plus souvent, on n'emploie que par commodité (à ce sujet, on lira Nattiez, 2005). Mais il est certain que, entre 1950 et aujourd'hui, deux générations se sont succédé.

Mais à son tour la génération post-moderne n'est-elle pas déjà en train de céder la place à une autre ? C'est au début des années 1960, en effet, que les tendances post-modernes examinées dans l'introduction à ce volume sont apparues, et elles ont pris de l'ampleur tout particulièrement entre 1990 et 2000. Nous sommes en 2007. Il n'est donc pas impossible que nous entrions dans une nouvelle phase du développement de la musicologie que l'on pourrait s'amuser à qualifier, à l'image de ce qui se dit déjà chez les architectes, de post-postmoderne !

De quoi l'avenir sera-t-il fait ? On me permettra de présenter ici des hypothèses purement personnelles et qui n'engagent que moi.

Le post-modernisme a réintégré dans le champ des investigations musicologiques des personnes, des domaines, des genres qui en avaient été exclus par les générations antérieures, bien souvent par ignorance, ou pour des raisons idéologiques à la fois condamnables et dépassées. Mais il convient de souligner que les convictions, politiques ou éthiques qui, aujourd'hui, favorisent le retour des exclu(e)s de la musicologie, ne doivent pas, à leur tour, sombrer dans le marécage de la langue de bois et, sous prétexte de relativisme de la connaissance, dans un affaiblissement des exigences méthodologiques. Le danger est grand, si l'on croit en la vérité fondamentale d'une position sociale ou d'une attitude tout simplement humaine – et les fondements éthiques et sociaux du féminisme ou de l'anticolonialisme ne sont nullement mis en cause ici –, d'être tenté de ramener la réalité musicale à l'aune de ces positions, au point de donner l'impression, comme cela est trop souvent le cas dans bon nombre d'ouvrages contemporains, que, en fonction du substrat idéologique, les conclusions ont été données à l'avance, quelles que soient les réalités empiriques examinées. Mais sans doute aurai-je de la difficulté à convaincre ceux et celles qui pratiquent le genre de discours que je viens de critiquer, car, comme le disait Proust, "les faits ne pénètrent pas dans l'univers où vivent nos croyances ; ils n'ont pas fait naître celles-ci, ils ne les détruisent pas" (1913, in 1987, p. 146).

Ce n'est pas parce que nous sommes aujourd'hui confrontés à la diversité, voire à l'éclatement, des manifestations du fait musical – Wagner et la musique électroacoustique, Debussy et les jeux de gorge inuit, Boulez et les polyphonies africaines –, et parce que producteurs et auditeurs de musique appartiennent à des cultures distinctes, que la musicologie devrait continuer à céder aux sirènes du relativisme. Certes, la réalité du monde phénoménal est trop vaste pour que nous puissions en fournir une explication totale : le discours de l'histoire de la musique, c'est, en fait, une série d'histoires, comme on l'a vu dans le volume IV. Mais cela veut-il dire pour autant que le musicologue nous raconte des histoires, c'est-à-dire propose des "récits de menterie", comme on le disait autrefois pour désigner la littérature ? Non, car les récits du musicologue n'ont de sens que par rapport à des réalités empiriques. Qu'il le veuille explicitement ou non, son discours doit rester gouverné par l'exigence de vérité, même si, comme je l'ai proposé ailleurs (Nattiez, 1993), il s'agit de vérités *locales*. Ce n'est pas parce que le discours du musicologue est une construction symbolique qu'il est purement fantasmatique ou qu'il relève de l'imagination. Une analyse musicale, une interprétation historique, la description d'une culture extra-occidentale ne sont pas des romans. Je plaiderai pour le retour à la notion, bien comprise, de vérité.

Si une des exigences de demain, c'est de réunir l'approche de l'"intérieur" et de l'"extérieur" du fait musical, d'une part les structures immanentes, d'autre part les stratégies de création, d'exécution et de perception, et les contextes historiques et culturels, il sera nécessaire de revenir à certains modèles proposés par le structuralisme analytique en musicologie, mais en les réintégrant dans un ensemble plus vaste qui englobera stratégies et contextes. Une tendance ancienne, oubliée ou occultée, peut resurgir plus tard, dans le développement de la musicologie, bien après son heure de gloire. Je qualifierais volontiers ma position d'aujourd'hui de post-structuraliste. Le mot a été souvent employé pour caractériser la perspective de Derrida. Je l'emploie ici dans un sens rigoureusement étymologique : ce qui vient *après* le structuralisme et le déborde, sans nécessairement le nier, et en en préservant certains des acquis. L'unité de la musicologie, si elle doit exister un jour, se devra de reconnaître la nécessité d'un niveau de description immanente de ses objets (je ne me prononce pas ici sur les formes qu'elle prendra), en même temps qu'elle pratiquera une forme raisonnable d'éclectisme méthodologique qui permette de les relier aux stratégies et aux contextes.

Je crois, enfin, que nous sommes entrés dans une période où il n'est plus possible de céder aux réductionnismes essentialistes. Au cours de l'histoire de la musicologie, depuis le XIXe siècle, se sont succédé un certain nombre de conceptions ontologiques de la musique : la musique *est* une forme en mouvement ; la musique *est* le produit de la culture ; la musique *est* historique de part en part. La juxtaposition de ces propositions suffit à invalider la portée universelle de chacune d'elles. S'il en est ainsi, alors, il n'est plus possible de considérer que le musicologue puisse se réclamer d'une seule approche, d'une seule méthode. Lorsque je regarde l'ensemble de l'évolution de la musicologie depuis le XIXe siècle, je constate ceci. Son parcours a commencé avec l'investigation historique et l'attention portée au monde du compositeur. Puis, à l'époque de la modernité, elle s'est déplacée vers les structures immanentes. Et finalement, à l'âge post-moderne, elle privilégie les stratégies perceptives. Cela tend à prouver que chacune de ces approches est possible, comme on vient de le rappeler à propos de l'esthétique. L'unité de la musicologie, si elle peut et doit exister, doit passer par la mise en relation des diverses méthodes correspondant au champ de la production, à celui des propriétés du fait musical, et au champ de la réception (voir Nattiez, 2008). Pour les intégrer dans ce que Charles Seeger appelait naguère "A Unitary Field Theory for Musicology" (1970), il faudra peut-être se pencher à nouveau sur les propositions déjà anciennes et un peu oubliées de la pensée systémique (Bertalannfy, 1968 ; Durand, 1979). Pourquoi ? Parce que la réalité de tout objet d'études de la musicologie (une œuvre, un style, la musique d'une période historique ou d'une culture donnée) est elle-même multidimensionnelle. L'un ne peut se penser qu'en relation avec le multiple.

Au-delà des spécificités historiques ou culturelles qui sont indéniables, il semble bien exister *aussi* quelque chose comme une unité de la musique. C'est du moins ce que le présent volume a tenté de démontrer. Si elle existe, c'est elle qui fondera la possibilité, peut-être la nécessité, d'une unité de la musicologie à la nécessité de laquelle, pour ma part, j'ai la faiblesse de croire. C'est ce qui a commandé le "mouvement" d'ensemble de cette encyclopédie : après l'enregistrement des ruptures, dans la création (volume I) comme dans la connaissance (volume II), nous avons abordé d'abord *les* cultures musicales (volume III), puis l'histoire *des* musiques européennes (volume IV), avant de poser la question de l'unité de *la* musique (volume V) : une fois les spécificités reconnues et analysées, il était possible d'entamer des synthèses, des typologies, des caractérisations générales qui vont peut-être nous permettre de mieux comprendre ce qu'est "la" musique. Reste à développer ces recherches et à en intégrer, éventuellement, les résultats dans une vision globale du fonctionnement de la musique.

Cette encyclopédie est terminée. Le travail commence.

Bibliographie

ADORNO, T. W., 1962 : *Einleitung in die Musiksoziologie*, Francfort, Suhrkamp ; trad. fr., *Introduction à la sociologie de la musique*, Genève, Contrechamps, 1994.

BERTALANNFY, L. von, 1968 : *General System Theory. Foundations, Development, Applications*, New York, George Braziller.

BOULEZ, P. et FOUCAULT, M., 1983 : "La musique contemporaine et le public", *CNAC Magazine*, mai-juin 1983, n° 15, p. 10-12 ; repris in P. Boulez, *Regards sur autrui (Points de repère, II)*, Paris, Christian Bourgois, 2005, p. 481-491.

BOULEZ, P., 2001 : "Boulez tra avventura e tradizione", *Il Manifesto*, 9 mars 2001, p. 12.

BOULEZ, P., 2005 : *Regards sur autrui (Points de repère, II)*, Paris, Christian Bourgois.

BOURDIEU, P., 1979 : *La Distinction. Critique sociale du jugement*, Paris, Minuit.

DAHLHAUS, C., 1980 : *Die Musik des 19. Jahrhunderts*, Laaber, Laaber-Verlag.

DANUSER, H., 1986 : "Generationswechsel und Epochenzäsur. Ein Problem der Musikgeschichtsschreibung des 20. Jahrhunderts", in *Komponisten des 20. Jahrhunderts in der Paul Sacher Stiftung*, Bâle, Paul Sacher Stiftung, p. 47-53.

DHOMONT, F., 1990 : "Le postmodernisme en musique : aventure néo-baroque ou nouvelle aventure de la modernité ?", *Circuit*, vol. I, n° 1, p. 27-47.

DURAND, D., 1979 : *La Systémique*, Paris, Presses universitaires de France.

FOUCAULT, M., 1983 : intervention in P. Boulez et M. Foucault, "La musique contemporaine et le public", *CNAC Magazine*, mai-juin 1983, n° 15, p. 10-12 ; repris in P. Boulez, *Regards sur autrui (Points de repère, II)*, Paris, Christian Bourgois, 2005, p. 481-491.

"Frank Zappa, dix ans après", *Circuit*, vol. XIV, n° 3, 2004.

FRITH, S., 2001 : "L'industrializzazione della musica e il problema dei valori", in *Enciclopedia della musica*, vol. I, *Il Novecento*, J.-J. Nattiez *et al.* (éd.), Turin, Einaudi, 2001, p. 953-965 ; trad. fr., "L'industrialisation de la musique et le problème de la valeur", in *Musiques. Une encyclopédie pour le XXIe siècle*, vol. I, *Musiques du XXe siècle*, J.-J. Nattiez (éd.), Arles-Paris, Actes Sud-Cité de la musique, 2003, p. 1132-1146.

LYOTARD, J.-F., 1979 : *La Condition postmoderne*, Paris, Minuit.

MIDDLETON, R., 1990 : *Studying Popular Music*, Milton Keynes-Philadelphie, Open University Press.

MIDDLETON, R., 2002 : "Lo studio della popular music", in *Enciclopedia della musica*, vol. II, *Il Sapere musicale*, J.-J. Nattiez *et al.* (éd.), Turin, Einaudi, 2002, p. 718-737 ; trad. fr., "L'étude des musiques populaires", in *Musiques. Une encyclopédie pour le XXIe siècle*, vol. II, *Les Savoirs musicaux*, J.-J. Nattiez (éd.), Arles-Paris, Actes Sud-Cité de la musique, 2004, p. 766-784.

MOLINO, J., 2003 : "Esperienze e guidizi estetici", in *Il Giudizio estetico nell'epoca dei mass media. Musica, cinema, teatro*, A. R. Addessi et R. Agostini (éd.), Castello, Libreria Musicale Italiana, p. 123-143 ; version française à paraître in Id., *Le Singe musicien*.

NATTIEZ, J.-J., 1993 : *Le Combat de Chronos et d'Orphée*, Paris, Christian Bourgois.

NATTIEZ, J.-J., 2005 : "Asupra câtorva concepte fundamentale în scrierea istoriei muzich (periodizare, spritul epocii si generatie) / A propos de quelques concepts fondamentaux pour l'écriture de l'histoire de la musique (périodisation, esprit du temps et génération)", in Id., *Istoria muzicologiei si semiologia istoriografiei muzicale / Histoire de la musicologie et sémiologie de l'historiographie musicale*, Iasi, Editura Artes, coll. "Conférences de l'Université des Arts Georges-Enesco", p. 80-109 (roumain) et 110-141 (français).

NATTIEZ, J.-J., 2008 : *Unité ou éclatement de la musicologie ?*, Paris, Odile Jacob (à patraître).

PROUST, M., 1913 : *Du côté de chez Swann*, Paris, Grasset ; rééd. in *A la recherche du temps perdu*, J.-Y. Tadié (éd.), Paris, Gallimard, "Bibliothèque de la Pléiade", 1987, vol. I, p. 1-420.

SEEGER, C., 1970 : "Toward a Unitary Field Theory for Musicology", *Selected Reports in Ethnomusicology*, vol. I, n° 3, p. 171-210 ; repris in *Studies in Musicology (1935-1975)*, Berkeley-Los Angeles-Londres, University of California Press, 1977, p. 102-138.

SOUCY, G., 1999 : "Bâtons rompus sur la notion de culture, sur le rock'n'roll, sur la littérature jeunesse, sur Sid Vicious, sur toutes sortes d'affaires" (entrevue avec G. Soucy, propos recueillis par Isabelle Jubinville), *Argument*, vol. II, n° 1, automne 1999, "Rock, punk, rap : culture ou imposture ?", p. 21-34.

INDEX DES NOMS ET DES ŒUVRES

A

B

D

E

G

H

I

J

K

O

T

W

Ouvrage réalisé
par l'atelier graphique Actes Sud.
Reproduit et achevé d'imprimer
en juillet 2007
par Normandie Roto Impression s.a.s.
61250 Lonrai
pour le compte des éditions
Actes Sud
Le Méjan
Place Nina-Berberova
13200 Arles.

Dépôt légal
1re édition : septembre 2007
N° impr. 071817

(Imprimé en France)